포인트 민 법

류호권 저

POINT Civil Law

the general provisions of Civil Law
the Law of Realty / the Law of Obligations

고시계사

Preface

『포인트 민법』은 수험생들을 위한 최적의 수험서입니다.

학문적 성취가 아니라 시험에 합격하는 것이 목표인 수험생의 민법 교재 선택에 있어서 고려하여야 할 가장 중요한 사항은 무엇보다도 수험적합성이라고 할 것입니다. 물론 학술적 가치가 뛰어난 방대한 양의 교재를 완벽하게 소화하여 시험에 합격할 수 있다면 그보다 좋을 수는 없을 것입니다. 그러나 십여 년 넘게 수험생들의 곁에서 호흡을 같이 한 편저자의 경험에 비추어 보면 수험생들은 수험생의 길에 들어서는 순간 무수히 많은 현실적 제약들에 부딪치게 되는데, 가장 큰 제약은 시간적 제약일 것입니다. 시험은 1년마다 치러지는 경우가 대부분이므로 수험기간 역시 1년을 기준으로 삼게 되는데, 1년 동안 민법뿐만 아니라 다른 과목까지 합격선 이상의 점수를 받기 위해서는 모든 과목을 정말 효율적으로 공부하지 않고서는 불가능한 것입니다.

수험생들이 다른 과목보다 특히 민법을 어려워하는 이유는 다른 여러 가지 이유도 있겠지만 가장 큰 이유는 그 양이 엄청나게 방대하다는 것입니다. 민법 공부를 처음 시작하는 사람을 기준으로 할 때 첫 페이지를 넘기기 시작해서 마지막 페이지를 닫는 데까지는 통상 빠르면 2개월에서 3개월이 소요됩니다. 이것도 강의의 도움을 받아가며 성실하게 준비하여 성공한 수험생의 케이스인 것이고, 오히려 대부분의 수험생들은 선택한 교재를 읽어나감에 있어서 그 방대한 양에 압도당하여 지엽적인 부분에 몰두하면서 민법 전체의 맥을 놓치고, 많은 시간을 투자하고도 민법을 제대로 익히지 못하는 경우들이 부지기수인 것입니다.

본 교재는 이러한 문제의식을 토대로 민법의 중요 논점은 빠짐없이 정리하되 수험적합성이 없는 난해한 이론과 학설은 간단히 정리하고, 수험생들이 효율적으로 민법을 정리할 수 있도록 핵심만을 압축한, 오로지 수험생을 위한 민법기본서의 역할을 하고자 하였습니다. 다만 너무 수험적으로만 치중하여 중요관례의 나열에 그치다 보면 논리가 연결되지 않고 내용이 뚝뚝 끊어져서 가독성이 떨어지고 결국 암기로 해결해야 하는 문제가 생기므로 최대한 논리가 이어지도록 조문과 판례를 배치하여 논리의 흐름도 놓치지 않고자 하였습니다.

개정의 방향은 다음과 같습니다.

첫째, 물론 민법의 내용이야 조문과 판례가 기본이 되므로 크게 바뀔 것이 없지만 조문과 판례의 순서와 배치만 달라져도 독자들이 민법을 이해함에 있어서 커다란 차이를 가져올 수 있습니다. 이번 개정에서도 조문과 판례들이 더 정확한 위치에 배치될 수 있도록 애를 썼습니다. 그리고 민법에는 비슷한 사안에서도 약간의 사실관계의 차이로 결론이 달라지는 등 혼동하기 쉬운 판례들이 있고, 출제자들도 이러한 판례들을 의도적으로 함정지문으로 출제하여 변별력을 가리고자 하는 경우가 많아서 이러한 판례들을 비교하기 쉽게 붙여서 배치하는 등 수험생 여러분들이 미리 함정지문에 대비하고 시험장에 갈 수 있도록 배려하였습니다.

2025년 시험 대비 『포인트 민법』을 출간하면서…

둘째, 밑줄과 고딕체를 활용하여 중요 부분을 강조하였습니다. 아무래도 민법을 처음 접하는 수험생들은 중요한 부분과 그렇지 않은 부분을 구별해내기가 쉽지 않고, 수강생들도 밑줄이 그어져 있는 것이 더 도움이 된다는 의견이 많아서 적극적으로 반영하게 되었습니다. 특히 막바지에 길면 일주일, 짧으면 3일 정도에 민법을 1회독 하고 시험장에 가셔야 하는데, 밑줄이 그어져 있으면 아무래도 막판 정리에 도움이 될 것입니다. 그리고 판례를 이해함에 있어서 키워드가 되거나 비교포인트가 되는 부분은 고딕체로 한 번 더 강조하였습니다. 고딕체를 잘 활용하시면 판례를 이해하는데 도움이 될 것입니다.

셋째, 작년에 강의하면서 강의시간에 그냥 건너뛴 부분, 심지어는 읽지 마시라고 말씀드린 부분까지 그냥 지나치지 못하고 꼼꼼하게 읽고 있는 수험생들을 많이 보았습니다. 그래서 이번 개정에서도 지엽적인 판례들이나 이론은 과감하게 정리하였습니다. 수험생 여러분들도 많은 양을 어설프게 공부하기보다는 압축된 양이라도 더 선명하고 익숙하게 만들어서 시험장에 들어가는 것이 훨씬 더 고득점에 유리하다는 점을 잊지 마시기 바랍니다.

넷째, 2023년에 나온 최신판례도 최대한 반영하여 적재적소에 배치하였습니다.

수험생활은 첫째도, 둘째도 시간과의 싸움입니다.
본 교재와 제 강의가 수험생 여러분들의 수험기간을 단축시키는데 도움이 될 수 있다면 그것이 본 교재와 민법강사로서의 저의 존재 가치일 것입니다. 아무쪼록 본 교재를 효율적으로 잘 활용하셔서 합격의 기쁨을 누리시기를 간절히 기원합니다.

교재에 관하여 질문이 있으신 분은 "http://jhj-group.com → 수험자료실 → 민법의 입문 류호권"에 질문을 올려주시면 성실하게 답변을 드리도록 하겠습니다.

마지막으로 국내 유일무이한 법률전문잡지인 『考試界』의 전통을 꿋꿋이 지키고 계시며 본 교재에 대한 애착을 가지고 매년 본 교재를 꾸준히 출간해 주시는 고시계&미디어 북 정상훈 사장님, 각종 자료 수집 및 조언과 함께 꼼꼼하게 교정을 봐 주신 전병주 국장님, 멋진 편집으로 책을 꾸며주신 신아름 디자인 팀장님께 깊은 감사를 드립니다.

2024년 2월
편저자 류 호 권

Contents

Contents

Contents

제3편   채권총칙

Contents

제 1 편

민법총칙

민법일반

Ⅰ. 민법의 의의(意義)

1. 형식적 의미의 민법(=민법전)

『민법전』이란 1958년 제정하여 1960년 1월 1일부터 시행되고 있는 현행민법으로서 형식적 의미의 민법(국회가 제정한 민법)을 말한다.

2. 실질적 의미의 민법

(1) 일반사법으로서의 민법

민법은 사법(私法)이며, 사람·장소·사항 등에 관계없이, 즉 특별한 제한 없이 일반적으로 적용되는 사법으로서, 일반사법(一般私法)이다. 일반사법으로서의 민법과 대비되는 특별사법으로는 상법이 있다.

(2) 공법과 사법의 구별

이익설, 성질설, 주체설, 생활관계설, 사적자치기준설, 절충설 등이 있는데, 통설적 견해인 절충설은 주체설을 기본으로 하여 다른 설의 입장을 어느 정도 고려한다. 예컨대 공법은 국가 기타의 공공단체와 개인과의 관계 및 공공단체 상호간의 관계를 규율하는 법이며, 원칙적으로 수직관계 내지 상하관계에 있으며, 사법은 사인 상호간의 관계를 규율하는 법으로 원칙적으로 수평관계에 있다고 한다.

(3) 실체법으로서의 민법

민법은 당사자의 권리·의무를 규정하고 있는 실체법에 속한다. 이러한 법의 실체적 권리·의무는 주로 민사소송법 및 민사집행법을 비롯한 절차법을 통하여 실현된다.

(4) 행위규범 및 재판규범

실체법인 민법은 사인간의 법적 행위를 지도하는 행위규범이면서 재판관의 재판의 기준으로서 재판규범이다.

Ⅱ. 민법의 법원(法源)

> **제1조(법원)**
> 민사에 관하여 법률에 규정이 없으면 관습법에 의하고 관습법이 없으면 조리에 의한다.

1. 의 의

(1) 법원(法源)이란 재판관이 재판을 할 때 '재판의 기준'이 되는 것을 말한다. 민법의 법원(法源)은 실질적 민법의 존재형식, 즉 민사에 관한 적용법규를 말한다.

(2) 제1조의 "법률"은 **실질적 의미의 법률**로서 **법률·명령·규칙 등을 포함한다.** 하지만, **형식적 의미의 법률**은 **국회가 제정한 "법률"**만을 의미한다. ☞ 제185조의 "법률"은 형식적 의미의 법률로서 제1조의 "법률"과 의미가 다르다는 점을 주의해야 한다(물권법에서 다시 설명함).

2. 제1조의 "법률"(실질적 의미의 민법)

(1) 법률(형식적 의미의 민법)

민법전은 물론 민법전 이외의 법률 중에서도 민사에 관련되면 민법의 법원이 된다. 예컨대 공법 중에도 농지법 등은 민법의 법원이 될 수 있다.

(2) 명령·규칙 등

국회가 제정한 법률 이외에도 대통령이나 행정 각 부 장관의 명령, 대법원규칙, 지방자치단체의 조례 등도 법원이 된다. 대통령의 긴급명령은 법률과 같은 효력이 있다. 따라서 당연히 법원이 된다.

(3) 조 약

헌법에 의하여 체결·공포된 조약과 일반적으로 승인된 국제법규는 국내법과 같은 효력이 있기 때문에 법원이 된다.

(4) 헌법재판소의 결정

법률에 대한 헌법재판소의 위헌결정은 법원 기타 국가기관 및 지방자치단체를 기속하므로 그 결정 내용이 민사에 관한 것이면 민법의 법원이 된다. 대표적으로 민법 제764조의 "명예회복에 적당한 처분"을 사죄광고의 의미로 해석하는 한도에서는 위헌이라고 본 결정이 그러하다(헌재 1991. 4. 1, 89헌마 160 참조). 그리고 최근에는 임대차존속기간을 20년으로 제한한 민법 제651조 제1항에 대하여 계약의 자유를 침해한다는 이유로 위헌결정을 한 바 있다(헌재 2013. 12. 26, 2011헌바234).

3. 관습법

(1) 관습법의 성립요건(관행＋법적 확신)

> **판례** ① [1] 관습법이란 사회의 거듭된 **관행**으로 생성한 사회생활규범이 사회의 **법적 확신**과 인식에 의하여
> 법적규범으로 승인·강행되기에 이른 것을 말하고, 그러한 관습법은 법원(法源)으로서 법령에 저촉되지 아니
> 하는 한 법칙으로서의 효력이 있는 것이고, 또 사회의 거듭된 관행으로 생성한 어떤 사회생활규범이 법적 규
> 범으로 승인되기에 이르렀다고 하기 위하여는 헌법을 최상위 규범으로 하는 전체 법질서에 반하지 아니하는
> 것으로서 정당성과 합리성이 있다고 인정될 수 있는 것이어야 하고, 그렇지 아니한 사회생활규범은 비록 그것
> 이 사회의 거듭된 관행으로 생성된 것이라고 할지라도 이를 법적 규범으로 삼아 관습법으로서의 효력을 인정
> 할 수 없다.
>
> [2] 사회의 거듭된 관행으로 생성된 사회생활규범이 관습법으로 승인되었다고 하더라도 사회 구성원들이 그
> 러한 관행의 법적 구속력에 대하여 확신을 갖지 않게 되었다거나, 사회를 지배하는 기본적 이념이나 사회질서
> 의 변화로 인하여 그러한 관습법을 적용하여야 할 시점에 있어서의 전체 법질서에 부합하지 않게 되었다면 그
> 러한 관습법은 법적 규범으로서의 효력이 부정될 수밖에 없다.
>
> [3] [다수의견] 종중은 공동선조의 분묘수호와 봉제사 및 종원 상호간의 친목을 목적으로 형성되는 종족단체
> 로서 공동선조의 사망과 동시에 그 후손에 의하여 자연발생적으로 성립하는 것임에도, 공동선조의 후손 중 성
> 년 남자만을 종중의 구성원으로 하고 여성은 종중의 구성원이 될 수 없다는 종래의 관습은, 공동선조의 분묘수
> 호와 봉제사 등 종중의 활동에 참여할 기회를 출생에서 비롯되는 성별만에 의하여 생래적으로 부여하거나 원
> 천적으로 박탈하는 것으로서, 위와 같이 변화된 우리의 전체 법질서에 부합하지 아니하여 정당성과 합리성이
> 있다고 할 수 없으므로, **종중 구성원의 자격을 성년 남자만으로 제한하는 종래의 관습법**은 이제 더 이상 법
> 적 효력을 가질 수 없게 되었다[대판(전합) 2005. 7. 21, 2002다1178].
>
> ② 대법원 2008. 11. 20. 선고 2007다27670 전원합의체 판결은 제사주재자는 우선적으로 망인의 공동상속인
> 들 사이의 협의에 의해 정하되, 협의가 이루어지지 않는 경우에는 제사주재자의 지위를 유지할 수 없는 특별
> 한 사정이 있지 않는 한 망인의 장남(장남이 이미 사망한 경우에는 장손자)이 제사주재자가 되고, 공동상속인들
> 중 아들이 없는 경우에는 망인의 장녀가 제사주재자가 된다고 판시하였다. 그러나 **공동상속인들 사이에 협
> 의가 이루어지지 않는 경우 제사주재자 결정방법에 관한 2008년 전원합의체 판결의 법리는 더 이상 조
> 리에 부합한다고 보기 어려워 유지될 수 없다.** 공동상속인들 사이에 협의가 이루어지지 않는 경우에는 제사
> 주재자의 지위를 인정할 수 없는 특별한 사정이 있지 않는 한 **피상속인의 직계비속 중 남녀, 적서를 불문하
> 고 최근친의 연장자가 제사주재자로 우선한다**고 보는 것이 가장 조리에 부합한다(대판 2023. 5. 11, 2018다
> 248626). ☞ 과거에는 조리에 부합하였던 법규범이라도 사회관념과 법의식의 변화 등으로 인해 헌법을 최상위
> 규범으로 하는 전체 법질서에 부합하지 않게 되었다면, 대법원은 전체 법질서에 부합하지 않는 부분을 배제하
> 는 등의 방법으로 그러한 법규범이 현재의 법질서에 합치하도록 하여야 한다.

(2) 관습법의 효력

1) 관습법 효력에 대한 학설의 대립

(ㄱ) 보충적 효력설

　"법률에 규정이 없으면 관습법에 의하고"라는 민법 제1조의 규정에 비추어 볼 때 관습법은 성문
법에 규정이 없는 경우에만 보충적으로 적용된다는 견해로서 다수설이다.

(ㄴ) 변경적 효력설

민법 제1조의 규정에도 불구하고 관습법도 성문법을 변경 내지 개폐하는 효력이 있다는 견해이다. 예컨대 기존의 성문법과 다른 내용의 관습법이 성립한 경우, "신법은 구법에 우선한다"는 원칙에 따라 관습법이 성문법에 우선한다는 것이다.

(ㄷ) 판례(보충적 효력설)

> **판례** 가정의례준칙 제13조의 규정(성문법)과 배치되는 관습법의 효력을 인정하는 것은 **관습법의 제정법에 대한 열후적, 보충적 성격**에 비추어 민법 제1조의 취지에 어긋나는 것이다(대판 1983. 6. 14, 80다3231).

2) 소급효

관습법은 법원의 판결에 의해서 비로소 그 존재가 확인되지만 그 **성립시기**는 그 관습이 **법적 확신을 획득한 때**로 소급한다(통설).

(3) 판례에 의해 확인된 관습법(관련된 부분에서 후술)

명인방법·관습법상의 법정지상권·분묘기지권·동산의 양도담보·사실혼 등이 있다.

(4) 관습법(제1조)과 사실인 관습(제106조)의 구별

관습법이란 사회의 거듭된 관행으로 생성한 사회생활규범이 사회의 법적 확신과 인식에 의하여 법적 규범으로 승인·강행되기에 이른 것을 말하고, 사실인 관습은 사회의 관행에 의하여 발생한 사회생활규범인 점에서 관습법과 같으나 사회의 법적 확신이나 인식에 의하여 법적 규범으로서 승인된 정도에 이르지 않은 것을 말한다(대판 1983. 6. 14, 80다3231; 제106조에서 후술함).

> **판례** 법령과 같은 효력을 갖는 **관습법은 당사자의 주장 입증을 기다림이 없이 법원이 직권으로 이를 확정하여야** 하고 사실인 관습은 그 존재를 당사자가 주장 입증하여야 함을 원칙으로 한다(대판 1983. 6. 14, 80다3231).

4. 조 리(=신의칙)

(1) 조리의 법원성에 대하여는 논란이 있다. 조리란 사물의 도리 또는 법의 일반원리를 말하며, 경험칙(=신의칙)·사회통념 등으로 표현되기도 한다. "재판관은 법적 분쟁에 관하여 법률이 없음을 이유로 재판을 거부할 수 없다" 따라서 조리는 마지막 법원이 된다고 봄이 다수설이다(이설 있음).

(2) 판례는 "종중원의 후손은 **성별의 구별 없이 성년이 되면 당연히** 그 구성원이 된다고 보는 것이 조리(條理)에 합당하다"고 한다(대판 2007. 9. 6, 2007다34982).

5. 판례의 법원성

특정사건에 대한 판결이 그 사건에 그치지 않고 유사한 사건에 반복되어 인용되면서 이러한 유형의 사건에는 이러한 법리가 적용되어야 한다는 재판적 관행이 생기게 되는 경우, 이러한 법리를 담은 상급법원의 판결이 판례로서 인정된다. 이러한 판례에 대해서는 <u>법원성 부정설이 통설적 견해</u>이다. 단, 사실상 구속력은 인정된다.

Ⅲ. 민법의 기본원리

1. 사적자치원칙

(1) 법률행위자유의 원칙 중 계약자유의 원칙

개인의 의사를 요소로 하는 법률요건이 법률행위이므로 결국 법률행위는 사적 자치를 실현하는 수단이 되고 따라서 여기서 법률행위의 자유원칙이 나오게 된다. 법률행위의 자유는 계약의 자유·유언의 자유·단체설립의 자유를 포함한다. 그러나 유언의 자유는 엄격한 방식을 요구하고(제1060조 이하), 단체설립의 자유는 일정한 제한을 받으므로(허가주의;제32조), 결국 계약의 자유가 그 중심을 이루게 된다. 이러한 <u>계약은 자유인 동시에 사회생활의 유지·발전에 불가결한 의무들의 1차적인 발생원인이 된다</u>. ☞ 로마법에는 "계약은 준수되어야 한다(pacta sunt survanda)"는 법원칙이 있었다.

(2) 재산권(특히 소유권) 존중의 원칙(민법 제211조 이하)

재산, 그 중에서도 소유권은 인격이 자유롭게 존립하고 각자가 자신의 인간성을 건전하게 전개하여 가기 위한 물질적 기초로서 강한 보호를 받는다. 그리하여 <u>소유자가 그 소유물로부터 이익을 얻는 것이 제3자로부터 방해를 받으면</u> 그 방해가 소유자 자신의 의사에 의하여 설정된 권리에 기한 것이 아닌 한 <u>이를 언제든지 배제할 수 있다</u>(물권법에서 물권적 청구권 등이 대표적이다). 또 소유권의 내용을 해치는 것은 그 침해자에게 과실이 없어도 일단 위법하다고 평가된다.

(3) 과실책임의 원칙(민법 제390조, 제750조)

자기의 행위로 인하여 타인에게 재산적 손실 기타의 불이익을 주었을 때에 그 불이익이 자신의 행위에 의하여 야기되었다는 사실만으로는 그 불이익을 상대방에게 전보해 주어야 할 책임이 발생하지 않는다. 민법은 어떤 사람에게 그가 의욕하지 아니한 의무 기타 불이익한 법적 효과를 부담시키려면 <u>그에게 귀책사유(고의 또는 과실)가 있을 것을 원칙적으로 요구한다</u>. 예컨대 불법행위로 인한 손해배상 책임이 인정되려면 '고의 또는 과실로 인한 위법행위'로 인하여 그 손해가 발생하였어야 하는 것이 원칙이다(제750조). 채무불이행과 관련하여서는 "채무자가 채무의 내용에 좇은 이행을 하지 아니한 때에는 채권자는 손해배상을 청구할 수 있다. 그러나 채무자의 고의나 과실 없이 이행할 수 없게 된 때에는 그러하지 아니하다"(제390조)고 하여 고의 또는 과실을 요구한다.

2. 사적자치의 수정

(1) 의 의

  국가는 인간의 평등한 생활을 실질적으로 확보하기 위하여 ① 경제적 강자의 계약자유를 어느 정도 제한한다거나, ② 공급이 한정적인 토지에 대한 소유권의 행사를 공법적으로 제한한다거나, ③ 과실책임에 대한 수정으로 특수한 영역에서 무과실책임을 인정하는 등 사적자치를 제한하기도 한다. 특히 신의성실의 원칙(제2조)과 관련된 권리남용금지의 원칙·실효의 원칙·금반언의 원칙·사정변경의 원칙 등은 사적자치의 원칙을 수정하는 면이 있다. 그러나 어디까지나 사적자치의 원칙이 민법의 기본원리임은 변함이 없고 사적자치 원칙에 대한 제약은 필요 최소한에 그쳐야 한다.

(2) 민법상 과실책임 원칙의 수정

1) 무과실책임
  ① 무권대리인의 책임(제135조)
  ② 금전채무불이행으로 인한 손해배상책임(제397조 제2항)
  ③ 매도인의 담보책임(제569조~제584조)
  ④ 수급인의 담보책임(제667조~제672조)
  ⑤ 여행주최자의 담보책임(제674조의 6~제674조의 8)
  ⑥ 공작물의 소유자책임(제758조)
  ⑦ 수임인이 위임사무의 처리를 위하여 과실없이 받은 손해에 대한 위임인의 책임(제688조 제3항)
  ⑧ 임치인의 임치물의 성질·하자로 인한 수치인에 대한 책임(제697조)
  ⑨ 법정대리인의 복임권 행사로 인한 본인에 대한 책임(제122조)

2) 중간책임
  ① 책임무능력자의 행위에 대한 감독자의 책임(제755조)
  ② 피용자의 행위에 대한 사용자의 책임(제756조)
  ③ 공작물, 수목의 설치·보존의 하자에 대한 점유자의 책임(제758조)
  ④ 동물의 점유자·보관자의 책임(제759조)

(3) 각종 특별법에 근거한 경우(채권법의 불법행위 편에서 상술)
  ① 제조물책임법
  ② 자동차손해배상보장법
  ③ 원자력손해배상보장법
  ④ 환경정책기본법

CHAPTER 2

권리·의무(법률관계)

POINT

Ⅰ. 법률관계

1. 법률관계와 호의관계의 구별

(1) 의 의

법률관계란 통설(법적 생활관계설)에 따른다면, '법규범에 의하여 규율되는 생활관계'를 말한다. 법률관계의 내용은 구체적인 권리와 의무이며, 주된 권리·의무뿐만 아니라 부수적 권리·의무도 포함한다. 반면에 호의관계는 호의를 갖고 상대방을 도와주는 관계로 강제력 있는 법률관계로 보기는 어렵고 원칙적으로 인간관계로서 단순한 인간관계에 기한 약속을 어겨도 그 이행을 청구한다든가 손해배상을 청구할 수 없다. 다만 단순한 인간관계와는 달리 그 중간에 속하는 관계이다. 따라서 예컨대 자동차에 호의동승했다가 사고가 생겨 손해가 발생하면 예외적으로 법률관계(=법률문제)가 문제될 수 있다.

(2) 구 별

호의관계와 법률관계의 구별기준은 법적 구속의 의사가 있는지 여부이다. 대가관계(유상인지 무상인지 여부)가 호의관계와 법률관계의 구별기준이 되는 것은 아니다.

> **판례** 〈호의동승〉 가해자에게 일반 교통사고와 동일한 책임을 지우는 것이 **신의법칙이나 형평의 원칙으로 보아 매우 불합리하다고 인정될 때에는 그 배상액을 경감**할 수 있으나, 사고 차량에 단순히 호의로 동승하였다는 사실만 가지고 바로 이를 배상액 경감사유로 삼을 수 있는 것은 아니다(대판 1999. 2. 9, 98다53141).

2. 권리의 종류

(1) 내용에 의한 분류

권리를 그 내용이 되는 사회적 생활이익을 기준으로 하여 분류할 때, 인격권, 재산권, 가족권, 사원권으로 구분해 볼 수 있다.

1) 인격권

권리의 주체와 분리할 수 없는 인격적 이익의 향수를 내용으로 하는 권리로서 생명·신체·정신의 자유에 대한 권리가 이에 속한다. 인격의 주체로서 개인이 갖는 권리이다. 민법은 인격권에 관하여 명문의 규정을 두고 있지 않으나, 헌법이나 민법 제3조·제751조로부터 당연히 도출되는 권리이다. 이는 절대권의 일종으로서 이를 침해하면 당연히 불법행위가 된다(제750조 참조). 법인이나 권리능력 없는 사단·재단도 명예권 등의 인격권을 갖는다.

2) 재산권

경제적 가치 있는 이익의 향수를 목적으로 하는, 즉 금전으로 평가될 수 있는 권리가 재산권이다. 물권·채권·지식재산권(무체재산권)이 재산권에 속한다.

3) 가족권

이에는 친족권과 상속권의 두 가지가 있다. 친족권은 일정한 친족상의 신분으로부터 발생하는 권리이다. 친족권이 침해되는 경우에는 물권적 청구권과 유사한 신분적 청구권이 발생한다. 이에 대하여 상속권은 상속인이 상속재산에 관한 권리를 말한다.

4) 사원권

단체의 구성원이 그 구성원이라는 지위에 기하여 단체에 대하여 가지는 포괄적 권리를 말한다. 사원권에는 의결권·소수사원권(제70조 제2항) 등과 같은 공익권(共益權)과 이익배당청구권·잔여재산분배청구권과 같은 자익권(自益權)이 있다.

(2) 효력(작용)에 의한 분류

권리를 효력(작용)에 의하여 분류하면 지배권·청구권·형성권·항변권으로 구분해 볼 수 있다.

1) 지배권(=절대권)

타인의 협력을 필요로 하지 않고 일정한 객체를 직접 지배할 수 있는 권리로서 물권·지식재산권·인격권·친권·후견권 등이 이에 속한다. 지배권에 대한 침해는 불법행위를 구성하고(제750조 참조), 지배상태에 대한 방해를 제거할 수 있는 효력이 있다. 지배권은 절대권이다. **절대권**이라 함은 권리자가 **모든 사람에 대하여** 주장할 수 있는 권리로서 **특정인이 특정인에 대하여만** 일정한 행위를 청구하는 채권인 **상대권**과 대비된다.

2) 청구권

특정인이 다른 특정인에 대하여 일정한 행위, 즉 작위 또는 부작위를 요구하는 권리가 청구권이며, 청구권은 모두 어떤 권리를 기초로 하여 존재한다(채권·물권·가족관계 등에 기해 발생). 그 중 전형적인 권리가 채권이다. 그러나 채권은 청구권을 본체로 하지만 그 이외에도 급부를 수령하여 보유할 수 있는 효력 등이 있으므로 청구권과 동일한 것은 아니다.

3) 형성권(=가능권)

권리자의 **일방적인 의사표시**만으로 권리의 변동을 생기게 하는 권리로서 이러한 권리는 누구의 협력 없이도 법률관계를 발생·변경·소멸시키는데 그 특질이 있다. 따라서 형성권(形成權)은 반드시 상당한 근거가 있어야만 인정되는 것이다. 그 근거는 당사자의 약정(예컨대 약정에 의하여 해제권을 보류할 수도 있다)이나 또는 법률의 규정이다. 여기에는 두 가지 유형이 있다.

  ㈎ 권리자의 의사표시만으로써 효과를 발생하는 것이다. 이에 속하는 것으로 법률행위의 동의권(제5조, 제13조 제1항)·취소권(제140조)·추인권(제143조)·계약의 해제권 및 해지권(제543조)·상계권(제492조) 등이 있다.

  ㈏ 법원의 판결에 의하여 비로소 효과를 발생하는 것이 있다. 채권자취소권(제406조)·혼인취소권(제816조) 등이다.

4) 항변권

거절권이라고도 한다. 청구권의 행사에 대하여 그 작용을 저지할 수 있는 효력을 가지는 권리를 항변권이라고 한다. 항변권에는 청구권의 행사를 일시적으로 저지할 수 있는 '연기적 항변권(延期的 抗辯權)'과 영구적으로 저지할 수 있는 '영구적 항변권(永久的 抗辯權)'이 있다. 동시이행의 항변권(제536조)·보증인의 최고 및 검색의 항변권(제437조)은 전자의 예이고, 상속인의 한정승인 항변권(제1028조)은 후자의 예이다.

3. 권리의 순위와 경합

(1) 권리의 충돌과 순위

1) 권리의 충돌

동일한 객체에 대하여 수 개의 권리가 존재하는 경우에는 그 객체가 모든 권리를 만족시킬 수 없는 현상이 일어날 수 있다. 이것을 '권리의 충돌'이라고 한다.

2) 물권에서 순위의 원칙과 채권에서 선행의 원칙

시간적 관계에 있어서 앞서 성립한 물권이 뒤에 성립한 물권에 우선한다. 즉 '순위의 원칙'이 적용되며, 다만 제한물권이 소유권보다 항상 우선한다. 이에 대하여 채권에 있어서는 순위의 원칙이 적용되지 않고 **'선행의 원칙'**이 지배한다. 채권자 상호간에 우선 순위가 없기 때문에 각 채권자는 임의로 그의 채권을 실행할 수 있고, 따라서 먼저 채권을 행사한 자가 우선하는 결과가 되는 것이다. 예컨대 이중매매에 있어서는 먼저 매수한 자가 나중 매수한 자에 우선하는 것이 아니라 먼저 등기 또는 인도로서 이행을 받은 자가 우선하는 것이다. 다만 파산의 경우에는 채권 상호간에 있어서는 **'채권자평등의 원칙'**에 의해, 동일인 채무자에 대한 수 개의 채권은 그 발생원인·발생시기·채권액을 불문하고 평등하게 다루어진다.

3) 동일물에 대하여 물권과 채권이 병존하는 경우에는 그 성립시기를 불문하고 물권이 우선한다. 물권은 물건에 대한 직접의 지배권인 데 반해, 채권은 채무자의 행위를 통해 간접적으로 지배를 미치는 성격상의 차이에서 연유한다. 다만 채권도 등기 또는 대항력을 갖춘 경우(임차권·환매권 등)에는 예외이다.

(2) 권리의 경합과 법규의 경합
1) 권리의 경합
권리의 경합이란 **권리 자체는 여러 개가 발생**하지만 그 중 하나를 행사하면 다른 권리가 배제되는 것을 말한다. 예컨대 임대차기간 만료 후에 임차인이 임차물을 반환하지 않을 때에는 임대인은 소유권에 기한 반환청구권과 임대차계약에 기한 반환청구권을 모두 갖게 되는데, 이 양 청구권은 동일한 것을 목적으로 하기 때문에 한쪽의 청구권을 행사함으로써 만족을 얻게 되면 다른 쪽의 청구권은 자동으로 소멸한다.

> **판례** ① 채무불이행책임과 불법행위책임은 각각 요건과 효과를 달리하는 별개의 법률관계에서 발생하는 것이므로 **하나의 행위가 계약상 채무불이행의 요건을 충족함과 동시에 불법행위의 요건도 충족하는 경우**에는 두 개의 손해배상청구권이 경합하여 발생하고, 권리자는 위 **두 개의 손해배상청구권 중 어느 것이든 선택하여 행사할 수 있다.** 다만 동일한 사실관계에서 발생한 손해의 배상을 목적으로 하는 경우에도 채무불이행을 원인으로 하는 배상청구와 불법행위를 원인으로 한 배상청구는 청구원인을 달리하는 별개의 소송물이므로, 법원은 원고가 행사하는 청구권에 관하여 다른 청구권과는 별개로 그 성립요건과 법률효과의 인정 여부를 판단하여야 한다. **계약 위반으로 인한 채무불이행이 성립한다고 하여 그것만으로 바로 불법행위가 성립하는 것은 아니다**(대판 2021. 6. 24, 2016다210474).
> ② 동일한 법률행위에 따른 채무불이행책임과 불법행위책임이 경합할 경우 권리자는 그 중 어느 하나의 손해배상청구권을 행사할 수 있는데 그 경우 **당사자 사이에 계약상의 면책약관**을 명시적이거나 묵시적으로 불법행위를 원인으로 하는 손해배상청구에까지 적용하기로 하는 약정이 없는 이상 **불법행위책임에는 적용되지 않는다**(대판 2021. 6. 10, 2019다226005).

2) 법규의 경합(=법조경합)
법규의 경합(=법조경합)이란 하나의 권리규정이 다른 권리규정을 배제하여 **원래부터 권리는 하나만이 발생한다**는 것이다. 예컨대 공무원이 그 직무집행에 따른 고의 또는 과실로 위법하게 타인에게 손해를 입힌 경우, 국가배상법 규정이 민법 제750조의 특별법으로서 국가배상법상 손해배상청구권만이 발생한다.

II. 신의성실의 원칙

제2조(신의성실)
① 권리의 행사와 의무의 이행은 신의에 좇아 성실히 하여야 한다.
② 권리는 남용하지 못한다.

1. 의 의

신의성실의 원칙은 법률관계의 당사자가 상대방의 이익을 배려하여 형평에 어긋나거나 신뢰를 저버리는 내용 또는 방법으로 권리를 행사하거나 의무를 이행해서는 안 된다는 추상적 규범을 말한다(대판 2020. 10. 29, 2018다228868). 통칙에 규정을 둠으로써 신의칙은 채권관계 뿐 아니라, 물권관계나 가족관계에서도 적용된다.

2. 신의칙의 기능

첫째 당사자간 계약내용의 결함 내지는 법규의 흠결을 보충하는 기능, 둘째 구체적 사건에서 어떤 법규를 그대로 형식적으로 적용하면 도저히 타당한 결과를 얻을 수 없는 경우에 구체적 타당성을 확보하는 기능 등이 있다.

3. 신의칙의 적용

(1) 법관의 자의적 법률효과의 위험을 내포하고 있으므로 신의칙의 적용은 개별적 규정을 우선 적용하여야 하고, 그 다음에 여의치 않을 때 하여야 한다(일반적 조항으로의 도피를 방지).

> **판례** 유효하게 성립한 계약상의 책임을 공평의 이념 또는 신의칙과 같은 일반원칙에 의하여 제한하는 것은 사적 자치의 원칙이나 법적 안정성에 대한 중대한 위협이 될 수 있으므로, 채권자가 유효하게 성립한 계약에 따른 급부의 이행을 청구하는 때에 법원이 급부의 일부를 감축하는 것은 원칙적으로 허용되지 않는다(대판 2016. 12. 1, 2016다240543).

(2) 신의성실의 원칙에 반하는 것 또는 권리남용은 **강행규정에 위배되는 것이므로 당사자의 주장이 없더라도 법원은 직권으로 판단할 수 있다**(대판 1989. 9. 29, 88다카17181).

(3) 신의칙위반에 해당하는가의 여부는 당해 구체적 사건에서 법원이 개별적으로 판단할 수 밖에 없다. 판례는 아래와 같은 기준을 제시한다.

> **판례** 신의성실의 원칙에 위배된다는 이유로 권리행사를 부정하기 위해서는 상대방에게 신의를 제공하였거나 객관적으로 보아 상대방이 신의를 가지는 것이 정당한 상태에 이르러야 하고 이와 같은 상대방의 신의에 반하

여 권리를 행사하는 것이 정의관념에 비추어 용인될 수 없는 정도에 이르러야 한다. 상대방에게 신의를 창출한 바 없거나 상대방이 신의를 가지는 것이 정당한 상태에 있지 않을 뿐만 아니라 권리행사가 정의의 관념에 반하지 않는 경우에는 권리행사를 신의성실의 원칙에 반한다고 볼 수 없다(대판 2020. 10. 29, 2018다228868).

Ⅲ. 신의성실의 원칙의 파생원칙

1. 모순행위의 금지의 원칙(금반언의 원칙)

(1) 의 의

자신의 선행행위와 모순되는 후행행위는 허용되지 않는다는 원칙이다.

(2) 판례고찰

1) 경매목적이 된 부동산의 소유자가 경매절차가 진행중인 사실을 알면서도 그 경매의 기초가 된 근저당권 내지 집행권원인 공정증서가 무효임을 주장하여 경매절차를 저지하기 위한 조치를 취하지 않았을 뿐만 아니라 배당기일에 자신의 배당금을 이의 없이 수령하고 경락인으로부터 이사비용을 받고 부동산을 임의로 명도해 주기까지 하였다면 그 후 경락인에 대하여 위 근저당권이나 공정증서가 효력이 없음을 이유로 경매절차가 무효라고 주장하여 그 경매목적물에 관한 소유권이전등기의 말소를 청구하는 것은 금반언의 원칙 및 신의칙에 위반되는 것이어서 허용될 수 없다(대판 1993. 12. 24, 93다42603).

2) 취득시효완성 후에 그 사실을 모르고 당해 토지에 관하여 어떠한 권리도 주장하지 않기로 하였다면 후에 이에 반하여 시효주장을 하는 것은 특별한 사정이 없는 한 신의칙상 허용되지 않는다(대판 1998. 5. 22, 96다24101).

3) ① 근저당권자가 담보로 제공된 건물에 대한 담보가치를 조사할 당시 대항력을 갖춘 임차인이 그 임대차 사실을 부인하고 임차보증금에 대한 권리주장을 않겠다는 내용의 **확인서**를 작성해 준 경우, 그 후 그 건물에 대한 경매절차에서 이를 번복하여 대항력 있는 임대차의 존재를 주장함과 아울러 근저당권자보다 우선적 지위를 가지는 확정일자부 임차인임을 주장하여 그 임차보증금반환채권에 대한 **배당요구**를 하는 것은 특별한 사정이 없는 한 금반언 및 신의칙에 위반되어 허용될 수 없다(대판 1997. 6. 27, 97다12211). ② 주택 경매절차의 매수인이 권리신고 및 배당요구를 한 주택임차인의 배당순위가 1순위 근저당권자보다 우선한다고 신뢰하여 임차보증금 전액이 매각대금에서 배당되어 임차보증금반환채무를 인수하지 않는다는 전제 아래 매수가격을 정하여 낙찰을 받아 주택에 관한 소유권을 취득하였다면, 설령 주택임차인이 1순위 근저당권자에게 **무상거주확인서**를 작성해 준 사실이 있어 임차보증금을 배당받지 못하게 되었다고 하더라도, 그러한 사정을 들어 주택의 인도를 구하는 매수인에게 **주택임대차보호법상 대항력을 주장**하는 것은 **신의칙에 위반되어 허용될 수 없다**(대판 2017. 4. 7, 2016다248431).

동지판례 근저당권자가 담보로 제공된 건물에 대한 담보가치를 조사할 당시 대항력을 갖춘 임차인이 임대차사 실을 부인하고 건물에 관하여 임차인으로서의 권리를 주장하지 않겠다는 내용의 **무상임대차 확인서**를 작성 해 주었고, 그 후 개시된 경매절차에 무상임대차 확인서가 제출되어 매수인이 확인서의 내용을 신뢰하여 매수 신청금액을 결정하는 경우와 같이, 임차인이 작성한 무상임대차 확인서에서 비롯된 매수인의 신뢰가 매각절 차에 반영되었다고 볼 수 있는 사정이 존재하는 경우에는, 비록 매각물건명세서 등에 건물에 대항력 있는 임대 차 관계가 존재한다는 취지로 기재되었더라도 임차인이 제3자인 매수인의 건물인도청구에 대하여 **대항력 있 는 임대차를 주장하여 임차보증금반환과의 동시이행의 항변을 하는 것은 금반언 또는 신의성실의 원칙 에 반하여 허용될 수 없다**(대판 2016. 12. 1, 2016다228215).

4) 당사자는 신의에 따라 성실하게 소송을 수행하여야 하는 것이나(민사소송법 제1조 제2항), 어떤 사실 에 관한 법률적 평가를 달리하여 주장하는 것만으로는 금반언의 원칙이나 신의성실의 원칙에 반한 다고 할 수 없다. 따라서 원고가 제1심에서는 제1차 이사회의 소집절차가 적법함을 전제로 한 주장 을 하였다가 원심에 이르러서는 그 소집절차에 하자가 있었다고 주장하였다고 하더라도, 그러한 주장이 금반언의 원칙이나 신의성실의 원칙에 반한다고 할 수 없다(대판 2010. 6. 24, 2010다2107).

(3) 신의칙의 한계

1) 내 용

권리의 행사가 신의칙에 위배하더라도 신의칙보다 상위에 있는 민법의 기본이념에 배치되지 않는 경우에는 이러한 권리행사는 허용된다고 해석하여야 한다. 즉 판례는 "**강행법규에 위반한 자가 스 스로 그 약정의 무효를 주장하는 것**이 신의칙에 위반되는 권리의 행사라는 이유로 그 주장을 배척 한다면 이는 오히려 강행법규에 의하여 배제하려는 결과를 실현시키는 셈이 되어 입법 취지를 몰각하 게 되므로, 달리 특별한 사정이 없는 한 위와 같은 주장은 **신의칙에 반하는 것이라고 할 수 없다**"고 거듭 판시한다(대판 2014. 9. 4, 2014다6404; 대판 2006. 10. 12, 2005다75729).

2) 판례검토

㉮ 강행법규인 국토이용관리법의 토지거래 허가규정을 위반하였을 경우에 있어서 위반한 자 스스 로가 무효를 주장함이 신의칙 위반의 권리행사라는 이유로 이를 배척한다면 투기거래계약의 효 력발생을 금지하려는 국토이용관리법의 입법취지를 완전히 몰각시키는 결과가 되므로 그러한 주장이 신의칙에 위반한다고 할 수 없다(대판 1993. 12. 24, 93다44319, 44326).

㉯ 강행법규인 증권거래법에 위반하여 무효인 수익보장약정이 투자신탁회사가 먼저 고객에게 제의 함으로써 체결된 것이라고 하더라도, 이러한 경우에 강행법규를 위반한 투자신탁회사 스스로가 그 약정의 무효를 주장하는 것은 신의성실의 원칙에 반하는 것이라고 할 수 없다(대판 1999. 3. 23, 99다4405).

㉰ 타인의 사망을 보험사고로 하는 보험계약에는 보험계약체결시에 그 타인의 서면에 의한 동의를

얻어야 한다는 상법 제731조 제1항의 규정은 강행법규로서 이에 위반하여 계약을 체결한자 스스로가 무효를 주장하는 것은 신의성실 또는 금반언의 원칙에 반한다고 볼 수는 없다(대판 1999. 12. 7, 99다39999).

㈐ 미성년자의 법률행위에 법정대리인의 동의를 요하도록 하는 것은 강행규정인데, 위 규정에 반하여 이루어진 신용구매계약을 미성년자 스스로 취소하는 것을 신의칙 위반을 이유로 배척한다면, 이는 오히려 위 규정에 의해 배제하려는 결과를 실현시키는 셈이 되어 미성년자 제도의 입법 취지를 몰각시킬 우려가 있으므로, 법정대리인의 동의 없이 신용구매계약을 체결한 미성년자가 사후에 법정대리인의 동의 없음을 사유로 들어 이를 취소하는 것이 신의칙에 위배된 것이라고 할 수 없다(대판 2007. 11. 16, 2005다71659, 71666, 71673).

㈑ 강행규정을 위반한 법률행위를 한 사람이 스스로 그 무효를 주장하는 것이 신의칙에 위배되는 권리의 행사라는 이유로 이를 배척한다면 강행규정의 입법 취지를 몰각시키는 결과가 되므로 그러한 주장은 신의칙에 위배된다고 볼 수 없음이 원칙이다. **다만 신의칙을 적용하기 위한 일반적인 요건을 갖추고 강행규정성에도 불구하고 신의칙을 우선하여 적용할 만한 특별한 사정이 있는 예외적인 경우에는 강행규정을 위반한 법률행위의 무효를 주장하는 것이 신의칙에 위배될 수 있다.** 의료법 제48조 제3항은 의료법인이 재산을 처분하려면 시·도지사의 허가를 받아야 한다고 정하고 있다. 이는 의료법인이 재산을 부당하게 감소시키는 것을 방지함으로써 경영에 필요한 재산을 항상 갖추고 있도록 하여 의료법인의 건전한 발달을 도모하여 의료의 적정을 기하고 국민건강을 보호증진하게 하려는 데 그 목적이 있는 조항으로서 강행규정에 해당한다. 이 규정을 위반한 법률행위를 한 사람이 그 무효를 주장하는 것이 신의칙에 위배되는지는 위 법리에 따라 판단해야 한다(대판 2021. 11. 25, 2019다277157). ☞ 갑 의료법인의 기본재산인 토지에 을 지방자치단체가 건물을 신축하였고 갑 법인은 을 지방자치단체에 지상권설정등기를 해 주었는데, 갑 법인이 을 지방자치단체와 위탁경영 계약을 체결한 다음 위 건물에서 약 35년간 계속하여 병원을 운영하다가, 위 지상권설정등기가 의료법 제48조 제3항에서 정한 시·도지사의 허가 없는 상태에서 이루어진 것으로서 무효라고 주장하며 그 말소를 구한 사안에서, 위 지상권설정등기 말소청구는 신의성실의 원칙에 위배되어 허용될 수 없다고 한 사례.

2. 실효의 원칙

(1) 의 의

실효의 원칙이라 함은 권리자가 ① 장기간에 걸쳐 그 권리를 행사하지 아니함에 따라 ② 그 의무자인 상대방이 더 이상 권리자가 권리를 행사하지 아니할 것으로 신뢰할 만한 ③ 정당한 기대를 가지게 된 경우에 ④ 새삼스럽게 권리자가 그 권리를 행사하는 것은 법질서 전체를 지배하는 신의성실의 원칙에 위반되어 허용되지 아니한다는 것을 의미한다(대판 1996. 7. 30, 94다51840).

(2) 적용범위

1) 실효의 원칙은 **소멸시효에 걸리는 권리**에 대하여도 시효기간에 관계없이 적용될 수 있고, **소멸시효에 걸리지 않는 권리**(예컨대 소유권 등)에 대하여도 장기간 권리행사하지 않은 후 새롭게 행사하는 경우에 권리가 저지될 수도 있다. 판례도 부동산 소유권을 장기간 행사하지 않다가 소유권확인의 소를 제기한 사건에서 신의칙에 반한다고 판시한 바 있는데, 결과적으로 물권인 소유권에도 실효의 원칙을 받아들인 것으로 보인다(대판 1991. 8. 13, 91다11261).

2) 항소권과 같은 소송법상의 권리에 대하여도 실효의 원칙은 적용될 수 있다(대판 1996. 7. 30, 94다51840 판결).

3) 아래는 해제권(형성권)의 실효를 인정한 사안이다.

> **판 례** 해제의 의사표시가 있은 무렵을 기준으로 볼 때 무려 1년 4개월 가량 전에 발생한 **해제권**을 장기간 행사하지 아니하고 오히려 매매계약이 여전히 유효함을 전제로 잔존채무의 이행을 최고함에 따라 상대방으로서는 그 해제권이 더이상 행사되지 아니할 것으로 신뢰하였고 또 매매계약상의 매매대금 자체는 거의 전부가 지급된 점 등에 비추어 보면 그와 같이 신뢰한 데에는 정당한 사유도 있었다고 봄이 상당하다면, 그 후 새삼스럽게 그 해제권을 행사한다는 것은 신의성실의 원칙에 반하여 허용되지 아니한다 할 것이므로, 이제 와서 매매계약을 해제하기 위하여는 다시 이행제공을 하면서 최고를 할 필요가 있다(대판 1994. 11. 25, 94다12234).

4) 다만 **인지청구권**은 본인의 일신전속적인 신분관계상의 권리로서 **포기할 수도 없으며** 포기하였더라도 그 효력이 발생할 수 없는 것이고, 이와 같이 인지청구권의 포기가 허용되지 않는 이상 거기에 **실효의 법리가 적용될 여지도 없다**(대판 2001. 11. 27, 2001므1353).

(3) 판례의 검토

1) 징계면직처분을 다툼이 없이 다른 생업에 종사하여 오다가 징계면직일로부터 2년 10개월 가량이 경과한 후 제기한 해고무효확인의 소는 노동분쟁의 신속한 해결이라는 요청과 신의성실의 원칙 및 실효의 원칙에 비추어 허용될 수 없다(대판 1996. 11. 26, 95다49004).

2) 그런데 실효의 원칙이 적용되기 위하여 필요한 요건으로서의 **실효기간**(권리를 행사하지 아니한 기간)**의 길이**와 의무자인 상대방이 권리가 행사되지 아니하리라고 신뢰할 만한 정당한 사유가 있었는지의 여부는 **일률적으로 판단할 수 있는 것이 아니라** 구체적인 경우마다 권리를 행사하지 아니한 기간의 장단과 함께 권리자측과 상대방측 쌍방의 사정 및 객관적으로 존재한 사정 등을 모두 고려하여 사회통념에 따라 합리적으로 판단하여야 한다(대판 2006. 10. 27, 2004다63408).

3. 사정변경의 원칙

(1) 사정변경으로 인한 계약해지

사정변경으로 인한 계약해지는, 계약 성립 당시 당사자가 예견할 수 없었던 현저한 사정변경이 발생하였고 그러한 사정변경이 해제권을 취득하는 당사자에게 책임 없는 사유로 생긴 것으로서, 계약 내용대로 구속력을 인정한다면 신의칙에 현저히 반하는 결과가 생기는 경우에 **계약준수 원칙의 예외**로서 인정된다(대판 2011. 6. 24, 2008다44368).

> **판례** 계속적인 보증에 있어서는 보증계약 후 당초 예기하지 못한 사정변경이 생겨 보증인에게 계속하여 보증책임을 지우는 것이 당사자의 의사해석 내지 신의칙에 비추어 상당하지 못하다고 인정되는 경우에는, 상대방인 채권자에게 신의칙상 묵과할 수 없는 손해를 입게 하는 등의 특별한 사정이 없는 한 보증인의 일방적인 보증계약해지의 의사표시에 의하여 보증계약을 해지할 수 있다(대판 1996. 12. 10, 96다27858). 따라서 회사의 임원이나 직원의 지위에 있기 때문에 회사의 요구로 부득이 회사와 제3자 사이의 계속적 거래로 인한 회사의 채무에 대하여 보증인이 된 자가 **그 후 회사로부터 퇴사하여 임원이나 직원의 지위를 떠난 때**에는 보증계약 성립 당시의 사정에 현저한 변경이 생긴 경우에 해당하므로 **사정변경을 이유로 보증계약을 해지할 수 있다**고 보아야 하며, 위 계속적 보증계약에서 보증기간을 정하였다고 하더라도 그것이 특히 퇴사 후에도 보증채무를 부담키로 특약한 취지라고 인정되지 않는 한 위와 같은 해지권의 발생에 영향이 없다(대판 1990. 2. 27, 89다카1381).

> **비교판례** 사정변경을 이유로 보증계약을 해지할 수 있는 것은 **포괄근보증이나 한정근보증과 같이 채무액이 불확정적이고 계속적인 거래로 인한 채무에 대하여 한 보증에 한하는바**, 회사의 이사로 재직하면서 보증 당시 그 채무액과 변제기가 특정되어 있는 회사의 확정채무에 대하여 보증을 한 후 이사직을 사임하였다 하더라도, **사정변경을 이유로 보증계약을 해지할 수 없다**(대판 1996. 2. 9, 95다27431).

(2) 사정변경으로 인한 계약해제

> **판례[1]** 이른바 사정변경으로 인한 계약해제는, ① 계약성립 당시 당사자가 예견할 수 없었던 현저한 사정의 변경이 발생하였고 ② 그러한 사정의 변경이 해제권을 취득하는 당사자에게 책임 없는 사유로 생긴 것으로서, ③ 계약내용대로의 구속력을 인정한다면 신의칙에 현저히 반하는 결과가 생기는 경우에 **계약준수 원칙의 예외**로서 인정되는 것이고, 여기에서 말하는 사정이라 함은 **계약의 기초가 되었던 객관적인 사정**으로서, 일방당사자의 주관적 또는 개인적인 사정을 의미하는 것은 아니다. 또한, **계약의 성립에 기초가 되지 아니한 사정**이 그 후 변경되어 일방당사자가 계약 당시 의도한 계약목적을 달성할 수 없게 됨으로써 손해를 입게 되었다 하더라도 특별한 사정이 없는 한 그 계약내용의 효력을 그대로 유지하는 것이 신의칙에 반한다고 볼 수도 없다(대판 2007. 3. 29, 2004다31302).

> **판례[2]** 판례는 계약을 체결할 때 예견할 수 없었던 사정이 발생함으로써 야기된 불균형을 해소하고자 신의성실 원칙의 파생원칙으로서 사정변경의 원칙을 인정하고 있다. 즉, 계약 성립의 기초가 된 사정이 현저히 변경되고 당사자가 계약의 성립 당시 이를 예견할 수 없었으며, 그로 인하여 계약을 그대로 유지하는 것이 당사자의 이해에 중대한 불균형을 초래하거나 계약을 체결한 목적을 달성할 수 없는 경우에는 계약준수 원칙의 예외로서 사정변경을 이유로 계약을 해제하거나 해지할 수 있다. 여기에서 말하는 사정이란 당사자들에게 **계약 성립의 기초가 된 사정**을 가리키고, 당사자들이 **계약의 기초로 삼지 않은 사정**이나 어느 일방당사자가 **변경에 따른 불이익이나 위험을 떠안기로 한 사정**은 포함되지 않는다. 사정변경에 대한 예견가능성이 있었는지

는 **추상적 · 일반적으로 판단할 것이 아니라, 구체적인 사안에서** 계약의 유형과 내용, 당사자의 지위, 거래 경험과 인식가능성, 사정변경의 위험이 크고 구체적인지 등 여러 사정을 종합적으로 고려하여 **개별적으로 판단하여야 한다.** 이때 합리적인 사람의 입장에서 볼 때 당사자들이 사정변경을 예견했다면 계약을 체결하지 않거나 다른 내용으로 체결했을 것이라고 기대되는 경우 특별한 사정이 없는 한 예견가능성이 없다고 볼 수 있다. 경제상황 등의 변동으로 당사자에게 손해가 생기더라도 **합리적인 사람의 입장에서 사정변경을 예견할 수 있었다면** 사정변경을 이유로 계약을 해제하거나 해지할 수 없다. 특히 **계속적 계약에서는** 계약의 체결 시와 이행 시 사이에 간극이 크기 때문에 당사자들이 예상할 수 없었던 **사정변경이 발생할 가능성이 높지만,** 이러한 경우에도 계약을 해지하려면 경제상황 등의 변동으로 **당사자에게 불이익이 발생했다는 것만으로는 부족하고 위에서 본 요건을 충족하여야 한다**(대판 2021. 6. 30, 2019다276338).

4. 권리남용금지의 원칙

> **제2조(신의성실)**
> ② 권리는 남용하지 못한다.

(1) 의 의

민법 제2조 제2항은 권리남용 금지 원칙에 관하여 "권리는 남용하지 못한다."라고 정한다. 권리남용에 해당하는지는 **구체적인 사안에서 개별적으로 판단**해야 하는데, 권리 행사자에게 아무런 이익이 없는데도 상대방을 괴롭히기 위해 권리를 행사하거나 권리 행사에 따른 이익과 손해를 비교하여 권리 행사가 사회 관념에 비추어 도저히 허용할 수 없는 정도로 막대한 손해를 상대방에게 입히게 한다거나 권리 행사로 말미암아 사회질서와 신의성실의 원칙에 반하는 결과를 초래하는 경우에는 권리남용으로서 허용되지 않는다(대판 2021. 11. 11, 2020다254280).

(2) 연혁검토(근대국가에서 성문화)

고대 로마에서 인정되던 신의성실원칙과는 달리 권리남용금지의 원칙은 근대에 와서야 비로소 명문화 되었는데, 독일에서는 시카네 금지원칙을 민법에 명문화하였고(Schikane란 타인을 해할 목적만으로써 하는 권리의 행사를 말한다), 이는 '타인을 해할 목적'이라는 주관적 요건을 요구하는 것이었다. 그러나 스위스에서는 주관적 요건을 요구하지 않고 객관적으로 권리의 행사가 그 본래의 사회적 목적 내지 승인을 벗어난 경우에는 권리남용으로 인정하였다.

(3) 권리남용의 요건

1) 권리의 행사 또는 불행사

우선 권리가 존재하고 그 권리가 권리자에 의하여 적극적이든 소극적이든 행사되어야 한다. 그리고 권리불행사도 권리남용이 될 수 있다.

2) 권리의 행사 또는 불행사가 권리 본래의 사회적 목적에 부합하지 아니할 것

이는 구체적으로 권리의 행사 또는 불행사가 신의칙에 위반하는가, 사회질서에 위반하는가로 판단되는데, 결국 권리행사자의 이익과 그로 인하여 침해되는 상대방 또는 일반인의 이익과의 현저한 불균형을 의미한다. 이를 권리남용의 객관적 요건이라 한다.

3) 주관적 요건이 요구되는가의 문제

판례는 ① 주관적 요건과 객관적 요건을 모두 요구한 사례, ② 객관적 사정에 의해 주관적 요건을 추인할 수도 있다는 사례, ③ 주관적 요건은 필요 없다고 한 사례 등 세 가지의 태도가 모두 존재한다.

> **판례** ① 권리 행사가 권리의 남용에 해당한다고 할 수 있으려면, **주관적으로** 그 권리 행사의 목적이 오직 상대방에게 고통을 주고 손해를 입히려는 데 있을 뿐 행사하는 사람에게 아무런 이익이 없는 경우이어야 하고, **객관적으로는** 그 권리 행사가 사회질서에 위반된다고 볼 수 있어야 한다. 이와 같은 경우에 해당하지 않는 한 **비록 그 권리의 행사에 의하여 권리행사자가 얻는 이익보다 상대방이 잃을 손해가 현저히 크다고 하여도 그러한 사정만으로는 이를 권리남용이라 할 수 없다**(대판 2010. 2. 25, 2009다58173).
> ② 권리의 행사가 주관적으로 오직 상대방에게 고통을 주고 손해를 입히려는 데 있을 뿐 이를 행사하는 사람에게는 아무런 이익이 없고, 객관적으로 사회질서에 위반된다고 볼 수 있으면, 그 권리의 행사는 권리남용으로서 허용되지 아니하고, 그 권리의 행사가 상대방에게 고통이나 손해를 주기 위한 것이라는 **주관적 요건**은 권리자의 정당한 이익을 결여한 권리행사로 보여지는 **객관적인 사정에 의하여 추인할 수 있다**(대판 2010. 12. 9, 2010다59783).
> ③ (ㄱ) 당사자가 상계의 대상이 되는 채권이나 채무를 취득하게 된 목적과 경위, 상계권을 행사함에 이른 구체적·개별적 사정에 비추어, 그것이 위와 같은 상계 제도의 목적이나 기능을 일탈하고, 법적으로 보호받을 만한 가치가 없는 경우에는 그 **상계권의 행사**는 신의칙에 반하거나 상계에 관한 권리를 남용하는 것으로서 허용되지 않는다고 함이 상당하고, 상계권 행사를 제한하는 위와 같은 근거에 비추어 볼 때 **일반적인 권리 남용의 경우에 요구되는 주관적 요건을 필요로 하는 것은 아니다**(대판 2003. 4. 11, 2002다59481). (ㄴ) 상표권자가 당해 상표를 출원·등록하게 된 목적과 경위, 상표권을 행사하기에 이른 구체적·개별적 사정 등에 비추어, 상대방에 대한 상표권의 행사가 상표사용자의 업무상의 신용유지와 수요자의 이익보호를 목적으로 하는 상표제도의 목적이나 기능을 일탈하여 공정한 경쟁질서와 상거래 질서를 어지럽히고 수요자 사이에 혼동을 초래하거나 상대방에 대한 관계에서 신의성실의 원칙에 위배되는 등 법적으로 보호받을 만한 가치가 없다고 인정되는 경우에는, 그 **상표권의 행사**는 비록 권리행사의 외형을 갖추었다 하더라도 등록상표에 관한 권리를 남용하는 것으로서 허용될 수 없고, 상표권의 행사를 제한하는 위와 같은 근거에 비추어 볼 때 상표권 행사의 목적이 오직 상대방에게 고통을 주고 손해를 입히려는 데 있을 뿐 이를 행사하는 사람에게는 아무런 이익이 없어야 한다는 **주관적 요건을 반드시 필요로 하는 것은 아니다**(대판 2007. 1. 25, 2005다67223).

(4) 권리남용의 효과

1) 의도한 효과 불발생

권리의 행사가 남용으로 판단되면, 일반적으로 권리자가 의도한 효과는 생기지 않게 된다. 즉 지배권·청구권·형성권·항변권 등의 효과가 발생하지 않게 된다. 그러나 법에서 특별히 권리를 소멸(박탈)시키는 것이 아닌 한 원칙적으로 권리자가 권리를 의도하는대로 행사할 수 없게 될 뿐, **권리자체가 박탈되는 것이 아니다.** 예컨대 소유권의 행사가 권리남용으로 인정되면 소유권 자체를 박탈하는 것이 아니라 소유권에 기한 물권적 청구권의 행사가 저지될 뿐이다. 권리 그 자체의 소멸과 박탈은 예외적인 것이다. 극히 예외적으로 권리가 박탈되는 경우로는 친권남용의 경우 친권상실선고를 들 수 있다(제924조 참조).

2) 불법행위책임
한편 권리남용자에게는 불법행위의 성립도 긍정될 수 있다(대판 1964. 7. 14, 64아4).

3) 강제조정기능
권리남용이 되면 의도하는 효과가 발생하지 않는 대신 당사자의 법익을 형량하여 강제조정의 역할을 할 수도 있다.

> **판례** 계쟁토지가 학교의 교사부지 등으로 사용되는 사정을 알면서 양수한 후 20년 가까이 인도청구를 하지 않았다면 부당이득반환청구는 몰라도 토지자체의 인도청구는 신의성실의 원칙상 허용될 수 없다(대판 1992. 11. 10, 92다20170).

(5) 권리남용에 관한 구체적 판례들
1) 주택소유자인 딸이 父를 모시고 사는 남동생을 상대로 명도를 구하고 父를 상대로 퇴거를 구하는 청구는 부자간의 인륜을 파괴하는 행위로서 권리남용에 해당한다(대판 1998. 6. 12, 96다52670).

2) 한국전력공사는 정당한 권원에 의하여 이 사건 토지를 수용하였으나 손실보상금 공탁에 있어서의 착오로 부적법한 공탁이 되어, 토지소유자가 그 변전소의 철거와 토지의 인도를 청구한 사안에서 이러한 권리행사는 주관적으로는 그 목적이 오로지 상대방에게 고통을 주고 손해를 입히려는 데 있고, 객관적으로는 사회질서에 위반된 것이어서 권리남용에 해당한다고 하였다(대판 1999. 9. 7, 99다27613).

> **비교판례** 토지소유자가 토지 상공에 송전선이 설치되어 있는 사정을 알면서 그 토지를 취득한 후 13년이 경과하여 그 송전선의 철거를 구한 사안에서, 한전이 송전선 설치에 따른 토지이용권 확보나 적절한 보상이 현재까지 없는 점에 비추어 볼 때, 위 청구가 권리남용에 해당하지는 않는다고 보았다(대판 1996. 5. 14, 94다54283).

3) 어떤 토지가 개설경위를 불문하고 일반 공중의 통행에 공용되는 도로, 즉 공로가 되면 그 부지의 소유권 행사는 제약을 받게 되며, 이는 소유자가 수인하여야 하는 재산권의 사회적 제약에 해당한다. 따라서 **공로 부지의 소유자가 이를 점유·관리하는 지방자치단체를 상대로 공로로 제공된 도로의 철거, 점유 이전 또는 통행금지를 청구**하는 것은 법질서상 원칙적으로 허용될 수 없는 '**권리남용**'이라고 보아야 한다(대판 2021. 3. 11, 2020다229239). 그 경우 특별한 사정이 없는 한 도로 지하 부분에 매설된 시설에 대한 철거 등 청구도 '**권리남용**'이라고 봄이 상당하다(대판 2023. 9. 14, 2023다214108). ☞ 갑이 소유권을 취득한 임야 중 도로 부분이 그전부터 인근 주민들 등 불특정 다수의 통행로로 사용되어 왔고, 그 후 을 지방자치단체가 위 도로에 하수관과 오수맨홀을 매설하였으며, 도로 일부는 콘크리트 포장이 되어 있는데, 갑이 을 지방자치단체를 상대로 하수관, 오수맨홀, 콘크리트 포장 철거 및 도로 부분 인도를 구한 사안에서…중략…통행로 개설 이후의 경과, 도로 부분의 위치와 면적 비율, 도로 및 지하 시설의 이용 현황 등에 비추어 도로 및 지하 부분에 매설된 시설의 철거와 도로 부분의 인도를 청구하는 것은 권리남용에 해당할 여지가 있는데도, 이와 달리 본 원심판단에 법리오해 등의 잘못이 있다고 한 사례.

4) 송금의뢰인이 착오송금임을 이유로 거래은행을 통하여 혹은 수취은행에 직접 송금액의 반환을 요청하고, 수취인도 송금의뢰인의 착오송금에 의하여 수취인의 계좌에 금원이 입금된 사실을 인정하여 수취은행에 그 반환을 승낙하고 있는 경우, **수취은행이 수취인에 대한 대출채권 등을 자동채권으로 하여 수취인의 계좌에 착오로 입금된 금원 상당의 예금채권과 상계하는 것은** 수취은행이 선의인 상태에서 수취인의 예금채권을 담보로 대출을 하여 그 자동채권을 취득한 것이라거나 그 예금채권이 이미 제3자에 의하여 압류되었다는 등의 특별한 사정이 없는 한, 공공성을 지닌 자금이체시스템의 운영자가 그 이용자인 송금의뢰인의 실수를 기화로 그의 희생하에 당초 기대하지 않았던 채권회수의 이익을 취하는 행위로서 상계제도의 목적이나 기능을 일탈하고 법적으로 보호받을 만한 가치가 없으므로, **송금의뢰인에 대한 관계에서 신의칙에 반하거나 상계에 관한 권리를 남용하는 것이다.** 수취인의 계좌에 착오로 입금된 금원 상당의 예금채권이 이미 제3자에 의하여 압류되었다는 특별한 사정이 있어 수취은행이 수취인에 대한 대출채권 등을 자동채권으로 하여 수취인의 그 예금채권과 상계하는 것이 허용되더라도 이는 피압류채권액의 범위 내에서만 가능하고, 그 범위를 벗어나는 상계는 신의칙에 반하거나 권리를 남용하는 것으로서 허용되지 않는다(대판 2022. 7. 14, 2020다212958).

5) 소멸시효와 권리남용

채무자의 소멸시효에 기한 항변권의 행사도 우리 민법의 대원칙인 신의성실의 원칙과 권리남용 금지의 원칙의 지배를 받는 것이어서, ① 채무자가 시효완성 전에 채권자의 권리행사나 시효중단을 불가능 또는 현저히 곤란하게 하였거나, ② 그러한 조치가 불필요하다고 믿게 하는 행동을 하였거나, ③ 객관적으로 채권자가 권리를 행사할 수 없는 장애사유가 있었거나, 또는 ④ 일단 시효완성 후에 채무자가 시효를 원용하지 아니할 것 같은 태도를 보여 권리자로 하여금 그와 같이 신뢰하게 하였거나,

⑤ 채권자보호의 필요성이 크고 같은 조건의 다른 채권자가 채무의 변제를 수령하는 등의 사정이 있어 채무이행의 거절을 인정함이 현저히 부당하거나 불공평하게 되는 등의 특별한 사정이 있는 경우에는 채무자가 소멸시효의 완성을 주장하는 것이 신의성실의 원칙에 반하여 권리남용으로서 허용될 수 없다(대판 2011. 10. 27, 2011다54709).

> **판 례** ① 그러나 국가에게 국민을 보호할 의무가 있다는 사유만으로 국가가 소멸시효의 완성을 주장하는 것 자체가 신의성실의 원칙에 반하여 권리남용에 해당한다고 할 수는 없으므로, 국가의 소멸시효 완성 주장이 신의칙에 반하고 권리남용에 해당한다고 하려면 앞서 본 바와 같은 특별한 사정이 인정되어야 한다(대판 2011. 10. 27, 2011다54709).
> ② 국가기관이 수사과정에서 한 위법행위 등으로 수집한 증거 등에 기초하여 공소가 제기되고 유죄 확정판결까지 받았으나 재심사유의 존재 사실이 뒤늦게 밝혀짐에 따라 재심절차에서 무죄판결이 확정된 다음 국가기관의 위법행위를 원인으로 국가를 상대로 손해배상을 청구하는 경우, 재심절차에서 **무죄판결이 확정될 때까지**는 채권자가 손해배상청구를 할 것을 기대할 수 없는 **사실상 장애사유가 있었다**고 볼 것이다. 따라서 이러한 경우 **채무자인 국가의 소멸시효 완성 항변은 신의성실의 원칙에 반하여 권리남용으로 허용될 수 없다.** 수사과정에서 불법구금이나 고문을 당한 사람이 그에 이은 공판절차에서 유죄 확정판결을 받고 수사관들을 직권남용, 감금 등 혐의로 고소하였으나 검찰에서 '혐의 없음' 결정까지 받았다가 나중에 재심절차에서 범죄의 증명이 없는 때에 해당한다는 이유로 형사소송법 제325조 후단에 따라 무죄판결을 선고받은 경우, 이러한 **무죄판결이 확정될 때까지는** 국가를 상대로 불법구금이나 고문을 원인으로 한 **손해배상청구를 할 것을 기대할 수 없는 장애사유가 있었다**고 보아야 한다(대판 2019. 1. 31, 2016다258148).
> ③ 사용자가 근로자에게 미지급 임금 중 일부를 지급하는 등 사용자가 임금채무를 자진하여 변제할 것과 같은 태도를 보임에 따라, 근로자가 이를 신뢰하고 그 임금에 대한 권리행사나 시효중단 조치를 별도로 취하지 않았던 사안에서, 사용자가 미지급 임금채무 중 일부에 관하여 소멸시효의 완성을 주장하는 것은 권리남용으로 허용될 수 없다(대판 2010. 6. 10, 2010다8266).

6) 판결에 의한 집행이 권리남용이 되는 경우(판결의 편취)

판결이 확정되면 기판력에 의하여 대상이 된 청구권의 존재가 확정되고 그 내용에 따라 집행력이 발생한다. 확정판결에 의한 권리라 하더라도 신의에 좇아 성실히 행사되어야 하고 **판결에 기한 집행이 권리남용이 되는 경우**(예컨대 판결의 편취, 편집자 주)에는 허용되지 않으므로 집행채무자는 청구이의의 소에 의하여 집행의 배제를 구할 수 있다. 그러나 법적 안정성을 위하여 확정판결에 기판력을 인정한 취지 및 확정판결의 효력을 배제하려면 재심의 소에 의하여 취소를 구하는 것이 원칙적인 방법인 점 등에 비추어 볼 때, 확정판결에 따른 강제집행이 권리남용에 해당한다고 쉽게 인정하여서는 안 되고, 이를 인정하기 위해서는 확정판결의 내용이 실체적 권리관계에 배치되는 경우로서 그에 기한 집행이 현저히 부당하고 상대방으로 하여금 집행을 수인하도록 하는 것이 정의에 반함이 명백하여 사회생활상 용인할 수 없다고 인정되는 것과 같은 특별한 사정이 있어야 한다. 그리고 이때 확정판결의 내용이 실체적 권리관계에 배치된다는 점은 확정판결에 기한 강제집행이 권리남용이라고 주장하며 집행 불허를 구하는 자가 주장·증명하여야 한다(대판 2017. 9. 21, 2017다232105).

┃판례┃ ① 소송당사자가 허위의 주장으로 법원을 기망하고 상대방의 권리를 해할 의사로 상대방의 소송관여를 방해하는 등 부정한 방법으로 실체의 권리관계와 다른 내용의 확정판결을 취득하여 그 판결에 기하여 강제집행을 하는 것은 정의에 반하고 사회생활상 도저히 용인될 수 없는 것이어서 권리남용에 해당한다고 할 것이지만, 위 확정판결에 대한 재심의 소가 각하되어 확정되는 등으로 위 확정판결이 취소되지 아니한 이상 **위 확정판결에 기한 강제집행으로 취득한 채권을 법률상 원인 없는 이득이라고 하여 반환을 구하는 것**은 위 확정판결의 기판력에 저촉되어 허용될 수 없다(대판 2001. 11. 13, 99다32905).

② 판결이 확정되면 기판력에 의하여 그 대상이 된 청구권의 존재가 확정되고, 그 내용에 따라 집행력이 발생하는 것이므로, 그에 따른 집행이 **불법행위**를 구성하기 위하여는 그 소송당사자가 상대방의 권리를 해할 의사로 상대방의 소송관여를 방해하거나 허위의 주장으로 법원을 기망하는 등 부정한 방법으로 실제와 다른 내용의 확정판결을 취득하고, 그 집행을 하는 것과 같은 특별한 사정이 있어야 하는 것이고, 그와 같은 사정이 없는 한 다른 소송에서 그 확정판결에 반하는 내용의 판결이 선고되어 확정되었다 하더라도 그러한 사정만으로 그 제소나 집행행위가 불법행위를 구성한다고 할 수 없다(대판 1991. 2. 26, 90다6576).

③ 위와 같이 확정판결에 기한 집행이 권리남용에 해당하여 청구이의의 소에 의하여 집행의 배제를 구할 수 있는 정도의 경우라면 그러한 **판결금 채권에 기초한 다른 권리의 행사, 예를 들어 판결금 채권을 피보전채권으로 하여 채권자취소권을 행사하는 것** 등도 허용될 수 없다고 보아야 한다(대판 2014. 2. 21, 2013다75717).

Ⅳ. 신의칙에 관한 기타 판례

채권자가 채권을 확보하기 위하여 제3자의 부동산을 채무자에게 명의신탁하도록 한 다음 동 부동산에 대하여 강제집행을 하는 따위의 행위는 신의칙에 비추어 허용할 수 없다(대판 1981. 7. 7, 80다2064).

권리의 주체

권리의 귀속자를 권리주체라 하며, 권리의 귀속자는 의무의 귀속자이기도 하다.

Ⅰ. 권리능력의 의의

> **제3조(권리능력의 존속기간)**
> 사람은 생존한 동안 권리와 의무의 주체가 된다.

1. 의 의

(1) 권리능력이란 '권리·의무의 주체가 될 수 있는 자격 내지 지위'를 말한다. 권리능력의 개념은 사법관계에 있어서 각자가 자유롭게 재산관계나 가족관계를 맺을 수 있는 일반적·추상적 자격을 말하는 것이고, 구체적·현실적으로 어떠한 권리를 취득하고 의무를 부담하느냐 하는 것과는 별개이다.

(2) 우리 민법에 의하면 원칙적으로 생존하는 모든 자연인(국적여하를 묻지 않고)은 평등하게 권리능력을 갖는다(제3조).

(3) 사람은 **출생**과 동시에 당연히 권리능력을 취득하고 **사망**과 동시에 권리능력을 상실한다.

(4) 사람은 태아가 전부노출시 생존의 시작이 되고 맥박이 종지된 후에는 사망한 것으로 본다.

2. 특 징

(1) 능력에 관한 규정은 사회질서에 관한 근본규정으로서 당사자의 의사에 의하여 그 적용을 배제할 수 없는 강행규정이다.

(2) 피한정후견인이나 피성년후견인은 행위능력이 제한되는 것이지 권리능력이 제한되는 것은 아니다.

Ⅱ. 태아의 권리능력

1. 의 의

본래 자연인에게 어떤 청구권이 발생하려면, 원인사실의 발생 당시에 그는 「생존」해 있어야 한다(제3조). 다만 태아의 경우 우리 민법은 구체적인 사안에 따라 특별히 법률로 정한 경우에 한해 예외적으로 권리능력을 인정한다(개별적 보호주의). 입법례에 따라서는 태아를 일반적으로 보호하는 나라도 있으나 우리 민법은 아래에서처럼 개별적 사항에 관하여만 보호를 한다.

2. 민법의 개별보호주의

(1) 불법행위에 기한 손해배상청구(제762조)

> **제762조(손해배상청구권에 있어서의 태아의 지위)**
> 태아는 손해배상의 청구권에 관하여는 이미 출생한 것으로 본다.

본조는 태아 자신이 불법행위에 의한 피해자가 되는 경우에 관한 것이다. 즉 태아 자신도 불법행위의 객체가 된다는 것이다(父의 생명침해로 인한 父의 재산상·정신상 손해배상청구권은 태아의 상속능력의 문제로 처리된다. 아래 사례연습 참조).

(2) 상 속

> **제1000조(상속의 순위)**
> ③ 태아는 상속순위에 관하여는 이미 출생한 것으로 본다.

(3) 유 증

> **제1064조(유언과 태아, 상속결격자)**
> 제1000조 제3항, 제1004조의 규정은 수증자에 준용한다.

유언자 사망시 태아에 대한 유증은 유효하다(제1064조). 유증은 유언으로 재산을 타인에게 무상으로 주는 단독행위이며, 계약인 증여와는 다르다.

(4) 인 지

> **제858조(포태중인 자의 인지)**
> 부는 포태 중에 있는 자에 대하여도 이를 인지할 수 있다.

인지란 혼인외의 子에 대해 생부 또는 생모가 자기의 子로서 승인하여 법률상 친자관계를 생기게 하는 단독행위이다. 그런데 父는 태아를 인지할 수 있으나, 태아에게는 인지청구권이 없다(제858조).

(5) 사인증여에 관한 태아의 권리능력

사인증여에는 유증에 관한 규정을 준용한다는 제562조에도 불구하고 판례는 태아의 수증능력을 부정하며, 또 태아인 동안에는 법정대리인이 있을 수 없으므로, 법정대리인에 의한 수증행위도 할 수 없다고 한다.

3. "이미 출생한 것으로 본다"는 의미

(1) 해제조건설(다수설)

1) 태아는 이미 출생한 것으로 보고, 개별사항의 범위 내에서 제한된 권리능력을 가지며 법정대리의 규정이 태아에게 적용된다는 견해이다(제한적 인격설).
2) 해제조건설에 따르면 법정대리인(예를 들면 모친)이 태아를 대리하여 그 권리를 처분하는 것이 가능하게 된다.
3) 해제조건설의 근거는 포태로부터 정상적인 출산에 이르는 확률 쪽이 사산에 이르는 확률보다 결정적으로 높은 점을 근거로 한다.

(2) 정지조건설(판례)

태아로 있는 동안에는 아직 권리능력을 취득하지 못하고 살아서 출생하는 경우에 비로소 권리능력을 취득하게 되며, 다만 그 권리능력 취득의 효과가 문제 되는 시점까지 소급한다는 견해이다.

> **판례** ① 태아가 특정한 권리에 있어서 이미 태어난 것으로 본다는 것은 살아서 출생한 때에 출생시기가 문제의 사건의 시기까지 소급하여 그 때에 태아가 출생한 것과 같이 법률상 보아 준다고 해석하여야 상당하므로 **그가 모체와 같이 사망하여 출생의 기회를 못 가진 이상 배상청구권을 논할 여지 없다**(대판 1976. 9. 14, 76다1365).
> ② 의용 민법이나 구관습하에 태아에게는 일반적으로 권리능력이 인정되지 아니하고 손해배상청구권 또는 상속 등 특별한 경우에 한하여 제한된 권리능력을 인정하였을 따름이므로 **증여에 관하여는 태아의 수증능력이 인정되지 아니하였고, 또 태아인 동안에는 법정대리인이 있을 수 없으므로 법정대리인에 의한 수증행위도 할 수 없다**(대판 1982. 2. 9, 81다534).

〈태아의 권리능력〉

구 분	해제조건설	정지조건설
태아인 상태에서 권리능력 긍정여부	태아인 상태에서 인정할 수 있다.	태아인 상태에서는 인정할 수 없다.
법정대리인	태아를 위한 법정대리인을 인정할 수 있다는 입장이다.	현행 민법상 母(모)에게 태아의 법정대리인의 지위를 인정하는 명문규정이 없기 때문에 태아를 위한 법정대리인을 인정할 수 없다고 한다.
학설의 근거	의학의 발달로 태아의 사산율보다는 출산율이 높기 때문에 타인에게 불측의 손해를 줄 우려가 많지 않다.	해제조건을 인정할 경우 태아가 사산되는 경우에는 상속분할을 다시 하여야 하는 복잡한 법률관계가 문제된다.
유의점	**태아가 사산하였다면 어느 견해에 따르더라도 권리능력을 갖지 못한다.**	

4. 태아의 권리능력 사례연습

(1) 甲은 운전부주의로 임산부 乙을 치어 乙은 사망하고 한편 7개월 된 태아도 사산되고 말았다. 이에 사산한 태아의 아버지인 丙은 甲을 상대로 태아의 손해배상 및 乙의 사망으로 인한 자신의 정신상 고통, 즉 위자료를 청구하였다. 이 경우 태아의 손해배상청구 부분에 있어서, 丙의 청구는 인정될 수 있는가?

☞ 우리 법은 태아의 보호에 관하여 개별적 보호주의를 취하고 있는데, 유의할 점은 이들 권리는 태아가 최소한 살아서 출생하는 것을 전제로 한다는 점이다. 따라서 丙의 청구는 학설대립(정지조건설·해제조건설)과 관계없이 인정될 수 없는 것이다.

> **[판례]** 태아가 특정한 권리에 있어서 이미 태어난 것으로 본다는 것은 살아서 출생한 때에 출생시기가 문제의 사건의 시기까지 소급하여 그 때에 태아가 출생한 것과 같이 법률상 보아 준다고 해석하여야 상당하므로 그가 모체와 같이 사망하여 출생의 기회를 못 가진 이상 배상청구권을 논할 여지 없다(대판 1976. 9. 14, 76다1365).

(2) A는 운전부주의로 출근하는 B를 치어 사망케 하였다. 그런데 B에게는 처 C와 태아인 D가 있는 바, D는 A를 상대로 자신의 손해배상을 청구할 수 있는가?

☞ ① 제762조는 예컨대 직계존속의 생명침해에 대하여 태아 자신이 위자료를 청구하는 경우처럼 태아 자신이 불법행위에 의한 피해자가 되는 경우에 관한 것이다. 즉 태아도 아버지의 사망으로 인하여 정신적 고통을 입었으므로 태아에게도 고유의 손해배상청구권이 인정된다는 것이다. 따라서 위 사례에서는 출생을 전제로 태아 D의 손해배상청구가 긍정된다. 다만 학설의 대립은 태아인 상태에서 즉시 청구 가능한가(해제조건설), 아니면 태아인 상태에서는 인정되지 않고 출생을 조건으로 하는가(정지조건설)의 문제이다. ② 반면에 父의 생명침해로 인한 父의 재산상·정신

상 손해배상청구권은 태아의 상속능력(제1000조 제3항)의 문제로 처리된다. 즉, 위 사례에서 B는 A에 대하여 재산상·정신상 손해배상청구권을 취득하는데, B가 사망하였으므로 결국 D가 이를 상속하여 행사할 수밖에 없고, 이때 D는 태아이지만 제1000조 제3항에 의하여 상속능력이 인정된다는 것이다.

5. 최신판례 산책

상해보험계약을 체결할 때 약관 또는 보험자와 보험계약자의 개별 약정으로 태아를 상해보험의 피보험자로 할 수 있다. 그 이유는 다음과 같다. 상해보험은 피보험자가 보험기간 중에 급격하고 우연한 외래의 사고로 인하여 신체에 손상을 입는 것을 보험사고로 하는 인보험이므로, 피보험자는 신체를 가진 사람(인)임을 전제로 한다(상법 제737조). 그러나 상법상 상해보험계약 체결에서 태아의 피보험자 적격이 명시적으로 금지되어 있지 않다. 인보험인 상해보험에서 피보험자는 '보험사고의 객체'에 해당하여 그 신체가 보험의 목적이 되는 자로서 보호받아야 할 대상을 의미한다. 헌법상 생명권의 주체가 되는 태아의 형성 중인 신체도 그 자체로 보호해야 할 법익이 존재하고 보호의 필요성도 본질적으로 사람과 다르지 않다는 점에서 보험보호의 대상이 될 수 있다. 이처럼 약관이나 개별 약정으로 출생 전 상태인 태아의 신체에 대한 상해를 보험의 담보범위에 포함하는 것이 보험제도의 목적과 취지에 부합하고 보험계약자나 피보험자에게 불리하지 않으므로 상법 제663조에 반하지 아니하고 민법 제103조의 공서양속에도 반하지 않는다. 따라서 계약자유의 원칙상 태아를 피보험자로 하는 상해보험계약은 유효하고, 그 보험계약이 정한 바에 따라 보험기간이 개시된 이상 출생 전이라도 태아가 보험계약에서 정한 우연한 사고로 상해를 입었다면 이는 보험기간 중에 발생한 보험사고에 해당한다(대판 2019. 3. 28, 2016다211224).

Ⅲ. 권리능력의 소멸

자연인의 출생은 모체로부터 전부노출될 때로 보나, 사망시점에 대하여는 맥박종지설(통설)과 뇌사설(소수설)의 대립이 있다.

1. 장기이식등에관한법률에서 뇌사의 개념

뇌사자가 이 법에 의한 장기 등의 적출로 사망한 때에는 뇌사의 원인이 된 질병 또는 행위로 인하여 사망한 것으로 본다(동법 제21조 제1항). 나아가 뇌사자의 사망시각은 뇌사판정위원회가 뇌사판정을 한 시각으로 한다(동법 제21조 제2항). 따라서 장기적출과 관련되어 동법이 적용되는 경우에는 사망의 시기에 대하여는 뇌사설을 채택하고 있다. 하지만 기타 사망의 경우는 아직 맥박종지설이 통설이다.

2. 동시사망

> **제30조(동시사망)**
> 2인 이상이 동일한 위난으로 사망한 경우에는 동시에 사망한 것으로 추정한다.

민법 제30조에 의하면, 2인 이상이 동일한 위난으로 사망한 경우에는 동시에 사망한 것으로 추정하도록 규정하고 있는 바, 이 추정은 <u>법률상 추정</u>으로서 이를 번복하기 위하여는 동일한 위난으로 사망하였다는 전제사실에 대하여 법원의 확신을 흔들리게 하는 반증을 제출하거나 또는 각자 다른 시각에 사망하였다는 점에 대하여 법원에 확신을 줄 수 있는 본증을 제출하여야 하는데, 이 경우 <u>사망의 선후</u>에 의하여 관계인들의 법적 지위에 중대한 영향을 미치는 점을 감안할 때 충분하고도 명백한 입증이 <u>없는 한 위 추정은 깨어지지 아니한다</u>고 보아야 한다(대판 1998. 8. 21, 98다8974).

Ⅳ. 의사능력과 행위능력

1. 의사능력

(1) 의 의

판례 [1] 의사능력이란 자신의 행위의 의미나 결과를 정상적인 인식력과 예기력을 바탕으로 합리적으로 판단할 수 있는 정신적 능력 내지는 지능을 말하는바, 특히 어떤 법률행위가 그 일상적인 의미만을 이해하여서는 알기 어려운 특별한 법률적인 의미나 효과가 부여되어 있는 경우 의사능력이 인정되기 위하여는 그 행위의 **일상적인 의미뿐만 아니라 법률적인 의미나 효과에 대하여도** 이해할 수 있을 것을 요한다고 보아야 하고, <u>의사능력의 유무는 **구체적**인 법률행위와 관련하여 **개별적**으로 판단되어야 할 것이다.</u> [2] 지능지수가 58로서 경도의 정신지체 수준에 해당하는 38세의 정신지체 3급 장애인이 2,000만 원이 넘는 채무에 대하여 연대보증계약을 체결한 사안에서, 연대보증계약 당시 그 계약의 법률적 의미와 효과를 이해할 수 있는 의사능력이 없다고 하였다(대판 2006. 9. 22, 2006다29358).

(2) 구별개념

1) 책임능력(불법행위능력)이란 불법행위의 책임을 변식할 수 있는 정신능력을 말한다. 의사능력이 법률행위에 관한 개념이라면, 책임능력은 불법행위에 관한 개념이다. 책임능력은 불법행위자의 연령, 불법행위의 모습에 따라 <u>의사능력처럼 **구체적·개별적**으로 판단한다. 따라서 책임능력은 의사능력에 대비되는 개념이지 획일적 기준에 따라 판단하는 행위능력에 대비되는 개념이 아니다.</u>

2) 행위능력이란 의사능력을 가진 자가 법률행위를 단독으로 할 수 있는 능력을 말한다. 우리 민법은 행위능력에 관한 규정은 두고 있지만, 의사능력에 관하여는 특별한 규정을 두고 있지 않다. 그리고 의사무능력자의 법률행위는 **무효**이나 제한능력자의 법률행위는 **취소**할 수 있다.

2. 행위능력

(1) 행위능력이란 단독으로 완전히 유효한 법률행위를 할 수 있는 능력을 말한다. 민법에서 단순히 능력이라고 할 때에는 이 행위능력을 말한다. 의사능력은 구체적·개별적으로 판단하기 때문에 외부에서 인지하기가 어렵다. 표의자도 행위당시에 의사능력이 없었다는 것을 입증해서 스스로를 보호하기 어렵다. 그래서 **획일적 기준**을 두어 표의자의 의사능력의 유무를 묻지 않고 표의자는 일정한 범위 내의 법률행위에 관해서 무조건적으로 취소할 수 있게 하여 **표의자(제한능력자)**를 보호하고 그 획일적 기준을 외부에서 인식할 수 있는 표지를 갖추어 객관화 함으로써 **상대방 및 제3자**로 하여금 미리 알게 하거나 예방할 수 있도록 민법은 행위능력에 관한 규정을 두었다. 이러한 제한능력자제도의 성격으로서 **주(主)는 제한능력자보호이며, 부차적으로는 거래의 안전을 보호**하는 것이다.

(2) 우리 민법은 미성년자, 성년후견, 한정후견, 특정후견, 임의후견(후견계약) 제도를 둔다. 이 중에서 특히 법률행위 취소가 가능한 사람은 **미성년자, 피성년후견인, 피한정후견인**이다. 이들을 특히 **제한능력자**라고 한다. ☞ 임의후견(후견계약)에 대해서는 민법 중 가족법에 규정이 되어 있다.

(1) 미성년자

1) 기준 및 능력

제4조(성년)

사람은 19세로 성년에 이르게 된다.

제5조(미성년자의 능력)

① 미성년자가 법률행위를 함에는 법정대리인의 동의를 얻어야 한다. 그러나 권리만을 얻거나 의무만을 면하는 행위는 그러하지 아니하다.
② 전항의 규정에 위반한 행위는 취소할 수 있다.

미성년자가 법률행위를 함에는 법정대리인(친권자 또는 후견인)의 동의를 얻어야 한다. 법정대리인의 동의에 대한 증명책임은 **법률행위 유효를 주장하는 상대방**에게 있다(대판 1970. 2. 24, 69다1568). 이에 위반한 행위는 취소할 수 있는데 그 취소는 **미성년자 본인이나 법정대리인**이 할 수 있다(제140조). **취소한 경우 미성년자는 현존이익의 범위 내에서 상환을 하면 된다**(제141조-부당이득의 특칙). 또한 제한능력을 이유로 취소하는 경우에는 제3자가 선의라도 보호받지 못하게 되어 있는데 이를 **절대적 취소**라고 한다. 특히 **부동산**의 경우에는 제3자가 선의라도 보호받지 못한다. 다만 **동산**의 경우에는 **선의취득**(제249조 이하)에 의하여 제3자가 보호될 수 있다(물권법에서 후술).

2) 성년의제제도(제826조의 2)

> **제826조의2(성년의제)**
> 미성년자가 혼인을 한 때에는 성년자로 본다.
>
> **제807조(혼인적령)**
> 만 18세가 된 사람은 혼인할 수 있다.

예컨대 혼인한 미성년자는 성년으로 의제되므로 법정대리인의 동의 없이 확정적으로 이혼할 수 있다.

3) 미성년자가 단독으로 할 수 있는 것

> **제5조(미성년자의 능력)**
> ① 미성년자가 법률행위를 함에는 법정대리인의 동의를 얻어야 한다. 그러나 권리만을 얻거나 의무만을 면하는 행위는 그러하지 아니하다.
> ② 전항의 규정에 위반한 행위는 취소할 수 있다.
>
> **제6조(처분을 허락한 재산)**
> 법정대리인이 범위를 정하여 처분을 허락한 재산은 미성년자가 임의로 처분할 수 있다.
>
> **제7조(동의와 허락의 취소)**
> 법정대리인은 미성년자가 아직 법률행위를 하기 전에는 전2조의 동의와 허락을 취소할 수 있다.
>
> **제8조(영업의 허락)**
> ① 미성년자가 법정대리인으로부터 허락을 얻은 특정한 영업에 관하여는 성년자와 동일한 행위능력이 있다.
> ② 법정대리인은 전항의 허락을 취소 또는 제한할 수 있다. 그러나 선의의 제삼자에게 대항하지 못한다.

⑦ 구체적 내용

미성년자가 언제나 법정대리인의 동의를 얻어야만 법률행위를 할 수 있는 것은 아니다. 법정대리인의 동의 없이 단독으로 유효한 법률행위를 할 수 있는 예외적인 경우도 있다.

첫째, **권리만을 얻거나 반대로 의무만을 면하는 행위**는 단독으로 할 수 있다(제5조). 예컨대, **부담이 없는 증여**를 받는다든가, 채무면제를 청약하는 경우에 있어 그것을 승낙하는 경우가 그러하다. 그러나 이익뿐만 아니라 의무도 부담하는 경우, 즉 **부담부 증여계약**을 체결하는 행위, 경제적으로 유리한 매매를 체결하는 행위, 상속을 승인하는 행위 등은 단독으로 하지 못한다. 한편 이 점과 관련하여 유의할 점은 미성년자가 채무의 변제를 수령하는 것에 관해 통설은 그것은 이익을 얻는 것이지만 한편으로는 채권을 상실하기 때문에 역시 단독으로 하지 못한다고 한다.

둘째, **법정대리인이 범위를 정하여 처분을 허락한 재산**(제6조)은 미성년자가 임의로 처분할 수 있다(가령 부모로부터 생활비를 받은 미성년의 학생은 그 돈을 하숙비·책구입·유흥비 등으로 지출할 수 있다). 여기서의 '범위'는 ① 사용목적(예컨대 학용품구입비·등록금 등)을 정하는 경우와, ② 사용목적을 정하지 않고, 다만 처분할 재산의 범위만을 정하는 두 가지가 있을 수 있다. 이 점에 대해 통설은 그 사용목적은 극히 주관적인 것이어서 미성년자와 거래하는 상대방이 이를 알기가 어렵기 때문에 거래안전을 보호한다는 차원에서 위 범위는 재산의 범위를 정한 것으로 보는 것이 타당하다고 한다.

셋째, **법정대리인으로부터 "특정한 영업의 허락"을 받은 미성년자**는 그 영업행위를 단독으로 할 수 있다(제8조). 영업의 허락을 특정하여야 하고, 일반적인 허락을 말하는 것이 아니다. 특히 유의하여야 할 것은 제6조 "처분을 허락한 재산"의 경우는 법정대리인이 그 재산처분에 관하여 스스로 유효한 대리행위를 할 수 있으나(대리권 병존), 제8조 "영업의 허락"에서는 허락한 영업과 관련하여 법정대리인의 대리권을 행사할 수 없다(대리권 소멸)는 것이다.

이외에 타인의 대리인으로서 유효한 대리행위를 할 수 있고(제117조), 임금의 청구를 단독으로 할 수 있다(근로기준법).

⑴ 취소의 표현이 철회의 의미인 경우

법정대리인은 미성년자가 아직 법률행위를 하기 전에는 그가 준 동의(제5조) 또는 일정범위의 재산처분에 대한 허락(제6조)을 "취소"(=철회)할 수 있다(제7조). 여기의 "취소"는 미성년자가 법률행위를 하기 전에 하는 것으로서 본래의 취소와는 다르다(즉 그것은 **소급효가 없는 철회**에 지나지 않는다). 이 철회의 의사표시는 **미성년자나 그 상대방에 대하여** 하여야 하는데, 이 **철회를 미성년자에게 하였는데 그 사실을 상대방이 모른 경우**에 어떻게 할 것인가에 대하여 통설은 **제8조 제2항 단서를 유추하여 선의의 제3자에게는 대항할 수 없다**고 한다. 제8조 제2항의 영업허락의 취소도 마찬가지이다. 제8조 제2항에서는 명문으로 단서 규정을 두고 있다.

⑷ "대항하지 못한다"는 의미

"대항하지 못한다"는 것은 제3자 등을 보호하기 위해, 당사자간에 발생된 법률관계를 가지고 제3자에 대하여 주장하지 못한다는 것으로서 주로 제3자를 위하여 거래의 안전을 꾀하고자 하는 경우에 사용된다(제107조 제2항, 제108조 제2항 등 참조). 다만 제3자가 그 효력을 인정하는 것은 상관없다.

4) 관련관례정리

판례 ① 〈미성년자가 신용카드거래 후 신용카드 이용계약을 취소한 경우의 법률관계〉(i) 미성년자가 신용카드발행인과 사이에 신용카드 이용계약을 체결하여 신용카드거래를 하다가 **신용카드 이용계약을 취소하는 경우 미성년자는 그 행위로 인하여 받은 이익이 현존하는 한도**에서 상환할 책임이 있다(미성년자가 법정대리인의 동의 없이 신용구매계약을 체결한 후 법정대리인의 동의 없음을 이유로 이를 취소하는 것은 **신의칙에 위**

배되지 않는다). (ii) 신용카드 이용계약이 취소됨에도 불구하고 **신용카드회원과 해당 가맹점 사이에 체결된 개별적인 매매계약**은 특별한 사정이 없는 한 신용카드 이용계약취소와 무관하게 **유효하게 존속한다**. (iii) **신용카드발행인이 가맹점들에 대하여 그 신용카드사용대금을 지급한 것**은 신용카드 이용계약과는 별개로 신용카드발행인과 가맹점 사이에 체결된 가맹점 계약에 따른 것으로서 유효하다. (iv) 신용카드발행인의 가맹점에 대한 신용카드이용대금의 지급으로써 신용카드회원은 **자신의 가맹점에 대한 매매대금 지급채무를 법률상 원인 없이 면제받는 이익**을 얻었으며, 이러한 이익은 금전상의 이득으로서 특별한 사정이 없는 한 **현존하는 것으로 추정된다**(대판 2005. 4. 15, 2003다60297, 60303, 60310, 60327).

② 한편 다른 판례에서는 "만 18세가 넘은 미성년자가 월 소득범위 내에서 신용구매계약을 체결한 사안에서, 스스로 얻고 있던 소득에 대하여는 법정대리인의 묵시적 처분허락이 있었다고 보아 위 신용구매계약은 처분허락을 받은 재산범위 내의 처분행위에 해당한다"고 하여 취소권을 배제하였다(대판 2007. 11. 16, 2005다71659). 특히 본 판결에서는 미성년자의 법률행위에 대한 법정대리인의 동의는 묵시적으로 가능하다고 판시한 점에 의의가 있다.

(2) 성년후견제도

제9조(성년후견개시의 심판)

① 가정법원은 질병, 장애, 노령, 그 밖의 사유로 인한 정신적 제약으로 사무를 처리할 능력이 지속적으로 결여된 사람에 대하여 본인, 배우자, 4촌 이내의 친족, 미성년후견인, 미성년후견감독인, 한정후견인, 한정후견감독인, 특정후견인, 특정후견감독인, 검사 또는 지방자치단체의 장의 청구에 의하여 성년후견개시의 심판을 한다.

② 가정법원은 성년후견개시의 심판을 할 때 본인의 의사를 고려하여야 한다.

제10조(피성년후견인의 행위와 취소)

① 피성년후견인의 법률행위는 취소할 수 있다.

② 제1항에도 불구하고 가정법원은 취소할 수 없는 피성년후견인의 법률행위의 범위를 정할 수 있다.

③ 가정법원은 본인, 배우자, 4촌 이내의 친족, 성년후견인, 성년후견감독인, 검사 또는 지방자치단체의 장의 청구에 의하여 제2항의 범위를 변경할 수 있다.

④ 제1항에도 불구하고 일용품의 구입 등 일상생활에 필요하고 그 대가가 과도하지 아니한 법률행위는 성년후견인이 취소할 수 없다.

제11조(성년후견종료의 심판)

성년후견개시의 원인이 소멸된 경우에는 가정법원은 본인, 배우자, 4촌 이내의 친족, 성년후견인, 성년후견감독인, 검사 또는 지방자치단체의 장의 청구에 의하여 성년후견종료의 심판을 한다.

제12조(한정후견개시의 심판)

① 가정법원은 질병, 장애, 노령, 그 밖의 사유로 인한 정신적 제약으로 사무를 처리할 능력이 부족한 사람에 대하여 본인, 배우자, 4촌 이내의 친족, 미성년후견인, 미성년후견감독인, 성년후견인, 성년후견감독인, 특정후견인, 특정후견감독인, 검사 또는 지방자치단체의 장의 청구에 의하여 한정후견개시의 심판을 한다.

② 한정후견개시의 경우에 제9조제2항을 준용한다.

제13조(피한정후견인의 행위와 동의)
① 가정법원은 피한정후견인이 한정후견인의 동의를 받아야 하는 행위의 범위를 정할 수 있다.
② 가정법원은 본인, 배우자, 4촌 이내의 친족, 한정후견인, 한정후견감독인, 검사 또는 지방자치단체의 장의 청구에 의하여 제1항에 따른 한정후견인의 동의를 받아야만 할 수 있는 행위의 범위를 변경할 수 있다.
③ 한정후견인의 동의를 필요로 하는 행위에 대하여 한정후견인이 피한정후견인의 이익이 침해될 염려가 있음에도 그 동의를 하지 아니하는 때에는 가정법원은 피한정후견인의 청구에 의하여 한정후견인의 동의를 갈음하는 허가를 할 수 있다.
④ 한정후견인의 동의가 필요한 법률행위를 피한정후견인이 한정후견인의 동의 없이 하였을 때에는 그 법률행위를 취소할 수 있다. 다만, 일용품의 구입 등 일상생활에 필요하고 그 대가가 과도하지 아니한 법률행위에 대하여는 그러하지 아니하다.

제14조(한정후견종료의 심판)
한정후견개시의 원인이 소멸된 경우에는 가정법원은 본인, 배우자, 4촌 이내의 친족, 한정후견인, 한정후견감독인, 검사 또는 지방자치단체의 장의 청구에 의하여 한정후견종료의 심판을 한다.

제14조의2(특정후견의 심판)
① 가정법원은 질병, 장애, 노령, 그 밖의 사유로 인한 정신적 제약으로 일시적 후원 또는 특정한 사무에 관한 후원이 필요한 사람에 대하여 본인, 배우자, 4촌 이내의 친족, 미성년후견인, 미성년후견감독인, 검사 또는 지방자치단체의 장의 청구에 의하여 특정후견의 심판을 한다. ☞ 피특정후견인은 제한능력자가 아니다.
② 특정후견은 본인의 의사에 반하여 할 수 없다.
③ 특정후견의 심판을 하는 경우에는 특정후견의 기간 또는 사무의 범위를 정하여야 한다. ☞ 특정후견은 정해진 기간의 도과 또는 사무처리의 종결에 의하여 자연히 종료하게 된다.

제14조의3(심판 사이의 관계)
① 가정법원이 피한정후견인 또는 피특정후견인에 대하여 성년후견개시의 심판을 할 때에는 종전의 한정후견 또는 특정후견의 종료 심판을 한다.
② 가정법원이 피성년후견인 또는 피특정후견인에 대하여 한정후견개시의 심판을 할 때에는 종전의 성년후견 또는 특정후견의 종료 심판을 한다.

제959조의14(후견계약의 의의와 체결방법 등)
① 후견계약은 질병, 장애, 노령, 그 밖의 사유로 인한 정신적 제약으로 사무를 처리할 능력이 부족한 상황에 있거나 부족하게 될 상황에 대비하여 자신의 재산관리 및 신상보호에 관한 사무의 전부 또는 일부를 다른 자에게 위탁하고 그 위탁사무에 관하여 대리권을 수여하는 것을 내용으로 한다. ☞ 피임의후견인은 제한능력자가 아니다.

판례 [1] 성년후견이나 한정후견 개시의 청구가 있는 경우 가정법원은 청구 취지와 원인, 본인의 의사, 성년후견 제도와 한정후견 제도의 목적 등을 고려하여 어느 쪽의 보호를 주는 것이 적절한지를 결정하고, 그에 따라 필요하다고 판단하는 절차를 결정해야 한다. 따라서 한정후견의 개시를 청구한 사건에서 의사의 감정 결과 등에 비추어 성년후견 개시의 요건을 충족하고 본인도 성년후견의 개시를 희망한다면 법원이 성년후견을 개시할 수 있고, 성년후견 개시를 청구하고 있더라도 필요하다면 한정후견을 개시할 수 있다고 보아야 한다. [2] 피성년후견인이나 피한정후견인이 될 사람의 정신상태를 판단할 만한 다른 충분한 자료가 있는 경우 가정법원은 의사의 감정이 없더라도 성년후견이나 한정후견을 개시할 수 있다(대결 2021. 6. 10, 자 2020스596).

4. 현행 법정대리인

법정대리인에는 친권자(제909조 이하)와 후견인(제928조 이하)이 있다.

(1) 미성년자의 보호기관으로서의 법정대리인(친권자, 후견인)

미성년자의 보호기관으로 법정대리인이 되는 자는 1차로 친권자이고, 친권자가 없는 경우에는 2차로 후견인이 된다.

(2) 피성년후견인·피한정후견인의 보호기관으로서의 법정대리인(후견인)

제929조(성년후견심판에 의한 후견의 개시)
가정법원의 성년후견개시심판이 있는 경우에는 그 심판을 받은 사람의 성년후견인을 두어야 한다.

제938조(후견인의 대리권 등)
① 후견인은 피후견인의 법정대리인이 된다.

제949조(재산관리권과 대리권)
① 후견인은 피후견인의 재산을 관리하고 그 재산에 관한 법률행위에 대하여 피후견인을 대리한다.

제959조의2(한정후견의 개시)
가정법원의 한정후견개시의 심판이 있는 경우에는 그 심판을 받은 사람의 한정후견인을 두어야 한다.

제959조의4(한정후견인의 대리권 등)
① 가정법원은 한정후견인에게 대리권을 수여하는 심판을 할 수 있다.

(3) 법정대리인의 권한

	동의권(同意權)	대리권(代理權)	취소권(取消權)
미성년자의 법정대리인 (친권자 또는 후견인)	○	○	○
한정후견인	△	△	△
성년후견인	×	○	○

☞ ① 피성년후견인의 법정대리인은 가족법상의 행위를 제외한 그 밖의 경우에는 동의권이 없는 것이 원칙이다. ② 한정후견인은 제13조 제1항에 따라 동의를 받아야 하는 행위로 정해진 범위에서 동의권과 대리권 및 취소권을 가진다. 그리고 특히 대리권의 경우에는 한정후견인이 당연히 피한정후견인의 법정대리인으로 되지는 않는다. 대리권을 수여하는 가정법원의 심판이 있어야 그 범위에서 대리권을 행사할 수 있다(제959조의4).

5. 제한능력자의 상대방보호제도

제한능력자의 상대방을 일반적으로 보호하는 제도로는 ① 취소권의 단기소멸기간(제146조), ② 법정추인(제145조)이 있다. 그러나 취소권의 단기소멸(제척기간)도 그 기간이 장기이고, 법정추인은 잘 활용되지 않아 민법은 특별히 상대방을 보호하는 규정(민법 제15조~17조)을 두어 거래안전을 도모하고 있다.

제15조(제한능력자의 상대방의 확답을 촉구할 권리)

① 제한능력자의 상대방은 제한능력자가 능력자가 된 후에 그에게 1개월 이상의 기간을 정하여 그 취소할 수 있는 행위를 추인할 것인지 여부의 확답을 촉구할 수 있다. 능력자로 된 사람이 그 기간 내에 확답을 발송하지 아니하면 그 행위를 추인한 것으로 본다.

② 제한능력자가 아직 능력자가 되지 못한 경우에는 그의 법정대리인에게 제1항의 촉구를 할 수 있고, 법정대리인이 그 정하여진 기간 내에 확답을 발송하지 아니한 경우에는 그 행위를 추인한 것으로 본다.

③ 특별한 절차가 필요한 행위는 그 정하여진 기간 내에 그 절차를 밟은 확답을 발송하지 아니하면 취소한 것으로 본다.

제16조(제한능력자의 상대방의 철회권과 거절권)

① 제한능력자가 맺은 계약은 추인이 있을 때까지 상대방이 그 의사표시를 철회할 수 있다. 다만, 상대방이 계약 당시에 제한능력자임을 알았을 경우에는 그러하지 아니하다.

② 제한능력자의 단독행위는 추인이 있을 때까지 상대방이 거절할 수 있다.

③ 제1항의 철회나 제2항의 거절의 의사표시는 제한능력자에게도 할 수 있다.

제17조(제한능력자의 속임수)

① 제한능력자가 속임수로써 자기를 능력자로 믿게 한 경우에는 그 행위를 취소할 수 없다.

② 미성년자나 피한정후견인이 속임수로써 법정대리인의 동의가 있는 것으로 믿게 한 경우에도 제1항과 같다.

(1) 상대방의 최고권(제15조) = 제한능력자의 상대방의 확답을 촉구할 권리

1) 제한능력자의 상대방은 제한능력자에게 최고하여서는 아니되며 제한능력자에 대한 최고는 무효이다(제15조). 이때는 법정대리인을 상대로 최고해야 한다. 다만 제한능력자가 능력자가 된 경우에는 그에 대한 최고가 가능하다. 그리고 최고는 제한능력자의 상대방의 **선의·악의를 불문**하고 할 수 있다.

2) 제15조 제3항의 "특별한 절차가 필요한 행위"는 **민법 제950조에서 정하는 후견감독인의 동의를 필요로 하는 행위**를 말한다.

> **참조조문** 민법 제950조(후견감독인의 동의를 필요로 하는 행위) ① 후견인이 피후견인을 대리하여 다음 각 호의 어느 하나에 해당하는 행위를 하거나 미성년자의 다음 각 호의 어느 하나에 해당하는 행위에 동의를 할 때는 후견감독인이 있으면 그의 동의를 받아야 한다.
> 1. 영업에 관한 행위
> 2. 금전을 빌리는 행위
> 3. 의무만을 부담하는 행위
> 4. 부동산 또는 중요한 재산에 관한 권리의 득실변경을 목적으로 하는 행위

5. 소송행위

　　6. 상속의 승인, 한정승인 또는 포기 및 상속재산의 분할에 관한 협의

(2) 제한능력자의 상대방의 철회권과 거절권(제16조)

1) 제한능력자가 맺은 **계약**은 추인이 있을 때까지 상대방이 그 의사표시를 <u>철회</u>할 수 있고, 제한능력자의 **단독행위**는 추인이 있을 때까지 상대방이 거절할 수 있다.

2) 상대방의 계약**철회의 의사표시**는 상대방이 **선의인 경우에만** 가능하고, 단독행위에 대한 **거절의 의사표시**는 상대방의 **선의·악의를 불문한다.**

3) 철회나 거절의 의사표시는 **제한능력자에게도** 할 수 있다. 이러한 점이 확답을 촉구할 권리(최고)와 구별된다.

4) 법정대리인의 추인이 있은 후에는 상대방은 철회권을 행사할 수 없다.

(3) 취소권의 배제(제17조) : 제한능력자가 속임수(사술)를 쓴 경우에는 취소권이 박탈된다.

1) 제17조 제1항의 "제한능력자"에는 미성년자, 피한정후견인, 피성년후견인이 모두 포함된다. 반면에 제17조 제2항은 미성년자나 피한정후견인만을 규정하고 있는데, 따라서 비록 **피성년후견인**이 속임수로써 **법정대리인의 동의가 있는 것으로 믿게 한 경우**에도 취소권이 배제되지 않는다. 어차피 피성년후견인은 후견인의 동의를 얻더라도 원칙적으로 단독으로 유효한 법률행위를 할 수 없기 때문이다(제10조 제1항).

2) 취소권이 박탈된다고 할 때 **제한능력자 자신이나 법정대리인의 취소권 모두 박탈**이 되는 것이다.

3) 이때의 사술은 단순히 성인이라고 말하는 정도로도 족하다는 것이 다수설의 태도이나 관례는 <u>적극적 사술</u>을 요한다고 한다. 즉 관례는 "본조에 이른바 '무능력자가 사술로써 능력자로 믿게 한 때'에 있어서의 사술을 쓴 것이라 함은 **적극적으로 사기수단을 쓴 것**을 말하는 것이고 **단순히 자기가 능력자라 사언함은 사술을 쓴 것이라고 할 수 없다.**"는 것이다. 그리고 <u>미성년자와 계약을 체결한 상대방이 미성년자의 취소권을 배제하기 위하여 본조 소정의 미성년자가 사술을 썼다고 주장하는 때에는 **그 주장자인 상대방 측**에 그에 대한 입증책임이 있다</u>(대판 1971. 12. 14, 71다2045). 참고로 관례는 미성년자가 중앙전선 사장이라는 호칭을 사용한 경우에도 사술로 보지 않았다(대판 1955. 3. 31, 1954민상77 참조).

V. 민법상 주소

제18조(주소)
① 생활의 근거되는 곳을 주소로 한다.
② 주소는 동시에 두 곳 이상 있을 수 있다.

제19조(거소)
주소를 알 수 없으면 거소를 주소로 본다.

제20조(거소)
국내에 주소없는 자에 대하여는 국내에 있는 거소를 주소로 본다.

제21조(가주소)
어느 행위에 있어서 가주소를 정한 때에는 그 행위에 관하여는 이를 주소로 본다.

1. 주소를 정하는 표준

(1) 의 의
사람의 사회생활에 있어서 중심적인 장소를 '주소(住所)'라 한다.

(2) 입법태도
① 형식적 표준(예컨대 본적지)에 따라 획일적으로 정하는 '형식주의'와 생활의 실질관계에 따라 정하는 '실질주의'가 있고, ② 정주의 사실 뿐만 아니라 그 밖에 정주의 의사까지도 요구하는 '의사주의'와 정주의 사실이라는 객관적 사실만으로 이를 정하는 '객관주의'가 있으며, ③ 주소는 하나만 있을 수 있다는 '단일주의'와 복수가 있을 수 있다는 '복수주의'가 있다. ④ 그리고 '가주소 인정주의'와 '부정주의'가 있다. 우리 민법은 주소에 관한 입법주의에 대하여 객관주의·실질주의·복수주의·가주소인정주의를 채택하고 있다고 한다.

2. 주소의 법률상 효과
주소는 부재자와 실종자를 정하는 데 그 표준이 된다(제22조, 제27조). 또 특정물 인도 이외의 채무의 변제는 채권자의 주소에서 하여야 하고(제467조 제2항), 상속개시지이기도 하며(제998조), 그 밖에 민법 이외의 법률에서도 주소에 일정한 법률효과를 주고 있는 것이 있다(민사소송법상 재판관할의 표준 등).

VI. 부재자제도

1. 의 의

종래의 주소나 거소를 떠나 쉽사리 돌아올 가망이 없는 자가 있을 때 사망의 증명을 할 수 없는 한 사망으로서 다룰 수 없고 언제까지나 생존하고 있는 것으로 취급해야 한다면, 잔존배우자는 재혼을 할 수 없고, 상속인은 상속을 할 수 없게 되는 등 불합리를 가져오게 된다. 여기서 민법은 1단계로 부재자가 아직 생존하고 있는 것으로 추정하여 그의 재산을 관리해 주면서 돌아오기를 기다리는 '부재자의 재산관리' 제도를 두고, 2단계로 부재자의 생사불명의 상태가 오랫동안 계속되어 사망의 가능성이 높을 경우에는 그 자를 사망한 것으로 처리하는 '실종선고' 제도를 두고 있다.

2. 부재자 논점검토

제22조(부재자의 재산의 관리)
① 종래의 주소나 거소를 떠난 자가 재산관리인을 정하지 아니한 때에는 법원은 이해관계인이나 검사의 청구에 의하여 재산관리에 관하여 필요한 처분을 명하여야 한다. 본인의 부재 중 재산관리인의 권한이 소멸한 때에도 같다.
② 본인이 그 후에 재산관리인을 정한 때에는 법원은 본인, 재산관리인, 이해관계인 또는 검사의 청구에 의하여 전항의 명령을 취소하여야 한다.

제23조(관리인의 개임)
부재자가 재산관리인을 정한 경우에 부재자의 생사가 분명하지 아니한 때에는 법원은 재산관리인, 이해관계인 또는 검사의 청구에 의하여 재산관리인을 개임할 수 있다.

제24조(관리인의 직무)
① 법원이 선임한 재산관리인은 관리할 재산목록을 작성하여야 한다.
② 법원은 그 선임한 재산관리인에 대하여 부재자의 재산을 보존하기 위하여 필요한 처분을 명할 수 있다.
③ 부재자의 생사가 분명하지 아니한 경우에 이해관계인이나 검사의 청구가 있는 때에는 법원은 부재자가 정한 재산관리인에게 전2항의 처분을 명할 수 있다.
④ 전3항의 경우에 그 비용은 부재자의 재산으로써 지급한다.

제26조(관리인의 담보제공, 보수)
① 법원은 그 선임한 재산관리인으로 하여금 재산의 관리 및 반환에 관하여 상당한 담보를 제공하게 할 수 있다.
② 법원은 그 선임한 재산관리인에 대하여 부재자의 재산으로 상당한 보수를 지급할 수 있다.
③ 전2항의 규정은 부재자의 생사가 분명하지 아니한 경우에 부재자가 정한 재산관리인에 준용한다.

(1) 의 의

부재자란 종래의 주소 또는 거소를 떠나서 용이하게 돌아올 가능성이 없어서 그의 재산을 관리하여야 할 필요가 있는 자를 말한다. 따라서 부재자는 실종선고의 경우와는 달리 반드시 생사불명일 필요는 없다. 다만 예컨대 해외유학생이 해외에서의 소재가 분명할 뿐만 아니라 부동산이나 그의 소유재산을 국내에 있는 사람을 통하여 직접 관리하고 있다면 부재자로 보지 않는다. 그리고 부재자는 성질상 자연인에 한한다.

(2) 부재자 재산관리 청구권자(이해관계인 또는 검사)

제22조에서 "이해관계인"은 부재자의 채권자나 기타 법률상 이해관계인을 말하고 단순한 사실상 이해관계인은 포함되지 않는다.

(3) 법정위임관계

1) 법원의 선임한 부재자 재산관리인은 부재자 본인의 의사에 의하는 것이 아니라 법률에 규정된 자의 청구로 법원에 의하여 선임되는 일종의 **법정대리인**으로서 **법정위임 관계**가 있다(대결 1976. 12. 21. 자 75마551).

2) 법원의 허가를 얻어 하는 처분행위에 있어서도 그것은 부재자를 위하는 범위에 한정된다(제681조 참조). 따라서 부재자 재산관리인이 법원의 매각처분허가를 얻었다 하더라도 **부재자와 아무런 관계가 없는 남의 채무의 담보만을 위하여 부재자 재산에 근저당권을 설정하는 행위**는 통상의 경우 객관적으로 부재자를 위한 처분행위로서 당연하다고는 경험칙상 볼 수 없다(대결 1976. 12. 21. 자 75마551).

3) 선임된 재산관리인은 언제든지 사임할 수 있고, 법원도 언제든지 개임할 수 있다(제689조 참조).

(4) 법원이 선임한 재산관리인의 권한(일종의 법정대리인)

> **제25조(관리인의 권한)**
> 법원이 선임한 재산관리인이 제118조에 규정한 권한을 넘는 행위를 함에는 법원의 허가를 얻어야 한다. 부재자의 생사가 분명하지 아니한 경우에 부재자가 정한 재산관리인이 권한을 넘는 행위를 할 때에도 같다.
>
> **제118조(대리권의 범위)**
> 권한을 정하지 아니한 대리인은 다음 각호의 행위만을 할 수 있다.
> 1. 보존행위
> 2. 대리의 목적인 물건이나 권리의 성질을 변하지 아니하는 범위에서 그 이용 또는 개량하는 행위

판례 법원의 재산관리인의 초과행위 결정(=허가)의 효력은 그 허가받은 재산에 대한 장래의 처분행위뿐만 아니라 **기왕의 처분행위를 추인하는 행위**로도 할 수 있다(대판 1982. 12. 14. 80다1872). 한편 부재자재산관리

인이 부재자를 위한 소송비용 때문에 피고로부터 돈을 차용하고, 그 돈을 임대보증금으로 하여 본건 임야를 골프장을 하는 피고에게 **임대하였다**면 이는 본법 제118조 소정의 물건의 성질을 변하지 아니한 이용 또는 개량행위로서 법원의 허가를 요하지 아니한다(대판 1980. 11. 11, 79다2164).

(5) 임의대리인으로서 부재자 재산관리인

부재자가 스스로 위임한 재산관리인이 있는 경우에는(임의대리인에 준함), 그 재산관리인의 권한은 그 위임의 내용에 따라 결정될 것이며 그 위임관리인에게 재산처분권까지 위임된 경우에는 그 재산관리인이 그 재산을 처분함에 있어 법원의 허가를 요하는 것은 아니라 할 것이다(대판 1973. 7. 24, 72다2136). 다만 부재자가 재산의 관리 및 처분의 권한을 母에게 위임하였다하더라도 **母가 이후 부재자의 실종 후 법원에 신청하여 위 부재자의 재산관리인으로 선임된 경우**, 부재자의 생사가 분명하지 아니하여 민법 제23조의 규정에 의한 개임이라고 보아야 하기 때문에 **母가 부재자 재산에 대하여 처분행위를 할 때에 법원의 허가를 얻어야 한다**(제25조 참조; 대판 1977. 3. 22, 76다1437). 따라서 허가를 받지 아니하고 한 부재자의 재산매각은 무효이다. 그러므로 부재자의 母가 대리권 없이 부재자 소유의 부동산을 매도한 경우, **그 후에 선임된 부재자 재산관리인이 "법원의 허가 없이" 母의 매도행위를 추인**하더라도 추인의 효력이 발생하지 않는다(대판 1982. 12. 14, 80다1872) ☞ 법원의 허가가 필요하다.

(6) 선임결정취소의 장래효

법원에 의하여 일단 부재자의 재산관리인선임결정이 있었던 이상, 가령 **부재자가 그 이전에 사망하였음이 위 결정 후에 확실하여졌다** 하더라도 법에 정하여진 절차에 의하여 결정이 취소되지않는 한, 선임된 부재자재산관리인의 권한이 당연히는 소멸되지 아니한다 함이 당원의 판례로 하는 견해이며(제22조 제2항 참조), **위 결정이 후에 이르러 취소된 경우에도 그 취소의 효력은 장래에 향하여서만 생기는 것이며,** 그간의 그 부재자재산관리인의 적법한 권한 행사의 효과는 이미 사망한 그 부재자의 재산상속인에게 미친다 할 것이다(대판 1970. 1. 27, 69다719).

Ⅶ. 실종선고

제27조(실종의 선고)
① 부재자의 생사가 5년간 분명하지 아니한 때에는 법원은 이해관계인이나 검사의 청구에 의하여 실종선고를 하여야 한다.
② 전지에 임한 자, 침몰한 선박 중에 있던 자, 추락한 항공기 중에 있던 자 기타 사망의 원인이 될 위난을 당한 자의 생사가 전쟁종지 후 또는 선박의 침몰, 항공기의 추락 기타 위난이 종료한 후 1년간 분명하지 아니한 때에도 제1항과 같다.

제28조(실종선고의 효과)
실종선고를 받은 자는 전조의 기간이 만료한 때에 사망한 것으로 본다.

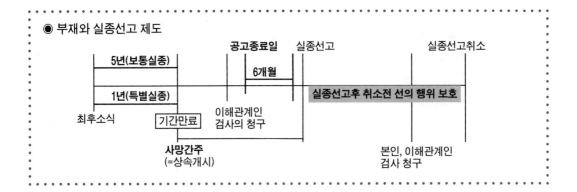

1. 의 의

부재자의 생사가 일정기간 동안 불분명한 경우에 일정한 절차 하에 법원이 그 부재자에 대해 실종 선고를 하고, 그리하여 사망한 것으로 다루는 제도가 실종선고이다. 이 실종선고를 받은 사람을 실종 자라고 한다.

2. 요 건

(1) 생사불분명

> 판례 호적상 이미 사망한 것으로 기재되어 있는 자는 그 호적상 사망기재의 추정력을 뒤집을 수 있는 자료가 없는 한 그 생사가 불분명한 자라고 볼 수 없어 실종선고를 할 수 없다(대결 1997. 11. 27. 자 97스4).

(2) 실종기간의 만료

보통실종은 생사불명상태가 5년이고, 특별실종은 1년이 지나야 한다.

> 판례 〈민법 제27조 제2항에서 정하는 "사망의 원인이 될 위난"의 의미〉 ① 민법 제27조의 문언이나 규정의 체계 및 취지 등에 비추어, 그 제2항에서 정하는 "사망의 원인이 될 위난"이라고 함은 화재·홍수·지진·화산폭발 등과 같이 일반적·객관적으로 사람의 생명에 명백한 위험을 야기하여 사망의 결과를 발생시킬 가능성이 현저히 높은 외부적 사태 또는 상황을 가리킨다. ② 그러므로 甲이 잠수장비를 착용한 채 바다에 입수하였다가 부상하지 아니한 채 행방불명되었다 하더라도, 이는 "사망의 원인이 될 위난"이라고 할 수 없다는 것이 대법원의 태도이다(대결 2011. 1. 31. 자 2010스165).

(3) 이해관계인의 청구에 의한 법원의 실종선고

> 판례 민법 제27조 소정의 실종선고를 청구할 수 있는 이해관계인이라 함은 **법률상뿐만 아니라 경제적 또는 신분적 이해관계인이어야 할 것이므로 부재자의 제1순위 재산상속인이 있는 경우에 제4순위의 재산상속인은 위 부재자에 대한 실종선고를 청구할 이해관계인이 될 수 없다**(대결 1980. 9. 8. 자 80스27).

3. 효 과

(1) 실종기간만료시주의

실종선고를 받은 자는 제27조의 기간이 만료한 때에 사망한 것으로 본다(제28조).

> **판례** ① 실종선고의 효력이 발생하기 전에는 실종기간이 만료된 실종자라 하여도 소송상 당사자능력을 상실하는 것은 아니므로 실종선고 확정 전에는 실종기간이 만료된 실종자를 상대로 하여 제기된 소도 적법하고 실종자를 당사자로 하여 선고된 판결도 유효하며 그 판결이 확정되면 기판력도 발생하기 때문에 비록 **실종자를 당사자로 한 판결이 확정된 후에 실종선고가 확정되어 그 사망간주의 시점이 소 제기 전으로 소급하는 경우에도 위 판결 자체가 소급하여 당사자능력이 없는 사망한 사람을 상대로 한 판결로서 무효가 된다고는 볼 수 없다**(대판 1992. 7. 14, 92다2455).
> ② 부재자의 생사가 분명하지 아니한 경우, 부재자는 법원의 실종선고가 없는 한 사망자로 간주되지 아니하며, 부재자의 재산관리인이 부재자의 대리인으로서 소를 제기하여 그 **소송계속 중에 부재자에 대한 실종선고가 확정되어 그 소 제기 이전에 부재자가 사망한 것으로 간주되는 경우**에도, 실종선고의 효력이 발생하기 전에는 실종기간이 만료된 실종자라 하여도 소송상 당사자능력을 상실하는 것은 아니므로, 실종선고가 확정된 때에 소송절차가 중단되어 부재자의 상속인 등이 이를 수계할 수 있을 뿐이고, **위 소 제기 자체가 소급하여 당사자능력이 없는 사망한 자가 제기한 것으로 되는 것은 아니다**(대판 2008. 6. 26, 2007다11057).
> ③ **부재자의 재산관리인에 의하여 소송절차가 진행되던중 부재자 본인에 대한 실종선고가 확정되면 그 재산관리인으로서의 지위는 종료되는 것이므로 상속인등에 의한 적법한 소송수계가 있을 때까지는 소송절차가 중단된다**(대판 1987. 3. 24, 85다카1151).

> ### 📖 Q&A
>
> **Q :** 대판 1970. 1. 27, 69다719(부재자제도에서 "(6) 선임결정취소의 장래효" 참조)는 "법원에 의하여 일단 부재자의 재산관리인 선임결정이 있었던 이상, 가령 부재자가 그 이전에 사망하였음이 위 결정 후에 확실하여졌다 하더라도 법에 정하여진 절차에 의하여 결정이 취소되지 않는 한 선임된 부재자재산관리인의 권한이 당연히는 소멸되지 아니한다 함이 당원의 판례로 하는 견해이며 위 결정 이후에 이르러 취소된 경우에도 그 취소의 효력은 장래에 향하여서만 생기는 것이며 그간의 그 부재자재산관리인의 적법한 권한행사의 효과는 이미 사망한 그 부재자의 재산상속인에게 미친다 할 것이다"라고 하고, 대판 1987. 3. 24, 85다카1151은 "부재자의 재산관리인에 의하여 소송절차가 진행되던 중 부재자 본인에 대한 실종선고가 확정되면 그 재산관리인으로서의 지위는 종료되는 것이므로 상속인등에 의한 적법한 소송수계가 있을 때까지는 소송절차가 중단된다"고 하여 두 판례가 모순되는 것 같은데 어떻게 이해해야 하나요?
>
> **A :** 판례의 내용이 충돌되는 것이 맞습니다. 송덕수 교수님도 이 두 판결은 실질적으로 충돌된다고 하시면서, "충돌되는 대법원의 이 두 태도를 종합하여 조화롭게 해석하자면, **소송 중에 실종선고가 내려진 경우(또는 사망한 경우)**에는 재산관리인은 그의 지위를 잃으며, **그 외의 경우**에는 선임결정의 취소가 없는 한 지위를 보유한다고 이해하여야 한다."고 하십니다(송덕수 교수님 「민법총칙」제5판, p.574에서 인용). 문제는 객관식 문제를 풀 때 두 판례를 어떻게 구별할 것인가인데, 다행히 판례는 소송 중에 실종선고가 내려진 경우(또는 사망한 경우)는 재산관리인의 **"지위"**는 종료한다고 표현하고,

"그 외의 경우"는 재산관리인의 **"권한"**은 소멸하지 않는다고 표현하여 용어를 구별하여 사용하고 있으므로 "지위"와 "권한"을 키워드로 삼아 두 판례를 구별하시면 되겠습니다.

(2) ① 민법 제28조는 "실종선고를 받은 자는 민법 제27조 제1항 소정의 생사불명기간이 만료된 때에 사망한 것으로 본다"고 규정하고 있으므로 **실종선고가 취소되지 않는 한 반증을 들어 실종선고의 효과를 다툴 수는 없다**(대판 1995. 2. 17, 94다52751).② 실종선고로 인하여 실종기간 만료시를 기준으로 상속이 개시된 이상 비록 **나중에 실종선고가 취소되어야 할 사유가 생겼다고 하더라도, 실제로 실종선고가 취소되지 않는 한** 실종기간이 만료하여 사망한 때로 간주되는 시점과 달리 임의로 사망시점을 정하여 이미 개시된 상속을 부정하고 이와 다른 상속관계를 인정할 수는 없다(대판 1994. 9. 27, 94다카21542; 대판 1995. 12. 22, 95다12736). ③ 실종자에 대하여 1950. 7. 30. 이후 5년간 생사불명을 원인으로 이미 1988. 11. 26. 실종선고가 되어 확정되었는데도, 그 이후 타인의 청구에 의하여 1992. 12. 28. **새로이 확정된 실종신고를 기초로 상속관계를 판단한 것은 잘못이다**(대판 1995. 12. 22, 95다12736). ☞ 동일인에 대하여 2차례의 실종선고가 내려진 경우, 첫 번째 실종선고를 기준으로 상속관계를 판단한다.

(3) 실종선고는 실종자의 **사법상 법률관계**(상속·배우자의 재혼 등)에서만 사망한 것으로 다룬다. **실종선고제도**는 사망을 의제하는 제도이지만 **실종자의 권리능력 자체를 절대적으로 부인하는 것이 아니라 종래의 주소를 중심으로 하는 사법적 법률관계만을 종료케 하는 것**이므로 **권리능력을 일반적으로 박탈하는 것이 아니다.** 자연인의 권리능력상실은 오로지 사망에 한한다.

4. 실종선고와 인정사망의 비교

실종선고제도는 생사불명자를 사망한 것으로 간주하는데 반하여, 인정사망제도는 특별한 사유(수재, 화재)로 사망의 개연성이 높은 경우, 강한 **사망 추정적 효과**(가족관계의 등록 등에 관한 법률)를 부여하는 제도이다.

> **판례** 〈**사실상 사망을 법원이 인정할 수 있는지 여부(적극)**〉 수난·작전·화재 기타 사변에 편승하여 타인의 불법행위로 사망한 경우에 있어서는 확정적인 증거의 포착이 손쉽지 않음을 예상하여 법은 인정사망·위난실종등의 제도와 그밖에도 보통실종선고제도도 마련해 놓고 있으나, 그렇다고 하여 위와 같은 자료나 제도에 의함이 없는 사망사실의 인정을 수소법원(受訴法院)이 절대로 할 수 없다는 법리는 없다(대판 1989. 1. 31, 87다카2954).

5. 실종선고의 취소

제29조(실종선고의 취소)
① 실종자의 생존한 사실 또는 전조의 규정과 상이한 때에 사망한 사실의 증명이 있으면 법원은 본인, 이해관계인 또는 검사의 청구에 의하여 실종선고를 취소하여야 한다. 그러나 실종선고후 그 취소전에 선의로 한 행위의 효력에 영향을 미치지 아니한다.
② 실종선고의 취소가 있을 때에 실종의 선고를 직접원인으로 하여 재산을 취득한 자가 선의인 경우에는 그 받은 이익이 현존하는 한도에서 반환할 의무가 있고 악의인 경우에는 그 받은 이익에 이자를 붙여서 반환하고 손해가 있으면 이를 배상하여야 한다.

(1) 요 건

실종선고를 취소하기 위하여는 다음의 두 요건을 갖추어야 한다. 이 요건을 갖춘 경우에는 가정법원은 반드시 실종선고를 취소하여야 한다(제29조 제1항).

1) 실질적 요건

첫째, **실종자가 생존한 사실**, 둘째, **실종기간이 만료한 때와 다른 때에 사망한 사실**을 증명하여야 한다(제29조 제1항). 셋째, 민법에서 명문으로 규정하고 있지는 않지만 **실종기간의 기산점 이후의 어떤 시점에 생존하고 있었던 사실**의 증명이 있었던 경우에도 사망으로 간주되는 시기가 달라지게 되므로 이에 포함된다(통설).

2) 형식적 요건

본인·이해관계인 또는 검사의 청구가 있어야 한다(제29조 제1항). 한편 실종선고의 경우와는 달리 **실종선고의 취소의 경우에는 공시최고절차는 필요 없다**.

(2) 효 과
1) 원 칙

실종선고가 취소되면, 실종선고에 기한 법률관계는 **소급적으로** 무효가 된다. 즉 실종선고는 처음부터 없었던 것으로 되어 실종자의 재산관계와 가족관계는 이전의 상태로 회복된다.

2) 예 외

실종선고를 신뢰하여 법률관계를 맺게 된 선의의 자를 보호하기 위하여 민법은 '**원상회복의 범위 제한(제29조 제2항)**'과 '**선의의 법률행위의 효력유지(제29조 제1항 단서)**'의 두 가지 예외를 인정한다.

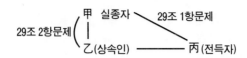

● 민법 제29조 적용문제(실종선고 취소 후의 문제)

（가） 원상회복의 범위제한 : "실종의 선고를 직접원인으로 하여 재산을 취득한 자"의 반환범위의 문제

　통설은 제29조 제2항의 "실종의 선고를 직접원인으로 하여 재산을 취득한 자"에 "전득자"는 포함되지 않는다고 한다. 즉 **상속인**, 수유자, 생명보험수익자 등이 이에 해당하고, **전득자**는 제29조 제1항 단서가 적용되어 반환 여부의 문제이지 반환 범위의 문제는 아니라고 한다.

（나） 선의의 법률행위의 효력유지(제29조 제1항 단서)

　민법은 제29조 제1항 단서에서 "실종선고후 그 취소전에 선의로 한 행위의 효력에 영향을 미치지 아니한다."고 규정하는데, 누가 선의이어야 하는지에 대하여는 규정이 불분명하여 논란이 있다.

　① 쌍방선의설(다수설)

　관계당사자 전원이 선의일 때에만 선의자로서 보호받고, 그 중에서 1인이라도 악의일 경우에는 취득한 물건 또는 이득을 실종선고를 취소받은 자에게 반환하여야 한다. 이 다수설은 실종자 보호에 치중한 학설이다.

　② 일방선의설

　거래안전을 중시하여, 각 관계당사자별로 **개별적·상대적으로 판단**하여, **선의자는 보호를 받고 악의자는** 취득한 물건 또는 이득을 실종선고를 취소받은 자에게 **반환하여야 한다**고 한다.

　③ 일방선의설을 기초로 엄폐물 법칙을 적용하는 견해

　예컨대 甲에 대한 실종선고가 취소된 경우 직접수익자(乙)로부터의 전득자(丙)가 선의이면 乙·丙 쌍방이 선의인 경우는 물론 丙만이 선의인 경우에도 민법 제29조 제1항 단서에 따라 丙은 확정적으로 소유권을 취득하여(여기까지는 일방선의설), 丁은 악의이더라도 유효하게 권리를 취득한다(엄폐물 법칙)고 한다. 이 견해에 따르면 예컨대 乙(상속인)은 악의, 丙(상대방)은 선의, 丁(전득자)은 악의인 경우, 甲(실종자)은 악의인 직접수익자 乙에 대하여는 乙이 받은 이익과 그 이자의 반환을 청구할 수 있고, 악의의 전득자 丁에게는 부동산의 반환청구를 할 수 없다.

Ⅷ. 법인일반

1. 의 의

법인이란 법률에 의하여 권리능력이 부여된 법적 주체를 말한다. 법인은 육체도 정신도 갖지 않지만 자연인의 사회생활과정에서 필연적으로 생성되는 인위적 조직체로서, 이러한 법인은 관념적인 존재에 불과하지만 필요성에 의하여 자연인과 아울러 권리능력을 인정하는 것이다. 법인은 각종의 재산을 보유할 수 있고, 그 대표기관이 한 의사표시에 의하여 재산에 관한 권리와 의무를 가지게 된다(권리능력 및 행위능력 인정). 이러한 법인에는 '사단법인'과 '재단법인' 두 가지가 있다. 사단법인은 여러 사람이 일정한 공동의 목적을 위하여 결합한 단체에 대하여 권리능력이 부여된 것이고, 재단법인은 일정한 목적을 위하여 바쳐진 재산을 중심으로 하여 그 관리체에 권리능력이 주어진 것이다.

2. 법인을 인정하는 취지와 특징

(1) 민법은 자연인 이외에 법인에게도 법인격을 인정하는데(제31조 이하), 이는 법률관계의 간편한 처리와 유한책임의 원칙을 관철하려는 것이다.

(2) 법인은 성립함으로써 권리능력을 갖고, 자연인과 같이 태아의 권리능력·의사능력·행위능력 등의 제도를 별도로 두지 않는다.

Ⅸ. 법인의 설립

제31조(법인성립의 준칙)
법인은 법률의 규정에 의함이 아니면 성립하지 못한다.

제32조(비영리법인의 설립과 허가)
학술, 종교, 자선, 기예, 사교 기타 영리아닌 사업을 목적으로 하는 사단 또는 재단은 주무관청의 허가를 얻어 이를 법인으로 할 수 있다.

제33조(법인설립의 등기)
법인은 그 주된 사무소의 소재지에서 설립등기를 함으로써 성립한다.

제39조(영리법인)
① 영리를 목적으로 하는 사단은 상사회사설립의 조건에 좇아 이를 법인으로 할 수 있다.
② 전항의 사단법인에는 모두 상사회사에 관한 규정을 준용한다.

민법 제31조는 법인은 법률의 규정에 의함이 아니면 성립하지 못한다고 하여 법인의 성립에 관해 법정주의를 취하여 법인의 자유설립을 부정하고 있다. 그리고 이를 토대로 민법상 비영리법인의 성립요건으로 '주무관청의 허가'와 '설립등기'를 요구한다(제32조·제33조).

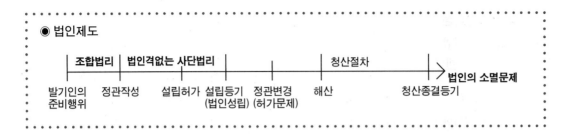

● 법인제도

```
        조합법리   법인격없는 사단법리              청산절차
    ├────────┼────────┼──────┼──────┼──────┼─────────┼────→
  발기인의    정관작성    설립허가  설립등기  정관변경   해산      청산종결등기    법인의 소멸문제
  준비행위                      (법인성립) (허가문제)
```

1. 법인설립에 관한 입법주의

(1) 준칙주의

법인설립에 관한 요건을 미리 법률에 정해 놓고, 그 요건이 충족되는 때에는 당연히 법인이 성립하는 것으로 보는 입법주의이다. 영리법인(제39조), 상사회사(상법 제172조), 노동조합 등이 이에 속한다.

(2) 인가주의

법률이 정한 요건을 갖추고 행정관청의 인가(허가와는 달리 그 요건을 갖추면 반드시 인가를 해 주어야 한다)를 얻음으로써 법인으로 성립하는 것으로서, 변호사회·약사회·법무법인·상공회의소·농업협동조합·중소기업협동조합 등이 있다.

(3) 허가주의

법인의 설립에 관하여 **행정관청의 자유재량에 의한 허가**를 필요로 하는 것으로서, **민법상 법인에는 비영리법인만 포함**되는데 **민법은 이러한 비영리법인에 관하여 이 허가주의를 취한다.**

(4) 특허주의

각개의 법인을 설립할 때마다 특별한 법률의 제정을 필요로 한다. 개별 법률에 의해 설립되는 국책은행과 각종공사·한국마사회 등이 있다.

2. 정관의 작성

제40조(사단법인의 정관)

사단법인의 설립자는 다음 각호의 사항을 기재한 정관을 작성하여 기명날인하여야 한다.

1. 목적
2. 명칭
3. 사무소의 소재지
4. 자산에 관한 규정
5. 이사의 임면에 관한 규정
6. 사원자격의 득실에 관한 규정
7. 존립시기나 해산사유를 정하는 때에는 그 시기 또는 사유

(1) 정관의 법적성질

판례 ① 사단법인의 정관은 이를 작성한 사원뿐만 아니라 그 후에 가입한 사원이나 사단법인의 기관 등도 구속하는 점에 비추어 보면 그 **법적 성질은 계약이 아니라 자치법규**로 보는 것이 타당하므로, 이는 어디까지나 객관적인 기준에 따라 그 규범적인 의미 내용을 확정하는 **법규해석의 방법으로 해석되어야 하는 것이지, 작성자의 주관이나 해석 당시의 사원의 다수결에 의한 방법으로 자의적으로 해석될 수는 없다** 할 것이어서, 어느 시점의 사단법인의 사원들이 **정관의 규범적인 의미 내용과 다른 해석을 사원총회의 결의라는 방법으로 표명하였다** 하더라도 그 결의에 의한 해석은 **그 사단법인의 구성원인 사원들이나 법원을 구속하는 효력이 없다**(대판 2000. 11. 24, 99다12437).

② [1] 도시 및 주거환경정비법에 의한 주택재개발 정비사업조합의 **정관**은 해당 조합의 조직, 기관, 활동, 조합원의 권리의무관계 등 단체법적 법률관계를 규율하는 것으로서 공법인인 조합과 조합원에 대하여 구속력을 가지는 **자치법규**이다. 따라서 주택재개발 정비사업조합의 **단체 내부를 규율하는 자치법규**인 정관에서 정한 사항은 원칙적으로 **해당 조합과 조합원을 위한 규정**이라고 봄이 타당하고 **조합 외부의 제3자를 보호하거나 제3자를 위한 규정이라고 볼 것은 아니다.** [2] 갑 주택재개발 정비사업조합의 정관에서 '총회 의결로 정한 예산의 범위 내에서의 용역계약 등'을 대의원회의 의결사항으로 정하고 있는데, 갑 조합의 조합장 및 이사회 의장인 을이 갑 조합 이사회를 개최하여 병을 법무사로 선정하고 그와 등기업무 위임계약을 체결하기로 의결하자, 기존에 갑 조합과 위임계약을 체결하여 등기업무 등을 수행하던 정 법무사법인이 을의 정관 위반행위 때문에 손해를 입었다며 을을 상대로 **불법행위에 따른 손해배상**을 구한 사안에서, 갑 조합의 정관이 '총회 의결로 정한 예산의 범위 내에서의 용역계약 등'을 포함한 여러 항목을 대의원회의 의결사항으로 정하고 있는데, 이는 갑 조합과 그 조합원을 위하여 일정 부분 총회의 권한을 대행하는 대의원회의 의결을 통하여 대의원 다수의 뜻을 모아 신중하게 결정, 처리하도록 한 사항들로 보일 뿐, 위 정관 규정이 조합 외부의 제3자를 보호하거나 제3자의 이익을 위한 규정이라고 보이지는 않으므로, 을이 대의원회의 의결을 거치도록 정한 위 정관 규정을 위반하였다고 하더라도 특별한 사정이 없는 한 그 정관 위반행위만으로 바로 을에게 조합 외부의 제3자인 정 법무사법인에 대한 불법행위책임을 물을 수는 없는데도, 을이 갑 조합의 정관을 위반하였다는 것만으로 다른 합리적인 이유의 설시 없이 을에게 불법행위에 따른 손해배상책임이 있다고 본 원심판단에는 주택재개발 정비사업조합 정관의 법적 성질 등에 관한 법리오해 등의 잘못이 있다고 한 사례(대판 2019. 10. 31, 2017다282438).

(2) 사단법인의 정관변경

> **제42조(사단법인의 정관의 변경)**
> ① 사단법인의 정관은 총사원 3분의 2 이상의 동의가 있는 때에 한하여 이를 변경할 수 있다. 그러나 정수에 관하여 정관에 다른 규정이 있는 때에는 그 규정에 의한다.
> ② 정관의 변경은 주무관청의 허가를 얻지 아니하면 그 효력이 없다.

사원의 자주적인 의사결정에 따라 자율적으로 운영되는 **사단법인에 있어서는 그 변경이 원칙적으로 허용된다.** 따라서 사단법인정관에 그 정관을 변경할 수 없다는 규정이 있더라도 총사원의 동의로 정관을 변경할 수 있다. 사단법인의 정관을 변경하기 위해서는 **사원총회의 결의와 주무관청의**

허가를 받아야 한다(제42조). 한편 그 변경사항이 등기사항인 경우에는 그 변경을 등기하여야 제3자에게 대항할 수 있다(제54조 참조).

3. 주무관청의 허가(설립허가)

> **제32조(비영리법인의 설립과 허가)**
> 학술, 종교, 자선, 기예, 사교 기타 영리아닌 사업을 목적으로 하는 사단 또는 재단은 주무관청의 허가를 얻어 이를 법인으로 할 수 있다.

> **판례** 민법은 제31조에서 "법인은 법률의 규정에 의함이 아니면 성립하지 못한다"고 규정하여 법인의 자유설립을 부정하고 있고, 제32조에서 "학술, 종교, 자선, 기예, 사교 기타 영리 아닌 사업을 목적으로 하는 사단 또는 재단은 주무관청의 허가를 얻어 이를 법인으로 할 수 있다"고 규정하여 비영리법인의 설립에 관하여 허가주의를 채용하고 있으며, 현행 법령상 비영리법인의 설립허가에 관한 구체적인 기준이 정하여져 있지 아니하므로, 비영리법인의 설립허가를 할 것인지 여부는 주무관청의 정책적 판단에 따른 재량에 맡겨져 있다(대판 1996. 9. 10, 95누18437).

4. 법인의 등기

> **제49조(법인의 등기사항)**
> ① 법인설립의 허가가 있는 때에는 3주간내에 주된 사무소소재지에서 설립등기를 하여야 한다.
> ② 전항의 등기사항은 다음과 같다.
> 1. 목적 2. 명칭 3. 사무소 4. 설립허가의 연월일 5. 존립시기나 해산이유를 정한 때에는 그 시기 또는 사유 6. 자산의 총액 7. 출자의 방법을 정한 때에는 그 방법 8. 이사의 성명, 주소 9. 이사의 대표권을 제한한 때에는 그 제한
>
> **제52조(변경등기)**
> 제49조제2항의 사항 중에 변경이 있는 때에는 3주간내에 변경등기를 하여야 한다.
>
> **제54조(설립등기 이외의 등기의 효력과 등기사항의 공고)**
> ① 설립등기 이외의 본절의 등기사항은 그 등기후가 아니면 제삼자에게 대항하지 못한다.
> ② 등기한 사항은 법원이 지체없이 공고하여야 한다.

법인에서 **설립등기**는 법인의 **성립요건**이나(제33조 참조), **그 이외의 등기**는 모두 **대항요건**이다(제49조, 제54조 참조).

5. 사원권의 양도 등

> **제56조(사원권의 양도, 상속금지)**
> 사단법인의 사원의 지위는 양도 또는 상속할 수 없다.

> **[판례]** 사단법인의 사원의 지위는 양도 또는 상속할 수 없다고 규정한 **민법 제56조의 규정은 강행규정이라고 할 수 없으므로**, 비법인사단에서도 사원의 지위는 **규약이나 관행에 의하여** 양도 또는 상속될 수 있다(대판 1997. 9. 26, 95다6205).

X. 재단법인

1. 재단법인의 설립

(1) 설립행위

재단법인의 설립자는 일정한 재산을 출연하고, 일정한 사항이 기재된 정관을 작성하여 기명날인하여야 한다(제43조). 정관의 작성 이외에 재산을 출연하여야 한다는 점에서 재단법인 설립행위는 사단법인의 그것과는 근본적으로 다르다. 한편 재단법인의 설립행위는 생전처분으로 할 수도 있고, 유언으로 할 수도 있다(제47조 참조). 이러한 재단법인 설립행위의 실질은 법률행위이고 그 중에서도 상대방 없는 단독행위라는 것이 통설적 견해이다.

(2) 재산의 출연 및 정관의 작성

> **제43조(재단법인의 정관)**
> 재단법인의 설립자는 일정한 재산을 출연하고 제40조 제1호 내지 제5호의 사항을 기재한 정관을 작성하여 기명날인하여야 한다.
>
> **제47조(증여, 유증에 관한 규정의 준용)**
> ① 생전처분으로 재단법인을 설립하는 때에는 증여에 관한 규정을 준용한다.
> ② 유언으로 재단법인을 설립하는 때에는 유증에 관한 규정을 준용한다.

재단법인의 설립행위는 일정한 재산을 출연하고 서면으로 정관을 작성하여야 하는 요식행위이다. 목적, 명칭, 사무소의 소재지, 자산에 관한 규정, 이사의 임면에 관한 규정이 필요적 기재사항이다. 그러나 "사원자격의 득실에 관한 규정"과 "존립시기나 해산사유를 정하는 때에는 그 시기 또는 사유"는 필요적 기재사항이 아니다.

(3) 재단법인에서 출연재산의 귀속시기

> **제48조(출연재산의 귀속시기)**
> ① 생전처분으로 재단법인을 설립하는 때에는 출연재산은 법인이 성립된 때로부터 법인의 재산이 된다.
> ② 유언으로 재단법인을 설립하는 때에는 출연재산은 유언의 효력이 발생한 때로부터 법인에 귀속한 것으로 본다.

사 례

甲은 2008년 10월 25일 그의 소유인 대지 3,000평을 A재단법인의 설립을 위하여 출연하고, 동년 11월 2일에 사망하였다. 그의 아들 乙이 아버지의 뜻을 따라 교육부에 재단법인 설립허가를 2009년 1월 20일에 신청하여 동년 2월 20일에 설립허가를 받고 동년 3월 10일 설립등기를 마쳤다. 그 후 乙이 마음이 변하여 위 대지를 자기 명의로 상속등기를 하고 이를 丙에게 매각하여 소유권이전등기까지 완료하였다.

㈎ 문제의 소재

재단법인의 설립을 위한 출연행위는 이른바 상대방 없는 단독행위로서 엄연히 법률행위가 된다. 여기서 **제48조의 규정과 권리변동에 관한 성립요건주의의 원칙에 관한 규정**(제186조, 제188조, 제508조, 제523조−법률행위와 공시방법이 성립요건인 경우들)이 정면으로 충돌하게 되고, 이러한 점이 해석상 문제된다(따라서 지명채권양도처럼 합의만으로 권리가 양도되고, 대항요건을 요구할 뿐인 경우에는 이러한 충돌문제는 생기지 않는다).

㈏ 학설 및 판례

㈀ 다수설(물권적 귀속설)

제48조의 규정을 재단법인의 재산적 기초를 충실히 하기 위한 특별규정으로 이해하여, 재단법인 앞으로의 공시(부동산의 경우 등기)가 없어도 제48조에서 정하는 시기에 재단법인에게 그 권리가 귀속된다고 한다.

㈁ 소수설(채권적 귀속설)

법인의 성립 또는 설립자의 사망시에 법인에 출연재산의 이전청구권이 생길 뿐이고, 그것이 현실로 재단법인에 이전되는 것은 그 공시를 한 때(부동산의 경우 등기를 한 때)라고 한다.

㈂ 판 례

판례는 "**부동산을 출연한 사안에서, 출연자와 법인간(=대내적 관계)**에는 등기 없이도 제48조에 규정된 때에 법인에 귀속되지만, 법인이 그것을 가지고 **제3자에 대항하기 위해서는** 제186조의 원칙에 돌아가 그 등기를 필요로 한다"고 하여 대내적·대외적 관계를 구분하여 이원적으로 구성한다.

① 출연재산이 부동산인 경우에 **출연자와 법인 사이**에는 법인의 성립 이외에 등기를 필요로 하는 것은 아니지만, **제3자에 대한 관계**에 있어서는 출연행위는 법률행위이므로 출연재산의 법인에의 귀속에는 등기를 필요로 한다[대판(전합) 1979. 12. 11, 78다481, 482].

② 유언으로 재단법인을 설립하는 경우에도 **제3자에 대한 관계**에서는 출연재산이 부동산인 경우는 그 법인에의 귀속에는 **법인의 설립 외에 등기를 필요로 하는 것**이므로, **재단법인이 그와 같은 등기를 마치지 아니하였다면** 유언자의 상속인의 한 사람으로부터 부동산을 취득하여 이전등기를 마친 (선의의) 제3자에 대하여 대항할 수 없다(대판 1993. 9. 14, 93다8054).

2. 재단법인의 정관의 보충 및 변경

제44조(재단법인의 정관의 보충)
재단법인의 설립자가 그 명칭, 사무소소재지 또는 이사임면의 방법을 정하지 아니하고 사망한 때에는 이해관계인 또는 검사의 청구에 의하여 법원이 이를 정한다.

제45조(재단법인의 정관변경)
① 재단법인의 정관은 그 변경방법을 정관에 정한 때에 한하여 변경할 수 있다.
② 재단법인의 목적달성 또는 그 재산의 보전을 위하여 적당한 때에는 전항의 규정에 불구하고 명칭 또는 사무소의 소재지를 변경할 수 있다.
③ 제42조 제2항의 규정은 전2항의 경우에 준용한다.

제46조(재단법인의 목적 기타의 변경)
재단법인의 목적을 달성할 수 없는 때에는 설립자나 이사는 주무관청의 허가를 얻어 설립의 취지를 참작하여 그 목적 기타 정관의 규정을 변경할 수 있다.

(1) 정관의 변경이란 법인이 그 동일성을 유지하면서 그 조직을 변경하는 것을 말한다. 다만 정관변경의 허용의 정도는 사단법인과 재단법인에 따라 다르다. 사원의 자주적인 의사결정에 따라 자율적으로 운영되는 **사단법인**에 있어서는 **그 변경이 원칙적으로 허용되지만, 재단법인**은 그 목적과 조직이 설립시에 확정되어 있는 타율적 법인이므로 그 정관은 이를 **변경하지 못하는 것이 원칙**이다. 다만 다음과 같은 경우에는 예외적으로 재단법인의 정관을 변경할 수 있다.

1) 정관의 규정에 의한 변경(제45조 제1항)
재단법인의 정관은 그 변경방법을 정관에 정한 때에는 이를 변경할 수 있다. 그러나 이는 정관의 실행이지 본래 의미의 정관변경은 아니다.

2) 명칭 또는 사무소소재지의 변경(제45조 제2항)
정관에서 그 변경방법을 정하지 않은 경우에도 재단법인의 목적달성 또는 그 재산의 보전을 위하여 적당한 때에는 명칭 또는 사무소의 소재지를 변경할 수 있다.

3) 목적 기타 정관규정의 변경(제46조)

재단법인의 목적을 달성할 수 없는 때에는 설립자나 이사는 주무관청의 허가를 얻어 설립의 취지를 참작하여 그 '목적 기타 정관의 규정'을 변경할 수 있다.

(2) 위와 같이 예외적으로 재단법인의 정관을 변경할 수 있는 경우에도 그 정관의 변경은 **주무관청의 허가**를 얻어야 그 효력을 발생한다(제45조 제3항).

> **판례** [1] 민법 제45조와 제46조에서 말하는 재단법인의 정관변경 '허가'는 법률상의 표현이 허가로 되어 있기는 하나, 그 성질에 있어 법률행위의 효력을 보충해 주는 것이지 일반적 금지를 해제하는 것이 아니므로, **그 법적 성격은 인가**라고 보아야 한다. [2] 인가는 기본행위인 재단법인의 정관변경에 대한 법률상의 효력을 완성시키는 보충행위로서, 그 기본이 되는 정관변경 결의에 하자가 있을 때에는 그에 대한 인가가 있었다 하여도 기본행위인 정관변경 결의가 유효한 것으로 될 수 없으므로 **기본행위인 정관변경 결의가 적법 유효하고 보충행위인 인가처분 자체에만 하자가 있다면** 그 인가처분의 무효나 취소를 주장할 수 있지만, **인가처분에 하자가 없다면 기본행위에 하자가 있다하더라도** 따로 그 기본행위의 하자를 다투는 것은 별론으로 하고 기본행위의 무효를 내세워 바로 그에 대한 행정청의 인가처분의 취소 또는 무효확인을 소구할 법률상의 이익이 없다[대판(전합) 1996. 5. 16, 95누4810]. ☞ 제42조 제2항·제45조·제46조의 허가(정관변경 허가)는 그 본질이 "인가"라는 점에서 제32조의 허가(설립허가)와는 차이가 있다.

(3) 재단법인의 기본재산에 관한 사항은 정관의 기재사항(제43조)으로서 **기본재산의 변경**은 정관의 변경(제45조 제2항)을 초래하기 때문에 **주무부장관의 허가를 받아야** 하고, 따라서 **기존의 기본재산을 처분하는 행위**는 물론 새로이 **기본재산으로 편입하는 행위**도 주무부장관의 허가가 있어야만 유효하다(대판 1982. 9. 28, 82다카499). 재단법인이 그 기본재산을 **증가**시키는 경우도 마찬가지이다(대판 1969. 7. 22, 67다568).

> **판례** ① 재단법인의 정관에는 자산에 관한 규정을 기재하여야 하므로 재단법인의 기본재산처분은 결국 정관의 변경을 초래하게 되어 주무관청의 허가를 얻지 못하면 효력이 발생하지 않는다(대판 1969. 2. 18, 68다2323). 그러므로 재단법인 명의로 소유권이전등기가 경료된 부동산이 재단법인의 기본재산에 편입되었다고 인정하기 위해서는 그 편입에 관한 주무부장관의 허가가 있었음이 먼저 입증되어야 한다(대판 1982. 9. 28, 82다카499).
> ② [1] 민법 제32조, 제40조 제4호, 제42조 제2항, 제43조, 제45조 제3항, 제1항에 의하면, 재단법인은 정관에 재단법인의 자산에 관한 규정을 두어야 하고, 재단법인의 설립과 정관의 변경에는 주무관청의 허가를 얻어야 한다. 따라서 주무관청의 허가를 얻은 정관에 기재된 기본재산의 처분행위로 인하여 재단법인의 정관 기재사항을 변경하여야 하는 경우에는, 그에 관하여 주무관청의 허가를 얻어야 한다. 이는 **재단법인의 기본재산에 대하여 강제집행을 실시하는 경우에도 동일**하나, 주무관청의 허가는 반드시 사전에 얻어야 하는 것은 아니므로, 재단법인의 정관변경에 대한 주무관청의 허가는, 경매개시요건은 아니고, 경락인의 소유권취득에 관한 요건이다. 그러므로 집행법원으로서는 그 허가를 얻어 제출할 것을 특별매각조건으로 경매절차를 진행하고,

매각허가결정 시까지 이를 제출하지 못하면 매각불허가결정을 하면 된다. [2] 민법상 **재단법인의 기본재산에 관한 저당권 설정행위**는 특별한 사정이 없는 한 정관의 기재사항을 변경하여야 하는 경우에 해당하지 않으므로, 그에 관하여는 **주무관청의 허가를 얻을 필요가 없다**(대결 2018. 7. 20, 자 2017마1565).

③ 민법상 **재단법인의 정관에** 기본재산은 담보설정 등을 할 수 없으나 주무관청의 허가·승인을 받은 경우에는 이를 할 수 있다는 취지로 정해져 있고, **정관 규정에 따라 주무관청의 허가·승인을 받아** 민법상 재단법인의 기본재산에 관하여 **근저당권을 설정한 경우,** 그와 같이 설정된 **근저당권을 실행하여 기본재산을 매각할 때**에는 주무관청의 허가를 다시 받을 필요는 없다(대결 2019. 2. 28, 자 2018마800).

▍**동지판례** 비영리법인이 **전세권**을 기본재산으로 하는 정관의 변경에 대해 주무관청의 허가를 받은 이상 **전세권 소멸통고**에 대해 또다시 별도로 주무관청의 허가를 받을 필요가 없다(대판 2021. 5. 7, 2020다289828). ☞ 정관에 의하면 기본재산을 담보로 제공하는 경우에는 노동부장관의 허가를 받도록 규정하고 있고, 이에 따라 피고가 원고들로부터 이 사건 건물을 임차하고 보증금 겸 전세금 3억 원을 지급하면서 노동부장관의 허가를 얻어 기본재산을 이 사건 건물에 관한 3억 원의 전세권으로 변경한 이상 전세권 소멸통고에 대해 또다시 별도로 주무관청의 허가를 받을 필요가 없다고 판단한 사례.

XI. 법인의 능력

법인도 권리의 주체이므로 자연인과 마찬가지로 권리능력·행위능력·불법행위능력을 갖는다. 그러나 그 성질은 같지는 않다. 그것은 자연인의 능력이 의사표시 내지는 판단능력을 중심으로 하는 것이라면 법인의 능력은 그 법 기술적인 측면을 중심으로 하여 전개되기 때문이다. 이를테면 법인에 있어서는 자연인과 같은 제한능력자나 책임무능력자는 없다. 한편 법인의 능력에 관한 규정은 강행규정으로 되어 있다.

1. 일반론

> **제34조(법인의 권리능력)**
> 법인은 법률의 규정에 좋아 정관으로 정한 목적의 범위내에서 권리와 의무의 주체가 된다.

(1) 법인의 권리능력은 법률의 규정에 의한 제한과 정관상 목적에 의한 제한을 받게 된다. 한편 명문으로 규정하지는 않았지만 자연인을 전제로 하는 권리를 법인이 가질 수 없음(성질상 제한)은 당연하다. 예컨대, 자연인을 전제로 하는 권리, 즉 생명권·정조권·상속권(상속능력은 부정된다. 다만 유증을 받을 수는 있다)등은 법인이 가질 수 없다. 즉 법인은 전면적·포괄적 기본권주체인 자연인과 달리 그 목적 등에 의하여 제한을 받는 부분적 기본권주체이다.

▍**판례** 회사의 권리능력은 회사의 설립근거가 된 법률과 회사의 정관상의 목적에 의하여 제한되나 그 목적범위 내의 행위라 함은 정관에 명시된 목적 자체에 국한되는 것이 아니라 **그 목적을 수행하는 데 있어 직접, 간접**

으로 필요한 행위는 모두 포함되고 목적수행에 필요한지의 여부는 행위의 객관적 성질에 따라 판단할 것이고 행위자의 주관적, 구체적 의사에 따라 판단할 것은 아니다(대판 2009. 12. 10, 2009다63236).

(2) 명문규정은 없으나 법인의 권리능력 범위 내에서 행위능력을 가진다(법인은 제한능력자는 없다)고 하는 것이 통설의 견해이다.

2. 법인의 불법행위능력

> **제35조(법인의 불법행위능력)**
> ① 법인은 이사 기타 대표자가 그 직무에 관하여 타인에게 가한 손해를 배상할 책임이 있다. 이사 기타 대표자는 이로 인하여 자기의 손해배상책임을 면하지 못한다.
> ② 법인의 목적범위외의 행위로 인하여 타인에게 손해를 가한 때에는 그 사항의 의결에 찬성하거나 그 의결을 집행한 사원, 이사 및 기타 대표자가 연대하여 배상하여야 한다.

(1) 민법 제35조의 의의

민법 제35조는 법인이 그의 대표기관의 가해행위에 대해 책임을 지는 것을 말한다. 가해행위는 반드시 법인의 목적범위 내에 속하는 것일 필요는 없다. 법인의 목적범위는 권리능력에 관한 제한이며 민법은 불법행위의 책임에 관하여는 별도로 직무관련성이라는 제한을 두고 있으므로 직무관련성만을 기준으로 책임발생 여부를 판단하면 충분하다.

(2) 불법행위의 요건

1) 대표기관의 행위

법인의 불법행위가 성립하기 위하여는 이사 기타 대표자의 행위이어야 하는 바, 이러한 대표기관에는 **이사·임시이사(제63조)·특별대리인(제64조) 등이 포함**된다. 한편 이사는 특정의 법률행위를 대리하는 법인의 대리인을 선임할 수 있는 데(제62조), 이러한 **이사의 임의대리인**은 대표기관으로 볼 수 없다(통설적 견해). 이러한 경우는 법인 자신의 불법행위가 성립되지 않고 법인은 다만 사용자책임을 질 뿐이다(제756조). ☞ 법인의 불법행위의 경우 그 선임·감독에 과실이 없음을 입증하여도 면책되지 않는다. 즉 법인이 제35조의 불법행위책임을 부담하는 경우에는 제756조의 사용자책임과는 달리 면책사유가 없다. 따라서 피해자의 입장에서는 제35조 책임이 제756조 책임보다 유리하다.

> **판례** ① 법인에 있어서 **그 대표자가** 직무에 관하여 불법행위를 한 경우에는 **민법 제35조 제1항**에 의하여, 법인의 **피용자가** 사무집행에 관하여 불법행위를 한 경우에는 **민법 제756조 제1항에 의하여** 각기 손해배상책임을 부담한다(대판 2009. 11. 26, 2009다57033).
> ② 민법 제35조에서 말하는 '이사 기타 대표자'는 법인의 대표기관을 의미하는 것이고 **대표권이 없는 이사는** 법인의 기관이기는 하지만 대표기관은 아니기 때문에 그들의 행위로 인하여 법인의 불법행위가 성립하지 않

는다(대판 2005. 12. 23, 2003다30159).

③ 민법 제35조 제1항은 "법인은 이사 기타 대표자가 그 직무에 관하여 타인에게 가한 손해를 배상할 책임이 있다"라고 정한다. 여기서 '법인의 대표자'에는 그 명칭이나 직위 여하, 또는 대표자로 등기되었는지 여부를 불문하고 **당해 법인을 실질적으로 운영하면서 법인을 사실상 대표하여 법인의 사무를 집행하는 사람**을 포함한다고 해석함이 상당하다. 그리고 <u>이러한 법리는 주택조합과 같은 비법인사단에도 마찬가지로 적용된다</u>(대판 2011. 4. 28, 2008다15438).

2) 직무관련성

㈎ 의 의

통설과 판례는 민법 제35조의 "직무에 관하여"의 의미에 대하여 <u>행위의 외형상 기관의 직무수행행위라고 볼 수 있는 행위는 물론이며, 그 자체로서는 본래 직무행위에 속하지 않으나 직무행위와 사회관념상 상당한 관련성을 가지는 행위를 포함한다</u>(외형이론)고 한다. 이러한 직무관련성은 외부에서 객관적으로 볼 때를 기준으로 하고 법인과 이사의 주관적·내부적인 문제로 판단하지 않는다.

> **판 례** 법인이 그 대표자의 불법행위로 인하여 손해배상의무를 지는 것은 그 대표자의 직무에 관한 행위로 인하여 손해가 발생한 것임을 요한다 할 것이나, 그 **직무에 관한 것이라는 의미는 행위의 외형상 법인의 대표자의 직무행위라고 인정할 수 있는 것이라면 설사 그것이 대표자 개인의 사리를 도모하기 위한 것이었거나 혹은 법령의 규정에 위배된 것이었다 하더라도 위의 직무에 관한 행위에 해당한다**고 보아야 한다(대판 2004. 2. 27, 2003다15280).

㈏ 직무관련성이 배제되는 경우

> **판 례** 비법인사단의 경우 대표자의 행위가 직무에 관한 행위에 해당하지 아니함을 피해자 자신이 알았거나 또는 **중대한 과실**로 인하여 알지 못한 경우에는 비법인사단에게 손해배상책임을 물을 수 없다고 할 것이고, 여기서 **중대한 과실**이라 함은 거래의 상대방이 조금만 주의를 기울였더라면 대표자의 행위가 그 직무권한 내에서 적법하게 행하여진 것이 아니라는 사정을 알 수 있었음에도 만연히 이를 직무권한 내의 행위라고 믿음으로써 **일반인에게 요구되는 주의의무에 현저히 위반하는 것**으로 거의 고의에 가까운 정도의 주의를 결여하고, 공평의 관점에서 상대방을 구태여 보호할 필요가 없다고 봄이 상당하다고 인정되는 상태를 말한다(대판 2003. 7. 25, 2002다27088).

3) 손해의 발생

> **판 례** 재개발조합의 대표기관의 직무상 불법행위로 조합에게 과다한 채무를 부담하게 함으로써 재개발조합이 손해를 입고 결과적으로 조합원의 경제적 이익이 침해되는 손해와 같은 간접적인 손해는 민법 제35조에서 말하는 손해의 개념에 포함되지 아니하므로 이에 대하여는 위 법 조항에 의하여 손해배상을 청구할 수 없다(대판 1999. 7. 27, 99다19384).

4) 대표기관의 일반불법행위요건 구비

대표기관에 대하여 제750조의 요건(불법행위요건-고의 또는 과실 등의 귀책사유 등)이 충족되어야 한다. 대표기관의 불법행위로 인하여 손해를 입은 경우에 피해자는 민법 제35조에 의하여 법인에 대하여도 그 손해배상을 청구할 수 있는 것이다.

> **판례** 주식회사의 대표이사가 업무집행과 관련하여 정당한 권한 없이 직원으로 하여금 타인의 부동산을 지배·관리하게 하는 등으로 소유자의 사용수익권을 침해하고 있는 경우, 부동산의 점유자는 회사일 뿐이고 대표이사 개인은 독자적인 점유자는 아니기 때문에 부동산에 대한 인도청구 등의 상대방은 될 수 없다고 하더라도, 고의 또는 과실로 부동산에 대한 불법적인 점유상태를 형성·유지한 위법행위로 인한 손해배상책임은 회사와 별도로 부담한다고 보아야 한다(대판 2013. 6. 27, 2011다50165).

(3) 불법행위의 효과
1) 부진정연대채무

(가) **법인**은 민법 제35조에 따라 대표기관의 불법행위에 의한 손해배상책임을 부담하고, 위에서 본 바와 같이 **대표기관**은 민법 제750조에 따라 손해배상책임을 부담한다. 그리고 이사 기타 대표자는 법인이 손해배상책임을 진다고 하여도 자기의 손해배상책임을 면하지 못한다(제35조 제1항 제2문). 결국 법인과 이사 기타 대표자는 피해자에 대하여 함께 손해배상의무를 부담하는데, 그 책임의 성질은 **부진정연대채무**이다.

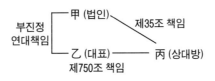

> ● 제35조의 법인의 불법행위책임

> **비교판례** 법인이 대표기관을 통하여 법률행위를 한 때에는 대리에 관한 규정이 준용된다(민법 제59조 제2항). 따라서 적법한 대표권을 가진 자와 맺은 법률행위의 효과는 대표자 개인이 아니라 본인인 법인에 귀속하고, 마찬가지로 그러한 법률행위상의 의무를 위반하여 발생한 **채무불이행으로 인한 손해배상책임도 대표기관 개인이 아닌 법인만이** 책임의 귀속주체가 되는 것이 원칙이다. 또한, 민법 제391조는 법정대리인 또는 이행보조자의 고의·과실을 채무자 자신의 고의·과실로 간주함으로써 채무불이행책임을 채무자 본인에게 귀속시키고 있는데, **법인의 경우도 법률행위에 관하여 대표기관의 고의·과실에 따른 채무불이행책임의 주체는 법인으로 한정된다.** 따라서 법인의 적법한 대표권을 가진 자가 하는 법률행위는 성립상 효과뿐만 아니라 위반의 효과인 채무불이행책임까지 법인에 귀속될 뿐이고, 다른 법령에서 정하는 등의 특별한 사정이 없는 한 법인이 당사자인 법률행위에 관하여 **대표기관 개인이 손해배상책임을 지려면 민법 제750조에 따른 불법행위책임 등이 별도로 성립하여야 한다.** 이때 법인의 대표기관이 법인과 계약을 체결한 거래상대방인 제3자

에 대하여 자연인으로서 민법 제750조에 기한 불법행위책임을 진다고 보기 위해서는, 대표기관의 행위로 인해 법인에 귀속되는 효과가 대외적으로 제3자에 대한 채무불이행의 결과를 야기한다는 점만으로는 부족하고, 법인의 내부행위를 벗어나 제3자에 대한 관계에서 사회상규에 반하는 위법한 행위라고 인정될 수 있는 정도에 이르러야 한다. 그와 같은 행위에 해당하는지는 대표기관이 의사결정 및 그에 따른 행위에 이르게 된 경위, 의사결정의 내용과 절차과정, 침해되는 권리의 내용, 침해행위의 태양, 대표기관의 고의 내지 해의의 유무 등을 종합적으로 평가하여 개별적·구체적으로 판단하여야 한다(대판 2019. 5. 30, 2017다53265).

㈏ 법인이 피해자에게 배상하면 법인은 대표기관에 대하여 구상권을 행사할 수 있다(제65조 참조).

2) 법인의 불법행위책임이 성립하지 않는 경우

법인의 불법행위가 성립하지 않는다면 대표기관 개인만이 제750조에 따라 불법행위책임을 지는데, 민법 제35조 제2항에 의하면 그 사항의 의결에 찬성하거나 그 의결을 집행한 사원, 이사 및 기타 대표자가 연대하여 배상하여야 한다(제35조 제2항).

3) 과실상계

판 례 〈**법인대표기관의 고의적인 불법행위에 대하여 피해자들에게 과실이 있는 경우, 과실상계법리의 적용여부(적극)**〉 신용금고의 대표이사가 고객들로부터 예탁금조로 교부받은 금원을 임의로 횡령한 경우에 있어 위 대표이사의 행위가 대표기관의 고의적인 불법행위라 하더라도 법인자체의 불법행위책임을 묻고 있는 피해자들에게 그 불법행위 내지 손해발생에 과실이 있다면 법원은 과실상계의 법리에 좇아 손해배상의 책임 및 그 금액을 정함에 있어 이를 참작하여야 한다(대판 1987. 11. 24, 86다카1834).

(4) 법인의 불법행위책임 유추적용

1) 노동조합의 책임

노동조합의 간부들이 불법쟁의행위를 기획, 지시, 지도하는 등으로 주도한 경우에 이와 같은 간부들의 행위는 조합의 집행기관으로서의 행위라 할 것이므로 이러한 경우 민법 제35조 제1항의 유추적용에 의하여 노동조합은 그 불법쟁의 행위로 인하여 사용자가 입은 손해를 배상할 책임이 있다(대판 1994. 3. 25, 93다32828).

2) 주택조합(비법인 사단)

주택조합과 같은 **비법인사단**의 대표자가 직무에 관하여 타인에게 가한 손해를 가한 경우(조합아파트 중복분양), 그 사단은 **민법 제35조 제1항의 유추적용**에 의하여 그 손해를 배상할 책임이 있다(대판 2003. 7. 25, 2002다27088).

3. 대표권남용과 대표권일탈

(1) 의 의

1) 원래 대표권남용은 대표기관이 대표권의 범위 안에서 자기나 제3자의 이익을 꾀하기 위하여 대표행위를 행한 경우에 생기는 문제이다. 대표기관이 대표권의 범위를 넘어서 자신의 이익등을 꾀하기 위하여 대표행위를 한 경우(=대표권 일탈)에는 대표권의 남용과는 다른 것이다(국내 문헌들은 이 두 경우를 제대로 구별하지 못하고 있다는 지적이 있다─송덕수).

2) 한편 판례는 대표권남용에 관하여 통일되어 있지 않다. 주류는 **제107조 제1항 단서유추적용설**의 견지에 있지만 **신의칙설**의 입장에 서 있는 것도 있다. 대표권남용은 결코 대표권이 없이 대표행위가 행하여진 것이 아니라는 점(=무권대리가 아니라는 점)도 주의해야 한다.

> **판례** 1. 이른바 민법 제107조 제1항 단서 유추적용설을 취한 판례
> 주식회사의 대표이사가 그 대표권의 범위 내에서 한 행위는 설사 대표이사가 회사의 영리목적과 관계없이 자기 또는 제3자의 이익을 도모할 목적으로 그 권한을 남용한 것이라 할지라도 **일단 회사의 행위로서 유효**하고, 다만 **그 행위의 상대방이 대표이사의 진의를 알았거나 알 수 있었을 때에는 회사에 대하여 무효**가 되는 것이다(대판 1997. 8. 29, 97다18059).
> 2. 이른바 신의칙설을 취한 판례
> 주식회사의 대표이사가 대표권의 범위 내에서 한 행위는 설사 대표이사가 회사의 영리 목적과 관계없이 자기 또는 제3자의 이익을 도모할 목적으로 권한을 남용한 것이라도 **일응 회사의 행위로서 유효**하다. 그러나 **행위의 상대방이 그와 같은 정을 알았던 경우에는 그로 인하여 취득한 권리를 회사에 대하여 주장하는 것이 신의칙에 반하므로 회사는 상대방의 악의를 입증**하여 행위의 효과를 부인할 수 있다(대판 2016. 8. 24, 2016다222453).

(2) 대표권남용 및 일탈과 법인의 불법행위 성립여부

1) 대표권 남용 및 일탈에 해당하여 법인에 대하여 계약상 이행책임을 물을 수 없게 되는 경우 상대방은 손해를 입게 되는데, 이러한 경우 **상대방은 법인에 대하여 민법 제35조의 불법행위책임을 물을 수 있다**는 것이 판례의 태도이다.

> **판례** 행위의 외형상 법인의 대표자의 직무행위라고 인정할 수 있는 것이라면, 설사 그것이 **대표자 개인의 사리를 도모**하기 위한 것이거나 혹은 **법령의 규정에 위배**된 것이더라도, 위의 직무에 관한 행위에 해당한다(대판 2004. 2. 27, 2003다15280; 대판 1969. 8. 26, 68다2320).

2) 이러한 판례의 태도에 대하여, 법률행위를 통하여 대표권남용(일탈)행위를 하였을 때에는 제126조의 표현대리의 규정을 유추적용하자는 주장이 있는데, 학설상으로는 이러한 제126조 우선적용설이 다수설이다.

XII. 법인의 기관

법인은 독립된 권리주체이기는 하지만 자연인처럼 그 자체가 활동할 수는 없다. 자연인과 같이 활동하기 위해서는 법인의 의사를 결정하고 또 그 의사를 집행하는 일정한 조직을 필요로 하는데, 이 조직을 이루는 것이 법인의 기관이다. 민법은 법인의 기관으로 **'사원총회'**라는 의사결정기관, **'이사'**라는 의사집행기관, **'감사'**라는 감독기관과 같이 3가지를 인정하는데, 법인의 종류에 따라 일정하지는 않다. 즉 사원총회는 사단법인에만 있고, 사원이 없는 재단법인에는 없다. 이사는 어느 법인이든 반드시 있어야 하는 필수기관이지만, 감사는 어느 법인이든 임의기관으로 되어 있다(제57조, 제66조 비교).

1. 이 사

(1) 이사의 지위

제57조(이사)

법인은 이사를 두어야 한다.

제58조(이사의 사무집행)

① 이사는 법인의 사무를 집행한다.

② 이사가 수인인 경우에는 정관에 다른 규정이 없으면 법인의 사무집행은 이사의 과반수로써 결정한다.

제59조(이사의 대표권)

① 이사는 법인의 사무에 관하여 각자 법인을 대표한다. 그러나 정관에 규정한 취지에 위반할 수 없고 특히 사단법인은 총회의 의결에 의하여야 한다.

② 법인의 대표에 관하여는 대리에 관한 규정을 준용한다.

이사는 대외적으로 법인을 대표하고 대내적으로 법인의 업무를 집행하는 상설필요기관이다. 이사는 자연인만이 될 수 있다는 것이 통설이다.

> **판례** ① 후임 이사가 유효히 선임되었는데도 그 선임의 효력을 둘러싼 다툼이 있다고 하여 그 다툼이 해결되기 전까지는 후임 이사에게는 직무수행권한이 없고 임기가 만료된 구 이사만이 직무수행권한을 가진다고 할 수는 없다(대판 2006. 4. 27, 2005도8875).
> ② 임기 만료된 재단법인 이사는 그 임무를 수행함이 부적당하다고 인정할 만한 특별한 사정이 없는 한, 그 후임자가 선임될 때까지 이사의 직무를 수행할 수 있다(대판 1982. 3. 9, 81다614).
> ③ 임기만료된 이사의 업무수행권은 이사에 결원이 있음으로써 법인이 정상적인 활동을 할 수 없는 사태를 방지하자는 데 취지가 있으므로, 이사 중 일부의 임기가 만료되었더라도 아직 임기가 만료되지 아니한 다른 이사들로 정상적인 활동을 할 수 있는 경우에는 임기만료된 이사로 하여금 이사로서 직무를 행사하게 할 필요가 없고, 이러한 경우에는 임기만료로서 당연히 퇴임하며, 법인의 정상적인 활동이 가능한지는 이사의 임기만료 시를 기준으로 판단하여야 하지 그 이후의 사정까지 고려할 수는 없다(대결 2014. 1. 17, 자 2013마1801).

(2) 이사의 의무

> **제61조(이사의 주의의무)**
> 이사는 선량한 관리자의 주의로 그 직무를 행하여야 한다.
>
> **제65조(이사의 임무해태)**
> 이사가 그 임무를 해태한 때에는 그 이사는 법인에 대하여 연대하여 손해배상의 책임이 있다.

(3) 이사의 대표권 제한

> **제41조(이사의 대표권에 대한 제한)**
> 이사의 대표권에 대한 제한은 이를 정관에 기재하지 아니하면 그 효력이 없다.
>
> **제60조(이사의 대표권에 대한 제한의 대항요건)**
> 이사의 대표권에 대한 제한은 등기하지 아니하면 제삼자에게 대항하지 못한다.

1) 대표권 제한의 효력요건(정관 기재)

이사의 대표권의 범위에 대하여는 이를 제한할 수 있는데, 그 제한은 반드시 정관에 기재하여야 하며, 그 **정관에 대표권의 제한을 기재하지 아니한 경우에는 무효**이다(제41조).

2) 대표권 제한의 대항요건(등기)

이사의 대표권에 대한 제한은 등기하지 아니하면 제3자에게 대항하지 못한다. 이 때 민법 제60조의 "제3자"에 대하여 다수설은 선의의 제3자에게만 대항할 수 없다고 하나, 판례는 대표권제한의 등기를 하지 아니하면 **선·악 불문하고 제3자에게 대항하지 못한다**는 입장이다.

> **판례** 법인의 정관에 법인 대표권의 제한에 관한 규정이 있으나 그와 같은 취지가 등기되어 있지 않다면 법인은 그와 같은 정관의 규정에 대하여 **선의냐 악의냐에 관계없이 제3자에 대하여 대항할 수 없다**(대판 1992. 2. 14, 91다24564).

> **비교판례** 비법인사단의 경우에는 대표자의 대표권 제한에 관하여 등기할 방법이 없어 민법 제60조의 규정을 준용할 수 없고, 비법인사단의 대표자가 정관에서 사원총회의 결의를 거쳐야 하도록 규정한 대외적 거래행위에 관하여 이를 거치지 아니한 경우라도, 그 거래 상대방이 그와 같은 대표권 제한 사실을 **알았거나 알 수 있었을 경우가 아니라면** 그 거래행위는 유효하다고 봄이 상당하고(제107조 비진의표시의 법리), 이 경우 거래의 상대방이 대표권 제한 사실을 알았거나 알 수 있었음은 **이를 주장하는 비법인사단측이 주장·입증하여야 한다**(대판 2003. 7. 22, 2002다64780).

(4) 이사의 사임 등

별도의 정함이 없으면 법인은 언제든지 이사를 해임할 수 있으며 이사도 언제든지 사임할 수 있다 (제689조 참조; 대판 1992. 7. 24, 92다749 등).

> **판례** 법인과 이사의 법률관계는 신뢰를 기초로 한 **위임 유사의 관계**로 볼 수 있는데, 민법 제689조 제1항에서는 위임계약은 각 당사자가 언제든지 해지할 수 있다고 규정하고 있으므로, 법인은 원칙적으로 이사의 임기만료 전에도 이사를 해임할 수 있지만, 이러한 민법의 규정은 임의규정에 불과하므로 법인이 자치법규인 정관으로 이사의 해임사유 및 절차 등에 관하여 별도의 규정을 두는 것도 가능하다. 그리고 이와 같이 법인이 정관에 이사의 해임사유 및 절차 등을 따로 정한 경우 그 규정은 법인과 이사와의 관계를 명확히 함은 물론 이사의 신분을 보장하는 의미도 아울러 가지고 있어 이를 단순히 주의적 규정으로 볼 수는 없다. 따라서 **법인의 정관에 이사의 해임사유에 관한 규정이 있는 경우** 법인으로서는 이사의 중대한 의무위반 또는 정상적인 사무집행 불능 등의 특별한 사정이 없는 이상, **정관에서 정하지 아니한 사유로 이사를 해임할 수 없다**(대판 2013. 11. 28, 2011다41741).

(5) 직무대행자·임시이사·특별대리인·임의대리인

제52조의2(직무집행정지 등 가처분의 등기)

이사의 직무집행을 정지하거나 직무대행자를 선임하는 가처분을 하거나 그 가처분을 변경·취소하는 경우에는 주사무소와 분사무소가 있는 곳의 등기소에서 이를 등기하여야 한다.

제60조의2(직무대행자의 권한)

① 제52조의2의 직무대행자는 가처분명령에 다른 정함이 있는 경우 외에는 법인의 통상사무에 속하지 아니한 행위를 하지 못한다. 다만, 법원의 허가를 얻은 경우에는 그러하지 아니하다.
② 직무대행자가 제1항의 규정에 위반한 행위를 한 경우에도 법인은 선의의 제3자에 대하여 책임을 진다.

제62조(이사의 대리인 선임)

이사는 정관 또는 총회의 결의로 금지하지 아니한 사항에 한하여 타인으로 하여금 특정한 행위를 대리하게 할 수 있다.

제63조(임시이사의 선임)

이사가 없거나 결원이 있는 경우에 이로 인하여 손해가 생길 염려 있는 때에는 법원은 이해관계인이나 검사의 청구에 의하여 임시이사를 선임하여야 한다.

제64조(특별대리인의 선임)

법인과 이사의 이익이 상반하는 사항에 관하여는 이사는 대표권이 없다. 이 경우에는 전조의 규정에 의하여 특별대리인을 선임하여야 한다.

2. 사원총회

제68조(총회의 권한)

사단법인의 사무는 정관으로 이사 또는 기타 임원에게 위임한 사항외에는 총회의 결의에 의하여야 한다.

제69조(통상총회)

사단법인의 이사는 매년 1회 이상 통상총회를 소집하여야 한다.

제70조(임시총회)

① 사단법인의 이사는 필요하다고 인정한 때에는 임시총회를 소집할 수 있다.

② 총사원의 5분의 1 이상으로부터 회의의 목적사항을 제시하여 청구한 때에는 이사는 임시총회를 소집하여야 한다. 이 정수는 정관으로 증감할 수 있다.

③ 전항의 청구있는 후 2주간내에 이사가 총회소집의 절차를 밟지 아니한 때에는 청구한 사원은 법원의 허가를 얻어 이를 소집할 수 있다.

제71조(총회의 소집)

총회의 소집은 1주간전에 그 회의의 목적사항을 기재한 통지를 발하고 기타 정관에 정한 방법에 의하여야 한다.

제72조(총회의 결의사항)

총회는 전조의 규정에 의하여 통지한 사항에 관하여서만 결의할 수 있다. 그러나 정관에 다른 규정이 있는 때에는 그 규정에 의한다.

제73조(사원의 결의권)

① 각 사원의 결의권은 평등으로 한다.

② 사원은 서면이나 대리인으로 결의권을 행사할 수 있다.

③ 전2항의 규정은 정관에 다른 규정이 있는 때에는 적용하지 아니한다.

제74조(사원이 결의권없는 경우)

사단법인과 어느 사원과의 관계사항을 의결하는 경우에는 그 사원은 결의권이 없다.

제75조(총회의 결의방법)

① 총회의 결의는 본법 또는 정관에 다른 규정이 없으면 사원 과반수의 출석과 출석사원의 결의권의 과반수로써 한다.

② 제73조제2항의 경우에는 당해사원은 출석한 것으로 한다.

판례 ① 민법 제71조의 법정 유예기간 규정에 위반하여 소집한 종중총회 결의의 효력 : "총회의 소집은 1주간 전에 통지를 발하고 기타 정관에 정한 방법에 의하여야 한다"고 규정한 민법 제71조의 규정에 위반되어, 특별한 사정이 없는 한 그 종중총회의 결의는 그 효력이 없다(대판 1995. 11. 7, 94다7669).

② 종중 총회의 소집통지는 종중의 규약이나 관례가 없는 한 통지 가능한 모든 종원에게 소집통지를 적당한 방법으로 통지를 함으로써 각자가 회의의 토의와 의결에 참여할 수 있는 기회를 주어야 하고 **일부 종원에게 이러한 소집통지를 결여**한 채 개최된 종중 총회의 **결의는 그 효력이 없고**, 이는 그 결의가 통지 가능한 종원 중 과반수의 찬성을 얻은 것이라고 하여 달리 볼 것은 아니나, 소집통지를 받지 아니한 종원이 **다른 방법에 의하여 이를 알게 된 경우**에는 그 종원이 종중 총회에 참석하지 않았다고 하더라도 그 종중 총회의 **결의를 무효라고 할 수 없다**(대판 1995. 6. 9, 94다42389).

③ 민법상 법인의 이사회에서 결의사항에 이해관계가 있는 이사가 의결권을 갖는지 여부(소극) 및 그 이사의 수가 의사정족수에 포함되는지 여부(적극) 민법 제74조는 사단법인과 어느 사원과의 관계사항을 의결하는 경우 그 사원은 의결권이 없다고 규정하고 있으므로, 민법 제74조의 유추해석상 민법상 법인의 이사회에서 법인과 어느 이사와의 관계사항을 의결하는 경우에는 그 이사는 의결권이 없다. 이 때 의결권이 없다는 의미는 상법 제368조 제4항, 제371조 제2항의 유추해석상 이해관계 있는 이사는 이사회에서 의결권을 행사할 수는 없으나 **의사정족수 산정의 기초가 되는 이사의 수에는 포함되고, 다만 결의 성립에 필요한 출석이사에는 산입되지 아니한다**고 풀이함이 상당하다(대판 2009. 4. 9, 2008다1521).

3. 감사

제66조(감사)

법인은 정관 또는 총회의 결의로 감사를 둘 수 있다.

제67조(감사의 직무)

감사의 직무는 다음과 같다.
1. 법인의 재산상황을 감사하는 일
2. 이사의 업무집행의 상황을 감사하는 일
3. 재산상황 또는 업무집행에 관하여 부정, 불비한 것이 있음을 발견한 때에는 이를 총회 또는 주무관청에 보고하는 일
4. 전호의 보고를 하기 위하여 필요있는 때에는 총회를 소집하는 일

XIII. 법인의 소멸(해산과 청산)

제77조(해산사유)

① 법인은 존립기간의 만료, 법인의 목적의 달성 또는 달성의 불능 기타 정관에 정한 해산사유의 발생, 파산 또는 설립허가의 취소로 해산한다.
② 사단법인은 사원이 없게 되거나 총회의 결의로도 해산한다.

> **제78조(사단법인의 해산결의)**
> 사단법인은 총사원 4분의 3 이상의 동의가 없으면 해산을 결의하지 못한다. 그러나 정관에 다른 규정이 있는 때에는 그 규정에 의한다.
>
> **제82조(청산인)**
> 법인이 해산한 때에는 파산의 경우를 제하고는 이사가 청산인이 된다. 그러나 정관 또는 총회의 결의로 달리 정한 바가 있으면 그에 의한다.
>
> **제87조(청산인의 직무)**
> ① 청산인의 직무는 다음과 같다.
>   1. 현존사무의 종결
>   2. 채권의 추심 및 채무의 변제
>   3. 잔여재산의 인도
> ② 청산인은 전항의 직무를 행하기 위하여 필요한 모든 행위를 할 수 있다.
>
> **제94조(청산종결의 등기와 신고)**
> 청산이 종결한 때에는 청산인은 3주간내에 이를 등기하고 주무관청에 신고하여야 한다.
>
> **제95조(해산, 청산의 검사, 감독)**
> 법인의 해산 및 청산은 법원이 검사, 감독한다.
> 〈비교조문〉 제37조(법인의 사무의 검사, 감독) 법인의 사무는 주무관청이 검사, 감독한다.

1. 의 의

　법인의 소멸이란 법인이 권리능력을 상실하는 것을 말하며 자연인의 사망에 해당한다. 그런데 법인의 경우에 상속이 인정되지 않으므로 권리능력의 상실에 따른 재산관계를 정리하기 위하여 단계적인 절차를 거친다. 즉 일정한 사유가 있으면 법인은 **해산**하고, 이에 따른 **청산**절차가 끝나 법인 등기부에 청산종결의 등기를 함으로써 법인은 소멸한다. 다만 법인에 대한 청산종결등기가 경료되었더라도 청산사무가 종결되지 않는 한 그 범위 내에서 청산법인으로서 존속한다고 할 것이다(대판 2003. 2. 11, 99다66427). 즉 **청산이 종료한 때** 법인은 소멸한다.

> **판례** 법인 아닌 사단에 대하여는 사단법인에 관한 민법규정 가운데서 법인격을 전제로 하는 것을 제외하고는 이를 유추적용하여야 할 것인바, 사단법인에 있어서는 **사원이 없게 된다**고 하더라도 이는 **해산사유가 될 뿐 막바로 권리능력이 소멸하는 것이 아니므로** 법인 아닌 사단에 있어서도 구성원이 없게 되었다 하여 막바로 그 사단이 소멸하여 소송상의 당사자능력을 상실하였다고 할 수는 없고 **청산사무가 완료되어야 비로소 그 당사자능력이 소멸하는 것이다**(대판 1992. 10. 9, 92다23087).

2. 잔여재산처리문제

> **제80조(잔여재산의 귀속)**
> ① 해산한 법인의 재산은 정관으로 지정한 자에게 귀속한다.
> ② 정관으로 귀속권리자를 지정하지 아니하거나 이를 지정하는 방법을 정하지 아니한 때에는 이사 또는 청산인은 주무관청의 허가를 얻어 그 법인의 목적에 유사한 목적을 위하여 그 재산을 처분할 수 있다. 그러나 사단법인에 있어서는 총회의 결의가 있어야 한다.
> ③ 전2항의 규정에 의하여 처분되지 아니한 재산은 국고에 귀속한다.

> **판례** 민법 제80조 제1항과 제2항의 각 규정 내용을 대비하여 보면, 법인 해산시 잔여재산의 귀속권리자를 직접 지정하지 아니하고 사원총회나 이사회의 결의에 따라 이를 정하도록 하는 등 간접적으로 그 귀속권리자의 지정방법을 정해 놓은 정관 규정도 유효하다(대판 1995. 2. 10, 94다13473).

3. 청산법인의 권리능력

> **제81조(청산법인)**
> 해산한 법인은 청산의 목적범위내에서만 권리가 있고 의무를 부담한다.

4. 청산절차의 강행규정성

> **판례** 민법상의 청산절차에 관한 규정은 모두 제3자의 이해관계에 중대한 영향을 미치기 때문에 이른바 강행규정이라고 해석되므로 이에 반하는 잔여재산의 처분행위는 특단의 사정이 없는 한 무효라고 보아야 한다(대판 1995. 2. 10, 94다13473).

XIV. 권리능력 없는 사단(=비법인사단)

1. 의 의

사실상 일정한 목적과 조직을 갖춘 사람들의 단체이지만, 법인으로서 **설립등기를 하지 않았기 때문에** 법인격이 인정되지 않는 단체를 '비법인사단' 또는 '권리능력 없는 사단'이라 한다.

> **판례** ① 사단법인의 하부조직의 하나라 하더라도 스스로 단체로서의 실체를 갖추고 독자적인 활동을 하고 있다면 사단법인과는 별개의 독립된 비법인사단으로 볼 수 있다(대판 2009. 1. 30, 2006다60908).
> ② 공동주택의 **입주자대표회의**는 동별세대수에 비례하여 선출되는 **동별대표자를 구성원으로 하는** 법인 아닌 사단이다(대판 2007. 6. 15, 2007다6307). ☞ 입주자 전원을 구성원으로 하는 것이 아님을 주의할 것.

2. 법인격 없는 사단과 조합과의 구별

(1) 민법상의 조합과 법인격은 없으나 사단성이 인정되는 비법인사단을 구별함에 있어서는 일반적

으로 **그 단체성의 강약**을 기준으로 판단하여야 하는바, **조합은** 2인 이상이 상호간에 금전 기타 재산 또는 노무를 출자하여 공동사업을 경영할 것을 약정하는 계약관계에 의하여 성립하므로(민법 제703조) 어느 정도 단체성에서 오는 제약을 받게 되는 것이지만 **구성원의 개인성이 강하게 드러나는 인적 결합체**인 데 비하여 **비법인사단은 구성원의 개인성과는 별개로 권리의무의 주체가 될 수 있는 독자적 존재**로서의 단체적 조직을 가지는 특성이 있다(대판 1992. 7. 10, 92다2431).

(2) 조합원이 **무한책임**(제713조 참조)을 부담한다면 법인과 법인격 없는 사단의 구성원은 **유한책임**을 진다.

> **판례** 구 주택건설촉진법(2003. 5. 29. 법률 제6916호 주택법으로 전부 개정되기 전의 것)에 의하여 설립된 주택조합은 민법상 조합이 아니라 비법인 사단에 해당하므로, 민법의 법인에 관한 규정 중 법인격을 전제로 하는 조항을 제외한 나머지 조항들이 원칙적으로 준용된다. 따라서 그 조합이 사업을 수행하면서 부담하게 된 채무를 조합의 재산으로 변제할 수 없게 되었다고 하더라도 그 채무는 조합에 귀속되고, 정관 기타 규약에 따라 조합원총회 등에서 조합의 자산과 부채를 정산하여 그 채무초과분을 조합원들에게 분담시키는 결의를 하지 않는 한, 조합원이 곧바로 조합에 대하여 그 지분 비율에 따른 분담금 채무를 부담하지 않는다(대판 2021. 12. 30, 2017다203299).

3. 당사자능력

> **민사소송법 제52조(법인이 아닌 사단 등의 당사자능력)**
> 법인이 아닌 사단이나 재단은 대표자 또는 관리인이 있는 경우에는 그 사단이나 재단의 이름으로 당사자가 될 수 있다.

법인이 아니라도 사단으로서의 실체를 갖추고 대표자 또는 관리인을 통하여 사회적 활동이나 거래를 하는 경우에는 그로 인하여 발생하는 분쟁은 그 단체가 자기 이름으로 당사자가 되어 소송을 통하여 해결하도록 하기 위하여(대판 2022. 8. 11, 2022다227688), 민사소송법 제52조는 법인이 아닌 사단이나 재단이라도 사단 또는 재단으로서의 실체를 갖추고 대표자 또는 관리인을 통하여 사회적 활동이나 거래를 하는 경우 당사자능력을 인정한다.

> **판례** ① 종중이 비법인사단으로서 당사자능력이 있느냐의 문제는 **소송요건**에 관한 것으로서 **사실심의 변론 종결시**를 기준으로 판단하여야 하는 것이다(대판 2010. 3. 25, 2009다95387).
> ② 비법인사단이 당사자인 사건에서 **대표자에게 적법한 대표권이 있는지 여부는 소송요건**에 관한 것으로서 **법원의 직권조사사항**이다(대판 2011. 7. 28, 2010다97044).
> ③ 권리능력이 있는 **자연인과 법인은 원칙적으로** 민사소송의 주체가 될 수 있는 당사자능력이 있으나, **법인이 아닌 사단과 재단은 대표자 또는 관리인이 있는 경우에 한하여** 당사자능력이 인정된다(대판 2018. 8. 1, 2018다227865).

동지판례 여기서 말하는 사단이라 함은 일정한 목적을 위하여 조직된 다수인의 결합체로서 대외적으로 사단을 대표할 기관에 관한 정함이 있는 단체를 말한다(대판 2022. 8. 11, 2022다227688).

④ 적법한 대표자 자격이 없는 비법인 사단의 대표자가 한 소송행위는 후에 대표자 자격을 적법하게 취득한 대표자가 그 소송행위를 추인하면 **행위 시에 소급하여** 효력을 가지게 되고, 이러한 추인은 상고심에서도 할 수 있으며(대판 2016. 7. 7, 2013다76871 등 참조), 이는 **비법인 사단의 총유재산에 관한 소송이 사원총회의 결의 없이 제기된 경우**에도 마찬가지이다(대판 2018. 7. 24, 2018다227087).

⑤ **비법인사단의 하부기관**이 당사자능력을 가지는지에 관한 사항은 직권조사사항이다(대판 2022. 8. 11, 2022다227688).

4. 등기능력

> **부동산등기법 제26조(법인 아닌 사단 등의 등기신청)**
> ① 종중(宗中), 문중(門中), 그 밖에 대표자나 관리인이 있는 법인 아닌 사단(社團)이나 재단(財團)에 속하는 부동산의 등기에 관하여는 그 사단이나 재단을 등기권리자 또는 등기의무자로 한다.

부동산등기법 제26조는 비법인 사단 또는 재단의 등기능력을 인정한다.

5. 법률관계

(1) 비법인사단에 대한 법인 규정의 유추적용

비법인사단에 대하여는 **사단법인에 관한 민법규정 중 법인격을 전제로 하는 것을 제외한 규정들을 유추적용**하여야 할 것이다(대판 2003. 11. 14, 2001다32687).

판례[1] ① 주택조합과 같은 비법인사단의 대표자가 직무에 관하여 타인에게 손해를 가한 경우 그 사단은 **민법 제35조 제1항의 유추적용**에 의하여 그 손해를 배상할 책임이 있다(대판 2003. 7. 25, 2002다27088).

② [1] 비법인사단에 대하여는 사단법인에 관한 민법 규정 가운데 법인격을 전제로 하는 것을 제외하고는 이를 유추적용하여야 하는데, **민법 제62조**에 비추어 보면 비법인사단의 대표자는 정관 또는 총회의 결의로 금지하지 아니한 사항에 한하여 타인으로 하여금 **특정한 행위를 대리하게 할 수 있을 뿐** 비법인사단의 제반 업무처리를 **포괄적으로 위임할 수는 없으므로** 비법인사단 대표자가 행한 타인에 대한 업무의 **포괄적 위임**과 그에 따른 **포괄적 수임인의 대행행위**는 민법 제62조를 위반한 것이어서 **비법인사단에 대하여 그 효력이 미치지 않는다**(예컨대, 甲주택조합의 대표자가 모든 권한을 乙에게 포괄적으로 위임한 것은 민법 제62조에 위반한 것이어서 乙이 甲주택조합을 대표하여 체결한 조합원가입계약은 甲주택조합에 효력이 없다. 편저자 주). [2] 민법 제35조 제1항은 "법인은 이사 기타 대표자가 그 직무에 관하여 타인에게 가한 손해를 배상할 책임이 있다"라고 정한다. 여기서 '법인의 대표자'에는 그 명칭이나 직위 여하, 또는 대표자로 등기되었는지 여부를 불문하고 당해 법인을 실질적으로 운영하면서 법인을 사실상 대표하여 법인의 사무를 집행하는 사람을 포함한다고 해석함이 상당하다. 그리고 이러한 법리는 주택조합과 같은 비법인사단에도 마찬가지로 적용된다(따라서 위 조합원가입계약의 상대방은 甲주택조합에 대하여 계약상 책임을 물을 수는 없지만, 제35조의 책임은 물을 수 있다. 편저자 주)(대판 2011. 4. 28, 2008다15438).

③ 민법 제63조는 법인의 조직과 활동에 관한 것으로서 법인격을 전제로 하는 조항이 아니고, 법인 아닌 사단이나 재단의 경우에도 이사가 없거나 결원이 생길 수 있으며, 통상의 절차에 따른 새로운 이사의 선임이 극히 곤란하고 종전 이사의 긴급처리권도 인정되지 아니하는 경우에는 사단이나 재단 또는 타인에게 손해가 생길 염려가 있을 수 있으므로, **민법 제63조**는 법인 아닌 사단이나 재단에도 **유추 적용할 수 있다**[대결(전합) 2009. 11. 19. 자 2008마699].

④ 비법인사단에 대하여는 사단법인에 관한 민법규정 중 법인격을 전제로 하는 것을 제외한 규정들을 유추적용하여야 할 것이므로 비법인사단인 교회의 교인이 존재하지 않게 된 경우 그 교회는 해산하여 청산절차에 들어가서 청산의 목적범위 내에서 권리·의무의 주체가 되며, 이 경우 해산 당시 그 비법인사단의 총회에서 향후 업무를 수행할 자를 선정하였다면 **민법 제82조 (제1항)을 유추**하여 그 선임된 자가 청산인으로서 청산 중의 비법인사단을 대표하여 청산업무를 수행하게 된다(대판 2003. 11. 14. 2001다32687). ☞ 제82조에는 제1항이 없다. 판례에서도 가끔 오타가 발견된다.

> ▎**판례 [2]**   **비법인사단**의 경우에는 대표자의 **대표권 제한**에 관하여 **등기할 방법이 없어 민법 제60조의 규정을 준용할 수 없고**, 비법인사단의 대표자가 정관에서 사원총회의 결의를 거쳐야 하도록 규정한 대외적 거래행위에 관하여 이를 거치지 아니한 경우라도, 이와 같은 사원총회 결의사항은 비법인사단의 내부적 의사결정에 불과하다 할 것이므로, 그 거래 상대방이 그와 같은 대표권 제한 사실을 알았거나 알 수 있었을 경우가 아니라면 그 거래행위는 유효하다고 봄이 상당하고, 이 경우 거래의 상대방이 대표권 제한 사실을 알았거나 알 수 있었음은 이를 주장하는 비법인사단측이 주장·입증하여야 한다(대판 2003. 7. 22. 2002다64780).

(2) 비법인사단에 있어서 총유의 의미

1) 주택건설촉진법에 의하여 설립된 재건축조합은 민법상의 비법인사단에 해당하고, 재건축조합의 실체가 비법인사단이라면 재건축조합이 주체가 되어 신축 완공한 상가건물은 조합원 전원의 총유에 속하며, 총유물의 관리 및 처분에 관하여 재건축조합의 **정관이나 규약**에 정한 바가 있으면 이에 따라야 하고, 그에 관한 정관이나 규약이 없으면 조합원 **총회의 결의**에 의하여야 한다. 따라서 재건축조합의 대표자가 조합원총회의 결의 없이 한 조합재산의 처분행위는 **무효**이다(대판 2001. 5. 29. 2000다10246).

2) 총유물의 관리 및 처분행위라 함은 총유물 그 자체에 관한 법률적·사실적 처분행위와 이용, 개량행위를 말하는 것으로서 재건축조합이 재건축사업의 시행을 위하여 **설계용역계약을 체결**하는 것은 **단순한 채무부담행위**에 불과하여 총유물 그 자체에 대한 관리 및 처분행위라고 볼 수 없다(대판 2003. 7. 22. 2002다64780).

> ▎**판례**   민법 제275조, 제276조 제1항에서 말하는 총유물의 관리 및 처분이라 함은 총유물 그 자체에 관한 이용·개량행위나 법률적·사실적 처분행위를 의미하는 것이므로, **비법인사단이 타인 간의 금전채무를 보증하는 행위**는 총유물 그 자체의 관리·처분이 따르지 아니하는 **단순한 채무부담행위**에 불과하여 이를 총유물의 관리·처분행위라고 볼 수는 없다. 따라서 비법인사단인 재건축조합의 조합장이 채무보증계약을 체결하면서 조합규약에서 정한 조합 임원회의 결의를 거치지 아니하였다거나 조합원총회 결의를 거치지 않았다고 하더라도 **그것만**

으로 바로 그 보증계약이 무효라고 할 수는 없다. 다만, 이와 같은 경우에 조합 임원회의의 결의 등을 거치도록 한 조합규약은 조합장의 **대표권을 제한**하는 규정에 해당하는 것이므로, **거래 상대방이 그와 같은 대표권 제한 및 그 위반 사실을 알았거나 과실로 인하여 이를 알지 못한 때에는 그 거래행위가 무효로 된다**고 봄이 상당하며, 이 경우 그 거래 상대방이 대표권 제한 및 그 위반 사실을 알았거나 알지 못한 데에 과실이 있다는 사정은 **그 거래의 무효를 주장하는 측**이 이를 주장·입증하여야 한다[대판(전합) 2007. 4. 19, 2004다60072, 60089].

6. 종 중

(1) 의 의

고유의 의미의 종중이란 공동선조의 분묘수호와 제사 및 종중원 상호간의 친목 등을 목적으로 하는 자연발생적인 관습상의 종족집단체로서 특별한 조직행위를 필요로 하는 것이 아니고, 공동선조의 후손 중 성년 이상의 남·녀는 당연히 그 구성원이 되는 것이며 그 중 일부를 임의로 그 구성원에서 배제할 수 없다[대판(전합) 2005. 7. 21, 2002다1178].

> **판례[1]** ① 종중은 공동선조의 분묘수호와 제사, 그리고 종원 상호 사이의 친목도모 등을 목적으로 자연발생적으로 성립한 종족 집단체로서, 종중이 규약이나 관습에 따라 선출된 대표자 등에 의하여 대표되는 정도로 조직을 갖추고 지속적인 활동을 하고 있다면 비법인사단으로서 단체성이 인정된다. 이와 같은 종중의 성격과 법적 성질에 비추어 보면, 종중에 대하여는 가급적 그 독자성과 자율성을 존중해 주는 것이 바람직하고, 따라서 원칙적으로 종중규약은 그것이 종원이 가지는 고유하고 기본적인 권리의 본질적인 내용을 침해하는 등 종중의 본질이나 설립 목적에 크게 위배되지 않는 한 그 유효성을 인정하여야 한다(대판 2022. 8. 25, 2018다261605).
> ② 종중이란 공동선조의 분묘수호와 제사 및 종원 상호 간의 친목 등을 목적으로 하여 구성되는 자연발생적인 종족집단이므로, 종중의 이러한 목적과 본질에 비추어 볼 때 공동선조와 성과 본을 같이 하는 후손은 성별의 구별 없이 성년이 되면 당연히 그 구성원이 된다. 민법 제781조 제6항에 따라 자녀의 복리를 위하여 자녀의 성과 본을 변경할 필요가 있어 **자녀의 성과 본이 모의 성과 본으로 변경되었을 경우** 성년인 그 자녀는 **모가 속한 종중의 공동선조와 성과 본을 같이 하는 후손으로서 당연히 종중의 구성원이 된다**(대판 2022. 5. 26, 2017다260940). ☞ 법원의 허가를 받아 모의 성과 본을 따르기로 변경된 자녀는 더 이상 부의 성과 본을 따르지 않아 **부가 속한 종중에서 탈퇴**하게 되므로, **동시에 여러 종중의 구성원이 될 수 없다**. 따라서 출생 후 모의 성과 본으로 변경된 경우 모가 속한 종중의 구성원이 될 수 없다고 본다면 종중의 구성원 자격을 박탈하는 것이 되어, 헌법상 평등의 원칙에 반한다.

> **판례[2]** 〈종중유사의 단체〉① **고유의 의미의 종중**이란 공동선조의 분묘수호와 제사 및 종중원 상호간의 친목등을 목적으로 하는 자연발생적인 관습상의 종족집단체로서 특별한 조직행위를 필요로 하는 것이 아니고, 공동선조의 후손 중 성년 이상의 남자는 당연히 그 구성원(종원)이 되는 것이며 그 중 일부를 임의로 그 구성원에서 배제할 수 없으므로, 특정지역 내에 거주하는 일부 종중원이나 특정 항렬의 종중원만을 그 구성원으로 하는 단체는 **종중 유사의 단체**에 불과하고 고유의 의미의 종중은 될 수 없다(대판 2002. 5. 10, 2002다4863).
> ② 종중 유사단체는 비록 그 목적이나 기능이 고유한 의미의 종중과 별다른 차이가 없다 하더라도 공동선조의 후손 중 일부에 의하여 **인위적인 조직행위**를 거쳐 성립된 경우에는 사적 임의단체라는 점에서 **자연발생적인 종족집단**인 고유한 의미의 종중과 그 성질을 달리하므로, 그러한 경우에는 사적 자치의 원칙 내지 결사의 자

유에 따라 그 **구성원의 자격이나 가입조건을 자유롭게 정할 수 있음**이 원칙이다. 따라서 그러한 종중 유사단체의 회칙이나 규약에서 공동선조의 후손 중 남성만으로 그 구성원을 한정하고 있다 하더라도 양성평등 원칙을 정한 헌법 제11조 및 민법 제103조를 위반하여 무효라고 볼 수는 없다(대판 2011. 2. 24, 2009다17783).
③ [1] **종중 유사의 권리능력 없는 사단**은 반드시 총회를 열어 성문화된 규약을 만들고 정식의 조직체계를 갖추어야만 비로소 단체로서 성립하는 것이 아니라, 실질적으로 공동의 목적을 달성하기 위하여 공동의 재산을 형성하고 일을 주도하는 사람을 중심으로 계속적으로 사회적인 활동을 하여 온 경우에는 이미 그 무렵부터 **단체로서의 실체**가 존재한다고 하여야 한다. 계속적으로 공동의 일을 수행하여 오던 일단의 사람들이 어느 시점에 이르러 비로소 창립총회를 열어 **조직체로서의 실체**를 갖추었다면, 그 실체로서의 조직을 갖추기 이전부터 행한 행위나 또는 그때까지 형성한 재산은, 다른 특별한 사정이 없는 한, 모두 이 사회적 실체로서의 조직에게 귀속되는 것으로 봄이 타당하다. [2] 어떠한 단체가 고유 의미의 종중이 아니라 종중 유사의 권리능력 없는 사단(이하 '종중 유사단체'라고 한다)을 표방하면서 그 단체에 권리가 귀속되어야 한다고 주장하는 경우, 우선 권리 귀속의 근거가 되는 법률행위나 사실관계 등이 발생할 당시 **종중 유사단체가 성립하여 존재하는 사실을 증명**하여야 하고, 다음으로 당해 종중 유사단체에 권리가 귀속되는 근거가 되는 **법률행위 등 법률요건이 갖추어져 있다는 사실을 증명**하여야 한다. [3] 자연발생적으로 형성된 고유 의미의 종중(이하 '고유 종중'이라 한다)이 아니라 그 구성원 중 일부만으로 범위를 제한한 종중 유사의 권리능력 없는 사단(이하 '종중 유사단체'라고 한다)의 성립을 인정하려면, 고유 종중이 소를 제기하는 데 필요한 여러 절차(종중원 확정, 종중 총회 소집, 총회 결의, 대표자 선임 등)를 우회하거나 특정 종중원을 배제하기 위한 목적에서, 단체의 실질이 고유 종중인데도 종중 유사단체임을 표방하였다고 볼 여지가 없는지 그 성격을 신중하게 판단하여야 한다(대판 2019. 2. 14, 2018다264628, 대판 2020. 4. 9, 2019다216411).

> **참고판례** 교회가 그 실체를 갖추어 법인 아닌 사단으로 성립한 경우에 교회의 대표자가 교회를 위하여 취득한 권리의무는 교회에 귀속되나, 교회가 아직 실체를 갖추지 못하여 법인 아닌 사단으로 성립하기 전에 설립의 주체인 개인이 취득한 권리의무는 그것이 앞으로 성립할 교회를 위한 것이라 하더라도 바로 법인 아닌 사단인 교회에 귀속될 수는 없고, 또한 설립중의 회사의 개념과 법적 성격에 비추어, 법인 아닌 사단인 교회가 성립하기 전의 단계에서 설립 중의 회사의 법리를 유추적용할 수는 없다(대판 2008. 2. 28, 2007다37394, 37400).

(2) 종중의 요건

1) 종중이라 함은 원래 공동선조의 후손 중 성년 이상의 남자를 종원으로 하여 구성되는 종족의 자연발생적 집단으로서 선조의 사망과 동시에 자손에 의하여 성립하는 것이고 성립을 위하여 특별한 조직행위를 필요로 하는 것이 아니며, 다만 목적인 공동선조의 분묘수호, 제사봉행, 종원 상호간의 친목을 위한 활동을 규율하기 위하여 규약을 정하는 경우가 있고, 또 대외적인 행위를 할 때에는 대표자를 정할 필요가 있는 것에 지나지 아니하며, 반드시 특정한 명칭의 사용 및 서면화된 종중규약이 있어야 하거나 종중의 대표자가 계속하여 선임되어 있는 등 조직을 갖추어야 하는 것도 아니다(대판 1998. 7. 10, 96다488).
2) 어느 종중의 명칭 사용이 비록 명칭 사용에 관한 관습에 어긋난다고 하여도 그 점만 가지고 바로 그 종중의 실체를 부인할 수는 없다(대판 2002. 6. 28, 2001다5296).

(3) 종중원

종중이란 공동선조의 분묘수호와 제사 및 종원 상호간의 친목 등을 목적으로 하여 구성되는 자연발생적인 종족집단이므로, 종중의 이러한 목적과 본질에 비추어 볼 때 공동선조와 성과 본을 같이 하는 후손은 **성별의 구별 없이 성년이 되면 당연히** 그 구성원이 된다고 보는 것이 조리에 합당하다(대판 2007. 9. 6, 2007다34982). ☞ 미성년자는 종중의 구성원이 될 수 없다.

(4) 종중재산의 총유

1) 종중의 토지에 대한 수용보상금은 종원의 총유에 속하고, 수용보상금의 분배는 총유물의 처분에 해당하므로 정관 기타 규약에 달리 정함이 없는 한 종중총회의 분배결의가 없으면 종원이 종중에 대하여 직접 분배청구를 할 수 없다(대판 1994. 4. 26, 93다32446 참조).
2) 비법인 사단이 총유물에 관한 매매계약에 의하여 부담하고 있는 채무의 존재를 인식하고 있다는 뜻을 표시하는 소멸시효의 중단사유로써 승인은 총유물의 관리·처분행위에 해당하지 않는다(대판 2009. 11. 26, 2009다64383).

(5) 결의방법

판례 ① 종중총회의 결의방법에 있어 종중규약에 다른 규정이 없는 이상 종원은 서면이나 대리인으로 결의권을 행사할 수 있으므로 일부 종원이 총회에 직접 출석하지 아니하고 다른 출석 종원에 대한 위임장 제출방식에 의하여 종중의 대표자 선임 등에 관한 결의권을 행사하는 것도 허용된다(대판 2000. 2. 25, 99다20155).

② 종중총회는 특별한 사정이 없는 한 족보에 의하여 소집통지 대상이 되는 종중원의 범위를 확정한 후 국내에 거주하고 소재가 분명하여 통지가 가능한 모든 종중원에게 개별적으로 소집통지를 함으로써 각자가 회의와 토의 및 의결에 참가할 수 있는 기회를 주어야 하고, 일부 종중원에게 소집통지를 결여한 채 개최된 종중총회의 결의는 효력이 없으나, 그 소집통지의 방법은 반드시 직접 서면으로 하여야만 하는 것은 아니고 구두 또는 전화로 하여도 되고 다른 종중원이나 세대주를 통하여 하여도 무방하다(대판 2007. 9. 6, 2007다34982).

③ 일부 종중원에게 소집통지를 결여한 채 개최된 종중총회의 결의는 효력이 없다. 다만 종중의 규약이나 관례에 의하여 종중원이 매년 1회씩 일정한 일시에 일정한 장소에서 정기적으로 회합하여 종중의 대소사를 처리하기로 미리 정해져 있는 경우에는 따로 소집통지나 의결사항을 통지하지 아니하였다고 하여 그 종중총회의 결의를 무효라고 할 수 없다. 한편 선조의 분묘수호와 제사봉행 및 친목도모 등을 목적으로 공동선조의 후손 전원을 구성원으로 하여 자연발생적으로 성립하는 고유 의미의 종중과 그 후손 중 특정 지역의 거주자 또는 특정한 자격 요건을 갖춘 사람들만을 구성원으로 하는 종중 유사단체는 그 법적 지위나 단체의 구성 등에서 차이가 있지만, 종족 단체라는 근본 성격과 추구하는 목적 및 운영방식 등은 유사한 점이 있으므로, 종중에 관한 법리는 그 성질이나 규약에 반하지 아니하는 범위 내에서 종중 유사단체에 관한 법률관계에도 적용된다 할 것이고, 특히 종중총회의 소집 및 통지 등에 관한 위에서 본 법리는 종중 유사단체에도 마찬가지로 적용된다고 할 것이다(대판 2014. 2. 13, 2012다98843).

CHAPTER 4

권리의 객체

POINT

권리의 내용 또는 목적이 성립하기 위하여는 일정한 대상을 필요로 하며, 이를 권리의 객체라고 한다. 예컨대 물권의 객체는 원칙적으로 물건이며, 채권의 객체는 채무자의 행위(급부)이다. 형성권은 법률관계가, 그 밖에 지식재산권에 있어서는 정신적 산물(예컨대 저작·발명), 인격권에 있어서는 권리주체 자신(예컨대 신체·명예·자유 등), 친족권에 있어서는 친족적 신분, 상속권에 있어서는 상속재산이 각각 권리의 객체가 된다. 민법은 여러 권리의 객체 중에서 **물건**에 관해서만 총칙편에 규정을 두고 있다(제98조 이하).

Ⅰ. 물 건

> **제98조(물건의 정의)**
> 본법에서 물건이라 함은 유체물 및 전기 기타 관리할 수 있는 자연력을 말한다.

1. 물건의 의의

(1) 유체물 및 전기 기타 관리할 수 있는 자연력

유체물이라 함은 공간의 일부를 차지하고 사람이 오감에 의하여 지각할 수 있는 형태를 가지는 물질, 즉 고체·액체·기체를 말한다. 제98조는 관리가능성을 무체물인 자연력에 관하여 명언하고 있지만 유체물에 관해서도 마찬가지이다. 즉 유체물이라도 관리할 수 없는 것, 즉 배타적으로 지배할 수 없는 것은 물건이 아니며(예컨대 해·달·별 등), 무체물이라도 관리할 수 있는 것은 물건이다(예컨대 전기·원자력 등).

(2) 외계의 일부(非人格性)

사람은 물건이 아니다(인격절대주의). 인체는 법률상 물건이 아닐 뿐만 아니라 인체의 일부도 물건은 아니다. 그러나 인체의 일부가 생체로부터 분리된 것은 물건이며 분리당한 사람의 소유에 속한다. 그리고 시체는 물건이라고 보는 것이 통설이다. 다만 시체의 소유권은 통상의 소유권처럼 사용·수익·처분할 수 있는 것이 아니라, 오로지 매장·제사 등을 내용으로 하는 특수한 소유권으로서 제사를 주재하는 자에게 귀속한다고 볼 것이다.

사람의 유체·유골은 매장·관리·제사·공양의 대상이 될 수 있는 유체물로서, 분묘에 안치되어 있는 선
조의 유체·유골은 민법 제1008조의3 소정의 제사용 재산인 분묘와 함께 그 제사주재자에게 승계되고, 피상
속인 자신의 유체·유골 역시 위 제사용 재산에 준하여 그 제사주재자에게 승계된다[대판(전합) 2008. 11. 20,
2007다27670].

(3) 독립한 물건일 것

1) 물건은 배타적 지배와의 관계상 독립성을 가져야 한다. 독립성의 유무는 물리적으로 결정되는
것이 아니라 사회통념에 따라 결정된다.
2) 물권의 객체는 하나의 물건으로 생각되는 독립물이어야 하며, 물건의 일부나 구성부분 또는 물
건의 집단은 원칙적으로 물권의 객체가 되지 못한다. 이처럼 하나의 독립된 물건에 대해 하나의
물권을 인정하는 원칙을 일물일권주의라고 한다. 그런데 이러한 일물일권주의원칙에는 상당한
범위의 예외가 인정된다(물권법에서 후술).

2. 물건의 강학상 분류

(1) 융통물과 불융통물(거래의 객체여부)

사법상 거래의 객체가 될 수 있는 물건을 융통물이라고 하고, 그렇지 못한 물건을 불융통물이라고
한다. 불융통물에는 공용물(예컨대 관공서의 건물), 공공용물(예컨대 도로·하천·공원), 금제물이 있다. 공
용물과 공공용물은 국유재산법상 행정재산으로, 공용폐지가 있기까지는 사법상 거래가 허용되지 않
는다. 금제물은 소유 또는 소지가 금지되는 것(아편 등)이 있고, 소유는 허용되지만 거래가 금지되는
것(문화재)이 있다. 참고로 국유재산법상 분류로는 ① 행정재산, ② 보존재산, ③ 일반재산(잡종재산)이
있는데, 이 중 ③의 일반재산(잡종재산)만이 사법상 거래의 객체가 될 수 있다.

(2) 가분물과 불가분물(물건의 객관적 성질과 당사자의 의사)

물건의 성질 또는 가격을 현저하게 손상하지 않고도 분할할 수 있는 물건이 가분물이며(예컨대 금
전·곡물·토지 등), 그렇지 못한 물건이 불가분물이다(예컨대 소·말·건물 등). 이 구별의 실익은 공유물의
분할(제269조 제2항), 수인의 채권자 및 채무자(제408조 이하) 등에서 나타난다.

(3) 대체물과 부대체물(일반거래상 개성여부)

물건의 개성이 중요시 되지 않고, 동종·동질·동량의 물건으로 바꾸어도 당사자에게 영향을 주지
않는 물건이 대체물이며(예컨대 금전·서적·술·곡물 등), 그러한 대체성이 없는 물건이 부대체물이다(예
컨대 그림·골동품·소·말·건물 등). 이 구별의 실익은 소비대차(제598조 이하)·소비임치(제702조)·제3자
변제(제469조) 등에서 나타난다.

(4) 소비물과 비소비물

 물건의 성질상 그 용도에 따라 1회 사용함으로써 소비되는 것이 소비물이고(예컨대 술·곡물), 반복해서 사용·수익할 수 있는 물건이 비소비물이다(예컨대 토지·건물). 즉 한 번 사용하면 존재를 잃느냐를 가지고 판단하며, 구별의 실익은 소비물만이 소비대차(제598조 이하)의 목적물이 될 수 있고, 사용대차(제609조 이하)·임대차(제618조 이하)의 목적물이 되는 것은 비소비물이라는 점에 있다.

(5) 특정물과 불특정물

 대체물과 부대체물의 구별이 **객관적**인 데 비해, 특정물과 불특정물은 당사자의 의사에 기한 **주관적**인 구별이다(예컨대 금전과 같은 대체물도 일정한 표시를 하여 특정물로 거래를 할 수 있다). 당사자가 다른 물건으로 바꾸지 못하게 한 물건이 특정물이고, 다른 물건으로 바꿀 수 있게 한 물건이 불특정물이다. 이 구별의 실익은 채권의 목적물의 보관의무(제374조), 특정물의 현상인도(제462조), 채무변제의 장소(제467조), 매도인의 담보책임(제580조, 제581조) 등에서 나타난다.

3. 민법총칙상 분류로서 부동산과 동산

> **제99조(부동산, 동산)**
> ① 토지 및 그 정착물은 부동산이다.
> ② 부동산 이외의 물건은 동산이다.

 ● 물 건
 ┌ 부동산 : 토지 및 정착물 ─── 토지일부(담, 교량)
 │   건물
 │   입목, 수목, 미분리과실
 └ 동산 : 부동산 이외의 물건   농작물 문제

(1) 토 지

1) 토지의 독립성과 개수

 토지는 인위적으로 지표에 경계를 그어 토지의 독립성과 개수를 정한다. 즉 등기부상의 한 필로 되어 있는 것을 1개의 토지로 취급하고 여기에 1개의 소유권이 있는 것으로 된다(일물일권주의). 물권변동에 관하여 형식주의(=독일법주의, 성립요건주의)를 취하는 현행민법 하에서는 분필절차를 밟기 전에는 이전등기를 할 수 없기 때문에 소유권의 일부양도는 허용되지 않는다(물권법에서 상술). 그러나 일부에 대한 용익물권의 설정은 가능하다.

2) 지적공부와 등기부

> **공간정보의 구축 및 관리 등에 관한 법률 제2조(정의) 제19호**
> "지적공부"란 토지대장, 임야대장, 공유지연명부, 대지권등록부, 지적도, 임야도 및 경계점좌표등록부 등 지적측량 등을 통하여 조사된 토지의 표시와 해당 토지의 소유자 등을 기록한 대장 및 도면(정보처리시스템을 통하여 기록·저장된 것을 포함한다)을 말한다.
>
> **부동산등기법 제2조(정의) 제1호**
> "등기부"란 전산정보처리조직에 의하여 입력·처리된 등기정보자료를 대법원규칙으로 정하는 바에 따라 편성한 것을 말한다.

토지의 표시현황에 대하여는 토지대장을 기초로 등기부를 정리하고, 권리의 변경에 관해서는 등기부를 기초로 대장을 정리한다.

> **판례** 물권의 객체인 토지 1필지의 공간적 범위를 특정하는 것은 **지적도나 임야도의 경계**이지 등기부의 표제부나 임야대장·토지대장에 등재된 면적이 아니므로, **부동산등기부의 표제부에 토지의 면적이 실제와 다르게 등재**되어 있어도 이러한 등기는 해당 토지를 표상하는 등기로서 **유효**하다. 또한 부동산등기부의 표시에 따라 지번과 지적을 표시하고 1필지의 토지를 양도하였으나 양도된 토지의 실측상 지적이 등기부에 표시된 것보다 넓은 경우 등기부상 지적을 넘는 토지 부분은 양도된 지번과 일체를 이루는 것으로서 양수인의 소유에 속한다(대판 2016. 6. 28, 2016다1793).

(2) 토지의 정착물

1) 정착물의 의의

토지의 정착물이란 토지에 고정적으로 부착되어 용이하게 이동될 수 없는 물건으로서 그러한 상태로 사용되는 것이 통상적으로 용인되는 것을 말한다. 건물·수목·교량·도로의 포장 등이 그 예이다. 그러나 판자집·가식(假植)의 수목·토지나 건물에 충분히 정착되어 있지 않은 기계 등은 정착물이 아니라 동산이다.

2) 정착물의 효과

토지의 정착물은 모두 부동산으로 다루고 있지만, 그 처리에 있어서는 다음과 같이 구별될 수 있다.

① **토지와는 언제나 독립된 것으로 다루어지는 것 : 건물**
② 토지의 일부이기는 하지만 **일정한 공시방법을 갖추면 토지와는 독립하여 다루어질 수 있는 것 : 입목법에 의한 입목·수목·미분리의 과실** 등
③ 토지의 일부에 지나지 않는 것 : 도로의 포장 등

> **판례** [1] 토지는 인위적으로 구획된 일정범위의 지면에 사회관념상 정당한 이익이 있는 범위 내에서의 상하를 포함하는 것으로서, **토지의 개수**는 지적법에 의한 지적공부상의 필수, 분계선에 의하여 결정되는 것이고, 어떤 토지가 지적공부상 1필의 토지로 등록되면 그 지적공부상의 경계가 현실의 경계와 다르다 하더라도 다른 특별한 사정이 없는 한 그 경계는 지적공부상의 등록, 즉 지적도상의 경계에 의하여 특정되는 것이다. [2] 건물은 일정한 면적, 공간의 이용을 위하여 지상, 지하에 건설된 구조물을 말하는 것으로서, **건물의 개수**는 토지와 달리 공부상의 등록에 의하여 결정되는 것이 아니라 사회통념 또는 거래관념에 따라 물리적 구조, 거래 또는 이용의 목적물로서 관찰한 건물의 상태 등 **객관적 사정**과 건축한 자 또는 소유자의 의사 등 **주관적 사정**을 참작하여 결정되는 것이다(대판 1997. 7. 8, 96다36517 참조).

(3) 동 산

1) 의 의

부동산 이외의 물건이 동산이다(여집합 개념. 제99조 제2항). 토지에 부착된 물건이라도 정착물이 아니면 동산(예컨대 가식의 수목)이다. 전기 기타 관리할 수 있는 자연력도 부동산 이외의 물건이므로 동산이다. 선박·자동차·항공기 등은 동산이지만 특별법에 의해 부동산과 같이 다루어진다.

> **판례** 자동차관리법 제6조는 "자동차 소유권의 득실변경은 **등록**을 하여야 그 효력이 생긴다."라고 규정하고 있다. 이는 현대사회에서 자동차의 경제적 효용과 재산적 가치가 크므로 민법상 불완전한 공시방법인 '인도'가 아니라 공적 장부에 의한 체계적인 공시방법인 '등록'에 의하여 소유권 변동을 공시함으로써 자동차 소유권과 이에 관한 거래의 안전을 한층 더 보호하려는 데 취지가 있다. 따라서 자동차관리법이 적용되는 자동차의 소유권을 취득함에는 민법상 공시방법인 '인도'에 의할 수 없고 나아가 이를 전제로 하는 민법 제249조의 선의취득 규정은 적용되지 아니함이 원칙이다(대판 2016. 12. 15, 2016다205373).

2) 특수한 동산(금전)

금전은 일정수액의 가치취득에 불과하기 때문에, 동산의 일종이나 개성이 없다. 따라서 물권적 청구권이 없고 언제나 채권적 청구권만 발생한다. 그리고 금전은 소유와 점유가 일치한다. 즉 금전의 점유가 언제나 소유의 권원이 된다. 또한 금전은 가치에 중점을 두고 있기 때문에 특정의 개념이 없고, 이행불능이라는 것이 없다(채권법에서 설명). 그리고 금전채권에 대해서는 금전채무불이행의 특칙(제397조)이 있다.

4. 주물·종물의 이론

> **제100조(주물, 종물)**
> ① 물건의 소유자가 그 물건의 상용에 공하기 위하여 자기소유인 다른 물건을 이에 부속하게 한 때에는 그 부속물은 종물이다.
> ② 종물은 주물의 처분에 따른다.

(1) 의 의

각각 독립된 두 개의 물건 사이에 한편이 다른 편의 효용을 돕는 관계가 있는 바, 예컨대 배와 노, 말과 안장, 주택과 창고 등의 관계에서 효용을 받는 물건이 주물이고, 제공하는 것이 종물이다(제100조 참조).

(2) 요 건

1) 상용에 공할 것

종물은 주물의 상용에 이바지하는 관계에 있어야 하고, 주물의 상용에 이바지한다 함은 **주물 그 자체의 경제적 효용을 다하게 하는 것**을 말하는 것으로서 **주물의 소유자나 이용자의 상용에 공여되고 있더라도 주물 그 자체의 효용과 직접 관계가 없는 물건은 종물이 아니다**(대판 1997. 10. 10, 97다3750). 예컨대 TV, 책상 등은 가옥의 종물이 아니다.

> **판례** ① 주유소의 주유기가 비록 독립된 물건이기는 하나 유류저장탱크에 연결되어 유류를 수요자에게 공급하는 기구로서 주유소 영업을 위한 건물이 있는 토지의 지상에 설치되었고 그 주유기가 설치된 건물은 당초부터 주유소 영업을 위한 건물로 건축되었다는 점 등을 종합하여 볼 때, 그 **주유기는 계속해서 주유소 건물 자체의 경제적 효용을 다하게 하는 작용을 하고 있으므로 주유소건물의 상용에 공하기 위하여 부속시킨 종물이다**(대판 1995. 6. 29, 94다6345).
>
> ② 〈백화점 건물의 지하 2층 기계실에 설치된 전화교환설비를 백화점 건물의 종물로 본 사례〉 **전화교환설비**는 건물의 원소유자가 설치한 부속시설이며, 위 건물의 상용에 제공된 종물로서, 부동산의 종물은 주물의 처분에 따르고, 저당권은 그 목적 부동산의 종물에 대하여도 그 효력이 미치기 때문에(제358조), 저당권의 실행으로 개시된 경매절차에서 부동산을 경락받은 자와 그 승계인은 종물의 소유권을 취득하고, 그 저당권이 설정된 이후에 종물에 대하여 강제집행을 한 자는 위와 같은 경락인과 그 승계인에게 강제집행의 효력을 주장할 수 없다(대판 1993. 8. 13, 92다43142).
>
> ③ 낡은 가재도구 등의 보관장소로 사용되고 있는 방과 **연탄창고** 및 공동변소가 **본채에서 떨어져 축조되어 있기는 하나** 본채의 종물이다(대판 1991. 5. 14, 91다2779).

2) 독립된 별개의 물건

종물은 주물로부터 독립된 별개의 물건이어야 한다.

> **판례** 이 사건 **정화조**가 위 3층건물의 대지가 아닌 인접한 다른 필지의 지하에 설치되어 있기는 하지만 위 3층 건물 화장실의 오수처리를 위하여 위 건물 옆 지하에 바로 부속하여 설치되어 있음을 알 수 있어 **독립된 물건으로서 종물이라기 보다는 위 3층건물의 구성부분**으로 보아야 할 것이다(대판 1993. 12. 10, 93다42399).

3) 종물은 부동산·동산을 가리지 않는다.

> **판례** 횟집으로 사용할 점포 건물에 거의 붙여서 횟감용 생선을 보관하기 위하여 즉 위 점포 건물의 상용에 공하기 위하여 신축한 **수족관 건물**은 위 점포 건물의 종물이라고 해석할 것이다(대판 1993. 2. 12, 92도3234).

4) 동일한 소유자

종물은 물건의 소유자가 그 물건의 상용에 공하기 위하여 자기 소유인 다른 물건을 이에 부속하게 한 것을 말하므로 **주물과 다른 사람의 소유에 속하는 물건은 종물이 될 수 없다**(대판 2008. 5. 8, 2007다36933, 36940).

(3) 효 과

1) 종물은 주물의 처분에 따른다(제100조 제2항).

> [판례] 〈임의규정〉 종물은 주물의 처분에 수반된다는 민법 제100조 제2항은 **임의규정**이므로, **당사자는 주물을 처분할 때에 특약으로 종물을 제외할 수 있고 종물만을 별도로 처분할 수도 있다**(대판 2012. 1. 26, 2009다76546).

2) 민법 제100조 제2항이 규정하는 주물·종물은 물건끼리의 관계이지만, 그 취지는 **권리 상호간**에도 **유추적용**된다. 예컨대 원본채권이 양도되면 이자채권도 이전되고, 건물이 양도되면 그 건물을 위한 대지의 임차권도 건물의 양수인에게 이전되는 것으로 해석된다.

> [판례] ① 민법 제100조 제2항은 "종물은 주물의 처분에 따른다"라고 규정하고 있는바, 위 종물과 주물의 관계에 관한 법리는 **물건 상호 간의 관계뿐 아니라, 권리 상호 간에도 적용**되는 것이지만, 어떤 권리를 다른 권리에 대하여 종된 권리라고 할 수 있으려면 종물과 마찬가지로 다른 권리의 경제적 효용에 이바지하는 관계에 있어야 한다(대판 2014. 6. 12, 2012다92159, 92166).
> ② 민법 제358조 본문은 "저당권의 효력은 저당부동산에 부합된 물건과 종물에 미친다"고 규정하고 있는바, 이 규정은 저당부동산에 종된 권리에도 유추적용되어 **건물에 대한 저당권의 효력은 그 건물의 소유를 목적으로 하는 지상권에도 미친다**고 보아야 할 것이다.(대판 1992. 7. 14, 92다527).

5. 원물과 과실

> **제101조(천연과실, 법정과실)**
> ① 물건의 용법에 의하여 수취하는 산출물은 천연과실이다.
> ② 물건의 사용대가로 받는 금전 기타의 물건은 법정과실로 한다.
>
> **제102조(과실의 취득)**
> ① 천연과실은 그 원물로부터 분리하는 때에 이를 수취할 권리자에게 속한다.
> ② 법정과실은 수취할 권리의 존속기간일수의 비율로 취득한다.

(1) 의 의

물건으로부터 생기는 경제적 수익을 과실(果實)이라 하고, 과실을 생기게 하는 물건을 원물(元物)이라고 한다.

(2) 과실의 종류

과실에는 원물로부터 산출되는 것(천연과실)과 원물을 타인에게 이용시켜 그 대가로서 수익하는 것(법정과실)의 두 가지가 있다.

1) 천연과실

(가) 독립성

천연과실(예 : 배나무의 배 등)은 **원물로부터 분리하기 전에는 원물의 구성부분에 불과하며 분리와 더불어 비로소 독립한 물건이 된다.** 따라서 **미분리의 천연과실**(수확하지 않은 과일 등)은 그 자체가 독립한 물건은 아니므로 **일반적으로 독립한 물권의 객체가 되지 못하나, 명인방법이라는 공시방법을 갖추면 독립성이 인정되고 이에 관하여 타인의 물권이 성립할 수 있게 된다.**

(나) 수취권자(천연과실을 수취할 권리를 누가 가지느냐?)

원물로부터 분리하지 않는 동안은 일반적으로 원물의 일부로서 원물의 소유권의 내용을 이룬다. 문제는 **천연과실이 원물로부터 분리하여 독립한 물건이 될 때 그것이 누구에게 속하느냐**인데, 이에 관하여, 게르만법상 생산주의와 로마법의 분리주의(원물주의)가 있다. 민법은 "천연과실은 그 원물로부터 분리하는 때 이를 수취할 권리자에게 속한다(제102조 제1항)"라고 하여 수취권자는 일반적으로 **원물의 소유자**가 되고 따라서 원칙적으로 분리주의(원물주의)를 택하고 있는 것으로 볼 수 있다. 그러나 이 규정은 당사자의 합의에 의하여 다르게 정할 수 있다(임의규정).

(다) 농작물의 특별취급(판례)

농작물(상추·배추·고추 등 1년생)에 대하여서만은 판례가 "비록 타인의 토지에 무단으로 농작물을 경작하였다고 하여도 생산자가 소유자가 된다"는 생산자주의를 취하고 있다.

> **판례** 타인소유의 토지에 사용수익의 권한없이 농작물을 경작한 경우에 그 농작물의 소유권은 **경작한 사람**에게 귀속된다(대판 1970. 3. 10, 70도82).

2) 법정과실

(가) **물건의 사용대가로 받는 금전 기타의 물건**

예컨대 물건의 대차에서 사용료, 금전소비대차에 있어서 이자 등이 법정과실(法定果實)이다. **원물, 과실 모두 물건**이어야 하기 때문에 특허권의 사용료·주식배당금 같은 "권리의 사용대가"는 과실에 해당되지 않는다. 임금도 "노동의 대가"로서 법정과실이 아니다. 또한 원물의 사용대가 자체가 아닌 "원물의 사용대가를 받을 수 있는 **권리**"도 과실이 아니다.

㈏ 과실의 귀속

법정과실의 귀속에 대하여는 "법정과실은 수취할 권리의 존속기간 일수의 비율로 취득한다"고 하여 제102조 제2항에 규정을 두고 있다. 예컨대 임대가옥의 소유자가 변경된 경우에 가옥의 차임은 가옥의 소유권의 존속기간에 따라서 일수의 비율로 분배한다는 것이다. 이 규정은 임의규정으로서 당사자가 이 규정과 다른 약정을 하는 것은 가능하다.

CHAPTER 5

권리의 변동

POINT

Ⅰ. 권리의 변동 서설

1. 권리 변동의 개념

앞서 우리는 "권리의 주체(자연인과 법인)"와 "권리의 객체(물건 등)"에 대해서 배웠는데, 이제 "권리의 변동"에 대해서 배울 차례이다. 민법은 주로 어떠한 법률요건이 충족되면 그에 따라 일정한 법률효과가 발생되는 식으로 규정이 되어 있는데, 예컨대 당사자가 법률행위를 하여 법률요건이 충족되면 이에 따라 권리와 의무의 변동이라는 법률효과가 발생하는 것이다. 다만 권리와 의무는 동전의 양면과 같으므로 "의무의 변동"이라고 하지 않고 "권리의 변동"이라고 하여 권리를 중심으로 설명하는 것이 일반적이다.

2. 권리 변동의 사유

권리는 **법률행위** 또는 **법률규정**에 의하여 변동(발생·변경·소멸)된다. **법률행위**는 의사표시를 불가결의 요소로 하며, **표의자가 원한대로**의 일정한 사법상의 효과를 발생케 한다. 따라서 법률행위는 **사적 자치를 실현하는 수단**이 된다. 반면에 **법률규정**에 의한 권리의 변동은 **당사자의 의사와 무관**하게 법률의 규정에 따라 법률효과가 생기게 된다.

3. 권리변동의 모습

권리의 변동은 권리의 발생·변경·소멸의 모습으로 나타난다.

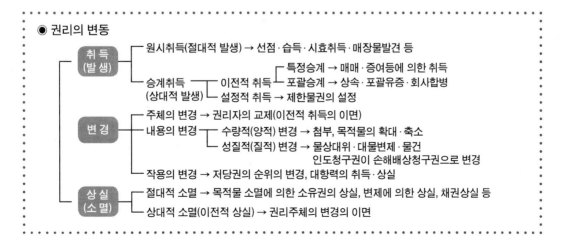

● 권리의 변동
- 취득(발생)
  - 원시취득(절대적 발생) → 선점·습득·시효취득·매장물발견 등
  - 승계취득(상대적 발생)
    - 이전적 취득
      - 특정승계 → 매매·증여등에 의한 취득
      - 포괄승계 → 상속·포괄유증·회사합병
    - 설정적 취득 → 제한물권의 설정
- 변경
  - 주체의 변경 → 권리자의 교체(이전적 취득의 이면)
  - 내용의 변경
    - 수량적(양적) 변경 → 첨부, 목적물의 확대·축소
    - 성질적(질적) 변경 → 물상대위·대물변제·물건 인도청구권이 손해배상청구권으로 변경
  - 작용의 변경 → 저당권의 순위의 변경, 대항력의 취득·상실
- 상실(소멸)
  - 절대적 소멸 → 목적물 소멸에 의한 소유권의 상실, 변제에 의한 상실, 채권상실 등
  - 상대적 소멸(이전적 상실) → 권리주체의 변경의 이면

(1) 권리취득

1) 원시취득

타인의 권리에 기초함이 없이 원시적으로 취득하는 것이다(선의취득·선점·습득·매장물발견·첨부·시효취득·건물의 신축 등).

2) 승계취득

타인의 권리를 취득하는 것으로서, 그 취득자는 그 타인이 가지고 있었던 권리 이상의 권리를 취득하지 못한다. 즉 타인이 무권리자이면 권리를 취득할 수 없고, 그 권리에 제한이나 하자가 있으면 그러한 것도 그대로 승계한다.

(가) 이전적 승계

이전적 승계란 구권리자에게 속하고 있었던 권리가 그 동일성을 유지하면서 그대로 신권리자에게 이전되는 것으로서, 매매·상속에 의한 취득이 그러하다. 이전적 승계는 특정승계와 포괄승계로 나누어진다. 특정승계는 매매·증여 등과 같이 특정된 개별적 원인에 의하여 취득하는 것이고, 포괄승계는 상속·합병 등과 같이 하나의 원인에 의하여 여러 개의 권리·의무를 포괄하여 승계하는 것이다.

(나) 설정적 승계

설정적 승계란 어느 누구의 소유권에 기초해 지상권·전세권·저당권을 설정하는 경우처럼, 구권리자는 그대로 그의 권리를 보유하면서, 다만 신권리자는 그 소유권이 가지는 권능(사용·수익·처분) 중 일부만을 취득하는 것을 말한다.

(2) 권리의 변경

권리가 그 동일성을 잃지 않고서 그 주체·내용·작용에 관하여 변경을 받는 것이다. 주체의 변경은 이전적 승계의 예에 해당한다. 내용의 변경은 물건의 인도를 목적으로 하는 채권이 채무불이행을 이유로 대신 손해배상청구권으로 변하거나, 물상대위·첨부 등이 이에 해당한다. 작용의 변경은 예컨대 부동산임차권이 등기되어 대항력을 취득하거나, 저당권의 순위가 변경하는 것 등이다.

(3) 권리의 상실

권리의 상실에는 절대적 상실과 상대적 상실이 있는데, 권리의 절대적 상실은 목적물 멸실에 의한 소유권의 소멸이 그 예이고, 권리의 상대적 상실은 다른 사람에 의한 권리의 승계취득의 경우가 그 예이다.

Ⅱ. 법률행위

"법률행위"는 "의사표시"라는 법률사실을 불가결의 요소로 하는 법률요건을 말한다. 법률행위가 있으면 **표의자가 의욕한 대로 법률효과가 생긴다.** 따라서 법률행위는 **사적 자치를 실현하는 수단**이 된다. 이러한 법률행위는 ① 하나의 의사표시로 성립하는 **단독행위**와 ② 두 개의 대립되는 의사표시의 합치로 성립하는 **계약**, ③ 계약과 달리 대립적이 아닌 둘 이상의 의사표시에 의하여 성립되는 **합동행위**의 세 가지로 나눌 수 있다. 이 중에서 가장 중요한 것은 계약이다. 예컨대 甲이 乙에게 X부동산을 1억 원에 팔겠다는 의사를 표시하고(청약의 의사표시), 乙이 甲에게 X부동산을 1억 원에 사겠다는 의사를 표시하면(승낙의 의사표시) 甲과 乙 사이에 매매계약(법률행위)이 성립하고, 이에 따라 甲은 乙에 대하여 매매대금지급청구권을, 乙은 甲에 대하여 X부동산의 소유권이전등기청구권을 각각 취득하게 되는 것이다(법률효과의 발생).

◉ 법률사실 → 법률요건 → 법률효과

- 법률사실
  - 의사표시
  - 기타
- 법률요건
  - 법률행위
  - 법률규정
- 법률효과
  - 권리
  - 의무

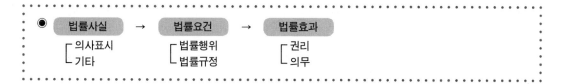

1. 법률사실

법률요건을 구성하는 개개의 사실을 "법률사실"이라고 한다. 이러한 법률사실은 아래의 도표와 같이 분류할 수 있다.

◉ 법률사실의 도표

- 용 태
  - 외부적 용태(행위)
    - 적법행위
      - 법률행위 (의사표시 포함)
        - 계약 : 청약 + 승낙
        - 단독행위 : 유언·취소 등
        - 합동행위
      - 준법률행위
        - 표현행위
          - 의사의 통지 : 최고·거절 등
          - 관념의 통지(사실의 통지)
          - 감정의 표시 : 용서 등
        - 사실행위
          - 순수사실행위
          - 혼합사실행위
    - 위법행위
  - 내부적 용태
    - 관념적 용태(예 : 선의, 악의 등)
    - 의사적 용태(예 : 소유의사 등)
- 사 건(예 : 사망·부당이득·출생·시간의 경과 등)

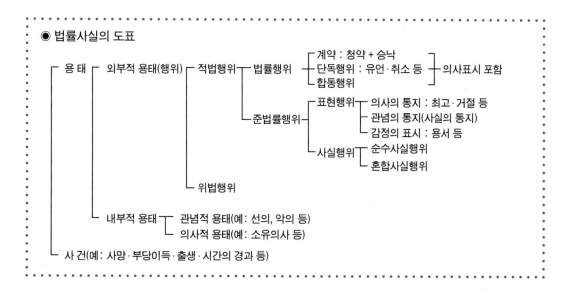

(1) 의사표시

법률행위의 구성요소로서 의사표시는 '일정한 법률효과의 발생을 의욕(내심)하여 이를 외부에 표시하는 행위'라고 한다. 의사표시가 성립하는 심리적 과정을 분석하면, 개인이 먼저 어떤 동기에 의하여 일정한 법률효과의 발생을 목적으로 하는 의사를 결정하고(효과의사), 다음에 이 의사를 외부에게 알리기 위하여 발표하려는 의사(표시의사)에 매개되어서 일정한 행위가 되어 외부에 나타나게 된다(표시행위). 이렇게 형성된 "의사표시"는 법률행위의 불가결의 요소이자 사적자치의 실현수단으로서 법률사실 중에서 가장 중요한 위치를 차지한다.

(2) 준법률행위

1) 개 념

준법률행위는 법률적 행위라고도 하는데, **법률행위는 표의자가 원한대로의 일정한 사법상 효과를 발생케 하나, 준법률행위는 행위자가 원한대로의 효과가 아니라 법률이 정하는 대로의 효과가 생기는 것**이 특색이다.

2) 종 류

준법률행위는 표현행위와 비표현행위(=사실행위)로 구분된다. 그리고 전자는 다시 의사의 통지, 관념의 통지, 감정의 표시로 구분된다.

(개) 의사의 통지

의사의 통지란 자기의 **의사**를 타인에게 통지하는 행위로서 각종의 최고[예컨대 제한능력자의 상대방이 하는 본인의 추인 여부확답을 촉구할 권리(=최고; 제15조 제1항)·무권대리행위의 상대방이 하는 본인의 추인 여부 확답의 최고(제131조)·채무의 이행을 청구하는 최고(제174조) 등]가 이에 해당한다. 이때에는 행위자가 어떤 법률효과의 발생을 원하였느냐 여부를 묻지 않고서, 법률은 직접 일정한 법률효과를 부여한다.

(내) 관념의 통지(=사실의 통지)

관념의 통지란 법률관계의 당사자 일방이 상대방에 대하여 과거 또는 현재의 **사실**을 알리는 것을 말한다[예컨대 사원총회 소집의 통지(제71조)·채무의 승인(제168조 제3호)·채권양도의 통지 또는 승낙(제450조)·공탁의 통지(제488조)·청약자가 하는 승낙연착의 통지(제528조 제2항) 등)].

(대) 감정의 표시

표시된 의식내용이 용서와 같은 감정인 경우인데(제556조 제2항), 법률이 이를 법률사실로 하는 일은 매우 드물다.

3) 법률행위 규정의 유추적용

이러한 준법률행위에는 법률행위에 관한 규정이 유추적용되는 경우가 있다.

> **판례** 채권양도의 통지는 양도인이 채무자에 대하여 당해 채권을 양수인에게 양도하였다는 사실을 알리는 관념의 통지이고, 법률행위의 대리에 관한 규정은 관념의 통지에도 유추적용된다(대판 1997. 6. 27, 95다40977, 40984).

(3) 사람의 정신작용에 기하지 않는 법률사실

이를 사건이라고 하는데, 사람의 출생과 사망·실종·시간의 경과·물건의 자연적인 발생 및 소멸 등과 같이 사람의 정신작용과는 관계없는 사실로서 법률에 의하여 그 효과가 부여되는 법률사실이다.

2. 법률행위

법률행위는 의사표시를 불가결의 요소로 한다. 물론 법률행위가 의사표시만으로 구성되는 것은 아니다. 예컨대 법인의 설립이라는 법률행위(합동행위)에 있어서는 주무관청의 허가가 따로 요구된다. 그러나 법률행위라고 하기 위해서는 반드시 하나 또는 둘 이상의 의사표시가 있어야만 하는 점에서 의사표시 없는 법률행위는 있을 수 없다.

3. 법률행위의 요건

(1) 서 설

법률행위가 법률요건으로서 완전히 그 법률효과를 발생하려면 여러 가지의 요건을 갖추어야 한다. 즉 법률행위가 그 법률효과를 발생하려면, 먼저 법률행위로서 **성립하여 존재**하여야 하고, 이어서 존재하는 법률행위가 **유효**한 것이어야 한다. 예컨대 매매는 청약과 승낙의 의사표시로 성립하지만 그것이 사회질서에 위반되는 경우에는 무효인 것이다(제103조 참조). 이처럼 법률행위의 유효·무효는 법률행위가 성립된 것을 전제로 하는 것이다.

(2) 체 계

1) 성립요건

법률행위라고 할 수 있을 만한 것이 있기 위하여 요구되는 최소한의 외형적·형식적인 요건이 성립요건이다.

(가) 일반적 성립요건

모든 법률행위에 요구되는 요건이며, ① 당사자, ② 목적, ③ 의사표시의 세 가지를 든다.

│ 판례 │ 실제 계약을 체결한 행위자가 자신의 이름은 특정하여 기재하되 불특정인을 추가하는 방식으로 계약서 상 당사자를 표시한 경우(즉, 실제 계약체결자의 이름에 '외 ○인'을 부가하는 형태), 계약서 자체에서 당사자로 특정할 수 있거나 상대방의 입장에서도 특정할 수 있는 특별한 사정이 인정될 수 있는 당사자만 계약당사자 지위를 인정할 수 있다. 계약당사자가 되면 계약으로 발생하는 권리·의무의 주체가 될 수 있다는 점에서 당사자 사이의 법률관계에 중대한 영향을 초래하는 것이고, 때로는 강행규정 등 법률상 제한규정의 적용을 잠탈하려는 탈법적 의도에 따른 법률효과가 부여될 수도 있음을 고려하여, 위 특별한 사정의 인정 여부는 신중하게 판단하여야 한다(대판 2023. 6. 15, 2022다247422).

(나) 특별 성립요건

각개의 법률행위에 관하여 그의 성립에 필요한 요건을 말하는바, 법률의 규정에 의해 정해진다. 이에 해당하는 것으로서, 물권변동에서 등기, 인도, 혼인에서의 신고, 유언의 방식 등이 있다.

2) 효력요건(유효요건)

이미 성립한 법률행위가 법률상 효력을 발생하는 데에 필요한 요건을 말한다.

(가) 일반적 효력요건

① 당사자가 **능력**(권리능력·의사능력·행위능력)을 갖추어야 하고, ② 목적의 **확정·가능·적법·사회적 타당성**을 갖추어야 하며, ③ **의사와 표시가 일치**하고, **의사표시에 하자가 없어야 한다.**

(ㄱ) 당사자가 제한능력자인 경우에는 그 법률행위를 취소할 수 있고, 의사무능력자이거나 권리능력이 없는 경우에는 그 법률행위는 무효이다.

(ㄴ) 법률행위가 그 효과가 있으려면, 그 법률행위의 목적(내용)이 확정될 수 있어야 하고, 실현가능하여야 하며, 강행법규에 위반하지 않아야 하고, 또 선량한 풍속 기타 사회질서에 위반하지 않아야 한다. 이 요건 중에 하나라도 갖추지 못한 경우에는 그 법률행위는 무효이다.

(ㄷ) 의사표시에 관하여 의사와 표시가 일치하고, 의사표시에 하자가 없어야 한다. 따라서 진의 아닌 의사표시·허위표시·착오에 의한 의사표시처럼 의사와 표시가 일치하지 않는 경우에는 그 의사표시는 무효이거나 취소될 수 있으며, 사기·강박에 의한 의사표시처럼 의사표시에 하자가 있는 경우에는 취소될 수 있다(제107조 이하).

(나) 특별 효력요건

각개의 법률행위에 특유한 효력요건으로서 이를 결하면 그 법률행위로서 효력이 생기지 않는 요건을 말한다. 예컨대 대리행위에 있어서의 대리권의 존재, 조건부·기한부 법률행위에서의 조건·기한의 성취 및 도래, 유언에 있어서의 유언자의 사망 등이다.

(3) 구별의 실익

성립요건은 **법률행위의 효과를 주장하는 당사자**가 그 입증책임(증명책임)을 부담하고, **효력요건의 부존재**는 **법률행위의 효과를 부인하는 당사자**가 그 입증책임(증명책임)을 지는 점에서 양자를 구별하는 실익이 있다. 다만 **특별효력요건**은 다시 **효과를 주장하는 당사자**가 입증해야 한다. 예컨대 대리인에게 대리권이 있다는 점에 대한 입증책임은 그 효과를 주장하는 당사자에게 있다(대판 2008. 9. 25, 2008다42195 참조).

4. 법률행위의 종류

(1) 재산행위·신분행위

법률행위에 의하여 발생되는 효과가 재산상 법률관계에 관한 것인지 또는 신분상 법률관계에 관한 것인지에 따른 분류이다. 민법총칙편의 법률행위에 관한 규정은 주로 재산행위에 관해 적용된다.

(2) 단독행위·계약·합동행위

1) 단독행위

행위자 한 사람의 한 개의 의사표시만으로 성립하는 법률행위를 말한다. 여기에는 상대방 있는 단독행위(예컨대 동의·채무면제·상계·추인·취소·해제·해지)와, 상대방 없는 단독행위(예컨대 유언·재단법인의 설립행위·권리의 포기)가 있다. 이와 같은 단독행위는 하나의 의사표시만으로 법률효과가 생기고, 그에 따라 상대방을 일방적으로 구속하게 되므로 이것은 당사자간의 약정이나 법률의 규정 등 근거가 있는 경우에 한하여 할 수 있다(예컨대 제5조·110조·406조 등).

2) 계 약

계약이란 두 개의 대립되는 의사표시의 합치에 의하여 성립하는 법률행위이다. 의사표시가 2개라는 점에서 단독행위와 구별된다. 계약에는 채권계약, 물권계약, 가족법상의 계약이 있으나, 좁은 의미의 계약은 채권계약만을 말한다.

3) 합동행위

예컨대 사단법인 설립행위는 2개 이상의 의사표시가 필요하다는 점에서 계약의 경우와 유사하지만, 그 방향은 상호 대립적인 것이 아니라 공동목적을 위해 평행적·구심적이라는 점에서 특색이 있다. 그래서 통설은 이를 합동행위라고 하여 계약과 구별하고 있다. 그러나 이에 대해서는 특수한 계약이라고 하며 계약의 일종으로 보는 견해도 있다.

(3) 요식행위·불요식행위

1) 불요식의 원칙

계약자유원칙의 파생원칙으로서 '방식의 자유'가 인정되므로 일반적으로 법률행위의 방식은 자유이다. 반면에 일정한 방식(서면·공증(公證)·신고) 등에 따라 행하여져야 그 효력이 인정되는 법률행위를 요식행위라고 한다.

2) 요식행위의 유형

첫째, 당사자로 하여금 신중하게 행위를 하게 하기 위한 경우(보증·혼인·입양 등)

둘째, 법률관계의 명확화(법인 설립행위·유언 등)

셋째, 외형을 신뢰하여 민활한 거래를 요구하는 행위(어음행위 등) 등은 요식행위이다. 채권법상 전형계약은 모두 불요식 계약이다.

(4) 생전행위·사후행위

행위자의 사망으로 그 효력이 생기는 법률행위를 사후행위(또는 死因行爲)라고 하고, 기타 보통의 행위를 생전행위라고 한다. 우리 민법상 유언(제1073조)과 사인증여(제562조)가 사후행위이다. 사후행위는 일신전속적 행위로서 대리가 허용되지 아니하며, 또 엄격한 방식이 요구되고 있다(제1060조 이하).

(5) 채권행위·물권행위·준물권행위

1) 채권행위

채권행위란 채권의 발생을 목적으로 하는 행위이다. 매매·증여·임대차계약 등이 그 예이다. 채권행위는 이로 인하여 발생한 채권·채무에 관하여 **이행**(가령 매매목적물의 인도, 대금의 지급)**이라는 문제를 남긴다**는 점에서 다음에 설명할 물권행위 및 준물권행위와 다르다.

2) 물권행위

물권행위란 물권변동(물권의 발생·변경·소멸)을 목적으로 하는 법률행위이다. 이에는 물권계약(예컨대 매매에 의한 소유권이전)과 물권적 단독행위(예컨대 소유권의 포기)가 있다. 물권행위는 **장차 이행이라는 문제를 남기지 않는 점**에서 채권행위와 다르다. 우리 민법은 물권변동을 일으키는 요건으로 이와 같은 물권행위 이외에 일정한 형식(부동산은 등기, 동산은 인도 : 제186조·183조)을 갖출 것을 요구한다(형식주의=독법주의=성립요건주의). 우리와 달리 프랑스나 일본은 물권행위만으로 물권변동이 생기는데, 이를 의사주의(=불법주의=대항요건주의)라 한다(물권법에서 상술).

3) 준물권행위

준물권행위란 채권양도, 채무면제, 지식재산권의 양도 등과 같이 물권 이외의 권리의 발생·변경·소멸을 직접 가져오게 하고, **후에 이행이라는 문제를 남기지 않는** 법률행위이다.

(6) 처분행위와 의무부담행위

처분행위는 위 (5)에서 물권행위와 준물권행위를 포함하는 의미이고, 의무부담행위는 채권행위를 지칭하는데, 특히 처분행위의 경우 **처분권자**에게 처분권한이 있어야 한다는 점에 구별의 실익이 있다.

(7) 신탁행위

신탁행위	민법상 신탁행위	담보목적의 양도담보(유효)
		추심목적의 채권양도(유효)
		명의신탁(원칙적으로 무효, ∵ 부동산실명법)
	신탁법상 신탁행위	

1) 민법학상의 신탁행위

일정한 경제상 목적(실질)을 위해 권리를 이전하는 형태(형식)를 취하는 것인데, **실질과 형식이 일치하지 않는 문제점이 있다.** 현행민법은 신탁행위에 자체에 관해서는 명문의 규정을 두고 있지 않다. 초기에는 허위표시와의 경계가 주로 논쟁이 되어 왔었는데 통설과 판례는 **신탁행위라는 이유만으로 허위표시로서 무효가 되는 것은 아니고 사적자치의 관점에서 일단 유효성이 인정된다**고 한다. 다만 실질과 형식이 일치하지 않는다는 문제가 있으므로 **판례는 대내적 소유권은 신탁자에게 유보하고 대외적 소유권은 수탁자에게 있는 것으로 이론구성하여 왔다**(이점이 신탁법상 신탁과 구별된다). 다만 명의신탁은 종래의 판례가 신탁행위 개념으로 접근하고 있었으나, 다른 신탁행위와는 달리 현재는 부동산실명법 때문에 원칙적으로 무효가 된다(부동산실명법. 물권법의 명의신탁편에서 상술).

2) 신탁법상의 신탁행위

신탁법에 의하면, 어떤 자(신탁설정자 또는 위탁자)가 법률행위에 의하여 상대방에게 재산권을 이전하는 동시에 재산권을 일정한 목적(예컨대 재산의 관리, 학술·종교·자선 등의 공익)에 따라서 자기 또는 제3자(수익자)를 위하여 관리·처분케 하는 법률관계가 신탁이고(동법 제1조 제2항), 이러한 신탁을 설정하는 계약 또는 유언을 신탁행위라고 한다(동법 제2조). 동법의 특색은 신탁재산을 신탁자로부터 **완전히 수탁자에게 대내외적으로 이전**되는 점(이점이 특히 민법상 신탁행위와 구별된다), 수탁자의 고유재산으로부터 독립된 특별재산으로 다룬다는 점과 신탁재산이라는 취지의 공시방법을 갖추어 신탁자 및 제3자를 같이 보호하고 있다는 점 등이다(동법 제3조·21조·25조·52조, 부동산등기법 제117조 이하 참조).

> **판례** 신탁법상 신탁은 위탁자가 수탁자에게 특정의 재산권을 이전하거나 기타의 처분을 하여 수탁자로 하여금 신탁 목적을 위해 재산권을 관리·처분하게 하는 것이므로, 부동산 신탁에 있어 수탁자 앞으로 소유권이전등기를 마치게 되면 소유권이 수탁자에게 이전되는 것이지 위탁자와의 내부관계에 있어 소유권이 위탁자에게 유보되는 것은 아닌 점이 비추어 취득세 납세의무자는 수탁자로 봄이 타당하다(대판 2012. 6. 14, 2010두2395).

Ⅲ. 법률행위의 해석

1. 의 의

 법률행위의 해석은 당사자가 그 표시행위에 부여한 의미를 명확하게 확정하는 것이다(대판 2021. 1. 14, 2018다223054). 법률행위는 의사표시를 요소로 하기 때문에 결국 의사표시의 해석과도 관련된다.

2. 법률행위해석의 대상

 (1) 통설과 판례에 의하면, "법률행위의 해석은 「내심의 효과의사」를 탐구하는 것이 아니라 「표시행위가 지니는 사회적 의미」를 밝히는 것"이라고 한다.

> **판 례** 의사표시 해석에 있어서 당사자의 진정한 의사를 알 수 없다면, 의사표시의 요소가 되는 것은 표시행위로부터 추단되는 효과의사 즉 표시상의 효과의사이고 표의자가 가지고 있던 내심적 효과의사가 아니므로, **당사자의 내심의 의사보다는 외부로 표시된 행위에 의하여 추단된 의사**를 가지고 해석함이 상당하다(대판 1996. 4. 9, 96다1320).

 (2) 의사표시는 법률행위의 불가결한 구성요소이므로 의사표시의 해석은 법률행위의 해석에 가장 중요한 지위를 갖는다. 우리나라의 통설적 견해는 표시주의에 기운 절충주의의 입장에서 의사표시 해석의 대상은 표시행위의 객관적 의미라고 이해한다. 다만 당사자의 진의가 절대적으로 존중되어야 하는 가족법상 법률행위에 있어서는 원칙적으로 의사주의에 의한다.

3. 법률행위해석의 방법

● 법률행위의 해석

법률행위의 해석의 방법
 ① 자연적 해석 : 표의자시각 착오(X) 오표시무해의 원칙
 ② 규범적 해석 : 상대방시각 착오(O)
 ③ 보충적 해석 : 제3자시각(제137조~138조)

(1) 자연적 해석

 법률행위의 해석에 있어서 표시된 문자 또는 언어의 의미에 구속되지 아니하고, 표의자의 실제의 의사(내심의 효과의사)를 밝히는 것을 말한다. 자연적 해석은 자기결정의 원칙에 충실한 해석이며, 특히 상대방 없는 단독행위(유언)라든지, 계약이라고 하더라도 상대방 보호 필요성이 없는 경우에 그 예를 찾을 수 있다. 특히 자연적 해석에는 착오가 있을 수 없다는 것을 유의하여야 한다.

판례 〈오표시무해의 원칙(자연적 해석)〉① 부동산의 매매계약에 있어 쌍방당사자가 모두 특정의 X토지를 계약의 목적물로 삼았으나 그 목적물의 지번 등에 관하여 착오를 일으켜 계약을 체결함에 있어서는 계약서상 그 목적물을 X토지와는 별개인 Y토지로 표시하였다 하여도 X토지에 관하여 이를 매매의 목적물로 한다는 쌍방당사자의 의사합치가 있는 이상 위 매매계약은 **X토지에 관하여** 성립한 것으로 보아야 할 것이고, Y토지에 관하여 매매계약이 체결된 것으로 보아서는 안될 것이며, **만일 Y토지에 관하여 위 매매계약을 원인으로 하여 매수인 명의로 소유권이전등기가 경료되었다면** 이는 원인없이 경료된 것으로서 **무효**이다(대판 1993. 10. 26, 93다2629, 2636).

② [1] 일반적으로 계약을 해석할 때에는 형식적인 문구에만 얽매여서는 안 되고 쌍방당사자의 진정한 의사가 무엇인가를 탐구하여야 한다. 계약 내용이 명확하지 않은 경우 계약서의 문언이 계약 해석의 출발점이지만, 당사자들 사이에 **계약서의 문언과 다른 내용으로 의사가 합치된 경우**에는 **의사에 따라 계약이 성립한 것으로 해석하여야 한다.** 계약당사자 쌍방이 모두 동일한 물건을 계약 목적물로 삼았으나 계약서에는 착오로 다른 물건을 목적물로 기재한 경우 **계약서에 기재된 물건이 아니라 쌍방 당사자의 의사합치가 있는 물건**에 관하여 계약이 성립한 것으로 보아야 한다. 이러한 법리는 **계약서를 작성하면서 계약상 지위에 관하여 당사자들의 합치된 의사와 달리 착오로 잘못 기재하였는데 계약 당사자들이 오류를 인지하지 못한 채 계약상 지위가 잘못 기재된 계약서에 그대로 기명날인이나 서명을 한 경우**에도 동일하게 적용될 수 있다. [2] 甲이 乙 주식회사로부터 신주인수권부사채를 인수하기로 하고, 그에 따라 乙 회사가 甲에게 부담하는 채무를 담보하기 위하여 **丙 등은 연대보증**을 하고 **丁 등은 근질권을 설정**해 주었는데, 乙회사가 甲에게 사채원금 지급기한의 유예를 요청하자, 甲과 乙 회사가 기존의 변제기한을 유예하고 이율을 변경하는 내용의 합의서를 작성하면서 **丙 등은 근질권설정자로 丁 등은 연대보증인으로 기명날인**한 사안에서, 丙과 丁 등을 비롯한 합의서에 기명날인한 당사자들은 모두 인수계약 당시와 마찬가지로 원래의 연대보증인 또는 근질권설정자의 지위를 유지하는 의사로 기명날인한 것이고, **위 합의서에 따른 합의는 작성 당사자 모두 인수계약에서 정한 지위를 그대로 유지**하면서 기존의 변제기한과 이율에 관한 사항만 변경하는 내용으로 유효하게 성립하였다고 판단한 사례(대판 2018. 7. 26, 2016다242334).

(2) 규범적 해석

내심의 효과의사와 표시행위가 일치하지 아니한 경우에 상대방의 시각에서 표시행위에 따라 법률행위의 성립을 인정하는 해석이다. 이는 자기 책임의 원칙에서 그 근거를 찾을 수 있다. 규범적 해석에는 착오가 존재한다.

판례 채권자가 채무자로부터 채권금액을 수령하면서 실제는 더 받을 금원이 있는데도 영수증에 '총완결'이라는 문언을 부기한 경우에는 더 받을 금원을 탕감한 것이다(대판 1969. 7. 8, 69다563).

(3) 보충적 해석

1) 법률행위의 내용에 흠결이 있는 경우에 이를 해석에 의해서 보충하는 것을 말한다. 보충적 해석은 법률행위의 성립이 자연적·규범적 해석을 통하여 긍정된 후에 개시된다. 보충적 해석에서 중요한 것은 당사자들의 진의가 아니라 그들의 **가정적 의사**이다.

2) 보충적 해석에서는 양당사자의 진의가 중시되는 것이 아니라 틈의 존재를 알았더라면 어떻게 합리적으로 규율하였을 것인가라는 양당사자의 가정적 의사가 중시되므로 진의와 표시의 불일치에 따른 착오의 문제는 발생하지 않는다(백태승).

> **판례** ① 계약당사자 쌍방이 계약의 전제나 기초가 되는 사항에 관하여 같은 내용으로 착오가 있고 이로 인하여 그에 관한 구체적 약정을 하지 아니하였다면, 당사자가 그러한 착오가 없을 때에 약정하였을 것으로 보이는 내용으로 당사자의 의사를 보충하여 계약을 해석할 수 있는바, 여기서 보충되는 당사자의 의사는 당사자의 실제 의사 또는 주관적 의사가 아니라 계약의 목적, 거래관행, 적용법규, 신의칙 등에 비추어 객관적으로 추인되는 정당한 이익조정 의사를 말한다(대판 2006. 11. 23, 2005다13288).
> ② 〈후유증〉 판례는 교통사고 등에서 가해자와 피해자가 손해배상에 관하여 합의를 하면서 「향후 민사상 형사상 일체의 청구권을 포기한다」라고 약정하였으나, 약정당시에 예상하지 못한 후유증으로 영구불구 등 손해가 증대된 사안에서, "위와 같은 합의는 합의당시에 예상한 손해에 관한 것이고, 불측의 후유증과 같이 그 후에 발생한 손해까지도 포기하겠다는 취지로 새기는 것은 당사자의 합리적 의사에 합치할 수 없다"고 보아 착오의 문제로 다루지 않고 법률행위의 해석을 통하여 확대손해에 대한 손해배상을 인정하고 있다(대판 1991. 4. 9, 90다16078 등).

4. 법률행위해석의 기준

(1) 종 류

> **제105조(임의규정)**
> 법률행위의 당사자가 법령 중의 선량한 풍속 기타 사회질서에 관계없는 규정과 다른 의사를 표시한 때에는 그 의사에 의한다.
>
> **제106조(사실인 관습)**
> 법령 중의 선량한 풍속 기타 사회질서에 관계없는 규정과 다른 관습이 있는 경우에 당사자의 의사가 명확하지 아니한 때에는 그 관습에 의한다.

① 당사자가 의도한 목적, ② 사실인 관습, ③ 임의규정, ④ 신의성실의 원칙 등이 법률행위해석의 기준이 된다.

(2) 법률행위해석의 기준으로서의 사실인 관습(관습법과 비교)

1) 법원성

> **판례** 관습법은 바로 법원으로서 법령과 같은 효력을 갖는 관습으로서 법령에 저촉되지 않는 한 법칙으로서의 효력이 있는 것이며, 이에 반하여 사실인 관습은 법령으로서의 효력이 없는 단순한 관행으로서 법률행위의 당사자의 의사를 보충함에 그치는 것이다(대판 1983. 6. 14, 80다3231).

2) 직권조사사항 여부

법령과 같은 효력을 갖는 **관습법**은 당사자의 주장 입증을 기다림이 없이 **법원이 직권으로** 이를 확정하여야 하고 **사실인 관습**은 그 존재를 **당사자가 주장 입증**하여야 한다(대판 1983. 6. 14, 80다3231).

3) 적용영역

관습법은 법이므로 이에는 강행법규와 임의법규가 있을 수 있다. 그런데 사실인 관습은 강행법규에 위배되지 않는 것에 한하여 법률행위의 해석기준으로 된다.

> **판례** ① 가족의례준칙 제13조의 규정과 배치되는 사실인 관습의 효력을 인정하려면 그와 같은 관습을 인정할 수 있는 **당사자의 주장과 입증**이 있어야 할 뿐만 아니라 이 관습이 **사적 자치가 인정되는 임의규정에 관한 것인지 여부**를 심리판단하여야 한다(대판 1983. 6. 14, 80다3231).
> ② 사실인 관습은 **사적 자치가 인정되는 분야** 즉 그 분야의 제정법이 **주로 임의규정일 경우**에는 법률행위의 해석기준으로서 또는 의사를 보충하는 기능으로서 이를 재판의 자료로 할 수 있을 것이나 이 이외의 즉 그 분야의 제정법이 **주로 강행규정일 경우**에는 그 강행규정 자체에 결함이 있거나 강행규정 스스로가 관습에 따르도록 위임한 경우 등 이외에는 법적 효력을 부여할 수 없다(대판 1983. 6. 14, 80다3231).

5. 법률행위의 해석에 관한 판례

(1) 계약당사자 확정방법

타인의 이름을 임의로 사용하여 계약을 체결한 경우에는 누가 그 계약의 당사자인가를 먼저 확정하여야 할 것으로서, 행위자 또는 명의인 가운데 누구를 당사자로 할 것인지에 관하여 **행위자와 상대방의 의사가 일치한 경우**에는 그 일치하는 의사대로 행위자의 행위 또는 명의자의 행위로서 확정하여야 할 것이지만, 그러한 **일치하는 의사를 확정할 수 없을 경우**에는 계약의 성질, 내용, 체결경위 및 계약체결을 전후한 구체적인 제반사정을 토대로 **상대방**이 합리적인 인간이라면 행위자와 명의자 중 **누구를 계약 당사자로 이해할 것인가**에 의하여 당사자를 결정하고, 이에 터잡아 계약의 성립 여부와 효력을 판단함이 상당하다(대판 1995. 9. 29, 94다4912).

> **판례** ① 일방 당사자가 대리인을 통하여 계약을 체결하는 경우에 있어서 계약의 상대방이 대리인을 통하여 **본인과 사이에 계약을 체결하려는데 의사가 일치하였다면** 대리인의 대리권 존부 문제와는 **무관하게 상대방과 본인이** 그 계약의 당사자이다(대판 2003. 12. 12, 2003다44059).
> ② 상대방과의 사이에 계약 체결의 행위를 하는 사람이 다른 사람 행세를 하여 그 타인의 이름을 사용하여 계약서 기타 계약에 관련된 서면 등이 작성되었다고 하더라도, **상대방의 입장에서 합리적으로 평가할 때 행위자 자신이** 계약의 당사자가 된다고 보는 경우에는, **행위자**가 계약의 당사자가 되고 그 계약의 효과는 **행위자**에게 귀속된다(대판 2013. 10. 11, 2013다52622).

(2) 예금계약의 당사자확정

> **금융실명거래 및 비밀보장에 관한 법률 제3조(금융실명거래)**
> ① 금융회사등은 거래자의 실지명의(이하 "실명"이라 한다)로 금융거래를 하여야 한다.
> ⑤ 제1항에 따라 실명이 확인된 계좌 또는 외국의 관계 법령에 따라 이와 유사한 방법으로 실명이 확인된 계좌에 보유하고 있는 금융자산은 명의자의 소유로 추정한다. [2014. 11. 29. 시행]

> **판례** 금융실명거래 및 비밀보장에 관한 법률에 따라 실명확인 절차를 거쳐 예금계약을 체결하고 그 실명확인 사실이 예금계약서 등에 명확히 기재되어 있는 경우에는, 금융기관과 출연자 등의 사이에서 예금명의자와의 예금계약을 부정하여 예금명의자의 예금반환청구권을 배제하고 출연자 등과 예금계약을 체결하여 출연자 등에게 예금반환청구권을 귀속시키겠다는 명확한 의사의 합치가 있는 극히 예외적인 경우가 아닌 한 **예금명의자를 예금계약의 당사자, 즉 예금반환청구권자로 보아야 한다**(대판 2010. 11. 11, 2010다41263, 41270).

(3) 처분문서의 해석

1) 예컨대 계약서와 같이 증명하고자 하는 행위가 문서에 의하여 행하여진 경우 그 문서를 처분문서라 한다.

2) ① 당사자가 서면에 사용한 문구를 그대로 따라야 하는 것은 아니지만, 처분문서의 진정 성립이 인정되는 경우 법원은 그 기재 내용을 부인할 만한 분명하고도 수긍할 수 있는 반증이 없으면 **처분문서에 기재된 문언대로 의사표시의 존재와 내용을 인정하여야 한다.** 다만 당사자가 표시한 문언으로 그 의미가 명확하게 드러나지 않아 처분문서에 나타난 법률행위의 해석이 문제 되는 경우 그 문언의 형식과 내용, 법률행위가 이루어진 동기와 경위, 당사자가 법률행위를 통하여 달성하려는 목적과 진정한 의사, 거래와 관행 등을 종합적으로 고려하여 논리와 경험의 법칙, 그리고 사회일반의 상식과 거래의 통념에 따라 합리적으로 해석하여야 한다(대판 2021. 1. 14, 2018다223054). ② 계약당사자 사이에 어떠한 계약 내용을 처분문서인 서면으로 작성한 경우에는 그 서면에 사용된 문구에 구애받는 것은 아니지만 어디까지나 당사자의 내심적 의사의 여하에 관계없이 그 서면의 기재 내용에 의하여 당사자가 그 표시행위에 부여한 객관적 의미를 합리적으로 해석하여야 하며, 이 경우 문언의 객관적인 의미가 명확하다면, 특별한 사정이 없는 한 **문언대로의** 의사표시의 존재와 내용을 인정하여야 한다. 특히 당사자 일방이 주장하는 계약의 내용이 상대방에게 중대한 책임을 부과하거나 그가 보유하는 소유권 등 권리의 중요한 부분을 침해 내지 제한하게 되는 경우에는 문언의 내용을 더욱 엄격하게 해석하여야 한다(대판 2014. 6. 26, 2014다14115).

3) 다만 처분문서라 할지라도 **그 기재 내용과 다른 명시적, 묵시적 약정이 있는 사실이 인정될 경우**에는 그 기재 내용과 다른 사실을 인정할 수는 있다(대판 2011. 1. 27, 2010다81957).

4) 하나의 법률관계를 둘러싸고 각기 다른 내용을 정한 여러 개의 계약서가 순차로 작성되어 있는 경우 당사자가 그러한 **계약서에 따른 법률관계나 우열관계를 명확하게 정하고 있다면** 그와

같은 내용대로 효력이 발생한다. 그러나 여러 개의 계약서에 따른 법률관계 등이 **명확히 정해져 있지 않다면** 각각의 계약서에 정해져 있는 내용 중 서로 양립할 수 없는 부분에 관해서는 원칙적으로 **나중에 작성된 계약서에서 정한 대로** 계약 내용이 변경되었다고 해석하는 것이 합리적이다(대판 2020. 12. 30, 2017다17603).

5) 금융기관과 근저당권설정자가 근저당권설정계약을 체결할 때 작성한 근저당권설정계약서에 금융기관의 여신거래로부터 생기는 모든 채무를 담보하기로 하는 이른바 포괄근저당권을 설정한다는 문언이 기재된 경우 근저당권설정계약서는 **처분문서**이므로 특별한 사정이 없는 한 계약서의 문언에 따라 의사표시의 내용을 해석하여야 함이 원칙이다. 그러나 근저당권설정계약서가 일반거래약관의 형태로 **일률적으로 부동문자로 인쇄해 두고 사용하는 것**이고 근저당권설정계약 체결의 경위와 목적, 피담보채무액, 근저당권설정자·채무자·채권자의 상호관계 등 여러 사정에 비추어 당사자의 의사가 계약서 문언과는 달리 특정한 채무만을 피담보채무로 하려는 취지였다고 인정할 수 있는 경우에는 당사자의 의사에 따라 담보책임의 범위를 제한하여야 한다(대판 2020. 10. 15, 2019다222041). ☞ 이른바 예문해석

(4) 기타 판례

판례 ① 매매계약서에 계약사항에 대한 이의가 생겼을 때에는 **매도인의 해석에 따른다는 조항**은 법원의 법률행위해석권을 구속하는 조항이라고 볼 수 없다(대판 1974. 9. 24, 74다1057).

② [1] 당사자 사이에 계약의 해석을 둘러싸고 이견이 있어 당사자의 의사 해석이 문제 되는 경우에는 계약의 내용, 계약이 체결된 동기와 경위, 계약으로 달성하려는 목적, 당사자의 진정한 의사 등을 종합적으로 고찰하여 논리와 경험칙에 따라 합리적으로 해석하여야 한다. [2] **계약에서 요구되는 일정한 요건을 갖춘 경우 어느 당사자에게 여러 가지 권리행사 방법 중 하나를 선택할 수 있는 권한이 부여되어 있다면**, 계약의 해석상 그 선택의 순서가 정해져 있다는 등 특별한 사정이 없는 한 **그 권한을 부여받은 자가 그중 어느 권리를 행사할지를 선택할 수 있고** 다른 당사자로서는 그와 같이 선택된 권리행사를 존중하고 이에 협력하여야 한다(대판 2022. 3. 17, 2021다231598).

③ 어떠한 의무를 부담하는 내용의 기재가 있는 문면에 '최대한 노력하겠습니다.', '최대한 협조한다.' 또는 '노력하여야 한다.'고 기재되어 있는 경우, 특별한 사정이 없는 한 당사자가 위와 같은 문구를 기재한 의미는 문면 그 자체로 볼 때 그러한 의무를 **법적으로는** 부담할 수 없지만 사정이 허락하는 한 그 이행을 **사실상** 하겠다는 취지로 해석함이 타당하다. 당사자가 그러한 표시행위에 의하여 나타내려고 한 의사는 그 문구를 포함한 전체의 문언을 고려하여 해석해야 하는데, 그러한 의무를 법률상 부담하겠다는 의사였다면 굳이 위와 같은 문구를 사용할 필요가 없고, 위와 같은 문구를 삽입하였다면 그 문구를 의미 없는 것으로 볼 수 없기 때문이다. 다만 계약서의 전체적인 문구 내용, 계약의 체결 경위, 당사자가 계약을 체결함으로써 달성하려는 목적과 진정한 의사, 당사자에게 의무가 부과되었다고 볼 경우 이행가능성이 있는 것인지 여부 등을 종합적으로 고려하여 **당사자가 그러한 의무를 법률상 부담할 의사였다고 볼 만한 특별한 사정이 인정되는 경우**에는 위와 같은 문구에도 불구하고 법적으로 구속력이 있는 의무로 보아야 한다(대판 2021. 1. 14, 2018다223054).

Ⅳ. 법률행위의 목적의 가능성(민법상 불능의 문제)

1. 서 설

　법률행위의 목적(내용)은 그 실현이 가능한 것이어야 한다. 그러므로 **법률행위의 성립 당시에** 이미 법률행위의 목적이 실현불가능한 것이면 그 법률행위는 무효이다. 여기서 **법률행위를 무효로 만드는 불능은 법률행위의 성립 당시에 불능인 경우, 즉 원시적 불능에 한한다.** 후발적 불능은 여기서의 "법률행위의 불능"의 범주에 들어가지 않는다. **후발적 불능**의 경우에는 **법률행위는 유효**하고, 다만 귀책사유 유무에 따라 **채무불이행(제390조)이나 위험부담(제537조·538조)의 문제**로 처리될 뿐이다. 법률행위의 목적(내용)의 가능 여부는 결국 **사회통념**에 의해 정해진다.

2. 불능의 분류

(1) 객관적 불능과 주관적 불능

　어느 누구도 법률행위의 목적을 실현할 수 없는 경우가 객관적 불능이며, 당해 법률행위의 당사자만이 실현할 수 없는 경우가 주관적 불능이다. 법률행위의 목적이 **객관적으로 불능**이면 그 법률행위는 **무효이다.** 타인권리(타인소유의 목적물)의 매매는 **원시적 주관적 불능**으로 **무효가 아니다**(제569조 참조).

(2) 전부불능과 일부불능

　법률행위 목적의 전부가 불능인 경우를 전부불능이라고 하고, 일부만이 불능인 경우를 일부불능이라 한다. 전부불능의 경우 특히 원시적 전부불능의 경우, 그 법률행위는 무효이지만 채무자가 그 불능을 알았거나 알 수 있었을 경우에는 상대방이 계약의 유효를 믿음으로써 입은 손해(신뢰이익)를 배상하여야 한다. 이것이 이른바 '계약체결상의 과실'의 문제이다(제535조 참조). 일부불능의 경우에는 다른 특별한 규정이 없는 한 일부무효의 법리(제137조)에 따라 처리되므로 원시적 일부불능의 경우, 당사자가 의도하는 법률행위는 전부무효가 됨이 원칙이다. 다만 매매에서는 원시적 일부불능이더라도 계약은 유효하고 대신 매도인에게 담보책임을 물을 수 있게 하는 경우가 있다(채권법에서 후술. 참고로 담보책임은 계약이 유효한 것을 전제로 한다).

(3) 물리적 불능과 법률적 불능

　물리적 불능은 자연적·물리적인 이유에 의한 불능이다. 예컨대 매매 목적물이 소실되어 존재하지 않거나, 채권양도의 목적인 채권이 변제로 이미 소멸한 경우 등이 이에 속한다. 이에 반하여 법률적 불능은 물리적으로는 가능하더라도 불능의 이유가 법률상 허용되지 않거나, 법률상 장애사유가 존재하는 경우이다. 예컨대 범죄행위를 목적으로 하는 법률행위를 목적으로 하는 법률행위를 하였거나, 부동산에 질권을 설정하는 계약을 체결하는 경우 등이다. 모두 불능인 점에서 그 구별의 실익은 없다.

(4) 원시적 불능과 후발적 불능

법률행위 성립당시에 이미 불능인 경우가 원시적 불능이고, 법률행위 성립시에는 가능하였으나 그 이행 전에 불능으로 된 경우가 후발적 불능이다. 예컨대 건물에 대해 매매계약을 체결하였는데, 그 건물이 그 계약체결 전에 이미 소실된 경우가 '원시적 불능'이고, 계약체결 후에 소실된 경우가 '후발적 불능'이다. 이 중 법률행위를 당연히 무효로 하는 것은 원시적 불능에 한한다. 후발적 불능의 경우에는 계약은 이미 유효하게 성립한 것이고, 다만 그 불능에 채무자의 귀책사유가 있느냐 여부에 따라 채무불이행에 기한 손해배상(제390조 참조)내지는 위험부담(제537조·538조)의 문제로 처리될 따름이다.

원시적 불능	후발적 불능
전부불능 : 무효 단, 제535조 신뢰이익배상	채무자(매도인)에게 귀책사유 없는 위험부담 (제537조·제538조)
일부불능 : 전부무효 원칙(제137조) 단 매매는 담보책임문제(제570조~)	채무자에게 귀책사유 있는 채무불이행 (제390조)

V. 법률행위의 내용의 적법성(강행법규 문제)

1. 법규의 분류

(1) 강행법규와 임의법규

1) 법규는 강행법규와 임의법규로 구별되는데, 이 중 법률행위의 자유가 허용되는 영역은 임의법규의 영역에 국한된다. 민법 제105조에 규정되어 있듯이 법령 중의 선량한 풍속 기타 사회질서에 관계없는 규정이 임의법규이고, 관계가 있는 규정이 강행법규이다. 따라서 강행법규에 있어서는 사적 자치가 허용되지 않으며, 그에 위반하는 내용의 법률행위는 **무효**이다. 예컨대 법률이 특히 엄격한 표준을 정하여 일정한 자격을 갖춘 자에게만 허용하는 경우에는 그것은 효력규정이고, 따라서 그러한 자격을 대여하는 계약은 무효이다. 강행법규와 임의법규의 구별은 그 법규의 성질·의미·목적 등을 고려하여 개별적으로 확인할 수밖에 없다.

> **판례** 계약 등 법률행위의 당사자에게 일정한 의무를 부과하거나 일정한 행위를 금지하는 법규에서 이를 위반한 법률행위의 효력을 **명시적으로 정하고 있는 경우**에는 그 규정에 따라 법률행위의 유·무효를 판단하면 된다. 법률에서 해당 규정을 위반한 법률행위를 무효라고 정하고 있거나 해당 규정이 효력규정이나 강행규정이라고 명시하고 있으면 이러한 규정을 위반한 법률행위는 무효이다. 이와 달리 이러한 규정을 위반한 법률행위의 효력에 관하여 **명확하게 정하지 않은 경우**에는 규정의 입법 배경과 취지, 보호법익과 규율대상, 위반의 중대성, 당사자에게 법규정을 위반하려는 의도가 있었는지 여부, 규정 위반이 법률행위의 당사자나 제3자에게 미치는 영향, 위반행위에 대한 사회적·경제적·윤리적 가치평가, 이와 유사하거나 밀접한 관련이 있는 행위에 대한 법의 태도 등 여러 사정을 종합적으로 고려해서 효력을 판단해야 한다(대판 2022. 7. 28, 2021다235132).

2) 강행법규 위반여부의 기준시는 **법률행위 당시**를 기준으로 한다. 따라서 행위 당시에 강행법규 위반으로 무효인 경우에는 그 후에 법령의 규정이 개정되더라도 유효로 되지는 않는다(대판 1996. 1. 26, 95누8966). 그리고 이러한 규정에 위반한 위법행위는 확정적으로 무효이며 추인에 의하여 효력이 생기지 않는다("제7장 무효와 취소"에서 후술).

(2) 단속법규(=단속규정)
1) 단속법규의 의의

행정상의 목적을 위하여 일정한 행위를 금지하거나, 제한하는 법규정을 말한다. 당사자의 의사로 그 적용을 배제할 수 없는 강행법규는 그 규정에 위반하는 행위의 사법상의 효과가 부정되나, 단속법규는 그에 위반하여도 벌칙의 적용이 있을 뿐이고 행위 자체의 사법상의 효과에는 원칙적으로 영향이 없다는 것이 특징이다. 예컨대 행정법규, 특히 질서유지차원의 경찰법규는 단순한 단속법규이며, 그에 위반하는 행위(무허가음식점의 음식물 판매행위 등)는 원칙적으로 무효가 되지 않는다.

(3) 구체적 판례들

판례[1] 〈단속규정〉① 〈미등기전매행위에 대하여 형사처벌을 규정한 부동산등기특별조치법상 중간생략등기합의의 사법상 효력을 무효로 하는 취지인지 여부(소극)〉부동산등기특별조치법상 조세포탈과 부동산투기 등을 방지하기 위하여 위 법률에서 등기하지 아니하고 제3자에게 전매하는 행위를 일정 목적범위 내에서 형사처벌하도록 되어 있으나 이로써 순차매도한 당사자 사이의 중간생략등기합의에 관한 사법상 효력까지 무효로 한다는 취지는 아니다(대판 1993. 1. 26, 92다39112).
② 〈개업공인중개사 등이 중개의뢰인과 직접 거래를 하는 행위를 금지하는 공인중개사법 제33조 제6호의 규정 취지 및 법적 성질(=단속규정)〉개업공인중개사 등이 중개의뢰인과 직접 거래를 하는 행위를 금지하는 공인중개사법 제33조 제6호의 규정 취지는 개업공인중개사 등이 거래상 알게 된 정보를 자신의 이익을 꾀하는데 이용하여 중개의뢰인의 이익을 해하는 경우가 있으므로 이를 방지하여 중개의뢰인을 보호하고자 함에 있는바, 위 규정에 위반하여 한 거래행위가 사법상의 효력까지도 부인하지 않으면 안 될 정도로 현저히 반사회성, 반도덕성을 지닌 것이라고 할 수 없을 뿐만 아니라 행위의 사법상의 효력을 부인하여야만 비로소 입법 목적을 달성할 수 있다고 볼 수 없고, 위 규정을 효력규정으로 보아 이에 위반한 거래행위를 일률적으로 무효라고 할 경우 중개의뢰인이 직접 거래임을 알면서도 자신의 이익을 위해 한 거래도 단지 직접 거래라는 이유로 효력이 부인되어 거래의 안전을 해칠 우려가 있으므로, 위 규정은 강행규정이 아니라 단속규정이다(대판 2017. 2. 3, 2016다259677). ☞ 통설적 견해는 강행규정을 효력규정과 단속규정으로 구분한다. 즉 법규를 먼저 강행법규와 임의법규로 나누고, 강행법규에는 다시 효력규정(=효력법규)과 단속규정(=단속법규)이 있는 것으로 체계화한다. 그러나 판례는 위와 같이 "강행규정이 아니라 단속규정이다"라고 하는 등 그 표현에 비추어 볼 때 통설과는 체계를 달리 하는 것으로 보인다.
③ [1] 사법상의 계약 기타 법률행위가 일정한 행위를 금지하는 구체적 법규정에 위반하여 행해진 경우, 법률행위가 무효인가 또는 법원이 법률행위 내용의 실현에 대한 조력을 거부하거나 다른 내용으로 효력을 제한하여야 하는가의 여부는, 당해 법규정이 가지는 넓은 의미에서의 법률효과에 관한 문제의 일환으로, 그 법규정의 해석에 따라 정해진다. 따라서 그 점에 관한 **명문의 정함이 있다면** 그에 따라야 할 것이고, **그러한 정함이**

없는 때에는 종국적으로 그 금지규정의 목적과 의미에 비추어 그에 반하는 법률행위의 무효 기타 효력 제한이 요구되는지를 검토하여 이를 정할 것이다. [2] 명의이용 금지규정을 위반하여, 자동차 소유자와 전세버스 운송사업자 사이에, 대외적으로는 자동차 소유자가 그 소유의 차량 명의를 전세버스 운송사업자(이하 '지입회사'라 한다)에게 신탁하여 소유권과 운행관리권을 지입회사에 귀속시키되, 대내적으로는 위 지입차량의 운행관리권을 위탁받아 자신의 독자적인 계산 아래 운행하면서 지입회사에 일정액의 관리비를 지급하기로 하는 내용의 이른바 '지입계약'이 체결된 경우, 그 지입계약 자체가 사법상의 효력이 부인되어야 할 정도로 현저히 반사회성, 반도덕성을 지닌 것이라고 볼 수는 없다(대판 2018. 7. 11, 2017다274758).

판례[2] 〈**효력규정**〉① 〈**구 부동산중개업법 및 같은 법 시행규칙 등 관련 법령에서 정한 한도를 초과하는 부동산 중개수수료 약정이 강행법규 위반으로 무효인지 여부(적극)**〉부동산 중개수수료에 관한 위와 같은 규정들은 중개수수료 약정 중 소정의 한도를 초과하는 부분에 대한 사법상의 효력을 제한하는 이른바 강행법규에 해당하고, 따라서 구 부동산중개업법 등 관련 법령에서 정한 한도를 초과하는 부동산 중개수수료 약정은 그 한도를 초과하는 범위 내에서 무효이다[대판(전합) 2007. 12. 20, 2005다32159].
② 퇴직금은 사용자가 일정 기간을 계속근로하고 퇴직하는 근로자에게 계속근로에 대한 대가로서 지급하는 후불적 임금의 성질을 띤 금원으로서 구체적인 퇴직금청구권은 근로관계가 끝나는 퇴직이라는 사실을 요건으로 발생한다. **최종 퇴직 시 발생하는 퇴직금청구권을 미리 포기하는 것**은 강행법규인 근로기준법, 근로자퇴직급여 보장법에 위반되어 무효이다. 그러나 근로자가 퇴직하여 더 이상 근로계약관계에 있지 않은 상황에서 **퇴직 시 발생한 퇴직금청구권을 나중에 포기하는 것**은 허용되고, 이러한 약정이 강행법규에 위반된다고 볼 수 없다(대판 2018. 7. 12, 2018다21821, 25502).
③ 〈**15세 미만자 등의 사망을 보험사고로 한 보험계약은 무효라고 정한 상법 제732조가 효력규정인지 여부(적극)**〉상법 제732조는 15세 미만자 등의 사망을 보험사고로 한 보험계약은 무효라고 정하고 있다. 위 법 규정은 사망보험의 악용에 따른 도덕적 위험 등으로부터 15세 미만자 등을 보호하기 위하여 둔 **효력규정**이라고 할 것이다. 따라서 15세 미만자 등의 사망을 보험사고로 한 보험계약은 피보험자의 동의가 있었는지 또는 보험수익자가 누구인지와 관계없이 무효가 된다(대판 2013. 4. 26, 2011다9068).

2. 탈법행위이론

(1) 의 의

강행법규(특히 효력규정)를 위반하는 모습은 두 가지가 있다. 첫 번째, 그 법규 자체를 정면으로 위반하는 경우이다. 이때 그 위법행위는 무효이다. 그리고 두 번째, 강행법규 또는 효력규정을 직접적으로 위반하지는 않으나, 실질적으로는 그 법규가 금하고 있는 내용을 실현하는 행위가 있는 바, 이를 탈법행위라고 한다. 이와 같은 탈법행위는 법률이 인정하지 않는 결과의 발생을 목적으로 하기 때문에 원칙적으로 무효이다.

(2) 구체적인 예

판례 ① 구 국유재산법 제7조는 같은 법 제1조의 입법 취지에 따라 국유재산 처분사무의 공정성을 도모하기 위하여 관련 사무에 종사하는 직원에 대하여 부정한 행위로 의심받을 수 있는 가장 현저한 행위를 적시하여 이를 엄격히 금지하는 한편, 그 금지에 위반한 행위의 사법상 효력에 관하여 이를 무효로 한다고 명문으로 규정하고 있으므로, 국유재산에 관한 사무에 종사하는 직원이 타인의 명의로 국유재산을 취득하는 행위는 강행법규인 같은 법 규정들의 적용을 잠탈하기 위한 탈법행위로서 무효이고, 나아가 같은 법이 거래안전의 보호 등을 위하여 그 무효 주장할 수 있는 상대방을 제한하는 규정을 따로 두고 있지 아니한 이상, 그 무효는 원칙적으로 누구에 대하여서나 주장할 수 있으므로, 그 규정들에 위반하여 취득한 국유재산을 제3자가 전득하는 행위 또한 당연무효이다(대판 1997. 6. 27, 97다9529).

② [다수의견] (가) 구 근로기준법(2018. 3. 20. 법률 제15513호로 개정되기 전의 것)은 휴게시간을 제외하고 1주간의 근로시간은 40시간을, 1일의 근로시간은 8시간을 초과할 수 없도록 기준근로시간을 정하여 규제하면서(제50조 제1항, 제2항), 기준근로시간의 범위 내에서 근로자와 사용자가 합의한 근로시간을 소정근로시간으로 규정하고 있다(제2조 제1항 제7호). 근로자는 합의한 소정근로시간 동안 근로의무를 부담하고, 사용자는 근로의무이행에 대하여 임금을 지급하게 되는데, 사용자와 근로자는 기준근로시간을 초과하지 않는 한 원칙적으로 자유로운 의사에 따라 소정근로시간에 관하여 합의할 수 있다. 다만 **소정근로시간의 정함이 단지 형식에 불과하다고 평가할 수 있는 정도에 이르거나, 노동관계법령 등 강행법규를 잠탈할 의도로 소정근로시간을 정하였다는 등의 특별한 사정이 있는 경우**에는 소정근로시간에 관한 합의로서의 효력을 부정하여야 한다. (나) 헌법 및 최저임금법 관련 규정 내용과 체계, 2008. 3. 21. 법률 제8964호로 개정된 최저임금법 제6조 제5항(이하 '특례조항'이라 한다)의 입법 취지와 입법 경과, 여객자동차 운수사업법의 규정 취지 및 일반택시운송사업의 공공성, 소정근로시간을 단축하는 합의 관련 전후 사정 등을 종합적으로 고려하면, 전액사납제하에서 생산고에 따른 임금을 제외한 고정급이 최저임금에 미달하는 것을 회피할 의도로 **사용자가 소정근로시간을 기준으로 산정되는 시간당 고정급의 외형상 액수를 증가시키기 위해 택시운전근로자 노동조합과 사이에 실제 근무형태나 운행시간의 변경 없이 소정근로시간만을 단축하기로 합의한 경우**, 이러한 합의는 강행법규인 최저임금법상 특례조항 등의 적용을 잠탈하기 위한 **탈법행위로서 무효**라고 보아야 한다. 이러한 법리는 사용자가 택시운전근로자의 과반수로 조직된 노동조합 또는 근로자 과반수의 동의를 얻어 소정근로시간을 단축하는 내용으로 취업규칙을 변경하는 경우에도 마찬가지로 적용된다[대판(전합) 2019. 4. 18, 2016다2451].

(3) 탈법행위의 한계

통설은 탈법행위를 무효로 보면서도 탈법행위의 한계를 인정하여 예외적 유효를 인정하고 있다. 예컨대 질권이라는 형식으로 담보물권을 설정할 때는 점유개정의 방식을 금지하지만(제332조 참조), 양도담보형식으로 담보권을 설정할 때는 점유개정의 방식을 허용하여 그 유효성을 긍정한다(질권에서 후술함).

VI. 법률행위의 내용의 사회적 타당성(공서양속)

> **제103조(반사회질서의 법률행위)**
> 선량한 풍속 기타 사회질서에 위반한 사항을 내용으로 하는 법률행위는 무효로 한다.

1. 서 설

(1) 의 의

1) 입법기술상으로 법률행위가 적법인가 아닌가에 관하여 법이 미리 개별적으로 남김없이 강행법규를 마련한다는 것은 불가능하다. 여기서 민법은 개별적인 강행법규 이외에 제103조의 규정을 두어 법률행위의 내용을 **일반적·포괄적**으로 규제할 수 있도록 하였다. 즉 법률행위의 내용을 직접적으로 규제할 강행법규가 없더라도 그 내용이 사회질서에 위반되는 경우에는 제103조에 의해 무효로 된다.

2) '선량한 풍속 기타 사회질서'에서 양자의 관계가 문제된다. 선량한 풍속은 사회질서의 일종으로서 사회질서가 상위개념이라는 견해가 통설적 견해이다. 제103조는 선량한 풍속을 사회질서의 일종으로 들고 있고, 따라서 사회질서가 중심개념이 된다고 할 수 있다. 이러한 사회질서라는 개념은 시대에 따라 변천하는 불확정개념이요 추상적 개념이다. 이런 점에서 제103조는 일반조항으로서의 성격을 가지며, 이것이 또한 동조의 생명이기도 하다.

(2) 적용범위

민법 제103조는 법률행위에만 적용하는 것이 원칙이다.

2. 사회질서위반의 유형

제103조는 일반규정으로 되어 있기 때문에 따라서 어떠한 법률행위가 사회질서에 위반하는 것인가는 유형에 따라 구체화되어야 한다. 판례에 나타난 사회질서 위반의 구체적인 내용을 들어 보면 다음과 같다.

(1) 정의관념에 반하는 행위

범죄 기타의 부정행위를 권하거나 또는 이에 가담하는 계약은 무효이다. 한편 범죄는 당연히 금지되는 것이므로 범죄를 행하지 않을 것을 조건으로 하여 일정한 대가적 급부를 한다는 내용의 계약도 무효이다. 그리고 정당한 행위에도 부당한 금전이 결부되어 있는 경우에 무효가 될 수 있다. 다만 반사회질서의 법률행위가 반드시 형사법규에 저촉되는 범죄행위에 국한되는 것은 아니다(대판 1972. 10. 31, 72다1455, 1456).

> **판례** ① 당사자일방이 상대방에게 공무원의 직무에 관한 사항에 관하여 특별한 청탁을 하게 하고 그에 대한 보수로 돈을 지급할 것을 내용으로 한 약정은 사회질서에 반하는 무효의 계약이라고 할 것이다(대판 1971. 10. 11, 71다1645).
> ② 지방자치단체가 골프장사업계획승인과 관련하여 사업자로부터 기부금을 지급받기로 한 증여계약은 공무수행과 결부된 금전적 대가로서 그 조건이나 동기가 사회질서에 반하므로 민법 제103조에 의해 무효이다(대판 2009. 12. 10, 2007다63966).

(2) 윤리적 질서에 반하는 행위

일부일처제나 친자간의 윤리, 성도덕질서에 위반하는 것을 목적으로 하는 법률행위는 무효이다. 예컨대 첩계약은 처의 동의 유무에 관계없이 무효이다. 다만 첩의 생존을 유지하기 위한 생활비나 출생한 자녀의 양육비 등에 관한 특약 등은 유효할 수 있다.

> **판례** 소위 첩계약은 본처의 동의 유무를 불문하고 선량한 풍속에 반하는 사항을 내용으로 하는 법률행위로서 무효일 뿐만 아니라 위법한 행위이므로, 부첩관계에 있는 부 및 첩은 특별한 사정이 없는 한 그로 인하여 본처가 입은 정신상의 고통에 대하여 배상할 의무가 있고, 이러한 손해배상책임이 성립하기 위하여 반드시 부첩관계로 인하여 혼인관계가 파탄에 이를 필요까지는 없고, 한편 본처가 장래의 부첩관계에 대하여 동의하는 것은 그 자체가 선량한 풍속에 반하는 것으로서 무효라고 할 것이나, 기왕의 부첩관계에 대하여 용서한 때에는 그것이 **손해배상청구권의 포기**라고 해석되는 한 그대로의 법적 효력이 인정될 수 있다(대판 1998. 4. 10, 96므1434).

(3) 개인의 자유를 극도로 제한하는 행위

1) 평생 혼인을 하지 않는다는 계약은 무효이다. 또 어떠한 일이 있어도 이혼하지 아니하겠다는 각서를 써 주었다 하더라도 그와 같은 의사표시는 신분행위의 의사결정을 구속하는 것으로서 공서양속에 위배하여 무효이다(대판 1969. 8. 19, 69므18). 기타 이른바 독신계약, 예컨대 여자 은행원을 채용하면서 근무기간 중 혼인하지 아니할 것을 정한 약관도 무효이다.

2) 해외파견된 근무자가 귀국일로부터 3년간 회사에 근무하여야 하고, 이를 위반한 경우에는 해외파견에 소요된 경비를 배상하여야 한다는 회사의 내규는 사회질서 위반의 행위는 아니다(대판 1982. 6. 22, 82다카90).

3) 부정행위를 용서받는 대가로 손해를 배상함과 아울러 가정에 충실하겠다는 서약의 취지에서 처에게 부동산을 양도하되, **부부관계가 유지되는 동안에는 처가 임의로 처분할 수 없다는 제한을 붙인 약정**은 사회질서에 위반되는 것이라 할 수 없다(대판 1992. 10. 27, 92므204, 211).

(4) 생존의 기초가 되는 재산의 처분행위

예컨대 자기가 취득할 모든 재산을 양도한다는 계약은 생존을 불가능하게 하는 것으로서 무효다.

(5) 사행성이 현저한 행위

예컨대 도박자금을 대부하는 행위, 도박에 진 노름빚을 토대로 하여 그 노름빚을 변제하기로 약정한 계약 등은 무효이다.

> **판례** 도박자금에 제공할 목적으로 금전의 대차를 한 때에는 그 대차계약은 민법 제103조의 반사회질서의 법률행위로 무효이다(대판 1973. 5. 22, 72다2249).

(6) 동기의 불법문제

1) 의 의

예컨대 집을 사기 위해서라든지, 도박자금으로 사용하기 위해서라든지 등 금전을 차용하는 데에는 여러 가지의 동기가 있다. 이렇듯 법률행위는 동기에 의하여 행해지게 되는데, 이러한 동기는 외부에 표시되지 않아 상대방이 그 동기를 모르는 경우가 많다. 여기서 법률행위 자체에는 불법성이 없는데 법률행위의 동기에만 불법성이 있는 경우, 예컨대 도박을 하기 위하여 금전을 대차한다든가 풍기문란의 행위를 하기 위하여 가옥을 대차한다든가 할 경우, 그 법률행위의 효력 여하가 문제된다.

2) 판례의 태도

동기가 불법인 경우 법률행위가 무조건 무효로 되는 것은 아니다. 판례는 기본적으로 표시설의 입장에서, 표시되거나 상대방에게 알려진 법률행위의 동기가 반사회질서적인 경우를 무효로 본다.

> **판례** 민법 제103조에 의하여 무효로 되는 반사회질서행위는 ① 법률행위의 목적인 권리의무내용이 선량한 풍속 기타 사회질서에 위반되는 경우뿐만 아니라 ② 그 내용자체는 반사회질서적인 것이 아니라고 하여도 법률적으로 이를 강제하거나 그 법률행위에 반사회질서적인 조건 또는 금전적 대가가 결부됨으로써 반사회 질서적 성질을 띠게 되는 경우 및 ③ 표시되거나 상대방에게 알려진 법률행위의 동기가 반사회질서적인 경우를 포함한다(대판 1984. 12. 11, 84다카1402).

3) 동기의 법률상 지위

동기는 의사표시의 요소가 아니기 때문에 원칙적으로 고려하지 않는다.	동기의 불법(제103조)	동기가 표시되거나 상대방에 알려진 경우는 무효
	동기의 착오(제109조)	동기가 표시되거나 상대방이 유발한 경우는 취소

3. 구체적 판례검토

(1) 증언 또는 진술의 대가약정

1) 어떠한 사실을 알고 있는 사람과의 사이에 소송에서 **사실대로** 증언하여 줄 것을 조건으로 어떠한 급부를 할 것을 약정한 경우, 그러한 급부의 내용이 통상적으로 용인될 수 있는 수준(예컨대 증인에게 일당 및 여비가 지급되기는 하지만 증인이 증언을 위하여 법원에 출석함으로써 입게되는 손해에는 미치지 못하는 경우 그러한 손해를 전보하여 주는 경우 정도)을 넘어서, 어느 당사자가 그 증언이 필요함을 기화로 **증언하여 주는 대가로 용인될 수 있는 정도를 초과하는** 급부를 제공받기로 한 약정은 반사회질서적인 금전적 대가가 결부된 경우로 그러한 약정은 민법 제103조 소정의 반사회질서행위에 해당하여 무효로 된다(대판 1994. 3. 11, 93다40522).

판례 소송사건에 증인으로 출석하여 증언하는 것과 연계하여 어떤 급부를 하기로 약정한 경우 급부의 내용에 기존 채무의 변제를 위한 부분이 포함되어 있더라도, **전체적으로 통상 용인될 수 있는 수준을 넘는 급부를 하기로 한 것이라면,** 약정은 민법 제103조가 규정한 반사회질서행위에 해당하여 전부가 무효이다(대판 2016. 10. 27, 2016다25140).

2) 그러나 <u>수사기관에서 참고인으로 진술하면서 자신이 잘 알지 못하는 내용에 대하여 **허위의 진술**을 하는 경우</u>에 **그 급부의 상당성 여부를 판단할 필요 없이** 허위 진술의 대가로 작성된 각서에 기한 급부의 약정은 민법 제103조 소정의 반사회적질서행위로 무효이다(대판 2001. 4. 24, 2000다71999)

(2) 현저한 고율의 이자 약정

판례 [1] 금전 소비대차계약과 함께 이자의 약정을 하는 경우, 양쪽 당사자 사이의 경제력의 차이로 인하여 그 이율이 당시의 경제적·사회적 여건에 비추어 사회통념상 허용되는 한도를 초과하여 현저하게 고율로 정하여졌다면, 그와 같이 허용할 수 있는 한도를 **초과하는 부분**의 이자 약정은 대주가 그의 우월한 지위를 이용하여 부당한 이득을 얻고 차주에게는 과도한 반대급부 또는 기타의 부당한 부담을 지우는 것이므로 <u>선량한 풍속 기타 사회질서에 위반한 사항을 내용으로 하는 법률행위로서 무효이다.</u> [2] 선량한 풍속 기타 사회질서에 위반하여 무효인 부분의 이자 약정을 원인으로 차주가 대주에게 임의로 이자를 지급하는 것은 통상 불법의 원인으로 인한 재산 급여라고 볼 수 있을 것이나, 불법원인급여에 있어서도 그 불법원인이 수익자에게만 있는 경우이거나 수익자의 불법성이 급여자의 그것보다 현저히 커서 급여자의 반환청구를 허용하지 않는 것이 오히려 공평과 신의칙에 반하게 되는 경우에는 급여자의 반환청구가 허용되므로, 대주가 사회통념상 허용되는 한도를 초과하는 이율의 이자를 약정하여 지급받은 것은 그의 우월한 지위를 이용하여 부당한 이득을 얻고 차주에게는 과도한 반대급부 또는 기타의 부당한 부담을 지우는 것으로서 그 불법의 원인이 수익자인 대주에게만 있거나 또는 적어도 대주의 불법성이 차주의 불법성에 비하여 현저히 크다고 할 것이어서 차주는 그 이자의 반환을 청구할 수 있다[대판(전합) 2007. 2. 15, 2004다50426].

(3) 형사사건에 관하여 체결된 성공보수약정

(i) **형사사건에 관하여 체결된** 성공보수약정이 가져오는 여러 가지 사회적 폐단과 부작용 등을 고려하면, **성공보수약정은** 국민의 사법제도에 대한 신뢰를 현저히 떨어뜨릴 위험이 있으므로, **선량한 풍속 기타 사회질서에 위배되는 것**으로 평가할 수 있다. (ii) 다만 선량한 풍속 기타 사회질서는 부단히 변천하는 가치관념으로서 어느 법률행위가 이에 위반되어 민법 제103조에 의하여 무효인지는 **법률행위가 이루어진 때**를 기준으로 판단하여야 한다. 대법원이 이 판결을 통하여 형사사건에 관한 성공보수약정이 선량한 풍속 기타 사회질서에 위배되는 것으로 평가할 수 있음을 명확히 밝혔음에도 불구하고 향후에도 성공보수약정이 체결된다면 이는 민법 제103조에 의하여 무효로 보아야 한다[대판(전합) 2015. 7. 23, 2015다200111].

(4) 강제집행면탈

강제집행을 면할 목적으로 부동산에 허위의 근저당권설정등기를 경료하는 행위는 민법 제103
조의 선량한 풍속 기타 사회질서에 위반한 사항을 내용으로 하는 법률행위로 볼 수 없다(대판 2004. 5.
28, 2003다70041).

(5) 주지임명행위

전통사찰의 주지직을 거액의 금품을 대가로 양도·양수하기로 하는 약정이 있음을 알고도 이를 묵
인 혹은 방조한 상태에서 한 종교법인의 주지임명행위는 민법 제103조 소정의 반사회질서의 법률행
위에 해당하지 않는다(대판 2001. 2. 9, 99다38613).

(6) 이른바 다운계약서

소득세법령의 규정에 의하여 당해 자산의 양도 당시의 기준시가가 아닌 양도자와 양수자간에 실제
로 거래한 가액을 양도가액으로 하는 경우, 양도소득세의 일부를 회피할 목적으로 매매계약서에 실
제로 거래한 가액을 매매대금으로 기재하지 아니하고 그보다 낮은 금액을 매매대금으로 기재하였다
하여, 그것만으로 그 매매계약이 사회질서에 반하는 법률행위로서 무효로 된다고 할 수는 없다(대판
2007. 6. 14, 2007다3285).

(7) 투기의 목적

주택개량사업구역 내의 주택에 거주하는 세입자가 주택개량재개발조합으로부터 장차 신축될 아파
트의 방 1간을 분양받을 수 있는 피분양권(이른바 세입자입주권)을 15매나 매수하였고 또 그것이 투기
의 목적으로 행하여진 것이라 하여 그것만으로 그 피분양권매매계약이 사회질서에 반하는 법률행위
로서 무효로 된다고 할 수 없다(대판 1991. 5. 28, 90다19770).

(8) 명의신탁약정

부동산실권리자명의등기에관한법률이 규정하는 명의신탁약정은 부동산에 관한 물권의 실권리자가
타인과의 사이에서 대내적으로는 실권리자가 부동산에 관한 물권을 보유하거나 보유하기로 하고 그
에 관한 등기는 그 타인의 명의로 하기로 하는 약정을 말하는 것일 뿐이므로, 그 자체로 선량한 풍속
기타 사회질서에 위반하는 경우에 해당한다고 단정할 수 없다(대판 2003. 11. 27, 2003다41722).

(9) 강박에 의한 의사표시

> **판례** 법률행위의 성립과정에서 강박이라는 불법적 방법이 사용된 데 불과한 때에는 강박에 의한 의사표시의
> 하자나 의사의 흠결을 이유로 효력을 논의할 수는 있을지언정 반사회질서의 법률행위로서 무효라고 할 수는
> 없다(대판 2002. 12. 27, 2000다47361).

(10) 단체협약

판례 단체협약이 민법 제103조의 적용대상에서 제외될 수는 없으므로 단체협약의 내용이 선량한 풍속 기타 사회질서에 위배된다면 그 법률적 효력은 배제되어야 한다. 다만 단체협약이 선량한 풍속 기타 사회질서에 위배되는지를 판단할 때에는 단체협약이 헌법이 직접 보장하는 기본권인 단체교섭권의 행사에 따른 것이자 헌법이 제도적으로 보장한 노사의 협약자치의 결과물이라는 점 및 노동조합 및 노동관계조정법에 의해 이행이 특별히 강제되는 점 등을 고려하여 법원의 후견적 개입에 보다 신중할 필요가 있다. 사용자가 노동조합과의 단체교섭에 따라 **업무상 재해로 인한 사망 등 일정한 사유가 발생하는 경우 조합원의 직계가족 등을 채용하기로 하는 내용의 단체협약**을 체결하였다면, 그와 같은 단체협약이 사용자의 채용의 자유를 과도하게 제한하는 정도에 이르거나 채용 기회의 공정성을 현저히 해하는 결과를 초래하는 등의 특별한 사정이 없는 한 **선량한 풍속 기타 사회질서에 반한다고 단정할 수 없다**[대판(전합) 2020. 8. 27, 2016다248998].

(11) 통정하여 단속규정 위반

판례 지역주택조합의 조합원 자격에 관한 구 주택법(2015. 7. 24. 법률 제13435호로 개정되기 전의 것) 제32조 제5항 및 구 주택법 시행령(2014. 12. 23. 대통령령 제25880호로 개정되기 전의 것) 제38조 제1항은 단순한 단속규정에 불과할 뿐 효력규정이라고 할 수 없어 당사자 사이에 이를 위반한 약정을 하였다고 하더라도 그 약정이 당연히 무효라고 할 수는 없다. 다만 **당사자가 통정하여 위와 같은 단속규정을 위반하는 법률행위를 한 경우에 비로소 선량한 풍속 기타 사회질서에 위반한 사항을 내용으로 하는 법률행위에 해당**하게 된다(대판 2022. 7. 14, 2021다281999, 282008).

4. 부동산의 이중매매의 법률관계

(1) 원칙적 유효

이중계약은 자유경쟁이 보장되는 민주주의 국가에서는 원칙적으로 유효하다. 그러므로 **제2매수인이 먼저 이전등기를 마친 경우**, 형식주의 원칙상 등기를 갖추지 않은 제1매수인은 단순한 채권자의 지위에 불과하고 **제2매수인이 소유권을 취득**한다(선행의 원칙). 따라서 제1매매는 **이행불능**이 되어 제1매수인은 매도인에게 이행불능을 이유로 **손해배상(전보배상)**을 청구할 수 있고(제390조), 매도인에게 최고 없이 계약해제권을 행사할 수 있다(제546조).

(2) 예외적 무효

제2매수인이 매도인의 배임행위에 적극적으로 가담한 경우에는 제2매매계약은 103조 위반으로 무효가 된다. 매도인이 이미 제1매수인에게 매도하였다는 사실을 제2매수인이 알면서도 이를 매수하였다는 사정만으로는 103조 위반이 되지 않는다.

판례 2중 매매를 사회질서에 반하는 법률행위로서 무효라고 하기 위하여서는 **양수인이 2중 양도 사실을 알았다는 사실만으로서는 부족하고 양도인의 배임행위에 적극 가담하여 그 양도가 이루어져야 한다**(대판 1995. 2. 10, 94다2534).

(3) 채권자대위권

매도인으로부터 제2매수인에게 소유권이전등기가 경료된 것이 제1매수인에 대한 배임행위로서 반사회적 법률행위에 의한 것이라도 제1매수인이 제2매수인을 상대로 **직접** 등기말소를 구할 수는 없다. 대신 제1매수인은 **매도인을 대위(제404조)하여** 제2매수인 앞으로 경료된 등기의 말소를 구할 수 있다(대판 1980. 5. 27, 80다565).

(4) 채권자취소권

다수설과 판례는 제1매수인이 특정채권인 소유권이전등기청구권의 보전을 위하여 제2매매행위에 대하여 채권자취소권을 행사하지는 못한다고 한다(대판 1999. 4. 27, 98다56690).

> **판례** 채권자취소권을 특정물에 대한 소유권이전등기청구권을 보전하기 위하여 행사하는 것은 허용되지 않으므로, 부동산의 제1양수인은 **자신의 소유권이전등기청구권 보전을 위하여** 양도인과 제3자 사이에서 이루어진 이중양도행위에 대하여 **채권자취소권을 행사할 수 없다**(대판 1999. 4. 27, 98다56690).

(5) 제3자의 채권침해

제2매수인의 적극배임가담행위가 있는 경우에는 위법성이 인정되어 제3자의 채권침해로서 제1매수인에 대한 불법행위가 성립할 수 있다. 즉 제1매수인의 매도인에 대한 소유권이전등기청구권을 제2매수인이 부당하게 침해하여 제750조의 불법행위요건이 충족되는 경우, 제1매수인은 제2매수인에 대하여 직접 손해배상을 청구할 수 있다.

(6) 이중매매법리의 확대적용

판례는 위와 같은 이중매매법리를 취득시효·명의신탁 등에 확대적용하고 있다.

> **판례** ① 〈취득시효〉 부동산 소유자가 자신의 부동산에 대하여 취득시효가 완성된 사실을 알고 이를 제3자에게 처분하여 소유권이전등기를 넘겨줌으로써 취득시효 완성을 원인으로 한 소유권이전등기의무를 이행불능에 빠뜨려 시효취득을 주장하는 자에게 손해를 입혔다면 불법행위를 구성하며, 이 경우 부동산을 취득한 제3자가 부동산 소유자의 이와 같은 불법행위에 적극 가담하였다면 이는 사회질서에 반하는 행위로서 무효이다(대판 1995. 6. 30, 94다52416).
> ② 〈명의신탁〉 종중 등의 명의신탁에 있어서 명의수탁자는 신탁재산을 유효하게 제3자에게 처분할 수 있고 제3자가 명의신탁사실을 알았다 하여도 그의 소유권취득에 영향이 없는 것이기는 하지만, 특별한 사정이 있는 경우, 즉 명의수탁자로부터 신탁재산을 매수한 제3자가 명의수탁자의 명의신탁자에 대한 배임행위에 적극 가담한 경우에는 명의수탁자와 제3자 사이의 계약은 반사회적인 법률행위로서 무효라고 할 것이다(대판 2008. 3. 27, 2007다82875).
> ③ 〈임대차〉 이중매매를 사회질서에 반하는 법률행위로서 무효라고 하기 위한 요건 및 같은 법리가 이중으로 임대차계약을 체결한 경우에도 적용된다(대판 2013. 6. 27, 2011다5813).

5. 반사회질서 법률행위의 효과

(1) 절대적 무효

반사회질서의 법률행위는 무효이다. 나아가 제103조 위반으로 무효인 경우 제3자 보호조항이 없다(대판 1996. 10. 25, 96다29151).

> **판례** ① 부동산의 매수인이 매도인의 배임행위에 적극 가담하여 그 매매계약이 반사회적 법률행위에 해당하는 경우에는 매매계약은 절대적으로 무효이므로, 당해 부동산을 매수인으로부터 다시 취득한 제3자는 설사 매수인이 당해 부동산의 소유권을 유효하게 취득한 것으로 믿었다고 하더라도 매매계약이 유효하다고 주장할 수 없는 것이며, 이러한 법리는 담보권설정계약에서도 마찬가지라 할 것이다(대판 2008. 3. 27, 2007다82875).
> ② 거래 상대방이 배임행위를 유인·교사하거나 배임행위의 전 과정에 관여하는 등 배임행위에 적극 가담하는 경우에는 실행행위자와 체결한 계약이 반사회적 법률행위에 해당하여 무효로 될 수 있고, 선량한 풍속 기타 사회질서에 위반한 사항을 내용으로 하는 법률행위의 무효는 이를 주장할 이익이 있는 자는 **누구든지** 무효를 주장할 수 있다. 따라서 반사회질서 법률행위를 원인으로 하여 부동산에 관한 소유권이전등기를 마쳤더라도 그 등기는 원인무효로서 말소될 운명에 있으므로 등기명의자가 소유권에 기한 물권적 청구권을 행사하는 경우에, **권리행사의 상대방**은 법률행위의 무효를 항변으로서 주장할 수 있다(대판 2016. 3. 24, 2015다11281). ☞ 甲은 X점포를 저렴하게 매수하기 위하여 A생보부동산신탁회사의 공매 업무를 담당하던 B에게 사례금의 교부를 약속하면서 부정한 청탁을 하고, B는 甲과의 공모에 따라 업무상 임무에 위배하는 방법으로 공개 경쟁입찰을 제한한 후 수의계약을 통해 甲에게 저렴한 가격에 매도하였고, 甲은 X점포의 소유권이전등기를 마쳤다. 그런데 乙이 X점포를 무단으로 점유하고 있어 甲은 乙을 상대로 소유권에 기한 물권적 청구권을 행사하였다. 여기서 甲은 B의 배임행위를 스스로 조장하거나 이에 적극 가담하여 A생보부동산신탁으로부터 X점포를 매수하였으므로 甲의 매수행위는 반사회적 법률행위에 해당하여 무효이므로 甲의 등기는 원인무효로서 말소될 운명에 있는 것이고, 법률행위의 무효는 이를 주장할 이익이 있는 자는 누구든지 무효를 주장할 수 있는 것이므로 – 반사회적 법률행위의 당사자가 아니라 무단점유자에 불과한 – 乙도 甲의 매수행위의 무효를 항변으로서 주장할 수 있다는 것이다.

> **비교조문** [민법 제140조] 취소할 수 있는 법률행위는 제한능력자, 착오로 인하거나 사기·강박에 의하여 의사표시를 한 자, 그의 대리인 또는 승계인만이 취소할 수 있다. ☞ 취소는 제140조에서 정한 취소권자만이 할 수 있다.

(2) 불법원인급여

법률행위가 무효인 경우 **서로 간의 이행이 있은 후**에는 당사자가 상대방에게 한 급부는 법률상 원인이 없는 것이어서 당사자는 그 급부를 부당이득으로 반환청구할 수 있는데, 다만 **이행한 급부가 불법원인급여에 해당하면 그의 반환을 청구할 수 없다**(제746조). 통설·판례는 **민법 제746조의 불법원인급여에서의 "불법"을 제103조의 반사회성과 동일한 개념**으로 파악한다. 그리고 민법 제746조는 부당이득반환청구권을 제한하는 규정에 불과한데, 그렇다면 **소유권에 기한 반환청구권**은 인정될 수 있는지에 대하여 논란이 있으나, **통설과 판례는 소유권에 기한 반환청구도 인정되지 않는다고 한다. 따라서 소유권은 반사적으로 상대방에게 귀속한다.**

② 민법 제746조는 단지 부당이득제도만을 제한하는 것이 아니라 동법 제103조와 함께 사법의 기본이념으로서, 결국 **사회적 타당성이 없는 행위를 한 사람은 스스로 불법한 행위를 주장하여 복구를 그 형식 여하에 불구하고 소구할 수 없다**는 이상을 표현한 것이므로, 급여를 한 사람은 그 원인행위가 법률상 무효라 하여 상대방에게 **부당이득반환청구를 할 수 없음은 물론** 급여한 물건의 소유권은 여전히 자기에게 있다고 하여 소유권에 기한 반환청구도 할 수 없고 따라서 **급여한 물건의 소유권은 급여를 받은 상대방에게 귀속된다**(이른바 소유권의 반사적 귀속)[대판(전합) 1979. 11. 13, 79다483].

Ⅶ. 불공정한 법률행위(폭리행위)

> **제104조(불공정한 법률행위)**
> 당사자의 궁박, 경솔 또는 무경험으로 인하여 현저하게 공정을 잃은 법률행위는 무효로 한다.

1. 적용범위

판례 ① 불공정한 법률행위에 해당하기 위하여는 급부와 반대급부와의 사이에 현저히 균형을 잃을 것이 요구되므로 **증여와 같이 상대방에 의한 대가적 의미의 재산관계의 출연이 없이 당사자 일방의 급부만 있는 경우**에는 급부와 반대급부 사이의 불균형의 문제는 발생하지 않는다(대판 1993. 7. 16, 92다41528). ☞ 예컨대 증여계약이 상대방의 강박에 의해서 이루어진 경우, 강박을 이유로 취소하는 것은 별론으로 하고 그 증여계약이 불공정한 법률행위임을 주장할 수는 없다(재산헌납사건).

② **경매**에 있어서는 불공정한 법률행위 또는 채무자에게 불리한 약정에 관한 것으로서 효력이 없다는 민법 제104조, 제608조는 적용될 여지가 없다(대결 1980. 3. 21, 자 80마77).

2. 제103조와의 관계

불공정한 법률행위는 사회질서에 반하는 법률행위의 일종이라는 것이 일반적인 견해이다. 이러한 견해에 따르면 제104조의 요건을 갖추지 못한 경우에도 제103조에 의하여 무효로 될 수 있다.

판례 행정기관에 진정서를 제출하여 상대방을 궁지에 빠뜨린 다음 이를 취하하는 조건으로 거액의 급부를 제공받기로 약정한 경우, **민법 제103조 소정의 반사회질서의 법률행위**에 해당한다고 본 사례(대판 2000. 2. 11, 99다56833). ☞ 전형적인 불공정한 법률행위처럼 보이는 사안이지만 당사자 일방의 급부만 있는 경우여서 104조가 적용되지 않는 사안이었는데 판례가 제103조 반사회질서의 법률행위에 해당한다고 본 사안.

3. 폭리행위의 요건 검토

(1) 객관적 요건과 주관적 요건

1) 민법 제104조에 규정된 불공정한 법률행위는 **객관적으로** 급부와 반대급부 사이에 **현저한 불균**

형이 존재하고, **주관적으로** 그와 같이 균형을 잃은 거래가 피해 당사자의 **궁박, 경솔 또는 무경험**을 이용하여 이루어진 경우에 성립하는 것이다(대판 2008. 2. 1, 2005다74863).

> **판례** ① **현저한 불균형은 그 판단에 있어서는** 피해 당사자의 궁박·경솔·무경험의 정도가 아울러 고려되어야 하고, **당사자의 주관적 가치가 아닌 거래상의 객관적 가치에 의하여야 한다**(대판 2010. 7. 15, 2009다50308).
> ② 불공정한 법률행위가 성립하기 위한 요건인 **궁박, 경솔, 무경험은 모두 구비되어야 하는 요건이 아니라 그 중 일부만 갖추어져도 충분**한데, 여기에서 '궁박'이라 함은 '급박한 곤궁'을 의미하는 것으로서 **경제적 원인에 기인할 수도 있고 정신적 또는 심리적 원인에 기인할 수도 있으며**, '무경험'이라 함은 일반적인 생활체험의 부족을 의미하는 것으로서 **어느 특정영역에 있어서의 경험부족이 아니라 거래 일반에 대한 경험부족을 뜻한다**(대판 2008. 2. 1, 2005다74863).
> ③ 본조의 **불공정한 법률행위를 주장하는 자는 스스로 궁박, 경솔, 무경험으로 인하였음을 증명하여야 하고, 그 법률행위가 현저하게 공정을 잃었다 하여 곧 그것이 경솔하게 이루어졌다고 추정하거나 궁박한 사정이 인정되는 것이 아니다**(대판 1969. 7. 8, 69다594).
> ④ 대리인에 의하여 법률행위가 이루어진 경우 그 법률행위가 민법 제104조의 불공정한 법률행위에 해당하는지 여부를 판단함에 있어서 **경솔과 무경험은 대리인을 기준**으로 하여 판단하고, **궁박은 본인의 입장**에서 판단하여야 한다(대판 2002. 10. 22, 2002다38927).

2) 불공정한 법률행위 판단기준시점

> **판례** ① 불공정 법률행위에 해당하는지는 **법률행위가 이루어진 시점**을 기준으로 약속된 급부와 반대급부 사이의 객관적 가치를 비교 평가하여 판단하여야 할 문제이고, 당초의 약정대로 계약이 이행되지 아니할 경우에 발생할 수 있는 문제는 달리 특별한 사정이 없는 한 채무의 불이행에 따른 효과로서 다루어지는 것이 원칙이다(대판 2013. 9. 26, 2010다42075).
> ② **계약 체결 당시를 기준**으로 전체적인 계약 내용을 종합적으로 고려한 결과 불공정한 것이 아니라면 **사후에 외부적 환경의 급격한 변화로 인하여** 계약당사자 일방에게 큰 손실이 발생하고 상대방에게 그에 상응하는 큰 이익이 발생하는 구조라고 하여 그것만으로 그 계약이 불공정한 계약에 해당한다고 말할 수 없다[대판(전합) 2013. 9. 26, 2012다13637].

(2) 폭리행위의 악의

> **판례** 피해 당사자가 궁박, 경솔 또는 무경험의 상태에 있었다고 하더라도 그 상대방 당사자에게 그와 같은 **피해 당사자측의 사정을 알면서 이를 이용하려는 의사, 즉 폭리행위의 악의가 없었다거나 또는 객관적으로 급부와 반대급부 사이에 현저한 불균형이 존재하지 아니한다**면 불공정 법률행위는 성립하지 않는다(대판 2002. 10. 22, 2002다38927).

4. 폭리행위의 효과

(1) 무효

> **판례** 매매계약과 같은 쌍무계약이 급부와 반대급부와의 불균형으로 말미암아 민법 제104조에서 정하는 '불공정한 법률행위'에 해당하여 무효라고 한다면, 그 계약으로 인하여 불이익을 입는 당사자로 하여금 위와 같은

불공정성을 소송 등 사법적 구제수단을 통하여 주장하지 못하도록 하는 **부제소합의** 역시 다른 특별한 사정이 없는 한 무효이다(대판 2010. 7. 15, 2009다50308).

(2) 불법원인급여 문제

제746조 본문의 불법원인 급여에 해당하면 이미 급부한 것의 반환을 청구할 수 없지만, 불공정한 법률행위에 있어서는 폭리를 취한 자에게만 불법성이 있고 상대방에게는 불법성이 없으므로 제746조 단서가 적용되어 폭리를 취한 자에 대하여 이미 수령한 급부의 반환을 청구할 수 있다는 것이 다수설의 태도이다.

(3) 무효행위 전환과 추인

> **판례** ① 불공정한 법률행위로서 무효인 경우에는 **추인에 의하여** 무효인 법률행위가 유효로 될 수 없다(대판 1994. 6. 24, 94다10900).
> ② 매매계약이 약정된 매매대금의 과다로 말미암아 민법 제104조에서 정하는 '불공정한 법률행위'에 해당하여 무효인 경우에도 **무효행위의 전환에 관한 민법 제138조**가 적용될 수 있다. 따라서 당사자 쌍방이 위와 같은 무효를 알았더라면 대금을 다른 액으로 정하여 매매계약에 합의하였을 것이라고 예외적으로 인정되는 경우에는, 그 대금액을 내용으로 하는 매매계약이 유효하게 성립한다(대판 2010. 7. 15, 2009다50308).

Ⅷ. 비진의표시

> **제107조(진의 아닌 의사표시)**
> ① 의사표시는 표의자가 진의아님을 알고 한 것이라도 그 효력이 있다. 그러나 상대방이 표의자의 진의아님을 알았거나 이를 알 수 있었을 경우에는 무효로 한다.
> ② 전항의 의사표시의 무효는 선의의 제삼자에게 대항하지 못한다.

1. 의 의

(1) 의사표시에 있어 의사와 표시가 일치하지 않는 유형으로는 3가지가 있다. 진의 아닌 의사표시, 허위표시, 착오가 그것이다. 표의자가 의사와 표시의 불일치를 알고 있는 경우가 진의 아닌 의사표시이고, 표의자뿐만 아니라 그 상대방도 그 사실을 알고 있는 경우(더 나아가 거짓에 대한 합의가 있는 경우)가 허위표시이다. 한편 의사와 표시의 불일치를 표의자가 모르는 경우가 착오이다.

(2) 진의 아닌 의사표시란 예컨대 표의자가 마음에도 없이 자동차를 사주겠다고 반 농담조로 이야기를 하는 것처럼 표의자가 진의 아님을 알고서 한 의사표시를 말한다.

> **판례** ① 〈진의의 의미〉 진의 아닌 의사표시에 있어서의 진의란 **특정한 내용의 의사표시를 하고자 하는 표의자의 생각을 말하는 것**이지 표의자가 진정으로 마음 속에서 바라는 사항을 뜻하는 것은 아니므로, 표의자가 의사표시의 내용을 진정으로 마음속에서 바라지는 아니하였다고 하더라도 당시의 상황에서는 그것을

최선이라고 판단하여 그 의사표시를 하였을 경우에는 이를 내심의 효과의사가 결여된 진의 아닌 의사표시라고 할 수 없다(대판 2000. 4. 25, 99다34475).

② 비진의의사표시에 있어서의 진의란 특정한 내용의 의사표시를 하고자 하는 표의자의 생각을 말하는 것이지 표의자가 진정으로 마음속에서 바라는 사항을 뜻하는 것은 아니라고 할 것이므로, 비록 재산을 강제로 뺏긴다는 것이 표의자의 본심으로 잠재되어 있었다 하여도 표의자가 강박에 의하여서나마 증여를 하기로 하고 그에 따른 증여의 의사표시를 한 이상 증여의 내심의 효과의사가 결여된 것이라고 할 수는 없다(대판 1993. 7. 16, 92다41528, 92다41535).

③ 학교법인이 사립학교법상의 제한규정 때문에 그 학교의 교직원들인 소외인들의 명의를 빌려서 피고로부터 금원을 차용한 경우에 피고 역시 그러한 사정을 알고 있었다고 하더라도 위 소외인들의 의사는 위 금전의 대차에 관하여 그들이 주채무자로서 채무를 부담하겠다는 뜻이라고 해석함이 상당하므로 이를 진의 아닌 의사표시라고 볼 수 없다(대판 1980. 7. 8, 80다639). ☞ 명의를 빌려준 교직원들은 유효한 금전대차에 대하여 책임을 져야 한다.

2. 적용범위

(1) 공법행위

공법상의 의사표시에는 민법 제107조가 적용되지 않는다.

> **[판례]** **공무원이 사직의 의사표시**를 하여 의원면직처분을 하는 경우 그 사직의 의사표시는 그 법률관계의 특수성에 비추어 외부적·객관적으로 표시된 바를 존중하여야 할 것이므로, 비록 사직원제출자의 내심의 의사가 사직할 뜻이 아니었다고 하더라도 진의 아닌 의사표시에 관한 민법 제107조는 그 성질상 사직의 의사표시와 같은 사인의 공법행위에는 준용되지 아니하므로 그 의사가 외부에 표시된 이상 **그 의사는 표시된 대로 효력을 발한다**(대판 1997. 12. 12, 97누13962).

(2) 가족법상의 행위

제107조 이하 비진의표시 등 의사표시 법리는 당사자의 진의를 중시하는 가족법에는 적용되지 않는다. 신분행위는 표시주의 보다는 의사주의에 적합하기 때문이다.

3. 효 력

> **[판례]** 민법 제107조 제1항의 뜻은 표의자의 내심의 의사와 표시된 의사가 일치하지 아니한 경우에는 표의자의 진의가 어떠한 것이든 **표시된 대로의 효력을 생기게 하여** 거짓의 표의자를 보호하지 아니하는 반면에 만약 그 표의자의 상대방이 표의자의 진의 아님에 대하여 **악의 또는 과실이 있는 경우**라면 이 때에는 그 상대방을 보호할 필요가 없이 표의자의 진의를 존중하여 그 진의 아닌 의사표시를 무효로 돌려버리려는데 있다(대판 1987. 7. 7, 86다카1004).

(1) 원칙적 유효 (민법 제107조 제1항 본문)

비진의표시는 원칙적으로 유효하다. 위 예에서 표의자는 자동차를 사주어야 하는 것이 원칙이다.

(2) 예외적 무효 (민법 제107조 제1항 단서)

위 예에서 자동차를 사준다는 의사표시가 거짓임을 상대방이 알았거나(=악의), 알 수 있었다면(=과실) 자동차를 사주지 않아도 된다. 여기서 어떠한 의사표시가 비진의 의사표시로서 무효라고 주장하는 경우에 그 **입증책임**은 그 **주장자**에게 있다(대판 1992. 5. 22, 92다2295).

> **판례** ① 진의 아닌 의사표시인지의 여부는 효과의사에 대응하는 내심의 의사가 있는지 여부에 따라 결정되는 것인바, **근로자가 사용자의 지시에 좇아 일괄하여 사직서를 작성 제출**할 당시 그 사직서에 기하여 의원면직처리될지 모른다는 점을 인식하였다고 하더라도 이것만으로 그의 내심에 사직의 의사가 있는 것이라고 할 수 없다(대판 1991. 7. 12, 90다11554). ☞ 비진의표시에 해당된다.
> ② 〈**甲 주식회사의 근로자들인 乙 등이 군 복무를 위해 회사 방침에 따라 사직서를 제출하고 퇴직하였다가 제대 후 재입사한 사안에서, 사직서 제출행위와 그에 따른 퇴직 및 재입사처리행위의 효력**〉 근로자의 사직서 제출에 의한 퇴직 의사표시는 **통정허위표시** 또는 **진의 아닌 의사표시로서 상대방이 진의 아님을 알았던 경우**에 해당하여 무효이다(대판 2012. 10. 25, 2012다41045).
> ③ 근로자들이 의원면직의 형식을 빌렸을 뿐 실제로는 **사용자의 지시에 따라 진의 아닌 사직의 의사표시를** 하였고 **사용자가 이러한 사정을 알면서** 위 사직의 의사표시를 수리하였다면 위 사직의 의사표시는 민법 제107조에 해당하여 무효라 할 것이다(대판 1992. 5. 26, 92다3670). ☞ 1980년 5공 초기 국보위를 통한 일련의 조치의 효력에 대한 대법원판결은 대부분 1990년대 초반에 나오게 되는데, ①정치인 기업인 등의 재산헌납(贈與)은 보안사 등에서 직접 개입하여 당사자를 감금, 조사하는 과정에서 이루어진 의사표시임에도 거의 예외 없이 비진의표시에 해당하지 않는다고 한 데 비해(위 1. [판례]② 92다41535 참조), ②정부투자기업이나 언론기관 직원의 해직과 관련한 사건에서는 각 해당 기관의 인사담당자가 국보위의 통보라면서 사직서 제출을 종용하여 의원면직 형식으로 해직한 경우이고 거의 예외 없이 그 의사표시는 비진의표시라고 하고 있어서 일견 대조를 이룬다(박병대 민사판례평석 참조).

(3) 제3자 보호

민법 제107조 제2항에서는 "의사표시의 무효는 선의의 제3자에게 대항하지 못한다"고 규정하는데, 여기서 제3자는 **"비진의표시의 당사자 및 포괄승계인 이외의 자로서 비진의표시에 의하여 외형상 형성된 법률관계를 토대로 새로운 법률원인으로써 이해관계를 갖게 된 자"**로 제한적으로 해석하는 것이 다수설·판례이다. **제3자의 선의는 추정**되며, **과실여부는 문제되지 않는다**(이러한 제3자 보호는 제107조 이하 제110조까지 모두 공통되는 바, 아래 통정허위표시에서 상술하기로 한다).

IX. 통정허위표시

> **제108조(통정한 허위의 의사표시)**
> ① 상대방과 통정한 허위의 의사표시는 무효로 한다.
> ② 전항의 의사표시의 무효는 선의의 제삼자에게 대항하지 못한다.

1. 의 의

통정허위표시라 함은 표의자가 진의 아닌 허위의 의사표시를 하면서 그에 관하여 상대방과의 사이에 합의가 있는 경우이다(통설·판례). 즉 상대방이 알고 있는 것만으로는 부족하고 그에 관하여 합의가 있어야 한다(예: 채무자가 강제집행을 면탈할 목적으로 자신의 부동산을 가족에게 거짓으로 매매한 것처럼 하여 재산을 빼돌리는 행위 등). 그리고 단순히 표시를 잘못한 것은 허위표시가 아니다. 이러한 경우에는 착오의 문제가 발생한다.

2. 구별개념

(1) 은닉행위

예컨대, 자기 부동산을 자기 처에게 증여하면서도 증여세를 면탈하기 위하여 매매의 형식을 빌리는 경우, 그 증여를 은닉행위라고 한다. 은닉행위(증여)는 진실로 다른 행위를 할 의사가 있기 때문에 보통의 허위표시(매매)로 다룰 것은 아니고, 그 행위(증여)로서의 요건을 갖추고 있으면 유효가 된다. 즉 **허위표시(매매)는 무효이나 은닉행위(증여)는 유효**가 된다.

(2) 신탁행위

민법상 신탁행위는 당사자 사이에 권리를 이전하려는 진의가 존재하므로 **허위표시가 아니고 따라서 유효하다**(통설·판례). 다만 신탁행위 범주로 다루던 **명의신탁**의 경우에는 **부동산실명법 때문에 원칙적으로 무효**가 된다(물권법에서 상술).

3. 적용범위

가족법상의 행위, 공법상의 행위 등에는 적용되지 않는다.

4. 효 력

(1) 무효(제108조 제1항)

┃**판례**┃ ① 구 상호신용금고법상의 동일인 대출한도를 회피하기 위하여 상호신용금고의 양해하에 형식상 제3자 명의를 빌려 체결된 대출약정의 효력(무효) 동일인에 대한 대출액 한도를 제한한 구 상호신용금고법의 적용을 회피하기 위하여 실질적인 주채무자가 실제 대출받고자 하는 채무액에 대하여 제3자를 형식상의 주채무자로 내세우고, **상호신용금고도 이를 양해하여 제3자에 대하여는 채무자로서의 책임을 지우지 않을 의도하에** 제3자 명의로 대출관계서류를 작성받은 경우, 통정허위표시에 해당하는 무효의 법률행위이다(대판 2008. 6. 12, 2008다7772, 7789; 대판 1999. 3. 12, 98다48989).
② 허위의 근저당권에 대하여 배당이 이루어진 경우, 통정한 허위의 의사표시는 당사자 사이에서는 물론 **제3자에 대하여도 무효**이고 **다만, 선의의 제3자에 대하여만 이를 대항하지 못한다**(대판 2001. 5. 8, 2000다9611).
③ 통정한 허위의 의사표시는 허위표시의 당사자와 포괄승계인 이외의 자로서 그 허위표시에 의하여 외형상 형성된 법률관계를 토대로 실질적으로 새로운 법률상 이해관계를 맺은 선의의 제3자를 제외한 **누구에 대하**

여서나 무효이고, 또한 **누구든지 그 무효를 주장할 수 있다**(대판 2003. 3. 28, 2002다72125).

(2) 상대적 무효(제108조 제2항)

1) 통정허위표시의 무효는 선의의 제3자에게 대항하지 못한다. <u>선의의 제3자는 통정허위표시에 대하여 자신의 이익을 위하여 유효를 주장할 수도 있고, 무효를 주장할 수도 있다.</u>

> **판례** 민법 제108조 제2항에 규정된 통정허위표시에 있어서의 제3자는 그 **선의 여부**가 문제이지 이에 관한 **과실 유무**를 따질 것이 아니다(대판 2006. 3. 10, 2002다1321).

2) 허위표시를 선의의 제3자에게 대항하지 못하게 한 취지는 이를 기초로 하여 별개의 법률원인에 의하여 고유한 법률상의 이익을 갖는 법률관계에 들어간 자를 보호하기 위한 것이므로, 제3자의 범위는 권리관계에 기초하여 형식적으로만 파악할 것이 아니라 허위표시행위를 기초로 하여 새로운 법률상 이해관계를 맺었는지 여부에 따라 실질적으로 파악하여야 한다(대판 2000. 7. 6, 99다51258).

3) 통정허위표시의 무효를 대항할 수 없는 제3자란 허위표시의 당사자 및 포괄승계인 이외의 자로서 허위표시에 의하여 외형상 형성된 법률관계를 토대로 새로운 법률원인으로써 이해관계를 갖게 된 자를 말한다(대판 1982. 5. 25, 80다1403).

4) 제3자에 해당되는 자 : ① 가장매매의 매수인으로부터 목적물을 매수한 자, 저당권을 설정받은 자 또는 가등기를 취득한 자, ② 가장매매의 매수인에 대한 압류채권자, ③ 가장매매에 기한 대금채권의 양수인 또는 가장소비대차에 기한 채권의 양수인 등.

5) 제3자에 해당되지 아니하는 자 : ① 대리인이나 대표기관이 상대방과 허위표시를 한 경우의 본인이나 법인, 그리고 그 대표자나 대리인, ② 당사자지위를 이전받은 자(=계약인수인), ③ 가장양수인의 일반채권자(목적물의 압류권자 등의 경우는 예외가 있음), ④ 저당권 등 제한물권이 가장포기된 경우의 기존의 후순위제한물권자 등.

> **판례** ① 보증인이 주채무자의 기망행위에 의하여 주채무가 있는 것으로 믿고 주채무자와 보증계약을 체결한 다음 그에 따라 **보증채무자로서 그 채무까지 이행한 경우**, 그 보증인은 주채무자의 채권자에 대한 채무 부담행위라는 허위표시에 기초하여 구상권 취득에 관한 법률상 이해관계를 가지게 되었으므로 민법 제108조 제2항 소정의 '제3자'에 해당한다(대판 2000. 7. 6, 99다51258).
> ② 甲이 통정허위표시에 해당하여 무효인 전세권설정계약에 기한 **전세권부채권을 가압류**한 사안에서, 甲은 통정허위표시를 기초로 하여 새로이 법률상 이해관계를 가진 선의의 제3자에 해당한다(대판 2010. 3. 25, 2009다35743).
> ③ 민법 제108조 제2항에서 말하는 제3자는 허위표시의 당사자와 그의 포괄승계인 이외의 자 모두를 가리키는 것이 아니고 그 가운데서 허위표시행위를 기초로 하여 새로운 이해관계를 맺은 자를 한정해서 가리키는 것으로 새겨야 할 것이므로 통정허위표시인 채권양도계약이 체결된 경우 **채무자**는 민법 제108조 제2항 소정의

제3자에 해당되지 않는다(대판 1983. 1. 18, 82다594). ☞ **채권의 가장양도에 있어서 채무자**는 제3자에 해당되지 않는다. ┃비교판례┃ 임대차보증금 반환채권이 양도된 후 그 양수인의 채권자가 **보증금반환채권에 대해 채권압류 및 추심명령**을 받았는데 그 임대차보증금반환채권 양도계약이 허위표시로서 무효인 경우, 그 채권자는 외형상 형성된 법률관계를 기초로 실질적으로 새로운 법률상 이해관계를 맺은 제3자에 해당한다(대판 2014. 4. 10, 2013다59753). ☞ **채권의 가장양도에 있어서 양수인의 채권에 대해 채권압류 및 추심명령을 받은 자**는 제3자에 해당한다.

④ [1] 파산자가 상대방과 통정한 허위의 의사표시에 의해 성립된 가장채권을 보유하고 있다가 파산이 선고된 경우, **파산관재인**은 그 허위표시에 따라 외형상 형성된 법률관계를 토대로 실질적으로 새로운 법률상 이해관계를 가지게 된 민법 제108조 제2항의 '제3자'에 해당한다(대판 2010. 4. 29, 2009다96083; 대판 2003. 6. 24, 2002다48214). [2] 파산관재인이 민법 제108조 제2항의 경우 등에 있어 제3자에 해당하는 것은 파산관재인은 파산채권자 전체의 공동의 이익을 위하여 선량한 관리자의 주의로써 그 직무를 행하여야 하는 지위에 있기 때문이므로, 그 선의·악의도 파산관재인 개인의 선의·악의를 기준으로 할 수는 없고 **총파산채권자를 기준으로 하여 파산채권자 모두가 악의로 되지 않는 한 파산관재인은 선의의 제3자라고 할 수밖에 없다**(대판 2006. 11. 10, 2004다10299).

⑤ A가 부동산의 매수자금을 피고로부터 차용하고 담보조로 가등기를 경료하기로 약정한 후 채권자들의 강제집행을 우려하여 B에게 가장양도한 후 피고 앞으로 가등기를 경료케 한 경우에 있어서 피고는 형식상은 가장양수인으로부터 가등기를 경료받은 것으로 되어 있으나 실질적인 새로운 법률원인에 의한 것이 아니므로 통정허위표시에서의 제3자로 볼 수 없다(대판 1982. 5. 25, 80다1403).

⑥ 甲이 부동산 관리를 위해 乙에게 매매예약을 등기원인으로 소유권이전등기청구권 가등기를 마쳐주었고, 그 후 乙이 제기한 가등기에 기한 본등기의 이행을 구하는 소송이 공시송달로 진행된 결과 乙의 승소관결이 선고되어 외형상 확정되었으나, 甲이 추완항소를 제기하여 가등기의 등기원인인 매매예약이 甲과 乙의 통정한 허위의 의사표시에 의한 것으로 무효라는 이유로 제1심판결을 취소하고 乙의 청구를 기각하는 판결이 선고·확정되었는데, 위 부동산에 관하여 乙이 甲의 추완항소 이전에 발급받았던 송달증명원 및 확정증명원을 가지고 확정판결을 원인으로 지분소유권이전등기를 마쳤고, 乙의 남편인 丙이 재산분할을 원인으로 지분소유권이전등기를 마쳤으며, 그 후 丁과 戊가 위 부동산에 관하여 매매를 원인으로 지분소유권이전등기를 순차로 마친 사안에서, 위 부동산에 관한 乙 명의의 본등기는 甲과 乙 사이의 허위 가등기 설정이라는 **통정한 허위의 의사표시 자체에 기한 것이 아니라**, 이러한 통정한 허위의 의사표시가 철회된 이후에 乙이 항소심판결에 의해 취소·확정되어 소급적으로 무효가 된 제1심판결에 기초하여 **일방적으로 마친 원인무효의 등기**라고 봄이 타당하고, 이에 따라 乙 명의의 본등기를 비롯하여 그 후 戊에 이르기까지 순차적으로 마쳐진 각 지분소유권이전등기는 **부동산등기에 관하여 공신력이 인정되지 아니하는 우리 법제하에서는 특별한 사정이 없는 한 무효**임을 면할 수 없으며, 나아가 甲과 乙이 통정한 허위의 의사표시에 기하여 마친 가등기와 丙 명의의 지분소유권이전등기 사이에는 乙이 일방적으로 마친 원인무효의 본등기가 중간에 개재되어 있으므로, 이를 기초로 마쳐진 丙 명의의 지분소유권이전등기는 乙 명의의 가등기와는 서로 단절된 것으로 평가되고, 가등기의 설정행위와 본등기의 설정행위는 엄연히 구분되는 것으로서 丙 내지 그 후 지분소유권이전등기를 마친 자들에게 신뢰의 대상이 될 수 있는 '외관'은 乙 명의의 가등기가 아니라 단지 乙 명의의 본등기일 뿐이라는 점에서도 이들은 乙 명의의 허위 가등기 자체를 기초로 하여 새로운 법률상 이해관계를 맺은 제3자의 지위에 있다고 볼 수 없으며, 이는 甲의 추완항소를 계기로 甲과 乙 사이의 통정한 허위의 의사표시가 실체적으로는 철회되었음에도 불구하고 그 외관인 乙 명의의 가등기가 미처 제거되지 않고 잔존하는 동안에 乙 명의의 본등기가

마쳐졌다고 하여 달리 볼 수 없는데도, 戊가 통정한 허위의 의사표시의 제3자에 해당한다고 본 원심판단에 법리오해 등의 잘못이 있다고 한 사례(대판 2020. 1. 30, 2019다280375).

6) 허위표시의 당사자는 선의의 제3자(丙)로부터 전득한 자(丁)에 대하여는 그가 전득시에 악의였더라도 허위표시의 무효를 주장하지 못한다(통설적 견해, 이른바 엄폐물의 법칙). 또한 丁이 통정허위표시에 관하여 선의라면 비록 丙이 악의라 하더라도 허위표시자는 丁에 대하여 통정허위표시에 의한 것이라는 이유로 대항할 수 없다(대판 2013. 2. 15, 2012다49292).

> **판 례** 〈실제로는 전세권설정계약을 체결하지 않았으면서도 임차보증금반환채권을 담보할 목적 등으로 임차인과 임대인의 합의에 따라 임차인 명의로 전세권설정등기를 마친 경우, 통정허위표시의 무효를 주장할 수 없는 '선의의 제3자'의 범위〉 甲이 乙의 임차보증금반환채권을 담보하기 위하여 통정허위표시로 乙에게 전세권설정등기를 마친 후 丙이 이러한 사정을 알면서도 乙에 대한 채권을 담보하기 위하여 위 전세권에 대하여 전세권근저당권설정등기를 마쳤는데, 그 후 丁이 丙의 전세권근저당권부채권을 가압류하고 압류명령을 받은 사안에서, 丁이 통정허위표시에 관하여 선의라면 비록 丙이 악의라 하더라도 허위표시자는 그에 대하여 전세권이 통정허위표시에 의한 것이라는 이유로 대항할 수 없다(대판 2013. 2. 15, 2012다49292)

7) 제3자의 악의 입증

민법 제108조 제1항에서 상대방과 통정한 허위의 의사표시를 무효로 규정하고, 제2항에서 그 의사표시의 무효는 선의의 제3자에게 대항하지 못한다고 규정하고 있는데, 여기에서 제3자는 특별한 사정이 없는 한 선의로 추정할 것이므로, 제3자가 악의라는 사실에 관한 주장·입증책임은 그 **허위표시의 무효를 주장하는 자**에게 있다(대판 2006. 3. 10, 2002다1321).

(3) 사례연습

> **관련사례** ① X부동산 소유자 A가 B에게 가등기를 하였다. 그리고 A는 甲에게 이를 양도하였다. 그런데 그 가등기는 통정허위표시를 원인으로 한 것이고, 무효인데도 불구하고 B는 가등기에 기하여 본등기를 하여 양수인인 甲의 소유권이전등기가 말소되었다. 그 후 B 본등기 후 매수인 乙이 부동산을 양수하여 소유권이전등기를 마친 경우, 乙이 허위표시임을 알지 못하였다고 하더라도, 甲은 乙에 대하여는 그 각 가등기 및 본등기의 원인이 된 허위표시가 무효임을 주장할 수 있는가?
> ② 乙은 甲으로부터 X토지를 매수한 후(실제 乙과 甲의 매매는 통정허위표시로서 무효이다), 그 소유권이전등기청구를 위하여 법무사인 丙에게 위임하였다. 그 후 丙의 과실로 등기촉탁이 등기공무원에 의하여 각하되어 甲토지 소유권이 상실하게 되어 乙은 丙에게 손해배상을 주장하였다. 그 주장은 타당한가?

> **해 설** ① [1] 상대방과 통정한 허위의 의사표시는 무효이고 누구든지 그 무효를 주장할 수 있는 것이 원칙이나, 허위표시의 당사자 및 포괄승계인 이외의 자로서 허위표시에 의하여 외형상 형성된 법률관계를 토대로 실질적으로 새로운 법률상 이해관계를 맺은 선의의 제3자에 대하여는 **허위표시의 당사자뿐만 아니라 그 누구도 허위표시의 무효를 대항하지 못하고**, 따라서 선의의 제3자에 대한 관계에 있어서는 허위표시도 그 표시된 대로

효력이 있다. [2] 통정 허위표시를 원인으로 한 부동산에 관한 가등기 및 그 가등기에 기한 본등기로 인하여 甲의 소유권이전등기가 말소된 후 다시 그 본등기에 터잡아 乙이 부동산을 양수하여 소유권이전등기를 마친 경우, 乙이 통정 허위표시자로부터 실질적으로 부동산을 양수하고 또 이를 양수함에 있어 통정 허위표시자 명의의 각 가등기 및 이에 기한 본등기의 원인이 된 각 의사표시가 허위표시임을 알지 못하였다면, 甲은 선의의 제3자인 乙에 대하여는 그 각 가등기 및 본등기의 원인이 된 각 허위표시가 무효임을 주장할 수 없고, 따라서 乙에 대한 관계에서는 그 각 허위표시가 유효한 것이 되므로 그 각 허위표시를 원인으로 한 각 가등기 및 본등기와 이를 바탕으로 그 후에 이루어진 乙 명의의 소유권이전등기도 유효하다는 이유로, 乙이 선의라 하더라도 乙에 대하여 甲이 그 부동산의 소유권자임을 주장할 수 있다고 한 원심판결을 파기한 사례(대판 1996. 4. 26, 94다12074).
② 무효인 법률행위는 그 법률행위가 성립한 당초부터 당연히 효력이 발생하지 않는 것이므로, **무효인 법률행위에 따른 법률효과를 침해하는 것처럼 보이는 위법행위나 채무불이행이 있다고 하여도 법률효과의 침해에 따른 손해는 없는 것이므로 그 손해배상을 청구할 수는 없다**(대판 2003. 3. 28, 2002다72125).

5. 기타 중요판례

(1) 채권자취소권(제406조)과의 관계

채무자의 법률행위가 통정허위표시인 경우에도 채권자취소권의 대상이 되고(제406조 참조), 한편 **채권자취소권의 대상으로 된 채무자의 법률행위라도 통정허위표시의 요건을 갖춘 경우에는** 무효라고 할 것이다(대판 1998. 2. 27, 97다50985).

(2) 불법원인급여

통정허위표시는 반사회적 행위가 아니므로, 통정허위표시로 인한 채무를 이행한 때에도 불법원인급여가 되지 않는다.

X. 착오에 의한 의사표시

> **제109조(착오로 인한 의사표시)**
> ① 의사표시는 법률행위의 내용의 중요부분에 착오가 있는 때에는 취소할 수 있다. 그러나 그 착오가 표의자의 중대한 과실로 인한 때에는 취소하지 못한다.
> ② 전항의 의사표시의 취소는 선의의 제삼자에게 대항하지 못한다.

1. 의 의

다수설은 착오에 의한 의사표시는 표의자의 진의(내심의 효과의사)와 표시상의 효과의사가 일치하지 않는 불완전한 의사표시라고 하고 있다. 이러한 입장은 동기의 착오를 제109조의 "착오"에서 제외한다. 판례도 기본적으로 다수설과 같다고 볼 수 있다.

2. 착오의 유형

(1) 내용의 착오

예컨대 표의자가 달러와 파운드는 가치가 같다고 오신하여 파운드 대신 달러로 거래한 경우로서 제109조의 착오이다.

(2) 표시상 착오

예컨대 표의자가 보석반지를 10만원에 살려고 하였으나 100만원에 산 경우로서 제109조의 착오이다.

(3) 전달기관의 착오

예컨대 甲이 乙에게 96만원으로 청약의 의사표시를 하려고 하는데, 甲이 심부름꾼(=사자) 丙을 통하여 전달하려 할 때, 丙이 69만원으로 잘못 표시하여 전달한 경우로서 통설은 이를 「표시상의 착오」에 준하여 취급한다.

(4) 동기의 착오

예컨대 실제로는 수태하지 않았지만 수태한 말로 오신하여 그 말을 산 경우를 동기의 착오라 한다. 기본적으로 판례는 동기가 표시된 경우에 착오를 이유로 취소를 긍정한다. 단 동기가 표시되지 않은 경우에도 상대방으로부터 유발된 동기의 착오는 취소할 수 있다고 한다. 물론 동기가 표시되거나 상대방으로부터 유발된 경우라 하더라도 제109조 제1항에 의하여 취소하려면 그 착오가 중요한 부분에 관한 것이어야 한다(대판 1989. 1. 17, 87다카1271).

> **판례** ① 동기에 착오를 일으켜서 계약을 체결한 경우에는 당사자 사이에 특히 그 **동기를 계약 당시에 상대방에게 표시함으로써 계약의 내용으로 삼은 때에 한하여** 이를 이유로 당해 계약을 취소할 수 있다(대판 1995. 5. 23, 94다60318).
> ② 시가 산업기지개발을 실시하기 위해 토지를 취득함에 있어 일부가 그 사업대상토지에 편입된 토지는 무조건 잔여지를 포함한 전체토지를 협의매수하기로 하여 지주들에게는 잔여지가 발생한 사실 등을 알리지 아니한 채 전체토지에 대한 손실보상협의요청서를 발송하고(동기의 유발) 매수협의를 진행함에 따라 지주들이 그 소유토지 전부가 사업대상에 편입된 것으로 잘못 판단하고 시의 협의매수에 응한 경우에 착오를 이유로 취소를 긍정하였다(대판 1991. 3. 27, 90다카27440).
> ③ **보험회사 또는 보험모집종사자가 설명의무를 위반하여** 고객이 보험계약의 중요사항에 관하여 제대로 이해하지 못한 채 착오에 빠져 보험계약을 체결한 경우, 그러한 착오가 동기의 착오에 불과하다고 하더라도 그러한 착오를 일으키지 않았더라면 보험계약을 체결하지 않았거나 아니면 적어도 동일한 내용으로 보험계약을 체결하지 않았을 것이 명백하다면, 위와 같은 착오는 보험계약의 내용의 중요부분에 관한 것에 해당하므로 이를 이유로 보험계약을 취소할 수 있다(대판 2018. 4. 12, 2017다229536).
> ④ 동기의 착오가 법률행위의 내용 중 중요부분의 착오에 해당함을 이유로 표의자가 법률행위를 취소하려면

그 동기를 당해 의사표시의 내용으로 삼을 것을 상대방에게 **표시**하고 의사표시의 해석상 법률행위의 **내용**으로 되어 있다고 인정되면 충분하고 당사자들 사이에 별도로 그 동기를 의사표시의 내용으로 삼기로 하는 **합의까지 이루어질 필요는 없**지만, 그 법률행위의 내용의 착오는 보통 일반인이 표의자의 처지에 있었더라면 그와 같은 의사표시를 하지 아니하였으리라고 여겨질 정도로 **중요한 부분에 관한 것이어야 한다**(대판 1998. 2. 10, 97다44737).

(5) 대리인의 착오

사자(=심부름꾼)가 본인의 의사와 다른 표시를 한 때에는 본인에 의한 의사표시의 착오에 해당한다(표시상 착오로서 제109조의 착오). 그러나 **대리인이 본인의 의사와 다른 의사표시를 한 경우**에는 본인에 의한 의사표시의 착오는 없게 된다(제116조).

(6) 기타의 착오의 유형

1) 동일성의 착오

예컨대 특정인에게 집수리를 부탁하려 하였는데, 동명이인인 다른 사람에게 부탁한 경우, 甲마라고 오신하여 乙마를 매도한 경우 등이다. 동일성이 거래에서 중요한 경우 제109조의 착오로 보면된다.

> **│판 례│** ① 甲의 물건을 乙의 것으로 잘못 알고 한 계약은 중요부분의 착오가 아니어서 취소할 수 없다(대판 1989. 9. 24, 4290민상47).
> ② 〈근저당권설정계약상 채무자의 동일성에 관한 착오가 법률행위 내용의 중요부분에 관한 착오인지 여부〉 甲이 채무자란이 백지로 된 근저당권설정계약서를 제시받고 그 채무자가 乙인 것으로 알고 근저당권설정자로 서명날인을 하였는데 그 후 채무자가 丙으로 되어 근저당권설정등기가 경료된 경우, 甲은 그 소유의 부동산에 관하여 근저당권설정계약상의 채무자를 丙이 아닌 乙로 오인한 나머지 근저당설정의 의사표시를 한 것이고, 이와 같은 **채무자의 동일성에 관한 착오**는 법률행위 내용의 중요부분에 관한 착오에 해당한다(대판 1995. 12. 22, 95다37087).

2) 성질의 착오

예컨대 횡령전과자임을 모르고 특정인을 경리직원으로 채용하는 경우, 신용할 수 없는 사람을 신용할 수 있다고 믿고서 그에게 소비대차하는 경우 등이다. 성질의 착오도 법률행위와 관련하여 중요성이 인정된다면 제109조의 착오로 파악하면 될 것이다.

3) 법률의 착오

법률의 착오는 법률의 규정 유무 또는 그 규정의 의미에 관하여 잘못 이해하는 것이다. 판례는 법률의 착오를 제109조에 의해서 고려하고 있다.

판례 ① **법률에 관한 착오**(양도소득세가 부과될 것인데도 부과되지 아니하는 것으로 오인)라도 그것이 법률행위의 내용의 중요부분에 관한 것인 때에는 표의자는 그 의사표시를 취소할 수 있다(대판 1981. 11. 10, 80다2475). ② [1] 매도인의 대리인이, 매도인이 납부하여야 할 양도소득세 등의 세액이 매수인이 부담하기로 한 금액뿐이므로 매도인의 부담은 없을 것이라는 착오를 일으키지 않았더라면 매수인과 매매계약을 체결하지 않았거나 아니면 적어도 동일한 내용으로 계약을 체결하지는 않았을 것임이 명백하고, 나아가 매도인이 그와 같이 착오를 일으키게 된 계기를 제공한 원인이 매수인측에 있을 뿐만 아니라 매수인도 매도인이 납부하여야 할 세액에 관하여 매도인과 동일한 착오에 빠져 있었다면, 매도인의 위와 같은 착오는 매매계약의 내용의 중요부분에 관한 것에 해당한다. [2] 부동산의 양도가 있은 경우에 그에 대하여 부과될 **양도소득세 등의 세액에 관한 착오가 미필적인 장래의 불확실한 사실에 관한 것**이라도 민법 제109조 소정의 착오에서 제외되는 것은 아니다(대판 1994. 6. 10, 93다24810).

비교판례 ① 매매계약 당시 장차 도시계획이 변경되어 공동주택, 호텔 등의 신축에 대한 인·허가를 받을 수 있을 것이라고 생각하였으나 그 후 생각대로 되지 않은 경우, 이는 법률행위 당시를 기준으로 **장래의 미필적 사실의 발생에 대한 기대나 예상이 빗나간 것에 불과할 뿐 착오라고 할 수는 없다**(대판 2007. 8. 23, 2006다15755). ② 민법 제109조에 따라 의사표시에 착오가 있다고 하려면 법률행위를 할 당시에 실제로 없는 사실을 있는 사실로 잘못 깨닫거나 아니면 실제로 있는 사실을 없는 것으로 잘못 생각하듯이 의사표시자의 인식과 그러한 사실이 어긋나는 경우라야 한다. 의사표시자가 행위를 할 당시 **장래에 있을 어떤 사항의 발생을 예측하는 데 지나지 않는 경우**는 의사표시자의 심리상태에 인식과 대조사실의 불일치가 있다고 할 수 없어 이를 착오로 다룰 수 없다. **장래에 발생할 막연한 사정을 예측하거나 기대하고 법률행위를 한 경우** 그러한 예측이나 기대와 다른 사정이 발생하였다고 하더라도 그로 인한 위험은 원칙적으로 법률행위를 한 사람이 스스로 감수하여야 하고 상대방에게 전가해서는 안 되므로 착오를 이유로 취소를 구할 수 없다(대판 2020. 5. 14, 2016다12175).
☞ 증산 가능성을 믿고 석유탐사·개발사업에 참여였는데 증산 가능성과 경제성에 대한 기대가 이루어지지 않았다고 하여 착오취소를 주장한 사안

4) 기명날인의 착오

판례 〈제3자의 기망행위에 의하여 신원보증서류에 서명날인한다는 착각에 빠진 상태로 연대보증의 서면에 서명날인한 경우, 그와 같은 행위에 민법 제110조 제2항에 정한 사기에 의한 의사표시의 법리가 적용되는지 여부(소극)〉 [1] 사기에 의한 의사표시란 타인의 기망행위로 말미암아 착오에 빠지게 된 결과 어떠한 의사표시를 하게 되는 경우이므로 거기에는 **의사와 표시의 불일치가 있을 수 없고**, 단지 의사의 형성과정 즉 의사표시의 동기에 착오가 있는 것에 불과하며, 이 점에서 고유한 의미의 착오에 의한 의사표시와 구분되는데, 신원보증서류에 서명날인한다는 착각에 빠진 상태로 연대보증의 서면에 서명날인한 경우, 결국 위와 같은 행위는 강학상 기명날인의 착오(또는 서명의 착오), 즉 어떤 사람이 자신의 의사와 다른 법률효과를 발생시키는 내용의 서면에, 그것을 읽지 않거나 올바르게 이해하지 못한 채 기명날인을 하는 이른바 **표시상의 착오**에 해당하므로, **비록 위와 같은 착오가 제3자의 기망행위에 의하여 일어난 것이라 하더라도** 그에 관하여는 사기에 의한 의사표시에 관한 법리, 특히 상대방이 그러한 제3자의 기망행위 사실을 알았거나 알 수 있었을 경우가 아닌 한 의사표시자가 취소권을 행사할 수 없다는 민법 제110조 제2항의 규정을 적용할 것이 아니라, 착오에 의한 의사표시에 관한 법리만을 적용하여 취소권 행사의 가부를 가려야 한다. [2] 취소의 의사표시란 반드시 명시적이어야 하는 것은 아니고, 취소자가 그 착오를 이유로 자신의 법률행위의 효력을

처음부터 배제하려고 한다는 의사가 드러나면 족한 것이며, 취소원인의 진술 없이도 취소의 의사표시는 유효한 것이므로, 신원보증서류에 서명날인하는 것으로 잘못 알고 이행보증보험약정서를 읽어보지 않은 채 서명날인한 것일 뿐 연대보증약정을 한 사실이 없다는 주장은 위 연대보증약정을 착오를 이유로 취소한다는 취지로 볼 수 있다(대판 2005. 5. 27, 2004다43824).

3. 요 건

(1) 법률행위 내용의 중요부분의 착오

판례 ① 토지매매에 있어서 실제보다 지적의 부족이 있거나 또는 부지의 지분이 다소 부족하다 하더라도 중요부분의 착오라고 보지 않는다(대판 1984. 4. 10, 83다카1328·1329).

② **토지의 현황과 경계에 착오**가 있어 계약을 체결하기 전에 이를 알았다면 계약의 목적을 달성할 수 없음이 명백하여 계약을 체결하지 않았을 것으로 평가할 수 있을 경우에 계약의 중요부분에 관한 착오가 인정된다(대판 2020. 3. 26, 2019다288232). 예컨대, 외형적인 담장을 기준으로 교환계약이 이루어졌으나 그 경계가 실제의 경계와 일치하지 않거나(대판 1993. 9. 28, 93다31634, 31641), 또는 농지인줄 알고 매입하였으나 상당부분이 하천을 이루거나 하천부지인 경우가 그 예이다(대판 1974. 4. 23, 74다54).

③ 부동산 매매에 있어서 **시가에 관한 착오**는 부동산을 매매하려는 의사를 결정함에 있어 동기의 착오에 불과할 뿐 법률행위의 중요부분에 관한 착오라고 할 수 없다(대판 1992. 10. 23, 92다29337).

④ 착오가 법률행위 내용의 중요 부분에 있다고 하기 위하여는 표의자에 의하여 추구된 목적을 고려하여 합리적으로 판단하여 볼 때 표시와 의사의 불일치가 객관적으로 현저하여야 하고, 만일 그 착오로 인하여 표의자가 무슨 **경제적인 불이익**을 입은 것이 아니라고 한다면 이를 법률행위 내용의 중요 부분의 착오라고 할 수 없다(대판 1999. 2. 23, 98다47924; 대판 2006. 12. 7, 2006다41457 동지).

⑤ 주채무자의 **차용금반환채무**를 보증할 의사로 공정증서에 연대보증인으로 서명·날인하였으나 그 공정증서가 주채무자의 기존의 구상금채무 등에 관한 **준소비대차계약**의 공정증서였던 경우, 소비대차계약과 준소비대차계약의 법률효과는 동일하므로 위와 같은 착오는 연대보증계약의 중요 부분의 착오가 아니다(대판 2006. 12. 7, 2006다41457).

⑥ 재건축아파트 설계용역에서 건축사 자격이 가지는 중요성에 비추어 볼 때, 재건축조합이 건축사 자격이 없이 건축연구소를 개설한 건축학 교수에게 건축사 자격이 없다는 것을 알았더라면 재건축조합만이 아니라 객관적으로 볼 때 일반인으로서도 이와 같은 설계용역계약을 체결하지 않았을 것으로 보이므로, 재건축조합측의 착오는 중요 부분의 착오에 해당한다(대판 2003. 4. 11, 2002다70884).

(2) 중대한 과실

판례 ① 법률행위 내용의 중요부분에 착오가 있는 때에는 그 의사표시를 취소할 수 있으나 그 착오가 표의자의 중대한 과실로 인한 때에는 취소하지 못한다. 여기서 '중대한 과실'이란 표의자의 직업, 행위의 종류, 목적 등에 비추어 **보통 요구되는 주의를 현저히 게을리한 것**을 의미한다(대판 2020. 3. 26, 2019다288232).

② 공장을 설립할 목적으로 토지를 매수함에 있어 그 토지에 공장을 건축할 수 있는지를 관할관청에 알아보지 아니하고 계약을 체결한 경우, 그 토지상에 공장건축불허가 나오더라도 중대한 과실이 있어 취소하지 못한다(대판 1993. 6. 29, 92다38881).

③ 신용보증기금의 신용보증서를 담보로 금융채권자금을 대출해 준 금융기관이 위 대출자금이 모두 상환되지

않았음에도 착오로 신용보증기금에게 신용보증서 담보설정 해지를 통지한 경우 그 해지의 의사표시는 중대한 과실로 인한 것이므로 취소할 수 없다(대판 2000. 5. 12, 99다64995).

④ 고려청자로 알고 매수한 도자기가 진품이 아닌 것으로 밝혀진 경우, 매수인이 도자기를 매수하면서 자신의 골동품 식별 능력과 매매를 소개한 자를 과신한 나머지 고려청자 진품이라고 믿고 소장자를 만나 그 출처를 물어 보지 아니한 경우, 매수인이 매매계약 체결시 요구되는 통상의 주의의무를 현저하게 결여하였다고 보기는 어렵다는 이유로 착오를 이유로 매매계약을 취소할 수 있다(대판 1997. 8. 22, 96다26657).

⑤ 매매대상 토지 중 20~30평 가량만 도로에 편입될 것이라는 **중개인의 말을 믿고** 주택 신축을 위하여 토지를 매수하였고 그와 같은 사정이 계약 체결 과정에서 현출되어 매도인도 이를 알고 있었는데 실제로는 전체 면적의 약 30%에 해당하는 197평이 도로에 편입된 경우, 동기의 착오를 이유로 매매계약을 취소할 수 있다(대판 2000. 5. 12, 2000다12259). ☞ 어느 일에 대하여 전문가(변리사, 변호사, 중개사 등)의 말을 믿고 착오에 빠졌다면 특별한 사정이 없는 한 위 착오는 甲의 중대한 과실에 기인한 것이라고 볼 수 없다.

⑥ 민법 제109조 제1항 단서는 의사표시의 착오가 표의자의 중대한 과실로 인한 때에는 그 의사표시를 취소하지 못한다고 규정하고 있는데, 위 단서 규정은 표의자의 상대방의 이익을 보호하기 위한 것이므로, **상대방이 표의자의 착오를 알고 이를 이용한 경우에는 착오가 표의자의 중대한 과실로 인한 것이라고 하더라도 표의자는 의사표시를 취소할 수 있다**(대판 2014. 11. 27, 2013다49794). ☞ 전문가인 미래에셋증권이 착오로 0.8원을 80원으로 청약하자 상대방인 유안타증권이 이를 알면서도 승낙한 사안에서 표의자에게 중과실이 있지만 상대방이 표의자의 착오를 알고 이용하였다는 이유로 표의자는 그 의사표시를 취소할 수 있다고 한 사례

(3) 입증책임(=증명책임)

착오의 존재 및 그 착오가 법률행위 내용의 **중요부분**에 관한 것이라는 점은 **표의자가** 입증책임을 진다. 반면에 표의자에게 **중과실**이 있다는 점에 대해서는 **표의자의 상대방**이 입증책임을 진다(대판 2008. 1. 17, 2007다74188).

> **판례** ① **착오를 이유로 의사표시를 취소하는 자는** 법률행위의 내용에 **착오가 있었다는 사실**과 함께 그 착오가 의사표시에 결정적인 영향을 미쳤다는 점, 즉 만약 **그 착오가 없었더라면 의사표시를 하지 않았을 것이라는 점**을 증명하여야 한다(대판 2008. 1. 17, 2007다74188).
> ② 민법 제109조 제1항 단서에서 규정하는 착오한 표의자의 **중대한 과실 유무에 관한 주장과 입증책임은** 착오자가 아니라 의사표시를 취소하게 하지 않으려는 **상대방**에게 있는 것이다(대판 2005. 5. 12, 2005다6228).

4. 착오에 의하여 취소한 표의자의 배상책임?

(1) 독일민법

독일 민법은 표의자가 착오를 이유로 취소를 한 경우 표의자가 상대방에 대하여 **신뢰이익에 대한 배상의무**를 지는 것으로 규정한다. 그러나 우리 현행민법은 이러한 규정을 두고 있지 않아서 논란이 있다.

(2) 학설 및 판례

표의자가 경과실로 착오에 의한 의사표시를 한 경우에 그 의사표시를 취소하면 다수설은 제535조를 유추적용하여 상대방은 그 법률행위가 유효하다고 믿음으로써 입은 손해를 표의자로부터 배상받을 수 있다고 한다. 그러나 판례는 불법행위(제750조)의 각도로 다루면서 표의자의 배상책임을 부정한다.

> **판례** 불법행위로 인한 손해배상책임이 성립하기 위하여는 가해자의 고의 또는 과실 이외에 행위의 위법성이 요구되므로, 전문건설공제조합이 계약보증서를 발급하면서 조합원이 수급할 실제 도급금액을 확인하지 아니한 과실이 있다고 하더라도, 민법 제109조에서 중과실이 없는 착오자의 착오를 이유로 한 의사표시의 취소를 허용하고 있는 이상, 전문건설공제조합이 과실로 인하여 착오에 빠져 계약보증서를 발급한 것이나 그 **착오를 이유로 보증계약을 취소한 것이 위법하다고 할 수는 없다.** 따라서 **취소한 자에게 불법행위를 이유로 손해배상을 청구할 수 없다**(대판 1997. 8. 22, 97다13023).

5. 적용범위

(1) 민법 제109조의 법리는 **적용을 배제하는 취지의 별도 규정이 있거나 당사자의 합의로 적용을 배제하는 등의 특별한 사정이 없는 한** 원칙적으로 **모든 사법상 의사표시**에 적용된다(대판 2014. 11. 27, 2013다49794).

(2) **공법행위, 특히 소송행위**에는 원칙적으로 제109조가 적용되지 않는다.

> **판례** ① **민법상의 법률행위에 관한 규정**은 민사소송법상의 **소송행위**에는 특별한 규정 또는 특별한 사정이 없는 한 **적용이 없으므로** 사기 또는 착오를 원인으로 하여 **소 취하 등 소송행위를 취소할 수 없다**(대판 1964. 9. 15, 64다92).
> ② **소의 취하는** 원고가 제기한 소를 철회하여 소송계속을 소멸시키는 원고의 법원에 대한 **소송행위**이고 소송행위는 일반 사법상의 행위와는 달리 내심의 의사보다 그 표시를 기준으로 하여 효력 유무를 판정할 수밖에 없는 것인바, 원고 소송대리인으로부터 소송대리인 사임신고서 제출을 지시받은 사무원은 원고 소송대리인의 표시기관에 해당되어 그의 착오는 원고 소송대리인의 착오라고 보아야 하므로, **사무원의 착오로 원고 소송대리인의 의사에 반하여 소를 취하**하였다고 하여도 이를 무효라고 볼 수는 없다(대판 1997. 10. 24, 95다11740).

> **비교판례** **소취하합의의 의사표시** 역시 민법 제109조에 따라 법률행위의 내용의 중요 부분에 착오가 있는 때에는 취소할 수 있을 것이다(대판 2020. 10. 15, 2020다227523, 227530). ☞ 소취하합의의 법적 성질은 소송계약이 아니라 사법계약이라는 것이 판례의 태도이다.

6. 다른 법 규정과의 경합

(1) 착오와 사기의 관계

동일한 사실이 착오와 사기의 요건을 모두 충족시키는 경우 표의자는 어느 쪽이든 그 요건을 증명하여 취소할 수 있다는 것이 판례의 태도이자 통설이다. 즉 판례와 통설은 착오와 사기의 경합을 인정하여 **표의자는 착오와 사기를 선택적으로 주장할 수 있다**고 한다.

> **판례** 기망행위로 인하여 법률행위의 중요부분에 관하여 착오를 일으킨 경우 뿐만 아니라 법률행위의 내용으로 표시되지 아니한 의사결정의 동기에 관하여 착오를 일으킨 경우에도 표의자는 그 법률행위를 사기에 의한 의사표시로서 취소할 수 있다(대판 1985. 4. 9, 85도167).

> **참고** 이와 같이 착오와 사기의 경합을 인정하는 통설적 입장에서 "민법 제110조 제2항의 규정을 적용할 것이 아니라, 착오에 의한 의사표시에 관한 법리만을 적용하여 취소권 행사의 가부를 가려야 한다."는 앞에서 본 기명날인의 착오에 관한 2004다43824판결은 타당하지 않다는 비판이 존재한다.

(2) 담보책임과 착오의 경합 여부

착오와 매도인의 담보책임이 경합하는 경우에는 통설은 담보책임에 관한 법리를 우선적으로 적용하여야 한다고 하나, 판례는 경합을 인정한다.

> **판례** 민법 제109조 제1항에 의하면 법률행위 내용의 중요 부분에 착오가 있는 경우 착오에 중대한 과실이 없는 표의자는 법률행위를 취소할 수 있고, 민법 제580조 제1항, 제575조 제1항에 의하면 매매의 목적물에 하자가 있는 경우 하자가 있는 사실을 과실 없이 알지 못한 매수인은 매도인에 대하여 하자담보책임을 물어 계약을 해제하거나 손해배상을 청구할 수 있다. 착오로 인한 취소 제도와 매도인의 하자담보책임 제도는 취지가 서로 다르고, 요건과 효과도 구별된다. 따라서 매매계약 내용의 중요 부분에 착오가 있는 경우 매수인은 **매도인의 하자담보책임이 성립하는지와 상관없이** 착오를 이유로 매매계약을 취소할 수 있다(대판 2018. 9. 13, 2015다78703).

(3) 해제와 취소의 경합

매도인이 매수인의 중도금 지급채무 불이행을 이유로 **매매계약을 적법하게 해제한 후라도** 매수인으로서는 상대방이 한 계약해제의 효과로서 발생하는 손해배상책임을 지거나 매매계약에 따른 계약금의 반환을 받을 수 없는 불이익을 면하기 위하여 착오를 이유로 한 취소권을 행사하여 매매계약 전체를 무효로 돌리게 할 수 있다(대판 1996. 12. 6, 95다24982, 24999).

XI. 사기, 강박에 의한 의사표시

> **제110조(사기, 강박에 의한 의사표시)**
> ① 사기나 강박에 의한 의사표시는 취소할 수 있다.
> ② 상대방 있는 의사표시에 관하여 제삼자가 사기나 강박을 행한 경우에는 상대방이 그 사실을 알았거나 알 수 있었을 경우에 한하여 그 의사표시를 취소할 수 있다.
> ③ 전2항의 의사표시의 취소는 선의의 제삼자에게 대항하지 못한다.

1. 의 의

(1) 민법상 하자 있는 의사표시는 <u>의사형성과정</u>(의사결정과정)에 타인의 부당한 간섭(사기, 강박)이 있<u>는 경우로서 민법 제110조는 사기를 당한 자와 강박을 받은 자의 의사결정의 자유를 보호</u>하는데 그 목적이 있다(통설·판례).

(2) 사기에 의한 의사표시란 타인의 기망행위로 말미암아 착오에 빠지게 된 결과 어떠한 의사표시를 하게 되는 경우이므로 거기에는 **의사와 표시의 불일치가 있을 수 없고,** 단지 의사의 형성과정 즉 의사표시의 **동기에 착오가 있는 것에 불과**하며, 이 점에서 고유한 의미의 착오(제109조)에 <u>의한 의사표시와 구분된다</u>(대판 2005. 5. 27, 2004다43824).

(3) 강박에 의한 의사표시란 표의자가 타인의 강박행위에 의하여 공포심을 가지게 되고, 그 해악을 피하기 위해 마음에 없이 한 의사표시가 강박에 의한 의사표시이다.

2. 요 건

(1) 고의로 인한 사기나 강박(과실에 의한 경우는 제외)

통설은 2단계 고의설에 입각하여 기망자에게 표의자를 기망하여 착오에 빠지게 하려는 1단계 고의와 다시 그 착오에 기하여 의사표시를 하게 하려는 2단계의 고의가 필요하다고 한다(강박도 마찬가지이다).

> **판례** 법률행위취소의 원인이 될 강박이 있다고 하기 위하여서는 당해 의사표시를 받을 상대방이 표의자로 하여금 외포심을 생하게 하고 이로 인하여 법률행위 의사를 결정하게 할 <u>고의로서 불법으로 장래의 해악을 통고</u>한 경우라야 한다(대판 1975. 3. 25, 73다1048).

(2) 인과관계

기망행위와 착오 사이, 착오와 의사표시 사이에 인과관계가 존재하여야 한다.

(3) 위법성

사기나 강박은 위법성이 있어야 한다. 판례는 <u>상품의 과장광고는 원칙적으로 위법성이 없다</u>고 보고, <u>대형유통업체의 변칙세일 등은 위법성을 인정할 수 있다</u>고 한다.

> **판례** 상품의 선전 광고에서 거래의 중요한 사항에 관하여 **구체적 사실을 신의성실의 의무에 비추어 비난받을 정도의 방법으로 허위로 고지한 경우**에는 기망행위에 해당할 것이나, 그 **선전 광고에 다소의 과장이 수반되었다고** 하더라도 그것이 일반 상거래의 관행과 신의칙에 비추어 시인될 수 있는 것이라면 이를 기망행위라고 할 수 없다(대판 2015. 7. 23, 2012다15336).

3. 취소의 방법과 상대방

<u>법률행위의 취소</u>는 ① **취소권자**가 ② **법률행위의 상대방**에게 하여야 한다. 예컨대 甲이 A의 기망

에 의하여 가옥을 乙에게 매도하고 乙은 그 가옥을 丙에게 전매한 경우, 취소권자인 甲이 법률행위의 상대방인 乙을 상대로 취소권을 행사하여야 한다. ☞ 취소의 상대방은 기망자인 A도, 전득자인 丙도 아니고 법률행위의 상대방인 乙이다(제142조 참조).

4. 제3자 보호범위

사기(강박)에 의한 의사표시의 취소는 선의의 제3자에 대항하지 못하는데(위의 예에서 丙), 여기의 제3자에는 원칙적으로 **취소의 의사표시가 있기 전** 이해관계를 맺은 제3자를 말하나, 통설과 판례는 그 범위를 확장하여 **취소의 의사표시가 있은 후 상대방(乙)의 말소등기 전** 상대방과 법률행위를 한 제3자(丙)도 포함된다고 한다(제110조 제3항 확장적용설; 대판 1975. 12. 23, 75다533).

5. 사기에 의한 의사표시의 쟁점 판례(부작위에 의한 기망행위)

적극적으로 기망행위를 하는 경우뿐만 아니라, 설명 등을 하여야 할 지위에 있는 자가 설명을 하지 않는 경우에도 부작위에 의한 기망행위가 될 수 있다.

판례 ① 일반적으로 교환계약을 체결하려는 당사자는 서로 자기가 소유하는 교환 목적물은 고가로 평가하고 상대방이 소유하는 목적물은 염가로 평가하여 보다 유리한 조건으로 교환계약을 체결하기를 희망하는 이해 상반의 지위에 있고 각자가 자신의 지식과 경험을 이용하여 최대한으로 자신의 이익을 도모할 것이 예상되기 때문에, 당사자 일방이 알고 있는 정보를 상대방에게 사실대로 고지하여야 할 신의칙상의 주의의무가 인정된다고 볼 만한 특별한 사정이 없는 한, **어느 일방이 교환 목적물의 시가나 그 가액 결정의 기초가 되는 사항에 관하여 상대방에게 설명 내지 고지를 할 주의의무를 부담한다고 할 수 없고**, 일방 당사자가 자기가 소유하는 목적물의 **시가를 묵비하여 상대방에게 고지하지 아니하거나 혹은 허위로 시가보다 높은 가액을 시가라고 고지하였다** 하더라도 이는 상대방의 의사결정에 불법적인 간섭을 한 것이라고 볼 수 없다(대판 2002. 9. 4, 2000다54406, 54413).
② [1] 부동산 거래에 있어 거래 상대방이 일정한 사정에 관한 고지를 받았더라면 그 거래를 하지 않았을 것임이 경험칙상 명백한 경우에는 신의성실의 원칙상 사전에 상대방에게 그와 같은 사정을 고지할 의무가 있으며, 그와 같은 고지의무의 대상이 되는 것은 **직접적인 법령의 규정뿐 아니라 널리 계약상, 관습상 또는 조리상의 일반원칙에 의하여도 인정될 수 있고**, 일단 고지의무의 대상이 되는 사실이라고 판단되는 경우 **이미 알고 있는 자**에 대하여는 고지할 의무가 별도로 인정될 여지가 없지만, 상대방에게 스스로 확인할 의무가 인정되거나 거래관습상 상대방이 당연히 알고 있을 것으로 예상되는 예외적인 경우가 아닌 한, 실제 그 대상이 되는 사실을 **알지 못하였던 상대방**에 대하여는 비록 알 수 있었음에도 알지 못한 과실이 있다 하더라도 그 점을 들어 추후 책임을 일부 제한할 여지가 있음은 별론으로 하고 고지할 의무 자체를 면하게 된다고 할 수는 없다. [2] 우리 사회의 통념상으로는 공동묘지가 주거환경과 친한 시설이 아니어서 분양계약의 체결 여부 및 가격에 상당한 영향을 미치는 요인일 뿐만 아니라 대규모 공동묘지를 가까이에서 조망할 수 있는 곳에 아파트단지가 들어선다는 것은 통상 예상하기 어렵다는 점 등을 감안할 때 아파트 분양자는 아파트단지 인근에 **공동묘지**가 조성되어 있는 사실을 수분양자에게 고지할 신의칙상의 의무를 부담한다(대판 2007. 6. 1, 2005다 5812, 5829, 5836).

③ 아파트 분양자는 아파트 단지 인근에 **쓰레기 매립장**이 건설예정인 사실을 분양계약자에게 고지할 신의칙상 의무를 부담한다(대판 2006. 10. 12, 2004다48515).

④ 그러나 이때에도 상대방이 고지의무의 대상이 되는 사실을 **이미 알고 있거나 스스로 이를 확인할 의무가 있는 경우 또는 거래 관행상 상대방이 당연히 알고 있을 것으로 예상되는 경우** 등에는 상대방에게 위와 같은 사정을 알리지 아니하였다고 하여 고지의무를 위반하였다고 볼 수 없다(대판 2014. 7. 24, 2013다97076).

⑤ 임차권의 양도에 있어서 그 임차권의 존속기간, 임대기간 종료 후의 재계약 여부, 임대인의 동의 여부는 그 계약의 중요한 요소를 이루는 것이므로 양도인으로서는 이에 관계되는 모든 사정을 **양수인에게 알려주어야 할 신의칙상의 의무**가 있는데, 임차권양도계약이 체결될 당시에 임차건물에 대한 임대차기간의 연장이나 임차권 양도에 대한 임대인의 동의 여부가 확실하지 않은 상태에서 **몇 차례에 걸쳐 명도요구를 받고 있었던 임차권 양도인이 그 여부를 확인하여 양수인에게 설명하지 아니한 채** 임차권을 양도한 행위는 기망행위에 해당한다(대판 1996. 6. 14, 94다41003).

6. 강박에 의한 의사표시의 쟁점 판례

(1) 부정행위에 대한 고소·고발 등

부정행위에 대한 고소·고발은 그것이 **부정한 이익을 목적으로 하는 것이 아닌 때에는** 정당한 권리행사가 되어 위법하다고 할 수 없다(대판 1996. 11. 12, 96다34061 등). 형사상 적법절차의 고지도 강박행위로 되지 않는다. 마찬가지로 각서에 서명날인을 강력히 요구한 것만으로 이를 곧 강박행위로 볼 수 없다(대판 1979. 1. 16, 78다1968). 계약을 해제하여 손해배상을 청구할 수 있다는 취지로 말한 것만으로는 제반 사정상 '위법한 해악의 고지'에 해당한다고까지 할 수 없다(대판 2010. 2. 11, 2009다72643).

(2) 소송행위 적용여부

민법상의 법률행위에 관한 규정은 민사소송법상의 소송행위에는 특별한 규정 기타 특별한 사정이 없는 한 적용이 없는 것이므로 **소송행위가 강박에 의하여 이루어진 것임을 이유로 취소할 수는 없다**(대판 1997. 10. 10, 96다35484).

(3) 강박의 정도와 무효

강박에 의한 법률행위가 하자 있는 의사표시로서 **취소되는 것에 그치지 않고, 나아가 무효로 되기 위하여는** 강박의 정도가 단순한 불법적 해악의 고지로 상대방으로 하여금 공포를 느끼도록 하는 정도가 아니고, **의사표시자로 하여금 의사결정을 스스로 할 수 있는 여지를 완전히 박탈한 상태에서 의사표시가 이루어져 단지 법률행위의 외형만이 만들어진 것에 불과한 정도이어야** 한다(대판 1996. 10. 11, 95다1460).

7. 사기·강박에 의한 의사표시의 취소와 불법행위(제750조)와의 관계

(1) 사기행위 자체가 불법행위를 구성하는 이상, 사기나 강박을 한 자는 그 불법행위로 인하여 피해자가 입은 손해를 배상할 책임을 부담하는 것이므로, 피해자가 **사기나 강박한 자를 상대로** 부당이득반환청구와는 달리 **손해배상청구를 하기 위하여 반드시 법률행위를 취소할 필요는 없다**(대판 1998. 3. 10, 97다55829).

(2) 그러나 사기나 강박으로 인한 하자 있는 의사표시에 기하여 금원을 교부하였다가 **부당이득반환을 청구하기 위해서는 취소가 있어야** 하고 그 의사표시가 소멸되지 않는 한 금원보유가 법률상 원인이 없다고 볼 수 없다(대판 1990. 11. 13, 90다카17153).

(3) 한편 법률행위가 사기에 의한 것으로서 취소되는 경우에 그 법률행위가 동시에 불법행위를 구성하는 때에는 취소의 효과로 생기는 부당이득반환청구권과 불법행위로 인한 손해배상청구권은 경합하여 병존하기 때문에 **채권자는 어느 것이라도 선택하여 행사할 수 있다. 하지만, '중첩적'으로 행사할 수는 없다**(대판 1993. 4. 27, 92다56087).

8. 제3자의 사기나 강박행위의 경우(제110조 제2항)

판례 ① [1] 상대방 있는 의사표시에 관하여 제3자가 사기나 강박을 한 경우에는 상대방이 그 사실을 알았거나 알 수 있었을 경우에 한하여 그 의사표시를 취소할 수 있으나, **상대방의 대리인 등 상대방과 동일시할 수 있는 자의 사기나 강박**은 제3자의 사기·강박에 해당하지 아니한다. [2] 은행의 출장소장이 어음할인을 부탁받자 그 어음이 부도날 경우를 대비하여 담보조로 받아두는 것이라고 속이고 금전소비대차 및 연대보증 약정을 체결한 후 그 대출금을 자신이 인출하여 사용한 사안에서, 위 출장소장의 행위는 은행 또는 은행과 동일시할 수 있는 자의 사기일 뿐 제3자의 사기로 볼 수 없으므로, 은행이 그 사기사실을 알았거나 알 수 있었을 경우에 한하여 위 약정을 취소할 수 있는 것은 아니라고 본 사례(대판 1999. 2. 23, 98다60828). ☞ 제110조 제2항이 아니라 제110조 제1항이 적용된다.

② 의사표시의 상대방이 아닌 자로서 기망행위를 하였으나 민법 제110조 제2항에서 정한 제3자에 해당되지 아니한다고 볼 수 있는 자란 그 의사표시에 관한 상대방의 대리인 등 상대방과 동일시할 수 있는 자만을 의미하고, **단순히 상대방의 피용자이거나 상대방이 사용자책임을 져야 할 관계에 있는 피용자에 지나지 않는 자**는 상대방과 동일시할 수는 없어 이 규정에서 말하는 제3자에 해당한다. ☞ 상호신용금고의 기획감사실 과장은 상대방과 동일시 할 수 없어 제3자에 해당하므로 제110조 제2항에 따라 상대방이 알았거나 알 수 있었을 때에만 취소할 수 있다.

XII. 의사표시의 효력발생

1. 의사표시의 효력발생시기

의사표시의 효력발생시기는 상대방 있는 의사표시인가, 상대방 없는 의사표시인가에 따라서 달라진다. 우리 법은 상대방 있는 의사표시의 효력발생시기에 관하여서만 규정하고 있다.

(1) 상대방 있는 의사표시와 입법주의

격지자간의 의사표시에 있어서는 먼저 표의자가 의사표시를 표백하고(예컨대 문서의 작성), 다음에 이를 발신하고(우체통에의 투입), 그리고 상대방이 이를 수령하고(우편물의 배달), 끝으로 상대방이 이를 요지하는 과정을 거치게 된다. 이러한 과정에 따라 입법주의는 표백주의(表白主義) – 발신주의(發信主義) – 도달주의(到達主義) – 요지주의(了知主義)로 나눌 수 있게 된다. 우리 민법은 도달주의를 원칙으로 하고, 예외적으로 발신주의를 채택하고 있다. 대화자간에는 발신과 동시에 도달하기 때문에 도달주의의 원칙은 대화자간이든, 격지자간이든 상관없이 적용된다.

(2) 상대방 없는 의사표시

상대방 없는 의사표시는 원칙적으로 표시행위가 완료된 때에 그 효력이 발생한다(표백주의).

2. 도달주의

제111조(의사표시의 효력발생시기)
① 상대방이 있는 의사표시는 상대방에게 도달한 때에 그 효력이 생긴다.
② 의사표시자가 그 통지를 발송한 후 사망하거나 제한능력자가 되어도 의사표시의 효력에 영향을 미치지 아니한다.

제112조(제한능력자에 대한 의사표시의 효력)
의사표시의 상대방이 의사표시를 받은 때에 제한능력자인 경우에는 의사표시자는 그 의사표시로써 대항할 수 없다. 다만, 그 상대방의 법정대리인이 의사표시가 도달한 사실을 안 후에는 그러하지 아니하다.

(1) 도달의 의미(요지가능성설 : 다수설, 판례)

판례 ① 가. 채권양도의 통지와 같은 준법률행위의 도달은 의사표시와 마찬가지로 사회관념상 **채무자가 통지의 내용을 알 수 있는 객관적 상태에 놓여졌을 때**를 지칭하고, **그 통지를 채무자가 현실적으로 수령하였거나 그 통지의 내용을 알았을 것까지는 필요하지 않다.** 나. 채권양도의 통지서가 들어 있는 우편물을 채무자의 가정부가 수령한 직후 한집에 거주하고 있는 통지인인 채권자가 그 우편물을 바로 회수해 버렸다면 그 우편물의 내용이 무엇인지를 그 가정부가 알고 있었다는 등의 특별한 사정이 없었던 이상 그 채권양도의 통지는 사회관념상 채무자가 그 통지내용을 알 수 있는 객관적 상태에 놓여 있는 것이라고 볼 수 없으므로 그 통지는 피고에게 도달되었다고 볼 수 없을 것이다(대판 1983. 8. 23, 82다카439).
② 채권양도의 통지는 채무자에게 도달됨으로써 효력이 발생하는 것이고, 여기서 도달이라 함은 사회통념상 상대방이 통지의 내용을 알 수 있는 객관적 상태에 놓여졌다고 인정되는 상태를 가리킨다. 이와 같이 도달은 보다 탄력적인 개념으로서 송달장소나 수송달자 등의 면에서 위에서 본 **송달에서와 같은 엄격함은 요구되지 아니하며, 이에 송달장소 등에 관한 민사소송법의 규정을 유추적용할 것이 아니다.** 따라서 채권양도의 통지는 민사소송법상의 송달에 관한 규정에서 송달장소로 정하는 채무자의 주소·거소·영업소 또는 사무소 등

에 해당하지 아니하는 장소에서라도 채무자가 사회통념상 그 통지의 내용을 알 수 있는 객관적 상태에 놓여졌다고 인정됨으로써 족하다(대판 2010. 4. 15, 2010다57).

③ 채권양도통지서가 채무자의 주소나 사무소가 아닌 동업자의 사무소에서 그 신원이 분명치 않은 자에게 송달된 경우에는 사회관념상 채무자가 통지의 내용을 알 수 있는 객관적 상태에 놓여졌다고 인정할 수 없다(대판 1997. 11. 25, 97다31281).

④ 도달이라 함은 사회통념상 상대방이 통지의 내용을 알 수 있는 객관적 상태에 놓여 있는 경우를 가리키는 것으로서, 상대방이 통지를 현실적으로 수령하거나 통지의 내용을 알 것까지는 필요로 하지 않는 것이므로, **상대방이 정당한 사유 없이 통지의 수령을 거절한 경우**에는 상대방이 그 통지의 내용을 알 수 있는 객관적 상태에 놓여 있는 때에 그 효력이 생기는 것으로 보아야 한다(대판 2016. 3. 24, 2015다71795).

⑤ **상대방이 부당하게 등기취급 우편물의 수취를 거부함으로써 우편물의 내용을 알 수 있는 객관적 상태의 형성을 방해한 경우** 그러한 상태가 형성되지 아니하였다는 사정만으로 발송인의 **의사표시의 효력을 부정하는 것은 신의성실의 원칙에 반하므로 허용되지 아니한다.** 이러한 경우에는 부당한 수취 거부가 없었더라면 상대방이 우편물의 내용을 알 수 있는 객관적 상태에 놓일 수 있었던 때, 즉 **수취 거부 시**에 의사표시의 효력이 생긴 것으로 보아야 한다. 이때 우편물의 수취를 거부한 것에 정당한 사유가 있는지에 관해서는 수취 거부를 한 상대방이 이를 증명할 책임이 있다(대판 2020. 8. 20, 2019두34630).

(2) 도달의 입증책임

의사표시는 상대방에게 도달한 때에 그 효력이 생기는 것이 원칙이므로 의사표시의 불착 또는 연착은 모두 표의자의 불이익에 돌아간다. 따라서 의사표시도달의 입증책임은 도달을 주장하는 자에게 있다.

(3) 임의규정·공법행위에 유추적용

도달주의를 규정한 이 규정의 성질은 임의규정이다. 따라서 당사자가 약정에 의하여 도달주의와는 달리 의사표시의 효력발생시기를 달리 정하는 것이 가능하다. 그리고 동 규정은 의사의 통지·관념의 통지 등 준법률행위에도 유추적용되며, 상대방 있는 공법행위에도 그 적용을 긍정한다(대판 1983. 9. 13, 83누320 등).

(4) 철회의 문제

의사표시는 상대방에게 도달한 때에 그 효력이 생기므로 발신 후이더라도 **도달하기 전**에는 그 의사표시를 철회할 수 있다. 그러나 철회의 의사표시는 먼저 발신한 의사표시보다 먼저 도달하거나 늦어도 먼저 발신한 의사표시와 동시에 도달하여야 한다.

3. 예외적 발신주의

신속을 요하는 거래의 요구에 적합하다. 민법상 발신주의는 ① 민법 제15조 제1항(제한능력자의 상대방의 확답을 촉구할 권리), ② 제71조(총회의 소집), ③ 제131조(무권대리 상대방의 최고권), ④ 제455조 제2

항(채무인수에서 최고), ⑤ 제531조(격지자간의 계약성립)가 있다.

4. 내용증명과 통상우편

판 례　① **내용증명 우편물**이 발송되고 반송되지 아니하면, 특단의 사정이 없는 한, 그 무렵에 송달되었다고 볼 것이다(대판 1980. 1. 15, 79다1498).

② 우편법 등 관계 규정의 취지에 비추어 볼 때 우편물이 **등기취급의 방법**으로 발송된 경우 반송되는 등의 특별한 사정이 없는 한 그 무렵 수취인에게 배달되었다고 보아야 한다(대판 1992. 3. 27, 91누3819).

③ **통상우편의 방법**으로 발송되었다는 사실만으로는 상당기간 내에 도달하였다고 인정하기에 부족하다(대판 1993. 5. 11, 92다2530).

5. 의사표시의 공시송달

제113조(의사표시의 공시송달)
표의자가 과실없이 상대방을 알지 못하거나 상대방의 소재를 알지 못하는 경우에는 의사표시는 민사소송법 공시송달의 규정에 의하여 송달할 수 있다.

대 리

Ⅰ. 대리 일반론

1. 의의 및 기능

(1) 의 의

민법상 대리란 대리인이 본인의 이름으로 법률행위를 하고 그 법률효과가 직접 본인에게 발생하는 것을 말한다.

(2) 기 능

대리의 본질적 작용은 사적자치의 확장에 있다. 즉 경제활동의 참여와 증대에는 기업주의 힘만으로는 다 이루어질 수 없고, 타인의 협력이 필요하다. 이러한 가능성의 법적 수단이 대리의 제도이다. 이러한 기능은 임의대리에서 특히 강하게 나타난다. 부차적으로 사적자치의 보충의 기능도 갖는다. 사적자치 보충의 기능은 법정대리에서 보다 강하게 나타난다.

2. 적용범위

(1) 법률행위

대리는 법률행위에서 인정되는 것이 원칙이고 사실행위·불법행위에는 대리가 허용되지 않는다. 다만 준법률행위에는 적용될 수 있다. 예컨대 채권양도의 통지나 승낙은 준법률행위 중 관념의 통지이나 대리가 허용된다.

> **판례** ① 채권양도의 **통지**는 양도인이 채무자에 대하여 당해 채권을 양수인에게 양도하였다는 사실을 알리는 **관념의 통지**이고, **법률행위의 대리에 관한 규정은 관념의 통지에도 유추적용된다**(대판 1997. 6. 27, 95다 40977, 40984).
> ② 민법 제451조 제1항에서 '**승낙**'이라 함은 채무자가 채권양도 사실에 관한 인식을 표명하는 것으로서 이른바 **관념의 통지**에 해당하고, **대리인에 의하여도 위와 같은 승낙을 할 수 있다**(대판 2013. 6. 28, 2011다83110).

(2) 법인의 대표

법인의 대표에는 대리에 관한 규정을 준용한다(제59조 제2항). 다만 법인의 대표는 법인 외의 존재가 아닌 법인의 구성부분으로서, 대표는 법률행위뿐만 아니라 사실행위·불법행위도 가능하는 점이 대리와 구별된다.

3. 구별개념 : 사자(使者)

(1) 사자는 본인이 결정한 내심적 효과의사를 상대방에게 표시하거나 또는 전달함으로써 표시행위의 완성에 협력하는 자이며, 전달기관으로서의 사자와 표시기관으로서의 사자로 구별한다.

(2) 대리와 구별할 수 있는 기준은 ① 내심적 효과의사를 누가 결정하는가(대리는 대리인이 결정한다), ② 본인이 행위능력자이어야 하는가(대리에서는 법정대리가 있어 본인은 행위능력자일 필요가 없다), ③ 적용법규 등이다.

(3) 예컨대, 본인 甲이 타인인 乙을 이용하여 법률행위를 할 때 乙이 임의대리인일 경우와 사자(使者)일 경우의 법률관계를 비교하여 설명하면 다음과 같다.

  (가) 제한능력문제 : **乙이 미성년**일 경우라도 甲은 乙을 이용하여 법률행위를 유효하게 행할 수가 있는데, 이는 **乙이 대리인이든, 사자든 같다.** 한편 **乙이 의사무능력자**인 경우라도 甲은 乙을 이용하여 법률행위를 유효하게 행할 수가 있는데, 이는 **사자의 경우에만 타당하다.**

  (나) 의사표시의 하자 : **乙이 대리인**의 경우 의사표시의 하자·흠결의 유무는 **대리인 乙**을 기준으로 판단한다(116조). 반면에 **사자**의 경우에는 **본인 甲**을 기준으로 판단한다.

  (다) 법률효과의 귀속 : **乙이 대리인이든 사자이든** 법률행위가 유효하게 이루어졌을 경우에 **그 효과가 귀속되는 것은 본인인 甲**이다. 따라서 상대방은 甲에게 채무의 이행을 청구할 수가 있다.

Ⅱ. 수권행위

1. 의 의

임의대리권은 본인이 대리인에게 대리권을 수여하는 행위, 즉 수권행위에 의하여 발생한다. 이처럼 임의대리에 있어서 본인이 대리인에게 대리권을 수여하는 행위를 수권행위라 한다.

2. 수권행위의 법적 성질과 방식

(1) 수권행위의 독자성

대리권수여를 목적으로 하는 법률행위는 기초적 내부관계와 독립하여 대리권의 발생만을 목적으로 하는 행위라고 한다. 즉 수권행위의 독자성을 긍정하는 것이 통설과 판례이다.

> **판례** ① **위임과 대리권수여는 별개의 독립된 행위**로서 위임은 위임자와 수임자간의 내부적인 채권채무관계를 말하고 대리권은 대리인의 행위의 효과가 본인에게 미치는 대외적 자격을 말하는 것이므로 위임계약에 대리권수여가 수반되는 일은 있으나 위임계약만으로는 그 효력은 위임자와 수임자 이외에는 미치는 것이 아니므로 구 민법 제655조(현행 제692조, 편저자 주)의 취지는 위임종료의 사유는 이를 상대방에 통지하거나 상대방이 이를 안 때가 아니면 위임자와 수임자간에는 위임계약에 의한 권리의무관계가 존속한다는 취지에 불과하고 대리권관계와는 아무런 관계가 없는 것이다(대판 1962. 5. 24, 4294민상251).
> ② 도박채무의 변제를 위하여 채무자로부터 부동산의 처분을 위임받은 채권자가 그 부동산을 제3자에게 매도

한 경우, **도박채무 부담행위 및 그 변제약정**이 민법 제103조의 선량한 풍속 기타 사회질서에 위반되어 무효라 하더라도, 그 무효는 변제약정의 이행행위에 해당하는 **위 부동산을 제3자에게 처분한 대금으로 도박채무의 변제에 충당한 부분**에 한정되고, 위 변제약정의 이행행위에 직접 해당하지 아니하는 **부동산 처분에 관한 대리권을 도박 채권자에게 수여한 행위 부분**까지 무효라고 볼 수는 없으므로, 위와 같은 사정을 알지 못하는 거래 상대방인 제3자가 도박 채무자부터 그 대리인인 도박 채권자를 통하여 위 부동산을 매수한 행위까지 무효가 된다고 할 수는 없다(대판 1995. 7. 14, 94다40154).

(2) 단독행위설

다수설은 수권행위를 상대방 있는 단독행위로 이해한다.

(3) 방 식

대리권을 수여하는 데는 특별한 방식이 필요하지 않다. 구두나 서면 모두 가능하고, 명시적인 의사표시에 의함이 없이 묵시적인 의사표시에 의하여도 가능하다.

> **판례** 대리권을 수여하는 수권행위는 **불요식의 행위**로서 명시적인 의사표시에 의함이 없이 **묵시적인 의사표시에 의하여 할 수도 있으며**, 어떤 사람이 대리인의 외양을 가지고 행위하는 것을 본인이 알면서도 이의를 하지 아니하고 방임하는 등 사실상의 용태에 의하여 대리권의 수여가 추단되는 경우도 있다(대판 2016. 5. 26, 2016다203315).

(4) 대리행위의 하자와 구별

수권행위의 하자는 본인을 기준으로 하나, 대리행위의 하자는 대리인을 기준으로 함이 원칙이다(제116조 참조).

(5) 수권행위의 철회

원인된 법률관계의 종료 전에 본인은 언제든지 수권행위를 철회할 수 있다. 이때 임의대리권은 소멸한다(제128조).

3. 임의대리권의 범위(수권행위의 해석문제)

(1) 수권행위의 해석

임의대리에 있어서 대리권의 범위는 수권행위(대리권수여행위)에 의하여 정하여지는 것이므로 어느 행위가 대리권의 범위 내의 행위인지의 여부는 개별적인 수권행위의 내용이나 그 해석에 의하여 판단할 것이다(대판 1994. 2. 8, 93다39379).

> **판례[1]** 〈대리권 범위 내라고 본 사례들〉
> ① 일반적으로 말하면 수권행위의 통상의 내용으로서의 임의대리권은 그 권한에 부수하여 필요한 한도에서 상

대방의 의사표시를 수령하는 이른바 **수령대리권**을 포함하는 것으로 보아야 한다(대판 1994. 2. 8, 93다39379).
② 부동산의 소유자로부터 **매매계약을 체결할 대리권을 수여받은 대리인**은 특별한 다른 사정이 없는 한 그 매매계약에서 약정한 바에 따라 **중도금이나 잔금을 수령할 수도 있다**고 보아야 하고, **매매계약의 체결과 이행에 관하여 포괄적으로 대리권을 수여받은 대리인**은 특별한 다른 사정이 없는 한 상대방에 대하여 **약정된 매매대금지급기일을 연기하여 줄 권한도 가진다**고 보아야 할 것이다(대판 1992. 4. 14, 91다43107).

┃판례[2]┃ 〈대리권 범위 밖으로 본 사례들〉
① 대여금의 영수권한만을 위임받은 대리인이 그 대여금채무의 일부를 면제하기 위하여는 본인의 특별수권이 필요하다(대판 1981. 6. 23, 80다3221).
② 채권자가 채무담보의 목적으로 채무자를 대리하여 부동산을 처분하는 권한을 위임받은 경우, 그 부동산의 가치를 임의로 평가하여 자신의 채권자에게 대물변제할 권한까지 부여받은 것으로 볼 수 없다(대판 1997. 9. 9, 97다22720).
③ 예금계약의 체결을 위임받은 자가 가지는 대리권에는 그 예금을 담보로 하여 대출을 받거나 이를 처분할 수 있는 대리권이 포함되어 있다고 까지 보아서는 아니된다(대판 2002. 6. 14, 2000다38982).
④ 어떠한 계약의 체결에 관한 대리권을 수여받은 대리인이 수권된 법률행위를 하게 되면 그것으로 대리권의 원인된 법률관계(기초적 내부관계)는 원칙적으로 목적을 달성하여 종료되는 것이고, 법률행위에 의하여 수여된 대리권은 그 원인된 법률관계의 종료에 의하여 소멸하는 것이므로(민법 제128조), 그 계약을 대리하여 체결하였다 하여 곧바로 그 사람이 체결된 **계약의 해제 등 일체의 처분권과 상대방의 의사를 수령할 권한까지 가지고 있다고 볼 수는 없다**(대판 2008. 1. 31, 2007다74713).

(2) 임의대리권범위의 보충규정(제118조)

> **제118조(대리권의 범위)**
> 권한을 정하지 아니한 대리인은 다음 각호의 행위만을 할 수 있다.
> 1. 보존행위
> 2. 대리의 목적인 물건이나 권리의 성질을 변하지 아니하는 범위에서 그 이용 또는 개량하는 행위

1) 의 의
수권행위의 해석에 의하여서도 대리권의 범위를 밝힐 수 없을 경우에는 제118조의 보충규정에 따른다.

┃판례┃ 제118조는 대리권은 있으나 그 범위가 분명하지 아니한 경우의 보충적 규정에 불과하고 대리권 범위가 분명한 경우나 표현대리가 성립하는 경우에는 적용되지 않는다(대판 1964. 12. 8, 64다968).

2) 대리권의 범위
㉮ 보존행위(保存行爲)
재산의 가치를 현상 그대로 유지하는 행위로서 대리인은 이 보존행위를 무제한으로 할 수 있다(제

118조 제1호). 예컨대 가옥의 수선, 소멸시효의 중단, 미등기 부동산의 등기, 기한이 도래한 채무의 변제, 부패하기 쉬운 물건의 처분 등이다.

(나) 이용행위(利用行爲), 개량행위(改良行爲)

이용행위란 재산의 수익을 올리는 행위로서 물건을 임대하거나 금전을 이자부로 대여하는 경우와 같다. 개량행위란 사용가치 또는 교환가치를 증가시키는 행위로서 밭을 대지로 만드는 행위 등이다. 그런데 이들 이용행위·개량행위에는 대리의 목적인 물건이나 권리의 성질을 변하지 않는 범위에서만 할 수 있다는 일정한 한계가 있다(제118조 제2호).

III. 대리권의 제한

1. 공동대리

> **제119조(각자대리)**
> 대리인이 수인인 때에는 각자가 본인을 대리한다. 그러나 법률 또는 수권행위에 다른 정한 바가 있는 때에는 그러하지 아니하다.

대리인이 수인 있는 경우에 본래 각자 대리가 원칙이다. 다만 법률의 규정(예 : 친권행사의 경우)또는 수권행위에 의하여 대리인 전원이 공동으로만 대리행위를 할 수 있는 것으로 할 때에는 공동대리가 된다. 공동대리를 하게 하는 취지는 수인의 대리인들로 하여금 상호협의 하에 의사결정을 신중히 하게 함으로써 본인을 보호하고자 함에 있다.

2. 자기계약·쌍방대리금지

> **제124조(자기계약, 쌍방대리)**
> 대리인은 본인의 허락이 없으면 본인을 위하여 자기와 법률행위를 하거나 동일한 법률행위에 관하여 당사자쌍방을 대리하지 못한다. 그러나 채무의 이행은 할 수 있다.

(1) 원칙적 금지

자기계약과 쌍방대리는 본인이 희생될 수 있기 때문에 원칙적으로 금지된다(제124조). 제124조에 위반한 대리행위는 무효가 되는 것이 아니라 무권대리행위가 된다. 따라서 무권대리에 관한 규정과 이론에 의하여 처리되며, 본인이 이를 추인하면 유권대리가 된다(통설).

> **판 례** ① 법인의 대표이사가 법인을 대표하여 자신의 급료인상을 청약하고 스스로 법인에 대하여 승낙하는 의사를 표시하는 것은 자기계약이 된다(대판 1973. 10. 31. 73다954).

② 부동산 입찰절차에서 동일물건에 관하여 이해관계가 다른 2인 이상의 대리인이 된 경우에는 그 대리인이 한 입찰은 무효이다(대결 2004. 2. 13, 자 2003마44).

(2) 예외적 허용

1) 자기계약과 쌍방대리는 ① 본인의 허락이 있다든가 ② 이해의 대립이 없는 "채무의 이행"과 같이 볼 수 있는 경우에는 예외적으로 허용된다(통설).

2) 이러한 경우에 해당하는 것으로 대리인이 본인으로부터 재산관리권을 부여받았는데 그 대리인이 본인에 대하여 가지고 있던 금전채권의 기한이 도래한 경우 본인의 예금을 인출하여 충당하는 행위, 소유권이전등기절차에 대하여 등기권리자와 의무자 쌍방을 대리하는 행위 등이 있다. 그러나 **대물변제(제466조)나 경개(제500조 이하)**의 경우는 새로운 이해관계의 변경을 수반하므로 여기서 말하는 "이행"에 해당하지 않는다.

> ┊ 판 례 ┊ 사채를 얻은 쪽이나 놓은 쪽 모두 상대방이 누구인지 모른 채, 또한 상대방이 누구인지 상관하지 아니하고 사채알선업자를 신뢰하여 그로 하여금 사채를 얻는 쪽과 놓는 쪽 쌍방을 대리하여 금전 소비대차계약과 담보권설정계약을 체결하도록 하는 방식으로 사채알선업을 하는 경우, 그 사채알선업자는 소비대차계약의 체결에 있어서 대주에 대하여는 차주의 대리인 역할을 하고, 반대로 차주에 대하여는 대주의 대리인 역할을 하게 되는 것이고, 대주로부터 소비대차계약을 체결할 대리권을 수여받은 대리인은 특별한 사정이 없는 한 그 소비대차계약에서 정한 바에 따라 차주로부터 **변제를 수령할 권한도 있다**고 봄이 상당하므로 차주가 **그 사채알선업자에게 하는 변제는 유효하다**고 한 사례(대판 1997. 7. 8, 97다12273). ☞ 쌍방대리에 관해서는 대주와 차주의 승낙이 있는 사안이었다(계약체결의 방식에 비추어 쌍방대리에 관해서는 승낙이 있었음을 알 수 있다).

Ⅳ. 대리권남용

1. 문제의 소재

대리인이 대리권의 범위내에서 한 행위이지만 본인의 이익을 위해서가 아니라, 자기 혹은 제3자의 이익을 꾀하기 위하여 대리행위를 하는 등 본인과 대리인 사이의 내부적 기초관계에 위반하여 대리권의 남용이 있는 경우 그 효력이 문제된다.

2. 학설 및 판례의 태도(민법 제107조 제1항 단서 유추적용설)

> ┊ 판 례 ┊ ① 진의 아닌 의사표시가 대리인에 의하여 이루어지고 대리인의 진의가 본인의 이익이나 의사에 반하여 자기 또는 제3자의 이익을 위한 배임적인 것임을 **상대방이 알았거나 알 수 있었을 경우**에는 민법 제107조 제1항 단서의 유추해석상 대리인의 행위에 대하여 **본인은 아무런 책임을 지지 않는다**고 보아야 하고, 상대방이 대리인의 표시의사가 진의 아님을 알았거나 알 수 있었는지는 표의자인 대리인과 상대방 사이에 있었던 의사표시 형성 과정과 내용 및 그로 인하여 나타나는 효과 등을 객관적인 사정에 따라 합리적으로 판단하여야 한다(대판 2011. 12. 22, 2011다64669).
> ② 법정대리인인 친권자의 대리행위가 객관적으로 볼 때 미성년자 본인에게는 경제적인 손실만을 초래하는

반면, 친권자나 제3자에게는 경제적인 이익을 가져오는 행위이고 행위의 **상대방이 이러한 사실을 알았거나 알 수 있었을 때**에는 민법 제107조 제1항 단서의 규정을 유추적용하여 **행위의 효과가 자에게는 미치지 않는다**고 해석함이 타당하나, 그에 따라 외형상 형성된 법률관계를 기초로 하여 새로운 법률상 이해관계를 맺은 **선의의 제3자에 대하여는 같은 조 제2항의 규정을 유추적용하여 누구도 그와 같은 사정을 들어 대항할 수 없으며,** 제3자가 악의라는 사실에 관한 주장·증명책임은 무효를 주장하는 자에게 있다(대판 2018. 4. 26, 2016다3201). ☞ 대리권남용에 대하여 판례는 민법 제107조 제1항 유추적용설의 입장인데, 선의의 제3자 보호규정인 제107조 제2항도 유추적용된다는 판례이다.

```
● 대리권 남용 ┌ 원칙 : 유효
             └ 예외 : 무효

      甲 (본인)
       │
       │
      乙 (대리인) ─────────── 丙 (상대방)
     ┌ 대리권 有, 그 범위 內 대리행위
     └ 개인사리도모
```

V. 대리행위에서 현명주의

제114조(대리행위의 효력)
① 대리인이 그 권한내에서 본인을 위한 것임을 표시한 의사표시는 직접 본인에게 대하여 효력이 생긴다.
② 전항의 규정은 대리인에게 대한 제삼자의 의사표시에 준용한다.

제115조(본인을 위한 것임을 표시하지 아니한 행위)
대리인이 본인을 위한 것임을 표시하지 아니한 때에는 그 의사표시는 자기를 위한 것으로 본다. 그러나 상대방이 대리인으로서 한 것임을 알았거나 알 수 있었을 때에는 전조 제1항의 규정을 준용한다.

1. 의 의

(1) 대리인이 의사표시를 하면서 "본인을 위한 것임을 표시"하는 것을 현명이라고 한다(제114조). 여기서 "본인을 위한 것"의 의미는 "대리행위의 효과가 본인에게 귀속된다"는 의미이고, "본인에게 경제적으로 이익이 되도록 한다"는 의미가 아니다.

(2) 다만 위와 같은 대리의사가 반드시 명시적으로 표시되어야 하는 것은 아니다. 학설과 판례는 주변 사정을 종합하여 법률행위의 타인성을 인정할 수 있으면 현명의 존재를 넓게 긍정한다(주위사정에 의한 현명).

판례 甲이 부동산을 농업협동조합중앙회에 담보로 제공함에 있어 동업자인 乙에게 그에 관한 대리권을 주었다면 乙이 동 중앙회와의 사이에 그 부동산에 관하여 근저당권설정계약을 체결함에 있어 그 피담보채무를 동업관계의 채무로 특정하지 아니하고 또 **대리관계를 표시함이 없이 마치 자신이 甲 본인인 양 행세하였다 하더라도** 위 근저당권설정계약은 대리인인 위 乙이 그의 권한범위 안에서 한 것인 이상 **그 효력은 본인인 甲에게 미친다**(대판 1987. 6. 23, 86다카1411).

참고지문 (2013 사법시험기출) 甲의 부동산을 매도할 대리권을 수여 받은 乙이 마치 甲인 것처럼 행세하여 甲의 부동산을 丙에게 매도한 경우, 丙은 甲에게 소유권이전등기를 청구할 수 있다(○).

(3) 그러나, 본인의 이름을 사용하면서 대리인이 본인처럼 행세하고 상대방도 대리인을 본인으로 안 경우에는 대리의 법리가 적용될 수 없고, 대리인 자신이 당사자가 된다(대판 1974. 6. 11, 74다165)(김준호「민법강의」제22판, p.333, 지원림「민법강의」제15판, p.286 참조).

판례 "甲"이 임대차계약을 체결함에 있어서 임차인 명의를 원고 명의로 하기는 하였으나 "甲"의 이름이 원고인 것 같이 행세하여 계약을 체결함으로써 피고는 "甲"과 원고가 동일인인 것으로 알고 계약을 맺게 되었다면 설사 "甲"이 원고를 위하여 하는 의사로서 위 계약을 체결하였다 하더라도 위 계약의 효력은 원고에게 미치지 않는다(대판 1974. 6. 11, 74다165). ☞ 실제로 임차하여 사는 임차인은 "甲"인데 임차인 명의만 원고 명의로 한 경우, 임대인인 피고는 실제 사는 사람인 "甲"을 당사자(임차인)로 알고 계약을 체결한 것이므로 계약의 당사자는 명의인인 원고가 아니라 행위자인 "甲"이므로 계약의 당사자가 아닌 원고에게는 임대차계약의 효력이 미치지 않는다는 것이다.

2. 현명의 효과

(1) 현명을 한 경우(114조)

예컨대 대리권 있는 대리인 乙이 '甲 대리인 乙'이라고 표시하고 법률행위를 하면 그 행위의 효과는 甲에게 귀속한다(제114조).

(2) 현명을 하지 않은 경우(115조)

1) 원 칙(115조 본문)

대리인이 본인을 현명하지 않고 대리인 자신의 이름으로 한 법률행위의 효과에 관해서는 제115조 본문에 의하여 대리인 자신을 위한 것으로 본다. 예컨대 乙이 甲을 위한 것임을 표시하지 않고 丙과 계약을 체결하고 丙도 乙을 계약당사자라고 과실 없이 믿은 경우에는, 丙은 **乙에 대해서만** 계약의 이행을 청구할 수 있고, **甲에 대해서는** 청구하지 못한다. 이때 丙이 乙에게 계약의 이행을 청구해 오면, 乙은 자신의 의사표시를 착오를 이유로 취소할 수 없다.

2) 예 외(115조 단서)

> **판례** 대리인이 본인을 대리하여 행위를 함에 있어서는 민법 제114조 제1항의 규정에 따라 본인과 대리인을 표시하여야 하는 것이므로, 대리관계의 현명을 하지 아니한 채 행위를 하더라도 본인에게 효력이 없는 것이지만, 대리에 있어 본인을 위한 것임을 표시하는 이른바 현명은 반드시 명시적으로만 할 필요는 없고 묵시적으로도 할 수 있는 것이고, 나아가 현명을 하지 아니한 경우라도 여러 사정에 비추어 대리인으로서 행위한 것임을 상대방이 알았거나 알 수 있었을 때에는 민법 제115조 단서의 규정에 의하여 본인에게 효력이 미치는 것이다 (대판 2008. 5. 15, 2007다14759).

VI. 대리행위의 하자

> **제116조(대리행위의 하자)**
> ① 의사표시의 효력이 의사의 흠결, 사기, 강박 또는 어느 사정을 알았거나 과실로 알지 못한 것으로 인하여 영향을 받을 경우에 그 사실의 유무는 대리인을 표준하여 결정한다.
> ② 특정한 법률행위를 위임한 경우에 대리인이 본인의 지시에 좇아 그 행위를 한 때에는 본인은 자기가 안 사정 또는 과실로 인하여 알지 못한 사정에 관하여 대리인의 부지를 주장하지 못한다.

1. 착 오(제109조)

대리인에게 대리행위에 관한 착오가 있으면 그 착오가 표의자(대리인)의 중대한 과실로 인한 것이 아닌 한 이를 취소할 수 있다. 다만 **본인에 착오가 있다 하더라도** 대리인에게 착오가 없으면 취소할 수 없다(대리인 기준). 취소할 수 있는 경우 그 취소권은 본인에게 있고, 대리인이 취소하려면 본인으로부터 특별수권을 받아야 한다.

> **판례** 매수인이 대리인을 통하여 분양택지 매수지분의 매매계약을 체결한 경우, 대리인이 그 계약 내용, 잔금의 지급 기일, 그 지급 여부 및 지연손해금 액수에 관하여 잘 알고 있었다고 인정되는 때에는, 설사 매수인이 지연손해금 여부 및 그 액수에 관하여 모른 채로 대리인에게 대리권을 수여하였더라도, 매수인으로서는 자신의 착오를 이유로 그 매매계약을 취소할 수 없다(대판 1996. 2. 13, 95다41406).

2. 사기, 강박(제110조)

(1) 상대방의 사기, 강박

1) 대리인이 상대방의 사기 등에 의하여 의사표시를 한 경우에, 본인이 대리인의 의사표시를 취소할 수 있다. 대리인이 취소하려면 특별수권을 받아야 한다.

2) 사기·강박이 있는지의 유무는 대리인을 기준으로 하기 때문에 본인이 사기, 강박을 받았다 하더라도 대리인이 의사표시를 하는데 흠이 없었다면 본인은 대리행위를 취소할 수 없다.

(2) 대리인의 사기·강박

상대방이 본인의 대리인의 사기·강박에 의하여 의사표시를 한 경우, 대리인은 본인과 동일시할 수 있는 자이어서 제3자의 사기·강박에 해당하지 아니하므로 상대방은 본인의 지·부지에 관계없이 언제나 의사표시를 취소할 수 있다(제110조 제1항).

3. 반사회질서의 법률행위·폭리행위

(1) 제103조 위반

판례 대리인이 본인을 대리하여 매매계약을 체결함에 있어서 매매대상 토지에 관한 저간의 사정을 **잘 알고 그 배임행위에 가담하였다면**, 대리행위의 하자 유무는 대리인을 표준으로 판단하여야 하므로, 설사 **본인이 미리 그러한 사정을 몰랐거나 반사회성을 야기한 것이 아니라고 할지라도** 그로 인하여 **매매계약이 가지는 사회질서에 반한다는 장애사유가 부정되는 것은 아니다**(대판 1998. 2. 27, 97다45532).

(2) 제104조 위반

판례 대리인에 의하여 법률행위가 이루어진 경우 그 법률행위가 민법 제104조의 불공정한 법률행위에 해당하는지 여부를 판단함에 있어서 **경솔과 무경험**은 대리인을 기준으로 하여 판단하고, **궁박**은 본인의 입장에서 판단하여야 한다(대판 2002. 10. 22, 2002다38927).

4. 매도인의 담보책임

물건의 하자에 대해 매수인이 매도인에 대해 담보책임을 물으려면, 매수인이 그 하자에 대해 선의·무과실이어야 한다(제580조 제1항). 여기서 매수인이 대리인을 통하여 매매계약을 체결하였다면 대리인을 기준으로 선의·무과실 여부를 판단한다(제116조 제1항). 그러나 본인이 대리인에게 특정 물건의 매수에 대해 대리권을 수여할 당시 **본인이 그 물건에 하자가 있음을 알면서도 그 물건을 매수할 것을 지시한 경우**에는 비록 대리인이 선의·무과실 일지라도 대리인의 선의·무과실을 주장하여 매도인에게 담보책임을 물을 수 없다. 즉 이러한 경우에는 대리인을 표준으로 하는 것이 아니라 본인을 표준으로 해야 하는 것이다(제116조 제2항).

Ⅶ. 대리인의 행위능력

> **제117조(대리인의 행위능력)**
> 대리인은 행위능력자임을 요하지 아니한다.

1. 민법 제117조의 의의

대리행위의 효과는 본인에게 발생하기 때문에 유리와 불리가 대리인에게 직접적으로 미치는 것은 아니다. 이에 민법 제117조는 대리인은 행위능력자임을 요하지 아니한다고 규정하고 있다. 따라서 본인 또는 대리인은 **대리인의 제한능력을 이유로 대리행위를 취소할 수는 없다.** 다만 대리인이 법률행위를 하기 때문에 의사능력은 당연히 구비하여야 한다.

2. 대리인이 피성년후견인이 되는 경우(제127조와의 관계)

대리인은 행위능력자임을 요하지 아니한다(제117조). 그런데 대리인이 성년후견이 개시되면 대리권이 소멸하는 것으로 되어 있다(제127조). 통설은 피성년후견인도 의사능력이 있는 한 대리인이 될 수는 있으나(제117조), 특히 정상인이 대리인으로 "선임된 후"에 이러한 사정의 발생으로 대리권을 존속케 하는 것이 본인의 이익에 반하는 경우에는 대리권 소멸원인으로 하고 있는 것(제127조)이라고 해석한다(통설).

VIII. 복대리

> **제123조(복대리인의 권한)**
> ① 복대리인은 그 권한내에서 본인을 대리한다.
> ② 복대리인은 본인이나 제삼자에 대하여 대리인과 동일한 권리의무가 있다.

1. 의 의

복대리인이라 함은 대리인이 자신의 이름으로 선임한 본인의 대리인이다. 즉 복대리인은 **대리인의 대리인이 아니고 본인의 대리인**이다. 따라서 복대리인은 그 권한 내에서 본인을 대리하는데, 복대리인은 본인이나 제3자에 대하여 대리인과 동일한 권리의무가 있다(제123조 제2항). 그리고 복대리인을 선임한 후에도 대리인의 대리권은 소멸하지 않고 복대리인의 대리권과 병존한다.

2. 복대리인의 선임과 그에 대한 대리인의 책임

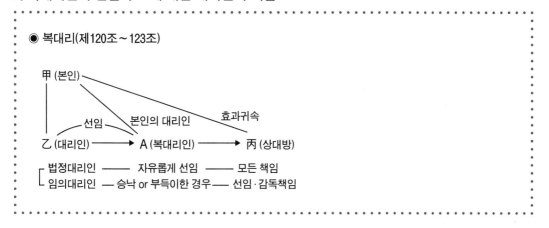

(1) 임의대리의 경우

> **제120조(임의대리인의 복임권)**
> 대리권이 법률행위에 의하여 부여된 경우에는 대리인은 본인의 승낙이 있거나 부득이한 사유있는 때가 아니면 복대리인을 선임하지 못한다.
>
> **제121조(임의대리인의 복대리인선임의 책임)**
> ① 전조의 규정에 의하여 대리인이 복대리인을 선임한 때에는 본인에게 대하여 그 선임감독에 관한 책임이 있다.
> ② 대리인이 본인의 지명에 의하여 복대리인을 선임한 경우에는 그 부적임 또는 불성실함을 알고 본인에게 대한 통지나 그 해임을 태만한 때가 아니면 책임이 없다.

1) 임의대리인은 본인의 신임에 기하여 선임된 대리인이므로 원칙적으로 복임권이 인정되지 않는다. 그러나 본인의 승낙이 있거나, 부득이한 사유가 있는 때에는 예외적으로 복임권이 인정된다(제120조). 다만 대리의 목적인 법률행위의 성질상 **대리인 자신에 의한 처리가 필요하지 아니한 경우**에는 본인이 복대리금지의 의사를 명시하지 아니하는 한 복대리인 선임에 관하여 **묵시적 승낙**이 있는 것으로 볼 수 있다.

> **판례** 임의대리인은 본인의 승낙이 있거나 부득이한 사유가 있지 아니하면 복대리인을 선임할 수 없는 것인바, 아파트 분양업무는 그 성질상 **분양 위임을 받은 수임인의 능력에 따라 그 분양사업의 성공 여부가 결정되는 사무로서, 본인의 명시적인 승낙 없이는 복대리인의 선임이 허용되지 아니하는 경우**로 보아야 한다(대판 1999. 9. 3, 97다56099).

2) 임의대리인이 위와 같은 요건하에서 복대리인을 선임한 경우에 **원칙적으로** 본인에 대하여는 복대리인의 행위에 관하여 **아무런 책임을 지지 아니한다.** 그러나 **복대리인의 선임·감독에 과실이 있는 때에는 책임을 진다**(제121조 제1항). 다만 임의대리인이 본인의 지명에 의하여 복대리인을 선임한 경우에는 그 부적임 또는 불성실함을 알고 본인에 대하여 통지나 그 해임을 해태한 때에 한하여 책임을 진다(제121조 제2항).

(2) 법정대리의 경우

> **제122조(법정대리인의 복임권과 그 책임)**
> 법정대리인은 그 책임으로 복대리인을 선임할 수 있다. 그러나 부득이한 사유로 인한 때에는 전조 제1항에 정한 책임만이 있다.

1) 법정대리인은 임의대리인과 달리 언제나 복대리인을 선임할 수 있다. 법정대리인은 법률의 규정에 의하여 대리인이 된 자이며, 대리행위의 범위가 포괄적이고 광범위하기 때문이다.
2) 법정대리인은 위와 같이 자유로이 복대리인을 선임할 수 있으나, 대신 그 책임은 크다. 즉 법정대리인은 복대리인의 행위에 관하여 선임·감독에 과실이 있느냐 없느냐를 불문하고 모든 책임을 진다. 그러나 부득이한 사유(본인의 승낙은 해당사유가 아님을 유의)로 복대리인을 선임한 경우에는 임의대리인의 경우와 같이 선임감독에 관한 책임만을 진다(제122조).

3. 복대리인의 복임권

복대리인의 복임권에 대하여 민법은 아무런 규정은 없다. 따라서 복대리인이 다시 복대리인을 선임할 수 있는지가 문제되는데, 통설은 긍정한다. 다만 법정대리·임의대리 모두 복대리인은 임의대리인과 동일한 조건하에 복임권을 갖는다. 즉 법정대리인의 복대리인이 다시 복대리인을 선임하는 경우에도 임의대리의 복대리인이 다시 복대리인을 선임하는 경우와 마찬가지로 제120조의 제한하에서만 허용된다.

4. 복대리권의 소멸

복대리권은 대리권에의 종속하므로 본인과 대리인과의 기초적 법률관계가 종료하면 복대리인의 대리권도 소멸한다. 그러나 복대리인의 선임시 대리인의 대리권은 소멸하지 않고 복대리인의 대리권과 병존한다는 점은 위에서 본 바와 같다.

IX. 대리권의 소멸

제127조(대리권의 소멸사유)
대리권은 다음 각 호의 어느 하나에 해당하는 사유가 있으면 소멸된다.
1. 본인의 사망
2. 대리인의 사망, 성년후견의 개시 또는 파산

제128조(임의대리의 종료)
법률행위에 의하여 수여된 대리권은 전조의 경우외에 그 원인된 법률관계의 종료에 의하여 소멸한다. 법률관계의 종료전에 본인이 수권행위를 철회한 경우에도 같다.

X. 표현대리 일반

1. 의 의

표현대리(제125조, 제126조, 제129조)는 대리인이라는 사람에게 정당한 대리권이 없음에도 불구하고 대리권이 있는 것과 같은 외관이 존재하며, 이에 대하여 본인이 어느 정도의 원인을 제공하고 상대방이 무권대리인을 정당한 대리인으로 신뢰하여 법률관계를 형성한 경우에 이를 신뢰한 상대방을 보호하는 제도로서 무권대리행위에 의한 법률효과를 정당한 대리행위에서와 같이 본인에게 귀속시키는 제도이다.

2. 체 계

> **판례** 유권대리에 있어서는 본인이 대리인에게 수여한 대리권의 효력에 의하여 법률효과가 발생하는 반면 표현대리에 있어서는 대리권이 없음에도 불구하고 법률이 특히 거래상대방 보호와 거래안전유지를 위하여 본래 무효인 무권대리행위의 효과를 본인에게 미치게 한 것으로서 **표현대리가 성립된다고 하여 무권대리의 성질이 유권대리로 전환되는 것은 아니므로,** 양자의 구성요건 해당사실 즉 주요사실은 다르다고 볼 수 밖에 없으니 **유권대리에 관한 주장 속에 무권대리에 속하는 표현대리의 주장이 포함되어 있다고 볼 수 없다** [대판(전합) 1983. 12. 13, 83다카1489].

XI. 대리권수여의 표시에 의한 표현대리

> **제125조(대리권수여의 표시에 의한 표현대리)**
> 제삼자에 대하여 타인에게 대리권을 수여함을 표시한 자는 그 대리권의 범위내에서 행한 그 타인과 그 제삼자간의 법률행위에 대하여 책임이 있다. 그러나 제삼자가 대리권없음을 알았거나 알 수 있었을 때에는 그러하지 아니하다.

1. 의 의

제125조의 표현대리는 본인이 타인에게 대리권을 실제로는 주지 않았으나, 주었다고 표시함으로써 대리권 성립의 외관이 존재하는 경우이다.

2. 요 건

(1) 대리권 수여의 표시

> **판례** 민법 제125조가 규정하는 대리권 수여의 표시에 의한 표현대리는 본인과 대리행위를 한 자 사이의 기본적인 법률관계의 성질이나 그 효력의 유무와는 관계없이 어떤 자가 본인을 대리하여 제3자와 법률행위를 함에 있어 **본인이 그 자에게 대리권을 수여하였다는 표시를 제3자에게 한 경우**에 성립하는 것이다(대판 2007. 8. 23, 2007다23425).

1) 표시의 방식

제125조의 표현대리에서 대리권수여표시는 위임장에 의하는 것이 보통이지만, 서면에 의하지 않는 구두라도 무방하다. 백지위임장을 교부하는 것은 일반적으로 그 소지자에게 대리권을 준 뜻을 표시한 것이 될 수 있다. 판례가 인정하는 표시의 방식으로는 첫째, 위임장을 교부하는 경우, 둘째 명의대여가 주류를 이룬다.

판례 ① 본인에 의한 대리권 수여의 표시는 반드시 대리권 또는 대리인이라는 말을 사용하여야 하는 것이 아니라 **사회통념상 대리권을 추단할 수 있는 직함이나 명칭 등의 사용을 승낙 또는 묵인한 경우**에도 대리권 수여의 표시가 있은 것으로 볼 수 있다.(대판 1998. 6. 12, 97다53762).

② 甲이 자기의 사위인 乙에게 상호를 포함한 영업일체를 양도하여서 동일상호를 사용하여 영업을 계속하게 하는 동안 자기의 당좌거래를 이용하여 대금결제를 하도록 하였고 또 영업을 乙에게 양도한 이후에도 자기명의의 당좌수표 및 약속어음 20여장이 乙로부터 丙에게 물품대금으로 교부되어 그 대부분이 결제되었다면 甲이 丙으로 하여금 乙이 甲명의의 수표를 사용할 권한이 있다고 믿게 할 만한 외관을 조성하였다 할 것이고 이와 같은 외관을 가지고서 乙이 甲의 인장을 남용하여 수표를 위조한 행위는 대리권수여표시에 의한 표현대리에 해당한다(대판 1987. 3. 24, 86다카1348).

2) 표시의 상대방

제125조의 "제3자"란 대리행위의 상대방만을 지칭하는 것이고 그 상대방과 거래한 제3자를 의미하는 것은 아니다(통설). 다만 **특정한 제3자에 하든지 불특정한 제3자에 하든지(신문광고 등) 상관없으며**, 본인이 직접 하지 않고 대리인을 통해서도 할 수 있다.

3) 표시된 대리권의 범위 내

제125조의 대리권수여표시에 의한 표현대리가 성립하기 위하여는 표현대리인이 표시된 대리권의 범위 내에서 대리행위를 하여야 한다. 그 범위를 초월하면 제126조의 표현대리가 적용되어야 할 것이다.

(2) 상대방의 선의·무과실

제125조의 표현대리는 제3자가 대리인이라는 사람에게 대리권이 없음을 알았거나 알 수 있었을 때에는 인정되지 않는다(제125조 단서). 입증책임은 본인에게 있으므로 본인이 책임을 면하려면 상대방의 악의 또는 과실을 본인이 입증하여야 한다.

3. 적용범위

제125조는 임의대리에 적용되고 **법정대리에는 적용되지 않는다**.

XII. 권한을 넘은 표현대리

> **제126조(권한을 넘은 표현대리)**
> 대리인이 그 권한외의 법률행위를 한 경우에 제삼자가 그 권한이 있다고 믿을 만한 정당한 이유가 있는 때에는 본인은 그 행위에 대하여 책임이 있다.

1. 의 의

(1) 권한을 넘은 표현대리란 기본대리권이 있는 대리인이 그 권한 외의 법률행위를 한 경우에 제3자가 그 권한이 있다고 믿을 만한 정당한 이유가 있는 때에는 본인이 그 행위에 대하여 책임을 지는 것을 말한다. 다른 표현대리와는 달리 제126조의 표현대리가 성립하지 않더라도 대리권 있는 범위에서는 유권대리가 성립할 수 있다.

(2) 제126조의 표현대리가 성립하기 위해서는 ① 기본대리권이 존재할 것, ② 권한을 넘은 표현대리 행위가 존재할 것, ③ 상대방에게 정당한 사유가 있을 것 등이 요구된다.

2. 성립요건

(1) 기본대리권의 존재

1) 현실로 이루어진 행위(초월행위)에 대해서는 대리권이 없지만 다른 어떠한 행위에 대해서는 진실로 대리권이 존재하고 있는 경우(기본대리권)에 제126조에 의한 표현대리가 성립할 수 있다. 따라서 **기본적인 어떠한 대리권도 없는 자**에 대하여 대리권한의 유월 또는 소멸 후의 표현대리관계는 성립할 여지가 없다(대판 2008. 1. 31, 2007다74173 등).

2) 기본대리권이 **등기신청행위(공법행위)**라 할지라도 표현대리인이 그 권한을 유월하여 **대물변제라는 사법행위**를 한 경우에는 표현대리의 법리가 적용된다(대판 1978. 3. 28, 78다282, 283). 이 판례는 ① **공법상 행위**에 관한 대리권도 이를 기본대리권으로 삼을 수 있고, ② **기본대리권과 초월하는 대리행위가 이종(별종)이더라도 상관없다**는 두 가지 점에서 의미가 있다.

> **판례** 정당하게 부여받은 대리권의 내용되는 행위와 표현대리행위는 반드시 같은 종류의 행위에 속할 필요는 없다(대판 1969. 7. 22, 69다548).

3) 사실행위

판례 중에는 사실행위를 위한 사자인 경우에 제126조의 표현대리를 긍정한 사례도 있고, 부정한 사례도 있다.

> **판례** 〈긍정한 사례〉: ① 대리인이 아니고 사실행위를 위한 사자라 하더라도 외견상 그에게 어떠한 권한이 있는 것의 표시 내지 행동이 있어 상대방이 그를 믿었고 또 그를 믿음에 있어 정당한 사유가 있다면 표현대리의 법리에 의하여 본인에게 책임이 있다(대판 1962. 2. 8, 61다192).
> ② 대리인이 **사자** 내지 **임의로 선임한 복대리인**을 통하여 권한 외의 법률행위를 한 경우, 상대방이 그 행위자를 대리권을 가진 대리인으로 믿었고 또한 그렇게 믿는 데에 정당한 이유가 있는 때에는, 복대리인 선임권이 없는 대리인에 의하여 선임된 복대리인의 권한도 기본대리권이 될 수 있을 뿐만 아니라, 그 행위자가 사자라고 하더라도 대리행위의 주체가 되는 대리인이 별도로 있고 그들에게 본인으로부터 기본대리권이 수여된 이상, 민법 제126조를 적용함에 있어서 기본대리권의 흠결 문제는 생기지 않는다(대판 1998. 3. 27, 97다48982). ☞

이 판례는 ① **사자를 통하여** 권한 외의 법률행위를 한 경우에도 표현대리의 성립을 인정하였고, ② 임의로 선임한 **복대리인**을 통하여 권한 외의 법률행위를 한 경우에도 표현대리의 성립을 인정하였다는 두 가지 점에서 의미가 있는 판례이다.

〈**부정한 사례**〉 민법 제126조의 표현대리가 성립하기 위하여는 무권대리인에게 법률행위에 관한 기본대리권이 있어야 하는 바, **투자상담사**가 증권회사로부터 위임받은 고객의 유치·투자상담 및 권유·위탁매매약정 실적의 제고 등의 업무는 **사실행위**에 불과하므로 이를 기본대리권으로 하여서는 권한초과의 표현대리가 성립할 수 없다(대판 1992. 5. 26, 91다32190).

(2) 권한을 초월하는 대리행위의 존재

1) 제126조의 표현대리는 초월하는 대리행위가 있어야 한다. 즉 표현대리인과 상대방 사이에 **대리행위라고 볼만한 것이 없는 때**에는 제126조에 따른 표현대리는 적용될 수 없다.

> **판례** ① 종중으로부터 임야의 매각과 관련한 권한을 부여받은 갑이 임야의 일부를 실질적으로 **자기가 매수하여 그 처분권한이 있다고 하면서** 을로부터 금원을 차용하고 그 담보를 위하여 위 임야에 대하여 양도담보계약을 체결한 경우, 이는 **종중을 위한 대리행위가 아니어서** 그 효력이 종중에게 미치지 아니하고, 민법 제126조의 표현대리의 법리가 적용될 수도 없다(대판 2001. 1. 19, 99다67598).
> ② 대리인이 본인으로부터 위임받은 바와는 달리 이전등기의 관계서류를 위조 내지 변조하여 **본인으로부터 직접 자기 앞으로 이전한 후** 제3자를 통하여 담보권을 설정하였다고 한다면 특별한 사정이 없는 한 담보권설정계약의 당사자는 대리인과 제3자로서 **그 대리인은 본인의 대리인으로서 그러한 계약을 하였다고 볼 수 없고**, 따라서 여기에 표현대리 이론을 개입시킬 여지가 없다(대판 1972. 5. 23, 71다2365).
> ③ 소외인이 원고로부터 원고를 대리하여 타로부터 금원을 차용하고 본건 부동산에 관한 담보권설정의 대리권을 수여받고 권리증, 인감증명서 등을 교부받았음에도 **자기 앞으로 소유권을 이전하여 자신의 이름으로** 피고에게 담보권을 설정하여 주고 금원을 차용하여 이를 유용한 경우에는 피고가 소외인에게 금원을 대여하고 그 부동산에 담보권을 설정한 것은 소외 인을 진실한 소유자로 믿고 한 것이지 동 소외인을 원고의 대리인이라고 믿고 한 것이 아니고, 소외인이 그 명의로 소유권이전등기함에 있어 원고가 이를 통정 용인하였거나 이를 알고도 방치(허위의 소유권이전등기라는 외관형성에 관여)하였다고 할 수 없으므로 민법 제126조, 제108조를 유추하여서 피고 명의의 위 담보권을 유효하다고 할 수 없다(대판 1981. 12. 22, 80다1475).

2) 대리인이 본인 명의로 법률행위를 한 경우

㈎ 원칙적으로 민법 제126조의 표현대리는 성립될 수 없다.

> **판례** [1] 민법 제126조의 표현대리는 대리인이 본인을 위한다는 의사를 명시 혹은 묵시적으로 표시하거나 대리의사를 가지고 권한 외의 행위를 하는 경우에 성립하고, **사술을 써서 위와 같은 대리행위의 표시를 하지 아니하고 단지 본인의 성명을 모용하여 자기가 마치 본인인 것처럼 기망하여 본인 명의로 직접 법률행위를 한 경우**에는 특별한 사정이 없는 한 위 법조 소정의 표현대리는 성립될 수 없다. [2] **처가 제3자를 남편으로 가장시켜 관련 서류를 위조하여 남편 소유의 부동산을 담보로 금원을 대출받은 경우**, 남편에 대한 민법 제126조 소정의 표현대리책임을 부정한 사례(대판 2002. 6. 28, 2001다4981).

(나) 그러나 **대리인에게 기본대리권이 있는 경우**에는 판례가 표현대리 법리를 유추적용할 수 있다고 한다.

> **판례** 본인으로부터 아파트에 관한 임대 등 일체의 관리권한을 위임받아 본인으로 가장하여 아파트를 임대한 바 있는 대리인이 다시 **자신을 본인으로 가장하여 임차인에게 아파트를 매도**하는 법률행위를 한 경우에는 권한을 넘은 표현대리의 법리를 유추적용하여 본인에 대하여 그 행위의 효력이 미친다고 볼 수 있다(대판 1993. 2. 23, 92다52436).

(3) 대리행위 자체는 유효할 것

표현대리가 성립하기 위하여는 "대리행위 자체가 유효할 것"을 전제로 한다.

> **판례** ① 증권회사 또는 그 임직원의 부당권유행위를 금지하는 증권거래법 제52조 제1항은 공정한 증권거래 질서의 확보를 위하여 제정된 강행법규로서 이에 위배되는 주식거래에 관한 투자수익보장약정은 무효이고, **투자수익보장이 강행법규에 위반되어 무효인 이상** 증권회사의 지점장에게 그와 같은 약정을 체결할 권한이 수여되었는지 여부에 불구하고 그 약정은 여전히 무효이므로 **표현대리의 법리가 준용될 여지가 없다**(대판 1996. 8. 23, 94다38199).
> ② 계약체결의 요건을 규정하고 있는 **강행법규에 위반한 계약**은 무효이므로 그 경우에 계약상대방이 선의·무과실이더라도 민법 제107조의 비진의표시의 법리 또는 표현대리 법리가 적용될 여지는 없다. 따라서 도시 및 주거환경정비법에 의한 주택재건축조합의 대표자가 그 법에 정한 강행규정에 위반하여 적법한 총회의 결의 없이 계약을 체결한 경우에는 상대방이 그러한 법적 제한이 있다는 사실을 몰랐다거나 총회결의가 유효하기 위한 정족수 또는 유효한 총회결의가 있었는지에 관하여 잘못 알았더라도 계약이 무효임에는 변함이 없다. 또한 총회결의의 정족수에 관하여 강행규정에서 직접 규정하고 있지 않지만 강행규정이 유추적용되어 과반수보다 가중된 정족수에 의한 결의가 필요하다고 인정되는 경우에도 그 결의 없이 체결된 계약에 대하여 비진의표시 또는 표현대리의 법리가 유추적용될 수 없는 것은 마찬가지이다(대판 2016. 5. 12, 2013다49381).
> ③ 비법인사단인 교회의 대표자는 총유물인 교회 재산의 처분에 관하여 교인총회의 결의를 거치지 아니하고는 이를 대표하여 행할 권한이 없다. 그리고 **교회의 대표자가 권한 없이 행한 교회 재산의 처분행위에 대하여는 민법 제126조의 표현대리에 관한 규정이 준용되지 아니한다**(대판 2009. 2. 12, 2006다23312).

(4) 상대방

제126조의 "제3자"는 제125조 및 제129조의 경우와 마찬가지로 표현대리행위의 직접 상대방만을 말한다.

> **판례** 권한을 넘은 표현대리에 관한 민법 제126조의 규정에서 제3자라 함은 당해 표현대리행위의 직접 상대방이 된 자만을 지칭하는 것이다(대판 1994. 5. 27, 93다21521).

(5) 정당한 이유

1) 정당한 이유의 의미

㈎ 선의ㆍ무과실설(다수설ㆍ판례)

ㄱ) 제125조 및 제129조의 경우와 마찬가지로 선의·무과실을 의미한다는 견해이다.

> **판례** 민법 제125조의 표현대리에 해당하여 본인에게 대리행위의 직접의 효과가 귀속하기 위하여는 **대리행위의 상대방이** 대리인으로 행위한 사람에게 실제로는 대리권이 없다는 점에 대하여 **선의일 뿐만 아니라 무과실이어야 함**은 같은 조 단서에서 명백하고, 이는 **민법 제126조** 또는 제129조에서 정하는 표현대리에 있어서도 다를 바 없다(대판 2009. 5. 28, 2008다56392).

ㄴ) 정당한 이유의 유무는 **대리행위를 하는 때**를 기준으로 판단하여야 한다고 한다.

> **판례** ① 정당한 이유의 존부는 자칭 대리인의 **대리행위가 행하여 질 때**에 존재하는 제반사정을 객관적으로 관찰하여 판단하여야 하는 것이지 당해 법률행위가 이루어지고 난 훨씬 뒤의 사정을 고려하여 그 존부를 결정해야 하는 것은 아니다(대판 1987. 7. 7, 86다카2475).
> ② 무권대리인이 매매계약 후 잔대금 수령시에 본인 명의의 등기서류를 제시한 사정만으로 상대방이 무권대리인에게 그 권한이 있다고 믿을 만한 정당한 이유가 될 수 없다(대판 1981. 8. 20, 80다3247).
> ③ 부동산 매도를 위임받은 대리인이 자신의 채무 지급에 갈음하여 그 부동산에 관하여 대물변제계약을 체결한 사안에서, 그 계약 체결 이후에 비로소 본인으로부터 소유권이전등기에 필요한 서류와 인감도장을 교부받았다면 상대방이 대리인에게 위 부동산을 대물변제로 제공할 대리권이 있다고 믿은 데에 정당한 이유가 있다고 할 수 없다(대판 2009. 11. 12, 2009다46828).

㈏ 독자적 판단설(소수설)

정당한 이유의 유무는 과실보다 더 객관적인 판단에 맡겨야 한다는 견해로서 법관이 변론종결 당시까지 존재하는 제반자료 및 사정을 종합하여 판단할 때 대리권의 존재가 명백하다고 여겨지는 경우에 정당한 이유가 있다고 한다.

2) 입증책임

본인부담설(다수설)과 상대방부담설(소수설)이 대립한다.

3) 본인의 귀책사유의 요부

상대방이 표현대리인에게 대리권이 있다고 믿게 된 것이 본인의 귀책사유에 기인한 것이 아닌 경우에도 표현대리는 성립할 수 있다. 즉 월권대리행위를 신뢰하도록 한 데 대하여 본인의 귀책사유는 요건이 아니다.

(6) 주장 및 입증책임

제126조에 의한 표현대리 행위로 인정된다는 점의 주장 및 입증책임은 **그것을 유효하다고 주장하는 자**(주로 상대방)에게 있다(대판 1968. 6. 18, 68다694).

3. 적용범위(법정대리의 경우)

제126조의 표현대리는 임의대리·법정대리 모두 다 적용된다.

(1) 일상가사대리권과 제126조의 표현대리

> **제827조(부부간의 가사대리권)**
> ① 부부는 일상의 가사에 관하여 서로 대리권이 있다.
> ② 전항의 대리권에 가한 제한은 선의의 제삼자에게 대항하지 못한다.

부부상호간 일상가사를 초과하는 행위에 관하여 일상가사대리권을 기본대리권으로 하여 제126조의 적용을 긍정하는 견해가 통설·판례의 입장이다.

> **판례** 타인의 채무에 대한 보증행위는 그 성질상 아무런 반대급부 없이 오직 일방적으로 불이익만을 입는 것인 점에 비추어 볼 때, 남편이 처에게 타인의 채무를 보증함에 필요한 대리권을 수여한다는 것은 사회통념상 이례에 속하므로, 처가 특별한 수권 없이 남편을 대리하여 위와 같은 행위를 하였을 경우에 그것이 민법 제126조 소정의 표현대리가 되려면 처에게 일상가사대리권이 있었다는 것만이 아니라 상대방이 처에게 남편이 그 행위에 관한 대리의 권한을 주었다고 믿었음을 정당화할 만한 객관적인 사정이 있어야 한다(대판 1998. 7. 10, 98다18988).

(2) 한정후견인의 법정대리권과 제126조의 표현대리

판례는 한정치산자(현재는 피한정후견인)의 후견인이 친족회(현재는 후견감독인)의 동의를 얻지 않고 피후견인의 부동산을 처분하는 행위를 한 경우에도 상대방이 친족회(후견감독인)의 동의가 있다고 믿은 데에 정당한 사유가 있는 때에는 본인인 한정치산자(피한정후견인)에게 그 효력이 미친다고 한다(대판 1997. 6. 27, 97다3828).

XIII. 제129조의 표현대리

> **제129조(대리권소멸후의 표현대리)**
> 대리권의 소멸은 선의의 제삼자에게 대항하지 못한다. 그러나 제삼자가 과실로 인하여 그 사실을 알지 못한 때에는 그러하지 아니하다.

1. 의 의

제129조 대리권 소멸 후의 표현대리는 대리인이 이전에 대리권을 가졌었는데 현재에는 대리권이 소멸한 경우 상대방이 대리권이 종전처럼 있다고 믿는 대리권의 존속의 외관과 관련이 있다. 예컨대 법인의 이사직을 사임한 자가 법인의 이사로서 제3자와 법률행위를 하는 경우이다(김준호 민법강의, 346면).

2. 요 건

① 존재하였던 대리권이 소멸하였을 것, ② 소멸된 대리권의 범위 내에서 한 행위일 것, ③ 상대방은 선의·무과실일 것 등이다. "선의·무과실"의 입증책임에 대해서 다수설은 본인이 상대방의 악의 또는 과실을 입증하여야 한다고 하나, 소수설은 법조문에 비추어 선의는 상대방, 과실은 본인이 부담하여야 한다고 한다.

3. 다른 표현대리 유형과의 경합

판례 〈제129조와 제126조의 경합〉 민법 제126조에서 말하는 권한을 넘은 표현대리는 현재에 대리권을 가진 자가 그 권한을 넘은 경우에 성립하는 것이지, 현재에 아무런 대리권도 가지지 아니한 자가 본인을 위하여 한 어떤 대리행위가 과거에 이미 가졌던 대리권을 넘은 경우에까지 성립하는 것은 아니라고 할 것이고, 한편 **과거에 가졌던 대리권이 소멸되어 민법 제129조에 의하여 표현대리로 인정되는 경우에 그 표현대리의 권한을 넘는 대리행위가 있을 때**에는 민법 제126조에 의한 표현대리가 성립할 수 있다(대판 2008. 1. 31, 2007다74713).

4. 법정대리에 적용여부

제129조의 표현대리는 법정대리에 대해서도 적용된다. 정리하면 제125조의 표현대리는 임의대리에만 적용되고 법정대리에는 적용되지 않지만, 제126조와 제129조의 표현대리는 임의대리·법정대리를 가리지 않고 모두에 적용된다.

5. 복대리와 표현대리

대리권소멸 후 선임한 복대리인의 행위에 표현대리가 성립할 수 있다.

판례 표현대리의 법리는 거래의 안전을 위하여 어떠한 외관적 사실을 야기한 데 원인을 준 자는 그 외관적 사실을 믿음에 정당한 사유가 있다고 인정되는 자에 대하여는 책임이 있다는 일반적인 권리외관이론에 그 기초를 두고 있는 것인 점에 비추어 볼 때, 대리인이 대리권소멸 후 직접 상대방과 사이에 대리행위를 하는 경우는 물론, **대리인이 대리권소멸 후 복대리인을 선임하여 복대리인으로 하여금 상대방과 사이에 대리행위를 하도록 한 경우에도** 상대방이 대리권소멸사실을 알지 못하여 복대리인에게 적법한 대리권이 있는 것으로 믿었고, 그와 같이 믿은 데 과실이 없다면 **민법 제129조에 의한 표현대리가 성립할 수 있다**(대판 1998. 5. 29, 97다55317).

XIV. 무권대리

1. 의 의

대리권 없이 타인의 이름으로 의사표시를 하거나(능동대리) 이를 수령하는 행위(수동대리)를 무권대리라 한다. 무권대리는 통설적 견해와 판례에 의하면 협의의 무권대리와 표현대리로 구분된다. **협의의 무권대리**는 대리권 없이 이루어진 행위이므로 행위의 법적 효과가 본인에게 발생하지 않으며, 상대방도 본인에 대하여 그 효과를 주장할 수 없다. 다만 표현대리는 일정한 요건하에 본인에게 책임을 지운다.

2. 무권대리에서 본인의 추인

(1) 의 의

추인은 무권대리행위가 있음을 알고 그 행위의 효과를 자기에게 귀속시키도록 하는 단독행위이다. 무권대리행위는 유동적 무효의 상태에 있다가 추인이 있으면 확정적으로 유효하게 된다.

(2) 추인의 방법

1) 상대방

추인의 의사표시는 명시적·묵시적으로도 가능하며, **상대방 또는 무권대리인 어느 쪽에 대해서도 할 수 있으며,** 승계인에게도 할 수 있다(대판 2009. 11. 12, 2009다46828). 추인으로 말미암아 유동적 무효상태에 놓였던 무권대리행위는 확정적으로 유효하게 되므로 이후에는 상대방의 철회권 행사는 인정되지 않는다(제134조 참조). 다만 본인의 추인이 있더라도 그것이 **무권대리인에 대하여 표시된 때**에는 상대방이 추인의 사실을 알기까지는 상대방에 대하여 추인의 효력을 주장할 수 없다(제132조).

> **판례** 민법 제132조는 **본인이 무권대리인에게 무권대리행위를 추인한 경우에 상대방이 이를 알지 못하는 동안에는 본인은 상대방에게 추인의 효과를 주장하지 못한다**는 취지이므로 **상대방은 그때까지 민법**

제 134조에 의한 철회를 할 수 있고, 또 무권대리인에의 추인이 있었음을 주장할 수도 있다(대판 1981. 4. 14, 80다2314).

2) 일부 추인

무권대리 추인은 대리행위 전부에 대해 하여야 하지 **무권대리행위의 일부에 대하여 추인을 하거나 변경을 가하여 추인을 하는 것은 상대방의 동의가 없는 한 무효이다**(대판 1982. 1. 26, 81다549). 마찬가지로 무권대리인이 행한 소송행위의 추인은 특별한 사정이 없는 한 소송행위의 전체를 대상으로 하여야 하고, 그 중 일부의 소송행위만을 추인하는 것은 허용되지 아니한다(대판 2008. 8. 21, 2007다79480).

3) 묵시적 추인

무권대리행위는 그 효력이 불확정상태에 있다가 본인의 추인유무에 따라 본인에 대한 효력발생여부가 결정되는 것인바, 그 추인은 무권대리행위가 있음을 알고 그 행위의 효과를 자기에게 귀속시키도록 하는 단독행위로서 그 의사표시의 방법에 관하여 일정한 방식이 요구되는 것이 아니므로 명시적이든 묵시적이든 묻지 아니한다(대판 1990. 4. 27, 89다카2100).

> **판례** ① 〈일부변제〉 피고가 원고명의의 영수증을 받고 무권대리인인 갑이 체결한 임대차계약상의 차임의 일부를 위 갑에게 지급하였다면 피고는 위 금원을 지급할 때에 위 임대차계약의 임대인이 갑이 아니라 원고임을 알았으며 위와 같이 위 임대차계약상의 차임의 일부로 금원을 지급함으로써 위 갑이 대리인으로서 체결한 원고와의 위 임대차계약을 묵시적으로 추인하였다고 봄이 논리칙과 경험칙에 부합한다(대판 1984. 12. 11, 83다카1531).
> ② 〈유예요청〉 무권대리인이 차용금중의 일부로 본인 소유의 부동산에 가등기로 담보하고 있던 소외인에 대한 본인의 채무를 변제하고 그 가등기를 말소하고 무권대리인이 차용한 금원의 변제기일에 채권자가 본인에게 그 변제를 독촉하자 그 유예를 요청하였다면 무권대리인의 행위를 추인하였다고 볼 것이다(대판 1973. 1. 30, 72다2309, 2310).
> **비교판례** 자가 대리권 없이 부 소유의 부동산을 매도한 사실에 관하여 매수인이 자를 고소하겠다고 하는 관계로 부가 매매대금에 해당하는 돈을 반환해 주겠다고 하면서 그 매매계약을 해약해 달라고 요청하고 또 그 금원반환기일에 금원을 반환하지 못하게 되자 그 기일의 연기를 구하였다고 하는 사실만으로는 부가 자의 위 무권대리 행위를 추인한 것이라고 단정할 수 없다(대판 1986. 3. 11, 85다카2337).
> ③ 〈장시간 방치〉 무권대리행위에 대하여 본인이 그 직후에 그것이 자기에게 효력이 없다고 이의를 제기하지 아니하고 이를 장시간에 걸쳐 방치하였다고 하여 무권대리행위를 추인하였다고 볼 수 없다(대판 1990. 3. 27, 88다카181).

(3) 추인의 효과
1) 소급효

무권대리행위에 대하여 본인의 추인이 있으면 무권대리행위는 **처음부터 유권대리행위였던 것과 마찬가지로 다루어진다.** 다만 본인과 상대방 사이에 법률행위의 효력발생시기에 관한 다른 약정이 있는 경우에는 그에 의한다(제133조).

판례 종중 소유 부동산을 무권대리(대표)행위에 의하여 처분한 경우 종중이 사후에 무권대리인에 대하여 처분행위를 추인하였다면 처분행위는 **처음부터 소급하여 유효해진다**(대판 1991. 5. 24, 90도2190).

2) 소급효 배제

① 다른 의사표시가 있는 경우와 ② 제3자의 권리를 해하는 경우는 소급효가 배제된다. 여기에서 제3자라 함은 등기부상 권리를 주장할 수 있는 제3자를 지칭한다(대판 1963. 4. 18, 62다223). 예컨대 부동산과 관련하여서는 무권대리인 乙과 상대방 丙간에 본인 甲의 건물을 매도한 후, 甲이 丁에게 건물의 소유권이전등기를 경료 해준 후 甲이 乙의 무권대리행위를 추인하더라도 丁에게 영향을 주지 않는다.

(4) 본인의 추인거절권

본인은 적극적으로 추인의 의사가 없음을 통지하여 무권대리행위를 확정적으로 무효인 것으로 할 수 있다. 추인이나 추인거절이 있기 전에는 무권대리행위가 추인에 의하여 유효로 전환될 수 있는 **유동적 무효**의 상태에 있으나, **추인거절이 있은 후에는** 장래의 추인이 없을 것이 확실해지므로 무권대리행위가 본인과 상대방 간에서 **확정적으로 무효**로 된다. 추인거절의 상대방과 방법은 추인에 있어서와 같다(제132조). 추인거절의 의사표시를 한 후에는 본인도 다시 추인할 수 없고, 상대방도 최고권이나 철회권을 행사할 수 없다.

3. 상대방의 최고권과 철회권

> **제131조(상대방의 최고권)**
> 대리권없는 자가 타인의 대리인으로 계약을 한 경우에 상대방은 상당한 기간을 정하여 본인에게 그 추인여부의 확답을 최고할 수 있다. 본인이 그 기간내에 확답을 발하지 아니한 때에는 추인을 거절한 것으로 본다.
>
> **제134조(상대방의 철회권)**
> 대리권없는 자가 한 계약은 본인의 추인이 있을 때까지 상대방은 본인이나 그 대리인에 대하여 이를 철회할 수 있다. 그러나 계약당시에 상대방이 대리권 없음을 안 때에는 그러하지 아니하다.

(1) 최고권(발신주의; 제131조)

최고는 준법률행위 중 의사의 통지이고, 최고는 상대방의 무권대리행위에 대한 선의나 악의 상관없이 인정된다.

〈무권대리인의 상대방과 제한능력자의 상대방의 최고권 비교〉

구 분	무권대리인의 상대방(제131조)	제한능력자의 상대방(제15조)
공통점	의사의 통지	
	발신주의	
	선·악 불문	
최고의 기간	상당한 기간	1개월 이상의 기간
효 과	추인을 거절한 것으로 간주	추인한 것으로 간주, 다만 특별한 절차를 요하는 경우에는 취소로 간주

(2) 철회권(제134조)

상대방은 본인의 추인이 있을 때까지 무권대리에 의한 계약을 철회할 수 있다. 철회는 본인이나 그 무권대리인에 대하여 한다. 다만 계약 당시에 상대방이 대리권 없음을 안 때에는 이 철회권은 인정되지 않는다(제134조 단서). 상대방에 의한 무권대리행위의 철회가 행하여졌을 때에는 상대방은 무권대리인에 대하여 제135조의 책임을 물을 수 없다. 무권대리행위의 철회는 무권대리인과의 법률관계를 해소시키는 취지로 해석되기 때문이다.

> **판 례** 민법 제134조에서 정한 상대방의 철회권은, 무권대리행위가 본인의 추인에 따라 효력이 좌우되어 상대방이 불안정한 지위에 놓이게 됨을 고려하여 대리권이 없었음을 알지 못한 상대방을 보호하기 위하여 상대방에게 부여된 권리로서, **상대방이 유효한 철회를 하면 무권대리행위는 확정적으로 무효가 되어 그 후에는 본인이 무권대리행위를 추인할 수 없다.** 한편 상대방이 대리인에게 대리권이 없음을 알았다는 점에 대한 주장·입증책임은 **철회의 효과를 다투는 본인**에게 있다(대판 2017. 6. 29, 2017다213838).

4. 무권대리인의 상대방에 대한 책임

> **제135조(상대방에 대한 무권대리인의 책임)**
> ① 다른 자의 대리인으로서 계약을 맺은 자가 그 대리권을 증명하지 못하고 또 본인의 추인을 받지 못한 경우에는 그는 상대방의 선택에 따라 계약을 이행할 책임 또는 손해를 배상할 책임이 있다.
> ② 대리인으로서 계약을 맺은 자에게 대리권이 없다는 사실을 상대방이 알았거나 알 수 있었을 때 또는 대리인으로서 계약을 맺은 사람이 제한능력자일 때에는 제1항을 적용하지 아니한다.

(1) 의 의

다른 자의 대리인으로서 계약을 맺은 자가 그 대리권을 증명하지 못하고 또 본인의 추인을 받지 못한 경우에는 그는 상대방의 선택에 따라 계약을 이행할 책임 또는 손해를 배상할 책임을 지는데, 이는 상대방을 보호하고 대리제도의 신용을 유지하기 위하여 무권대리인에게 부과하는 **법정의 무과실 책**

임이다(통설). 따라서 무권대리인은 과실이 없어도 책임을 부담한다. 그리고 이 때의 손해배상은 이행이익배상이다.

> **판례** ① 무권대리인의 상대방에 대한 책임은 **무과실책임**으로서 대리권의 흠결에 관하여 대리인에게 과실등의 귀책사유가 있어야만 인정되는 것이 아니고, **무권대리행위가 제3자의 기망이나 문서위조 등 위법행위로 야기되었다고 하더라도 그 책임은 부정되지 아니한다**(대판 2014. 2. 27, 2013다213038).
> ② 다른 자의 대리인으로서 계약을 맺은 자가 그 대리권을 증명하지 못하고 또 본인의 추인을 받지 못한 경우에는 그는 **상대방의 선택에 따라** 계약을 이행할 책임 또는 손해를 배상할 책임이 있다(민법 제135조 제1항). 이때 **상대방이 계약의 이행을 선택한 경우** 무권대리인은 계약이 본인에게 효력이 발생하였더라면 본인이 상대방에게 부담하였을 것과 같은 내용의 채무를 이행할 책임이 있다. 무권대리인은 마치 자신이 계약의 당사자가 된 것처럼 계약에서 정한 채무를 이행할 책임을 지는 것이다. **무권대리인이 계약에서 정한 채무를 이행하지 않으면** 상대방에게 채무불이행에 따른 손해를 배상할 책임을 진다. 위 **계약에서 채무불이행에 대비하여 손해배상액의 예정에 관한 조항을 둔 때에는 특별한 사정이 없는 한 무권대리인은 조항에서 정한 바에 따라 산정한 손해액을 지급하여야 한다.** 이 경우에도 손해배상액의 예정에 관한 민법 제398조가 적용됨은 물론이다(대판 2018. 6. 28, 2018다210775).

(2) 무권대리인의 책임이 부정되는 경우(제135조 제2항)

① 대리인으로서 계약을 맺은 자에게 대리권이 없다는 사실을 상대방이 알았거나 알 수 있었을 때 또는 ② 대리인으로서 계약을 맺은 사람이 제한능력자일 때에는 무권대리인이 제1항의 책임을 지지 아니한다.

> **판례** 민법 제135조 제2항은 무권대리인의 무과실책임에 관한 원칙 규정인 제1항에 대한 예외 규정이므로 상대방이 대리권이 없음을 알았다는 사실 또는 알 수 있었는데도 알지 못하였다는 사실에 관한 주장·증명책임은 **무권대리인**에게 있다(대판 2018. 6. 28, 2018다210775).

5. 무권대리와 상속

(1) 무권대리인의 본인 상속

대리권한 없이 타인의 부동산을 매도한 자가 그 부동산을 단독상속한 후 소유자의 지위에서 자신의 대리행위가 무권대리로 무효임을 주장하여 등기말소 등을 구하는 것(본인의 추인거절권을 주장하는 것)은 금반언원칙이나 신의칙상 허용될 수 없다.

> **판례** 甲이 대리권 없이 乙 소유 부동산을 병에게 매도하여 부동산소유권이전등기등에관한특별조치법에 의하여 소유권이전등기를 마쳐주었다면 그 매매계약은 무효이고 이에 터잡은 이전등기 역시 무효가 되나, 甲은 乙의 무권대리인으로서 민법 제135조 제1항의 규정에 의하여 매수인인 丙에게 부동산에 대한 소유권이전등기를 이행할 의무가 있으므로 그러한 지위에 있는 甲이 乙로부터 부동산을 상속받아 그 소유자가 되어 소유권이

전등기이행의무를 이행하는 것이 가능하게 된 시점에서 자신이 소유자라고 하여 자신으로부터 부동산을 전전 매수한 丁에게 **원래 자신의 매매행위가 무권대리행위여서 무효였다는 이유로 丁 앞으로 경료된 소유권 이전등기가 무효의 등기라고 주장하여 그 등기의 말소를 청구하거나 부동산의 점유로 인한 부당이득금 의 반환을 구하는 것은 금반언의 원칙이나 신의성실의 원칙에 반하여 허용될 수 없다**(대판 1994. 9. 27, 94 다20617).

(2) 본인의 무권대리인 상속

반대로 무권대리인의 지위를 본인이 상속한 경우, 본인이 자신의 추인거절권을 행사하는 것은 원칙적으로 신의칙 위반이 아니다.

> **판 례** 채권자(乙)가 채무자(丙) 소유의 부동산에 대하여 강제경매신청을 하여 자녀들(甲) 명의로 이를 경락받 았다면 그 소유자는 경락인인 자녀들(甲)이라 할 것이므로, 채권자(乙)가 그 후 채무자(丙)와 사이에 채권액의 일부를 지급받고 자녀들(甲) 명의의 소유권이전등기를 말소하여 주기로 합의하였다 하더라도 이는 일종의 타 인의 권리의 처분행위에 해당하여 비록 양자 사이에서 위 합의는 유효하고 채권자(乙)는 자녀들(甲)로부터 위 부동산을 취득하여 채무자(丙)에게 그 소유권이전등기를 마쳐주어야 할 의무를 부담하지만 자녀들(甲)은 원래 부동산의 소유자로서 타인의 권리에 대한 계약을 체결한 채무자(丙)에 대하여 그 이행에 관한 아무런 의무가 없고 이행을 거절할 수 있는 자유가 있었던 것이므로, 채권자(乙)의 사망으로 인하여 자녀들(甲)이 상속지분에 따라 채권자(乙)의 의무를 상속하게 되었다고 하더라도 그들은 신의칙에 반하는 것으로 인정할 만한 특별한 사정이 없는 한 원칙적으로 위 합의에 따른 의무의 이행을 거절할 수 있다(대판 2001. 9. 25, 99다19698).

6. 단독행위의 무권대리

> **제136조(단독행위와 무권대리)**
> 단독행위에는 그 행위당시에 상대방이 대리인이라 칭하는 자의 대리권없는 행위에 동의하거나 그 대리권을 다투지 아니한 때에 한하여 전6조의 규정을 준용한다. 대리권없는 자에 대하여 그 동의를 얻어 단독행위를 한 때에도 같다.

(1) 상대방 없는 단독행위

단독행위의 무권대리에서 상대방 없는 단독행위는 절대무효이다(예 : "소유권포기"와 같은 상대방 없는 단독행위는 능동대리 및 수동대리를 묻지 않고 언제나 무효이다. 따라서 본인의 추인이 있더라도 무효이다).

(2) 상대방 있는 단독행위(제136조)

상대방 있는 단독행위의 경우에는 무권대리인에게 대리권이 있다고 믿은 상대방을 보호할 필요가 있다. 따라서 원칙적으로 무효로 하되, 예외적으로 ① **능동대리**의 경우에는 행위 당시에 상대방이 동의하거나 다투지 아니한 때에 한하여, ② **수동대리**의 경우에는 무권대리인이 동의한 경우에 한하여 유동적 무효로 하고 계약의 무권대리에 관한 규정들을 준용하고 있다(지원림).

법률행위의 무효와 취소

CHAPTER 7

POINT

Ⅰ. 개 관

1. 무효와 취소의 의의

(1) 법률행위의 무효란 '당사자가 법률행위로서 의욕한 법률효과가 발생하지 않는 것이 처음부터 확정적인 경우'를 말한다.

(2) 법률행위의 취소란 '법률행위의 성립상(효력요건을 포함하는 의미) 일정한 흠이 있어도 취소권자가 취소할 때까지 일단은 유효하게 다루고, 취소가 있으면 처음부터 무효인 것으로 다루는 것'을 말한다.

2. 무효와 취소의 차이

(1) 무효와 취소는 법률행위의 효력요건에 흠결이 있다는 점에서 공통성을 갖는다. 그리고 법률행위를 취소하게 되면 소급해서 무효가 되므로(제41조), 그 결과에 있어서 무효와 취소는 공통된다.

(2) 실체법상으로 무효행위는 누구의 주장을 기다리지 않고 당연히 효력이 없는 반면에 취소는 일단 유효한 법률행위를 법률상 인정된 취소권자의 취소의 의사표시가 있을 때에 무효로 된다는 점에서 차이가 있다.

〈무효와 취소의 차이점〉

분류	무효	취소
기본적 효과	특정인의 행위를 기다리지 않고 처음부터 당연히 효력을 발생하지 않는다.	취소권자(특정인)의 취소라는 적극적인 행위에 의하여 비로소 무효가 된다.
주장권자	누구라도 주장할 수 있다.	취소권자만에 한한다(제140조).
주장기간	제한이 없다.	일정기간 내에 한한다(제146조). 일정한 기간이 지나면 취소권의 소멸에 의해 취소할 수 없게 된다.
추 인	추인이 있어도 효력은 치유되지 않는다(제139조 본문).	추인에 의해 확정적으로 유효로 될 수 있다(제143조 이하).

3. 민법의 규정체계

법률행위를 무효로 할 것인가 취소로 할 것인가는 입법정책의 문제라고 한다. 우리 민법에서는 아래와 같이 규정하고 있다.

(1) 무효사유

의사무능력자의 법률행위·원시적 불능의 법률행위·강행법규에 위반하는 법률행위·반사회질서의 법률행위(제103조)·불공정한 법률행위(제104조)·상대방이 알았거나 알 수 있었던 비진의표시(제107조 제1항 단서)·허위표시(제108조 제1항) 등이 무효사유의 예이다.

(2) 취소사유

취소할 수 있는 법률행위는 제한능력자(종래 무능력자)의 법률행위(제5조 이하)·착오에 의한 의사표시(제109조)·사기 또는 강박에 의한 의사표시(제110조) 등이 있다.

Ⅱ. 법률행위 무효일반

1. 무효의 유형

(1) 절대적 무효·상대적 무효(제3자에 대한 관계)

법률행위를 행한 당사자 사이에서 뿐만 아니라 제3자에 대한 관계에서도 무효인 것을 절대적 무효라고 하는데, 의사무능력자의 법률행위, 강행법규에 위반하는 법률행위, 반사회질서의 법률행위가 이에 속한다. 이에 대해 법률행위의 당사자간에는 무효이지만 선의의 제3자에 대하여는 그 무효를 주장할 수 없는 것을 상대적 무효라고 한다. 즉 진의 아닌 의사표시 또는 허위표시는 당사자간에는 무효이지만 이 무효로써 선의의 제3자에게 대항하지 못한다(제107조·제108조)는 것 등이 이에 해당한다.

(2) 전부무효·일부무효

법률행위에서 분할가능한 일부분만이 무효사유에 해당하는 때를 일부무효라 하고, 법률행위의 전부가 무효인 것을 전부무효라 한다.

(3) 확정적 무효·유동적 무효

법률행위의 무효는 확정적으로 효력이 발생하지 않으며 후에 추인을 하더라도 효력이 생기지 않음이 원칙이다(제139조 본문). 다만 현재는 무효이나 추후 제3자의 추인이나 행정관청의 인가 등에 의해 유효하게 될 수 있는 무효를 유동적 무효라고 한다.

2. 무효의 효과

법률행위가 무효이면 표의자가 의욕한 법률효과는 법률상 당연히 확정적으로 발생하지 않는다(일반적 효과). 그러나 무효인 법률행위라도 다른 법률효과를 갖는 경우가 있다(부수적 효과). 예컨대 '급부의 원시적 불능'은 법률행위를 무효로 하므로 원래 의도했던 효과는 발생하지 않지만(일반적 효과), 이러한 원시적 불능의 급부를 목적으로 하는 계약을 체결하도록 유인한 당사자는 과실행위로 인한 손해배상의무를 지는 부수적 효과가 있다(제535조 참조).

(1) 이행이 없는 경우

무효인 법률행위가 채권행위인 경우에 이에 기하여 채권·채무가 발생하지 않는다. 즉 이행 전에는 이행할 필요가 없다. 따라서 채권자는 무효행위에 기하여 급부를 청구하지 못하므로 채무자에 대해 이행청구 및 이행강제를 할 수 없다.

(2) 이행이 있는 경우

처분행위가 무효인 경우 당사자가 의도한 권리처분의 효과는 생기지 않는다. 무효인 법률행위에 기하여 급부가 이행된 경우에는 그 급부는 원칙적으로 부당이득에 관한 규정(제741조 이하)에 의해 반환되어야 한다. 단 불법원인급여를 한 경우에는 반환을 청구하지 못한다(제746조).

Ⅲ. 일부무효

> **제137조(법률행위의 일부무효)**
> 법률행위의 일부분이 무효인 때에는 그 전부를 무효로 한다. 그러나 그 무효부분이 없더라도 법률행위를 하였을 것이라고 인정될 때에는 나머지 부분은 무효가 되지 아니한다.

1. 일반규정

법률이 별도로 일부무효의 효과를 규정하는 경우에는 그 법률에 의한다. 예컨대 담보책임면제의 특약에 관한 제한(제584조), 환매기간의 제한(제591조), 약관규제에 관한 법률 등이 있다. 특히 약관규제에 관한 법률에서는 "약관의 일부조항이 무효인 경우 계약은 나머지 부분만으로 유효하게 존속한다. 다만 유효한 부분만으로는 계약의 목적달성이 불가능하거나 일방 당사자에게 부당하게 불리한 때에는 당해 계약을 무효로 한다"고 하고 있어 민법총칙의 규정과 비교하여 원칙과 예외규정이 뒤바뀌어 있다.

> **판례** 〈일부무효 법리의 적용 범위 및 강행법규와의 관계〉 민법 제137조는 임의규정으로서 의사자치의 원칙이 지배하는 영역에서 적용된다고 할 것이므로, 법률행위의 일부가 강행법규인 효력규정에 위배되어 무효가 되는 경우 그 부분의 무효가 나머지 부분의 유효·무효에 영향을 미치는가의 여부를 판단함에 있어서는 **개별 법령이 일부무효의 효력에 관한 규정을 두고 있는 경우**에는 그에 따라야 하고, **그러한 규정이 없다면** 원칙적으로 민법 제137조가 적용될 것이나, 당해 효력규정 및 그 효력규정을 둔 법의 입법 취지를 고려하여 볼 때 **나머지 부분을 무효로 한다면 당해 효력규정 및 그 법의 취지에 명백히 반하는 결과가 초래되는 경우**에는 나머지 부분까지 무효가 된다고 할 수는 없다(대판 2010. 7. 22, 2010다23425).

2. 전부무효 원칙

일부무효는 제137조에 따라 전부무효를 원칙으로 한다. 다만 제137조는 임의규정이므로 일부무효에 관하여 당사자 사이에 특약이 있으면 그에 따른다.

〈전부무효원칙〉 토지와 건물을 일괄하여 매매한 경우 토지에 대하여 토지거래허가가 없다는 이유로 매매계약이 무효가 되면, 지상건물에 대해서도 그 거래계약의 내용에 따른 소유권이전등기청구나 채무불이행으로 인한 손해배상을 청구할 수 없다(대판 1992. 10. 13, 92다16836).

3. 예외적 일부무효

(1) 요건 검토

무효부분이 없더라도 법률행위를 하였을 것이 인정될 때에는 나머지 부분은 무효가 되지 않는데(제137조 단서), 그러기 위해서는 ① 법률행위의 일체성이 긍정된 후에 무효부분이 없더라도 나머지 부분이 독립된 존재로서 인정될 수 있어야 한다. 따라서 <u>법률행위를 분할할 수 없으면 각 부분의 무효는 전체무효를 가져올 뿐이다</u>(가분성). 또한 ② <u>나머지 부분만으로도 유효한 법률행위를 의욕하여야 하는데</u>, 여기서 그 의사는 실존하는 의사가 아니라, 법률행위의 일부가 무효임을 법률행위 당시에 알았다면 의욕하였을 **가정적 효과의사**를 가리키는 것이다(대판 2023. 2. 2, 2019다232277). ☞ '일부무효법리'(제137조)와 '무효행위의 전환'(제138조)은 모두 실질적으로는 존재하지 않는 당사자의 의사를 가상적으로 구성하여 효력을 긍정하는 것인 반면에 '무효행위의 추인'(제139조)에는 구체적으로 추인이라는 당사자의 실재하는 의사가 필요하다(이영준, 김상용).

① 매매의 대상에 장차 불하받게 되는 특정의 토지 외에 양도인이 경작하던 간척지에 대한 임차권이 포함되어 있는 것으로 인정된다고 하면, 이 토지에 대한 임차권의 양도만이 거래허가의 대상이 되는 것이므로, 이에 대한 토지거래허가가 없었다고 하여 당연히 양도계약 전부가 무효로 된다고 할 수는 없는바, **법률행위의 내용이 불가분인 경우**에는 그 일부분이 무효일 때에도 일부무효의 문제는 생기지 아니하나, **분할이 가능한 경우**에는 민법 제137조의 규정에 따라 그 전부가 무효로 될 때도 있고, 그 일부만 무효로 될 때도 있기 때문이다(대판 1994. 5. 24, 93다58332).
② 복수의 당사자 사이에 중간생략등기의 합의를 한 경우 그 합의는 전체로서 일체성을 가지는 것이므로, 그 중 한 당사자의 의사표시가 무효인 것으로 판명된 경우 나머지 당사자 사이의 합의가 유효한지의 여부는 민법 제137조에 정한 바에 따라 당사자가 그 무효 부분이 없더라도 법률행위를 하였을 것이라고 인정되는지의 여부에 의하여 판정되어야 할 것이고, 그 당사자의 의사는 실재하는 의사가 아니라 법률행위의 일부분이 무효임을 법률행위 당시에 알았다면 당사자 쌍방이 이에 대비하여 의욕하였을 **가정적 의사**를 말한다(대판 2010. 3. 25, 2009다41465).
③ 법률행위의 일부무효 법리는 **여러 개의 계약이 체결된 경우에 그 계약 전부가 경제적, 사실적으로 일체로서 행하여져서 하나의 계약인 것과 같은 관계에 있는 경우**에도 적용된다(대판 2022. 3. 17, 2020다288375, 대판 2023. 2. 2, 2019다232277).

(2) 입증책임

나머지 부분의 유효를 주장하는 자가 무효부분이 없더라도 법률행위를 하였으리라고 인정되는 것을 입증하여야 한다.

4. 일부 취소

(1) 원칙적 전부 취소

일부취소의 경우에도 일부무효의 법리에 따라 하나의 계약에 대한 기망 취소의 의사표시는 법률행위의 일부무효이론과 궤를 같이하는 법률행위 일부취소의 법리에 따라 전체 계약에 대한 취소의 효력이 있음이 원칙이다(대판 2013. 5. 9, 2012다115120).

> **판례** 甲이 지능이 박약한 乙을 꾀어 돈을 빌려주어 유흥비로 쓰게 하고 실제준 돈의 두 배 가량을 채권최고액으로 하여 자기 처인 丙 앞으로 근저당권을 설정한 사안에서, 근저당권설정계약은 독자적으로 존재하는 것이 아니라 금전소비대차계약과 결합하여 그 전체가 경제적, 사실적으로 일체로서 행하여진 것이고 더욱이 근저당권설정계약의 체결원인이 되었던 甲의 기망행위는 금전소비대차계약에도 미쳤으므로 甲의 기망을 이유로 한 을의 근저당권설정계약취소의 의사표시는 법률행위의 일부무효이론과 궤를 같이 하는 법률행위의 일부취소의 법리에 따라 **소비대차계약을 포함한 전체에 대하여** 취소의 효력이 있다고 한 사례(대판 1994. 9. 9, 93다31191)

(2) 예외적 일부 취소

① 하나의 법률행위의 일부분에만 취소사유가 있는 경우에 ② 그 법률행위가 가분적이거나 그 목적물의 일부가 특정될 수 있다면, ③ 그 나머지 부분이라도 이를 유지하려는 당사자의 **가정적 의사가** 인정되는 경우 그 일부만의 취소도 가능하고, 또 그 일부의 취소는 법률행위의 일부에 관하여 효력이 생긴다(대판 1992. 2. 14, 91다36062; 대판 1998. 2. 10, 97다44737 등).

> **판례** ① 시(市)로부터 공원휴게소 설치시행허가를 받음에 있어 담당공무원이 법규오해로 인하여 잘못 회시한 공문에 따라 동기의 착오를 일으켜 법률상 기부채납의무가 없는 휴게소부지의 16배나 되는 토지 전부와 휴게소건물을 시에 증여한 경우 **휴게소부지와 그 지상시설물에 관한 부분을 제외한 나머지 토지에 관해서만** 법률행위의 중요부분에 관한 착오라고 볼 수 있다(대판 1990. 7. 10, 90다카7460).
> ② [1] 하나의 법률행위의 일부분에만 취소사유가 있는 경우에 그 법률행위가 가분적이거나 그 목적물의 일부가 특정될 수 있다면, 그 나머지 부분이라도 이를 유지하려는 당사자의 가정적 의사가 인정되는 경우 그 일부만의 취소도 가능하고, 또 그 일부의 취소는 법률행위의 일부에 관하여 효력이 생긴다고 할 것이나, 이는 어디까지나 **어떤 목적 혹은 목적물에 대한 법률행위가 존재함을 전제로 한다.** [2] **매매계약 체결시 토지의 일정 부분을 매매 대상에서 제외시키는 특약을 한 경우**, 이는 매매계약의 대상 토지를 특정하여 그 일정 부분에 대하여는 매매계약이 체결되지 않았음을 분명히 한 것으로써 **그 부분에 대한 어떠한 법률행위가 이루어진 것으로는 볼 수 없으므로, 그 특약만을 기망에 의한 법률행위로서 취소할 수는 없다**(대판 1999. 3. 26, 98다56607).

Ⅳ. 무효행위의 전환

> **제138조(무효행위의 전환)**
> 무효인 법률행위가 다른 법률행위의 요건을 구비하고 당사자가 그 무효를 알았더라면 다른 법률행위를 하는 것을 의욕하였으리라고 인정될 때에는 다른 법률행위로서 효력을 가진다.

1. 의 의

무효행위전환이란 의도했던 A라는 행위는 무효가 되었으나 B라는 행위로서는 유효요건을 갖추고 있을 때, B라는 법률행위의 효력을 인정하는 것을 말한다.

2. 요 건

(1) 가상적 의사(통설)

무효행위의 전환은 당사자가 그 무효를 알았더라면 그 다른 법률행위를 하는 것을 의욕하였으리라고 인정되는 때에 한하여 허용된다.

(2) 이른바 다른 법률행위의 내포성

제138조의 "다른 법률행위"는 그 법률효과에 있어서 원래의 법률행위보다 "작은 것"이어서 이에 내포될 수 있는 것이어야 한다고 한다.

3. 판례 정리

(1) 입양의 효력 인정

당사자 사이에 양친자관계를 창설하려는 명백한 의사가 있고, 나아가 기타 입양의 성립요건이 모두 구비된 경우에 입양신고 대신 친생자 출생신고가 있다면 형식에 다소 잘못이 있더라도 입양의 효력이 있다고 해석함이 타당하다(대판 1993. 2. 23, 92다51969 등).

(2) 인지의 효력 인정

혼인신고가 위법하여 무효인 경우에도 무효인 혼인 중 출생한 자를 그 호적에 출생신고하여 등재한 이상 그 자에 대한 인지의 효력이 있다(대판 1971. 11. 15, 71다1983).

(3) 폭리행위의 경우

매매계약이 약정된 매매대금의 과다로 말미암아 민법 제104조에서 정하는 '불공정한 법률행위'에 해당하여 무효인 경우에도 **무효행위의 전환에 관한 민법 제138조**가 적용될 수 있다. 따라서 당사자 쌍방이 위와 같은 무효를 알았더라면 대금을 다른 액으로 정하여 매매계약에 합의하였을 것이라고 예외적으로 인정되는 경우에는, 그 대금액을 내용으로 하는 매매계약이 유효하게 성립한다(대판 2010. 7. 15, 2009다50308).

(4) 임금은 법령 또는 단체협약에 특별한 규정이 있는 경우를 제외하고는 통화로 직접 근로자에게 전액을 지급하여야 한다(근로기준법 제43조 제1항). 따라서 사용자가 근로자의 **임금 지급에 갈음하여** 사용자가 제3자에 대하여 가지는 채권을 근로자에게 양도하기로 하는 약정은 "전부 무효"임이 원칙이다. 다만 당사자 쌍방이 위와 같은 무효를 알았더라면 임금의 지급에 갈음하는 것이 아니라 지급을 위하여 채권을 양도하는 것을 의욕하였으리라고 인정될 때에는 무효행위 전환의 법리(민법 제138조)에 따라 그 채권양도 약정은 '**임금의 지급을 위하여 한 것**'으로서 효력을 가질 수 있다(대판 2012. 3. 29, 2011다101308).

(5) 직권해임, 직권휴직 및 징계해임은 모두 근로자에게 불리한 신분적 조치를 규정한 것으로서 각 사유 및 절차를 달리하므로 어느 한 처분이 정당한 사유나 절차의 흠결로 인하여 무효인 경우 다른 처분으로서 정당한 사유 및 절차적 요건을 갖추었다 하더라도 다른 처분으로서의 효력을 발휘할 수 없다(대판 1993. 5. 25, 91다41750).

(6) 법률행위가 **강행법규에 위반되어 무효가 되는 경우**에 그 법률행위가 다른 법률행위의 요건을 구비하고 당사자 쌍방이 위와 같은 무효를 알았더라면 다른 법률행위를 하는 것을 의욕하였으리라고 인정될 때에는 **민법 제138조에 따라 다른 법률행위로서 효력을 가질 수도 있다.** 다만 이 때 다른 법률행위를 하였을 것인지에 관한 당사자의 의사는 그 법률행위가 강행법규 위반으로 무효인 점을 고려하더라도 당시에 무효임을 알았다면 의욕하였을 것으로 평가할 수 있는 **가정적 효과의사**로서, 당사자가 법률행위 당시와 같은 구체적 사정 아래 있다고 상정하는 경우에 거래관행을 고려하여 신의성실의 원칙에 비추어 결단하였을 바를 의미한다. 이는 그 법률행위의 경위, 목적과 내용, 무효의 사유 및 강행법규의 입법 취지와 위반의 경위 등을 두루 고려하여 판단할 것이나, 그 결과가 한쪽 당사자에게 일방적인 불이익을 주거나 거래관념과 형평에 반하는 것이어서는 안 됨은 물론, **이러한 전환을 허용하는 것이 강행법규의 입법 취지 및 그 위반행위에 대한 제재의 의미를 전적으로 부정하거나 무력화시키는 것이어서는 안 된다**(대판 2022. 5. 26, 2020다253515).

V. 무효행위의 추인

제139조(무효행위의 추인)
무효인 법률행위는 추인하여도 그 효력이 생기지 아니한다. 그러나 당사자가 그 무효임을 알고 추인한 때에는 새로운 법률행위로 본다.

1. 요건

당사자는 그 법률행위가 무효임을 알고 추인하여야 하며, 추인시에 새로운 법률행위의 유효요건이 존재하여야 한다. 추인은 새로운 법률행위를 하는 경우와 동일한 요건을 구비하여야 한다. 따라서 반사회질서의 법률행위나 강행규정에 반하는 경우에는 무효행위의 추인이 인정될 수 없다.

판례 ① 무효인 법률행위를 추인에 의하여 새로운 법률행위로 보기 위하여서는 당사자가 이전의 법률행위가 무효임을 알고 그 행위에 대하여 추인하여야 한다(대판 2014. 3. 27, 2012다106607).

② 무효행위 또는 무권대리 행위의 추인은 무효행위 등이 있음을 알고 행위의 효과를 자기에게 귀속시키도록 하는 단독행위로서 의사표시의 방법에 관하여 일정한 방식이 요구되는 것이 아니므로 묵시적인 방법으로도 할 수 있지만, 묵시적 추인을 인정하기 위해서는 본인이 그 행위로 처하게 된 법적 지위를 충분히 이해하고 그럼에도 진의에 기하여 행위의 결과가 자기에게 귀속된다는 것을 승인한 것으로 볼 만한 사정이 있어야 할 것이다(대판 2014. 2. 13, 2012다112299).

③ 종중의 종원들이 매매계약 체결 사실을 알고 있는 상태에서 매매계약이 유효함을 전제로 그 대금을 종원들에게 분배하기로 하는 결의를 하였고, 이에 따라 실제로 분배까지 이루어졌다면, 종중은 적어도 묵시적으로나마 종중재산 처분에 관한 종전 결의 및 매매계약을 추인하였다고 보아야 할 것이다. 따라서 매매계약의 공동매도인의 지위에 있는 이 사건 종중의 총회결의에 하자가 있었다고 하더라도, 그와 같은 하자는 위 추인에 의하여 적법하게 치유되었다고 할 것이다(대판 2011. 2. 10, 2010다83199, 83205).

④ (ⅰ) 상법 제731조 제1항에 의하면 타인의 생명보험에서 피보험자가 서면으로 동의의 의사표시를 하여야 하는 시점은 '보험계약 체결시까지'이고, 이는 강행규정으로서 이를 위반한 보험계약은 무효이므로, 타인의 생명보험계약 성립 당시 피보험자의 서면동의가 없다면 그 보험계약은 확정적으로 무효가 되고, 피보험자가 이미 무효가 된 보험계약을 추인하였다고 하더라도 그 보험계약이 유효로 될 수 없다(대판 2010. 2. 11, 2009다74007). (ⅱ) 당사자가 도박의 자금에 제공할 목적으로 금전의 대차를 한 때에는 그 대차계약은 민법 제103조 소정의 반사회질서의 법률행위이어서 무효라 할 것이니 당사자가 이를 추인하여도 추인의 효력이 생기지 아니할 것이며, 이와 같이 반사회질서의 법률행위이어서 그 법률행위가 무효로 된 것인 경우에는, 당사자가 그 무효임을 알고 추인하여도 새로운 법률행위를 한 효과마저 생길 수 없는 것이다(대판 1973. 5. 22, 72다2249).

⑤ 법인의 대표자가 한 매매계약이 법인에 대한 배임행위에 해당하고 그 매매계약 상대방이 배임행위를 유인·교사하거나 배임행위의 전 과정에 관여하는 등 **배임행위에 적극 가담한 경우**에는 그 매매계약이 반사회적 법률행위에 해당하여 무효로 될 수 있지만, 이때 **매매계약을 무효로 한 이유는 본인인 법인의 이익을 보호하기 위한 데에 있는 것**이어서, 무효의 원인이 소멸된 후 **본인인 법인의 진정한 의사로** 무효임을 알고 추인한 때에는 새로운 법률행위로 그 효력이 생길 수 있다. 그리고 추인은 묵시적인 방법으로도 할 수 있으므로, 본인이 그 행위로 처하게 된 법적 지위를 충분히 이해하고 그럼에도 진의에 기하여 그 행위의 결과가 자기에게 귀속된다는 것을 승인한 것으로 볼 만한 사정이 있는 경우에는 묵시적으로 추인한 것으로 볼 수 있다(대판 2013. 11. 28, 2010다91831).

⑥ 부동산 소유자가 취득시효가 완성된 사실을 알고 그 부동산을 제3자에게 처분하여 소유권이전등기를 넘겨줌으로써 취득시효 완성을 원인으로 한 소유권이전등기의무가 이행불능에 빠지게 되어 시효취득을 주장하는 자가 손해를 입었다면 불법행위를 구성한다고 할 것이고, 부동산을 취득한 제3자가 부동산 소유자의 이와 같은 불법행위에 적극 가담하였다면 이는 사회질서에 반하는 행위로서 무효라고 할 것이다. → 취득시효 완성 후 경료된 무효인 제3자 명의의 등기에 대하여 **시효완성 당시의 소유자가 무효행위를 추인하여도** 그 제3자 명

의의 등기는 그 소유자의 불법행위에 제3자가 적극 가담하여 경료된 것으로서 **사회질서에 반하여 무효**라고 한 사례(대판 2002. 3. 15, 2001다77352, 77369).

2. 효 과

무효행위를 추인함으로써 새로운 법률행위가 성립한다. 무효인 행위를 사후에 유효로 하는 것이 아니라 새로운 의사표시에 의하여 새로운 행위가 있는 것이고, 그 때부터 유효하게 되는 것이므로 원칙적으로 소급효가 인정되지 않는다. 그러나 당사자의 약정에 따라서 소급효를 가진 추인을 하는 것은 가능하다.

> **판례** 무효인 법률행위는 당사자가 무효임을 알고 추인할 경우 새로운 법률행위를 한 것으로 간주할 뿐이고 소급효가 없는 것이므로 무효인 가등기를 유효한 등기로 전용키로 한 약정은 그때부터 유효하고 이로써 위 가등기가 소급하여 유효한 등기로 전환될 수 없다(대판 1992. 5. 12, 91다26546).

VI. 무권리자처분행위와 권리자의 추인

1. 무권리자처분행위의 효력(무효)

법률행위에 따라 권리가 이전되려면 권리자 또는 처분권한이 있는 자의 처분행위가 있어야 한다. 무권리자가 타인의 권리를 처분한 경우에는 특별한 사정이 없는 한 권리가 이전되지 않는다(대판 2017. 6. 8, 2017다3499).

2. 무권리자처분행위의 추인

무권리자가 타인의 권리를 자기의 이름으로 또는 자기의 권리로 처분한 경우에, 권리자는 후일 이를 추인함으로써 그 처분행위를 인정할 수 있고, 특별한 사정이 없는 한 이로써 권리자 본인에게 위 처분행위의 효력이 발생한다(대판 2001. 11. 9, 2001다44291).

> **판례** ① 〈**무권대리추인설**〉 타인의 권리를 자기의 이름으로 또는 자기의 권리로 처분한 후에 본인이 그 처분을 인정하였다면 특별한 사정이 없는 한 무권대리에 있어서 본인의 추인의 경우와 같이 그 처분은 본인에 대하여 효력을 발생한다(대판 1981. 1. 13, 79다2151).
> ② 〈**사적자치설**〉 무권리자가 타인의 권리를 자기의 이름으로 또는 자기의 권리로 처분한 경우에, 권리자는 후일 이를 추인함으로써 그 처분행위를 인정할 수 있고, 특별한 사정이 없는 한 이로써 권리자 본인에게 위 처분행위의 효력이 발생함은 **사적 자치의 원칙**에 비추어 당연하고, 이 경우 추인은 **명시적**으로뿐만 아니라 **묵시적**인 방법으로도 가능하며 그 의사표시는 **무권대리인**이나 그 **상대방** 어느 쪽에 하여도 무방하다(대판 2001. 11. 9, 2001다44291).
> ③ 〈**인정근거는 사적자치, 효과는 무권대리 추인규정 유추적용**〉 [1] 법률행위에 따라 권리가 이전되려면 권리자 또는 처분권한이 있는 자의 처분행위가 있어야 한다. 무권리자가 타인의 권리를 처분한 경우에는 특별한 사정이 없는 한 권리가 이전되지 않는다. 그러나 이러한 경우에 권리자가 무권리자의 처분을 추인하는 것

도 자신의 법률관계를 스스로의 의사에 따라 형성할 수 있다는 **사적 자치의 원칙**에 따라 허용된다. 이러한 추인은 무권리자의 처분이 있음을 알고 해야 하고, 명시적으로 또는 묵시적으로 할 수 있으며, 그 의사표시는 무권리자나 그 상대방 어느 쪽에 해도 무방하다. [2] 권리자가 무권리자의 처분을 추인하면 무권대리에 대해 본인이 추인을 한 경우와 당사자들 사이의 이익상황이 유사하므로, **무권대리의 추인에 관한 민법 제130조, 제133조 등을 무권리자의 추인에 유추 적용할 수 있다.** 따라서 무권리자의 처분이 계약으로 이루어진 경우에 권리자가 이를 추인하면 원칙적으로 **계약의 효과가 계약을 체결했을 때에 소급하여 권리자에게 귀속된다**고 보아야 한다(대판 2017. 6. 8, 2017다3499).

④ 무권리자에 의한 처분행위를 권리자가 추인한 경우에 권리자는 **무권리자에 대하여 무권리자가 처분행위로 인하여 얻은 이득의 반환을 청구할 수 있다**(대판 2022. 6. 30, 2020다210686, 210693).

Ⅶ. 유동적 무효

1. 의 의

법률행위의 효력이 당장 발생하지는 않지만 나중에 인가·추인을 얻거나, 정지조건이 성취되거나 시기가 도래함으로써 법률행위시에 소급하여(혹은 장래에 향하여) 유효로 확정되는 법적 상태를 「유동적 무효」라고 한다.

2. 유동적 무효의 예

① **무권대리행위**는 무효이지만 본인이 추인을 하게 되면 대리행위시에 소급해서 유효하게 되는데(제133조), 추인이 있기까지는 유동적 무효이다. ② 판례는 **국토이용관리법상의 규제구역에 속하는 토지거래행위**를 유동적 무효로 본다(대판 2001. 2. 9, 99다26979 참조).

> **판례** 국토이용관리법상의 규제구역 내의 '토지등의 거래계약'허가에 관한 관계규정의 내용과 그 입법취지에 비추어 볼 때 토지의 소유권 등 권리를 이전 또는 설정하는 내용의 거래계약은 관할 관청의 허가를 받아야만 그 효력이 발생하고 허가를 받기 전에는 물권적 효력은 물론 채권적 효력도 발생하지 아니하여 무효라고 보아야 할 것인바, 다만 허가를 받기 전의 거래계약이 **처음부터 허가를 배제하거나 잠탈하는 내용의 계약일 경우에는 확정적으로 무효**로서 유효화될 여지가 없으나 이와 달리 **허가받을 것을 전제로 한 거래계약**(허가를 배제하거나 잠탈하는 내용의 계약이 아닌 계약은 여기에 해당하는 것으로 본다)일 경우에는 허가를 받을 때까지는 법률상 미완성의 법률행위로서 소유권 등 권리의 이전 또는 설정에 관한 거래의 효력이 전혀 발생하지 않음은 위의 확정적 무효의 경우와 다를 바 없지만, 일단 허가를 받으면 그 계약은 소급하여 유효한 계약이 되고 이와 달리 불허가가 된 때에는 무효로 확정되므로 허가를 받기까지는 유동적 무효의 상태에 있다고 보는 것이 타당하다[대판(전합) 1991. 12. 24, 90다12243].

3. 허가의 시점

매매를 하기 전 관할관청의 허가를 얻고 매매를 하여야 하는 것은 아니다. 매매를 하고 사후에 허가를 얻어도 된다.

> **판례** 허가받을 것을 전제로 한 거래계약은 허가받기 전의 상태에서는 거래계약의 채권적 효력도 전혀 발생하지 않으므로 권리의 이전 또는 설정에 관한 어떠한 내용의 이행청구도 할 수 없으나 일단 허가를 받으면 그 계약은 소급해서 유효화되므로 허가 후에 새로이 거래계약을 체결할 필요는 없다[대판(전합) 1991. 12. 24, 90다12243].

4. 유동적 무효에 대한 우리 판례의 검토

(1) 유동적 무효도 무효

> **판례** ① 국토이용관리법상의 규제구역 내의 토지매매계약은 관할관청의 허가를 받아야만 그 효력이 발생하고 **허가를 받기 전**에는 매매계약의 **채권적 효력도 전혀 발생하지 아니하여 무효**이므로 권리의 이전 또는 설정에 관한 **어떠한 내용의 이행청구도 할 수 없는 것**이고, 따라서 **채무불이행으로 인한 손해배상청구도 할 수 없다**(대판 1994. 1. 11, 93다22043).
> ② 국토이용관리법상 규제지역 내 토지의 매매계약이 관할관청으로부터 토지거래허가를 아직 받지 못하였다면, 그 계약 내용 대로의 효력이 있을 수 없는 것이어서 당사자는 그 계약내용에 따른 의무를 부담하지 아니하므로 매매계약내용에 따른 **채무불이행을 이유로 하여 계약을 해제할 수 없다**(대판 1995. 1. 24, 93다25875).

(2) 계약금의 반환

유동적 무효상태의 매매계약을 체결하고 매수인이 이에 기하여 임의로 지급한 계약금은 그 계약이 **유동적 무효상태로 있는 한** 이를 부당이득으로 반환을 구할 수 없고, **유동적 무효상태가 확정적으로 무효가 되었을 때** 비로소 부당이득 반환을 구할 수 있다(대판 1993. 7. 27, 91다33766).

(3) 해약금 해제

> **판례** ① 국토이용관리법상의 **토지거래허가를 받지 않아 유동적 무효 상태**인 매매계약에 있어서도 당사자 사이의 매매계약은 매도인이 계약금의 배액을 상환하고 계약을 해제함으로써 적법하게 해제된다(대판 1997. 6. 27, 97다9369).
> ② 국토의 계획 및 이용에 관한 법률에 정한 토지거래계약에 관한 허가구역으로 지정된 구역 안의 토지에 관하여 매매계약이 체결된 후 계약금만 수수한 상태에서 당사자가 토지거래허가신청을 하고 이에 따라 **관할관청으로부터 그 허가를 받았다 하더라도, 그러한 사정만으로는 아직 이행의 착수가 있다고 볼 수 없어 매도인으로서는 민법 제565조에 의하여 계약금의 배액을 상환하여 매매계약을 해제할 수 있다**(대판 2009. 4. 23, 2008다62427). ☞ 결국 허가가 있든 없든 이행에 착수하기 전이라면 해약금에 의한 해제가 가능하다.

(4) 협력의무

당사자 사이에 있어서는 그 계약이 효력 있는 것으로 완성될 수 있도록 공동으로 관할관청의 **허가를 신청할 의무**를 진다. 상대방이 이를 이행하지 않으면 **손해배상책임을 물을 수도 있고**(대판 1995. 4. 28, 93다26397), 이러한 **협력의무를 소구할 수도 있다**(대판 2009. 4. 23, 2008다50615).

> **판례** ① 당사자 사이에 당사자 일방이 토지거래허가를 받기 위한 협력 자체를 이행하지 아니하거나 허가신청에 이르기 전에 매매계약을 철회하는 경우 상대방에게 일정한 손해액을 배상하기로 하는 약정을 유효하게 할

수 있다(대판 1998. 3. 27, 97다36996 참조).

② 유동적 무효상태에 있는 토지거래계약에 있어서 매매계약의 당사자는 허가신청에 협력하지 아니하는 상대 방 당사자에 대하여 협력의무의 이행을 청구할 수 있으므로, **이러한 이행청구권도 채권자대위권의 행사에 의하여 보전될 수 있는 채권에 해당한다**(대판 1996. 10. 25, 96다23825).

③ 유동적 무효의 상태에 있는 거래계약의 당사자는 상대방이 그 거래계약의 효력이 완성되도록 **협력할 의무 를 이행하지 아니하였음을 들어** 일방적으로 유동적 무효의 상태에 있는 **거래계약 자체를 해제할 수 없다** [대판(전합) 1999. 6. 17, 98다40459].

④ **〈협력의무와 동시이행관계 부정〉** 국토이용관리법상의 토지거래규제구역 내의 토지에 관하여 관할 관청 의 토지거래허가 없이 매매계약이 체결됨에 따라 그 매수인이 그 계약을 효력이 있는 것으로 완성시키기 위하 여 매도인에 대하여 그 매매계약에 관한 토지거래허가 신청절차에 협력할 의무의 이행을 청구하는 경우, 매도 인의 토지거래계약허가 신청절차에 협력할 의무와 토지거래허가를 받으면 매매계약 내용에 따라 매수인이 이 행하여야 할 매매대금 지급의무나 이에 부수하여 매수인이 부담하기로 특약한 양도소득세 상당 금원의 지급 의무 사이에는 상호 이행상의 견련성이 있다고 할 수 없으므로, 매도인으로서는 그러한 의무이행의 제공이 있 을 때까지 그 협력의무의 이행을 거절할 수 있는 것은 아니다(대판 1996. 10. 25, 96다23825).

(5) 확정적 무효가 되는 경우

판례 ① 국토이용관리법상 토지거래허가를 받지 않아 거래계약이 유동적 무효의 상태에 있는 경우, 유동적 무 효 상태의 계약은 **관할 관청의 불허가처분이 있을 때**뿐만 아니라 **당사자 쌍방이 허가신청협력의무의 이행 거절 의사를 명백히 표시한 경우**에는 허가 전 거래계약관계, 즉 계약의 유동적 무효 상태가 더 이상 지속된다 고 볼 수 없으므로, 계약관계는 확정적으로 무효가 된다고 할 것이고, 그와 같은 법리는 **거래계약상 일방의 채 무가 이행불능임이 명백하고 나아가 상대방이 거래계약의 존속을 더 이상 바라지 않고 있는 경우**에도 마 찬가지라고 보아야 하며, **거래계약이 확정적으로 무효가 된 경우**에는 거래계약이 확정적으로 무효로 됨에 있어서 귀책사유가 있는 자라고 하더라도 그 계약의 무효를 주장할 수 있다(대판 1997. 7. 25, 97다4357).

② 국토이용관리법상 거래허가를 받지 아니하고 **계약당사자의 표시와 불일치한 의사(비진의표시, 허위표시 또는 착오) 또는 사기, 강박과 같은 하자 있는 의사에 의하여 토지거래 등이 이루어진 경우**에 있어서, 이들 사유에 기하여 그 거래의 무효 또는 취소를 주장할 수 있는 당사자는 그러한 **거래허가를 신청하기 전 단계에 서 이러한 사유를 주장하여** 거래허가 신청협력에 거절의사를 일방적으로 명백히 함으로써 그 계약을 **확정적 으로 무효화**시키고 자신의 거래허가절차에 협력할 의무를 면함은 물론 기왕에 지급된 계약금 등의 반환도 구 할 수 있다(대판 1996. 11. 8, 96다35309).

③ 허가지역 내 거래허가 전의 거래계약이 정지조건부 계약인 경우(제151조 참조)에 있어서 그 **정지조건이 토 지거래허가를 받기 전에 이미 불성취로 확정되었다면** 장차 토지거래허가를 받더라도 그 거래계약의 효력 이 발생될 여지는 없게 되므로, 허가 전 거래계약의 유동적 무효상태가 더 이상 지속된다고 볼 수 없고 그 계약 관계는 확정적으로 무효로 된다(대판 1998. 3. 27, 97다36996).

④ 매매계약 체결 당시 일정한 기간 안에 토지거래허가를 받기로 약정하였다고 하더라도, 그 약정된 기간 내에 토 지거래허가를 받지 못할 경우 계약해제 등의 절차 없이 곧바로 매매계약을 무효로 하기로 약정한 취지라는 등의 특별한 사정이 없는 한, 이를 쌍무계약에서 이행기를 정한 것과 달리 볼 것이 아니므로 **위 약정기간이 경과하였 다는 사정만으로 곧바로 매매계약이 확정적으로 무효가 된다고 할 수 없다**(대판 2009. 4. 23, 2008다50615).

(6) 허가구역지정해제

토지거래허가구역 지정기간 중에 허가구역 안의 토지에 대하여 토지거래허가를 받지 아니하고 토지거래계약을 체결한 후 허가구역 지정이 해제되거나 허가구역 지정기간이 만료되었음에도 재지정을 하지 아니한 때에는 그 토지거래계약이 허가구역 지정이 해제되기 전에 확정적으로 무효로 된 경우를 제외하고는, 더 이상 관할 행정청으로부터 토지거래허가를 받을 필요가 없이 확정적으로 유효로 되어 거래 당사자는 그 계약에 기하여 바로 토지의 소유권 등 권리의 이전 또는 설정에 관한 이행청구를 할 수 있고, 상대방도 반대급부의 청구를 할 수 있다고 보아야 할 것이지, 여전히 그 계약이 유동적 무효 상태에 있다고 볼 것은 아니다(대판 2010. 3. 25, 2009다41465).

> **비교판례** 구 국토의 계획 및 이용에 관한 법률(2016. 1. 19. 법률 제13797호로 개정되기 전의 것, 이하 '구 국토계획법'이라고 한다)에서 정한 **토지거래계약 허가구역 내 토지에 관하여 허가를 배제하거나 잠탈하는 내용으로 매매계약이 체결된 경우**에는, 강행법규인 구 국토계획법 제118조 제6항에 따라 계약은 **체결된 때부터 확정적으로 무효**이다. 계약체결 후 허가구역 지정이 해제되거나 허가구역 지정기간 만료 이후 재지정을 하지 아니한 경우라 하더라도 **이미 확정적으로 무효로 된 계약이 유효로 되는 것이 아니다**(대판 2019. 1. 31, 2017다228618).

Ⅷ. 법률행위의 취소

1. 서 설

(1) 의 의

1) 취소는 일단 유효하게 성립된 법률행위에 제한능력 또는 의사표시에 결함이 있는 경우 후에 취소권자가 그 법률행위를 취소할 수 있는 것으로 하고, 취소를 하게 되면 소급해서 무효로 처리되는 것을 말한다(제141조 본문).

2) 취소의 법적 성질에 대하여 통설은 하나의 법률행위로 본다. 즉 취소는 유효하게 성립된 법률행위를 행위시에 소급해서 무효화시키는 상대방 있는 일방적 의사표시(단독행위)라고 한다. 따라서 취소에 관해서도 의사표시에 관한 민법의 규정이 적용되고, 따라서 **취소의 취소도 가능하다고** 한다. **단 제한능력자가 한 법률행위의 취소는 법정대리인이 다시 제한능력을 이유로 취소할 수 없다.**

(2) 구별개념

1) 철 회

㈎ 취소는 유효한 법률행위의 효력을 행위시에 소급하여 소멸시키는 일방적 의사표시이나, 철회는 **아직 효력을 발생하고 있지 않은** 의사표시를 그대로 저지하여 효과를 발생하지 않게 하는 표의자의 일방적 의사표시이다. 민법상 철회의 예는 미성년자의 법률행위에 대한 동의의 "취소" 또는

영업허락의 "취소"(제7조, 제8조 제2항), 무권대리의 상대방의 철회(제134조), 유언의 철회(제1108조) 등이다.

(나) 의사표시에 의하여 당사자 사이에 그 **효력이 발생한 후에는** 그것의 철회는 허용되지 아니한다.

2) 해 제

일단 유효하게 성립된 계약에 있어 당사자 일방의 채무불이행 등이 있는 경우, 당사자 일방이 해제의 의사표시가 있게 되면 계약이 소급하여 소멸한다(통설·판례). 이러한 통설의 설명에 따를 때, 해제에 소급효가 있다는 점은 취소와 동일하다. 그러나 해제는 계약에 한해서만 인정되고 취소는 법률행위 일반에 인정되며, 해제는 계약 성립 당시에 아무런 흠이 없어도 나중에 채무불이행 또는 약정사유가 발생하거나 합의에 의하여 해제할 수 있는 것임에 반하여, 취소는 법률행위 성립 당시부터 제한능력·착오·사기·강박 등의 흠이 있는 경우에만 할 수 있다.

> **판례** 〈취소의 법정사유〉甲·乙 사이에 결손금배상채무의 액수를 확정하는 합의가 있은 후 甲은 합의가 강박에 의하여 이루어졌다는 이유를 들어, 乙은 착오에 의하여 합의를 하였다는 이유를 들어 각기 위 합의를 취소하는 의사표시를 하였으나, 위 합의에 각각 주장하는 바와 같은 **취소사유가 있다고 인정되지 아니하는 이상**, 甲, 乙 쌍방이 모두 위 합의를 취소하는 의사표시를 하였다는 사정만으로는, 위 합의가 취소되어 그 효력이 상실되는 것은 아니다(대판 1994. 7. 29, 93다58431).

2. 무효와 취소의 이중효

무효와 취소의 이중효란 무효인 법률행위가 취소의 요건도 갖추고 있다면, 의사표시자는 무효를 주장하는 것과 별도로 그 법률행위를 취소할 수도 있다는 이론이다. 예컨대 의사무능력을 이유로 한 무효와 제한능력을 이유로 한 취소의 경합이 문제되는 경우에 제한능력자의 행위도 의사무능력을 이유로 무효를 주장할 수 있다.

> **판례** 채무자의 법률행위가 통정허위표시인 경우에도 채권자취소권의 대상이 되고, 한편 채권자취소권의 대상으로 된 채무자의 법률행위라도 통정허위표시의 요건을 갖춘 경우에는 무효라고 할 것이다(대판 1998. 2. 27, 97다50985).

3. 취소권자

> **제140조(법률행위의 취소권자)**
> 취소할 수 있는 법률행위는 제한능력자, 착오로 인하거나 사기·강박에 의하여 의사표시를 한 자, 그의 대리인 또는 승계인만이 취소할 수 있다.

(1) 제한능력자 자신

제한능력자는 자기가 한 법률행위를 단독으로 취소할 수 있다. 따라서 제한능력자가 법정대리인의 동의 없이 취소하였다고 하여 취소의 의사표시를 법정대리인이 다시 취소할 수는 없다.

(2) 착오 또는 사기·강박에 의하여 의사표시를 한 자

표의자는 착오·사기·강박에서 벗어나 완전한 판단력을 회복한 후 취소의 의사표시를 할 수 있다. 흠이 있는 상태에서 한 취소는 그 자체가 하자 있는 의사표시가 될 수 있다.

(3) 대리인

취소가능한 법률행위를 한 제한능력자의 법정대리인은 스스로 그 법률행위를 취소할 수 있다. 법정대리인의 취소권은 제한능력자 본인의 취소권을 대리하는 것이 아니라 자신의 고유의 취소권을 행사하는 것이다. 임의대리인은 비록 자신이 법률행위를 하였다고 하더라도 임의대리인이 취소권을 행사할 수는 없고 본인의 취소권을 대리하여 행사하여야 한다. 이 때 임의대리인이 취소하려면 본인의 특별수권이 필요하다.

(4) 승계인

승계인에는 포괄승계인(상속인·회사의 합병)과 특정승계인이 있다. 포괄승계인이 취소권자가 된다는 것은 의심의 여지가 없다. 특정승계인도 취소할 수 있는 행위에 의하여 취득한 권리의 승계가 있는 경우에는 취소권을 승계할 수 있다. 예컨대 토지소유자가 사기를 당하여 지상권을 설정한 후에 그 토지를 양도하였다면 그 토지의 양수인은 특정승계인으로서 지상권설정행위를 취소할 수 있다. 취소권은 취소에 의하여 보호하려는 법률상의 지위를 떠나서 독립하여 존재할 수 없기 때문에 취소권만의 분리 양도는 허용되지 않는다.

4. 취소의 상대방

> **제142조(취소의 상대방)**
> 취소할 수 있는 법률행위의 상대방이 확정한 경우에는 그 취소는 그 상대방에 대한 의사표시로 하여야 한다.

취소의 의사표시의 상대방이란 취소할 수 있는 법률행위에 있어서의 상대방을 말한다. 예컨대 계약의 취소의 상대방은 계약당사자이다. 그러므로 계약의 상대방이 취소의 대상이 되는 계약으로부터 취득한 권리를 이미 제3자에게 양도한 경우라도 본래의 상대방이 취소의 상대방이고, 권리를 전득한 제3자가 취소의 상대방이 되는 것이 아니다.

5. 취소권 행사방법

취소는 취소권자 단독의 의사표시로써 한다. 따라서 취소의 의사표시에는 조건을 붙일 수 없다. 그리고 취소의 의사표시는 특별한 방식을 요하지 않는다.

> **판례** 법률행위의 취소를 당연한 전제로 한 소송상의 이행청구나 이를 전제로 한 이행거절 가운데는 취소의 의사표시가 포함되어 있다고 볼 수 있다(대판 1993. 9. 14, 93다13162).

6. 취소의 효과

> **제141조(취소의 효과)**
> 취소된 법률행위는 처음부터 무효인 것으로 본다. 다만, 제한능력자는 그 행위로 인하여 받은 이익이 현존하는 한도에서 상환(償還)할 책임이 있다.

(1) 소급적 무효

취소가 있으면 그 법률행위는 처음부터 무효인 것으로 본다(제141조 본문).

> **판례** 근로계약은 근로자가 사용자에게 근로를 제공하고 사용자는 이에 대하여 임금을 지급하는 것을 목적으로 체결된 계약으로서(근로기준법 제2조 제1항 제4호) 기본적으로 그 법적 성질이 사법상 계약이므로 계약 체결에 관한 당사자들의 의사표시에 무효 또는 취소의 사유가 있으면 상대방은 이를 이유로 근로계약의 무효 또는 취소를 주장하여 그에 따른 법률효과의 발생을 부정하거나 소멸시킬 수 있다. 다만 그와 같이 **근로계약의 무효 또는 취소**를 주장할 수 있다 하더라도 근로계약에 따라 그동안 행하여진 근로자의 노무 제공의 효과를 소급하여 부정하는 것은 타당하지 않으므로 이미 제공된 근로자의 노무를 기초로 형성된 취소 이전의 법률관계까지 효력을 잃는다고 보아서는 아니 되고, **취소의 의사표시 이후 장래에 관하여만 근로계약의 효력이 소멸된다고 보아야 한다.** ☞ 민법 제141조에 대한 중대한 예외이다(대판 2017. 12. 22, 2013다25194, 25200).

(2) 절대적 취소와 상대적 취소

1) 취소의 효과는 당사자의 제한능력을 이유로 하는 경우에는 모든 제3자(선악 불문)에게 이를 주장할 수 있으나 착오·사기·강박을 이유로 하는 경우에는 그 취소로써 선의의 제3자에게 대항하지 못한다(제109조 제2항·제110조 제3항).

2) 예컨대 **미성년자 甲이 그 소유 토지(부동산)**를 乙에게 5천만원에 매각하고, 乙은 다시 丙에게 매각한 경우에서 甲이 제한능력을 이유로 乙에게 매매계약의 취소를 하면, 토지소유권은 당연히 甲에게 복귀한다(제187조 참조). 따라서 甲은 소유권에 기하여 乙과 丙명의의 등기의 말소를 청구할 수 있다. 여기서 丙은 선의라고 하더라도 그 부동산을 甲측에서 원하면 돌려줘야 한다(절대적 취소). 이 경우 甲은 乙에게 받은 매매대금을 부당이득으로서 반환하여야 하는데(제741조), 다만 현존이익 범위 내에서 반환하면 된다(제141조 단서). 그러나 **동산**의 경우에는 제3자가 선의·무과

실인 경우 거래안전을 위해 선의취득으로 보호를 받게 된다.

3) 예컨대 甲은 **사기를 당하여** 토지를 乙에게 매각하고, 乙은 그 사정을 모르는 丙에게 매각한 경우, 甲이 사기를 이유로 乙과의 매매계약을 취소하더라도 그로써 선의의 丙에게는 대항할 수 없게 된다(제110조 제3항; 상대적 취소). 乙은 甲에게의 토지반환의 불능에 갈음하여 甲에게 가액반환을 하여야 하고, 甲은 乙로부터 받은 매매대금을 부당이득으로서 반환하여야 한다(제741조). 사기가 불법행위의 요건(제750조)을 충족시키는 경우는 불법행위로 인한 손해배상을 청구할 수도 있다.

(3) 부당이득반환의무

1) 취소가 있은 후에는 이행 전에는 이행할 필요가 없고, 이행한 후에는 받은 이익을 반환하여야 한다. 민법은 부당이득자에게 원래의 물건이 남아 있는 경우에는 원물반환을 하고, 원물반환이 불가능할 때에는 가액반환할 것을 규정한다(제747조 제1항, 원물반환의 원칙). 수익자의 반환범위에 관해서 민법은 선의의 수익자는 받은 이익이 현존하는 한도에서, 악의의 수익자는 받은 이익에 이자를 붙여 반환하고 손해배상도 하여야 한다고 하고 있다(제748조).

2) 제한능력자의 반환범위에 관한 특칙

(가) 민법은 제한능력자의 보호를 위해서, 제한능력자는 선악불문하고 그 행위로 인하여 받은 이익이 현존하는 한도에서 상환할 책임을 진다는 특칙을 두고 있다(제141조 단서). 현존이익이란 취소할 수 있는 법률행위에 의해서 취득한 이익이 그대로 남아 있거나 또는 변형되어서 남아 있는 것을 말한다. 이익이 현존하지 않는 경우에 원물반환 및 가액배상, 손해배상의 의무가 생기지 않는다.

(나) 법률상 원인 없이 타인의 재산 또는 노무로 이익을 얻고 그로 인하여 타인에게 손해를 가한 경우, 그 취득한 것이 금전상의 이득인 때에는 그 금전은 이를 취득한 자가 소비하였는가의 여부를 불문하고 현존하는 것으로 추정되고, 그 취득한 것이 성질상 계속적으로 반복하여 거래되는 물품으로서 곧바로 판매되어 환가될 수 있는 금전과 유사한 대체물인 경우에도 마찬가지다(대판 2009. 5. 28, 2007다20440, 20457).

> **판례** [1] 제한능력자의 책임을 제한하는 민법 제141조 단서는 부당이득에 있어 수익자의 반환범위를 정한 민법 제748조의 특칙으로서 제한능력자의 보호를 위해 그 선의·악의를 묻지 아니하고 반환범위를 현존 이익에 한정시키려는 데 그 취지가 있으므로, **의사능력의 흠결을 이유로 법률행위가 무효가 되는 경우에도 유추적용되어야 할 것**이나, 법률상 원인 없이 타인의 재산 또는 노무로 인하여 이익을 얻고 그로 인하여 타인에게 손해를 가한 경우에 그 취득한 것이 금전상의 이득인때에는 그 금전은 이를 취득한 자가 소비하였는가의 여부를 불문하고 현존하는 것으로 추정되므로, 위 이익이 현존하지 아니함은 이를 주장하는 자, 즉 **의사무능력자 측**에 입증책임이 있다. [2] 의사무능력자가 자신이 소유하는 부동산에 근저당권을 설정해 주고 금융기관으로부터 금원을 대출받아 이를 제3자에게 대여한 사안에서, **대출로써 받은 이익이 위 제3자에 대한 대여금채권 또는 부당이득반환채권의 형태로 현존**하므로, 금융기관은 대출거래약정 등의 무효에 따른 원상회복으로서 위 대출금 자체의 반환을 구할 수는 없더라도 **현존 이익인 위 채권의 양도를 구할 수 있다**(대판 2009. 1. 15, 2008다58367).

7. 취소할 수 있는 법률행위의 추인

> **제143조(추인의 방법, 효과)**
> ① 취소할 수 있는 법률행위는 제140조에 규정한 자가 추인할 수 있고 추인후에는 취소하지 못한다.
> ② 전조의 규정은 전항의 경우에 준용한다.
>
> **제144조(추인의 요건)**
> ① 추인은 취소의 원인이 소멸된 후에 하여야만 효력이 있다.
> ② 제1항은 법정대리인 또는 후견인이 추인하는 경우에는 적용하지 아니한다.

(1) 취소권자의 의사표시로서의 추인

제143조의 '취소할 수 있는 행위의 추인'이란 취소할 수 있는 법률행위를 그 취소사유에도 불구하고 유효로 확정시키겠다는 취소권자의 의사표시이다. 따라서 취소할 수 있는 법률행위는 추인이 있으면 – 무효행위의 추인과 달리 – 새로운 법률행위를 하지 않고도 유효한 법률행위로 확정된다. **무효행위의 추인**은 원칙적으로 **장래효**이며(제139조), **무권대리의 추인은 소급효**가 있다(제133조). 그러나 **취소할 수 있는 행위의 추인**은 유동적 유효가 확정적 유효가 되므로 **소급효의 문제는 제기되지 않는다**.

(2) 추인권자

추인권자는 취소권자에 한한다. 그리고 추인은 「**취소원인이 종료한 후**」에 하여야 한다. 즉, 취소와 추인의 선택은 능력자가 되거나 하자가 없는 상태에서 결정하여야 하기 때문에 미성년자 또는 피한정후견인은 동의를 얻어서 하여야 하고, 다만 법정대리인이 추인하는 경우에는 그러하지 아니하다(제144조).

(3) 사례연습

1) 사 례 : 甲이 10·26 이후 보안사에서 조사받는 과정에서 부정축재재산을 국가에 기부하도록 강요받고 이를 수용하는 문서에 서명 무인한 후(강박에 의한 증여), 1980. 1. 형사재판과정에서 고등군법회의에 자필로 작성, 제출한 항소이유 보충서를 통하여 위 의사표시는 강요에 의한 것이므로 **취소한다고 하였다가, 며칠 후 다시 이를 번복하여 위 당초의 기부는 자유의사에 의한 것이며 이를 인정한다는 내용의 문서를 군법회의에 제출하였다.** ☞ **법률행위를 취소한 후에도 추인할 수 있는지**가 쟁점이 되었다.

2) 해 설 : 취소한 법률행위는 처음부터 무효인 것으로 간주되므로 취소할 수 있는 법률행위가 일단 취소된 이상 그 후에는 **취소할 수 있는 법률행위의 추인에 의하여** 이미 취소되어 무효인 것으로 간주된 당초의 의사표시를 다시 확정적으로 유효하게 할 수는 없고, 다만 **무효인 법률행위의 추인의 요건과 효력으로서** 추인할 수는 있으나, 무효행위의 추인은 **그 무효 원인이 소멸한 후에 하여야** 그 효력이 있고, 따라서 강박에 의한 의사표시임을 이유로 일단 유효하게 취소되어 당초의 의사표시가 무효로 된 후에 추인한 경우 그 추인이 효력을 가지기 위하여는 그 무효 원인

이 소멸한 후일 것을 요한다고 할 것인데, 그 무효 원인이란 바로 위 의사표시의 취소사유라 할 것이므로 결국 무효 원인이 소멸한 후란 것은 당초의 의사표시의 성립 과정에 존재하였던 취소의 원인이 종료된 후, **즉 강박 상태에서 벗어난 후**라고 보아야 한다(대판 1992. 11. 27, 92다8521).

☞ 甲의 추인행위는 강박 상태에서 벗어나지 못한 상태에서 이루어진 것이므로 위 사안에서는 결국 무효행위 추인의 효력도 인정될 수 없을 것이다.

8. 법정추인

> **제145조(법정추인)**
> 취소할 수 있는 법률행위에 관하여 전조의 규정에 의하여 추인할 수 있는 후에 다음 각호의 사유가 있으면 추인한 것으로 본다. 그러나 이의를 보류한 때에는 그러하지 아니하다.
> 1. 전부나 일부의 이행
> 2. 이행의 청구
> 3. 경개
> 4. 담보의 제공
> 5. 취소할 수 있는 행위로 취득한 권리의 전부나 일부의 양도
> 6. 강제집행

(1) 의의 및 취지

취소할 수 있는 법률행위와 관련하여 취소권자의 일정한 행위가 있는 경우에 법률상 추인한 것으로 간주하는 제도가 법정추인이다(제145조).

(2) 법정추인의 사유와 그 요건

1) 법정추인의 사유(제145조)

취소할 수 있는 법률행위에 관하여 다음의 여섯 가지의 사유 중 하나가 있어야 한다. 특히 **제2호의 "이행의 청구"와, 제5호의 "취소할 수 있는 행위로 취득한 권리의 전부나 일부의 양도"는 취소권자가 하여야 하고, 그 상대방이 한 경우는 포함되지 않는다.** 나머지 사유는 취소권자나 상대방이 다 포함된다.

(가) 전부나 일부의 이행 : 취소권자가 상대방에게 취소할 수 있는 법률행위로부터 생긴 채무를 전부 또는 일부 이행한 경우뿐만 아니라 상대방으로부터 취소할 수 있는 법률행위로부터 생긴 채무의 이행을 수령한 경우를 포함한다.

(나) 이행의 청구(편면적) : 취소권자가 상대방에 대하여 이행의 청구를 하는 경우만을 포함하고, 상대방으로부터 이행의 청구를 받은 경우는 포함되지 않는다.

(다) 경 개 : 법정추인사유로서의 경개는 취소할 수 있는 법률행위에 관하여 당사자의 합의로 구 채

권·채무를 소멸시키고 새로운 채권·채무를 발생케 하는 것으로 취소권자가 채권자이든 채무자이든 상관없다.

(라) 담보의 제공 : 취소권자가 채무자로서 담보를 제공하든 채권자가 담보의 제공을 받든 양자를 모두 포함한다. 제공하는 담보는 인적 담보이든 물적 담보이든 상관하지 않는다.

(마) 취소할 수 있는 행위로 취득한 권리의 전부나 일부의 양도(편면적) : 취소권자가 양도하는 경우만 해당한다. 여기서의 양도는 취소할 수 있는 행위로 취득한 권리 전부를 양도하는 경우만이 아니라 제한적 권리의 설정(저당권 설정 등)도 포함된다. 그러나 취소함으로써 발생하게 될 장래의 채권(예컨대 취소하면 발생할 부당이득반환채권)의 양도는 포함되지 않는다.

(바) 강제집행 : 취소권자가 채권자로서 집행하는 경우는 물론이고 채무자로서 법률상 이의를 제기할 수 있음에도 불구하고 집행을 받는 경우를 포함한다.

2) 법정추인의 요건
(가) 위에서 든 사유가 추인할 수 있는 후에, 즉 **취소의 원인이 종료한 후**에 행해져야 한다(제145조). 다만 **법정대리인이 하는 행위의 경우**에는 취소의 원인이 종료하기 전이라도 가능하다. 한편 법정추인의 취지상, 위 사유들의 존재에 대한 인식 여부는 묻지 않는다.

(나) 취소권자가 위의 행위를 하는 데 있어 이의를 유보하지 않았어야 한다. 이의를 유보한다는 것은 추인으로 간주되는 법률효과를 배제한다는 것을 내용으로 하는 의사표시를 말한다.

(3) 법정추인의 효과
추인한 것으로 간주되므로 추인에 있어서와 마찬가지의 효과가 생긴다.

9. 취소권의 소멸

> **제146조(취소권의 소멸)**
> 취소권은 추인할 수 있는 날로부터 3년내에 법률행위를 한 날로부터 10년내에 행사하여야 한다.

(1) 제척기간
취소권은 언제까지 행사할 수 있는 것이 아니고, 추인할 수 있는 날로부터 3년 내에 법률행위를 한 날로부터 10년 내에 행사하여야 한다. 통설과 판례는 제146조의 기간을 제척기간으로 이해한다.

> **판례** 민법 제146조는 취소권은 추인할 수 있는 날로부터 3년 내에 행사하여야 한다고 규정하고 있는바, 이 때의 3년이라는 기간은 일반 소멸시효기간이 아니라 **제척기간으로서 제척기간이 도과하였는지 여부는 당사자의 주장에 관계없이 법원이 당연히 조사하여 고려하여야 할 사항이다**. 따라서 직권으로 취소권 행사기간의 경과 여부를 심리, 판단하지 아니한 채 매도인의 취소 의사표시에 따라 매매계약이 적법하게 취소되었다고 판단해서는 아니된다(대판 1996. 9. 20, 96다25371).

(2) 취소권의 행사와 더불어 발생한 손해배상청구권 내지 부당이득반환청구권

다수설은 취소권의 행사와 더불어 발생한 손해배상청구권 내지 부당이득반환청구권도 취소권과 함께 제척기간 내에 행사하여야 한다고 한다. 반면에 판례는 **취소권 행사기간인 제척기간 제한과는 별도로** 일반채권과 같이 민법 제162조 소정의 10년의 소멸시효 기간이 진행되는 것이라고 한다.

> **┃판례** 환매권의 행사로 발생한 소유권이전등기청구권은 위 기간 제한과는 별도로 환매권을 행사한 때로부터 일반채권과 같이 민법 제162조 소정의 10년의 소멸시효 기간이 진행되는 것이지, 위 제척기간 내에 이를 행사하여야 하는 것은 아니다(대판 1991. 2. 22, 90다13420).

(3) 재판상 행사문제

법률행위를 취소할 수 있는 권리는 형성권으로서 민법 제146조에 규정된 취소권의 존속기간은 제척기간이고, 판례는 재판상·재판외 행사를 긍정한다(대판 1993. 7. 27, 92다52795). 그러나 통설은 그 제척기간 내에 소를 제기하는 방법으로 권리를 재판상 행사하여야 한다고 해석한다(출소기간설=제소기간설).

(4) '추인할 수 있는 날'의 의미와 관련된 판결

민법 제146조에 의하여 추인할 수 있는 날로부터 3년 내에, 법률행위를 한 날로부터 10년 내에 행사하여야 하지만, 여기에서 '추인할 수 있는 날'이라 함은 취소의 원인이 종료한 후를 의미하므로, 피후견인이 스스로 법률행위를 취소함에 있어서는 한정후견심판선고가 취소되어 피후견인이 능력자로 복귀한 날로부터 3년 내에 그 취소권을 행사하여야 한다(대판 1997. 6. 27, 97다382).

(5) 3년·10년

3년과 10년의 기간 중 어느 것이든 먼저 도래한 것이 있으면 더 이상 취소권을 행사할 수 없다.

CHAPTER 8 조건·기한

POINT

Ⅰ. 부 관

법률행위가 성립하면 아무런 제한 없이 바로 그 효력이 생기는 것이 원칙이나, 법률행위를 함에 있어서 사적 자치의 원칙에 의하여 법률행위 효과를 당사자의 의사에 의하여 제한하는 것도 물론 가능한 것이고, 이와 같이 법률행위의 효과의 발생 또는 소멸에 관하여 이를 제한하기 위하여 부가되는 약관을 부관이라 한다. 즉 당사자가 법률행위의 효력의 발생 또는 소멸을 장래의 일정한 사실에 의존케 할 수 있는데 이를 부관이라 하는 것이다. 부관부 법률행위도 법률행위라는 점에서 일반의 법률행위와 동일하다. 법률행위의 부관은 법률행위와 동시에 부과되어야 하며, 사후부관은 법률행위의 변경이지 법률행위의 부관이 아니다. 또 법률행위의 부관은 **당사자의 의사에 의하여 부가되어야** 하며, 법률의 규정에 의하여 부과된 **법정조건이나 법정기한**은 법률행위의 부관이 아니다. 법률행위의 부관은 조건·기한·부담이 있으나 민법은 부관의 일반적 규정을 민법총칙에 두고 있고, 부담은 제561조에서 개별적으로 규정하고 있다.

Ⅱ. 조 건

1. 조건과 기한의 구별

판례 ① [1] 조건은 법률행위 효력의 발생 또는 소멸을 **장래의 불확실한 사실의 성부에 의존**하게 하는 법률행위의 부관이다. 반면 장래의 사실이더라도 그것이 **장래 반드시 실현되는 사실**이면 실현되는 시기가 비록 확정되지 않더라도 이는 기한으로 보아야 한다. [2] 법률행위에 붙은 부관이 조건인지 기한인지가 명확하지 않은 경우 **법률행위의 해석**을 통해서 이를 결정해야 한다. 부관에 표시된 사실이 발생하지 않으면 채무를 이행하지 **않아도 된다고 보는 것이 합리적인 경우**에는 조건으로 보아야 한다. 그러나 **부관에 표시된 사실이 발생한 때에는 물론이고 반대로 발생하지 않는 것이 확정된 때에도 채무를 이행하여야 한다고 보는 것이 합리적인 경우**에는 표시된 사실의 발생 여부가 확정되는 것을 불확정기한으로 정한 것으로 보아야 한다. [3] 이러한 법리는 부관이 화해계약의 일부를 이루고 있는 경우에도 마찬가지이다(대판 2018. 6. 28, 2018다201702).

② 어떠한 법률행위에 **불확정기한**이 부관으로 붙여진 경우에는 특별한 사정이 없는 한 **그 법률행위에 따른 채무는 이미 발생하여 있고** 불확정기한은 그 변제기나 이행기를 유예한 것에 불과하다(대판 2014. 10. 15, 2012두22706).

③ 재건축사업을 추진하던 자들과 사업 진행에 필요한 운전자금을 출자하고 사업상의 이익에 참여하기로 하는 등의 공동사업계약을 체결하고 그들에게 운전자금을 지급한 자가, 그 후 사업진행이 순조롭지 않자 공동사업관계에서 탈퇴하면서 '스폰서가 영입되거나 사업권을 넘길 경우나 사업을 진행할 때'에는 위 출자금을 반환받기로 하는 청산약정을 체결한 사안에서, 위 부관의 법적 성질을 거기서 정해진 사유가 발생하지 않는 한 언제까지라도 위 투자금을 반환할 의무가 성립하지 않는 **정지조건이라기보다는 불확정기한**으로 보아, 출자금

제8장 조건·기한 **197**

반환의무는 위 약정사유가 발생하는 때는 물론이고 상당한 기간 내에 위 약정사유가 발생하지 않는 때에도 성립한다고 해석하는 것이 타당하다(대판 2009. 5. 14, 2009다16643).

④ 아파트 신축·분양 사업의 분양수입금 인출배분에 관하여 공사도급변경약정에서 시행사의 선투입비 및 일반관리비 채권을 2순위로 지급하기로 하면서, 위 선투입비는 아파트 분양 실계약률에 따라 계약률 50%시 45억 원, 최초 계약일로부터 6개월 이내에 계약률 75%시 35억 원, 12개월 이내에 계약률 95%시 10억 원을 각각 지급하기로 한 사안에서, 위 시행사의 선투입비 채권은 일정 기간 내에 일정 분양률이 충족되는 것을 **정지조건**으로 최대 90억 원까지 2순위로 지급받기로 약정된 것으로 보아야 한다(대판 2011. 4. 28, 2010다89036).

2. 조건의 의의와 성질

(1) 효력의 문제

조건이란 법률행위의 효력의 발생 또는 소멸을 장래의 발생이 불확실한 사실에 의존케 하는 법률행위의 부관이다. 조건은 법률행위 효과의 발생 또는 소멸에 관한 것이며, 법률행위의 성립에 관한 것은 아니다. ☞ 조건부 법률행위에서 조건의 성취는 법률행위의 특별효력요건이다.

> **┆판례** 조건의 성취가 미정인 동안에는 아직 채권의 효력이 확정되어 발생하는 것이 아니므로 그 전에 이행한 부분은 법률상 원인 없이 이행한 부분으로 부당이득이 될 수 있다(대판 2004. 4. 9, 2003다32681).

(2) 불확실

조건이 되는 사실은 장래 발생할 것인가의 여부가 **불확실한 사실**이어야 한다. 따라서 **장래 반드시 실현되는 사실**은 기한이 되고 조건이 되지는 못한다. 장래의 불확실성은 객관적이어야 하지 당사자 사이의 주관적으로만 불확실한 사실은 조건이 아니다. 예컨대 사망은 장래의 확실한 사실이므로 기한이지 조건은 아니다.

(3) 조건은 법률행위 효력의 발생 또는 소멸을 장래 불확실한 사실의 발생 여부에 따라 좌우되게 하는 법률행위의 부관이고, **법률행위에서 효과의사와 일체적인 내용을 이루는 의사표시 그 자체이다. 조건을 붙이고자 하는 의사는** 법률행위의 내용으로 **외부에 표시되어야** 하고, 조건을 붙이고자 하는 의사가 있는지는 **의사표시에 관한 법리에 따라 판단**하여야 한다. 조건을 붙이고자 하는 의사의 표시는 그 방법에 관하여 일정한 방식이 요구되지 않으므로 묵시적 의사표시나 묵시적 약정으로도 할 수 있다. 이를 인정하려면, 법률행위가 이루어진 동기와 경위, 법률행위에 의하여 달성하려는 목적, 거래의 관행 등을 종합적으로 고려하여 법률행위 효력의 발생 또는 소멸을 장래의 불확실한 사실의 발생 여부에 따라 좌우되게 하려는 의사가 인정되어야 한다(대판 2018. 6. 28, 2016다221368).

> **┆판례** ① 조건은 법률행위 효력의 발생이나 소멸을 장래의 불확실한 사실의 성립 여부에 의존하게 하는 법률행위의 부관으로서 **법률행위 내용의 일부를 구성**한다. 특정 법률행위에 관하여 어떠한 사실이 그 효과의사

의 내용을 이루는 조건이 되는지와 해당 조건의 성취 또는 불성취로 말미암아 법률행위의 효력이 발생하거나 소멸하는지는 모두 **법률행위 해석의 문제**이다(대판 2021. 1. 14, 2018다223054).

② 조건은 법률행위의 부관으로서 의사표시의 일반원칙에 따라 조건을 붙이고자 하는 의사, 즉 **조건의사와 그 표시가 필요하며 조건의사가 있더라도 그것이 외부에 표시되지 않으면 법률행위의 동기에 불과할 뿐이고 그것만으로는 법률행위의 부관으로서의 조건이 되는 것은 아니다**(대판 2003. 5. 13, 2003다10797).

③ 갑과 을이 빌라 분양을 갑이 대행하고 수수료를 받기로 하는 내용의 분양전속계약을 체결하면서, **특약사항으로 "분양계약기간 완료 후 미분양 물건은 갑이 모두 인수하는 조건으로 한다."라고 정한 사안**에서, 위 특약사항은 '인수하는 조건'이라는 문언을 사용하고 있기는 하나 그 자체만으로 당사자가 조건을 붙여 효력발생이 좌우되게 하려는 계약의 내용이 특정되어 있지 아니한 점, 오히려 '인수하는 조건'이라는 문언은 미분양 세대의 인수에 따라 계약의 효력발생이 좌우되게 하려는 의사라기보다는 단순히 이를 계약의 내용 중 하나로 정한다는 의미로 사용되었다고 볼 소지가 큰 점, 위 특약사항을 둔 이유가 분양계약기간이 만료되었음에도 미분양 세대가 있는 경우 갑이 이를 인수할 의무를 부담하도록 하기 위함이지 갑이 미분양 세대를 인수하지 아니할 경우 조건이 성취되지 않은 것으로 보아 수수료 전부를 포기하게 할 의사였다고 보기는 어려운 점, 갑이 빌라 분양을 전부 완료하지 못한 채 계약이 중단된 경우에도 갑이 이미 분양하거나 인수한 세대만큼 을에 이익이 된다면, 신의칙에 비추어 갑에게 적어도 그에 상응하는 수수료를 지급하도록 하는 것이 옳은 점을 종합하면, 위 특약사항은 갑이 분양계약기간 만료 후 미분양 세대를 인수할 의무를 부담한다는 계약의 내용을 정한 것에 불과하고, **계약의 효력발생이 좌우되게 하려는 법률행위의 부관으로서 조건을 정한 것이라고 보기는 어려운데도**, 이와 달리 본 원심판단에 법리오해의 잘못이 있다고 한 사례(대판 2020. 7. 9, 2020다202821).

3. 조건의 종류

(1) 정지조건·해제조건

법률행위 효력의 **발생**을 조건에 의존케 하는 것이 정지조건이고, 이에 대해 법률행위 효력의 **소멸**을 조건에 의존케 하는 것이 해제조건이다(제147조 참조). 예를 들어 시험에 합격하면 고급시계를 선물해 주겠다는 것은 정지조건이고, 앞으로 장학금을 지급하겠으나 시험에 불합격하면 장학금을 지급하지 않겠다고 했을 때의 법률행위는 해제조건부의 법률행위이다. 이러한 조건의 구별은 가장 기본적인 구분이면서도 실제에 있어서는 구별이 용이하지 않다.

> **판례** 〈**해제조건부 법률행위의 예**〉 판례는 약혼예물의 수수는 혼인의 불성립을 해제조건으로 하는 증여와 유사한 성질을 가진다고 본다(대판 1996. 5. 14, 96다5506).

(2) 수의조건·비수의조건

조건의 성부가 당사자 일방의 임의의 의사에만 전적으로 의존하는 조건이 수의조건이고, 그 당사자 일방의 의사에만 의존하지 않는 조건이 비수의조건이다.

1) 수의조건(隨意條件)

(가) 순수수의조건(純粹隨意條件)

예컨대 "내 마음이 내키면 자동차를 한 대 주겠다"는 것처럼 법률행위의 효력을 당사자 일방의 의사에만 의존케 하는 조건이 순수수의조건이다. 순수수의조건의 효력에 관하여 다수설과 판례는 무효라고 한다.

> **판례** ① 제작물공급계약의 당사자들이 보수의 지급시기에 관하여 "수급인이 공급한 목적물을 도급인이 검사하여 합격하면, 도급인은 수급인에게 그 보수를 지급한다"는 내용으로 한 약정은 도급인의 수급인에 대한 보수지급의무와 동시이행관계에 있는 수급인의 목적물 인도의무를 확인한 것에 불과하므로, 법률행위의 효력발생을 장래의 불확실한 사실의 성부에 의존하게 하는 **법률행위의 부관인 조건에 해당하지 아니할 뿐만 아니라, 조건에 해당한다** 하더라도 검사에의 합격 여부는 도급인의 일방적인 의사에만 의존하지 않고 그 목적물이 계약내용대로 제작된 것인지 여부에 따라 객관적으로 결정되므로 **순수수의조건에 해당하지 않는다**(대판 2006. 10. 13, 2004다21862).
>
> ② [1] 도급계약에서 목적물의 주요구조부분이 약정된 대로 시공되어 사회통념상 일반적으로 요구되는 성능을 갖추었고 당초 예정된 최후의 공정까지 마쳤다면 일이 완성되었다고 보아야 한다. 목적물이 완성되었다면 목적물의 하자는 하자담보책임에 관한 민법 규정에 따라 처리하도록 하는 것이 당사자의 의사와 법률의 취지에 부합하는 해석이다. 개별 사건에서 예정된 최후의 공정을 마쳤는지는 당사자의 주장에 구애받지 않고 계약의 구체적 내용과 신의성실의 원칙에 비추어 **객관적으로 판단**해야 한다. [2] 민법 제665조 제1항은 도급계약에서 보수는 완성된 목적물의 인도와 동시에 지급해야 한다고 정하고 있다. 이때 목적물의 인도는 단순한 점유의 이전만을 의미하는 것이 아니라 도급인이 목적물을 검사한 후 목적물이 계약 내용대로 완성되었음을 명시적 또는 묵시적으로 시인하는 것까지 포함하는 의미이다. 도급계약의 당사자들이 '수급인이 공급한 목적물을 도급인이 검사하여 합격하면, 도급인은 수급인에게 보수를 지급한다.'고 정한 경우 도급인의 수급인에 대한 보수지급의무와 동시이행관계에 있는 수급인의 목적물 인도의무를 확인한 것에 불과하고 '검사 합격'은 법률행위의 효력 발생을 좌우하는 **조건이 아니라** 보수지급시기에 관한 **불확정기한이다.** 따라서 수급인이 도급계약에서 정한 일을 완성한 다음 **검사에 합격한 때 또는 검사 합격이 불가능한 것으로 확정된 때** 보수지급청구권의 기한이 도래한다(대판 2019. 9. 10, 2017다272486, 272493).

(나) 단순수의조건(單純隨意條件)

"내가 독일에 가면 쓰던 자동차를 주겠다"는 것처럼 결국은 당사자 일방의 의사로 결정은 되지만 그밖에 다른 사실 상태의 성립(독일에 가는 것)도 요구하는 것을 말한다. 즉 단순수의조건은 법률행위의 효력을 상대방의 임의의사에 기한 작위 또는 부작위에 의존케 할 때 그 조건을 말한다. 이와 같은 사실상태의 성립이 있어야 한다는 점에서 일방당사자의 의사만에 의존케 하는 순수수의조건과 다르다. 이러한 단순수의조건은 유효한 조건이 된다.

2) 비수의조건(非隨意條件)

비수의조건은 표현 그대로 당사자의 일방적 의사에만 의존하지 않는 조건이다.

(3) 가장조건(假裝條件)

외관상 형식적으로는 조건이지만, 실질적으로는 조건으로서의 효력이 인정되지 못하는 것을 총칭한다.

1) 법정조건

조건은 법률행위 내용의 일부이므로 **당사자가 임의로 부가한 것이어야** 한다. 따라서 **이른바 법정조건은 조건이 아니다.** 법정조건의 예로서는 미성년자의 법률행위에 대한 법정대리인의 동의(제5조 제1항), 법인설립행위에 있어서의 주무관청의 허가(제42조 제2항) 등을 들 수 있다.

2) 불법조건

> **제151조(불법조건, 기성조건)**
> ① 조건이 선량한 풍속 기타 사회질서에 위반한 것인 때에는 그 법률행위는 무효로 한다.

불법조건이 붙은 법률행위는 정지조건이든 해제조건이든 묻지 않고 **그 법률행위 자체가** 무효이다(제151조 제1항).

> **판 례** ① 조건부 법률행위에 있어 **조건의 내용 자체가 불법적인 것이어서 무효일 경우** 또는 **조건을 붙이는 것이 허용되지 아니하는 법률행위에 조건을 붙인 경우** 그 조건만을 분리하여 무효로 할 수는 없고 그 **법률행위 전부가 무효**로 된다(대결 2005. 11. 8, 자 2005마541).
> ② 부첩관계 또는 부부관계의 종료를 해제조건으로 하는 증여계약은 그 조건만이 무효인 것이 아니라 증여계약 자체가 무효이다(대판 1966. 6. 21, 66다530).

> **비교판례** 피고가 원고와의 부첩관계를 해소하기로 하는 마당에 그동안 원고가 피고를 위하여 바친 노력과 비용 등의 희생을 배상 내지 위자하고 또 원고의 장래 생활대책을 마련해 준다는 뜻에서 금원을 지급하기로 약정한 것이라면 **부첩관계를 해소하는 마당에 위와 같은 의미의 금전지급약정은 공서양속에 반하지 않는다**고 보는 것이 상당하다(대판 1980. 6. 24, 80다458).

3) 기성조건과 불능조건

> **제151조(불법조건, 기성조건)**
> ② 조건이 법률행위의 당시 이미 성취한 것인 경우에는 그 조건이 정지조건이면 조건없는 법률행위로 하고 해제조건이면 그 법률행위는 무효로 한다.
> ③ 조건이 법률행위의 당시에 이미 성취할 수 없는 것인 경우에는 그 조건이 해제조건이면 조건없는 법률행위로 하고 정지조건이면 그 법률행위는 무효로 한다.

4. 조건에 친한 행위인지 여부

법률행위 자유의 원칙에 의하여 법률행위에 조건을 붙이는 것은 당사자의 자유이지만, 조건을 붙이면 법률행위 효력의 발생·소멸이 불확정적인 것으로 된다. 그러므로 성질상 법률관계가 확정적이어야 하는 법률관계에는 조건을 붙일 수 없다. 대체로 조건에 친하지 아니한 법률행위는 기한과도 친하지 아니하다.

(1) 조건을 붙일 수 없는 법률행위

1) 단독행위

제493조(상계의 방법, 효과)
① 상계는 상대방에 대한 의사표시로 한다. 이 의사표시에는 조건 또는 기한을 붙이지 못한다.

예컨대 상계(제493조 제1항), 취소, 해제·해지, 추인, 선택채권에서 선택권의 행사 등 **단독행위**에는 조건을 붙일 수 없음이 원칙이다. 다만 예외적으로 상대방의 지위를 불안하게 할 염려가 없는 단독행위에는 조건을 붙일 수 있다.
① 상대방의 동의가 있는 경우
② 상대방이 결정할 수 있는 사실을 조건으로 하는 경우

③ 상대방에게 이익만을 주는 단독행위. 예컨대 채무면제, 유증 등

2) 가족법상의 행위

가족법상의 행위에는 원칙적으로 조건을 붙일 수 없다. 혼인·이혼·입양·인지·상속의 포기 등이다. 그러나 예외적으로 상대방에게 불이익을 주지 않고, 선량한 풍속에 반하지 아니하는 경우에는 조건을 붙일 수 있다. 예컨대 유언에는 명문으로 조건을 붙일 수 있다는 규정을 두고 있다(제1073조 제2항 참조).

(2) 조건부 법률행위에 있어 조건의 내용 자체가 불법적인 것이어서 무효일 경우 또는 **조건을 붙이는 것이 허용되지 아니하는 법률행위에 조건을 붙인 경우 그 조건만을 분리하여 무효로 할 수는 없고 그 법률행위 전부가 무효**로 된다(대결 2005. 11. 8, 자 2005마541).

5. 조건부 법률행위에서 입증책임

법률행위에 **정지조건이 붙어 있다고 하는 점**은 법률행위의 **효력을 다투는 자**가 입증하여야 한다. 그러나 **조건이 성취되었다는 사실**은 법률행위의 **효과가 확정되었음을 주장하는 자**가 입증하여야 한다.

> **판례** ① 조건은 법률행위의 당사자가 그 의사표시에 의하여 그 법률행위와 동시에 그 법률행위의 내용으로서 부가시켜 그 법률행위의 효력을 제한하는 법률행위의 부관이므로 구체적인 사실관계가 어느 법률행위에 붙은 조건의 성취에 해당하는지 여부는 의사표시의 해석에 속하는 경우도 있다고 할 수 있지만, 어느 법률행위에 어떤 **조건이 붙어 있었는지 아닌지**는 사실인정의 문제로서 **그 조건의 존재를 주장하는 자**가 이를 입증하여야 한다고 할 것이다(대판 2006. 11. 24, 2006다35766).
> ② 어떠한 법률행위가 조건의 성취시 법률행위의 효력이 발생하는 소위 정지조건부 법률행위에 해당한다는 사실은 그 법률행위로 인한 법률효과의 발생을 저지하는 사유로서 **그 법률효과의 발생을 다투려는 자**에게 주장입증책임이 있다(대판 1993. 9. 28, 93다20832).
> ③ 원고가 피고 교회의 담임목사직을 자진 은퇴하겠다는 의사를 표명한데 대하여 피고교회에서 은퇴 위로금으로 이 건 부동산을 증여하기로 한 것이라면, 이 증여는 원고의 자진 사임을 조건으로 한 증여라고 보아야 할 것이므로, **원고가 위 증여계약을 원인으로 피고에게 소유권이전등기를 구하려면 적어도 그 후 자진 사임함으로써 그 조건이 성취되었음을 입증할 책임이 있다**(대판 1984. 9. 25, 84다카967). ☞ 위 2006다35766 판결에 따르면, 조건의 존재는 상대방인 피고 교회가 입증하여야 할 것이다.

6. 조건부 법률행위의 효력

> **제147조(조건성취의 효과)**
> ① 정지조건있는 법률행위는 조건이 성취한 때로부터 그 효력이 생긴다.
> ② 해제조건있는 법률행위는 조건이 성취한 때로부터 그 효력을 잃는다.
> ③ 당사자가 조건성취의 효력을 그 성취전에 소급하게 할 의사를 표시한 때에는 그 의사에 의한다.
>
> **제148조(조건부권리의 침해금지)**
> 조건있는 법률행위의 당사자는 조건의 성부가 미정한 동안에 조건의 성취로 인하여 생길 상대방의 이익을 해하지 못한다.
>
> **제149조(조건부권리의 처분 등)**
> 조건의 성취가 미정한 권리의무는 일반규정에 의하여 처분, 상속, 보존 또는 담보로 할 수 있다.

(1) 기대권(期待權)으로서의 조건부권리

조건의 성부가 미확정적 상태에서의 조건부 법률행위의 효력은 불확정적이다. 그렇지만 이러한 상태에 있다 하더라도 당사자는 장래 조건의 성취로 인하여 일정한 권리를 취득하거나, 이익을 얻을 수 있는 법률상의 지위 또는 기대를 갖게 되는데, 이러한 유동적 상태의 권리를 기대권이라 한다. 기대권은 장래의 조건성취에 의하여 현실의 구체적인 권리로 확정되지만, 조건의 성취에 의하여 발생할 장래의 권리가 아니라 조건의 성부가 미확정적인 상태에서 기대되는 **현존의 권리**다. 따라서 기대권인 조건부권리도 현존의 권리로서 보호되어야 한다. 이에 민법 제148조가 조건부권리의 침해를 금지시킴으로써 이를 소극적으로 보호하고, 제149조는 이를 자유로이 처분할 수 있는 것으로 하여 조건부권리를 적극적으로 보호하고 있다.

> **판례** 장래 발생할 채권이나 조건부 채권도 현재 그 권리의 특정이 가능하고 가까운 장래에 발생할 것이 상당 정도 기대되는 경우에는 이를 압류할 수 있다고 할 것이다(대판 2010. 2. 25, 2009다76799).

(2) 조건부권리의 침해금지

1) 의무자가 침해하는 경우(정지조건부권리가 침해되는 경우)

예컨대 정지조건부로 증여를 한 토지를 증여자가 그 조건성취 전에 제3자에게 매각하여 그 등기가 경료된 경우이다. 이 때에는 **제3자의 물권이 우선한다.** 조건부권리자인 수증자는 그 조건의 성취를 전제로 증여자를 상대로 그 토지의 인도불능에 갈음하는 손해배상을 청구할 수 있다. 다만, 부동산에 관한 그 **조건부권리(청구권)를 가등기한 때**에는 후에 그 조건의 성취를 전제로 제3자에게도 대항할 수 있다.

2) 조건부 처분행위 후에 의무자가 처분행위를 하는 경우(해제조건부권리가 침해되는 경우)

예컨대 해제조건부 매매로 인한 부동산소유권이전등기 후 조건성취 전에 매수인이 제3자에게 목적물을 양도하여 제3자 앞으로 소유권이전등기가 된 경우이다. 해제조건이 성취되더라도 그것은 조건이 성취된 때로부터 그 효력을 잃는 것이 되므로(제147조 제2항), **그 전에 물권을 취득한 제3자가 우선한다.** 다만 해제조건의 경우에는 권리소멸의 약정으로서 이를 등기할 수 있으며, **이를 등기한 때에 한해** 제3자에게 그 조건의 성취를 주장하여 제3자가 취득한 물권의 무효를 주장할 수 있다(대판 1992. 5. 22, 92다5584). 따라서 등기를 하지 않은 경우 매도인은 조건성취를 전제로 매수인을 상대로 이행불능으로 인한 손해배상을 청구할 수 있을 뿐이다.

> **판례** 해제조건부 증여로 인한 부동산소유권이전등기를 마쳤다하더라도, 그 해제조건이 성취되면 그 소유권은 증여자에게 복귀한다고 할 것이고, 이 경우 당사자간에 별단의 의사표시가 없는 한 그 조건성취의 효과는 소급하지 아니하나, 조건성취 전에 수증자가 한 처분행위는 조건성취의 효과를 제한하는 한도 내에서는 무효라고 할 것이고, **다만 그 조건이 등기되어 있지 않는 한** 그 처분행위로 인하여 권리를 취득한 제3자에게 위 무효를 대항할 수 없다(대판 1992. 5. 22, 92다5584).

(3) 조건부권리의 처분 등

조건의 성취가 미정인 권리·의무는 일반규정에 의하여 처분·상속·보존·담보로 할 수 있다(제149조). 위에서 본 바와 같이 조건부권리를 현존의 권리로 취급하여 그 처분 등을 인정하는 것이다.

(4) 조건성취 후의 법률효과(제147조)

⒜ 조건의 성취 또는 불성취에 의하여 법률행위의 효력이 확정된다. 따라서 정지조건부 법률행위에 있어서는 조건이 성취되면 **그때부터** 법률행위의 효력이 발생하고 불성취로 확정되면 무효로 된다. 해제조건부 법률행위는 반대로 조건이 성취되면 **그때부터** 법률행위의 효력은 소멸하고, 조건의 불성취로 확정되면 그 효력은 소멸하지 않은 것으로 확정된다.

⒝ 조건성취의 효과는 **조건이 성취된 때로부터 발생하고 소급하지 않음이 원칙**이다. 그러나 조건부 법률행위의 **당사자가 조건성취의 효과를 그 성취 전에 소급하게 할 의사를 표시한 때**에는 소급효가 인정된다(제147조 제3항). 이는 사적자치의 원칙에 근거하며 **소급의 시기는 법률행위의 시점 이후 어떤 시점이든 당사자가 임의로 정할 수 있다**고 한다.

> **판례** 해제조건부 증여로 인한 부동산소유권이전등기를 마쳤다하더라도, 그 해제조건이 성취되면 그 소유권은 증여자에게 복귀한다고 할 것이고, 이 경우 당사자간에 별단의 의사표시가 없는 한 그 조건성취의 효과는 소급하지 아니한다(대판 1992. 5. 22, 92다5584).

7. 조건의 성취와 불성취의 의제

> **제150조(조건성취, 불성취에 대한 반신의행위)**
> ① 조건의 성취로 인하여 불이익을 받을 당사자가 신의성실에 반하여 조건의 성취를 방해한 때에는 상대방은 그 조건이 성취한 것으로 주장할 수 있다.
> ② 조건의 성취로 인하여 이익을 받을 당사자가 신의성실에 반하여 조건을 성취시킨 때에는 상대방은 그 조건이 성취하지 아니한 것으로 주장할 수 있다.

> **판례** ① 상대방이 도급받은 부분에 대한 공사를 완공하여 준공필증을 제출하는 것을 정지조건으로 하여 공사대금채무를 부담하기로 한 경우, 불이익을 받을 자가 공사장에의 출입을 통제함으로써 위 상대방으로 하여금 나머지 공사를 수행할 수 없게 하였다면, 그것이 **고의에 의한 경우만이 아니라 과실에 의한 경우에도 신의성실에 반하여 조건의 성취를 방해한 때에 해당한다**고 할 것이므로, 그 상대방은 민법 제150조 제1항의 규정에 의하여 위 공사대금채무자 및 보증인에 대하여 그 조건이 성취된 것으로 주장할 수 있다.
> ② 조건의 성취로 인하여 불이익을 받을 당사자가 신의성실에 반하여 조건의 성취를 방해한 경우, **조건이 성취된 것으로 의제되는 시점**은 이러한 **신의성실에 반하는 행위가 없었더라면 조건이 성취되었으리라고 추산되는 시점**이다(대판 1998. 12. 22, 98다42356).
> ③ [1] 민법 제150조 제1항은 조건의 성취로 인하여 불이익을 받을 당사자가 신의성실에 반하여 조건의 성취를 방해한 때에는 상대방은 그 조건이 성취한 것으로 주장할 수 있다고 정함으로써, 조건이 성취되었더라면 원

래 존재했어야 하는 상태를 일방 당사자의 부당한 개입으로부터 보호하기 위한 규정을 두고 있다. 이 조항은 권리의 행사와 의무의 이행은 신의에 좇아 성실히 하여야 한다는 법질서의 기본원리가 발현된 것으로서, 누구도 신의성실에 반하는 행태를 통해 이익을 얻어서는 안 된다는 사상을 포함하고 있다. 당사자들이 조건을 약정할 당시에 미처 예견하지 못했던 우발적인 상황에서 상대방의 이익에 대해 적절히 배려하지 않거나 상대방이 합리적으로 신뢰한 선행 행위와 모순된 태도를 취함으로써 형평에 어긋나거나 정의관념에 비추어 용인될 수 없는 결과를 초래하는 경우 신의성실에 반한다고 볼 수 있다. [2] **민법 제150조 제1항은 계약 당사자 사이에서 정당하게 기대되는 협력을 신의성실에 반하여 거부함으로써 계약에서 정한 사항을 이행할 수 없게 된 경우에 유추적용될 수 있다.** 그러나 민법 제150조 제1항이 방해행위로 조건이 성취되지 않을 것을 요구하는 것과 마찬가지로, **위와 같이 유추적용되는 경우에도 단순한 협력 거부만으로는 부족하고 이 조항에서 정한 방해행위에 준할 정도로 신의성실에 반하여 협력을 거부함으로써 계약에서 정한 사항을 이행할 수 없는 상태가 되어야 한다.** 또한 민법 제150조는 사실관계의 진행이 달라졌더라면 발생하리라고 희망했던 결과를 의제하는 것은 아니므로, **이 조항을 유추적용할 때에도 조건 성취 의제와 직접적인 관련이 없는 사실관계를 의제하거나 계약에서 정하지 않은 법률효과를 인정해서는 안 된다**(대판 2021. 1. 14, 2018다223054).

④ **일방 당사자의 신의성실에 반하는 방해행위 등이 있었다는 사정만으로 곧바로 민법 제150조 제1항에 의해 그 상대방이 발생할 것으로 희망했던 결과까지 의제된다고 볼 수는 없으므로,** 여기서 말하는 '조건의 성취를 방해한 때'란 사회통념상 일방 당사자의 방해행위가 없었더라면 조건이 성취되었을 것으로 볼 수 있음에도 방해행위로 인하여 조건이 성취되지 못한 정도에 이르러야 하고, **방해행위가 없었더라도 조건의 성취가능성이 현저히 낮은 경우까지 포함되는 것은 아니다.** 만일 위와 같은 경우까지 조건의 성취를 의제한다면 단지 일방 당사자의 부당한 개입이 있었다는 사정만으로 곧바로 조건 성취로 인한 법적 효과를 인정하는 것이 되고 이는 상대방으로 하여금 공평·타당한 결과를 초과하여 부당한 이득을 얻게 하는 결과를 초래할 수 있기 때문이다. 한편 일방 당사자가 신의성실에 반하여 조건의 성취를 방해하였는지는 당사자들이 조건부 법률행위 등을 하게 된 경위나 의사, 조건부 법률행위의 목적과 내용, 방해행위의 태양, 해당 조건의 성취가능성 및 방해행위가 조건의 성취에 미친 영향, 조건의 성취에 영향을 미치는 다른 요인의 존재 여부 등 여러 사정을 고려하여 개별적·구체적으로 판단하여야 한다(대법 2022. 12. 29, 2022다266645).

Ⅲ. 기 한

1. 의 의

(1) 기한(期限)이란 법률행위의 효력의 발생·소멸 또는 채무의 이행을 **장래에 발생하는 것이 확실한 사실**에 의존케 하는 법률행위의 부관이다. 기한은 기한이 되는 사실이 장래의 사실이라는 점에서 조건과 같으나 그 발생이 확실한 점에서 성부자체가 불확실한 조건과 다르다.

> **판례** 임대차계약을 체결함에 있어서 **임대기한을 "본건 토지를 임차인에게 매도할 때까지"로 정하였다면** 별다른 사정이 없는 한 그것은 **도래할지의 여부가 불확실**한 것이므로 기한을 정한 것이라고 볼 수 없으니 위 임대차계약은 **기간의 약정이 없는 것**이라고 해석함이 상당하다(대판 1974. 5. 14, 73다631).

(2) 기한도 조건과 마찬가지로 법률행위의 **당사자의 의사표시에 의하여 임의로 부가된 것이어야 한다**는 점에서 법률의 규정에 의하여 권리의 발생·소멸을 장래의 확실한 사실에 의존케 하는 시효기간·제척기간 등은 기한이 아니다.

2. 유 형

(1) 시기와 종기

민법은 기한의 종류로 시기(始期)와 종기(終期)를 인정한다. 시기는 법률행위의 효력의 발생 또는 채무이행의 시기를 장래의 확정적 사실에 의존하는 것을 말한다. 종기는 법률행위의 효력을 소멸케 할 때를 말한다.

(2) 확정기한과 불확정기한

기한은 그 장래의 **발생사실**이 확실하지만 **발생시기**는 반드시 확정되어 있을 것을 요하지 않는다. 발생시기가 확정되어 있는 것을 **확정기한**이라 하고, 발생시기가 확정되어 있지 아니한 기한을 **불확정기한**이라 한다. 불확정기한과 조건의 구별은 용이하지 않다. 따라서 결국은 법률행위의 해석문제에 속하게 된다.

3. 기한을 붙일 수 없는 법률행위

일반적으로 조건을 붙일 수 없는 법률행위에 기한도 붙이지 못한다.

4. 기한부 법률행위의 효력

(1) 기한부권리의 보호

제154조(기한부권리와 준용규정)
제148조와 제149조의 규정은 기한있는 법률행위에 준용한다.

기한부권리에도 조건부권리의 침해금지 및 처분 등에 관한 제148조와 제149조를 준용한다(제154조).

(2) 기한도래의 효과

제152조(기한도래의 효과)
① 시기있는 법률행위는 기한이 도래한 때로부터 그 효력이 생긴다.
② 종기있는 법률행위는 기한이 도래한 때로부터 그 효력을 잃는다.

⑺ 기한의 효력에는 소급효가 없고, 이것은 기한의 본질상 당사자의 특약에 의해서도 이를 인정할 수 없다. 즉 기한도래의 효력에는 절대적으로 소급효가 인정되지 않는다. 왜냐하면 기한의 소급효를 인정하는 것은 기한을 붙이는 것과 모순되기 때문이다.

⑻ 기한은 기간의 경과, 기한으로 정한 사실의 실현으로 도래한다. 기한의 이익의 포기(제153조) 또는 상실(제388조)에 의하여도 기한이 도래할 수 있다.

판례 〈불확정기한의 도래 여부에 대한 판단〉① (ⅰ) 당사자가 불확정한 사실이 발생한 때를 이행기한으로 정한 경우에 있어서 그 사실이 발생한 때는 물론 그 사실의 발생이 불가능하게 된 때에도 이행기한은 도래한 것으로 보아야 한다(대판 1989. 6. 27, 88다카10579). (ⅱ) **이미 부담하고 있는 채무의 변제에 관하여 일정한 사실이 부관으로 붙여진 경우에는 특별한 사정이 없는 한 그것은 변제기를 유예한 것으로서 그 사실이 발생한 때 또는 발생하지 아니하는 것으로 확정된 때에 기한이 도래한다**(대판 2009. 11. 12, 2009다42635). ② 상가건물의 점포를 분양하면서 분양대금을 완납하고 건물 준공 후 공부정리가 완료되는 즉시 소유권을 이전하기로 약정한 경우, 그 점포에 관한 소유권이전등기에 관하여 확정기한이 아니라 불확정기한을 이행기로 정하는 합의가 이루어진 것으로 보아야 할 것이며, 건설공사의 진척상황 및 사회경제적 상황에 비추어 분양대금이 완납되고 분양자가 건물을 준공한 날로부터 사용승인검사 및 소유권보존등기를 하는 데 소요될 것으로 예상할 수 있는 합리적이고 상당한 기간이 경과한 때 그 이행기가 도래한다고 보아야 한다(대판 2008. 12. 24, 2006다25745). ③ 〈어음교부와 변제기 유예문제〉채권자가 기존 채무의 지급을 위하여 그 채무의 **이행기가 도래하기 전에 미리 그 채무의 변제기보다 후의 일자가 만기로 된 어음의 교부를 받은 때에는 묵시적으로 기존 채무의 지급을 유예하는 의사가 있었다고 볼 경우가 있을 수 있고** 이 때 기존 채무의 변제기는 어음에 기재된 만기일로 변경된다고 볼 것이나, 특별한 사정이 없는 한 **채무자가 기존 채무의 이행기에 채무를 변제하지 아니하여 채무불이행 상태에 빠진 다음에 기존 채무의 지급을 위하여 어음이 발행된 경우**까지 그와 동일하게 볼 수는 없다고 한다(대판 2000. 7. 28, 2000다16367).

5. 기한의 이익·그 포기 및 상실

> **제153조(기한의 이익과 그 포기)**
> ① 기한은 채무자의 이익을 위한 것으로 추정한다.
> ② 기한의 이익은 이를 포기할 수 있다. 그러나 상대방의 이익을 해하지 못한다.

(1) 기한의 이익(제153조)

1) 기한의 이익이란 기한이 도래하지 않음으로써 당사자가 받는 이익을 말한다. 시기부 법률행위에 있어서는 법률행위의 효력이 발생하지 아니하거나, 이행기가 도래하지 않음으로써 받는 이익을 말하며, 종기부 법률행위에 있어서는 법률행위의 효력이 소멸하지 않는 데서 받는 이익을 말한다. 이것은 경우에 따라서 채권자만이 가지는 경우(예컨대 무상임치), 채무자만이 가지는 경우(예컨대 무이자소비대차), 채권자와 채무자 쌍방이 가지는 경우(예컨대 이자부정기예금)가 있다.

2) 민법은 당사자의 특약이나 법률행위의 성질에 비추어 반대의 취지가 없는 한 기한은 채무자의 이익을 위하여 존재하는 것으로 추정(推定)한다(제153조 제1항). 따라서 기한의 이익이 채권자를 위하거나 당사자 쌍방을 위하여 존재한다는 것은 이를 주장하는 자가 입증하여야 한다.

(2) 기한의 이익의 포기

1) 기한의 이익을 가지는 자가 이를 포기하여 스스로 불이익을 감수하는 것을 금할 이유가 없으므로 기한의 이익을 가지는 자는 그 이익을 포기할 수 있다(제153조 제2항 본문). 예컨대 무이자 소비대차에 있어서 차주는 기한 전에 언제든지 반환할 수 있고(제603조 제2항), 무상임치에 있어서 임치인은 언제든지 그 반환을 청구할 수 있다.

2) 다만 그로 말미암아 상대방에게 손해를 준 경우에는 이를 배상하여야 한다(제153조 제2항 단서). 예컨대 이자부 소비대차처럼 기한의 이익이 채권자에게도 있는 경우에, 채무자는 상대방의 손해 즉 본래의 이행기까지의 이자를 지급하여 기한 전에 변제할 수 있다. 그러나 채권자는 변제기까지의 이자를 포기하고 채무자에게 기한 전에 변제할 것을 청구할 수는 없다.

> **판례** [1] 기한의 이익은 포기할 수 있으나, 상대방의 이익을 해하지 못한다(민법 제153조 제2항). 변제기 전이라도 채무자는 변제할 수 있으나, 상대방의 손해는 배상하여야 한다(민법 제468조). 채무의 변제는 제3자도 할 수 있으나(민법 제469조 제1항 본문), 그 경우에도 급부행위는 채무내용에 좇은 것이어야 한다(민법 제460조). **채권자와 채무자 모두가 기한의 이익을 갖는 이자부 금전소비대차계약 등에 있어서, 채무자가 변제기로 인한 기한의 이익을 포기하고 변제기 전에 변제하는 경우 변제기까지의 약정이자 등 채권자의 손해를 배상하여야 하고,** 이러한 약정이자 등 손해액을 함께 제공하지 않으면 채무의 내용에 따른 변제제공이라고 볼 수 없으므로, 채권자는 수령을 거절할 수 있다. 이는 제3자가 변제하는 경우에도 마찬가지이다. [2] 기한의 이익과 그 포기에 관한 민법 제153조 제2항, 변제기 전의 변제에 관한 민법 제468조의 규정들은 **임의규정으로서 당사자가 그와 다른 약정을 할 수 있다.** 은행여신거래에 있어서 당사자는 계약 내용에 편입된 약관에서 정한 바에 따라 위 민법 규정들과 다른 약정을 할 수도 있다(대판 2023. 4. 13, 2021다305338). ☞ 예컨대 대출거래약정상 약정한 상환기일이 도래하기 전이라도 중도상환수수료 등 배상금 부담 없이 원금을 갚을 수 있다는 다른 약정이 있는 경우에는 채무자 등은 손해배상 없이 변제할 수 있다.

3) **기한의 이익 포기도 기한의 일종이기 때문에 성질상 장래를 향해서만 효력을 발생하고 소급효가 없다.**

(3) 기한의 이익의 상실(제388조)

> **제388조(기한의 이익의 상실)**
> 채무자는 다음 각호의 경우에는 기한의 이익을 주장하지 못한다.
> 1. 채무자가 담보를 손상, 감소 또는 멸실하게 한 때
> 2. 채무자가 담보제공의 의무를 이행하지 아니한 때

민법상 기한이익상실의 경우에는 기한이익상실사유의 발생만으로 채무의 변제기가 도래한 것으로 의제(擬制)되는 것은 아니며 채권자가 기한 전에 이행청구를 하더라도 채무자가 거절을 할 수 없을 뿐이다. **채권자의 이행청구가 있으면 그때 비로소** 채무의 변제기가 도래한 것으로 의제되며 이행지체가 된다.

(4) 기한이익 상실의 특약

예컨대 매월 말 100만 원을 지급하기로 하는 회귀적 급부에서 1회라도 지체하였을 때 기한의 이익을 상실하고 즉시 채무 전액을 완제하여야 한다는 특약을 기한이익 상실의 특약이라고 한다.

> **판례** ① 기한이익 상실의 특약은 그 내용에 의하여 일정한 사유가 발생하면 채권자의 청구 등을 요함이 없이 당연히 기한의 이익이 상실되어 이행기가 도래하는 것으로 하는 **정지조건부 기한이익 상실의 특약**과 일정한 사유가 발생한 후 채권자의 통지나 청구 등 채권자의 의사행위를 기다려 비로소 이행기가 도래하는 것으로 하는 **형성권적 기한이익 상실의 특약**의 두 가지로 대별할 수 있고, 기한이익 상실의 특약이 위의 양자 중 어느 것에 해당하느냐는 당사자의 의사해석의 문제이지만 일반적으로 기한이익 상실의 특약이 채권자를 위하여 둔 것인 점에 비추어 명백히 정지조건부 기한이익 상실의 특약이라고 볼 만한 특별한 사정이 없는 이상 **형성권적 기한이익 상실의 특약으로 추정**하는 것이 타당하다(대판 2010. 8. 26, 2008다42416, 42423).
> ② **형성권적 기한이익 상실의 특약이 있는 경우**에는 그 특약은 채권자의 이익을 위한 것으로서 기한이익의 상실 사유가 발생하였다고 하더라도 **채권자가 나머지 전액을 일시에 청구할 것인가 또는 종래대로 할부변제를 청구할 것인가를 자유로이 선택할 수 있으므로**, 이와 같은 기한이익 상실의 특약이 있는 할부채무에 있어서는 1회의 불이행이 있더라도 각 할부금에 대해 그 각 변제기의 도래시마다 그 때부터 순차로 소멸시효가 진행하고 **채권자가 특히 잔존 채무 전액의 변제를 구하는 취지의 의사를 표시한 경우에 한하여** 전액에 대하여 그때부터 소멸시효가 진행한다(대판 2002. 9. 4, 2002다28340).
> ③ 이른바 **정지조건부 기한이익상실의 특약을 한 경우**에는 그 특약에 정한 기한이익의 상실사유가 발생함과 동시에 기한의 이익을 상실케 하는 채권자의 의사표시가 없더라도 이행기도래의 효과가 발생하고, 채무자는 특별한 사정이 없는 한 그때부터 이행지체의 상태에 놓이게 된다(대판 1989. 9. 29, 88다카14663).

기 간

1. 일반론

> **제155조(본장의 적용범위)**
> 기간의 계산은 법령, 재판상의 처분 또는 법률행위에 다른 정한 바가 없으면 본장의 규정에 의한다.

(1) 서 론

1) 시간만이 법률요건이 되는 경우는 없지만, 다른 법률사실과 결합해서 법률요건의 중요한 법률사실이 되는 경우는 많다. 예컨대 성년, 최고기간, 실종기간, 기한, 시효 등이 그러하다.
2) 민법의 기간 계산방법은 공법관계에도 적용된다.
3) 기간의 계산에 관한 민법의 규정은 **임의규정**이다.

(2) 초일불산입원칙

> **제157조(기간의 기산점)**
> 기간을 일, 주, 월 또는 연으로 정한 때에는 기간의 초일은 산입하지 아니한다. 그러나 그 기간이 오전영시로부터 시작하는 때에는 그러하지 아니하다.
>
> **제158조(연령의 기산점)**
> 연령계산에는 출생일을 산입한다.

> **판례** 민법 제157조는 "기간을 일, 주, 월 또는 년으로 정한 때에는 기간의 초일은 산입하지 아니한다"고 규정하여 초일 불산입을 원칙으로 정하고 있으나, 민법 제155조에 의하면 법령이나 법률행위 등에 의하여 위 원칙과 달리 정하는 것도 가능하다(대판 2007. 8. 23, 2006다62942).

(3) 만료시점

> **제161조(공휴일 등과 기간의 만료점)**
> 기간의 말일이 토요일 또는 공휴일에 해당한 때에는 기간은 그 익일로 만료한다.

기간의 말일이 토요일 또는 공휴일에 해당하는 경우에는 그 기간은 익일로 만료되는데, 공휴일에는 국경일 및 일요일, 임시공휴일이 포함된다. 따라서 토요일이 말일인 경우에는 그 기간은 다음 주의 월요일에 만료하게 된다.

> **판례** 〈기간의 초일이 공휴일이라 하더라도 기간은 초일부터 기산한다〉 민법 제161조가 정하는 기간의 말일이 공휴일에 해당한 때에는 기간은 그 익일로 만료한다는 규정의 의미는 명문이 정하는 바와 같이 기간의 말일이 공휴일인 경우를 정하는 것이고, 이는 기간의 만료일이 공휴일에 해당함으로써 발생할 불이익을 막자고 함에 그 뜻이 있는 것이므로 기간 기산의 초일은 이의 적용이 없다고 풀이 하여야 할 것이다(대판 1982. 2. 23, 81누204).

2. 계산방법

기간의 계산방법은 자연적 계산법과 역법적(曆法的) 계산법이 있다. 전자는 자연의 시간의 흐름을 순간에서부터 순간까지 계산하는 방법이고, 후자는 역에 따라 계산하는 방법이다. 자연적 계산법은 정확하지만 불편하고, 역에 따라 계산하는 것은 부정확하나 편리하다.

(1) 기간을 시(時)·분(分)·초(秒)로 정한 때

> **제156조(기간의 기산점)**
> 기간을 시, 분, 초로 정한 때에는 즉시로부터 기산한다.

자연적 계산방법으로 즉시로부터 기산한다. 그리고 기간의 만료점도 그 정하여진 시·분·초가 종료한 때이다.

(2) 기간을 일·주·월·년으로 정한 때

> **제157조(기간의 기산점)**
> 기간을 일, 주, 월 또는 연으로 정한 때에는 기간의 초일은 산입하지 아니한다. 그러나 그 기간이 오전 영시로부터 시작하는 때에는 그러하지 아니하다.
>
> **제158조(나이의 계산과 표시)**
> 나이는 출생일을 산입하여 만(滿) 나이로 계산하고, 연수(年數)로 표시한다. 다만, 1세에 이르지 아니한 경우에는 월수(月數)로 표시할 수 있다.
>
> **제159조(기간의 만료점)**
> 기간을 일, 주, 월 또는 연으로 정한 때에는 기간 말일의 종료로 기간이 만료한다.

1) 기산점(제157조~제158조) : 기간의 초일은 이를 산입하지 않는 것이 원칙이다. 그러나 기간이 오전 영시부터 시작하는 경우 및 연령계산에 있어서는 초일을 산입한다.

2) 만료점(제159조 이하) : 기간을 주·월·년으로 정한 때에는 이를 日로 환산하지 않고, 역(曆)에 의하여 계산한다(제160조 제1항). 따라서 월이나 년의 일수(日數)의 장단은 문제삼지 않는다. 주·월·년의 처음부터 계산하는 때(예컨대 2월 1일 오전 영시부터 한 달간)에는 그 주·월·년이 종료하는 때에 기간이 만료한다(제159조). 그러나 그와 같이 처음부터 계산하지 않는 때에는 최후의 주·월·년에서 기산일에 해당하는 날의 전일(前日)로 기간은 만료한다(제160조 제2항). 그리고 월 또는 년으로 정한 경우에 최후의 월에 해당일이 없는 때(윤년인 때)에는 그 월의 말일(末日)로서 기간의 말일로 한다(제160조 제3항). 기간의 말일이 공휴일에 해당하는 때에는 그 기간은 익일로 만료한다(제161조).

> **판례** 〈정년과 기간의 만료점〉 대한석탄공사에 피용된 채탄부의 정년의 53세라 함은 **만 53세에 도달하는 날**을 말하는 것이라고 보는 것이 상당하다(대판 1973. 6. 12, 71다2669). ☞ 53세가 만료되는 날을 의미하는 것이 아니다.

3. 기간의 역산(민법에 규정 없음)

기간의 계산방법에 관한 민법의 규정은 일정시점으로부터 장래에 향한 기간의 계산(순산규정)에 관한 것이다. 그러나 민법의 순산의 규정은 역산에도 유추적용하여야 할 것이다. 따라서 초일불산입규정과 만료점 등을 응용하여 적용하면 된다. 예컨대 사단법인에서 사원총회의 소집통지(제71조) 등에 있어서는 그 총회일 전일(前日)을 기산점으로 하여 역산하여 그 기간을 계산하게 된다.

4. 기간계산의 예(연습)

(1) 1990년 5월 5일생인 사람은 2007년 5월 5일 0시부터 유언을 할 수 있다(제1061조 유언적령: 만 17세에 달하지 못한 자는 유언을 하지 못한다).

(2) 1996년 10월 10일 오전 11시 15분에 출생한 자는 2015년 10월 10일 오전 0시부터 성년이 된다.

(3) 다가오는 2034년 9월 9일부터 1주일까지라고 하면 2034년 9월 15일 24시에 만료된다.

(4) 2000년 8월 12일 강박에 의한 의사표시를 한 자는 강박의 상태를 벗어난 후 3년이 경과하지 않은 한 2010년 8월 12일 24시까지 그 의사표시를 취소할 수 있다.

(5) 2005년 10월 1일의 항공기 추락사고로 생사불명인 자에 대해 2008년 12월 6일 실종선고가 내려졌다면, 그 사람은 2008년 10월 1일 24시에 사망한 것으로 본다(×) - 항공기 실종은 3년이 아니라 1년이다. 실종선고를 받은 자는 실종기간 만료시에 사망한 것으로 보는데(제28조), 이 경우 2006년 10월 1일 24시가 실종기간 만료시이다.

(6) 甲이 乙로부터 10월 10일 오전 10시에 '지금부터 2개월'의 기간으로 돈을 빌린 경우 그 반환일은 12월 10일 오전 10시까지가 아니라 같은 날 오후 12시까지이다.

(7) 2009년 10월 30일 오후 3시에 매매계약을 맺고 4개월 후 목적물을 인도하기로 한 경우, 2010년 2월 28일 24시까지 목적물을 인도하여야 한다. 2010년 2월은 28일까지 밖에 없기 때문이다(제160조 제3항).

(8) 과제물을 10월 3일 오후 4시부터 46시간내에 제출하라고 한 경우, 10월 5일 오후 2시까지 체출하여야 한다(시분초계산의 경우에는 즉시로부터 산정한다-제156조 참조).

(9) 사단법인의 사원총회 소집을 1주일 전에 통지하여야 하는 경우에 총회일이 11월 19일이라고 하면, 늦어도 11월 11일 오후 12시까지는 사원에게 소집통지를 발신하여야 한다. ☞ 민법에서 오후 12시는 정오(正午)가 아니라 자정(子正)을 의미한다.

(10) 甲은 乙로부터 2009년 2월 13일 14시에 카메라를 구입하면서 매매대금은 4개월 내에 지급하기로 하였다(2009년 6월 13일은 토요일임). 甲은 2009년 6월 15일 24시(자정)까지 그 대금을 완제하면 된다(민법 제161조 참조).

(11) 국세심판청구를 기각하는 결정을 광복절인 8월 15일에 송달받았다면 행정소송제기의 불변기간의 계산은 그 다음날인 8월 16일부터 기산하여야 한다. 즉 만료점이 아닌 기산점의 문제이다. 기산점은 제161조가 적용되지 않는다.

(12) 어느 법률이 부칙에서 공포일로부터 3개월이 경과한 날부터 시행하도록 되어 있고 그 법률이 2009년 11월 2일 공포되었다면, 그 법률은 2010년 2월 3일 오전 0시부터 시행된다.

(13) 1992년 3월 25일생인 甲은 법정대리인의 동의 없이 2010년 3월 24일 자기 소유의 부동산을 乙에게 매도하는 계약을 체결하였다. 이 경우 제한능력(행위무능력)을 이유로 甲 자신이 위 매매계약을 취소하려면 언제까지 취소권을 행사하여야 하는가?(만19세를 기준으로 한다). 2014년 3월 24일 24시까지이다.

(14) 2000년 3월 19일 오후 2시에 乙이 甲으로부터 1천만원을 빌리면서 같은 해 6월 19일에 갚기로 한 경우, 甲의 乙에 대한 대여금채권의 소멸시효는 언제 완성 하는가?(2010년 3월 19일은 금요일이며, 2010년 6월 19일은 토요일임)// 2010년 6월 21일 24시이다.

소멸시효

I. 소멸시효의 의의

1. 의 의

시효란 일정한 사실상태가 일정한 기간 동안 계속된 경우에 그 사실상태가 진실한 권리관계에 합치하느냐 않느냐를 묻지 않고서 법률상 일정한 효과를 부여하는 제도이다. 이러한 시효에는 권리취득의 효과를 부여하는 취득시효와 권리소멸의 효과를 부여하는 소멸시효 둘이 있다. 취득시효는 권리를 행사하고 있는 사실 상태가 일정한 기간 계속한 경우에 권리의 취득을 인정하는 제도이고, 소멸시효는 권리의 불행사 상태가 일정한 기간동안 계속된 경우에 권리의 소멸효과를 가져오는 제도이다. 단 모든 권리가 취득시효와 소멸시효에 걸리는 것은 아니다.

2. 존재이유

시효제도의 존재이유로 판례는 ① 일정 기간 계속된 사회질서를 유지, ② 입증곤란의 구제, ③ 권리행사의 태만에 대한 제재를 들고 있다.

> **판례** 소멸시효는 권리자가 권리를 행사할 수 있는데도 일정한 기간 권리를 행사하지 않은 경우에 권리의 소멸이라는 법률효과가 발생하는 제도이다. 이것은 시간의 흐름에 따라 법률관계가 점점 불명확해지는 것에 대처하기 위한 제도로서, **일정 기간 계속된 사회질서를 유지**하고 **시간이 지남에 따라 곤란해지는 증거보전으로부터 채무자를 보호**하며 **자신의 권리를 행사하지 않는 사람을 법적 보호에서 제외**함으로써 **법적 안정성을 유지**하는 데 중점을 두고 있다(대판 2020. 7. 9, 2016다244224, 244231).

II. 구별개념(제척기간)

1. 의 의

제척기간이란 법률의 규정에 의한 권리행사기간을 말한다. 그 기간 내에 권리를 행사하지 않으면 그 권리는 당연히 소멸한다. 이는 당사자에게 책임 없는 사유로 인하여 그 기간을 준수하지 못하였더라도 마찬가지이다(아래 판결 참조).

> **판례** ① 민법 제1019조 제3항의 기간은 한정승인신고의 가능성을 언제까지나 남겨둠으로써 당사자 사이에 일어나는 법적 불안상태를 막기 위하여 마련한 제척기간이고, 경과규정인 개정 민법 부칙 제3항 소정의 기간도 제척기간이라 할 것이며, 한편 제척기간은 불변기간이 아니어서 그 기간을 지난 후에는 당사자가 책임질 수

없는 사유로 그 기간을 준수하지 못하였더라도 추후에 보완될 수 없다(대결 2003. 8. 11, 자 2003스32).

② 제척기간은 권리자로 하여금 당해 권리를 신속하게 행사하도록 함으로써 법률관계를 조속히 확정시키려는 데 그 제도의 취지가 있는 것으로서, 소멸시효가 **일정한 기간의 경과와 권리의 불행사**라는 사정에 의하여 권리 소멸의 효과를 가져오는 것과는 달리 그 **기간의 경과 자체만으로** 곧 권리 소멸의 효과를 가져오게 하는 것이므로 그 기간 진행의 **기산점은** 특별한 사정이 없는 한 원칙적으로 **권리가 발생한 때**이고, 당사자 사이에 매매예약 완결권을 행사할 수 있는 시기를 특별히 약정한 경우에도 그 제척기간은 당초 권리의 발생일로부터 10년간의 기간이 경과되면 만료되는 것이지 그 기간을 넘어서 그 약정에 따라 권리를 행사할 수 있는 때로부터 10년이 되는 날까지로 연장된다고 볼 수 없다(대판 1995. 11. 10, 94다22682, 22699).

2. 주로 형성권

제척기간은 권리자로 하여금 당해 권리를 신속하게 행사하도록 함으로써 법률관계를 조속히 확정시키려는 데 그 제도의 취지가 있는 데, 이러한 취지는 특히 형성권의 행사에서 강하게 요청된다.

3. 출소기간인지 여부

통설에 따르면 제척기간은 기간내에 권리를 재판상 행사하여야 하는 제소기간(=출소기간)으로 이해한다. 판례는 "미성년자가 법률행위를 취소할 수 있는 권리는 형성권으로서 민법 제146조에 규정된 취소권의 존속기간은 제척기간이라고 보아야 할 것이지만, 그 **제척기간 내에 소를 제기하는 방법으로 권리를 재판상 행사하여야만 되는 것은 아니고 재판외에서 의사표시를 하는 방법으로도 권리를 행사할 수 있다**고 하고(대판 1993. 7. 27, 92다52795 등), 민법상 매도인의 하자담보책임이나 또는 수급인의 하자담보책임에 관한 매수인(제582조)·도급인의 권리행사기간(제670조 참조)도 **재판상 또는 재판외의 권리행사기간**으로 이해한다(대판 2000. 6. 9, 2000다15371). 그러나 민법 제204조 제3항과 제205조 제2항의 **점유를 침탈당하거나 방해를 받은 자의 침탈자 또는 방해자에 대한 청구권**은 재판 외에서 권리행사를 하는 것으로 족한 기간이 아니라 **반드시 그 기간 내에 소를 제기하여야 하는 이른바 출소기간**으로 해석함이 상당하다고 한다(대판 2002. 4. 26, 2001다8097).

> **판례** ① **민법상 수급인의 하자담보책임에 관한 기간**은 제척기간으로서 재판상 또는 재판 외의 권리행사기간이며 재판상 청구를 위한 **출소기간이 아니**라고 할 것이다(대판 2000. 6. 9, 2000다15371).
> ② 민법 제204조 제3항과 제205조 제2항에 의하면 점유를 침탈 당하거나 방해를 받은 자의 침탈자 또는 방해자에 대한 청구권은 그 **점유를 침탈 당한 날 또는 점유의 방해행위가 종료된 날로부터 1년 내에 행사하여야 하는 것**으로 규정되어 있는데, 여기에서 제척기간의 대상이 되는 권리는 형성권이 아니라 통상의 청구권인 점과 점유의 침탈 또는 방해의 상태가 일정한 기간을 지나게 되면 그대로 사회의 평온한 상태가 되고 이를 복구하는 것이 오히려 평화질서의 교란으로 볼 수 있게 되므로 일정한 기간을 지난 후에는 원상회복을 허용하지 않는 것이 점유제도의 이상에 맞고 여기에 점유의 회수 또는 방해제거 등 청구권에 단기의 제척기간을 두는 이유가 있는 점 등에 비추어 볼 때, 위의 제척기간은 재판외에서 권리행사하는 것으로 족한 기간이 아니라 반드시 그 기간 내에 소를 제기하여야 하는 **이른바 출소기간**으로 해석함이 상당하다(대판 2002. 4. 26, 2001다8097, 8103).

4. 우리 민법상 제척기간으로 보아야 할 것(김준호 제16판, p.408)

(1) 출소기간설

제204조 제3항(점유의 회수), 제205조 제2항(점유의 보유), 제406조 제2항(채권자취소권) 기타 가족법 규정 등이 있다.

(2) 재판상·재판외의 권리행사기간설

제146조(취소권의 소멸)·제253조(유실물의 소유권취득)·제254조(매장물의 소유권취득)·제556조 제2항 (증여의 해제)·제582조·제670조(담보책임) 등이 있다.

5. 소멸시효와의 차이점

구 분	소멸시효	제척기간
구별방법	제척기간도 소멸시효와 마찬가지로 일정한 기간의 경과로 권리소멸의 효과를 인정하는 제도이다. 제척기간과 소멸시효기간의 구별에 관하여는 조문에 「시효로 인하여」라고 하는 표현을 쓰고 있지 않으면 제척기간으로 해석하여야 한다고 본다(보통 제척기간은 "~내에 행사하여야 한다"라고 표현한다).	
공익상 이유	소멸시효는 직권주의가 아닌 변론주의 원칙이다.	제척기간은 권리 자체의 성질로부터 혹은 공익상의 필요에 의하여 권리관계를 조속히 확정하기 위하여 인정된다(직권주의). 제척기간을 둘 필요성은 특히 형성권에 있어서 강하다.
기산점	권리를 행사할 수 있는 때로부터(제166조)	제척기간의 기산점은 소멸시효처럼 "권리를 행사할 수 있는 때로부터"(제166조)가 아니고 "권리발생시"이다(대판 1995. 11. 10, 94다22682 등).
중단문제	소멸시효중단제도가 있다(제168조 이하).	제척기간에서는 소멸시효와 달리 중단이라는 제도가 없다(제168조 참조).
소급효 문제	소급효 있다(제167조).	제척기간은 장래효가 있다.
시효이익 포기	소멸시효에서는 시효완성전에는 시효이익포기가 불가능하지만 소멸시효의 완성 후에는 포기가 가능하다(제184조).	제척기간에 걸리는 권리는 제척기간의 만료로써 해당권리는 당연히 소멸하기 때문에, 시효처럼 시효이익포기는 인정되지 않는다(원칙).

판례 상법 제814조 제1항(운송인의 송하인 또는 수하인에 대한 채권 및 채무는 그 청구원인의 여하에 불구하고 운송인이 수하인에게 운송물을 인도한 날 또는 인도할 날부터 1년 이내에 재판상 청구가 없으면 소멸한다. 다만 이 기간은 당사자의 합의에 의하여 연장할 수 있다)에서 정한 제척기간이 지난 뒤에 그 기간 경과의 이익을 받는 당사자가 기간이 지난 사실을 알면서도 기간 경과로 인한 법적 이익을 받지 않겠다는 의사를 명확히 표시한 경우에는, 소멸시효 완성 후 이익의 포기에 관한 민법 제184조 제1항을 유추적용하여 제척기간 경과로 인한 권리소멸의 이익을 포기하였다고 인정할 수 있다. 그 이유는 다음과 같다.

① 법적 규율이 없는 사안에 대하여 그와 유사한 사안에 관한 법규범을 적용하기 위해서는 양 사안 사이에 공통점 또는 유사점이 있어야 하고 법규범의 체계, 입법의도와 목적 등에 비추어 유추적용이 정당하다고 평가되어야 한다. 상법 제814조 제1항에서 정한 제척기간은 청구권에 관한 것으로서 그 권리가 행사되지 않은 채 일정한 기간이 지나면 권리가 소멸하거나 효력을 잃게 된다는 점에서 소멸시효와 비슷하다. 소멸시효가 완성된 후 시효이익을 받을 채무자는 시효 완성으로 인한 법적 이익을 받지 않겠다는 의사표시를 하여 시효이익을 포기할 수 있다(민법 제184조 제1항). 한편 어떠한 권리에 대하여 제척기간이 적용되는 경우에 그 기간이 지나면 권리가 소멸하고 의무자는 채무이행을 면하는 법적 이익을 얻게 된다. <u>제척기간을 정한 규정의 취지와 목적, 권리의 종류·성질 등에 비추어, **당사자들이 합의하여 그 기간을 연장할 수 있는 경우와 같이 기간 경과로 인한 이익 포기를 허용해도 특별히 불합리한 결과가 발생하지 않는 경우라면, 시효이익 포기에 관한 민법 제184조 제1항을 유추적용하여 당사자에게 그 기간 경과의 이익을 포기할 수 있도록 하여** 법률관계에 관한 구체적인 사정과 형평에 맞는 해결을 가능하게 하는 것이 부당하다고 할 수 없다.</u>

② 제척기간은 일반적으로 권리자로 하여금 자신의 권리를 신속하게 행사하도록 함으로써 법률관계를 조속히 확정하려는 데 그 제도의 취지가 있으나, **법률관계를 조속히 확정할 필요성의 정도는 개별 법률에서 정한 제척기간마다 다를 수 있다.** 상법 제814조 제1항은 해상운송과 관련한 법률관계에서 발생한 청구권의 행사기간을 1년의 제소기간으로 정하면서도 위 기간을 당사자의 합의에 의하여 연장할 수 있도록 하고 있다. 운송인과 송하인 또는 수하인 사이의 해상운송을 둘러싼 법률관계를 조속히 확정할 필요가 있으나, 해상운송에 관한 분쟁 가운데는 단기간 내에 책임소재를 밝히기 어려워 분쟁 협의에 오랜 시간이 걸리는 경우가 있다. 이 조항은 이러한 사정을 감안하여, 당사자들에게 제소기간에 구애받지 않고 분쟁에 대한 적정한 해결을 도모할 기회를 부여하고자 당사자들이 기간 연장을 합의할 수 있도록 한 것이다. **상법 제814조 제1항에서 정한 제척기간은** 해상운송과 관련하여 발생하는 채권·채무에 적용되는데 해상운송인을 보호하고 시간의 경과에 따른 증명곤란의 구제를 도모하기 위한 것이지만, **당사자들이 합의하여 제척기간을 연장할 수 있도록 하였다는 점에서 일반적인 제척기간과는 구별되는 특성이 있다.** 이와 같이 이 조항에서 제척기간을 정한 취지와 목적, 권리의 성질 등 여러 사정을 고려하면, 당사자에게 그 기간 경과의 이익을 포기할 수 있도록 하여 법률관계에 관한 구체적인 사정과 형평에 맞는 해결을 가능하게 하더라도 특별히 불합리한 결과가 발생하는 경우라고 볼 수 없다(대판 2022. 6. 9, 2017다247848).

Ⅲ. 소멸시효의 요건

시효로 인하여 권리가 소멸하기 위하여는 첫째, 권리가 소멸시효의 목적이 될 수 있는 것이어야 하고(대상), 둘째 권리자가 권리를 행사할 수 있음에도 불구하고 행사하지 않아야 하며(기산점), 셋째 권리불행사 상태가 일정한 기간 계속되어야 한다(기간).

1. 대 상

> **제162조(채권, 재산권의 소멸시효)**
> ① 채권은 10년간 행사하지 아니하면 소멸시효가 완성한다.
> ② 채권 및 소유권 이외의 재산권은 20년간 행사하지 아니하면 소멸시효가 완성한다.

(1) 소멸시효에 걸리는 재산권

채권·지역권 등이 있다.

(2) 소멸시효에 걸리지 않는 재산권

점유권과 유치권·담보물권·상린관계상의 권리(물권법에서 후술)·공유물분할청구권·형성권·항변권·법률관계의 무효확인 등이 있다. 아래에서는 문제되는 것을 구체적으로 검토한다.

> **판례** **공유물분할청구권**은 공유관계에서 수반되는 형성권이므로 공유관계가 존속하는 한 그 분할청구권만이 독립하여 시효소멸될 수 없다(대판 1981. 3. 24, 80다1888, 1889).

(3) 물권적 청구권

판례는 **소유권에 기한** 물권적 청구권은 소멸시효에 걸리지 않는다는 입장이고, **기타 제한물권에 기한 것**은 소멸시효의 대상이 된다는 입장이다.

> **판례** ① 채권담보의 목적으로 이루어지는 **부동산 양도담보의 경우에 있어서 피담보채무가 변제된 이후에 양도담보권설정자가 행사하는 등기청구권**은 양도담보권설정자의 실질적 소유권에 기한 물권적 청구권이므로 따로 시효소멸되지 아니한다(대판 1979. 2. 13, 78다2412).
> ② 부동산의 소유자 명의를 신탁한 자는 특별한 사정이 없는 한 언제든지 **명의신탁을 해지하고 소유권에 기하여 신탁해지를 원인으로 한 소유권이전등기절차의 이행을 청구할 수 있는 것**으로서, 이와 같은 등기청구권은 소멸시효의 대상이 되지 않는다(대판 1991. 11. 26, 91다34387).
> ③ 매매계약이 합의해제된 경우에도 매수인에게 이전되었던 소유권은 당연히 매도인에게 복귀하는 것이므로 **합의해제에 따른 매도인의 원상회복청구권**은 소유권에 기한 물권적 청구권이라고 할 것이고 이는 소멸시효의 대상이 되지 아니한다(대판 1982. 7. 27, 80다2968).

(4) 점유권과 유치권

유치권과 더불어 점유권은 「점유」라는 사실상태에 의존하여 인정되는 권리이므로 별도로 소멸시효의 문제가 생기지 않는다(통설).

(5) 용익물권

지상권, 지역권 등 용익물권은 소멸시효의 대상이 된다. 특히 제296조는 지역권이 소멸시효의 대상이 됨을 전제로 하는 규정이다. 다만 전세권은 최장존속기간이 10년이므로(제312조 제1항), 20년의 소멸시효에 걸리는 일은 없다고 한다.

(6) 담보물권

담보물권은 그 자체가 소멸시효에 걸리지 않는다. 다만 피담보채권이 소멸시효에 걸리므로 부종성에 의하여 담보물권이 소멸하는 것은 별개이다(제369조 참조).

(7) 등기청구권

판례는 **법률행위에 의한 등기청구권**의 법적 성질을 **채권적 청구권**으로 본다. 따라서 소멸시효에 걸리는 것이 원칙이다. 그러나 **부동산을 점유·사용하는 자의 등기청구권**은 소멸시효에 걸리지 않는다고 한다.

> **판례** [1] 시효제도는 일정 기간 계속된 사회질서를 유지하고 시간의 경과로 인하여 곤란해지는 증거보전으로부터의 구제를 꾀하며 자기 권리를 행사하지 않고 소위 권리 위에 잠자는 자는 법적 보호에서 이를 제외하기 위하여 규정된 제도라 할 것인바, 부동산에 관하여 인도, 등기 등의 어느 한 쪽만에 대하여서라도 권리를 행사하는 자는 전체적으로 보아 그 부동산에 관하여 권리 위에 잠자는 자라고 할 수 없다 할 것이므로, **매수인이 목적 부동산을 인도받아 계속 점유하는 경우**에는 그 소유권이전등기청구권의 소멸시효가 진행하지 않는다. [2] 부동산의 매수인이 그 부동산을 인도받은 이상 이를 사용·수익하다가 그 부동산에 대한 **보다 적극적인 권리 행사의 일환으로 다른 사람에게 그 부동산을 처분하고 그 점유를 승계하여 준 경우**에도 그 이전등기청구권의 행사 여부에 관하여 그가 그 부동산을 스스로 계속 사용·수익만 하고 있는 경우와 특별히 다를 바 없으므로 위 두 어느 경우에나 이전등기청구권의 소멸시효는 진행되지 않는다고 보아야 한다[대판(전합) 1999. 3. 18, 98다32175] ☞ 전득자는 매수인의 매도인에 대한 등기청구권을 대위행사할 수 있다. 이후 전득자는 매수인에게 매매에 기한 자신의 등기청구권을 행사한다.

> **비교판례** 부동산에 대한 **점유취득시효 완성을 원인으로 하는** 소유권이전등기청구권은 채권적 청구권으로서, 취득시효가 완성된 점유자가 그 부동산에 대한 **점유를 상실한 때로부터 10년간 이를 행사하지 아니하면 소멸시효가 완성한다**(대판 1995. 12. 5, 95다24241).

(8) 소멸시효가 완성되기 위해서는 권리의 불행사라는 사실상태가 일정한 기간 동안 계속되어야 한다. 채권을 일정한 기간 행사하지 않으면 소멸시효가 완성하지만(민법 제162조, 제163조, 제164조), 채권을 계속 행사하고 있다고 볼 수 있다면 소멸시효가 진행하지 않는다. 나아가 **채권을 행사하는 방법에는 채무자에 대한 직접적인 이행청구 외에도 변제의 수령이나 상계, 소송상 청구 및 항변으로 채권을 주장하는 경우 등 채권이 가지는 다른 여러 가지 권능을 행사하는 것도 포함**된다. 따라서 채권을 행사하여 실현하려는 행위를 하거나 이에 준하는 것으로 평가할 수 있는 객관적 행위 모습이 있으면 권리를 행사한다고 보는 것이 소멸시효 제도의 취지에 부합한다. 임대차가 종료함에 따라 발생한 임차인의 목적물반환의무와 임대인의 보증금반환의무는 동시이행관계에 있다. 임차인이 임대차 종료 후 동시이행항변권을 근거로 임차목적물을 계속 점유하는 것은 임대인에 대한 보증금반환채권에 기초한 권능을 행사한 것으로서 보증금을 반환받으려는

계속적인 권리행사의 모습이 분명하게 표시되었다고 볼 수 있다. 따라서 **임대차 종료 후 임차인**
이 보증금을 반환받기 위해 목적물을 점유하는 경우 보증금반환채권에 대한 권리를 행사하는
것으로 보아야 하고, 임차인이 임대인에 대하여 직접적인 이행청구를 하지 않았다고 해서 권리
의 불행사라는 상태가 계속되고 있다고 볼 수 없다. 종합하면, 주택임대차보호법에 따른 임대차
에서 그 기간이 끝난 후 **임차인이 보증금을 반환받기 위해 목적물을 점유**하고 있는 경우 **보증**
금반환채권에 대한 소멸시효는 진행하지 않는다고 보아야 한다(대판 2020. 7. 9, 2016다244224,
244231). ☞ 동시이행의 관계에 있다는 이유만으로 소멸시효가 진행하지 않는 것이 아니라, 임대차 종료 후 동
시이행항변권을 근거로 임차목적물을 계속 점유하는 것을 보증금반환채권에 대한 권리를 행사하는 것으로 보아
야 하기 때문에 소멸시효가 진행하지 않는 것이라는 점을 주의할 것이다. 참고로 이 판결의 원심이 원고의 보증
금반환채권은 동시이행관계에도 불구하고 이 사건 임대차가 종료한 때부터 소멸시효가 진행하여 이 사건 본소
가 제기될 무렵 이미 소멸시효가 완성되었다고 판단하였는데, 위와 같은 이유로 대법원에 의하여 파기되었다.

2. 기산점

> **제166조(소멸시효의 기산점)**
> ① 소멸시효는 권리를 행사할 수 있는 때로부터 진행한다.
> ② 부작위를 목적으로 하는 채권의 소멸시효는 위반행위를 한 때로부터 진행한다.

(1) 소멸시효의 기산점은 변론주의의 적용대상

> 판례 소멸시효의 기산일은 채무의 소멸이라고 하는 법률효과 발생의 요건에 해당하는 소멸시효 기간 계산의
> 시발점으로서 소멸시효 항변의 법률요건을 구성하는 구체적인 사실에 해당하므로 이는 **변론주의의 적용 대상**
> 이고, 따라서 **본래의 소멸시효 기산일과 당사자가 주장하는 기산일이 서로 다른 경우에는 변론주의의 원**
> **칙상 법원은 당사자가 주장하는 기산일을 기준으로 소멸시효를 계산하여야** 하는데, 이는 당사자가 본래
> 의 기산일보다 뒤의 날짜를 기산일로 하여 주장하는 경우는 물론이고 특별한 사정이 없는 한 그 반대의 경우에
> 있어서도 마찬가지이다(대판 1995. 8. 25, 94다35886).

(2) 권리를 행사할 수 있는 때(제166조)의 의미

소멸시효는 **권리를 행사할 수 있음에도 불구하고 권리를 행사하지 않는 때**로부터 시효기간이
기산된다. 그리고 권리를 행사할 수 없는 때란 법률상 권리행사를 할 수 없는 때(법률상 장애)를 말하는
것이고, 사실상 권리행사를 할 수 없는 때(사실상 장애)는 이에 포함되지 않는다. 이러한 기준에 따르면
확정기한부채권은 확정기한이 도래한 때, **불확정기한부채권**은 그 기한이 **객관적으로 도래**한 때,
기한을 정하지 않은 채권은 **권리발생시**부터 소멸시효가 진행한다.

> 판례 ① 소멸시효의 기산점인 권리를 행사할 수 있는 때라 함은 권리를 행사함에 있어서 법률상의 장애(예컨
> 대 이행기 미도래 · 정지조건 미성취)가 없는 경우를 말하며, 권리자의 개인적 사정이나 법률지식의 부족, 권리

존재의 부지 또는 채무자의 부재 등 사실상 장애로 권리를 행사하지 못하였다하여 시효가 진행하지 아니하는 것이 아니며, 이행기가 정해진 채권은 그 기한이 도래한 때부터 소멸시효가 진행한다(대판 1982. 1. 19, 80다2626).

② 소멸시효는 객관적으로 권리가 발생하여 그 권리를 행사할 수 있는 때로부터 진행하고 그 권리를 행사할 수 없는 동안만은 진행하지 않는바, '권리를 행사할 수 없는' 경우라 함은 그 권리행사에 법률상의 장애사유, 예컨대 기간의 미도래나 조건불성취 등이 있는 경우를 말하는 것이고, 사실상 권리의 존재나 권리행사 가능성을 알지 못하였고 알지 못함에 과실이 없다고 하여도 이러한 사유는 법률상 장애사유에 해당하지 않는다(대판 2006. 4. 27, 2006다1381).

③ 건물에 관한 소유권이전등기청구권에 있어서 그 목적물인 건물이 완공되지 아니하여 이를 행사할 수 없었다는 사유는 법률상의 장애사유에 해당하므로, 매매계약 당시 매매목적부동산인 주택이 신축 중이었다면 그 부동산에 관한 소유권이전등기청구권의 소멸시효는 빨라도 그 주택이 완공됨으로써 그 권리를 행사할 수 없는 법률상의 장애사유가 소멸된 때로부터 진행하게 된다(대판 2007. 8. 23, 2007다28024, 28031). ☞ 따라서 신축중인 건물에 관한 소유권이전등기청구권의 소멸시효 기산점은 "계약 체결시"가 아닌 "건물 완공시"이다.

④ 소멸시효는 권리를 행사할 수 있는 때로부터 진행하며 여기서 권리를 행사할 수 있는 때라 함은 권리행사에 법률상의 장애가 없는 때를 말하므로 **정지조건부권리의 경우에는 조건 미성취의 동안**은 권리를 행사할 수 없는 것이어서 소멸시효가 진행되지 않는다(대판 1992. 12. 22, 92다28822). ☞ **정지조건부 권리는 정지조건 성취시**부터 소멸시효가 진행한다.

⑤ 불법행위로 인한 손해배상청구권의 단기소멸시효 기산점은 '손해 및 가해자를 안 날'부터 진행되며, 법인의 경우에 손해 및 가해자를 안 날은 통상 **대표자가 이를 안 날**을 뜻한다. 그렇지만 **법인의 대표자가 법인에 대하여 불법행위를 한 경우**에는, 법인과 대표자의 이익은 상반되므로 법인의 대표자가 그로 인한 손해배상청구권을 행사하리라고 기대하기 어려울 뿐만 아니라 일반적으로 대표권도 부인된다고 할 것이어서 법인의 대표자가 손해 및 가해자를 아는 것만으로는 부족하다. 따라서 이러한 경우에는 적어도 법인의 이익을 정당하게 보전할 권한을 가진 다른 대표자, 임원 또는 사원이나 직원 등이 손해배상청구권을 행사할 수 있을 정도로 이를 안 때에 비로소 단기소멸시효가 진행하고, 만약 다른 대표자나 임원 등이 법인의 대표자와 공동불법행위를 한 경우에는 그 다른 대표자나 임원 등을 배제하고 단기소멸시효 기산점을 판단하여야 한다(대판 2015. 1. 15, 2013다50435).

⑥ 부동산에 대한 매매대금 채권이 소유권이전등기청구권과 **동시이행의 관계**에 있다고 할지라도 매도인은 매매대금의 지급기일 이후 언제라도 그 대금의 지급을 청구할 수 있는 것이며, 다만 매수인은 매도인으로부터 그 이전등기에 관한 이행의 제공을 받기까지 그 지급을 거절할 수 있는 데 지나지 아니하므로 매매대금 청구권은 그 지급기일 이후 시효의 진행에 걸린다(대판 1991. 3. 22, 90다9797). ☞ 이행지체의 경우와 비교

⑦ 민법 제166조는 "소멸시효는 권리를 행사할 수 있는 때로부터 진행한다"라고 규정하고 있으므로, 기한이 있는 채권의 소멸시효는 이행기가 도래한 때부터 진행하지만, **이행기가 도래한 후 채권자와 채무자가 기한을 유예하기로 합의한 경우**에는 유예된 때로 이행기가 변경되어 소멸시효는 **변경된 이행기가 도래한 때부터** 다시 진행한다. 이와 같은 기한 유예의 합의는 명시적으로뿐만 아니라 묵시적으로도 가능한데, 계약상의 채권관계에서 어떠한 경우에 기한 유예의 묵시적 합의가 있다고 볼 것인지는 계약의 체결경위와 내용 및 이행경과, 기한 유예가 채무자의 이익이나 추정적 의사에 반하는지 여부 등 제반 사정을 종합적으로 고려해서 판단하여야 한다(대판 2017. 4. 13, 2016다274904).

(3) 소멸시효 기산점에 대한 구체적인 판례의 태도

1) 채무불이행에 기한 손해배상청구권

채무불이행에 기한 손해배상청구권은 **채무불이행시**부터 소멸시효가 진행한다. 특히 이행불능으로 인한 손해배상청구권의 소멸시효는 계약체결일이 아니라 소유권이전채무가 **이행불능된 때**부터 진행한다(대판 1990. 11. 9, 90다카22513).

> **판례** ① 소멸시효는 권리를 행사할 수 있는 때로부터 진행한다(민법 제166조 제1항). **채무불이행으로 인한 손해배상청구권**의 소멸시효는 **채무불이행 시부터** 진행하는 것이 원칙이다. 다만 채무불이행으로 인한 손해배상청구권은 **현실적으로 손해가 발생한 때**에 성립하는 것이므로 손해가 현실적으로 발생하였다고 볼 수 있어야 그때부터 소멸시효가 진행한다. 이때 현실적으로 손해가 발생하였는지 여부는 사회통념에 비추어 객관적이고 합리적으로 판단하여야 한다. 변호사가 소송위임계약상 채무를 불이행한 경우, **위임의 대상이 된 소송이 의뢰인에게 불리한 내용으로 확정될 때**까지는 손해의 발생 여부가 불확실하고 손해의 구체적인 내용이나 범위 등을 확정하기도 어렵다. 따라서 특별한 사정이 없는 한 **대상소송이 의뢰인에게 불리하게 확정되거나 이에 준하는 상태가 된 때**에 비로소 의뢰인에게 현실적으로 손해가 발생한다고 볼 수 있고, 손해배상청구권의 소멸시효도 그때부터 진행한다고 봄이 타당하다(대판 2018. 11. 9, 2018다240462).
> ② [1] 부동산의 매수인이 매매목적물에 관한 근저당권의 피담보채무를 인수하고 그 채무액을 매매대금에서 공제하기로 약정한 경우, 특별한 사정이 없는 한 매도인을 면책시키는 채무인수가 아니라 이행인수로 보아야 한다. 이행인수계약의 불이행으로 인한 손해배상의 범위는 원칙적으로 채무자가 채무의 내용에 따른 이행을 하지 않음으로써 생긴 통상의 손해를 한도로 한다. **매수인이 인수하기로 한 근저당권의 피담보채무를 변제하지 않아 원리금이 늘어났다면 그 원리금이 매수인의 이행인수계약 불이행으로 인한 통상의 손해액**이 된다.
> [2] 소멸시효는 권리를 행사할 수 있는 때부터 진행한다(민법 제166조 제1항). 채무불이행으로 인한 손해배상청구권은 **현실적으로 손해가 발생한 때**에 성립한다. **채무불이행으로 채권자가 제3자에 대해 채무를 부담하게 된 경우** 채권자가 채무자에게 제3자에 대한 채무액과 같은 금액을 손해배상금으로 청구하기 위해서는 **채무의 부담이 현실적·확정적이어서 실제로 변제해야 할 성질의 것이어야 한다.** 그와 같은 채무의 부담이 현실적·확정적이어서 손해가 현실적으로 발생하였다고 볼 것인지는 사회통념에 비추어 객관적이고 합리적으로 판단해야 한다.
> [3] 甲 소유의 부동산에 채무자 甲, 근저당권자 乙 축산업협동조합으로 하는 근저당권설정등기가 마쳐진 상태에서, 丙이 丁에게 위 부동산을 매도하는 내용의 매매계약을 체결하면서 위 근저당권이 담보하는 대출금채무를 丁이 승계하는 대신 중도금의 전부나 일부로 대체하기로 하였고, 그 후 丙이 甲과 체결한 약정에 따라 위 부동산에 관하여 자기 앞으로 소유권이전등기를 한 다음 丁 앞으로 매매계약에 따른 소유권이전등기를 하였는데, 丁이 대출금채무에 대한 인수의무를 이행하지 않아 甲이 대출금 이자 등을 지급하는 손해를 입게 되자, 甲이 丁을 상대로 丙을 대위하여 채권자대위에 따른 손해배상청구를 하여 丙의 손해배상채권의 소멸시효 기산점이 문제된 사안에서, **丁이 중도금 지급기일에 인수의무를 이행하지 않았다는 사정만으로 곧바로 丙에게 손해가 현실적으로 발생하였다고 볼 수는 없고, 甲이 이자 등을 지급한 때 丙에 대하여 채무불이행에 따른 손해배상청구권을 갖게 되며, 그때 丙에게 丁의 이행인수계약 불이행에 따른 손해가 현실적으로 발생하였다고 볼 수 있으므로, 丙에게 손해가 현실적으로 발생한 시점을 심리하여 소멸시효가 완성되었는지 판단하였어야** 하는데도, 이에 관한 심리 없이 중도금 지급기일부터 소멸시효가 진행하여 이미 소

멸시효가 완성되었다고 본 원심판단에 소멸시효 기산점 등에 관한 법리오해 등의 잘못이 있다고 한 사례(대판 2021. 11. 25, 2020다294516).

2) 기한을 정하지 않은 소비임치·소비대차

(가) 기한을 정하지 않은 채권의 소멸시효 기산점은 **채권이 발생한 때**부터 진행된다(대판 1978. 3. 29, 77 다2463). 그러므로 임치물 반환청구권의 소멸시효는 임치계약이 성립하여 임치물이 수치인에게 인도된 때부터 진행된다(제698조, 제699조 참조). **소비임치**의 경우에도 마찬가지이다(제702조 단서 참조).

> **판례** 임치계약 해지에 따른 임치물 반환청구는 임치계약 성립 시부터 당연히 예정된 것이고, 임치계약에서 임치인은 언제든지 계약을 해지하고 임치물의 반환을 구할 수 있는 것이므로, 특별한 사정이 없는 한 **임치물 반환청구권의 소멸시효는 임치계약이 성립하여 임치물이 수치인에게 인도된 때부터 진행**하는 것이지, **임치인이 임치계약을 해지한 때부터 진행한다고 볼 수 없다**(대판 2022. 8. 19, 2020다220140).

(나) 한편 **반환기를 정하지 않은 소비대차**는 "최고(=청구)할 수 있는 때"로부터 **상당한 기간경과 후**부터 소멸시효가 진행한다(제603조 참조). ☞ 제603조 제2항과 제702조 단서는 비교하여 정리할 것

3) 부당이득반환청구권

부당이득반환청구권도 기한 없는 채권으로 **성립과 동시에** 소멸시효가 진행한다(대판 2011. 3. 24, 2010다92612).

4) 구상금채권

> **판례** 피해자에게 손해배상을 한 어느 공동불법행위자의 보증인이 그 공동불법행위자 또는 다른 공동불법행위자에 대하여 가지는 구상권의 **소멸시효기간**은 일반채권과 같이 **10년**이고, 그 **기산점**은 구상권이 발생한 시점, 즉 보증인이 **현실로 피해자에게 손해배상금을 지급한 때**이다(대판 2008. 7. 24, 2007다37530).

5) 기한을 유예한 경우

채권의 소멸시효는 이행기가 도래한 때로부터 진행되지만, 이행기일이 도래한 후에 채권자가 채무자에 대하여 기한을 유예한 경우에는 유예시까지 진행된 시효는 포기한 것으로서 **유예한 이행기일로부터 다시 시효가 진행된다**(대판 1992. 12. 22, 92다40211).

6) 형성권적 기한이익상실특약의 경우

형성권적 기한이익 상실의 특약이 있는 경우에는 **채권자가 특히 잔존 채무 전액의 변제를 구하는 취지의 의사를 표시한 경우에 한하여** 전액에 대하여 그 때부터 소멸시효가 진행한다(대판 1997. 8. 29, 97다12990).

7) 계속적 불법행위

공무원의 위법한 준공검사 지연으로 인한 국가에 대한 손해배상청구사건에서, 이는 불법행위가 계속적으로 행하여지는 결과 손해도 역시 계속적으로 발생하는 경우이므로 특별한 사정이 없는 한 그 손해는 날마다 새로운 불법행위에 기하여 발생하는 손해로서 민법 제766조 제1항을 적용함에 있어서 **그 각 손해를 안 때로부터 각별로** 소멸시효가 진행된다고 보아야 한다(대판 1999. 3. 23, 98다30285).

8) 치료비채권

민법 제163조 제2호 소정의 '의사의 치료에 관한 채권'에 있어서는, 특약이 없는 한 그 **개개의 진료가 종료될 때마다** 각각의 당해 진료에 필요한 비용의 이행기가 도래하여 그에 대한 소멸시효가 진행된다고 해석함이 상당하고, 장기간 입원 치료를 받는 경우라 하더라도 다른 특약이 없는 한 입원 치료 중에 환자에 대하여 치료비를 청구함에 아무런 장애가 없으므로 퇴원시부터 소멸시효가 진행된다고 볼 수는 없다(대판 2001. 11. 9, 2001다52568).

9) 보험금 청구권

보험금청구권은 보험사고가 발생하기 전에는 추상적인 권리에 지나지 아니할 뿐 보험사고의 발생으로 인하여 구체적인 권리로 확정되어 그때부터 그 권리를 행사할 수 있게 되는 것이므로, 특별한 다른 사정이 없는 한 원칙적으로 보험금액청구권의 소멸시효는 보험사고가 발생한 때로부터 진행한다(대판 2005. 12. 23, 2005다59383, 59390).

10) 계약의 해제로 인한 원상회복청구권의 소멸시효의 기산점(=계약 해제시)

계약의 해제로 인한 원상회복청구권의 소멸시효는 **해제시**, 즉 **원상회복청구권이 발생한 때**부터 진행하므로, 이와 달리, 계약의 해제로 인한 원상회복청구권의 소멸시효가 "해제권 발생시"로부터 진행함을 전제로 피고의 소멸시효 항변을 받아들인 원심의 판단에는 계약의 해제로 인한 원상회복청구권의 소멸시효의 기산점에 관한 법리를 오해하여 판결 결과에 영향을 미친 위법이 있다(대판 2009. 12. 24, 2009다63267). ☞ 해제권 발생시가 아니라 원상회복청구권 발생시(=계약 해제시)임을 주의할 것이다.

11) 무권대리의 상대방이 가지는 계약이행 또는 손해배상청구권(제135조)의 소멸시효 기산점

│판례│ 상대방이 가지는 계약이행 또는 손해배상청구권의 소멸시효는 그 **선택권을 행사할 수 있는 때**로부터 진행한다 할 것이고, 또 그 선택권을 행사할 수 있는 때라고 함은 **대리권의 증명 또는 본인의 추인을 얻지 못한 때**라고 할 것이지 무권대리인이 대리권을 증명하지 못하거나 본인의 추인을 얻지 못함을 그 **상대방이 안 때부터 진행하는 것이 아니다**(대판 1965. 8. 24, 64다1156).

12) 수급인의 하자담보책임의 소멸시효 기산점

건설공사에 관한 도급계약이 상행위에 해당하는 경우 그 도급계약에 근거한 **수급인의 하자담보책임**은 상법 제64조 본문에 의하여 원칙적으로 5년의 소멸시효에 걸리고, 그 소멸시효기간은 민법 제166조 제1항에 따라 그 **권리를 행사할 수 있는 때인 하자가 발생한 시점부터 진행하는 것이 원칙**이나, **그 하자가 건물의 인도 당시부터 이미 존재하고 있는 경우에는** 이와 관련한 하자보수를 갈음하는 손해배상채권의 소멸시효기간은 **건물을 인도한 날부터 진행한다**(대판 2021. 8. 12, 2021다 210195).

13) 성공보수채권

민법 제686조 제2항에 의하면 수임인은 위임사무를 완료하여야 보수를 청구할 수 있다. 따라서 소송위임계약으로 성공보수를 약정하였을 경우 심급대리의 원칙에 따라 수임한 소송사무가 종료하는 시기인 해당 심급의 판결을 송달받은 때로부터 그 소멸시효기간이 진행되나, 당사자 사이에 보수금의 지급시기에 관한 특약이 있다면 그에 따라 보수채권을 행사할 수 있는 때로부터 소멸시효가 진행한다고 보아야 한다(대판 2023. 2. 2, 2022다276307).

(4) 소멸시효 기산점연습(변제준비를 위하여 3일이 걸린다고 가정한다)

1) 확정기한부채권(제166조, 제387조 제1항)

2009년 3월 1일에 甲, 乙 간에 동년 4월 1일에 변제한다는 취지의 소비대차계약이 체결되고, 동년 4월 1일에 대주 甲이 차주 乙에 대하여 이행의 최고를 했을 경우, ㉠ 부터 甲의 채권의 소멸시효가 진행되고, ㉡ 에 乙은 이행지체에 빠진다. — ㉠ 4월 1일, ㉡ 4월 1일이 들어간다(그날 만료-그 익일 0시: 이하 공통).

2) 불확정기한부채권(제387조 제1항 후단)

2009년 3월 1일에 甲, 乙 간에 丙의 사망 시에 반환한다는 취지의 동산 임대차계약이 체결되고, 동년 4월 1일에 丙이 사망하고 동년 5월 1일에 甲 및 乙이 丙 사망의 사실을 알았을 경우, ㉠ 부터 대주 甲의 목적물 반환청구권의 소멸시효가 진행되고, ㉡에 차주 乙은 이행지체에 빠진다. — ㉠4월 1일, ㉡ 5월 1일이 들어간다.

3) 기한을 정하지 않은 채권(제387조 제2항, 제702조, 제603조 제2항)

2009년 3월 1일에 甲, 乙 간에 기한의 정함이 없는 소비대차계약(유의: 소비임치와 비교)이 체결되고, 동년 4월 1일에 대주 甲이 차주 乙에 대하여 이행의 최고를 했을 경우, ㉠ 부터 甲의 채권의 소멸시효가 진행되고, ㉡에 乙은 이행지체에 빠진다. — ㉠은 2009년 3월 4일, ㉡ 동년 4월 4일이 들어간다.

4) 확정기한부채권 중 동시이행관계가 있는 채권

2009년 3월 1일에 甲, 乙 간에 동년 4월 1일을 이행기로 하는 매매계약이 체결되고 동년 4월 1일에 甲이 乙에 대하여 이행을 최고했을 경우, 그리고 甲이 변제의 제공을 한 것은 동년 5월 1일이다. ㉠ 부터 甲의 채권의 소멸시효가 진행되고, ㉡ 에 乙은 이행지체에 빠진다. ― ㉠ 4월 1일, ㉡ 5월 1일이 들어간다.

5) 불법행위채권

2005년 4월 1일에 乙이 甲에 대하여 과실에 의해서 손해를 생기게 하여, 동년 5월 1일에 甲이 손해 및 가해자를 알았을 경우, ㉠ 부터 甲의 불법행위에 기인하는 제766조 제1항의 손해배상청구권의 소멸시효가 진행되고, ㉡에 乙은 이행지체에 빠진다. ― ㉠ 5월 1일, ㉡ 4월 1일(위와 같이 그 익일이 아닌 당일부터)이 들어간다.

3. 소멸시효의 기간

제162조(채권, 재산권의 소멸시효)
① 채권은 10년간 행사하지 아니하면 소멸시효가 완성한다.
② 채권 및 소유권 이외의 재산권은 20년간 행사하지 아니하면 소멸시효가 완성한다.

제163조(3년의 단기소멸시효)
다음 각호의 채권은 3년간 행사하지 아니하면 소멸시효가 완성한다.
1. 이자, 부양료, 급료, 사용료 기타 1년 이내의 기간으로 정한 금전 또는 물건의 지급을 목적으로 한 채권
2. 의사, 조산사, 간호사 및 약사의 치료, 근로 및 조제에 관한 채권
3. 도급받은 자, 기사 기타 공사의 설계 또는 감독에 종사하는 자의 공사에 관한 채권
4. 변호사, 변리사, 공증인, 공인회계사 및 법무사에 대한 직무상 보관한 서류의 반환을 청구하는 채권
5. 변호사, 변리사, 공증인, 공인회계사 및 법무사의 직무에 관한 채권
6. 생산자 및 상인이 판매한 생산물 및 상품의 대가
7. 수공업자 및 제조자의 업무에 관한 채권

제164조(1년의 단기소멸시효)
다음 각호의 채권은 1년간 행사하지 아니하면 소멸시효가 완성한다.
1. 여관, 음식점, 대석, 오락장의 숙박료, 음식료, 대석료, 입장료, 소비물의 대가 및 체당금의 채권
2. 의복, 침구, 장구 기타 동산의 사용료의 채권
3. 노역인, 연예인의 임금 및 그에 공급한 물건의 대금채권
4. 학생 및 수업자의 교육, 의식 및 유숙에 관한 교주, 숙주, 교사의 채권

〈국가재정법〉: 제96조(금전채권 채무의 소멸시효)
① 금전의 급부를 목적으로 하는 국가의 권리로서 시효에 관하여 다른 법률에 규정이 없는 것은 5년 동안 행사하지 아니하면 시효로 인하여 소멸한다.
② 국가에 대한 권리로서 금전의 급부를 목적으로 하는 것도 또한 제1항과 같다.

일반채권의 소멸시효기간은 10년이다(제162조 제1항). 상행위에 의하여 발생한 채권은 5년이고(상법 제64조), 불법행위로 인한 손해배상채권의 단기소멸시효기간은 3년이다(제766조 제1항). 금전급부를 목적으로 하는 국가의 권리로서 시효에 관하여 다른 법률에 규정이 없는 것은 5년, 반대로 국가에 대한 권리도 5년의 시효에 걸린다(국가재정법 제96조).

> **판례** [1] 사용자는 근로계약에 수반되는 신의칙상의 부수적 의무로서 근로자가 노무를 제공하는 과정에서 생명, 신체, 건강을 해치는 일이 없도록 인적·물적 환경을 정비하는 등 필요한 조치를 강구하여야 하는 보호의무를 부담하고, 이러한 보호의무를 위반하여 근로자가 손해를 입었다면 이를 배상할 책임을 진다. [2] 상법 제64조에서 5년의 상사시효를 정하는 것은 대량, 정형, 신속이라는 상거래 관계 특성상 법률관계를 신속하게 해결할 필요성이 있기 때문이다. 사용자가 상인으로서 영업을 위하여 근로자와 체결하는 근로계약이 보조적 상행위에 해당하더라도 사용자가 근로계약에 수반되는 신의칙상의 부수적 의무인 보호의무를 위반하여 근로자에게 손해를 입힘으로써 발생한 근로자의 손해배상청구와 관련된 법률관계는 근로자의 생명, 신체, 건강 침해 등으로 인한 손해의 전보에 관한 것으로서 그 성질상 정형적이고 신속하게 해결할 필요가 있다고 보기 어렵다. 따라서 근로계약상 보호의무 위반에 따른 근로자의 손해배상청구권은 특별한 사정이 없는 한 10년의 민사 소멸시효기간이 적용된다고 봄이 타당하다(대판 2021. 8. 19, 2018다270876).

(1) 서 설

어떤 권리의 소멸시효기간이 얼마나 되는지에 관한 주장은 단순한 법률상의 주장에 불과하므로 변론주의의 적용대상이 되지 않고 **법원이 직권으로 판단할 수 있다**(대판 2008. 3. 27, 2006다70929, 70936). 따라서 국가배상책임에 관한 소송에서 국가가 민법상 10년의 소멸시효완성을 주장하였음에도 법원이 구 예산회계법에 의한 5년의 소멸시효를 적용한 것이 변론주의를 위반한 것이 아니다(대판 2008. 3. 27, 2006다70929, 70936).

(2) 구체적 내용

1) 일반채권

일반채권의 소멸시효기간은 10년이다(제162조).

2) 1년 이내의 기간으로 정한 채권

제163조 제1호 소정의 사용료 기타 **1년 이내의 기간으로 정한 채권**이란 1년 이내의 정기에 지급되는 채권을 말하고 변제기간이 1년 이내의 채권을 말하는 것은 아니다(대판 2013. 7. 12, 2013다20571). 따라서 이자채권이라도 1년 이내의 정기로 지급하는 것이 아니면 3년의 시효에 걸리는 것이 아니다 (대판 1996. 9. 20, 96다25302).

판례 민법 제163조 제1호에서 3년의 단기소멸시효에 걸리는 것으로 규정한 '1년 이내의 기간으로 정한 채권' 이란 1년 이내의 정기로 지급되는 채권을 말하는 것으로서 1개월 단위로 지급되는 **집합건물의 관리비채권**은 이에 해당한다고 할 것이다(대판 2007. 2. 22, 2005다65821).

3) 지연배상청구권의 소멸시효기간

판례 ① 지연손해금은 원금채무의 불이행에 따른 약정손해배상금이라 할 것이므로 이는 민법 제163조 제1호 가 정하는 '1년 이내의 기간으로 정한 채권'이 아니라고 할 것이다(대판 1987. 10. 28, 87다카1409). ☞ 무조건 3 년의 단기소멸시효기간이 적용되는 것이 아니다.

② 금전채무에 대한 변제기 이후의 **지연손해금**은 금전채무의 이행을 지체함으로 인한 손해의 배상으로 지급 되는 것이므로, **그 소멸시효기간은 원본채권의 그것과 같다.** 한편, 상법 제487조 제1항에 "사채의 상환청구 권은 10년간 행사하지 아니하면 소멸시효가 완성한다.", 같은 조 제3항에 "사채의 이자와 전조 제2항의 청구 권은 5년간 행사하지 아니하면 소멸시효가 완성한다."고 규정하고 있고, 이미 발생한 이자에 관하여 채무자가 이행을 지체한 경우에는 그 이자에 대한 지연손해금을 청구할 수 있으므로, 사채의 상환청구권에 대한 지연손 해금은 사채의 상환청구권과 마찬가지로 10년간 행사하지 아니하면 소멸시효가 완성하고, 사채의 이자에 대 한 지연손해금은 사채의 이자와 마찬가지로 5년간 행사하지 아니하면 소멸시효가 완성한다(대판 2010. 9. 9, 2010다28031).

③ 은행이 영업행위로서 한 대출금에 대한 변제기 이후의 지연손해금은 **그 원본채권과 마찬가지로** 상행위로 인한 채권으로서 5년의 소멸시효를 규정한 상법 제64조가 적용된다(대판 2008. 3. 14, 2006다2940).

4) 도급받은 자의 공사에 관한 채권

판례 민법 제163조 제3호에서는 3년의 단기소멸시효의 적용 대상으로 '도급받은 자의 공사에 관한 채권'을 규정하고 있는데, 여기서 '도급받은 자의 공사에 관한 채권'이라 함은 공사채권뿐만 아니라 그 공사에 부수되 는 채권(예컨대 공사의 협력의무)도 포함한다(대판 2010. 11. 25, 2010다56685).

5) 세무사 등 다른 자격사의 직무에 관한 채권

민법 제163조 제5호에서 정하고 있는 '변호사, 변리사, 공증인, 공인회계사 및 법무사의 직무에 관 한 채권'에만 3년의 단기 소멸시효가 적용되고, **세무사와 같이 그들의 직무와 유사한 직무를 수행 하는 다른 자격사의 직무에 관한 채권**에 대하여는 **민법 제163조 제5호가 유추적용된다고 볼 수 없다.** 세무사를 상법 제4조 또는 제5조 제1항이 규정하는 상인이라고 볼 수 없고, 세무사의 직무에 관 한 채권이 상사채권에 해당한다고 볼 수 없으므로, **세무사의 직무에 관한 채권에 대하여는 민법 제 162조 제1항에 따라 10년의 소멸시효가 적용된다**(대판 2022. 8. 25, 2021다311111).

6) 민법 제164조 제1호가 적용된 사안

건설업을 하는 甲 주식회사가 공사에 투입한 인원이 공사 기간 중에 리조트의 객실과 식당을 사용 한 데에 대한 사용료를 乙에게 **매월 말 지급하기로 약정**하였는데, **숙박료와 음식료**로 구성되어 있 는 위 리조트 사용료 채권의 소멸시효기간이 문제 된 사안에서, 민법 제164조 제1호는 여관, 음식점,

대석, 오락장의 숙박료, 음식료, 대석료, 입장료, 소비물의 대가 및 체당금의 채권은 1년간 행사하지 아니하면 소멸시효가 완성한다고 특별히 규정하고 있으므로, 甲 회사가 리조트 사용료를 월 단위로 지급하기로 약정하였더라도, 리조트 사용료 채권은 민법 제164조 제1호에 정한 '숙박료 및 음식료 채권'으로서 **소멸시효기간은 1년**이라는 이유로, 이와 달리 민법 제163조 제1호의 '사용료 기타 1년 이내의 기간으로 정한 금전의 지급을 목적으로 한 채권'으로서 소멸시효기간이 3년이라고 본 원심판결을 파기한 사례(대판 2020. 2. 13, 2019다271012).

7) 반대채무

일정한 채권의 소멸시효기간에 관하여 이를 특별히 1년의 단기로 정하는 민법 제164조는 그 각호에서 개별적으로 정하여진 채권의 채권자가 그 채권의 발생원인이 된 계약에 기하여 상대방에 대하여 부담하는 반대채무에 대하여는 적용되지 아니한다. 따라서 그 채권의 상대방이 그 계약에 기하여 가지는 반대채권은 원칙으로 돌아가, 다른 특별한 사정이 없는 한 민법 제162조 제1항에서 정하는 10년의 일반소멸시효기간의 적용을 받는다(예 : 乙이 甲과 사이에 체결한 간병인계약상의 의무를 위반함으로써 甲이 병실 바닥에 쓰러져 골절 등의 상해를 입는 사고가 발생한 경우 乙은 이 사건 사고로 甲이 입은 손해를 배상할 책임이 있는데, 乙의 채권은 간병료 채권으로 노역인의 임금 채권에 해당하여 민법 제164조 제3호에 따라 1년의 단기소멸시효에 걸리기 때문에 甲의 乙에 대한 손해배상청구권의 소멸시효기간도 1년이라는 주장은 타당하지 않다; 대판 2013. 11. 14, 2013다65178).

8) 판결 등에 의하여 확정된 채권의 소멸시효

> **제165조(판결 등에 의하여 확정된 채권의 소멸시효)**
> ① 판결에 의하여 확정된 채권은 단기의 소멸시효에 해당한 것이라도 그 소멸시효는 10년으로 한다.
> ② 파산절차에 의하여 확정된 채권 및 재판상의 화해, 조정 기타 판결과 동일한 효력이 있는 것에 의하여 확정된 채권도 전항과 같다.
> ③ 전2항의 규정은 판결확정당시에 변제기가 도래하지 아니한 채권에 적용하지 아니한다.

(개) 판결에 의하여 확정된 채권은 단기의 소멸시효에 해당한 것이라도 그 소멸시효는 10년으로 한다. 민법 제165조의 규정은 **단기의** 소멸시효에 걸리는 것이라도 확정판결을 받은 권리의 소멸시효는 10년으로 한다는 뜻일 뿐 **10년보다 장기의 소멸시효를 10년으로 단축한다는 의미도 아니고 본래 소멸시효의 대상이 아닌 권리**(예컨대 공유물분할청구권)**가 확정판결을 받음으로써 10년의 소멸시효에 걸린다는 뜻도 아니다**(대판 1981. 3. 24, 80다1888, 1889).

(내) 파산절차에 의하여 확정된 채권 및 재판상의 화해, 조정 기타 판결과 동일한 효력이 있는 것에 의하여 확정된 채권도 10년으로 한다.

(대) 지급명령이 확정되면 판결과 동일한 효력이 있으므로 10년의 시효기간으로 연장된다(민사집행법 제474조 참조).

㈔ 민법 제165조는 당해 판결 등의 당사자 사이에 한하여 인정된다. 따라서 보증인에게는 영향을 미치지 않는다.

> **판례** ① 민법 제165조가 판결에 의하여 확정된 채권, 판결과 동일한 효력이 있는 것에 의하여 확정된 채권은 단기의 소멸시효에 해당한 것이라도 그 소멸시효는 10년으로 한다고 규정하는 것은 당해 판결 등의 당사자 사이에 한하여 발생하는 효력에 관한 것이고 채권자와 주채무자 사이의 판결 등에 의해 채권이 확정되어 그 소멸시효가 10년으로 되었다 할지라도 위 당사자 이외의 채권자와 연대보증인사이에 있어서는 위 확정판결 등은 그 시효기간에 대하여는 아무런 영향도 없고 채권자의 연대보증인의 연대보증채권의 소멸시효기간은 **여전히 종전의 소멸시효기간에 따른다**(대판 1986. 11. 25, 86다카1569).
> ② 보증채무는 주채무와는 별개의 독립한 채무이므로 보증채무와 주채무의 소멸시효기간은 채무의 성질에 따라 각각 별개로 정해진다. 그리고 주채무자에 대한 확정판결에 의하여 민법 제163조 각 호의 단기소멸시효에 해당하는 **주채무의 소멸시효기간이 10년으로 연장된 상태에서 주채무를 보증**한 경우, 특별한 사정이 없는 한 보증채무에 대하여는 민법 제163조 각 호의 단기소멸시효가 적용될 여지가 없고, **성질에 따라** 보증인에 대한 채권이 민사채권인 경우에는 10년, 상사채권인 경우에는 5년의 소멸시효기간이 적용된다(대판 2014. 6. 12, 2011다76105).

㈕ 판결 확정 당시에 변제기가 도래하지 않은 채권(제165조 제3항)

> **판례** **민법 제165조**는 제1항에서 "판결에 의하여 확정된 채권은 단기의 소멸시효에 해당한 것이라도 그 소멸시효는 10년으로 한다"라고 정하면서 **제3항**에서 "판결 확정 당시에 변제기가 도래하지 않은 채권에 대해서는 민법 제165조 제1항이 적용되지 않는다"고 정하고 있다. 소송에서 법원이 판결로 소송비용의 부담을 정하는 재판을 하면서 그 액수를 정하지 않은 경우 소송비용부담의 재판이 확정됨으로써 소송비용상환의무의 존재가 확정되지만, 당사자의 신청에 따라 별도로 민사소송법 제110조에서 정한 소송비용액확정결정으로 **구체적인 소송비용 액수가 정해지기 전까지는 그 의무의 이행기가 도래한다고 볼 수 없고** 이행기의 정함이 없는 상태로 유지된다. 위와 같이 발생한 **소송비용상환청구권**은 소송비용부담의 재판에 해당하는 **판결 확정 시 발생하여 그때부터 소멸시효가 진행하지만, 민법 제165조 제3항에 따라 민법 제165조 제1항에서 정한 10년의 소멸시효는 적용되지 않는다.** 따라서 국가의 소송비용상환청구권은 금전의 급부를 목적으로 하는 국가의 권리로서 국가재정법 제96조 제1항에 따라 5년 동안 행사하지 않으면 소멸시효가 완성된다고 보아야 한다(대결 2021. 7. 29, 자 2019마6152).

Ⅳ. 소멸시효의 중단

1. 서 설

> **제178조(중단후에 시효진행)**
> ① 시효가 중단된 때에는 중단까지에 경과한 시효기간은 이를 산입하지 아니하고 중단사유가 종료한 때로부터 새로이 진행한다.

(1) 소멸시효의 중단이란 소멸시효가 진행하는 도중에 권리의 불행사라는 소멸시효의 기초가 되는 사실을 깨뜨리는 사정이 발생한 경우에 이미 진행한 시효기간의 효력을 상실케 하는 제도이다. 소멸시효가 중단되면, 그때까지 경과한 시효기간은 이를 산입하지 아니하고, 중단사유가 종료한 때로부터 새로이 진행한다(제178조 제1항). 그리고 시효의 중단은 시효의 완성을 방해하는 것이므로 시효의 완성을 다투는 자, 즉 시효의 중단으로 이익을 받는 자(채권의 소멸시효의 경우에는 채권자)가 주장·입증하여야 한다. 그렇지 않으면 판례는 소멸시효의 중단에 관하여 판단하지 아니한다.

> **판 례** 시효중단사유는 중단으로 이익을 받을 당사자(채권자)의 주장·입증이 있는 때에 고려하는 것으로서 이에 관한 주장이 없는 경우에는 이에 대한 판단을 할 필요가 없다(대판 1978. 4. 11, 76다2476).

(2) 소멸시효의 중단사유

> **제168조(소멸시효의 중단사유)**
> 소멸시효는 다음 각호의 사유로 인하여 중단된다.
> 1. 청구 2. 압류 또는 가압류, 가처분 3. 승인

소멸시효의 중단사유로 민법이 드는 것은 청구(재판상 청구 + 최고 등), 압류·가압류·가처분과 승인의 3가지이다. 첫 번째와 두 번째(제168조 제1호와 제2호 사유)는 권리자가 자기의 권리를 주장하는 것이고, 세 번째(동조 제3호)는 의무자가 상대방의 권리를 인정하는 것이다.

2. 청 구

(1) 재판상 청구

> **제170조(재판상의 청구와 시효중단)**
> ① 재판상의 청구는 소송의 각하, 기각 또는 취하의 경우에는 시효중단의 효력이 없다.
> ② 전항의 경우에 6월내에 재판상의 청구, 파산절차참가, 압류 또는 가압류, 가처분을 한 때에는 시효는 최초의 재판상 청구로 인하여 중단된 것으로 본다.
>
> **제178조(중단후에 시효진행)**
> ② 재판상의 청구로 인하여 중단한 시효는 전항의 규정에 의하여 재판이 확정된 때로부터 새로이 진행한다.

1) 민사소송

소의 제기(청구)는 사법상 권리를 구하는 민사소송의 절차를 원칙으로 한다(통설·판례). 민사소송의 경우 소의 종류를 묻지 않는다(제187조의 판결의 경우 형성판결만이 포함되는 것과 구분된다).

2) 행정소송

일반적으로 위법한 행정처분의 취소, 변경을 구하는 행정소송은 사권을 행사하는 것으로 볼 수 없으므로 사권에 대한 시효중단사유가 되지 못하는 것이나, 다만 오납한 조세에 대한 부당이득반환청구권을 실현하기 위한 수단이 되는 과세처분의 취소 또는 무효확인을 구하는 소는 그 소송물이 객관적인 조세채무의 존부확인으로서 실질적으로 민사소송인 채무부존재확인의 소와 유사할 뿐 아니라, 과세처분의 유효 여부는 그 과세처분으로 납부한 조세에 대한 환급청구권의 존부와 표리관계에 있어 실질적으로 동일 당사자인 조세부과권자와 납세의무자 사이의 양면적 법률관계라고 볼 수 있으므로, 위와 같은 경우에는 과세처분의 취소 또는 무효확인청구의 소가 비록 행정소송이라고 할지라도 조세환급을 구하는 부당이득반환청구권의 소멸시효중단사유인 재판상 청구에 해당한다고 볼 수 있다[대판(전합) 1992. 3. 31, 91다32053].

3) 형사소송

형사소송은 피고인에 대한 국가형벌권의 행사를 그 목적으로 하는 것이므로, **피해자가 형사소송에서 소송촉진등에관한특례법에서 정한 배상명령을 신청한 경우를 제외하고는** 단지 피해자가 가해자를 상대로 고소하거나 그 고소에 기하여 형사재판이 개시되어도 이를 가지고 소멸시효의 중단사유인 재판상의 청구로 볼 수는 없다(대판 1999. 3. 12, 98다18124).

4) 권리가 발생한 기본적 법률관계에 관한 청구 등

> **판례** ① 시효중단 사유로서 재판상 청구에는 소멸시효 대상인 권리 자체의 이행청구나 확인청구를 하는 경우만이 아니라, 권리가 발생한 기본적 법률관계를 기초로 하여 소의 형식으로 주장하는 경우에도 권리 위에 잠자는 것이 아님을 표명한 것으로 볼 수 있을 때에는 이에 포함된다고 보아야 하고, 시효중단 사유인 재판상 청구를 기판력이 미치는 범위와 일치하여 고찰할 필요는 없다. 따라서 파면된 사립학교 교원이 학교법인을 상대로 파면처분효력정지가처분 및 무효확인의 소의 제기와 그 승소는 파면된 이후의 보수금채권의 소멸시효에 중단사유가 된다(대판 1978. 4. 11, 77다2509 등).
> ② 소멸시효의 중단과 관련하여 소멸 대상인 권리 자체의 이행청구나 확인청구를 하는 경우뿐 아니라 **권리가 발생한 기본적 법률관계에 관한 청구를 하는 경우** 또는 **그 권리를 기초로 하거나 그것을 포함하여 형성된 후속 법률관계에 관한 청구를 하는 경우**에도 그로써 권리 실행의 의사를 표명한 것으로 볼 수 있을 때에는 시효중단 사유인 재판상의 청구에 포함된다. 따라서 기존 채권의 존재를 전제로 이를 포함하는 새로운 약정을 하고 그에 따른 권리를 재판상 청구의 방법으로 행사한 경우에는 기존 채권을 실현하고자 하는 뜻까지 포함하여 객관적으로 표명한 것이므로, 새로운 약정이 무효로 되는 등의 사정으로 그에 근거한 권리행사가 저지됨에 따라 다시 기존 채권을 행사하게 되었다면, 기존 채권의 소멸시효는 새로운 약정에 의한 권리를 행사한 때에 중단되었다고 보아야 한다(대판 2016. 10. 27, 2016다25140).
> ③ 매매계약에 기한 소유권이전등기청구권의 시효중단 사유인 재판상 청구는 권리자가 소송이라는 형식을 통하여 그 권리를 주장하면 족하고 반드시 그 권리가 소송물이 되어 기판력이 발생할 것을 요하지 않으므로, 이 사건 소송물인 소유권이전등기청구권이 발생한 기본적 법률관계에 해당하는 매매계약을 기초로 하여 **건축주 명의변경을 구하는 소**도 소멸시효를 중단시키는 재판상 청구에 포함되는 것으로 보아야 한다(대판 2011. 7.

14, 2011다19737).

④ 원고의 근저당권설정등기청구권의 행사는 그 피담보채권이 될 금전채권의 실현을 목적으로 하는 것으로서, 근저당권설정등기청구의 소에는 그 피담보채권이 될 채권의 존재에 관한 주장이 당연히 포함되어 있는 것이고, 따라서 근저당권설정등기청구의 소의 제기는 그 피담보채권의 재판상의 청구에 준하는 것으로서 피담보채권에 대한 소멸시효 중단의 효력을 생기게 한다고 봄이 상당하다(대판 2004. 2. 13, 2002다7213).

5) 응소

응소가 재판상 청구로서 시효중단사유가 될 수 있는가? 종래의 판례는 부정하였으나, 현재 통설과 판례는 응소에 대하여 시효중단의 효력을 인정한다. 다만 피고가 응소하여 그 주장이 받아들여진 경우에 한한다는 점에 주의하여야 한다. 여기서 응소하여 그 주장이 받아들여진다는 것은 피고가 단순히 부인만 하는 것이 아니고 자신의 채권 또는 자신의 소유권 등을 주장하여 그것이 받아들여지는 것을 말한다.

> **판례** ① 민법 제168조 제1호, 제170조 제1항에서 시효중단사유의 하나로 규정하고 있는 재판상의 청구란, 통상적으로는 권리자가 원고로서 시효를 주장하는 자를 피고로 하여 소송물인 권리를 소의 형식으로 주장하는 경우를 가리키나, 이와 반대로 시효를 주장하는 자가 원고가 되어 소를 제기한 데 대하여 **피고로서 응소하여 소송에서 적극적으로 권리를 주장하고 그것이 받아들여진 경우**도 이에 포함된다[대판(전합) 1993. 12. 21, 92다47861; 대판 2012. 1. 12, 2011다78606].
> ② 채권자에 대하여는 아무런 채무도 부담하고 있지 아니한, **물상보증인이** 그 피담보채무의 부존재 또는 소멸을 이유로 **제기한** 저당권설정등기 말소등기절차이행청구소송에서 채권자 겸 저당권자가 청구기각의 판결을 구하고 피담보채권의 존재를 주장하였다고 하더라도 이로써 직접 채무자에 대하여 재판상 청구를 한 것으로 볼 수는 없는 것이므로 피담보채권의 소멸시효에 관하여 규정한 민법 제168조 제1호 소정의 '청구'에 해당하지 아니한다(대판 2004. 1. 16, 2003다30890). ☞ 물상보증인은 시효를 원용할 수는 있으나, 채권자에 대해 직접 의무를 부담하지 않는 점이 채무자와 다르기 때문이다.
> ③ 위와 같은 응소행위로 인한 시효중단의 효력은 피고가 현실적으로 권리를 행사하여 응소한 때에 발생하지만, 권리자인 피고가 **응소**하여 권리를 주장하였으나 소가 각하되거나 취하되는 등의 사유로 본안에서 권리주장에 관한 판단 없이 소송이 종료된 경우에는 민법 제170조 제2항을 유추적용하여 그때부터 6월 이내에 재판상의 청구 등 다른 시효중단조치를 취한 경우에 한하여 응소 시에 소급하여 시효중단의 효력이 있다고 보아야 한다(대판 2012. 1. 12, 2011다78606).

6) 재심

> **판례** ① 재판상 청구는 소송의 각하, 기각, 취하의 경우에는 시효중단의 효력이 없고 다만 각하 또는 취하되었다가 6월 내에 다시 재판상 청구를 하면 시효는 중단되나 **기각판결이 확정된 경우**에는 청구권의 부존재가 확정됨으로써 중단의 효력이 생길 수 없으므로 **청구기각판결의 확정 후 재심을 청구하였다** 하더라도 시효의 진행이 **중단된다고 할 수 없다**(대판 1992. 4. 24, 92다6983).
> ② **소유권이전등기를 명한 확정판결의 피고가 재심의 소를 제기하여** 그 토지에 대한 소유권이 여전히 자신에게 있다고 주장한 것은 취득시효의 중단사유가 되는 재판상의 청구에 준하는 것이므로, 위 확정판결에 의

해 소유권이전등기를 경료받은 자의 당해 토지에 대한 취득시효는 재심의 소제기일로부터 그 확정일까지 **중단된다**(대판 1996. 9. 24, 96다11334).

📖 Q&A

Q: 위 두 판례 모두 재심청구한 경우인데 왜 ①번 판례는 시효중단이 안 되고 ②번 판례는 시효가 중단되는지 이해가 안됩니다.

A: ①번 판례는 원고의 청구에 대하여 **기각판결이 확정**된 후 **원고가** 재심청구를 한 사안이었습니다. 기 각판결이 확정된 경우에는 **원고의 청구권의 부존재가 확정됨**으로써 원고가 재심을 청구하였다 하 더라도 권리의 행사가 있었다고 볼 수 없기 때문에 시효의 진행이 중단된다고 할 수 없다는 것입니다. 반면에 ②번 판례는 농지분배를 주장하는 원고의 청구가 인용되어 **소유권이전등기를 명한 확정판 결(청구인용확정판결)**이 나왔고, 이에 대하여 피고가 재심의 소를 제기하여 그 토지에 대한 소유권 이 여전히 자신에게 있다고 주장한 사안이었습니다. 이 경우에는 원고에게 농지분배로 인한 소유권이 전등기청구권이 있다는 점이 확정된 것에 불과하고 피고에게 소유권이 없다고 확정된 것이 아닙니다. 따라서 피고가 재심의 소를 제기한 것을 권리의 행사라고 볼 수 있는 것입니다. 정리하면, 원고의 청 구에 대하여 **기각판결이 확정**되어 원고의 청구권의 부존재가 확정된 후 **원고가** 재심청구를 한 경우 에는 소멸시효가 중단되지 않고, 원고의 청구에 대하여 **인용판결이 확정**된 후 **피고가** 재심청구를 한 경우에는 취득시효가 중단된다고 정리하시면 됩니다.

참고지문 ① **(2017 변리사 기출 변형)** 甲은 A호텔에서 2015. 12. 5. 회갑연을 하고, 당일 지급하기로 한 3 천만 원의 음식료 채무를 그의 친구 乙과 연대하여 부담하기로 약정하였다. A호텔이 2016. 11. 21. 3천 만 원을 받기 위하여 甲을 상대로 이행청구의 소를 제기하였는데, A호텔의 청구에 대하여 기각판결이 확정된 후, A호텔이 재심을 청구하면 소멸시효의 진행이 중단된다(×, ①번 판례 참조).
② **(2004년 감정평가사)** 소유권이전등기를 명한 확정판결시 피고가 재심의 소를 제기하여 그 토지에 대한 소유권이 여전히 자신에게 있다고 주장한 것은 취득시효의 중단사유가 되지 않는다(×, ②번 판례 참조).

7) 이미 승소 확정판결을 받은 채권자가 그 판결상 채권의 시효중단을 위해 후소를 제기하는 경우

판례 ① 확정된 승소판결에는 기판력이 있으므로 승소 확정판결을 받은 당사자가 전소의 상대방을 상대로 다 시 승소 확정판결의 전소와 동일한 청구의 소를 제기하는 경우, 특별한 사정이 없는 한 후소는 권리보호의 이 익이 없어 부적법하다. 하지만 예외적으로 **확정판결에 의한 채권의 소멸시효기간인 10년의 경과가 임박한 경우**에는 그 시효중단을 위한 소는 소의 이익이 있다. 이는 승소판결이 확정된 후 그 채권의 소멸시효기간인 10년의 경과가 임박하지 않은 상태에서 굳이 다시 동일한 소를 제기하는 것은 확정판결의 기판력에 비추어 권 리보호의 이익을 인정할 수 없으나, 그 기간의 경과가 임박한 경우에는 시효중단을 위한 필요성이 있으므로 후 소를 제기할 소의 이익을 인정하는 것이다. 한편 시효중단을 위한 후소의 판결은 전소의 승소 확정판결의 내용 에 저촉되어서는 아니 되므로, 후소 법원으로서는 그 확정된 권리를 주장할 수 있는 모든 요건이 구비되어 있 는지에 관하여 다시 심리할 수 없으나, 위 후소 판결의 기판력은 후소의 변론종결 시를 기준으로 발생하므로, 전소의 변론종결 후에 발생한 변제, 상계, 면제 등과 같은 채권소멸사유는 후소의 심리대상이 된다. 따라서 채 무자인 피고는 후소 절차에서 위와 같은 사유를 들어 항변할 수 있고 심리 결과 그 주장이 인정되면 법원은 원고의 청구를 기각하여야 한다. 이는 채권의 소멸사유 중 하나인 소멸시효 완성의 경우에도 마찬가지이다. 이처럼 판결이 확정된 채권의 소멸시효기간의 경과가 임박하였는지 여부에 따라 시효중단을 위한 후소의 권리보호이익을 달리 보는 취지와 채권의 소멸시효 완성이 갖는 효과 등을 고려해 보면, 시효중단을 위한 후소를 심리하는 법원으로서는 전소 판결이 확정된 후 소멸시효가 중단된 적이 있어 그 중단사유가 종료한 때로부터 새로이 진행된 소멸시효기간의 경과가 임박하지 않아 시효중단을 위한 재소의 이익을 인정할 수 없다는 등의 특별한 사정이 없는 한, 후소가 전소 판결이 확정된 후 10년이 지나 제기되었다 하더라도 곧바로 소의 이익이 없다고 하여 소를 각하해서는 아니 되고, 채무자인 피고의 항변에 따라 원고의 채권이 소멸시효 완성으로 소멸하였는지에 관한 본안판단을 하여야 한다(대판 2019. 1. 17, 2018다24349).

② 종래 대법원은 시효중단사유로서 재판상의 청구에 관하여 반드시 권리 자체의 이행청구나 확인청구로 제한하지 않을 뿐만 아니라, 권리자가 재판상 그 권리를 주장하여 권리 위에 잠자는 것이 아님을 표명한 것으로 볼 수 있는 때에는 널리 시효중단사유로서 재판상의 청구에 해당하는 것으로 해석하여 왔다. 이와 같은 법리는 이미 승소 확정판결을 받은 채권자가 그 판결상 채권의 시효중단을 위해 후소를 제기하는 경우에도 동일하게 적용되므로, 채권자가 전소로 이행청구를 하여 승소 확정판결을 받은 후 그 채권의 시효중단을 위한 후소를 제기하는 경우, 후소의 형태로서 항상 전소와 동일한 이행청구만이 시효중단사유인 '재판상의 청구'에 해당한다고 볼 수는 없다. 시효중단을 위한 이행소송은 다양한 문제를 야기한다. 그와 같은 문제들의 근본적인 원인은 시효중단을 위한 후소의 형태로 전소와 소송물이 동일한 이행소송이 제기되면서 채권자가 실제로 의도하지도 않은 청구권의 존부에 관한 실체 심리를 진행하는 데에 있다. 채무자는 그와 같은 후소에서 전소 판결에 대한 청구이의사유를 조기에 제출하도록 강요되고 법원은 불필요한 심리를 해야 한다. 채무자는 이중집행의 위험에 노출되고, 실질적인 채권의 관리·보전비용을 추가로 부담하게 되며 그 금액도 매우 많은 편이다. 채권자 또한 자신이 제기한 후소의 적법성이 10년의 경과가 임박하였는지 여부라는 불명확한 기준에 의해 좌우되는 불안정한 지위에 놓이게 된다. 위와 같은 종래 실무의 문제점을 해결하기 위해서, 시효중단을 위한 후소로서 이행소송 외에 전소 판결로 확정된 채권의 시효를 중단시키기 위한 조치, 즉 '재판상의 청구'가 있다는 점에 대하여만 확인을 구하는 형태의 '새로운 방식의 확인소송'이 허용되고, 채권자는 두 가지 형태의 소송 중 자신의 상황과 필요에 보다 적합한 것을 선택하여 제기할 수 있다고 보아야 한다[대판(전합) 2018. 10. 18, 2015다232316].

8) 구체적 판례의 태도

판례 ① 〈채권양도의 경우 양수인의 재판상 청구의 경우 등〉 **대항요건을 갖추지 못하여 채무자에게 대항하지 못한다고 하더라도** 채권의 양수인이 채무자를 상대로 재판상의 청구를 하였다면 이는 **소멸시효 중단사유인 재판상의 청구에 해당한다**고 보아야 한다(대판 2005. 11. 10, 2005다41818).

② 채권양도의 대항요건을 갖추기 전에 **양도인이** 채무자를 상대로 제기한 재판상 청구가 소송 중에 채무자가 채권양도의 효력을 인정하는 등의 사정으로 기각되고, 그 후(전소 종료 후) 6월 내에 **양수인이** 재판상 청구 등을 한 경우, 양도인의 청구가 당초부터 무권리자에 의한 청구로 되는 것은 아니므로, 양수인이 그로부터 6월 내에 채무자를 상대로 재판상의 청구 등을 하였다면, 민법 제169조 및 제170조 제2항에 의하여 **양도인의 최초의 재판상 청구로 인하여** 시효가 중단된다(대판 2009. 2. 12, 2008두20109).

③ 채권자대위권 행사의 효과는 **채무자에게** 귀속되는 것이므로 채권자대위소송의 제기로 인한 소멸시효 중단의 효과 역시 **채무자에게** 생긴다(제170조 참조; 대판 2011. 10. 13, 2010다80930).

④ 원고가 **채권자대위권에 기해** 청구를 하다가 당해 **피대위채권 자체를 양수하여 양수금청구로 소를 변**

경한 사안에서, 원고는 위 계약금반환채권을 채권자대위권에 기해 행사하다 다시 이를 양수받아 직접 행사한 것이어서 위 계약금반환채권과 관련하여 원고를 '권리 위에 잠자는 자'로 볼 수 없는 점 등에 비추어 볼 때, 당초의 채권자대위소송으로 인한 시효중단의 효력이 소멸하지 않는다(대판 2010. 6. 24, 2010다17284).

비교판례 **아파트입주자대표회의가 직접** 하자보수에 갈음한 손해배상청구의 소를 제기하였다가 구분소유자들로부터 **손해배상채권을 양도받아 양수금청구를 하는 것으로 청구원인을 변경**한 사안에서, 소를 제기한 때 아니라 청구원인을 변경하는 취지의 준비서면을 제출한 때에 소멸시효 중단의 효과가 발생한다(대판 2009. 2. 12, 2008다84229).

> 📖 **Q&A**
>
> **Q:** 위 대판 2010. 6. 24, 2010다17284와 비교판례인 대판 2009. 2. 12, 2008다84229의 차이는 무엇인가요?
>
> **A:** 두 판례 모두 원고가 소를 제기하였다가 진정한 채권자로부터 채권을 양도받아 양수금청구를 하는 것으로 청구원인을 변경한 사안인 점에서는 같으나, 처음 원고가 소를 제기할 때 직접 소를 제기하였다가 변경한 것인지 아니면 채권자대위권에 기해 소를 제기하였다가 변경한 것인지에 따라 차이가 있는 것입니다.
>
> 우선 대판 2009. 2. 12, 2008다84229판결에 관하여 살펴보면, 집합건물의 소유 및 관리에 관한 법률 제9조에 의한 하자담보추급권은 특별한 사정이 없는 한 집합건물 구분소유자에게 귀속하고, 구 주택건설촉진법 소정의 입주자대표회의로서는 사업주체에 대하여 하자보수를 청구할 수 있을 뿐 하자보수추급권을 가진다고 할 수는 없다(대판 2006. 8. 24, 2004다20807)는 것이 판례의 태도이고, 따라서 **입주자대표회의가 직접** 소를 제기한 경우 입주자대표회의가 당초에 한 소 제기는 아무 권리 없는 자가 한 것이어서 그에 의해 시효중단의 효력이 생길 수 없으므로 결국 입주자대표회의가 소를 제기한 때가 아니라 청구원인을 변경하는 취지의 준비서면을 제출한 때에 비로소 소멸시효 중단의 효과가 발생한다는 것이 대판 2009. 2. 12, 2008다84229 판결의 입장입니다.
>
> 반면에 원고가 **채권자대위권에 기해** 소를 제기한 경우는 일응 정당한 권리행사라고 할 수 있으므로 대판 2010. 6. 24, 2010다17284 판결은 원고를 '권리 위에 잠자는 자'로 볼 수 없다는 이유로 당초의 채권자대위소송으로 인한 시효중단의 효력이 소멸하지 않는다고 한 것입니다. 참고로 대판 2010. 6. 24, 2010다17284 판결은 "피고가 들고 있는 대법원 2009. 2. 12, 선고 2008다84229 판결이나 대법원 1982. 12. 14, 선고 82다카148 등 판결은 채권자가 자신의 권원에 기하여 직접 청구하다 채무자의 권리를 대위하거나 이를 양수하여 청구한 사안에 관한 것으로서, 원고가 대위청구를 하다가 그 피대위채권 자체를 양수받아 양수금청구를 하는 이 사건과는 사안을 달리한다"고 하면서 위 두 판결의 차이점을 스스로 밝히고 있기도 합니다.

9) 재판상 청구에 의한 시효중단효과는 **소를 제기한 때, 즉 소장을 법원에 제출한 때** 발생한다(민소법 제265조, 제248조). 피고에게 소장부본 송달과는 무관하다.

10) **채권자가 동일한 목적을 달성하기 위하여 복수의 채권을 갖고 있는 경우**, 채권자로서는 그 선택에 따라 권리를 행사할 수 있되, **그중 어느 하나의 청구를 한 것만으로는** 다른 채권 그 자체를 행사한 것으로 볼 수는 없으므로, 특별한 사정이 없는 한 **다른 채권에 대한 소멸시효 중단의 효력은 없다.** 이 사건에서 원고는 **불법행위 손해배상청구권과 예금청구권** 중 선택에 따라 권리를 행사할 수 있으나, 원고가 피고를 상대로 **손해배상청구의 소를 제기하였다고** 하여 이로써 예금채권을 행사한 것으로 볼 수는 없으므로, 원고의 피고에 대한 **예금채권** 청구의 소멸시효가 중단될 수는 없다고 할 것이다(대판 2020. 3. 26, 2018다221867).

> **판례** 공동불법행위자에 대한 **구상금 청구의 소 제기로** 사무관리로 인한 **비용상환청구권**의 소멸시효가 중단될 수 없고(대판 2001. 3. 23, 2001다6145), **부당이득반환청구의 소 제기로 채무불이행으로 인한 손해배상청구권**의 소멸시효가 중단될 수 없고(대판 2011. 2. 10, 2010다81285), **보험자대위에 기한 손해배상청구의 소를 제기**하였더라도 **양수금 청구**의 소멸시효가 중단될 수는 없다(대판 2014. 6. 26, 2013다45716).

11) **기타의 재판상 청구**

> **제171조(파산절차참가와 시효중단)**
> 파산절차참가는 채권자가 이를 취소하거나 그 청구가 각하된 때에는 시효중단의 효력이 없다.
>
> **제172조(지급명령과 시효중단)**
> 지급명령은 채권자가 법정기간내에 가집행신청을 하지 아니함으로 인하여 그 효력을 잃은 때에는 시효중단의 효력이 없다.
>
> **제173조(화해를 위한 소환, 임의출석과 시효중단)**
> 화해를 위한 소환은 상대방이 출석하지 아니 하거나 화해가 성립되지 아니한 때에는 1월내에 소를 제기하지 아니하면 시효중단의 효력이 없다. 임의출석의 경우에 화해가 성립되지 아니한 때에도 그러하다.

> **판례** ① 〈민법 제170조 제1항에서 정한 '재판상의 청구'에 지급명령 신청도 포함되는지 여부(적극)〉
> (ⅰ) 지급명령이란 금전 그 밖에 대체물이나 유가증권의 일정한 수량의 지급을 목적으로 하는 청구에 대하여 법원이 보통의 소송절차에 의함이 없이 채권자의 신청에 의하여 간이, 신속하게 발하는 이행에 관한 명령으로 민법 제170조의 재판상 청구에 지급명령 신청이 포함되는 것으로 보는 이상 특별한 사정이 없는 한, 지급명령 신청이 각하된 경우라도 6개월 이내 다시 소를 제기한 경우라면 민법 제170조 제2항에 의하여 시효는 **당초 지급명령 신청이 있었던 때**에 중단되었다고 보아야 한다(대판 2011. 11. 10, 2011다54686). (ⅱ) 지급명령 사건이 채무자의 이의신청으로 소송으로 이행되는 경우에 지급명령에 의한 시효중단의 효과는 **소송으로 이행된 때가 아니라 지급명령을 신청한 때**에 발생한다(대판 2015. 2. 12, 2014다228440).
> ② 시효중단 사유로서 재판상의 청구에는 소멸시효 대상인 그 권리 자체의 이행청구나 확인청구를 하는 경우만이 아니라, 그 권리가 발생한 기본적 법률관계를 기초로 하여 재판의 형식으로 주장하는 경우 또는 그 권리

를 기초로 하거나 그것을 포함하여 형성된 후속 법률관계에 관한 청구를 하는 경우에도 그로써 권리 실행의 의사를 표명한 것으로 볼 수 있을 때에는 이에 포함된다. 채무자에게 파산원인이 있는 경우 채권자는 「채무자 회생 및 파산에 관한 법률」 제294조에 따라 채무자에 대한 파산신청을 할 수 있다. 이는 파산채무자의 재산을 보전하여 공평하게 채권의 변제를 받는 재판절차를 실시하여 달라는 것으로서 채무자회생법 제32조에서 규정하고 있는 파산채권신고 등에 의한 파산절차참가와 유사한 재판상 권리 실행방법에 해당한다. 따라서 채무자회생법 제294조에 따른 **채권자의 파산신청**은 민법 제168조 제1호에서 정한 **시효중단 사유인 재판상의 '청구'에 해당한다**고 보아야 한다(대결 2023. 11. 9, 2023마6582).

(2) 재판외 청구(최고)

> **제174조(최고와 시효중단)**
> 최고는 6월내에 재판상의 청구, 파산절차참가, 화해를 위한 소환, 임의출석, 압류 또는 가압류, 가처분을 하지 아니하면 시효중단의 효력이 없다.

1) 의의

최고란 권리자가 의무자에게 의무의 이행을 청구하는 의사의 통지이며, 아무런 형식을 필요로 하지 않는 재판외의 행위이다. 최고는 6월내에 재판상의 청구, 파산절차참가, 화해를 위한 소환, 임의출석, 압류 또는 가압류, 가처분을 하지 아니하면 시효중단의 효력이 없는데, '6월'의 기산점은 최고가 상대방에게 도달한 때부터이다.

> **판례** ① 민법 제174조 소정의 시효중단 사유로서의 최고에 있어, 채무이행을 최고받은 채무자가 그 이행의무의 존부 등에 대하여 조사를 해 볼 필요가 있다는 이유로 채권자에 대하여 그 이행의 유예를 구한 경우에는 채권자가 그 회답을 받을 때까지는 최고의 효력이 계속된다고 보아야 하고, 따라서 같은 조에 규정된 6월의 기간은 **채권자가 채무자로부터 회답을 받은 때**로부터 기산되는 것이라고 해석하여야 할 것이다(대판 2012. 3. 15, 2010다53198).
> ② [1] 민법 제174조는 "최고는 6월 내에 재판상의 청구, 파산절차참가, 화해를 위한 소환, 임의출석, 압류 또는 가압류, 가처분을 하지 아니하면 시효중단의 효력이 없다."라고 정한다. 위 규정은 채권자가 최고 후 6개월 내에 확정적으로 시효를 중단시키기 위해 취할 보완조치에 채무의 승인을 포함하고 있지는 않지만, **최고 후 6개월 내에 채무자의 승인이 있는 경우에도 위 규정을 유추적용하여 시효중단의 효력이 발생한다**고 해석하는 것이 타당하다. 구체적인 이유는 다음과 같다. 1) 민법 제174조가 최고에 잠정적인 시효중단의 효력을 부여하는 취지는, 시효기간 완성이 임박하여 재판상의 청구 등 다른 확정적인 시효중단조치를 취할 시간적 여유가 없는 경우에 채권자가 시효완성을 일시적으로 저지할 수 있도록 하는 데에 있다. 그런데 채무자가 채무이행의 최고를 받고 채무를 승인하는 경우에도 확정적인 시효중단을 위해서는 채권자가 그와 별도로 최고 후 6개월 내에 재판상의 청구나 압류 등의 조치를 취해야 한다고 해석하는 것은, 위와 같은 민법 제174조의 취지나 민법 제168조에서 승인을 재판상의 청구나 압류 등과 나란히 확정적인 시효중단사유의 하나로 정하고 있는 취지에 부합하지 않는다. 2) 소멸시효제도나 시효중단제도의 취지에 비추어 볼 때 이에 관한 기산점이나 만료점은 원권리자를 위하여 너그럽게 해석하는 것이 타당하다. 이는 민법 제174조에 따라 최고 후 6개월 내에

시효중단을 위한 보완조치가 있었는지 여부를 판단할 때도 마찬가지이다. 채권자의 최고에 따라 채무자가 자신의 채무를 승인하기까지 하였다면 더 이상 채권자를 권리 위에 잠자는 자라고 볼 수 없으므로, 그 권리를 충분히 보호하는 것이 소멸시효제도의 취지에 부합한다. 3) 소멸시효기간 완성 후에 채무를 승인한 경우에는 채무자가 소멸시효의 완성을 주장할 수 없고 그로써 채권자가 보호를 받을 수 있으므로, 확정적 시효중단을 위한 민법 제174조의 보완조치에 승인을 포함시킬 필요가 없다는 해석이 있을 수 있다. 그러나 소멸시효기간 완성 후 시효이익의 포기가 인정되려면 시효이익을 받는 채무자가 시효의 완성으로 인한 법적인 이익을 받지 않겠다는 효과의사가 필요하기 때문에 시효완성 후 소멸시효 중단사유에 해당하는 채무의 승인이 있었다 하더라도 그것만으로는 곧바로 소멸시효 이익의 포기라는 의사표시가 있었다고 단정할 수 없다. 이와 같이 채무의 승인에는 해당하지만 소멸시효이익의 포기에는 해당하지 않는 경우가 있을 수 있으므로, 민법 제174조의 보완조치에 승인을 포함시킬 필요가 있다. [2] 민법 제440조는 주채무자에 대하여 시효중단의 사유가 발생하였을 때에는 보증인에 대하여 별도의 중단조치가 이루어지지 아니하여도 동시에 시효중단의 효력이 생기도록 한 것으로서 채권자보호와 채권담보의 확보를 위한 정책적 고려에서 나온 특별규정이고, 시효중단사유를 제한하지 않고 있으므로, 주채무자에 대한 시효중단사유가 무엇인지에 관계없이 보증인에 대해서도 시효중단의 효력이 생긴다. 따라서 **채권자가 주채무자에 대하여 이행을 최고한 후 주채무자가 6개월 내에 채무를 승인한 경우 최고가 주채무자에게 도달한 때 시효중단의 효력이 발생한다고 보는 이상, 그 중단의 효력은 민법 제440조에 따라 보증인에게도 미친다.** 민법 제433조 제2항에 따라 주채무자가 시효완성 후 시효이익을 포기한 경우 보증인에게는 효력이 없다고 보는 것은 이 부분 해석에 영향을 미치지 않는다(대판 2022. 7. 28, 2020다46663).

2) 유 형

㈎ 채권자가 확정판결에 의한 채권의 실현을 위하여 채무자를 상대로 민사집행법상 재산관계명시 신청을 하고 그 재산목록의 제출을 명하는 결정이 채무자에게 송달된 경우 최고로서의 효력을 인정한다(대판 1992. 2. 11, 91다41118).

㈏ 재판상의 청구를 하였다가 그 소가 취하된 경우 재판 외의 최고의 효력만 있다(대판 1995. 5. 12, 94다24336).

3) 효 력

최고(=이행청구)는 채무자에 대하여 채무이행을 구한다는 채권자의 의사의 통지로서 상대방에게 도달한 때 시효중단의 효과가 생긴다. **최고를 여러번 거듭하다가 재판상 청구 등을 한 경우**에 있어서의 시효중단의 효력은 항상 최초의 최고시에 발생하는 것이 아니라 **재판상 청구 등을 한 시점을 기준으로 하여 이로부터 소급하여 6월 이내에 한 최고시**에 발생한다(대판 1987. 12. 22, 87다카2337).

(3) 일부청구

▎판례 ① 한 개의 채권 중 일부에 관하여만 판결을 구한다는 취지를 명백히 하여 소송을 제기한 경우에는 소 제기에 의한 소멸시효중단의 효력이 그 일부에 관하여만 발생하고, 나머지 부분에는 발생하지 아니하지만 비록 그중 일부만을 청구한 경우에도 그 취지로 보아 채권 전부에 관하여 판결을 구하는 것으로 해석된다

면 그 청구액을 소송물인 채권의 전부로 보아야 하고, 이러한 경우에는 **그 채권의 동일성의 범위 내에서 그 전부에 관하여 시효중단의 효력이 발생한다**고 해석함이 상당하다(대판 1992. 4. 10, 91다43695).

② [1] 하나의 채권 중 일부에 관하여만 판결을 구한다는 취지를 명백히 하여 소송을 제기한 경우에는 소제기에 의한 **소멸시효중단의 효력이 그 일부에 관하여만 발생**하고, 나머지 부분에는 발생하지 아니하나, 소장에서 청구의 대상으로 삼은 채권 중 **일부만을 청구하면서 소송의 진행경과에 따라 장차 청구금액을 확장할 뜻을 표시하고 당해 소송이 종료될 때까지 실제로 청구금액을 확장한 경우**에는 소제기 당시부터 채권 전부에 관하여 판결을 구한 것으로 해석되므로, 이러한 경우에는 소제기 당시부터 **채권 전부에 관하여 재판상 청구로 인한 시효중단의 효력이 발생**한다. [2] 소장에서 청구의 대상으로 삼은 채권 중 일부만을 청구하면서 소송의 진행경과에 따라 장차 청구금액을 확장할 뜻을 표시하였으나 **당해 소송이 종료될 때까지 실제로 청구금액을 확장하지 않은 경우**에는 소송의 경과에 비추어 볼 때 채권 전부에 관하여 판결을 구한 것으로 볼 수 없으므로, **나머지 부분에 대하여는 재판상 청구로 인한 시효중단의 효력이 발생하지 아니한다**. 그러나 이와 같은 경우에도 소를 제기하면서 장차 청구금액을 확장할 뜻을 표시한 채권자로서는 장래에 나머지 부분을 청구할 의사를 가지고 있는 것이 일반적이라고 할 것이므로, 다른 특별한 사정이 없는 한 **당해 소송이 계속 중인 동안에는 나머지 부분에 대하여 권리를 행사하겠다는 의사가 표명되어 최고에 의해 권리를 행사하고 있는 상태가 지속되고 있는 것**으로 보아야 하고, 채권자는 당해 소송이 종료된 때부터 6월 내에 민법 제174조에서 정한 조치를 취함으로써 나머지 부분에 대한 소멸시효를 중단시킬 수 있다(대판 2020. 2. 6, 2019다223723).

③ 하나의 채권 중 일부에 관하여만 판결을 구한다는 취지를 명백히 하여 소송을 제기한 경우에는 소 제기에 의한 소멸시효중단의 효력이 그 일부에 관하여만 발생하고, 나머지 부분에는 발생하지 않는다. 다만 소장에서 청구의 대상으로 삼은 채권 중 일부만을 청구하면서 소송의 진행경과에 따라 장차 청구금액을 확장할 뜻을 표시하고 해당 소송이 종료될 때까지 실제로 청구금액을 확장한 경우에는 소 제기 당시부터 채권 전부에 관하여 재판상 청구로 인한 시효중단의 효력이 발생하나, 소장에서 청구의 대상으로 삼은 채권 중 일부만을 청구하면서 **소송의 진행경과에 따라 장차 청구금액을 확장할 뜻을 표시하였더라도 그 후 채권의 특정 부분을 청구범위에서 명시적으로 제외하였다면**, 그 부분에 대하여는 애초부터 소의 제기가 없었던 것과 마찬가지이므로 **재판상 청구로 인한 시효중단의 효력이 발생하지 않는다**(대판 2021. 6. 10, 2018다44114).

④ 하나의 채권 중 일부에 관하여만 판결을 구한다는 취지를 명백히 하여 소송을 제기한 경우에는 소 제기에 의한 소멸시효중단의 효력이 그 일부에 관하여만 발생하고, 나머지 부분에는 발생하지 않는다. 다만 소장에서 청구의 대상으로 삼은 채권 중 일부만을 청구하면서 **소송의 진행경과에 따라 장차 청구금액을 확장할 뜻을 표시하고 해당 소송이 종료될 때까지 실제로 청구금액을 확장한 경우**에는 소 제기 당시부터 채권 전부에 관하여 재판상 청구로 인한 시효중단의 효력이 발생하나, 소장에서 청구의 대상으로 삼은 채권 중 일부만을 청구하면서 **소송의 진행경과에 따라 장차 청구금액을 확장할 뜻을 표시하였더라도 그 후 채권의 특정 부분을 청구범위에서 명시적으로 제외하였다면**, 그 부분에 대하여는 애초부터 소의 제기가 없었던 것과 마찬가지이므로 재판상 청구로 인한 시효중단의 효력이 발생하지 않는다. 한편 **이와 같은 경우에도 소를 제기하면서 장차 청구금액을 확장할 뜻을 표시한 채권자는** 장래에 나머지 부분을 청구할 의사를 가지고 있는 것이 일반적이라고 할 것이므로, 다른 특별한 사정이 없는 한 당해 소송이 계속 중인 동안에는 나머지 부분에 대하여 권리를 행사하겠다는 의사가 표명되어 **최고에 의해 권리를 행사하고 있는 상태가 지속되고 있는 것으로 보아야 하고**, 채권자는 당해 소송이 종료된 때부터 6월 내에 민법 제174조에서 정한 조치를 취함으로써 나머지 부분에 대한 소멸시효를 중단시킬 수 있다(대판 2022. 5. 26, 2020다206625).

(4) 기존채권과 수표(어음)금채권

[1] 원인채권의 지급을 확보하기 위한 방법으로 어음이 수수된 경우에 원인채권과 어음채권은 별개로서 채권자는 그 선택에 따라 권리를 행사할 수 있고, **원인채권에 기하여 청구를 한 것만으로는** 어음채권 그 자체를 행사한 것으로 볼 수 없어 어음채권의 소멸시효를 중단시키지 못한다. [2] 원인채권의 지급을 확보하기 위한 방법으로 어음이 수수된 경우, 이러한 어음은 경제적으로 동일한 급부를 위하여 원인채권의 지급수단으로 수수된 것으로서 그 어음채권의 행사는 원인채권을 실현하기 위한 것일 뿐만 아니라, 원인채권의 소멸시효는 어음금 청구소송에 있어서 채무자의 인적항변 사유에 해당하는 관계로 채권자가 어음채권의 소멸시효를 중단하여 두어도 채무자의 인적항변에 따라 그 권리를 실현할 수 없게 되는 불합리한 결과가 발생하게 되므로, 채권자가 원인채권에 기하여 청구를 한 것이 아니라 **어음채권에 기하여 청구를 하는 반대의 경우**에는 원인채권의 소멸시효를 중단시키는 효력이 있다고 봄이 상당하고, 이러한 법리는 채권자가 어음채권을 피보전권리로 하여 채무자의 재산을 가압류함으로써 그 권리를 행사한 경우에도 마찬가지로 적용된다(대판 1999. 6. 11, 99다16378).

> **판례** 원인채권의 지급을 확보하기 위하여 어음이 수수된 당사자 사이에서 채권자가 **어음채권을 청구채권으로 하여 채무자의 재산을 압류**함으로써 그 권리를 행사한 경우에는 그 **원인채권의 소멸시효를 중단시키는 효력이 있다.** 그러나 이미 어음채권의 소멸시효가 완성된 후에는 그 채권이 소멸되고 시효중단을 인정할 여지가 없으므로, **시효로 소멸된 어음채권을 청구채권으로 하여 채무자의 재산을 압류**한다 하더라도 이를 어음채권 내지는 원인채권을 실현하기 위한 적법한 권리행사로 볼 수 없어, 그 압류에 의하여 그 **원인채권의 소멸시효가 중단된다고 볼 수 없다**(대판 2010. 5. 13, 2010다6345).

3. 압류 등

> **제175조(압류, 가압류, 가처분과 시효중단)**
> 압류, 가압류 및 가처분은 권리자의 청구에 의하여 또는 법률의 규정에 따르지 아니함으로 인하여 취소된 때에는 시효중단의 효력이 없다.
>
> **제176조(압류, 가압류, 가처분과 시효중단)**
> 압류, 가압류 및 가처분은 시효의 이익을 받은 자에 대하여 하지 아니한 때에는 이를 그에게 통지한 후가 아니면 시효중단의 효력이 없다.

(1) 개 념

압류는 확정판결 기타의 집행권원에 기하여 행하는 강제집행이며, 채권자는 법원에 채무자에 대한 압류명령을 신청할 수 있다. 그리고 가압류와 가처분은 강제집행이 불가능하거나 현저하게 곤란하게 될 염려가 있는 경우에 강제집행을 보전하기 위하여 취해지는 수단이며, 판결을 전제하지 않는다. 가압류는 금전채권을 보전하기 위하여, 가처분은 금전채권 이외의 채권을 보전하기 위하여 채권자의 신청으로 법관의 서면심리하에 결정으로 행해진다.

│판례│ ① 〈채권압류 및 추심명령의 송달이 피압류채권(채무자가 제3채무자에 갖고 있는 채권)의 제3채무자에 대하여 최고로서의 효력이 있는지 여부(적극)〉(ⅰ) 채권자가 채무자의 제3채무자에 대한 채권을 압류 또는 가압류한 경우에 **채무자에 대한 채권자의 채권**에 관하여 시효중단의 효력이 생긴다고 할 것이나, (ⅱ) 압류 또는 가압류된 **채무자의 제3채무자에 대한 채권**에 대하여는 민법 제168조 제2호 소정의 소멸시효 중단사유에 준하는 확정적인 시효중단의 효력이 생긴다고 할 수 없다. 다만 채권자가 확정판결에 기한 채권의 실현을 위하여 채무자의 제3채무자에 대한 채권에 관하여 압류 및 추심명령을 받아 그 결정이 제3채무자에게 송달이 되었다면 거기에 **소멸시효 중단사유인 최고로서의 효력**을 인정하여야 한다(대판 2003. 5. 13, 2003다16238).

② 부동산경매절차에서 집행력 있는 채무명의 정본을 가진 채권자가 하는 **배당요구**는 민법 제168조 제2호의 **압류에 준하는 것으로서** 배당요구에 관련된 채권에 관하여 **소멸시효를 중단하는 효력이 생긴다**고 할 것이고, 따라서 원인채권의 지급을 확보하기 위하여 어음이 수수된 당사자 사이에 채권자가 **어음채권에 관한** 집행력 있는 채무명의 정본에 기하여 한 **배당요구**는 그 **원인채권의 소멸시효를 중단시키는 효력이 있다**(대판 2002. 2. 26, 2000다25484).

│동지판례│ 채권자가 배당요구의 방법으로 권리를 행사하여 경매절차에 참가하였다면 그 **배당요구**는 민법 제168조 제2호의 **압류에 준하는 것**으로서 배당요구에 관련된 채권에 관하여 소멸시효를 중단하는 효력이 생긴다(대판 2022. 5. 12, 2021다280026).

③ 주택임대차보호법 제3조의3에서 정한 **임차권등기명령에 따른 임차권등기**는 특정 목적물에 대한 구체적 집행행위나 보전처분의 실행을 내용으로 하는 압류 또는 가압류, 가처분과 달리 어디까지나 주택임차인이 주택임대차보호법에 따른 대항력이나 우선변제권을 취득하거나 이미 취득한 대항력이나 우선변제권을 유지하도록 해 주는 담보적 기능을 주목적으로 한다. 비록 주택임대차보호법이 임차권등기명령의 신청에 대한 재판절차와 임차권등기명령의 집행 등에 관하여 민사집행법상 가압류에 관한 절차규정을 일부 준용하고 있지만, 이는 일방 당사자의 신청에 따라 법원이 심리·결정한 다음 등기를 촉탁하는 일련의 절차가 서로 비슷한 데서 비롯된 것일 뿐 이를 이유로 임차권등기명령에 따른 임차권등기가 본래의 담보적 기능을 넘어서 채무자의 일반재산에 대한 강제집행을 보전하기 위한 처분의 성질을 가진다고 볼 수는 없다. 그렇다면 **임차권등기명령에 따른 임차권등기**에는 민법 제168조 제2호에서 정하는 소멸시효 중단사유인 압류 또는 가압류, 가처분에 준하는 효력이 있다고 볼 수 없다(대판 2019. 5. 16, 2017다226629).

(2) 가압류에 의한 시효중단 효력의 발생시기(=가압류를 신청한 때)

민법 제168조 제2호에서 가압류를 시효중단사유로 정하고 있지만, 가압류로 인한 시효중단의 효력이 언제 발생하는지에 관해서는 명시적으로 규정되어 있지 않다. 민사소송법 제265조에 의하면, 시효중단사유 중 하나인 '재판상의 청구'(민법 제168조 제1호, 제170조)는 **소를 제기한 때** 시효중단의 효력이 발생한다. 이는 **소장 송달 등으로 채무자가 소 제기 사실을 알기 전**에 시효중단의 효력을 인정한 것이다. 가압류에 관해서도 위 민사소송법 규정을 유추적용하여 '재판상의 청구'와 유사하게 **가압류를 신청한 때** 시효중단의 효력이 생긴다고 보아야 한다. '가압류'는 법원의 가압류명령을 얻기 위한 재판절차와 가압류명령의 집행절차를 포함하는데, 가압류도 재판상의 청구와 마찬가지로 법원에 신청을 함으로써 이루어지고(민사집행법 제279조), 가압류명령에 따른 집행이나 가압류명령의 송달을 통해서 채무자에게 고지가 이루어지기 때문이다. 가압류를 시효중단사유로 규정한 이유는 가압류에 의하여 채권자가 권리를 행사하였다고 할 수 있기 때문이다. 가압류채권자의 권리행사는 가압류를 신청한 때에 시작되므로, 이 점에서도 **가압류에 의한 시효중단의 효력은 가압류신청을 한 때에 소급한다**(대판 2017. 4. 7, 2016다35451).

(3) 시효이익 당사자가 아닌 자에 대한 압류 등의 시효중단(제176조)

1) 압류·가압류 및 가처분은 시효의 이익을 "받을 자" 이외의 자에 대하여 한 경우에는 이를 그에게 「통지」하여야만 시효중단의 효력이 인정된다(제176조). 이는 제169조(시효중단의 상대성)의 예외이다.

> **판례** ① 민법 제176조에 의하면 가처분은 시효의 이익을 받은 자에 대하여 하지 아니한 때에는 이를 그에게 통지한 후가 아니면 시효중단의 효력이 없다고 되어 있어 **직접점유자를 상대로** 점유이전금지**가처분을 한 뜻을 간접점유자에게 통지한 바가 없다면** 가처분은 간접점유자에 대하여 시효중단의 효력을 발생할 수 없다(대판 1992. 10. 27, 91다41064).
> ② [1] 채권자가 **연대보증인 겸 물상보증인** 소유의 담보부동산에 대하여 임의경매의 신청을 하여 경매개시결정에 따른 압류의 효력이 생겼다면 채권자는 그 압류의 사실을 통지하지 아니하더라도 연대보증인 겸 물상보증인에 대하여 시효의 중단을 주장할 수 있다. [2] 시효의 중단은 시효중단행위에 관여한 당사자 및 그 승계인 사이에 효력이 있는 것이므로 위 "가"항과 같은 경우에도 연대보증인 겸 물상보증인은 보증채무의 부종성에 따라 주채무가 시효로 소멸되었음을 주장할 수는 있는 것으로서, 주채무자에 대한 시효중단의 사유가 없는 이상 연대보증인 겸 물상보증인에 대한 시효중단의 사유가 있다 하여 **주채무까지 시효중단되었다고 할 수는 없다.** [3] 경매절차에서 이해관계인인 주채무자에게 경매개시결정이 송달되었다면 주채무자는 민법 제176조에 의하여 당해 피담보채권의 소멸시효중단의 효과를 받는다고 할 것이나, 민법 제176조의 규정에 따라 압류사실이 통지된 것으로 볼 수 있기 위하여는 압류사실을 주채무자가 알 수 있도록 경매개시결정이나 경매기일통지서가 교부송달의 방법으로 주채무자에게 송달되어야만 하는 것이지, 이것이 우편송달(발송송달)이나 공시송달의 방법에 의하여 채무자에게 송달됨으로써 채무자가 압류사실을 알 수 없었던 경우까지도 압류사실이 채무자에게 통지되었다고 볼 수 있는 것은 아니다(대판 1994. 1. 11, 93다21477).

2) **본조는 압류·가압류·가처분의 경우에만 적용된다.** 가령 채권자가 보증인에 대하여 **재판상의 청구**를 하고 이 사실을 주채무자에게 통지를 하여도 주채무자에 대하여는 시효중단의 효력이 생기지 않는다.

> **판례** 〈제176조의 취지〉 물상보증인에 대한 임의경매의 신청은 피담보채권의 만족을 위한 강력한 권리실행 수단으로서, 채무자 본인에 대한 압류와 대비하여 소멸시효의 중단사유로서 차이를 인정할 만한 실질적인 이유가 없기 때문에, 중단행위의 당사자나 그 승계인 이외의 시효의 이익을 받는 채무자에게도 시효중단의 효력이 미치도록 하되, 다만 채무자가 시효의 중단으로 인하여 예측하지 못한 불이익을 입게 되는 것을 막아주기 위하여 채무자에게 압류사실이 통지되어야만 시효중단의 효력이 미치게 함으로써, 채권자와 채무자간에 이익을 조화시키려는 것이 민법 제169조에 규정된 시효중단의 상대적 효력에 대한 예외를 인정한 민법 제176조의

취지라고 해석되는 만큼, 압류사실을 채무자가 알 수 있도록 경매개시결정이나 경매기일통지서가 우편송달(발송송달)이나 공시송달의 방법이 아닌 교부송달의 방법으로 채무자에게 송달되어야만 압류사실이 통지된 것으로 볼 수 있는 것이다(대판 1990. 1. 12, 89다카4946).

(4) 가압류에 관한 쟁점정리

1) 가압류에는 시효중단의 효력이 있으나, 당연무효인 가압류신청에는 시효중단의 효력이 없다.

2) 민법 제168조에서 가압류를 시효중단사유로 정하고 있는 것은 가압류에 의하여 채권자가 권리를 행사하였다고 할 수 있기 때문인바, 가압류에 의한 집행보전의 효력이 존속하는 동안은 가압류채권자에 의한 권리행사가 계속되고 있다고 보아야 하므로 **가압류에 의한 시효중단의 효력은 가압류의 집행보전의 효력이 존속하는 동안은 계속된다**(대판 2006. 7. 4, 2006다32781).

3) 민법 제168조에서 가압류와 재판상의 청구를 별도의 시효중단사유로 규정하고 있는데 비추어 보면, 가압류의 피보전채권에 관하여 **본안의 승소판결이 확정되었다고 하더라도 가압류에 의한 시효중단의 효력이 이에 흡수되어 소멸된다고 할 수 없다**(대판 2000. 4. 25, 2000다11102).

4) 금전채권의 보전을 위하여 채무자의 금전채권에 대하여 가압류가 행하여진 후 채권자의 신청에 의하여 그 집행이 취소된 경우 등 금전채권의 보전을 위하여 채무자의 금전채권에 대하여 가압류가 행하여진 경우에 그 후 **채권자의 신청에 의하여** 그 집행이 취소되었다면, 다른 특별한 사정이 없는 한 가압류에 의한 소멸시효중단의 효과는 소급적으로 소멸된다(대판 2010. 10. 14, 2010다53273). ☞ 제175조

> **비교판례** 민법 제175조는 가압류가 "권리자의 청구에 의하여 또는 법률의 규정에 따르지 아니함으로 인하여 취소된 때에는 소멸시효 중단의 효력이 없다"고 규정하고 있고, 이는 그러한 사유가 가압류 채권자에게 권리행사의 의사가 없음을 객관적으로 표명하는 행위이거나 또는 처음부터 적법한 권리행사가 있었다고 볼 수 없는 사유에 해당한다고 보기 때문이므로, **법률의 규정에 따른 적법한 가압류가 있었으나 제소기간의 도과로 인하여 가압류가 취소된 경우에는 위 법조가 정한 소멸시효 중단의 효력이 없는 경우에 해당한다고 볼 수 없다.** ☞ 따라서 가압류결정 후 제소기간 도과를 이유로 가압류가 취소된 경우에는 채권의 소멸시효가 **가압류로 인하여 중단되었다가** 제소기간의 도과로 가압류가 취소된 때로부터 **다시 진행된다**(대판 2011. 1. 13, 2010다88019).

5) 일부가압류

채권자가 가분채권의 일부분을 피보전채권으로 주장하여 채무자 소유의 재산에 대하여 가압류를 한 경우에 있어서는 **그 피보전채권 부분만에 한하여** 시효중단의 효력이 있다 할 것이고 가압류에 의한 보전채권에 포함되지 아니한 **나머지 채권**에 대하여는 시효중단의 효력이 발생할 수 없다 할 것이다(대판 1976. 2. 24, 75다1240).

6) 가압류에 의한 시효중단은 경매절차에서 부동산이 매각되어 가압류등기가 말소되기 전에 배당절차가 진행되어 가압류채권자에 대한 배당표가 확정되는 등의 특별한 사정이 없는 한, 채권자가 가압류집행에 의하여 권리행사를 계속하고 있다고 볼 수 있는 가압류등기가 말소된 때 그 중단사유가 종료되어, 그때부터 새로 소멸시효가 진행한다(대판 2013. 11. 14, 2013다18622, 18639).

4. 승 인

(1) 의 의

채권 시효 중단사유로서의 승인은 시효이익을 받을 당사자인 채무자가 그 시효의 완성으로 권리를 상실하게 될 자 또는 그 대리인에 대하여 그 권리가 존재함을 인식하고 있다는 뜻을 표시함으로써 성립한다고 할 것이며, 이 때 그 표시의 방법은 아무런 형식을 요구하지 아니하고, 또한 명시적이건 묵시적이건 불문한다 할 것이나, 승인으로 인한 시효중단의 효력은 그 승인의 통지가 상대방에게 도달하는 때에 발생한다(대판 1995. 9. 29, 95다30178; 대판 2008. 7. 24, 2008다25299).

> **판례** ① 소멸시효중단사유로서의 채무승인은 시효의 이익을 받는 이가 상대방의 권리 등의 존재를 인정하는 일방적 행위로서, 그 권리의 원인·내용이나 범위 등에 관한 구체적 사항을 확인하여야 하는 것은 아니고, 그에 있어서 채무자가 권리 등의 법적 성질까지 알고 있거나 권리 등의 발생원인을 특정하여야 할 필요는 없다고 할 것이다(대판 2012. 10. 25, 2012다45566).
> ② [1] 소멸시효의 중단사유로서의 승인은 시효이익을 받을 당사자인 채무자가 그 권리의 존재를 인식하고 있다는 뜻을 표시함으로써 성립하는 것이므로 이는 **소멸시효의 진행이 개시된 이후에만 가능하고 그 이전에 승인을 하더라도 시효가 중단되지는 않는다**고 할 것이고, 또한 **현존하지 아니하는 장래의 채권을 미리 승인하는 것은 채무자가 그 권리의 존재를 인식하고서 한 것이라고 볼 수 없어 허용되지 않는다**고 할 것이다. [2] 진료계약을 체결하면서 "입원료 기타 제요금이 체납될 시는 병원의 법적 조치에 대하여 아무런 이의를 하지 않겠다"고 약정하였다 하더라도, 이로써 그 당시 아직 발생하지도 않은 치료비 채무의 존재를 미리 승인하였다고 볼 수는 없다고 한 사례(대판 2001. 11. 9, 2001다52568).

(2) 승인을 위해 필요한 권한

> **제177조(승인과 시효중단)**
> 시효중단의 효력있는 승인에는 상대방의 권리에 관한 처분의 능력이나 권한있음을 요하지 아니한다.

제177조를 반대해석하면 승인자는 최소한 그 권리를 「관리」할 능력이나 권한은 있어야 한다(통설).

(3) 승인의 상대방

승인은 시효의 완성으로 권리를 잃게 될 자에게 행해야 한다.

판례　소멸시효 중단사유로서 승인은 시효이익을 받을 당사자인 채무자가 소멸시효의 완성으로 권리를 상실하게 될 자 또는 그 대리인에 대하여 그 권리가 존재함을 인식하고 있다는 뜻을 표시함으로써 성립하는 것인바, 검사 작성의 피의자신문조서는 검사가 피의자를 신문하여 그 진술을 기재한 조서로서 그 작성형식은 원칙적으로 검사의 신문에 대하여 피의자가 응답하는 형태를 취하여 피의자의 진술은 어디까지나 검사를 상대로 이루어지는 것이어서 그 진술기재 가운데 채무의 일부를 승인하는 의사가 표시되어 있다고 하더라도, 그 기재 부분만으로 곧바로 소멸시효 중단사유로서 승인의 의사표시가 있은 것으로는 볼 수 없다(대판 1999. 3. 12, 98다18124).

(4) 승인의 입증

소멸시효의 중단사유로서 채무자에 의한 채무승인이 있었다는 사실은 **이를 주장하는 채권자 측에**서 입증하여야 하는 것이다(대판 2005. 2. 17, 2004다59959).

(5) 승인의 사례

1) 일부변제

시효완성 전에 **채무의 일부를 변제**한 경우에는 그 수액에 관하여 다툼이 없는 한, **채무승인으로서의 효력이 있어** 시효중단의 효력이 발생한다(대판 1996. 1. 23, 95다39854).

판례　① 동일한 채권자와 채무자 사이에 **다수의 채권이 존재**하는 경우 **채무자가 변제를 충당하여야 할 채무를 지정하지 않고 모든 채무를 변제하기에 부족한 금액을 변제**한 때에는 특별한 사정이 없는 한 그 변제는 **모든 채무에 대한 승인**으로서 **소멸시효를 중단**하는 효력을 가진다. 채무자는 자신이 계약당사자로 있는 다수의 계약에 기초를 둔 채무들이 존재한다는 사실을 인식하고 있는 것이 통상적이므로, 변제 시에 충당할 채무를 지정하지 않고 변제를 하였으면 특별한 사정이 없는 한 **다수의 채무 전부에 대하여** 그 존재를 알고 있다는 것을 표시했다고 볼 수 있기 때문이다(대판 2021. 9. 30, 2021다239745).
② 시효완성 전에 채무의 **일부를 변제**한 경우에는 그 수액에 관하여 다툼이 없는 한 채무 승인으로서의 효력이 있어 **채무 전부에 관하여 시효중단의 효력이 발생**하고, 이는 채무자가 시효완성 전에 채무의 **일부를 상계**한 경우에도 마찬가지로 볼 수 있다(대판 2022. 5. 26, 2021다271732).
③ (i) 담보가등기를 경료한 **부동산을 인도받아 점유**하더라도 담보가등기의 피담보채권의 소멸시효가 중단되는 것은 아니지만, (ii) 채무의 **일부를 변제**하는 경우에는 **채무 전부에 관하여 시효중단의 효력이 발생**하는 것이므로, 채무자가 채권자에게 담보가등기를 경료하고 부동산을 인도하여 준 다음 **피담보채권에 대한 이자 또는 지연손해금의 지급에 갈음하여 채권자로 하여금 부동산을 사용수익할 수 있도록 한 경우**라면, 채권자가 부동산을 사용수익하는 동안에는 채무자가 계속하여 이자 또는 지연손해금을 채권자에게 변제하고 있는 것으로 볼 수 있으므로 피담보채권의 소멸시효가 중단된다고 보아야 한다(대판 2009. 11. 12, 2009다51028).

참고판례　채무자가 채권자에 대하여 자기 소유의 부동산에 **담보목적의 가등기를 설정하여 주는 것**은 민법 제168조 소정의 채무의 승인에 해당한다(대판 1997. 12. 26, 97다22676).

2) 면책적 채무인수

면책적 채무인수가 있은 경우, 인수채무의 소멸시효기간은 채무인수와 동시에 이루어진 소멸시효 중단사유, 즉 **채무승인에 따라 채무인수일로부터 새로이 진행된다**(대판 1999. 7. 9, 99다12376).

3) 법무사 사무실을 방문한 행위

비법인사단의 대표자가 총유물의 매수인에게 소유권이전등기를 해주기 위하여 매수인과 함께 법무사 사무실을 방문한 행위는 소유권이전등기청구권의 소멸시효 중단의 효력이 있는 승인에 해당한다(대판 2009. 11. 26, 2009다64383).

(6) 승인의 효과

유효한 승인이 되면 승인 후에 다시 소멸시효가 진행한다.

5. 시효중단의 효력의 인적범위

> **제169조(시효중단의 효력)**
> 시효의 중단은 당사자 및 그 승계인간에만 효력이 있다.

(1) 상대적 효력

판례 ① 시효중단의 효력은 당사자 및 그 승계인 간에만 미치는 바, 여기서 당사자라 함은 **중단행위에 관여한 당사자를 가리키고 시효의 대상인 권리 또는 청구권의 당사자는 아니며**, 승계인이라 함은 '**시효중단에 관여한 당사자로부터 중단의 효과를 받는 권리를 그 중단효과 발생 이후에 승계한 자**'를 뜻하고, 포괄승계인은 물론 특정승계인도 이에 포함된다(대판 2015. 5. 28, 2014다81474; 대판 1997. 4. 25, 96다46484).

② 공유자의 한 사람이 공유물의 보존행위로서 제소한 경우라도, 동 제소로 인한 시효중단의 효력은 **재판상의 청구를 한 그 공유자에 한하여 발생**하고, 다른 공유자에게는 미치지 아니한다(대판 1979. 6. 26, 79다639).☞ 예컨대 甲·乙이 공유하는 X토지를 丙이 점유하여 시효취득하려고 할 때에 甲이 丙에 대해 시효를 중단시키더라도 다른 공유자 乙에 대하여는 중단의 효력이 미치지 않는다.

③ [1] 채무자의 제3채무자에 대한 금전채권에 대하여 압류 및 추심명령이 있더라도, 이는 추심채권자에게 피압류채권을 추심할 권능만을 부여하는 것이고, 이로 인하여 채무자가 제3채무자에게 가지는 채권이 추심채권자에게 이전되거나 귀속되는 것은 아니다. 따라서 채무자가 제3채무자를 상대로 금전채권의 이행을 구하는 소를 제기한 후 채권자가 위 금전채권에 대하여 압류 및 추심명령을 받아 제3채무자를 상대로 추심의 소를 제기한 경우, **채무자가 권리주체의 지위에서 한 시효중단의 효력은** 집행법원의 수권에 따라 피압류채권에 대한 추심권능을 부여받아 일종의 추심기관으로서 <u>그 채권을 추심하는 추심채권자에게도 미친다</u>. [2] 재판상의 청구는 소송의 각하, 기각 또는 취하의 경우에는 시효중단의 효력이 없지만, 그 경우 6개월 내에 재판상의 청구, 파산절차참가, 압류 또는 가압류, 가처분을 한 때에는 시효는 최초의 재판상 청구로 인하여 중단된 것으로 본다(민법 제170조). 그러므로 **채무자가** 제3채무자를 상대로 제기한 금전채권의 이행소송이 압류 및 추심명령으로 인한 당사자적격의 상실로 각하되더라도, 위 이행소송의 계속 중에 피압류채권에 대하여 채무자에 갈음

하여 당사자적격을 취득한 **추심채권자가** 위 각하판결이 확정된 날로부터 6개월 내에 제3채무자를 상대로 추심의 소를 제기하였다면, 채무자가 제기한 재판상 청구로 인하여 발생한 시효중단의 효력은 추심채권자의 추심소송에서도 그대로 유지된다고 보는 것이 타당하다(대판 2019. 7. 25, 2019다212945).

④ 보증채무에 대한 소멸시효가 중단되는 등의 사유로 완성되지 아니하였다고 하더라도 주채무에 대한 소멸시효가 완성된 경우에는 시효완성의 사실로 주채무가 소멸되므로 **보증채무의 부종성**에 따라 보증채무 역시 당연히 소멸되는 것이 원칙이다(대판 2018. 5. 15, 2016다211620).

(2) 특 칙

1) 지역권에서 요역지가 수인의 공유인 경우에 그 1인에 의한 소멸시효의 중단 또는 정지는 다른 공유자를 위하여 효력이 있다(제296조).

2) 연대채무에서 어느 연대채무자에 대한 이행청구는 다른 연대채무자에게도 절대적인 효력이 미친다(제416조).

3) 보증채무에서는 주채무자에 대한 시효중단은 보증인에 대하여 그 효력이 있다(제440조).

V. 소멸시효의 정지

1. 의 의

소멸시효의 정지란 시효가 완성할 무렵에 이르러 권리자가 시효를 중단시키는 것이 불가능하거나 또는 대단히 곤란한 사정이 있는 경우에 그 사정이 소멸한 후 일정기간이 경과하는 시점까지 시효의 완성을 연기하는 것을 말한다. 시효의 정지에 있어서는 정지사유가 그친 뒤에 일정한 유예기간이 경과하면 시효는 완성하는 것이며, 이 점에서 이미 경과한 기간이 무(無)로 돌아가는 중단과는 다르다.

2. 시효정지의 사유

(1) 제한능력자를 위한 정지(제179조, 제180조 제1항)

> **제179조(제한능력자의 시효정지)**
> 소멸시효의 기간만료 전 6개월 내에 제한능력자에게 법정대리인이 없는 경우에는 그가 능력자가 되거나 법정대리인이 취임한 때부터 6개월 내에는 시효가 완성되지 아니한다.
>
> **제180조(재산관리자에 대한 제한능력자의 권리, 부부 사이의 권리와 시효정지)**
> ① 재산을 관리하는 아버지, 어머니 또는 후견인에 대한 제한능력자의 권리는 그가 능력자가 되거나 후임 법정대리인이 취임한 때부터 6개월 내에는 소멸시효가 완성되지 아니한다.

(2) 혼인관계의 종료에 의한 정지(제180조 제2항)

> **제180조(재산관리자에 대한 제한능력자의 권리, 부부 사이의 권리와 시효정지)**
> ② 부부 중 한쪽이 다른 쪽에 대하여 가지는 권리는 혼인관계가 종료된 때부터 6개월 내에는 소멸시효가 완성되지 아니한다.

(3) 상속재산에 관한 정지(제181조)

> **제181조(상속재산에 관한 권리와 시효정지)**
> 상속재산에 속한 권리나 상속재산에 대한 권리는 상속인의 확정, 관리인의 선임 또는 파산선고가 있는 때로부터 6월 내에는 소멸시효가 완성하지 아니한다.

(4) 사변 등에 의한 정지(제182조)

> **제182조(천재 기타 사변과 시효정지)**
> 천재 기타 사변으로 인하여 소멸시효를 중단할 수 없을 때에는 그 사유가 종료한 때로부터 1월내에는 시효가 완성하지 아니한다.

VI. 소멸시효의 효력

1. 소멸시효를 주장할 수 있는 자의 인적 범위

(1) 시효이익의 직접수익자에 해당하는 경우

소멸시효를 주장할 수 있는 사람은 권리의 소멸에 의하여 직접 이익을 받는 사람에 한정된다. **채무자**는 당연히 직접 수익자에 해당한다. 그리고 담보목적물의 **제3취득자**나 **물상보증인**이 이에 해당한다. 그리고 **사해행위의 수익자**도 포함된다(대판 2007. 11. 29, 2007다54849).

> **판례** ① 〈제3취득자〉 소멸시효를 원용할 수 있는 사람은 권리의 소멸에 의하여 직접 이익을 받는 사람에 한정되는바, 채권담보의 목적으로 매매예약의 형식을 빌어 소유권이전청구권 보전을 위한 가등기가 경료된 부동산을 양수하여 소유권이전등기를 마친 제3자는 당해 가등기담보권의 피담보채권의 소멸에 의하여 직접 이익을 받는 자이므로, 그 가등기담보권에 의하여 담보된 채권의 채무자가 아니더라도 그 피담보채권에 관한 소멸시효를 원용할 수 있고, 이와 같은 직접수익자의 소멸시효 원용권은 **채무자의 소멸시효 원용권에 기초한 것이 아닌 독자적인 것으로서 채무자를 대위하여서만 시효이익을 원용할 수 있는 것은 아니다**(대판 1995. 7. 11, 95다12446).
> ② 〈사해행위의 수익자〉 소멸시효를 원용할 수 있는 사람은 권리의 소멸에 의하여 직접 이익을 받는 자에 한정되는바, 사해행위취소소송의 상대방이 된 **사해행위의 수익자**는, 사해행위가 취소되면 사해행위에 의하여 얻은 이익을 상실하고 사해행위취소권을 행사하는 채권자의 채권이 소멸하면 그와 같은 이익의 상실을 면하

는 지위에 있으므로, 그 채권의 소멸에 의하여 직접 이익을 받는 자에 해당하는 것으로 보아야 한다(대판 2007. 11. 29, 2007다54849).

(2) 직접수익자에 해당하지 아니하는 경우

채무자에 대한 일반채권자나 **채권자대위권 행사에 있어서의 제3채무자** 등이 이에 해당한다.

> **판례** ① 〈**일반채권자**〉 소멸시효가 완성된 경우 이를 주장할 수 있는 사람은 시효로 인하여 채무가 소멸되는 결과 직접적인 이익을 받는 사람에 한정되므로 **채무자에 대한 일반채권자**는 자기의 채권을 보전하기 위하여 필요한 한도 내에서 채무자를 **대위하여** 소멸시효주장을 할 수 있을 뿐 채권자의 지위에서 독자적으로 소멸시효의 주장을 할 수 없다(대판 2012. 5. 10, 2011다109500).
> ② 〈**채권자대위에서 제3채무자**〉 채권자대위권을 행사하여 제3자에 대하여 하는 청구에 있어서 제3채무자는 채무자가 채권자에 대하여 가지는 항변으로는 대항할 수 없으므로, 채권의 소멸시효가 완성된 경우 이를 원용할 수 있는 자도 원칙적으로는 시효이익을 직접받는 자뿐이고 **채권자대위소송의 제3채무자**가 이를 행사할 수는 없다(대판 1998. 12. 8, 97다31472 등 다수).
> ③ 〈**후순위 담보권자**〉 소멸시효가 완성된 경우 이를 주장할 수 있는 사람은 시효로 채무가 소멸되는 결과 직접적인 이익을 받는 사람에 한정된다. 후순위 담보권자는 선순위 담보권의 피담보채권이 소멸하면 담보권의 순위가 상승하고 이에 따라 피담보채권에 대한 배당액이 증가할 수 있지만, 이러한 배당액 증가에 대한 기대는 담보권의 순위 상승에 따른 **반사적 이익**에 지나지 않는다. **후순위 담보권자**는 선순위 담보권의 피담보채권 소멸로 직접 이익을 받는 자에 해당하지 않아 선순위 담보권의 피담보채권에 관한 소멸시효가 완성되었다고 주장할 수 없다(대판 2021. 2. 25, 2016다232597). ☞ 이 판례에 대해서는 선순위저당권의 피담보채권이 소멸시효 등을 이유로 소멸하는 경우에 그 저당권의 당연 소멸로 후순위저당권의 순위가 상승하는 것은 후순위저당권자가 구체적이고 실제적으로 향유하는, 그리하여 어떻게 보더라도 현실인 이익이다."라는 양창수 교수님의 비판적인 평석이 있다(2021. 5. 3.자 법률신문에서 인용). 하지만 수험생의 입장에서는 판례대로 정리해야 할 것이다.

2. 소멸시효의 소급효(제167조)

> **제167조(소멸시효의 소급효)**
> 소멸시효는 그 기산일에 소급하여 효력이 생긴다.

소멸시효의 완성으로 권리가 소멸하는 시기는 시효기간이 만료하는 때이지만 그 효과는 시효기간의 개시시에 소급한다. 따라서 **소멸시효 완성으로 채무를 면하게 되는 자는 기산일 이후의 이자·지연배상금을 지급할 필요가 없다.**

> **판례** 이자 또는 지연손해금은 주된 채권인 원본의 존재를 전제로 그에 대응하여 일정한 비율로 발생하는 종된 권리인데, 하나의 금전채권의 **원금 중 일부가 변제**된 후 **나머지 원금에 대하여 소멸시효가 완성**된 경

우, 가분채권인 금전채권의 성질상 변제로 소멸한 원금 부분과 소멸시효 완성으로 소멸한 원금 부분을 구분하는 것이 가능하고, 이 경우 원금에 종속된 권리인 이자 또는 지연손해금 역시 변제로 소멸한 원금 부분에서 발생한 것과 시효완성으로 소멸된 원금 부분에서 발생한 것으로 구분하는 것이 가능하므로, 소멸시효 완성의 효력은 **소멸시효가 완성된 원금 부분으로부터 그 완성 전에 발생한 이자 또는 지연손해금**에는 미치나, **변제로 소멸한 원금 부분으로부터 그 변제 전에 발생한 이자 또는 지연손해금**에는 미치지 않는다(대판 2008. 3. 14, 2006다2940).

3. 변론주의

판례 ① 소멸시효기간 만료에 인한 권리소멸에 관한 것은 소멸시효의 이익을 받은 자가 소멸시효완성의 항변을 하지 않으면, 그 의사에 반하여 재판할 수 없다(대판 1980. 1. 29, 79다1863).
② 민사소송절차에서 변론주의 원칙은 권리의 발생·변경·소멸이라는 법률효과 판단의 요건이 되는 주요사실에 관한 주장·증명에 적용된다. 따라서 권리를 소멸시키는 소멸시효 항변은 변론주의 원칙에 따라 당사자의 주장이 있어야만 법원의 판단대상이 된다(대판 2017. 3. 22, 2016다258124).
③ 채권자가 동일한 목적을 달성하기 위하여 복수의 채권을 가지고 이를 행사하는 경우 각 채권이 발생시기와 발생원인 등을 달리하는 별개의 채권인 이상 별개의 소송물에 해당하므로, 이에 대하여 채무자가 소멸시효 완성의 항변을 하는 경우에 그 항변에 의하여 어떠한 채권을 다투는 것인지 특정하여야 하고 그와 같이 특정된 항변에는 특별한 사정이 없는 한 청구원인을 달리하는 채권에 대한 소멸시효 완성의 항변까지 포함된 것으로 볼 수는 없다. 그러나 채권자가 동일한 목적을 달성하기 위하여 복수의 채권을 가지고 있더라도 **선택에 따라 어느 하나의 채권만을 행사하는 것이 명백한 경우**라면 채무자의 소멸시효 완성의 항변은 채권자가 행사하는 당해 채권에 대한 항변으로 봄이 타당하다(대판 2013. 2. 15, 2012다68217).

4. 종속된 권리에 대한 소멸시효의 효력

제183조(종속된 권리에 대한 소멸시효의 효력)
주된 권리의 소멸시효가 완성한 때에는 종속된 권리에 그 효력이 미친다.

Ⅶ. 시효이익의 포기

제184조(시효의 이익의 포기 기타)
① 소멸시효의 이익은 미리 포기하지 못한다.

1. 의 의

소멸시효의 이익은 미리 포기하지 못한다. 반대해석하면 **소멸시효가 완성된 후에는 포기가 가능하다.** 소멸시효이익 포기의 의사표시는 상대방 있는 단독행위이며, 시효이익의 포기에는 특별한 방식이 요구되지 않으므로 「명시적 포기」뿐만 아니라 「묵시적 포기」도 가능하다(통설).

2. 중단사유로서의 승인과의 관계

(1) 시효완성 후 소멸시효 중단사유에 해당하는 채무의 승인이 있었다 하더라도 **그것만으로는 곧바로 소멸시효 이익의 포기라는 의사표시가 있었다고 단정할 수 없다**(대판 2013. 2. 28, 2011다21556).

> **판례** [1] 시효이익을 받을 채무자는 소멸시효가 완성된 후 시효이익을 포기할 수 있고, 이것은 시효의 완성으로 인한 법적인 이익을 받지 않겠다고 하는 **의사표시**이다. 그리고 그러한 시효이익 포기의 의사표시가 존재하는지의 판단은 표시된 행위 내지 의사표시의 내용과 동기 및 경위, 당사자가 의사표시 등에 의하여 달성하려고 하는 목적과 진정한 의도 등을 종합적으로 고찰하여 사회정의와 형평의 이념에 맞도록 논리와 경험의 법칙, 그리고 사회일반의 상식에 따라 객관적이고 합리적으로 이루어져야 한다.
>
> [2] 소멸시효 중단사유로서의 채무승인은 시효이익을 받는 당사자인 채무자가 소멸시효의 완성으로 채권을 상실하게 될 자에 대하여 상대방의 권리 또는 자신의 채무가 있음을 알고 있다는 뜻을 표시함으로써 성립하는 이른바 **관념의 통지**로 여기에 **어떠한 효과의사가 필요하지 않다**. 이에 반하여 시효완성 후 시효이익의 포기가 인정되려면 **시효이익을 받는 채무자가 시효의 완성으로 인한 법적인 이익을 받지 않겠다는 효과의사가 필요**하기 때문에 시효완성 후 소멸시효 중단사유에 해당하는 채무의 승인이 있었다 하더라도 **그것만으로는 곧바로 소멸시효 이익의 포기라는 의사표시가 있었다고 단정할 수 없다.**
>
> [3] 소송에서의 상계항변은 일반적으로 소송상의 공격방어방법으로 피고의 금전지급의무가 인정되는 경우 자동채권으로 상계를 한다는 **예비적 항변**의 성격을 갖는다. 따라서 **상계항변이 먼저 이루어지고 그 후 대여금채권의 소멸을 주장하는 소멸시효항변**이 있었던 경우에, 상계항변 당시 채무자인 피고에게 수동채권인 대여금채권의 시효이익을 포기하려는 효과의사가 있었다고 단정할 수 없다. 그리고 항소심 재판이 속심적 구조인 점을 고려하면 제1심에서 공격방어방법으로 상계항변이 먼저 이루어지고 그 후 항소심에서 소멸시효항변이 이루어진 경우를 달리 볼 것은 아니다(대판 2013. 2. 28, 2011다21556).

> **동지판례** 통상 채무자는 강제집행을 중지시키거나 일정 기간 담보권 실행을 못하게 하는 한편 변제계획에 따른 변제를 완료하여 궁극적으로 채무에 대한 면책을 받으려는 목적으로 개인회생절차를 밟게 되는 점 등에 비추어 볼 때, **소외인이 개인회생신청을 하면서 채권자목록에 소멸시효기간이 완성된 피고의 근저당권부 채권을 기재하였다**고 하여 그 시효이익을 포기하려는 효과의사까지 있었다고 보기는 어렵다. 즉 소외인에게 피고에 대하여 피고의 채권의 시효완성으로 인한 법적인 이익을 받지 않겠다는 의사표시가 있었다고 단정할 수 없다(대판 2017. 7. 11, 2014다32458).

(2) **시효완성 후 채무를 승인한 때에는 채무자는 시효완성의 사실을 알고 그 이익을 포기한 것이라 추정할 수 있다**(대판 1992. 5. 22, 92다4796).

> **판례** ① 채무자가 소멸시효 완성 후 채무를 **일부 변제**한 때에는 그 액수에 관하여 다툼이 없는 한 그 **채무 전체를 묵시적으로 승인한 것**으로 보아야 하고, 이 경우 **시효완성의 사실을 알고 그 이익을 포기한 것으로 추정**되므로, 소멸시효가 완성된 채무를 피담보채무로 하는 근저당권이 실행되어 채무자 소유의 부동산이 경락되고 그 대금이 배당되어 채무의 일부 변제에 충당될 때까지 채무자가 아무런 이의를 제기하지 아니하였다면, 경매절차의 진행을 채무자가 알지 못하였다는 등 다른 특별한 사정이 없는 한, 채무자는 시효완성의 사실을 알

고 그 채무를 묵시적으로 승인하여 시효의 이익을 포기한 것으로 보아야 한다(대판 2001. 6. 12, 2001다3580). ② 다만 채무자가 배당절차에서 이의를 제기하지 아니하였다고 하더라도 채무자의 다른 채권자가 이의를 제기하고 채무자를 대위하여 소멸시효 완성의 주장을 원용하였다면, 시효의 이익을 묵시적으로 포기한 것으로 볼 수 없다(대판 2017. 7. 11, 2014다32458). ③ **원금채무**에 관하여는 소멸시효가 완성되지 아니하였으나 **이자채무**에 관하여는 소멸시효가 완성된 상태에서 채무자가 채무를 **일부 변제**한 때에는 액수에 관하여 다툼이 없는 한 **원금채무에 관하여 묵시적으로 승인**하는 한편 **이자채무에 관하여 시효완성의 사실을 알고 그 이익을 포기한 것으로 추정**되며, 채무자의 변제가 채무 전체를 소멸시키지 못하고 당사자가 변제에 충당할 채무를 지정하지 아니한 때에는 민법 제479조, 제477조에 따른 법정변제충당의 순서에 따라 충당되어야 한다(대판 2013. 5. 23, 2013다12464). ☞ 위와 같이 일부 변제 사례의 경우에는 단순히 채무를 승인하는 것에서 더 나아가 시효이익을 포기하려는 효과의사까지 있었다고 보아도 무방할 것이다.

(3) 사례연습 : 甲은 乙에게 1999년 5월 30일을 이행기로 정하고 1,000만원을 빌려주었다. 그런데 乙이 변제를 하지 아니하여 甲은 이행기로부터 10년 5개월이 경과한 2009년 10월 30일에 대금반환을 청구하는 소송을 제기하였다.

    1) 채무의 승인(완성 전) : 乙이 甲에 대하여 **2004년 5월 30일**에 지급유예의 신청을 한 경우, 乙은 소멸시효의 완성을 주장할 수 없다. 왜냐하면 지급유예의 신청은 승인에 해당하여 그 때에 소멸시효가 중단되기 때문이다.

    2) 시효이익의 포기(완성 후) : 乙이 甲에 대하여 **2009년 6월 30일**에 분할지급을 요청한 경우, 乙은 소멸시효의 완성을 주장할 수 없다. 왜냐하면 시효완성 후의 분할지급 요청은 시효이익의 포기에 해당하기 때문이다.

(4) 시효이익 포기는 처분행위이므로 「포기하는 자」는 처분의 능력과 권한을 갖고 있어야 한다(통설). 따라서 이것이 필요치 않은 시효중단의 사유인 「승인」과 차이가 있다.

> **판례** 시효완성의 이익 포기의 의사표시를 할 수 있는 자는 시효완성의 이익을 받을 **당사자 또는 대리인**에 한정된다고 할 것이고, **그 밖의 제3자**가 시효완성의 이익 포기의 의사표시를 하였다 하더라도 이는 시효완성의 이익을 받을 자에 대한 관계에서 아무 효력이 없다(대판 1998. 2. 27, 97다53366).

3. 기타 판례 정리

(1) 채권의 **소멸시효가 완성된 후**에 채무자가 **그 기한의 유예를 요청**하였다면 그때에 소멸시효의 이익을 포기한 것으로 보아야 한다(대판 1965. 12. 28, 65다2133). 반면에 채무자가 **소멸시효가 완성된 이후**에 여러 차례에 걸쳐 **채권자의 제소기간 연장요청에 동의**한 바 있더라도 그 동의는 그 연장된 기간까지는 언제든지 채권자가 제소하더라도 이의가 없다는 취지에 불과한 것이지 완성한

소멸시효이익을 포기하는 의사표시까지 함축하고 있는 것은 아니다(대판 1987. 6. 23, 86다카2107).

(2) 소멸시효 이익의 포기는 **가분채무 일부**에 대하여도 가능하다(대판 2012. 5. 10, 2011다109500).

4. 포기의 효과

시효이익을 포기하면 소멸시효완성을 주장하지 못하고 포기한 때로부터 시효가 새로이 진행한다. 그리고 포기의 효과는 **상대적**이다.

> **판례** ① 채무자가 소멸시효 완성 후에 채권자에 대하여 채무 **일부를 변제**함으로써 시효의 이익을 포기한 경우에는 그때부터 새로이 소멸시효가 진행한다(대판 2013. 5. 23, 2013다12464).
>
> ② 주채무가 시효로 소멸한 때에는 **보증인**도 그 시효소멸을 원용할 수 있으며, 주채무자가 시효의 이익을 포기하더라도 보증인에게는 그 효력이 없다(대판 1991. 1. 29, 89다카1114).
>
> ③ 타인의 채무를 담보하기 위하여 자기의 물건에 담보권을 설정한 물상보증인은 채권자에 대하여 물적 유한책임을 지고 있어 그 피담보채권의 소멸에 의하여 직접 이익을 받는 관계에 있으므로 **소멸시효의 완성을 주장할 수 있고, 소멸시효 이익의 포기는 상대적 효과가 있을 뿐이어서 채무자가 시효이익을 포기하더라도 물상보증인에게는 효력이 없다**(대판 2018. 11. 9, 2018다38782).
>
> ④ 〈시효이익 포기 전 제3취득자가 권리취득〉 소멸시효를 원용할 수 있는 사람은 권리의 소멸에 의하여 직접 이익을 받는 사람에 한정되는바, 채권담보의 목적으로 매매예약의 형식을 빌어 소유권이전청구권 보전을 위한 가등기가 경료된 부동산을 양수하여 소유권이전등기를 마친 제3자는 당해 가등기담보권의 피담보채권의 소멸에 의하여 직접 이익을 받는 자이므로, 그 가등기담보권에 의하여 담보된 채권의 채무자가 아니더라도 그 피담보채권에 관한 소멸시효를 원용할 수 있고, 이와 같은 직접수익자의 소멸시효 원용권은 채무자의 소멸시효 원용권에 기초한 것이 아닌 **독자적인 것**으로서 채무자를 대위하여서만 시효이익을 원용할 수 있는 것은 아니며, 가사 채무자가 이미 그 가등기에 기한 본등기를 경료하여 시효이익을 포기한 것으로 볼 수 있다고 하더라도 그 시효이익의 포기는 **상대적 효과**가 있음에 지나지 아니하므로 채무자 이외의 이해관계자에 해당하는 담보 부동산의 양수인으로서는 **여전히 독자적으로 소멸시효를 원용할 수 있다**(대판 1995. 7. 11, 95다12446).

> **비교판례** 〈시효이익 포기 후 제3취득자가 권리취득〉 소멸시효 이익의 포기는 상대적 효과가 있을 뿐이어서 다른 사람에게는 영향을 미치지 아니함이 원칙이나, **소멸시효 이익의 포기 당시에는 권리의 소멸에 의하여 직접 이익을 받을 수 있는 이해관계를 맺은 적이 없다가 나중에 시효이익을 이미 포기한 자와의 법률관계를 통하여 비로소 시효이익을 원용할 이해관계를 형성한 자**는 이미 이루어진 시효이익 포기의 효력을 부정할 수 없다(대판 2015. 6. 11, 2015다200227). ☞ 저당부동산 소유자로부터 소유권 등을 취득한 것이 소유자가 시효이익을 포기하기 전인지 후인지를 잘 구별하여야 한다.

5. 강행규정성

> **제184조(시효의 이익의 포기 기타)**
> ② 소멸시효는 법률행위에 의하여 이를 배제, 연장 또는 가중할 수 없으나 이를 단축 또는 경감할 수 있다.

당사자가 **시효에 걸리지 않는 것으로 특약**을 하거나 **시효완성을 어렵게 하는 것**은 허용되지 않는다는 점에서 시효에 관한 규정은 강행규정이라고 해석된다. 다만 부분적으로는 사적 자치가 허용되어 법률행위에 의하여 **단축 또는 경감**하는 것은 가능하다.

> **판례** 특정한 채무의 이행을 청구할 수 있는 기간을 제한하고 그 기간을 도과할 경우 채무가 소멸하도록 하는 약정은 민법 또는 상법에 의한 소멸시효기간을 **단축**하는 약정으로서 특별한 사정이 없는 한 민법 제184조 제2항에 의하여 유효하다(대판 2006. 4. 14, 2004다70253).

> **참고지문** **(2021 변리사 기출)** 소멸시효에 관한 규정은 강행규정이지만, 법률행위에 의하여 경감할 수 있다(○).

Ⅷ. 소멸시효와 권리남용

> **판례** ① [1] 소멸시효를 이유로 한 항변권의 행사도 민법의 대원칙인 신의성실의 원칙과 권리남용금지의 원칙의 지배를 받는 것이어서 채무자가 소멸시효 완성 후 시효를 원용하지 아니할 것 같은 태도를 보여 권리자로 하여금 이를 신뢰하게 하였고, **채무자가 그로부터 권리행사를 기대할 수 있는 상당한 기간 내에 자신의 권리를 행사하였다면**, 채무자가 소멸시효 완성을 주장하는 것은 신의성실 원칙에 반하는 권리남용으로 허용될 수 없다. [2] 채무자가 소멸시효의 이익을 원용하지 않을 것 같은 신뢰를 부여한 경우에도 채권자는 **그러한 사정이 있은 때로부터 상당한 기간 내에 권리를 행사하여야만** 채무자의 소멸시효의 항변을 저지할 수 있는데, 여기에서 '상당한 기간' 내에 권리행사가 있었는지는 채권자와 채무자 사이의 관계, 신뢰를 부여하게 된 채무자의 행위 등의 내용과 동기 및 경위, 채무자가 그 행위 등에 의하여 달성하려고 한 목적과 진정한 의도, 채권자의 권리행사가 지연될 수밖에 없었던 특별한 사정이 있었는지 여부 등을 종합적으로 고려하여 판단할 것이다. 다만 신의성실의 원칙을 들어 시효 완성의 효력을 부정하는 것은 법적 안정성의 달성, 입증곤란의 구제, 권리행사의 태만에 대한 제재를 이념으로 삼고 있는 소멸시효 제도에 대한 대단히 예외적인 제한에 그쳐야 할 것이므로, 위 권리행사의 '상당한 기간'은 특별한 사정이 없는 한 민법상 **시효정지의 경우에 준하여 단기간으로 제한되어야** 한다. 그러므로 개별 사건에서 매우 특수한 사정이 있어 그 기간을 연장하여 인정하는 것이 부득이한 경우에도 불법행위로 인한 손해배상청구의 경우 그 기간은 아무리 길어도 **민법 제766조 제1항이 규정한 단기소멸시효기간인 3년을 넘을 수는 없다**고 보아야 한다[대판(전합) 2013. 5. 16, 2012다202819].
> ☞ 판례 [1]부분에 "채무자가 그로부터 권리행사를 기대할 수 있는 상당한 기간 내에 자신의 권리를 행사하였다면"이라는 표현이 나오는데 단순한 국어적 오류이다. 동 판결의 판시사항에는 "채무자가 그로부터 권리행사를 기대할 수 있는 상당한 기간 내에 **권리자가** 자신의 권리를 행사한 경우"라고 정확하게 표현이 되어 있다.
> ② 공무원의 불법행위로 손해를 입은 피해자의 **국가배상청구권의 소멸시효 기간이 지났으나 국가가 소멸시효 완성을 주장하는 것이 신의성실의 원칙에 반하는 권리남용으로 허용될 수 없어 배상책임을 이행한 경우**에는, 소멸시효 완성 주장이 권리남용에 해당하게 된 원인행위와 관련하여 공무원이 원인이 되는 행위를 적극적으로 주도하였다는 등의 특별한 사정이 없는 한, **국가가 공무원에게 구상권을 행사하는 것은 신의칙상 허용되지 않는다**(대판 2016. 6. 10, 2015다217843).

제2편

물권법

물권법 일반

Ⅰ. 물권법의 의의와 성격

1. 물권의 의의

물권은 '사람이 특정의 물건을 직접·지배해서 이익을 얻는 배타적인 권리'라고 하며, 물권법은 '사람이 재화에 대한 지배·이용관계를 규율하는 법질서'라고 한다.

2. 물권법의 특징

(1) 물권의 객체

물권이란 사람이 특정의 물건을 직접 지배하여 이익을 얻는 배타적이고 관념적 권리이다. 이처럼 물권의 객체는 물건이 일반이지만, 채권 기타의 권리에 대해서도 예외적으로 물권이 성립할 수 있다 (제345조의 권리질권, 저당권의 객체로서 지상권·전세권의 규정으로서 제371조 등).

(2) 특정성·독립성

1) 의 의

특정성은 일물일권주의의 결과 그 당연한 귀결로서, 물건의 일부나 구성부분에 관해서는 물권의 성립이 인정되지 않으며 수 개의 물건(집합물) 위에 한 개의 물권이 성립되지 못한다는 것을 말함이 원칙이다.

2) 예 외

그러나 이러한 원칙에 대해서는 예외가 인정되는데, 예컨대 구분소유·부동산 일부에의 용익물권설정·각종 재단저당 등이다.

(3) 지배가능성

물권의 경우 물권의 객체인 물건을 사실상 지배할 수 없는 경우에도 지배가능성을 상실하지는 않는다. 직접 지배를 하는데 장애가 생기면 물권적 청구권이 생긴다(후술).

(4) 배타적 지배

하나의 물건에 대해 어떤 자의 지배가 성립하면, 같은 물적 이익에 관하여는 다른 자의 지배를 인정할 수 없게 된다. 반면 채권은 상대권으로서 배타성이 없으며, 같은 내용의 채권이 동시에 두 개 이상 병존할 수 있다(이중계약은 원칙적으로 유효). 이러한 물권의 배타성을 실현하기 위하여 공시방법(등기나 점유 등)이 필요한 것이다.

(5) 강행규정성

물권법은 배타성을 가지는 물권에 관하여 규정하는 것이므로 사적자치가 허용되는 범위가 좁고 그 법규는 대부분이 강행규정이다. 하지만 물권법 모든 규정이 강행규정인 것은 아니다. 예컨대 유치권의 배제특약이 가능한 것 등 임의규정도 있다(제320조 참조).

(6) 물권과 채권의 관계

1) 물권은 특정의 물건을 직접 지배해서 이익을 얻는 배타적인 권리이다. 구체적으로 본다면 물권의 대상은 원칙적으로 물건이며, 그 성질은 절대성·직접성·배타성을 갖고 있으며, 공시로서 등기 또는 점유를 필요로 하고, 물권의 종류와 내용은 법률과 관습법에 의하는 물권법정주의가 지배한다.
2) 그러나 채권은 채권자가 채무자에게 일정한 행위를 요구하는 권리이다. 따라서 그 성질은 간접적이고 상대적이며, 공시는 필요치 않다. 그리고 채권의 내용은 당사자의 자유로운 의사에 의하여 결정할 수 있다. 채권은 원칙적으로 채무자에 의해 침해되는 것을 예상하고 있다(채무불이행).
3) 물권의 침해는 손해배상과 원상회복이 가능하며, 원상회복의 물권적 청구권은 침해자에게 고의·과실이 없어도 물권자에게 주어진다는 이점이 있다. 그러나 채권의 침해는 채무불이행을 원칙으로 하고, 물권과는 달리 제3자의 침해를 예외적 현상으로 생각한다. 왜냐하면 채권이란 것 자체가 특정한 상대방을 예정한 것이기 때문이다. 그러나 재산권인 채권도 불법행위의 요건이 갖추어진다면 손해배상을 인정할 필요는 있다(채권법 중 채권의 대외적 효력부분에서 상술).

〈물권과 채권의 비교〉

구분	물권	채권
특정의 물건	특정의 물건에 대해 어떤 자의 지배가 성립하면 같은 물건에 관하여는 다른 자의 권리를 인정할 수 없다.	하나의 물건에 관하여 같은 내용의 채권이 2개 이상 동시에 병존할 수 있으며(채권자평등의 원칙), 현재 존재하지 않는 물건에 관하여도 인정될 수 있다.
직접 지배	물권은 절대권으로서 권리주체가 타인의 행위를 매개하지 않고 권리의 객체인 물건을 직접 지배하여 이익을 향유할 수 있는 권리이다. 따라서 물권의 침해가 있으면 물권적 청구권(제213조, 제214조)이 인정된다.	채권은 상대권으로서 채무자의 행위를 내용으로 하는 청구권이다. 따라서 채무자의 채무이행에 의해 비로소 물건의 지배권을 취득할 수 있는 권리이므로, 채무자의 이행이 없는 상태에서는 물건에 대해 직접적으로 행사될 수 없다.

배타적 지배	배타성이 인정되므로 하나의 물건에 대해 어떤 자의 지배가 먼저 성립하면 다른 자의 지배를 인정할 수 없다. 그러므로 먼저 성립한 권리자의 공시가 필요하다(공시의 원칙).	채권은 배타성이 없으므로 하나의 객체에 관하여 같은 내용의 채권이 2개 이상 동시에 병존할 수 있다.
양도성	양도성을 당연히 가지며 당사자 간의 약정으로 그 양도를 제한할 수 없는 것이 원칙이다.(예외: 제292조 제2항, 제306조 단서). 따라서 양도성이 보다 강하다.	원칙적으로 양도성을 가지나, 당사자 간의 약정 등으로 양도를 제한할 수 있다(제449조). 따라서 양도성이 물권보다 약하다(제282조, 제306조의 물권과 제629조 채권의 비교).

Ⅱ. 일물일권주의

1. 의 의

일물일권주의란 하나의 물권의 객체는 하나의 독립한 물건이어야 한다는 것으로 이는 물권의 절대성·배타성의 당연한 귀결로서 인정되는 원칙이다. 유의할 것은 서로 상용하는 지배를 내용으로 하는 물권이 동시에 두 개 이상 성립함은 일물일권주의에 반하는 것이 아니다. 예컨대 소유권과 제한물권은 동일물 위에 동시에 두 개 이상 성립할 수 있다.

2. 일물일권주의의 내용

물건은 배타적 지배와의 관계상 독립성을 가져야 한다. 독립성의 유무는 물리적으로 결정되는 것이 아니라 사회통념에 따라 결정된다(예컨대 아파트·연립주택 같은 집합건물의 구분소유). 물권의 객체는 하나의 물건으로 생각되는 독립물이어야 하며, 물건의 일부나 구성부분 또는 물건의 집단은 원칙적으로 물권의 객체가 되지 못한다. 이처럼 하나의 독립된 물건에 대해 하나의 물권을 인정하는 원칙을 일물일권주의라고 한다.

3. 일물일권주의 수정

(1) 필요성

물건의 일부나 집합물 위에 물권을 인정해야 할 사회적 필요성이 있고, 어느 정도의 공시가 가능한 경우 일물일권주의가 수정된다. 즉 물건의 일부라도 권리의 객체가 되는 수가 있고, 물건의 집단도 공시가 가능한 경우에는 예외적으로 그 자체가 하나의 물건으로 취급될 수 있다.

(2) 물건의 일부 또는 구성부분에 대한 물권성립의 필요성

용익물권은 부동산의 일부 위에 설정할 수 있다(부동산등기법). 그리고 지중의 토사·암석 등은 토지의 구성부분으로서 독립성이 없으나, 지중의 일정한 광물은 토지의 소유권의 객체는 아니며, 광업권이라는 별개의 배타적인 권리의 객체가 된다.

(3) 물건의 집단 내지 집합물에 대한 필요성

물건의 집단 내지 집합물에 하나의 물권의 성립을 인정할 실익과 필요성이 있는 경우, 특별히 법을 제정하여 또는 관습법에서 일물일권주의의 예외를 인정할 수 있다. 예를 들면 입목에 관한 법률은 수목의 집단을 하나의 부동산으로 보고 그 위에 하나의 소유권 또는 저당권의 성립을 인정하며, 각종의 재단저당법은 다수의 기업 재산을 하나의 부동산으로 보고 그 위에 하나의 저당권의 설정을 인정한다.

> **[판례]** 일반적으로 일단의 증감 변동하는 동산을 하나의 물건으로 보아 이를 채권담보의 목적으로 삼으려는 이른바 집합물에 대한 양도담보설정계약체결도 가능하며 이 경우 그 목적 동산이 담보설정자의 다른 물건과 구별될 수 있도록 그 종류, 장소 또는 수량지정 등의 방법에 의하여 **특정되어 있으면** 그 전부를 하나의 재산권으로 보아 이에 유효한 담보권의 설정이 된 것으로 볼 수 있다.

4. 구체적인 독립성의 판단

(1) 토 지

1) 물권변동에 관하여 형식주의(성립요건주의)를 취하는 현행 민법하에서는 지적법이 정하는 바에 따라 분할의 절차를 밟기 전에는 토지의 일부에 대한 이전등기를 할 수 없기 때문에 결국 토지소유권의 일부양도는 허용되지 않는다.

> **[판례]** 토지의 개수는 지적법에 의한 지적공부상의 토지의 필수를 표준으로 하여 결정되는 것으로 1필지의 토지를 수필의 토지로 분할하여 등기하려면 먼저 위와 같이 지적법이 정하는 바에 따라 분할의 절차를 밟아 지적공부에 각 필지마다 등록이 되어야 하고 지적법상의 분할절차를 거치지 아니하는 한 1개의 토지로서 등기의 목적이 될 수 없는 것이며 설사 등기부에만 분필의 등기가 실행되었다 하여도 이로써 분필의 효과가 발생할 수는 없는 것이므로 결국 이러한 분필등기는 1부동산1등기용지의 원칙에 반하는 등기로서 무효라 할 것이다(대판 1990. 12. 7, 90다카25208).

2) 그러나 용익물권의 설정은 가능하다. 예컨대 토지 일부에 대한 지상권 등의 설정은 가능하다.

(2) 건 물

건물의 개수는 토지와는 달리 사회통념에 따라 결정된다.

> **[판례]** ① 건물의 개수(個數)는 토지와 달리 공부상의 등록에 의하여 결정되는 것이 아니라 사회통념, 거래관념에 따라 정해지는 것이다. 그리고 **최소한의 기둥과 지붕 그리고 주벽의 설치여부와 같은 물리적 구조**와 또는 **소유자의 의사** 등 주관적 사정을 참작하여 결정되는 것이다(대판 1997. 7. 8, 96다36517).
> ② 일반적으로 자기의 노력과 재료를 들여 건물을 건축한 사람은 건물의 소유권을 원시취득하는 것이다(대판 1992. 3. 27, 91다34790 ; 대판 1996. 9. 20, 96다24804). ☞ 우리 민법상 건물은 항상 토지와는 독립된 부동산으로 취급되므로 건물을 신축하면 토지소유자의 소유권에 부합하지 않고 신축한 사람이 건물의 소유권을 원시취득한다.

③ 미등기건물의 건축허가상 건축주명의가 변경되었다하더라도, **그 변경시점에 이미 건물이 사회통념상 독립한 건물이라고 볼 수 있는 형태와 구조를 갖추고 있었다면** 원래의 건축주가 그 건물의 소유권을 원시취득하고, 변경된 건축주명의인은 그 소유자가 아니다(대결 2014. 6. 3. 자 2013그336; 대판 1997. 5. 9, 96다54867).

> **비교판례** 자기의 비용과 노력으로 건물을 신축한 자는 그 건축허가가 타인의 명의로 된 여부에 관계없이 그 소유권을 원시취득하게 되는바, 따라서 건축주의 사정으로 건축공사가 중단된 미완성의 건물을 인도받아 나머지 공사를 하게 된 경우에는 그 **공사의 중단 시점에 이미 사회통념상 독립한 건물이라고 볼 수 있는 정도의 형태와 구조를 갖춘 경우가 아닌 한** 이를 인도받아 자기의 비용과 노력으로 완공한 자가 그 건물의 원시취득자가 된다(대판 2006. 5. 12, 2005다68783).

(3) 수 목

수목은 원칙적 토지의 일부로서 독립하여 물권의 객체가 되지 못하는 것이 원칙이다. 그러나 '입목에 관한 법률'에 의하여 등기된 수목의 집단은 독립한 부동산으로 다루어지며 그것만을 양도할 수 있고 저당권의 목적으로 할 수 있다. 그리고 등기하지 않더라도 명인방법이라는 공시방법을 갖춘 수목이나 수목의 집단도 독립한 부동산으로서 소유권의 객체로 될 수 있다. 다만 명인방법에 의해서는 저당권을 설정할 수 없다.

(4) 미분리의 과실

수목의 일부에 지나지 않으나, 명인방법을 갖추면 독립한 물건(부동산으로 봄이 다수설)으로서 소유권의 객체가 된다.

(5) 농작물

판례는 생산자주의에 입각하여 남의 땅에서 농작물을 위법하게 경작하였다하더라도 경작자 소유로 인정한다. 따라서 농작물은 토지와 따로 독립한 물건으로 다루는 것이 판례이며 명인방법을 갖출 필요도 없다고 한다.

III. 물권법정주의

> **제185조(물권의 종류)**
> 물권은 법률 또는 관습법에 의하는 외에는 임의로 창설하지 못한다.

1. 의 의

민법은 물권의 종류와 내용을 강제하는데 이를 물권법정주의라고 한다. 이러한 물권법정주의는 정형화된 물권을 통하여 거래안전을 달성하기 위해 인정되는 것이고, 이를 위해 공시의 원칙을 채택하고 있다.

2. 민법 제185조의 해석

(1) 형식적 의미의 법률

여기서 말하는 법률은 국회가 제정한 **형식적 의미의 법률**을 말한다(제1조의 법률의 의미가 실질적 의미의 법률인 것과 차이가 있음에 유의할 것). 따라서 각종 명령·규칙 등은 제외된다.

(2) 관습법

판례가 인정하는 관습법상의 물권으로는 분묘기지권, 관습법상의 법정지상권, 일정한 경우의 동산 양도담보 등이 있다.

(3) 종류강제와 내용강제

법률 또는 관습법에 의하여 인정되는 물권 이외의 새로운 종류의 물권을 당사자들이 임의로 만들 수 없고(종류강제), 또한 법률 또는 관습법에 의하여 인정되는 물권의 내용을 다르게 정할 수도 없다(내용강제).

3. 관습법상 물권으로 문제되는 것

(1) 온 천

온천에 관한 권리는 관습상의 물권이나 준물권이라 할 수 없고 온천수는 공용수 또는 생활상 필요한 용수에 해당되지 않는다(대판 1972. 8. 29, 72다1243). ☞ 온천수는 토지와 독립한 물권의 대상이 아니라 토지의 일부에 불과한 것이다.

(2) 관습상의 통행권과 물권법정주의

관습상의 사도(私道)통행권은 인정되지 않는다.

> **판례** **관습상의 사도통행권** 인정이 물권법정주의에 위배된다(대판 2002. 2. 26, 2001다64165).

(3) 공원이용권

> **판례** 도시공원법상 근린공원으로 지정된 공원은 일반주민들이 다른 사람의 공동 사용을 방해하지 않는 한 자유로이 이용할 수 있지만 그러한 사정만으로 인근 주민들이 누구에게나 주장할 수 있는 공원이용권이라는 배타적인 권리를 취득하였다고는 할 수 없다(대결 1995. 5. 23, 자 94마2218).

(4) 미등기무허가건물의 양수인의 소유권 인정여부

> **판례** ① 미등기 무허가건물의 양수인이라 할지라도 그 소유권이전등기를 경료받지 않는 한 그 건물에 대한 소유권을 취득할 수 없고, 그러한 상태의 건물 양수인에게 **소유권에 준하는 관습상의 물권이 있다고 볼 수도 없다**(대판 2007. 6. 15, 2007다11347).

② 현행법상 사실상의 소유권이라고 하는 포괄적인 권리 또는 법률상의 지위를 인정하기도 어렵다(대판 2006. 10. 27, 2006다49000).

Ⅳ. 물권적 청구권

제204조(점유의 회수)
① 점유자가 점유의 침탈을 당한 때에는 그 물건의 반환 및 손해의 배상을 청구할 수 있다.
② 전항의 청구권은 침탈자의 특별승계인에 대하여는 행사하지 못한다. 그러나 승계인이 악의인 때에는 그러하지 아니하다.
③ 제1항의 청구권은 침탈을 당한 날로부터 1년내에 행사하여야 한다.

제205조(점유의 보유)
① 점유자가 점유의 방해를 받은 때에는 그 방해의 제거 및 손해의 배상을 청구할 수 있다.
② 전항의 청구권은 방해가 종료한 날로부터 1년내에 행사하여야 한다.
③ 공사로 인하여 점유의 방해를 받은 경우에는 공사착수후 1년을 경과하거나 그 공사가 완성한 때에는 방해의 제거를 청구하지 못한다.

제206조(점유의 보전)
① 점유자가 점유의 방해를 받을 염려가 있는 때에는 그 방해의 예방 또는 손해배상의 담보를 청구할 수 있다.
② 공사로 인하여 점유의 방해를 받을 염려가 있는 경우에는 전조제3항의 규정을 준용한다.

제213조(소유물반환청구권)
소유자는 그 소유에 속한 물건을 점유한 자에 대하여 반환을 청구할 수 있다. 그러나 점유자가 그 물건을 점유할 권리가 있는 때에는 반환을 거부할 수 있다.

제214조(소유물방해제거, 방해예방청구권)
소유자는 소유권을 방해하는 자에 대하여 방해의 제거를 청구할 수 있고 소유권을 방해할 염려있는 행위를 하는 자에 대하여 그 예방이나 손해배상의 담보를 청구할 수 있다.

1. 일반론

(1) 의 의

물권의 경우 물권의 객체인 물건을 사실상 지배할 수 없는 경우에도 지배가능성을 상실하지는 않는다. 직접 지배를 하는데 장애가 생기면 물권적 청구권이 생기기 때문이다. 즉 물권적 청구권이란 물권의 내용의 실현이 침해를 받거나 또는 받을 염려가 있는 경우에, 물권자가 그 침해자에 대하여 그 침해의 배제 또는 예방을 청구할 수 있는 권리를 말한다.

(2) 기 능

물권의 침해 및 방해에 대해서는 불법행위책임에 의해 금전적으로 손해배상을 하도록 하는 방법도 있으나 이 방법은 물권자의 보호에 미흡하기 때문에 물권적 청구권에 의해 물권이 완전하게 행사될 수 있도록 원상회복해주는 기능을 수행한다.

(3) 유 형

물권적 청구권은 ① 점유권에 기한 경우(제204조~제206조), ② 소유권에 기한 경우(제213조, 제214조), ③ 기타 제한물권에 기한 것이 있다. 제한물권에 기한 물권적 청구권은 소유권에 기한 물권적 청구권의 규정을 준용하는 형식을 취하고 있는데, 제한물권마다 물권적 청구권의 인정범위가 다르다. 우선 저당권·지역권에 대하여는 물권적 반환청구권이 인정될 여지가 없다(제370조, 제301조 참조). 유치권의 경우에는 점유권에 기한 물권적 청구권이 인정되고, 본권(유치권 자체)에 기한 물권적 청구권은 인정되지 않는다. 질권의 경우, 점유권에 기한 물권적 청구권은 당연히 인정되나, 본권의 경우에는 준용규정이 없다(제343조 참조). 다만 통설적 견해는 준용을 하여야 한다고 한다.

〈제한물권 자체(본권)에 기한 물권적 청구권〉

구분		소유권에 기한 물권적 청구권		
		반 환(제213조)	방해제거(제214조)	방해예방(제214조)
소유권		○	○	○
용익물권	지상권	○	○	○
	지역권	×	○	○
	전세권	○	○	○
담보물권	유치권	×	×	×
	질 권	○(통설)	○(통설)	○(통설)
	저당권	×	○	○

(4) 불법행위와 구별

물권적 청구권의 침해사실은 반드시 어떤 자의 고의·과실을 요하지 아니하고, 불가항력에 기한 것이라도 침해라는 객관적 사실만 있으면 된다. 또한 침해가능성만으로도 가능하다. 그러나 불법행위는 고의나 과실 있어야 하며, 손해가 발생하여 현실화되어야 청구할 수 있다(제750조 참조).

<〈물권적 청구권과 불법행위에 의한 손해배상청구권의 비교〉>

	요 건	효 과
물권적 청구권	① 물권침해의 가능성만 있어도 성립 ② 고의·과실을 요건으로 하지 않음	방해의 제거와 예방
불법행위	① 권리(법익) 침해의 발생가능성만으로는 불성립 ② 고의·과실을 요건으로 함	손해배상

2. 물권적 청구권의 청구권자

(1) 제213조의 청구권자

1) 물권적 청구권은 물권에 의존하는 권리로서 언제나 물권과 그 운명을 같이한다. 즉 물권의 이전·소멸이 있으면 그에 따라 이전·소멸한다.

> **판례** ① 물권적 청구권 없는 지배권으로서의 물권이란 의미가 없다 할 것이어서, 소유권을 양도함에 있어 소유권에 의하여 발생되는 물권적 청구권을 소유권과 분리, 소유권 없는 전소유자에게 유보하여 제3자에 대해 이를 행사케 하는 것은, 소유권이 절대적 권리인 점에 비추어 허용될 수 없다[대판(전합) 1969. 5. 27, 68다725].
> ② 소유권에 기한 물상청구권(=물권적 청구권)을 소유권과 분리하여 **소유권 없는 前 소유자**에게 유보하여 행사시킬 수 없는 것이므로, 소유권을 상실한 前 소유자는 제3자인 불법점유자에 대하여 소유권에 기한 물권적 청구권에 의한 방해배제를 구할 수 없다[대판(전합) 1969. 5. 27, 68다725].
> ③ 근저당권이 설정된 후에 그 부동산의 소유권이 제3자에게 이전된 경우에는 **현재의 소유자가 자신의 소유권에 기하여** 피담보채무의 소멸을 원인으로 그 근저당권설정등기의 말소를 청구할 수 있음은 물론이지만, **근저당권설정자인 종전의 소유자도** 근저당권설정계약의 당사자로서 근저당권소멸에 따른 원상회복으로 근저당권자에게 근저당권설정등기의 말소를 구할 수 있는 **계약상 권리**가 있다[대판(전합) 1994. 1. 25, 93다16338].

2) 물권적 청구권자는 그 물건의 소유권과 상대방의 점유사실만을 주장·입증하면 되고, 상대방 피고로서는 청구권자인 원고의 청구를 배척하려면 자신의 점유가 정당한 권리에 의한 것임을 주장·입증하지 않으면 안 된다(대판 1962. 5. 17, 62다76).

> **판례** ① 원고가 피고에 대하여 피고 명의로 마쳐진 소유권보존등기의 말소를 구하려면 먼저 원고에게 그 **말소를 청구할 수 있는 권원**이 있음을 적극적으로 주장·증명하여야 하며, 만일 **원고에게 이러한 권원이 있음이 인정되지 않는다면** 설사 피고 명의의 소유권보존등기가 말소되어야 할 무효의 등기라고 하더라도 원고의 청구를 인용할 수 없다(대판 2010. 1. 14, 2009다67429).
> ② 따라서 피고로부터 매매 등의 방법으로 부동산에 대한 권리가 순차적으로 이전되어 **최종적으로 소유권이 전등기를 마친 제3자가 시효취득을 원인으로 부동산에 대한 소유권을 취득함에 따라 당초 부동산의 소유자인 원고가 소유권을 상실**하게 되면, 비록 피고 명의의 소유권이전등기가 원인무효라고 하더라도 원고에

게 피고 명의의 소유권이전등기의 말소를 청구할 수 있는 권원이 없으므로, 원고는 피고에 대하여 소유권에 기한 등기말소청구를 할 수 없다(대판 2019. 7. 10, 2015다249352).

(2) 명의신탁의 경우

|판례| 재산을 타인에게 신탁한 경우 대외적인 관계에 있어서는 수탁자만이 소유권자로서 그 재산에 대한 제3자의 침해에 대하여 배제를 구할 수 있으며, 신탁자는 수탁자를 대위하여 수탁자의 권리를 행사할 수 있을 뿐 직접 제3자에게 신탁재산에 대한 침해의 배제를 구할 수 없다[대판(전합) 1979. 9. 25, 77다1079].

(3) 미등기건물의 양수인의 지위

(ⅰ) 미등기 무허가건물의 양수인이라 할지라도 그 소유권이전등기를 경료받지 않는 한 그 건물에 대한 소유권을 취득할 수 없고, 그러한 상태의 건물 양수인에게 소유권에 준하는 관습상의 물권이 있다고 볼 수도 없으므로, 건물을 신축하여 그 소유권을 원시취득한 자로부터 그 **건물을 매수하였으나 아직 소유권이전등기를 갖추지 못한 자**는 그 건물의 불법점거자에 대하여 **직접 자신의 소유권 등에 기하여** 명도를 청구할 수는 없다. (ⅱ) 미등기 건물을 그 원시취득자로부터 매수하였으나 아직 소유권이전등기를 갖추지 못한 자는 **매도인을 대위하여** 건물명도를 청구할 수 있다(대판 2007. 6. 15, 2007다11347).

|판례| [1] 미등기 무허가건물의 양수인이라도 소유권이전등기를 마치지 않는 한 건물의 소유권을 취득할 수 없고, 소유권에 준하는 관습상의 물권이 있다고도 할 수 없으므로, 미등기 무허가건물의 양수인은 소유권에 기한 방해제거청구를 할 수 없다. [2] 주거권은 소유권·점유권 등 물권과 같이 방해제거청구의 권원이 된다고 볼 수 없다(대판 2016. 7. 29, 2016다214483).

3. 물권적 청구권의 상대방

(1) 현재 점유자

불법점유자라 하여도 그 물건을 다른 사람에게 인도하여 현실적으로 점유를 하고 있지 않은 이상 그 자를 상대로 한 인도 또는 명도청구는 부당하다(대판 1999. 7. 9, 98다9045).

(2) 점유보조자

소유물반환청구권의 상대방은 그 물건을 점유하는 자이고, 점유보조자는 그 상대방이 아니다(대판 2001. 4. 27, 2001다13983).

(3) 사실상·법률상 처분할 수 있는 지위

건물철거는 그 소유권의 종국적 처분에 해당하는 사실행위이므로, 원칙적으로는 그 소유자에게만 그 철거처분권이 있으나, **미등기건물을 그 소유권의 원시취득자로부터 양도받아 점유 중에 있는 자**는 비록 소유권 취득등기를 하지 못하였다고 하더라도, 그 권리 범위 내에서는 점유 중인 건물을 사실상 또는 법률상 처분할 수 있는 지위에 있으므로, 그 건물의 존재로 불법점유를 당하고 있는 토지소유자는 위와 같은 건물점유자에게 그 철거를 구할 수 있다(대판 1989. 2. 14, 87다카3073).

<blockquote>
비교판례 미등기건물에 대한 양도담보계약상의 채권자의 지위를 승계하여 건물을 관리하고 있는 자는 건물의 소유자가 아님은 물론 건물에 대하여 법률상 또는 사실상 처분권을 가지고 있는 자라고 할 수도 없다 할 것이어서 건물에 대한 철거처분권을 가지고 있는 자라고 할 수 없다(대판 2003. 1. 24, 2002다61521).
</blockquote>

(4) 근저당권 양수인

근저당권이전의 부기등기가 된 경우, 피담보채무가 소멸된 경우 또는 근저당권설정등기가 당초 원인무효인 경우 **주등기인 근저당권설정등기의 말소**만 구하면 되고 그 부기등기는 별도로 말소를 구하지 않더라도 주등기의 말소에 따라 직권으로 말소되는 것이다. 따라서 근저당권설정등기의 말소 등기청구는 **양수인만을 상대로** 하면 족하고 양도인은 그 말소등기청구에 있어서 피고적격이 없다(대판 2009. 7. 9, 2009다21386; 대판 2003. 4. 11, 2003다5016).

(5) 진실한 소유자의 소유권에 방해가 되는 불실등기의 등기명의인이 허무인 또는 실체가 없는 단체인 때

등기부상 진실한 소유자의 소유권에 방해가 되는 불실등기가 존재하는 경우에 **그 등기명의인이 허무인 또는 실체가 없는 단체인 때**에는 소유자는 그와 같은 허무인 또는 실체가 없는 단체 명의로 **실제 등기행위를 한 자에 대하여** 소유권에 기한 방해배제로서 등기행위자를 표상하는 허무인 또는 실체가 없는 단체 명의 등기의 말소를 구할 수 있다(대판 2019. 5. 30, 2015다47105).

4. 토지와 건물의 소유자가 다른 경우에 있어서 물권적 청구권의 내용

(1) 토지는 적법점유, 가옥은 불법점유

불법건축이 아닌 건물의 불법점유자에 대하여는 **가옥소유자**가 명도청구를 할 수 있고, **대지 등기 명의자**는 그 대지가 자기 소유라 하여 그 명도를 청구할 수 없다(대판 1976. 3. 9, 75다1950).

(2) 토지의 불법점유

1) **건물의 소유자**가 그 건물의 소유를 통하여 타인 소유의 토지를 점유하고 있다고 하더라도 그 토지 소유자로서는 그 **건물의 철거와 그 대지 부분의 인도를 청구**할 수 있을 뿐, **자기 소유의 건물을 점유하고 있는 자**에 대하여 **그 건물에서 퇴거할 것을 청구**할 수는 없다(대판 1999. 7. 9, 98다57457, 57464).

<blockquote>
판례 건물 소유자가 건물의 소유를 통하여 타인 소유의 토지를 점유하고 있다고 하더라도 토지 소유자로서는 건물의 철거와 대지 부분의 인도를 청구할 수 있을 뿐, 자기 소유의 건물을 점유하고 있는 사람에 대하여 건물
</blockquote>

에서 퇴거할 것을 청구할 수 없다. **이러한 법리는 건물이 공유관계에 있는 경우에 건물의 공유자에 대해서도 마찬가지로 적용된다.** 그 이유는 다음과 같다. ① 모든 공유자는 공유물 전부를 지분의 비율로 사용·수익할 수 있다(민법 제263조). 공유자가 공유물에 대하여 가지는 공유지분권은 소유권의 분량적 일부이지만 하나의 독립된 소유권과 같은 성질을 가지므로, 공유자는 소유권의 권능에 속하는 사용·수익권을 갖는다. 설령 공유자 중 1인이 공유물을 독점적으로 점유하여 사용·수익하고 있더라도, 공유자 아닌 제3자가 공유물을 무단으로 점유하는 것과는 다르다. 따라서 **공유자가 건물을 점유하는 것은 그 소유 지분과 관계없이 자기 소유의 건물에 대한 점유로 보아야 하고,** 소유 지분을 넘는 부분을 관념적으로 분리하여 그 부분을 타인의 점유라고 볼 수 없다. ② 토지 소유자는 토지 소유권에 기한 방해배제청구권의 행사로써 그 지상 건물의 철거와 해당 토지의 인도를 구할 수 있을 뿐이고 건물의 점유 자체를 회복하거나 건물에 관한 공유자의 사용관계를 정할 권한이 없다. 토지 소유자로 하여금 그 지상 건물 공유자를 상대로 퇴거 청구를 할 수 있도록 허용한다면 토지 소유자가 건물의 점유 자체를 회복하도록 하거나 해당 건물에 관한 공유자의 사용관계를 임의로 정하게 하는 결과를 가져오게 된다. ③ 소유 지분의 범위에서 철거를 명하는 확정판결을 받은 공유자가 계속하여 건물을 점유하는 것은 토지 소유자가 건물 전체의 철거를 명하는 확정판결을 받지 못하여 철거집행이 불가능한 상황에 따른 반사적 효과에 지나지 않는다. 토지 소유자로서는 건물 전체에 대하여 철거에 관한 집행권원을 확보하여 곧바로 집행에 들어가거나 철거집행 전까지 토지 점유에 관한 부당이득반환 등을 청구하는 방법으로 권리구제를 받을 수 있다(대판 2022. 6. 30, 2021다276256).

2) 건물이 그 존립을 위한 토지사용권을 갖추지 못하여 토지의 소유자가 건물의 소유자에 대하여 당해 건물의 철거 및 그 대지의 인도를 청구할 수 있는 경우에라도 **건물소유자가 아닌 사람이 건물을 점유하고 있다면** 토지소유자는 그 건물 점유를 제거하지 아니하는 한 위의 건물 철거 등을 실행할 수 없다. 따라서 그때 토지소유권은 위와 같은 점유에 의하여 그 원만한 실현을 방해당하고 있다고 할 것이므로, 토지소유자는 자신의 소유권에 기한 방해배제로서 **건물점유자에 대하여** 건물로부터의 퇴출을 청구할 수 있다. 그리고 이는 건물점유자가 건물소유자로부터의 임차인으로서 **그 건물임차권이 이른바 대항력을 가진다고 해서 달라지지 아니한다.** 건물임차권의 대항력은 기본적으로 건물에 관한 것이고 토지를 목적으로 하는 것이 아니므로 이로써 토지소유권을 제약할 수 없고, 토지에 있는 건물에 대하여 대항력 있는 임차권이 존재한다고 하여도 이를 토지소유자에 대하여 대항할 수 있는 토지사용권이라고 할 수는 없다(대판 2010. 8. 19, 2010다43801).

5. 물권적 청구권의 이행불능으로 인한 전보배상청구권이 인정되는지 여부

소유자가 자신의 소유권에 기하여 실체관계에 부합하지 아니하는 등기의 명의인을 상대로 그 등기 말소나 진정명의회복 등을 청구하는 경우에, 그 권리는 물권적 청구권으로서의 방해배제청구권(민법 제214조)의 성질을 가진다. 그러므로 소유자가 그 후에 소유권을 상실함으로써 이제 등기말소 등을 청구할 수 없게 되었다면, 이를 위와 같은 청구권의 실현이 객관적으로 불능이 되었다고 파악하여 등기 말소 등 의무자에 대하여 **불법행위를 이유로 손해배상 청구**는 가능할 수 있을지 언정 **그 권리의 이행불능을 이유로 민법 제390조상의 손해배상청구권**을 가진다고 말할 수 없다. 위와 같은 등기말소청구권 등의 물권적 청구권은 그 권리자인 소유자가 소유권을 상실하면 이제 그 발생의 기반이 아예 없게 되어 더 이상 그 존재 자체가 인정되지 아니하는 것이다[대판(전합) 2012. 5. 17, 2010다28604].

6. 물권적 청구권의 확장적용

물권적 청구권은 물건을 직접적·배타적으로 지배하는 절대권으로부터 발생되는 권리로서, **인격권·명예권 등**의 절대권 기타 이와 유사한 성질의 권리에 관하여도 물권적 청구권과 유사한 청구권이 인정된다.

> **판례** **인격권**은 그 성질상 일단 침해된 후의 구제수단(금전배상이나 명예회복 처분 등)만으로는 그 피해의 완전한 회복이 어렵고 손해전보의 실효성을 기대하기 어려우므로, 인격권 침해에 대하여는 **사전(예방적) 구제수단**으로 침해행위 정지·방지 등의 금지청구권도 인정된다(대판 1996. 4. 12, 93다40614, 40621).

7. 점유할 권리(제213조 단서)

> **판례** ① 토지의 매수인이 아직 소유권이전등기를 경료받지 아니하였다 하여도 매매계약의 이행으로 그 토지를 인도받은 때에는 **매매계약의 효력으로서 이를 점유·사용할 권리가 생기게 된 것**으로 보아야 하고, 또 매수인으로부터 위 토지를 다시 매수한 자는 위와 같은 토지의 점유사용권을 취득한 것으로 봄이 상당하므로 매도인은 매수인으로부터 다시 위 토지를 매수한 자에 대하여 토지 소유권에 기한 물권적 청구권을 행사할 수 없다[대판(전합) 1998. 6. 26, 97다42823].
>
> ② 소유자는 그 소유에 속한 물건을 점유한 자에 대하여 반환을 청구할 수 있다. 그러나 점유자가 그 물건을 점유할 권리가 있는 때에는 반환을 거부할 수 있다(민법 제213조). 여기서 반환을 거부할 수 있는 권리에는 **임차권, 임치, 도급 등과 같이 점유를 수반하는 채권도 포함**되고, 소유자에 대하여 이러한 채권을 갖는 자가 소유자의 승낙이나 소유자와의 약정 등에 기초하여 제3자에게 점유할 권리를 수여할 수 있는 경우에는 **그로부터 점유 내지 보관을 위탁받거나 그 밖에 점유할 권리를 취득한 제3자**는 특별한 사정이 없는 한 자신에게도 점유할 권리가 있음을 들어 소유자의 소유물반환청구를 거부할 수 있다(대판 2020. 5. 28, 2020다211085). ☞ (ⅰ) 甲 주식회사의 대표이사인 乙이 丙에게 甲 회사 소유의 자동차를 인도하면서 자동차포기각서를 작성·교부하였고, 丙은 위 자동차를 자동차포기각서와 함께 丁에게 인도하여 丁이 위 자동차를 운행하면서 사용·수익하고 있는데, 甲 회사가 丁을 상대로 자동차 인도 및 사용료 상당의 부당이득반환을 구한 사안에서, 甲 회사는 丙과의 별도 약정에 기하여 자동차를 점유·사용하게 된 丁에 대하여 소유권에 기한 물권적 청구권을 행사하거나 부당이득반환청구를 할 수 없다. (ⅱ) 위 판례에서 "소유자의 승낙이나 소유자와의 약정 등에 기초하여 제3자에게 점유할 권리를 수여할 수 있는 경우"는 예컨대 제629조를 생각해 보면 이해가 쉬울 것이다.
>
> ③ 토지의 매수인이 아직 소유권이전등기를 경료받지 아니하였다 하여도 매매계약의 이행으로 그 토지를 인도받은 때에는 매매계약의 효력으로서 이를 점유사용할 권리가 생기게 된 것으로 보아야 하고 또 **매수인이 그 토지 위에 건축한 건물을 취득한 자**는 그 토지에 대한 매수인의 위와 같은 점유사용권까지 아울러 취득한 것으로 봄이 상당하므로 매도인은 매매계약의 이행으로서 인도한 토지 위에 **매수인이 건축한 건물을 취득한 자에 대하여** 토지소유권에 기한 물권적청구권을 행사할 수 없다(대판 1988. 4. 25, 87다카1682).

물권의 변동

Ⅰ. 물권변동의 의의 및 모습

1. 의 의

물권의 변동이란 물권의 발생·변경·소멸을 총칭하는 말이다. 제186조에서 표현하고 있는 '물권의 득실변경'이란 물권의 변동을 그 주체의 입장에서 나타낸 것이다.

2. 모 습(민법총칙에서 "권리의 변동" 참조)

(1) 물권의 발생

물권의 발생에는 절대적 발생과 상대적 발생이 있다. 절대적 발생에는 전에는 없었던 물권이 새로 발생하는 것으로서, **원시취득**이라는 것이 여기에 해당한다. 그리고 상대적 발생에는 타인의 물권이 다른 사람에게 승계되는 경우로서 **승계취득**이라는 것이 여기에 속한다. 그리고 승계취득에는 이전적 승계와 설정적 승계가 포함된다. 그리고 이전적 승계에는 포괄승계와 특정승계가 있다. 그리고 이전적 승계 중에서 특히 당사자의 의사에 의하는 것을 '양도'라고 한다.

〈물권의 발생형태〉

물권의 발생	절대적 발생 (원시취득)		시효취득·선의취득·무주물선점·유실물습득·매장물발견·건물의 신축
	상대적 발생 (승계취득)	이전적승계 특정승계	매매 등에 의한 소유권취득
		포괄승계	상속·회사합병 등에 관한 소유권취득
		설정적승계	지상권·저당권 등 제한물권의 설정

(2) 물권의 변경

물권의 주체·내용·작용이 변하는 것을 말한다. 물권의 변경은 물권의 동일성을 잃지 않는 범위에서 물권의 객체나 내용에 변화가 생기는 경우이다(예 : 물상대위).

(3) 물권의 소멸

물권이 물권자로부터 이탈하는 것을 말한다. 이에는 절대적 소멸과 상대적 소멸이 있다.

1) 절대적 소멸이란 물권 자체가 소멸하는 것으로서, 예를 든다면 목적물의 멸실·소멸시효·물권의 포기 등에 의한 물권의 소멸이 이에 해당한다.
2) 상대적 소멸이란 물권 자체는 소멸하지 않고 물권의 주체만이 변경되는 경우이다.

3. 민법상 물권변동의 종류

민법은 그 대상이 부동산이냐 동산이냐에 따라 **부동산 물권변동과 동산 물권변동**의 둘로 나누어 따로 규율하는 체계를 취하고 있다. 즉 제186조와 제187조에서는 부동산 물권변동에 대해 규율하고, 제188조 내지 제190조에서 동산 물권변동에 대해 규율한다.

Ⅱ. 물권변동의 원인

물권변동을 발생케 하는 원인은 크게 두 가지로 나눌 수 있다. 하나는 법률행위에 의한 경우이고, 다른 하나는 법률행위 이외의 원인에 의한 경우이다.

1. 법률행위에 의한 경우

물권변동을 의욕하는 당사자의 의사표시에 의한 경우이다. 예를 들어 소유권을 스스로 포기하거나, 물건에 대한 매매계약을 맺어 그 소유자가 변동되는 경우 등이다.

2. 법률행위 이외(법률의 규정)의 경우

당사자의 의사에 의하지 아니하고 물권변동이 생기는 모든 경우로서, 보통 법률의 규정에 의한 물권변동이라고 부른다. 예를 들어 건물을 신축하여 그 전에 없었던 물건이 새로 생김으로써 물권이 새로 창설되거나, 상속에 의하여 물권을 승계하거나, 무주물을 선점하거나 하는 것 등이다.

◉ 물권변동

- 부동산 물권변동 〈 법률행위에 의한 물권변동(제186조)
　　　　　　　　　 법률행위에 의하지 않은 물권변동(187조)

- 동산 물권변동 〈 법률행위에 의한 물권변동(제188조~제190조)
　　　　　　　　 법률행위에 의하지 않은 물권변동 : 소유권 편

Ⅲ. 공시(公示)의 원칙과 공신(公信)의 원칙

1. 공시의 원칙

(1) 의 의

공시의 원칙이란 물권의 변동에는 외부에서 인식할 수 있는 표상(등기 또는 인도)을 갖추어야 한다는 원칙을 말한다. 공시의 원칙을 관철하기 위하여는 공시방법을 갖추지 않은 경우 일정한 불이익이 주어진다[성립요건주의=형식주의=독법주의, 대항요건주의=의사주의=불법(프랑스)주의].

(2) 성립요건주의(형식주의)

현행법상의 형식주의는 물권의 변동이 성립해서 효력이 있으려면 공시방법을 갖추어야 한다는 원칙으로서 거래의 안전을 위해 인정되는 것이다. 반면에 의사주의를 취하는 민법(예컨대 프랑스, 일본 등) 아래에서는 예컨대 부동산의 매수자 또는 수증자는 목적부동산을 매매 또는 증여받은 때에 등기 없이도 그 소유권을 취득한다. 이러한 의사주의 아래에서는 거래의 신속을 기할 수 있으나 거래 안전을 해칠 우려가 있다.

(3) 공시원칙의 적용범위

(가) 공시의 원칙은 **법률행위에 의한 물권변동**의 경우에만 적용된다(제186조, 제188조). 따라서 **법률의 규정에 의한 물권변동의** 경우에는 이러한 공시방법을 취하지 않더라도 물권변동의 효력이 발생한다(제187조).

(나) 공시의 원칙은 물권 이외의 다른 사권에 관해서도 인정된다. 즉 배타적인 성격을 갖는 광업권·어업권·지식재산권과 같은 권리에도 인정되며, 또한 채권양도에 있어서의 대항요건(통지 또는 승낙, 제450조)이나, 혼인에 있어서의 신고(제812조) 등도 공시의 원칙과 관련된다.

2. 공신의 원칙

(1) 의 의

물권변동에서 공신의 원칙이란 공시방법에 의하여 공시된 물권이 존재하는 것으로 거래상대방이 신뢰하여 양수받은 경우에 그 공시방법에 상응하는 물권이 실제로 존재하지 않더라도 상대방의 신뢰를 보호하여 마치 물권이 존재하는 것과 같은 효과를 부여하는 법원칙을 말한다. 우리 민법상으로는 **공시의 원칙**은 부동산·동산 모두 다 인정하나 **공신의 원칙**은 부동산등기에는 인정하지 않고 동산 점유의 경우에만 인정한다.

> **판례** 동산과는 달리 부동산등기에는 공신력이 인정되지 아니하므로, 부동산의 소유권이전등기가 부실등기인 경우 그 부실등기를 믿고 부동산을 매수하여 소유권이전등기를 경료하였다 하더라도 그 소유권을 취득한 것으로 될 수 없고, 부동산에 관한 소유권이전등기가 무효라면 이에 터잡아 이루어진 근저당권설정등기는 특별한 사정이 없는 한 무효이며, 무효인 근저당권에 기하여 진행된 임의경매절차에서 부동산을 경락받았다 하더라도 그 소유권을 취득할 수 없다(대판 2009. 2. 26, 2006다72802).

(2) 진정한 권리자의 희생

공신의 원칙을 인정하면 물권거래의 안전은 보호되지만 진정한 권리자의 기득권이 박탈당하게 된다. 공신의 원칙에 의해 양수인을 보호하면 거래의 안전은 도모되지만 진정한 권리자는 자기의 권리를 상실하고, 대신 진정한 권리자라고 사칭한 양도인에 대하여 불법행위에 기한 손해배상청구권(제750조) 및 부당이득반환청구권(제741조)을 행사할 수 있을 뿐이다.

IV. 물권행위

1. 특 징

(1) 의 의

물권행위란 직접 물권의 변동을 목적으로 하는 의사표시를 요소로 하는 법률행위이다. 물권행위도 법률행위이므로, 따라서 법률행위에 관한 민법총칙편의 규정이 적용된다. 따라서 물권행위 자체의 무효·취소도 가능하며, 대리에 관한 규정도 물권행위에 적용된다.

(2) 방 식

우리 민법은 물권행위에 특별한 방식을 갖출 것을 요구하지 않는다. 구두의 합의로 하거나 서면합의서로 할 수 있다. 다만 우리 민법은 형식주의에 입각하여 공시방법(등기 또는 인도)을 갖추어야 물권변동이 일어남은 위에서 본 바와 같다.

2. 물권행위의 독자성과 유인·무인주의의 문제

(1) 의 의

물권행위의 독자성은 물권행위가 그 원인행위인 채권행위와 독립된 것인가의 문제이며, 물권행위의 유인 또는 무인성은 물권행위가 채권행위의 불성립·무효·취소·해제에 의하여 영향을 받는가의 문제이다.

(2) 학설과 판례

다수설은 물권행위의 독자성을 긍정하고 무인주의 입장이나, 독자성을 긍정하면서도 유인주의를 취하는 견해도 있다. 판례는 독자성을 부정하고 또 유인주의의 입장이다.

> **판례** 우리의 법제가 물권행위의 독자성과 무인성을 인정하고 있지 않는 점과 민법 제548조 제1항 단서가 거래안정을 위한 특별규정이란 점을 생각할 때 계약이 해제되면 그 계약의 이행으로 변동이 생겼던 물권은 당연히 그 계약이 없었던 원상태로 복귀한다고 봄이 타당하다 할 것이다(대판 1977. 5. 24, 75다1394–채권각론의 "해제" 부분에서 상술).

부동산물권의 변동

Ⅰ. 제186조

> **제186조(부동산물권변동의 효력)**
> 부동산에 관한 법률행위로 인한 물권의 득실변경은 등기하여야 그 효력이 생긴다.

법률행위에 의한 부동산물권변동의 요건은 물권행위와 등기 두 가지이다. 부동산의 인도는 그 요건이 아니다.

Ⅱ. 등기 일반론

1. 등기의 의의

(1) "등기부"란 전산정보처리조직에 의하여 입력·처리된 등기정보자료를 대법원규칙으로 정하는 바에 따라 편성한 것을 말한다(전면개정된 부동산등기법 제2조 제1호).

(2) 그리고 등기부는 토지등기부와 건물등기부로 구분하고, 등기용지는 물적 편성주의에 따라 1필의 토지 또는 1개의 건물에 대하여 1개의 등기기록을 둔다(1부동산1등기용지주의). 다만, 1동의 건물을 구분한 건물에 있어서는 1동의 건물에 속하는 전부에 대하여 1개의 등기기록을 사용한다. 그리고 등기기록에는 ① 부동산의 표시에 관한 사항을 기록하는 표제부와 ② 소유권에 관한 사항을 기록하는 甲구 및 소유권 외의 권리에 관한 사항을 기록하는 乙구를 둔다(동법 제15조).

(3) 등기관은 등기사무를 전산정보처리조직을 이용하여 등기부에 등기사항을 기록하는 방식으로 처리하여야 하며, 등기관은 접수번호의 순서에 따라 등기사무를 처리하여야 한다(동법 제11조). 등기신청은 대법원규칙으로 정하는 등기신청정보가 전산정보처리조직에 저장된 때 접수된 것으로 보며, 등기관이 등기를 마친 경우 그 등기는 접수한 때부터 효력을 발생한다(동법 제6조).

(4) 등기공무원(등기관)은 등기신청이 있는 경우 당해 등기원인의 실질적 요건을 심사함이 없이 신청서 및 그 첨부서류와 등기부에 의하여 등기요건의 충족 여부를 형식적으로 심사할 권한만을 갖는다.

2. 등기의 유효성 판단

(1) 판단기준

등기의 유효·무효의 문제는 등기절차의 적법성 여부에 있는 것이 아니고 등기내용과 실체적 권리관계에 부합하느냐의 여부에 있는 것이다. 따라서 비록 위조문서에 의한 등기라도 실체적 권리관계에 부합하거나, 그 등기에 부합하는 물권행위가 있으면 그 등기는 유효한 것이다. 예컨대 건물 매매계약서를 위조하여 본등기를 마쳤다 하더라도 그 본등기가 실체권리관계에 부합한다면 유효한 등기가 된다(대판 2010. 5. 27, 2009다12603).

> **판례** 등기가 실체적 권리관계에 부합한다고 하는 것은 그 등기절차에 어떤 하자가 있다 하더라도 진실한 권리관계와 합치되는 것을 의미하는바, 채권자가 채무자와 사이에 근저당권설정계약을 체결하였으나 그 계약에 기한 근저당권설정등기가 채권자가 아닌 제3자의 명의로 경료되고 그 후 다시 채권자가 위 근저당권설정등기에 대한 부기등기의 방법으로 위 근저당권을 이전받았다면 특별한 사정이 없는 한 그 때부터 위 근저당권설정등기는 실체관계에 부합하는 유효한 등기로 볼 수 있다(대판 2007. 1. 11, 2006다50055).

(2) 구체적으로 문제 되는 경우

1) 등기부상 취득원인의 불일치

부동산소유권의 이전등기는 부동산등기부상의 권리와 현재의 실체적 권리관계가 일치하면 유효한 것이며, 등기부상의 취득원인과 실질상의 취득원인이 일치하지 아니한다 하여 무효라 할 수 없다. 예컨대, 증여에 의하여 부동산을 취득하였지만 등기원인을 매매로 기재하였다고 하더라도 그 등기의 효력에는 아무런 하자가 없다(대판 1980. 7. 22, 80다791).

2) 무효등기의 유용

판례는 무효등기 유용 전 새로운 이해관계를 가지게 된 제3자가 없는 한 무효등기의 유용을 인정하고 있다. 대표적으로 저당권(또는 가등기) 등기의 유용이 여기에 해당한다. 다만 표제부 등기의 유용은 통설과 판례가 부정한다(대판 1976. 10. 26, 75다2211).

> **판례** ① 〈표제부등기의 유용〉 기존건물이 멸실된 후 그곳에 새로이 건축한 건물의 물권변동에 관한 등기를 멸실된 건물의 등기부에 하여도 이는 진실에 부합하지 아니하는 것이고 비록 당사자가 멸실건물의 등기로서 신축된 건물의 등기에 갈음할 의사를 가졌다 하여도 그 등기는 무효이다(대판 1976. 10. 26, 75다2211). 따라서 이미 멸실된 건물에 대한 근저당권설정등기를 신축된 건물에 유용하였다고 하더라도 그 등기에 기하여 진행된 경매에서 신축된 건물을 경락받은 사람은 소유권을 취득할 수 없다.
> ② 〈사항란등기의 유용〉 (i) 등기유용에관한 합의는 그 유용하기로 한 등기가 경료되기 이전에 이미 위 부동산에 대하여 등기상의 이해관계를 가지게 된 제3자에 대한 관계에 있어서는 그 효력이 없다(대판 1994. 1. 28, 93다31702). (ii) 실질관계의 소멸로 무효로 된 등기의 유용은 그 등기를 유용하기로 하는 합의가 이루어지기 전에 등기상 이해관계가 있는 제3자가 생기지 않은 경우에 한하여 허용된다(대판 2009. 2. 26, 2006다72802 등).
> ③ 〈무효인 소유권이전등기청구권 가등기의 유용 합의에 따라 그 가등기 이전의 부기등기가 마쳐진 경우의 법률관계〉 부동산의 매매계약에 기하여 소유권이전등기청구권의 보전을 위한 가등기가 마쳐진 경우에 그 매매예약완결권이 소멸하였다면 그 가등기 또한 효력을 상실하여 말소되어야 할 것이나, 그 부동산의 소유자가 제3자와 사이에 새로운 매매예약을 체결하고 그에 기한 소유권이전등기청구권의 보전을 위하여 이미 효

력이 상실된 가등기를 유용하기로 합의하고 실제로 그 가등기 이전의 부기등기를 마쳤다면, 그 가등기 이전의 부기등기를 마친 제3자로서는 언제든지 **부동산의 소유자에 대하여** 위 가등기 유용의 합의를 주장하여 가등기의 말소청구에 대항할 수 있고, 다만 **그 가등기 이전의 부기등기 전에 등기부상 이해관계를 가지게 된 자에 대하여는** 위 가등기 유용의 합의 사실을 들어 그 가등기의 유효를 주장할 수는 없다(대판 2009. 5. 28, 2009다4787).

3) 회복등기

말소되었던 등기에 관한 회복등기가 된 경우에 그 회복등기는 말소된 종전의 등기와 동일한 효력을 가진다(대판 1968. 8. 30, 68다1187).

4) 사자명의신청으로 행해진 등기

사망자를 등기의무자로 하여 경유된 등기라도 그의 상속인들의 의사에 따라 이루어진 것이라면 실체상 권리관계에 합치되는 유효한 등기이다(대판 1964. 11. 24, 64다685).

5) 등기신청절차하자

등기신청대리권이 없는 자가 신청대리를 하여 이루어진 근저당권 및 지상권설정등기라도 그 설정원인사실이 실체관계와 부합되는 한 유효하다(대판 1971. 8. 31, 71다1163).

6) 말소등기

> 판례 말소등기란 어떤 등기의 등기사항 전부가 원시적 또는 후발적으로 실체관계와 불일치하게 된 경우 당해 등기 전부를 법률적으로 소멸시킬 목적으로 행하여지는 등기를 말하므로, 이미 말소되어 있는 등기에 대하여는 그 말소를 구할 법률상 이익이 없다(대판 2009. 2. 26, 2006다72802 등).

7) 등기는 물권의 **효력발생요건이고, 그 존속요건은 아니**므로 물권에 관한 등기가 원인없이 말소된 경우에도 그 물권의 효력에는 아무런 변동이 없다(대판 1988. 12. 27, 87다카2431).

8) 신축건물의 보존등기를 건물 완성 전에 하였더라도 그 후 건물이 완성된 이상 등기를 무효라고 볼 수 없다(대판 2016. 1. 28, 2013다59876).

3. 이중등기의 효력

1) 표제부 표시란의 이중등기 : 실체법설
2) 사항란의 이중등기
  ┌ 등기 명의인이 동일인 : 절차법설
  └ 등기 명의인이 다른 사람 : 원칙적 절차법설

(1) 표시란의 이중등기

두 개의 이중보존등기가 그 부동산의 표시에 있어서 차이가 나는 경우에는 실제상황에 합치하는 보존등기가 효력을 가진다(실체법설).

(2) 사항란의 이중등기

1) 등기명의인이 동일인인 사항란의 이중등기

동일한 부동산에 관하여 등기부를 달리하여 동일인 명의로 소유권보존등기가 중복되어 있는 경우에, 부동산등기법이 1물 1용지주의를 채택하고 있으므로, 시간적으로 뒤에 경료된 중복등기는 그것이 실체권리관계에 부합하는 여부를 가릴 것 없이 무효라고 할 것이다(절차법설; 대판 1983. 12. 23, 83다카743).

2) 등기명의인이 이인(異人)인 사항란의 이중등기(원칙적으로 선등기 유효설=원칙적 절차법설 예외적 실체법설)

동일부동산에 관하여 등기명의인을 달리하여 중복된 소유권보존등기가 경료된 경우에는, **먼저 이루어진 소유권보존등기가 원인무효가 되지 아니하는 한**, 뒤에 된 소유권보존등기는 비록 그 부동산의 매수인에 의하여 이루어진 경우에도 1부동산 1등기용지주의를 채택하고 있는 부동산등기법 아래에서는 무효라고 해석함이 상당하다 할 것이다[대판(전합) 1990. 11. 27, 87다카2961, 87다453].

> **판례** [1] 동일 부동산에 관하여 등기명의인을 달리하여 중복된 소유권보존등기가 경료된 경우에는 먼저 이루어진 소유권보존등기가 원인무효가 아닌 한 뒤에 된 소유권보존등기는 **실체관계에 부합한다고 하더라도** 1부동산 1등기용지주의의 법리에 비추어 무효이고, 이러한 법리는 **뒤에 된 소유권보존등기의 명의인이 당해 부동산의 소유권을 원시취득한 경우**에도 그대로 적용된다. [2] 동일 부동산에 관하여 이미 소유권이전등기가 경료되어 있음에도 그 후 중복하여 소유권보존등기를 경료한 자가 그 부동산을 20년간 소유의 의사로 평온·공연하게 점유하여 **점유취득시효가 완성되었더라도**, 선등기인 소유권이전등기의 토대가 된 소유권보존등기가 원인무효라고 볼 아무런 주장·입증이 없는 이상, 뒤에 경료된 소유권보존등기는 **실체적 권리관계에 부합하는지의 여부에 관계없이 무효**이므로, 뒤에 된 소유권보존등기의 말소를 구하는 것이 신의칙위반이나 권리남용에 해당한다고 할 수 없다(대판 2008. 2. 14, 2007다63690).

(3) 동일 부동산에 대하여 회복등기한 소유권이전등기가 중복등재된 경우 회복등기의 유·무효 판단기준[대판(전합) 2001. 2. 15, 99다66915]

> **판례** 동일 부동산에 관하여 등기명의인을 달리하여 중복된 소유권보존등기가 경료된 경우에는 먼저 된 소유권보존등기가 원인무효가 되지 아니하는 한 나중 된 소유권보존등기는 1부동산1용지주의를 채택하고 있는 현행 부동산등기법 아래에서는 무효라고 해석함이 상당하고, 동일 부동산에 관하여 중복된 소유권보존등기에 터잡아 등기명의인을 달리하는 각 소유권이전등기가 경료된 경우에 등기의 효력은 소유권이전등기의 선후에 의하여 판단할 것이 아니고 **각 소유권이전등기의 바탕이 된 소유권보존등기의 선후를 기준으로 판단**하

여야 하며, 그 이전등기가 멸실회복으로 인한 이전등기라 하여 달리 볼 것은 아니고, 한편 **동일 부동산에 관하여 하나의 소유권보존등기가 경료된 후 이를 바탕으로 순차로 소유권이전등기가 경료되었다가 그 등기부가 멸실된 후 등기명의인을 달리하는 소유권이전등기의 각 회복등기가 중복하여 이루어진 경우**에는 중복등기의 문제는 생겨나지 않고 멸실 전 먼저 된 소유권이전등기가 잘못 회복등재된 것이므로 그 회복등기 때문에 나중 된 소유권이전등기의 회복등기가 무효로 되지 아니하는 것이지만, 동일 부동산에 관하여 등기명의인을 달리하여 멸실회복에 의한 각 소유권이전등기가 중복등재되고 **각 그 바탕이 된 소유권보존등기가 동일등기인지 중복등기인지, 중복등기라면 각 소유권보존등기가 언제 이루어졌는지가 불명인 경우**에는 위 법리로는 중복등기의 해소가 불가능하므로 이러한 경우에는 적법하게 경료된 것으로 추정되는 각 회복등기 상호간에는 각 회복등기일자의 선후를 기준으로 우열을 가려야 한다[대판(전합) 2001. 2. 15, 99다66915].

III. 중간생략등기

1. 의 의

중간생략등기란 물권변동 과정의 전부 또는 일부를 생략하고 현재의 물권관계만을 기재하는 등기를 총칭하는 것이다.

2. 중간생략등기의 규제(단속규정)

부동산등기특별조치법에 의하면 중간생략등기를 하거나 또는 등기원인을 허위로 기재한 때에 일정한 벌칙규정을 두고 있다. 여기서 위 법률의 벌칙규정의 성격이 문제되는바, 다수설과 판례는 단속규정으로 보고 당사자 사이의 중간생략등기의 합의에 관한 사법상의 효력까지 무효로 한다는 취지는 아니라고 한다(대판 1993. 1. 26, 92다39112).

3. 중간생략등기의 이론구성

(1) 최종 양수인이 최초 양도인에게 직접 소유권이전등기청구권을 행사하기 위한 요건

1) 채권양도설

중간자가 양도인에게 행사할 수 있는 등기청구권은 채권적이기 때문에 채권양도의 방식에 따라서도 양도할 수 있는 것으로 해석하는 견해이다. 이러한 채권양도설에 따르면 중간생략등기가 ① 등기청구권 양도의 합의와 ② 대항요건으로서의 통지만 갖추어도 가능하게 된다(제450조 참조).

2) 3자 합의 필요설(판례)

㈎ 부동산의 양도계약이 순차 이루어져 최종 양수인이 중간생략등기의 합의를 이유로 최초 양도인에게 직접 그 소유권이전등기청구권을 행사하기 위하여는 **관계당사자 전원의 의사합치**, 즉 중간생략등기에 대한 최초 양도인과 중간자의 동의가 있는 외에 최초의 양도인과 최종의 양수인 사이에도 그 중간등기생략의 합의가 있었음이 요구된다(대판 1994. 5. 24, 93다47738).

(나) 이러한 합의가 없는 경우 최종 양수인은 최초양도인에 대하여 중간자 명의의 소유권이전등기를 행하도록 **중간자를 대위하여** 청구할 수 있을 뿐이다(제404조 참조).

(다) 판례는 채권양도설을 명시적으로 배제한다.

> **판례** ① 부동산의 양도계약이 순차 이루어져 최종 양수인이 중간생략등기의 합의를 이유로 최초 양도인에게 직접 그 소유권이전등기 청구권을 행사하기 위하여는 관계 당사자 전원의 의사합치, 즉 중간생략등기에 대한 최초 양도인과 중간자의 동의가 있는 외에 최초 양도인과 최종 양수인 사이에도 그 중간등기 생략의 합의가 있었음이 요구되므로, 비록 최종 양수인이 중간자로부터 소유권이전등기 청구권을 양도받았다고 하더라도 **최초 양도인이 그 양도에 대하여 동의하지 않고 있다면** 최종 양수인은 최초 양도인에 대하여 채권양도를 원인으로 하여 소유권이전등기 절차 이행을 청구할 수 없다(대판 1995. 8. 22, 95다15575).
>
> ② 위 ①과 같은 법리는 명의신탁자가 부동산에 관한 유효한 명의신탁약정을 해지한 후 이를 원인으로 한 소유권이전등기청구권을 양도한 경우에도 적용된다. 따라서 비록 부동산 명의신탁자가 명의신탁약정을 해지한 다음 제3자에게 '명의신탁 해지를 원인으로 한 소유권이전등기청구권'을 양도하였다고 하더라도 **명의수탁자가 양도에 대하여 동의하거나 승낙하지 않고 있다면 양수인은 위와 같은 소유권이전등기청구권을 양수하였다는 이유로 명의수탁자에 대하여 직접 소유권이전등기청구를 할 수 없다**(대판 2021. 6. 3, 2018다280316).

(라) 합의의 의미

(ㄱ) 중간생략등기의 합의란 부동산이 전전 매도된 경우 각각의 매매계약이 유효하게 성립함을 전제로 그 이행의 편의상 최초의 매도인으로부터 최종의 매수인 앞으로 소유권이전등기를 경료하기로 한다는 당사자 사이의 합의에 불과할 뿐, 최초의 매도인과 최종의 매수인 사이에 매매계약이 체결되었다는 것을 의미하는 것은 아니다(대판 1997. 3. 14, 96다22464).

> **판례** ① 중간생략등기의 합의가 있었다 하더라도 이러한 합의는 중간등기를 생략하여도 당사자 사이에 이의가 없겠고 또 그 등기의 효력에 영향을 미치지 않겠다는 의미가 있을 뿐이지 그러한 합의가 있었다 하여 **중간 매수인의 소유권이전등기청구권**이 소멸된다거나 **첫 매도인의 그 매수인에 대한 소유권이전등기의무가** 소멸되는 것은 아니라 할 것이다(대판 1991. 12. 13, 91다18316).
>
> ② [1] 중간생략등기의 합의란 부동산이 전전 매도된 경우 각 매매계약이 유효하게 성립함을 전제로 그 이행의 편의상 최초의 매도인으로부터 최종의 매수인 앞으로 소유권이전등기를 경료하기로 한다는 당사자 사이의 합의에 불과할 뿐이므로, 이러한 합의가 있다고 하여 최초의 매도인이 자신이 당사자가 된 매매계약상의 매수인인 중간자에 대하여 갖고 있는 **매매대금청구권의 행사**가 제한되는 것은 아니다. [2] 최초 매도인과 중간 매수인, 중간 매수인과 최종 매수인 사이에 순차로 매매계약이 체결되고 이들 간에 중간생략등기의 합의가 있은 후에 **최초 매도인과 중간 매수인 간에 매매대금을 인상하는 약정이 체결된 경우**, 최초 매도인은 인상된 매매대금이 지급되지 않았음을 이유로 최종 매수인 명의로의 소유권이전등기의무의 이행을 거절할 수 있다고 한 사례(대판 2005. 4. 29, 2003다66431).

(ㄴ) 이러한 중간생략등기의 합의는 순차적 또는 묵시적으로도 할 수 있다.

> **판 례** 소유권이전등기 소요 서류등에 매수인란을 백지로 하여 교부한 경우에는 소유권이전등기에 있어 **묵시적 그리고 순차적으로 중간등기 생략의 합의가 있었다고 봄이 상당하다**(대판 1982. 7. 13, 81다254).

> **비교판례** **최초 양도인이 중간등기생략을 거부하고 있어** 매수인란이 공란으로 된 백지의 매도증서와 위임장 및 인감증명서를 교부한 것만으로는 중간등기생략에 관한 합의가 있었다고 할 수 없다(대판 1991. 4. 23, 91다5761).

(2) 이미 이루어진 중간생략등기의 효력

이미 중간생략등기가 경유되어 버린 경우에 있어서는 관계 양도계약당사자들 사이에 양도계약이 적법히 성립되어 이행된 이상 다만 **중간생략등기에 관한 합의가 없었다는 사실만으로서는 그 등기를 무효라 할 수 없다**(대판 1969. 7. 8, 69다648).

4. 국토이용관리법상의 제한

국토이용관리법상 허가구역 안에 있는 토지에 관한 매매계약을 체결하고자 하는 당사자는 공동으로 관할관청의 허가를 받아야 하는바, 소유자인 최초 매도인이 중간 매수인에게 매도하고 이어 중간 매수인이 최종 매수인에게 순차 매도하였다면 각 매매계약의 당사자는 각각의 매매계약에 관하여 토지거래허가를 받아야 하는 것이며, 당사자들 사이에 최초의 매도인으로부터 최종 매수인 앞으로 직접 소유권이전등기를 경료하기로 하는 중간생략등기의 합의가 있었다고 하더라도 이러한 중간생략등기의 합의란 부동산이 전전 매도된 경우 각각의 매매계약이 유효하게 성립함을 전제로 그 이행의 편의상 최초의 매도인으로부터 최종의 매수인 앞으로 소유권이전등기를 경료하기로 한다는 당사자 사이의 합의에 불과할 뿐, 최초의 매도인과 최종의 매수인 사이에 매매계약이 체결되었다는 것을 의미하는 것은 아니므로 최초 매도인과 최종 매수인 사이에 매매계약이 체결되었다고 볼 수 없고, 설사 최종 매수인이 자신과 최초 매도인을 매매당사자로 하는 토지거래허가를 받아 자신 앞으로 소유권이전등기를 경료하였더라도 그러한 **최종 매수인 명의의 소유권이전등기는 적법한 토지거래허가 없이 경료된 등기로서 무효**이다(대판 1997. 3. 14, 96다22464).

> **판 례** 유동적 무효상태에 있는 매매계약상의 매수인의 지위에 관하여 매도인과 매수인 및 제3자 사이에 제3자가 그와 같은 **매수인의 지위를 매수인으로부터 이전받는다는 취지의 합의**를 한 경우, 국토이용관리법상 토지거래허가 제도가 토지의 투기적 거래를 방지하여 정상적 거래를 조장하려는 데에 그 입법취지가 있음에 비추어 볼 때, 그와 같은 합의는 매도인과 매수인 사이의 매매계약에 대한 관할 관청의 허가가 있어야 비로소 효력이 발생한다고 보아야 하고, 그 허가가 없는 이상 그 3당사자 사이의 합의만으로 유동적 무효상태의 매매계약의 매수인 지위가 매수인으로부터 제3자에게 이전하고 제3자가 매도인에 대하여 직접 토지거래허가 신청 절차 협력의무의 이행을 구할 수 있다고 할 수는 없다(대판 1996. 7. 26, 96다7762).

토지거래허가제도는 투기적 거래를 방지하여 정상적 거래질서를 형성하려는 데에 입법 취지가 있는 점에 비추어 보면, 제3자가 토지거래허가를 받기 전의 토지 매매계약상 매수인 지위를 인수하는 경우와 달리 **매도인 지위를 인수하는 경우**에는 최초매도인과 매수인 사이의 매매계약에 대하여 관할관청의 허가가 있어야만 매도인 지위의 인수에 관한 합의의 효력이 발생한다고 볼 것은 아니다(대판 2013. 12. 26, 2012다1863).

Ⅳ. 등기청구권

1. 의 의

등기청구권이란 등기권리자가 등기의무자에 대하여 등기에 협력할 것을 청구할 수 있는 실체법상의 권리이다. 등기청구권이 채권적 청구권이라면 상대적 효력밖에 없고 10년의 소멸시효에 걸리며, 그 양도는 채권양도의 방법에 따라 하여야 할 것이다. 반면에 물권적 청구권이라면 등기청구권의 양도는 물권양도로서 별다른 제한이 없이 자유롭게 할 수 있으며, 특히 소유권에 기한 등기청구권은 소멸시효로 소멸하지도 않게 될 것이다.

2. 법률행위에 의한 등기청구권의 법적 성질(채권적 청구권설)

판례는 법률행위에 의한 등기청구권을 채권적 청구권으로 파악하고 있다. 따라서 소멸시효에 걸리는 것이 원칙이다. 다만 부동산을 점유·사용하는 자의 등기청구권은 소멸시효에 걸리지 않는다.

┃판 례┃ ① [1] 부동산에 관하여 인도, 등기 등의 어느 한 쪽만에 대하여서라도 권리를 행사하는 자는 전체적으로 보아 그 부동산에 관하여 권리 위에 잠자는 자라고 할 수 없다 할 것이므로, 매수인이 목적 부동산을 인도받아 계속 점유하는 경우에는 그 소유권이전등기청구권의 소멸시효가 진행하지 않는다. [2] 부동산의 매수인이 그 부동산을 인도받은 이상 이를 사용·수익하다가 그 부동산에 대한 보다 적극적인 권리 행사의 일환으로 다른 사람에게 그 부동산을 처분하고 그 점유를 승계하여 준 경우에도 그 이전등기청구권의 행사 여부에 관하여 그가 그 부동산을 스스로 계속 사용·수익만 하고 있는 경우와 특별히 다를 바 없으므로 위 두 어느 경우에나 이전등기청구권의 소멸시효는 진행되지 않는다고 보아야 한다[대판(전합) 1999. 3. 18, 98다32175].
    ☞ 다만 "스스로 제3자에게 처분하고 점유를 승계하여 준 경우(매매+매매)"가 아니라 "점유를 침탈당한 경우(매매+침탈)"에는 그 점유상실시점으로부터 등기청구권에 관한 소멸시효가 진행된다(대판 1992. 7. 24, 91다40924). 침탈당한 경우는 점유의 상실을 "보다 적극적인 권리행사의 일환으로" 이루어진 것으로 볼 수 없기 때문이다.
    ② 취득시효의 완성으로 취득하는 등기청구권은 법률규정에 의한 것이지만 다수설과 판례는 채권적 청구권으로 본다. 취득시효가 완성된 점유자가 그 부동산에 대한 점유를 상실한 때로부터 10년간 이를 행사하지 아니하면 소멸시효가 완성된다(취득시효완성+매매)(대판 1996. 3. 8, 95다34866).
    ③ 근저당권이 설정된 후에 그 부동산의 소유권이 제3자에게 이전된 경우에는 **현재의 소유자가 자신의 소유권에 기하여** 피담보채무의 소멸을 원인으로 그 근저당권설정등기의 말소를 청구할 수 있음은 물론이지만, **근저당권설정자인 종전의 소유자도** 근저당권설정계약의 당사자로서 근저당권소멸에 따른 원상회복으로 근저당권자에게 근저당권설정등기의 말소를 구할 수 있는 **계약상 권리**가 있다[대판(전합) 1994. 1. 25, 93다16338].
    ☞ 현재 소유자의 등기말소청구권은 물권적 청구권이고, 종전 소유자의 등기말소청구권은 채권적 청구권이다.

3. 등기인수청구권

등기의무자는 등기권리자를 상대로 등기를 인수받아 갈 것을 요구할 수 있다고 함이 판례이다.

> **판례** 부동산등기법은 등기는 등기권리자와 등기의무자가 공동으로 신청하여야 함을 원칙으로 하면서도(제28조), 제29조에서 '판결에 의한 등기는 승소한 등기권리자 또는 등기의무자만으로' 신청할 수 있도록 규정하고 있는바, 위 법조에서 승소한 등기권리자 외에 **등기의무자도** 단독으로 등기를 신청할 수 있게 한 것은, 통상의 채권채무 관계에서는 채권자가 수령을 지체하는 경우 채무자는 공탁 등에 의한 방법으로 채무부담에서 벗어날 수 있으나 등기에 관한 채권채무 관계에 있어서는 이러한 방법을 사용할 수 없으므로, 등기의무자가 자기 명의로 있어서는 안 될 등기가 자기 명의로 있음으로 인하여 사회생활상 또는 법상 불이익을 입을 우려가 있는 경우에는 소의 방법으로 등기권리자를 상대로 등기를 인수받아 갈 것을 구하고 그 판결을 받아 등기를 강제로 실현할 수 있도록 한 것이다(대판 2001. 2. 9, 2000다60708).

4. 진정명의회복을 원인으로 한 소유권이전등기청구권

(1) 의 의

1) **이미 자기 앞으로 소유권을 표상하는 등기가 되어 있었거나 법률에 의하여 소유권을 취득한 자**가 진정한 등기명의를 회복하기 위한 방법으로는 현재의 등기명의인을 상대로 그 등기의 말소를 구하는 외에 "진정한 등기명의의 회복"을 원인으로 한 소유권이전등기절차의 이행을 직접 구하는 것도 허용되어야한다[대판(전합) 1990. 11. 27, 89다카12398].

2) 소유권이전등기말소소송에서 패소확정판결을 받았다면 이후에는 진정명의회복을 위한 소유권이전등기를 청구할 수 없다.

> **판례** 진정한 등기명의의 회복을 위한 소유권이전등기청구는 이미 자기 앞으로 소유권을 표상하는 등기가 되어 있었거나 법률에 의하여 소유권을 취득한 자가 진정한 등기명의를 회복하기 위한 방법으로 현재의 등기명의인을 상대로 그 등기의 말소를 구하는 것에 갈음하여 허용되는 것인데, 말소등기에 갈음하여 허용되는 진정명의회복을 원인으로 한 소유권이전등기청구권과 무효등기의 말소청구권은 어느 것이나 진정한 소유자의 등기명의를 회복하기 위한 것으로서 실질적으로 그 목적이 동일하고, 두 청구권 모두 **소유권에 기한 방해배제청구권**으로서 그 법적 근거와 성질이 동일하므로, 비록 전자는 이전등기, 후자는 말소등기의 형식을 취하고 있다고 하더라도 그 소송물은 실질상 동일한 것으로 보아야 하고, 따라서 소유권이전등기말소청구소송에서 패소확정판결을 받았다면 그 기판력은 그 후 제기된 진정명의회복을 원인으로 한 소유권이전등기청구소송에도 미친다[대판(전합) 2001. 9. 20, 99다37894].

(2) 구체적 사례

1) 소유자로 등기된 자이거나 법률에 의한 소유권이 인정 된 자 : 진정명의회복을 원인으로 한 소유권이전등기청구가 인정되기 위해서는 이미 자기 앞으로 소유권을 표상하는 등기가 되어 있었거나 법률에 의하여 소유권을 취득한 자이어야 하기 때문에 부동산에 관하여 자신이나 피상속인 앞으로 등기된 바 없고 또 법률에 의하여 그 소유권을 취득한 것이 아니라면 진정한 등기명의의 회

복을 원인으로 하여 직접 소유권이전등기절차의 이행을 구할 수 없다(대판 1993. 2. 23, 92다48970).

2) 명의신탁의 경우 : 명의신탁대상 부동산에 관하여 자기 명의로 소유권이전등기를 경료한 적이 있었던 명의신탁자로서는 명의수탁자를 상대로 진정명의회복을 원인으로 한 이전등기를 구할 수도 있다(대판 2002. 9. 6, 2002다35157). 반대로 자기 명의로 등기된 적이 없는 신탁자는 그 행사가 불가능하다.

3) 채권자취소권의 경우 : 채권자는 사해행위의 취소로 인한 원상회복 방법으로 수익자 명의의 등기의 말소를 구하는 대신 수익자를 상대로 채무자 앞으로 직접 소유권이전등기절차를 이행 할 것을 구할 수도 있다(대판 2000. 2. 25, 99다53704).

Ⅴ. 법률규정에 의한 부동산물권의 변동

> **제187조(등기를 요하지 아니하는 부동산물권취득)**
> 상속, 공용징수, 판결, 경매 기타 법률의 규정에 의한 부동산에 관한 물권의 취득은 등기를 요하지 아니한다. 그러나 등기를 하지 아니하면 이를 처분하지 못한다.

1. 제187조 본문

(1) 상속·공용징수·판결·경매 기타 법률의 규정에 의한 물권의 취득은 등기를 요하지 아니한다. 등기를 하여야 부동산물권의 변동이 생긴다는 제186조의 원칙과 반대되는 내용을 갖는다. 이것을 '법률행위에 의하지 않는 부동산물권의 변동'이라고 하는데, 제187조의 문언에 좇아 이를 '법률의 규정에 의한 부동산물권의 변동'이라고도 부른다.

(2) 건물을 신축하는 경우는 그 등기 없이도 건물의 완성과 동시에 소유권이 성립하지만 이러한 내용의 법률의 규정은 없다. 따라서 '법률의 규정에 의한 부동산물권의 변동'이라고 하기보다는 '법률행위에 의하지 않는 부동산물권의 변동'이라는 표현이 보다 정확하다.

(3) 제187조는 "물권의 취득"이라고 하고 있으나, 그 밖의 변경과 소멸 등 물권의 변동 모두에 적용된다(통설).

2. 제187조 단서

(1) 법률의 규정에 의해 등기 없이 취득한 물권의 경우에도 등기를 하지 않으면 이를 처분하지 못한다. 여기서의 처분은 **법률행위에 의한 처분만**을 말하므로 **기타의 처분**에 관하여는 다시 민법 제187조 본문이 적용되어 등기를 요하지 않는다. 법률의 규정에 의하여 취득한 물권이라도 등기를 하지 않고 양도하면 무효라고 하는 것이 본조 단서의 취지이나 이러한 처분은 민법 제186조의 적용대상으로 되므로 반드시 이와 같은 규정을 둘 필요는 없었다. 그런데도 이 규정을 둔 것은 이렇게 함으로써 '법률의 규정에 의한 물권변동'도 등기를 갖추도록 간접적으로 강제하려는 의도라고 설명된다.

(2) 이에 대해서는 많은 예외가 판례상 인정되고 있는바, 그 예로는 ① 상속등기를 하지 않고 피상속

인으로부터 양수인에게 곧바로 이전등기를 하거나, ② 건물을 신축하고 이를 양도하는 경우에 보존등기를 하고서 그 다음에 이전등기를 하는 것이 아니라 곧바로 양수인 명의로 보존등기를 하거나(중간생략등기), ③ 무효등기를 말소하지 않고서 이를 유용하는 것(무효등기의 유용) 등이 있다.

> **판 례** 미등기건물을 승계취득한 자가 원시취득자 명의의 보존등기없이 직접 자기명의로 보존등기를 하는 것이 탈법행위가 된다고 하더라도 양당사자 사이의 합의가 있는 이상 그 등기는 실체적 권리관계에 부합되어 유효하다(대판 1981. 1. 13, 80다1959, 1960).

3. 제187조의 적용범위

● 〈제187조〉 법률규정에 의한 부동산 물권변동
  1. 상 속
  2. 공용징수
  3. 판 결 ┬ 확인판결(X)
          ├ 이행판결(X)
          └ 형성판결(O)
  4. 경 매 ─ 공경매 ┬ 임의경매(=담보권실행경매)
                  └ 강제경매

(1) 상 속

상속은 피상속인의 사망으로 개시된다(제997조). 따라서 상속으로 부동산물권의 변동이 일어나는 시기는 **피상속인이 사망하는 때**이다.

(2) 공용징수

1) 공용징수는 공공의 이익을 위하여 개인의 소유권 기타 재산권을 강제로 취득하는 제도이다. 이에 관한 일반법으로는 토지수용법이 있다.
2) 사업시행자는 **수용의 개시일**에 토지나 물건의 소유권을 취득하며, 그 토지나 물건에 관한 다른 권리는 이와 동시에 소멸한다(공익사업을 위한 토지 등의 취득 및 보상에 관한 법률 제45조 제1항). ☞ 원시취득.

(3) 판 결

판결의 확정에 의해 등기 없이도 물권이 변동한다. 판결은 이행판결·확인판결·형성판결 등이 있으나, 여기서 판결이란 **형성판결만**을 말한다. 즉 판결 그 자체에 의하여 물권의 변동을 형성하는 경우만이 포함되는 것이다. 예를 들면 사해행위 취소의 판결(제406조), 공유물분할판결(제269조 제1항), 상속재산분할판결(제1013조 제2항) 등이다. 형성판결에 의하여 물권변동이 일어나는 시기는 그 **판결이 확정된 때**이다(민사소송법 제471조).

판례 ① 매매등 법률행위를 원인으로 한 소유권이전등기절차 **이행의 소**에서의 원고 승소판결은 부동산물권 취득이라는 형성적 효력이 없어 민법 제187조 소정의 판결에 해당하지 않으므로 승소판결에 따른 소유권이전 등기 경료시까지는 부동산의 소유권을 취득한다고 볼 수 없다(대판 1982. 10. 12, 82다129).

② 민법 제187조의 판결은 판결 자체에 의하여 부동산 물권 취득의 효력이 발생하는 경우를 말하는 것이고, 당사자 사이의 법률행위를 원인으로 하여 부동산 소유권이전등기절차의 이행을 명하는 것과 같은 판결은 이에 포함되지 아니하므로, 인낙조서가 확정판결과 동일한 효력이 있다고 하더라도 **증여를 원인으로 한 소유권 이전등기절차의 이행청구에 대하여** 인낙한 것이라면 그 부동산의 취득에는 등기를 요한다(대판 1998. 7. 28, 96다50025 등).

③ 상속재산인 부동산의 분할 귀속을 내용으로 하는 상속재산분할심판이 확정된 경우, 해당 부동산에 관한 물권변동의 효력 발생 시기(=상속재산분할심판 확정 시) 상속재산인 부동산의 분할 귀속을 내용으로 하는 **상속재산분할심판이 확정되면** 민법 제187조에 의하여 **상속재산분할심판에 따른 등기 없이도** 해당 부동산에 관한 물권변동의 효력이 발생한다(대판 2020. 8. 13, 2019다249312).

④ 공유물분할의 소송절차 또는 조정절차에서 공유자 사이에 공유토지에 관한 **현물분할의 협의가 성립하여 그 합의사항을 조서에 기재함으로써 조정이 성립하였다**고 하더라도, 그와 같은 사정만으로 재판에 의한 공유물분할의 경우와 마찬가지로 그 즉시 공유관계가 소멸하고 각 공유자에게 그 협의에 따른 새로운 법률관계가 창설되는 것은 아니고, 공유자들이 협의한 바에 따라 토지의 분필절차를 마친 후 각 단독소유로 하기로 한 부분에 관하여 다른 공유자의 공유지분을 이전받아 **등기를 마침으로써 비로소** 그 부분에 대한 대세적 권리로서의 소유권을 취득하게 된다고 보아야 한다[대판(전합) 2013. 11. 21, 2011두1917].

(4) 경 매

민법 제187조가 규정하는 경매란 국가기관이 하는 공경매로서 ① 강제집행절차에 의한 강제경매와 ② 담보권실행 등을 위한 경매(임의경매) 및 ③ 국세징수법에 의한 경매 등이 있다. 경매로 인한 부동산 소유권 취득시기는 경락인(=매수인)이 **매각대금을 완납한 때**이다. ☞ 민사집행법 제135조(소유권의 취득시기) 매수인은 매각대금을 다 낸 때에 매각의 목적인 권리를 취득한다.

(5) '기타의 법률'의 규정에 의한 물권변동

1) 법이 일정한 사실의 발생에 기하여 물권변동을 일으키게 하는 경우

없던 물건이 새로 생기거나(신축건물의 소유권취득) 또는 물건이 멸실함으로써 물권이 취득 또는 상실되는 경우이다. 즉 건물을 신축하여 소유권을 취득한 경우에는 등기 없이도 그 소유권을 누구에게나 주장할 수 있다.

2) 법률이 특별한 정책적 이유에 기하여 물권변동을 발생케 하는 경우

① 법정지상권(제305조·제366조), 관습법상의 법정지상권의 취득, 관습상의 분묘기지권, ② 법정저당권(제649조) 및 법정질권(제648조, 제650조), ③ 대위에 의한 저당권 등의 이전(제399조·제482조·제484조) 등이 있다.

3) 법이 물권관계의 불분명을 피하기 위하여 그 귀속을 확정하는 경우

① 용익물권의 존속기간의 만료에 의한 소멸, ② 두 개 이상의 물건이 결합하여 한 개의 물건으로 되는 소유권귀속(부합 등), ③ 피담보채권의 소멸로 인한 담보물권의 소멸(제369조), ④ 혼동(제191조)에 의한 물권의 소멸 등이 있다.

4. 예 외

취득시효로 인한 부동산물권의 취득(제245조·제248조)은 법률행위에 의한 것이 아니므로 제187조가 적용되어야 하겠지만, 민법 제245조 제1항은 이에 대해 예외를 인정하여 법률규정에 의한 물권변동이지만 등기를 요구한다.

VI. 등기의 효력

본등기는 권리변동적 효력, 대항적 효력, 순위확정적 효력, 추정적 효력이 있고, 다만 공신력은 없다.

1. 권리변동적 효력(제186조)

물권행위(물권적 합의)와 부합하는 등기가 있으면 부동산 물권변동의 효력이 생긴다(제186조). 이와 같이 물권행위와 결합하여 물권변동을 발생케 하는 효력을 등기의 권리변동적 효력이라고 부른다.

2. 대항적 효력

부동산제한물권이나 부동산채권(임차권 등)에 관하여는 물권변동 외에 일정한 사항(존속기간, 지료, 전세금, 이자, 지급시기 등)을 등기할 수 있고, 이들을 등기하면 제3자에 대하여도 효력이 생긴다. 이를 등기의 대항적 효력이라고 부른다.

3. 순위확정적 효력

동일한 부동산에 관하여 등기한 수 개의 권리의 순위는 법률에 다른 규정이 없으면 등기의 전후에 의하는데(부동산등기법 제4조 제1항), 이러한 등기의 효력을 순위확정적 효력이라고 한다. 등기의 전후는 등기용지(등기기록) 중 같은 구에서 한 등기는 순위번호에 의하여, 다른 구에서 한 등기는 접수번호에 의한다(동법 제4조 제2항). 다만 부기등기의 순위는 주등기의 순위에 의하나, 부기등기 사이의 순위는 그 등기선후에 의한다(동법 제5조 제1항).

> 〈부동산등기법〉
> **제4조(권리의 순위)**
> ① 같은 부동산에 관하여 등기한 권리의 순위는 법률에 다른 규정이 없으면 등기한 순서에 따른다.

② 등기의 순서는 등기기록 중 같은 구(區)에서 한 등기 상호간에는 순위번호에 따르고, 다른 구에서 한 등기 상호간에는 접수번호에 따른다.

제5조(부기등기의 순위)
부기등기(附記登記)의 순위는 주등기(主登記)의 순위에 따른다. 다만, 같은 주등기에 관한 부기등기 상호간의 순위는 그 등기 순서에 따른다.

> **판례** [1] 부동산에 관하여 처분금지가처분의 등기가 된 후에 가처분채권자가 본안소송에서 승소판결을 받아 확정되면 그 피보전권리의 범위 내에서 가처분 위반행위의 효력을 부정할 수 있고, 이때 그 처분행위가 가처분에 저촉되는 것인지의 여부는 **그 처분행위에 따른 등기와 가처분등기의 선후**에 의하여 정해진다. [2] 저당권설정등기청구권을 보전하기 위한 처분금지가처분의 등기가 이미 되어 있는 부동산에 관하여 그 후 소유권이전등기나 처분제한의 등기 등이 이루어지고, 그 뒤 가처분채권자가 본안소송의 승소확정으로 그 피보전권리 실현을 위한 저당권설정등기를 하는 경우에, 가처분등기 후에 이루어진 위와 같은 소유권이전등기나 처분제한의 등기 등 자체가 가처분채권자의 권리 취득에 장애가 되는 것은 아니어서 그 등기가 말소되지는 않지만, 가처분채권자의 권리 취득과 저촉되는 범위에서는 가처분등기 후에 등기된 권리의 취득이나 처분의 제한으로 가처분채권자에게 대항할 수 없게 된다. 이러한 법리는 소유권이전청구권가등기 청구채권을 보전하기 위한 처분금지가처분의 등기가 마쳐진 부동산에 관하여 그 피보전권리 실현을 위한 가등기와 그에 의한 소유권이전의 본등기가 마쳐진 때에도 마찬가지로 적용되어야 한다(대판 2022. 6. 30, 2018다276218).

4. 본등기의 추정력

(1) 의 의

일단 등기가 되어 있으면 등기에 기재되어 있는바에 따라 실질적인 권리관계가 존재할 것이라는 추정을 일으키는 데, 이러한 효력을 등기의 추정적 효력이라 한다. 이와 같은 등기의 추정력은 권리의 등기에 관한 것이고 부동산표시에 관한 사항에는 추정력이 인정되지 않는다. 또한 등기에 추정력을 인정한다는 것이지 '대장'에 인정한다는 것이 아니다. 판례도 "토지대장상의 소유자란에 이름이 기재되어 있다고 하더라도 그 기재에는 권리추정력을 인정할 수 없다"고 한다(대판 2011. 5. 13, 2009다 94384, 94391, 94407).

> **판례** 1975. 12. 31. 지적법 개정 전에 복구된 구 **토지대장상의 소유자란에 이름이 기재되어 있다고** 하더라도 그 기재에는 **권리추정력을 인정할 수 없다.** 또한 구 농지개혁법(1994. 12. 22. 법률 제4817호 농지법 부칙 제2조 제1호로 폐지)에 따른 농지분배 과정에서 작성된 서류들에 지주 또는 피보상자로 등재되어 있더라도 그 사람이 분배대상 농지의 소유자로 추정되는 것은 아니다. 따라서 **구 토지대장이나 분배농지부 등에 토지의 사정명의인 아닌 사람이 소유자로 등재되어 있더라도** 그것만으로 그 명의자가 소유자로 추정된다고 할 수는 없다(대판 2022. 8. 31, 2021다216766).

(2) 법률상 추정(판례)

민법 제200조의 점유의 적법추정규정을 유추하여 법률상 권리추정으로 본다. 법률상 추정으로 보게 되면 등기의 무효는 등기명의자가 아닌 상대방이 입증하여야 한다.

> **판례** 부동산에 관한 소유권이전등기의 무효사유는 이를 다투는 측에서 주장·입증하지 아니하는 한, 등기원인사실에 관한 입증이 부족하다는 이유로 그 등기를 무효라고 단정할 수 없다(대판 1997. 6. 24, 97다2993).

(3) 추정력의 범위

1) 권리의 추정

담보물권의 등기는 그 담보물권의 존재 자체뿐 아니라 이에 상응하는 피담보채권이 존재하는 것으로 추정된다(대판 1969. 2. 18, 68다2239). 예컨대 (근)저당권설정등기가 경료되어 있으면 (근)**저당권존재자체**뿐만 아니라 이에 상응하는 **피담보채권의 존재**도 추정된다. 그러나 근저당권에서는 근저당권설정행위와는 별도로 근저당권의 피담보채권을 성립시키는 법률행위가 있어야 하고, **근저당권의 성립 당시 근저당권의 피담보채권을 성립시키는 법률행위**(기본계약의 존재)가 있었는지 여부에 대한 입증책임은 그 존재를 주장하는 측에 있다(대판 2009. 12. 24, 2009다72070). ☞ 근저당권에서는 등기원인이 근저당권설정계약이라는 뜻과 채권최고액 및 채무자만이 등기가 되고 근저당권의 피담보채권을 성립시키는 기본계약은 등기사항이 아니기 때문이다(부동산등기법 제75조 제2항).

> **판례** 등기는 물권의 효력 발생 요건이고 존속 요건은 아니어서 **등기가 원인 없이 말소된 경우**에는 그 물권의 효력에 아무런 영향이 없고, 그 **회복등기가 마쳐지기 전이라도 말소된 등기의 등기명의인은 적법한 권리자로 추정되므로** 원인 없이 말소된 등기의 효력을 다투는 쪽에서 그 무효 사유를 주장·입증하여야 한다(대판 1997. 9. 30, 95다39526).

2) 등기원인과 적법절차의 추정

(가) 판례는 권리가 등기원인으로부터 연유하는 것이므로 등기에 의하여 등기원인이 진실로 존재하고 등기절차가 적법하게 행하여졌다는 추정도 받는다고 한다(대판 1969. 10. 14, 69다1185).

> **판례** 환매기간을 제한하는 환매특약이 등기부에 기재되어 있는 때에는 반증이 없는 한 등기부 기재와 같은 환매특약이 진정하게 성립된 것으로 추정함이 상당하다(대판 1991. 10. 11, 91다13700).

(나) 소유권이전등기가 등기부 멸실 후 회복등기절차에 따라 이루어진 경우에 그 회복등기는 등기공무원에 의하여 적법하게 수리되어 처리된 것으로 추정된다(대판 2003. 12. 12, 2003다44615 등).

(다) 대리에 의하여 저당권이 등기되거나 또는 소유권의 이전이 등기된 경우 정당한 대리인에 의하여 대리행위가 이루어진 것으로 추정된다. 즉 현재 명의인의 등기가 적법히 이루어진 것으로 추정되

므로 그것이 무권대리인에 의하여 이루어진 것이라는 점에 대한 입증책임은 저당권설정자나 전 소유자에게 있다(대판 2009. 9. 24, 2009다37831).

㈔ 등기절차의 '전제요건'도 구비된 것으로 추정된다. 예컨대 토지거래허가지역에 대해 등기가 이루어진 때에는 적법한 허가가 있는 것으로 추정된다.

㈕ 전 등기명의인이 미성년자이고 당해 부동산을 친권자에게 증여하는 행위가 이해상반행위라 하더라도 친권자에게 이전등기가 경료된 이상, 그 이전등기에 관하여 필요한 절차를 적법하게 거친 것으로 추정된다(대판 2002. 2. 5, 2001다72029).

3) 추정력의 인적범위

등기의 추정력은 제3자에게 당연히 주장할 수 있다. 문제는 권리변동에 관하여 다투고 있는 당사자 간에도 주장가능한가, 즉 이전등기의 현 등기명의인은 전 등기명의인에 대하여도 등기의 추정력을 주장할 수 있는가이다. 판례는 이를 긍정한다.

> **판례** 부동산에 대하여 소유권이전등기가 경료되어 있는 경우에는 그 등기명의자는 제3자에 대하여서 뿐만 아니라 그 **전소유자에 대하여서도** 적법한 등기원인에 의하여 소유권을 취득한 것으로 추정된다(대판 1982. 6. 22, 81다792).

(4) 일반법(＝부동산등기법)상 보존등기와 이전등기

1) **보존등기**는 등기신청자 단독의 신청에 의하여 행하여지는 것으로서 그 진실성 보장이 약하므로, 소유권보존등기의 명의자에 대하여 소유권이 보전되어 있다는 사실만이 추정되고 기타 사실 특히 권리변동사실은 추정되지 않는다. 따라서 그 등기가 원시취득에 의한 보존등기가 아닌 사실이 드러나면 그 추정력을 부정하여야 한다(판례).

> **판례** ① 토지조사부에 소유자로 등재되어 있는 자는 재결에 의하여 사정 내용이 변경되었다는 등 반증이 없는 이상 토지 소유자로 사정받아 그 사정이 확정된 것으로 추정되어 토지를 원시적으로 취득하게 되고, 소유권보존등기 추정력은 보존등기 명의인 이외의 자가 당해 토지를 사정받은 것으로 밝혀지면 깨지는 것이다(대판 2011. 5. 13, 2009다94384).
> ② 신축된 건물의 소유권은 이를 건축한 사람이 원시취득하는 것이므로, 건물 소유권보존등기의 명의자가 이를 신축한 것이 아니라면 그 등기의 권리 추정력은 깨어지고, 등기 명의자가 스스로 적법하게 그 소유권을 취득한 사실을 입증하여야 한다(대판 1996. 7. 30, 95다30734).
> ③ 부동산에 대한 소유권보존등기가 있으면 그 명의자에게 소유권이 있는 것으로 추정되나 그 명의자가 보존등기 전의 소유자로부터 소유권을 양도받은 것이라는 주장이 있고 또한 전소유자가 보존등기명의자에게 양도한 사실을 부인하는 경우에는 소유권이전등기의 경우와 다르게 그 추정력이 깨어진다(대판 1982. 9. 14, 82다카707).

2) **이전등기**는 보존등기와는 달리 통상의 추정력을 갖는다. 다만 사망자명의로 등기가 신청되었거나, 허무인으로부터 소유권이전등기가 경료되었거나, 법인의 대표이사가 소유권이전등기에 필요한 소요서류를 허위작성하였다는 유죄판결을 받았거나, 또는 등기명의자가 매수인으로서 매매계약을 체결한 사실이 없고 다른 사람이 매수인으로서 매매계약을 체결하였던 사실이 입증되면 등기의 추정력은 번복된다(대판 1968. 8. 12, 68다1962).

> **판례** ① 부동산등기는 현재의 진실한 권리상태를 공시하면 그에 이른 과정이나 태양을 그대로 반영하지 아니하였어도 유효한 것으로서, **등기명의자가** 전 소유자로부터 부동산을 취득함에 있어 등기부상 기재된 등기원인에 의하지 아니하고 다른 원인으로 적법하게 취득하였다고 하면서 **등기원인 행위의 태양이나 과정을 다소 다르게 주장한다**고 하여 이러한 주장만 가지고 그 등기의 추정력이 깨어진다고 할 수는 없다(대판 2000. 3. 10, 99다65462).
> ② 소유권이전등기원인으로 주장된 **계약서가 진정하지 않은 것으로 증명된 이상**, 그 등기의 적법추정은 복멸되는 것이고 계속 다른 적법한 등기원인이 있을 것으로 추정할 수는 없다(대판 1998. 9. 22, 98다29568).
> ③ 전 소유자가 사망한 이후에 그 명의로 신청되어 경료된 소유권이전등기는, 그 등기원인이 이미 존재하고 있는 경우 등의 특별한 사정이 인정되는 경우를 제외하고는, 원인무효의 등기라고 볼 것이어서 그 등기의 추정력을 인정할 여지가 없다(대판 2004. 9. 3, 2003다3157).
> ④ **사망자 명의로 신청하여 이루어진 이전등기**는 일단 원인무효의 등기라고 볼 것이어서 등기의 추정력을 인정할 여지가 없으므로, 등기의 유효를 주장하는 자가 현재의 실체관계와 부합함을 증명할 책임이 있다(대판 2018. 11. 29, 2018다200730).

(5) 일반법이 아닌 특조법에 의한 등기

1) 예컨대 분배농지소유권이전등기에 관한 특별조치법(실효), 임야소유권이전등기 등에 관한 특별조치법(실효), 일반농지의 소유권이전등기 등에 관한 특별조치법(실효)에 의한 소유권이전등기·소유권보존등기도 추정력이 있다.

2) 구 임야소유권이전등기등에관한특별조치법(실효)에 따라 등기를 마친 자가 보증서나 확인서에 기재된 취득원인이 사실과 다름을 인정하더라도 그가 다른 취득원인에 따라 권리를 취득하였음을 주장하는 때에는, 위의 사유만으로 특별조치법에 따라 마쳐진 등기의 추정력이 깨어진다고 볼 수는 없으며, 그 밖의 자료에 의하여 새로이 주장된 취득원인 사실에 관하여도 진실이 아님을 의심할 만큼 증명되어야 그 등기의 추정력이 깨어진다고 할 것이다[대판(전합) 2001. 11. 22, 2000다71388, 71395; 대판 2006. 2. 23, 2004다29835].

> **판례** ① 부동산소유권이전등기등에관한특별조치법에 의한 소유권이전등기는 동법 소정의 적법한 절차에 따라 마쳐진 등기로 추정되지만 허위의 보증서 및 확인서에 터잡아 경료되었다고 인정되는 경우에는 위와 같은 추정은 번복되고, 여기에서 허위라 함은 그 권리변동의 원인이 되는 기재내용이 진실이 아님을 뜻한다(대판 1991. 6. 28, 91다9954).
> ② 부동산소유권 이전등기 등에 관한 특별조치법(이하 '특별조치법'이라고 한다)에 의한 소유권이전등기는 실

체적 권리관계에 부합하는 등기로 추정되지만 그 소유권이전등기도 전 등기명의인으로부터 소유권을 승계취득하였음을 원인으로 하는 것이고 보증서 및 확인서 역시 그 승계취득사실을 보증 내지 확인하는 것이므로 **그 전 등기명의인이 무권리자이기 때문에 그로부터의 소유권이전등기가 원인무효로서 말소되어야 할 경우**라면, 등기의 추정력은 번복된다. 같은 취지에서 소유권보존등기의 추정력은 그 등기가 특별조치법에 의하여 마쳐진 것이 아닌 한 등기명의인 이외의 자가 해당 토지를 사정받은 것으로 밝혀지면 깨어지는 것이어서, 등기 명의인이 구체적으로 실체관계에 부합한다거나 승계취득사실을 주장·증명하지 못하는 한 등기는 원인무효이므로, 이와 같이 **원인무효인 소유권보존등기를 기초로 마친 소유권이전등기**는 그것이 특별조치법에 의하여 이루어진 등기라고 하더라도 원인무효이다(대판 2018. 1. 25, 2017다260117).

(6) 관련문제

1) 점유의 추정력

부동산에 있어서는 등기에 추정력이 있으므로 등기된 부동산에 관하여는 점유의 추정력이 배제된다.

> **판례** **점유자의 권리추정의 규정**은 특별한 사정이 없는 한 **부동산 물권에 대하여는 적용되지 아니하고** 다만 그 등기에 대하여서만 추정력이 부여된다(대판 1982. 4. 13, 81다780).

2) 등기의 내용을 신뢰한 것은 선의·무과실로 추정된다(대판 1982. 5. 11, 80다2881).

3) 명의신탁은 등기의 추정력을 전제로 하면서 그 등기가 명의신탁계약에 의해 성립된 사실을 주장하는 것이므로, 그 등기에 추정력이 있다고 하더라도 명의신탁자는 명의수탁자에게 대하여 등기가 명의신탁에 의한 것임을 주장할 수 있다(대판 2007. 2. 22, 2006다68506).

4) 공시송달의 경우

부동산등기법 제130조의 규정과 등기예규 제1026호에 의하면 소유권보존등기 명의인을 상대로 한 소유권보존등기 말소청구 소송을 제기하여 승소판결을 받은 원고가 그 판결에 기하여 기존의 소유권보존등기를 말소한 후 자신의 명의로 마친 소유권보존등기는 일단 적법한 절차에 따라 마쳐진 소유권보존등기라고 추정하여야 하고, 위 판결이 공시송달 절차에 의하여 선고되었다고 하여 달리 볼 것이 아니다(대판 2006. 9. 8, 2006다17485).

Ⅶ. 가등기

1. 의 의

가등기는 본등기(종국등기)에 대비되는 등기의 효력에 의한 분류이다. 본등기가 물권변동의 효력을 발생시키는 본래의 등기인데 반하여 가등기는 부동산물권 및 그에 준하는 권리의 설정·소멸 등의 청구권을 보전하기 위해 예비로 하는 등기이다(부동산등기법 제88조 이하).

> **판례** 부동산등기법 제3조에서 말하는 청구권이란 동법 제2조에 규정된 물권 또는 부동산임차권의 변동을 목적으로 하는 청구권을 말하는 것이라 할 것이므로 부동산등기법상의 **가등기**는 위와 같은 청구권을 보전하기 위해서만 가능하고 이같은 청구권이 아닌 **물권적 청구권을 보존하기 위해서는 할 수 없다**(대판 1982. 11. 23, 81다카1110).

2. 대 상

부동산물권변동의 청구권이 시기부·정지조건부인 경우에도 현행법상 가등기를 할 수 있다. 따라서 장래에 확정될 채권인 경우에도 가등기로서 보전할 수 있다(동법 제88조).

3. 종 류

가등기에는 보전가등기와 담보가등기가 있는데, 청구권보전의 가등기인지 담보가등기인지의 구별은 거래의 실질과 당사자의 의사에 의해 결정되어야 하며 등기부상의 표시에 의해 결정되어서는 안된다(대판 1992. 2. 11, 91다36931).

4. 효 력

(1) 본등기 전의 가등기 자체의 효력

1) 가등기는 본등기가 없는 동안은 그 자체로써 아무런 실체법상의 효력이 없다. 따라서 가등기가 본등기의 요건을 구비하고 있다고 할지라도 본등기를 행하지 아니하고 있는 한 가등기설정자의 처분행위를 저지할 수 없으며, 가등기만으로는 제3의 취득자에 대하여 대항할 수 없다.

> **판례** 가등기는 부동산등기법 제6조 제2항의 규정에 의하여 그 본등기시에 본등기의 순위를 가등기의 순위에 의하도록 하는 순위보전적 효력만이 있을 뿐이고, 가등기만으로는 아무런 실체상 효력을 갖지 아니하고 그 본등기를 명하는 판결이 확정된 경우라도 본등기를 경료하기까지는 마찬가지이므로, 중복된 소유권보존등기가 무효이더라도 가등기권리자는 그 말소를 청구할 권리가 없다(대판 2001. 3. 23, 2000다51285).

2) 또한 가등기는 청구권이 존재한다는 추정력을 갖지 않는다.

> **판례** ① 소유권이전청구권보전을 위한 가등기가 있다하여 소유권이전등기를 청구할 어떤 법률관계가 있다고 추정되지 아니한다(대판 1979. 5. 22, 79다239).
> ② 의용 민법과 의용 부동산등기법 적용 당시 행하여진 가등기의 구체적인 등기원인이 존재하는 것으로 추정할 수 없다. **가등기의 구체적인 등기원인의 추정력이 부정**되는 것은 현행 민법과 부동산등기법에 따라 이루어진 가등기에 관해서도 마찬가지이다(대판 2018. 11. 29, 2018다200730).

(2) 가등기에 기해 본등기를 한 경우의 효력(본등기 순위보전의 효력)

가등기에 기한 본등기가 행하여지면 본등기의 순위는 가등기의 순위에 의한다(부동산등기법 제91조). 그리고 가등기는 본등기순위보전의 효력만을 가지므로 가등기에 기한 본등기를 하면 물권변동의 효력은 그 **본등기를 한 때** 발생하는 것이지, 소급하여 가등기가 행하여진 때 발생하는 것이 아니다.

> **판례** 가등기는 본등기 순위보전의 효력만이 있고, 후일 본등기가 마쳐진 때에는 본등기의 **순위가** 가등기한 때로 소급함으로써 가등기 후 본등기 전에 이루어진 중간처분이 본등기보다 후 순위로 되어 실효될 뿐이고, 본등기에 의한 **물권변동의 효력**이 가등기한 때로 소급하여 발생하는 것은 아니다(대판 1981. 5. 26, 80다3117).

5. 가등기에 기한 본등기절차

〈부동산등기법〉

제92조(가등기에 의하여 보전되는 권리를 침해하는 가등기 이후 등기의 직권말소)
① 등기관은 가등기에 의한 본등기를 하였을 때에는 대법원규칙으로 정하는 바에 따라 가등기 이후에 된 등기로서 가등기에 의하여 보전되는 권리를 침해하는 등기를 직권으로 말소하여야 한다.
② 등기관이 제1항에 따라 가등기 이후의 등기를 말소하였을 때에는 지체 없이 그 사실을 말소된 권리의 등기명의인에게 통지하여야 한다.

가등기 후에 제3자에게 소유권이전의 본등기가 된 경우에 가등기권리자는 본등기를 경료하지 아니하고는 가등기 이후의 본등기의 말소를 청구할 수 없다. 이 경우 가등기권자는 **가등기의무자인 전 소유자**를 상대로 본등기청구권을 행사할 것이고 제3자를 상대로 할 것이 아니다(대결 1962. 12. 24, 자 4294민재항675). ☞ **가등기권자가 소유권이전의 본등기를 하면 제3자의 본등기는 직권말소된다**(부동산등기법 제92조).

6. 가등기가 말소된 경우, 그 가등기의 회복등기청구의 상대방

> **판례** 말소된 등기의 회복등기절차의 이행을 구하는 소에서는 회복등기의무자에게만 피고적격이 있는바, 가등기가 이루어진 부동산에 관하여 제3취득자 앞으로 소유권이전등기가 마쳐진 후 그 가등기가 말소된 경우 그와 같이 말소된 가등기의 회복등기절차에서 회복등기의무자는 **가등기가 말소될 당시의 소유자인** 제3취득자

이므로, 그 가등기의 회복등기청구는 회복등기의무자인 제3취득자를 상대로 하여야 한다(대판 2009. 10. 15, 2006다43903).

┃**참고판례** 불법하게 말소된 것을 이유로 한 근저당권설정등기 회복등기청구는 그 **등기말소 당시의 소유자**를 상대로 하여야 한다(대판 1969. 3. 18, 68다1617).

┃**참고지문** **(2018년 변호사시험 변형)** 甲 소유인 X 토지에 乙이 대여금채권을 담보하기 위하여 저당권을 가지고 있었다. 甲은 관련 서류를 위조하여 乙의 저당권설정등기를 말소한 후 丙에게 X 토지를 매도하고 소유권이전등기를 경료하여 주었다. 乙이 저당권회복등기 청구의 소를 제기한다면 丙을 피고로 삼아야 한다(×).

7. 가등기의 가등기

가등기는 원래 순위를 확보하는 데에 그 목적이 있으나, 순위보전의 대상이 되는 물권변동의 청구권은 그 성질상 양도될 수 있는 재산권일 뿐만 아니라 가등기로 인하여 그 권리가 공시되어 결과적으로 공시방법까지 마련된 셈이므로, 이를 양도한 경우에는 양도인과 양수인의 공동신청으로 그 가등기 상의 권리의 이전등기를 가등기에 대한 부기등기의 형식으로 경료할 수 있다고 보아야한다[대판(전합) 1998. 11. 19, 98다24105].

8. 본등기청구권의 소멸시효

가등기에 기한 본등기청구권은 채권적 권리로써 10년의 시효에 걸린다. 가등기가 존속하고 있다고 해서 본등기청구권이 소멸시효에 걸리지 않는 것도 아니다.

Ⅷ. 명인방법에 의한 물권변동

1. 일반론

(1) 의 의

명인방법이란 지상물을 토지로부터 물리적으로 분리하지 않은 채로 토지의 소유권과 독립해서 그 자체만을 거래하기 위해 이용되는 공시방법이다(명인방법의 실시는 법률행위가 아니다). 명인방법에 의한 공시는 그 공시방법이 계속되어야 하며, 지상물에 관한 물권변동의 성립요건이다.

┃**판 례** [1] 부동산의 소유자는 그 부동산에 부합한 물건의 소유권을 취득하지만, 타인의 권원에 의하여 부속된 것은 그러하지 아니하다(민법 제256조). **토지 위에 식재된 입목은 토지의 구성부분으로 토지의 일부일 뿐 독립한 물건으로 볼 수 없으므로** 특별한 사정이 없는 한 **토지에 부합**하고, **토지의 소유자는 식재된 입목의 소유권을 취득**한다.
[2] 토지 위에 식재된 입목을 그 **토지와 독립하여 거래의 객체로 하기 위해서는 '입목에 관한 법률'에 따라 입목을 등기하거나 명인방법을 갖추어야** 한다. 물권변동에 관한 성립요건주의를 채택하고 있는 민법에서

명인방법은 부동산의 등기 또는 동산의 인도와 같이 입목에 대하여 물권변동의 성립요건 또는 효력발생요건에 해당하므로 식재된 입목에 대하여 **명인방법을 실시해야 그 토지와 독립하여 소유권을 취득**한다. 이는 토지와 분리하여 입목을 처분하는 경우뿐만 아니라, 입목의 소유권을 유보한 채 입목이 식재된 토지의 소유권을 이전하는 경우에도 마찬가지이다(대판 2021. 8. 19, 2020다266375).

(2) 인정범위

명인방법에 의하여 물권변동이 일어나는 권리는 <u>소유권의 양도</u> 및 이와 동시에 할 수 있는 것 또는 <u>양도담보에 한하며, 저당권 기타 제한물권의 설정은 허용되지 않는다.</u>

2. 명인방법과 관련된 판례정리

판례는 명인방법은 지상물이 독립된 물건이며 현재의 소유자가 누구라는 사실이 명시되어야 한다는 입장이다(대판 1990. 2. 13, 89다카23022).

(1) 긍정 예

1) 집달관이 임야의 입구부근에 그 지상입목이 甲의 소유에 속한다고 공시문을 붙인 팻말을 세운 경우에는 입목에 대한 명인방법으로 유효하다.
2) 입목에 새끼줄을 치고 또는 철인으로 ○표를 하고 요소에 소유자를 게시한 경우에는 입목에 대한 명인방법으로 인정할 수 있다.
3) 임야지반과 분리하여 입목을 매수하여 그 소유권양도를 받은 사람이 임야의 수개소에 「입산금지 소유자 ○」라는 표말을 써서 붙인 경우에는 입목소유권취득의 명인방법으로 부족하다 할 수 없다.

(2) 부정한 예

1) 토지의 주위에 울타리를 치고 그 안에 수목을 정원수로 심어 가꾸어온 사실만으로는 명인방법을 긍정할 수 없다.
2) 법원의 검증 당시 시행한 페인트칠과 번호표기는 수목의 소유권을 공시하는 명인방법으로 볼 수 없다.

> **판례** 명인방법은 지상물이 독립된 물건이며 현재의 소유자가 누구라는 것이 명시되어야 하므로, 법원의 검증 당시 재관장의 수령 10년 이상된 수목을 흰 페인트칠로 표시하라는 명에 따라 측량감정인이 이 사건 포푸라의 표피에 흰 페인트칠을 하고 편의상 그 위에 일련번호를 붙인 경우에는 제3자에 대하여 이 사건 포푸라에 관한 소유권이 원고들에게 있음을 공시한 <u>명인방법으로 볼 수 없다</u>(대판 1990. 2. 13, 89다카23022).

3) 특정한 임야 중의 입목 일정수량과 같이 특정이 안 된 입목을 매수한 경우에는 비록 명인방법인 게시판을 부착시켰을지라도 매수한 입목의 소유권취득을 위한 공시방법, 즉 적법한 명인방법을 갖추었다고 볼 수 없다(대판 1973. 9. 25, 73다1229).

3. 명인방법에 의한 물권의 경합

(1) 입목의 이중매매에 있어서는 관습법에 의하여 입목소유권변동에 관한 공시방법으로 인정되어 있는 명인방법을 먼저 한 사람에게 입목의 소유권이 이전된다(대판 1967. 2. 28, 66다2442).

(2) 수목의 이중양도에 있어 명인방법과 입목등기에 의한 방법이 경합되는 경우에는 선순위 공시방법을 갖춘 자가 우선한다(대판 1972. 10. 25, 72다1389).

4. 수확되지 아니한 농작물(쪽파)에 대한 소유권취득의 요건

> **사 례**
>
> 乙은 甲의 X토지 위에 무단으로 쪽파를 경작하였다. 丙은 乙로부터 쪽파를 매수하였는데 아직 명인방법은 실시하지 않고 있다. 쪽파의 소유권은 누구에게 있는가?(대판 1996. 2. 23, 95도2754)

(1) 적법한 경작권 없이 타인의 토지를 경작하였더라도 그 경작한 입도가 성숙하여 독립한 물건으로서의 존재를 갖추었으면 입도의 소유권은 **경작자**에게 귀속한다(대판 1979. 8. 28, 79다784). ☞ 따라서 농작물인 쪽파의 소유권은 토지소유자 甲이 아니라 **경작자 乙**에게 귀속한다. 乙은 **명인방법을 갖출 필요도 없다.**

(2) 하지만 **쪽파가 매매된 경우**, 매매는 법률행위이므로 법률행위에 의한 물권변동이 일어나기 위해서는 공시방법을 갖추어야 하는바, **매수인 丙이 소유권을 취득하기 위해서는 명인방법을 갖추어야** 한다(성립요건주의=형식주의). 사안에서 丙은 명인방법을 갖추지 않았으므로 쪽파의 소유권을 취득할 수 없고, 여전히 소유자는 乙이다.

> **판 례**   [1] 물권변동에 있어서 형식주의를 채택하고 있는 현행 민법하에서는 소유권을 이전한다는 의사 외에 부동산에 있어서는 등기를, 동산에 있어서는 인도를 필요로 함과 마찬가지로 이 사건 쪽파와 같은 수확되지 아니한 농작물에 있어서는 명인방법을 실시함으로써 그 소유권을 취득한다. [2] **쪽파의 매수인이 명인방법을 갖추지 않은 경우**, 쪽파에 대한 소유권을 취득하였다고 볼 수 없어 그 소유권은 여전히 매도인에게 있다(대판 1996. 2. 23, 95도2754).

동산물권의 변동

Ⅰ. 동산물권의 변동 개관

1. 동산물권의 변동도 부동산물권의 변동과 마찬가지로, '법률행위에 의한 경우'와 '법률행위에 의하지 않은 경우(법률의 규정에 의한 경우)'로 나눌 수 있다. 그런데 후자에 관해서는 부동산물권의 경우처럼 물권법 총칙부분에서 규정하지 않고, 물권법 각칙에서 개별적으로 규율하고 있다(소유권 취득 편에서 상술).

2. 동산물권의 공시방법인 점유에는 부동산물권에 있어 등기의 경우와는 달리 공신력이 인정된다. 따라서 법률행위로 인한 동산물권취득은 '권리자로부터의 취득'과 '무권리자로부터의 취득'의 둘로 나누어 볼 수 있다. 이 중 무권리자로부터의 취득은 법률행위를 매개로 하지만 동산물권취득의 효과는 법률행위가 아니라 점유의 공신력을 인정하는 법률의 규정에 의해서 발생한다.

Ⅱ. 권리자로부터의 취득

제188조(동산물권양도의 효력, 간이인도)
① 동산에 관한 물권의 양도는 그 동산을 인도하여야 효력이 생긴다.
② 양수인이 이미 그 동산을 점유한 때에는 당사자의 의사표시만으로 그 효력이 생긴다.

제189조(점유개정)
동산에 관한 물권을 양도하는 경우에 당사자의 계약으로 양도인이 그 동산의 점유를 계속하는 때에는 양수인이 인도받은 것으로 본다.

제190조(목적물반환청구권의 양도)
제삼자가 점유하고 있는 동산에 관한 물권을 양도하는 경우에는 양도인이 그 제삼자에 대한 반환청구권을 양수인에게 양도함으로써 동산을 인도한 것으로 본다.

1. 민법 제188조 제1항의 적용대상

민법 제188조의 양도는 법률행위에 의한 물권의 이전을 의미하므로, 민법 제188조는 법률행위에 의한 동산소유권의 이전을 그 적용대상으로 하는 것이다.

2. 법률행위에 의한 동산소유권의 이전(형식주의·성립요건주의)

법률행위에 의해 동산소유권이 이전되려면, '물권행위'와 공시방법으로서 '인도' 두 가지 요건이 갖추어져야 한다.

(1) 물권행위

물권행위의 내용은 부동산 물권변동에서 설명한 바와 같다.

(2) 인 도

인도란 점유의 이전을 말한다. 이러한 인도에는 ① 현실의 인도, ② 간이인도, ③ 점유개정, ④ 목적물반환청구권의 양도, 이렇게 4가지가 있다. 이 중 현실의 인도가 인도의 원칙적인 모습이고, 나머지는 의사표시만으로 행하여지는 인도가 된다. 점유가 물건을 사실상 지배하는 것이라고 할 때(제192조 참조), 현실의 인도 이외의 인도는 관념적이라고 할 수 있다.

1) 현실의 인도(제188조 제1항) : 민법이 다른 간편한 인도방법을 각각 별개의 조문으로 규정하고 있는 점에서 제188조 제1항의 "인도"는 현실의 인도를 가리키는 것으로 해석한다. 이것이 인도의 원칙적인 모습이다. 현실의 인도는 물건을 교부하는 것과 같이 물건에 대한 사실상의 지배를 이전하는 것을 말하는데, 어떠한 경우에 사실상의 지배의 이전이 있다고 할 것인지는 결국 사회통념에 의하여 정하는 수밖에 없다.

2) 간이인도(제188조 제2항) : 예컨대 甲 소유의 동산을 임차하고 있던 乙이 그것을 그대로 매수하는 경우이다. 이처럼 乙이 이미 물건을 점유하고 있는 경우에는 소유권 양도의 합의만으로 소유권은 양도된다.

3) 점유개정(제189조) : 예컨대 A가 B에게 매각한 동산을 다시 B로부터 차용하는 경우이다. 이때는 소유권이전의 합의와 A가 직접점유·B가 간접점유를 갖기로 하는 합의, 두 개의 합의가 있게 된다. 사실 이러한 인도의 방식은 종전의 점유에 전혀 변화가 없어 이를 공시방법으로 인정할 수 있을 것인지가 문제 될 수 있으나, 양도인이 양수인에게 빌려 사용하는 것을 금지할 수는 없는 노릇이므로 민법은 이러한 점유개정도 인도의 한 유형으로 인정하고 있다. 다만 이러한 문제점에 입각하여 (i) 점유개정에 의한 **동산질권취득**은 민법상 부정되고(제332조), (ii) 점유개정에 의한 **선의취득**(제249조)도 부정된다.

> **판례** 〈점유개정에 의한 동산의 이중양도〉 동산의 소유자가 이를 이중으로 양도하고 각 점유개정의 방법으로 양도인 이 점유를 계속하는 경우 양수인들 사이에 있어서는 **먼저 현실의 인도를 받아 점유를 해온 자가** 소유권을 취득한다(대판 1989. 10. 24, 88다카26802).

4) 목적물반환청구권의 양도(제190조) : 예컨대 A가 B에게 맡겨 둔 동산을 B에게 맡겨둔 채로 C에게 매각하는 경우이다. 이때는 A가 B에 대해 가지는 동산의 반환청구권을 C에게 양도한다는 합의와 소유권이전의 합의를 통해 소유권이 양도된다. 이때 목적물 반환청구권은 채권적 청구권이므로, 그 양도에 관해서는 채권양도에 관한 규정(제449조 이하)이 적용된다.

인도의 종류		구체적 사례	처음에 갖고 있던 사람	나중에 갖고 있는 사람
현실의 인도	A→B	A의 자전거를 B에게 넘겨주는 것	A	B
간이인도	A→B	A가 B에게 빌려주었던 자전거를 아주 B에게 팔거나 증여	B(타주점유)	B(자주점유)
점유개정	A→B	A가 B에게 팔면서 당분간 A가 빌려타기로 하는 것	A(자주점유)	A(타주점유)
목적물반환 청구권의 양도	A→B ↓ C	A가 B에게 빌려준 자전거를 C에게 팔거나 증여	B	B

III. 선의취득(무권리자로부터의 취득)

> **제249조(선의취득)**
> 평온, 공연하게 동산을 양수한 자가 선의이며 과실없이 그 동산을 점유한 경우에는 양도인이 정당한 소유자가 아닌 때에도 즉시 그 동산의 소유권을 취득한다.

1. 의 의

민법 제249조의 동산 선의취득제도는 동산을 점유하는 자의 권리외관을 중시하여 이를 신뢰한 자의 소유권 취득을 인정하고 진정한 소유자의 추급을 방지함으로써 거래의 안전을 확보하기 위하여 법이 마련한 제도이다.

1) 민법은 부동산등기에는 공신력을 인정하지 않고 있지만 동산의 점유에는 공신력을 인정하고 있다. 그 결과 동산물권은 무권리자로부터도 유효하게 권리를 취득할 수 있다. 선의취득에 의하여 취득되는 권리는 **소유권**과 **질권**(제343조 참조)에 한한다.
2) 선의취득제도는 거래의 안전을 보호하는 반면에 진정한 권리자를 희생시키는 제도이다. 다만 진정한 권리자가 목적물을 도난·분실당한 경우에는 그 물건을 되찾을 수 있는 예외를 인정함으로써 진정한 권리자를 다소간이라도 보호하려 한다. 즉 민법은 선의취득을 권리자의 점유상실의 모

습에 따라 **점유위탁물**과 **점유이탈물**(도품·유실물)의 두 가지로 나누어 달리 규율한다.

```
┌ 점유위탁물 → 제249조
└ 점유이탈물 → 제249조, 250조, 251조
```

2. 요 건

(1) 대 상

1) 동 산

⑺ 선의취득의 객체는 동산이다. 그러므로 지상권·저당권과 같은 부동산에 대한 권리는 선의취득의 대상이 될 수 없다. 따라서 수목의 집단·입도·미분리의 과실 등은 토지의 일부이거나 토지의 구성부분에 불과하며 선의취득의 객체가 되지 못한다.

⑻ 국유문화재처럼 양도가 금지되어 있는 물건은 선의취득의 대상으로 될 수 없다.

⑼ 자동차나 중기, 선박 등은 등기·등록의 대상이므로 선의취득할 수 없다.

> **판례** [1] 자동차관리법 제6조는 "자동차 소유권의 득실변경은 등록을 하여야 그 효력이 생긴다"라고 규정하고 있다. 이는 현대사회에서 자동차의 경제적 효용과 재산적 가치가 크므로 민법상 불완전한 공시방법인 '인도'가 아니라 공적 장부에 의한 체계적인 공시방법인 '등록'에 의하여 소유권 변동을 공시함으로써 자동차 소유권과 이에 관한 거래의 안전을 한층 더 보호하려는 데 취지가 있다. 따라서 자동차관리법이 적용되는 **자동차의 소유권을 취득함에는 민법상 공시방법인 '인도'에 의할 수 없고 나아가 이를 전제로 하는 민법 제249조의 선의취득 규정은 적용되지 아니함이 원칙이다.**
> [2] 자동차관리법이 적용되는 자동차에 해당하더라도 구조와 장치가 제작 당시부터 자동차관리법령이 정한 자동차안전기준에 적합하지 아니하여 행정상 특례조치에 의하지 아니하고는 **적법하게 등록할 수 없어서 등록하지 아니한 상태에 있고 통상적인 용도가 도로 외의 장소에서만 사용하는 것이라는 등의 특별한 사정이 있다면** 그러한 자동차에 대하여 자동차관리법이 정한 공시방법인 '등록'에 의하여만 소유권 변동을 공시할 것을 기대하기는 어려우므로, 소유권을 취득함에는 민법상 공시방법인 '인도'에 의할 수도 있다. 그리고 이때는 **민법 제249조의 선의취득 규정이 적용될 수 있다**(대판 2016. 12. 15, 2016다205373).

2) 금 전

가치로서의 금전에 관해서는 선의취득에 관한 제249조의 적용을 배제하는 것이 타당하다(통설적 견해). 가치로서의 금전은 점유가 있는 곳에 소유권도 인정하는 것이 타당하기 때문이다(대신 진정한 권리자인 피해자는 부당이득청구권이나 손해배상청구권을 갖게 될 것이다). 다만 금전도 단순한 물건으로서 거래되는 경우에는 선의취득의 규정이 적용될 수 있다(예 : 진열목적 등).

3) 증권적 채권

지시채권·무기명채권 기타 유가증권은 가치가 화체된 증권으로서 보통의 동산과 다르고 또한 선의취득요건 규정이 완화된 특별규정이 있어(제514조), 동산의 선의취득에 관한 규정이 적용되지 않는다.

(2) 거래 당사자에 대한 요건
1) 양도인은 무권리자

(개) 양도인은 무권리자이어야 하지만 목적물을 점유하고 있어야 한다. 여기의 점유에는 자주점유(예컨대 매매가 취소된 경우 매수인이 처분행위를 한 경우)·타주점유(임차인) 및 직접점유·간접점유(목적물반환청구권의 양도)가 모두 포함된다.

(내) 양도인의 점유분석

(ㄱ) 선의취득 : 본인의 물건을 보관하는 자가 자신의 물건으로 하여 처분하는 경우에는 선의취득의 문제이다.

(ㄴ) 표현대리 : 한편 본인의 물건을 보관하는 자가 정당한 대리권이 없는데도 불구하고 정당한 대리인인 양 처분행위를 한 경우에는 표현대리로 처리하고 선의취득의 문제가 아니다(통설).

2) 유효한 거래행위의 존재

선의취득은 무권리자와의 거래가 유효한 것이어야 한다. 따라서 거래행위가 아니라 예컨대 타인의 산림을 자기의 것으로 믿고 벌채하여 재목을 취득한 경우에는 선의취득은 인정되지 않으며, 상속으로도 선의취득을 할 수 없다.

3) 점유의 취득이 평온·공연하고 선의·무과실일 것을 요한다. 이 때 **무과실**은 추정되지 않기 때문에 선의취득을 주장하는 자가 입증책임이 있다는 견해가 판례이다(민법 제197조 참조).

> 판례 ① 동산질권을 선의취득하기 위하여는 질권자가 평온, 공연하게 선의이며 과실없이 질권의 목적동산을 취득하여야 하고, 그 취득자의 선의, 무과실은 동산질권자가 입증하여야 한다(대판 1981. 12. 22, 80다2910).
> ② 〈선의, 무과실의 기준시점〉 민법 제249조가 규정하는 선의·무과실의 기준시점은 **물권행위가 완성되는 때**인 것이므로, **물권적 합의가 동산의 인도보다 먼저 행하여지면 인도된 때를, 인도가 물권적 합의보다 먼저 행하여지면 물권적 합의가 이루어진 때**를 기준으로 해야 한다(대판 1991. 3. 22, 91다70).

4) 양수인의 점유취득

현실의 인도, 간이인도, 반환청구권의 양도에 의한 선의취득은 인정되나, 점유개정에 의한 선의취득은 인정되지 않는다.

㈎ 간이인도와 목적물반환청구권의 양도 : 선의취득을 인정한다.

> **판례** ① 동산의 선의취득에 필요한 점유의 취득은 이미 현실적인 점유를 하고 있는 양수인에게는 **간이인도**에 의한 점유취득으로 그 요건은 충족된다(대판 1981. 8. 20, 80다2530). ② 양도인이 소유자로부터 보관을 위탁받은 동산을 제3자에게 보관시킨 경우에 양도인이 그 제3자에 대한 **반환청구권을 양수인에게 양도하고 지명채권 양도의 대항요건을 갖추었을 때**에는 동산의 선의취득에 필요한 점유의 취득 요건을 충족한다(대판 1999. 1. 26, 97다48906).

㈏ 점유개정 : 관념적 점유이전방법 중에서 가장 불명확하고, 외부에서 거래행위의 존재를 전혀 인식할 수 없다는 점 등을 이유로 선의취득을 부인하는 견해가 다수설 및 판례의 태도이다. 따라서 예컨대 타인(甲)의 소유동산을 보관하던 乙을 소유자로 오인하여 그로부터 동산을 매수함과 동시에 그것을 乙에게 임대해준 丙은 그 동산을 선의취득할 수 없다.

> **판례** 동산의 선의취득에 필요한 점유의 취득은 현실적 인도가 있어야 하고 **점유개정에 의한 점유취득만으로서는 그 요건을 충족할 수 없다**(대판 1978. 1. 17, 77다1872).

3. 선의취득의 효과

통설과 판례는 선의취득을 원시취득으로 이해한다. 따라서 종전 소유자에게 존재했던 제한은 선의취득과 더불어 소멸한다.

> **판례** [1] 민법 제249조의 동산 선의취득제도는 동산을 점유하는 자의 권리외관을 중시하여 이를 신뢰한 자의 소유권 취득을 인정하고 진정한 소유자의 추급을 방지함으로써 거래의 안전을 확보하기 위하여 법이 마련한 제도이므로, 위 법조 소정의 요건이 구비되어 동산을 선의취득한 자는 권리를 취득하는 반면 종전 소유자는 소유권을 상실하게 되는 법률효과가 법률의 규정에 의하여 발생되므로, 선의취득자가 임의로 이와 같은 **선의취득 효과를 거부하고 종전 소유자에게 동산을 반환받아 갈 것을 요구할 수 없다.** [2] 채무자 이외의 자의 소유에 속하는 동산을 경매하여 그 매득금을 배당받은 채권자가 그 동산을 경락받아 선의취득자의 지위를 겸하고 있는 경우, 배당받은 채권자가 법률상 원인 없이 이득을 한 것은 배당액이지 선의취득한 동산이 아니므로, 동산의 전 소유자가 임의로 그 동산을 반환받아 가지 아니하는 이상 동산 자체를 반환받아 갈 것을 요구할 수는 없고 단지 **배당금을 부당이득으로 반환할 수밖에 없다**(대판 1998. 6. 12, 98다6800).

4. 도품·유실물에 대한 특칙

> **제250조(도품, 유실물에 대한 특례)**
> 전조의 경우에 그 동산이 도품이나 유실물인 때에는 피해자 또는 유실자는 도난 또는 유실한 날로부터 2년내에 그 물건의 반환을 청구할 수 있다. 그러나 도품이나 유실물이 금전인 때에는 그러하지 아니하다.

> **제251조(도품, 유실물에 대한 특례)**
>
> 양수인이 도품 또는 유실물을 경매나 공개시장에서 또는 동종류의 물건을 판매하는 상인에게서 선의로 매수한 때에는 피해자 또는 유실자는 양수인이 지급한 대가를 변상하고 그 물건의 반환을 청구할 수 있다.

(1) 점유보조자의 횡령

1) 도품과 유실물의 경우 피해자 또는 유실자는 2년 내에 그 물건을 점유하는 자에게 2년간 무상으로 반환을 청구할 수 있다(거래안전이 침해되기 때문에 금전은 제외하고 있다). 특칙이 적용되는 경우는 도품·유실물의 경우만이고, 사기·횡령에 의한 경우는 포함되지 않는다.

2) 특히 점유보조자의 횡령은 형법상 절도죄에 해당하는 경우라도 도품으로 취급하지 아니함이 판례이다. 이는 거래안전을 위한 것이다.

> **판례** 〈수탁자가 횡령한 물건이나 점유보조자 내지 소지기관이 횡령한 물건이 민법 제250조, 제251조 소정의 도품·유실물에 해당하는지 여부(소극)〉 민법 제250조, 제251조 소정의 도품·유실물이란 원권리자로부터 점유를 수탁한 사람이 적극적으로 제3자에게 부정 처분한 경우와 같은 위탁물 횡령의 경우는 포함되지 아니하고 또한 **점유보조자 내지 소지기관의 횡령**처럼 **형사법상 절도죄가 되는 경우**도 형사법과 민사법의 경우를 동일시 해야 하는 것은 아닐 뿐만 아니라 진정한 권리자와 선의의 거래 상대방간의 이익형량의 필요성에 있어서 위탁물 횡령의 경우와 다를 바 없으므로 이 역시 민법 제250조의 도품·유실물에 해당되지 않는다(대판 1991. 3. 22, 91다70).

(2) 청구권자와 상대방

반환청구권자는 피해자 또는 유실자이다. 그리고 반환청구의 상대방은 도품 또는 유실물을 현재 점유하고 있는 자이다. 따라서 목적물을 직접 도둑 또는 습득자로부터 취득한 자뿐 아니라 그의 특정승계인도 포함한다.

(3) 금전의 경우

도품이나 유실물이 금전인 때에는 특칙이 적용되지 않는다(제250조 단서). 즉 도품이나 유실물이 금전인 때에는 다시 예외가 인정되어 소유자가 그 금전을 반환청구할 수 없다는 것이다. 이 규정에서의 금전이란 단순한 물건으로서 거래되는 경우를 뜻한다고 해석된다. 예컨대 훔친 옛날 화폐를 선의로 매수한 경우에는 제249조가 적용되어 양수인이 그 소유권을 취득하게 된다.

(4) 대가변상청구권의 성질

1) 제250조에 따라 2년간 무상으로 반환을 청구할 수 있다면 양수인의 피해가 크므로,민법은 다시 제251조를 두어 대가의 변상을 인정하고 있다. 이러한 대가변상청구권에 관한 규정은 선의취득자에게 대가변상의 청구권을 부여한 규정이라고 한다(통설·판례). 즉 단순한 항변권이 아닌 청구권으로 이해한다. 따라서 선의취득자가 일단 목적물을 반환한 후에도 대가를 청구할 수 있고, 대가를 변상하지 않으면 다시 목적물의 반환을 청구할 수 있는 권리를 잃지 않는다.

> **판례** 민법 제251조의 규정은 선의취득자에게 그가 지급한 댓가의 변상을 받을 때까지는 그 물건의 반환청구를 거부할 수 있는 항변권만을 인정한 것이 아니고 피해자가 그 물건의 반환을 청구하거나 어떠한 원인으로 반환을 받은 경우에는 그 댓가변상의 청구권이 있다는 취지이다(대판 1972. 5. 23, 72다115).

2) 제251조에서는 양수인의 선의만을 명시하고 있지만, 동조는 제249조에 대한 특칙으로서 그것을 전제로 하는 규정이므로, 양수인이 대가변상청구를 할 수 있기 위해서는 평온·공연·선의 뿐만 아니라 **무과실**도 요구된다. 따라서 제249조의 요건이 충족되지 않은 경우에는 소유자는 2년의 기간 제한 없이 소유권에 기하여 반환청구할 수 있고, 양수인이 경매나 공개시장 등에서 매수한 때에도 대가를 변상하지 않고 그 물건의 반환을 청구할 수 있다.

> **판례** 민법 제251조는 민법 제249조와 제250조를 전제로 하고 있는 규정이므로 **무과실**도 당연한 요건이라고 해석하여야 한다(대판 1991. 3. 29, 91다70).

물권의 소멸

POINT

물권의 소멸에는 물권 그 자체가 객관적으로 그 존재를 잃어버리는 절대적 소멸과 물권의 이전을 전주의 입장에서 본 상대적 소멸이 있다. 상대적 소멸은 물권변동이론으로서 이미 검토하였다. 물권의 절대적 소멸원인에는 모든 물권에 공통하는 것과 각종의 물권에 특유한 것이 있다. 여기서는 모든 물권에 공통되는 소멸원인으로서 목적물의 멸실, 소멸시효, 포기, 공용징수, 혼동 등을 설명하고자 한다. 민법의 물권편에서는 물권의 절대적 소멸원인 중에서 혼동에 관해서만 규정되어 있고, 소멸시효는 민법총칙편에 규정되어 있다.

Ⅰ. 목적물의 멸실

1. 서 설

물권은 물건을 지배하는 권리이므로 물건이 멸실되면 물권도 소멸하게 된다. 물건의 멸실이라고 하더라도 물리적으로 완전히 소멸하여 버리는 경우가 있고(물건의 소실), 멸실물의 물질적 변형물이 남는 경우도 있고(무너진 집의 목재), 멸실물의 가치적 변형물이 남는 경우도 있다(건물이 멸실된 경우에 이에 대한 보험금청구권이나 손해배상청구권 등).

2. 내 용

(1) 물권은 원칙적으로 목적물의 물질적 변형물에 미친다. 즉 물건의 일부가 멸실된 경우에는 잔여부분에 관하여 존속한다. 예컨대 건물이 붕괴되어 소멸하게 된 경우, 그 건물에 대한 부동산소유권은 소멸하나 그 붕괴목재에 대한 동산소유권으로 존속하고, 그 건물 위의 저당권은 그 붕괴목재에 미친다. 그리고 교환가치지배권으로서의 본질을 가지는 담보물권은 그 목적물이 멸실되어도 그 목적물에 갈음하는 가치적 변형물에 존속한다. 이를 물상대위라 한다(제342조, 제370조).

(2) 목적물의 멸실에 의해서 물권이 소멸하면 그 후 동일한 물건이 재생되었다하더라도 소멸되었던 물권은 다시 발생하지 않는다.

> **판례** 토지소유권의 상실 원인이 되는 포락이라 함은 토지가 바닷물이나 적용 하천의 물에 개먹어 무너져 바다나 적용하천에 떨어져 그 원상복구가 불가능한 상태에 이르렀을 때를 말하고, 토지가 다시 성토화되었다하더라도 소멸되었던 포락한 토지에 대한 종전의 소유권은 영구히 소멸되고 그 성토화된 토지에 대한 소유권을 다시 취득하지 못한다(대판 1983. 12. 27, 83다카1561).

Ⅱ. 소멸시효

1. 서 설

우리 민법은 채권 기타의 청구권뿐만 아니라 소유권을 제외한 물권도 소멸시효에 걸리는 것으로 하고 있다(제162조 제2항). 소유권은 소멸시효에 걸리지 않으나, 취득시효의 반사적 효과로서 소멸하는 일이 있다.

2. 물권의 소멸시효 대상 여부

(1) 점유권은 점유라는 사실에 의해서 성립되고, 점유가 계속되는 한 점유권도 존속하며, 점유를 상실하는 경우에는 점유권도 소멸하므로 소멸시효가 적용될 여지가 없다(제192조 참조).

(2) 유치권은 그것이 존속하기 위해서는 점유의 계속이 필요하고 점유를 상실하는 경우에는 유치권도 소멸한다(제320조, 제328조). 따라서 소멸시효가 적용될 여지가 없다.

(3) 담보물권은 피담보채권이 존속하고 있는 이상 독립하여 소멸시효에 걸리지 않는다(제369조 참조). 다만 채권이 담보권과는 별개로 소멸시효가 진행하여 시효가 완성되기 때문에 부종성에 의하여 소멸하는 것은 별개이다(제326조 참조).

(4) 따라서 실제로 물권이 소멸시효에 걸릴 수 있는 것은 지상권·지역권·전세권의 3개뿐인데, 지상권과 전세권이 소멸시효에 걸리는가 하는 점에 대하여 논란이 있다. 지역권만이 논란 없이 소멸시효에 걸린다(제296조 참조).

Ⅲ. 물권의 포기

물권의 포기는 물권을 소멸시키는 의사표시로써 성립하는 물권적 단독행위이다. 소유권이나 점유권 등과 같은 물권의 포기는 상대방 없는 단독행위이고, 제한물권의 포기는 그 포기에 의하여 직접 이익을 받는 자(일반적으로 소유자)에 대하여 하여야 하는 상대방 있는 단독행위이다. 포기로 인한 물권의 소멸은 법률행위에 의한 물권변동이므로 부동산물권의 경우에는 물권적 의사표시와 등기를, 동산물권의 경우에는 물권적 의사표시와 점유의 포기를 필요로 한다.

Ⅳ. 공용징수

공용징수란 특정한 공익사업용으로 사용하기 위하여 소유권 기타 재산권의 강제적 취득을 말하며, 이에 의하여 공익사업의 주체는 원시적으로 권리를 취득하고, 피징수자의 권리는 소멸한다(토지수용법 제2조 이하).

V. 혼 동

> **제191조(혼동으로 인한 물권의 소멸)**
> ① 동일한 물건에 대한 소유권과 다른 물권이 동일한 사람에게 귀속한 때에는 다른 물권은 소멸한
>   다. 그러나 그 물권이 제삼자의 권리의 목적이 된 때에는 소멸하지 아니한다.
> ② 전항의 규정은 소유권이외의 물권과 그를 목적으로 하는 다른 권리가 동일한 사람에게 귀속한 경
>   우에 준용한다.
> ③ 점유권에 관하여는 전2항의 규정을 적용하지 아니한다.

1. 서 설

혼동이란 서로 대립하는 두 개의 법률상의 지위 또는 자격이 동일인에게 귀속하는 것을 말한다. 이러한 경우에는 일반적으로 두 개의 지위 또는 자격을 병존시키는 것은 무의미하므로 그 중 한쪽은 다른 쪽에 흡수되어서 소멸하는 것이 원칙이다. 혼동이 일어나게 된 법률상의 원인은 묻지 않는다. 소유권을 취득(특정승계)하거나, 상속하는 경우 또는 회사의 합병(포괄승계) 등이 있다. 혼동은 채권과 물권에 공통하는 소멸원인이다(제191조·제507조). 채권의 혼동은 채권법에서 후술한다.

2. 원 칙

동일한 물건에 대한 소유권과 다른 물권이 동일한 사람에게 귀속한 때에는 다른 물권은 소멸한다. 민법이 인정하는 물권의 혼동에는 소유권과 제한물권과의 혼동, 제한물권과 그 제한물권을 목적으로 하는 다른 제한물권과의 혼동의 두 유형으로 나누어진다. 그리고 혼동의 원칙은 부동산·동산물권에 모두 적용된다.

> **판 례** 甲이 乙로부터 금원을 차용함에 있어 그 담보조로 甲 소유 부동산에 관하여 지상권설정등기를 경료한 후 다시 乙로부터 금원을 차용하면서 **양도담보**를 내용으로 하는 제소전 화해조서의 집행에 의하여 같은 부동산에 관하여 乙 명의의 소유권이전등기가 경료되었다고 하더라도 **甲과 乙 사이에 있어서는 그 소유권은 의연히 甲에게 남아있는 것이므로** 乙 명의의 지상권이 혼동으로 소멸되는 것은 아니다(대판 1980. 12. 23, 80다2176). ☞ 양도담보의 경우 대내적 소유권은 양도담보설정자에게 있다는 이유로 혼동에 의한 지상권의 소멸을 부정한 사례이다.

> **참고지문** (2007 변리사 기출) 甲이 자기 소유의 부동산에 대하여 乙에게 지상권을 설정해 준 후 甲이 乙에게 담보목적의 소유권이전등기(양도담보)를 해 주었다면 乙의 지상권은 소멸한다(×).

3. 본인이나 제3자의 이익을 위한 경우는 예외

(1) 물권이 제3자의 권리의 목적이 된 때에는 혼동으로 소멸하지 아니한다(제191조 제1항 단서). 즉 제3자의 이익을 위해 제한물권이 존속해야 할 필요가 있는 경우에는 혼동에 의한 소멸은 인정되

지 않는다. 조문은 제3자의 이익을 위한 경우만을 규정하고 있는데, 이러한 법리는 <u>본인의 이익을 위한 경우에도 마찬가지이다</u>(통설·판례).

> **판례** 어떠한 물건에 대한 소유권과 다른 물권이 동일한 사람에게 귀속한 경우 그 제한물권은 혼동에 의하여 소멸하는 것이 원칙이지만, **본인** 또는 **제3자**의 이익을 위하여 그 제한물권을 존속시킬 필요가 있다고 인정되는 경우에는 혼동으로 소멸하지 않는다(대결 2013. 11. 19. 자 2012마745).

(2) 구체적 사례

1) 본인의 이익을 위한 경우 : 甲의 토지 위에 乙이 선순위저당권, 丙이 후순위저당권을 가지고 있는 경우, 乙이 토지소유권을 취득한다고 하더라도 乙의 저당권은 소멸하지 않는다.

> **판례** ① 한 물건에 대한 소유권과 제한물권이 한 사람에게 돌아갔을 때는 제한물권은 소멸하는 것이 원칙이나 그 물건이 제3자의 권리 목적으로 되어 있고 또한 제3자의 권리가 혼동된 제한물권보다 **아래순위에 있을 때**에는 혼동된 제한물권이 (본인을 위해) 소멸하지 아니한다(대판 1999. 4. 13, 98도4022). ② 어느 부동산에 관해 자신의 근저당권보다 **열위에 있는** 가압류채권자가 있는 경우에 그 근저당권자가 위 부동산을 매수하여 소유권을 취득하였다면 그의 근저당권이 혼동으로 소멸하게 된다면 가압류채권자들은 부당한 이득을 보는 반면 근저당권자는 손해를 보게 되므로, 이 경우 그 근저당권은 혼동으로 소멸하지 않는다(대판 1998. 7. 10, 98다18643). ③ 부동산에 대한 소유권과 임차권이 동일인에게 귀속하게 되는 경우 임차권은 혼동에 의하여 소멸하는 것이 원칙이지만, 그 임차권이 대항요건을 갖추고 있고 또한 그 **대항요건을 갖춘 후에 저당권이 설정된 때**에는 혼동으로 인한 물권소멸 원칙의 예외 규정인 민법 제191조 제1항 단서를 준용하여 임차권은 소멸하지 않는다(대판 2001. 5. 15, 2000다12693).

> **비교사례** 甲소유의 토지에 乙의 1번저당권, 丙의 2번저당권이 있는 경우에 丙이 토지소유권을 취득하면 乙의 1번저당권의 존재에도 불구하고 丙의 2번저당권은 소멸한다. ☞ 제3자의 권리가 혼동의 대상이 되는 제한물권보다 **선순위**인 경우에는 그 제한물권은 혼동으로 소멸한다.

2) 제3자의 이익을 위한 경우 : A토지의 지상권자 甲이 상속으로 그 소유권을 취득한 경우에도 그 지상권이 乙의 저당권의 목적인 때에는 甲의 지상권은 혼동으로 소멸하지 아니한다.

4. 가등기에 기한 본등기청구권

(1) 채권은 채권과 채무가 동일한 주체에 귀속한 때에 한하여 혼동으로 소멸하는 것이 원칙이고, 어느 특정의 물건에 관한 채권을 가지는 자가 그 물건의 소유자가 되었다는 사정만으로는 채권과 채무가 동일한 주체에 귀속한 경우에 해당한다고 할 수 없어 그 물건에 관한 채권이 혼동으로 소멸하는 것은 아니다(대판 2007. 2. 22, 2004다59546).

(2) 甲이 토지를 乙에게 명의신탁하고 장차의 소유권이전등기청구권의 보전을 위하여 자신의 명의

로 가등기를 경료한 경우, 甲이 후에 가등기와는 상관없이 소유권이전등기를 넘겨받은 때에는 가등기에 기한 본등기청구권이 혼동으로 소멸하지 않는다(대판 1995. 12. 26, 95다29888).

> **판례** 가등기권자가 가등기에 기한 본등기의 절차에 의하지 아니하고 별도의 소유권이전등기를 경료받은 경우에도, 가등기에 기한 본등기청구권은 채권으로서 혼동에 의하여 소멸하는 것이 아니기 때문에, 특별한 사정이 없는 한 가등기권자는 가등기의무자에 대하여 재차 가등기에 기한 본등기 절차의 이행을 청구할 수 있다(대판 2007. 2. 22, 2004다59546; 대판 2003. 6. 13, 2002다68683 등).

5. 권리의 성질상 혼동으로 소멸하지 않는 경우

점유권은 성질상 혼동으로 소멸하지 않는다(제191조 제3항).

6. 혼동의 효과

혼동에 의하여 물권은 절대적으로 소멸한다. 따라서 혼동 전의 상태로 복귀되더라도 일단 소멸한 물권은 부활하지 않는다. 그러나 혼동을 생기게 한 **원인이 부존재하거나 원인행위가 무효·취소·해제 등으로 효력을 가지지 않는 때**에는 소멸한 물권은 부활한다.

> **판례** 〈대판 1971. 8. 31, 71다1386〉 근저당권자가 소유권을 취득하면 그 근저당권은 혼동에 의하여 소멸하지만 그 뒤 그 소유권취득이 **무효인 것이 밝혀지면** 소멸하였던 근저당권은 당연히 부활한다.

CHAPTER 6 점유권

POINT

I. 점유권 총설

> **제192조(점유권의 취득과 소멸)**
> ① 물건을 사실상 지배하는 자는 점유권이 있다.
> ② 점유자가 물건에 대한 사실상의 지배를 상실한 때에는 점유권이 소멸한다. 그러나 제204조의 규정에 의하여 점유를 회수한 때에는 그러하지 아니하다.

1. 의 의

물건에 대한 점유란 사회관념상 어떤 사람이 사실적으로 지배하고 있는 객관적 상태를 말하는 것으로서, 사실적 지배는 반드시 물건을 물리적, 현실적으로 지배하는 것만을 의미하는 것이 아니고, 그 인정 여부는 물건과 사람 사이의 시간적, 공간적 관계와 본권 관계, 타인 지배의 배제 가능성 등을 고려해서 사회관념에 따라 합목적적으로 판단해야 한다(대판 2022. 2. 10, 2018다298799).

> **판례** ① [1] 사회통념상 건물은 그 부지를 떠나서는 존재할 수 없는 것이므로 건물의 부지가 된 토지는 그 건물의 소유자가 점유하는 것으로 볼 것이고, 이 경우 **건물의 소유자**가 현실적으로 건물이나 그 부지를 점거하고 있지 아니하고 있더라도 그 건물의 소유를 위하여 그 부지를 점유한다고 보아야 한다. [2] 미등기건물을 양수하여 건물에 관한 사실상의 처분권을 보유하게 됨으로써 그 양수인이 건물부지 역시 아울러 점유하고 있다고 볼 수 있는 등의 다른 특별한 사정이 없는 한 **건물의 소유명의자가 아닌 자**로서는 실제로 그 건물을 점유하고 있다고 하더라도 그 건물의 부지를 점유하는 자로는 볼 수 없다(대판 2003. 11. 13, 2002다57935).
> ② **건물 공유자 중 일부만이 당해 건물을 점유**하고 있는 경우라도 그 **건물의 부지는 건물 소유를 위하여 공유명의자 전원이 공동으로 이를 점유하고 있는 것**으로 볼 것이며, 건물 공유자들이 건물부지의 공동점유로 인하여 건물부지에 대한 소유권을 시효취득하는 경우라면 그 취득시효 완성을 원인으로 한 소유권이전등기청구권은 당해 건물의 공유지분비율과 같은 비율로 건물 공유자들에게 귀속된다(대판 2003. 11. 13, 2002다57935).
> ③ 대지의 소유자로 등기한 자는 보통의 경우 등기할 때에 대지를 인도받아 점유를 얻은 것으로 보아야 하므로 등기사실을 인정하면서 특별한 사정의 설시 없이 점유사실을 인정할 수 없다고 판단해서는 아니 된다. 그러나 이는 임야나 대지 등이 매매 등을 원인으로 양도되고 이에 따라 **소유권이전등기**가 마쳐진 경우에 그렇다는 것이지, **소유권보존등기**의 경우에도 마찬가지라고 볼 수는 없다(왜냐하면 소유권보존등기는 이전등기와 달리 해당 토지의 양도를 전제로 하는 것이 아니기 때문이다)(대판 2013. 7. 11, 2012다201410).

2. 요 건

점유는 위와 같이 사실상 지배라는 객관적 요건에 의하여 성립하므로 주관적 요건으로서의 점유의

사는 필요 없지만, 적어도 사실적 지배관계를 가지려는 의사 즉 점유설정의사는 필요하다는 것이 통설이다. 이러한 점유설정의사는 일정한 법률효과의 발생을 의욕하는 것이 아닌 자연적 의사로 충분하다고 한다. 따라서 예컨대 제한능력자라도 이러한 점유설정의사는 충분히 가질 수 있다.

Ⅱ. 점유의 관념화 현상

점유를 하면 점유권이 발생하는 것이 원칙이다(사실상 지배=점유=점유권). 그러나 그 예외도 있는데, 점유보조자·간접점유자·상속인의 점유가 그것이다.

1. 점유보조관계

> **제195조(점유보조자)**
> 가사상, 영업상 기타 유사한 관계에 의하여 타인의 지시를 받아 물건에 대한 사실상의 지배를 하는 때에는 그 타인만을 점유자로 한다.

(1) 개 념

물건을 사실상 지배하고 있으나 점유자가 되지 못하는 자를 점유보조자라 한다. 예컨대 상점의 점원·가정부·은행의 출납원·공장의 근로자·공무집행중의 공무원 등이 이에 해당한다. 이에 대하여 점유보조자와 특정한 관계에 있는 자로서 물건을 사실상 지배하고 있지는 않으나 점유자인 자를 점유주라 한다.

(2) 점유보조관계의 특징

1) 점유보호청구권

점유주는 점유보호청구권이 있지만, 점유보조자에게는 인정되지 않는다. 또한 점유보조자는 점유보호청구권의 상대방이 되지도 않는다.

2) 자력구제권

점유보조자는 점유권은 없지만 점유주를 위한 자력구제권을 행사할 수 있다(제209조 참조).

2. 간접점유

> **제194조(간접점유)**
> 지상권, 전세권, 질권, 사용대차, 임대차, 임치 기타의 관계로 타인으로 하여금 물건을 점유하게 한자는 간접으로 점유권이 있다.

> **제207조(간접점유의 보호)**
> ① 전3조의 청구권은 제194조의 규정에 의한 간접점유자도 이를 행사할 수 있다.
> ② 점유자가 점유의 침탈을 당한 경우에 간접점유자는 그 물건을 점유자에게 반환할 것을 청구할 수 있고 점유자가 그 물건의 반환을 받을 수 없거나 이를 원하지 아니하는 때에는 자기에게 반환할 것을 청구할 수 있다.

(1) 개 념

직접점유와 대립하는 간접점유는 어떤 자가 타인간의 일정한 법률관계에 기하여 그 타인에게 점유를 이전한 경우에 그 자에게 인정되는 점유이다. 간접점유는 물건을 사실상 지배하지 않음에도 불구하고 점유가 인정되는 점유의 관념화의 현상을 나타낸다. 예컨대 A가 그의 주택을 B에게 임대한 경우에는 B는 직접점유자가 되고 A는 B를 매개로 하여 간접으로 점유를 하게 되는 간접점유자가 된다. 간접점유자는 점유보조자와 달라서 점유권이 인정된다.

(2) 간접점유의 성립요건

1) 특정인의 직접점유

여기서 특정인은 점유매개자인 직접점유자이다. 즉 점유매개자가 물건을 직접점유하여야 한다. 다만 점유매개관계는 중첩적으로 존재할 수 있다. 이때는 점유매개자의 점유가 직접점유일 수도 있고 간접점유일 수도 있다.

2) 점유매개관계의 존재

그것은 일시적인 법률관계이기 때문에 반드시 반환청구권이 있다. 따라서 직접점유는 언제나 타주점유이어야 한다.

(3) 간접점유자의 지위

1) 간접점유자도 점유권에 기한 물권적 청구권을 행사할 수 있다(제207조). 다만 **직접점유자가 임의로 점유를 타에 양도한 경우**에는 점유이전이 간접점유자의 의사에 반한다 하더라도 간접점유자의 점유가 침탈된 경우에 해당하지 않는다(대판 1993. 3. 9, 92다5300).

2) 간접점유자에게 자력구제권은 인정되지 않는다(다수설).

3. 상속인의 점유

> **제193조(상속으로 인한 점유권의 이전)**
> 점유권은 상속인에 이전한다.

상속인은 사실상 점유 없이도 관념적으로 점유권을 갖는다.

Ⅲ. 점유의 태양(모습)

> **제197조(점유의 태양)**
> ① 점유자는 소유의 의사로 선의, 평온 및 공연하게 점유한 것으로 추정한다.
> ② 선의의 점유자라도 본권에 관한 소에 패소한 때에는 그 소가 제기된 때로부터 악의의 점유자로
>   본다.

1. 유형 검토

(1) 자주점유와 타주점유

점유자가 '소유의 의사'를 가지고서 하는 점유가 자주점유이고, 그 이외의 점유가 타주점유이다. 자
주점유에서 소유의 의사란 소유자가 할 수 있는 것과 같은 배타적 지배를 사실상 행사하려고 하는 의
사를 말한다.

(2) 선의점유·악의점유

점유할 수 있는 권리, 즉 본권이 없는 데도 불구하고 있다고 오신해서 하는 점유가 선의점유이고,
본권이 없음을 알면서 또는 본권의 유무에 관하여 의심을 품으면서 하는 점유가 악의점유이다.

(3) 과실(過失) 있는 점유·과실 없는 점유

선의점유에 있어서 그 오신에 과실이 있느냐 없느냐에 의한 구별이다.

(4) 평온·공연의 점유와 폭력·은비의 점유

점유를 취득하는데 강폭행위를 사용하지 않은 것이 평온점유이고, 강폭행위를 쓴 것이 폭력점유이
다. 한편 점유를 하는 데 있어 남몰래 하는 점유가 은비의 점유이고 남몰래 하지 않는 점유를 공연한
점유라고 한다.

> **판례** 점유자가 소유자로부터 이의를 받은 사실이 있다하더라도 그러한 사실만으로 곧 평온·공연한 점유가
> 부정되지는 않는다(대판 1994. 12. 9, 94다15025).

(5) 하자 있는 점유와 하자 없는 점유

하자 있는 점유란 악의·과실·강폭·은비·불계속 등의 사정이 있는 점유를 말하고, 하자 없는 점유
란 선의·무과실·평온·공연·계속 등의 사정이 있는 점유를 말한다.

2. 자주점유

(1) 구별기준

1) 점유자의 점유가 소유의 의사 있는 자주점유인지 아니면 소유의 의사 없는 타주점유인지의 여부는 점유자의 내심의 의사에 의하여 결정되는 것이 아니라 **점유 취득의 원인이 된 권원의 성질**이나 점유와 관계가 있는 모든 사정에 의하여 **외형적·객관적**으로 결정되어야 한다(대판 2011. 1. 13, 2010다66699). 예컨대 다른 특별한 사정이 없는 이상 **매수인의 점유**는 소유의 의사로써 하는 것이라고 해석된다(대판 1981. 11. 24, 80다3083; 대판 1997. 7. 8, 95다48766).

2) 취득시효에 있어서 자주점유라 함은 소유자와 동일한 지배를 하려는 의사를 가지고 하는 점유를 의미하는 것이지 법률상 그러한 지배를 할 수 있는 권원 즉 소유권을 가지고 있거나 또는 소유권이 있다고 믿고서 하는 점유를 의미하는 것은 아니다(대판 1996. 10. 11, 96다23719).

3) 소유의 의사는 **점유개시시**에 존재하면 족하다.

> **판례** ① 부동산을 매수하여 이를 점유하게 된 자는 그 매매가 무효가 된다는 사정이 있음을 알았다는 등의 특단의 사정이 없는 한 **그 점유의 시초에** 소유의 의사로 점유한 것이며, 나중에 매도자에게 처분권이 없었다는 등의 사유로 그 매매가 무효인 것이 밝혀졌다 하더라도 그와 같은 점유의 성질이 변하는 것은 아니다(대판 1996. 5. 28, 95다40328).
> ② 무효인 법률행위에 의하여 부동산을 취득하여 점유하게 된 자가 그 법률행위가 무효임을 안 때에는 일반적으로 그 점유의 시초에 있어 소유의 의사로 점유한 것으로 볼 수 없다(대판 1993. 7. 16, 92다37871).

(2) 자주점유의 추정

1) 권원의 성질상 자주점유인지·타주점유인지 분명하지 않은 경우에는, 점유자는 소유의 의사로써 점유하는 것으로 추정된다(제197조 제1항). 따라서 점유자의 상대방에게 점유자의 점유가 타주점유임에 대한 주장·입증책임이 있다(대판 2003. 8. 22, 2001다23225).

> **판례** 부동산 점유권원의 성질이 분명하지 않을 때에는 민법 제197조 제1항에 따라 점유자는 소유의 의사로 선의로 평온하고 공연하게 점유한 것으로 추정되고, 이러한 추정은 지적공부 등의 관리주체인 국가나 지방자치단체(이하 '국가 등'이라 한다)가 점유하는 경우에도 마찬가지로 적용된다. 점유자가 스스로 매매 또는 증여와 같이 자주점유의 권원을 주장하였으나 이것이 인정되지 않는 경우에도 원래 자주점유의 권원에 관한 증명책임이 점유자에게 있지 아니한 이상 그 주장의 점유권원이 인정되지 않는다는 사유만으로 자주점유의 추정이 번복된다거나 또는 점유권원의 성질상 타주점유라고 볼 수 없다. 따라서 **국가 등이 취득시효의 완성을 주장하는 토지의 취득절차에 관한 서류를 제출하지 못하고 있다고 하더라도**, 그 점유의 경위와 용도, 국가 등이 점유를 개시한 후에 지적공부에 그 토지의 소유자로 등재된 자가 소유권을 행사하려고 노력하였는지 여부, 함께 분할된 다른 토지의 이용 또는 처분관계 등 여러 가지 사정을 감안할 때 국가 등이 점유 개시 당시 공공용

재산의 취득절차를 거쳐서 소유권을 적법하게 취득하였을 가능성을 배제할 수 없는 경우에는, **국가 등의 자주점유의 추정을 부정하여 무단점유로 인정할 것이 아니다**(대판 2023. 6. 29, 2020다290767).

2) 자주점유의 추정이 깨어지는 경우

[1] 점유자의 점유가 소유의 의사 있는 자주점유인지 아니면 소유의 의사 없는 타주점유인지의 여부는 점유자의 내심의 의사에 의하여 결정되는 것이 아니라 점유 취득의 원인이 된 권원의 성질이나 점유와 관계가 있는 모든 사정에 의하여 외형적·객관적으로 결정되어야 하는 것이기 때문에 ① 점유자가 성질상 소유의 의사가 없는 것으로 보이는 권원에 바탕을 두고 점유를 취득한 사실이 증명되었거나, ② 점유자가 타인의 소유권을 배제하여 자기의 소유물처럼 배타적 지배를 행사하는 의사를 가지고 점유하는 것으로 볼 수 없는 객관적 사정, 즉 점유자가 진정한 소유자라면 통상 취하지 아니할 태도를 나타내거나 소유자라면 당연히 취했을 것으로 보이는 행동을 취하지 아니한 경우 등 외형적·객관적으로 보아 점유자가 타인의 소유권을 배척하고 점유할 의사를 갖고 있지 아니하였던 것이라고 볼 만한 사정이 증명된 경우에는 그 추정은 깨어지고, ③ 점유자가 점유 개시 당시에 소유권 취득의 원인이 될 수 있는 법률행위 기타 법률요건이 없이 그와 같은 법률요건이 없다는 사실을 잘 알면서 타인 소유의 부동산을 무단점유한 것임이 입증되었다면, 특별한 사정이 없는 한 점유자는 타인의 소유권을 배척하고 점유할 의사를 갖고 있지 않다고 보아야 하므로 그 경우에도 소유의 의사가 있는 점유라는 추정은 깨어진다. [2] 아파트의 수분양자들과 그 승계인들이 아파트의 구분소유권을 취득한 이래 오랜 기간 동안 아무 장애도 없었음에도 그 대지 지분에 관한 이전등기 요구를 전혀 하지 않은 경우 타주점유이다(대판 2011. 1. 13, 2010다66699).

(3) 이른바 악의의 무단점유[대판(전합) 1997. 8. 21, 95다28625]

1) 다수견해

점유자가 점유개시 당시에 소유권취득의 원인이 될 수 있는 법률행위 기타 법률요건이 없이 그와 같은 법률요건이 없다는 사실을 잘 알면서 타인소유의 부동산을 무단점유한 것임이 입증된 경우에도 특별한 사정이 없는 한 점유자는 타인의 소유권을 배척하고 점유할 의사를 갖고 있지 않다고 보아야 할 것이므로 이로써 소유의 의사가 있는 점유라는 추정은 깨어졌다고 할 것이다. ☞ 이 판결로 인하여 점유취득시효의 인정범위가 대폭 축소되었다.

2) 대법원의 소수견해

무단점유의 경우 권원의 성질상 소유의 의사가 없는 점유라 단정할 수 없다. 무단점유는 악의점유라는 것을 의미할 뿐 자주 또는 타주점유 여부와는 직접 관련성이 없다.

판례 ① 점유자가 점유 개시 당시에 소유권 취득의 원인이 될 수 있는 법률행위 기타 법률요건이 없이 그와 같은 법률요건이 없다는 사실을 잘 알면서 타인 소유 부동산을 무단점유한 것임이 증명된 경우, 특별한 사정이 없는 한 점유자는 타인의 소유권을 배척하고 점유할 의사를 갖고 있지 않다고 보아야 하므로, 이로써 소유의 의사가 있는 점유라는 추정은 깨어지는 것이다. 이는 **지방자치단체나 국가**가 적법한 공공용 재산의 취득절차를 밟는 등 토지를 점유할 수 있는 일정한 권원 없이 사유토지를 도로부지에 편입시킨 경우에도 **마찬가지**이다 (대판 2012. 5. 10, 2011다52017).

② [1] 부동산 실권리자명의 등기에 관한 법률 제4조 제1항은 "명의신탁약정은 무효로 한다.", 제2항은 "명의신탁약정에 따른 등기로 이루어진 부동산에 관한 물권변동은 무효로 한다. 다만 부동산에 관한 물권을 취득하기 위한 계약에서 명의수탁자가 어느 한쪽 당사자가 되고 상대방 당사자는 명의신탁약정이 있다는 사실을 알지 못한 경우에는 그러하지 아니하다."라고 규정한다. 따라서 명의신탁자와 명의수탁자가 명의신탁약정을 맺고 그에 따라 명의수탁자가 당사자가 되어 소유자와 부동산 매매계약을 체결하는 **계약명의신탁**에서, **부동산의 소유자가 명의신탁약정을 알면서** 매매계약을 체결하고 명의수탁자 앞으로 부동산의 소유권이전등기를 마쳤다면 명의수탁자 명의의 소유권이전등기는 무효가 되고 부동산의 소유권은 소유자에게 그대로 남아 있게 되므로 소유자와 매매계약관계가 없는 명의신탁자는 소유자를 상대로 소유권이전등기청구를 할 수 없다. **부동산의 소유자가 명의신탁약정을 알지 못한 채** 매매계약을 체결하고 명의수탁자 앞으로 부동산의 소유권이전등기를 마쳤다면 명의신탁약정이 무효라도 소유권이전등기는 유효하고 명의수탁자는 완전한 소유권을 취득하게 된다. [2] **계약명의신탁에서 명의신탁자는 부동산의 소유자가 명의신탁약정을 알았는지 여부와 관계없이** 부동산의 소유권을 갖지 못할 뿐만 아니라 매매계약의 당사자도 아니어서 소유자를 상대로 소유권이전등기청구를 할 수 없고, 이는 명의신탁자도 잘 알고 있다고 보아야 한다. **명의신탁자가 명의신탁약정에 따라 부동산을 점유한다면** 명의신탁자에게 점유할 다른 권원이 인정되는 등의 특별한 사정이 없는 한 **명의신탁자는 소유권 취득의 원인이 되는 법률요건이 없이 그와 같은 사실을 잘 알면서 타인의 부동산을 점유한 것이다.** 이러한 명의신탁자는 타인의 소유권을 배척하고 점유할 의사를 가지지 않았다고 할 것이므로 **소유의 의사로 점유한다는 추정은 깨어진다**(대판 2022. 5. 12, 2019다249428).

(4) 구체적인 판례의 태도

1) 상속인의 지위

㈎ 피상속인의 점유가 자주이면 상속인의 점유도 자주점유가 되고, 피상속인의 점유가 타주이면 상속인의 점유도 타주가 된다.

> **[판례]** 선대의 점유가 타주점유인 경우 선대로부터 상속에 의하여 점유를 승계한 자의 점유도 상속전과 그 성질 내지 태양을 달리하는 것이 아니어서 특단의 사정이 없는 한 그 점유가 자주점유로는 될 수 없고 그 점유가 자주점유로 되기 위하여서는 점유자가 **점유를 시킨 자에게 소유의 의사가 있는 것을 표시**하거나 또는 **신권원에 의하여 다시 소유의 의사로써 점유를 시작**하여야 한다(대판 1987. 2. 10, 86다카550).

㈏ 한편 공동상속인 중 1인이 상속 부동산 전부를 점유하고 있는 경우, 자신의 상속지분을 초과하는 부분에 대한 점유의 성질은 타주점유이다(대판 2008. 9. 25, 2008다31485).

> **[동지판례]** 공유 부동산은 공유자 한 사람이 전부를 점유하고 있다고 하여도, 다른 특별한 사정이 없는 한 권원의 성질상 다른 공유자의 지분비율의 범위 내에서는 타주점유이다(대판 1996. 7. 26, 95다51861).

2) 부동산을 타인에게 매도하여 그 인도의무를 지고 있는 매도인의 점유

판례 ① 부동산을 타인에게 매도하여 그 인도의무를 지고 있는 매도인의 점유는 특별한 사정이 없는 한 타주점유로 변경된다(대판 1997. 4. 11, 97다5824).

② 부동산에 설정된 저당권에 기하여 임의경매가 개시된 이래 부동산의 소유자가 경매의 실행을 저지하지 아니한 채 절차가 진행되어 그 부동산이 제3자에게 경락되고 대금이 납부되어 종전 소유자의 소유권이 상실되었다면, 종전 소유자가 제3자의 소유로 귀속된 부동산을 계속 점유하고 있다고 하더라도 그 점유는 달리 특별한 사정이 없는 한 권원의 성질상 타주점유로 봄이 상당하다(대판 1996. 11. 26, 96다29335, 29342 등).

3) 점유자와 등기명의자간의 권리주장

점유취득 권원의 객관적 성질에 의하여 자주점유로 인정되는 이상 **점유자가 원고가 되고 명의자가 피고가 된** 점유물에 관한 소에서 패소확정되었다 하더라도 이에 의하여 자주점유가 타주점유로 전환되는 것이 아니다(제197조 제2항과 비교). 그러나 반대로 **점유자가 피고가 되어** 패소판결이 확정된 경우에는 점유권원 없음이 확정된 경우로서 타주점유가 된다.

판례 ① (i) **점유자가 스스로 매매 또는 증여와 같이 자주점유의 권원을 주장하였으나 이것이 인정되지 않는 경우**에도, 원래 자주점유의 권원에 관한 입증책임이 점유자에게 있지 아니한 이상 그 주장의 점유권원이 인정되지 않는다는 사유만으로 자주점유의 추정이 번복된다거나 또는 점유권원의 성질상 타주점유라고 볼 수 없다(대판 2002. 2. 26, 99다72743). 같은 취지로 (ii) **점유자측에서 등기명의자를 상대로** 매매나 시효취득을 원인으로 소유권이전등기를 청구하였다가 패소확정된 경우에는, 점유자가 소유자에 대하여 어떤 의무가 있음이 확정되는 것은 아니므로 악의의 점유자가 되는 데 불과하고 타주점유로 전환되는 것은 아니다(대판 1981. 3. 24, 80다2226). ☞ 악의의 점유자로 간주되는 시점은 "그 **소가 제기된 때**로부터"이다(제197조 제2항).

② 그러나 반대로 **소유자가 점유자를 상대로** 적극적으로 소유권을 주장하여 승소한 경우에는, 점유자는 소유자에 대하여 등기말소 또는 명도 등의 의무를 부담하게 되었음이 확정되었으므로, 단순한 악의점유의 상태와는 달리 객관적으로 그와 같은 의무를 부담하고 있는 점유자로 변한 것이어서 점유자의 토지에 대한 점유는 **패소확정후 부터는** 타주점유로 전환된다(대판 1996. 10. 11, 96다19857).

4) 부동산 소유자가 아닌 사람으로부터 부동산을 매수하여 점유한 경우

판례 ① 토지매수인이 매매계약에 기하여 목적 토지의 점유를 취득한 경우에는 그 매매가 설사 타인의 토지의 매매로서 그 소유권을 취득할 수는 없다 하여도 다른 특별한 사정이 없는 이상 매수인의 점유는 소유의 의사로써 하는 것이라고 해석된다(대판 1981. 11. 24, 80다3083).

② 토지의 매수인이 매매계약에 의하여 목적 토지의 점유를 취득한 경우 설사 그것이 타인의 토지의 매매에 해당하여 그에 의하여 곧바로 소유권을 취득할 수 없다고 하더라도 그것만으로 매수인이 점유권원의 성질상 소유의 의사가 없는 것으로 보이는 권원에 바탕을 두고 점유를 취득한 사실이 증명되었다고 단정할 수 없을 뿐만 아니라, 매도인에게 처분권한이 없다는 것을 잘 알면서 이를 매수하였다는 등의 다른 특별한 사정이 입증되지 않는 한, 그 사실만으로 바로 그 매수인의 점유가 소유의 의사가 있는 점유라는 추정이 깨어지는 것이라고 할 수 없고, 민법 제197조 제1항이 규정하고 있는 점유자에게 추정되는 소유의 의사는 사실상 소유할 의사가 있는 것으로 충분한 것이지 **반드시 등기를 수반하여야 하는 것은 아니므로** 등기를 수반하지 아니한 점유임이

밝혀졌다고 하여 이 사실만 가지고 바로 점유권원의 성질상 소유의 의사가 결여된 타주점유라고 할 수 없다[대판(전합) 2000. 3. 16, 97다37661].

5) 착오로 인접 토지의 일부를 매수·취득한 토지에 속하는 것으로 믿고서 점유하게 된 경우

토지를 매수·취득하여 점유를 개시함에 있어서 **매수인이 인접 토지와의 경계선을 정확하게 확인하여 보지 아니하여 착오로 인접 토지의 일부를 그가 매수·취득한 토지에 속하는 것으로 믿고서 점유하고 있다**면 인접 토지의 일부에 대한 점유는 소유의 의사에 기한 것이므로, 자신 소유의 대지 위에 건물을 건축하면서 인접 토지와의 경계선을 정확하게 확인해 보지 아니한 탓에 착오로 건물이 인접 토지의 일부를 침범하게 되었다고 하더라도 그것이 착오에 기인한 것인 이상 **그것만으로 그 인접 토지의 점유를 소유의 의사에 기한 것이 아니라고 단정할 수는 없다**고 할 것이나, 일반적으로 자신 소유의 대지 위에 새로 건물을 건축하고자 하는 사람은 건물이 자리잡을 부지 부분의 위치와 면적을 도면 등에 의하여 미리 확인한 다음 건축에 나아가는 것이 보통이라고 할 것이므로, **그 침범 면적이 통상 있을 수 있는 시공상의 착오 정도를 넘어 상당한 정도에까지 이르는 경우에는** 당해 건물의 건축주는 자신의 건물이 인접 토지를 침범하여 건축된다는 사실을 건축 당시에 알고 있었다고 보는 것이 상당하다고 할 것이고, 따라서 **그 침범으로 인한 인접 토지의 점유는 권원의 성질상 소유의 의사가 있는 점유라고 할 수 없다**(대판 2001. 5. 29, 2001다5913).

> **판례** 〈건물이 인접 토지의 일부를 침범한 경우〉 자신 소유의 대지상에 건물을 건축하면서 인접 토지와의 경계선을 정확하게 확인해 보지 아니한 탓에 착오로 건물이 인접 토지의 일부를 침범하게 되었다고 하더라도 그것이 착오에 기인한 것인 이상 그것만으로 그 인접 토지의 점유를 소유의 의사에 기한 것이 아니라고 단정할 수는 없다고 할 것이나, 일반적으로 자신 소유의 대지 상에 새로 건물을 건축하고자 하는 사람은 건물이 자리잡을 부지 부분의 위치와 면적을 도면 등에 의하여 미리 확인한 다음 건축에 나아가는 것이 보통이라고 할 것이므로, 그 침범 면적이 통상 있을 수 있는 시공상의 착오 정도를 넘어 상당한 정도에까지 이르는 경우에는 당해 건물의 건축주는 자신의 건물이 인접 토지를 침범하여 건축된다는 사실을 건축 당시에 알고 있었다고 보는 것이 상당하다고 할 것이고, 따라서 그 침범으로 인한 인접 토지의 점유는 권원의 성질상 소유의 의사가 있는 점유라고 할 수 없다(대판 2000. 12. 8, 2000다42977, 42984, 42991).

6) 매매 대상 대지의 면적이 등기부상의 면적을 상당히 초과하는 경우

통상 부동산을 매수하려는 사람은 매매계약을 체결하기 전에 그 등기부등본이나 지적공부 등에 의하여 소유관계 및 면적 등을 확인한 다음 매매계약을 체결하므로, 매매 대상 대지의 면적이 등기부상의 면적을 상당히 초과하는 경우에는 특별한 사정이 없는 한 계약 당사자들이 이러한 사실을 알고 있었다고 보는 것이 상당하며, 그러한 경우에는 매도인이 그 초과 부분에 대한 소유권을 취득하여 이전하여 주기로 약정하는 등의 특별한 사정이 없는 한 그 초과 부분은 단순한 점용권의 매매로 보아야 하고, 따라서 그 점유는 권원의 성질상 타주점유에 해당한다(대판 1997. 1. 24, 96다41335).

7) 타주점유가 자주점유로 전환되기 위하여는 **새로운 권원에 의하여 다시 소유의 의사로 점유**하거나 **자기에게 점유시킨 자에게 소유의 의사 있음을 표시**하여야만 하고, 또한 그러한 전환사실에 대한 주장이 있다 하여 바로 자주점유로 추정된다고 할 수 없으므로, 전환에 대한 입증책임은 여전히 이를 주장하는 점유자에게 있다(대판 1995. 2. 28, 94다48165).

> **판례** ① 타주점유자가 점유토지에 관하여 **자기 명의의 소유권이전등기를 하였다**하여 소유의 의사를 표시한 것이라고 보기 어렵다(대판 1995. 2. 28, 94다48165).
> ② 타주점유자가 **그 명의로 소유권보존등기를 경료한 것만으로는** 소유자에 대하여 소유의 의사를 표시하여 자주점유로 전환되었다고 볼 수 없다(대판 1989. 4. 11, 88다카95).

8) 매수 시도 사례

점유자가 취득시효기간이 경과한 후에 상대방에게 토지의 매수를 제의한 일이 있다고 하여도 일반적으로 점유자는 취득시효가 완성된 후에도 소유권자와의 분쟁을 간편히 해결하기 위하여 매수를 시도하는 사례가 허다함에 비추어 이와 같은 매수 제의를 하였다는 사실을 가지고는 위 점유자의 점유를 타주점유라고 볼 수 없다(대판 1997. 4. 11, 96다50520).

9) 타인의 토지 위에 분묘를 설치 또는 소유하는 자는 그 분묘의 보존 및 관리에 필요한 범위 내에서만 타인의 토지를 점유하는 것이므로, 점유권원의 성질상 소유의 의사가 추정되지 아니한다(대판 1994. 11. 8, 94다31549).

3. 선의점유·악의점유

점유할 수 있는 권리, 즉 본권이 없는 데도 불구하고 있다고 오신해서 하는 점유가 선의점유이고, 본권이 없음을 알면서 또는 본권의 유무에 관하여 의심을 품으면서 하는 점유가 악의점유이다.

> **판례** ① 민법 제197조에 의하여 점유자는 선의로 점유한 것으로 추정되고, **권원 없는 점유였음이 밝혀졌다**고 하여 곧 **그 동안의 점유에 대한** 선의의 추정이 깨어졌다고 볼 것은 아니다(대판 2000. 3. 10, 99다63350).
> ② 선의의 점유자는 점유물의 과실을 취득하고(민법 제201조 제1항), 악의의 점유자는 수취한 과실을 반환하여야 한다(민법 제201조 제2항). 점유자는 선의로 점유한 것으로 추정되고(민법 제197조 제1항), **권원 없는 점유였음이 밝혀졌다**고 하여 바로 그동안의 점유에 대한 선의의 추정이 깨어졌다고 볼 것은 아니지만, 선의의 점유자라도 **본권에 관한 소에서 패소한 때에는 그 소가 제기된 때**부터 악의의 점유자로 본다(민법 제197조 제2항)(대판 2019. 1. 31, 2017다216028, 216035).
> ③ 선의의 점유자라도 본권에 관한 소에서 패소한 때에는 그 소가 제기된 때부터 악의의 점유자로 보며(민법 제197조 제2항), '소가 제기된 때'란 **소송이 계속된 때, 즉 소장 부본이 피고에게 송달된 때**를 말한다(대판 2016. 12. 29, 2016다242273).

4. 과실 있는 점유

선의점유에 있어서 그 오신에 과실이 있느냐 없느냐에 의한 구별이다. 제197조에 의하여도 점유자의 무과실은 추정되지 않는다.

5. 평온·공연의 점유와 폭력·은비의 점유

6. 하자있는 점유와 하자없는 점유

7. 제197조 제2항의 "본권에 관한 소"

민법 제197조 제2항의 "본권에 관한 소"에는 소유권에 기하여 점유물의 인도나 명도를 구하는 소송은 물론 부당점유자를 상대로 "점유로 인한 부당이득의 반환을 구하는 소송"도 포함된다는 것이 판례이다.

> **판례** 회복자가 소유권에 기하여 점유자를 상대로 부동산의 불법점유를 이유로 한 부동산반환청구 및 점유기간 동안의 부당이득반환청구를 한 경우, 소 제기시에는 원고가 소유권자였으나 변론종결 전에 **소유권이 상실되었음을 이유로 소유권에 기한 부동산반환청구가 배척된다고 하더라도**, 회복자의 부당이득 주장이 이유 있는 것으로 판단된다면 민법 제201조 제1항, 제197조 제1항에도 불구하고 적어도 그 **소제기일부터는** 점유자의 점유를 악의로 의제하여 점유자에 대하여 부당이득의 반환을 명하여야 한다(대판 2002. 11. 22, 2001다6213).

IV. 점유의 분리·병합 등

제196조(점유권의 양도)
① 점유권의 양도는 점유물의 인도로 그 효력이 생긴다.
② 전항의 점유권의 양도에는 제188조제2항, 제189조, 제190조의 규정을 준용한다.

제198조(점유계속의 추정)
전후양시에 점유한 사실이 있는 때에는 그 점유는 계속한 것으로 추정한다.

제199조(점유의 승계의 주장과 그 효과)
① 점유자의 승계인은 자기의 점유만을 주장하거나 자기의 점유와 전점유자의 점유를 아울러 주장할 수 있다.
② 전점유자의 점유를 아울러 주장하는 경우에는 그 하자도 계승한다.

1. 점유계속의 추정

민법 제198조 소정의 점유계속추정은 동일인이 전후 양 시점에 점유한 것이 증명된 때에만 적용되는 것이 아니고 **전후 양 시점의 점유자가 다른 경우에도** 점유의 승계가 입증되는 한 점유계속은 추정된다(대판 1996. 9. 20, 96다24279, 24286).

2. 점유의 분리·병합

> 판례 ① 점유가 순차로 여러 사람에게 승계된 경우에 점유의 이익을 수용 주장하는 사람은 자기의 점유만을 주장하거나 또는 자기의 점유와 그 전 점유자의 점유를 아울러 주장할 수 있는 선택권이 있으므로(그 선택여하에 따라 제3자의 권리에 미치는 영향이 다르다고 하더라도), 그 직전 점유자의 점유만을 병합 주장하거나 그 모든 전점유자의 점유를 병합주장하는 것은 그 주장하는 사람의 임의선택에 속하고, 다만 이와 같은 경우에도 그 점유시기를 점유기간 중의 임의의 시점을 선택할 수 없는 것이다(대판 1982. 1. 26, 81다826).
> ② 점유의 승계가 있는 경우 전 점유자의 점유가 타주점유라 하여도 점유자의 승계인이 자기의 점유만을 주장하는 경우에는 현 점유자의 점유는 자주점유로 추정된다(대판 2002. 2. 26, 99다72743).

3. 상속의 경우

점유의 분리·병합은 상속의 경우에도 적용되는가와 관련하여 다수설은 긍정하지만 판례는 상속인은 피상속인의 점유의 성질과 하자를 떠난 새로운 점유를 주장할 수 없다고 하여 이를 부정한다.

> 판례 ① 상속에 의하여 점유권을 취득한 경우에는 상속인은 새로운 권원에 의하여 자기 고유의 점유를 개시하지 않는 한 피상속인의 점유를 떠나 자기만의 점유를 주장할 수 없다(대판 1992. 9. 22, 92다22602).
> ② 선대의 점유가 타주점유인 경우 선대로부터 상속에 의하여 점유를 승계한 자의 점유도 상속전과 그 성질 내지 태양을 달리하는 것이 아니어서 특단의 사정이 없는 한 그 점유가 자주점유로는 될 수 없고 그 점유가 자주점유로 되기 위하여서는 점유자가 **점유를 시킨 자에게 소유의 의사가 있는 것을 표시**하거나 또는 **신 권원에 의하여 다시 소유의 의사로써 점유를 시작**하여야 한다(대판 1987. 2. 10, 86다카550).

V. 점유의 추정력

제200조(권리의 적법의 추정)
점유자가 점유물에 대하여 행사하는 권리는 적법하게 보유한 것으로 추정한다.

(1) 소유자에 대한 주장

통설과 판례에 의하면 소유자와 그로부터 점유를 취득한 자 사이에 있어서는 그 효력이 인정되지 않는다고 한다.

(2) 부동산에의 적용여부

점유에 대한 권리의 추정은 **부동산**에 관해서는 적용되지 않는다(대판 1982. 4. 13, 81다780 등). 즉 점유에 대한 권리의 추정은 **동산**에 한해서 적용되는 것이다.

VI. 점유자와 회복자간의 법률관계

1. 서 설

(1) 원래 물권자와 점유자 간의 관계를 규율하는 제도로서 가장 중요한 것은 물권적 청구권이지만 이것만 가지고는 이를 규율하기에 부족하다. 예컨대 점유자가 반환하여야 할 물건을 점유하는 동안 이용하는 수도 있고 이를 손괴하는 수도 있으며 물건에 대하여 비용을 지출하는 수도 있으므로 소유물반환청구권에 의하여 물건을 소유자에게 반환하는 것만 가지고는 문제를 완전히 해결할 수 없고, 오히려 ① 과실(果實)·사용이익의 반환, ② 손괴에 대한 손해배상, ③ 비용의 상환 등에 의하여 종국적으로 문제가 해결되게 된다(이영준 「물권법」, 370면). 즉 타인의 물건을 점유하고 있는 자가 그 물건을 점유할 권리 있는 자, 즉 회복자에게 반환하는 과정에서 ① 점유자가 취득한 과실의 귀속 문제(제201조), ② 목적물 멸실 등의 경우에 점유자의 회복자에 대한 책임의 문제(제202조), ③ 점유자의 비용상환청구권의 문제(제203조)가 발생하는데 이를 점유자와 회복자간의 법률관계라고 한다.

(2) 따라서 제201조 내지 제203조의 규정은 기본적으로 점유자가 계약관계 등 적법하게 점유할 권리를 가지지 않아 소유자의 소유물반환청구에 응하여야 할 의무가 있는 경우에 적용되는 것이다(대판 2003. 7. 25, 2001다64752).

● **점유자와 회복자간의 법률관계**

　　1) 제201조 : 과실취득(선의)
　　2) 제202조 : 멸실·훼손의 경우(자주 + 선의)
　　3) 제203조 : 비용청구권(선·악불문)

　　비용 ┌ 필요비 ┌ 통상 필요비
　　　　　│　　　　└ 특별 필요비
　　　　　└ 유익비

---

2. 점유자의 과실취득권(제201조)

> **제201조(점유자와 과실)**
> ① 선의의 점유자는 점유물의 과실을 취득한다.
> ② 악의의 점유자는 수취한 과실을 반환하여야 하며 소비하였거나 과실로 인하여 훼손 또는 수취하지 못한 경우에는 그 과실의 대가를 보상하여야 한다.
> ③ 전항의 규정은 폭력 또는 은비에 의한 점유자에 준용한다.

(1) 취 지

선의의 점유자는 과실을 취득하는데, 그 취지는 과실(果實)을 수취할 권리를 가지는 것으로 오신하여 점유하는 자는 과실을 수취하여 소비하는 것이 보통이므로, 후에 본권자로부터 원물의 반환을 청구당한 경우에 과실까지도 전부 반환하여야 한다는 것은 너무 가혹하다는 데 있다.

(2) 선의의 점유자의 경우

1) 점유자

여기서 말하는 점유자란 점유할 권리 없이 타인의 물건을 점유하여서 소유자에 대하여 그 물건을 반환할 의무를 부담하고 있는 점유자를 말한다. 여기의 점유자는 자주점유·타주점유를 불문한다.

2) 선의의 점유자

㈎ 여기서 "선의의 점유자"라 함은 예컨대 소유권·지상권·임차권 등과 같이 과실수취권을 포함하는 권원이 있다고 오신한 점유자를 말한다. 따라서 질권이나 유치권과 같이 과실수취권을 포함하지 않는 본권을 가지고 있다고 믿은 사람은 이에 해당하지 않는다.

㈏ 선의에 무과실까지 요구되는가에 대해서는 과실유무는 묻지 않는다는 견해(다수설)와 무과실이어야 한다는 견해가 대립한다. 판례는 - 어느 견해에 속하는지 단정할 수는 없지만 - "그와 같은 오신을 함에는 오신할 만한 정당한 근거가 있어야 한다(대판 1992. 12. 24, 92다22114)"고 하여 일반적으로 소극적인 부지를 말하는 선의의 개념보다는 범위를 좁혀서 이해한다.

> **판례** 민법 제201조 제1항은 "선의의 점유자는 점유물의 과실을 취득한다"라고 규정하고 있는바, 여기서 선의의 점유자라 함은 과실수취권을 포함하는 권원이 있다고 오신한 점유자를 말하고, 다만 그와 같은 오신을 함에는 오신할 만한 정당한 근거가 있어야 한다(대판 2000. 3. 10, 99다63350).

3) 과실의 취득

여기서의 과실은 천연과실·법정과실을 포함한다. 이러한 과실에는 사용이익도 포함된다고 함이 통설과 판례이다.

> **판례** 민법 제201조 제1항에 의하면 선의의 점유자는 점유물의 과실을 취득한다고 규정하고 있는 바, **건물을 사용함으로써 얻는 이득**은 그 건물의 **과실에 준하는 것**이므로, 선의의 점유자는 비록 법률상 원인없이 타인의 건물(또는 토지)을 점유·사용하고 이로 말미암아 그에게 손해를 입혔다고 하더라도 그 점유·사용으로 인한 이득을 반환할 의무는 없다(대판 1996. 1. 26, 95다44290).

4) 부당이득반환청구권과의 관계

본래 부당이득제도에 있어서는 선의의 수익자는 그 반환책임을 지되 그 반환의 범위가 현존이익의 한도로 제한될 뿐이다(제748조 제1항). 그런데 **제201조 제1항의 적용을 받는 선의의 점유자**는 비록 법률상 원인 없이 이익을 얻은 경우에도 그 **이득을 반환할 의무를 지지 않는다**는 점에서, 점유를 전제로 한 부당이득에 있어서는 제201조 제1항의 규정이 제748조 제1항의 특칙으로서 기능한다.

> **판례** 민법 제201조 제1항에 의하면 선의의 점유자는 점유물의 과실을 취득한다고 규정하고 있고, 한편 토지를 사용함으로써 얻는 이득은 그 토지로 인한 과실과 동시할 것이므로 **선의의 점유자**는 비록 법률상 원인없이 타인의 토지를 점유사용하고 이로 말미암아 그에게 손해를 입혔다 하더라도 그 **점유사용으로 인한 이득을 그 타인에게 반환할 의무는 없다**(대판 1987. 9. 22, 86다카1996, 1997).

5) 선의의 점유자가 과실(過失)이 있는 경우, 불법행위와 경합할 수 있는가

판례는 불법행위와 제201조 제1항과의 경합을 긍정한다. 즉 판례는 "선의의 점유자로 그 과실(果實)을 취득할 권리가 있어 경작한 농작물의 소유권을 취득할 수 있다하더라도 …피고에게 과실(過失)이 있는 경우, 그 점유는 진정한 소유자에 대하여 불법행위를 구성하는 것이라 아니할 수 없는 것"이라고 하여, 선의의 점유자의 불법행위로 인한 손해배상책임을 긍정하고 있다(대판 1966. 7. 19, 66다994). 이러한 판례의 태도에 대하여, 점유자가 선의이기만 하면 그가 수취한 과실(果實)의 반환의무는 부정하면서 다른 한편으로 그에게 과실(過失)이 있다는 이유로 그 과실(果實) 등의 수취로 인한 불법행위책임을 인정하는 것은 한 손으로는 주고 다른 손으로는 빼앗아 가는 것과 다르지 않다는 지적이 있다(대법관 양창수).

(3) 악의의 점유자의 경우

> **판례** 〈타인 소유물을 권원 없이 점유함으로써 얻은 사용이익을 반환하는 경우, 민법 제748조 제2항과 제201조 제2항의 반환범위의 관계〉 타인 소유물을 권원 없이 점유함으로써 얻은 사용이익을 반환하는 경우 민법은 선의 점유자를 보호하기 위하여 제201조 제1항을 두어 선의 점유자에게 과실수취권을 인정함에 대하여, 이러한 보호의 필요성이 없는 악의 점유자에 관하여는 민법 제201조 제2항을 두어 과실수취권이 인정되지 않는다는 취지를 규정하는 것으로 해석되는바, 따라서 **악의 수익자**가 반환하여야 할 범위는 민법 제748조 제2항에 따라 정하여지는 결과 그는 받은 **이익**에 **이자**를 붙여 반환하여야 하며, 위 이자의 이행지체로 인한 **지연손해금**도 지급하여야 한다(대판 2003. 11. 14, 2001다61869). ☞ 제201조 제2항은 제748조 제2항에 대한 특칙이 아니다.

(4) 적용범위

1) 무효·취소

매매계약의 무효·취소를 이유로 건물명도청구와 함께 그 사용이익의 반환을 청구하는 경우, 판례는 위 규정의 적용을 긍정한다. 다만 취소 이후에도 계속 점유하고 있다면 악의의 수익자로 되므로 그 이후 수취한 과실에 대해서는 이를 반환하여야 한다(대판 1993. 2. 26, 92다48635).

> **판례** 매매계약이 취소된 경우, 선의의 매수인에게 민법 제201조가 적용되어 과실취득권이 인정되는 이상, 선의의 매도인에게도 민법 제587조의 유추적용에 의하여 대금의 운용이익 내지 법정이자의 반환을 부정함이 형평에 맞다(대판 1993. 5. 14, 92다45025).

2) 계약의 해제

계약해제의 경우에는 제548조에서 별도로 원상회복의무에 관한 명문규정을 두고 있는 이상 계약관계가 없거나 무효·취소 등에 적용되는 점유자와 회복자간의 법률관계에 관한 위 규정의 적용은 배제된다(대판 1998. 12. 23, 98다43175 참조).

3. 제202조 점유자의 책임

> **제202조(점유자의 회복자에 대한 책임)**
> 점유물이 점유자의 책임있는 사유로 인하여 멸실 또는 훼손한 때에는 악의의 점유자는 그 손해의 전부를 배상하여야 하며 선의의 점유자는 이익이 현존하는 한도에서 배상하여야 한다. 소유의 의사가 없는 점유자는 선의인 경우에도 손해의 전부를 배상하여야 한다.

타주점유자 예컨대, 임차인·수치인 등은 선의이더라도 점유물의 멸실·훼손에 대한 전 손해를 배상하여야 한다(제202조 후단). 이는 점유가 처음부터 타인의 소유물로 점유한 것이므로 특별히 보호할 필요가 없기 때문이다. 즉 목적물 멸실시 선의의 점유자는 항상 이익이 현존하는 한도에서 배상하면 되는 것이 아니라, 선의&자주점유일 것을 요한다.

4. 제203조 비용상환청구권

> **제203조(점유자의 상환청구권)**
> ① 점유자가 점유물을 반환할 때에는 회복자에 대하여 점유물을 보존하기 위하여 지출한 금액 기타 필요비의 상환을 청구할 수 있다. 그러나 점유자가 과실을 취득한 경우에는 통상의 필요비는 청구하지 못한다.
> ② 점유자가 점유물을 개량하기 위하여 지출한 금액 기타 유익비에 관하여는 그 가액의 증가가 현존한 경우에 한하여 회복자의 선택에 좇아 그 지출금액이나 증가액의 상환을 청구할 수 있다.
> ③ 전항의 경우에 법원은 회복자의 청구에 의하여 상당한 상환기간을 허여할 수 있다.

(1) 비용의 종류

1) 필요비라 함은 물건의 보존, 통상의 경제적 용법에 따라 사용함에 있어서 불가피하게 지출하여야 할 비용을 말한다. 그리고 필요비의 경우도 통상필요비(예 보존·수선·사육 등)와 특별필요비(예컨대 태풍으로 인한 가옥의 대수선 비용 등)로 구분할 수 있다.
2) 유익비라 함은 필요비를 제외한 기타의 비용을 말하나 사치비는 제외한다.

(2) 비용상환청구권의 행사

1) 점유자의 선·악 불문

제203조의 비용상환청구권은 점유자의 선의·악의를 불문하고 인정된다. 소유의 의사의 유무도 묻지 않는다.

2) 비용상환의 당사자

(개) 예컨대 점유자가 비용을 지출한 후 소유권이 양도된 경우 현재의 소유자가 책임을 진다.

> **판례** 민법 제203조 제2항에 의한 점유자의 회복자에 대한 유익비상환청구권은 점유자가 계약관계 등 적법하게 점유할 권리를 가지지 않아 소유자의 소유물반환청구에 응하여야 할 의무가 있는 경우에 성립되는 것으로서, 이 경우 점유자는 그 비용을 지출할 당시의 소유자가 누구이었는지 관계없이 **점유회복 당시의 소유자 즉 회복자에 대하여** 비용상환청구권을 행사할 수 있는 것이다(대판 2003. 7. 25, 2001다64752).

(내) 물건의 소유자는 적법한 점유 권한 없는 점유자를 상대로 물권적 청구권을 행사하여 반환을 청구할 수 있고(민법 제213조), 점유자는 점유물을 반환하거나 그 반환을 청구받은 때에 회복자에 대하여 자기가 거기에 지출한 필요비나 유익비의 상환을 청구할 수 있다(민법 제203조). 그러나 **점유자가 점유물 반환 이외의 원인으로 물건의 점유자 지위를 잃어 소유자가 그를 상대로 물권적 청구권을 행사할 수 없게 되었다면, 그들은 더 이상 민법 제203조가 규율하는 점유자와 회복자의 관계에 있지 않으므로, 점유자는 위 조항을 근거로 비용상환청구권을 행사할 수 없고,** 다만 비용 지출이 **사무관리에** 해당할 경우 그 상환을 청구하거나(민법 제739조), 자기가 지출한 비용으로 물건 소유자가 얻은 이득의 존재와 범위를 증명하여 **반환청구권(민법 제741조)**을 행사할 수 있을 뿐이다(대판 2022. 6. 30, 2020다209815).

> **사례** 甲은 乙종중 소유 X토지에 관해 매매를 원인으로 소유권이전등기를 넘겨받고 그 위에 Y건물을 지었는데 甲의 채권자들의 신청으로 X토지와 Y건물에 관해 경매절차가 개시되었다. 乙종중은 X토지에 관한 매매가 총회 결의 없이 이루어졌으므로 甲의 소유권이전등기가 원인무효라는 이유로 말소등기청구의 소를 제기해 승소하였다. X토지에 관하여 甲 앞으로 마쳐진 소유권이전등기가 말소됨에 따라 Y건물만 경매절차에서 매각되었고, 그 매수인인 Y건물 소유자 丙이 X토지를 점유하고 있다. 甲은 X토지를 공장용지로 개발하기 위해 지출한 비용이 유익비(민법 제203조 제2항)라고 주장하며 乙종중을 상대로 상환을 청구하였다.

> **해결** 甲이 경매절차에 따른 Y건물의 매각으로 X토지의 점유자 지위를 잃어 乙에게 이를 반환해 줄 수 없게 된 이상, **사무관리**로서 지출한 비용을 상환청구하거나 乙이 얻은 이득에 대하여 **부당이득반환청구**를 할 수 있는지를 따로 논할 여지가 있을 뿐 **민법 제203조에 따른 유익비 상환청구권**을 행사할 수는 없다.

3) 통상 필요비 상환청구의 제한(제203조 제1항 단서)

판례 민법 제201조 제1항은 "선의의 점유자는 점유물의 과실을 취득한다."라고 정하고, 제2항은 "악의의 점유자는 수취한 과실을 반환하여야 하며 소비하였거나 과실로 인하여 훼손 또는 수취하지 못한 경우에는 그 과실의 대가를 보상하여야 한다"라고 정하고 있다. 민법 제203조 제1항은 "점유자가 점유물을 반환할 때에는 회복자에 대하여 점유물을 보존하기 위하여 지출한 금액 기타 필요비의 상환을 청구할 수 있다. 그러나 점유자가 과실을 취득한 경우에는 통상의 필요비는 청구하지 못한다"라고 정하고 있다. 위 규정을 체계적으로 해석하면 민법 제203조 제1항 단서에서 말하는 '점유자가 과실을 취득한 경우'란 점유자가 선의의 점유자로서 민법 제201조 제1항에 따라 과실수취권을 보유하고 있는 경우를 뜻한다고 보아야 한다. 선의의 점유자는 과실을 수취하므로 물건의 용익과 밀접한 관련을 가지는 비용인 통상의 필요비를 스스로 부담하는 것이 타당하기 때문이다. 따라서 과실수취권이 없는 **악의의 점유자**에 대해서는 **위 단서 규정이 적용되지 않는다**(대판 2021. 4. 29, 2018다261889). ☞ 따라서 악의의 점유자는 실제로 과실을 수취한 경우라도 통상의 필요비 상환을 청구할 수 있다. 악의의 점유자는 제201조 제2항에 따라 수취한 과실을 반환해야 한다는 점을 생각하면 이해가 될 것이다.

4) 유익비상환청구권의 행사

판례 ① 유익비의 상환범위는 점유자 또는 임차인이 유익비로 지출한 비용과 현존하는 증가액 중 회복자 또는 임대인이 선택하는 바에 따라 정하여진다고 할 것이고, 따라서 유익비상환의무자인 회복자 또는 임대인의 선택권을 위하여 그 유익비는 실제로 지출한 비용과 현존하는 증가액을 모두 산정하여야 할 것이다(대판 2002. 11. 22, 2001다40381).

② 유익비의 상환범위는 '점유자가 유익비로 지출한 금액'과 '현존하는 증가액' 중에서 회복자가 선택하는 것으로 정해진다. 위와 같은 **실제 지출금액 및 현존 증가액에 관한 증명책임**은 모두 유익비의 상환을 구하는 **점유자**에게 있다. 따라서 점유자의 증명을 통해 실제 지출금액 및 현존 증가액이 모두 산정되지 아니한 상태에서 회복자가 '점유자가 주장하는 지출금액과 감정 결과에 나타난 현존 증가액 중 적은 금액인 현존 증가액을 선택한다'는 취지의 의사표시를 하였다고 하더라도, 특별한 사정이 없는 한 이를 곧바로 '실제 증명된 지출금액이 현존 증가액보다 적은 금액인 경우에도 현존 증가액을 선택한다'는 뜻까지 담긴 것으로 해석하여서는 아니 된다. 일반적으로 회복자의 의사는 **실제 지출금액과 현존 증가액중 적은 금액을 선택하겠다는 것**으로 보아야 하기 때문이다(대판 2018. 6. 15, 2018다206707).

5) 비용상환청구권의 행사시기

민법 제203조 제1항, 제2항에 의한 점유자의 필요비 또는 유익비상환청구권은 점유자가 회복자로부터 점유물의 반환을 청구받거나 회복자에게 점유물을 반환한 때에 비로소 회복자에 대하여 행사할 수 있다(대판 1994. 9. 9, 94다4592).

판례 점유자가 점유물을 보존하거나 개량하기 위하여 지출한 필요비나 유익비에 관하여 민법 제203조 제1항, 제2항은 '점유자가 점유물을 반환할 때'에 상환을 청구할 수 있도록 규정하고 있으므로, 그 상환청구권은 점유자가 회복자에게서 점유물 반환을 청구받은 때에 비로소 이를 행사할 수 있는 상태가 되고 이행기가 도래한다(대판 2011. 12. 13, 2009다5162).

(3) 유치권의 행사

1) 점유자의 비용상환청구권은 필요비·유익비의 그 어느 것이나 물건에 관하여 생긴 채권으로서 유치권에 의한 보호를 받을 수 있다(제320조 제1항). 따라서 비용의 상환을 받을 때까지 점유물의 반환을 거절할 수 있다.

2) 본조는 불법행위로 인한 점유자에게도 일반적으로 비용상환청구권을 인정하고 있지만, 이러한 경우에는 유치권은 인정되지 않는다(제320조 제2항).

3) 점유자의 비용상환청구권은 견련성 있는 채권으로서 유치권에 의하여 보호를 받을 수 있는데, 점유자가 유익비의 상환을 청구하는 경우, 회복자의 청구에 의해 법원이 상당한 상환기간을 허여해 주면(제203조 제3항) 점유자의 유치권은 성립하지 않는다.

4) 참고지문(2012 변호사 기출)

甲소유의 X부동산에 관하여 乙의 가등기가 마쳐져 있었는데, 丙은 이를 매수하여 인도받고 그 소유권이전등기를 마친 다음 X를 개량하기 위하여 유익비를 지출하였다. 후에 乙의 본등기로 소유권을 상실한 丙은 그 소유자로 등기되었을 당시에 지출한 유익비에 기하여 유치권을 행사할 수 있다(○).

☞ 가등기가 되어있는 부동산 소유자가 필요비나 유익비를 지출한 것이 가등기에 의한 본등기가 된 경우에는 "타인의 물건에 대하여 비용을 투입한 것"이 되는지 여부에 대하여 원심은 타인의 소유가 아닌 자기의 소유물에 대하여 지출한 것에 지나지 않는 것이므로 유치권이 발생할 여지가 없다고 하였으나, 대법원은 결과적으로는 타인의 물건에 대하여 점유기간 내에 비용을 투입한 것이 된다는 이유로 원심판결을 파기환송하였다(대판 1976. 10. 26, 76다2079).

(4) 제203조의 적용범위의 문제 등

민법 제203조 제2항에 의한 점유자의 회복자에 대한 유익비상환청구권은 **점유자가 계약관계 등 적법하게 점유할 권리를 가지지 않아 소유자의 소유물반환청구에 응하여야 할 의무가 있는 경우**에 성립되는 것으로서, 이 경우 점유자는 그 비용을 지출할 당시의 소유자가 누구이었는지 관계없이 **점유회복 당시의 소유자 즉 회복자에 대하여** 비용상환청구권을 행사할 수 있는 것이나, **점유자가 유익비를 지출할 당시 계약관계 등 적법한 점유의 권원을 가진 경우**에 그 지출비용의 상환에 관하여는 그 계약관계를 규율하는 법조항이나 법리 등이 적용되는 것이어서, 점유자는 **그 계약관계 등의 상대방에 대하여** 해당 법조항이나 법리에 따른 비용상환청구권을 행사할 수 있을 뿐 계약관계 등의 상대방이 아닌 점유회복 당시의 소유자에 대하여 민법 제203조 제2항에 따른 지출비용의 상환을 구할 수는 없다(대판 2003. 7. 25, 2001다64752).

(5) 사례연습

X건물에 관하여 甲은 1/2 지분, 乙과 丙은 각 1/4 지분으로 공유하였다. 乙은 공유자인 甲의 동의 없이 1994. 5. 10. 丁에게 이 사건 건물의 1, 2층 창호공사를 금 2억5천만원에 도급하는 계약을 체결하였다. 丁이 약정 기간 내에 위 공사를 완료하였으나 乙은 丁에게 공사대금을 지급하지 못하였다. 그

러나 위 공사로 인하여 X건물의 가치는 종전보다 금 1억 5천만원 상당 증가하였다. 丁은 甲에게 위 공사로 인하여 이 사건 건물의 가치가 증가한 부분 중 甲 지분에 상응하는 금원(7천여만원)을 부당이득 내지 유익비로서 청구할 수 있는가?(대판 2002. 8. 23, 99다66564, 66571)

1) 도급인만이 비용지출자

유효한 도급계약에 기하여 수급인이 도급인으로부터 제3자 소유 물건의 점유를 이전받아 이를 수리한 결과 그 물건의 가치가 증가한 경우, 도급인이 그 물건을 간접점유하면서 궁극적으로 자신의 계산으로 비용지출과정을 관리한 것이므로, **도급인만이** 소유자에 대한 관계에 있어서 민법 제203조에 의한 비용상환청구권을 행사할 수 있는 **비용지출자**라고 할 것이고, **수급인은 그러한 비용지출자에 해당하지 않는다**고 보아야 한다.

2) 전용물소권부인

계약상의 급부가 계약의 상대방뿐만 아니라 제3자의 이익으로 된 경우에 급부를 한 계약당사자가 계약 상대방에 대하여 계약상의 반대급부를 청구할 수 있는 이외에 그 제3자에 대하여 직접 부당이득 반환청구를 할 수 있다고 보면, 자기 책임하에 체결된 계약에 따른 위험부담을 제3자에게 전가시키는 것이 되어 계약법의 기본원리에 반하는 결과를 초래할 뿐만 아니라, 채권자인 계약당사자가 채무자인 계약 상대방의 일반채권자에 비하여 우대받는 결과가 되어 일반채권자의 이익을 해치게 되고, 수익자인 제3자가 계약 상대방에 대하여 가지는 항변권 등을 침해하게 되어 부당하므로, 위와 같은 경우 계약상의 급부를 한 계약당사자는 이익의 귀속 주체인 제3자에 대하여 직접 부당이득반환을 청구할 수는 없다고 보아야 한다.

5. 사례연습(제201조 내지 제203조 종합사례)

乙은 甲의 소유인 미등기의 과수원과 가옥 및 창고를 관리하여 오던 중 丙에게 이를 자기의 것이라고 속이고 2000. 4. 1 매각하였다. 乙의 소유로 믿은 丙은 2000년 2001년, 2002년 가을에 사과를 수확하였다. 2001년 늦가을 丙은 노후되어 훼손된 가옥의 일부를 30만원을 들여 수리하였고 재래식 부엌을 신식으로 개조하였다. 그런데 2002년 1월 어느 날 丙이 창고에서 작업을 하던 중 실수로 창고의 일부가 불타버렸다. 뒤늦게 이러한 사실을 안 甲은 2002. 4. 1 丙을 상대로 소유권에 기한 반환청구소송을 제기하였고, 2003. 4. 1 승소판결을 받았다.

(1) 제201조 : 丙은 그가 수확한 모든 사과를 수취할 권리가 있다(×. 선의점유자가 과실을 취득할 수 있다(제201조). 여기서 제197조 2항의 경우가 적용되어 본권에 관한 소가 제기되어 승소판결이 확정되었다고 볼 수 있기 때문에 그 소가 제기된 때에 악의의 수익자가 되었다. 따라서 2002년 4월부터 악의의 수익자가 되어 그 해 가을의 과실은 취득할 수 없다고 보아야 한다).

(2) 제202조 : 甲은 丙에게 민법 제202조에 의하여 창고의 소실로 인한 모든 손해의 배상을 청구할

수 있다(×, 자주이면서 선의이면 현존이익범위에서 반환하면 된다 – 제202조).

(3) 제203조 : 丙은 2001년 늦가을 가옥을 수리한 비용(필요비)에 대하여 甲에게 그 상환을 청구할 수 없다(제203조 제1항). 왜냐하면 과실을 취득하였기 때문이다. 한편 유익비에 대하여, 즉 부엌 개조로 인한 가옥 가액의 증가가 현존하는 경우, 甲(회복자)의 선택에 따라 그 지출금액이나 증가액을 甲이 지불해야 한다. 이처럼 비용은 丙이 선의든지 악의든지 상관없이 그 상환을 청구할 수 있는 것이다(제203조).

Ⅶ. 점유권에 기한 물권적 청구권

점유보호청구권의 비교			
종 류	점유침해의 모습	청구내용	행사요건 및 제척기간
점유물반환청구권 (점유의 회수 : 제204조)	점유자가 점유를 침탈당한 경우 (예컨대 A가 B 소유의 TV를 훔쳐간 경우)	물건의 반환 및 손해의 배상	침탈자의 선의의 특별승계인에 대하여는 청구할 수 없고(제204조 제2항), 또 침탈을 당한 날로부터 1년 이내에 청구하여야 한다(제204조 제3항).
점유물방해제거청구권 (점유의 보유: 제205조)	점유의 방해를 받은 경우(예컨대 폭풍으로 이웃집의 나무가 점유자의 집마당으로 넘어진 경우) 로서 점유를 상실하지는 않는다.	방해의 제거 및 손해의 배상	손해배상의 청구는 방해가 종료한 날로부터 1년 이내에 행사하여야 한다. 한편 방해가 계속되는 동안은 언제나 방해의 제거를 청구할 수 있지만, 그 방해가 공사로 인한 경우에는 공사착수 후 1년을 경과하거나, 또는 그 공사가 완성된 때에는 방해제거를 청구하지 못한다(제205조).
점유물방해예방청구권 (점유의 보전: 제206조)	점유의 방해를 받을 염려가 있는 경우(예컨대 이웃의 나무가 무너질 염려가 있는 경우)	방해의 예방 또는 손해배상의 담보	방해의 염려가 있는 동안은 언제든지 행사할 수 있으나, 그것이 공사로 인한 경우에 공사착수 후 1년을 경과하거나 그 공사가 완성된 때에는 청구하지 못한다(제206조, 제205조 제3항).

1. 점유물반환청구권(제204조)

제204조(점유의 회수)
① 점유자가 점유의 침탈을 당한 때에는 그 물건의 반환 및 손해의 배상을 청구할 수 있다.
② 전항의 청구권은 침탈자의 특별승계인에 대하여는 행사하지 못한다. 그러나 승계인이 악의인 때에는 그러하지 아니하다.
③ 제1항의 청구권은 침탈을 당한 날로부터 1년내에 행사하여야 한다.

(1) 침 탈

점유를 침탈당하였어야 한다(제204조 제1항). 침탈이란 점유자가 그의 의사에 의하지 않고서 점유를 빼앗기는 것을 말한다. 따라서 **사기에 의해 물건을 인도**하거나, **유실물을 습득**한 경우에는 점유물반환청구를 할 수 없다. **직접점유자가 임의로 점유를 타인에게 양도한 경우**에는 점유이전이 간접점유자의 의사에 반한다하더라도 간접점유자의 점유가 침탈된 경우에 해당하지 않는다(대판 1993. 3. 9, 92다5300).

(2) 상대방

1) 점유물반환청구권의 상대방은 현재(사실심의 변론종결 당시) 점유를 방해하고 있는 자이다. 다만 침탈자의 선의의 특별승계인에 대하여는 점유물반환청구를 할 수 없다. 이 청구권은 침탈이라는 반사회적 행위에 기하여 인정된 것이므로, 그러한 반사회성이 희박하게 된 선의의 특별승계인에게까지 미치는 것은 타당하지 않다는 데에 그 이유가 있다. 따라서 점유침탈자의 포괄승계인은 언제든지 상대방으로 되나 특별승계인은 악의일 것을 요한다.
2) 한편 불법행위로 인한 손해배상청구권(제750조)의 상대방은 손해를 발생케 한 자이고 그 특별승계인은 상대방으로 되지 않는다고 할 것이다. 따라서 침탈한 물건의 점유가 양도되면 점유물반환청구의 상대방은 현재의 점유자인 데 대하여, 손해배상청구권의 상대방은 침탈자(즉 종전의 점유자로써 양도인)로 됨을 주의하여야 한다(이영준 「물권법」, p.396).

(3) 제척기간

점유물반환청구권은 침탈을 당한 날로부터 1년 이내에 행사하여야 한다(제척기간). 이에 대하여 판례는 재판 외에서 권리행사를 하는 것으로 족한 기간이 아니라 반드시 그 기간 내에 소를 제기하여야 하는 이른바 출소기간으로 해석함이 상당하다고 한다[대판 2002. 4. 26, 2001다8097(본소), 8103(반소)].

> **판례** 민법 제204조 제3항은 **본권 침해로 발생한 손해배상청구권의 행사**에는 적용되지 않으므로 점유를 침탈당한 자가 **본권인 유치권 소멸에 따른 손해배상청구권을 행사하는 때에는 민법 제204조 제3항이 적용되지 아니하고, 점유를 침탈당한 날부터 1년 내에 행사할 것을 요하지 않는다**(대판 2021. 8. 19, 2021다213866). ☞ 점유 침탈로 발생한 손해배상청구권의 행사는 제204조 제3항에 따라 1년으로 제한되지만, 본권 침해로 발생한 손해배상청구권의 행사는 1년으로 제한되지 않는다.

(4) 점유물반환청구권의 내용

점유물반환청구권은 물건의 반환 및 손해의 배상을 청구하는 것이다(제204조 제1항). 이 중 손해배상청구권은 순전히 편의적으로 규정으로 물권적 청구권의 본래의 내용은 아니다. 따라서 그 성립에 있어서는 일반불법행위의 요건(제750조)을 충족하여야 한다.

2. 점유물방해제거청구권(제205조)

> **제205조(점유의 보유)**
> ① 점유자가 점유의 방해를 받은 때에는 그 방해의 제거 및 손해의 배상을 청구할 수 있다.
> ② 전항의 청구권은 방해가 종료한 날로부터 1년내에 행사하여야 한다.
> ③ 공사로 인하여 점유의 방해를 받은 경우에는 공사착수후 1년을 경과하거나 그 공사가 완성한 때에는 방해의 제거를 청구하지 못한다.

침탈과 방해의 차이는 점유자가 점유를 빼앗겼느냐 여부에 달려 있다. 침탈은 점유를 전부 빼앗기는 것이고, 방해는 침탈 이외의 방법으로 점유를 방해하는 것으로서 말하자면 기존의 상태에 대한 부분적인 침해를 의미한다(대판 1987. 6. 9, 다카2942). 점유물방해제거청구권의 내용은 방해의 제거 및 손해배상을 청구하는 것이다. 방해제거청구는 방해가 존속하는 한 언제든지 할 수 있지만, 그것이 공사로 인하여 생긴 경우에는 공사착수 후 1년을 경과하거나 또는 그 공사가 완성된 때에는 청구할 수 없다(제205조 제3항).

> **판례** 민법 제205조 제2항이 정한 '1년의 제척기간'은 재판 외에서 권리행사하는 것으로 족한 기간이 아니라 반드시 그 기간 내에 소를 제기하여야 하는 이른바 출소기간으로 해석함이 타당하다. 그리고 기산점이 되는 '방해가 종료한 날'은 방해 행위가 종료한 날을 의미한다(대판 2016. 7. 29, 2016다214483, 214490).

3. 점유물방해예방청구권(제206조)

> **제206조(점유의 보전)**
> ① 점유자가 점유의 방해를 받을 염려가 있는 때에는 그 방해의 예방 또는 손해배상의 담보를 청구할 수 있다.
> ② 공사로 인하여 점유의 방해를 받을 염려가 있는 경우에는 전조 제3항의 규정을 준용한다.

(1) 손해배상의 담보는 장래의 손해발생에 대비하여 미리 제공시키는 것이므로, 상대방의 고의·과실은 필요하지 않다. 그러나 장래의 손해가 현실화한 때에 그 손해배상을 청구하기 위해서는 상대방의 고의·과실을 필요로 한다.

(2) 한편 방해예방청구는 방해를 받을 염려가 있는 동안에는 언제든지 할 수 있지만, 그것이 공사로 인하여 생긴 경우에는, 공사착수 후 1년을 경과하거나 또는 그 공사가 완성된 때에는 청구하지 못한다.

Ⅷ. 점유권과 본권의 구별

> **제208조(점유의 소와 본권의 소와의 관계)**
> ① 점유권에 기인한 소와 본권에 기인한 소는 서로 영향을 미치지 아니한다.
> ② 점유권에 기인한 소는 본권에 관한 이유로 재판하지 못한다.

1. 취 지

점유제도는 물건을 사실상 지배하고 있는 현존상태를 보호하여 사회의 평화를 유지하려는 데 그 목적이 있는 것이므로, 점유의 소송에 있어서는 점유할 수 있는 권리인 본권에 관한 이유에 기하여 재판할 수 없는 것이다.

2. 본권에 의한 항변금지

이는 점유의 소는 본권에 관한 항변으로 이를 기각할 수 없다는 취지를 밝힌 것이다(제208조 제2항). 즉 방어방법으로 주장할 수 없고, 다만 점유의 소에 대하여 그 반소(또는 별소)로서 본권에 기한 반환청구권 소의 제기를 방해하지 않는다(통설·판례).

판례 [1] 점유자가 점유의 침탈을 당한 때에는 그 물건의 반환 등을 청구할 수 있고 이러한 점유회수의 청구에 있어서는 점유를 침탈당하였다고 주장하는 당시에 점유하고 있었는지의 여부만을 살피면 된다(민법 제204조 제1항). 여기서 점유란 물건이 사회통념상 그 사람의 사실적 지배에 속한다고 보여지는 객관적 관계에 있는 것을 말하고 사실상의 지배가 있다고 하기 위하여는 반드시 물건을 물리적, 현실적으로 지배하는 것만을 의미하는 것이 아니고 물건과 사람과의 시간적, 공간적 관계와 본권관계, 타인지배의 배제가능성 등을 고려하여 사회관념에 따라 합목적적으로 판단하여야 한다. 점유권에 기인한 소와 본권에 기인한 소는 서로 영향을 미치지 아니하고, 점유권에 기인한 소는 본권에 관한 이유로 재판하지 못하므로 점유회수의 청구에 대하여 점유침탈자가 점유물에 대한 본권이 있다는 주장으로 점유회수를 배척할 수 없다(민법 제208조). 그러므로 점유권에 기한 본소에 대하여 본권자가 본소청구 인용에 대비하여 본권에 기한 예비적 반소를 제기하고 **양 청구가 모두 이유 있는 경우, 법원은 점유권에 기한 본소와 본권에 기한 예비적 반소를 모두 인용해야 하고 점유권에 기한 본소를 본권에 관한 이유로 배척할 수 없다.** [2] 점유회수의 본소에 대하여 본권자가 소유권에 기한 인도를 구하는 반소를 제기하여 **본소청구와 예비적 반소청구가 모두 인용되어 확정되면, 점유자가 본소 확정판결에 의하여 집행문을 부여받아 강제집행으로 물건의 점유를 회복할 수 있다.** 본권자의 소유권에 기한 반소청구는 본소의 의무 실현을 정지조건으로 하므로, 본권자는 위 본소 집행 후 집행문을 부여받아 비로소 반소 확정판결에 따른 강제집행으로 물건의 점유를 회복할 수 있다. 이러한 과정은 애당초 본권자가 허용되지 않는 자력구제로 점유를 회복한 데 따른 것으로 그 과정에서 본권자가 점유 침탈 중 설치한 장애물 등이 제거될 수 있다. 다만 (ⅰ) 점유자의 점유회수의 집행이 무의미한 점유상태의 변경을 반복하는 것에 불과할 뿐 아무런 실익이 없거나 (ⅱ) 본권자로 하여금 점유회수의 집행을 수인하도록 하는 것이 명백히 정의에 반하여 사회생활상 용인할 수 없다고 인정되는 경우, 또는 (ⅲ) 점유자가 점유권에 기한 본소 승소 확정판결을 장기간 강제집행하지 않음으로써 본권자의 예비적 반소 승소 확정판결까지 조건불성취로 강제

집행에 나아갈 수 없게 되는 등 특별한 사정이 있다면 본권자는 점유자가 제기하여 승소한 본소 확정판결에 대한 청구이의의 소를 통해서 **점유권에 기한 강제집행을 저지할 수 있다**(대판 2021. 2. 4, 2019다202795, 202801).

IX. 자력구제(自力救濟)

> **제209조(자력구제)**
> ① 점유자는 그 점유를 부정히 침탈 또는 방해하는 행위에 대하여 자력으로써 이를 방위할 수 있다.
> ② 점유물이 침탈되었을 경우에 부동산일 때에는 점유자는 침탈후 직시 가해자를 배제하여 이를 탈환할 수 있고 동산일 때에는 점유자는 현장에서 또는 추적하여 가해자로부터 이를 탈환할 수 있다.

1. 의의 및 인정근거

(1) 자력구제란 점유를 자력으로 방위·탈환하는 것으로서 점유자 자신에 의한 자기보호이다. 이점에서 법원에 의하여 실현되는 점유보호인 점유보호청구권과 다르다.

(2) 인정근거에 대하여는 긴급한 사정이 있어서 후에 국가의 보호를 받는 것이 불가능하거나 또는 대단히 곤란하게 될 경우에만 예외적으로 자력구제가 허용된다고 보는 견해가 일반적이다.

2. 점유자의 자력구제권

(1) 침해자의 점유가 확립상태에 있는 경우에는 점유보호청구권을 행사하여야 하고, 자력구제권을 행사할 수는 없다. 자력구제권은 직접점유자에게 인정된다. 그리고 점유보조자도 점유주를 위하여 자력구제권을 행사할 수 있다. 문제가 되는 것은 간접점유자인데, 학설은 부정하는 견해와 긍정하는 견해로 갈라진다.

(2) 자력구제는 일반적으로 점유를 침탈·방해하는 자에게 행사한다. 위법한 강제집행에 의하여 점유를 침탈한 경우에도 자력구제가 허용된다고 할 것이다.

3. 자력구제의 종류

(1) 자력방위권(제209조 제1항)

자력방위권이라 함은 자기의 점유를 침탈 또는 방해하려는 자에 대하여 스스로 방어할 수 있는 권리를 말한다.

(2) 자력탈환권(제209조 제2항)

자력탈환권이라 함은 점유자의 사실상의 지배가 실력행사에 의하여 침탈된 때에 점유자가 실력행사에 의하여 이를 다시 회복하는 것을 말한다. 부동산 자력탈환의 경우 즉시의 의미에 대하여, 판례는「즉시란 객관적으로 가능한 신속히 또는 사회관념상 가해자를 배제하여 점유를 회복하는 데 필요하다고 인정되는 범위 안에서 되도록 속히」라는 뜻으로 해석할 것이라고 한다(대판 1993. 3. 26, 91다14116).

X. 준점유(제210조)

> **제210조(준점유)**
> 본장의 규정은 재산권을 사실상 행사하는 경우에 준용한다.

1. 의 의

준점유라 함은 물건의 소지를 수반하지 않는 물권·채권·지식재산권 등의 재산권을 사실상 지배하는 제도를 말한다.

2. 준점유자에 대한 변제

채권의 준점유자에 대한 변제에 관해서는 민법 제470조에서 따로 특별규정을 두고 있다.

XI. 점유권의 소멸

점유권도 물권이지만 점유권은 점유를 상실하면 점유권을 잃게 되므로(제192조 참조), 점유권은 다른 물권과 그 성질을 달리하는 면이 있다. 따라서 물권 일반의 소멸원인이 그대로 점유권에 적용되지 않는다. 예컨대 **혼동·소멸시효** 등은 그 적용이 없다.

CHAPTER 7 소유권

POINT

Ⅰ. 소유권의 내용(제211조)

> **제211조(소유권의 내용)**
> 소유자는 법률의 범위내에서 그 소유물을 사용, 수익, 처분할 권리가 있다.

1. 사용 · 수익 · 처분의 권능

소유자는 법률의 범위 내에서 그 소유물을 사용 · 수익 · 처분할 권리가 있다.

판례 ① [다수의견] (가) 대법원 판례를 통하여 토지 소유자 스스로 그 소유의 토지를 일반 공중을 위한 용도로 제공한 경우에 그 토지에 대한 소유자의 독점적이고 배타적인 사용 · 수익권의 행사가 제한되는 법리가 확립되었고, 대법원은 그러한 법률관계에 관하여 판시하기 위하여 '사용 · 수익권의 포기', '배타적 사용 · 수익권의 포기', '독점적 · 배타적인 사용 · 수익권의 포기', '무상으로 통행할 권한의 부여' 등의 표현을 사용하여 왔다. 이러한 법리는 대법원이 오랜 시간에 걸쳐 발전시켜 온 것으로서, 현재에도 여전히 그 타당성을 인정할 수 있다. 다만 토지 소유자의 독점적이고 배타적인 사용 · 수익권 행사의 제한 여부를 판단하기 위해서는 토지 소유자의 소유권 보장과 공공의 이익 사이의 비교형량을 하여야 하고, 원소유자의 독점적 · 배타적인 사용 · 수익권 행사가 제한되는 경우에도 특별한 사정이 있다면 특정승계인의 독점적 · 배타적인 사용 · 수익권 행사가 허용될 수 있다. 또한, **토지 소유자의 독점적 · 배타적인 사용 · 수익권 행사가 제한되는 경우에도 일정한 요건을 갖춘 때에는 사정변경의 원칙이 적용되어 소유자가 다시 독점적 · 배타적인 사용 · 수익권을 행사할 수 있다**고 보아야 한다. (나) 토지 소유자가 그 소유의 토지를 도로, 수도시설의 매설 부지 등 일반 공중을 위한 용도로 제공한 경우에, 소유자가 토지를 소유하게 된 경위와 보유기간, 소유자가 토지를 공공의 사용에 제공한 경위와 그 규모, 토지의 제공에 따른 소유자의 이익 또는 편익의 유무, 해당 토지 부분의 위치나 형태, 인근의 다른 토지들과의 관계, 주위 환경 등 여러 사정을 종합적으로 고찰하고, 토지 소유자의 소유권 보장과 공공의 이익 사이의 비교형량을 한 결과, 소유자가 그 토지에 대한 독점적 · 배타적인 사용 · 수익권을 포기한 것으로 볼 수 있다면, **타인**[사인(사인)뿐만 아니라 국가, 지방자치단체도 이에 해당할 수 있다, 이하 같다]**이 그 토지를 점유 · 사용하고 있다 하더라도** 특별한 사정이 없는 한 그로 인해 토지 소유자에게 어떤 손해가 생긴다고 볼 수 없으므로, 토지 소유자는 **그 타인을 상대로 부당이득반환을 청구할 수 없고, 토지의 인도 등을 구할 수도 없다.** 다만 소유권의 핵심적 권능에 속하는 사용 · 수익 권능의 대세적 · 영구적인 포기는 물권법정주의에 반하여 허용할 수 없으므로, 토지 소유자의 독점적 · 배타적인 사용 · 수익권의 행사가 제한되는 것으로 보는 경우에도, 일반 공중의 무상 이용이라는 토지이용현황과 양립 또는 병존하기 어려운 토지 소유자의 독점적이고 배타적인 사용 · 수익만이 제한될 뿐이고, **토지 소유자는 일반 공중의 통행 등 이용을 방해하지 않는 범위 내에서는 그 토지를 처분하거나 사용 · 수익할 권능을 상실하지 않는다.** (다) ① 위와 같은 법리는 토지 소유자가 그 소유의 토지를 도로 이외의 다른 용도로 제공한 경우에도 적용된다. 또한, 토지 소유자의 독점적 · 배타적인 사용 · 수익권의 행사가 제한되는 것으로 해석되는 경우 특별한 사정이 없는 한 그 지하 부분에 대한 독점적이고 배타적인 사용·수익권의 행사 역시 제한되는 것으로 해석함이 타당하다. ② 상속인은 피상속인의 일신에 전속한 것이 아닌 한 상속이 개시된 때로부터 피상속인의 재산에 관한 포괄적 권리·의무를 승계하므로(민법 제1005조), 피상속인이 사망 전에 그 소유 토지를 일반 공중의 이용에 제공하여 독점적·배타적인 사용·수익권을 포기한 것으로 볼 수 있고 그 토지가 상속재산에 해당하는 경우에는, 피상속인의 사망 후 그 토지에 대한 **상속인**의 독점적·배타적 사용·수익권의 행사 역시 제한된다고 보아야 한다. ③ 원소유자의 독점적·배타적인 사용·수익권의 행사가 제한되는 토지의 소유권을 경매, 매매, 대물변제 등에 의하여 **특정승계한 자**는, 특별한 사정이 없는 한 그와 같은 사용·수익의 제한이라는 부담이 있다는 사정을 용인하거나 적어도 그러한 사정이 있음을 알고서 그 토지의 소유권을 취득하였다고 봄이 타당하므로, 그러한 특정승계인은 그 토지 부분에 대하여 **독점적이고 배타적인 사용·수익권을 행사할 수 없다**. 이때 특정승계인의 독점적·배타적인 사용·수익권의 행사를 허용할 특별한 사정이 있는지 여부는 특정승계인이 토지를 취득한 경위, 목적과 함께, 그 토지가 일반 공중의 이용에 제공되어 사용·수익에 제한이 있다는 사정이 이용현황과 지목 등을 통하여 외관에 어느 정도로 표시되어 있었는지, 해당 토지의 취득가액에 사용·수익권 행사의 제한으로 인한 재산적 가치 하락이 반영되어 있었는지, 원소유자가 그 토지를 일반 공중의 이용에 무상 제공한 것이 해당 토지를 이용하는 사람들과의 특별한 인적 관계 또는 그 토지 사용 등을 위한 관련 법령상의 허가·등록 등과 관계가 있었다고 한다면, 그와 같은 관련성이 특정승계인에게 어떠한 영향을 미치는지 등의 여러 사정을 종합적으로 고려하여 판단하여야 한다. (라) 토지 소유자의 독점적·배타적 사용·수익권 행사의 제한은 해당 토지가 일반 공중의 이용에 제공됨으로 인한 공공의 이익을 전제로 하는 것이므로, 토지 소유자가 공공의 목적을 위해 그 토지를 제공할 당시의 객관적인 토지이용현황이 유지되는 한도 내에서만 존속한다고 보아야 한다. 따라서 토지 소유자가 그 소유 토지를 일반 공중의 이용에 제공함으로써 자신의 의사에 부합하는 토지이용상태가 형성되어 그에 대한 독점적·배타적인 사용·수익권의 행사가 제한된다고 하더라도, 그 후 토지이용상태에 중대한 변화가 생기는 등으로 독점적·배타적 사용·수익권의 행사를 제한하는 기초가 된 객관적인 사정이 현저히 변경되고, 소유자가 일반 공중의 사용을 위하여 그 토지를 제공할 당시 이러한 변화를 예견할 수 없었으며, 사용·수익권 행사가 계속하여 제한된다고 보는 것이 당사자의 이해에 중대한 불균형을 초래하는 경우에는, **토지 소유자는 그와 같은 사정변경이 있은 때부터는 다시 사용·수익 권능을 포함한 완전한 소유권에 기한 권리를 주장할 수 있다**고 보아야 한다. 이때 그러한 사정변경이 있는지 여부는 해당 토지의 위치와 물리적 형태, 토지 소유자가 그 토지를 일반 공중의 이용에 제공하게 된 동기와 경위, 해당 토지와 인근 다른 토지들과의 관계, 토지이용상태가 바뀐 경위와 종전 이용상태와의 동일성 여부 및 소유자의 권리행사를 허용함으로써 일반 공중의 신뢰가 침해될 가능성 등 전후 여러 사정을 종합적으로 고려하여 판단하여야 한다[대판(전합) 2019. 1. 24, 2016다264556].

비교판례 종전부터 자연발생적으로 또는 도로예정지로 편입되어 사실상 일반공중의 통행로로 사용되어 온 토지의 소유자가 그 독점적이고 배타적인 사용수익권을 포기한 것으로 볼 경우에도, 일반공중의 통행을 방해하지 않는 범위 내에서는 토지소유자로서 그 토지를 처분하거나 사용수익할 권능을 상실하지 않는다고 할 것이므로, 그 토지를 불법점유하고 있는 제3자에 대하여 **물권적 청구권을 행사하여 토지의 반환 내지 방해의 제거, 예방을 청구할 수 있다고 할 것이나**, 특별한 사정이 없는 한 토지소유자는 그 이후에도 토지를 독점적, 배타적으로 사용수익할 수는 없고, 따라서 제3자가 그 토지를 불법점유하였다 하더라도 이로 인하여 토지소유자에게 어떠한 손실이 생긴다고 할 수 없어 그 점유로 인한 **부당이득의 반환을 청구할 수는 없다**(대판 2001. 4. 13, 2001다8493). ☞ 위 [판례]①의 ㈏부분에서는 "토지 소유자는 그 타인을 상대로 부당이득반환을 청구할 수 없고, 토지의 인도 등을 구할 수도 없다."고 하였는데, 이 판례에서는 물권적 청구권은 행사할 수 있으나 부당이득의 반환을 청구할 수는 없다는 취지로 판시하고 있다. 이에 대해 위 [판례]①의 다수의견은 사안별로 판단할 수밖에 없으므로 문제가 없다는 입장으로 보이는 반면, 반대의견은 토지의 인도 등을 청구할 수 없다는 판단은 (물권적 청구권은 행사할 수 있다고 했던) 기존의 판결과 정면으로 배치된다는 점을 지적한다. 혹시 이 부분이 출제된다면 수험생의 입장에서는 두 판례의 태도를 모두 기억해 두었다가 출제자의 의도를 파악하여 문제를 푸는 수밖에 없다.

② 토지소유자가 그 소유 토지를 도로, 수도시설의 매설 부지 등 일반 공중을 위한 용도로 제공한 경우 소유자가 토지를 공공의 사용에 제공한 경위 등 여러 사정을 종합적으로 고찰하고, 토지소유자의 소유권 보장과 공공의 이익 사이의 비교형량을 한 결과, 토지소유자가 그 소유 토지에 대한 독점적·배타적 사용·수익권을 포기한 것으로 볼 수 있다면, 토지소유자는 그 토지 부분에 대하여 독점적이고 배타적인 사용·수익권을 행사할 수 없다. 그리고 원소유자의 독점적·배타적 사용·수익권 행사가 제한되는 토지의 소유권을 특정승계한 자는, 특별한 사정이 없는 한 그와 같은 사용·수익의 제한이라는 부담이 있다는 사정을 용인하거나 적어도 그러한 사정이 있음을 알고서 그 토지의 소유권을 취득하였다고 봄이 타당하므로, 그러한 특정승계인도 그 토지 부분에 대하여 독점적이고 배타적인 사용·수익권을 행사할 수 없다. 그러나 이러한 토지소유자의 독점적·배타적 사용·수익권 행사 제한의 법리는 토지가 도로, 수도시설의 매설 부지 등 **일반 공중을 위한 용도로 제공된 경우에 적용되는 것**이어서, 토지가 건물의 부지 등 **지상 건물의 소유자들만을 위한 용도로 제공된 경우**에는 적용되지 않는다. 따라서 토지소유자가 그 소유 토지를 건물의 부지로 제공하여 지상 건물소유자들이 이를 무상으로 사용하도록 허락하였다고 하더라도, 그러한 법률관계가 물권의 설정 등으로 특정승계인에게 대항할 수 있는 것이 아니라면 **채권적인 것에 불과**하여 특정승계인이 그러한 채권적 법률관계를 승계하였다는 등의 특별한 사정이 없는 한 특정승계인의 그 토지에 대한 소유권 행사가 제한된다고 볼 수 없다(대판 2019. 11. 14, 2015다211685).

③ 소유자에게 소유권의 핵심적 내용에 속하는 **처분권능이 없다고 하면**(민법 제211조 참조), 이는 결국 민법이 알지 못하는 새로운 유형의 소유권 내지 물권을 창출하는 것으로서, 객체에 대한 전면적 지배권인 소유권을 핵심으로 하여 구축되어 있고 또한 물권의 존재 및 내용에 관하여 일정한 공시수단을 요구하는 물권법의 체계를 현저히 교란하게 된다. 따라서 소유자가 제3자에 대하여 목적물의 소유권을 이전하기로 하는 **매매·증여·교환 기타의 채권계약을 체결**하는 것만에 의하여서는 자신의 **소유권에 어떠한 물권적 제한을 받지 아니**하여서, 그는 다른 특별한 사정이 없는 한 자신의 소유물을 여전히 유효하게 달리 처분할 수 있고, 또한 소유권에 기하여 소유물에 대한 방해 등을 배제할 수 있는 민법 제213조, 제214조의 물권적 청구권을 가진다. 나아가 소유자는 제3자에게 그 물건을 제3자의 소유물로 처분할 수 있는 권한을 유효하게 수여할 수 있다고 할 것인데, 그와 같은 이른바 **'처분수권'의 경우에도** 그 수권에 기하여 행하여진 제3자의 처분행위(부동산의 경우에 처분행위가 유효하게 성립하려면 단지 양도 기타의 처분을 한다는 의사표시만으로는 부족하고, 처분의 상대방 앞으로 그 권리 취득에 관한 등기가 있어야 한다. 민법 제186조 참조)가 대세적으로 효력을 가지게 되고 그로 말미암아 소유자가 소유권을 상실하거나 제한받게 될 수는 있다고 하더라도, 그러한 **제3자의 처분이 실제로 유효하게 행하여지지 아니하고 있는 동안에는** 소유자는 처분수권이 제3자에게 행하여졌다는 것만으로 그가 원래 가지는 **처분권능에 제한을 받지 아니한다.** 따라서 그는, 처분권한을 수여받은 제3자와의 관계에서 처분수권의 원인이 된 채권적 계약관계 등에 기하여 채권적인 책임을 져야 하는 것을 별론으로 하고, 자신의 소유물을 여전히 유효하게 처분할 수 있고, 또한 소유권에 기하여 소유물에 대한 방해 등을 배제할 수 있는 민법 제213조, 제214조의 **물권적 청구권을 가진다**(대판 2014. 3. 13, 2009다105215).

④ 가처분등기는 단지 그에 저촉되는 범위 내에서 가처분채권자에게 대항할 수 없는 효과가 있는 것 뿐이고, 소유권등기명의자가 그 부동산을 임의로 타에 처분하는 행위 자체를 금지하는 것은 아니라 할 것이다(대판 1999. 7. 9, 98다13754, 13761).

2. 소유권의 제한

헌법은 제23조에서 "모든 국민의 재산권은 보장된다. 그 내용과 한계는 법률로 정한다"고 규정하고 있다. 그리고 이러한 헌법원리를 받아들여 민법 제211조에서는 법률로서 소유권의 내용을 제한가능하게 할 수 있다는 취지를 명문화하고 있다. 따라서 소유권은 법률로서 제한가능하고 명령에 의해서는 제한하지 못한다.

3. 토지소유권의 범위

> **제212조(토지소유권의 범위)**
> 토지의 소유권은 정당한 이익있는 범위내에서 토지의 상하에 미친다.

(1) 지하수는 토지의 구성부분을 이룬다. 따라서 토지소유권의 범위에 포함되나, 지하수의 특성상 토지소유자간의 지하수 사용을 보호하기 위하여 상린관계의 측면에서 그에 관한 규정을 두고 있다(제235조 이하).

(2) 온천에 관한 권리는 관습상의 독립한 물권이 아니라는 것이 판례이다(대판 1970. 5. 26, 69다1239).

Ⅱ. 구분소유

> **제215조(건물의 구분소유)**
> ① 수인이 한 채의 건물을 구분하여 각각 그 일부분을 소유한 때에는 건물과 그 부속물중 공용하는 부분은 그의 공유로 추정한다.
> ② 공용부분의 보존에 관한 비용 기타의 부담은 각자의 소유부분의 가액에 비례하여 분담한다.

1. 구분소유의 의의

건물의 일부가 경제적으로 독립한 건물과 동일한 효용을 가지고 또한 사회통념상 독립한 건물로 다루어지는 경우에 그 위에 독립한 소유권을 인정하는 것을 구분소유권이라 한다(예 : 아파트).

2. 구분소유의 성립

(1) 1동의 건물 중 구분된 각 부분이 구조상, 이용상 독립성을 가지고 있는 경우에 그 각 부분을 1개의 구분건물로 하는 것도 가능하고, 그 1동 전체를 1개의 건물로 하는 것도 가능하기 때문에, 이를 구분건물로 할 것인지 여부는 특별한 사정이 없는 한 소유자의 의사에 의하여 결정된다고 할 것이므로, 구분건물이 되기 위하여는 객관적, 물리적인 측면에서 구분건물이 **구조상, 이용상의 독립성**을 갖추어야 하고, 그 건물을 구분소유권의 객체로 하려는 의사표시 즉 **구분행위**가 있어야 하는 것으로서, 소유자가 기존 건물에 증축을 한 경우에도 증축 부분이 구조상, 이용상의 독립

성을 갖추었다는 사유만으로 당연히 구분소유권이 성립된다고 할 수는 없고, 소유자의 구분행위가 있어야 비로소 구분소유권이 성립된다고 할 것이다(대판 1999. 7. 27, 98다35020).

(2) 구분건물이 물리적으로 완성되기 전에도 건축허가신청이나 분양계약 등을 통하여 장래 신축되는 건물을 구분건물로 하겠다는 구분의사가 객관적으로 표시되면 **구분행위의 존재**를 인정할 수 있고, 이후 1동의 건물 및 그 구분행위에 상응하는 **구분건물이 객관적·물리적으로 완성**되면 아직 그 건물이 **집합건축물대장에 등록되거나 구분건물로서 등기부에 등기되지 않았더라도** 그 시점에서 구분소유가 성립한다. 따라서 이와 달리 구분소유는 건물 전체가 완성되고 원칙적으로 집합건축물대장에 구분건물로 등록된 시점, 예외적으로 등기부에 구분건물의 표시에 관한 등기가 마쳐진 시점에 비로소 성립한다는 취지로 판시한 대법원 1999. 9. 17. 선고 99다1345 판결, 대법원 2006. 11. 9. 선고 2004다67691 판결 등의 견해는 이 판결의 견해와 저촉되는 한도에서 이를 변경하기로 한다[대판(전합) 2013. 1. 17, 2010다71578].

3. 구분폐지

> **판례** 구분의사를 표시함으로써 구분행위를 한 다음 1동의 건물 및 구분행위에 상응하는 구분건물이 객관적·물리적으로 완성되면 그 시점에서 구분소유가 성립하지만, 이후 소유권자가 분양계약을 전부 해지하고 1동 건물의 전체를 1개의 건물로 소유권보존등기를 마쳤다면 이는 구분폐지행위를 한 것으로서 구분소유권은 소멸한다. 그리고 이러한 법리는 구분폐지가 있기 전에 개개의 구분건물에 대하여 유치권이 성립한 경우라 하여 달리 볼 것은 아니다(대판 2016. 1. 14, 2013다219142).

4. 집합건물의 대지사용권

(1) 집합건물법상 대지사용권은 구분소유자가 전유부분을 소유하기 위하여 건물의 대지에 대하여 갖는 권리이다.

> **판례** [1] 1동의 집합건물의 구분소유자들은 그 전유부분을 구분소유하면서 건물의 대지 전체를 공동으로 점유·사용하는 것이므로, 대지 소유자는 대지사용권 없이 전유부분을 소유하면서 대지를 무단 점유하는 구분소유자에 대하여 그 전유부분의 철거를 구할 수 있다. 집합건물은 건물 내부를 (구조상·이용상 독립성을 갖춘) 여러 개의 부분으로 구분하여 독립된 소유권의 객체로 하는 것일 뿐 1동의 건물 자체는 일체로서 건축되어 전체 건물이 존립과 유지에 있어 불가분의 일체를 이루는 것이므로, 1동의 집합건물 중 일부 전유부분만을 떼어내거나 철거하는 것은 사실상 불가능하다. 그러나 구분소유자 전체를 상대로 각 전유부분과 공용부분의 철거 판결을 받거나 동의를 얻는 등으로 집합건물 전체를 철거하는 것은 가능하고 이와 같은 철거 청구가 구분소유자 전원을 공동피고로 해야 하는 필수적 공동소송이라고 할 수 없으므로, 일부 전유부분만을 철거하는 것이 사실상 불가능하다는 사정은 집행개시의 장애요건에 불과할 뿐 철거 청구를 기각할 사유에 해당하지 않는다. [2] 집합건물 대지의 소유자는 대지사용권을 갖지 아니한 구분소유자에 대하여 전유부분의 철거를 구할 수 있고, 일부 전유부분만의 철거가 사실상 불가능하다고 하더라도 이는 집행개시의 장애요건에 불과할 뿐이어서 대지 소유자의 건물 철거 청구가 권리남용에 해당한다고 볼 수 없다(대판 2021. 7. 8, 2017다204247).

⑵ 집합건물법에서 대지사용권은 전유부분과 이른바 '일체성의 원칙'에 따라 처분되어야 한다[(대판 (전합) 2000. 11. 16, 98다45652, 45669].

5. 아파트 공용부분의 점유취득시효여부(소극)

공용부분에 대해 취득시효의 완성을 인정해 그 부분에 대한 소유권취득을 인정한다면 전유부분과 분리해 공용부분의 처분을 허용하고 일정기간 점유로 인해 공용부분이 전유부분으로 변경되는 결과가 돼 집합건물법 취지에 어긋나기 때문에 집합건물의 공용부분은 취득시효에 의한 소유권취득의 대상이 될 수 없다(대판 2013. 12. 12, 2011다78200, 78217).

III. 상린관계

1. 상린관계의 의의 및 성격

(1) 의 의

인접하고 있는 부동산 소유자 상호간의 이용을 조절하기 위해 민법은 그들 사이의 권리관계(소유권의 제한과 확장)를 규정하고 있는데, 이를 상린관계라 한다. 즉 상린관계란 소유권의 내용으로서 제216조 내지 제244조에서 규정하는 서로 인접하거나 이웃하는 부동산소유권을 대상으로 하여 그 상호간의 이용을 조절하는 것을 말한다(이러한 상린관계는 지상권·전세권에도 적용된다).

(2) 적용범위

상린관계는 인접하거나 이웃하는(서로 직접 연결되어 있는 경우에만 한정하는 것은 아니다) 부동산 소유권에 적용되기 때문에 ① 부동산소유권이라도 너무 떨어져 있거나(지역권과 차이점), ② 동산소유권의 경우에는 그 적용이 없다(김준호 제16판, 619면).

(3) 지역권과의 비교

상린관계는 법률의 규정에 의하여 인정되는 것으로 등기를 요하지 않는다. 그리고 상린관계는 소유권의 확장과 제한의 양면성을 가지고, 토지소유자 상호간의 쌍방간에 적용된다. 상린관계는 본질상 토지소유자가 인접하고 있는 특성이 있으며, 소멸시효의 대상이 되지 않는다. 이와 같이 상린관계는 지역권과 유사한 면이 있으나, 또한 차이점도 있다(지역권에서 상술).

2. 인지사용청구권(제216조)

제216조(인지사용청구권)
① 토지소유자는 경계나 그 근방에서 담 또는 건물을 축조하거나 수선하기 위하여 필요한 범위내에서 이웃 토지의 사용을 청구할 수 있다. 그러나 이웃 사람의 승낙이 없으면 그 주거에 들어가지 못한다.

② 전항의 경우에 이웃 사람이 손해를 받은 때에는 보상을 청구할 수 있다.

3. 생활방해의 금지

제217조(매연 등에 의한 인지에 대한 방해금지)
① 토지소유자는 매연, 열기체, 액체, 음향, 진동 기타 이에 유사한 것으로 이웃 토지의 사용을 방해하거나 이웃 거주자의 생활에 고통을 주지 아니하도록 적당한 조처를 할 의무가 있다.
② 이웃 거주자는 전항의 사태가 이웃 토지의 통상의 용도에 적당한 것인 때에는 이를 인용할 의무가 있다.

4. 수도 등 시설권(제218조)

제218조(수도 등 시설권)
① 토지소유자는 타인의 토지를 통과하지 아니하면 필요한 수도, 소수관, 까스관, 전선 등을 시설할 수 없거나 과다한 비용을 요하는 경우에는 타인의 토지를 통과하여 이를 시설할 수 있다. 그러나 이로 인한 손해가 가장 적은 장소와 방법을 선택하여 이를 시설할 것이며 타토지의 소유자의 요청에 의하여 손해를 보상하여야 한다.
② 전항에 의한 시설을 한 후 사정의 변경이 있는 때에는 타토지의 소유자는 그 시설의 변경을 청구할 수 있다. 시설변경의 비용은 토지소유자가 부담한다.

판례 민법 제218조 제1항 본문은 "토지 소유자는 타인의 토지를 통과하지 아니하면 필요한 수도, 소수(소수)관, 까스관, 전선 등을 시설할 수 없거나 과다한 비용을 요하는 경우에는 타인의 토지를 통과하여 이를 시설할 수 있다"라고 규정하고 있는데, 이와 같은 수도 등 시설권은 법정의 요건을 갖추면 당연히 인정되는 것이고, 시설권에 근거하여 수도 등 시설공사를 시행하기 위해 따로 수도 등이 통과하는 토지 소유자의 동의나 승낙을 받아야 하는 것이 아니다. 따라서 토지 소유자의 동의나 승낙은 민법 제218조에 기초한 수도 등 시설권의 성립이나 효력 등에 어떠한 영향을 미치는 법률행위나 준법률행위라고 볼 수 없다(대판 2016. 12. 15, 2015다247325).

5. 주위토지통행권

제219조(주위토지통행권)
① 어느 토지와 공로사이에 그 토지의 용도에 필요한 통로가 없는 경우에 그 토지소유자는 주위의 토지를 통행 또는 통로로 하지 아니하면 공로에 출입할 수 없거나 과다한 비용을 요하는 때에는 그 주위의 토지를 통행할 수 있고 필요한 경우에는 통로를 개설할 수 있다. 그러나 이로 인한 손해가 가장 적은 장소와 방법을 선택하여야 한다.
② 전항의 통행권자는 통행지소유자의 손해를 보상하여야 한다.

> **제220조(분할, 일부양도와 주위통행권)**
> ① 분할로 인하여 공로에 통하지 못하는 토지가 있는 때에는 그 토지소유자는 공로에 출입하기 위하여 다른 분할자의 토지를 통행할 수 있다. 이 경우에는 보상의 의무가 없다.
> ② 전항의 규정은 토지소유자가 그 토지의 일부를 양도한 경우에 준용한다.

(1) 의의 및 적용범위

1) 주위토지통행권은 인접한 토지의 상호이용의 조절에 기한 권리이다. 제219조에서 말하는 공로(公路)라 함은 일반인이 통행하고 있는 도로를 말하며 사도(私道)를 포함한다. 이러한 권리는 통행의 수인을 청구하는 데 불과한 소극적인 권리이다. 소극적인 권리인 결과 통행지에 대한 소유자의 점유까지 배제되는 것은 아니므로 통행권자가 이를 배타적으로 점유하고 있다면, 통행지 소유자는 통행권자에 대하여 그 인도를 청구할 수 있다. 마찬가지로 주위토지통행권자는 토지소유자에 대하여 주위토지통행권에 기하여 그 토지의 인도를 청구할 수 없다.

2) 민법 제219조에 정한 주위토지통행권(상린관계 규정 등)은 인접한 토지의 상호이용의 조절에 기한 권리로서 토지의 소유자 또는 지상권자, 전세권자 등 토지사용권을 가진 자에게 인정되는 권리이다. 따라서 명의신탁자에게는 주위토지통행권이 인정되지 아니한다(대판 2008. 5. 8, 2007다22767).

(2) 성립요건

1) 주위토지통행권은 어느 토지와 공로사이에 그 토지의 용도에 필요한 통로가 없는 경우에 그 토지소유자가 주위의 토지를 통행 또는 통로로 하지 않으면 공로에 전혀 출입할 수 없는 경우뿐 아니라 과다한 비용을 요하는 때에도 인정될 수 있다(대판 1995. 9. 29, 94다43580). 그러므로 주위토지통행권은 어느 토지가 타인 소유의 토지에 둘러싸여 공로에 통할 수 없는 경우뿐만 아니라, 이미 기존의 통로가 있더라도 그것이 당해 토지의 이용에 부적합하여 실제로 통로로서의 충분한 기능을 하지 못하고 있는 경우에도 인정된다(대판 2003. 8. 19, 2002다53469).

2) 그러나 이미 토지의 용도에 필요한 통로가 있는 경우에는 그 통로를 사용하는 것보다 더 편리하다는 이유만으로 다른 장소로 통행할 권리를 인정할 수 없다(대판 1995. 6. 13, 95다1088).

▎**판례** ① 주위토지통행권은 통행로가 없는 맹지를 공로와 연결하기 위하여 상린관계에서 인정되는 권리이다. 여기에서 **공로란** 사실상 일반 공중의 통행에 제공되는 도로를 말하고, 그 개설 경위나 법령에 따라 **정식으로 개설된 도로인지 여부를 가리지 않는다.** 따라서 어떤 도로가 일반 공중의 자유로운 통행이 보장된 공로에 해당하면, **공로에 이미 연결되어 있는 토지의 소유자에게** 그 공로의 통행을 위하여 굳이 민법 제219조의 **주위토지통행권을 인정할 필요는 없다**(대판 2021. 3. 11, 2020다280326).
② **공로에 통할 수 있는 자기의 공유토지를 두고** 공로에의 통로라 하여 남의 토지를 통행한다는 것은 민법 제219조, 제220조에 비추어 허용될 수 없다. 설령 **위 공유토지가 구분소유적 공유관계에 있고 공로에 접하는 공유 부분을 다른 공유자가 배타적으로 사용, 수익하고 있다고 하더라도 마찬가지이다**(대판 2021. 9. 30, 2021다245443, 245450). ☞ 원고가 다른 공유자와의 관계에서 공로와 접한 위 대지 부분에 대하여 다른 공

유자의 배타적 소유임을 인정할 수밖에 없다고 할지라도 이는 어디까지나 공유자 간의 내부적 사정에 불과하므로 다른 특별한 사정이 없는 한 공유토지를 통하여 공로에 출입할 수 있는 길을 놓아두고 제3자인 피고 소유의 인접지에 관하여 통행권을 주장할 수는 없다.

3) 주위토지통행권의 확인을 구하기 위해서는 통행의 장소와 방법을 특정하여 청구취지로써 이를 명시하여야 하고, 또한 민법 제219조에 정한 요건을 주장·입증하여야 한다(대판 2006. 6. 2, 2005다70144).

> **판 례** 주위토지통행권의 확인을 구하기 위해서는 통행의 장소와 방법을 특정하여 청구취지로써 이를 명시하여야 하고, 민법 제219조에 정한 요건을 주장·증명하여야 한다. 그러므로 주위토지통행권이 있음을 주장하여 확인을 구하는 특정의 통로 부분이 민법 제219조에 정한 요건을 충족하지 못할 경우에는 다른 토지 부분에 주위토지통행권이 인정된다고 할지라도 원칙적으로 청구를 기각할 수밖에 없다. 다만 이와 달리 통행권의 확인을 구하는 특정의 통로 부분 중 일부분이 민법 제219조에 정한 요건을 충족하거나 특정의 통로부분에 대하여 일정한 시기나 횟수를 제한하여 주위토지통행권을 인정하는 것이 가능한 경우라면, 그와 같이 한정된 범위에서만 통행권의 확인을 구할 의사는 없음이 명백한 경우가 아닌 한 청구를 전부 기각할 것이 아니라, 그렇게 제한된 범위에서 청구를 인용함이 타당하다(대판 2017. 1. 12, 2016다39422).

4) 토지의 이용방법에 따라서는 자동차 등이 통과할 수 있는 통로의 개설도 허용되지만 단지 토지이용의 편의를 위해 다소 필요한 상태라고 여겨지는 정도에 그치는 경우까지 자동차의 통행을 허용할 것은 아니다(대판 2006. 6. 2, 2005다70144).

5) 장차 이용상황 고려문제
주위토지통행권은 현재의 토지의 용법에 따른 이용의 범위에서 인정되는 것이지 더 나아가 장차의 이용상황까지를 미리 대비하여 통행로를 정할 것은 아니다(대판 1992. 12. 22, 92다30528).

6) 주거의 자유와 평온
주거는 사람의 사적인 생활공간이자 평온한 휴식처로서 인간생활에서 가장 중요한 장소라고 아니할 수 없어 우리 헌법도 주거의 자유를 보장하고 있는바, 주위토지통행권을 행사함에 있어서도 이러한 주거의 자유와 평온 및 안전을 침해하여서는 아니된다(대판 2009. 6. 11, 2008다75300 등).

(3) 소 멸
일단 주위토지통행권이 발생하였다고 하더라도 나중에 그 토지에 접하는 공로가 개설됨으로써 주위토지통행권을 인정할 필요성이 없어진 때에는 그 통행권은 소멸한다(대판 1998. 3. 10, 97다47118). 즉 주위토지통행권은 법정의 요건을 충족하면 당연히 성립하고 요건이 없어지게 되면 당연히 소멸한다(대판 2014. 12. 24, 2013다11669).

(4) 보상문제

1) 제219조의 주위토지통행권에서 통행 또는 통로개설로 인하여 통행지 소유자에게 손해를 주었을 때에는 통행권자는 그 손해를 보상하여야 한다.

> **판례** 주위토지통행권자가 통행지 소유자에게 보상해야 할 손해액은 주위토지통행권이 인정되는 당시의 현실적 이용 상태에 따른 통행지의 임료 상당액을 기준으로 하여, 구체적인 사안에서 사회통념에 따라 쌍방 토지의 토지소유권 취득 시기와 가격, 부근의 환경 기타 제반 사정을 고려하여 이를 감경할 수 있고, 단지 주위토지통행권이 인정되어 통행하고 있다는 사정만으로 통행지를 '도로'로 평가하여 산정한 임료 상당액이 통행지 소유자의 손해액이 된다고 볼 수 없다(대판 2014. 12. 24, 2013다11669).

2) 분할이나 일부양도로 인하여 공로에 통하지 못하는 토지가 있는 때 그 토지소유자는 공로에 출입하기 위하여 다른 분할자의 토지를 통행할 수 있는데, 이 경우에는 보상의 의무가 없다(제220조).

> **판례** ① 무상주위토지통행권에 관한 민법 제220조의 규정은 토지의 **직접 분할자 또는 일부양도의 당사자** 사이에만 적용되고, 포위된 토지 또는 피통행지의 **특정승계인**에게는 적용되지 않는다(대판 1991. 6. 11, 90다12007).
> ② 토지를 위한 주위토지통행권은 **일부 양도 전의 양도인 소유의 종전 토지**에 대하여만 생기고 **다른 사람 소유의 토지**에 대하여는 인정되지 아니하며, 또 무상의 주위토지통행권이 발생하는 토지의 일부 양도라 함은 1필의 토지의 일부가 양도된 경우뿐만 아니라 일단으로 되어 있던 동일인 소유의 수필지의 토지 중의 일부가 양도된 경우도 포함된다(대판 1995. 2. 10, 94다45869).

(5) 주위토지통행권의 효과

1) 주위토지통행권의 본래적 기능발휘를 위해서는 그 통행에 방해가 되는 담장과 같은 축조물도 위 통행권의 행사에 의하여 철거되어야 한다(대판 2006. 6. 2, 2005다70144).
2) 주위토지통행권자는 필요한 경우에는 통행지상에 통로를 개설할 수 있으므로, 모래를 깔거나, 돌계단을 조성하거나, 장해가 되는 나무를 제거하는 등의 방법으로 통로를 개설할 수 있으며 통행지 소유자의 이익을 해하지 않는다면 통로를 포장하는 것도 허용된다고 할 것이고, 주위토지통행권자가 통로를 개설하였다고 하더라도 그 통로에 대하여 통행지 소유자의 점유를 배제할 정도의 배타적인 점유를 하고 있지 않다면 통행지 소유자가 주위토지통행권자에 대하여 주위토지통행권이 미치는 범위 내의 통로 부분의 인도를 구하거나 그 통로에 설치된 시설물의 철거를 구할 수 없다. 반면에 통행권자가 통행지를 배타적으로 점유하는 경우에는 통행지 소유자는 통행지의 인도를 청구할 수 있다(대판 2003. 8. 19, 2002다53469).
3) 주위토지통행권은 통행을 위한 지역권과는 달리 그 통행로가 항상 특정한 장소로 고정되어 있는 것은 아니고, 주위토지통행권확인청구는 변론종결시에 있어서의 민법 제219조에 정해진 요건에 해당하는 토지가 어느 토지인가를 확정하는 것이므로, 주위토지소유자가 그 용법에 따라 기존

통행로로 이용되던 토지의 사용방법을 바꾸었을 때에는 대지소유자는 그 주위토지소유자를 위하여 보다 손해가 적은 다른 장소로 옮겨 통행할 수밖에 없는 경우도 있다(대판 2009. 6. 11, 2008다75300 등).

4) 사정변경이 생겨서 일방이 상대방에 대하여 기존의 확정판결 등에서 인정한 통행장소와 다른 곳을 통행로로 삼아 주위토지통행권의 확인 등을 소로써 구하더라도 그 청구가 기존확정판결 등의 기판력에 저촉된다고 볼 수 없다. 즉 또다시 필요성이 있으면 청구할 수 있다(대판 2004. 5. 13, 2004다10268).

6. 수류의 변경

제227조(유수용공작물의 사용권)

① 토지소유자는 그 소유지의 물을 소통하기 위하여 이웃 토지소유자의 시설한 공작물을 사용할 수 있다.

② 전항의 공작물을 사용하는 자는 그 이익을 받는 비율로 공작물의 설치와 보존의 비용을 분담하여야 한다.

제229조(수류의 변경)

① 구거 기타 수류지의 소유자는 대안의 토지가 타인의 소유인 때에는 그 수로나 수류의 폭을 변경하지 못한다.

② 양안의 토지가 수류지소유자의 소유인 때에는 소유자는 수로와 수류의 폭을 변경할 수 있다. 그러나 하류는 자연의 수로와 일치하도록 하여야 한다.

③ 전2항의 규정은 다른 관습이 있으면 그 관습에 의한다.

7. 경계표·담의 설치권 등

제237조(경계표, 담의 설치권)

① 인접하여 토지를 소유한 자는 공동비용으로 통상의 경계표나 담을 설치할 수 있다.

② 전항의 비용은 쌍방이 절반하여 부담한다. 그러나 측량비용은 토지의 면적에 비례하여 부담한다.

③ 전2항의 규정은 다른 관습이 있으면 그 관습에 의한다.

제240조(수지, 목근의 제거권)

① 인접지의 수목가지가 경계를 넘은 때에는 그 소유자에 대하여 가지의 제거를 청구할 수 있다.

② 전항의 청구에 응하지 아니한 때에는 청구자가 그 가지를 제거할 수 있다.

③ 인접지의 수목뿌리가 경계를 넘은 때에는 임의로 제거할 수 있다.

8. 경계선부근의 건축

> **제242조(경계선부근의 건축)**
> ① 건물을 축조함에는 특별한 관습이 없으면 경계로부터 반미터 이상의 거리를 두어야 한다.
> ② 인접지소유자는 전항의 규정에 위반한 자에 대하여 건물의 변경이나 철거를 청구할 수 있다. 그러나 건축에 착수한 후 1년을 경과하거나 건물이 완성된 후에는 손해배상만을 청구할 수 있다.

Ⅳ. 취득시효

1. 총 설

(1) 의 의

취득시효란 물건 또는 권리를 일정한 기간 점유 또는 준점유하는 자에게 그 물건의 소유권 또는 권리를 취득케 하는 제도이다.

(2) 존재이유

취득시효 제도의 존재이유는 사실상태가 오랫동안 계속된 경우에 그 상태가 진실한 권리관계에 합치되지 않더라도 그 사실상태대로 권리관계를 인정함으로써 법질서의 안정을 기하려는 데 있다(이은영 「민법강의」, p.337). 통설적 입장은 시효제도의 존재이유로, 첫째 사회질서의 안정, 둘째 입증곤란의 구제(=증거산일의 구제), 셋째 권리행사의 태만에 대한 제재 등을 들고 있다.

(3) 취득시효의 중단·정지

> **제247조(소유권취득의 소급효, 중단사유)**
> ② 소멸시효의 중단에 관한 규정은 전2조의 소유권취득기간에 준용한다.

소멸시효의 중단의 규정은 취득시효에도 준용한다는 것이 제247조 제2항의 내용인바, 소멸시효정지규정의 준용여부에 대하여는 아무런 말이 없으나 통설은 긍정하고 있다.

> **판례** ① 취득시효의 중단사유가 되는 재판상 청구에는 시효취득의 대상인 목적물의 인도 내지는 소유권존부확인이나 소유권에 관한 등기청구소송은 말할 것도 없고, 소유권침해의 경우에 그 **소유권을 기초로 하는 방해배제 및 손해배상 혹은 부당이득반환청구소송**도 이에 포함된다(대판 1997. 4. 25, 96다46484).
> ② 권리자가 시효를 주장하는 자로부터 제소당하여 직접 응소행위로서 상대방의 청구를 적극적으로 다투면서 자신의 권리를 주장하여 그것이 받아들여진 경우에는 민법 제247조 제2항에 의하여 취득시효기간에 준용되는 민법 제168조 제1호, 제170조 제1항에서 시효중단사유의 하나로 규정하고 있는 재판상의 청구에 포함되는 것으로 해석함이 상당하다 할 것이나, 점유자가 소유자를 상대로 소유권이전등기 청구소송을 제기하면서 그 청구원인으로 '**취득시효 완성**'이 아닌 '**매매**'를 주장함에 대하여, 소유자가 이에 응소하여 원고 청구기각의 판결을 구

하면서 원고의 주장 사실을 부인하는 경우에는, 이는 원고 주장의 매매 사실을 부인하여 원고에게 그 매매로 인한 소유권이전등기청구권이 없음을 주장함에 불과한 것이고 소유자가 자신의 소유권을 적극적으로 주장한 것이라 볼 수 없으므로 시효중단사유의 하나인 재판상의 청구에 해당한다고 할 수 없다(대판 1997. 12. 12, 97다30288).
③ 민법 제247조 제2항은 '소멸시효의 중단에 관한 규정은 점유로 인한 부동산소유권의 시효취득기간에 준용한다.'고 규정하고, 민법 제168조 제2호는 소멸시효 중단사유로 '압류 또는 가압류, 가처분'을 규정하고 있다. 점유로 인한 부동산소유권의 시효취득에 있어 취득시효의 중단사유는 **종래의 점유상태의 계속을 파괴하는 것으로 인정될 수 있는 사유이어야** 하는데, **민법 제168조 제2호에서 정하는 '압류 또는 가압류'는** 금전채권의 강제집행을 위한 수단이거나 그 보전수단에 불과하여 취득시효기간의 완성 전에 부동산에 압류 또는 가압류 조치가 이루어졌다고 하더라도 이로써 종래의 점유상태의 계속이 파괴되었다고는 할 수 없으므로 이는 **취득시효의 중단사유가 될 수 없다**(대판 2019. 4. 3, 2018다296878).
④ [1] 민법 제169조 소정의 '승계인'이라 함은 시효중단에 관여한 당사자로부터 중단의 효과를 받는 권리를 그 중단 효과 발생 이후에 승계한 자를 가리킨다. [2] 민법 제169조가 규정한 시효의 중단은 당사자 및 그 승계인에만 효력이 있다고 하는 것은 승계인이 중단 당시의 당사자의 점유기간을 승계하여 시효취득을 주장할 수 없다는 것을 의미할 뿐 승계인 자신의 점유에 터잡은 독자적인 시효취득을 방해하는 것은 아니다(대판 1998. 6. 12, 96다26961).

(4) 민법이 규정하는 취득시효의 유형

민법은 취득시효의 유형으로서 '부동산소유권의 취득시효'(제245조), '동산소유권의 취득시효'(제246조), '소유권 이외의 재산권의 취득시효'(제248조)의 세 가지를 두고 있다. 특히 부동산소유권의 취득시효에는 점유취득시효(제245조 제1항)와 등기부취득시효(제245조 제2항)의 두 종류가 있다. 점유취득시효에서는 부동산을 20년간 점유하는 자가 그 기간의 만료 후에 등기함으로써 확정적으로 소유권을 취득하게 되는 데 대하여, 등기부취득시효에서는 원인무효의 등기명의인이 10년간 점유함으로써 소유권을 취득하게 된다.

구분	유형	기간	내용
부동산소유권의 취득시효	점유취득시효	20년	자주·평온·공연의 점유와 등기 (제245조 제1항)
	등기부취득시효	10년 (선의·무과실점유)	자주·평온·공연·선의·무과실의 점유 (제245조 제2항)
동산소유권의 취득시효	일반취득시효	10년	자주·평온·공연의 점유 (제246조 제1항)
	단기취득시효	5년 (선의·무과실점유)	자주·평온·공연·선의·무과실의 점유 (제246조 제2항)
소유권 이외의 재산권	위의 부동산·동산 소유권의 취득시효에 준한다.		

2. 부동산소유권의 점유취득시효

> **제245조(점유로 인한 부동산소유권의 취득기간)**
> ① 20년간 소유의 의사로 평온, 공연하게 부동산을 점유하는 자는 등기함으로써 그 소유권을 취득한다.
> ② 부동산의 소유자로 등기한 자가 10년간 소유의 의사로 평온, 공연하게 선의이며 과실없이 그 부동산을 점유한 때에는 소유권을 취득한다.

(1) 시효취득의 주체와 대상

1) 주 체

권리의 주체가 될 수 있는 자는 모두 시효취득할 수 있다. 따라서 자연인이나 법인뿐만 아니라 권리능력 없는 사단(종중)·재단, 기타 지방자치단체도 취득시효의 주체가 될 수 있다.

> **판 례** 문중 또는 종중과 같이 **법인 아닌 사단 또는 재단**에 있어서도 취득시효 완성으로 인한 소유권을 취득할 수 있다(대판 1970. 2. 10, 69다2013).

2) 자기소유의 부동산

> **판 례** ① 부동산에 관하여 적법·유효한 등기를 마치고 소유권을 취득한 사람이 **자기 소유의 부동산을 점유**하는 경우에는 특별한 사정이 없는 한 사실상태를 권리관계로 높여 보호할 필요가 없고, 부동산의 소유명의자는 부동산에 대한 소유권을 적법하게 보유하는 것으로 추정되어 소유권에 대한 증명의 곤란을 구제할 필요 역시 없으므로, **그러한 점유는 취득시효의 기초가 되는 점유라고 할 수 없다.** 다만 그 상태에서 다른 사람 명의로 소유권이전등기가 되는 등으로 소유권의 변동이 있는 때에 비로소 취득시효의 요건인 점유가 개시된다고 볼 수 있을 뿐이다(대판 2016. 10. 27, 2016다224596).
> ② 부동산에 관하여 적법·유효한 등기를 하고 소유권을 취득한 사람이 **자기 소유의 부동산을 점유하는 경우** 특별한 사정이 없는 한 그러한 점유는 취득시효의 기초가 되는 점유라고 할 수 없다. 이러한 경우에는 사실상태를 권리관계로 높여 보호할 필요가 없고, 부동산의 소유명의자는 부동산에 대한 소유권을 적법하게 보유하는 것으로 추정되어 소유권에 대한 증명의 곤란을 구제할 필요도 없기 때문이다. 그러나 소유권에 기초하여 부동산을 점유하는 사람이더라도 그 등기를 하고 있지 않아 자신의 소유권을 증명하기 어렵거나 소유권을 제3자에게 대항할 수 없는 등으로 점유의 사실 상태를 권리관계로 높여 보호하고 증명곤란을 구제할 필요가 있는 예외적인 경우에는, 자기 소유 부동산에 대한 점유도 취득시효를 인정하기 위해 기초가 되는 점유로 볼 수 있다(대판 2022. 7. 28, 2017다204629).
> ③ 취득시효는 당해 부동산을 오랫동안 계속하여 점유한다는 사실상태를 일정한 경우에 권리관계로 높이려고 하는 데에 그 존재이유가 있는 점에 비추어 보면, 시효취득의 목적물은 타인의 부동산임을 요하지 않고 자기 소유의 부동산이라도 시효취득의 목적물이 될 수 있다고 할 것이고, 취득시효를 규정한 민법 제245조가 '타인의 물건인 점'을 규정에서 빼놓은 것도 같은 취지에서라고 할 것이다(대판 2001. 7. 13, 2001다17572).

Q : 2001다17572판결에서는 자기 소유의 부동산이라도 시효취득의 목적물이 될 수 있다고 하면서, 2016다224596판결에서는 자기 소유의 부동산을 점유하는 경우에 그러한 점유는 취득시효의 기초가 되는 점유라고 할 수 없다고 하는데, 어떻게 이해해야 하나요?

A : 원칙적으로는 2016다224596판결과 같이 자기 소유의 부동산을 점유하는 경우에 그러한 점유는 취득시효의 기초가 되는 점유라고 할 수 없습니다. 2013다206313판결도 마찬가지입니다("채권자취소권 행사의 효과"에서 후술).

다만 2001다17572판결과 같이 부동산에 관하여 이른바 계약명의신탁을 하고 명의신탁자가 그 부동산을 점유하면서 명의수탁자에 대하여 점유취득시효를 주장한 사안, 즉 부동산실권리자명의등기에관한법률 시행 전의 판례이론이 적용되는 명의신탁으로서 대내적으로는 명의신탁자가 소유자이지만, 대외적으로는 명의수탁자가 소유자이어서 명의신탁자에게 시효취득을 인정할 여지가 있는 경우에는 자기 소유의 부동산이라도 시효취득의 목적물이 될 수 있다고 하는 것입니다. 참고로 2016다224596판결은 2001다17572판결과는 사안이 다르다는 점을 스스로 밝히고 있기도 합니다.

판례 상고이유로 들고 있는 대법원 2001. 7. 13. 선고 2001다17572 판결은 부동산에 관하여 이른바 계약명의신탁을 하고 명의신탁자가 그 부동산을 점유하면서 명의수탁자에 대하여 점유취득시효를 주장한 사안에 관한 것으로서, 이 사건에 원용할 수 있는 적절한 선례가 아니다(대판 2016. 10. 27, 2016다224596).

3) 토지의 일부

일필의 토지의 일부도 취득시효에 의하여 소유권을 취득할 수 있다. 다만 일필의 토지의 일부에 대한 시효취득을 인정하기 위하여는 그 부분이 다른 부분과 구분되어 시효취득자의 점유에 속한다는 것을 인식하기에 족한 객관적 징표가 계속하여 존재할 것을 요한다(대판 1989. 4. 25, 88다카9494).

4) 공유지분

토지의 공유지분 일부에 대하여도 시효취득이 가능하다(대판 1979. 6. 26, 79다639).

5) 성명불상자의 부동산

시효로 인한 부동산 소유권의 취득은 원시취득으로서 취득시효의 요건을 갖추면 곧 등기청구권을 취득하는 것이고 또 타인의 소유권을 승계취득하는 것이 아니어서 시효취득의 대상이 반드시 타인의 소유물이어야 하거나 그 타인이 특정되어 있어야만 하는 것은 아니므로 성명불상자의 소유물에 대하여 시효취득을 인정할 수 있다(대판 1992. 2. 25, 91다9312).

6) 잡종재산(일반재산)

국유재산은 원칙적으로 시효취득의 대상이 되지 않는다. 다만 잡종재산(일반재산)에 대해서는 시효취득이 인정된다.

[판례] ① 국유재산법 제7조 제2항은 "행정재산은 민법 제245조에도 불구하고 시효취득의 대상이 되지 아니한다"라고 규정하고 있으므로, **국유재산에 대한 취득시효가 완성되기 위해서는** 그 국유재산이 취득시효기간 동안 계속하여 행정재산이 아닌 시효취득의 대상이 될 수 있는 **일반재산이어야 한다.** 또 행정재산이 기능을 상실하여 본래의 용도에 제공되지 않는 상태에 있다 하더라도 관계 법령에 의하여 용도폐지가 되지 아니한 이상 당연히 취득시효의 대상이 되는 일반재산이 되는 것은 아니고, 공용폐지의 의사표시는 묵시적인 방법으로도 가능하나 행정재산이 본래의 용도에 제공되지 않는 상태에 있다는 사정만으로는 묵시적인 공용폐지의 의사표시가 있다고 볼 수도 없다(대판 2010. 11. 25, 2010다58957).

② 원래 잡종재산(＝일반재산)이던 것이 행정재산으로 된 경우 잡종재산(＝일반재산)일 당시에 취득시효가 완성되었다고 하더라도 행정재산으로 된 이상 이를 원인으로 하는 소유권이전등기를 청구할 수 없다(대판 1997. 11. 14, 96다10782).

(2) 소유의 의사(＝자주점유)

판례는 취득시효의 성립요건으로서의 민법 제245조의 "소유의 의사"도 민법 제197조 제1항에 의하여 추정이 된다고 한다.

[판례] ① **취득시효에 있어서 자주점유의 요건인 소유의 의사**는 객관적으로 점유취득의 원인이 된 점유권원의 성질에 의하여 그 존부를 결정하여야 할 것이나, 점유권원의 성질이 분명하지 아니한 때에는 **민법 제197조 제1항에 의하여 점유자는 소유의 의사로 점유한 것으로 추정**되므로 점유자가 스스로 그 점유권원의 성질에 의하여 자주점유임을 입증할 책임이 없고, 점유자의 점유가 소유의 의사없는 타주점유임을 주장하는 상대방에게 타주점유에 대한 입증책임이 있다[대판(전합) 1983. 7. 12, 82다708, 709, 82다카1792, 1793].

② 민법 제197조 제1항에 따라 물건의 점유자는 소유의 의사로 점유한 것으로 추정된다. 점유자가 취득시효를 주장하는 경우 **스스로 소유의 의사를 증명할 책임은 없고, 오히려 취득시효의 성립을 부정하는 사람에게 그 점유자의 점유가 소유의 의사가 없음을 주장하여 증명할 책임이 있다**(대판 2022. 5. 12, 2019다249428).

(3) 점 유
1) 간접점유

직접점유뿐 아니라 간접점유도 취득시효의 요건인 점유에 해당한다. 시효취득을 주장하는 자는 점유의 사실을 주장·입증하여야 한다.

[판례] 명의신탁이 있었다는 사정만으로 직접점유자인 명의수탁자와의 사이에 점유매개관계에 기한 명의신탁자의 간접점유를 인정할 수 있는지 여부(소극) 부동산실명법 시행 전·후의 계약명의신탁에 의하여 각 부동산의 소유권을 취득한 피고(명의수탁자)를 상대로, 원고(명의신탁자)가 주위적으로 '명의신탁 이후에 이루어진 원고와 피고 사이의 반환약정'을 원인으로 한 소유권이전등기를, 예비적으로 '원고에게 피고의 직접점유를 매개로 한 간접점유가 인정되고, 그 간접점유에 기한 점유취득시효가 완성되었음'을 원인으로 한 소유권이전등기를 각 구한 사안에서, '원고와 피고 사이에 이루어진 반환약정은 무효인 명의신탁약정이 유효함을 전제로 부동산 자체의 반환을 구하는 범주여서 위 반환약정도 무효'라고 보고, '각 부동산을 직접점유한 피고(명의수탁자)와 원고(명의신탁자) 사이에 점유매개관계를 인정할 수 없어 **원고(명의신탁자)의 간접점유도 인정**

할 수 없다'고 보아 원고(명의신탁자)의 주위적 청구 및 예비적 청구를 모두 기각한 원심을 수긍한 사례(대판 2022. 6. 9, 2021다244617).

2) 평온·공연점유

취득시효의 요건으로서의 점유는 평온하고 공연한 것이어야 한다. 등기부취득시효에서의 점유는 선의·무과실이 추가된다.

(4) 부동산점유취득시효의 5원칙

예컨대 등기명의자(甲), 점유자(乙), 甲으로부터의 양수인(丙)이 있다.

1) 제1원칙 : 부동산에 대한 점유취득시효기간이 완성된 경우에 그 부동산의 원소유자는 권리변동 의 당사자이므로 점유자(乙)는 원소유자(甲)에 대하여 **등기 없이도** 그 부동산의 시효취득을 주장 하여 대항할 수 있다. 반면에 甲은 乙에 대한 이전등기의무자로서 乙에 대하여 토지의 인도를 구할 수 없음은 물론이고, 시효가 기산된 이후의 기간에 관하여 乙이 얻은 사용이익을 부당이득으로 반환청구할 수 없고, 나아가 乙에 대하여 그 기간 동안의 불법점유를 이유로 하는 손해배상도 청구할 수 없다.

> **[판례]** ① 부동산에 대한 점유취득시효기간이 완성된 경우에 그 부동산의 원소유자는 권리변동의 당사자이므로 점유자는 원소유자에 대하여 등기 없이도 그 부동산의 시효취득을 주장하여 대항할 수 있는 반면에 원소유 자는 점유자에 대한 이전등기의무자로서 소유권에 기한 권능을 행사할 수 없다(대판 1977. 3. 22, 76다242).
> ② 乙이 甲 소유의 대지 일부를 소유의 의사로 평온, 공연하게 20년간 점유하였다면 乙은 甲에게 소유권이전 등기절차의 이행을 청구할 수 있고 甲은 이에 응할 의무가 있으므로 乙이 위 대지에 관하여 소유권이전등기를 경료하지 못한 상태에 있다고 해서 甲이 乙에 대하여 그 대지에 대한 불법점유임을 이유로 그 지상건물의 철거와 대지의 인도를 청구할 수는 없다(대판 1988. 5. 10, 87다카1979).
> ③ 부동산에 대한 취득시효가 완성되면 점유자는 소유명의자에 대하여 취득시효완성을 원인으로 한 소유권이 전등기절차의 이행을 청구할 수 있고 소유명의자는 이에 응할 의무가 있으므로 점유자가 그 명의로 소유권이 전등기를 경료하지 아니하여 아직 소유권을 취득하지 못하였다고 하더라도 소유명의자는 점유자에 대하여 **점 유로 인한 부당이득반환청구**를 할 수 없다(대판 1993. 5. 25, 92다51280).

2) 제2원칙 : 甲이 **乙의 시효진행 중에** 그 부동산을 丙에게 양도하고 등기를 이전하여 준 경우에도 丙은 당사자의 지위를 승계하기 때문에 乙은 丙에게 시효취득을 주장할 수 있다. 즉 **점유취득시 효기간이 완성되기 전, 그 진행 중에 등기부상의 소유자가 변경된 경우**에 있어서는, 이는 점 유자의 종래의 사실상태의 계속을 파괴한 것으로 볼 수 없어 시효중단사유가 될 수 없고 따라서 점유취득시효완성 당시의 등기부상의 소유자가 권리변동의 당사자가 되는 것이므로 점유자는 그 자에 대하여 등기 없이도 취득시효완성의 효과를 주장할 수 있다(대판 1972. 1. 31, 71다2416; 대판

1989. 4. 11, 88다카5843, 5850 등 참조).

3) 제3원칙 : 甲이 그 부동산을 **乙의 시효기간만료 후에** 丙에게 양도하고 이전등기를 한 경우에는 甲으로부터 乙·丙에 이중양도한 경우와 같으므로 乙은 등기를 하지 아니하면 먼저 등기한 丙에게 시효취득을 주장할 수 없다. 즉 **점유취득시효가 완성되었다고 하더라도 그에 따른 등기를 하지 않고 있는 사이**에 제3자가 그 부동산에 관한 소유권이전등기를 경료한 경우에는, 그 제3자는 점유취득시효완성으로 인한 권리변동의 당사자가 아니므로 점유자는 그 제3자에 대하여 취득시효완성의 효과를 주장하여 대항할 수 없다(대판 1964. 6. 9, 63다1129 등 참조).

> **판례** 부동산에 대한 점유취득시효가 완성되었다고 하더라도 이를 등기하지 아니하고 있는 사이에 그 부동산에 관하여 제3자에게 소유권이전등기가 마쳐지면 점유자는 그 제3자에게 대항할 수 없는 것이고, 이 경우 제3자의 **이전등기 원인이 점유자의 취득시효 완성 전의 것이라 하더라도 마찬가지**이다(대판 1998. 7. 10, 97다45402).

4) 제4원칙 : 제3원칙의 경우에 乙이 시효기산점을 임의로 뒤로하여 丙에게 이전등기된 후에 시효가 완성되었다는 주장을 하는 것은 허락되지 않는다(기산점을 뒤로하면 丙이 시효완성 후의 제3자 지위에서 시효완성 전의 제3자로 전락할 수도 있게 된다는 점을 고려하여 시효취득자의 자의의 기산점 산정을 막는 것이다).

> **판례** 취득시효기간의 계산에 있어 **점유기간 중에 당해 부동산의 소유권자의 변동이 있는 경우**에는 취득시효를 주장하는 자가 임의로 기산점을 선택하거나 소급하여 20년 이상 점유한 사실만 내세워 시효완성을 주장할 수 없고, 이와 같은 경우에는 **법원이 당사자의 주장에 구애됨이 없이** 소송자료에 의하여 인정되는 바에 따라 진정한 점유의 개시시기를 인정하고, 그에 터잡아 취득시효주장의 당부를 판단하여야 한다(대판 1995. 5. 23, 94다39987).

> **비교판례** **취득시효기간 중 계속해서 등기명의자가 동일한 경우**에는 그 기산점을 어디에 두든지 간에 취득시효의 완성을 주장할 수 있는 시점에서 보아 그 기간이 경과한 사실만 확정되면 충분하므로, 전 점유자의 점유를 승계하여 자신의 점유기간과 통산하면 20년이 경과한 경우에 있어서도 전 점유자가 점유를 개시한 이후의 임의의 시점을 그 기산점으로 삼아 취득시효의 완성을 주장할 수 있고 이는 소유권에 변동이 있더라도 그 이후 계속해서 취득시효기간이 경과하도록 등기명의자가 동일하다면 그 소유권 변동 이후 전 점유자의 점유기간과 자신의 점유기간을 통산하여 20년이 경과한 경우에 있어서도 마찬가지이다(대판 1998. 5. 12, 97다34037).

5) 제5원칙 : 위 3원칙에서 丙의 등기 후 乙이 다시 시효취득에 필요한 기간 동안 점유를 계속한다면 2차의 시효취득을 주장할 수 있다.
   ㈎ 폐기된 종전 판례 : 취득시효가 완성된 후에 제3취득자가 소유권이전등기를 마친 경우에도 당초의 점유자가 계속 점유하고 있고, 또 소유자가 변동된 시점을 새로운 기산점으로 삼아도 다시 취득시효의 점유기간이 완성되는 경우에는 취득시효를 주장하는 점유자로서는 소유권 변동

시를 새로운 취득시효의 기산점으로 삼아 취득시효의 완성을 주장할 수 있지만, **이 경우에도 그 점유 기간 중에는 등기명의자가 동일하고 소유자의 변동이 없어야만 한다**(대판 1999. 2. 12, 98다40688).

(내) 변경된 전원합의체 판례 : [1] 부동산에 대한 점유취득시효가 완성된 후 취득시효 완성을 원인으로 한 소유권이전등기를 하지 않고 있는 사이에 그 부동산에 관하여 제3자 명의의 소유권이전등기가 경료된 경우라 하더라도 당초의 점유자가 계속 점유하고 있고 소유자가 변동된 시점을 기산점으로 삼아도 다시 취득시효의 점유기간이 경과한 경우에는 점유자로서는 **제3자 앞으로의 소유권 변동시**를 새로운 점유취득시효의 기산점으로 삼아 **2차의 취득시효의 완성**을 주장할 수 있다. [2] [다수의견] 취득시효기간이 경과하기 전에 등기부상의 소유명의자가 변경된다고 하더라도 그 사유만으로는 점유자의 종래의 사실상태의 계속을 파괴한 것이라고 볼 수 없어 취득시효를 중단할 사유가 되지 못하므로, 새로운 소유명의자는 취득시효 완성 당시 권리의무 변동의 당사자로서 취득시효 완성으로 인한 불이익을 받게 된다 할 것이어서 시효완성자는 그 소유명의자에게 시효취득을 주장할 수 있는바, 이러한 법리는 **새로이 2차의 취득시효가 개시되어 그 취득시효기간이 경과하기 전에 등기부상의 소유명의자가 다시 변경된 경우에도 마찬가지로 적용된다**고 봄이 상당하다[대판(전합) 2009. 7. 16, 2007다15172, 15189]. ☞ 2차의 취득시효에도 제2원칙이 적용된다는 취지이다.

(5) 점유취득시효완성 후 등기 전 점유자의 지위

1) 채권자에 불과

부동산에 관한 점유취득시효기간이 경과하였다고 하더라도 그 **점유자가 자신의 명의로 등기하지 아니하고 있는 사이에 먼저 제3자 명의로 소유권이전등기가 경료되어 버리면**, 특별한 사정이 없는 한, 그 제3자에 대하여는 시효취득을 주장할 수 없다(대판 1995. 9. 5, 95다24586).

2) 보호받는 제3자에 해당하는지 여부

(가) ① 점유로 인한 소유권취득시효 **완성 당시 미등기로 남아 있던 토지에 관하여 소유권을 가지고 있던 자가 취득시효 완성 후에 그 명의로 소유권보존등기를 마쳤다** 하더라도 이는 소유권의 변경에 관한 등기가 아니므로 그러한 자를 그 취득시효 완성 후의 새로운 이해관계인으로 볼 수 없고, 또 그 **미등기 토지에 대하여 소유자의 상속인 명의로 소유권보존등기를 마친 것도** 시효취득에 영향을 미치는 소유자의 변경에 해당하지 않으므로, 이러한 경우에는 그 등기명의인에게 취득시효 완성을 주장할 수 있다(대판 2007. 6. 14, 2006다84423). ② 그러나 소유자인 피상속인으로부터 **증여를 받아 소유권을 취득**한 경우, 그 증여가 실질적인 상속재산의 협의분할과 동일시할 수 있는 등의 특별한 사정이 없는 한 등기명의인은 점유자에 대한 관계에서 종전 소유자와 같은 지위에 있는 자로 볼 수는 없고 취득시효완성 이후의 새로운 이해관계인으로 보아야 할 것이다(대판 2001. 3. 23, 2000다38510).

㈏ ① 명의신탁된 부동산에 대하여 점유취득시효가 완성된 후 시효취득자가 그 소유권이전등기를 경료하기 전에 **명의신탁이 해지되어 그 등기명의가 명의수탁자로부터 명의신탁자에게로 이전된 경우**에는 그 명의신탁자는 취득시효 완성 후에 소유권을 취득한 자에 해당하여 그에 대하여 취득시효를 주장할 수 없다(대판 2001. 10. 26, 2000다8861). ② 그러나 **제3자가 취득시효기간 만료 당시의 등기명의인으로부터 신탁 또는 명의신탁받은 경우**라면 종전 등기명의인으로서는 언제든지 이를 해지하고 소유권이전등기를 청구할 수 있고, 점유시효취득자로서는 종전 등기명의인을 대위하여 이러한 권리를 행사할 수 있으므로, 그러한 제3자가 소유자로서의 권리를 행사하는 경우 점유자로서는 취득시효완성을 이유로 이를 저지할 수 있다(대판 1995. 9. 5, 95다24586). ③ 부동산에 관한 점유취득시효기간이 경과한 후 원래의 소유자의 위탁에 의하여 소유권이전등기를 마친 **신탁법상의 수탁자**는 그 점유자가 시효취득을 주장할 수 없는 새로운 이해관계인인 제3자에 해당한다(대판 2003. 8. 19, 2001다47467).

㈐ 파산선고 전에 부동산에 대한 점유취득시효가 완성되었으나 파산선고시까지 이를 원인으로 한 소유권이전등기를 마치지 아니한 자는, 그 부동산의 소유자에 대한 파산선고와 동시에 파산채권자 전체의 공동의 이익을 위하여 파산재단에 속하는 그 부동산에 관하여 이해관계를 갖는 제3자의 지위에 있는 **파산관재인**이 선임된 이상, 파산관재인을 상대로 파산선고 전의 점유취득시효 완성을 원인으로 한 소유권이전등기절차의 이행을 청구할 수 없다(대판 2008. 2. 1, 2006다32187).

㈑ 가등기는 그 성질상 본등기의 순위보전의 효력만이 있어 후일 본등기가 경료된 때에는 본등기의 순위가 가등기한 때로 소급하는 것 뿐이지 본등기에 의한 물권변동의 효력이 가등기한 때로 소급하여 발생하는 것은 아니므로, **취득시효가 완성된 후 그 등기를 하기 전에 취득시효완성 전에** 이미 설정되어 있던 **가등기에 기하여 소유권 이전의 본등기를 경료하였다면** 그 가등기나 본등기를 무효로 볼 수 있는 경우가 아닌 한 시효완성 후 부동산소유권을 취득한 제3자에 대하여 시효취득을 주장할 수 없다(대판 1992. 9. 25, 92다21258).

3) 제3자 명의의 등기가 원인무효인 경우

취득시효가 완성된 후 점유자가 그 등기를 하기 전에 제3자가 소유권이전등기를 경료한 경우에는 점유자는 그 제3자에 대하여는 시효취득을 주장할 수 없는 것이 원칙이기는 하지만 이는 어디까지나 그 제3자 명의의 등기가 적법 유효함을 전제로 하는 것으로서 위 **제3자 명의의 등기가 원인무효인 경우(예컨대 제103조의 반사회질서 법률행위 등)에는 점유자는 취득시효 완성당시의 소유자를 대위하여 위 제3자 앞으로 경료된 원인무효인 등기의 말소를 구함과 아울러 위 소유자에게 취득시효 완성을 원인으로 한 소유권이전등기를 구할 수 있다**(대판 2002. 3. 15, 2001다77352, 77369).

4) 이행불능

㈎ **채무불이행책임**

부동산 점유자에게 시효취득으로 인한 소유권이전등기청구권이 있다고 하더라도 이로 인하여 부동산 소유자와 시효취득자 사이에 계약상의 채권·채무관계가 성립하는 것은 아니므로, 그 부동산을 제3자에게 처분한 소유자에게 **채무불이행책임**을 물을 수 없다(대판 2006. 5. 12, 2005다75910; 대판 1994. 4. 12, 93다60779).

(나) 불법행위 책임

부동산 소유자가 자신의 부동산에 대하여 **취득시효가 완성된 사실을 알고 이를 제3자에게 처분**하여 소유권이전등기를 넘겨줌으로써 취득시효 완성을 원인으로 한 소유권이전등기의무를 이행불능에 빠뜨려 시효취득을 주장하는 자에게 손해를 입혔다면 **불법행위를 구성**하며, 이 경우 부동산을 취득한 제3자가 부동산 소유자의 이와 같은 불법행위에 적극 가담하였다면 이는 사회질서에 반하는 행위로서 무효이다(대판 1995. 6. 30, 94다52416).

(다) 대상청구권의 행사문제

민법상 이행불능의 효과로서 채권자의 전보배상청구권과 계약해제권 외에 별도로 대상청구권을 규정하고 있지는 않으나 해석상 대상청구권을 부정할 이유는 없는 것이지만, 점유로 인한 부동산 소유권 취득기간 만료를 원인으로 한 등기청구권이 이행불능으로 되었다고 하여 대상청구권을 행사하기 위하여는, 그 **이행불능 전에 등기명의자에 대하여 점유로 인한 부동산 소유권 취득기간이 만료되었음을 이유로 그 권리를 주장**하였거나 **그 취득기간 만료를 원인으로 한 등기청구권을 행사**하였어야 하고, 그 이행불능 전에 그와 같은 권리의 주장이나 행사에 이르지 않았다면 대상청구권을 행사할 수 없다고 봄이 공평의 관념에 부합한다(대판 1996. 12. 10, 94다43825).

> **판례** [1] 소유권이전등기의무의 목적 부동산이 수용되어 그 소유권이전등기의무가 이행불능이 된 경우, **등기청구권자는 등기의무자에게 대상청구권의 행사로써 등기의무자가 지급받은 수용보상금의 반환을 구하거나 또는 등기의무자가 취득한 수용보상금청구권의 양도를 구할 수 있을 뿐** 그 수용보상금청구권 자체가 등기청구권자에게 귀속되는 것은 아니다. [2] 등기청구권자라고 주장하는 자가 소유권이전등기의무의 목적 부동산이 수용되었음을 이유로 수용 당시의 소유명의자를 상대로 **수용보상금청구권이 자기에게 속한다는 채권의 귀속에 관한 확인을 구하는 경우**, 그 주장사실이 인정되더라도 수용보상금청구권 자체가 등기청구권자라고 주장하는 자에게 귀속되는 것은 아니므로 **그 확인청구는 주장 자체로 이유 없음이 명백하여 허용될 수 없다**(대판 1996. 10. 29, 95다56910).

5) 시효취득자가 원소유자에게 구상권 등 행사 불가

[1] 타인의 토지를 20년간 소유의 의사로 평온·공연하게 점유한 자는 등기를 함으로써 비로소 그 소유권을 취득하게 되므로 (점유자가 원소유자에 대하여 점유로 인한 취득시효기간이 만료되었음을 원인으로 소유권이전등기청구를 하는 등 그 권리행사를 하거나 원소유자가 취득시효완성 사실을 알고 점유자의 권리취득을 방해하려고 하는 등의 특별한 사정이 없는 한) 원소유자는 점유자 명의로 소유권이전등기가 마쳐지기까지는 소유자로서 그 토지에 관한 적법한 권리를 행사할 수 있다. [2] 원소유자가 취득시효의 완성 이후

그 등기가 있기 전에 그 토지를 제3자에게 처분하거나 제한물권의 설정, 토지의 현상 변경 등 소유자로서의 권리를 행사하였다 하여 시효취득자에 대한 관계에서 **불법행위가 성립하는 것이 아님**은 물론 위 처분행위를 통하여 그 토지의 소유권이나 제한물권 등을 취득한 제3자에 대하여 취득시효의 완성 및 그 권리취득의 **소급효를 들어 대항할 수도 없다** 할 것이니, 이 경우 시효취득자로서는 원소유자의 적법한 권리행사로 인한 현상의 변경이나 제한물권의 설정 등이 이루어진 그 토지의 사실상 혹은 법률상 현상 그대로의 상태에서 등기에 의하여 그 소유권을 취득하게 된다. 따라서 **시효취득자가 원소유자에 의하여 그 토지에 설정된 근저당권의 피담보채무를 변제**하는 것은 시효취득자가 용인하여야 할 그 토지상의 부담을 제거하여 완전한 소유권을 확보하기 위한 것으로서 그 **자신의 이익을 위한 행위**라 할 것이니, 위 변제액 상당에 대하여 원소유자에게 대위변제를 이유로 **구상권을 행사하거나 부당이득을 이유로 그 반환청구권을 행사할 수는 없다**(대판 2006. 5. 12, 2005다75910).

6) 취득시효로 인한 등기청구권의 소멸시효

토지에 대한 취득시효 완성으로 인한 소유권이전등기청구권은 **그 토지에 대한 점유가 계속되는 한** 시효로 소멸하지 아니하고, **그 후 점유를 상실하였다고** 하더라도 이를 시효이익의 포기로 볼 수 있는 경우가 아닌 한, 이미 취득한 소유권 이전등기청구권은 **바로 소멸되는 것은 아니나,** 취득시효가 완성된 점유자가 점유를 상실한 경우, 취득시효 완성으로 인한 소유권이전등기청구권의 소멸시효는 이와 별개의 문제로서, 그 점유자가 점유를 상실한 때로부터 **10년간 등기청구권을 행사하지 아니하면 소멸시효가 완성한다**(대판 1996. 3. 8, 95다34866).

> **판례** 토지에 대한 취득시효 완성으로 인한 소유권이전등기청구권은 그 토지에 대한 점유가 계속되는 한 시효로 소멸하지 아니하고, 여기서 말하는 점유에는 직접점유뿐만 아니라 간접점유도 포함한다고 해석하여야 한다(대판 1995. 2. 10, 94다28468).

(6) 시효기간

20년간 소유의 의사로 평온·공연 점유를 요한다고 할 때, 20년의 점유기간에 대하여는 점유의 승계가 인정되고, 또 20년 전에 점유한 사실과 현재 점유하고 있는 사실만을 입증하면 그 동안 계속해서 점유한 것으로 추정된다(제198조).

(7) 부동산점유취득시효와 등기

1) 20년이상의 부동산점유취득시효가 완성되어 소유권을 취득하기 위하여는 등기를 하여야 한다. 이는 법률규정에 의한 소유권취득이지만 예외로써 등기를 하여야 하는 점이 특색이다. 이론적으로 본다면 원시취득이기 때문에 그 등기는 보존등기이어야 하나, 통설과 판례는 이전등기형식을 취하고 있다.

> **판례** 민법 제245조 제1항의 취득시효기간의 완성만으로는 소유권취득의 효력이 바로 생기는 것이 아니라, 다만 이를 원인으로 하여 **소유권취득을 위한 등기청구권이 발생할 뿐**이고, **미등기 부동산**의 경우라고 하여 취득시효기간의 완성만으로 등기 없이도 점유자가 소유권을 취득한다고 볼 수 없다(대판 2006. 9. 28, 2006다 22074, 22081).

2) 등기청구의 상대방

취득시효가 완성되면 취득시효 완성자는 **시효완성 당시의 소유자**를 상대로 소유권이전등기청구를 하나, **시효완성 당시의 소유권보존등기 또는 이전등기가 무효라면** 원칙적으로 그 등기명의인은 시효취득을 원인으로 한 소유권이전등기청구의 상대방이 될 수 없고, 이 경우 시효취득자는 소유자를 **대위하여** 위 무효등기의 말소를 구하고 다시 위 소유자를 상대로 취득시효완성을 이유로 한 소유권이전등기를 구하여야 한다(대판 2005. 5. 26, 2002다43417). 그러나 진정한 소유자를 찾는 것이 불가능할 경우 시효취득자는 취득시효완성 당시 진정한 소유자는 아니지만 소유권보존등기명의를 가지고 있는 자에 대하여 직접 취득시효완성을 원인으로 하는 소유권이전등기를 청구할 수도 있다(대판 2005. 5. 26, 2002다43417).

3) 등기의 추정력

> **판례** 부동산에 관하여 소유권이전등기가 마쳐진 경우에 등기명의자는 **그 전 소유자는 물론 제3자에 대하여도** 적법한 등기원인에 따라 소유권을 취득한 것으로 추정되므로 이를 다투는 측에서 무효사유를 주장·증명하여야 한다. 즉, 부동산등기는 그것이 형식적으로 존재하는 것 자체로부터 적법한 등기원인에 의하여 마쳐진 것으로 추정되고, 등기명의자가 등기부에 기재된 것과 다른 원인으로 등기 명의를 취득하였다고 주장하고 있지만 그 주장 사실이 인정되지 않는다 하더라도 그 자체로 등기의 추정력이 깨어진다고 할 수 없으므로, 그와 같은 경우에도 등기가 원인 없이 마쳐진 것이라고 주장하는 쪽에서 무효사유를 주장·증명할 책임을 지게 된다. **토지에 관하여 점유취득시효 완성에 따라 소유권이전등기가 마쳐진 경우에도 적법한 등기원인에 따라 소유권을 취득한 것으로 추정되는 것은 마찬가지이므로, 제3자가 등기명의자의 취득시효 기간 중 일부 기간 동안 해당 토지 일부에 관하여 직접적·현실적인 점유를 한 사실이 있다는 사정만으로 등기의 추정력이 깨어진다거나 위 소유권이전등기가 원인무효의 등기가 된다고 볼 수는 없다**(대판 2023. 7. 13, 2023다223591, 223607). ☞ 물건에 대한 점유는 사회 관념상 어떤 사람의 사실적 지배 아래에 있는 객관적 상태를 말하는 것으로서, '사실적 지배'는 반드시 물건을 물리적·현실적으로 지배하는 것만을 의미하는 것이 아니고, 물건과 사람과의 시간적·공간적 관계와 본권 관계, 타인지배의 배제 가능성 등을 고려하여 사회 관념에 따라 합목적적으로 판단해야 하는바, 제3자가 이 사건 침범 토지를 직접적·현실적으로 점유하기 시작한 당시를 기준으로 보더라도 그것이 적법한 권원에 의하여 개시되었음을 인정할 만한 증명이 없는 이상, 토지의 매수자 겸 명의신탁자의 지위에 있었던 등기명의자가 제3자의 위 점유를 배제할 수 없는 상황이었다고 단정할 수는 없고, 이러한 점에서도 등기명의자의 이 사건 침범 토지에 관한 점유 사실이 부정된다거나 등기명의자의 이 사건 침범 토지에 관한 점유가 상실되었다고 볼 수 없다.

3. 부동산등기부시효취득(제245조 제2항)

(1) 선의·무과실의 점유

제245조 제2항 등기부취득시효에서는 점유의 선의·무과실을 요한다. 이때 무과실은 추정되지 않는다(제197조 참조). 그리고 등기부상 소유명의가 있다는 것만으로는 점유사실이 추정된다고 볼 수 없기 때문에 별도의 점유사실을 주장·입증해야 할 필요가 있다는 것이 판례의 입장이다.

> **판례** ① 등기부취득시효에 있어서 선의·무과실은 **등기에 관한 것이 아니고 점유의 취득에 관한 것**이므로, 등기경료 이전부터 점유를 하여 온 경우에는 그 **점유개시 당시를 기준**으로 그 점유의 개시에 과실이 없었는지 여부에 관하여 심리판단하여야 한다(대판 1994. 11. 11, 93다28089).
> ② [1] 등기부취득시효가 인정되려면 **점유의 개시에 과실이 없어야** 하는데, **무과실에 관한 증명책임은 시효취득을 주장하는 사람**에게 있다. [2] 부동산을 매수하는 사람으로서는 매도인에게 부동산을 처분할 권한이 있는지 여부를 조사하여야 하므로, 이를 조사하였더라면 매도인에게 처분권한이 없음을 알 수 있었음에도 불구하고 그러한 조사를 하지 않고 매수하였다면 부동산의 점유에 대하여 과실이 있다고 보아야 한다. 매도인이 등기부상의 소유명의자와 동일인인 경우에는 일반적으로는 등기부의 기재가 유효한 것으로 믿고 매수한 사람에게 과실이 있다고 할 수 없을 것이다. 그러나 만일 등기부의 기재 또는 다른 사정에 의하여 매도인의 처분권한에 대하여 의심할 만한 사정이 있거나, 매도인과 매수인의 관계 등에 비추어 매수인이 매도인에게 처분권한이 있는지 여부를 조사하였더라면 별다른 사정이 없는 한 그 처분권한이 없음을 쉽게 알 수 있었을 것으로 보이는 경우에는, 매수인이 매도인 명의로 된 등기를 믿고 매수하였다 하여 그것만으로 과실이 없다고 할 수 없다(대판 2017. 12. 13, 2016다248424).

(2) 점유의 승계와 등기의 승계문제

등기기간과 점유기간은 **각각 10년이어야 한다.** 그런데 점유의 승계는 민법에서 인정하고 있으나(제199조 참조), 등기의 승계에 관하여는 규정이 없다. **판례는 등기의 승계를 허용한다**(합산설).

> **판례** 등기부취득시효에 관한 민법 제245조 제2항의 규정에 위하여 소유권을 취득하는 자는 10년간 반드시 그의 명의로 등기되어 있어야 하는 것은 아니고 앞 사람의 등기까지 아울러 그 기간 동안 부동산의 소유자로 등기되어 있으면 된다고 할 것이다[대판(전합) 1989. 12. 26, 87다카2176].

(3) 등기의 유효성

등기부취득시효에서 소유자로 등기한 자라 함은 적법 유효한 등기를 마친 자일 필요는 없고 **무효의 등기를 마친 자**라도 상관없다(대판 2015. 2. 12, 2013다215515). 다만 이중으로 경료된 소유권보존등기에서 무효인 소유권보존등기에 터잡았다면 등기부취득시효가 불가능하다는 것이 판례의 태도이다.

> **판례** 민법 제245조 제2항은 부동산의 소유자로 등기한 자가 10년간 소유의 의사로 평온·공연하게 선의이며 과실 없이 그 부동산을 점유한 때에는 소유권을 취득한다고 규정하고 있는바, 위 법 조항의·등기'는 부동산등

기법 제15조가 규정한 1부동산 1용지주의에 위배되지 아니한 등기를 말하므로, 어느 부동산에 관하여 등기명의인을 달리하여 소유권보존등기가 2중으로 경료된 경우 먼저 이루어진 소유권보존등기가 원인무효가 아니어서 뒤에 된 소유권보존등기가 무효로 되는 때에는, 뒤에 된 소유권보존등기나 이에 터잡은 소유권이전등기를 근거로 하여서는 등기부취득시효의 완성을 주장할 수 없다[대판(전합) 1996. 10. 17, 96다12511].

(4) 명의신탁된 부동산의 등기부취득시효(부정)

[1] 명의신탁에 의하여 부동산의 소유자로 등기된 자는 그 점유권원의 성질상 자주점유라 할 수 없고 수탁자의 상속인은 피상속인의 법률상의 지위를 그대로 승계하는 것이므로 상속인이 따로이 소유의 의사로서 점유를 개시하였다고 인정할 수 있는 별개의 사유가 존재하지 않는 한 **수탁자의 상속인**으로서는 시효의 효과로 인하여 신탁물인 부동산의 소유권을 취득할 수 없다. [2] 부동산의 명의신탁에 있어서 수탁자명의로 등기된 기간이 10년이 경과하였다고 하더라도 명의수탁자의 등기를 신탁자의 등기로 볼 수 없을 뿐만 아니라 명의수탁자의 등기를 통하여 그 등기명의를 보유하고 있다고 할 수도 없으므로 **신탁자**에게 위 부동산에 대한 시효취득은 인정될 수 없다(대판 1987. 11. 10, 85다카1644).

(5) 공유자 중 1인이 1필지 토지 중 특정부분만을 점유하여 온 경우, 등기부취득시효 완성의 범위(=특정부분에 대한 공유지분의 범위 내)

공유자 중 1인이 1필지 토지 중 특정부분만을 점유하여 왔다면 민법 제245조 제2항이 정한 '부동산의 소유자로 등기한 자'와 '그 부동산을 점유한 때'라는 등기부취득시효의 요건 중 특정부분을 제외한 나머지 부분에 관하여는 부동산의 점유라는 요건을 갖추지 못하였고, 그 특정부분 점유자가 1필지 토지에 관하여 가지고 있는 공유지분등기가 그 특정부분 자체를 표상하는 등기라고 볼 수는 없으므로, 결국 그 특정부분에 대한 공유지분의 범위 내에서만 등기부취득시효가 완성되었다고 보아야 할 것이고, 그 1필지 토지가 원래 2인 이상이 내부적으로는 위치와 면적을 특정하여 구분소유하기로 하고 그들의 공유로 등기한 구분소유적 공유관계에 있었던 토지라고 하여 달리 볼 수 없다(대판 2015. 2. 12, 2013다215515).

(6) 등기말소시 회복방법

등기부취득시효가 완성된 경우에는 별도로 이를 원인으로 한 소유권이전등기청구권이 발생할 여지가 없으므로, **등기부취득시효완성 후에 그 부동산에 관한 점유자명의등기가 말소되거나 적법한 원인 없이 다른 사람 앞으로 소유권이전등기가 되었더라도**, 그 점유자는 등기부취득시효완성에 의하여 취득한 **소유권에 기초하여** 현재의 등기명의자를 상대로 방해배제청구를 할 수 있을 뿐이고, **등기부취득시효완성을 원인으로** 현재의 등기명의자를 상대로 소유권이전등기를 구할 수는 없다(대판 1999. 12. 10, 99다25785).

(7) 물권적 청구권의 이행불능으로 인한 전보배상청구권이 인정되는지 여부(소극)

> **판례** [1] [다수의견] 소유자가 자신의 소유권에 기하여 실체관계에 부합하지 아니하는 등기의 명의인을 상대로 그 **등기말소나 진정명의회복 등**을 청구하는 경우에, 그 권리는 **물권적 청구권으로서의 방해배제청구권**(민법 제214조)의 성질을 가진다. 그러므로 소유자가 그 후에 소유권을 상실함으로써 이제 등기말소 등을 청구할 수 없게 되었다면, 이를 위와 같은 청구권의 실현이 객관적으로 불능이 되었다고 파악하여 등기말소 등 의무자에 대하여 **그 권리의 이행불능을 이유로 민법 제390조상의 손해배상청구권**을 가진다고 말할 수 없다. 위법규정에서 정하는 채무불이행을 이유로 하는 손해배상청구권은 계약 또는 법률에 기하여 이미 성립하여 있는 채권관계에서 본래의 채권이 동일성을 유지하면서 그 내용이 확장되거나 변경된 것으로서 발생한다. 그러나 위와 같은 등기말소청구권 등의 물권적 청구권은 그 권리자인 소유자가 소유권을 상실하면 이제 그 발생의 기반이 아예 없게 되어 더 이상 그 존재 자체가 인정되지 아니하는 것이다. 이러한 법리는 선행소송에서 소유권보존등기의 말소등기청구가 확정되었다고 하더라도 그 청구권의 법적 성질이 채권적 청구권으로 바뀌지 아니하므로 마찬가지이다. [2] 국가 명의로 소유권보존등기가 경료된 토지의 일부 지분에 관하여 甲 등 명의의 소유권이전등기가 경료되었는데, 乙이 등기말소를 구하는 소를 제기하여 국가는 乙에게 원인무효인 등기의 말소등기절차를 이행할 의무가 있고 甲 등 명의의 소유권이전등기는 등기부취득시효 완성을 이유로 유효하다는 취지의 판결이 확정되자, 乙이 국가를 상대로 손해배상을 구한 사안에서, 甲 등의 등기부취득시효 완성으로 토지에 관한 소유권을 상실한 乙이 **불법행위를 이유로 소유권 상실로 인한 손해배상을 청구**할 수 있음은 별론으로 하고, 애초 국가의 **등기말소의무 이행불능으로 인한 채무불이행책임**을 논할 여지는 없고, 또한 토지의 소유권 상실로 인한 손해배상을 구하는 乙의 청구에 대하여 당사자가 주장하지 아니한 소유권보존등기 말소등기절차 이행의무의 이행불능으로 인한 손해배상책임을 인정할 수 없음에도, 이와 달리 손해배상책임을 인정한 원심판결에 법리오해와 처분권주의 위반의 위법이 있다고 한 사례[대판(전합) 2012. 5. 17. 2010다28604].

4. 동산소유권의 취득시효

> **제246조(점유로 인한 동산소유권의 취득기간)**
> ① 10년간 소유의 의사로 평온, 공연하게 동산을 점유한 자는 그 소유권을 취득한다.
> ② 전항의 점유가 선의이며 과실없이 개시된 경우에는 5년을 경과함으로써 그 소유권을 취득한다.

5. 소유권 이외의 재산권의 취득시효

> **제248조(소유권 이외의 재산권의 취득시효)**
> 전3조의 규정은 소유권 이외의 재산권의 취득에 준용한다.

> **판례** ① 건물을 소유하기 위하여 그 건물부지를 평온·공연하게 20년 간 점유함으로써 건물부지에 대한 지상권을 시효취득하였다(대판 1994. 10. 14. 94다9849).
> ② 민법 제294조에 의하여 지역권은 계속되고 표현된 것에 한하여 같은 법 제245조의 규정을 준용하게 되어 있으므로 지역권을 시효취득한 자는 등기함으로써 그 지역권을 취득하는 것이라고 보아야 할 것인데 원고가

지역권을 등기한 바 없고 그 대지는 취득시효 기간이 지난 뒤에 피고가 소유자로부터 매수하여 소유권이전등기까지 경료하였다면 원고가 지역권을 승계취득하였다고 하더라도 피고에 대하여 이를 주장할 수 없다(대판 1990. 10. 30, 90다카20395).

6. 취득시효의 효과

> **제247조(소유권취득의 소급효, 중단사유)**
> ① 전2조의 규정에 의한 소유권취득의 효력은 점유를 개시한 때에 소급한다.

(1) 소급효(점유자보호)

점유자는 곧 소유권 등 재산권을 취득하며, 소유권 등의 취득의 효력은 점유를 개시한 때에 소급하므로 **시효기간 중에 시효취득자가 수취한 과실(果實)**은 정당한 소유자로서 취득한 것으로 보아야하고, **시효기간 중에 시효취득자가 한 임대 기타의 처분**은 유효한 것으로 된다. 그리고 권리의 취득은 **원시취득**으로 권리 위에 존재하였던 모든 제한은 시효취득과 더불어 소멸한다.

> **판례**　① 취득기간의 만료로 인한 소유권이전등기청구권이 확정적으로 있는 점유자에 대하여 그 소유명의자는 그 등기절차를 이행하여 점유를 개시한 때 소급하여 소유권을 취득케 할 의무가 있으므로 그 **소유명의자는 그 부동산의 점유로 인한 손해의 배상을 청구할 수 없다**(대판 1966. 2. 15, 65다2189).
> ② 부동산점유취득시효는 20년의 시효기간이 완성한 것만으로 점유자가 곧바로 소유권을 취득하는 것은 아니고 민법 제245조에 따라 점유자 명의로 등기를 함으로써 소유권을 취득하게 되며, 이는 **원시취득**에 해당하므로 특별한 사정이 없는 한 원소유자의 소유권에 가하여진 **각종 제한에 의하여 영향을 받지 아니하는 완전한 내용의 소유권을 취득**하게 되고, 이와 같은 소유권취득의 반사적 효과로서 그 부동산에 관하여 **취득시효의 기간이 진행 중에** 체결되어 소유권이전등기청구권가등기에 의하여 보전된 매매예약상의 매수인의 지위는 소멸된다고 할 것이지만, 시효기간이 완성되었다고 하더라도 점유자 앞으로 등기를 마치지 아니한 이상 전 소유권에 붙어 있는 위와 같은 부담은 소멸되지 아니한다(대판 2004. 9. 24, 2004다31463).
> ③ 부동산점유취득시효는 원시취득에 해당하므로 특별한 사정이 없는 한 원소유자의 소유권에 가하여진 각종 제한에 의하여 영향을 받지 아니하는 완전한 내용의 소유권을 취득하는 것이지만, **진정한 권리자가 아니었던 채무자 또는 물상보증인이 채무담보의 목적으로 채권자에게 부동산에 관하여 저당권설정등기를 경료해 준 후 그 부동산을 시효취득하는 경우**에는, 채무자 또는 물상보증인은 피담보채권의 변제의무 내지 책임이 있는 사람으로서 **이미 저당권의 존재를 용인하고 점유하여 온 것이므로, 저당목적물의 시효취득으로 저당권자의 권리는 소멸하지 않는다.** 이러한 법리는 **부동산 양도담보의 경우에도 마찬가지**이므로, 양도담보권설정자가 양도담보부동산을 20년간 소유의 의사로 평온·공연하게 점유하였다고 하더라도, 양도담보권자를 상대로 피담보채권의 시효소멸을 주장하면서 담보 목적으로 경료된 소유권이전등기의 말소를 구하는 것은 별론으로 하고, 점유취득시효를 원인으로 하여 담보 목적으로 경료된 소유권이전등기의 말소를 구할 수 없고, 이와 같은 효과가 있는 양도담보권설정자 명의로의 소유권이전등기를 구할 수도 없다(대판 2015. 2. 26, 2014다21649).

(2) 비소급효(소유자보호)

① 토지를 20년간 소유의 의사로 평온·공연하게 점유한 자는 등기를 함으로써 비로소 그 소유권을 취득하는 것이므로, 점유자가 원소유자에 대하여 점유로 인한 취득시효기간이 만료되었음을 이유로 취득시효완성을 원인으로 한 소유권이전등기청구를 하는 등 그 권리행사를 하거나 원소유자가 취득시효완성 사실을 알고 점유자의 권리취득을 방해하려고 하는 등의 특별한 사정이 없는 한, 원소유자는 점유자 명의로 소유권이전등기가 경료되기까지는 소유자로서 그 토지에 관한 적법한 권리를 행사할 수 있고, 따라서 그 권리행사로 인하여 점유자의 토지에 대한 점유의 상태가 변경되었다면, 그 뒤 소유권이전등기를 경료한 점유자는 변경된 점유의 상태를 용인하여야 한다. ② 인접대지의 경계를 침범하여 건물을 소유하고 있던 점유자가 그 대지 부분에 대한 취득시효가 완성되었으나 이를 자신의 소유로 알고 원소유자에 대하여 취득시효완성을 이유로 그 권리를 주장하거나 이전등기청구권을 행사하지 아니하다가 **취득시효완성 사실을 모르고 있던 원소유자가 그 대지 부분에 건물을 신축한 후에 취득시효완성을 원인으로 소유권이전등기를 경료**한 경우, 원소유자가 건물을 신축함으로써 점유자의 그 대지 부분에 대한 점유의 상태가 변경된 뒤에야 점유자가 그 대지부분에 관한 소유권이전등기를 경료하였으므로, 점유자로서는 그 지상에 위 건물이 존재한 상태로 대지의 소유권을 취득하였다고 할 것이어서 원소유자에 대하여 위 **건물의 철거**를 구할 수 없다(대판 1999. 7. 9, 97다53632).

> **비교판례** 취득시효가 완성된 점유자는 점유권에 기하여 등기부상의 명의인을 상대로 점유방해의 배제를 청구할 수 있다 할 것인데, 시효취득자가 점유취득시효의 완성을 원인으로 하여 소유권이전등기를 청구하면서, 그와 동시에 시효 완성 후에 토지소유자가 **멋대로 설치한 담장 등의 철거**를 구하고 있을 뿐, 소유권에 기한 방해배제청구권에 기하여 위 담장 등의 철거를 구한 바 없고, 오히려 "토지소유자가 기존의 담장을 허물고 새로운 담장을 쌓은 것은 시효취득자의 점유를 침탈한 행위에 해당한다."고 주장하였으며, 원심의 변론종결 직전에는 소유권에 기한 주장은 하지 아니하고 담장 등 철거 청구도 시효취득에 의하여서만 구하는 것이라고 진술하였는바, 그렇다면 시효취득자는 점유권에 기한 방해배제청구권의 행사로서 토지소유자를 상대로 담장 등의 철거를 청구하고 있는 것으로 보아야 한다(대판 2005. 3. 25, 2004다23899, 23905). ☞ 취득시효 완성 후 아직 등기를 하지 않은 상태에서는 소유권이 없으므로 소유권에 기한 물권적청구권의 행사는 불가능하다. 다만 판례는 점유권에 기한 방해배제청구의 가능성은 열어두고 있다.

7. 취득시효이익의 포기

취득시효가 완성된 후 포기가 가능하다고 봄이 판례이다.

> **판례** ① 국유 잡종지의 점유자가 취득시효기간이 만료된 이후 그 부동산이 국가의 소유임을 인정함과 아울러 이를 권원 없이 무단으로 점유·사용하고 있음을 시인하고 관련 법규에 의하여 국가로부터 이에 대한 매수 또는 대부계약 및 변상금납부 기한유예를 받으려는 의사표시를 하였다면, 이는 단순한 매수 또는 대부계약 체결 제의와는 달리 점유자가 그 **취득시효의 완성사실을 알면서** 점유부동산이 국가의 소유임을 승인하고 시효완성의 이익을 받지 않겠다는 적극적인 의사를 분명히 표시한 것으로 봄이 상당하다(대판 1995. 4. 14, 95다3756).

② 취득시효완성 후에 **그 사실을 모르고** 당해 토지에 관하여 어떠한 권리도 주장하지 않기로 하였다면 이에 반하여 시효주장을 하는 것은 특별한 사정이 없는 한 신의칙상 허용되지 않는다(대판 1998. 5. 22, 96다24101). ③ 취득시효 완성으로 인한 권리변동의 당사자는 시효취득자와 취득시효 완성 당시의 진정한 소유자이므로, 시효이익의 포기는 특별한 사정이 없는 한 시효취득자가 **취득시효 완성 당시의 진정한 소유자에 대하여** 하여야 그 효력이 발생한다. 그러므로 **원인무효인 등기의 등기부상 소유명의자에게** 그와 같은 의사를 표시하였다고 하여 그 효력이 발생하는 것은 아니다(대판 2009. 12. 10, 2006다19177).

8. 취득시효 완성 후 점유의 이전

■판례 [다수의견] [1] 원래 취득시효제도는 일정한 기간 점유를 계속한 자를 보호하여 그에게 실체법상의 권리를 부여하는 제도이므로, 부동산을 20년 간 소유의 의사로 평온·공연하게 점유한 자는 민법 제245조 제1항에 의하여 점유부동산에 관하여 소유자에 대한 소유권이전등기청구권을 취득하게 되며, 점유자가 취득시효기간의 만료로 일단 소유권이전등기청구권을 취득한 이상, 그 후 점유를 상실하였다고 하더라도 이를 시효이익의 포기로 볼 수 있는 경우가 아닌 한, 이미취득한 소유권이전등기청구권은 소멸되지 아니한다. [2] 전 점유자의 점유를 승계한 자는 그 점유 자체와 하자만을 승계하는 것이지 그 점유로 인한 법률효과까지 승계하는 것은 아니므로 부동산을 취득시효기간 만료 당시의 점유자로부터 양수하여 점유를 승계한 현 점유자는 자신의 전 점유자에 대한 소유권이전등기청구권을 보전하기 위하여 **전 점유자의 소유자에 대한 소유권이전등기청구권을 대위행사**할 수 있을 뿐, **전 점유자의 취득시효 완성의 효과를 주장하여 직접 자기에게 소유권이전등기를 청구**할 권원은 없다.

[반대의견] [1] 점유취득시효기간이 만료된 이후 부동산에 대한 점유를 상실한 사람은 그 상실원인이 무엇이든지 간에 등기부상 소유자를 상대로 시효취득을 주장하여 소유권이전등기를 청구할 수 없다. [2] 취득시효기간 만료 후 부동산에 대한 점유승계가 이루어진 경우에는 점유를 승계한 현 점유자는, 민법 제199조 제1항에 의하여 자기의 점유와 전 점유자의 점유를 아울러 주장할 수 있으므로, 승계한 점유의 시초부터 현재까지 자기가 점유를 계속한 경우와 동일하게 전 점유자를 대위할 필요 없이, 등기부상 소유자에 대하여 직접 취득시효 완성을 원인으로 한 소유권이전등기를 청구할 수 있다고 봄이 상당하다[대판(전합) 1995. 3. 28, 93다47745].

V. 선점·습득·발견

1. 선 점

제252조(무주물의 귀속)
① 무주의 동산을 소유의 의사로 점유한 자는 그 소유권을 취득한다.
② 무주의 부동산은 국유로 한다.
③ 야생하는 동물은 무주물로 하고 사양하는 야생동물도 다시 야생상태로 돌아가면 무주물로 한다.

---

2. 유실물습득

> **제253조(유실물의 소유권취득)**
> 유실물은 법률에 정한 바에 의하여 공고한 후 6개월 내에 그 소유자가 권리를 주장하지 아니하면 습득자가 그 소유권을 취득한다. 〈개정 2013. 4. 5.〉

3. 매장물의 발견

> **제254조(매장물의 소유권취득)**
> 매장물은 법률에 정한 바에 의하여 공고한 후 1년내에 그 소유자가 권리를 주장하지 아니하면 발견자가 그 소유권을 취득한다. 그러나 타인의 토지 기타 물건으로부터 발견한 매장물은 그 토지 기타 물건의 소유자와 발견자가 절반하여 취득한다.

VI. 첨 부(부합·혼화·가공)

1. 첨부의 의의

첨부라고 함은 어떤 물건에 대하여 타인의 물건이 결합하거나, 타인의 공작이 가하여지는 것을 말한다. 첨부에는 부합·혼화·가공이 있다.

2. 부 합

(1) 부합의 의의

부합이라 함은 훼손하지 아니하면 분리할 수 없거나 분리에 과다한 비용을 요하는 경우는 물론 분리하게 되면 경제적 가치를 심히 감소시키는 경우도 포함된다.

(2) 부동산에의 부합(제256조)

> **제256조(부동산에의 부합)**
> 부동산의 소유자는 그 부동산에 부합한 물건의 소유권을 취득한다. 그러나 타인의 권원에 의하여 부속된 것은 그러하지 아니하다.

부합물과 부속물의 차이점은 독립성 유무에 있다. 즉 부합물은 독립성이 없고, 부속물은 독립성이 있다. 이에 따라 법적 효과 면에서도 차이가 생긴다. 예컨대 임차인이 권원(임차권)에 의하여 건물을 증·개축한 경우 그 증·개축한 부분이 독립성이 있다면(부속물) 그 부분은 임차인의 소유가 된다(제256조 단서). 반면에 예컨대 건물임차인이 권원(임차권)에 의하여 욕실의 바닥을 개축한 경우에 그 개축부분(부합물)에 대한 소유권은 임차인이 아니라 임대인에게 있다(제256조 본문). 즉 아무리 권원에 의하여

증·개축한 경우라 하더라도 그것이 증·개축한 자의 소유로 되기 위해서는 그 부분이 독립성을 갖추어야 한다. 이러한 차이는 나중에 임대차에서 제626조(부합물과 비용상환청구권 문제)와 제646조(부속물과 부속물매수청구권의 문제)로 대두된다.

> **판례** ① 부동산에 부합된 물건이 사실상 분리복구가 불가능하여 거래상 독립한 권리의 객체성을 상실하고 그 부동산과 일체를 이루는 부동산의 구성부분이 된 경우에는 타인이 권원에 의하여 이를 부합시켰더라도 그 물건의 소유권은 부동산의 소유자에게 귀속된다(대판 2008. 5. 8, 2007다36933, 36940). 따라서 가스공급업자가 아파트에 설치한 가스공급시설은 그 대지와 일체를 이루는 구성부분으로 부합됨으로써 그 대지 지분권을 양수한 아파트 구분소유자들의 소유로 되었고, 이 경우 가스공급업자는 아파트 입주자대표회의를 상대로 민법 제261조에 기한 부당이득반환청구를 할 수 없다(대판 2007. 7. 27, 2006다39270).
> ② 신축 건물이 경락대금 납부 당시 이미 지하 1층부터 지하 3층까지 기둥, 주벽 및 천장 슬라브 공사가 완료된 상태이었을 뿐만 아니라 지하 1층의 일부 점포가 일반에 분양되기까지 하였다면, 비록 토지가 경락될 당시 신축 건물의 지상층 부분이 골조공사만 이루어진 채 벽이나 지붕 등이 설치된 바가 없다 하더라도, 지하층 부분만으로도 구분소유권의 대상이 될 수 있는 구조라는 점에서 신축 건물은 경락 당시 미완성 상태이기는 하지만 독립된 건물로서의 요건을 갖추었다(대판 2003. 5. 30, 2002다21592, 21608).
> ③ 甲이 토지소유자 乙에게서 토지를 임차한 후 주유소 영업을 위하여 지하에 유류저장조를 설치한 사안에서, 유류저장조의 매설 위치와 물리적 구조, 용도 등을 감안할 때 이를 토지로부터 분리하는 데에 과다한 비용을 요하거나 분리하게 되면 경제적 가치가 현저히 감소되므로 토지에 부합된 것으로 볼 수 있으나, 사실상 분리복구가 불가능하여 거래상 독립한 권리의 객체성을 상실하고 토지와 일체를 이루는 구성 부분이 되었다고는 보기 어렵고(즉, 기존 지하저장탱크 대신 위와 같이 이 사건 유류저장조를 새로 설치하여 위 건물 및 지상의 주유기 등 설비와 함께 주유소 영업에 사용해 온 사실, 유류저장조는 위 건물과는 별개의 독립된 물건이나, 위 건물 자체의 경제적 효용을 다하게 하기 위하여 그에 인접한 지하에 설치한 것으로서 경제적으로 위 건물과 일체로서 이용되고 있다고 볼 수 있으므로, 이 사건 유류저장조는 위 건물의 상용에 공하기 위하여 부속시킨 종물에 해당한다), 또한 甲이 임차권에 기초하여 유류저장조를 매설한 것이므로, 위 유류저장조는 민법 제256조 단서에 의하여 설치자인 甲의 소유에 속한다(대판 2012. 1. 26, 2009다76546). **비교판례** ① 주유소의 지하에 매설된 유류저장탱크를 토지로부터 분리하는 데 과다한 비용이 들고 이를 분리하여 발굴할 경우 그 경제적 가치가 현저히 감소할 것이 분명하다는 이유로, 그 유류저장탱크는 토지에 부합되었다고 본 사례(대판 1995. 6. 29, 94다6345). ② 토지 지하에 설치된 유류저장탱크와 건물에 설치된 주유기가 토지에 부합되거나 건물의 상용에 공하기 위하여 부속시킨 종물로서 토지 및 건물에 대한 경매의 목적물이 된다고 한 사례(대결 2000. 10. 28, 자 2000마5527).
> ④ [1] 민법 제256조는 "부동산의 소유자는 그 부동산에 부합한 물건의 소유권을 취득한다. 그러나 타인의 권원에 의하여 부속된 것은 그러하지 아니하다"라고 규정하고 있다. 위 조항 단서에서 말하는 '권원'이라 함은 지상권, 전세권, 임차권 등과 같이 타인의 부동산에 자기의 동산을 부속시켜서 부동산을 이용할 수 있는 권리를 뜻하므로, 그와 같은 권원이 없는 자가 타인의 토지 위에 나무를 심었다면 특별한 사정이 없는 한 토지소유자에 대하여 나무의 소유권을 주장할 수 없다. 지상권자는 타인의 토지에 건물 기타 공작물이나 수목을 소유하기 위하여 그 토지를 사용하는 권리가 있으므로(민법 제279조), 지상권설정등기가 경료되면 토지의 사용·수익권은 지상권자에게 있고, 지상권을 설정한 토지소유자는 지상권이 존속하는 한 토지를 사용·수익할 수 없다. 따라서 **지상권을 설정한 토지소유자로부터 토지를 이용할 수 있는 권리를 취득하였다고** 하더라도 지상권

이 존속하는 한 이와 같은 권리는 원칙적으로 민법 제256조 단서가 정한 '권원'에 해당하지 아니한다. [2] **금융기관이 대출금 채권의 담보를 위하여 토지에 저당권과 함께 지료 없는 지상권을 설정하면서 채무자 등의 사용·수익권을 배제하지 않은 경우**, 지상권은 저당권이 실행될 때까지 제3자가 용익권을 취득하거나 목적토지의 담보가치를 하락시키는 침해행위를 하는 것을 배제함으로써 저당 부동산의 담보가치를 확보하는 데에 목적이 있으므로, 토지소유자는 저당 부동산의 담보가치를 하락시킬 우려가 있는 등의 특별한 사정이 없는 한 토지를 사용·수익할 수 있다고 보아야 한다. 따라서 **그러한 토지소유자로부터 토지를 사용·수익할 수 있는 권리를 취득하였다면** 이러한 권리는 민법 제256조 단서가 정한 '권원'에 해당한다고 볼 수 있다(대판 2018. 3. 15, 2015다69907).

⑤ 민법 제256조 단서 소정의 '권원'이라 함은 지상권, 전세권, 임차권 등과 같이 타인의 부동산에 자기의 동산을 부속시켜서 그 부동산을 이용할 수 있는 권리를 뜻하므로 그와 같은 권원이 없는 자가 **토지소유자의 승낙을 받음이 없이 그 임차인의 승낙만을 받아 그 부동산 위에 나무를 심었다면** 특별한 사정이 없는 한 토지소유자에 대하여 그 나무의 소유권을 주장할 수 없다(대판 1989. 7. 11, 88다카9067). ☞ 무단전대와 유사

⑥ 부동산에 부합된 물건이 사실상 분리복구가 불가능하여 거래상 독립한 권리의 객체성을 상실하고 그 부동산과 일체를 이루는 부동산의 **구성부분이 된 경우**에는 타인이 권원에 의하여 이를 부합시켰더라도 그 물건의 소유권은 부동산의 소유자에게 귀속되어 부동산의 소유자는 방해배제청구권에 기하여 **부합물의 철거를 청구할 수 없지만,** 부합물이 위와 같은 요건을 충족하지 못해 그 물건의 소유권이 부동산의 소유자에게 귀속되었다고 볼 수 없는 경우에는 부동산의 소유자는 방해배제청구권에 기하여 **부합물의 철거를 청구할 수 있다**(대판 2020. 4. 9, 2018다264307).

(3) 동산간의 부합(제257조)

> **제257조(동산간의 부합)**
> 동산과 동산이 부합하여 훼손하지 아니하면 분리할 수 없거나 그 분리에 과다한 비용을 요할 경우에는 그 합성물의 소유권은 주된 동산의 소유자에게 속한다. 부합한 동산의 주종을 구별할 수 없는 때에는 동산의 소유자는 부합당시의 가액의 비율로 합성물을 공유한다.

부합한 동산의 주종을 구별할 수 없는 때에는 동산의 소유자는 **부합당시의 가액의 비율로** 합성물을 공유하는 것이지 현재가액비율로 합성물을 공유하는 것은 아니다.

(4) 농작물

판례는 농작물에 관해서는 토지에의 부합을 인정하지 않고, 경작자가 소유권을 취득한다고 한다. 즉 권한 없이 타인의 토지에 농작물을 심은 경우 농작물이 성숙하여 독립한 물건으로 존재를 갖춘 경우에, 그 농작물의 소유권은 경작자에게 있다고 한다.

3. 혼 화

제258조(혼화)

전조의 규정은 동산과 동산이 혼화하여 식별할 수 없는 경우에 준용한다.

혼화(混和)라고 함은 동산에 동산이 섞이는 것이다. 즉 동산과 동산이 섞여 식별할 수 없는 경우에는 동산의 부합에 준하여 소유권의 귀속을 정한다(제258조). 혼화에는 곡물·금전과 같은 고형물의 혼화와 술·기름과 같은 유동물의 혼화의 두 종류가 있다. 그러나 그 본질에 있어서는 일종의 동산간의 부합이라고 할 수 있기 때문에 그러한 동산간 부합의 법리를 적용하면 된다.

4. 가 공

제259조(가공)

① 타인의 동산에 가공한 때에는 그 물건의 소유권은 원재료의 소유자에게 속한다. 그러나 가공으로 인한 가액의 증가가 원재료의 가액보다 현저히 다액인 때에는 가공자의 소유로 한다.

② 가공자가 재료의 일부를 제공하였을 때에는 그 가액은 전항의 증가액에 가산한다.

가공이라 함은 타인의 재료를 써서 또는 타인의 물건에 변경을 가함으로써 새로운 물건을 제작하는 것을 말한다. 가공에 있어서 우리 민법은 재료주의를 원칙으로 하고 예외적으로 가공주의를 취하고 있다(절충주의).

5. 첨부의 효과

제260조(첨부의 효과)

① 전4조의 규정에 의하여 동산의 소유권이 소멸한 때에는 그 동산을 목적으로 한 다른 권리도 소멸한다.

② 동산의 소유자가 합성물, 혼화물 또는 가공물의 단독소유자가 된 때에는 전항의 권리는 합성물, 혼화물 또는 가공물에 존속하고 그 공유자가 된 때에는 그 지분에 존속한다.

제261조(첨부로 인한 구상권)

전5조의 경우에 손해를 받은 자는 부당이득에 관한 규정에 의하여 보상을 청구할 수 있다.

판례 ① 건물 신축의 공사가 진행되다가 독립한 부동산인 건물로서의 요건을 아직 갖추지 못한 단계에서 중지된 것을 제3자가 이어받아 계속 진행함으로써 별개의 부동산인 건물로 성립되어 그 소유권을 원시취득한 경우에 그로써 애초의 신축 중 건물에 대한 소유권을 상실한 사람은 민법 제261조, 제257조, 제259조를 준용하여 건물의 원시취득자에 대하여 부당이득 관련 규정에 기하여 그 소유권의 상실에 관한 보상을 청구할 수 있다 (대판 2010. 2. 25, 2009다83933).

② 민법 제261조에서 첨부로 법률규정에 의한 소유권 취득(민법 제256조 내지 제260조)이 인정된 경우에 "손

해를 받은 자는 부당이득에 관한 규정에 의하여 보상을 청구할 수 있다"라고 규정하고 있는바, 이러한 보상청구가 인정되기 위해서는 민법 제261조 자체의 요건만이 아니라, 부당이득 법리에 따른 판단에 의하여 **부당이득의 요건이 모두 충족**되었음이 인정되어야 한다. 매도인에게 소유권이 유보된 자재가 제3자와 매수인 사이에 이루어진 도급계약의 이행으로 제3자 소유 건물의 건축에 사용되어 부합된 경우 보상청구를 거부할 법률상 원인이 있다고 할 수 없지만, 제3자가 도급계약에 의하여 제공된 자재의 소유권이 유보된 사실에 관하여 **과실 없이 알지 못한 경우라면 선의취득의 경우와 마찬가지로** 제3자가 그 자재의 귀속으로 인한 이익을 보유할 수 있는 **법률상 원인이 있다고** 봄이 상당하므로, 매도인으로서는 그에 관한 **보상청구를 할 수 없다**(대판 2009. 9. 24, 2009다15602; 대판 2018. 3. 15, 2017다282391).

③ [1] 민법 제261조는 첨부에 관한 민법 규정에 의하여 어떤 물건의 소유권 또는 그 물건 위의 다른 권리가 소멸한 경우 이로 인하여 손해를 받은 자는 '부당이득에 관한 규정에 의하여 보상을 청구할 수 있다'고 규정하고 있는데, 여기서 '부당이득에 관한 규정에 의하여 보상을 청구할 수 있다'는 것은 **법률효과만이 아니라 법률요건도 부당이득에 관한 규정이 정하는 바에 따른다**는 의미이다. [2] 부당이득반환청구에서 이득이란 실질적인 이익을 의미하는데, 동산에 대하여 양도담보권을 설정하면서 양도담보권설정자가 양도담보권자에게 담보목적인 동산의 소유권을 이전하는 이유는 양도담보권자가 양도담보권을 실행할 때까지 스스로 담보물의 가치를 보존할 수 있게 함으로써 만약 채무자가 채무를 이행하지 않더라도 채권자인 양도담보권자가 양도받은 담보물을 환가하여 우선변제받는 데에 지장이 없도록 하기 위한 것이고, 동산양도담보권은 담보물의 교환가치 취득을 목적으로 하는 것이다. 이러한 양도담보권의 성격에 비추어 보면, 양도담보권의 목적인 주된 동산에 다른 동산이 부합되어 부합된 동산에 관한 권리자가 권리를 상실하는 손해를 입은 경우 주된 동산이 담보물로서 가치가 증가된 데 따른 실질적 이익은 주된 동산에 관한 양도담보권설정자에게 귀속되는 것이므로, 이 경우 부합으로 인하여 권리를 상실하는 자는 **양도담보권설정자를 상대로** 민법 제261조에 따라 보상을 청구할 수 있을 뿐 **양도담보권자를 상대로** 보상을 청구할 수는 없다(대판 2016. 4. 2, 2012다19659).

VII. 소유권에 기한 물권적 청구권

1. 소유물반환청구권

> **제213조(소유물반환청구권)**
> 소유자는 그 소유에 속한 물건을 점유한 자에 대하여 반환을 청구할 수 있다. 그러나 점유자가 그 물건을 점유할 권리가 있는 때에는 반환을 거부할 수 있다.

(1) 물권적 청구권의 주체

이 청구권의 주체는 소유자이다. 소유자(원고)는 ① 원고가 목적물의 소유자라는 것, ② 피고가 이를 점유하고 있다는 것을 주장·입증하여야 한다(제213조 본문). 그리고 피고는 자신의 점유가 적법하다는 것을 항변하게 된다(제213조 단서).

(2) 물권적 청구권의 상대방

청구의 상대방은 점유자이다. 현재의 점유자, 즉 사실심변론종결시의 점유자이어야 한다. 점유보조자는 외형상 독립된 점유를 가지고 있는 것처럼 보이는 경우라 할지라도 반환청구의 상대방이 되지 아니한다. 타인의 소유물을 점유하고 있는 것만이 요건이고, 이러한 점유가 고의·과실에 의하여 취득된 것임을 요하지 않는다.

(3) 효 과

소유자의 반환청구에 대하여 상대방은 소유물을 반환하여야 한다.

2. 소유물방해제거청구권(제214조)

> **제214조(소유물방해제거, 방해예방청구권)**
> 소유자는 소유권을 방해하는 자에 대하여 방해의 제거를 청구할 수 있고 소유권을 방해할 염려있는 행위를 하는 자에 대하여 그 예방이나 손해배상의 담보를 청구할 수 있다.

소유권의 방해가 점유침탈(목적물 전부를 빼앗김) 이외의 방법일 것과 방해가 현존할 것을 요한다.

판례 ① 소유권에 기한 방해배제청구권에 있어서 '방해'라 함은 **현재에도 지속되고 있는 침해**를 의미하고, 법익 침해가 과거에 일어나서 이미 종결된 경우에 해당하는 '손해'의 개념과는 다르다 할 것이어서, **소유권에 기한 방해배제청구권은 방해결과의 제거를 내용으로 하는 것이 되어서는 아니 되며**(이는 손해배상의 영역에 해당한다 할 것이다) **현재 계속되고 있는 방해의 원인을 제거하는 것**을 내용으로 한다(대판 2003. 3. 28, 2003다5917).
② 甲 지방자치단체가 30여 년 전 쓰레기매립지에 쓰레기를 매립하는 과정에서 매립지와 경계를 같이하는 인접 토지에 상당한 양의 쓰레기가 매립되었고, 그 후 인접 토지의 소유권을 취득한 乙이 토지를 굴착한 결과 지하 1.5~4m 지점 사이에 비닐, 목재, 폐의류, 오니류, 건축폐기물 등 각종 생활쓰레기가 뒤섞여 혼합된 상태로 매립되어 있었고 주변 토양은 검게 오염되어 있었으며, 이에 乙이 甲 지방자치단체를 상대로 매립물제거 등을 구한 사안에서, **위 토지 지하에 매립된 생활쓰레기는** 매립된 후 30년 이상 경과하였고, 그 사이 오니류와 각종 생활쓰레기가 주변 토양과 뒤섞여 토양을 오염시키고 **토양과 사실상 분리하기 어려울 정도로 혼재되어 있다**고 봄이 타당하며, 이러한 상태는 과거 甲 지방자치단체의 위법한 쓰레기매립행위로 인하여 생긴 결과로서 **토지 소유자인 乙이 입은 손해에 불과할 뿐 생활쓰레기가 현재 乙의 소유권에 대하여 별도의 침해를 지속하고 있는 것이라고 볼 수 없으므로, 乙의 방해배제청구는 인용될 수 없는데도**, 甲 지방자치단체가 토지 지하에 매립한 생활쓰레기가 현재도 계속 존재하는 이상 乙의 방해배제청구권이 인정된다고 본 원심판단에 법리오해의 잘못이 있다고 한 사례(대판 2019. 7. 10, 2016다205540).
③ 등기명의인의 표시변경 또는 경정의 부기등기가 등기명의인의 동일성을 해치는 방법으로 행하여져서 부동산등기사항증명서상의 표시가 실지 소유관계를 표상하고 있는 것이 아니라면 진실한 소유자는 그 소유권의 내용인 **침해배제청구권의 정당한 행사로써** 그 표시상의 소유명의자를 상대로 그 소유권에 장애가 되는 부기등기인 표시변경 또는 경정등기의 **말소등기절차의 이행을 청구할 수 있으**므로, 이와 같이 부동산의 등기명의인의 표시변경 또는 경정등기의 말소등기절차의 이행을 청구하려는 자는 **자신이 부동산의 원래의 등기명의인에 해당하는 자로서 진실한 소유자라는 사실을 증명하여야** 한다(대판 2021. 5. 7, 2020다299214).

3. 소유물방해예방청구권(제214조)

방해원인의 예방이나 손해배상의 담보를 청구한다. 방해의 예방은 원인을 배제하여 방해를 미리 막는 데 적절한 모든 조치를 말한다. 예방청구와 **더불어** 손해배상의 담보를 함께 요구할 수 있는 것은 아니다.

VIII. 공동소유

1. 공동소유(共同所有)의 의의와 그 유형

하나의 물건을 2인 이상의 다수인이 공동으로 소유하는 것을 공동소유라고 한다. 민법은 공동소유의 유형으로 공유·합유·총유의 세 가지를 인정한다. 민법이 규정하는 공유·합유·총유라는 세 가지 공동소유의 모습은 하나의 물건을 다수인이 공동으로 소유한다고 할 때, 그 다수인의 주체 사이의 인적 결합관계의 정도에 따라 유형화한 것이다.

2. 공유·합유·총유의 비교

(1) 공 유(共有)

공유는 **공동의 목적 없이 우연히 결합**된 것에 불과하므로 목적물에 대한 각 공유자의 지배권한은 완전히 자유·독립적이며, 다만 목적물이 동일하기 때문에 그 행사에 제약을 받는 데 지나지 않는다. 공유자 각자가 가지는 지배권능을 **지분(持分)**이라고 하는데, 이러한 **지분의 처분은 자유**이고, 또 **언제든지 분할을 청구**하여 단독소유로 전환할 수 있다.

(2) 합 유(合有)

공동의 목적을 위하여 결합하였으나 그 결합체가 단체로서의 성질을 가지지 못하고 조합을 이루고 있으면 합유가 된다. 조합원의 개인성에 의하여 합유자는 합유물에 대한 **지분을 갖기는 하지만, 공동사업 경영의 목적을 위하여 결합**된 것이기 때문에, 그 **지분의 양도는 제한**되고, 또 조합관계가 종료할 때까지는 **분할을 청구하지도 못한다.**

(3) 총 유(總有)

수인이 법인 아닌 사단으로 결합되어 독립한 단체로서의 성질을 가지는 경우 그 비법인사단의 소유형태가 총유이다. 총유의 특색은 소유권의 처분권능과 사용·수익권능의 분리이다. 즉 목적물의 관리·처분은 사단자체에 속하지만, 사단의 사원은 일정한 범위 내에서 각자 사용·수익하는 권능이 인정된다. 즉 공동소유의 권한이 단체와 그 구성원에게 나누어진다는 점에서 소유권의 전면적·포괄적 지배라는 성격과는 크게 다르다. 단체의 구성원이 가지는 사용·수익권은 그 자격을 가지고 있는 때에 비로소 인정되는 것이며, 이를 타인에게 양도하거나 상속의 목적으로 하지 못하고, 이 점에서 **공유의 지분에 해당하는 것이 총유에는 없다.**

3. 공유

(1) 공유의 의의

> **제262조(물건의 공유)**
> ① 물건이 지분에 의하여 수인의 소유로 된 때에는 공유로 한다.

(2) 공유의 성립

1) 당사자의 의사에 의한 성립

하나의 물건을 수인이 공동의 소유로 한다는 합의가 있는 때에 공유가 성립한다. 이때 그 물건이 부동산인 때에는 '공유의 등기'와 '지분의 등기'를 하여야 한다(제186조).

2) 법률의 규정에 의한 성립

법률규정에 의하여 공유가 성립하는 경우는 제254조 매장물발견에서 소유권 취득·제257조의 동산간의 부합·제258조의 혼화·제102조의 공유물의 과실·건물의 구분소유에 있어서의 공용부분(제215조)·경계에 설치된 경계표·담·구거 등(제239조)·공동상속재산과 공동포괄수유재산(제1006조·제1078조) 등이 있다.

> **판례** ① 〈동일 농지를 공동 경작한 경우에 그 입도에 대한 소유권〉 타인의 농지를 권원 없이 경작을 하였다 하여도 그 경작으로 인한 입도(벼)는 그 경작자의 소유에 귀속되고 피차 자기에게 경작권이 있다 하여 동일한 농지를 서로 경작함으로써 결국 동일한 농지를 공동경작을 한 경우에는 그 입도에 대한 소유권은 위의 공동경작자의 공유에 속한다고 할 것이다(대판 1967. 7. 11, 67다893).
> ② 구분건물로 등기된 1동의 건물 중 일부에 해당하는 구분건물들 사이에서 구조상의 구분이 소멸되는 경우에 그 구분건물에 해당하는 일부 건물 부분은 종전 구분건물 등기명의자의 공유로 된다. 구조상의 독립성이 상실되지 아니한 나머지 구분건물들의 구분소유권은 그대로 유지됨에 따라 그 일부 건물 부분은 나머지 구분건물들과 독립되는 구조를 이룬다고 할 것이고, 또한 집합건물 중 일부 구분건물에 대한 공유도 당연히 허용되므로 그 일부 건물 부분과 나머지 구분건물들로 구성된 1동의 건물 전체는 집합건물의 소유 및 관리에 관한 법률의 적용을 받는다. 공유자 사이에 공유물을 사용·수익할 구체적인 방법을 정하는 것은 공유물의 관리에 관한 사항으로서 공유자 지분의 과반수로써 결정하여야 한다(대판 2020. 9. 7, 2017다204810).

(3) 공유지분

> **제262조(물건의 공유)**
> ② 공유자의 지분은 균등한 것으로 추정한다.
>
> **제263조(공유지분의 처분과 공유물의 사용, 수익)**
> 공유자는 그 지분을 처분할 수 있고 공유물 전부를 지분의 비율로 사용, 수익할 수 있다.

1) 공유지분 비율의 문제

제262조 제2항에 따르면 지분비율에 관해 특별한 정함이 없는 경우, 공유자의 지분은 균등한 것으로 추정한다.

> **판례** 공유물분할청구소송에 있어 원래의 공유자들이 각 그 지분의 일부 또는 전부를 제3자에게 양도하고 그 **지분이전등기까지 마쳤다면**, 새로운 이해관계가 형성된 그 **제3자에 대한 관계**에서는 달리 특별한 사정이 없는 한 일단 **등기부상의 지분을 기준**으로 할 수밖에 없을 것이나, **원래의 공유자들 사이**에서는 등기부상 지분과 실제의 지분이 다르다는 사실이 인정된다면 여전히 **실제의 지분을 기준**으로 삼아야 할 것이고 등기부상 지분을 기준으로 하여 그 실제의 지분을 초과하거나 적게 인정할 수는 없다(대판 2001. 3. 9, 98다51169).

2) 공유지분의 처분

공유지분은 자유롭게 처분가능하다(제263조).

3) 공유지분의 포기

제267조(지분포기 등의 경우의 귀속)
공유자가 그 지분을 포기하거나 상속인 없이 사망한 때에는 그 지분은 다른 공유자에게 각 지분의 비율로 귀속한다.

> **판례** 민법 제267조에서 공유지분의 포기는 **법률행위로서** **상대방 있는 단독행위**에 해당하므로, 부동산 공유자의 공유지분 포기의 의사표시가 다른 공유자에게 도달하더라도 이로써 곧바로 공유지분 포기에 따른 물권변동의 효력이 발생하는 것은 아니고, 다른 공유자는 자신에게 귀속될 공유지분에 관하여 소유권이전등기청구권을 취득하며, 이후 **민법 제186조에 의하여 등기를 하여야** 공유지분 포기에 따른 물권변동의 효력이 발생한다. 그리고 부동산 공유자의 공유지분 포기에 따른 등기는 해당 지분에 관하여 다른 공유자 앞으로 소유권이전등기를 하는 형태가 되어야 한다(대판 2016. 10. 27, 2015다52978).

(4) 공유물

제264조(공유물의 처분, 변경)
공유자는 다른 공유자의 동의없이 공유물을 처분하거나 변경하지 못한다.

제265조(공유물의 관리, 보존)
공유물의 관리에 관한 사항은 공유자의 지분의 과반수로써 결정한다. 그러나 보존행위는 각자가 할 수 있다.

1) 민법규정 검토

공유물의 **보존행위**는 각 공유자가 단독으로 할 수 있으나, **관리행위**는 지분의 과반수의 동의를 요하고, **처분·변경행위**는 전원의 동의를 요한다(제264조, 제265조). 그리고 공유자는 공유물 전부를 지분의 비율로 **사용, 수익**할 수 있다(제263조).

2) 공유물의 보존행위

(가) 제3자에 의한 침해의 경우

(ㄱ) 공유부동산에 제3자 명의의 원인무효 등기가 경료되어 있는 경우

① 부동산의 공유자의 1인은 **당해 부동산에 관하여 제3자 명의로 원인무효의 소유권이전등기가 경료되어 있는 경우** 공유물에 관한 보존행위로서 제3자에 대하여 그 **등기 전부의 말소**를 구할 수 있다(대판 1993. 5. 11, 92다52870).

② 부동산의 공유자 중 한 사람은 공유물에 대한 보존행위로서 그 공유물에 관한 원인무효의 등기 전부의 말소를 구할 수 있고, 진정명의회복을 원인으로 한 소유권이전등기청구권과 무효등기의 말소청구권은 어느 것이나 진정한 소유자의 등기명의를 회복하기 위한 것으로서 실질적으로 그 목적이 동일하고 두 청구권 모두 소유권에 기한 방해배제청구권으로서 그 법적 근거와 성질이 동일하므로, 공유자 중 한 사람은 공유물에 경료된 원인무효의 등기에 관하여 **각 공유자에게 해당 지분별로 진정명의회복을 원인으로 한 소유권이전등기를 이행할 것을 단독으로 청구할 수 있다**(대판 2005. 9. 29, 2003다40651).

③ **공유자 중 1인이 다른 공유자의 동의 없이 그 공유 토지의 특정부분을 매도하여 타인 명의로 소유권이전등기가 마쳐졌다면**, 그 매도 부분 토지에 관한 소유권이전등기는 **처분공유자의 공유지분 범위 내에서는 실체관계에 부합하는 유효한 등기**라고 보아야 한다(대판 1994. 12. 2, 93다1596). ☞ 따라서 이러한 경우에는 다른 공유자가 그 공유물 전부에 관해 소유권이전등기의 말소를 청구할 수 없고, 그 지분을 초과하는 부분만 말소청구할 수 있다.

(ㄴ) 제3자가 공유물을 불법점유하는 경우

각 공유자는 단독으로 공유물 전부의 인도를 청구할 수 있다(통설, 판례). 다만 통설은 물권적 청구권 및 불가분채권을 근거로 하나, 판례는 보존행위이론을 근거로 한다.

(나) 다른 공유자에 의한 침해의 경우

(ㄱ) 공유부동산의 등기가 공유자 1인의 단독명의로 경료되어 있는 경우

부동산의 공유자의 1인은 당해 부동산에 관하여 제3자 명의로 원인무효의 소유권보존등기가 경료되어 있는 경우 공유물에 관한 보존행위로서 제3자에 대하여 그 등기 전부의 말소를 구할 수 있다고 할 것이나, **그 제3자가 당해 부동산의 공유자 중의 1인인 경우**에는 그 소유권보존등기는 동인의 공유지분에 관하여는 실체관계에 부합하는 등기라고 할 것이므로, 이러한 경우 공유자의 1인은 단독 명의로 등기를 경료하고 있는 공유자에 대하여 **그 공유자의 공유지분을 제외한**

나머지 공유지분 전부에 관하여만 소유권보존등기 말소등기절차의 이행을 구할 수 있다 할 것이다(대판 2006. 8. 24, 2006다32200).

(ㄴ) 일부 공유자가 공유물을 배타적으로 점유하고 있는 경우

① 공유물의 인도나 명도 청구

┃판례┃ (가) 공유물의 소수지분권자인 피고가 다른 공유자와 협의하지 않고 공유물의 전부 또는 일부를 독점적으로 점유하는 경우 **다른 소수지분권자인 원고가** 피고를 상대로 **공유물의 인도를 청구**할 수는 없다고 보아야 한다. 상세한 이유는 다음과 같다.

① 공유자 중 1인인 피고가 공유물을 독점적으로 점유하고 있어 다른 공유자인 원고가 피고를 상대로 공유물의 인도를 청구하는 경우, 그러한 행위는 공유물을 점유하는 피고의 이해와 충돌한다. 애초에 보존행위를 공유자 중 1인이 단독으로 할 수 있도록 한 것은 보존행위가 다른 공유자에게도 이익이 되기 때문이라는 점을 고려하면, 이러한 행위는 민법 제265조 단서에서 정한 보존행위라고 보기 어렵다.

② 피고가 다른 공유자를 배제하고 단독 소유인 것처럼 공유물을 독점하는 것은 위법하지만, 피고는 적어도 자신의 지분 범위에서는 공유물 전부를 점유하여 사용·수익할 권한이 있으므로 피고의 점유는 지분비율을 초과하는 한도에서만 위법하다고 보아야 한다. 따라서 피고가 공유물을 독점적으로 점유하는 위법한 상태를 시정한다는 명목으로 원고의 인도청구를 허용한다면, 피고의 점유를 전면적으로 배제함으로써 피고가 적법하게 보유하는 '지분비율에 따른 사용·수익권'까지 근거 없이 박탈하는 부당한 결과를 가져온다.

③ 원고의 피고에 대한 물건 인도청구가 인정되려면 먼저 원고에게 인도를 청구할 수 있는 권원이 인정되어야 한다. 원고에게 그러한 권원이 없다면 피고의 점유가 위법하더라도 원고의 청구를 받아들일 수 없다. 그런데 원고 역시 피고와 마찬가지로 소수지분권자에 지나지 않으므로 원고가 공유자인 피고를 전면적으로 배제하고 자신만이 단독으로 공유물을 점유하도록 인도해 달라고 청구할 권원은 없다.

④ 공유물에 대한 인도 판결과 그에 따른 집행의 결과는 원고가 공유물을 단독으로 점유하며 사용·수익할 수 있는 상태가 되어 '일부 소수지분권자가 다른 공유자를 배제하고 공유물을 독점적으로 점유'하는 인도 전의 위법한 상태와 다르지 않다.

⑤ 원고는 공유물을 독점적으로 점유하면서 원고의 공유지분권을 침해하고 있는 피고를 상대로 **지분권에 기한 방해배제청구권**을 행사함으로써 피고가 자의적으로 공유물을 독점하고 있는 위법 상태를 충분히 시정할 수 있다. 따라서 피고의 독점적 점유를 시정하기 위해 종래와 같이 피고로부터 공유물에 대한 점유를 빼앗아 원고에게 인도하는 방법, 즉 피고의 점유를 원고의 점유로 대체하는 방법을 사용하지 않더라도, 원고는 피고의 위법한 독점적 점유와 방해 상태를 제거하고 공유물이 본래의 취지에 맞게 공유자 전원의 공동 사용·수익에 제공되도록 할 수 있다.

(나) 공유자들은 공유물의 소유자로서 공유물 전부를 사용·수익할 수 있는 권리가 있고(민법 제263조), 이는 공유자들 사이에 공유물 관리에 관한 결정이 없는 경우에도 마찬가지이다. 공유물을 일부라도 독점적으로 사용할 수 없는 등 사용·수익의 방법에 일정한 제한이 있다고 하여, 공유자들의 사용·수익권이 추상적·관념적인 것에 불과하다거나 공유물 관리에 관한 결정이 없는 상태에서는 구체적으로 실현할 수 없는 권리라고 할 수 없다. 공유자들 사이에 공유물 관리에 관한 결정이 없는 경우 공유자가 다른 공유자를 배제하고 공유물을 독점적으로 점유·사용하는 것은 위법하여 허용되지 않지만, 다른 공유자의 사용·수익권을 침해하지 않는 방법으로, 즉 비독점적인 형태로 공유물 전부를 다른 공유자와 함께 점유·사용하는 것은 자신의 지분권에 기초한 것으로 적법하다. 일부 공유자가 공유물의 전부나 일부를 독점적으로 점유한다면 이는 다른 공유자의 지분권에

기초한 사용·수익권을 침해하는 것이다. 공유자는 자신의 지분권 행사를 방해하는 행위에 대해서 **민법 제214조에 따른 방해배제청구권**을 행사할 수 있고, 공유물에 대한 지분권은 공유자 개개인에게 귀속되는 것이므로 공유자 각자가 행사할 수 있다. 원고는 공유물의 종류(토지, 건물, 동산 등), 용도, 상태(피고의 독점적 점유를 전후로 한 공유물의 현황)나 당사자의 관계 등을 고려해서 원고의 공동 점유를 방해하거나 방해할 염려 있는 피고의 행위와 방해물을 구체적으로 특정하여 방해의 금지, 제거, 예방(작위·부작위의무의 이행)을 청구하는 형태로 청구취지를 구성할 수 있다. 법원은 이것이 피고의 방해 상태를 제거하기 위하여 필요하고 원고가 달성하려는 상태가 공유자들의 공동 점유 상태에 부합한다면 이를 인용할 수 있다.

(다) 이와 같이 공유물의 소수지분권자가 다른 공유자와 협의 없이 공유물의 전부 또는 일부를 독점적으로 점유·사용하고 있는 경우 다른 소수지분권자는 **공유물의 보존행위로서 그 인도를 청구**할 수는 없고, 다만 **자신의 지분권에 기초하여 공유물에 대한 방해 상태를 제거하거나 공동 점유를 방해하는 행위의 금지 등을 청구**할 수 있다고 보아야 한다[대판(전합) 2020. 5. 21, 2018다287522]. ☞ 이와 달리 공유물의 소수지분권자가 다른 공유자와 협의 없이 공유물의 전부 또는 일부를 독점적으로 점유하고 있는 경우 다른 소수지분권자가 공유물에 대한 보존행위로서 그 인도를 청구할 수 있다고 판단한 대법원 1966. 4. 19, 65다2033 판결 등은 이 판결의 견해에 배치되는 범위에서 이를 변경하기로 한다.

┃**사실관계** 丙과 丁은 이 사건 토지 중 각 1/2 지분을 공유하고 있던 중 사망하였다. 甲은 丙의 상속인으로서 이 사건 토지 중 丙의 지분 전체에 관하여 1992. 11. 28. 소유권이전등기를 마쳤다. 乙은 丁의 장남으로서, 丁이 1995년경 사망하면서 丁의 재산을 상속하였다. 乙은 2011년경부터 현재까지 이 사건 토지 일부에 소나무를 심어 그 부분 토지를 독점적으로 점유하고 있다. 甲은 이 사건 토지의 소수지분권자로서, 그 토지 중 소나무 식재 부분을 독점적으로 점유하는 또 다른 소수지분권자인 乙을 상대로 토지의 인도를 청구할 수 없다. 다만 甲은 지분권에 기초한 방해배제로서 공유 토지 위에 심어진 소나무 등 지상물의 수거를 청구할 수 있다.

┃**비교판례** 공유물에 대한 **과반수 지분권자**는 공유물의 관리방법으로 이를 점유하고 있는 다른 공유자 또는 제3자에 대하여 그 **공유물 전부의 인도를 청구할 수 있다**(대판 1968. 11. 26, 68다1675).

② 부당이득반환청구

토지의 공유자는 각자의 지분 비율에 따라 토지 전체를 사용·수익할 수 있지만, 그 구체적인 사용·수익 방법에 관하여 공유자들 사이에 지분 과반수의 합의가 없는 이상, 1인이 특정 부분을 배타적으로 점유·사용할 수 없는 것이므로, **공유자 중의 일부가 특정 부분을 배타적으로 점유·사용하고 있다면,** 그들은 **비록 그 특정 부분의 면적이 자신들의 지분 비율에 상당하는 면적 범위 내라고 할지라도,** 다른 공유자들 중 지분은 있으나 사용·수익은 전혀 하지 않고 있는 자에 대하여는 그 자의 지분에 상응하는 부당이득을 하고 있다고 보아야 할 것인바, 이는 모든 공유자는 공유물 전부를 지분의 비율로 사용·수익할 권리가 있기 때문이다(대판 2001. 12. 11, 2000다13948).

┃**판례** ① 공유자는 공유물 전부를 지분의 비율로 사용·수익할 수 있으므로 **공유토지의 일부를 배타적으로 점유하면서 사용·수익하는 공유자**는 그가 보유한 공유지분의 비율에 관계없이 다른 공유자에 대하여 **부당이득반환의무를 부담한다.** 그런데 일반 건물에서 대지를 사용·수익할 권원이 건물의 소유권과 별개로 존재

하는 것과는 달리, **집합건물의 경우**에는 대지사용권인 대지지분이 구분소유권의 목적인 전유부분에 종속되어 일체화되는 관계에 있으므로, **집합건물 대지의 공유관계에서는 이와 같은 민법상 공유물에 관한 일반 법리가 그대로 적용될 수 없고, 이는 대지 공유자들 중 구분소유자 아닌 사람이 있더라도 마찬가지이다.** 집합건물에서 전유부분 면적 비율에 상응하는 적정 대지지분을 가진 구분소유자는 그 대지 전부를 용도에 따라 사용·수익할 수 있는 적법한 권원을 가지므로, **구분소유자 아닌 대지 공유자는 그 대지 공유지분권에 기초하여 적정 대지지분을 가진 구분소유자를 상대로는 대지의 사용·수익에 따른 부당이득반환을 청구할 수 없다**(대판 2022. 8. 25, 2017다257067).

② 집합건물의 구분소유자들이 건물의 대지 중 일부 지분만 가지고 있고 구분소유자 아닌 대지공유자가 나머지 지분을 가지고 있는 경우에, 구분소유자 아닌 대지공유자는 대지 공유지분권에 기초하여 구분소유자 중 자신의 전유부분 면적 비율에 상응하는 대지 공유지분(이하 '적정 대지지분'이라 한다)을 가진 구분소유자를 상대로는 대지의 사용·수익에 따른 부당이득반환을 청구할 수 없다. **그러나 적정 대지지분보다 부족한 대지 공유지분(이하 '과소 대지지분'이라 한다)을 가진 구분소유자는,** 과소 대지지분이 적정 대지지분에 매우 근소하게 부족하여 그에 대한 부당이득반환청구가 신의성실의 원칙에 반한다고 볼 수 있는 경우, 구분건물의 분양 당시 분양자로부터 과소 대지지분만을 이전받으면서 건물 대지를 무상으로 사용할 수 있는 권한을 부여받았고 이러한 약정이 분양자의 대지지분을 특정승계한 사람에게 승계된 것으로 볼 수 있는 경우, 또는 과소 대지지분에 기하여 전유부분을 계속 소유·사용하는 현재의 사실상태가 장기간 묵인되어 온 경우 등과 같은 특별한 사정이 없는 한, **구분소유자 아닌 대지공유자에 대하여 적정 대지지분에서 부족한 지분의 비율에 해당하는 차임 상당의 부당이득반환의무를 부담한다**고 봄이 타당하다(대판 2023. 9. 14, 2016다12823).

③ 이때 구분소유자가 적정 대지지분을 소유하였는지 여부나 과소 대지지분권자로서 구분소유자 아닌 대지 공유자에 대하여 부당이득반환의무를 부담하는지 여부 및 그 범위는 **구분소유권별로 판단하여야** 하고, 이는 **특정 구분소유자가 복수의 구분소유권을 보유한 경우에도 마찬가지**이므로 특별한 사정이 없는 한 복수의 구분소유권에 관한 전체 대지지분을 기준으로 이를 판단하여서는 아니 된다(대판 2023. 10. 18, 2019다266386).

③ 손해배상청구

공유물에 끼친 불법행위를 이유로 하는 손해배상청구권은 특별한 사유가 없는 한 각 공유자가 **지분에 대응하는 비율의 한도내에서만** 이를 행사할 수 있다(대판 1970. 4. 14, 70다171).

> **판례** [1] 부동산의 1/7 지분 소유권자가 타공유자의 동의없이 그 부동산을 타에 임대하여 임대차보증금을 수령하였다면, 이로 인한 수익 중 자신의 지분을 초과하는 부분에 대하여는 법률상 원인없이 취득한 **부당이득**이 되어 이를 **반환할 의무**가 있고, 또한 위 무단임대행위는 다른 공유지분권자의 사용, 수익을 침해한 **불법행위**가 성립되어 그 **손해를 배상할 의무**가 있다. [2] 위 [1]의 경우 반환 또는 배상해야 할 범위는 위 부동산의 임대차로 인한 **차임 상당액**이라 할 것으로서 타공유자는 그 임대보증금 자체에 대한 지분비율 상당액의 반환 또는 배상을 구할 수는 없다(대판 1991. 9. 24, 91다23639).

(다) 보존행위에 포함되지 않는 경우

> **판례** ① [1] 공유자의 지분은 다른 공유자의 지분에 의하여 일정한 비율로 제한을 받는 것을 제외하고는 독립

한 소유권과 같은 것으로 공유자는 그 지분을 부인하는 제3자에 대하여 각자 그 지분권을 주장하여 지분의 확인을 소구하여야 하는 것이고, 공유자 일부가 제3자를 상대로 다른 공유자의 지분의 확인을 구하는 것은 타인의 권리관계의 확인을 구하는 소에 해당한다고 보아야 할 것이므로 그 타인 간의 권리관계가 자기의 권리관계에 영향을 미치는 경우에 한하여 확인의 이익이 있다고 할 것이며, 공유물 전체에 대한 소유관계 확인도 이를 다투는 제3자를 상대로 공유자 전원이 하여야 하는 것이지 공유자 일부만이 그 관계를 대외적으로 주장할 수 있는 것이 아니므로, 아무런 특별한 사정이 없이 **다른 공유자의 지분의 확인을 구하는 것은** 확인의 이익이 없다. [2] **공유자가 다른 공유자의 지분권을 대외적으로 주장하는 것을** 공유물의 멸실·훼손을 방지하고 공유물의 현상을 유지하는 사실적·법률적 행위인 공유물의 보존행위에 속한다고 할 수 없다(대판 1994. 11. 11, 94다35008). ② 원고가 피고에 대하여 피고 명의로 마쳐진 소유권보존등기의 말소를 구하려면 먼저 원고에게 그 말소를 청구할 수 있는 권원이 있음을 적극적으로 주장·증명하여야 하며, 만일 원고에게 이러한 권원이 있음이 인정되지 않는다면 설사 피고 명의의 소유권보존등기가 말소되어야 할 무효의 등기라고 하더라도 원고의 청구를 인용할 수 없다 할 것인바, 부동산의 공유자의 1인은 당해 부동산에 관하여 제3자 명의로 원인무효의 소유권이전등기가 경료되어 있는 경우 공유물에 관한 보존행위로서 제3자에 대하여 그 등기 전부의 말소를 구할 수 있으나, 공유자가 다른 공유자의 지분권을 대외적으로 주장하는 것을 공유물의 멸실·훼손을 방지하고 공유물의 현상을 유지하는 사실적·법률적 행위인 공유물의 보존행위에 속한다고 할 수 없으므로, **자신의 소유지분을 침해하는 지분 범위를 초과하는 부분에 대하여 공유물에 관한 보존행위로서 무효라고 주장하면서 그 부분 등기의 말소를 구할 수는 없다**(대판 2010. 1. 14, 2009다67429).

▌**참고지문** (2014 변호사 기출) 甲이 乙, 丙과 함께 토지를 각 1/3 지분으로 공유하고 있는 경우 공유물에 관한 보존행위를 이유로는 乙 명의의 1/3 지분에 관하여 원인 없이 丁 앞으로 마쳐진 소유권이전등기의 말소를 구할 수 없다(○).

3) 공유물의 관리행위

㈎ 의 의

공유토지 중 도로보다 높은 부분을 굴착하여 도로와 같은 높이로 정지하는 공사는 공유토지의 이용가치를 높이는 것으로서 공유물의 관리행위로 보아야 한다(대판 1991. 4. 12, 90다20220).

▌**판 례** 상가건물 임대차보호법이 적용되는 상가건물의 공유자인 임대인이 같은 법 제10조 제4항에 의하여 **임차인에게 갱신 거절의 통지를 하는 행위**는 실질적으로 임대차계약의 해지와 같이 공유물의 임대차를 종료시키는 것이므로 공유물의 관리행위에 해당하는 것으로 보아 공유자의 지분의 과반수로써 결정하여야 한다고 한다(대판 2010. 9. 9, 2010다37905).

㈏ 지분의 과반수

공유건물에 관하여 과반수 공유지분을 가진 자가 그 공유토지의 특정된 한 부분을 배타적으로 사용·수익할 것을 정하는 것은 공유물의 관리방법으로서 적법하며, 이 경우 **그 특정된 한 부분이 그 지분비율에 상당하는 면적의 범위 내라 해도** 위 부동산을 전혀 사용수익하지 아니하고 있는 다른 공유자에 대하여 그 지분에 상응하는 **부당이득반환의무**가 있다(대판 2014. 2. 27, 2011다42430; 대판 1991. 9. 24, 88다카33855).

판례 ① [1] 공유자 사이에 공유물을 사용·수익할 구체적인 방법을 정하는 것은 공유물의 관리에 관한 사항으로서 공유자의 지분의 과반수로써 결정하여야 할 것이고, 과반수 지분의 공유자는 다른 공유자와 사이에 미리 공유물의 관리방법에 관한 협의가 없었다 하더라도 공유물의 관리에 관한 사항을 단독으로 결정할 수 있으므로, 과반수 지분의 공유자가 그 공유물의 특정 부분을 배타적으로 사용·수익하기로 정하는 것은 공유물의 관리방법으로서 적법하다고 할 것이므로, **과반수 지분의 공유자로부터 사용·수익을 허락받은 점유자에 대하여 소수 지분의 공유자는 그 점유자가 사용·수익하는 건물의 철거나 퇴거 등 점유배제를 구할 수 없다.** [2] **과반수 지분의 공유자는** 공유자와 사이에 미리 공유물의 관리방법에 관하여 협의가 없었다 하더라도 공유물의 관리에 관한 사항을 단독으로 결정할 수 있으므로 과반수 지분의 공유자는 그 공유물의 관리방법으로서 그 공유토지의 특정된 한 부분을 배타적으로 사용·수익할 수 있으나, 그로 말미암아 지분은 있으되 그 특정 부분의 사용·수익을 전혀 하지 못하여 손해를 입고 있는 소수지분권자에 대하여 그 지분에 상응하는 **임료 상당의 부당이득을 하고 있다 할 것이므로 이를 반환할 의무가 있다** 할 것이나, 그 **과반수 지분의 공유자로부터 다시 그 특정 부분의 사용·수익을 허락받은 제3자의 점유는 다수지분권자의 공유물관리권에 터 잡은 적법한 점유이므로 그 제3자는 소수지분권자에 대하여도 그 점유로 인하여 법률상 원인 없이 이득을 얻고 있다고는 볼 수 없다**(대판 2002. 5. 14, 2002다9738).

② 공유자 사이에 공유물을 사용·수익할 구체적인 방법을 정하는 것은 공유물의 관리에 관한 사항으로서 공유자의 지분의 과반수로써 결정하여야 할 것이고, 과반수 지분의 공유자는 다른 공유자와 사이에 미리 공유물의 관리방법에 관한 협의가 없었다 하더라도 공유물의 관리에 관한 사항을 단독으로 결정할 수 있으므로, 과반수 지분의 공유자가 그 공유물의 특정 부분을 배타적으로 사용·수익하기로 정하는 것은 공유물의 관리방법으로서 적법하다. 또한 **공유 지분 과반수 소유자의 공유물인도청구는 민법 제265조의 규정에 따라 공유물의 관리를 위하여 구하는 것으로서 그 상대방인 타 공유자는 민법 제263조의 공유물의 사용수익권으로 이를 거부할 수 없다**(대판 2022. 11. 17, 2022다253243).

(다) 공유자 간의 공유물에 대한 사용수익·관리에 관한 특약

공유자 간의 공유물에 대한 **사용수익·관리에 관한 특약**은 공유자의 특정승계인에 대하여도 당연히 승계된다고 할 것이나, 공유자 중 1인이 **자신의 지분 중 일부를 다른 공유자에게 양도하기로 하는 공유자 간의 지분의 처분에 관한 약정**까지 공유자의 특정승계인에게 당연히 승계되는 것으로 볼 수는 없다(대판 2007. 11. 29, 2007다64167).

판례 ① 공유물의 관리에 관한 사항은 공유자의 지분의 과반수로써 결정하고, 공유자간의 공유물에 대한 사용수익·관리에 관한 특약은 공유자의 특정승계인에 대하여도 당연히 승계된다고 할 것이나, 공유물에 관한 특약이 지분권자로서의 사용수익권을 사실상 포기하는 등으로 **공유지분권의 본질적 부분을 침해한다고 볼 수 있는 경우**에는 특정승계인이 그러한 사실을 알고도 공유지분권을 취득하였다는 등의 특별한 사정이 없는 한 특정승계인에게 당연히 승계되는 것으로 볼 수는 없다(대판 2009. 12. 10, 2009다54294).

② 공유자 간의 공유물에 대한 사용수익·관리에 관한 특약은 공유자의 특정승계인에 대하여도 당연히 승계된다고 할 것이나, 민법 제265조는 "공유물의 관리에 관한 사항은 공유자의 지분의 과반수로써 결정한다"라고 규정하고 있으므로, 위와 같은 특약 후에 공유자에 변경이 있고 특약을 변경할 만한 사정이 있는 경우에는 공유자의 지분의 과반수의 결정으로 기존 특약을 변경할 수 있다(대판 2005. 5. 12, 2005다1827).

⒟ 공유물의 부담

> **제266조(공유물의 부담)**
> ① 공유자는 그 지분의 비율로 공유물의 관리비용 기타 의무를 부담한다.
> ② 공유자가 1년 이상 전항의 의무이행을 지체한 때에는 다른 공유자는 상당한 가액으로 지분을 매수할 수 있다.

제266조의 지분매수청구권은 형성권이다. 민법 제266조 제2항의 규정에 의하여 공유자가 다른 공유자의 의무이행지체를 이유로 그 지분의 매수청구권을 행사함에 있어서는 매수대상이 되는 지분 전부의 매매대금을 제공한 다음 매수청구권을 행사하여야 한다(대판 1992. 10. 9, 92다25656).

> **판례** ① 공유자가 공유물의 관리에 관하여 제3자와 계약을 체결한 경우에 그 계약에 기하여 제3자가 지출한 관리비용의 상환의무를 누가 어떠한 내용으로 부담하는가는 일차적으로 당해 계약의 해석으로 정하여진다. 공유자들이 공유물의 관리비용을 각 지분의 비율로 부담한다는 내용의 민법 제266조 제1항은 **공유자들 사이의 내부적인 부담관계에 관한 규정**일 뿐이다(대판 2009. 11. 12, 2009다54034, 54041).
> ② 공유토지의 과반수지분권자는 다른 공유자와 협의없이 단독으로 관리행위를 할 수가 있으며 그로 인한 관리비용은 공유자의 지분비율에 따라 부담할 의무가 있으나, 위와 같은 관리비용의 부담의무는 **공유자의 내부관계에 있어서 부담을 정하는 것일 뿐, 제3자와의 관계는 당해 법률관계에 따라 결정된다**고 할 것이고, 따라서 과반수지분권자가 관리행위가 되는 정지공사를 시행함에 있어 시공회사에 대하여 공사비용은 자신이 정산하기로 약정하였다면 그 공사비를 직접 부담해야 할 사람은 과반수지분권자만이라 할 것이고, 다만 그가 그 공사비를 지출하였다면 다른 공유자에게 그의 지분비율에 따른 공사비만을 상환청구할 수 있을 뿐이다(대판 1991. 4. 12, 90다20220).

4) 공유물의 처분행위

나대지에 건물을 신축하는 경우는 공유물의 처분이나 변경에 해당하므로 공유자는 다른 공유자의 동의 없이는 공유지 위에 건물을 신축할 수가 없다(제264조).

> **판례** [1] 과반수의 지분을 가진 공유자가 그 공유물의 특정 부분을 배타적으로 사용·수익하기로 정하는 것은 공유물의 관리방법으로서 적법하며, 다만 그 사용·수익의 내용이 공유물의 기존의 모습에 본질적 변화를 일으켜 '관리' 아닌 '처분'이나 '변경'의 정도에 이르는 것이어서는 안 될 것이고, 예컨대 다수지분권자라 하여 나대지에 새로이 건물을 건축한다든지 하는 것은 '관리'의 범위를 넘는 것이 될 것이다. [2] 공유토지에 관하여 점유취득시효가 완성된 후 취득시효 완성 당시의 공유자들 일부로부터 과반수에 미치지 못하는 소수 지분을 양수 취득한 제3자는 나머지 과반수 지분에 관하여 취득시효에 의한 소유권이전등기를 경료받아 과반수 지분권자가 될 지위에 있는 시효취득자(점유자)에 대하여 지상 건물의 철거와 토지의 인도 등 점유배제를 청구할 수 없다(대판 2001. 11. 27, 2000다33638, 33645).

(5) 공유의 대외관계

1) 공유자가 제3자에 대해 주장하는 경우(능동적)

⑺ 공유물의 방해제거청구 : 제3자가 공유물에 대하여 침해를 하는 때에는, 각 공유자는 단독으로 공유물 전부에 대한 방해의 제거를 청구할 수 있다(통설). 판례는 보존행위를 근거로 긍정하고 있다.

⑷ 공유물의 등기말소청구 : 공유물에 관하여 제3자가 위법한 등기명의를 가지고 있는 경우, 판례는 보존행위를 근거로 공유자 각자가 그 전부의 말소를 청구할 수 있다고 한다. 단, 공유자중 1인이 다른 공유자의 동의 없이 그 공유 토지를 매도하여 타인 명의로 소유권이전등기가 마쳐졌다면, 그 매도 토지에 관한 소유권이전등기는 처분공유자의 공유지분 범위 내에서는 실체관계에 부합하는 유효한 등기라고 보아야 한다(대판 2008. 4. 24, 2008다5703).

⑶ 시효중단 : 각 공유자는 각자의 지분에 관하여서만 단독으로 제3자의 취득시효를 중단할 수 있다(제169조 ; 시효중단의 상대효).

> **판례** 공유자의 한 사람이 공유물의 보존행위로서 제소한 경우라도, 동 제소로 인한 시효중단의 효력은 재판상의 청구를 한 그 공유자에 한하여 발생하고, 다른 공유자에게는 미치지 아니한다(대판 1979. 6. 26, 79다639).

⑷ 부당이득반환 : 제3자가 공유물의 이용을 방해하고 있는 경우 각 공유자는 제3자에 대하여 **자신의 지분의 비율에 해당하는 부분에 한하여** 부당이득의 반환을 청구할 수 있다.

> **판례** 토지공유자는 특별한 사정이 없는 한 그 **지분에 대응하는 비율의 범위내에서만** 그 차임상당의 부당이득금반환의 청구권을 행사할 수 있다(대판 1979. 1. 30, 78다2088).

2) 제3자가 공유자에 대해 주장하는 경우(수동적)

⑺ 소유권확인청구 또는 소유권이전등기청구

제3자의 공유자에 대한 소유권확인청구나 소유권이전등기청구에 있어서는 반드시 공유자 전원이 피고가 되어야 할 필요는 없다. 공유자 각자도 그 지분의 한도 내에서는 처분권이 있으므로 공유자를 각각 피고로 삼을 수 있기 때문이다.

⑷ 공유물의 인도청구 또는 철거청구

제3자가 공유물에 대한 인도청구 또는 철거청구를 할 경우에도 공유자 전원이 피고가 될 필요는 없고, 공유자 각자에 대하여 그 지분권의 한도 내에서 인도 또는 철거를 구할 수 있다. 단, 현실적으로 그 인도나 철거가 실행되기 위해서는 공유자 모두에 대한 승소관결을 얻어야만 한다(각 공유자의 지분은 특정된 어느 부분이 아니라 관념적 비율에 불과하기 때문이다).

> **판례** ① 공동상속인들의 건물철거의무는 그 성질상 **불가분채무**라고 할 것이고 각자 **그 지분의 한도내에서 건물 전체에 대한** 철거의무를 지는 것이다(대판 1980. 6. 24, 80다756).
> ② (ⅰ) 공유물의 반환 또는 철거에 관한 소송은 필요적 공동소송이 아니다(대판 1969. 7. 22, 69다609). (ⅱ) 건물의 공동상속인 전원을 피고로 하여서만 건물의 철거청구를 할 수 있는 것은 아니고 공동상속인 중의 한 사람만을 상대로 **그 상속분의 한도에서만** 건물의 철거를 청구할 수 있다(대판 1968. 7. 31, 68다1102).

(6) 공유물의 분할

> **제268조(공유물의 분할청구)**
> ① 공유자는 공유물의 분할을 청구할 수 있다. 그러나 5년내의 기간으로 분할하지 아니할 것을 약정할 수 있다.
> ② 전항의 계약을 갱신한 때에는 그 기간은 갱신한 날로부터 5년을 넘지 못한다.
> ③ 전2항의 규정은 제215조, 제239조의 공유물에는 적용하지 아니한다.
>
> **제269조(분할의 방법)**
> ① 분할의 방법에 관하여 협의가 성립되지 아니한 때에는 공유자는 법원에 그 분할을 청구할 수 있다.
> ② 현물로 분할할 수 없거나 분할로 인하여 현저히 그 가액이 감손될 염려가 있는 때에는 법원은 물건의 경매를 명할 수 있다.

공유자는 자유롭게 공유물의 분할을 청구할 수 있다. 하지만 분할금지특약을 맺을 수 있고, 이를 등기하면 제3자에게도 대항할 수 있다(제268조).

1) 협의분할원칙

공유물의 분할은 1차적으로 공유자의 협의에 의하여 한다. 그리고 공유물의 분할은 협의에 의한 재판상의 분할이거나를 막론하고 공유자 전원이 분할절차에 참여하여야 한다(대판 1968. 5. 21, 68다414, 415).

2) 재판에 의한 분할

(가) 분할의 방법에 관하여 **협의가 성립되지 아니한 때**에는 공유자는 법원에 그 분할을 청구할 수 있다.

(나) 공유자간 공유물에 관한 **협의분할이 있은 후**, 일부 공유자가 분할에 따른 이전등기에 협조하지 않는 경우, 재판상의 공유물 분할청구는 불가능하다(제269조 제1항 참조). 마찬가지로 상호명의신탁관계 내지 구분소유적 공유관계에서 건물의 특정부분을 구분소유하는 자는 그 부분에 대하여 신탁적으로 지분등기를 가지고 있는 자를 상대로 하여 그 특정 부분에 대한 **명의신탁 해지를 원인으로 한 지분이전등기절차의 이행**을 구할 수 있을 뿐 그 건물 전체에 대한 **공유물분할판결**을 구할 수는 없다(대판 2010. 5. 27, 2006다84171). ☞ 구분소유적 공유관계에서는 내부적으로는

이미 공유물분할협의가 있는 것이나 마찬가지이기 때문이다.

㈐ 이 소는 법원의 구체적 자유재량에 의한 분할이라는 법률관계의 형성을 내용으로 하는 것이므로 형성의 소이며, 필요적 공동소송이다.

> **판례** ① 공유물분할청구의 소는 분할을 청구하는 공유자가 원고가 되어 다른 공유자 전부를 공동피고로 하여야 하는 **고유필수적 공동소송**이다(대판 2014. 1. 29, 2013다78556). ☞ 따라서 공유자 전원이 소송당사자로 되어야 하고 일부가 제외된 경우 분할의 효력은 부정된다.
>
> ② 재판에 의하여 공유물을 분할하는 경우에 현물로 분할할 수 없거나 현물로 분할하게 되면 그 가액이 현저히 감손될 염려가 있는 때에는 물건의 경매를 명하여 대금분할을 할 수 있는 것이고, 여기에서 '현물로 분할할 수 없다'는 요건은 이를 물리적으로 엄격하게 해석할 것은 아니고, 공유물의 성질, 위치나 면적, 이용상황, 분할 후의 사용가치 등에 비추어 보아 현물분할을 하는 것이 곤란하거나 부적당한 경우를 포함한다 할 것이고, '현물로 분할을 하게 되면 현저히 그 가액이 감손될 염려가 있는 경우'라는 것은 공유자의 한 사람이라도 현물분할에 의하여 단독으로 소유하게 될 부분의 가액이 분할 전의 소유지분 가액보다 현저하게 감손될 염려가 있는 경우도 포함하는 것이다. 재판에 의하여 공유물을 분할하는 경우에 법원은 현물로 분할하는 것이 원칙이므로, 불가피하게 대금분할을 할 수밖에 없는 요건에 관한 객관적·구체적인 심리 없이 단순히 공유자들 사이에 분할의 방법에 관하여 의사가 합치하고 있지 않다는 등의 주관적·추상적인 사정에 터잡아 함부로 대금분할을 명하는 것은 허용될 수 없다(대판 2009. 9. 10, 2009다40219, 40226).
>
> ③ 공유물분할의 소는 **형성의 소**로서 공유자 상호 간의 지분의 교환 또는 매매를 통하여 공유의 객체를 단독 소유권의 대상으로 하여 그 객체에 대한 공유관계를 해소하는 것을 말하므로, 법원은 **공유물분할을 청구하는 자가 구하는 방법에 구애받지 아니하고 자유로운 재량에 따라** 공유관계나 그 객체인 물건의 제반 상황에 따라 공유자의 지분비율에 따른 합리적인 분할을 하면 된다. 따라서 여러 사람이 공유하는 물건을 분할하는 경우 **원칙적으로는 각 공유자가 취득하는 토지의 면적이 그 공유지분의 비율과 같도록 하여야** 할 것이나, 반드시 그런 방법으로만 분할하여야 하는 것은 아니고, 분할 대상이 된 공유물의 형상이나 위치, 그 이용 상황이나 경제적 가치가 균등하지 아니할 때에는 이와 같은 여러 사정을 고려하여 **경제적 가치가 지분비율에 상응되도록 분할하는 것도 허용**되며, 일정한 요건이 갖추어진 경우에는 **공유자 상호 간에 금전으로 경제적 가치의 과부족을 조정하여 분할을 하는 것도 현물분할의 한 방법으로 허용된다.** 나아가 공유관계의 발생원인과 공유지분의 비율 및 분할된 경우의 경제적 가치, 분할 방법에 관한 공유자의 희망 등의 여러 사정을 종합적으로 고려하여 당해 공유물을 특정한 자에게 취득시키는 것이 상당하다고 인정되고, 다른 공유자에게는 그 지분의 가격을 취득시키는 것이 공유자 간의 실질적인 공평을 해치지 않는다고 인정되는 특별한 사정이 있는 때에는 **공유물을 공유자 중의 1인의 단독소유 또는 수인의 공유로 하되 현물을 소유하게 되는 공유자로 하여금 다른 공유자에 대하여 그 지분의 적정하고도 합리적인 가격을 배상시키는 방법에 의한 분할도 현물분할의 하나로 허용된다.** 이때 그 가격배상의 기준이 되는 '지분가격'이란 공유물분할 시점의 객관적인 교환가치에 해당하는 시장가격 또는 매수가격을 의미하는 것으로, 그 적정한 산정을 위해서는 분할 시점에 가까운 사실심 변론종결일을 기준으로 변론과정에 나타난 관련 자료를 토대로 최대한 객관적·합리적으로 평가하여야 하므로, 객관적 시장가격 또는 매수가격에 해당하는 시가의 변동이라는 사정을 일절 고려하지 않은 채 그러한 사정이 제대로 반영되지 아니한 감정평가액에만 의존하여서는 아니 된다(대판 2022. 9. 7, 2022다244805).

㈐ ① 공유물분할청구의 소는 형성의 소로서 법원은 공유물분할을 청구하는 원고가 구하는 방법에 구애받지 않고 재량에 따라 합리적 방법으로 분할을 명할 수 있으므로, 여러 사람이 공유하는 물건을 현물분할하는 경우에는 **분할청구자의 지분 한도 안에서 현물분할을 하고 분할을 원하지 않는 나머지 공유자는 공유로 남게 하는 방법**도 허용되지만, 그렇다고 하더라도 **공유물분할을 청구한 공유자**의 지분한도 안에서는 공유물을 현물 또는 경매·분할함으로써 공유관계를 해소하고 단독소유권을 인정하여야지, 그 분할청구자 지분의 일부에 대하여만 공유물 분할을 명하고 일부 지분에 대하여는 이를 분할하지 아니하거나, 공유물의 지분비율만을 조정하는 등의 방법으로 공유관계를 유지하도록 하는 것은 허용될 수 없다(대판 2011. 3. 10, 2010다92506). ② 마찬가지로 **분할청구자들**이 그들 사이의 공유관계의 유지를 원하고 있지 아니한데도 분할청구자들과 상대방 사이의 공유관계만 해소한 채 분할청구자들을 여전히 공유로 남기는 방식으로 현물분할을 하는 것은 허용될 수 없다(대판 2015. 7. 23, 2014다88888). 또한 분할청구자가 상대방들을 공유로 남기는 방식의 현물분할을 청구하고 있다고 하여, **상대방들**이 그들 사이만의 공유관계의 유지를 원하고 있지 아니한데도 상대방들을 여전히 공유로 남기는 방식으로 현물분할을 하여서는 아니 된다(대판 2015. 3. 26, 2014다233428).

3) 공유물 분할효과의 불소급

공유물분할은 지분의 교환·매매의 실질을 가지므로 분할의 효과가 소급하지 않는다.

4) 분할로 인한 담보책임

> **제270조(분할로 인한 담보책임)**
> 공유자는 다른 공유자가 분할로 인하여 취득한 물건에 대하여 그 지분의 비율로 매도인과 동일한 담보책임이 있다.

5) 공유지분에 저당권이 설정된 후 공유물이 분할된 경우

판례 ① 甲, 乙의 공유인 부동산 중 甲의 지분위에 설정된 근저당권 등 담보물권은 특단의 합의가 없는 한 공유물분할이 된 뒤에도 **종전의 지분비율대로 공유물 전부의 위에 그대로 존속**하고 근저당권설정자인 **甲 앞으로 분할된 부분에 당연히 집중되는 것은 아니다**(대판 1989. 8. 8, 88다카24868).
② 1필지의 토지의 위치와 면적을 특정하여 2인 이상이 구분소유하기로 하는 약정을 하고 구분소유자의 공유로 등기하는 이른바 구분소유적 공유관계에 있어서, 1필지의 토지 중 특정 부분에 대한 **구분소유적 공유관계**를 표상하는 공유지분을 목적으로 하는 근저당권이 설정된 후 구분소유하고 있는 특정 부분별로 독립한 필지로 분할되고 나아가 구분소유자 상호 간에 지분이전등기를 하는 등으로 구분소유적 공유관계가 해소되더라도 그 근저당권은 종전의 구분소유적 공유지분의 비율대로 분할된 토지들 전부의 위에 그대로 존속하는 것이고, 근저당권설정자의 단독소유로 분할된 토지에 당연히 집중되는 것은 아니다(대판 2014. 6. 26, 2012다25944).

(7) 구분소유적 공유관계

1) 1필지의 토지 중 일부를 특정하여 매수하고 다만 그 소유권이전등기는 그 필지 전체에 관하여 공유지분권이전등기를 한 경우에는 그 특정부분 이외의 부분에 관한 등기는 상호 명의신탁을 하고 있는 것으로서, 그 지분권자는 **내부관계**에 있어서는 특정부분에 한하여 소유권을 취득하고 이를 배타적으로 사용, 수익할 수 있고, 다른 구분소유자의 방해행위에 대하여는 소유권에 터잡아 그 배제를 구할 수 있으나, **외부관계**에 있어서는 1필지 전체에 관하여 공유관계가 성립되고 공유자로서의 권리만을 주장할 수 있는 것이므로, 제3자의 방해행위가 있는 경우에는 자기의 구분소유 부분뿐 아니라 전체토지에 대하여 공유물의 보존행위로서 그 배제를 구할 수 있다(대판 1994. 2. 8, 93다42986).

> **판례** 여러 명이 각기 공유지분 비율에 따라 특정 부분을 독점적으로 소유하고 있는 토지 중 공유자 1인이 독점적으로 소유하고 있는 부분에 대하여 취득시효가 완성된 경우, 공유자 사이에 그와 같은 구분소유적 공유관계가 형성되어 있다 하더라도 이로써 제3자인 시효취득자에게 대항할 수는 없는 법리이므로, 그 토지 부분과 무관한 다른 공유자들도 그 토지 부분에 관한 각각의 공유지분에 대하여 취득시효완성을 원인으로 한 소유권이전등기절차를 이행할 의무가 있다(대판 1997. 6. 13, 97다1730).

2) 구분소유적 공유관계는 어떤 토지에 관하여 그 위치와 면적을 특정하여 여러 사람이 구분소유하기로 하는 약정이 있어야만 적법하게 성립할 수 있고, 공유자들 사이에 그 공유물을 분할하기로 약정하고 그 때부터 각자의 소유로 분할된 부분을 특정하여 각자 점유·사용하여 온 경우에도 구분소유적 공유관계가 성립할 수 있지만, **공유자들 사이에서 특정 부분을 각각의 공유자들에게 배타적으로 귀속시키려는 의사의 합치가 이루어지지 아니한 경우**에는 이러한 관계가 성립할 여지가 없다(대판 2005. 4. 29, 2004다71409).

3) 1동의 건물 중 위치 및 면적이 특정되고 구조상·이용상 독립성이 있는 일부분씩을 2인 이상이 구분소유하기로 하는 약정을 하고 등기만은 편의상 각 구분소유의 면적에 해당하는 비율로 공유지분등기를 하여 놓은 경우, 구분소유자들 사이에 공유지분등기의 상호명의신탁관계 내지 건물에 대한 구분소유적 공유관계가 성립하지만, **1동 건물 중 각 일부분의 위치 및 면적이 특정되지 않거나 구조상·이용상 독립성이 인정되지 아니한 경우**에는 공유자들 사이에 이를 구분소유하기로 하는 취지의 약정이 있다 하더라도 일반적인 공유관계가 성립할 뿐, 공유지분등기의 상호명의신탁관계 내지 건물에 대한 구분소유적 공유관계가 성립한다고 할 수 없다(대판 2014. 2. 27, 2011다42430).

4) 구분소유적 공유관계에서 각 공유자 상호 간에는 각자의 특정 구분부분을 자유롭게 처분함에 서로 동의하고 있다고 볼 수 있으므로, 공유자 각자는 자신의 **특정 구분부분을 단독으로 처분**하고 이에 해당하는 공유지분등기를 자유로이 이전할 수 있는데, 이는 공유지분등기가 내부적으로 공유자 각자의 특정 구분부분을 표상하기 때문이다(대판 2014. 12. 24, 2011도11084).

5) 1필지의 토지의 위치와 면적을 특정하여 2인 이상이 구분소유하기로 하는 약정을 하고 그 구분 소유자의 공유로 등기하는 이른바 구분소유적 공유관계에 있어서, <u>각 구분소유적 공유자가 자신 의 권리를 타인에게 처분하는 경우 중에는 구분소유의 목적인 특정 부분을 처분하면서 등기부상 의 공유지분을 그 특정 부분에 대한 표상으로서 이전하는 경우와 등기부의 기재대로 1필지 전체 에 대한 진정한 공유지분으로서 처분하는 경우가 있을 수 있고, 이 중 전자의 경우에는 그 제3자 에 대하여 구분소유적 공유관계가 승계되나, 후자의 경우에는 제3자가 그 부동산 전체에 대한 공 유지분을 취득하고 구분소유적 공유관계는 소멸한다</u>(대판 2008. 2. 15, 2006다68810, 68827).

6) 내부적으로는 토지의 특정 부분을 소유하나 등기부상으로는 공유지분을 가지는 이른바 구분소 유적 공유관계에서 구분공유자 중 1인이 소유하는 부분이 후에 독립한 필지로 분할되고 그 구분 공유자가 그 필지에 관하여 단독 명의로 소유권이전등기를 경료받았다면, 그 소유권이전등기는 실체관계에 부합하는 것으로서 유효하고, 그 구분공유자는 당해 토지에 대한 단독소유권을 적법 하게 취득하게 되어, 결국 당해 구분공유자에 관한 한 이제 구분소유적 공유관계는 해소된다(대판 2009. 12. 24, 2008다71858).

4. 합유

(1) 의의

> **제271조(물건의 합유)**
> ① 법률의 규정 또는 계약에 의하여 수인이 조합체로서 물건을 소유하는 때에는 합유로 한다. 합유
> 자의 권리는 합유물 전부에 미친다.
> ② 합유에 관하여는 전항의 규정 또는 계약에 의하는 외에 다음 3조의 규정에 의한다.

1) 합유는 수인이 조합체로서 물건을 소유하는 형태이다. 각 합유자는 **지분**을 가지기는 하지만, **지 분의 양도는 제한**되고, 또 조합관계가 종료할 때까지는 **분할을 청구하지도 못한다.** ☞ 공유지 분의 처분은 자유롭다는 점과 비교.

> **판례** 부동산의 공동매수인들이 전매차익을 얻으려는 '공동의 목적 달성'을 위해 상호 협력한 것에 불과하고 이를 넘어 '**공동사업을 경영할 목적**'이 있었다고 인정되지 않는 경우, 이들 사이의 법률관계는 공유관계에 불과할 뿐 민법상 조합이 아니다(대판 2007. 6. 14, 2005다5140).

2) **신탁법상** 수탁자가 수인 있는 경우에 신탁재산은 합유이다. 그러나 **명의신탁**에서 타인의 물건 을 공동으로 신탁받은 공동 수탁자들 사이의 공동 소유관계는 공유관계에 속한다는 것이 판례이 다(대판 1969. 7. 22, 69다743).

3) 부동산의 합유

합유재산이 부동산인 경우에는 합유자 전원의 명의로 등기를 하되, 각자의 지분과 합유의 취지를 등기하여야 한다(부동법 제44조 제1항, 제2항).

|판례| ① 동업을 목적으로 한 조합이 조합체로서 또는 조합재산으로서 부동산의 소유권을 취득하였다면 민법 제271조 제1항의 규정에 의하여 당연히 그 조합체의 합유물이 되고, 다만 그 조합체가 합유등기를 하지 아니하고 그 대신 **조합원들 명의로 각 지분에 관하여 공유등기를 하였다면**, 이는 그 조합체가 조합원들에게 각 지분에 관하여 명의신탁한 것으로 보아야 한다(대판 2002. 6. 14, 2000다30622).

② 매수인들이 상호 출자하여 공동사업을 경영할 것을 목적으로 하는 조합이 조합재산으로서 부동산의 소유권을 취득하였다면 민법 제271조 제1항의 규정에 의하여 당연히 그 조합체의 합유물이 되고, 다만 그 **조합체가 합유등기를 하지 아니하고 그 대신 조합원 1인의 명의로 소유권이전등기를 하였다면** 이는 조합체가 그 조합원에게 명의신탁한 것으로 보아야 한다(대판 2006. 4. 13, 2003다25256).

③ 조합원들이 공동사업을 위하여 매수한 부동산에 관하여 합유등기를 하지 않고 **조합원 중 1인 명의로 소유권이전등기**를 한 경우 조합체가 조합원에게 **명의신탁**한 것으로 보아야 한다. 조합체가 조합원에게 명의신탁한 부동산의 소유권은 **물권변동이 무효인 경우 매도인**에게, **유효인 경우 명의수탁자**에게 귀속된다. 이 경우 **조합재산은 소유권이전등기청구권 또는 부당이득반환채권**이고, **신탁부동산 자체는 조합재산이 될 수 없다**(대판 2019. 6. 13, 2017다246180). **|비교판례|** 합유재산을 **합유자 1인의 단독소유로 소유권보존등기**를 한 경우에는 소유권보존등기가 실질관계에 부합하지 않는 **원인무효의 등기**이므로, 다른 합유자는 등기명의인인 합유자를 상대로 소유권보존등기 말소청구의 소를 제기하는 등의 방법으로 원인무효의 등기를 말소시킨 다음 새로이 합유의 소유권보존등기를 신청할 수 있다(대판 2017. 8. 18, 2016다6309). ☞ 합유자 중 1인이 **무단으로** 합유 재산에 관하여 자신의 단독 소유로 소유권보존등기를 한 사안이었음. **|참고지문|** (2020년 변호사) 합유자 중 1인이 무단으로 합유 재산에 관하여 자신의 단독 소유로 소유권보존등기를 한 경우에는 그 소유권보존등기가 실질관계에 부합하지 않는 원인무효의 등기이므로, 다른 합유자는 등기명의인인 합유자를 상대로 소유권보존등기의 말소를 청구할 수 있다(○).

④ 동업을 목적으로 한 조합이 조합체로서 또는 조합재산으로서 부동산의 소유권을 취득하게 되었다면, 「민법」제271조 제1항의 규정에 의하여 당연히 그 조합체의 합유물이 된다 할 것인데, 공유자들 사이에 조합관계가 성립하여 각자가 부동산을 조합재산으로 출연하였음에도 그 조합체 재산에 관한 소유권등기를 함에 있어서 이를 합유로 하지 아니하고 공유로 한 경우에는 **제3자에 대한 관계**에서는 공유관계임을 전제로 한 법률관계만이 적용될 뿐이므로 조합원들이 공유자로서 소유권행사를 할 수 있을 것임은 별론으로 하고, **조합원들 상호간 및 조합원과 조합체 상호간의 내부관계**에서는 조합계약에 따른 효력으로 인하여 그 재산은 조합계약상의 공동사업을 위해 출자된 합유물인 특별재산으로 취급될 것이므로 조합원들로서는 그 지분의 회수방법으로서 조합을 탈퇴하여 조합지분 정산금을 청구하거나 일정한 경우 조합체의 해산청구를 할 수 있는 등의 특별한 사정이 없는 한 그 합유물에 대하여 곧바로 분할청구를 할 수는 없다(대판 2009. 12. 24, 2009다57064).

(2) 합유지분

합유지분은 공유지분과 같이 자유로이 처분할 수 있는 독립한 권리로서의 지분이 아니다. 즉 합유지분은 조합의 목적과 단체성에 의하여 제한을 받으며 조합원의 자격과 분리하여 지분권만을 처분할 수 없다.

> **판례** 합유지분 포기가 적법하다면 그 포기된 합유지분은 나머지 잔존 합유지분권자들에게 균분으로 귀속하게 되지만 그와 같은 물권변동은 합유지분권의 포기라고 하는 법률행위에 의한 것이므로 등기하여야 효력이 있고 지분을 포기한 합유지분권자로부터 잔존 합유지분권자들에게 합유지분권 이전등기가 이루어지지 아니하는 한 지분을 포기한 지분권자는 제3자에 대하여 여전히 합유지분권자로서의 지위를 가지고 있다고 보아야 한다(대판 1997. 9. 9, 96다16896).

(3) 합유물

1) 합유물의 처분 또는 변경행위에는 합유자 전원의 동의가 필요하다. 그러나 보존행위는 각자가 할 수 있다.

> **판례** 민법상 조합인 공동수급체가 경쟁입찰에 참가하였으나 다른 경쟁업체가 낙찰자로 선정되자 그 공동수급체의 구성원 중 1인이 낙찰자 선정 무효확인의 소를 제기하는 것이 합유재산의 보존행위에 해당한다(대판 2013. 11. 28, 2011다80449).

2) 관리행위

합유물의 관리는 조합업무에 속하므로 업무집행자가 관리하거나 또는 조합원의 과반수의 결정에 따라 행한다(제706조).

3) 합유물의 분할

동업의 목적 때문에 합유자는 합유물의 분할을 청구하지 못한다.

(4) 합유재산과 상속

부동산의 합유자 중 일부가 사망한 경우 합유자 사이에 특별한 약정이 없는 한 사망한 합유자의 상속인은 합유자로서의 지위를 승계하지 못하므로, 해당 부동산은 잔존 합유자가 2인 이상일 경우에는 잔존 합유자의 합유로 귀속되고 잔존 합유자가 1인인 경우에는 잔존 합유자의 단독소유로 귀속된다 (대판 1996. 12. 10, 96다23238).

> **비교조문** **(제267조) 공유지분은 상속이 인정된다.** 다만 공유자가 **상속인 없이 사망한 경우** 그 지분이 다른 공유자에게 각 지분의 비율로 귀속할 뿐이다. ☞ 공유자가 상속인 없이 사망한 경우 국유에 속하는 것이 아니다.

(5) 조합원의 탈퇴

예컨대, A와 B가 불화를 일으켜서 도저히 동업을 계속할 수 없는 경우에, B는 그 조합을 탈퇴하는 것이 가장 좋은 방법이다.

> **판례** 2인으로 된 동업관계, 즉 조합관계에 있어 그 가운데 한 사람이 탈퇴하면 **조합관계는 종료되나** 특별한 사정이 없는 한 조합은 **해산되지 아니하고 따라서 청산이 뒤따르지 아니하며,** 다만 조합원의 합유에 속한 조합 재산은 **남은 조합원의 단독소유에** 속하여 탈퇴자와 남은 자 사이에는 **탈퇴로 인한 계산을** 하는데 불과하고, 탈퇴한 조합원과 다른 조합원 간의 계산은 민법 제719조 제1항에 의하여 탈퇴 당시의 조합 재산상태에 의하여 하는 것이므로 그 지분계산에 있어서 자산평가의 기준 시기는 탈퇴 당시라고 보아야 한다(대판 1996. 9. 6, 96다19208).

(6) 합유의 종료

제274조(합유의 종료)
① 합유는 조합체의 해산 또는 합유물의 양도로 인하여 종료한다.
② 전항의 경우에 합유물의 분할에 관하여는 공유물의 분할에 관한 규정을 준용한다.

5. 총 유

(1) 의 의

제275조(물건의 총유)
① 법인이 아닌 사단의 사원이 집합체로서 물건을 소유할 때에는 총유로 한다.
② 총유에 관하여는 사단의 정관 기타 계약에 의하는 외에 다음 2조의 규정에 의한다.

총유의 주체는 법인이 아닌 사단이고, 총유재산으로 되는 것은 '종중재산'·'교회재산'·'사찰재산'·'동·리의 재산' 등이 있다.

> **판례** 〈총유의 예〉① 5형제가 종산을 구입하여 부모 묘소를 쓰기로 합의하고 그중 자력이 있는 4형제가 돈을 모아 임야를 매수하여 맏형 명의로 소유권이전등기를 경료하고 부모 등의 묘소를 설치한 경우 위 임야는 부를 중시조로 하는 종중의 종산으로 보존하기 위하여 매수한 것으로서 5형제의 총유이다(대판 1992. 10. 27, 91다11209). ② 어떠한 임야가 일정(日政) 아래의 임야조사령에 의하여 동이나 리의 명의로 사정되었다면, 그 동·리는 다른 특별한 사정이 없는 한 단순한 행정구역을 가리키는 것이 아니라 그 행정구역 안에 거주하는 주민들로 구성된 법인 아닌 사단으로서 주민공동체를 가리킨다고 보아야 한다. 이러한 주민공동체는 그 주민 전부가 구성원이 되어서 다른 지역으로부터 입주하는 사람은 입주와 동시에 당연히 그 구성원이 되고 다른 지역으로 이주하는 사람은 이주와 동시에 당연히 회원의 자격을 상실하는 불특정 다수인으로 조직된 영속적 단체로서, 행정구역의 변동으로 그 주민공동체가 자연 소멸되지 아니한다(대판 2012. 10. 25, 2010다75723).

(2) 총유물

> **제276조(총유물의 관리, 처분과 사용, 수익)**
> ① 총유물의 관리 및 처분은 사원총회의 결의에 의한다.
> ② 각 사원은 정관 기타의 규약에 좇아 총유물을 사용, 수익할 수 있다.
>
> **제277조(총유물에 관한 권리의무의 득상)**
> 총유물에 관한 사원의 권리의무는 사원의 지위를 취득상실함으로써 취득상실된다.

1) 보존행위

합유자나 공유자는 각자가 보존행위를 할 수 있다. 그러나 총유의 경우에는 보존행위도 단독으로 할 수 없다.

> **판례** ① **총유물의 보존**에 있어서는 공유물의 보존에 관한 민법 제265조의 규정이 적용될 수 없고, 특별한 사정이 없는 한 민법 제276조 제1항의 규정에 따라 **사원총회의 결의를 거쳐야** 하므로, 법인 아닌 사단인 교회가 그 총유재산에 대한 보존행위로서 소송을 하는 경우에도 특별한 사정이 없는 한 교인 총회의 결의를 거쳐야 한다(대판 2007. 12. 27, 2007다17062).
> ② 민법 제276조 제1항은 "총유물의 관리 및 처분은 사원총회의 결의에 의한다". 같은 조 제2항은 "각 사원은 정관 기타의 규약에 좇아 총유물을 사용·수익할 수 있다"라고 규정하고 있을 뿐 공유나 합유의 경우처럼 보존행위는 그 구성원 각자가 할 수 있다는 민법 제265조 단서 또는 제272조 단서와 같은 규정을 두고 있지 아니한 바, 이는 법인 아닌 사단의 소유형태인 총유가 공유나 합유에 비하여 단체성이 강하고 구성원 개인들의 총유재산에 대한 지분권이 인정되지 아니하는 데에서 나온 당연한 귀결이라고 할 것이므로 총유재산에 관한 소송은 **법인 아닌 사단이 그 명의로 사원총회의 결의를 거쳐 하거나 또는 그 구성원 전원이 당사자가 되어 필수적 공동소송의 형태로** 할 수 있을 뿐 그 사단의 **구성원**은 설령 그가 사단의 대표자라거나 사원총회의 결의를

거쳤다 하더라도 그 소송의 당사자가 될 수 없고, 이러한 법리는 총유재산의 **보존행위**로서 소를 제기하는 경우에도 마찬가지라 할 것이다. 따라서 이와 달리 법인 아닌 사단의 대표자 개인 또는 구성원 일부가 총유재산의 보존을 위한 소를 제기할 수 있다고 판시한 종전 판결 등은 변경하기로 한다[대판(전합) 2005. 9. 15, 2004다44971; 대판 2014. 2. 13, 2012다112299].

③ 한편 비법인사단이 당사자인 사건에서 대표자에게 적법한 대표권이 있는지 여부는 소송요건에 관한 것으로서 법원의 직권조사사항이므로, 법원에 판단의 기초자료인 사실과 증거를 직권으로 탐지할 의무까지는 없다 하더라도 이미 제출된 자료에 의하여 대표권의 적법성에 의심이 갈만한 사정이 엿보인다면 그에 관하여 심리·조사할 의무가 있으며, 비법인사단이 이러한 **사원총회 결의 없이 그 명의로 제기한 소송**은 소송요건이 흠결된 것으로서 부적법하다(대판 2011. 7. 28, 2010다97044).

2) 관리·처분행위

주택건설촉진법에 의하여 설립된 재건축조합은 민법상의 비법인사단에 해당하고, 재건축조합의 실체가 비법인사단이라면 재건축조합이 주체가 되어 신축 완공한 상가건물은 조합원 전원의 총유에 속하며, 총유물의 관리 및 처분에 관하여 재건축조합의 정관이나 규약에 정한 바가 있으면 이에 따라야 하고, 그에 관한 정관이나 규약이 없으면 **조합원 총회의 결의**에 의하여야 한다. 따라서 재건축조합의 대표자가 조합원총회의 결의 없이 한 조합재산의 처분행위는 무효이다(대판 2001. 5. 29, 2000다10246).

3) 단순한 채무부담행위

총유물의 관리 및 처분이라 함은 총유물 그 자체에 관한 이용·개량행위나 법률적·사실적 처분행위를 의미하는 것이므로, **비법인사단이 타인 간의 금전채무를 보증하는 행위**는 총유물 그 자체의 관리·처분이 따르지 아니하는 단순한 채무부담행위에 불과하여 이를 총유물의 관리·처분행위라고 볼 수는 없다[대판(전합) 2007. 4. 19, 2004다60072].

> **판례** ① 종중이 그 소유의 이 사건 토지의 매매를 중개한 중개업자에게 **중개수수료를 지급하기로 하는 약정을 체결**하는 것은 총유물 그 자체의 관리·처분이 따르지 아니하는 단순한 채무부담행위에 불과하여 이를 총유물의 관리·처분행위라고 할 수 없다(대판 2012. 4. 12, 2011다107900).
> ② 총유물의 관리 및 처분행위라 함은 총유물 그 자체에 관한 법률적·사실적 처분행위와 이용, 개량행위를 말하는 것으로서 재건축조합이 재건축사업의 시행을 위하여 **설계용역계약을 체결**하는 것은 단순한 채무부담행위에 불과하여 총유물 그 자체에 대한 관리 및 처분행위라고 볼 수 없다(대판 2003. 7. 22, 2002다64780).

(3) 교회구성원간의 다툼이 있을 시 교회재산의 귀속문제

1) 변경 전 판례의 태도

[1] 동일교단에 소속되어 있던 교회의 일부교인들이 종전의 소속교단에 계속 남아 있기로 하는 데 반하여 나머지 교인들이 교회의 소속교단을 변경하기로 결의하여 새로운 교단에 가입한 경우 종전교

회는 새로운 교단에 소속된 교회와 잔류교인들로 이루어진 종전교단에 소속된 교회의 2개로 분열되었다 할 것이다. [2] 하나의 교회가 2개의 교회로 분열된 경우 교회의 장정 기타 일반적으로 승인된 규정에서 교회가 분열될 경우를 대비하여 미리 재산의 귀속에 관하여 정하여진 바가 없으면 교회의 법률적 성질이 권리능력 없는 사단인 까닭으로 종전교회의 재산은 분열 당시 교인들의 총유에 속하고, 교인들은 각 교회활동의 목적범위 내에서 총유권의 대상인 교회재산을 사용 수익할 수 있다 할 것이므로 교회재산 총유권자의 일부인 잔류교인들로써 이루어진 교회가 다른 총유권자들로써 이루어진 교회에 대하여 교회 건물의 명도를 구할 수 없고, 교회 건물의 등기명의가 한쪽 교회의 명의로 되어 있다고 하더라도 이는 위와 같은 총유재산임을 공시하는 한에서 유효하다[대판(전합) 1993. 1. 19, 91다1226]. ☞ 이러한 판례의 태도는 교회가 분열되면 종전 교회재산이 분열 당시 교인들의 총유라는 애매한 결과에 도달하기 때문에 분쟁이 종국적으로 해결되지 않는다는 문제가 있었다.

2) 변경 후 판례의 태도

[1] 우리 민법이 사단법인에 있어서 구성원의 탈퇴나 해산은 인정하지만 사단법인의 구성원들이 2개의 법인으로 나뉘어 각각 독립한 법인으로 존속하면서 종전 사단법인에게 귀속되었던 재산을 소유하는 방식의 **사단법인의 분열**은 인정하지 아니한다. 그 법리는 법인 아닌 사단에 대하여도 동일하게 적용되며, 법인 아닌 사단의 구성원들의 집단적 탈퇴로써 사단이 2개로 분열되고 분열되기 전 사단의 재산이 분열된 각 사단들의 구성원들에게 각각 총유적으로 귀속되는 결과를 초래하는 형태의 **법인 아닌 사단의 분열**은 허용되지 않는다. 교회가 법인 아닌 사단으로서 존재하는 이상, 그 법률관계를 둘러싼 분쟁을 소송적인 방법으로 해결함에 있어서는 법인 아닌 사단에 관한 민법의 일반 이론에 따라 교회의 실체를 파악하고 교회의 재산 귀속에 대하여 판단하여야 하고, 이에 따라 법인 아닌 사단의 재산관계와 그 재산에 대한 구성원의 권리 및 구성원 탈퇴, 특히 집단적인 탈퇴의 효과 등에 관한 법리는 교회에 대하여도 동일하게 적용되어야 한다. 따라서 교인들은 교회 재산을 총유의 형태로 소유하면서 사용·수익할 것인데, 일부 교인들이 교회를 탈퇴하여 그 교회 교인으로서의 지위를 상실하게 되면 탈퇴가 개별적인 것이든 집단적인 것이든 이와 더불어 종전 교회의 총유 재산의 관리처분에 관한 의결에 참가할 수 있는 지위나 그 재산에 대한 사용·수익권을 상실하고, 종전 교회는 잔존 교인들을 구성원으로 하여 실체의 동일성을 유지하면서 존속하며 종전 교회의 재산은 그 교회에 소속된 **잔존 교인들의 총유**로 귀속됨이 원칙이다. 그리고 교단에 소속되어 있던 지교회의 교인들의 일부가 소속 교단을 탈퇴하기로 결의한 다음 종전 교회를 나가 별도의 교회를 설립하여 별도의 대표자를 선정하고 나아가 다른 교단에 가입한 경우, 그 교회는 종전 교회에서 집단적으로 이탈한 교인들에 의하여 새로이 법인 아닌 사단의 요건을 갖추어 설립된 신설 교회라 할 것이어서, 그 교회 소속 교인들은 더 이상 종전 교회의 재산에 대한 권리를 보유할 수 없게 된다. [2] 특정 교단에 가입한 지교회가 교단이 정한 헌법을 지교회 자신의 자치규범으로 받아들였다고 인정되는 경우에는 소속 교단의 변경은 실질적으로 지교회 자신의 규약에 해당하는 자치규범을 변경하는 결과를 초래하고, 만약 지교회 자신의 규약을 갖춘 경우에는 교단변경으로 인하여 지교회의 명칭이나 목적 등 지교회의 규약에 포함된 사

항의 변경까지 수반하기 때문에, 소속 교단에서의 탈퇴 내지 소속 교단의 변경은 사단법인 **정관변경에 준하여 의결권을 가진 교인 2/3 이상의 찬성**에 의한 결의를 필요로 하고, 그 결의요건을 갖추어 소속 교단을 탈퇴하거나 다른 교단으로 변경한 경우에 종전 교회의 실체는 이와 같이 교단을 **탈퇴한 교회로서 존속하고 종전 교회 재산은 위 탈퇴한 교회 소속 교인들의 총유**로 귀속된다[대판(전합) 2006. 4. 20, 2004다37775].

3) 앞서 본 바와 같은 형태의 법인 아닌 사단의 분열은 허용되지 아니하지만, 법인 아닌 사단의 구성원 중 일부가 탈퇴하여 새로운 법인 아닌 사단을 설립하는 경우에 **종전의 법인 아닌 사단에 남아 있는 구성원들이 자신들이 총유의 형태로 소유하고 있는 재산을 새로이 설립된 법인 아닌 사단의 구성원들에게 양도**하거나, 법인 아닌 사단이 해산한 후 그 구성원들이 나뉘어 여러 개의 법인 아닌 사단들을 설립하는 경우에 **해산되기 전의 법인 아닌 사단의 구성원들이 자신들이 총유의 형태로 소유하고 있던 재산을 새로이 설립된 법인 아닌 사단들의 구성원들에게 양도**하는 것은 허용된다 할 것이다(대판 2008. 1. 31, 2005다60871).

4) 교회가 법인 아닌 사단으로서 존재하는 이상 그 법률관계를 둘러싼 분쟁을 소송을 통해 해결함에 있어서는 법인 아닌 사단에 관한 민법의 일반 이론에 따라 교회의 실체를 파악하고 교회의 재산 귀속에 대하여 판단하여야 한다. 한편 〈특정 교단에 가입한 지교회가 교단이 정한 헌법을 지교회 자신의 자치규범으로 받아들였다고 인정되는 경우〉에는 소속 교단의 변경은 실질적으로 지교회 자신의 규약에 해당하는 **자치규범을 변경하는 결과를 초래**하고, 만약 〈지교회 자신의 규약을 갖춘 경우〉에는 교단변경으로 인하여 지교회의 명칭이나 목적 등 지교회의 규약에 포함된 사항의 변경까지 수반하기 때문에, 소속 교단에서의 탈퇴 내지 소속 교단의 변경은 사단법인 정관변경에 준하여 의결권을 가진 교인 2/3 이상의 찬성에 의한 결의를 필요로 하며, 다만 **정수에 관하여 지교회의 규약에 다른 규정을 두고 있는 때에는 특별한 사정이 없는 한 그 규정에 의한 결의가 필요하다**(민법 제42조 제1항 단서)(대판 2023. 11. 2, 2023다259316).

> **예상지문** 교회의 소속 교단에서의 탈퇴 내지 소속 교단의 변경을 위한 정족수인 '의결권을 가진 교인 2/3 이상의 찬성에 의한 결의'는 엄격하게 새겨 교회의 정관으로 이를 완화할 수 없는 강행법규의 성질을 갖는다(×).

6. 준공동소유

> **제278조(준공동소유)**
> 본절의 규정은 소유권 이외의 재산권에 준용한다. 그러나 다른 법률에 특별한 규정이 있으면 그에 의한다.

준공동소유란 소유권이외의 권리가 여러 사람에게 귀속되는 것으로 준공유·준합유·준총유가 있다.

IX. 명의신탁

판례는 명의신탁의 기초를 기본적으로 신탁행위에 두고 있다. 즉 명의신탁도 담보목적의 양도담보, 추심목적의 채권양도와 함께 신탁행위의 한 유형으로 파악하고 법리를 전개해 왔다. 이제 부동산실명법이 제정되어 종래의 부동산 명의신탁이론은 상당한 수정을 받게 되었다.

1. 명의신탁의 개념

(1) 의 의

명의신탁을 법률행위 중 신탁행위의 한 유형으로 설명하는 판례는 명의신탁에 관하여 "신탁자가 소유권을 보류하여 이를 관리·수익하면서, 공부상의 소유명의만을 수탁자로 하여 두는 것"을 말한다고 하였다. 즉 진정한 소유자가 아닌 자를 대외적으로 마치 소유자인 것처럼 공부상 표시해 놓는 것을 말한다. 따라서 명의신탁의 대상은 공부에 의하여 소유관계가 공시되는 재화에 한하고, 동산에 관하여는 공부상 그 소유관계가 공시될 수 없기 때문에 명의신탁이 인정될 수 없는 것이나(대판 1994. 10. 11, 94다16175), 예외적으로 선박이나 자동차, 중기 등 등기·등록에 의하여 공시되는 동산은 명의신탁이 인정될 수 있을 것이다.

> **판례** 1필지의 토지 중 일부를 매도하면서 토지가 등기부상 분할되어 있지 아니하였던 관계로 전부에 관하여 매도인으로부터 매수인에게 소유권이전등기를 경료한 경우, 매도인이 매수인에게 매도하지 아니하였던 토지 부분에 관하여는 특별한 사정이 없는 한 두 사람 사이에 명의신탁관계가 성립되었다고 할 것이다(대판 2010. 2. 11, 2009다40264; 대판 2008. 2. 14, 2007다63690).

(2) 반사회적 질서인지 여부

명의신탁약정 그 자체는 반사회질서의 법률행위가 아니다(대판 2008. 2. 14, 2007다69148). 따라서 불법원인급여규정(제746조)이 적용되지 않는다.

> **판례** ① 부동산실권리자명의등기에관한법률이 규정하는 명의신탁약정은 부동산에 관한 물권의 실권리자가 타인과의 사이에서 대내적으로는 실권리자가 부동산에 관한 물권을 보유하거나 보유하기로 하고 그에 관한 등기는 그 타인의 명의로 하기로 하는 약정을 말하는 것일 뿐이므로, 그 자체로 선량한 풍속 기타 사회질서에 위반하는 경우에 해당한다고 단정할 수 없다(대판 2003. 11. 27, 2003다41722).
> ② 부동산실권리자명의등기에관한법률(이하 '부동산실명법'이라 한다) 규정의 문언, 내용, 체계와 입법 목적 등을 종합하면, 부동산실명법을 위반하여 무효인 명의신탁약정에 따라 명의수탁자 명의로 등기를 하였다는 이

유만으로 그것이 당연히 불법원인급여에 해당한다고 단정할 수는 없다. 이는 농지법에 따른 제한을 회피하고자 명의신탁을 한 경우에도 마찬가지이다[대판(전합) 2019. 6. 20, 2013다218156].

2. 부동산실명법상 유효한 명의신탁 등

(1) 명의신탁약정에 포함되지 않는 경우

'명의신탁약정'이라 함은 부동산에 관한 소유권 기타 물권을 보유한 자 또는 사실상 취득하거나 취득하려고 하는 자가 타인과의 사이에서 대내적으로는 실권리자가 부동산에 관한 물권을 보유하거나 보유하기로 하고 그에 관한 등기(가등기를 포함한다– 즉 명의자 앞으로 일단 가등기를 하고 그 후 그에 기한 소유권이전등기를 하는 것도 금지된다)는 그 타인의 명의로 하기로 하는 약정을 말한다(제2조). 다만, 다음의 경우는 동법의 명의신탁약정으로 보지 않고 유효성을 긍정한다. ① 채무의 변제를 담보하기 위하여 채권자가 부동산에 관한 물권을 이전받거나(양도담보) 가등기(가등기담보)하는 경우, ② 부동산의 위치와 면적을 특정하여 2인 이상이 구분소유하기로 하는 약정을 하고 그 구분소유자의 공유로 등기하는 경우(상호명의신탁), ③ 신탁법 또는 신탁업법에 의한 신탁재산인 사실을 등기한 경우 등이 있다.

> **판례** 〈신탁법상의 법률관계〉신탁법상 신탁계약이 이루어져 수탁자 앞으로 부동산의 소유권이전등기가 마쳐지면 대내외적으로 소유권이 수탁자에게 완전히 이전되어 수탁자는 신탁의 목적에 따라 신탁재산인 부동산을 관리·처분할 수 있는 권능을 갖게 되고 수탁자는 신탁의 목적 범위 내에서 신탁재산을 관리·처분하여야 하는 신탁계약상의 의무만을 부담하며 위탁자와의 내부관계에 있어서 부동산의 소유권이 위탁자에게 유보되어 있는 것이 아니다(대판 2014. 11. 27, 2012두26852).

(2) 특례규정

동법 제8조에서는 종중 및 배우자 등에 대한 특례규정을 두어 조세포탈, 강제집행의 면탈 또는 법령상 제한의 회피를 목적으로 하지 아니하는 경우에는 제4조(명의신탁약정무효 등)의 규정을 적용하지 아니한다. ① 종중이 보유한 부동산에 관한 물권을 종중(종중과 그 대표자를 같이 표시하여 등기한 경우를 포함한다)외의 자의 명의로 등기한 경우, ② 배우자 명의(법률상 배우자)로 부동산에 관한 물권을 등기한 경우, ③ 종교단체의 명의로 그 산하조직이 보유한 부동산에 관한 물권을 등기한 경우가 그것이다.

> **판례** ① 「부동산실권리자명의등기에관한법률」의 위반으로 무효인 명의신탁등기는 조세포탈, 강제집행의 면탈 또는 법령상의 제한의 회피를 목적으로 하지 않은 경우, 그 후 명의신탁자가 수탁자와 혼인하면 그때부터 유효가 된다(대판 2002. 10. 25, 2002다23840). ② 부동산실명법 제8조의 내용과 문장 구조에 비추어 보면, 부동산에 관하여 부부간의 명의신탁 약정에 따른 등기가 있는 경우 그것이 조세 포탈 등을 목적으로 한 것이라는 점은 예외에 속한다. 따라서 이러한 목적이 있다는 이유로 등기가 무효라는 점은 이를 주장하는 자가 증명하여야 한다(대판 2017. 12. 5, 2015다240645).

(3) 유효한 명의신탁(예컨대 명의신탁된 종중재산)의 법률관계

1) 신탁적 소유권 이전의 법리

관례는 부동산실명법 이전에는 명의신탁의 법률관계를 대내관계와 대외관계로 구별하여, 대내관계는 신탁자를 소유자로 대외관계는 수탁자를 완전한 소유자로 인정하여 법리를 전개해 왔다. 이러한 관례의 법리는 부동산실명법 이후에도 동법에 의하여 무효로 되지 않는 "유효한" 명의신탁의 경우에 그대로 적용된다.

> **판례** 명의신탁의 경우 **대외적 관계**에 있어서는 수탁자에게 소유명의가 있고 그에게 소유권이 귀속되는 것이나 신탁자와 수탁자와의 **대내적 관계**에 있어서는 신탁자가 소유권을 보유하고 이를 관리하며 사용 수익하는 것이다(대판 1989. 10. 24, 88다카15505).

2) 대내적 관계

> **판례** 명의수탁자는 신탁자와의 대내적 관계에 있어서 그 토지가 자기소유에 속하는 것이었다고 주장할 수 없다(대판 1986. 5. 27, 86다카62).

3) 대외적 관계

> **판례** ① 재산을 타인에게 신탁한 경우 대외적인 관계에 있어서는 수탁자만이 소유권자로서 그 재산에 대한 제3자의 침해에 대하여 배제를 구할 수 있으며, 신탁자는 수탁자를 대위하여 수탁자의 권리를 행사할 수 있을 뿐 직접 제3자에게 신탁재산에 대한 침해의 배제를 구할 수 없다[대판(전합) 1979. 9. 25, 77다1079].
> ② 일반적으로 명의수탁자는 신탁재산을 유효하게 제3자에게 처분할 수 있고 제3자가 명의신탁사실을 알았다 하여도 그의 소유권취득에 영향이 없는 것이기는 하지만, 특별한 사정이 있는 경우, 즉 명의수탁자로부터 신탁재산을 매수한 제3자가 명의수탁자의 명의신탁자에 대한 **배신행위에 적극 가담한 경우**에는 명의수탁자와 제3자 사이의 계약은 반사회적인 법률행위로서 무효라고 할 것이고, 따라서 명의수탁받은 부동산에 관한 명의수탁자와 제3자 사이의 매매계약은 무효로 보아야 할 것이다(대판 1992. 6. 9, 91다29842). ☞ 이중매매법리의 확장적용

4) 명의신탁의 해지

> **판례** ① 명의신탁자는 명의수탁자에 대하여 신탁해지를 하고 **신탁관계의 종료 그것만을 이유로 하여** 소유명의의 이전등기절차의 이행을 청구할 수 있음은 물론, 신탁해지를 원인으로 하고 **소유권에 기해서도** 그와 같은 청구를 할 수 있고, 이 경우 양 청구는 청구원인을 달리하는 별개의 소송이라 할 것이다(대판 2002. 5. 10, 2000다55171).
> ② 부동산의 소유자 명의를 신탁한 자는 특별한 사정이 없는 한 언제든지 명의신탁을 해지하고 소유권에 기하여 신탁해지를 원인으로 한 소유권이전등기절차의 이행을 청구할 수 있는 것으로서, 이와 같은 등기청구권은 소멸시효의 대상이 되지 않는다(대판 1991. 11. 26, 91다34387).
> ③ 명의신탁이 해지된 경우 신탁자는 수탁자에 대하여 소유권에 기하여 등기관계를 실체적 권리관계에 부합하도록 하기 위하여 수탁자 명의의 등기말소를 청구할 수 있는 것이며, 반드시 소유권이전등기만을 청구할 수 있는 것은 아니다(대판 1998. 4. 24, 97다44416).

3. 부동산실명법 제4조의 구체적 내용

> **제4조(명의신탁약정의 효력)**
> ① 명의신탁약정은 무효로 한다.
> ② 명의신탁약정에 따른 등기로 이루어진 부동산에 관한 물권변동은 무효로 한다. 다만, 부동산에 관한 물권을 취득하기 위한 계약에서 명의수탁자가 어느 한쪽 당사자가 되고 상대방 당사자는 명의신탁약정이 있다는 사실을 알지 못한 경우에는 그러하지 아니하다.
> ③ 제1항 및 제2항의 무효는 제3자에게 대항하지 못한다.

(1) 부동산실명법 제4조의 의미

1) 명의신탁약정의 효력

부동산실권리자명의등기에 관한 법률상 원칙적으로 명의신탁약정은 무효로 한다.

2) 물권변동의 효력

명의신탁약정에 따라 행하여진 등기에 의한 부동산에 관한 물권변동은 무효로 한다. 즉 등기 또한 무효이다. 다만, 매도인 선의인 계약명의신탁, 즉 부동산에 관한 물권을 취득하기 위한 계약에서 명의수탁자가 그 일방당사자가 되고 명의수탁자와 거래하는 상대방(주로 매도인)이 명의신탁약정이 있다는 사실을 알지 못한 경우(=선의)에는 그 등기가 유효하다.

3) 제3자 보호

명의신탁약정과 그 등기가 무효라 하더라도 제3자는 선악불문하고 보호된다.

> **판례** ①「부동산실권리자명의등기에관한법률」제4조 제3항에 의하면 명의신탁약정 및 이에 따른 등기로 이루어진 부동산에 관한 물권변동의 무효는 제3자에게 대항하지 못하는데, 여기서 '제3자'는 명의신탁약정의 당사자 및 포괄승계인 이외의 자로서 명의수탁자가 물권자임을 기초로 그와 사이에 직접 새로운 이해관계를 맺은 사람으로서 소유권이나 저당권 등 물권을 취득한 자뿐만 아니라 압류 또는 가압류채권자도 포함하고 그의 선의·악의를 묻지 않는다(대판 2013. 3. 14, 2012다107068).
> ② 양자간 등기명의신탁에서 명의수탁자가 신탁부동산을 처분하여 제3취득자가 유효하게 소유권을 취득하고 이로써 명의신탁자가 신탁부동산에 대한 소유권을 상실하였다면, 명의신탁자의 소유권에 기한 물권적 청구권, 즉 말소등기청구권이나 진정명의회복을 원인으로 한 이전등기청구권도 더 이상 그 존재 자체가 인정되지 않는다. 그 후 명의수탁자가 우연히 신탁부동산의 소유권을 다시 취득하였다고 하더라도 명의신탁자가 신탁부동산의 소유권을 상실한 사실에는 변함이 없으므로, 여전히 물권적 청구권은 그 존재 자체가 인정되지 않는다(대판 2013. 2. 28, 2010다89814).
> ③ [1] 부동산실권리자명의등기에관한법률 제4조 제3항에 따르면 **명의수탁자가 신탁부동산을 임의로 처분하거나 강제수용이나 공공용지 협의취득 등을 원인으로 제3취득자 명의로 이전등기가 마쳐진 경우**, 특별한 사정이 없는 한 **제3취득자는 유효하게 소유권을 취득**한다. 그리고 이 경우 **명의신탁관계는 당사자의**

의사표시 등을 기다릴 필요 없이 당연히 종료되었다고 볼 것이지, 주택재개발정비사업으로 인해 분양받게 될 대지 또는 건축시설물에 대해서도 명의신탁관계가 그대로 존속한다고 볼 수 없다. [2] 명의신탁관계는 반드시 신탁자와 수탁자 사이의 **명시적 계약**에 의하여만 성립하는 것이 아니라 **묵시적 합의**에 의하여도 성립할 수 있으나, 명시적인 계약이나 묵시적 합의가 인정되지 않는데도 명의신탁약정이 있었던 것으로 단정하거나 간주할 수는 없다(대판 2021. 7. 8, 2021다209225, 209232).

4) 유예기간 경과 후의 법률관계

부동산실권리자명의등기에관한법률 시행(1995년 7월 1일) 전에 위와 같은 명의신탁 약정과 그에 기한 물권변동이 이루어진 다음 부동산실권리자명의등기에관한법률 제11조에서 정한 유예기간(시행일부터 1년) 내에 실명등기등을 하지 않고 그 기간을 경과한 때에도 같은 법 제12조 제1항에 의하여 제4조의 적용을 받게 되어 위 법리가 그대로 적용된다(대판 2002. 12. 26, 2000다21123).

(2) 부동산실명법상의 제3자간 등기명의신탁(이른바 중간생략형 명의신탁)

1) 매도인 소유

(가) 이른바 3자간 등기명의신탁의 경우 '부동산 실권리자명의 등기에 관한 법률'에 의하여 그 명의신탁 약정과 그에 의한 등기는 무효가 되고 그 소유권은 제3자가 나타나지 않는 한 매도인의 소유가 된다.

(나) 부동산실권리자명의등기에관한법률 시행 전에 명의신탁 약정과 그에 기한 물권변동이 이루어진 다음 유예기간(시행일부터 1년) 내에 실명등기 등을 하지 않고 그 기간을 경과하여 기존의 명의신탁약정과 그에 의한 등기가 무효로 된 경우에는 명의신탁 부동산은 매도인 소유로 복귀한다.

(다) 어느 경우이든 소유자인 매도인은 명의수탁자에게 무효인 명의수탁자 명의의 등기의 말소를 구할 수 있다.

2) 매매계약은 유효

> **판례** ① 부동산실권리자명의등기에관한법률은 매도인과 명의신탁자 사이의 매매계약의 효력을 부정하는 규정을 두고 있지 아니하여 유예기간 경과 후로도 **매도인과 명의신탁자 사이의 매매계약은 여전히 유효**하므로, 명의신탁자는 **매도인에 대하여 매매계약에 기한 소유권이전등기를 청구**할 수 있다(대판 2002. 3. 15, 2001다61654). ② 부동산의 매수인이 목적물을 인도받아 계속 점유하는 경우에는 매도인에 대한 소유권이전등기청구권은 소멸시효가 진행되지 않고, 이러한 법리는 3자간 등기명의신탁에 의한 등기가 유효기간의 경과로 무효로 된 경우에도 마찬가지로 적용된다. 따라서 그 경우 **목적 부동산을 인도받아 점유하고 있는 명의신탁자의 매도인에 대한 소유권이전등기청구권** 역시 **소멸시효가 진행되지 않는다**(대판 2013. 12. 12, 2013다26647).

3) 명의신탁자의 채권자대위권행사

명의신탁자는 위 매매계약에 기한 매도인에 대한 소유권이전등기청구권을 보전하기 위하여 **매도인을 대위하여** 명의수탁자에게 무효인 명의수탁자 명의의 등기의 말소를 구할 수 있다(대판 1999. 9. 17, 99다21738).

4) 무효인 명의신탁약정의 경우 명의신탁해지를 원인으로 하는 소유권이전등기

유예기간이 경과한 날 이후부터 명의신탁약정과 그에 따라 행하여진 등기에 의한 부동산에 관한 물권변동이 무효가 되므로 명의신탁자는 더 이상 명의신탁해지를 원인으로 하는 소유권이전등기를 청구할 수 없다(대결 1997. 5. 1, 자 97마384).

5) 실체와 일치한 등기는 유효

3자간 명의신탁에서 명의신탁자는 매도인에 대하여 매매계약에 기한 소유권이전등기를 청구할 수 있고, 그 소유권이전등기청구권을 보전하기 위하여 매도인을 대위하여 명의수탁자에게 무효인 그 명의 등기의 말소를 구할 수도 있으므로, **명의수탁자가 명의신탁자 앞으로 바로 경료해 준 소유권이전등기**는 결국 실체관계에 부합하는 등기로서 유효하다(대판 2004. 6. 25, 2004다6764).

6) 3자간 등기명의신탁에서 신탁자와 수탁자간의 법률관계

판례 ① 이른바 3자간 등기명의신탁의 경우 '부동산 실권리자명의 등기에 관한 법률'(이하 '부동산실명법'이라고 한다)에 의하여 그 명의신탁약정과 그에 의한 등기가 무효로 되더라도 <u>명의신탁자는 매도인에 대하여 매매계약에 기한 소유권이전등기청구권을 보유하고 있어 그 유예기간의 경과로 그 등기 명의를 보유하지 못하는 손해를 입었다고 볼 수 없고</u>, 그와 같이 명의신탁 부동산의 소유권이 매도인에게 복귀한 마당에 명의신탁자가 무효인 등기의 명의인인 명의수탁자를 상대로 그 이전등기를 구할 수도 없다 할 것이므로, 결국 3자간 등기명의신탁에 있어서 명의신탁자는 명의수탁자를 상대로 **부당이득반환을 원인으로 한 소유권이전등기**를 구할 수 없다(대판 2009. 4. 9, 2008다87723).

② 3자간 등기명의신탁에서 명의수탁자가 명의신탁 부동산을 **임의로 처분**하거나 **강제수용이나 공공용지 협의취득 등**을 원인으로 제3취득자 명의로 이전등기가 마쳐진 경우, 특별한 사정이 없는 한 제3취득자는 유효하게 소유권을 취득하게 되므로(법 제4조 제3항), 그로 인하여 매도인의 명의신탁자에 대한 소유권이전등기의무는 이행불능이 되고 그 결과 <u>명의신탁자는 명의신탁 부동산의 소유권을 이전받을 권리를 상실하는 손해를 입게 되는 반면</u>, 명의수탁자는 명의신탁 부동산의 **처분대금이나 보상금을 취득하는 이익**을 얻게 되므로, **명의수탁자는 명의신탁자에게 그 이익을 부당이득으로 반환할 의무가 있다.** 이러한 법리는 3자간 등기명의신탁에서 명의신탁 부동산에 관하여 **경매를 원인으로** 제3취득자 명의로 이전등기가 마쳐진 경우에도 마찬가지로 적용된다(대판 2019. 7. 25, 2019다203811, 203828).

③ [다수의견] (가) 위 **[판례]②의 태도는 타당하므로 그대로 유지되어야 한다.**

(나) **명의수탁자가 부동산에 관하여 제3자에게 근저당권을 설정하여 준 경우에도** 부동산의 소유권이 제3자에게 이전된 경우와 **마찬가지로** 보아야 한다. 명의수탁자가 제3자에게 부동산에 관하여 근저당권을 설정하여 준 경우에 제3자는 부동산실명법 제4조 제3항에 따라 유효하게 근저당권을 취득한다. 이 경우 매도인의 부동산에 관한 소유권이전등기의무가 이행불능된 것은 아니므로, 명의신탁자는 여전히 매도인을 대위하여 명의수탁자의 부동산에 관한 진정명의회복을 원인으로 한 소유권이전등기 등을 통하여 매도인으로부터 소유권을 이전받을 수 있지만, 그 소유권은 명의수탁자가 설정한 근저당권이 유효하게 남아 있는 상태의 것이다. 명의수탁자는 제3자에게 근저당권을 설정하여 줌으로써 피담보채무액 상당의 이익을 얻었고, 명의신탁자는 매도인을 매개로 하더라도 피담보채무액만큼의 교환가치가 제한된 소유권만을 취득할 수밖에 없는 손해를 입은 한

편, 매도인은 명의신탁자로부터 매매대금을 수령하여 매매계약의 목적을 달성하였으면서도 근저당권이 설정된 상태의 소유권을 이전하는 것에 대하여 손해배상책임을 부담하지 않으므로 실질적인 손실을 입지 않는다. 따라서 **3자간 등기명의신탁에서 명의수탁자가 부동산에 관하여 제3자에게 근저당권을 설정한 경우** 명의수탁자는 **근저당권의 피담보채무액 상당의 이익**을 얻었고 그로 인하여 명의신탁자에게 그에 상응하는 손해를 입혔으므로, 명의수탁자는 **명의신탁자에게** 이를 부당이득으로 반환할 의무를 부담한다(대판 2021. 9. 9, 2018다284233).

> **예상지문** ① 3자간 등기명의신탁에서 명의수탁자의 처분행위 등으로 제3자에게 소유권이 이전되고 명의수탁자가 부동산의 처분대금이나 보상금 등을 취득하는 이익을 얻게 되더라도, 명의신탁자는 명의수탁자를 상대로 직접 부당이득반환을 청구할 수 없다(×). ☞ 반대의견의 태도이다. 기존의 판례는 타당하므로 그대로 유지되어야 한다는 다수의견과 달리 반대의견은 "이와 달리 다수의견이 명의신탁자의 명의수탁자에 대한 직접적인 부당이득반환청구권을 인정하는 판례로 들고 있는 대법원 2011. 9. 8. 선고 2009다49193, 49209 판결 등은 부동산실명법 시행 이후에는 더 이상 유지될 수 없으므로 변경되어야 한다."고 한다.
> ② 3자간 등기명의신탁에서 명의수탁자가 신탁부동산에 관하여 근저당권을 설정한 경우에 명의수탁자는 매도인에 대하여 부당이득반환의무나 손해배상의무를 부담하고, 명의신탁자에 대하여 부당이득반환의무를 부담하지 않는다(×). ☞ 이 역시 반대의견의 태도이다. 즉 **다수의견은 명의신탁자에게 부당이득 반환의무를 부담한다**고 하는 반면에, **반대의견은 매도인에 대하여** 부당이득반환의무나 손해배상의무를 **부담하고, 명의신탁자에 대하여** 부당이득반환의무를 **부담하지 않는다**고 한다.

7) 명의신탁자의 손해배상청구문제

㈎ 제3자간 등기명의신탁의 경우, 명의수탁자가 신탁부동산을 임의로 매각처분한 경우, 특별한 사정이 없는 한 그 매수인은 유효하게 소유권을 취득하게 되는바, 명의신탁약정 및 이에 따라 행하여진 등기에 의한 부동산에 관한 물권변동을 무효로 하는 부동산실권리자명의등기에관한법률이 시행되기 이전에 매도인이 명의신탁자의 요구에 따라 명의수탁자 앞으로 등기명의를 이전하여 주었다면, 매도인에게 매매계약의 체결이나 그 이행에 관하여 어떠한 귀책사유가 있다고 보기 어려우므로, 자신의 편의를 위하여 명의수탁자 앞으로의 등기이전을 요구한 명의신탁자가 자신의 귀책사유로 같은 법에서 정한 유예기간이 지나도록 실명등기를 하지 아니한 사정에 기인하여 매도인에 대하여 매매대금의 반환을 구하거나, 명의신탁자 앞으로 재차 소유권이전등기를 경료할 것을 요구하는 것은 신의칙상 허용되지 아니하고, 따라서 매도인으로서는 명의수탁자가 신탁부동산을 타에 처분하였다고 하더라도, 명의수탁자로부터 그 소유명의를 회복하기 전까지는 명의신탁자에 대하여 신의칙 내지 민법 제536조 제1항 본문의 규정에 의하여 이와 동시이행의 관계에 있는 매매대금반환채무의 이행을 거절할 수 있고, 한편 명의신탁자의 소유권이전등기청구도 허용되지 아니하므로, 결국 매도인으로서는 명의수탁자의 처분행위로 인하여 손해를 입은 바가 없다. 따라서 명의신탁자가 매도인을 대위하거나 또는 그의 손해배상채권을 양수하였음을 원인으로 한 손해배상청구를 할 수도 없다(대판 2002. 3. 15, 2001다61654).

㈏ 그러나 명의수탁자가 **3자간 등기명의신탁**에 따라 매도인으로부터 소유권이전등기를 넘겨받은 부동산을 자기 마음대로 처분한 행위가 형사상 횡령죄로 처벌되지 않더라도, 이는 **명의신탁자의**

채권인 소유권이전등기청구권을 침해하는 행위로써 민법 제750조에 따라 **불법행위에 해당하여 명의수탁자는 명의신탁자에게 손해배상책임을 질 수 있다.** 그 이유는 다음과 같다.

① 명의신탁자가 매수한 부동산에 관하여 부동산 실권리자명의 등기에 관한 법률(이하 '부동산 실명법'이라 한다)을 위반하여 명의수탁자와 맺은 명의신탁약정에 따라 매도인에게서 바로 명의수탁자 앞으로 소유권이전등기를 마친 이른바 3자간 등기명의신탁을 한 경우에 명의수탁자가 부동산을 임의로 처분한 것이 횡령죄가 되는지 문제 된다. 대법원은 2016. 5. 19. 선고 2014도6992 전원합의체 판결을 통해 종전 판례를 변경하여 위와 같은 경우 명의신탁자는 부동산 소유자가 아니고 명의신탁자와 명의수탁자 사이에 위탁신임관계를 인정할 수도 없어 명의수탁자가 명의신탁자의 재물을 보관하는 자라고 할 수 없으므로, 명의수탁자가 신탁 부동산을 임의로 처분해도 명의신탁자에 대한 관계에서 횡령죄가 성립하지 않는다고 판결하였다.

② 민사책임과 형사책임은 지도이념, 증명책임의 부담과 그 증명의 정도 등에서 서로 다른 원리가 적용된다. 위법행위에 대한 형사책임은 사회의 법질서를 위반한 행위에 대한 책임을 묻는 것으로서 행위자에 대한 공적인 제재인 형벌을 그 내용으로 하는 데 반하여, 민사책임은 다른 사람의 법익을 침해한 데 대하여 행위자의 개인적 책임을 묻는 것으로서 피해자에게 발생한 손해의 전보를 그 내용으로 하고 손해배상제도는 손해의 공평·타당한 부담을 그 지도원리로 한다. 따라서 형사상 범죄를 구성하지 않는 침해행위라고 하더라도 그것이 민사상 불법행위를 구성하는지는 형사책임과 별개의 관점에서 검토해야 한다.

③ 3자간 등기명의신탁에서 명의수탁자의 임의처분 등을 원인으로 제3자 앞으로 소유권이전등기가 된 경우, 특별한 사정이 없는 한 제3자는 유효하게 소유권을 취득한다(부동산실명법 제4조 제3항). 그 결과 매도인의 명의신탁자에 대한 소유권이전등기의무는 이행불능이 되어 명의신탁자로서는 부동산 소유권을 이전받을 수 없게 된다. 명의수탁자가 **명의신탁자의 채권인 소유권이전등기청구권을 침해한다는 사정을 알면서도** 명의신탁받은 부동산을 자기 마음대로 처분하였다면 이는 사회통념상 사회질서나 경제질서를 위반하는 위법한 행위로서 특별한 사정이 없는 한 **제3자의 채권침해에 따른 불법행위책임이 성립한다.**

④ 대법원 2014도6992 전원합의체 판결은 횡령죄의 본질이 신임관계에 기초하여 위탁된 타인의 물건을 위법하게 영득하는 데 있고 명의신탁자와 명의수탁자의 관계는 형법상 보호할 만한 가치 있는 신임관계가 아니므로 명의수탁자의 임의처분행위에 대하여 횡령죄를 인정할 수 없다고 한 것이지 명의신탁관계에서 명의신탁자의 소유권이전등기청구권을 보호할 수 없다는 취지는 아니다. 따라서 명의수탁자의 임의처분으로 **명의신탁자의 채권이 침해된 이상** 형법상 횡령죄의 성립 여부와 관계없이 **명의수탁자는 명의신탁자에 대하여 민사상 불법행위책임을 부담한다**고 봄이 타당하다(대판 2022. 6. 9, 2020다208997).

참고판례 명의수탁자가 **양자간 명의신탁**에 따라 명의신탁자로부터 소유권이전등기를 넘겨받은 **부동산을 임의로 처분한 행위**가 형사상 횡령죄로 처벌되지 않더라도, 위 행위는 명의신탁자의 소유권을 침해하는 행위로서 형사상 횡령죄의 성립 여부와 관계없이 **민법상 불법행위에 해당하여 명의수탁자는 명의신탁자에게 손해배상책임을 부담한다**(대판 2021. 6. 3, 2016다34007).

(3) 매도인 선의인 계약명의신탁의 법률관계

1) 명의수탁자의 소유권취득

부동산실권리자명의등기에관한법률 제4조 제1항, 제2항에 의하면, 명의신탁자와 명의수탁자가 이른바 계약명의신탁약정을 맺고 명의수탁자가 당사자가 되어 명의신탁약정이 있다는 사실을 알지 못하는 소유자와의 사이에 부동산에 관한 매매계약을 체결한 후 그 매매계약에 따라 당해 부동산의 소유권이전등기를 수탁자 명의로 마친 경우에는 명의신탁자와 명의수탁자 사이의 명의신탁약정의 무효에도 불구하고 그 명의수탁자는 당해 부동산의 완전한 소유권을 취득하게 된다(대판 2005. 1. 28, 2002다66922).

> **▌판례** ① 부동산실권리자명의등기에관한법률 제4조 제2항 단서는 부동산 거래의 상대방을 보호하기 위한 것으로 상대방이 명의신탁약정이 있다는 사실을 알지 못한 채 물권을 취득하기 위한 계약을 체결한 경우 그 계약과 그에 따른 등기를 유효라고 한 것이다. 명의신탁자와 명의수탁자가 계약명의신탁약정을 맺고 명의수탁자가 당사자가 되어 매도인과 부동산에 관한 매매계약을 체결하는 경우 그 계약과 등기의 효력은 **매매계약을 체결할 당시** 매도인의 인식을 기준으로 판단해야 하고, 매도인이 계약 체결 이후에 명의신탁약정 사실을 알게 되었다고 하더라도 위 계약과 등기의 효력에는 영향이 없다. 매도인이 계약 체결 이후 명의신탁약정 사실을 알게 되었다는 우연한 사정으로 인해서 위와 같이 유효하게 성립한 매매계약이 소급적으로 무효로 된다고 볼 근거가 없다. 만일 매도인이 계약 체결 이후 명의신탁약정 사실을 알게 되었다는 사정을 들어 매매계약의 효력을 다툴 수 있도록 한다면 매도인의 선택에 따라서 매매계약의 효력이 좌우되는 부당한 결과를 가져올 것이다(대판 2018. 4. 10, 2017다257715).
> ② (i) **부동산경매절차**에서 부동산을 매수하려는 사람이 매수대금을 자신이 부담하면서 타인의 명의로 매각허가결정을 받기로 함에 따라 그 **타인이 경매절차에 참가하여 매각허가가 이루어진 경우**에도 그 경매절차의 매수인은 어디까지나 그 명의인이므로 **경매 목적 부동산의 소유권**은 매수대금을 실질적으로 부담한 사람이 누구인가와 상관없이 **그 명의인이 취득한다** 할 것이고, 이 경우 매수대금을 부담한 사람과 이름을 빌려 준 사람 사이에는 명의신탁관계가 성립한다. (ii) 이러한 경우 매수대금을 부담한 명의신탁자와 명의를 빌려 준 명의수탁자 사이의 명의신탁약정은 '부동산 실권리자명의 등기에 관한 법률에 의하여 무효이나, 경매절차에서의 (부동산) 소유자가 위와 같은 명의신탁약정 사실을 알고 있었거나 소유자와 명의신탁자가 동일인이라고 하더라도 그러한 사정만으로 그 명의인의 소유권취득이 부동산실명법 제4조 제2항에 따라 무효로 된다고 할 것은 아니다. 비록 경매가 사법상 매매의 성질을 보유하고 있기는 하나 다른 한편으로는 법원이 소유자의 의사와 관계없이 그 소유물을 처분하는 공법상 처분으로서의 성질을 아울러 가지고 있기 때문이다(대판 2012. 11. 15, 2012다69197).

2) 명의신탁자와 수탁자간의 법률관계

㈎ **부동산실권리자명의등기에관한법률 시행 후**에 이른바 계약명의신탁약정을 한 경우, 명의수

탁자가 명의신탁자에게 반환하여야 할 부당이득의 대상은 **매수자금**이다(대판 2008. 2. 14, 2007다 69148, 69155). 그리고 당해 부동산의 매매대금 상당액 이외에 명의신탁자가 명의수탁자에게 지급한 **취득세, 등록세 등의 취득비용**도 특별한 사정이 없는 한 위 계약명의신탁약정의 무효로 인하여 명의신탁자가 입은 손해에 포함되어 명의수탁자는 이 역시 명의신탁자에게 부당이득으로 반환하여야 한다(대판 2010. 10. 14, 2007다90432).

> **판례** ① 부동산경매절차에서 부동산을 매수하려는 사람이 다른 사람과의 명의신탁약정 아래 그 사람의 명의로 매각허가결정을 받아 자신의 부담으로 매수대금을 완납한 경우, 경매목적 부동산의 소유권은 매수대금의 부담 여부와는 관계없이 그 명의인이 취득하게 되고, 매수대금을 부담한 명의신탁자와 명의를 빌려 준 명의수탁자 사이의 명의신탁약정은 부동산 실권리자명의 등기에 관한 법률 제4조 제1항에 의하여 무효이므로, 명의신탁자는 명의수탁자에 대하여 그 부동산 자체의 반환을 구할 수는 없고 명의수탁자에게 제공한 매수대금에 상당하는 금액의 부당이득반환청구권을 가질 뿐이다(대판 2009. 9. 10, 2006다73102).
> ② 명의신탁자의 이와 같은 부당이득반환청구권은 부동산 자체로부터 발생한 채권이 아닐 뿐만 아니라 소유권 등에 기한 부동산의 반환청구권과 동일한 법률관계나 사실관계로부터 발생한 채권이라고 보기도 어려우므로, 결국 민법 제320조 제1항에서 정한 유치권 성립요건으로서의 **목적물과 채권사이의 견련관계를 인정할 수 없다**(대판 2009. 3. 26, 2008다34828).

(나) **다만 부동산 실권리자명의 등기에 관한 법률 시행 전에** 이른바 계약명의신탁에 따라 명의신탁 약정이 있다는 사실을 알지 못하는 소유자로부터 명의수탁자 앞으로 소유권이전등기가 경료되고 같은 법 소정의 유예기간이 경과하여 명의수탁자가 당해 부동산의 완전한 소유권을 취득한 경우, 명의수탁자가 명의신탁자에게 반환하여야 할 부당이득의 대상은 **당해 부동산 자체**라고 봄이 판례이다(대판 2008. 11. 27, 2008다62687).

> **판례** [1] **부동산실권리자명의등기에관한법률 시행 전에** 명의수탁자가 명의신탁 약정에 따라 부동산에 관한 소유명의를 취득한 경우 위 법률의 시행 후 같은 법 제11조의 유예기간이 경과하기 전까지 명의신탁자는 언제라도 명의신탁 약정을 해지하고 당해 부동산에 관한 소유권을 취득할 수 있었던 것으로, 실명화 등의 조치 없이 위 유예기간이 경과함으로써 같은 법 제12조 제1항, 제4조에 의해 명의신탁 약정은 무효로 되는 한편, 명의수탁자가 당해 부동산에 관한 완전한 소유권을 취득하게 된다 할 것인데, 같은 법 제3조 및 제4조가 명의신탁자에게 소유권이 귀속되는 것을 막는 취지의 규정은 아니므로 명의수탁자는 명의신탁자에게 자신이 취득한 **당해 부동산**을 부당이득으로 반환할 의무가 있다 할 것인바, 이와 같은 경위로 명의신탁자가 당해 부동산의 회복을 위해 명의수탁자에 대해 가지는 소유권이전등기청구권은 그 성질상 법률의 규정에 의한 부당이득반환청구권으로서 민법 제162조 제1항에 따라 10년의 기간이 경과함으로써 시효로 소멸한다. [2] 명의신탁계약 및 그에 기한 등기를 무효로 하고 그 위반행위에 대하여 형사처벌까지 규정한 부동산 실권리자명의 등기에 관한 법률의 시행에 따라 그 권리를 상실하게 된 위 법률 시행 이전의 명의신탁자가 그 대신에 부당이득의 법리에 따라 법률상 취득하게 된 명의신탁 부동산에 대한 부당이득반환청구권의 경우, 무효로 된 명의신탁 약정에 기하여 처음부터 명의신탁자가 그 부동산의 점유 및 사용 등 권리를 행사하고 있다 하여 위 부당이득반환청

구권 자체의 실질적 행사가 있다고 볼 수 없을 뿐만 아니라, **명의신탁자가 그 부동산을 점유·사용하여 온 경우에는 명의신탁자의 명의수탁자에 대한 부당이득반환청구권에 기한 등기청구권의 소멸시효가 진행되지 않는다고 보아야 한다면**, 이는 명의신탁자가 부동산 실권리자명의 등기에 관한 법률의 유예기간 및 시효기간 경과 후 여전히 실명전환을 하지 않아 위 법률을 위반한 경우임에도 그 권리를 보호하여 주는 결과로 되어 **부동산 거래의 실정 및 부동산실권리자명의등기에관한법률 등 관련 법률의 취지에도 맞지 않는다**(대판 2009. 7. 9, 2009다23313 ; 대판 2008. 11. 27, 2008다62687 등).

Q&A

Q : 3자간 등기명의신탁에서 본 2013다26647판결에서는 "목적 부동산을 인도받아 점유하고 있는 명의신탁자의 매도인에 대한 소유권이전등기청구권 역시 소멸시효가 진행되지 않는다"고 하고, 2009다23313판결에서는 "명의신탁자가 그 부동산을 점유·사용하여 온 경우에는 명의신탁자의 명의수탁자에 대한 부당이득반환청구권에 기한 등기청구권의 소멸시효가 진행되지 않는다고 보아야 한다면, …중략… 부동산 거래의 실정 및 부동산 실권리자명의 등기에 관한 법률 등 관련 법률의 취지에도 맞지 않는다"고 하는데 어떻게 이해해야하나요?

A : 명의신탁의 유형에 따라 구별하시면 됩니다. 2013다26647판결은 3자간(중간생략형) 명의신탁에서 명의신탁자가 매도인에 대하여 가지는 소유권이전등기청구권의 소멸시효에 관한 것이고, 2009다23313판결은 매도인이 선의인 계약형 명의신탁에서 명의신탁자가 명의수탁자에 대하여 가지는 부당이득반환청구권으로서의 소유권이전등기청구권의 소멸시효에 관한 것입니다. 즉 3자간 명의신탁에서 명의신탁자가 매도인에 대하여 가지는 소유권이전등기청구권은 신탁자와 매도인 사이의 매매계약에 기한 것으로 일반적인 등기청구권과 마찬가지로 부동산을 인도받아 점유하고 있는 경우에는 소멸시효가 진행되지 않는 것입니다. 반면에 계약명의신탁에서 명의신탁자가 명의수탁자에게 당해 부동산 자체를 부당이득으로 반환청구할 수 있는 경우는 명의신탁약정이 부동산실명법 시행 이전에 체결된 경우로서 명의신탁자가 부동산실명법의 유예기간 경과 후 여전히 실명전환을 하지 않아 부동산실명법을 위반한 경우라는 점에서 명의신탁자가 그 부동산을 점유·사용하여 온 경우에 소멸시효가 진행되지 않는다고 본다면 부동산실명법의 취지에 맞지 않게 되는 것입니다.

판례 원고가 상고이유에서 들고 있는 대법원 2009. 7. 9. 선고 2009다23313 판결은 이른바 계약명의신탁 관계에서 위 유예기간이 경과함에 따라 소유권이 명의수탁자에게 확정적으로 귀속된 경우에 명의신탁자가 명의수탁자에 대하여 가지게 되는 부당이득반환청구에 의한 소유권이전등기청구권에 관한 것으로서 이 사건과는 사안을 달리하므로 여기에 원용할 수 없다(대판 2013. 12. 12, 2013다26647).

㈐ 신탁자와 수탁자 사이의 약정

판례 ① 신탁자와 수탁자가 명의신탁약정을 맺고, 그에 따라 수탁자가 당사자가 되어 명의신탁약정의 존재 사실을 알지 못하는 소유자와 부동산에 관한 매매계약을 체결한 계약명의신탁에서 신탁자와 수탁자 간의 명의신탁약정이 부동산실권리자명의등기에관한법률이 정한 유예기간의 경과로 무효가 되었다면, 특별한 사정이 없는 한 신탁자와 수탁자 간에 명의신탁약정과 함께 이루어진 부동산 매입의 위임 약정 역시 무효로 되고,

이 경우 **신탁자와 수탁자 사이에 신탁자의 요구에 따라 부동산의 소유 명의를 이전하기로 한 약정도** 명의신탁약정이 유효함을 전제로 명의신탁 부동산 자체의 반환을 구하는 범주에 속하는 것에 해당하여 역시 **무효로 된다**(대판 2015. 9. 10, 2013다55300). ┃비교판례┃ 그러나 **명의수탁자가 명의수탁자의 완전한 소유권 취득을 전제로 하여 사후적으로** 명의신탁자와의 사이에 위에서 본 **매수자금반환의무의 이행에 갈음하여** 명의신탁된 부동산 자체를 양도하기로 합의하고 그에 기하여 명의신탁자 앞으로 소유권이전등기를 마쳐준 경우에는 다른 특별한 사정이 없는 한 **유효**하다(대판 2014. 8. 20, 2014다30483).

② 계약명의신탁약정이 부동산실명법 **시행 후에 이루어진 경우**에는 명의신탁자는 애초부터 당해 부동산의 소유권을 취득할 수 없었으므로 위 명의신탁약정의 무효로 명의신탁자가 입은 손해는 당해 부동산 자체가 아니라 명의수탁자에게 제공한 매수자금이고, 따라서 명의수탁자는 당해 부동산 자체가 아니라 명의신탁자로부터 제공받은 매수자금만을 부당이득한다. 그 경우 계약명의신탁의 당사자들이 명의신탁약정이 유효한 것, 즉 **명의신탁자가 이른바 내부적 소유권을 가지는 것을 전제로 하여 (i) 장차 명의신탁자 앞으로 목적 부동산에 관한 소유권등기를 이전하거나 (ii) 부동산의 처분대가를 명의신탁자에게 지급하는 것 등을 내용으로 하는 약정**을 하였다면 이는 명의신탁약정을 무효라고 정하는 부동산실명법 제4조 제1항에 좇아 **무효이다**(대판 2014. 8. 20, 2014다30483). ┃비교판례┃ 부동산실권리자명의등기에관한법률(이하 '부동산실명법'이라 한다)이 **시행되기 전에** 명의신탁자와 명의수탁자가 명의신탁 약정을 맺고 이에 따라 **명의수탁자가 당사자가 되어 명의신탁 약정이 있다는 사실을 알지 못하는 소유자와 부동산에 관한 매매계약을 체결**한 후 그 매매계약에 기하여 당해 부동산의 소유권이전등기를 자신의 명의로 마치는 한편, **장차 위 부동산의 처분대가를 명의신탁자에게 지급하기로 하는 정산약정**을 한 경우, 그러한 **약정 이후에 부동산실명법이 시행되었다거나 그 부동산의 처분이 부동산실명법 시행 이후에 이루어졌다고 하더라도 그러한 사정만으로 위 정산약정까지 당연히 무효로 된다고 볼 수 없다**(대판 2021. 7. 21, 2019다266751). ☞ 실명화 등의 조치 없이 위 유예기간이 경과함으로써 같은 법 제12조 제1항, 제4조에 의해 명의신탁 약정은 무효로 되는 한편, 명의수탁자가 해당 부동산에 관한 완전한 소유권을 취득하게 된다. 그런데 부동산실명법 제3조 및 제4조가 명의신탁자에게 소유권이 귀속되는 것을 막는 취지의 규정은 아니므로 명의수탁자는 명의신탁자에게 자신이 취득한 **해당 부동산**을 부당이득으로 반환할 의무가 있다. 이와 같은 경위로 명의신탁자가 해당 부동산의 회복을 위해 명의수탁자에 대해 가지는 소유권이전등기청구권은 그 성질상 법률의 규정에 의한 부당이득반환청구권이다. 만일 명의수탁자가 신탁부동산을 처분하였다면, 앞서 본 바와 같은 처분대가에 관한 **정산약정이 없는 경우라도** 명의수탁자는 **민법 제747조 제1항**에 의하여 명의신탁자에게 그 부동산의 **가액을 반환할 의무를 부담**한다. 부동산실명법 시행 전에 명의수탁자가 신탁부동산의 처분대가를 명의신탁자에게 지급하기로 하는 **정산약정을 한 경우** 그러한 약정에 따른 법적 효과는 위와 같이 법률에 의하여 **이미 명의신탁자에게 인정되는 권리의 범위 내에 속하는 것**이라고 볼 수 있다. 따라서 위 약정이 애초부터 신탁부동산의 소유권을 취득할 수 없는 명의신탁자를 위하여 사후에 보완하는 방책에 해당한다거나 무효인 명의신탁 약정이 유효함을 전제로 명의신탁 부동산 자체 또는 그 처분대금의 반환을 구하는 범주에 든다고 보기 어렵다.

📖 **Q&A**

Q : 위 2014다30483 판결은 부동산의 처분대가를 명의신탁자에게 지급하는 것 등을 내용으로 하는 약정이 무효라고 하는 반면에 이 2019다266751 판결은 부동산의 처분대가를 신탁자에게 지급하기로 하는 정산약정까지 당연히 무효로 된다고 볼 수는 없다고 합니다. 어떠한 차이 인지 궁금합니다.

A : 명의신탁약정이 부동산실명법 전에 이루어졌는지 아니면 후에 이루어졌는지에 따라서 달라지는 것입니다. 2014다30483 판결이 부동산실명법 후에 이루어진 사안이고, 2019다266751 판결이 부동산실명법 전에 이루어진 사안입니다. 실명법 전의 사안은 부동산 자체의 부당이득반환청구가 가능하므로 원물반환이 불가능하면 가액반환을 받을 수 있고, 이 때 가액반환이 처분대가이므로 어차피 정산약정이 없어도 처분대가를 반환받을 수 있으니 정산약정을 무효라고 할 이유가 없습니다. 반면에 실명법 후의 사안은 예컨대 매수자금은 1억 원인데 부동산의 시가가 1억 5천만 원으로 상승한 경우, 매수자금 1억 원만 부당이득반환청구가 가능했는데 처분대가의 반환약정을 유효하다고 하면 명의신탁자에게 5천만 원의 이익을 안겨주는 결과가 되어 부동산실명법의 취지에 반합니다.

③ (i) 명의신탁자와 명의수탁자가 무효인 명의신탁약정을 함과 아울러 그 약정을 전제로 하여 이에 기한 명의신탁자의 명의수탁자에 대한 소유권이전등기청구권을 확보하기 위하여 명의신탁 부동산에 명의신탁자 명의의 가등기를 마치고 향후 명의신탁자가 요구하는 경우 본등기를 마쳐 주기로 약정하였더라도, 이러한 약정 또한 부동산실명법에 의하여 무효인 명의신탁약정을 전제로 한 것이어서 무효이고, **위 약정에 의하여 마쳐진 가등기도 원인무효이다**(대판 2015. 2. 26, 2014다63315). 비교판례 甲이 乙과의 합의하에 제3자로부터 토지를 乙의 이름으로 매수하여 매매대금을 완납하고 乙의 명의로 소유권이전등기를 경료한 다음 甲 명의로 소유권이전등기청구권 보전을 위한 가등기를 경료하였다면, 위 가등기를 경료하기로 하는 甲과 乙 사이의 약정이 통정허위표시로서 무효라고 할 수는 없고, 나아가 甲과 乙 사이에 실제로 매매예약의 사실이 없었다고 하여 그 가등기가 무효가 되는 것도 아니다(대판 1995. 12. 26, 95다29888). ☞ 이 판결은 명의신탁약정이 유효인 사안에 관한 것이다. 이 점에서 명의신탁약정이 무효였던 위 2014다63315판결과 차이가 난다.

(ii) 설령 명의신탁자가 **명의신탁약정과는 별개의 적법한 원인에 기하여** 명의수탁자에 대하여 소유권이전등기청구권을 가지게 되었다 하더라도, 이를 보전하기 위하여 **자신의 명의가 아닌 제3자 명의로 가등기를 마친 경우** 위 가등기는 명의신탁자와 제3자 사이의 명의신탁약정에 기하여 마쳐진 것으로서 약정의 무효로 말미암아 효력이 없다(대판 2015. 2. 26, 2014다63315).

3) 관련사례

(개) 사 례

「부동산실권리자명의등기에관한법률」 시행 후에 甲은 乙과 합의하여, 甲이 제공하는 자금으로 丙 소유의 부동산을 매수하면서 실소유자는 甲이지만 소유권이전등기는 乙 명의로 해 두기로 하였다. 그 후 乙은 자신의 명의로 이러한 사정을 모르는 丙과 매매계약을 체결하고 목적부동산에 대하여 등기를 경료하였다. 그리고 그 부동산은 甲이 임차인인 것처럼 통모하여 점유·사용하고 있으면서 甲이 부동산에 대하여 유익비를 지출하였다.

(내) 해 설

명의수탁자 乙이 그 부동산의 완전한 소유권을 취득한다 할 것인데, 乙이 그 부동산에 관한 소유권이전등기를 마쳐 대·내외적으로 완전한 소유권을 취득한 후에도 甲은 명의신탁자로서 자신이 그 부동산의 실질적인 소유자라는 인식하에 무상으로 이를 점유·사용해 왔고, 乙 또한 명의수탁자로서 그 부동산이 실질적으로는 甲의 소유라는 인식하에 甲의 위와 같은 점유·사용에 대하여 어떠한 이의도 제기하지 아니하였으므로, 결국 甲과 乙 사이에는 甲이 그 부동산을 무상으로 점유·사용하기로 하는 묵시의 약정이 있었고 甲이 그러한 약정에 따라 그 부동산을 점유해 온 것으로 봄이 타당하다. 따라서 甲은 그 부동산을 점유·사용하는 중에 지출한 유익비에 관하여 위와 같은 **사용대차계약**의 당사자인 乙에게 상환청구권을 행사할 수 있고, 그러한 유익비상환청구권의 변제기는 그에 관한 당사자의 약정 또는 위 **사용대차계약관계를 규율하는 법조항이나 법리**에 의하여 정해진다 할 것이다(대판 2009. 3. 26, 2008다34828). ☞ 임대차는 통정허위표시로서 무효이므로 은닉행위인 사용대차의 법리에 의하여 해결된다는 취지이다.

4) 3자간 등기명의신탁과 계약명의신탁의 구별 기준

판례 ① 명의신탁약정이 이른바 3자간 등기명의신탁인지 아니면 계약명의신탁인지의 구별은 **계약당사자가 누구인가를 확정하는 문제**로 귀결된다. 어떤 사람이 타인을 통하여 부동산을 매수하면서 매수인 명의 및 소유권이전등기 명의를 타인 명의로 하기로 한 경우에, 매수인 및 등기 명의의 신탁관계는 그들 사이의 내부적인 관계에 불과하므로, 상대방이 명의신탁자를 매매당사자로 이해하였다는 등의 특별한 사정이 없는 한 대외적으로는 **계약명의자인 타인을 매매당사자로 보아야** 하며, 설령 상대방이 명의신탁관계를 알고 있었더라도 상대방이 계약명의자인 타인이 아니라 명의신탁자에게 계약에 따른 법률효과를 직접 귀속시킬 의도로 계약을 체결하였다는 등의 특별한 사정이 인정되지 아니하는 한 마찬가지이다(대판 2016. 7. 22, 2016다207928). ☞ 매수인 명의 및 소유권이전등기 명의를 모두 수탁자 명의로 하기로 한 경우에는 **계약명의신탁**에 해당한다고 보아야 함이 원칙이다.

② 명의신탁약정이 3자간 등기명의신탁인지 아니면 계약명의신탁인지의 구별은 계약당사자가 누구인가를 확정하는 문제로 귀결되는데, 계약명의자가 명의수탁자로 되어 있다 하더라도 계약당사자를 명의신탁자로 볼 수 있다면 이는 3자간 등기명의신탁이 된다. 따라서 **계약명의자인 명의수탁자가 아니라 명의신탁자에게 계약에 따른 법률효과를 직접 귀속시킬 의도로 계약을 체결한 사정이 인정된다면** 명의신탁자가 계약당사자라고 할 것이므로, 이 경우의 명의신탁관계는 **3자간 등기명의신탁**으로 보아야 한다(대판 2010. 10. 28, 2010다52799). ☞ 甲이 부동산을 매수하면서 **아내 명의로 매매계약서를 작성**하고, 계약금과 중도금을 매도인에게 지급하였는데, 이후 甲이 **아들인 乙로 매수인 명의를 변경하여 동일한 내용의 매매계약서를 다시 작성한 다음**, 위 부동산에 관하여 乙 명의로 소유권이전등기를 마친 사안에서, 乙이 매매계약서 작성 및 소유권이전등기가 마쳐질 무렵 미국에 거주하고 있었고, 부동산의 매수과정에 관여하지 않았으며 매수대금도 따로 부담하지 않은 점, 乙 스스로도 '甲 부부가 위 부동산을 乙에게 사주었다거나 증여해주었다.'라고 주장하고 있을 뿐이지 乙이 매매계약 당사자로서 관여한 내용을 밝히지 않고 있는 점 등에 비추어, 甲이 매매계약 당사자로서 부동산을 매수하면서 등기명의만 乙 앞으로 하였고, 매도인도 계약에 따른 법률효과는 甲에게 직접 귀속시킬 의도로 계약을 체결한 사정이 인정되므로, 매매계약의 당사자는 甲으로 보아야 하고, 甲과 乙 사이의 명의신탁약정은 3자간 등기명의신탁인데도, 매매계약 당사자가 乙이라고 단정하여 계약명의신탁에 해당한다고 본 원심판단에 법리오해의 잘못이 있다고 한 사례(대판 2022. 4. 28, 2019다300422).

③ 아파트의 수분양자가 타인과 대내적으로는 자신이 수분양권을 계속 보유하기로 하되 수분양자 명의만을 타인의 명의로 하는 내용의 명의신탁약정을 맺으면서 분양계약의 수분양자로서의 지위를 포괄적으로 이전하는 내용의 **계약인수약정**을 체결하고 이에 대하여 명의신탁약정의 존재를 모르는 분양자가 동의 내지 승낙을

한 경우, 이는 계약명의신탁 관계에서 명의수탁자가 당초 명의신탁약정의 존재를 모르는 분양자와 분양계약을 체결한 경우와 다를 바 없으므로, 분양계약인수약정은 유효하다(대판 2015. 12. 23, 2012다202932).

(4) 매도인 악의의 계약명의신탁의 법률관계

명의신탁자와 명의수탁자가 이른바 계약명의신탁 약정을 맺고 매매계약을 체결한 소유자도 명의신탁자와 명의수탁자 사이의 명의신탁약정을 알면서 그 매매계약에 따라 명의수탁자 앞으로 당해 부동산의 소유권이전등기를 마친 경우 부동산 실권리자명의 등기에 관한 법률 제4조 제2항 본문에 의하여 명의수탁자 명의의 소유권이전등기는 무효이며, 나아가 그 경우 **명의신탁자는 부동산매매계약의 당사자가 되지 아니하고 또 명의신탁약정은 위 법률 제4조 제1항에 의하여 무효이므로,** 그는 다른 특별한 사정이 없는 한 **부동산 자체를 매도인으로부터 이전받아 취득할 수 있는 권리 기타 법적 가능성을 가지지 못한다**(대판 2012. 12. 13, 2010도10515). 그리고 당해 부동산의 소유권은 매매계약을 체결한 소유자에게 그대로 남아 있게 되고, 명의수탁자가 자신의 명의로 소유권이전등기를 마친 부동산을 제3자에게 처분하면 이는 매도인의 소유권 침해행위로서 **불법행위**가 된다. 그러나 명의신탁자는 소유자와 매매계약관계가 없어 소유자에 대한 소유권이전등기청구도 허용되지 아니하므로, 결국 소유자인 매도인으로서는 특별한 사정이 없는 한 명의수탁자의 처분행위로 인하여 **어떠한 손해도 입은 바가 없는 점**이 특색이다(대판 2013. 9. 12, 2010다95185).

> **판례** 어떤 사람이 타인을 통하여 부동산을 매수함에 있어 매수인 명의 및 소유권이전등기 명의를 타인 명의로 하기로 약정하였고 매도인도 그 사실을 알고 있어서 그 약정이 부동산실권리자명의등기에관한법률 제4조의 규정에 의하여 무효로 되고 이에 따라 매매계약도 무효로 되는 경우에, 매매계약상의 매수인의 지위가 당연히 명의신탁자에게 귀속되는 것은 아니지만, 그 무효사실이 밝혀진 후에 계약상대방인 매도인이 계약명의자인 명의수탁자 대신 명의신탁자가 그 계약의 매수인으로 되는 것에 대하여 동의 내지 승낙을 함으로써 부동산을 명의신탁자에게 양도할 의사를 표시하였다면, 명의신탁약정이 무효로 됨으로써 매수인의 지위를 상실한 명의수탁자의 의사에 관계없이 매도인과 명의신탁자 사이에는 종전의 매매계약과 같은 내용의 양도약정이 따로 체결된 것으로 봄이 상당하고, 따라서 이 경우 명의신탁자는 당초의 매수인이 아니라고 하더라도 매도인에 대하여 별도의 양도약정을 원인으로 하는 소유권이전등기청구를 할 수 있다(대판 2003. 9. 5, 2001다32120).

(5) 부동산실명법상의 제3자보호

1) 제3자의 범위

명의신탁약정 및 이에 따라 행하여진 등기에 의한 부동산의 물권변동은 무효가 되나 그 무효는 제3자에 대항하지 못하는 바, 여기서의 제3자라 함은 수탁자가 물권자임을 기초로 그와의 사이에 새로운 이해관계를 맺은 자를 말하고, 여기에는 소유권이나 저당권 등 물권을 취득한 자뿐만 아니라, 가압류채권자도 포함되며, 제3자의 선의·악의를 묻지 않는다 할 것이다. 하지만 **오로지 명의신탁자와 부동산에 관한 물권을 취득하기 위한 계약을 맺고 단지 등기명의만을 명의수탁자로부터 경료받은**

것 같은 외관을 갖춘 자는 위 법률조항의 제3자에 해당되지 아니한다고 할 것이다(대판 2004. 8. 30, 2002다48771).

> **판례** ① [1] 부동산 실권리자명의 등기에 관한 법률 제4조 제3항에 정한 '제3자'는 명의수탁자가 물권자임을 기초로 그와 새로운 이해관계를 맺은 사람을 말하고, 이와 달리 오로지 명의신탁자와 부동산에 관한 물권을 취득하기 위한 계약을 맺고 단지 등기명의만을 명의수탁자로부터 경료받은 것 같은 외관을 갖춘 자는 위 조항의 제3자에 해당하지 아니하므로, **위 조항에 근거하여 무효인 명의신탁등기에 터 잡아 경료된 자신의 등기의 유효를 주장할 수는 없다. 그러나 이러한 자도 자신의 등기가 실체관계에 부합하는 등기로서 유효하다는 주장은 할 수 있다.** [2] 이른바 3자간 등기명의신탁의 경우 명의신탁약정과 그에 기한 등기는 무효로 되고[부동산 실권리자명의 등기에 관한 법률(이하 '부동산실명법'이라 한다) 제4조 제1항, 제2항], 그 결과 명의신탁된 부동산은 매도인 소유로 복귀하므로 매도인은 명의수탁자에게 무효인 그 명의 등기의 말소를 구할 수 있게 된다. 한편 부동산실명법은 매도인과 명의신탁자 사이의 매매계약의 효력을 부정하는 규정을 두고 있지 아니하므로 매도인과 명의신탁자 사이의 매매계약은 여전히 유효하고, 명의신탁자는 매도인에 대하여 매매계약에 기한 소유권이전등기를 청구하거나 그 소유권이전등기청구권을 보전하기 위하여 매도인을 대위하여 명의수탁자에게 무효인 그 명의 등기의 말소를 구할 수 있다. 그러므로 **이러한 지위에 있는 명의신탁자가 제3자와 사이에 부동산 처분에 관한 약정을 맺고 그 약정에 기하여 명의수탁자에서 제3자 앞으로 마쳐준 소유권이전등기는** 다른 특별한 사정이 없는 한 **실체관계에 부합하는 등기로서 유효하다고 보아야 한다**(대판 2022. 9. 29, 2022다228933).
>
> ② 매도인이 악의인 계약명의신탁에서 명의수탁자로부터 명의신탁의 목적물인 주택을 임차하여 주택인도와 주민등록을 마침으로써 주택임대차보호법 제3조 제1항에 의한 대항요건을 갖춘 임차인은 '부동산 실권리자명의 등기에 관한 법률' 제4조 제3항의 규정에 따라 명의신탁약정 및 그에 따른 물권변동의 무효를 대항할 수 없는 제3자에 해당하므로 명의수탁자의 소유권이전등기가 말소됨으로써 등기명의를 회복하게 된 매도인 및 매도인으로부터 다시 소유권이전등기를 마친 명의신탁자에 대해 자신의 임차권을 대항할 수 있고, 이 경우 임차인 보호를 위한 주택임대차보호법의 입법 목적 및 임차인이 보증금반환청구권을 행사하는 때의 임차주택 소유자로 하여금 임차보증금반환채무를 부담하게 함으로써 임차인을 두텁게 보호하고자 하는 주택임대차보호법 제3조 제4항의 개정 취지 등을 종합하면 위의 방법으로 소유권이전등기를 마친 명의신탁자는 주택임대차보호법 제3조 제4항에 따라 임대인의 지위를 승계한다(대판 2022. 3. 17, 2021다210720).
>
> ③ 부동산 실권리자명의 등기에 관한 법률 제4조 제3항에 의하면 명의신탁약정 및 이에 따른 등기로 이루어진 부동산에 관한 물권변동의 무효는 제3자에게 대항하지 못한다. 여기서 '제3자'는 명의신탁약정의 당사자 및 포괄승계인 이외의 자로서 명의수탁자가 물권자임을 기초로 그와 사이에 직접 새로운 이해관계를 맺은 사람으로서 **소유권이나 저당권 등 물권을 취득한 자뿐만 아니라 압류 또는 가압류채권자도 포함하고 그의 선의·악의를 묻지 않는다.** 이러한 법리는 특별한 사정이 없는 한 명의신탁약정에 따라 형성된 외관을 토대로 다시 명의신탁이 이루어지는 등 **연속된 명의신탁관계에서 최후의 명의수탁자가 물권자임을 기초로 그와 사이에 직접 새로운 이해관계를 맺은 사람**에게도 적용된다(대판 2021. 11. 11, 2019다272725).
>
> ④ 부동산실권리자명의등기에관한법률 제4조 제3항에서 '제3자'란 명의신탁 약정의 당사자 및 포괄승계인 이외의 사람으로서 명의수탁자가 물권자임을 기초로 그와 사이에 직접 새로운 이해관계를 맺은 사람을 말하므로, **명의신탁자**는 여기의 제3자에 해당하지 아니한다. 한편 명의수탁자로부터 명의신탁된 부동산에 관한 등기를 받은 사람이 위 규정의 제3자에 해당하지 아니하면 그는 부동산실명법 제4조 제3항의 규정을 들어 무효

인 명의신탁등기에 터 잡아 마쳐진 자신의 등기의 유효를 주장할 수 없다. 따라서 무효인 명의신탁등기에 터 잡아 명의신탁자 앞으로 마쳐진 근저당권설정등기는 무효이다(대판 2015. 4. 23, 2014다53790).

2) 제3자가 적극가담하는 경우

제3자가 명의수탁자의 명의신탁자에 대한 배신행위에 적극가담한 경우에는 수탁자와 제3자 사이의 계약은 반사회적인 법률행위로서 무효이다(대판 2008. 3. 27, 2007다82875; 대판 2000. 3. 28, 99다56529).

3) 명의수탁자의 처분과 부당이득과의 관계

명의신탁자와 계약명의신탁 약정을 맺고 토지를 매수하여 자신 앞으로 소유권이전등기를 경료한 명의수탁자가 그 토지를 지방자치단체에 매도하여 수령하게 된 보상금 중 일부를 제3자에게 지급한 경우, 제3자는 명의신탁자와의 관계에서 부당이득을 한 것으로 보기 어렵다(대판 2008. 9. 11, 2007다24817). ☞ 명의수탁자가 토지의 완전한 소유권을 취득하게 되고 신탁자는 수탁자에 대하여 채권적인 부당이득반환청구권을 취득하게 되었을 뿐이어서, 완전한 소유권을 취득한 수탁자가 위 토지를 매도하여 수령한 대금을 제3자에게 지급하였다고 하더라도 이로 인하여 신탁자에게 어떠한 새로운 손해가 발생하였다고 볼 수 없기 때문이다.

(6) 기 타

과세관청이 3자간 등기명의신탁에 따라 해당 부동산의 공부상 소유자가 된 명의수탁자에게 재산세 부과처분을 하고 이에 따라 명의수탁자가 재산세를 납부하였더라도 명의수탁자가 명의신탁자 또는 그 상속인을 상대로 재산세 상당의 금액에 대한 부당이득반환청구권을 가진다고 보기는 어렵다(대판 2020. 11. 26, 2019다298222, 298239).

> **판례** 과세관청이 명의신탁약정에 따른 명의신탁자가 아닌 명의수탁자에게 양도소득세 부과처분을 하고 이에 따라 명의수탁자가 양도소득세를 납부하였다고 하더라도 명의수탁자가 명의신탁자를 상대로 양도소득세 상당의 금액에 대한 부당이득반환청구권을 가진다고 볼 수 없다(대판 2021. 7. 29, 2020다260902).

CHAPTER

8

POINT

지상권

Ⅰ. 지상권 일반

1. 의 의

> **제279조(지상권의 내용)**
> 지상권자는 타인의 토지에 건물 기타 공작물이나 수목을 소유하기 위하여 그 토지를 사용하는 권리
> 가 있다.

(1) 지상권은 타인의 토지에 건물 등을 소유하기 위한 용익물권을 말한다. 이러한 지상권은 지상권
설정계약과 등기에 의해 성립한다(제186조). 지상권은 타인의 토지에 대한 권리로서 1필의 토지
의 일부라도 지상권설정이 가능하다.

> **판례** [1] 민법 제569조는 매매의 목적이 된 권리가 매도인이 아닌 타인에게 속한 경우에도 매도인은 매매계약
> 을 체결할 수 있고, 단지 매도인은 그 권리를 취득하여 매수인에게 이전하여야 할 의무를 부담하는 것으로 규
> 정하고 있다. [2] 한편 민법 제567조에 의하면 매매에 관한 규정은 계약의 성질상 허용되지 않는 경우를 제외
> 하고는 매매 이외의 유상계약에 준용한다. [3] 따라서 유상계약인 **지상권설정계약에도 민법 제569조를 준용**
> **하여 부동산의 소유자가 아닌 자라도 향후 해당 부동산에 지상권을 설정하여 줄 것을 내용으로 하는 계**
> **약을 체결할 수 있고,** 단지 그 계약상 의무자는 향후 처분권한을 취득하거나 소유자의 동의를 얻어 해당 부동
> 산에 지상권을 설정하여 줄 의무를 부담할 뿐이라고 보아야 한다. [4] 그리고 지상권설정계약의 계약상 의무자
> 가 비록 부동산등기법상 등기의무자는 아니라고 하더라도 법원은 지상권설정계약에 근거하여 계약상 의무자
> 를 상대로 계약의 내용대로 지상권설정등기절차의 이행을 명할 수 있다. [5] 지상권설정등기절차의 이행을 명
> 하는 판결에 따라 실제 등기절차가 진행되어 등기가 마쳐질 수 있을지 여부가 불확실하다고 하더라도 그러한
> 사정이 계약의 효력 및 내용을 확정하고 계약상 의무의 이행을 명하는 이행판결에 영향을 미친다고 할 수도 없
> 다(대판 2018. 11. 29, 2018다37949, 37956).

(2) 지상권은 토지의 사용을 그 본체로 한다. 따라서 현재 공작물이나 수목이 없더라도 설정계약에
의하여 지상권은 유효하게 성립하며, 또 공작물이나 수목이 후에 멸실하더라도 지상권은 그대로
존속한다.

2. 토지임차권과의 비교

지상권과 임차권은 권리의 성질면에서 물권(제279조이하)이냐 아니면 채권(제618조이하)이냐 하는 점

에서 본질적 차이가 있다. 따라서 물권으로서의 지상권은 양도성이 당연히 있으나(제282조), 임차권은 임대인의 동의 없이는 양도 또는 전대하지 못한다(제629조). 대항력면에서 지상권은 물권으로서 제3자에 대한 대항력이 있다. 그러나 임차권은 원칙적으로 대항력이 없고, 등기된 임차권이나 인도와 주민등록을 갖춘 주택임대차 등만이 대항력이 있다(제621조, 주택임대차보호법 제3조).

3. 지료

> **제287조(지상권소멸청구권)**
> 지상권자가 2년 이상의 지료를 지급하지 아니한 때에는 지상권설정자는 지상권의 소멸을 청구할 수 있다.

(1) 지상권의 성립요건은 아님

지상권의 성립과 관련하여 토지사용의 대가인 지료의 지급이 지상권의 성립요건은 아님이 전세권·임대차의 경우와 다르다(제303조, 제618조 참조).

> **판례** 지상권에 있어서 지료의 지급은 그의 요소가 아니어서 지료에 관한 유상 약정이 없는 이상 지료의 지급을 구할 수 없다(대판 1999. 9. 3, 99다24874).

(2) 지료의 대항력

지상권에 있어서 유상인 지료에 관하여 지료액 또는 그 지급시기 등의 약정은 이를 등기하여야만 그 뒤에 토지소유권 또는 지상권을 양수한 사람 등 제3자에게 대항할 수 있다(대판 1999. 9. 3, 99다24874).

4. 존속기간

> **제280조(존속기간을 약정한 지상권)**
> ① 계약으로 지상권의 존속기간을 정하는 경우에는 그 기간은 다음 연한보다 단축하지 못한다.
>   1. 석조, 석회조, 연와조 또는 이와 유사한 견고한 건물이나 수목의 소유를 목적으로 하는 때에는 30년
>   2. 전호이외의 건물의 소유를 목적으로 하는 때에는 15년
>   3. 건물이외의 공작물의 소유를 목적으로 하는 때에는 5년
> ② 전항의 기간보다 단축한 기간을 정한 때에는 전항의 기간까지 연장한다.

> **제281조(존속기간을 약정하지 아니한 지상권)**
> ① 계약으로 지상권의 존속기간을 정하지 아니한 때에는 그 기간은 전조의 최단존속기간으로 한다.
> ② 지상권설정당시에 공작물의 종류와 구조를 정하지 아니한 때에는 지상권은 전조제2호의 건물의 소유를 목적으로 한 것으로 본다.

(1) 최단존속기간

최단존속기간에 관한 규정(제280조)은 지상권자가 건물 등을 '소유'하기 위하여 설정하는 경우에 적용되는 것이고, 기존건물을 '사용'하기 위한 경우에는 적용되지 않는다.

> **판례** 민법 제280조 제1항 제1호가 석조·석회조·연와조 또는 이와 비슷한 견고한 건물이나 수목의 '소유를 목적으로 하는' 지상권의 경우 그 존속기간은 30년보다 단축할 수 없다고 규정하고 있음에 비추어 볼 때, 같은 법조 소정의 최단존속기간에 관한 규정은 지상권자가 **그 소유의 건물 등을 건축하거나 수목을 식재하여 토지를 이용할 목적으로** 지상권을 설정한 경우에만 그 적용이 있고, **기존 건물의 사용을 목적으로** 지상권이 설정된 경우에는 적용되지 아니한다. 따라서 존속기간이 15년으로 약정되었고, 지상권설정자 소유의 건물을 사용할 목적으로 설정한 지상권은 약정한 15년의 경과로 기간이 만료된다(대판 1996. 3. 22, 95다49318).

(2) 영구의 지상권

민법상 지상권의 존속기간은 최단기만이 규정되어 있을 뿐 최장기에 관하여는 아무런 제한이 없으며, 존속기간이 영구인 지상권을 인정할 실제의 필요성도 있고, 이러한 지상권을 인정한다고 하더라도 지상권의 제한이 없는 토지의 소유권을 회복할 방법이 있을 뿐만 아니라, 특히 구분지상권의 경우에는 존속기간이 영구라고 할지라도 대지의 소유권을 전면적으로 제한하지 아니한다는 점 등에 비추어 보면, 지상권의 존속기간을 영구로 약정하는 것도 허용된다(대판 2001. 5. 29, 99다66410).

5. 지상권의 양도성 등

> **제282조(지상권의 양도, 임대)**
> 지상권자는 타인에게 그 권리를 양도하거나 그 권리의 존속기간 내에서 그 토지를 임대할 수 있다.

민법 제282조는 강행규정이다. 예컨대 지상권양도금지특약을 맺었다 하더라도 그것은 강행규정에 반하여 무효이다(제282조, 제289조 참조). 판례도 지상권의 양도성을 강하게 보장하고 있다.

> **판례** ① 입목에 대한 벌채권의 확보를 위하여 지상권을 설정하였다 할지라도 지상권에는 부종성이 인정되지 아니하므로 벌채권이 소멸했더라도 지상권마저 소멸하는 것은 아니고, 지상권은 독립된 물권으로서 다른 권리에 부종함이 없이 그 자체로서 양도될 수 있으며 **그 양도성은 민법 제282조, 제289조에 의하여 절대적으로 보장**되므로 소유자의 의사에 반하여도 자유롭게 타인에게 양도할 수 있다(대판 1991. 11. 8, 90다15716).

② 법정지상권이 건물의 소유에 부속되는 종속적인 권리가 되는 것이 아니며 하나의 독립된 법률상의 물권으로서의 성격을 지니고 있는 것이기 때문에 건물의 소유자가 건물과 법정지상권 중 어느 하나만을 처분하는 것도 가능하다(대판 2001. 12. 27, 2000다1976).

③ 지상권자는 지상권을 유보한 채 지상물 소유권만을 양도할 수도 있고 지상물 소유권을 유보한 채 지상권만을 양도할 수도 있는 것이어서 지상권자와 그 지상물의 소유권자가 반드시 일치하여야 하는 것은 아니며, 또한 지상권설정시에 그 지상권이 미치는 토지의 범위와 그 설정 당시 매매되는 지상물의 범위를 다르게 하는 것도 가능하다(대판 2006. 6. 15, 2006다6126).

6. 지상권소멸청구권

> **제287조(지상권소멸청구권)**
> 지상권자가 2년 이상의 지료를 지급하지 아니한 때에는 지상권설정자는 지상권의 소멸을 청구할 수 있다.
>
> **제288조(지상권소멸청구와 저당권자에 대한 통지)**
> 지상권이 저당권의 목적인 때 또는 그 토지에 있는 건물, 수목이 저당권의 목적이 된 때에는 전조의 청구는 저당권자에게 통지한 후 상당한 기간이 경과함으로써 그 효력이 생긴다.

이 청구권은 형성권으로서 지상권소멸청구의 의사표시가 상대방에게 도달하면 즉시 효력이 생긴다.

판례 ① 지상권자가 그 권리의 목적이 된 토지의 특정한 소유자에 대하여 2년분 이상의 지료를 지불하지 아니한 경우에 그 특정의 소유자는 선택에 따라 지상권의 소멸을 청구할 수 있으나, **지상권자의 지료지급연체가 토지소유권의 양도 전후에 걸쳐 이루어진 경우** 토지양수인에 대한 연체기간이 2년이 되지 않는다면 양수인은 지상권 소멸청구를 할 수 없다(대판 2001. 3. 13, 99다17142).

② 법정지상권의 경우 **당사자 사이에 지료에 관한 협의가 있었다거나 법원에 의하여 지료가 결정되었다는 아무런 입증이 없다면**, 법정지상권자가 지료를 지급하지 않았다고 하더라도 지료 지급을 지체한 것으로 볼 수 없으므로 법정지상권자가 2년 이상의 지료를 지급하지 아니하였음을 이유로 하는 토지 소유자의 지상권 소멸청구는 이유가 없고, 지료액 또는 지급시기 등 지료에 관한 약정은 등기하여야만 제3자에게 대항할 수 있는 것이고, 법원에 의한 지료의 결정은 당사자의 지료결정청구에 의하여 형식적 형성소송인 지료결정판결로 이루어져야 제3자에게도 그 효력이 미친다고 할 것이다(대판 2001. 3. 13, 99다17142).

③ 지상권설정자가 지상권의 소멸을 청구하지 않고 있는 동안 지상권자로부터 **연체된 지료의 일부를 지급받고 이를 이의 없이 수령하여 연체된 지료가 2년 미만으로 된 경우**에는 지상권설정자는 종전에 지상권자가 2년분의 지료를 연체하였다는 사유를 들어 지상권자에게 지상권의 소멸을 청구할 수 없으며, 이러한 법리는 토지소유자와 법정지상권자 사이에서도 마찬가지이다(대판 2014. 8. 28, 2012다102384).

7. 지상권의 갱신 등

제283조(지상권자의 갱신청구권, 매수청구권)
① 지상권이 소멸한 경우에 건물 기타 공작물이나 수목이 현존한 때에는 지상권자는 계약의 갱신을 청구할 수 있다.
② 지상권설정자가 계약의 갱신을 원하지 아니하는 때에는 지상권자는 상당한 가액으로 전항의 공작물이나 수목의 매수를 청구할 수 있다.

제284조(갱신과 존속기간)
당사자가 계약을 갱신하는 경우에는 지상권의 존속기간은 갱신한 날로부터 제280조의 최단존속기간보다 단축하지 못한다. 그러나 당사자는 이보다 장기의 기간을 정할 수 있다.

(1) 원 칙

지상권의 존속기간이 만료한 경우에 당사자는 계약으로써 전의 계약을 갱신할 수 있다(제284조).

(2) 지상권자의 갱신청구권, 매수청구권

지상권자는 제1차로 계약의 갱신을 청구하고 이것이 받아들여지지 아니할 때, 형성권적인 지상물매수청구권을 행사할 수 있다.

㈎ 지상권이 소멸한 경우로서는 존속기간의 만료로 소멸하는 경우만을 지칭하는 것으로 해석된다(지상권자의 채무불이행, 예컨대 지료의 연체 등이 있어 지상권소멸청구 등이 있는 경우는 지상권자의 계약의 갱신청구가 인정되지 않는다). 그리고 지상권자의 갱신청구로 곧바로 계약이 갱신되는 것은 아니다. 갱신청구에 응하여 갱신계약을 맺음으로써 비로소 갱신의 효과가 생긴다(갱신청구권은 형성권이 아니라 청구권이다).

> **판례** 지상물매수청구권은 지상권이 **존속기간의 만료로 인하여 소멸하는 때**에 지상권자에게 갱신청구권이 있어 그 갱신청구를 하였으나 지상권설정자가 계약갱신을 원하지 아니할 경우 행사할 수 있는 권리이므로, 지상권자의 **지료연체를 이유로 토지소유자가 그 지상권소멸청구를 하여 이에 터잡아 지상권이 소멸된 경우**에는 매수청구권이 인정되지 않는다(대판 1993. 6. 29, 93다10781).

㈏ 갱신청구가 있는 경우에는 지상권설정자는 이에 응하든지 아니면 지상물을 매수하든지 양자 중 하나를 선택하여야 하고, 이를 통해 갱신이 간접적으로 강제되는 것이다.
㈐ 위 갱신청구권과 매수청구권에 관한 283조는 편면적 강행규정으로, 이 규정에 위반되는 계약으로 지상권자에게 불리한 것은 그 효력이 없다(제289조).

(3) 지상권자의 원상회복의무 및 지상권설정자의 매수청구권

> **제285조(수거의무, 매수청구권)**
> ① 지상권이 소멸한 때에는 지상권자는 건물 기타 공작물이나 수목을 수거하여 토지를 원상에 회복하여야 한다.
> ② 전항의 경우에 지상권설정자가 상당한 가액을 제공하여 그 공작물이나 수목의 매수를 청구한 때에는 지상권자는 정당한 이유 없이 이를 거절하지 못한다.

제285조 제1항은 "원상에 회복하여야 한다"라고 하여 의무로서 규정되어 있지만, 지상권자가 예컨대 자신이 심어 놓은 나무 등의 지상물을 수거해갈 수 있다는 측면에서 보면 권리의 성질도 있다. 이때 지상권설정자가 매수청구권을 행사하면 지상권자는 정당한 이유 없이 이를 거절하지 못한다(제285조 제2항).

8. 지료증감청구권

> **제286조(지료증감청구권)**
> 지료가 토지에 관한 조세 기타 부담의 증감이나 지가의 변동으로 인하여 상당하지 아니하게 된 때에는 당사자는 그 증감을 청구할 수 있다.

지료액은 원칙적으로 당사자의 협의에 의해서 결정된다. 그러나 지상권의 존속기간은 상당히 장기이기 때문에, 그 동안에 조세, 기타의 부담의 증감이나 지가의 변동으로 인하여, 종래의 지료액이 상당하지 않게 될 경우가 있다. 이러한 사정의 변경에 대비하여, 민법은 당사자에게 지료의 증감청구권을 인정하고 있다(제286조). 이 증감청구권은 형성권의 성질을 갖는다. 따라서 증감청구로 당연히 그 효력이 생긴다(통설). 그러나 이러한 증감청구에 대하여 상대방이 다투는 때에는 결국 법원이 지료를 결정하게 되고, 법원의 결정에 의해 증감된 지료는 그 청구한 때에 소급하여 효력이 생긴다. 지료액이 법원에 의하여 결정될 때까지는, 종래의 지료액 또는 감액된 지료액을 지급하더라도 지료의 체납은 되지 않는다(이설 없음).

9. 지상권의 물권적 청구권, 상린관계

> **제290조(준용규정)**
> ① 제213조, 제214조, 제216조 내지 제244조의 규정은 지상권자간 또는 지상권자와 인지소유자간에 이를 준용한다.

지상권도 물권으로써 지상권에 기한 물권적 청구권이 인정된다.

10. 편면적 강행규정

> **제289조(강행규정)**
> 제280조 내지 제287조의 규정에 위반되는 계약으로 지상권자에게 불리한 것은 그 효력이 없다.

11. 이른바 담보지상권

근저당권 등 담보권 설정의 당사자들이 담보로 제공된 토지에 추후 용익권이 설정되거나 건물 또는 공작물이 축조·설치되는 등으로 토지의 담보가치가 줄어드는 것을 막기 위하여 담보권과 아울러 설정하는 지상권을 이른바 담보지상권이라고 하는데, 이는 당사자의 약정에 따라 담보권의 존속과 지상권의 존속이 서로 연계되어 있을 뿐이고, 이러한 경우에도 지상권의 피담보채무가 존재하는 것은 아니다. 따라서 지상권설정등기에 관한 피담보채무의 범위 확인을 구하는 청구는 원고의 권리 또는 법률상의 지위에 관한 청구라고 보기 어려우므로, 확인의 이익이 없어 부적법하다(대판 2017. 10. 31, 2015다65042).

> **판례** ① 토지를 매수하여 그 명의로 소유권이전청구권보전을 위한 가등기를 경료하고 그 토지 상에 타인이 건물 등을 축조하여 점유 사용하는 것을 방지하기 위하여 지상권을 설정하였다면 이는 위 가등기에 기한 본등기가 이루어질 경우 그 부동산의 실질적인 이용가치를 유지 확보할 목적으로 전소유자에 의한 이용을 제한하기 위한 것이라고 봄이 상당하다고 할 것이고 그 가등기에 기한 본등기청구권이 시효의 완성으로 소멸하였다면 그 가등기와 함께 경료된 위 지상권 또한 그 목적을 잃어 소멸되었다고 봄이 상당하다(대판 1991. 3. 12, 90다카27570).
> ② 근저당권 등 담보권 설정의 당사자들이 그 목적이 된 토지 위에 차후 용익권이 설정되거나 건물 또는 공작물이 축조·설치되는 등으로써 그 목적물의 담보가치가 저감하는 것을 막는 것을 주요한 목적으로 하여 채권자 앞으로 아울러 지상권을 설정하였다면, 그 피담보채권이 변제 등으로 만족을 얻어 소멸한 경우는 물론이고 시효소멸한 경우에도 그 지상권은 피담보채권에 부종하여 소멸한다(대판 2011. 4. 14, 2011다6342). ☞ 지상권은 용익물권으로서 담보물권이 아니므로 피담보채무라는 것이 존재할 수 없다. 여기서의 "피담보채권"은 근저당권 등 담보권의 피담보채권을 의미하는 것이지 지상권의 피담보채권을 의미하는 것이 아니다(위 2015다65042 판결 참조).
> ③ 토지에 관하여 저당권을 취득함과 아울러 그 저당권의 담보가치를 확보하기 위하여 지상권을 취득하는 경우, 특별한 사정이 없는 한 제3자가 비록 토지소유자로부터 신축중인 지상 건물에 관한 건축주 명의를 변경받았다 하더라도, 그 지상권자에게 대항할 수 있는 권원이 없는 한 지상권자로서는 **제3자에 대하여 목적 토지 위에 건물을 축조하는 것을 중지하도록 요구할 수 있다**(대결 2004. 3. 29, 자 2003마1753).
> ④ 금융기관이 대출금 채권의 담보를 위하여 토지에 저당권과 함께 지료 없는 지상권을 설정하면서 채무자 등의 사용·수익권을 배제하지 않은 경우, 위 지상권은 근저당목적물의 담보가치를 확보하는 데 목적이 있으므로, 그 위에 도로개설·옹벽축조 등의 행위를 한 무단점유자에 대하여 지상권 자체의 침해를 이유로 한 임료 상당 손해배상을 구할 수 없다(대판 2008. 1. 17, 2006다586).

Ⅱ. 특수지상권

1. 구분지상권

> **제289조의2(구분지상권)**
> ① 지하 또는 지상의 공간은 상하의 범위를 정하여 건물 기타 공작물을 소유하기 위한 지상권의 목적으로 할 수 있다. 이 경우 설정행위로써 지상권의 행사를 위하여 토지의 사용을 제한할 수 있다.
> ② 제1항의 규정에 의한 구분지상권은 제3자가 토지를 사용·수익할 권리를 가진 때에도 그 권리자 및 그 권리를 목적으로 하는 권리를 가진 자 전원의 승낙이 있으면 이를 설정할 수 있다. 이 경우 토지를 사용·수익할 권리를 가진 제3자는 그 지상권의 행사를 방해하여서는 아니된다.
>
> **제290조(준용규정)**
> ② 제280조 내지 제289조 및 제1항의 규정은 제289조의2의 규정에 의한 구분지상권에 관하여 이를 준용한다.

(1) 상하 범위

구분지상권(제289조의 2)의 객체는 토지의 어느 층에만 한정되므로 층의 한계, 즉 토지의 「상하의 범위」를 반드시 정해서 등기하여야 한다.

(2) 수목 소유문제

구분지상권은 건물 기타 공작물을 소유하기 위해서만 설정될 수 있고, 수목의 소유를 위한 설정은 불가능하다는 점이 일반지상권과 다른 점이다.

2. 분묘기지권

(1) 의의 및 3가지 성립유형

분묘기지권이란 타인의 토지 위에 분묘를 소유하기 위한 지상권 유사의 관습법상 물권을 말한다. 그 취득 유형으로는, 첫째 타인의 소유지 내에 그 소유자의 승낙을 얻어서 분묘를 설치한 경우, 둘째 자기 소유토지에 분묘를 설치하고 이 토지를 타인에게 양도한 경우, 그리고 셋째, 타인소유의 토지에 그의 승낙 없이 분묘를 설치한 자가 20년간 평온·공연하게 분묘의 기지를 점유한 때에는 분묘기지권을 시효로 취득한다.

> **판례** ① [1] 타인 소유의 토지에 소유자의 승낙 없이 분묘를 설치한 경우에는 20년간 평온, 공연하게 그 분묘의 기지를 점유함으로써 분묘기지권을 시효로 취득한다(대판 1995. 2. 28, 94다37912).
> ② (ⅰ) 대법원은 분묘기지권의 시효취득을 우리 사회에 오랜 기간 지속되어 온 관습법의 하나로 인정하여, 20년 이상의 장기간 계속된 사실관계를 기초로 형성된 분묘에 대한 사회질서를 법적으로 보호하였고, 민법 시행일인 1960. 1. 1.부터 50년 이상의 기간 동안 위와 같은 관습에 대한 사회 구성원들의 법적 확신이 어떠한 흔들림

도 없이 확고부동하게 이어져 온 것을 확인하고 이를 적용하여 왔다. 대법원이 오랜 기간 동안 사회 구성원들의 법적 확신에 의하여 뒷받침되고 유효하다고 인정해 온 관습법의 효력을 사회를 지배하는 기본적 이념이나 사회질서의 변화로 인하여 전체 법질서에 부합하지 않게 되었다는 등의 이유로 부정하게 되면, 기존의 관습법에 따라 수십 년간 형성된 과거의 법률관계에 대한 효력을 일시에 뒤흔드는 것이 되어 법적 안정성을 해할 위험이 있으므로, 관습법의 법적 규범으로서의 효력을 부정하기 위해서는 관습을 둘러싼 전체적인 법질서 체계와 함께 관습법의 효력을 인정한 대법원판례의 기초가 된 사회 구성원들의 인식·태도나 사회적·문화적 배경 등에 의미 있는 변화가 뚜렷하게 드러나야 하고, 그러한 사정이 명백하지 않다면 기존의 관습법에 대하여 법적 규범으로서의 효력을 유지할 수 없게 되었다고 단정하여서는 아니 된다. (ⅱ) 우선 2001. 1. 13.부터 시행된 장사 등에 관한 법률(이하 개정 전후를 불문하고 '장사법'이라 한다)의 시행으로 분묘기지권 또는 그 시효취득에 관한 관습법이 소멸되었다거나 그 내용이 변경되었다는 주장은 받아들이기 어렵다. 2000. 1. 12. 법률 제6158호로 매장 및 묘지 등에 관한 법률을 전부 개정하여 2001. 1. 13.부터 시행된 장사법[이하 '장사법(법률 제6158호)'이라 한다] 부칙 제2조, 2007. 5. 25. 법률 제8489호로 전부 개정되고 2008. 5. 26.부터 시행된 장사법 부칙 제2조 제2항, 2015. 12. 29. 법률 제13660호로 개정되고 같은 날 시행된 장사법 부칙 제2조에 의하면, 분묘의 설치기간을 제한하고 토지 소유자의 승낙 없이 설치된 분묘에 대하여 토지 소유자가 이를 개장하는 경우에 분묘의 연고자는 토지 소유자에 대항할 수 없다는 내용의 규정들은 장사법(법률 제6158호) 시행 후 설치된 분묘에 관하여만 적용한다고 명시하고 있어서, 장사법(법률 제6158호)의 시행전에 설치된 분묘에 대한 분묘기지권의 존립 근거가 위 법률의 시행으로 상실되었다고 볼 수 없다. 또한 분묘기지권을 둘러싼 전체적인 법질서 체계에 중대한 변화가 생겨 분묘기지권의 시효취득에 관한 종래의 관습법이 헌법을 최상위 규범으로 하는 전체 법질서에 부합하지 아니하거나 정당성과 합리성을 인정할 수 없게 되었다고 보기도 어렵다. 마지막으로 화장률 증가 등과 같이 전통적인 장사방법이나 장묘문화에 대한 사회 구성원들의 의식에 일부 변화가 생겼더라도 여전히 우리 사회에 분묘기지권의 기초가 된 매장문화가 자리 잡고 있고 사설묘지의 설치가 허용되고 있으며, 분묘기지권에 관한 관습에 대하여 사회 구성원들의 법적 구속력에 대한 확신이 소멸하였다거나 그러한 관행이 본질적으로 변경되었다고 인정할 수 없다. (ⅲ) 그렇다면 타인 소유의 토지에 분묘를 설치한 경우에 20년간 평온, 공연하게 분묘의 기지를 점유하면 지상권과 유사한 관습상의 물권인 분묘기지권을 시효로 취득한다는 점은 오랜 세월 동안 지속되어 온 관습 또는 관행으로서 법적 규범으로 승인되어 왔고, 이러한 법적 규범이 **장사법(법률 제6158호)시행일인 2001. 1. 13. 이전에 설치된 분묘에 관하여** 현재까지 유지되고 있다고 보아야 한다[대판(전합) 2017. 1. 19, 2013다17292].

(2) 지 료

⑺ 토지소유자의 승낙을 얻어 그 토지에 분묘를 설치하는 경우 : 무상 원칙

당사자 간에 지료지급약정이 없으면 무상, 있으면 유상이다(대판 2021. 9. 16, 2017다271834, 271841).

⑻ 분묘기지권을 시효취득하는 경우 : 유상 원칙

토지소유자가 지료를 청구하면 그 **청구한 날부터**의 지료를 지급하여야 한다[대판(전합) 2021. 4. 29, 2017다228007].

㈐ 자기 소유 토지에 분묘를 설치한 사람이 그 토지를 양도하면서 분묘를 이장하겠다는 특약을 하지 않음으로써 분묘기지권을 취득한 경우(관습법상 법정지상권 유사) : 유상 원칙

분묘기지권이 성립한 때부터 지료를 지급할 의무가 있다(대판 2021. 5. 27, 2020다295892).

▌판례▐ ① 분묘의 기지인 토지가 분묘의 수호·관리권자 아닌 다른 사람의 소유인 경우에 그 **토지 소유자가** 분묘 수호·관리권자에 대하여 **분묘의 설치를 승낙한 때**에는 그 분묘의 기지에 관하여 **분묘기지권을 설정한 것**으로 보아야 한다. 이와 같이 **승낙에 의하여 성립하는 분묘기지권의 경우** 성립 당시 토지 소유자와 분묘의 수호·관리자가 **지료 지급의무의 존부나 범위 등에 관하여 약정을 하였다면 그 약정의 효력은 분묘 기지의 승계인에 대하여도 미친다**(대판 2021. 9. 16, 2017다271834, 271841).

② 2000. 1. 12. 법률 제6158호로 전부 개정된 구 장사 등에 관한 법률(이하 '장사법'이라 한다)의 시행일인 2001. 1. 13. 이전에 타인의 토지에 분묘를 설치한 다음 20년간 평온·공연하게 분묘의 기지를 점유함으로써 분묘기지권을 시효로 취득하였더라도, 분묘기지권자는 토지소유자가 분묘기지에 관한 지료를 청구하면 그 **청구한 날부터의 지료를 지급할 의무가 있다**고 보아야 한다. 관습법으로 인정된 권리의 내용을 확정함에 있어서는 그 권리의 법적 성질과 인정 취지, 당사자 사이의 이익형량 및 전체 법질서와의 조화를 고려하여 합리적으로 판단하여야 한다. 취득시효형 분묘기지권은 당사자의 합의에 의하지 않고 성립하는 지상권 유사의 권리이고, 그로 인하여 토지 소유권이 사실상 영구적으로 제한될 수 있다. 따라서 시효로 분묘기지권을 취득한 사람은 일정한 범위에서 토지소유자에게 토지 사용의 대가를 지급할 의무를 부담한다고 보는 것이 형평에 부합한다. **취득시효형 분묘기지권**이 관습법으로 인정되어 온 역사적·사회적 배경, 분묘를 둘러싸고 형성된 기존의 사실관계에 대한 당사자의 신뢰와 법적 안정성, 관습법상 권리로서의 분묘기지권의 특수성, 조리와 신의성실의 원칙 및 부동산의 계속적 용익관계에 관하여 이러한 가치를 구체화한 민법상 지료증감청구권 규정의 취지 등을 종합하여 볼 때, 시효로 분묘기지권을 취득한 사람은 토지소유자가 분묘기지에 관한 지료를 청구하면 그 **청구한 날부터의 지료를 지급하여야 한다**고 봄이 타당하다[대판(전합) 2021. 4. 29, 2017다228007]. ☞ 이와 달리 분묘기지권을 시효로 취득하는 경우 분묘기지권자의 지료 지급의무가 분묘기지권이 성립됨과 동시에 발생한다는 취지의 대법원 1992. 6. 26. 선고 92다13936 판결 및 분묘기지권자가 지료를 지급할 필요가 없다는 취지로 판단한 대법원 1995. 2. 28. 선고 94다37912 판결 등은 이 판결의 견해에 배치되는 범위 내에서 이를 변경하기로 한다.

③ 자기 소유 토지에 분묘를 설치한 사람이 그 토지를 양도하면서 분묘를 이장하겠다는 특약을 하지 않음으로써 분묘기지권을 취득한 경우, 특별한 사정이 없는 한 분묘기지권자는 **분묘기지권이 성립한 때부터** 토지 소유자에게 그 분묘의 기지에 대한 토지사용의 대가로서 **지료를 지급할 의무가 있다**(대판 2021. 5. 27, 2020다295892).

④ 자기 소유의 토지 위에 분묘를 설치한 후 토지의 소유권이 경매 등으로 타인에게 이전되면서 분묘기지권을 취득한 자가, 판결에 따라 분묘기지권에 관한 지료의 액수가 정해졌음에도 판결확정 후 책임 있는 사유로 상당한 기간 동안 지료의 지급을 지체하여 **지체된 지료가 판결확정 전후에 걸쳐 2년분 이상이 되는 경우**에는 민법 제287조를 유추적용하여 새로운 토지소유자는 분묘기지권자에 대하여 분묘기지권의 소멸을 청구할 수 있다. 분묘기지권자가 판결확정 후 지료지급 청구를 받았음에도 책임 있는 사유로 상당한 기간 지료의 지급을 지체한 경우에만 분묘기지권의 소멸을 청구할 수 있는 것은 아니다(대판 2015. 7. 23, 2015다206850).

(3) 존속기간

분묘기지권의 존속기간에 관하여는 민법의 지상권에 관한 규정에 따를것이 아니라 당사자 사이에 약정이 있는 등 특별한 사정이 있으면 그에 따를 것이며, 그러한 사정이 없는 경우에는 권리자가 분묘의 수호와 봉사를 계속하며 그 분묘가 존속하고 있는 동안은 분묘기지권은 존속한다고 해석함이 타당하므로 민법 제281조에 따라 5년간이라고 보아야 할 것은 아니다(대판 1994. 8. 26, 94다28970).

> **판 례** 분묘가 멸실된 경우라고 하더라도 유골이 존재하여 분묘의 원상회복이 가능하여 일시적인 멸실에 불과하다면 분묘기지권은 소멸하지 않고 존속하고 있다고 해석함이 상당하다(대판 2007. 6. 28, 2005다44114).

(4) 효 력

1) 귀속주체

분묘의 수호 관리나 봉제사에 대하여 현실적으로 또는 관습상 호주상속인인 종손이 그 권리를 가지고 있다면 그 권리는 종손에게 전속하는 것이고 종손이 아닌 다른 후손이나 종중에서 관여할 수는 없다고 할 것이나, 공동선조의 후손들로 구성된 종중이 선조 분묘를 수호 관리하여 왔다면 분묘의 수호 관리권 내지 분묘기지권은 종중에 귀속한다(대판 2007. 6. 28, 2005다44114).

2) 효력범위

분묘기지권은 분묘를 수호하고 봉제사하는 목적을 달성하는 데 필요한 범위 내에서 타인의 토지를 사용할 수 있는 권리를 의미하는 것으로서, 분묘기지권은 분묘의 기지 자체 뿐만 아니라 분묘의 설치 목적인 분묘의 수호 및 제사에 필요한 범위 내에서 분묘 기지 주위의 공지를 포함한 지역에까지 미치는 것이다(대판 2011. 11. 10, 2011다63017).

> **판 례** ① 분묘기지권은 분묘를 수호하고 봉제사하는 목적을 달성하는 데 필요한 범위 내에서 타인의 토지를 사용할 수 있는 권리를 의미하는 것으로서, 분묘기지권에는 그 효력이 미치는 지역의 범위 내라고 할지라도 기존의 분묘 외에 새로운 분묘를 신설할 권능은 포함되지 아니하는 것이므로, 부부 중 일방이 먼저 사망하여 이미 그 분묘가 설치되고 그 분묘기지권이 미치는 범위내에서 그 후에 사망한 다른 일방의 합장을 위하여 쌍분(雙墳) 형태의 분묘를 설치하는 것도 허용되지 않는다(대판 1997. 5. 23, 95다29086).
> ② 부부 중 일방이 먼저 사망하여 이미 그 분묘가 설치되고 그 분묘기지권이 미치는 범위 내에서 그 후에 사망한 다른 일방을 단분(單墳) 형태로 합장하여 분묘를 설치하는 것도 허용되지 아니한다고 할 것이다(대판 2001. 8. 21, 2001다28367). 또 분묘기지권의 효력이 미치는 범위 안에서 원래의 분묘를 다른 곳으로 이장하는 것도 허용되지 않는다(대판 2007. 6. 28, 2007다16885).
> ③ 분묘기지권은 그 분묘의 수호 및 제사에 필요한 범위 내에서 분묘의 기지 주위의 공지를 포함한 지역에까지 미치는 것이고 그 확실한 범위는 각 구체적인 경우에 개별적으로 정하여야 할 것인바, 사성이 조성되어 있다 하여 반드시 그 사성 부분을 포함한 지역에까지 분묘기지권이 미치는 것은 아니다(대판 1997. 5. 23, 95다29086, 29093).

(5) 공시방법

타인 소유의 토지에 소유자의 승낙 없이 분묘를 설치한 경우에는 20년간 평온·공연하게 그 분묘의 기지를 점유하면 지상권 유사의 관습상의 물권인 분묘기지권을 시효로 취득하는데, 이러한 분묘기지권은 봉분 등 외부에서 분묘의 존재를 인식할 수 있는 형태를 갖추고 있는 경우에 한하여 인정되고, 평장되어 있거나 암장되어 있어 객관적으로 인식할 수 있는 외형을 갖추고 있지 아니한 경우에는 인정되지 않으므로, 이러한 특성상 분묘기지권은 등기 없이 취득한다(대판 1996. 6. 14, 96다14036).

(6) 분묘기지권의 포기

분묘의 기지에 대한 지상권 유사의 물권인 관습상의 법정지상권이 점유를 수반하는 물권이나 권리자가 의무자에 대하여 그 권리를 포기하는 의사표시를 하는 외에 점유까지도 포기하여야만 그 권리가 소멸하는 것은 아니다(대판 1992. 6. 23, 92다14762).

(7) 소유의 의사 부정

타인의 토지 위에 분묘를 설치·소유하는 자는 다른 특별한 사정이 없는 한 그 분묘의 보존·관리에 필요한 범위 내에서만 타인의 토지를 점유하는 것이므로 점유의 성질상 소유의 의사가 추정되지 않는다(대판 1997. 3. 28, 97다3651, 3668).

(8) 종산에 분묘를 설치하는 경우

비법인 사단에 있어서 총유물의 관리 및 처분은 정관 기타 계약에 정함이 없으면 사원총회의 결의에 의해야 하고(민법 제275조 제2항, 제276조 제1항), 비법인 사단의 사원이 총유자의 한 사람으로서 총유물인 임야를 사용수익할 수 있다 하여도 위 임야에 대한 분묘설치행위는 단순한 사용수익에 불과한 것이 아니고 관습에 의한 지상권 유사의 물권을 취득하게 되는 처분행위에 해당된다 할 것이므로 사원총회의 결의가 필요하다(대판 1967. 7. 18, 66다1600).

III. 관습상 법정지상권

1. 서 설

(1) 취 지

건물을 토지와 별개의 독립된 물건으로 취급하는 우리의 법제에서 토지와 건물의 소유권이 동일한 사람에게 속하였다가 분리되는 순간에 건물을 위하여 지상권의 성립을 의제하는 것을 법정지상권이라 한다. 건물소유자가 미리 지상권을 설정할 수 없는 경우에 잠재적인 토지이용권을 법률상 당연히 현실화하여 줌으로써 건물을 독립한 부동산으로 하는 우리 법제의 특수성에 기인하는 결함을 시정하려는 취지에 기하여 인정된다고 할 수 있다.

판례 [다수의견] 동일인 소유이던 토지와 그 지상 건물이 매매 등으로 인하여 각각 소유자를 달리하게 되었을 때 그 건물 철거 특약이 없는 한 건물 소유자가 법정지상권을 취득한다는 관습법은 현재에도 그 법적 규범으로서의 효력을 여전히 유지하고 있다고 보아야 한다. 구체적인 이유는 아래와 같다.

① 민법 제185조는 "물권은 법률 또는 관습법에 의하는 외에는 임의로 창설하지 못한다."라고 규정함으로써 관습법에 의한 물권의 창설을 인정하고 있다. 관습법에 의하여 법정지상권이라는 제한물권을 인정하는 이상 토지 소유자는 건물을 사용하는 데 일반적으로 필요하다고 인정되는 범위에서 소유권 행사를 제한받을 수밖에 없다. 따라서 관습법상 법정지상권을 인정하는 결과 토지 소유자가 일정한 범위에서 소유권 행사를 제한받는다는 사정은 관습법상 법정지상권의 성립을 부인하는 근거가 될 수 없다.

② 우리 법제는 토지와 그 지상 건물을 각각 별개의 독립된 부동산으로 취급하고 있으므로, 동일인 소유이던 토지와 그 지상 건물이 매매 등으로 인하여 각각 소유자를 달리하게 되었을 때 토지 소유자와 건물 소유자 사이에 대지의 사용관계에 관하여 별다른 약정이 없는 이상 일정한 범위에서 건물의 가치가 유지될 수 있도록 조치할 필요가 있다. 관습법상 법정지상권은 바로 이러한 상황에서 건물의 철거로 인한 사회경제적 손실을 방지할 공익상의 필요에 의해 인정되는 것이다. 민법 제305조의 법정지상권, 민법 제366조의 법정지상권, 「입목에 관한 법률」 제6조의 법정지상권, 가등기담보 등에 관한 법률 제10조의 법정지상권도 모두 동일인 소유이던 토지와 그 지상 건물이나 입목이 각각 일정한 사유에 의해 소유자를 달리하게 되었을 때 건물이나 입목의 가치를 유지시키기 위해 마련된 제도이다. 판례는 동일인 소유이던 토지와 그 지상 건물이 매매 등으로 인하여 각각 소유자를 달리하게 되었을 때 건물 소유자와 토지 소유자 사이에 대지의 사용관계에 관하여 어떠한 약정이 있다면 이를 우선적으로 존중하므로, 관습법상 법정지상권은 당사자 사이에 아무런 약정이 없을 때 보충적으로 인정된다고 볼 수 있다. 이러한 점을 고려하면, 관습법상 법정지상권을 인정하는 것이 헌법을 최상위 규범으로 하는 전체 법질서에 부합하지 아니하거나 그 정당성과 합리성을 인정할 수 없다고 보기 어렵다.

③ 관습법상 법정지상권에는 특별한 사정이 없는 한 민법의 지상권에 관한 규정이 준용되므로, **당사자 사이에 관습법상 법정지상권의 존속기간에 대하여 따로 정하지 않은 때에는 그 존속기간은 민법 제281조 제1항에 의하여 민법 제280조 제1항 각호에 규정된 기간이 된다.** 이에 따라 견고한 건물의 소유를 목적으로 하는 법정지상권의 존속기간은 30년이 되고(민법 제280조 제1항 제1호), 그 밖의 건물의 소유를 목적으로 하는 법정지상권의 존속기간은 15년이 되는 등(민법 제280조 제1항 제2호) 관습법상 법정지상권은 일정한 기간 동안만 존속한다. 토지 소유자는 관습법상 법정지상권을 가진 건물 소유자에 대하여 지료를 청구할 수 있는데, 그 지료를 확정하는 재판이 있기 전에도 지료의 지급을 소구할 수 있다. 이와 같이 관습법상 법정지상권을 인정하는 것에 대응하여 토지 소유자를 보호하고 배려하는 장치도 함께 마련되어 있다.

④ 대법원이 관습법상 법정지상권을 관습법의 하나로 인정한 이래 오랜 기간이 지나는 동안 우리 사회에서 토지의 가치나 소유권 개념, 토지 소유자의 권리의식 등에 상당한 변화가 있었다고 볼 수 있다. 그러나 그렇다고 보더라도 여전히 이에 못지않게 건물의 철거로 인한 사회경제적 손실을 방지할 공익상의 필요성이나 건물 소유자 혹은 사용자의 이익을 보호할 필요성도 강조되고 있다. 관습법상 법정지상권에 관한 관습에 대하여 사회 구성원들의 법적 구속력에 대한 확신이 소멸하였다거나 그러한 관행이 본질적으로 변경되었다고 인정할 수 있는 자료도 찾아볼 수 없다.

[대법관 김재형의 반대의견] 동일인 소유이던 토지와 그 지상 건물이 매매 등으로 소유자가 달라질 때 법정지상권이라는 물권이 성립한다는 관습은 관습법으로서의 성립 요건을 갖춘 것이라고 볼 수 없다. 설령 그러한 관습법이 성립하였다고 하더라도 현재에 이르러서는 사회 구성원들이 그러한 관행의 법적 구속력에 대하여 확신을 갖지 않게 되었고, 또한 헌법을 최상위 규범으로 하는 전체 법질서에 부합하지 않으므로, 법적 규범으

로서 효력을 인정할 수 없다고 보아야 한다. 따라서 관습법상 법정지상권을 광범위하게 인정하고 있는 종래 판례는 폐기해야 한다(대판 2022. 7. 21, 2017다236749).

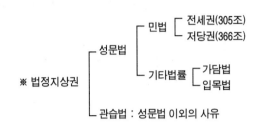

● 지상권의 취득
1) 법률행위(약정)에 의한 취득 → 등기요구(제186조)
2) 법률규정(법정)에 의한 취득 → 등기불요(제187조)

※ 법정지상권
- 성문법
  - 민법
    - 전세권(305조)
    - 저당권(366조)
  - 기타법률
    - 가담법
    - 입목법
- 관습법 : 성문법 이외의 사유

(2) 법정지상권이 인정되는 모습

1) 전세권의 설정(제305조 제1항)

토지와 그 지상의 건물이 동일인에게 속하는 동안에 건물에 대하여만 전세권을 설정한 후 토지소유자가 변경된 경우에 성립하는 법정지상권이다.

2) 저당물의 경매(제366조)

토지와 그 지상의 건물이 동일인에게 속하고 있는 동안에 어느 한쪽(단독저당)에만 또는 모두(공동저당)에 저당권이 설정된 후 저당권의 실행으로 토지와 건물의 소유자가 달라진 경우에 성립하는 법정지상권이다.

3) 가등기담보 등에 관한 법률(제10조)

토지와 그 지상의 건물이 동일인에게 속하는 동안에 그 토지 또는 건물에만 가등기담보권·양도담보권이 설정된 후 담보권의 실행(귀속청산)으로 토지와 건물의 소유자가 달라진 경우에 성립하는 법정지상권이다.

4) 입목에 관한 법률(제6조)

토지와 입목이 동일인에게 속하고 있는 동안에 경매 기타의 사유로 토지와 입목의 소유자가 달라진 경우에 성립하는 법정지상권이다.

5) 관습법상 법정지상권(아래 후술)

2. 관습법상의 법정지상권

(1) 의 의

관습상 법정지상권이라고 함은 토지와 건물이 동일한 소유자에게 속하였다가 건물 또는 토지가 매매 기타의 원인(예 : 증여·강제경매·공매·대물변제·공유자간 공유물분할 등−단 환지처분은 제외)으로 양자의 소유자가 다르게 된 때에는 그 건물을 철거하기로 하는 합의가 있었다는 등 특별한 사정이 없는 한, 건물소유자는 토지소유자에 대하여 그 건물을 위한 관습상의 지상권을 취득하는 것을 말한다.

(2) 요 건

1) 토지와 건물의 동일인 소유

㉮ 건물은 건물로서의 요건을 갖추고 있는 이상 무허가 건물이거나 미등기 건물이거나 가리지 않는다(대판 1988. 4. 12, 87다카2404).

㉯ 토지와 건물이 동일인의 소유에 속하고 있어야 한다. 예컨대 乙이 대지소유자 甲의 승낙을 얻어 지은 건물을 매수한 丙은 법정지상권을 취득할 수 없다. 토지와 그 위의 건물의 소유자를 각각 달리하고 있던 중 토지 또는 가옥만이 다른 사람에게 속하게 된 경우에는 관습상의 법정지상권은 성립되지 않는 것이다. 다만 애초부터 원시적으로 동일인의 소유에 속하였을 필요는 없고, 그 **소유권이 유효하게 변동될 당시**에 동일인이 토지와 그 지상 건물을 소유하였던 것으로 족하다[대판(전합) 2012. 10. 18, 2010다52140].

> **판 례** ① 토지를 매수하여 사실상 처분권한을 가지는 자가 그 지상에 건물을 신축하여 건물의 소유권을 취득하였다고 하더라도 토지에 관한 소유권을 취득하지 아니한 이상, 이러한 상태에서 건물에 관하여 강제경매가 있어 그 소유권자가 다르게 되었다고 하여 건물을 위한 관습상의 법정지상권이 성립하는 것은 아니다(대판 1995. 7. 28, 95다9075 등).
> ② 토지와 건물의 동일 소유자가 토지만을 명의신탁하고, 명의수탁자가 그 토지를 매각하여 제3자가 소유권을 취득한 경우에, 판례는 그 제3자에 대해서 그 토지의 소유권은 수탁자에게 귀속하고 있었으므로, 토지와 건물이 서로 다른 소유자에게 귀속하였기 때문에, 그 토지의 명의신탁자였던 건물소유자를 위해서, 관습법상의 법정지상권은 인정되지 않는다고 한다(대판 1975. 3. 11, 74다1935).
> ③ 토지소유권을 명의신탁하면서 수탁자의 임의처분을 방지하기 위해 신탁자명의의 소유권이전등기 청구권 보전의 가등기를 함께 경료해 둔 후 수탁자가 위 명의신탁중 동 토지상에 건물을 신축하고 그 후 명의신탁이 해지되어 소유권회복의 방법으로 신탁자명의로 위 가등기에 기한 본등기가 경료된 경우, 위 명의수탁자는 신탁자와의 대내적 관계에 있어서 그 토지가 자기소유에 속하는 것이었다고 주장할 수 없고 따라서 위 건물은 어디까지나 명의신탁자 소유의 토지 위에 지은 것이라 할 것이므로 그 후 소유명의가 신탁자명의로 회복될 당시 위 수탁자가 신탁자들에 대하여 지상건물의 소유를 위한 관습상의 지상권을 취득하였다고 주장할 수 없다(대판 1986. 5. 27, 86다카62).

⒟ 동일인 소유이지만 부정되는 경우

｜판례｜ ① 원래 채권을 담보하기 위하여 **나대지상에** 가등기가 경료되었고, 그 뒤 대지소유자가 그 지상에 건물을 신축하였는데, 그 후 그 가등기에 기한 본등기가 경료되어 대지와 건물의 소유자가 달라진 경우에 관습상의 법정지상권을 인정하면 애초에 대지에 채권담보를 위하여 가등기를 경료한 사람의 이익을 크게 해하게 되기 때문에 특별한 사정이 없는 한 건물을 위한 관습상의 법정지상권이 성립한다고 할 수 없다(대판 1994. 11. 22, 94다5458).

② 관습상의 법정지상권은 동일인의 소유이던 토지와 그 지상건물이 매매 기타 원인으로 인하여 각각 소유자를 달리하게 되었으나 그 건물을 철거한다는 등의 특약이 없으면 건물 소유자로 하여금 토지를 계속 사용하게 하려는 것이 당사자의 의사라고 보아 인정되는 것이므로 토지의 점유·사용에 관하여 당사자 사이에 약정이 있는 것으로 볼 수 있거나 토지소유자가 건물의 처분권까지 함께 취득한 경우에는 관습상의 법정지상권을 인정할 까닭이 없다 할 것이어서, **미등기건물을 그 대지와 함께 매도**하였다면 비록 매수인에게 그 대지에 관하여만 소유권이전등기가 경료되고 건물에 관하여는 등기가 경료되지 아니하여 형식적으로 대지와 건물이 그 소유 명의자를 달리하게 되었다 하더라도 **매도인에게 관습상의 법정지상권을 인정할 이유가 없다.** 나아가 민법 제366조의 법정지상권은 저당권 설정 당시에 동일인의 소유에 속하는 토지와 건물이 저당권의 실행에 의한 경매로 인하여 각기 다른 사람의 소유에 속하게 된 경우에 건물의 소유를 위하여 인정되는 것이므로, **미등기건물을 그 대지와 함께 매수한 사람이 그 대지에 관하여만 소유권이전등기를 넘겨받고 건물에 대하여는 그 등기를 이전 받지 못하고 있다가, 대지에 대하여 저당권을 설정하고 그 저당권의 실행으로 대지가 경매되어 다른 사람의 소유로 된 경우**에는, 그 저당권의 설정 당시에 이미 대지와 건물이 각각 다른 사람의 소유에 속하고 있었으므로 법정지상권이 성립될 여지가 없다[대판(전합) 2002. 6. 20, 2002다9660].

｜동지판례｜ 甲의 소유인 대지와 그 지상에 신축된 미등기건물을 乙이 함께 양수한 후 건물에 대하여는 미등기상태로 두고 있다가 이중 **대지에 대하여 강제경매**가 실시된 결과 丙이 이를 경락받아 그 소유권을 취득한 경우에는 乙은 미등기인 건물을 처분할 수 있는 권리는 있을지언정 소유권은 가지고 있지 아니하므로 대지와 건물이 동일인의 소유에 속한 것이라고 볼 수 없어 법정지상권이 발생할 여지가 없다(대판 1989. 2. 14, 88다카2592).

③ **토지의 소유자가 건물을 건축할 당시에 이미 토지를 타인에게 매도하여 소유권을 이전하여 줄 의무를 부담하고 있었다면,** 토지의 매수인이 그 건축행위를 승낙하지 않는 이상 그 건물은 장차 철거되어야 할 운명에 처하게 될 것이고, 토지소유자가 이를 예상하면서도 건물을 신축하였다면 그 건물을 위한 관습상의 법정지상권은 발생하지 않는다고 한다(대판 1994. 12. 22, 94다41072).

⒠ 공유와 법정지상권

㈎ 토지의 공유(×) : ① 토지의 공유자 중의 1인이 공유토지 위에 건물을 소유하고 있다가 토지지분만을 전매함으로써 단순히 토지공유자의 1인에 대하여 관습상의 법정지상권이 성립된 것으로 볼 사유가 발생하였다고 하더라도 당해 토지 자체에 관하여 건물의 소유를 위한 **관습상의 법정지상권이 성립된 것으로 보게 된다면 이는 마치 토지공유자의 1인으로 하여금 다른 공유자의 지분에 대하여서까지 지상권설정의 처분행위를 허용하는 셈이 되어 부당하다** 할 것이므로 위와 같은 경우에 있어서는 당해 토지에 관하여 건물의 소유를 위한 관습상의 법정지상권이 성립될 수 없다(대판 1987. 6. 23, 86다카2188). 법정지상권의 경우에도 마찬가지이

다. 예컨대 甲과 乙이 공유하는 토지 위에 甲 소유의 건물이 있는 경우, 甲이 토지의 공유지분에 저당권을 설정하였는데 그 후 저당권이 실행되어 건물과 토지의 소유자가 다르게 된 경우에 법정지상권이 성립한다고 볼 수 없다.

> **판례** ① 토지공유자의 한 사람이 **다른 공유자의 지분 과반수의 동의를 얻어** 건물을 건축한 후 토지와 건물의 소유자가 달라진 경우 토지에 관하여 관습법상의 법정지상권이 성립되는 것으로 보게 되면 이는 토지공유자의 1인으로 하여금 자신의 지분을 제외한 다른 공유자의 지분에 대하여서까지 지상권설정의 처분행위를 허용하는 셈이 되어 부당하다(대판 1993. 4. 13, 92다55756). ☞ 甲, 乙, 丙이 같은 지분으로 공유하고 있는 대지 위에 甲이 乙의 동의를 얻어 건물을 신축한 후 丙이 (공유물분할을 위한) 경매에서 대지 전부의 소유권을 취득한 사안이었음.
> ② **토지 및 그 지상 건물 모두가 각 공유에 속한 경우** 토지 및 건물공유자 중 1인이 그 중 건물 지분만을 타에 증여하여 토지와 건물의 소유자가 달라진 경우에도 해당 토지 전부에 관하여 건물의 소유를 위한 관습법상 법정지상권이 성립된 것으로 보게 된다면, 이는 토지공유자의 1인으로 하여금 다른 공유자의 의사에 기하지 아니한 채 자신의 지분을 제외한 다른 공유자의 지분에 대하여서까지 지상권설정의 처분행위를 허용하는 셈이 되어 부당하다(대판 2022. 8. 31, 2018다218601).

② 공유자간 협의 분할(○) : 공유지상에 공유자의 1인 또는 수인 소유의 건물이 있을 경우 위 공유지의 분할로 그 대지와 지상건물이 소유자를 달리하게 될 때에는 다른 특별사정이 없는 한 건물소유자는 그 건물부지상에 그 건물을 위하여 관습상의 지상권을 취득한다(대판 1974. 2. 12, 73다353). 예컨대, 甲, 乙이 토지를 공유하고 그 지상에 甲 소유의 건물이 있었고, 그 후 공유토지를 분할한 결과 乙 토지 위에도 甲의 건물이 있게 된 때 甲은 관습법상의 법정지상권을 취득한다. ☞ 공유물의 협의분할이 이루어진 경우로서 다른 공유자의 의사에 기한 것이라는 점에서 위 ①과 차이가 있다.

(ㄴ) 건물의 공유(○) : ① 甲소유의 토지 위에 甲과 乙이 공유하는 건물이 있는 경우, 甲이 그 건물의 공유지분에 저당권을 설정하였다. 그 후 저당권이 실행되어 건물과 토지의 소유자가 달리 된 경우 법정지상권이 성립한다. 마찬가지로 ② 건물공유자의 1인이 그 건물의 부지인 토지를 단독으로 소유하면서 그 토지에 관하여만 저당권을 설정하였다가 위 저당권에 의한 경매로 인하여 토지의 소유자가 달라진 경우에도, 건물의 철거로 인한 사회경제적 손실을 방지할 공익상의 필요성도 인정되는 점 등에 비추어 위 건물공유자들은 민법 제366조에 의하여 토지 전부에 관하여 건물의 존속을 위한 법정지상권을 취득한다고 보아야 한다(대판 2011. 1. 13, 2010다67159).

(ㄷ) 구분소유적 공유 : ① 甲과 乙이 대지를 각자 특정하여 매수하여 배타적으로 점유하면서 지분소유권이전등기만을 경료하였는데, **甲이 매수한 토지 위에 乙이 건물을 신축한 후** 건물을 丙에게 양도한 때에 丙은 관습법상의 법정지상권을 취득할 수 없다(대판 1994. 1. 28, 93다49871). ② 반면에 甲과 乙이 1필지의 대지를 구분 소유적으로 공유하고 乙이 **자기 몫의 대지 위에** 건물을 신축하여 점유하던 중 위 대지의 乙지분만을 甲이 경락 취득한 경우 乙은 관습상

의 법정지상권 취득한다(대판 1990. 6. 26, 89다카24094). ③ 구분소유적 공유관계에 있는 토지의 공유자들이 **그 토지 위에 각자** 독자적으로 별개의 건물을 소유하면서 그 토지 전체에 대하여 저당권을 설정하였다가 그 저당권의 실행으로 토지와 건물의 소유자가 달라지게 된 경우에는 법정지상권이 성립한다(대판 2004. 6. 11, 2004다13533).

2) 적법한 원인에 의한 건물과 토지소유권의 분리

토지와 건물 중의 어느 하나가 매매 기타의 적법한 원인으로 처분되어 그 소유자가 각각 다르게 되어야 한다. 판례가 말하는 적법한 원인은 매매·증여·귀속재산의 귀속·강제경매·공유물의 분할·국세징수법에 의한 공매 등이 있다. 단 환지처분은 제외된다.

> **판례** 관습상의 법정지상권의 성립 요건인 해당 토지와 건물의 소유권의 동일인에의 귀속과 그 후의 각기 다른 사람에의 귀속은 법의 보호를 받을 수 있는 권리변동으로 인한 것이어야 하므로, **원래 동일인에게의 소유권 귀속이 원인무효로 이루어졌다가 그 뒤 그 원인무효임이 밝혀져 그 등기가 말소됨으로써 그 건물과 토지의 소유자가 달라지게 된 경우**에는 관습상의 법정지상권을 허용할 수 없다(대판 1999. 3. 26, 98다64189).

3) 건물철거약정 등의 부존재

> **판례** ① 토지 또는 건물이 동일한 소유자에게 속하였다가 건물 또는 토지가 매매 기타 원인으로 인하여 양자의 소유자가 다르게 된 때에 그 건물을 철거하기로 하는 합의가 있었다는 등 특별한 사정이 없는 한 건물소유자는 토지소유자에 대하여 그 건물을 위한 관습상의 지상권을 취득하게 되고, 건물을 철거하기로 하는 합의가 있었다는 등의 특별한 사정의 존재에 관한 주장입증책임은 그러한 사정의 존재를 주장하는 쪽(주로 토지소유자, 편집자 주)에 있다(대판 1988. 9. 27, 87다카279).
> ② 건물을 철거하고 그 소유의 새로운 건물을 신축하기로 한 합의는 관습법상 법정지상권 발생의 소극적 요건인 건물철거에 대한 특약이라고 볼 수 없다(대판 2000. 1. 18, 98다58696).
> ③ 토지와 건물 중 건물만을 양도하면서 따로 건물을 위해 대지에 대한 **임대차계약을 체결한 경우**에는 그 대지에 성립하는 관습법상의 법정지상권을 포기한 것으로 해석한다(대판 1991. 5. 14, 91다1912 등).
> ④ 관습상의 법정지상권은 동일인의 소유이던 토지와 그 지상 건물이 매매 기타 원인으로 인하여 각각 소유자를 달리하게 되었으나 그 건물을 철거한다는 등의 특약이 없으면 건물 소유자로 하여금 토지를 계속 사용하게 하려는 것이 당사자의 의사라고 보아 인정되는 것이므로 이와 달리 토지의 점유·사용에 관하여 당사자 사이에 약정이 있는 것으로 볼 수 있는 경우에는 관습상의 법정지상권을 인정할 까닭이 없다(대판 2008. 2. 15, 2005다41771, 41788).

(3) 강제경매로 인한 관습상 법정지상권 성립여부

1) 가압류나 압류를 기준으로 하는 경우

토지 또는 그 지상 건물의 소유권이 강제경매로 인하여 그 절차상의 매수인에게 이전되는 경우에는 그 매수인이 소유권을 취득하는 매각대금의 완납 시가 아니라 강제경매개시결정으로 **압류의 효력이**

발생하는 때를 기준으로 토지와 지상 건물이 동일인에게 속하였는지에 따라 관습상 법정지상권의 성립 여부를 가려야 하나, 다만 강제경매의 목적이 된 토지 또는 그 지상 건물에 대하여 강제경매개시결정 이전에 가압류가 되어 있다가 그 가압류가 강제경매개시결정으로 인하여 본압류로 이행되어 경매절차가 진행된 경우에는 **애초 가압류의 효력이 발생한 때**를 기준으로 토지와 그 지상 건물이 동일인에 속하였는지에 따라 관습상 법정지상권의 성립 여부를 판단하여야 한다(대판 2013. 4. 11, 2009다62059).

2) 가압류가 있기 전 저당권이 설정된 경우

강제경매의 목적이 된 토지 또는 그 지상 건물에 관하여 강제경매를 위한 압류나 그 압류에 선행한 가압류가 있기 이전에 저당권이 설정되어 있다가 그 후 강제경매로 인해 그 저당권이 소멸하는 경우에는, 저당권자로서는 저당권 설정 당시를 기준으로 그 토지나 지상 건물의 담보가치를 평가하기 때문에 그 **저당권 설정 당시**를 기준으로 토지와 그 지상 건물이 동일인에게 속하였는지에 따라 관습상 법정지상권의 성립 여부를 판단하여야 한다(대판 2013. 4. 11, 2009다62059).

(4) 관습법상 법정지상권의 효력

1) 물권으로서의 효력

관습법상의 법정지상권 성립 후 토지가 양도된 경우, 건물소유자는 이 법정지상권을 취득할 당시의 토지소유자에 대하여서는 물론이고, 그로부터 토지소유권을 전득한 제3자에 대하여서도 역시 등기 없이 관습법상의 법정지상권을 주장할 수 있다(대판 1988. 9. 27, 87다카279 등). ☞ 관습법상의 법정지상권도 물권이기 때문이다.

2) 법정지상권의 양수인과 경락인의 지위비교

관습법상의 법정지상권을 취득한 건물소유자가 그 등기를 경료하지 않고 건물을 양도한 경우 양수인은 건물소유권을 취득하기 위하여는 소유권이전등기를, (법정)지상권을 취득하기 위하여는 지상권등기를 하여야 한다. 건물의 소유권을 취득한다고 당연히 지상권까지 함께 취득하는 것은 아니다[대판(전합) 1985. 4. 9, 84다카1131, 1132]. 그러나 **법정지상권을 취득한 건물소유자의 건물이 경매(법률규정)가 된 경우**, 경락인(=매수인)은 경락대금(=매각대금)을 납부하면 당연히 건물소유권과 함께 법정지상권을 등기 없이도 취득한다(제187조 법률규정에 의한 물권변동).

> **판례** ① 법정지상권을 취득한 건물소유자가 법정지상권의 설정등기를 경료함이 없이 건물을 양도하는 경우에는 특별한 사정이 없는 한 건물과 함께 지상권도 양도하기로 하는 채권적 계약이 있었다고 할 것이므로 법정지상권자는 지상권설정등기를 한 후에 건물양수인에게 이의 양도등기절차를 이행하여 줄 의무가 있는 것이고 따라서 건물양수인은 건물양도인을 순차대위하여 토지소유자에 대하여 건물소유자였던 최초의 법정지상권자에의 법정지상권설정등기절차 이행을 청구할 수 있다(대판 1988. 9. 27, 87다카279).

② 건물 소유를 위하여 법정지상권을 취득한 자로부터 경매에 의하여 건물의 소유권을 이전받은 경락인은 경락 후 건물을 철거한다는 등의 매각조건하에서 경매되는 경우 등 특별한 사정이 없는 한 건물의 경락취득과 함께 위 지상권도 당연히 취득한다. 이러한 법리는 압류, 가압류나 체납처분압류 등 처분제한의 등기가 된 건물에 관하여 그에 저촉되는 소유권이전등기를 마친 사람이 건물의 소유자로서 관습상의 법정지상권을 취득한 후 경매 또는 공매절차에서 건물이 매각되는 경우에도 마찬가지로 적용된다(대판 2014. 9. 4, 2011다13463).

3) 건물철거요구와 신의칙

법정지상권을 가진 건물소유자로부터 건물을 양수하면서 지상권까지 양도받기로 한 사람에 대하여 대지소유자가 소유권에 기하여 건물철거 및 대지의 인도를 구하는 것은 지상권의 부담을 용인하고 그 설정등기절차를 이행할 의무있는 자가 그 권리자를 상대로 한 청구라 할 것이어서 신의성실의 원칙상 허용될 수 없다(대판 1988. 9. 27, 87다카279).

지역권

1. 일반론

> **제291조(지역권의 내용)**
> 지역권자는 일정한 목적을 위하여 타인의 토지를 자기토지의 편익에 이용하는 권리가 있다.
>
> **제292조(부종성)**
> ① 지역권은 요역지소유권에 부종하여 이전하며 또는 요역지에 대한 소유권이외의 권리의 목적이 된다. 그러나 다른 약정이 있는 때에는 그 약정에 의한다.
> ② 지역권은 요역지와 분리하여 양도하거나 다른 권리의 목적으로 하지 못한다.

(1) 의 의

지역권은 일정한 토지의 이용가치를 증가시키기 위하여 다른 토지에 대한 지배를 미치는 권리이다. 민법은 로마법상의 역권(지역권+인역권) 중 지역권만을 인정하는데, 이때 편익을 받는 토지를 요역지라 하고, 편익을 제공하는 토지를 승역지라고 한다.

(2) 상린관계와 구별

상린관계는 보통 인접한 토지사용자간의 문제이지만, 지역권은 반드시 이 두 토지가 서로 인접하고 있음을 요하지 않는다.

〈상린관계와 지역권의 차이점〉

	상린관계	지역권
의 의	서로 인접하는 부동산 소유권의 상호이용을 조절하는 것을 목적으로 하는 법률관계	일정한 목적을 위하여 타인의 토지를 자기토지의 편익에 이용하는 부동산 용익물권의 일종
발생원인	법률의 규정에 의한 소유권의 확장·제한	계약(당사자 사이의 설정행위)에 의한 소유권의 확장·제한
등 기	상린권은 독립한 물권이 아니므로 그 성립에 등기를 요하지 않음	지역권은 소유권과는 별개의 독립한 물권이므로 성립에 등기를 필요로 함
소멸시효	소멸시효에 걸리지 않음	불행사로 소멸시효에 걸림
이용의 객체	부동산, 물의 상호이용을 조정	토지만의 이용조절

(3) 임차권과의 비교

물권으로서 지역권은 제3자에 대하여 대항할 수 있으나, 임차권은 채권적 권리이므로 원칙적으로 제3자에게 대항할 수 없다.

(4) 지역권의 유형

1) 통행지역권

요역지의 소유자가 타인의 토지를 통행하기 위하여 설정하는 지역권을 말한다.

2) 용수지역권

인수·배수를 목적으로 하거나, 구거(도랑)·송수관을 부설하기 위하여 설정하는 지역권을 말한다.

3) 부작위지역권

승역지에 건물을 짓지 않거나 요역지의 조망·일조를 방해하는 건물을 짓지 않는다는 내용을 가지는 지역권을 말한다. 승역지에서 일정한 영업(주유소·여관·주차장)을 경영하지 아니한다는 내용의 지역권도 부작위지역권의 유형이다.

4) 특수지역권

어느 지역의 주민이 집합체의 관계로 각자가 타인의 토지에서 초목, 야생물 및 토사의 채취·방목 기타의 수익을 하는 지역권을 말한다(제302조 참조).

5) 계속지역권과 불계속지역권

계속지역권이란 지역권의 행사가 끊임없이 계속되는 것이다(예컨대 일정한 시설설치). 불계속지역권이란 지역권을 행사할 때마다 지역권자의 행위를 필요로 하는 것이다(예컨대 통로 없는 통행지역권).

(5) 토지간의 물권

지역권은 토지와 토지사이의 물권이다(지상권·전세권과 구별). 따라서 요역지의 하천을 매몰하기 위하여 승역지의 토사를 채취하는 것은 지역권의 목적으로 될 수 있지만, 요역지에 거주하는 도자기공이 도자기를 만들기 위하여 승역지의 토사를 채취하는 것은 지역권의 목적이 될 수 없다.

(6) 소유권 이외의 물권자의 설정

지역권은 성질상 토지소유자 사이에서만 성립할 수 있는 것은 아니다. 지역권은 두 개의 토지의 이용의 조절을 목적으로 하는 것이므로 지상권자나 전세권자 역시 그들이 이용하는 토지를 위하여 지역권을 설정할 수 있다. 따라서 지역권이 설정된 후에 요역지에 대하여 지상권을 취득한 자는 지역권을 행사할 수 있다.

(7) 부종성

제292조(부종성)
① 지역권은 요역지소유권에 부종하여 이전하며 또는 요역지에 대한 소유권이외의 권리의 목적이 된다. 그러나 다른 약정이 있는 때에는 그 약정에 의한다.
② 지역권은 요역지와 분리하여 양도하거나 다른 권리의 목적으로 하지 못한다.

예컨대 요역지의 소유권이 이전되면 지역권은 당연히 함께 이전된다. 이러한 성질을 특히 '지역권의 수반성'이라 한다. 법률의 규정에 의한 물권변동이므로 지역권에 대하여 별도의 이전등기가 없어도 요역지소유권의 이전등기만으로 지역권 이전의 효력이 생긴다(제187조).

2. 대가와 존속기간 등

(1) 지 료

지역권은 지상권처럼 지료가 지역권의 성립요건은 아니다(전세권과 구별).

(2) 대가와 존속기간

지역권의 존속기간은 당사자가 약정할 수 있다. 지역권의 존속기간을 제한하는 규정은 없고, 영구무한의 지역권 설정도 가능하다는 것이 통설이다.

3. 지역권의 취득과 그 효력

(1) 지역권설정계약과 등기

지역권은 지역권설정계약과 등기에 의하여 성립한다(제186조). 그 등기의 방법은 승역지의 등기에 지역권의 등기를 하고, 한편 지역권의 부종성을 제도적으로 실현하기 위하여 요역지의 등기에도 지역권의 내용을 직권으로 기재한다(부동산등기법). 그리고 요역지는 1필의 토지이어야 하며, 토지의 일부를 위한 지역권을 설정할 수는 없다. 그러나 승역지는 1필의 토지일 필요가 없다. 즉 승역지는 전부 또는 일부가 지역권 설정 대상이 된다.

(2) 지역권의 시효취득

> **제294조(지역권취득기간)**
> 지역권은 계속되고 표현된 것에 한하여 제245조의 규정을 준용한다.

관례는 통행지역권의 시효취득에 관하여 "요역지의 소유자가 승역지상에 통로를 개설하여 승역지를 항시 사용하고 있다는 객관적인 상태가 민법 제245조에 규정된 기간 계속된 사실이 있어야 한다"고 하면서 '계속·표현'의 개념을 좁게 해석하고 있다.

> **판례** ① 민법 제294조에 의하여 지역권을 취득하려면 그 지역권이 있다고 인정할 수 있는 행위가 계속되고 표현된 것에 한하여 민법 제245조의 규정이 준용된다 할 것이므로 요역지의 소유자가 타인의 토지를 20년간 통행하였다는 사실만으로서는 부족하고 요역지의 소유자가 승역지상에 **통로를 개설**하여 승역지를 항시 사용하고 있는 상태가 민법 제245조에 규정된 기간 계속한 사실이 있어야 할 것이다(대판 1970. 7. 21, 70다772, 773).
> ② 甲이 乙소유의 토지의 일정부분을 통행로로 이용하였을 뿐 이를 스스로 자신 소유의 대지를 위한 통행로로 개설한 사실이 인정되지 않는다면 통행지역권을 시효취득할 수 없다(대판 2010. 1. 28, 2009다74939, 74946)

(3) 공유토지의 지역권과 불가분성

> **제295조(취득과 불가분성)**
> ① 공유자의 1인이 지역권을 취득한 때에는 다른 공유자도 이를 취득한다.
> ② 점유로 인한 지역권취득기간의 중단은 지역권을 행사하는 모든 공유자에 대한 사유가 아니면 그 효력이 없다.

> **제296조(소멸시효의 중단, 정지와 불가분성)**
> 요역지가 수인의 공유인 경우에 그 1인에 의한 지역권소멸시효의 중단 또는 정지는 다른 공유자를 위하여 효력이 있다.

(4) 승역지소유자의 의무와 승계

> **제298조(승역지소유자의 의무와 승계)**
> 계약에 의하여 승역지소유자가 자기의 비용으로 지역권의 행사를 위하여 공작물의 설치 또는 수선의 의무를 부담한 때에는 승역지소유자의 특별승계인도 그 의무를 부담한다.

계약에 의하여 승역지소유자가 자기의 비용으로 지역권의 행사를 위하여 공작물의 설치 또는 수선의 의무를 부담하기로 한 경우, 위 약정으로 승역지소유자의 특별승계인에게 대항하기 위해서는 등기를 하여야 한다(부동산등기법 제70조 제4호).

4. 지역권의 소멸

(1) 지역권의 소멸시효

지역권은 20년간 행사하지 않으면 소멸시효가 완성한다(제162조 제2항, 제296조).

(2) 위기(委棄)에 의한 소멸

> **제299조(위기에 의한 부담면제)**
> 승역지의 소유자는 지역권에 필요한 부분의 토지소유권을 지역권자에게 위기하여 전조의 부담을 면할 수 있다.

승역지 소유자는 지역권에 필요한 부분의 토지 소유권을 지역권자에게 위기(지역권에 필요한 부분의 토지소유권을 지역권자에게 양도한다는 의사표시)하여 부담을 면할 수 있다(제299조).

5. 특수지역권

> **제302조(특수지역권)**
> 어느 지역의 주민이 집합체의 관계로 각자가 타인의 토지에서 초목, 야생물 및 토사의 채취, 방목 기타의 수익을 하는 권리가 있는 경우에는 관습에 의하는 외에 본장의 규정을 준용한다.

지역권에 있어서는 편익을 받는 것이 토지 자체인데 대하여 특수지역권에 있어서도 「일정한 지역의 주민」이 편익을 받는다는 점에서 인역권에 가깝다.

6. 물권적 청구권

> **제301조(준용규정)**
> 제214조의 규정은 지역권에 준용한다.

지역권자는 물권적 반환청구권이 인정되지 않는다. 제301조에서도 제214조만 준용하고 제213조는 준용하지 않는다.

전세권

Ⅰ. 전세권일반

1. 일반론

> **제303조(전세권의 내용)**
> ① 전세권자는 전세금을 지급하고 타인의 부동산을 점유하여 그 부동산의 용도에 좇아 사용·수익
>   하며, 그 부동산 전부에 대하여 후순위권리자 기타 채권자보다 전세금의 우선변제를 받을 권리
>   가 있다.
> ② 농경지는 전세권의 목적으로 하지 못한다.

(1) 의 의

전세권은 외국의 입법례에서는 찾아볼 수 없는 우리의 특유한 제도이다. 전세권이란 전세금을 지급하고 타인의 부동산을 점유하여 그 부동산의 용도에 좇아 사용·수익하며, 그 부동산 전부에 대하여 후순위권리자 기타 채권자보다 전세금에 관한 우선변제권이 인정되는 특수한 용익물권이다(제303조 제1항).

(2) 법적 성질

전세권은 타인의 부동산에 설정하는 타제한물권이다. 목적물은 건물 또는 토지이다. 단, 헌법상 소작제도금지의 원칙상 농경지는 제외되며, 부동산 일부라도 전세권의 목적이 될 수 있다.

2. 존속기간

> **제312조(전세권의 존속기간)**
> ① 전세권의 존속기간은 10년을 넘지 못한다. 당사자의 약정기간이 10년을 넘는 때에는 이를 10년으
>   로 단축한다.
> ② 건물에 대한 전세권의 존속기간을 1년 미만으로 정한 때에는 이를 1년으로 한다.
> ③ 전세권의 설정은 이를 갱신할 수 있다. 그 기간은 갱신한 날로부터 10년을 넘지 못한다.
> ④ 건물의 전세권설정자가 전세권의 존속기간 만료전 6월부터 1월까지 사이에 전세권자에 대하여
>   갱신거절의 통지 또는 조건을 변경하지 아니하면 갱신하지 아니한다는 뜻의 통지를 하지 아니한
>   경우에는 그 기간이 만료된 때에 전전세권과 동일한 조건으로 다시 전세권을 설정한 것으로 본다.
>   이 경우 전세권의 존속기간은 그 정함이 없는 것으로 본다.

(1) 최장기간제한

토지나 건물에 대해서는 모두 10년이라는 최장존속기간의 제한이 있으나, 최단존속기간의 제한은 **건물**전세권에만 있다(1년).

(2) 법정갱신

전세권의 갱신은 원칙적으로 당사자의 합의에 의해서 이루어진다. 다만 **건물**의 전세권에 관하여는 법정갱신이 인정된다(제312조 제4항). 전세권의 법정갱신은 법률의 규정에 의한 부동산에 관한 물권의 변동이므로 전세권 갱신에 관한 등기를 필요로 하지 아니한다(대판 1989. 7. 11, 88다카21209).

> **판례** 전세권이 법정갱신된 경우 이는 법률의 규정에 의한 물권의 변동이므로 전세권갱신에 관한 등기를 필요로 하지 아니하고, 전세권자는 **등기 없이도** 전세권설정자나 그 목적물을 취득한 제3자에 대하여 갱신된 권리를 주장할 수 있다(대판 2010. 3. 25, 2009다35743).

3. 전세권의 처분

> **제306조(전세권의 양도, 임대 등)**
> 전세권자는 전세권을 타인에게 양도 또는 담보로 제공할 수 있고 그 존속기간내에서 그 목적물을 타인에게 전전세 또는 임대할 수 있다. 그러나 설정행위로 이를 금지한 때에는 그러하지 아니하다.
>
> **제307조(전세권양도의 효력)**
> 전세권양수인은 전세권설정자에 대하여 전세권양도인과 동일한 권리의무가 있다.

(1) 전세권의 양도와 그 제한

1) 전세권의 양도성은 지상권(제282조)에 비해서는 약하지만, 임차권(제629조)에 비해서는 강하다고 볼 수 있다.
2) 전세권의 양도는 **전세권양도의 합의 및 부기등기**가 있어야 그 효력이 발생한다(제306조 · 제186조).

(2) 전세금반환채권의 압류 · 전부 채권자와 전세권양수인과의 우열

통상적으로 전세권이 양도되면 전세금반환청구권도 함께 양도된다. 따라서 전세금반환청구권의 양도를 위한 대항요건을 갖추어야 한다.

> **판례** 전세기간 만료 이후 전세권양도계약 및 전세권이전의 부기등기가 이루어진 것만으로는 전세금반환채권의 양도에 관하여 확정일자 있는 통지나 승낙이 있었다고 볼 수 없어 이로써 **제3자인 전세금반환채권의 압류 · 전부 채권자에게** 대항할 수 없다(대판 2005. 3. 25, 2003다35659).

(3) 전세권저당권

전세권자는 전세권을 타인에게 담보로 제공할 수도 있고(제306조), 전세권은 저당권의 목적이 될 수 있으므로(제371조), 예컨대 전세권자는 타인으로부터 금원을 차용하고 전세권에 저당권을 설정할 수 있다.

> **판례** ① 전세권의 존속기간이 만료하면 전세권의 용익물권적 권능이 소멸하기 때문에 그 전세권에 대한 저당권자는 더 이상 전세권 자체에 대하여 저당권을 실행할 수 없게 되고, 이러한 경우에는 민법 제370조, 제342조, 민사집행법 제273조에 의하여 저당권의 목적물인 전세권에 갈음하여 존속하는 것으로 볼 수 있는 전세금반환채권에 대하여 추심명령 또는 전부명령을 받거나, 제3자가 전세금반환채권에 대하여 실시한 강제집행절차에서 배당요구를 하는 등의 방법으로 자신의 권리를 행사할 수 있고, 민법 제370조, 제342조 단서가 저당권자는 물상대위권을 행사하기 위하여 저당권설정자가 받을 금전 기타 물건의 지급 또는 인도 전에 압류하여야 한다고 규정한 것은 물상대위의 목적인 채권의 특정성을 유지하여 그 효력을 보전함과 동시에 제3자에게 불측의 손해를 입히지 않으려는 데 그 목적이 있으므로, 적법한 기간 내에 적법한 방법으로 물상대위권을 행사한 저당권자는 전세권자에 대한 일반채권자보다 우선변제를 받을 수 있다(대판 2008. 3. 13, 2006다29372, 29389).
> ② 전세권저당권이 설정된 경우에도 전세권이 기간만료로 소멸되면 전세권설정자는 전세금반환채권에 대한 제3자의 압류 등이 없는 한 전세권자에 대하여만 전세금반환의무를 부담한다. 따라서 전세권저당권자가 물상대위권을 행사하기 전에 설정자가 전세권자에게 전세금을 반환한 것은 유효하고 저당권자의 등기는 말소되어야 한다(대판 1999. 9. 17, 98다31301).

II. 전세권의 담보물권적 성격

1. 의의

전세권이란 전세금을 지급하고 타인의 부동산을 점유하여 그 부동산의 용도에 좇아 사용·수익하며, 그 부동산 전부에 대하여 후순위권리자 기타 채권자보다 전세금에 관한 우선변제권이 인정되는 특수한 용익물권이다(제303조 제1항). 즉 전세권은 용익물권 이외에 담보물권으로서의 성질도 아울러 갖는다. 그러나 어디까지나 전세권의 주된 성격은 용익물권성에 있으며, 담보물권성은 전세금 반환의 확보를 위한 부수적인 것이다.

> **판례** 전세권이 용익물권적 성격과 담보물권적 성격을 겸비하고 있다는 점 및 목적물의 인도는 전세권의 성립요건이 아닌 점 등에 비추어 볼 때, 당사자가 주로 채권담보의 목적으로 전세권을 설정하였고, 그 설정과 동시에 목적물을 인도하지 아니한 경우라 하더라도, 장차 전세권자가 목적물을 사용·수익하는 것을 완전히 배제하는 것이 아니라면, 그 전세권의 효력을 부인할 수는 없다(대판 1995. 2. 10, 94다18508).

> **비교판례** 전세권설정계약 당사자가 전세권의 핵심인 사용·수익 권능을 배제하고 채권 담보만을 위해 전세권을 설정하였다면, 법률이 정하지 않은 새로운 내용의 전세권을 창설하는 것으로서 물권법정주의에 반하여 허용되지 않고 이러한 전세권설정등기는 무효이다(대판 2021. 12. 30, 2018다40235).

2. 전세금

(1) 전세권의 요소

전세금의 지급은 전세권 성립의 요소이다(제303조 제1항). 전세금을 지급하지 않는다는 특약을 하여도 무효이고 이러한 경우 전세권은 성립하지 않는다.

> **판례** 전세금의 지급은 전세권 성립의 요소가 되는 것이지만 그렇다고 하여 전세금의 지급이 반드시 현실적으로 수수되어야만 하는 것은 아니고 **기존의 채권으로 전세금의 지급에 갈음**할 수도 있다(대판 1995. 2. 10, 94다18508).

(2) 사용대가

전세금은 목적부동산 사용의 대가의 성질을 갖는다. 차임과 전세금의 이자는 상계되므로 전세권자는 전세금의 이자를 청구하지 못한다.

(3) 보증금

전세금은 아울러 보증금으로서의 성질도 갖는다. 즉 전세금은 전세권자의 책임있는 사유로 전세권설정자에게 손해배상을 하여야 할 경우 보증금의 기능을 한다(제315조 참조).

> **판례** 전세금은 그 성격에 비추어 민법 제315조에 정한 전세권설정자의 전세권자에 대한 손해배상채권 외 다른 채권까지 담보한다고 볼 수 없으므로, 전세권설정자가 전세권자에 대하여 위 손해배상채권 외 다른 채권을 가지고 있더라도 다른 특별한 사정이 없는 한 이를 가지고 전세금반환채권에 대하여 물상대위권을 행사한 전세권저당권자에게 상계 등으로 대항할 수 없다(대판 2008. 3. 13, 2006다29372, 29389).

3. 담보물권으로서의 성격

(1) 담보물권의 통유성

전세권은 전세금반환채권을 담보하는 범위 내에서 담보물권이므로 담보물권의 통유성 즉 그 속성인 부종성·수반성·불가분성·물상대위성(우선변제적 지위)을 가진다.

(2) 전세금반환청구권의 양도성 문제

> **판례** ① 전세권이 담보물권적 성격도 가지는 이상 부종성과 수반성이 있는 것이므로 **전세권을 그 담보하는 전세금반환채권과 분리하여 양도하는 것**은 허용되지 않는다고 할 것이나, 한편 담보물권의 수반성이란 피담보채권의 처분이 있으면 언제나 담보물권도 함께 처분된다는 것이 아니라, 채권 담보라고 하는 담보물권 제도의 존재 목적에 비추어 볼 때 특별한 사정이 없는 한 피담보채권의 처분에는 담보물권의 처분도 포함된다고 보는 것이 합리적이라는 것일 뿐이므로, ① **전세권이 존속기간의 만료로 소멸**한 경우이거나 ② **전세계약의 합의해지** 또는 ③ **당사자 간의 특약**에 의하여 전세권반환채권의 처분에도 불구하고, **전세권의 처분이 따르지 않는 경우 등의 특별한 사정**이 있는 때에는 채권양수인은 담보물권이 없는 무담보의 채권을 양수한 것이

된다(대판 1999. 2. 5, 97다33997; 대판 1997. 11. 25, 97다29790). **⋮ 비교판례** 전세권설정등기를 마친 민법상의 전세권은 그 성질상 용익물권적 성격과 담보물권적 성격을 겸비한 것으로서, 전세권의 존속기간이 만료되면 전세권의 용익물권적 권능은 전세권설정등기의 말소 없이도 당연히 소멸하고 단지 전세금반환채권을 담보하는 담보물권적 권능의 범위 내에서 전세금의 반환시까지 그 전세권설정등기의 효력이 존속하고 있다 할 것인데, 이와 같이 존속기간의 경과로서 본래의 용익물권적 권능이 소멸하고 담보물권적 권능만 남은 전세권에 대해서도 그 **피담보채권인 전세금반환채권과 함께** 제3자에게 이를 양도할 수 있다 할 것이지만 이 경우에는 민법 제450조 제2항 소정의 확정일자 있는 증서에 의한 채권양도절차를 거치지 않는 한 위 전세금반환채권의 압류·전부 채권자 등 제3자에게 위 전세보증금반환채권의 양도사실로써 대항할 수 없다(대판 2005. 3. 25, 2003다35659; 대판 2008. 3. 13, 2006다29372 참조).

② 전세권은 전세금을 지급하고 타인의 부동산을 그 용도에 따라 사용·수익하는 권리로서 전세금의 지급이 없으면 전세권은 성립하지 아니하는 등으로 전세금은 전세권과 분리될 수 없는 요소일 뿐 아니라, 전세권에 있어서는 그 설정행위에서 금지하지 아니하는 한 전세권자는 전세권 자체를 처분하여 전세금으로 지출한 자본을 회수할 수 있도록 되어 있으므로 **전세권이 존속하는 동안은 전세권을 존속시키기로 하면서 전세금반환채권만을 전세권과 분리하여 확정적으로 양도하는 것**은 허용되지 않는 것이며, 다만 전세권 존속 중에는 장래에 그 전세권이 소멸하는 경우에 전세금 반환채권이 발생하는 것을 조건으로 그 **장래의 조건부 채권을 양도**할 수 있을 뿐이라 할 것이다(대판 2002. 8. 23, 2001다69122).

(3) 임대차보증금반환채권을 담보할 목적으로 임차인 명의로 전세권설정등기를 마친 경우

가. 임대차계약에 따른 임대차보증금반환채권을 담보할 목적으로 임차인과 임대인 사이의 합의에 따라 임차인 명의로 전세권설정등기를 마친 경우, 전세금의 지급은 임대차보증금반환채권으로 갈음한 것이고 장차 전세권자가 목적물을 사용·수익하는 것을 완전히 배제하는 것도 아니므로 **전세권설정등기는 유효**하다.

나. 임대차보증금은 임대차계약이 종료된 후 임차인이 목적물을 인도할 때까지 발생하는 차임과 그 밖의 채무를 담보한다. 임대인과 임차인이 위와 같이 임대차보증금반환채권을 담보할 목적으로 전세권을 설정하기 위해 전세권설정계약을 체결하였다면, 임대차보증금에서 연체차임 등을 공제하고 남은 돈을 전세금으로 하는 것이 임대인과 임차인의 합치된 의사라고 볼 수 있다. 그러나 전세권설정계약은 외관상으로는 그 내용에 차임지급 약정이 존재하지 않고 이에 따라 전세금에서 연체차임이 공제되지 않는 등 임대인과 임차인의 진의와 일치하지 않는 부분이 존재한다. 따라서 **전세권설정계약은** 위와 같이 임대차계약과 양립할 수 없는 범위에서 **통정허위표시에 해당하여 무효**라고 봄이 타당하다. 다만 전세권설정계약에 따라 형성된 법률관계에 기초하여 새로이 법률상 이해관계를 가지게 된 **제3자에 대해서는 그 제3자가 그와 같은 사정을 알고 있었던 경우에만 무효를 주장할 수 있다.** 따라서 임대차계약에 따른 임차보증금반환채권을 담보할 목적으로 전세권설정등기를 마친 경우 **임대차계약에 따른 연체차임 공제는 전세권설정계약과 양립할 수 없으므로, 전세권설정자는 선의의 제3자에 대해서는 연체차임 공제 주장으로 대항할 수 없다.** 여기에서 선의의 제3자가 보호될 수 있는 법률상 이해관계는 전세권설정계약의 당사자를 상대로 하여 직접 법률상 이해관계를 가지는 경우 외에도 법률상 이해관계를 바탕

으로 하여 다시 위 전세권설정계약에 의하여 형성된 법률관계와 새로이 법률상 이해관계를 가지게 되는 경우도 포함된다(대판 2021. 12. 30, 2020다257999).

> **판례** 전세권저당권자가 물상대위권을 행사하여 전세금반환채권에 대하여 압류 및 추심명령 또는 전부명령을 받고 이에 기하여 추심금 또는 전부금을 청구하는 경우 제3채무자인 전세권설정자는 일반적 채권집행의 법리에 따라 압류 및 추심명령 또는 전부명령이 송달된 때를 기준으로 하여 그 이전에 채무자와 사이에 발생한 모든 항변사유로 압류채권자에게 대항할 수 있다. 다만 임대차계약에 따른 임대차보증금반환채권을 담보할 목적으로 유효한 전세권설정등기가 마쳐진 경우에는 **전세권저당권자가 저당권 설정 당시 그 전세권설정등기가 임대차보증금반환채권을 담보할 목적으로 마쳐진 것임을 알고 있었다면**, 제3채무자인 전세권설정자는 전세권저당권자에게 그 전세권설정계약이 임대차계약과 양립할 수 없는 범위에서 무효임을 주장할 수 있으므로, 그 임대차계약에 따른 **연체차임 등의 공제 주장으로 대항할 수 있다**(대판 2021. 12. 30, 2018다268538).

(4) 제3자 명의의 전세권등기

1) 전세권이 담보물권적 성격도 가지는 이상 부종성과 수반성이 있는 것이기는 하지만, 채권담보를 위하여 담보권을 설정하는 경우 채권자와 채무자 및 제3자 사이에 합의가 있으면 채권자가 그 담보권의 명의를 제3자로 하는 것도 가능하고, 이와 같은 경우에는 채무자와 담보권명의자인 제3자 사이에 담보계약관계가 성립하는 것으로 그 담보권명의자는 그 피담보채권을 수령하고 그 담보권을 실행하는 등의 담보계약상의 권한을 가진다(대판 1995. 2. 10, 94다18508).

2) 전세권이 담보물권적 성격을 아울러 가지고 있는 이상 부종성과 수반성이 있기는 하지만, 다른 담보권과 마찬가지로 전세권자와 전세권설정자 및 제3자 사이에 합의가 있으면 그 전세권자의 명의를 제3자로 하는 것도 가능하므로, 임대차계약에 바탕을 두고 이에 기한 임차보증금반환채권을 담보할 목적으로 임대인, 임차인 및 제3자 사이의 합의에 따라 제3자 명의로 경료된 **전세권설정등기**는 유효하다 할 것이고, 비록 임대인과 임차인 또는 제3자 사이에 실제로 전세권설정계약이 체결되거나 전세금이 수수된 바 없다거나, 위 전세권설정등기의 피담보채권인 임차보증금반환채권의 귀속자는 임차인이고 제3자는 임대인에 대하여 직접 어떤 채권을 가지고 있지 아니하다 하더라도 달리 볼 것은 아니다(대판 1998. 9. 4, 98다20981).

(5) 우선변제권자의 지위(제303조)

전세권자는 전세금에 관하여 전세목적물에 우선변제권을 갖는다.

(6) 경매신청권

> **제318조(전세권자의 경매청구권)**
> 전세권설정자가 전세금의 반환을 지체한 때에는 전세권자는 민사집행법의 정한 바에 의하여 전세권의 목적물의 경매를 청구할 수 있다.

판례 ① 건물의 **일부에 대하여** 전세권이 설정되어 있는 경우 그 전세권자는 민법 제303조 제1항, 제318조의 규정에 의하여 그 건물 전부에 대하여 후순위 권리자 기타 채권자보다 전세금의 우선변제를 받을 권리가 있고, 전세권설정자가 전세금의 반환을 지체한 때에는 전세권의 목적물의 경매를 청구할 수 있다 할 것이나, **전세권의 목적물이 아닌 나머지 건물부분**에 대하여는 우선변제권은 별론으로 하고 경매신청권은 없다(대결 1992. 3. 10. 자 91마256).

② 위와 같은 경우 전세권자는 전세권의 목적이 된 부분을 초과하여 건물 전부의 경매를 청구할 수 없다고 할 것이고, 그 전세권의 목적이 된 부분이 구조상 또는 이용상 독립성이 없어 독립한 소유권의 객체로 분할할 수 없고 따라서 그 부분만의 경매신청이 불가능하다고 하여 달리 볼 것은 아니다(대결 2001. 7. 2. 자 2001마212).

Ⅲ. 전세권의 효력

1. 법정지상권

> **제305조(건물의 전세권과 법정지상권)**
> ① 대지와 건물이 동일한 소유자에 속한 경우에 건물에 전세권을 설정한 때에는 그 대지소유권의 특별승계인은 전세권설정자에 대하여 지상권을 설정한 것으로 본다. 그러나 지료는 당사자의 청구에 의하여 법원이 이를 정한다.
> ② 전항의 경우에 대지소유자는 타인에게 그 대지를 임대하거나 이를 목적으로 한 지상권 또는 전세권을 설정하지 못한다.

2. 건물전세권자의 지위

> **제304조(건물의 전세권, 지상권, 임차권에 대한 효력)**
> ① 타인의 토지에 있는 건물에 전세권을 설정한 때에는 전세권의 효력은 그 건물의 소유를 목적으로 한 지상권 또는 임차권에 미친다.
> ② 전항의 경우에 전세권설정자는 전세권자의 동의없이 지상권 또는 임차권을 소멸하게 하는 행위를 하지 못한다.

판례 ① 토지와 건물을 함께 소유하던 토지·건물의 소유자가 건물에 대하여 전세권을 설정하여 주었는데 그 후 토지가 타인에게 경락되어 민법 제305조 제1항에 의한 법정지상권을 취득한 상태에서 다시 건물을 타인에게 양도한 경우, 그 건물을 양수하여 소유권을 취득한 자는 특별한 사정이 없는 한 법정지상권을 취득할 지위를 가지게 되고, 다른 한편으로는 전세권 관계도 이전받게 되는바, 민법 제304조 등에 비추어 건물 양수인이 토지소유자와의 관계에서 전세권자의 동의 없이 법정지상권을 취득할 지위를 소멸시켰다고 하더라도, 그 건물 양수인은 물론 토지 소유자도 그 사유를 들어 전세권자에게 대항할 수 없다(대판 2007. 8. 24, 2006다14684).

② (i) 민법 제304조는 전세권을 설정하는 건물소유자가 건물의 존립에 필요한 지상권 또는 임차권과 같은 토지사용권을 가지고 있는 경우에 관한 것으로서, 그 경우에 건물전세권자로 하여금 토지소유자에 대하여 건물소유자, 즉 전세권설정자의 그러한 토지사용권을 원용할 수 있도록 함으로써 토지소유자 기타 토지에 대하여 권리를 가지는 사람에 대한 관계에서 건물전세권자를 보다 안전한 지위에 놓으려는 취지의 규정이다. 또한 지

상권을 가지는 건물소유자가 그 건물에 전세권을 설정하였으나 그가 **2년 이상의 지료를 지급하지 아니하였음을 이유로 지상권설정자, 즉 토지소유자의 청구로 지상권이 소멸하는 것**(민법 제287조 참조)은 전세권설정자가 전세권자의 동의 없이는 할 수 없는 위 민법 제304조 제2항 상의 "지상권 또는 임차권을 소멸하게 하는 행위"에 해당하지 아니한다. 즉 건물에 대하여 전세권 또는 대항력 있는 임차권을 설정하여 준 지상권자가 그 지료를 지급하지 아니함을 이유로 토지소유자가 한 지상권소멸청구가 그에 대한 전세권자 또는 임차인의 동의가 없이 행하여졌다고 해도 민법 제304조 제2항에 의하여 그 효과가 제한된다고 할 수 없다. 그리고 (ii) 전세권설정자가 건물의 존립을 위한 토지사용권을 가지지 못하여 그가 토지소유자의 건물철거 등 청구에 대항할 수 없는 경우에 민법 제304조 등을 들어 전세권자 또는 대항력 있는 임차권자가 토지소유자의 권리행사에 대항할 수 없음은 물론이다(대판 2010. 8. 19, 2010다43801).

3. 부속물 매수청구권(제316조)

제316조(원상회복의무, 매수청구권)
① 전세권이 그 존속기간의 만료로 인하여 소멸한 때에는 전세권자는 그 목적물을 원상에 회복하여야 하며 그 목적물에 부속시킨 물건은 수거할 수 있다. 그러나 전세권설정자가 그 부속물건의 매수를 청구한 때에는 전세권자는 정당한 이유없이 거절하지 못한다.
② 전항의 경우에 그 부속물건이 전세권설정자의 동의를 얻어 부속시킨 것인 때에는 전세권자는 전세권설정자에 대하여 그 부속물건의 매수를 청구할 수 있다. 그 부속물건이 전세권설정자로부터 매수한 것인 때에도 같다.

4. 전세권자의 비용상환청구권

제309조(전세권자의 유지, 수선의무)
전세권자는 목적물의 현상을 유지하고 그 통상의 관리에 속한 수선을 하여야 한다.

제310조(전세권자의 상환청구권)
① 전세권자가 목적물을 개량하기 위하여 지출한 금액 기타 유익비에 관하여는 그 가액의 증가가 현존한 경우에 한하여 소유자의 선택에 좇아 그 지출액이나 증가액의 상환을 청구할 수 있다.
② 전항의 경우에 법원은 소유자의 청구에 의하여 상당한 상환기간을 허여할 수 있다.

전세권자는 목적물의 현상을 유지하고 그 통상의 관리에 속한 수선을 하여야 하는바, 따라서 전세권자는 전세권설정자에 대하여 필요비의 상환을 청구할 수는 없다(제309조 참조). 이러한 점은 임대차에서 임차인이 임대인에 대하여 필요비나 유익비상환청구권을 행사할 수 있는 점과 큰 차이가 있다(제626조 참조).

5. 경매로 인하여 전세권이 소멸되는지 여부

예컨대 전세권이 저당권의 실행에 의하여 소멸되느냐 여부는 **그 부동산 위의 최선순위의 저당권**과의 사이의 우열로 정하여진다(대판 1999. 4. 23, 98다32939 등). ☞ 경매를 신청한 저당권자와의 사이의 우열로 정하여지는 것이 아니다.

> **판례** ① 저당권 등에 대항할 수 없는 전세권과 달리, **최선순위의 전세권**은 존속기간에 상관없이 오로지 전세권자의 배당요구에 의하여만 소멸하고, 전세권자가 배당요구를 하지 않는 한 매수인에게 인수된다는 취지이다. 따라서 최선순위의 전세권은 전세권자 스스로 배당요구를 하여야만 매각으로 소멸함이 원칙이다. 그러나 전세권이 존속기간의 만료 등으로 종료한 경우라면 최선순위 전세권자의 채권자는 전세권이 설정된 부동산에 대한 경매절차에서 채권자대위권에 기하거나 전세금반환채권에 대하여 압류 및 추심명령을 받은 다음 추심권한에 기하여 자기 이름으로 전세권에 대한 배당요구를 할 수 있다. 다만 최선순위 전세권자의 채권자가 채권자대위권이나 추심권한에 기하여 전세권에 대한 배당요구를 할 때에는 채권자대위권 행사의 요건을 갖추었다거나 전세금반환채권에 대하여 압류 및 추심명령을 받았다는 점과 아울러 전세권이 존속기간의 만료 등으로 종료하였다는 점에 관한 소명자료를 배당요구의 종기까지 제출하여야 한다(대판 2015. 11. 17, 2014다10694).
> ② 전세권이 용익물권적인 성격과 담보물권적인 성격을 모두 갖추고 있는 점에 비추어 **전세권 존속기간이 시작되기 전에 마친 전세권설정등기도** 특별한 사정이 없는 한 **유효한 것으로 추정된다.** 한편 부동산등기법 제4조 제1항은 "같은 부동산에 관하여 등기한 권리의 순위는 법률에 다른 규정이 없으면 등기한 순서에 따른다"라고 정하고 있으므로, 전세권은 등기부상 기록된 전세권설정등기의 존속기간과 상관없이 등기된 순서에 따라 순위가 정해진다. ☞ 사실관계 : ① 甲이 2015. 2. 13. 전세권설정등기 경료, ② 전세권의 존속기간은 2015. 2. 24.부터 시작, ③ 乙이 2015. 2. 16. 근저당권설정등기 경료 ⇒ 전세권이 최선순위로서 甲이 우선하므로 경매절차의 매수인에게 대항할 수 있다(대결 2018. 1. 25, 자 2017마1093).

6. 전세금 증감청구권

> **제312조의2(전세금 증감청구권)**
> 전세금이 목적 부동산에 관한 조세·공과금 기타 부담의 증감이나 경제사정의 변동으로 인하여 상당하지 아니하게 된 때에는 당사자는 장래에 대하여 그 증감을 청구할 수 있다. 그러나 증액의 경우에는 대통령령이 정하는 기준에 따른 비율을 초과하지 못한다.

7. 물권적 청구권, 상린관계 등

> **제319조(준용규정)**
> 제213조, 제214조, 제216조 내지 제244조의 규정은 전세권자간 또는 전세권자와 인지소유자 및 지상권자간에 이를 준용한다.

Ⅳ. 전전세(轉傳貰)

> **제306조(전세권의 양도, 임대 등)**
> 전세권자는 전세권을 타인에게 양도 또는 담보로 제공할 수 있고 그 존속기간내에서 그 목적물을 타인에게 전전세 또는 임대할 수 있다. 그러나 설정행위로 이를 금지한 때에는 그러하지 아니하다.
>
> **제308조(전전세 등의 경우의 책임)**
> 전세권의 목적물을 전전세 또는 임대한 경우에는 전세권자는 전전세 또는 임대하지 아니하였으면 면할 수 있는 불가항력으로 인한 손해에 대하여 그 책임을 부담한다.

전전세의 당사자는 전세권자와 전전세권자이며 원전세권설정자는 당사자가 아니고, 또한 그에게 전전세의 승낙을 받을 필요도 없다. 전전세권의 존속기간은 원전세권의 존속기간을 초과할 수 없고, 전전세권은 원전세권을 기초로 하므로 원전세권의 소멸은 전전세권의 소멸원인이 된다.

Ⅴ. 전세권의 소멸

1. 의의

전세권은 물권의 일반의 소멸원인으로 소멸한다. 즉 목적부동산의 멸실·존속기간의 만료·혼동·소멸시효·전세권에 우선하는 저당권의 실행에 의한 경매·토지수용 등으로 소멸한다. 그리고 전세권의 특유한 소멸원인으로는 전세권설정자의 소멸청구(제311조)·전세권의 소멸통고(제313조)·전세권의 포기 등이 있다.

2. 소멸사유

(1) 전세권설정자의 소멸청구(제311조)

> **제311조(전세권의 소멸청구)**
> ① 전세권자가 전세권설정계약 또는 그 목적물의 성질에 의하여 정하여진 용법으로 이를 사용, 수익하지 아니한 경우에는 전세권설정자는 전세권의 소멸을 청구할 수 있다.
> ② 전항의 경우에는 전세권설정자는 전세권자에 대하여 원상회복 또는 손해배상을 청구할 수 있다.

(2) 전세권의 소멸통고(제313조) - 즉시해지의 제한

> **제313조(전세권의 소멸통고)**
> 전세권의 존속기간을 약정하지 아니한 때에는 각 당사자는 언제든지 상대방에 대하여 전세권의 소멸을 통고할 수 있고 상대방이 이 통고를 받은 날로부터 6월이 경과하면 전세권은 소멸한다.

(3) 목적부동산의 멸실(제314조, 제315조)

제314조(불가항력으로 인한 멸실)
① 전세권의 목적물의 전부 또는 일부가 불가항력으로 인하여 멸실된 때에는 그 멸실된 부분의 전세권은 소멸한다.
② 전항의 일부멸실의 경우에 전세권자가 그 잔존부분으로 전세권의 목적을 달성할 수 없는 때에는 전세권설정자에 대하여 전세권전부의 소멸을 통고하고 전세금의 반환을 청구할 수 있다.

제315조(전세권자의 손해배상책임)
① 전세권의 목적물의 전부 또는 일부가 전세권자에 책임있는 사유로 인하여 멸실된 때에는 전세권자는 손해를 배상할 책임이 있다.
② 전항의 경우에 전세권설정자는 전세권이 소멸된 후 전세금으로써 손해의 배상에 충당하고 잉여가 있으면 반환하여야 하며 부족이 있으면 다시 청구할 수 있다.

(4) 전세권의 포기

원칙으로 전세권의 포기는 허용되나 그 전세권이 제3자의 권리의 목적인 때에는 그러하지 아니하다. 예컨대 전세권을 목적으로 저당권을 설정한 자는 저당권자의 동의 없이는 전세권을 소멸하게 하는 행위를 하지 못한다(제371조 제2항 참조).

3. 전세권소멸의 효과

(1) 일반적 효과

1) 전세권이 소멸하게 되면 이제까지 용익권으로서의 전세권은 담보권으로서의 전세권으로 변화를 일으킨다. 이에 따라 전세권설정자는 전세금을 반환하고 전세권자는 목적부동산을 반환하여야 할 의무가 발생한다.

2) 면책적 채무인수

전세권이 성립한 후 목적물의 소유권이 이전된 경우에 전세권이 소멸하는 때에 전세권자에 대하여 전세금반환의무를 부담하는 자는 신 소유자이다. 즉 신 소유자가 전세권설정자의 지위를 승계한 것으로 본다.

> **판례** 전세권이 성립한 후 목적물의 소유권이 이전되는 경우에 있어서 전세권 관계가 전세권자와 전세권설정자인 종전 소유자와 사이에 계속 존속되는 것인지 아니면 전세권자와 목적물의 소유권을 취득한 신 소유자와 사이에 동일한 내용으로 존속되는지에 관하여 민법에 명시적인 규정은 없으나, 전세목적물의 소유권이 이전된 경우 민법이 전세권 관계로부터 생기는 상환청구, 소멸청구, 갱신청구, 전세금증감청구, 원상회복, 매수청구 등의 법률관계의 당사자로 규정하고 있는 전세권설정자 또는 소유자는 모두 목적물의 소유권을 취득한 신 소유자로 새길 수밖에 없다고 할 것이므로, 전세권은 전세권자와 목적물의 소유권을 취득한 신 소유자 사이에

서 계속 동일한 내용으로 존속하게 된다고 보아야 할 것이고, 따라서 목적물의 **신 소유자**는 구 소유자와 전세권자 사이에 성립한 전세권의 내용에 따른 권리의무의 직접적인 당사자가 되어 전세권이 소멸하는 때에 전세권자에 대하여 전세권설정자의 지위에서 **전세금반환의무를 부담**하게 되고, **구 소유자**는 전세권설정자의 지위를 상실하여 **전세금반환의무를 면하게 된다**고 보아야 하고, 전세권이 전세금 채권을 담보하는 담보물권적 성질을 가지고 있다고 하여도 전세권은 전세금이 존재하지 않으면 독립하여 존재할 수 없는 용익물권으로서 전세금은 전세권과 분리될 수 없는 요소이므로 전세권 관계로 생기는 위와 같은 법률관계가 신 소유자에게 이전되었다고 보는 이상, 전세금 채권 관계만이 따로 분리되어 전 소유자와 사이에 남아 있다고 할 수는 없을 것이고, 당연히 신 소유자에게 이전되었다고 보는 것이 옳다(대판 2000. 6. 9, 99다15122).

(2) 동시이행의 항변권

> **제317조(전세권의 소멸과 동시이행)**
> 전세권이 소멸한 때에는 전세권설정자는 전세권자로부터 그 목적물의 인도 및 전세권설정등기의 말소등기에 필요한 서류의 교부를 받는 동시에 전세금을 반환하여야 한다.

판례 전세권이 소멸한 때에는 그 목적물의 인도 및 전세권설정등기의 말소등기에 필요한 서류의 교부를 받는 동시에 전세금을 반환하여야 하는 **동시이행의 관계**가 있기 때문에, 전세권자가 그 목적물을 인도하였다고 하더라도 전세권설정등기의 말소등기에 필요한 서류를 교부하거나 그 이행의 제공을 하지 아니하는 이상, 전세권설정자는 **전세금의 반환을 거부할 수 있고**, 이 경우 다른 특별한 사정이 없는 한 그가 **전세금에 대한 이자 상당액의 이득을 법률상 원인 없이 얻는다고 볼 수 없다**(대판 2002. 2. 5, 2001다62091).

CHAPTER 11 담보물권의 일반

Ⅰ. 담보물권의 의의

1. 채권과 금전채권의 효력

채권은 채권자가 채무자에 대하여 '일정한 행위(=급부)'를 청구할 수 있는 권리이다. 그러나 채무자가 임의로 급부를 이행하지 아니할 때에는 채권자는 판결 등을 통하여 채권의 내용을 강제적으로 실현하게 된다. 그리고 이것이 불가능하거나 기타의 손해가 있는 경우에는 손해배상을 청구할 수 있는데, 결국 모든 채권은 궁극적으로는 금전채권으로 변하게 되는 것이다. 이러한 채권자의 채권은 결국 채무자의 일반재산에 의하여 만족될 수밖에 없다. 그런데 채권자의 금전채권을 만족시켜 주는 채무자의 일반재산은 증감변동하는 것이고, 또한 채권자 간에는 채권자평등의 원칙이 적용되는 결과 채권자가 자기채권액을 제대로 못 받는다는 결과가 발생할 수도 있다. 따라서 채권자가 금전채권의 효력으로 만족하지 않고 그것을 더 보강해서 채권의 실현을 확보하려고 하는 수단이 '담보'이다. 채권담보제도는 인적 담보와 물적 담보가 있다.

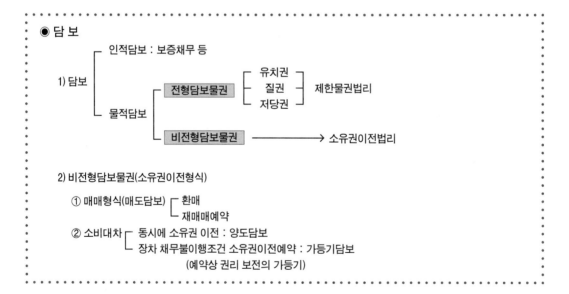

2. 채권의 담보제도

(1) 인적 담보

제3자의 책임재산이 추가되는 경우로서 채권법의 영역에서 다루는 불가분채무·연대채무·보증채무가 있다. 이러한 인적담보제도는 복수의 책임재산이 있게 되어 전체로서 책임재산의 총액이 증대하는 이점이 있다. 그러나 이들 경우에도 그 책임재산이 변동될 가능성이 있다. 그리고 다른 채권자의 배당참가가 가능하기 때문에 채권자의 우선만족은 보장되지 않는다(채권자평등의 원칙).

(2) 물적 담보

채무자 또는 제3자 소유의 물건에 대해 교환가치의 파악을 목적으로 하는 물권을 설정함으로써 권리순위에 따라 독점적으로 채권의 만족을 받게 되는 경우로서 그 물건의 가격이 급격히 떨어지지 않는 한 가장 확실한 채권담보제도이다. 물적 담보에는 민법이 인정하는 전형담보(유치권·질권·저당권)와 기타 민법 이외에서 인정하는 비전형담보(가등기담보·양도담보)가 있다.

Ⅱ. 담보물권의 성질

각종의 담보물권은 각각 그에 특유한 성질과 내용을 갖기도 하나, 채권담보의 기능을 갖는다는 점에서 아래와 같은 공통된 특성을 갖기도 한다.

1. 부종성

담보물권은 채권의 담보를 목적으로 하는 것이기 때문에 채권이 발생하지 않으면 담보물권도 발생하지 않으며 또 채권이 소멸하면 담보물권도 당연히 소멸하는, 즉 피담보채권에 의존하는 성질(부종성)을 가진다(제369조 참조).

2. 수반성

(1) 수반성이란, 채권이 이전되면 담보물권은 따라서 이전된다는 것을 말한다. 민법에서는 이에 대하여 "담보물권은 그 담보한 채권과 분리하여 타인에게 양도하거나 다른 채권의 담보로 하지 못한다"고 규정한다(제361조 참조).

(2) 저당권으로 담보된 채권을 양도하는 경우에 저당권도 같이 수반되지만, 저당권에 관한 이전등기 없이도 채권양수인이 당연히 저당권을 취득하는 것은 아니다. 즉 저당권부채권을 양도하기 위하여는 그 채권양도에 지명채권의 양도와 저당권의 양도가 포함된 것이므로 각각의 권리이전의 절차를 거쳐야 한다.

3. 불가분성

담보물권의 불가분성이란 담보권자는 채권전부의 변제를 받을 때까지 목적물 전부에 대하여 그 권리를 행사할 수 있다는 것을 말한다. 즉 피담보채권의 일부가 변제되더라도 담보물권은 남은 채권의 변제를 위해 목적물 전부 위에 여전히 그 효력을 가지게 된다. 민법은 유치권에서 이를 인정하고 질권과 저당권에서 이를 준용하고 있다(제321조·제343조·제370조 참조).

4. 물상대위성

(1) 담보물권은 목적물 그 자체에 주안을 두는 것이 아니라 목적물이 가지는 교환가치에 중점을 두는 것이므로, 따라서 목적물이 멸실되더라도 그 목적물의 가치를 대표하는 것(보상금·보험금·손해배상청구권 등)이 있게 되면 담보물권은 그 대표물 위에 그 효력을 미친다고 보아야 하는데, 이러한 특성을 물상대위성이라 한다(제342조, 제370조 참조).

(2) 담보물권 중에서 유치권은 목적물을 유치함으로써 변제를 간접적으로 촉구하는 것을 본체로 한다. 따라서 우선변제권이 부여되어 있지 않고 그렇기 때문에 물상대위가 인정되지 않는다. 이 물상대위성은 질권과 저당권·전세권 등에서 인정된다.

유치권

> **제320조(유치권의 내용)**
> ① 타인의 물건 또는 유가증권을 점유한 자는 그 물건이나 유가증권에 관하여 생긴 채권이 변제기에 있는 경우에는 변제를 받을 때까지 그 물건 또는 유가증권을 유치할 권리가 있다.
> ② 전항의 규정은 그 점유가 불법행위로 인한 경우에 적용하지 아니한다.

Ⅰ. 서 설

1. 의 의

(1) 타인의 물건(동산+부동산) 또는 유가증권을 점유한 자는 그 물건이나 유가증권에 관하여 생긴 채권이 변제기에 있는 경우에는 변제를 받을 때까지 그 물건 또는 유가증권을 유치할 수 있는 권리가 법률규정에 의해 인정되는바, 이를 유치권이라 한다. 예컨대 타인의 물건을 수선한 자가 수선비의 지급을 받을 때까지 그 물건의 인도를 거절하고 각각 이를 유치하는 권리 등이 이에 해당한다.

(2) 유치권은 목적물의 소유자와 채권자와의 사이의 계약에 의하여 설정되는 것이 아니라 법이 정하는 일정한 객관적 요건을 갖춤으로써 발생하는 이른바 **법정담보물권**이다(대판 2011. 12. 22, 2011다84298). 유치권은 법정담보물권이기 때문에 점유를 요소로 하고 부동산유치권의 경우에도 등기를 필요로 하지 않는다. 민법이 이렇게 법정담보물권으로 유치권을 인정하는 이유는 **공평의 이념**을 실현하기 위해서다.

2. 유치권과 동시이행의 항변권(제536조)의 비교

공평의 원칙에 바탕을 두고 있는 점은 공통되나, 유치권은 물권으로 구성되는 데 반해, 동시이행의 항변권은 쌍무계약의 효력에 기해 인정되는 채권적 권리이다. 따라서 동시이행의 항변권은 쌍무계약의 당사자 사이에서만 인정되는 것이나, 유치권자는 제3자에게도 행사가능하다.

3. 유치권의 특징

(1) 유치권은 타인의 물건을 유치하여 점유할 수 있는 독립한 물권이다. 유치권은 이처럼 물권이므로 유치권자는 채권의 변제를 받을 때까지 누구에 대하여도 목적물을 유치하여 인도를 거절할 수 있다. 채무자뿐 아니라 그 물건의 소유자·양수인·**경락인(매수인)**에 대하여도 같다.

판례 우리 법에서 유치권제도는 무엇보다도 권리자에게 그 목적인 물건을 유치하여 계속 점유할 수 있는 대세적 권능을 인정한다(민법 제320조 제1항, 민사집행법 제91조 제5항 등 참조). 그리하여 소유권 등에 기하여 목적물을 인도받고자 하는 사람(물건의 점유는 대부분의 경우에 그 사용수익가치를 실현하는 전제가 된다)은 유치권자가 가지는 그 피담보채권을 만족시키는 등으로 유치권이 소멸하지 아니하는 한 그 인도를 받을 수 없으므로 실제로는 그 변제를 강요당하는 셈이 된다. 그와 같이 하여 유치권은 유치권자의 그 채권의 만족을 간접적으로 확보하려는 것이다. 그런데 우리 법상 저당권 등의 부동산담보권은 이른바 비점유담보로서 그 권리자가 목적물을 점유함이 없이 설정되고 유지될 수 있고 실제로도 저당권자 등이 목적물을 점유하는 일은 매우 드물다. 따라서 어떠한 부동산에 저당권 또는 근저당권과 같이 담보권이 설정된 경우에도 그 설정 후에 제3자가 그 목적물을 점유함으로써 그 위에 유치권을 취득하게 될 수 있다. 이와 같이 **저당권 등의 설정 후에 유치권이 성립한 경우**에도 마찬가지로 **유치권자는 그 저당권의 실행절차에서 목적물을 매수한 사람을 포함하여 목적물의 소유자 기타 권리자에 대하여 위와 같은 대세적인 인도거절권능을 행사할 수 있다.** 따라서 부동산유치권은 대부분의 경우에 **사실상 최우선순위의 담보권으로서 작용**하여, 유치권자는 자신의 채권을 목적물의 교환가치로부터 일반채권자는 물론 **저당권자 등에 대하여도 그 성립의 선후를 불문하여 우선적으로** 자기 채권의 만족을 얻을 수 있게 된다. 이렇게 되면 유치권의 성립 전에 저당권 등 담보를 설정받고 신용을 제공한 사람으로서는 목적물의 담보가치가 자신이 애초 예상·계산하였던 것과는 달리 현저히 하락하는 경우가 발생할 수 있다. 이와 같이 유치권제도는 "시간에서 앞선 사람은 권리에서도 앞선다"는 일반적 법원칙의 예외로 인정되는 것으로서, 특히 부동산담보거래에 일정한 부담을 주는 것을 감수하면서 마련된 것이다. 유치권은 목적물의 소유자와 채권자와의 사이의 계약에 의하여 설정되는 것이 아니라 법이 정하는 일정한 객관적 요건(민법 제320조 제1항, 상법 제58조, 제91조, 제111조, 제120조, 제147조 등 참조)을 갖춤으로써 발생하는 이른바 법정담보물권이다. 법이 유치권제도를 마련하여 위와 같은 거래상의 부담을 감수하는 것은 유치권에 의하여 우선적으로 만족을 확보하여 주려는 그 피담보채권에 특별한 보호가치가 있다는 것에 바탕을 둔 것으로서, **그러한 보호가치는** 예를 들어 민법 제320조 이하의 민사유치권의 경우에는 객관적으로 점유자의 채권과 그 목적물 사이에 특수한 관계(민법 제320조 제1항의 문언에 의하면 "그 물건에 관한 생긴 채권"일 것, 즉 **이른바 '물건과 채권과의 견련관계'가 있는 것)가 있는 것에서 인정된다**(대판 2011. 12. 22, 2011다84298).

(2) 유치권은 다른 물권과는 달리 **점유**를 그 **성립 및 존속요건**으로 하고 있어 (ⅰ) 점유의 상실에 의하여 소멸하며(제328조), (ⅱ) 추급효를 가지지 아니하므로 유치물의 점유를 침탈당하는 경우에는 점유물반환청구에 의하여 그 점유를 회복할 수밖에 없다.

(3) 유치권도 담보물권의 일종으로서 부종성·수반성·불가분성을 가진다. 단 물상대위성은 없다.

Ⅱ. 유치권의 성립요건

1. 목적물

(1) 부동산도 포함

동산·부동산과 유가증권이 유치권의 대상이 되며, 부동산이 유치권의 목적물이 되더라도 유치권의 득실변경은 등기를 요하지 않는다.

(2) 유치권은 타물권

유치권은 **타물권**인 점에 비추어 볼 때 수급인의 재료와 노력으로 건축되었고 독립한 건물에 해당되는 기성부분은 **수급인의 소유**라 할 것이므로 수급인은 공사대금을 지급받을 때까지 이에 대하여 유치권을 가질 수 없다(대판 1993. 3. 26, 91다14116).

2. 채권과 목적물과의 견련성

(1) 견련성의 개념

통설적 견해는 유치권의 성립을 쉽게 인정하려고 하고(기준이원설 또는 광의설이라 한다), 소수설(협의설)은 좁게 해석하려 한다고 볼 수 있다. 아무튼 다수설과 판례는 ① 채권이 목적물 자체로부터 발생한 경우와 ② 채권이 목적물의 반환청구권과 동일한 법률관계 또는 동일한 사실관계로부터 발생하는 경우에 채권과 목적물 사이에 견련성이 인정된다고 한다.

> **판 례** [1] 유치권은 점유하는 물건으로써 유치권자의 피담보채권에 대한 우선적 만족을 확보하여 주는 법정담보물권이다. 민법 제320조 제1항은 "타인의 물건 또는 유가증권을 점유한 자는 그 물건이나 유가증권에 관하여 생긴 채권이 변제기에 있는 경우에는 변제를 받을 때까지 그 물건 또는 유가증권을 유치할 권리가 있다."라고 규정하고 있으므로, 유치권의 피담보채권은 '그 물건에 관하여 생긴 채권'이어야 한다. 민법 제185조는 "물권은 법률 또는 관습법에 의하는 외에는 임의로 창설하지 못한다."라고 정하여 물권법정주의를 선언하고 있다. **물권법의 강행법규성에 따라 법률과 관습법이 인정하지 않는 새로운 종류나 내용의 물권을 창설하는 것은 허용되지 않는다.** [2] 유치권의 목적물과 견련관계가 인정되지 않는 채권을 피담보채권으로 하는 유치권을 인정한다면 법률이 정하지 않은 새로운 내용의 유치권을 창설하는 것으로서 물권법정주의에 반하여 허용되지 않는데, 갑 회사가 공사에 지출하였다고 주장하는 비용에는 각 호실의 개량을 위하여 지출되어 물건의 가치를 객관적으로 증가시키는 비용과 갑 회사의 주관적 이익이나 특정한 영업을 위한 목적으로 지출된 비용이 구분되어 있지 않으므로, 공사비 반환 약정을 근거로, 민법상 유익비에 해당하지 않는, 즉 건물의 객관적 가치 증가와 무관한 비용지출로서 유치권 목적물과의 견련관계가 인정되지 않는 부분까지 법정담보물권인 유치권의 피담보채권이 된다고 볼 수 없다(대판 2023. 4. 27, 2022다273018).

(2) 구체적 검토

1) 채권이 목적물 자체로부터 발생한 경우

예컨대, 물건을 위하여 지출된 필요비 또는 유익비 등의 상환청구권(제203조 참조), 타인의 동물로부터 공격을 받아 피해를 입은 경우의 손해배상청구권(제759조 참조), 유가증권의 유상수치로 인하여 생긴 보수청구권 등이 이에 속한다. 대표적으로 이러한 관계는 유치권을 취득하게 되는 자와 상대방과의 사이에 있어서 물건의 가치를 보존·증대시킨 경우에 나타난다. 이러한 경우에는 채권자가 그 채권의 변제를 받을 때까지 그 물건의 반환을 거절할 수 있게 함으로써 다른 채권자보다 사실상 우선변제를 받게 하는 것이 공평하다는 것이다.

｜판례｜ ① 주택건물의 신축공사를 한 수급인이 그 건물을 점유하고 있고 또 그 건물에 관하여 생긴 **공사금 채권**이 있다면, 수급인은 그 채권을 변제받을 때까지 건물을 유치할 권리가 있다고 할 것이고, 이러한 유치권은 수급인이 점유를 상실하거나 피담보채무가 변제되는 등 특단의 사정이 없는 한 소멸되지 않는다(대판 1995. 9. 15, 95다16202, 95다16219).

② **채무불이행에 의한 손해배상청구권**은 원채권의 연장이라 보아야 할 것이므로 **물건과 원채권과 사이에 견련관계가 있는 경우에는 그 손해배상채권과 그 물건과의 사이에도 견련관계가 있다**할 것으로서 손해배상채권에 관하여 유치권항변을 내세울 수 있다할 것이다(대판 1976. 9. 28, 76다582).

③ 건물의 신축공사를 도급받은 수급인이 사회통념상 독립한 건물이라고 볼 수 없는 정착물을 토지에 설치한 상태에서 공사가 중단된 경우에 **위 정착물은 토지의 부합물에 불과하여 이러한 정착물에 대하여 유치권을 행사할 수 없는 것이고, 또한 공사중단시까지 발생한 공사금 채권은 토지에 관하여 생긴 것이 아니므로 위 공사금 채권에 기하여 토지에 대하여** 유치권을 행사할 수도 없는 것이다(대결 2008. 5. 30, 자 2007마98).

④ 부동산 매도인이 **매매대금**을 다 지급받지 아니한 상태에서 매수인에게 소유권이전등기를 마쳐주어 목적물의 소유권을 매수인에게 이전한 경우에는, 매도인의 목적물인도의무에 관하여 동시이행의 항변권 외에 물권적 권리인 유치권까지 인정할 것은 아니다(대결 2012. 1. 12, 자 2011마2380).

⑤ 甲이 건물 신축공사 수급인인 乙 주식회사와 체결한 약정에 따라 공사현장에 시멘트와 모래 등의 건축자재를 공급한 사안에서, 甲의 **건축자재대금채권**은 매매계약에 따른 **매매대금채권에 불과**할 뿐 건물 자체에 관하여 생긴 채권이라고 할 수 없기 때문에 유치권이 인정되지 않는다(대판 2012. 1. 26, 2011다96208).

⑥ 유치권의 피담보채권은 민법 제320조 규정의 취지에 비추어 볼 때, 그 물건에 관하여 생긴 채권이어야 한다. 따라서 건물의 옥탑, 외벽 등에 설치된 간판의 경우 일반적으로 **건물의 일부가 아니라 독립된 물건으로 남아 있으면서 과다한 비용을 들이지 않고 건물로부터 분리할 수 있는 경우**에는 특별한 사정이 없는 한 간판설치공사대금채권을 그 건물자체에 관하여 생긴 채권으로 볼 수 없어 그 **건물에 대한** 유치권이 인정될 수 없는 것이다(대판 2013. 10. 24, 2011다44788).

⑦ 임대인과 임차인 사이에 건물명도시 권리금을 반환하기로 하는 약정이 있었다 하더라도 그와 같은 **권리금 반환청구권**은 건물에 관하여 생긴 채권이라 할 수 없으므로 그와 같은 채권을 가지고 건물에 대한 유치권을 행사할 수 없다(대판 1994. 10. 14, 93다62119).

2) 채권이 목적물의 반환청구권과 동일한 법률관계 또는 동일한 사실관계로부터 발생한 경우(다수설·판례)

｜판례｜ 민법 제320조 제1항에서 '그 물건에 관하여 생긴 채권'은 유치권 제도 본래의 취지인 공평의 원칙에 특별히 반하지 않는 한 채권이 목적물 자체로부터 발생한 경우는 물론이고 채권이 목적물의 반환청구권과 동일한 법률관계나 사실관계로부터 발생한 경우도 포함한다(대판 2007. 9. 7, 2005다16942).

(3) 채권과 목적물의 점유와의 견련관계 요부

채권은 '목적물의 점유 중'에 생긴 것이어야 하는가. 통설과 판례는, 공평의 원리에 비추어 '채권'과 '목적물' 사이에 견련관계가 있으면 충분하고 그 채권이 '목적물의 점유 중'에 발생할 것을 요구하지는 않는다고 하여 부정설의 입장이다.

> **판례** 유치권자가 **유치물을 점유하기 전에 발생된 채권**(건축비채권)이라도 그 후 그 물건(건물)의 점유를 취득했다면 유치권은 성립한다(대판 1965. 3. 30, 64다1977).

3. 채권의 존재와 변제기의 도래

(1) 점유자가 채권을 가지고 있어야 한다. 유치권의 행사 중에 취득된 채권이라도 상관없다.

(2) 채권이 변제기에 있어야 한다(제320조 제1항). 유치권 이외의 다른 담보물권에 있어서는, 피담보채권의 변제기의 도래는 그 담보권의 실행을 위한 요건에 불과하나 유치권에 있어서는 성립요건이다.

> **판례** 건물신축 도급계약에서 수급인이 공사를 완성하였더라도, 신축된 건물에 하자가 있고 그 하자 및 손해에 상응하는 금액이 공사잔대금액 이상이어서, 도급인이 수급인에 대한 하자보수청구권 내지 하자보수에 갈음한 손해배상채권 등에 기하여 **수급인의 공사잔대금 채권 전부에 대하여 동시이행의 항변을 한 때**에는, 공사잔대금채권의 **변제기가 도래하지 아니한 경우와 마찬가지로** 수급인은 도급인에 대하여 하자보수의무나 하자보수에 갈음한 손해배상의무 등에 관한 이행의 제공을 하지 아니한 이상 공사잔대금 채권에 기한 유치권을 행사할 수 없다고 보아야 한다(대판 2014. 1. 16, 2013다30653).

4. 타인 물건의 점유

(1) 타인의 소유

통설·판례는 유치권의 기초인 공평의 원칙에 따라 채무자 이외에 제3자의 소유물에도 유치권이 성립한다고 한다. 즉 여기서의 '타인'은 채무자에 한하지 않고 제3자라도 좋다.

(2) 점 유

1) 점유는 계속되어야 한다. 왜냐하면 유치권자가 목적물의 점유를 잃으면 유치권은 당연히 소멸하기 때문이다(제328조). 다만 점유를 침탈당한 경우라도 점유물반환청구(제204조)에 의하여 점유를 회복하면 점유가 소멸하지 않은 것으로 간주되므로(제192조 제2항 단서), 유치권자가 점유물반환청구권을 행사하여 점유를 회수하면 유치권은 소멸하지 않았던 것으로 된다.

> **판례** 갑 주식회사가 건물신축 공사대금 일부를 지급받지 못하자 건물을 점유하면서 유치권을 행사해 왔는데, 그 후 을이 경매절차에서 건물 중 일부 상가를 매수하여 소유권이전등기를 마친 다음 갑 회사의 점유를 침탈하여 병에게 임대한 사안에서, 을의 점유침탈로 갑 회사가 점유를 상실한 이상 유치권은 소멸하고, 갑 회사가 **점유회수의 소를 제기하여 승소판결을 받아 점유를 회복하면** 점유를 상실하지 않았던 것으로 되어 유치권이 되살아나지만, 위와 같은 방법으로 **점유를 회복하기 전에는** 유치권이 되살아나는 것이 아님에도, 갑 회사가 상가에 대한 점유를 회복하였는지를 심리하지 아니한 채 점유회수의 소를 제기하여 점유를 회복할 수 있다는 사정만으로 갑 회사의 유치권이 소멸하지 않았다고 본 원심판결에 점유상실로 인한 유치권 소멸에 관한 법리오해의 위법이 있다(대판 2012. 2. 9, 2011다72189).

2) 유치권의 성립요건이자 존속요건인 유치권자의 점유는 **직접점유이든 간접점유이든 관계가 없으나**(예컨대 건물신축공사의 하수급인이 다른 하수급인 등을 통하여 신축건물을 간접점유함으로써 유치권이 인정될 수 있다 : 대판 2013. 10. 24, 2011다44788), 다만 유치권은 목적물을 유치함으로써 채무자의 변제를 간접적으로 강제하는 것을 본체적 효력으로 하는 권리인 점 등에 비추어, **그 직접점유자가 채무자인 경우**에는 유치권의 요건으로서의 점유에 해당하지 않는다고 할 것이다(대판 2008. 4. 11, 2007다27236).

> **판례** 유치권의 성립요건인 유치권자의 점유는 직접점유이든 간접점유이든 관계없다. 간접점유를 인정하기 위해서는 간접점유자와 직접점유를 하는 자 사이에 일정한 법률관계, 즉 점유매개관계가 필요한데, 간접점유에서 점유매개관계를 이루는 임대차계약 등이 해지 등의 사유로 종료되더라도 직접점유자가 목적물을 반환하기 전까지는 간접점유자의 직접점유자에 대한 반환청구권이 소멸하지 않는다. 따라서 **점유매개관계를 이루는 임대차계약 등이 종료된 이후에도 직접점유자가 목적물을 점유한 채 이를 반환하지 않고 있는 경우**에는, 간접점유자의 반환청구권이 소멸한 것이 아니므로 **간접점유의 점유매개관계가 단절된다고 할 수 없다**(대판 2019. 8. 14, 2019다205329).

(3) 적법한 점유

1) 점유는 불법행위에 의하여 시작되지 않았을 것을 요한다(제320조 제2항). 여기서 불법행위라 함은 민법 제750조에 해당하는 행위, 즉 고의·과실 있는 위법한 행위를 의미한다고 할 것이다. 예컨대 도둑이 그 도품을 수선하여도 그 수선대금청구권에 기하여 도품의 반환을 거절할 수 없다.

> **판례** 건물점유자가 건물의 원시취득자에게 그 **건물에 관한 유치권이 있다고 하더라도** 그 건물의 존재와 점유가 **토지소유자에게 불법행위가 되고 있다면** 그 유치권으로 토지소유자에게 대항할 수 없다(대판 1989. 2. 14, 87다카3073).

2) 처음에는 권원에 의하여 점유를 개시하였다 하더라도 후에 권원이 소멸한 이후에 비용을 지출한 경우, 권원소멸사실을 알았거나 중대한 과실로 알지 못하고 비용을 지출한 경우라면 유치권의 성립이 인정되지 않는다. 예컨대 건물임차인이 임대차계약의 해제·해지 후에도 계속 건물을 점유하고 그 기간 동안에 필요비나 유익비를 지출하여도 그 상환청구권에 관해서는 유치권이 성립되지 않는다.

3) 그러나 점유권원이 소멸하였지만 그 이후에 유치권이나 동시이행의 항변권의 행사로 물건을 점유하던 중에 다시 비용을 지출한 경우에는 유치권이 인정된다(제325조).

> **판례** 유치권자의 점유하에 있는 유치물의 소유자가 변동하더라도 유치권자의 점유는 유치물에 대한 보존행위로서 하는 것이므로 적법하고 그 소유자변동 후 유치권자가 유치물에 관하여 새로이 유익비를 지급하여

그 가격의 증가가 현존하는 경우에는 이 유익비에 대하여도 유치권을 행사할 수 있다(대판 1972. 1. 31, 71다 2414).

☞ 대항력 없는 임대차에서 임대목적물의 소유자 변동이 있어 신소유자에게 임대차를 주장할 수는 없었지만, 건물의 소유자가 변동된 후에도 임차인에게 그 건물에 대한 유치권이 인정되어 비용지출 당시 불법점유가 아니라 적법점유로 인정된 사안.

4) 불법점유의 입증

점유가 불법행위에 의하여 시작되었다는 것은 물건의 반환을 청구하는 자(채무자나 소유자)가 주장·입증하여야 한다고 할 것이다(점유의 적법추정-제200조 참조). 민법 제320조 제2항은 제1항의 예외규정이기 때문이다.

> **판례** 물건의 점유자는 소유의 의사로 선의, 평온 및 공연하게 점유한 것으로 추정되고 점유자가 점유물에 대하여 행사하는 권리는 적법하게 보유하는 것으로 추정된다(제197조 제1항, 제200조). 점유물에 대한 필요비와 유익비 상환청구권을 기초로 하는 유치권 주장을 배척하려면 적어도 **점유가 불법행위로 인하여 개시되었거나 점유자가 필요비와 유익비를 지출할 당시 점유권원이 없음을 알았거나 중대한 과실로 알지 못하였다**고 인정할만한 사유에 대한 **상대방 당사자**의 주장·증명이 있어야 한다(대판 2011. 12. 13, 2009다5162; 대판 1966. 6. 7, 66다600, 601).

5. 특약의 부존재

유치권은 법정담보물권이지만 채권자의 이익 보호를 위한 채권담보의 수단에 불과한 것이므로 이를 배제하는 특약은 유효하다고 할 것이다.

> **판례** ① 건물의 임차인이 임대차관계종료시에는 건물을 원상으로 복구하여 임대인에게 명도하기로 약정한 것은 건물에 지출한 각종 유익비 또는 필요비의 상환청구권을 미리 포기하기로 한 취지의 특약이라고 볼 수 있어 임차인은 유치권 주장을 할 수 없다(대판 1975. 4. 22, 73다2010).
> ② [1] 제한물권은 이해관계인의 이익을 부당하게 침해하지 않는 한 자유로이 포기할 수 있는 것이 원칙이다. 유치권은 채권자의 이익을 보호하기 위한 법정담보물권으로서, 당사자는 **미리 유치권의 발생을 막는 특약을 할 수 있고 이러한 특약은 유효하다.** 유치권배제 특약이 있는 경우 다른 법정요건이 모두 충족되더라도 유치권은 발생하지 않는데, 특약에 따른 효력은 **특약의 상대방뿐 아니라 그 밖의 사람도 주장할 수 있다.** [2] 조건은 법률행위의 효력 발생 또는 소멸을 장래의 불확실한 사실의 발생 여부에 의존케 하는 법률행위의 부관으로서, 법률행위에서 효과의사와 일체적인 내용을 이루는 의사표시 그 자체라고 볼 수 있다. **유치권 배제 특약에도 조건을 붙일 수 있는데**, 조건을 붙이고자 하는 의사가 있는지는 의사표시에 관한 법리에 따라 판단하여야 한다(대판 2018. 1. 24, 2016다234043).
> ③ 유치권은 법정담보물권이기는 하나 채권자의 이익보호를 위한 채권담보의 수단에 불과하므로 이를 포기하는 특약은 유효하고, **유치권을 사전에 포기**한 경우 다른 법정요건이 모두 충족되더라도 유치권이 발생하지 않는 것과 마찬가지로 **유치권을 사후에 포기**한 경우 곧바로 유치권은 소멸한다. 그리고 유치권 포기로 인한

유치권의 소멸은 유치권 포기의 의사표시의 상대방뿐 아니라 그 이외의 사람도 주장할 수 있다(대판 2016. 5. 12, 2014다52087).

Ⅲ. 유치권의 효력

1. 목적물의 인도거절

유치권자는 목적물을 유치하여 인도를 거절할 수 있다.

> **판례** 소유자는 그 소유에 속한 물건을 점유한 자에 대하여 반환을 청구할 수 있다. 그러나 점유자가 그 물건을 점유할 권리가 있는 때에는 반환을 거부할 수 있다(제213조). 여기서 반환을 거부할 수 있는 점유할 권리에는 유치권도 포함되고, 유치권자로부터 유치물을 유치하기 위한 방법으로 **유치물의 점유 내지 보관을 위탁받은 자**는 특별한 사정이 없는 한 점유할 권리가 있음을 들어 소유자의 소유물반환청구를 거부할 수 있다(대판 2014. 12. 24, 2011다62618).

2. 유치권자의 선관의무 및 유치물 사용권 등

> **제324조(유치권자의 선관의무)**
> ① 유치권자는 선량한 관리자의 주의로 유치물을 점유하여야 한다.
> ② 유치권자는 채무자의 승낙없이 유치물의 사용, 대여 또는 담보제공을 하지 못한다. 그러나 유치물의 보존에 필요한 사용은 그러하지 아니하다.
> ③ 유치권자가 전2항의 규정에 위반한 때에는 채무자는 유치권의 소멸을 청구할 수 있다.

(1) 유치권은 채권담보를 위하여 목적물을 점유하는 권리이므로 유치권자는 원칙적으로 유치물의 사용·대여 또는 담보제공을 할 수 없다. 따라서 유치권자가 함부로 유치물을 이용한 때에는 이로 인하여 손해가 발생했는지 여부를 묻지 않고 채무자 또는 소유자는 유치권의 소멸을 청구할 수 있다(제324조 제3항). 이 청구권은 형성권이며, 채무자의 유치권자에 대한 일방적 의사표시로 유치권 소멸의 효과가 생긴다. 나아가 채무자에게 손해가 발생한 때에는 유치권자는 선관의무 위반으로 인한 손해배상책임을 진다(제324조 제1항, 제390조).

> **판례** 유치권은 점유하는 물건으로써 유치권자의 피담보채권에 대한 우선적 만족을 확보하여 주는 법정담보물권이다(민법 제320조 제1항, 상법 제58조). 한편 유치권자가 민법 제324조 제2항을 위반하여 유치물 소유자의 승낙 없이 유치물을 임대한 경우 유치물의 소유자는 이를 이유로 민법 제324조 제3항에 의하여 유치권의 소멸을 청구할 수 있다. 민법 제324조에서 정한 유치권소멸청구는 유치권자의 선량한 관리자의 주의의무 위반에 대한 제재로서 **채무자 또는 유치물의 소유자를 보호하기 위한 규정**이므로, 특별한 사정이 없는 한 **민법 제324조 제2항을 위반한 임대행위가 있은 뒤에 유치물의 소유권을 취득한 제3자도 유치권소멸청구를 할 수 있다**(대판 2023. 8. 31, 2019다295278).

예상지문 유치권자의 무단 임대행위가 있은 뒤에 유치물의 소유권을 취득한 제3자는 그 무단 임대행위가 제3자의 목적 부동산에 관한 소유권 취득 이전에 있었으므로 유치권소멸청구권을 행사할 수 없다(×).

(2) 그러나 민법은 예외적으로 다음의 경우에는 유치권자의 이용 등을 인정한다.

1) 유치권자가 채무자의 승낙을 얻은 경우

승낙할 자는 채무자인 것이 원칙이지만 소유자와 채무자가 다른 때에는 소유자라고 할 것이다.

2) 유치물의 보존에 필요한 때(제324조 제2항)

예컨대 건물임차인(또는 공사대금채권에 기하여 유치권을 행사하는 경우 유치물인 주택의 점유자)이 유치권을 행사함에 있어서 종전대로 거주할 수 있는가? 학설과 판례는 이를 긍정한다. 다만 그 동안의 이득은 부당이득으로서 반환하여야 한다(대판 2009. 9. 24, 2009다40684). 이때 부당이득은 성립될 수 있지만 불법행위가 성립하는 것은 아니다. 그 외에도 기계를 녹슬지 않게 하기 위하여 적당하게 가동시키는 것은 보존에 필요한 사용이라 할 것이다.

판례 ① 공사대금채권에 기하여 **유치권을 행사하는 자가 스스로 유치물인 주택에 거주하며 사용하는 것**은 특별한 사정이 없는 한 유치물인 주택의 보존에 도움이 되는 행위로서 **유치물의 보존에 필요한 사용에 해당하므로**, 그러한 경우에는 **유치권의 소멸을 청구할 수 없다**(대판 2013. 4. 11, 2011다107009).
② 유치권자가 유치물에 대한 보존행위로서 목적물을 사용하는 것은 적법행위이므로 **불법점유로 인한 손해배상책임이 없는 것**이다(대판 1972. 1. 31, 71다2414).
③ 공사대금채권에 기하여 유치권을 행사하는 자가 스스로 유치물인 주택에 거주하며 사용하는 것은 특별한 사정이 없는 한 유치물인 주택의 보존에 도움이 되는 행위로서 유치물의 보존에 필요한 사용에 해당한다고 할 것이다. 그리고 유치권자가 유치물의 보존에 필요한 사용을 한 경우에도 특별한 사정이 없는 한 **차임에 상당한 이득을 소유자에게 반환할 의무가 있다**(대판 2009. 9. 24, 2009다40684).
④ 유치권자는 유치물 소유자의 승낙 없이 유치물을 보존에 필요한 범위를 넘어 사용할 수 없고, 유치권자가 유치물을 그와 같이 사용한 경우에는 그로 인한 이익을 부당이득으로 소유자에게 반환하여야 한다. 그 경우에 그 반환의무의 구체적인 내용은 다른 부당이득반환청구에서와 마찬가지로 의무자가 실제로 어떠한 구체적 이익을 얻었는지에 좇아 정하여진다. 따라서 유치권자가 유치물에 관하여 제3자와의 사이에 전세계약을 체결하여 전세금을 수령하였다면 전세금이 종국에는 전세입자에게 반환되어야 할 것임에 비추어 다른 특별한 사정이 없는 한 그가 얻은 구체적 이익은 그가 **전세금으로 수령한 금전의 이용가능성**이고, 그가 이와 같이 구체적으로 얻은 이익과 관계없이 추상적으로 산정된 '차임 상당액'을 부당이득으로 반환하여야 한다고 할 수 없다. 그리고 이러한 이용가능성은 그 자체 현물로 반환될 수 없는 성질의 것이므로 그 '가액'을 산정하여 반환을 명하여야 하는바, 그 가액은 결국 **전세금에 대한 '법정이자 상당액'**이다(대판 2009. 12. 24, 2009다32324).

3. 물권적 효력

유치권은 채무자뿐만 아니라 제3자에 대해서도 대항할 수 있다. 유치물이 제3자의 소유가 된 때에 채권의 청구는 채무자에게 할 수밖에 없지만, 유치권의 행사는 새로운 소유자에 대해서도 할 수 있다.

다만 그에게 직접 피담보채권의 변제를 청구할 수는 없다(대판 1996. 8. 23, 95다8713).

> **판례** 민사소송법 제728조(현 민사집행법 제268조)에 의하여 담보권의 실행을 위한 경매절차에 준용되는 같은
> 법 제608조 제3항(현 민사집행법 제91조 제5항)은 경락인은 유치권자에게 그 유치권으로 담보하는 채권을 변
> 제할 책임이 있다고 규정하고 있는바, 여기에서 '변제할 책임이 있다'는 의미는 부동산상의 부담을 승계한다는
> 취지로서 인적 채무까지 인수한다는 취지는 아니므로, 유치권자는 경락인에 대하여 그 피담보채권의 변제가
> 있을 때까지 유치목적물인 **부동산의 인도를 거절할 수 있을 뿐**이고 그 **피담보채권의 변제를 청구할 수는
> 없다**(대판 1996. 8. 23, 95다8713).

4. 유치권자의 경매권과 간이변제충당권

> **제322조(경매, 간이변제충당)**
> ① 유치권자는 채권의 변제를 받기 위하여 유치물을 경매할 수 있다.
> ② 정당한 이유있는 때에는 유치권자는 감정인의 평가에 의하여 유치물로 직접 변제에 충당할 것을
> 법원에 청구할 수 있다. 이 경우에는 유치권자는 미리 채무자에게 통지하여야 한다.

(1) 경매권

1) 유치권자는 채권의 변제를 받기 위하여 유치물을 경매할 수 있다. 그러나 유치권은 목적물을 유
치함으로써 간접으로 채무의 변제를 강제하는 데 본질이 있는 것이므로 **목적물의 환가대금에서
우선변제를 받을 권리는 없다.** 다만 언제까지 남의 물건을 보관하고 있는 것이 불편하므로 이를
환가하여 금전으로 만들기 위하여 경매권을 인정하는 것이다(환가를 위한 경매). 그리고 유치권에
의한 경매로 얻어지는 매득금은 소유자의 재산이지만 절차의 처리상 신청인인 유치권자에게 교
부되는 것이므로, 유치권자는 그 금전을 소유자에게 반환할 채무와 자기의 피담보채권과 상계함
으로써 결과적으로 우선변제권를 받는 것과 동일한 결과를 가져올 수 있다.
2) 유치권자에게 우선변제권은 없으나, 채무자 또는 소유자가 목적물의 인도를 받으려면 유치권자에
게 변제를 하여야 하므로 실제에 있어서는 우선변제권이 있는 것과 다르지 않다(사실상 우선변제효).
3) 채무자가 파산한 경우 유치권자는 파산절차에 의하지 않고 유치권을 행사할 수 있는 별제권을
가진다(채무자 회생 및 파산에 관한 법률 제411조).

(2) 간이변제충당권(제322조 제2항)

5. 유치권의 대항력의 한계

> **판례** ① 민사집행법 제91조 제3항이 "지상권·지역권·전세권 및 등기된 임차권은 저당권·압류채권·가압류
> 채권에 대항할 수 없는 경우에는 매각으로 소멸된다."라고 규정하고 있는 것과는 달리, 같은 조 제5항은 "매
> 수인은 유치권자에게 그 유치권으로 담보하는 채권을 변제할 책임이 있다."라고 규정하고 있으므로, **유치권**

은 특별한 사정이 없는 한 그 성립시기에 관계없이 경매절차에서 매각으로 인하여 소멸하지 않는다. 다만 부동산에 관하여 이미 경매절차가 개시되어 진행되고 있는 상태에서 비로소 그 부동산에 유치권을 취득한 경우에도 아무런 제한 없이 경매절차의 매수인에 대한 유치권의 행사를 허용하면 경매절차에 대한 신뢰와 절차적 안정성이 크게 위협받게 됨으로써 경매 목적 부동산을 신속하고 적정하게 환가하기가 매우 어렵게 되고 경매절차의 이해관계인에게 예상하지 못한 손해를 줄 수도 있으므로, 그러한 경우에까지 압류채권자를 비롯한 다른 이해관계인들의 희생 아래 유치권자만을 우선 보호하는 것은 집행절차의 법적 안정성이라는 측면에서 받아들일 수 없다. 그리하여 대법원은 집행절차의 법적 안정성을 보장할 목적으로 부동산에 관하여 **경매개시결정등기가 된 뒤에 비로소 부동산의 점유를 이전받거나 피담보채권이 발생하여 유치권을 취득한 경우에는 경매절차의 매수인에 대하여 유치권을 행사할 수 없다**고 본 것이다(대법 2022. 12. 29, 2021다253710).

② 채무자 소유의 건물 등 부동산에 **강제경매개시결정의 기입등기가 경료되어 압류의 효력이 발생한 이후**에 채무자가 위 부동산에 관한 공사대금 채권자에게 그 점유를 이전함으로써 그로 하여금 유치권을 취득하게 한 경우, 그와 같은 점유의 이전은 목적물의 교환가치를 감소시킬 우려가 있는 처분행위에 해당하여 민사집행법상에 따른 압류의 처분금지효에 저촉되므로 점유자로서는 위 유치권을 내세워 그 부동산에 관한 경매절차의 매수인에게 대항할 수 없다(대판 2005. 8. 19, 2005다22688; 대판 2009. 1. 15, 2008다70763).

③ (i) **부동산에 가압류등기가 경료되어 있을 뿐 현실적인 매각절차가 이루어지지 않고 있는 상황하에서는** 채무자의 점유이전으로 인하여 **제3자가 유치권을 취득하게 된다고 하더라도 이를 처분행위로 볼 수는 없다.** (ii) 토지에 대한 담보권 실행 등을 위한 경매가 개시된 후 그 지상건물에 가압류등기가 경료되었는데, 甲이 채무자인 乙 주식회사에게서 건물 점유를 이전받아 그 건물에 관한 공사대금채권을 피담보채권으로 한 유치권을 취득하였고, 그 후 건물에 대한 강제경매가 개시되어 丙이 토지와 건물을 낙찰받은 사안에서, 건**물에 가압류등기가 경료된 후** 乙 회사가 甲에게 건물 점유를 이전한 것은 처분행위에 해당하지 않아 가압류의 처분금지효에 저촉되지 않으므로, 甲은 丙에게 건물에 대한 유치권을 주장할 수 있다고 한 사례(대판 2011. 11. 24, 2009다19246).

④ 부동산에 관한 민사집행절차에서는 경매개시결정과 함께 압류를 명하므로 압류가 행하여짐과 동시에 매각절차인 경매절차가 개시되는 반면, 국세징수법에 의한 체납처분절차에서는 그와 달리 체납처분에 의한 압류(이하 '체납처분압류'라고 한다)와 동시에 매각절차인 공매절차가 개시되는 것이 아닐 뿐만 아니라, 체납처분압류가 반드시 공매절차로 이어지는 것도 아니다. 또한 체납처분절차와 민사집행절차는 서로 별개의 절차로서 공매절차와 경매절차가 별도로 진행되는 것이므로, 부동산에 관하여 체납처분압류가 되어 있다고 하여 경매절차에서 이를 그 부동산에 관하여 경매개시결정에 따른 압류가 행하여진 경우와 마찬가지로 볼 수는 없다. 따라서 **체납처분압류**가 되어 있는 부동산이라고 하더라도 그러한 사정만으로 경매절차가 개시되어 경매개시결정등기가 되기 전에 부동산에 관하여 민사유치권을 취득한 유치권자가 경매절차의 매수인에게 유치권을 행사할 수 없다고 볼 것은 아니다[대판(전합) 2014. 3. 20, 2009다60336].

6. 유치권의 불가분성(제321조)

> **제321조(유치권의 불가분성)**
> 유치권자는 채권전부의 변제를 받을 때까지 유치물전부에 대하여 그 권리를 행사할 수 있다.

판례 ① 다세대주택의 창호 등의 공사를 완성한 하수급인이 공사대금채권 잔액을 변제받기 위하여 위 다세대주택 중 한 세대를 점유하여 유치권을 행사하는 경우, 그 유치권은 위 한 세대에 대하여 시행한 공사대금만이 아니라 다세대주택 전체에 대하여 시행한 공사대금채권의 잔액 전부를 피담보채권으로 하여 성립한다(대판 2007. 9. 7, 2005다16942).

② [1] 민법 제321조는 "유치권자는 채권 전부의 변제를 받을 때까지 유치물 전부에 대하여 그 권리를 행사할 수 있다."라고 정하므로, 유치물은 그 각 부분으로써 피담보채권의 전부를 담보하고, 이와 같은 유치권의 불가분성은 그 **목적물이 분할 가능하거나 수 개의 물건인 경우에도 적용**되며, 상법 제58조의 상사유치권에도 적용된다. [2] 민법 제324조는 '유치권자에게 유치물에 대한 선량한 관리자의 주의의무를 부여하고, 유치권자가 이를 위반하여 채무자의 승낙 없이 유치물을 사용, 대여, 담보 제공한 경우에 채무자는 유치권의 소멸을 청구할 수 있다.'고 정한다. **하나의 채권을 피담보채권으로 하여 여러 필지의 토지에 대하여 유치권을 취득한 유치권자가 그중 일부 필지의 토지에 대하여 선량한 관리자의 주의의무를 위반하였다면** 특별한 사정이 없는 한 **위반행위가 있었던 필지의 토지에 대하여만 유치권 소멸청구가 가능하다**고 해석하는 것이 타당하다. 구체적인 이유는 다음과 같다. (i) 여러 필지의 토지에 대하여 유치권이 성립한 경우 유치권의 불가분성으로 인하여 각 필지의 토지는 다른 필지의 토지와 관계없이 피담보채권의 전부를 담보한다. 이때 **일부 필지 토지에 대한 점유를 상실하여도 나머지 필지 토지에 대하여 피담보채권의 담보를 위한 유치권이 존속한다.** 같은 취지에서 일부 필지 토지에 대한 유치권자의 선량한 관리자의 주의의무 위반을 이유로 유치권 소멸청구가 있는 경우에도 그 위반 필지 토지에 대하여만 소멸청구가 허용된다고 해석함이 타당하다. (ii) 민법 제321조에서 '유치권의 불가분성'을 정한 취지는 담보물권인 유치권의 효력을 강화하여 유치권자의 이익을 위한 것으로서 이를 근거로 오히려 유치권자에게 불이익하게 선량한 관리자의 주의의무 위반이 문제 되지 않는 유치물에 대한 유치권까지 소멸한다고 해석하는 것은 상당하지 않다. (iii) 유치권은 점유하는 물건으로써 유치권자의 피담보채권에 대한 우선적 만족을 확보하여 주는 법정담보물권이다(민법 제320조 제1항, 상법 제58조). 한편 민법 제324조에서 정한 유치권 소멸청구는 유치권자의 선량한 관리자의 주의의무 위반에 대한 제재로서 채무자 또는 유치물의 소유자를 보호하기 위한 규정이다. 유치권자가 선량한 관리자의 주의의무를 위반한 정도에 비례하여 유치권소멸의 효과를 인정하는 것이 유치권자와 채무자 또는 소유자 사이의 이익균형을 고려한 합리적인 해석이다(대판 2022. 6. 16, 2018다301350).

7. 과실수취권

> **제323조(과실수취권)**
> ① 유치권자는 유치물의 과실을 수취하여 다른 채권보다 먼저 그 채권의 변제에 충당할 수 있다. 그러나 과실이 금전이 아닌 때에는 경매하여야 한다.
> ② 과실은 먼저 채권의 이자에 충당하고 그 잉여가 있으면 원본에 충당한다.

8. 비용상환청구권

> **제325조(유치권자의 상환청구권)**
> ① 유치권자가 유치물에 관하여 필요비를 지출한 때에는 소유자에게 그 상환을 청구할 수 있다.

② 유치권자가 유치물에 관하여 유익비를 지출한 때에는 그 가액의 증가가 현존한 경우에 한하여 소유자의 선택에 좇아 그 지출한 금액이나 증가액의 상환을 청구할 수 있다. 그러나 법원은 소유자의 청구에 의하여 상당한 상환기간을 허여할 수 있다.

9. 상환급부판결

유치권의 항변이 이유 있을 때에는 원고일부승소의 판결을 하여야 한다. 즉 청구기각설(원고패소)과 상환급부판결설(원고일부승소)의 대립이 있으나 통설과 판례는 상환급부판결설, 즉 원고일부승소판결설을 취하고 있다.

> **판례** 물건의 인도를 청구하는 소송에 있어서 피고의 유치권항변이 인용되는 경우에는 그 물건에 관하여 생긴 채권의 변제와 상환으로 그 물건의 인도를 명하여야 한다(상환급부판결)(대판 1969. 11. 25, 69다1592).

Ⅳ. 유치권의 소멸

유치권은 물권 일반의 소멸사유와 담보물권 공통의 소멸사유에 의해 소멸한다. 물권 일반의 소멸사유로는 목적물의 멸실·토지수용·혼동·포기 등이 있고, 담보물권 공통의 소멸사유로는 피담보채권의 소멸(제326조)이 대표적이다. 물론 유치권에 특유한 소멸사유도 있다.

1. 부종성

> **제326조(피담보채권의 소멸시효)**
> 유치권의 행사는 채권의 소멸시효의 진행에 영향을 미치지 아니한다.

(1) 채권의 시효진행

① 유치권자가 유치권을 행사하는 동안에도 피담보채권의 소멸시효는 진행한다. 즉 유치권자가 목적물을 유치하고 있더라도 채권의 시효는 완성될 수 있으며, 그렇게 되면 유치권은 피담보채권의 소멸에 부종해서 또한 소멸한다(제326조 참조). 즉 담보물권인 유치권은 소멸시효에 걸리지 않지만 채권이 소멸되면 부종성에 의하여 유치권인 담보물권은 소멸하게 된다는 것이다. ② 질권에서는 제326조가 준용된다는 명문의 규정은 없지만 질물을 유치하더라도 소멸시효가 계속 진행될 수 있다는 이론은 유치권의 경우와 동일하므로 제326조는 유추적용된다고 해석한다(통설).

(2) 시효기간문제

> **판례** 유치권이 성립된 부동산의 매수인은 피담보채권의 소멸시효가 완성되면 시효로 인하여 채무가 소멸되는 결과 직접적인 이익을 받는 자에 해당하므로 소멸시효의 완성을 원용할 수 있는 지위에 있다고 할 것이나,

매수인은 유치권자에게 채무자의 채무와는 별개의 독립된 채무를 부담하는 것이 아니라 단지 채무자의 채무를 변제할 책임을 부담하는 점 등에 비추어 보면, **유치권의 피담보채권의 소멸시효기간이 확정판결 등에 의하여 10년으로 연장된 경우** 매수인은 그 채권의 소멸시효기간이 연장된 효과를 부정하고 종전의 단기소멸시효기간을 원용할 수는 없다(대판 2009. 9. 24, 2009다39530).

2. 유치권의 소멸청구(제324조 제3항)

3. 타담보제공

> **제327조(타담보제공과 유치권소멸)**
> 채무자는 상당한 담보를 제공하고 유치권의 소멸을 청구할 수 있다.

판례 ① 민법 제327조에 의하여 제공하는 담보가 상당한가의 여부는 그 담보의 가치가 채권의 담보로서 상당한가, 태양(모습)에 있어 유치물에 의하였던 담보력을 저하시키지는 아니한가 하는 점을 종합하여 판단하여야 할 것인바, 유치물의 가격이 채권액에 비하여 과다한 경우에는 채권액 상당의 가치가 있는 담보를 제공하면 족하다고 할 것이고, 한편 당해 유치물에 관하여 이해관계를 가지고 있는 자인 **채무자나 유치물의 소유자**는 **상당한 담보가 제공되어 있는 이상** 유치권 소멸 청구의 의사표시를 할 수 있다고 봄이 상당하다(대판 2001. 12. 11, 2001다59866). ☞ 상당한 담보를 제공하여야 하고 상당한 담보를 제공하겠다는 의사표시만으로는 부족하다. ② 채무자는 상당한 담보를 제공하고 유치권의 소멸을 청구할 수 있다(민법 제327조). 유치권 소멸청구는 민법 제327조에 규정된 **채무자뿐만 아니라 유치물의 소유자도 할 수 있다**. 민법 제327조에 따라 채무자나 소유자가 제공하는 담보가 상당한지는 담보 가치가 채권 담보로서 상당한지, 유치물에 의한 담보력을 저하시키지 않는지를 종합하여 판단해야 한다. 따라서 **유치물 가액이 피담보채권액보다 많을 경우**에는 피담보채권액에 해당하는 담보를 제공하면 되고, **유치물 가액이 피담보채권액보다 적을 경우**에는 **유치물 가액**에 해당하는 담보를 제공하면 된다(대판 2021. 7. 29, 2019다216077). ☞ 원래의 담보가치 이상을 제공할 필요는 없기 때문이다.

4. 점유상실

> **제328조(점유상실과 유치권소멸)**
> 유치권은 점유의 상실로 인하여 소멸한다.

유치권에 있어서 점유는 유치권의 존속요건이므로 이를 상실하면 유치권도 당연히 소멸한다(제328조).

판례 비록 건물에 대한 점유를 승계한 사실이 있다 하더라도 전점유자를 대위하여 유치권을 주장할 수는 없는 것이다(대판 1972. 5. 30, 72다548). ☞ 유치권자는 점유를 상실하면 곧 유치권이 소멸하므로 유치권자로부터 점유를 승계한 자가 유치권자를 대위하여 유치권을 주장할 수는 없다. 대위행사를 하기 위한 요건 중 하나인 피대위권리(유치권)가 소멸하기 때문이다.

질 권

Ⅰ. 총 설

1. 의의와 비교

(1) 질권은 채권자가 그 채권의 담보로 채무자 또는 제3자가 제공한 목적물(동산+채권 등의 재산권)을 점유하고, 그 목적물에 대하여 다른 채권자보다 자기채권의 우선변제를 받을 권리가 있는 담보물권이다(제329조·제345조). 예컨대 甲이 乙에게 50만원을 빌려주면서 그 담보로 乙소유의 보석을 입질 받으면, 甲은 乙이 채무를 변제할 때까지 그 보석을 유치하면서 반환을 거절할 수 있고, 또 나아가 담보권을 실행하여 자기채권의 우선변제를 받을 수 있는 권리이다. 질권은 원칙적으로 약정담보물권으로서 유치적 효력과 우선변제적 효력이 인정되는 점에서 법정담보물권인 유치권과 구별되고, 유치적 효력이 인정되는 점에서 약정담보물권인 저당권과 구별된다.

〈질권과 저당권의 비교〉

구 분	질 권	저 당 권
본질적 차이	유치적 효력이 있다.	유치적 효력이 없다.
법적 기능	유치적 기능·우선변제적 기능	우선변제적 기능
목적물	동산과 일정한 재산권	등기·등록이 가능한 입목·부동산물권·선박·자동차·항공기·중기
공시 방법	목적물의 인도(점유:제330조)	등기·등록
효력 요건	목적물의 인도	등기
피담보채권	범위제한이 없음(제334조)	피담보채권범위한정(제360조)

(2) 동산·채권 등 담보에 관한 법률(특별법)

법인 또는 상업등기법에 따른 상호등기를 한 사람의 동산 또는 채권을 목적으로 하는 담보권을 설정할 수 있도록 하기 위하여, 동산·채권 등을 목적으로 하는 담보제도를 창설하였다. 이는 현행법상의 질권과 양도담보의 문제점(동산과 채권의 경우 공시방법이 불완전하고, 지식재산권의 경우 민법상 질권의 방법으로만 담보를 제공할 수 있어 이들을 담보로 이용하는 데 한계가 있기 때문이다)이 있기 때문이다. 즉 등기 또는 등록을 하여 동산담보권, 지명채권담보권, 지식재산권담보권을 설정할 수 있도록 하였다.

2. 질권의 종류

(1) 목적물에 따른 분류

구 민법은 질권의 종류로 동산질권·부동산질권·권리질권을 인정하였으나, 현행민법은 저당권의 존재로 그 효용이 없다는 점에서 부동산질권을 인정하지 않고 있다. 따라서 현행법은 동산질권과 권리질권의 두 가지가 인정되는 셈이다.

(2) 약정질권과 법정질권

질권에는 당사자 사이의 질권설정계약에 의하여 성립되는 약정질권과, 법률의 규정에 의해 일정한 경우에 당연히 성립하는 법정질권의 두 가지가 있다. 약정질권이 원칙이고 예외적으로만 법정질권(제648조, 제650조)이 인정된다.

3. 질권의 법적 성질

질권은 담보물권이기 때문에 부종성·수반성·불가분성·물상대위성을 가진다. 그리고 저당권과는 달리 질권은 목적물을 점유할 권리가 있다. 그러나 그 점유는 채권의 변제를 촉구하기 위한 수단에 지나지 않고, 용익물권에서처럼 목적물을 사용·수익할 수 있는 권원은 없다. 질권은 약정담보물권이라고 하는 점에서 유치적 효력보다는 우선변제효에 더 중요한 의미를 두고 있다. 동산질권은 목적물의 점유이전 및 계속을 요건으로 한다. 따라서 질권설정으로 인하여 설정자는 사용·수익의 권능을 상실한다(제343조, 제324조).

II. 동산질권 일반

1. 동산질권의 성립

> **제329조(동산질권의 내용)**
> 동산질권자는 채권의 담보로 채무자 또는 제삼자가 제공한 동산을 점유하고 그 동산에 대하여 다른 채권자보다 자기채권의 우선변제를 받을 권리가 있다.

동산질권은 법률행위로 인하여 성립함이 원칙이다. 즉 **당사자간의 질권설정계약과 목적물의 인도**로서 성립한다(약정담보물권). 그러나 예외적으로 법률의 규정에 의해 질권이 성립할 수도 있다(법정질권, 제648조·제650조 참조).

(1) 약정질권

1) 질권설정계약

㈎ 질권설정계약의 당사자는 질권을 취득하는 질권자와 질권을 설정하는 질권설정자이다. 질권자

는 그 질권이 담보하는 채권, 즉 피담보채권의 채권자에 한한다. 질권설정자는 채무자인 것이 보통이나, 제3자일 수도 있다. 여기서 제3자를 물상보증인이라고 한다.

㈏ 물상보증인은 보증인과는 달리 스스로 채무를 부담하는 자가 아니고 타인의 채무를 위하여 자기의 재산에 물적 담보를 설정하는자로서 "채무 없는 책임"을 진다. 따라서 채권자는 물상보증인에 대하여 채무의 이행을 청구할 수는 없지만 질권의 실행에 의하여 채권의 만족을 얻을 수는 있다.

㈐ 선의취득

> **제343조(준용규정)**
> 제249조 내지 제251조, 제321조 내지 제325조의 규정은 동산질권에 준용한다.

질권설정자에게 목적물에 관한 처분권이 없는 경우에도 상대방은 선의취득의 요건을 갖춘 때에는 질권을 선의취득한다(제343조에 의하여 준용되는 제249조 내지 제251조). 이때 동산질권을 선의취득하기 위하여는 질권자가 평온·공연하게 선의이며 과실없이 질권의 목적동산을 취득하여야 하고, 그 취득자의 **선의·무과실**은 동산질권자가 입증하여야 한다(대판 1981. 12. 22. 80다2910).

2) 동산의 인도

> **제330조(설정계약의 요물성)**
> 질권의 설정은 질권자에게 목적물을 인도함으로써 그 효력이 생긴다.
>
> **제332조(설정자에 의한 대리점유의 금지)**
> 질권자는 설정자로 하여금 질물의 점유를 하게 하지 못한다.

동산질권도 동산물권이기 때문에, 따라서 그 동산을 인도하여야 효력이 생긴다(제188조 제1항). 법률행위에 의한 동산물권변동의 공시방법인 인도에는 현실의 인도·간이인도·점유개정·목적물반환청구권의 양도의 4가지가 있다(제188조~제190조). 그런데 민법 제332조에서는 **점유개정에 의한 동산질권의 설정을 금지**하고 있다. 이것은 질권의 특질인 유치적 효력을 확보하려는 데 있다는 것이 통설이다. 따라서 질권이 성립한 후에 질권자가 목적물을 설정자에게 임의로 반환하는 경우에는 위 질권의 특질을 깨뜨리는 것으로서 질권은 소멸하게 된다고 해석한다(통설). 질권에 있어서는 점유개정에 의한 인도를 금지하므로, 그 설정자가 그 생산용구를 점유하여 종전대로 사용할 수 없는 문제점이 발생한다. 그래서 점유개정에 의한 "양도담보"가 거래계에서 활용되게 되었다.

(2) 법정질권

법정질권이란 법률의 규정에 의하여 당연히 성립하는 질권을 말한다. 민법상 질권은 약정질권이 원칙이고 법정질권은 예외적으로만 인정된다. 민법은 부동산임대인이 임차인에게 가지는 임대차에 관한 채권에 관해 법정질권이 성립하는 경우를 규정하고 있다(제648조, 650조).

2. 동산질권의 효력

(1) 동산질권의 효력이 미치는 범위

1) 목적물의 범위

제331조(질권의 목적물)
질권은 양도할 수 없는 물건을 목적으로 하지 못한다.

동산질권의 목적물은 양도할 수 있는 것이어야 한다(제331조). 양도성이 있어야 교환가치를 실현할 수 있고, 이것을 통해 우선변제를 받을 수 있기 때문이다. 그러나 양도할 수 있는 물건이라고 하더라도 국가의 정책으로 권리자 자신으로 하여금 사용·수익케 한 물건, 예컨대 등기선박·자동차·항공기·중기 등은 질권의 목적으로 될 수 없다. 이러한 경우 저당권을 설정하여야 한다.

2) 질물전체

동산질권은 설정계약에 의하여 질권의 목적으로 되고 인도된 물건 전부에 미친다. 종물은 주물의 처분에 따르는 것이나(제100조 제2항), 질권은 질권자에게 목적물을 인도함으로써 그 효력이 생기는 것이므로 종물 또한 질권자에게 인도된 때에 한하여 이에 질권의 효력이 미친다. 그리고 질권은 과실(제100조)에도 미친다(제343조에서 제323조 준용).

3) 동산질권의 피담보채권

㈎ 채권의 유형

ㄱ) 피담보채권의 종류

피담보채권의 종류에는 제한이 없다. 금전채권이 보통이지만 금전 이외의 급부를 목적으로 하는 채권도 무방하다. 이러한 채권이라도 질권의 유치적 효력을 만족시킬 수 있고 나아가 이러한 채권은 그 불이행에 의하여 금전채권인 손해배상으로 변하므로 우선변제적 효력도 만족시켜 줄 수 있기 때문이다. 뿐만 아니라 금전으로 가액을 평가할 수 없는 채권도 질권의 피담보채권으로 할 수 있다(제373조).

(ㄴ) 근담보(근질)

근질이라고 함은 일정한 계속적인 거래관계로부터 생기는 과거·현재의 채권뿐 아니라 장래 발생하게 될 다수의 불특정채권을 담보하기 위하여 설정되는 질권을 말한다. 현행민법이 근질에 대하여 근저당과 같은 명문의 규정(제357조)을 두지 않았다고 하더라도 위와 같은 해석에 비추어 그 유효성을 인정하는 것이 일반이다.

판례 〈근질권의 피담보채권의 확정시기〉 근질권의 목적이 된 금전채권에 대하여 근질권자가 아닌 제3자의 압류로 강제집행절차가 개시된 경우, 제3채무자가 그 절차의 전부명령이나 추심명령에 따라 전부금 또는 추심금을 제3자에게 지급하거나 채권자의 경합 등을 사유로 위 금전채권의 채권액을 법원에 공탁하게 되면 그 변제의 효과로서 위 금전채권은 소멸하고 그 결과 바로 또는 그 후의 절차진행에 따라 종국적으로 근질권도 소멸하게 되므로, 근질권자는 위 강제집행절차에 참가하거나 아니면 근질권을 실행하는 방법으로 그 권리를 행사할 것이 요구된다. 이런 까닭에 위 강제집행절차가 개시된 때로부터 위와 같이 근질권이 소멸하게 되기까지의 어느 시점에서인가는 근질권의 피담보채권도 확정된다고 하지 않을 수 없다. 근질권자가 제3자의 압류 사실을 알고서도 채무자와 거래를 계속하여 추가로 발생시킨 채권까지 근질권의 피담보채권에 포함시킨다고 하면 그로 인하여 근질권자가 얻을 수 있는 실익은 별 다른 것이 없는 반면 제3자가 입게 되는 손해는 위 추가된 채권액만큼 확대되고 이는 사실상 채무자의 이익으로 귀속될 개연성이 높아 부당할 뿐 아니라, 경우에 따라서는 근질권자와 채무자가 그러한 점을 남용하여 제3자 등 다른 채권자의 채권 회수를 의도적으로 침해할 수 있는 여지도 제공하게 된다. 따라서 이러한 여러 사정을 적정·공평이란 관점에 비추어 보면, 근질권이 설정된 금전채권에 대하여 제3자의 압류로 강제집행절차가 개시된 경우 근질권의 피담보채권은 **근질권자가 위와 같은 강제집행이 개시된 사실을 알게 된 때**에 확정된다고 봄이 타당하다(대판 2009. 10. 15, 2009다43621).

(나) 피담보채권의 범위(제334조)

> **제334조(피담보채권의 범위)**
> 질권은 원본, 이자, 위약금, 질권실행의 비용, 질물보존의 비용 및 채무불이행 또는 질물의 하자로 인한 손해배상의 채권을 담보한다. 그러나 다른 약정이 있는 때에는 그 약정에 의한다.

먼저 당사자간에 피담보채권의 범위에 관해 약정이 있는 때에는 그 약정에 의해 정해진다(제334조 단서). 그러한 약정이 없는 때에는 제334조 본문의 적용을 받는다. 제334조에 따른 질권의 피담보채권의 범위는 저당권의 경우에 비해 상당히 넓다(제360조와 비교해 보자). 그것은 동일목적물 위에 질권이 경합되는 경우가 비교적 적고, 다른 채권자를 해할 염려가 적기때문이다.

> **판례** 민법 제355조의 규정에 의하여 권리질권에 준용되는 민법 제334조 전문은 '질권은 원본, 이자, 위약금, 질권실행의 비용, 질물보존의 비용 및 채무불이행 또는 질물의 하자로 인한 손해배상의 채권을 담보한다.'고 정하고 있다. 부동산등기법 제76조 제1항은 등기관이 민법 제348조에 따라 저당권부 채권에 대한 질권의 등기를 할 때에는 부동산등기법 제48조에서 규정한 사항 외에 '채권액 또는 채권최고액, 채무자의 성명 또는 명칭과 주소 또는 사무소 소재지, 변제기와 이자의 약정이 있는 경우에는 그 내용'을 기록하여야 한다고 정하고 있어 채권의 지연손해금을 등기사항으로 정하고 있지 않다. 이러한 사정에 비추어 보면, **채권의 지연손해금을 별도로 등기부에 기재하지 않았더라도 근저당권부 질권의 피담보채권의 범위가 등기부에 기재된 약정이자에 한정된다고 볼 수 없다**(대판 2023. 1. 12, 2020다296840).

(2) 유치적 효력(제335조)

> **제335조(유치적 효력)**
> 질권자는 전조의 채권의 변제를 받을 때까지 질물을 유치할 수 있다. 그러나 자기보다 우선권이 있는 채권자에게 대항하지 못한다.

질권자는 피담보채권의 변제를 받을 때까지 질물을 유치할 수 있다. 그 내용은 유치권에서와 같다(예컨대 과실수취권·선관의무·비용상환청구권 등). 다만 유치권과 다른 점은 질권은 우선변제적 효력도 아울러 갖고 있고, 또 이것이 그 중심을 이루므로 **질권자의 이 유치적 효력은 자기보다 우선권이 있는 채권자에게는 대항하지 못한다**는 점이다(제335조 단서). 예컨대 선순위의 질권자(제333조)나 질권자에 우선하는 자(국세 등)에게는 대항하지 못한다. 즉 질물에 관해 우선권을 가지는 채권자에 의해 경매가 신청된 경우에는 **질권자는 그 배당에 가입하여 그의 순위에 따른 금액을 받을 수 있을 뿐이**고, 유치권에 있어서처럼 집행관에 대하여 질물의 인도를 거절하지 못한다.

(3) 우선변제적 효력

1) 동산질권의 순위

> **제333조(동산질권의 순위)**
> 수개의 채권을 담보하기 위하여 동일한 동산에 수개의 질권을 설정한 때에는 그 순위는 설정의 선후에 의한다.

㈎ 일반 채권자와의 관계에서는 언제나 질권자가 우선변제권을 갖는다. 그리고 채무자회생 및 파산에 관한 법률상 별제권도 갖는다.

㈏ 동산질권자 상호 간에는 먼저 성립된 질권이 우선한다.

2) 우선변제권의 행사방법

> **제338조(경매, 간이변제충당)**
> ① 질권자는 채권의 변제를 받기 위하여 질물을 경매할 수 있다.
> ② 정당한 이유있는 때에는 질권자는 감정인의 평가에 의하여 질물로 직접 변제에 충당할 것을 법원에 청구할 수 있다. 이 경우에는 질권자는 미리 채무자 및 질권설정자에게 통지하여야 한다.

(가) 경매권(제338조 제1항)

원칙적으로 민사집행법이 정하는 절차에 따라서 질물을 경매하여 그 경락대금(매각대금)으로부터 피담보채권액을 우선적으로 취득할 수 있다.

(나) 간이변제충당권(제338조 제2항)

3) 물상대위(物上代位)

> **제342조(물상대위)**
> 질권은 질물의 멸실, 훼손 또는 공용징수로 인하여 질권설정자가 받을 금전 기타 물건에 대하여도 이를 행사할 수 있다. 이 경우에는 그 지급 또는 인도전에 압류하여야 한다.

(가) 의 의

물상대위란 질권의 목적물이 멸실 등으로 변환하더라도 그 교환가치의 대표물이 존재하는 때에는 질권은 그 위에 존재하는 것을 말한다. 민법은 물상대위를 동산질권에서 규정하고 권리질권과 저당권에 준용한다. 유치권의 경우는 목적물을 유치하는 데 주안을 두고 교환가치의 파악에 주안을 두는 것이 아니기 때문에 물상대위가 인정되지 않는다.

(나) 물상대위의 객체

(ㄱ) 질물의 **멸실·훼손 또는 공용징수**로 인하여 질권설정자가 받을 금전 기타 물건이 물상대위의 객체로서, 예컨대 **보험금청구권·손해배상청구권·보상금청구권** 등이 그것이다. 현행민법은 목적물의 교환가치가 구체화된 경우라도 질권자가 질물에 추급할 수 있는 때에는 물상대위를 인정하지 않는 주의를 취하고 있다. 즉 매매 또는 임대의 경우에 그 **매매대금 또는 차임**에 대하여 물상대위가 인정되지 않는다.

> **판례** ① 저당목적물이 소실되어 저당권설정자가 보험회사에 대하여 화재보험계약에 따른 보험금청구권을 취득한 경우, 그 **보험금청구권**은 저당목적물이 가지는 가치의 변형물이라 할 것이므로 저당권자는 민법 제370조·제342조에 의하여 저당권설정자의 보험회사에 대한 보험금청구권에 대하여 물상대위권을 행사할 수 있다

고 봄이 상당하다(대판 2004. 12. 24, 2004다52798).

② 공공용지의 취득 및 손실보상에 관한 특례법에 따라 저당권이 설정된 토지의 취득에 관하여 토지소유자와 사업시행자 사이에 **협의가 성립된 경우**에 동 토지의 저당권자는 토지소유자가 수령할 보상금에 대하여 민법 제370조, 제342조에 의한 물상대위를 할 수 없다(대판 1981. 5. 26, 80다2109). ☞ **협의취득은 사법상의 매매 계약과 같은 성질을 가진 것에 불과하여** 토지수용법상의 **공용징수에 해당되지 아니하므로** 본건 토지의 소유권이 사업시행자에 이전된다 할지라도 저당권자는 저당권으로서 본건 토지에 추급할 수 있다 할 것이니 토지소유자가 협의에 따라 지급받을 보상금(실질은 매매대금)에 대하여 물상대위권을 행사할 수 없다.

> **｜비교조문｜** 동산·채권 등 담보에 관한 법률상 동산담보권자는 담보목적물의 멸실, 훼손, 공용징수뿐만 아니라 매각, 임대의 경우에도 물상대위권을 행사할 수 있다(동법 제14조). ☞ 설정자가 담보권이 설정된 동산을 제3자에게 매각하여 그가 선의취득하는 경우가 있을 수 있고, 이러한 경우를 대비한 것이다.

(ㄴ) 물상대위의 객체는 **금전 기타의 물건 자체가 아니라** 질권설정자가 제3채무자에 대하여 가지는 금전 기타의 대위물의 지급청구권 또는 인도청구권 등 '**청구권**'이다.

(대) 물상대위의 요건

(ㄱ) 질권설정자가 받을 금전 기타 물건에 대해, **그 지급 또는 인도 전에 압류하여야** 한다.

(ㄴ) 채무자에게 **이미 지급된 금전 기타의 물건** 위에 효력을 미치게 하면 채무자의 일반재산 위에 우선권을 인정하는 결과로 되어 제도의 취지에 반하므로 부당하고, 다른 재산 속에 섞여서 특정성을 상실한 금전 기타의 물건에 관하여 물상대위를 인정하게 되면 다른 채권자의 이익을 해하게 되기 때문이다.

> **｜판례｜** 근저당권자는 근저당권의 목적이 된 토지의 공용징수 등으로 토지의 소유자가 받을 금전이나 그 밖의 물건에 대하여 물상대위권을 행사할 수 있으나, 다만 그 지급이나 인도 전에 압류하여야 하고(제370조, 제342조), 근저당권자가 금전이나 물건의 인도청구권을 **압류하기 전에 토지의 소유자가 인도청구권에 기하여 금전 등을 수령한 경우** 근저당권자는 더 이상 물상대위권을 행사할 수 없다(대판 2015. 9. 10, 2013다216273).

(ㄷ) 다만 제3자에 의해 압류가 된 때에도 그 특정성은 유지되는 것이므로 **압류는 반드시 질권자 자신에 의해서 행하여질 필요는 없다.**

> **｜판례｜** 민법 제370조에 의하여 저당권에 준용되는 제342조 후문이 "저당권자가 물상대위권을 행사하기 위하여서는 저당권 설정자가 지급받을 금전 기타 물건의 지급 또는 인도 전에 압류하여야 한다"라고 규정한 취지는, 물상대위의 목적이 되는 금전 기타 물건의 특정성을 유지하여 제3자에게 불측의 손해를 입히지 아니하려는 데 있는 것이므로, 저당목적물의 변형물인 금전 기타 물건에 대하여 이미 제3자가 압류하여 그 금전 또는 물건이 특정된 이상 저당권자는 스스로 이를 압류하지 않고서도 물상대위권을 행사할 수 있다(대판 1996. 7. 12, 96다21058).

⒭ 물상대위의 실행(행사)

민법 제370조, 제342조에 의한 저당권자의 <u>물상대위권의 행사</u>는 민사소송법 제733조에 의하여 담보권의 존재를 증명하는 서류를 집행법원에 제출하여 **채권압류 및 전부명령**을 신청하거나, 민사소송법 제580조에 의하여 **배당요구**를 하는 방법에 의하여 하는 것이다(대판 2000. 5. 12, 2000다4272).

> **판례** 민법 제370조, 제342조 및 민사소송법 제733조에 의하여 저당권의 목적물인 전세권에 갈음하여 존속하는 것으로 볼 수 있는 전세금반환채권에 대하여 **압류 및 추심명령 또는 전부명령**을 받거나 제3자가 전세금반환채권에 대하여 실시한 강제집행절차에서 **배당요구**를 하는 등의 방법으로 자신의 권리를 행사하여 비로소 전세권설정자에 대해 전세금의 지급을 구할 수 있게 된다(대판 1999. 9. 17, 98다31301).

(4) 질물 이외의 재산으로부터의 변제(제340조)

> **제340조(질물 이외의 재산으로부터의 변제)**
> ① 질권자는 질물에 의하여 변제를 받지 못한 부분의 채권에 한하여 채무자의 다른 재산으로부터 변제를 받을 수 있다.
> ② 전항의 규정은 질물보다 먼저 다른 재산에 관한 배당을 실시하는 경우에는 적용하지 아니한다. 그러나 다른 채권자는 질권자에게 그 배당금액의 공탁을 청구할 수 있다.

(5) 변제가 선이행의무

유치권에서는 상환급부판결(원고일부승소)이 내려져야 한다는 것이 통설과 판례의 태도이지만, 질권에서 질물의 반환은 채무의 변제와 동시이행의 관계에 있는 것이 아니라 채무의 완제가 있은 후에 비로소 질물반환청구권이 생기는, 즉 변제가 선이행의무이기 때문에 질권설정자가 피담보채무를 변제하지 아니한 채로 질물의 반환을 구하는 소송을 제기한 경우에는 청구기각의 판결(=원고패소판결)을 하여야 한다는 것이 통설이다.

(6) 물권적 청구권

질권이 침해당한 경우 그 구제방법에 대하여 점유보호청구권(제204조 내지 제206조)이 인정된다. 그리고 통설은 민법에 '질권에 기한' 물권적 청구권에 관한 규정을 두지 않은 것은 입법상의 착오로서 <u>준용규정은 없지만 제213조·제214조의 물권적 청구권도 인정된다</u>고 한다. 예컨대 질권자가 질물을 유실(상실 등)하거나 또는 제3자의 사기에 의하여 질물을 인도해 준 경우와 같이 점유의 "침탈"에 해당되지 않는 경우에는 점유물반환청구를 할 수 없으므로 이를 인정할 실익이 있다는 것이다.

(7) 물상보증인의 구상권

> **제341조(물상보증인의 구상권)**
> 타인의 채무를 담보하기 위한 질권설정자가 그 채무를 변제하거나 질권의 실행으로 인하여 질물의 소유권을 잃은 때에는 보증채무에 관한 규정에 의하여 채무자에 대한 구상권이 있다.

1) 보증인과 유사한 지위
물상보증인은 채무 없이 책임만을 지는 점에서 보증인과 지위가 다르지만, 채무자를 위하여 자기의 재산을 담보로 제공하는 점에서 보증인과 그 지위가 유사하기 때문에 민법은 물상보증인에게도 "보증채무에 관한 규정에 의하여" 구상권을 인정한다.

2) 사전구상권 부정
민법 제370조에 의하여 민법 제341조가 저당권에 준용되는데, 민법 제341조는 타인의 채무를 담보하기 위한 저당권설정자가 ① 그 채무를 변제하거나 ② 저당권의 실행으로 인하여 저당물의 소유권을 잃은 때에 채무자에 대하여 구상권을 취득한다고 규정하여 물상보증인의 구상권 발생 요건을 보증인의 경우와 달리 규정하고 있는 점, 물상보증은 채무자 아닌 사람이 채무자를 위하여 담보물권을 설정하는 행위이고 채무자를 대신해서 채무를 이행하는 사무의 처리를 위탁받는 것이 아니므로 물상보증인은 담보물로서 물적 유한책임만을 부담할 뿐 채권자에 대하여 채무를 부담하는 것이 아닌 점, 물상보증인이 채무자에게 구상할 구상권의 범위는 특별한 사정이 없는 한 채무를 변제하거나 담보권의 실행으로 담보물의 소유권을 상실하게 된 시점에 확정된다는 점 등을 종합하면, 원칙적으로 수탁보증인의 사전구상권에 관한 민법 제442조는 물상보증인에게 적용되지 아니하고 **물상보증인은 사전구상권을 행사할 수 없다**(대판 2009. 7. 23, 2009다19802, 19819).

3) 물상보증인의 구상금채권의 소멸시효
물상보증인의 채무자에 대한 구상권은 그들 사이의 물상보증위탁계약의 법적 성질과 관계없이 민법에 의하여 인정된 별개의 독립한 권리이고, 그 소멸시효에 있어서는 민법상 일반채권에 관한 규정이 적용된다(대판 2001. 4. 24, 2001다6237). ☞ 물상보증인의 구상금채권은 일반 민사채권으로서 10년의 소멸시효에 걸린다.

4) 물상보증인과 제3취득자 중 누가 구상권자인지의 문제
⑺ 제3취득자가 구상권자인 경우(이행인수를 하지 않은 경우)
타인의 채무를 담보하기 위하여 저당권을 설정한 부동산의 소유자(물상보증인)로부터 **소유권을 양수한 제3자는** 물상보증의 목적물인 저당부동산의 제3취득자가 채무를 변제하거나 저당권의 실행으로 저당물의 소유권을 잃은 때에는 물상보증인의 구상권에 관한 민법 제370조, 제341조의 규

정을 유추적용하여 보증채무에 관한 규정에 의하여 채무자에 대한 구상권이 있다(대판 2014. 12. 24, 2012다49285; 대판 1997. 7. 25, 97다8403).

(나) 물상보증인이 구상권자인 경우(이행인수가 있는 경우)

물상보증인이 담보부동산을 제3취득자에게 매도하고 **제3취득자가 담보부동산에 설정된 근저당권의 피담보채무의 이행을 인수한 경우,** 그 이행인수는 매매당사자 사이의 내부적인 계약에 불과하여 이로써 물상보증인의 책임이 소멸하지 않는 것이고, 따라서 담보부동산에 대한 담보권이 실행된 경우에도 **제3취득자가 아닌 원래의 물상보증인이** 채무자에 대한 구상권을 취득한다(대판 1997. 5. 30, 97다1556).

3. 유질계약의 금지

> **제339조(유질계약의 금지)**
> 질권설정자는 채무변제기 전의 계약으로 질권자에게 변제에 갈음하여 질물의 소유권을 취득하게 하거나 법률에 정한 방법에 의하지 아니하고 질물을 처분할 것을 약정하지 못한다.

(1) 취 지

민법이 유질계약을 금지하는 이유는 질권자의 폭리행위에 의하여 채무자가 희생당하는 것을 방지하고자 함에 있다.

(2) 변제기 전의 계약

"변제기 전의 계약"으로 하는 것만 금지되고, 채무의 변제기 후에 하는 유질계약은 일종의 대물변제(제466조)로서 유효하다(제339조). 이때에는 채권자가 채무자의 궁박을 이용한다는 사정이 없기 때문이다.

(3) 효 과

유질계약은 무효이다.

III. 동산질권자의 전질권

1. 의의 및 종류

전질권(轉質權)은 질권자가 질물에 고정시킨 자금을 피담보채권의 변제가 있기 전에 다시 유동화 할 수 있는 기능을 한다. 예컨대 乙이 甲에 대한 채권의 담보로서 甲으로부터 질물을 인도받아 유치하고 있는 경우에 질권자 乙은 그 질물을 다시 자신의 丙에 대한 채무를 위하여 담보로서 이용할 수 있다는 것이다. 이러한 전질에는 제336조의 책임전질, 제343조에 의하여 준용되는 제324조의 승낙전질 두 가지가 있다.

2. 책임전질

> **제336조(전질권)**
> 질권자는 그 권리의 범위내에서 자기의 책임으로 질물을 전질할 수 있다. 이 경우에는 전질을 하지 아니하였으면 면할 수 있는 불가항력으로 인한 손해에 대하여도 책임을 부담한다.
>
> **제337조(전질의 대항요건)**
> ① 전조의 경우에 질권자가 채무자에게 전질의 사실을 통지하거나 채무자가 이를 승낙함이 아니면 전질로써 채무자, 보증인, 질권설정자 및 그 승계인에게 대항하지 못한다.
> ② 채무자가 전항의 통지를 받거나 승낙을 한 때에는 전질권자의 동의없이 질권자에게 채무를 변제하여도 이로써 전질권자에게 대항하지 못한다.

(1) 의 의

책임전질이란 질권자가 질권설정자의 승낙 없이 오로지 자기의 책임으로 하는 전질로서, 그 성질에 관해서는 학설이 대립하고 있다.

(2) 책임전질의 법적 성질

1) 질물재입질설

제336조의 문언을 고려할 때, 질물 재입질로 보아야한다는 설로써 질권자는 자기의 채무의 담보를 위하여 질물 위에 다시 질권을 설정하는 것이라고 한다. 질물재입질설은 질권이 아닌 물건인 질물을 입질하는 것이므로, 원질권의 내용을 초과한 초과전질이 가능하다고 한다.

2) 채권·질권 공동입질설(다수설)

질권자의 채무자에 대한 채권과 질권을 함께 입질한다는 견해이다. 이 설은 피담보채권도 전질에 의하여 구속되므로 전질권은 원질권의 범위내에서만 성립할 수 있다는 것을 잘 설명할 수 있다. 또한 전질에 있어 질권자가 채무자에게 전질의 사실을 통지하게 한 제337조의 규정도 채권이 함께 입질되는 것을 전제하는 것이라 한다.

(3) 성립요건

책임전질의 성질을 다수설인 채권·질권 공동입질설에 입각하여 살펴보면 성립요건은 다음과 같다.

1) 책임전질은 질권자의 권리(원질권)의 범위 내에서만 할 수 있다. 따라서 전질권의 피담보채권은

원질권의 피담보채권을 초과할 수 없고, 전질권의 존속기간도 원질권의 존속기간 내이어야 한다.

2) 전질도 질권의 설정이므로 당사자는 질권자와 전질권자이고 전질권설정계약과 질물의 인도가 있어야 한다.

3) 전질은 피담보채권의 입질을 포함하고, 또한 채무자 등은 이러한 전질의 사실을 모르기 때문에 질권자가 채무자에게 전질의 사실을 통지하거나 또는 채무자가 이를 승낙하여야만 전질로써 채무자·보증인·질권설정자 및 그 승계인 등에게 대항할 수 있다(제337조 제1항). 이와 같은 전질의 대항요건을 갖춘 경우에는 전질권의 원질권에 대한 우선변제권을 확보시키기 위해 채무자 등이 질권자에게 변제하여도 전질권자에게 대항하지 못하는 것으로 한다(제337조 제2항). 따라서 대항요건이 갖추어진 이후에는 채무자가 원질권자에게 변제하더라도 전질권자에게 질물의 반환을 청구할 수 없다.

(4) 효 과

1) 전질권자는 자기의 피담보채권의 변제를 받을 때까지 질물을 유치할 수 있다(제335조).

2) 전질권은 원질권을 기초로 하여 존재하는 것이므로, 그 존속 및 행사에 있어 원질권의 영향 내지 구속을 받는다. 예컨대 원질권이 소멸하면 전질권도 소멸하게 된다. 따라서 질권자는 질권을 포기하거나 또는 원질권설정자의 채무를 면제하는 등 질권을 소멸하게 하는 행위를 하지 못한다. 그리고 전질권을 실행하기 위해서는 원질권의 실행요건이 충족되어야 한다. 즉 자기의 채권은 물론 원질권자의 채권도 그 변제기가 도래하고 있어야 한다. 전질권을 실행하여 얻은 매득금은 먼저 전질권자의 우선변제에 충당하고, 다음에 잔금을 원질권자의 우선변제에 충당하게 된다.

3) 질권자는 전질을 하지 아니하였으면 면할 수 있는 불가항력으로 인한 손해에 대하여도 그 배상책임을 진다. 예컨대 전질권자의 건물이 소실되어 그 안에 있던 질물이 멸실하였으나, 원질권자의 건물은 화재를 면한 경우 질권자는 질물의 멸실에 대하여 책임을 진다(제336조).

3. 승낙전질(제343조에서 제324조 제2항을 준용)

(1) 의 의

승낙전질은 질권자가 질권설정자의 승낙을 얻어서 자기의 채무를 담보하기 위하여 그 질물 위에 질권을 설정하는 것이다. 책임전질과 달리 질권설정자의 승낙을 요한다.

(2) 법적 성질(질물재입질설)

승낙전질에 있어서는 질권자는 질물소유자의 승낙(처분권의 부여)을 얻어서 자기의 채무를 담보하기 위하여 그가 점유하는 질물을 다시 입질하고 그 질물 위에 자기의 질권보다 우선적 효력이 있는 신질권을 설정하는 것으로 해석함이 통설이다. 즉 승낙전질의 법적 성격은 질권자가 질물을 재차 입질하는 것이다. 학설은 일반적으로 책임전질에 대하여는 채권·질권공동입질설이 타당하다고 하고, 승낙전질에 대하여는 질물재입질설이 타당하다고 한다.

(3) 성립요건

1) 승낙전질은 원질권과는 별개의 독립된 질권설정으로서 질물소유자의 승낙을 요한다. 따라서 승낙 없이 전질을 하면 원질권설정자는 원질권의 소멸을 청구할 수 있게 된다(제343조·제324조 제2항). 물론 책임전질로서의 요건을 갖춘 경우에는 그러하지 아니하다(김상용 「물권법」, 672면).

2) 별개의 독립된 신질권으로서의 승낙전질은 원질권자의 질권이나 피담보채권과는 무관하므로 원질권의 범위에 의하여 제한되지 않는다. 따라서 초과전질도 유효하며, 또한 원질권의 존속기간과는 관계없이 존속기간을 약정할 수도 있다.

3) 책임전질에서와 같은 '원질권자의 채무자에 대한 전질의 통지'는 요하지 않는다.

(4) 효 과

1) 질물에 관하여 질권자의 책임이 가중되지 않는다. 즉 책임전질에서와 같은 '불가항력에 의한 손해의 배상의무'는 부담하지 않는다.

2) 승낙전질은 원질권과는 무관한 신질권이므로 원질권설정자는 자기의 채무를 원질권자에게 변제함으로써 질권을 소멸시킬 수 있다. 그러나 원질권자의 질권이 변제 등으로 소멸하여도 전질권자의 질권에는 영향이 없고, 전질권자는 계속해서 질물을 점유하고 유치할 수 있다.

〈책임전질과 승낙전질의 비교〉

분 류	책임전질	승낙전질
의 의	설정자의 승낙 없이 하는 전질 (제336조)	설정자의 승낙을 얻어서 하는 전질 (제343조, 제324조 제2항)
요 건	① 일반질권의 설정요건 구비(물권적 합의와 인도) ② 원질권의 범위 내에서 설정할 것 ③ 원질권자가 채무자에게 통지하거나 채무자의 승낙을 얻지 않으면 채무자, 보증인, 질권설정자 및 그 승계인에게 대항불가(제337조 제1항)	① 질물소유자의 승낙도 필요 ② 원질권의 범위에 구속받지 않고 설정 가능 ③ 원질권자의 채무자에 대한 통지 불요
효 과	① 전질을 하지 아니하였으면 면할 수 있었을 불가항력으로 인한 손해에 대해서도 책임을 부담(제336조 2항) ② 채무자가 전질에 대한 통지를 받거나 승낙을 한 때에는 전질권자의 동의 없이 질권자에게 채무를 변제하여도 이로써 전질권자에게 대항하지 못함(제337조 제2항) ③ 원질권이 소멸하면 전질권도 소멸	① 책임전질과 같이 책임이 가중되지 않음 ② 원질권설정자는 자기채무의 변제로 질권을 소멸시킬 수 있음 ③ 원질권자의 질권이 소멸하여도 전질권자의 질권에는 영향이 없음

Ⅳ. 동산질권의 소멸

1. 물권 일반의 소멸원인

물권의 공통적 소멸사유에 의해 질권은 소멸한다. 즉 목적물의 멸실·몰수·첨부·취득시효·포기·혼동이 이에 해당한다. 그리고 담보물권의 공통소멸사유에 의해서도 질권이 소멸될 수 있다. 즉 피담보채권의 소멸, 질권의 실행, 질권에 우선하는 다른 채권자의 경매 등이 이에 해당한다.

2. 동산질권에 특유한 소멸원인

질권자가 목적물을 질권설정자에게 반환하거나, 질권자가 그 선관의무를 위반한 경우에 질권설정자의 소멸청구가 있는 경우 등이다. 그러나 질권은 피담보채권과 독립해서 소멸시효에 걸리지는 않는다.

Ⅴ. 권리질권

> **제345조(권리질권의 목적)**
> 질권은 재산권을 그 목적으로 할 수 있다. 그러나 부동산의 사용, 수익을 목적으로 하는 권리는 그러하지 아니하다.

1. 의 의

권리질권이란 재산권을 목적으로 하는 질권을 말한다(제345조 본문). 질권은 원래 유체물에 관하여 발달하였으나, 근대의 자본주의하에서는 무형의 재산권, 특히 채권과 각종의 유가증권에 독립한 교환가치를 인정하여 이것을 목적으로 하는 권리질권을 발전시켰다. 그리하여 질권은 동산뿐만 아니라 재산권을 목적으로 할 수도 있게 되었다.

2. 작 용

질권은 본래 유체물에 관하여 물건의 이용을 설정자로부터 빼앗아서 채무의 변제를 심리적으로 강제하는 작용상의 특질이 있는 것이나, 질권설정의 범위가 무체의 재산권으로 확대되면서 교환가치의 파악에 주안을 두게 되었다. 무형의 재산권, 특히 유가증권의 경우 그 점유의 이전은 설정자의 이용을 박탈한다는 심리적 강제의 작용은 희박하며, 오히려 그것의 교환가치의 파악을 확보하는 수단으로서 작용하게 되므로 이러한 유가증권에 의한 입질은 가치권으로 발전된 형식임을 알 수 있다. 따라서 권리질권에서는 유치적 효력이 동산질권에 비해 약하다.

3. 권리질권의 성질

권리질권은 동산질권과 마찬가지로 담보물권의 통유성인 부종성·수반성·불가분성·물상대위성이 인정된다.

4. 권리질권의 목적

(1) 채권·주식·지식재산권 등 양도성을 가지는 재산권에 한해 권리질권의 목적으로 할 수 있다.

(2) 양도성을 가지는 재산권이더라도 부동산의 사용·수익을 목적으로 하는 권리(예컨대 지상권·전세권·부동산임차권)는 권리질권의 목적이 되지 못한다(제345조 단서).

(3) 결국 권리질권의 목적으로 중요한 것은 채권·주식·지식재산권이고, 이 중 민법에서 가장 중요하게 취급되는 것은 채권질권이다.

5. 채권질권

(1) 채권질권의 목적

1) 채권은 양도성을 가지는 것이 원칙이므로(제449조 참조), 질권의 목적도 될 수 있다. 그러나 법률상 양도가 금지되는 부양청구권·연금청구권 등은 질권의 목적이 될 수 없다.

2) 질권자 자신에 대한 채권에 관해서도 채권질권은 성립할 수 있다. 예컨대 은행이 자기에 대한 예금채권을 질권의 목적으로 잡는 예가 여기에 해당한다.

(2) 채권질권의 설정

1) 채권질권의 설정방법

(가) 그 권리의 양도에 관한 방법

> **제346조(권리질권의 설정방법)**
> 권리질권의 설정은 법률에 다른 규정이 없으면 그 권리의 양도에 관한 방법에 의하여야 한다.
>
> **제349조(지명채권에 대한 질권의 대항요건)**
> ① 지명채권을 목적으로 한 질권의 설정은 설정자가 제450조의 규정에 의하여 제삼채무자에게 질권설정의 사실을 통지하거나 제삼채무자가 이를 승낙함이 아니면 이로써 제삼채무자 기타 제삼자에게 대항하지 못한다.
> ② 제451조의 규정은 전항의 경우에 준용한다.
>
> **제350조(지시채권에 대한 질권의 설정방법)**
> 지시채권을 질권의 목적으로 한 질권의 설정은 증서에 배서하여 질권자에게 교부함으로써 그 효력이 생긴다.

> **제351조(무기명채권에 대한 질권의 설정방법)**
> 무기명채권을 목적으로 한 질권의 설정은 증서를 질권자에게 교부함으로써 그 효력이 생긴다.

(ㄱ) 지명채권의 경우

① 지명채권에 대한 질권설정(합의와 대항요건)에 있어서는 다른 지시채권(배서+교부–제350조)이나 무기명채권(교부–제351조)의 입질에서와는 달리 채권증서의 교부가 그 요건은 아니다. 따라서 지명채권의 입질에 있어서는 설정의 합의만으로 성립하게 된다(제347조·제349조).

② 지명채권을 목적으로 한 질권의 설정은 설정자가 민법 제450조의 규정에 의하여 제3채무자에게 질권설정의 사실을 통지하거나 제3채무자가 이를 승낙함이 아니면 이로써 제3채무자 기타 제3자에게 대항하지 못하고, 그 경우 채권양도에 있어서의 승낙, 통지의 효과와 관련한 민법 제451조의 규정을 준용하고 있는데(제349조 제2항), 채권양도인이 채무자에게 채권양도를 통지한 때에는 아직 양도하지 아니한 경우에도 선의인 채무자는 양수인에게 대항할 수 있는 사유로 양도인에게 대항할 수 있다고 규정한 **민법 제452조 제1항** 역시 지명채권을 목적으로 한 질권설정의 경우에 유추적용된다고 할 것이다(대판 2014. 4. 10, 2013다76192).

> ┃**판례**┃ 제3채무자가 질권설정 사실을 승낙한 후 질권설정계약이 합의해지된 경우 질권설정자가 해지를 이유로 제3채무자에게 원래의 채권으로 대항하려면 **질권자가** 제3채무자에게 해지 사실을 통지하여야 하고, **만일 질권자가 제3채무자에게 질권설정계약의 해지 사실을 통지하였다면, 설사 아직 해지가 되지 아니하였다고 하더라도 선의인 제3채무자는 질권설정자에게 대항할 수 있는 사유로 질권자에게 대항할 수 있다고** 봄이 타당하다. 그리고 위와 같은 해지 통지가 있었다면 해지 사실은 추정되고, 그렇다면 해지 통지를 믿은 제3채무자의 선의 또한 추정된다고 볼 것이어서 제3채무자가 악의라는 점은 선의를 다투는 질권자가 증명할 책임이 있다. 그리고 위와 같은 해지 사실의 통지는 질권자가 질권설정계약이 해제되었다는 사실을 제3채무자에게 알리는 이른바 관념의 통지로서, 통지는 제3채무자에게 도달됨으로써 효력이 발생하고, 통지에 특별한 방식이 필요하지는 않다(대판 2014. 4. 10, 2013다76192). ☞ 제3채무자인 甲 은행이 乙 주식회사와 丙 주식회사 사이의 예금채권에 대한 질권설정을 승낙하였는데, 甲이 질권자인 乙 회사로부터 모사전송의 방법으로 질권해제통지서를 받은 직후 질권설정자인 丙 회사에 예금채권을 변제한 사안에서, 乙 회사와 丙 회사 사이에 합의해지가 되지 아니한 경우에도 선의인 甲 은행은 丙 회사에 대한 변제를 乙 회사에 유효하다고 주장할 수 있다.

(ㄴ) 증권적 채권의 경우

① **지시채권**을 질권의 목적으로 한 질권의 설정은 증서에 **배서**하여 질권자에게 **교부**함으로써 그 효력이 생긴다(제350조, 제508조).

② **무기명채권**을 목적으로 한 질권의 설정은 증서를 질권자에게 **교부**함으로써 그 효력이 생긴다(제351조, 제523조 참조).

(나) 설정계약의 요물성

> **제347조(설정계약의 요물성)**
> 채권을 질권의 목적으로 하는 경우에 채권증서가 있는 때에는 질권의 설정은 그 증서를 질권자에게 교부함으로써 그 효력이 생긴다.

권리질권의 설정은 ① 권리질권 설정의 합의와 ② 목적물의 인도에 해당하는 물적요소에 의하여 성립한다. 그리하여 민법은 채권을 질권의 목적으로 하는 경우에 채권증서가 있으면 그 증서를 질권자에게 교부하여야 질권의 설정은 효력이 생기는 것으로 하고 있다(제347조). 위에서 본 바와 같이 무기명채권·지시채권에 관해서는 별도의 특칙이 있으므로 이 규정이 그대로 적용되는 것은 **지명채권**에 관해서 뿐이다. 즉 지명채권의 경우 별도의 **채권증서가 없으면** 위에서 본 바와 같이 대항요건만 갖추면 되나, **채권증서가 있는 경우**에는 그 증서의 교부까지 요구된다.

> **판례** 민법 제347조는 채권을 질권의 목적으로 하는 경우에 채권증서가 있는 때에는 질권의 설정은 그 증서를 질권자에게 교부함으로써 효력이 생긴다고 규정하고 있다. 여기에서 말하는 '채권증서'는 장차 변제 등으로 채권이 소멸하는 경우에는 민법 제475조에 따라 채무자가 채권자에게 그 반환을 청구할 수 있는 것이어야 한다. 이에 비추어 **임대차계약서**와 같이 계약 당사자 쌍방의 권리의무관계의 내용을 정한 서면은 그 계약에 의한 권리의 존속을 표상하기 위한 것이라고 할 수는 없으므로 위 채권증서에 해당하지 않는다. 따라서 임대차보증금 반환채권에 관하여 질권을 설정받은 질권자는 임대차계약서를 교부받지 않았어도 임대차보증금 반환채권에 관한 질권설정의 효력에는 아무런 영향이 없다(대판 2013. 8. 22, 2013다32574).

2) 저당권부채권

> **제348조(저당채권에 대한 질권과 부기등기)**
> 저당권으로 담보한 채권을 질권의 목적으로 한 때에는 그 저당권등기에 질권의 부기등기를 하여야 그 효력이 저당권에 미친다.

저당권부 채권의 입질의 경우, 채권의 입질에 관해서는 권리질권에 관한 규정(제349조)이 적용되고, 저당권의 입질에 관해서는 그 저당권등기에 질권의 부기등기를 요한다(제348조).

> **판례** 민법 제348조는 저당권으로 담보한 채권을 질권의 목적으로 한 때에는 그 저당권설정등기에 질권의 부기등기를 하여야 그 효력이 저당권에 미친다고 정한다. 저당권에 의하여 담보된 채권에 질권을 설정하였을 때 저당권의 부종성으로 인하여 등기 없이 성립하는 권리질권이 당연히 저당권에도 효력이 미친다고 한다면, 공시의 원칙에 어긋나고 그 저당권에 의하여 담보된 채권을 양수하거나 압류한 사람, 저당부동산을 취득한 제3자 등에게 예측할 수 없는 질권의 부담을 줄 수 있어 거래의 안전을 해할 수 있다. 이에 따라 민법 제348조는 저당권설정등기에 질권의 부기등기를 한 때에만 질권의 효력이 저당권에 미치도록 한 것이다. 이는 민법 제186조에서 정하는 물권변동에 해당한다. 이러한 민법 제348조의 입법 취지에 비추어 보면, '담보가 없는 채권

에 질권을 설정한 다음 그 채권을 담보하기 위해서 저당권을 설정한 경우'에도 '저당권으로 담보한 채권에 질권을 설정한 경우'와 달리 볼 이유가 없다. 또한 담보가 없는 채권에 질권을 설정한 다음 그 채권을 담보하기 위해 저당권을 설정한 경우에, 당사자 간 약정 등 특별한 사정이 있는 때에는 저당권이 질권의 목적이 되지 않을 수 있으므로, 질권의 효력이 저당권에 미치기 위해서는 질권의 부기등기를 하도록 함으로써 이를 공시할 필요가 있다. 따라서 **담보가 없는 채권에 질권을 설정한 다음 그 채권을 담보하기 위해 저당권이 설정되었**더라도, 민법 제348조가 유추적용되어 저당권설정등기에 질권의 부기등기를 하지 않으면 질권의 효력이 저당권에 미친다고 볼 수 없다(대판 2020. 4. 29, 2016다235411).

(3) 채권질권의 실행방법

민법은 채권질권의 실행방법으로 '채권의 직접청구'와 '민사집행법에 의하는 방법'의 두 가지를 인정한다.

1) 채권의 직접청구(제353조)

> **제353조(질권의 목적이 된 채권의 실행방법)**
> ① 질권자는 질권의 목적이 된 채권을 직접 청구할 수 있다.
> ② 채권의 목적물이 금전인 때에는 질권자는 자기채권의 한도에서 직접 청구할 수 있다.
> ③ 전항의 채권의 변제기가 질권자의 채권의 변제기보다 먼저 도래한 때에는 질권자는 제삼채무자에 대하여 그 변제금액의 공탁을 청구할 수 있다. 이 경우에 질권은 그 공탁금에 존재한다.
> ④ 채권의 목적물이 금전 이외의 물건인 때에는 질권자는 그 변제를 받은 물건에 대하여 질권을 행사할 수 있다.

질권자는 질권의 목적이 된 채권을 직접 청구할 수 있는데, '직접'이라 함은 "집행권원이나 질권설정자의 추심위임없이 질권자가 자기의 이름으로써 청구하는 것"을 말한다.

판례 ① 질권자는 질권의 목적인 채권을 직접 청구할 수 있다(제353조 제1항). 여기서 직접 청구할 수 있다고 하는 것은 제3채무자에 대한 집행권원, 질권설정자의 추심위임 등을 요하지 않는다는 의미이다(대판 1960. 9. 1, 4292민상937 참고).
② 질권의 목적이 된 채권이 금전채권인 때에는 질권자는 자기채권의 한도에서 질권의 목적이 된 채권을 직접 청구할 수 있고, 채권질권의 효력은 질권의 목적이 된 채권의 **지연손해금 등과 같은 부대채권**에도 미치므로 채권질권자는 질권의 목적이 된 채권과 그에 대한 지연손해금채권을 피담보채권의 범위에 속하는 자기채권액에 대한 부분에 한하여 직접 추심하여 자기채권의 변제에 충당할 수 있다. 따라서 **질권자가 피담보채권을 초과하여 질권의 목적이 된 금전채권을 추심하였다면 그 중 피담보채권을 초과하는 부분은** 특별한 사정이 없는 한 법률상 원인이 없는 것으로서 **질권설정자에 대한 관계에서 부당이득이 된다**(대판 2011. 4. 14, 2010다5694).
③ [1] 금전채권의 질권자가 민법 제353조 제1항, 제2항에 의하여 자기채권의 범위 내에서 직접청구권을 행사하는 경우 질권자는 질권설정자의 대리인과 같은 지위에서 입질채권을 추심하여 자기채권의 변제에 충당하고 그 한도에서 질권설정자에 의한 변제가 있었던 것으로 보므로, 위 범위 내에서는 제3채무자의 질권자에 대한 금전지급으로써 제3채무자의 질권설정자에 대한 급부가 이루어질 뿐만 아니라 질권설정자의 질권자에 대한

급부도 이루어진다. 이러한 경우 **입질채권의 발생원인인 계약관계에 무효 등의 흠이 있어 입질채권이 부존재한다**고 하더라도 제3채무자는 특별한 사정이 없는 한 **상대방 계약당사자인 질권설정자에 대하여 부당이득반환을 구할 수 있을 뿐이고 질권자를 상대로 직접** 부당이득반환을 구할 수 없다. 이와 달리 제3채무자가 질권자를 상대로 직접 부당이득반환청구를 할 수 있다고 보면 자기 책임하에 체결된 계약에 따른 위험을 제3자인 질권자에게 전가하는 것이 되어 계약법의 원리에 반하는 결과를 초래할 뿐만 아니라 질권자가 질권설정자에 대하여 가지는 항변권 등을 침해하게 되어 부당하기 때문이다. [2] 질권자가 제3채무자로부터 자기채권을 초과하여 금전을 지급받은 경우 **초과 지급 부분에 관하여**는 제3채무자의 질권설정자에 대한 급부와 질권설정자의 질권자에 대한 급부가 있다고 볼 수 없으므로, **제3채무자는 특별한 사정이 없는 한 질권자를 상대로 초과 지급 부분에 관하여 부당이득반환을 구할 수 있지만**, 부당이득반환청구의 상대방이 되는 수익자는 실질적으로 그 이익이 귀속된 주체이어야 하는데, **질권자가 초과 지급 부분을 질권설정자에게 그대로 반환한 경우**에는 초과 지급 부분에 관하여 질권설정자가 실질적 이익을 받은 것이지 질권자로서는 실질적 이익이 없다고 할 것이므로, 제3채무자는 질권자를 상대로 초과 지급 부분에 관하여 부당이득반환을 구할 수 없다(대판 2015. 5. 29, 2012다92258). ☞ 위 [관례]②에서는 질권자가 피담보채권을 초과하여 질권의 목적이 된 금전채권을 추심한 경우 그 초과 부분은 **질권설정자에 대한 관계에서** 부당이득이 된다고 한 반면, 이 판례에서는 **제3채무자가** 질권자를 상대로 초과 지급 부분에 관하여 부당이득반환을 구할 수 있다고 한다. 이러한 차이는 이 판례는 입질채권의 발생원인인 계약관계에 무효 등의 흠이 있어 입질채권이 부존재하는 사안이었음에 대하여 위 [관례]②는 그러한 흠이 없었던 사안이었다는 점에서 기인하는 것으로 보인다.

2) 민사집행법이 정하는 집행방법

> **제354조(동전)**
> 질권자는 전조의 규정에 의하는 외에 민사집행법에 정한 집행방법에 의하여 질권을 실행할 수 있다.

민사집행법이 정하는 집행방법은 채권의 직접청구를 할 수 없는 경우(예컨대 주식에 대한 질권의 실행)에 그 실익이 있는데, 민사집행법에 의하여 질권을 실행하게 된다면 채권의 추심·전부·환가의 세 수단이 있게 된다(동법 제223조). 어느 경우든 질권의 실행으로서 하는 집행이므로 판결 그 밖의 집행권원을 필요로 하지 않고, 질권의 존재를 증명하는 서류의 제출만으로 실행된다(동법 제273조).

6. 지식재산권 질권

특허권·디자인권·상표권 등 이른바 지식재산권도 이를 입질할 수 있다. 이를 목적으로 하는 입질은 각 법률에 따라서 이를 등록하여야 그 효력이 생기는 것을 원칙으로 한다.

7. 권리처분제한

> **제352조(질권설정자의 권리처분제한)**
> 질권설정자는 질권자의 동의없이 질권의 목적된 권리를 소멸하게 하거나 질권자의 이익을 해하는 변경을 할 수 없다.

제352조의 질권의 목적이 된 권리를 소멸시키는 행위란 질권설정자의 채권의 추심, 변제의 수령, 면제, 상계 기타 입질된 채권을 소멸시키는 행위를 말하며, 채권을 변경하는 행위란 경개, 기한의 유예, 이율의 인하 등을 말한다.

> **판례** ① **질권의 목적인 채권의 양도행위**는 민법 제352조 소정의 질권자의 이익을 해하는 변경에 해당되지 않으므로 질권자의 동의를 요하지 아니한다(대판 2005. 12. 22, 2003다55059).
> ② 갑과 한국토지주택공사가 체결한 아파트 임대차계약의 임대보증금반환채권에 관한 근질권자인 을 주식회사가 임대차계약이 갱신되지 아니한 채 기간 만료로 종료되었다고 주장하며 임대인인 한국토지주택공사를 대위하여 갑을 상대로 아파트 인도를 구한 사안에서, 임대인이 별도로 갱신거절을 하지 아니함에 따라 **임대차계약이 묵시적으로 갱신되는 결과가 발생하는 것**은, 질권의 목적인 임대보증금반환채권 자체가 아니라 이를 발생시키는 기본적 계약관계에 관한 사유에 속할 뿐만 아니라, 질권설정자인 임차인이 위 채권 자체의 소멸을 목적으로 하거나 질권자의 이익을 해하는 변경을 한 것으로도 볼 수 없으므로, 이 경우에는 **민법 제352조의 제한을 받지 아니한다**(대판 2020. 7. 9, 2020다223781).
> ③ 타인에 대한 채무의 담보로 제3채무자에 대한 채권에 대하여 권리질권을 설정한 경우 질권설정자는 질권자의 동의 없이 질권의 목적된 권리를 소멸하게 하거나 질권자의 이익을 해하는 변경을 할 수 없다(민법 제352조). 이는 질권자가 질권의 목적인 채권의 교환가치에 대하여 가지는 배타적 지배권능을 보호하기 위한 것이다. 따라서 질권설정자가 제3채무자에게 질권설정의 사실을 통지하거나 제3채무자가 이를 승낙한 때에는 **제3채무자가 질권자의 동의 없이 질권의 목적인 채무를 변제**하더라도 이로써 질권자에게 대항할 수 없고, 질권자는 민법 제353조 제2항에 따라 여전히 제3채무자에 대하여 직접 채무의 변제를 청구할 수 있다. **제3채무자가 질권자의 동의 없이 질권설정자와 상계합의**를 함으로써 질권의 목적인 채무를 소멸하게 한 경우에도 마찬가지로 질권자에게 대항할 수 없고, 질권자는 여전히 제3채무자에 대하여 직접 채무의 변제를 청구할 수 있다(대판 2018. 12. 27, 2016다265689).
> ④ 질권설정자가 민법 제349조 제1항에 따라 제3채무자에게 질권이 설정된 사실을 통지하거나 제3채무자가 이를 승낙한 때에는 제3채무자가 질권자의 동의 없이 질권의 목적인 채무를 변제하더라도 질권자에게 대항할 수 없고, 질권자는 여전히 제3채무자에게 직접 채무의 변제를 청구할 수 있다. 질권의 목적인 채권에 대하여 **질권설정자의 일반채권자의 신청으로 압류·전부명령이 내려진 경우에도 그 명령이 송달된 날보다 먼저 질권자가 확정일자 있는 문서에 의해 민법 제349조 제1항에서 정한 대항요건을 갖추었다면**, 전부채권자는 질권이 설정된 채권을 이전받을 뿐이고 제3채무자는 전부채권자에게 변제했음을 들어 질권자에게 대항할 수 없다(대판 2022. 3. 31, 2018다21326).
> ⑤ 민법 제352조가 질권설정자는 질권자의 동의 없이 질권의 목적된 권리를 소멸하게 하거나 질권자의 이익을 해하는 변경을 할 수 없다고 규정한 것은 질권자가 질권의 목적인 채권의 교환가치에 대하여 가지는 배타적 지배권능을 보호하기 위한 것이므로, 질권설정자와 제3채무자가 질권의 목적된 권리를 소멸하게 하는 행위를 하였다고 하더라도 이는 **질권자에 대한 관계에 있어 무효일 뿐**이어서 특별한 사정이 없는 한 **질권자 아닌 제3자가 그 무효의 주장을 할 수는 없다**(대판 1997. 11. 11, 97다35375).

CHAPTER 14 저당권

POINT

Ⅰ. 저당권 일반

> **제356조(저당권의 내용)**
> 저당권자는 채무자 또는 제삼자가 점유를 이전하지 아니하고 채무의 담보로 제공한 부동산에 대하여 다른 채권자보다 자기채권의 우선변제를 받을 권리가 있다.

1. 의 의

(1) 저당권은 채무자 또는 제3자가 점유를 이전하지 아니하고 채무의 담보로 제공한 부동산에 대하여 다른 채권보다 우선변제를 받는 담보물권이다(제356조). 저당권은 질권과 더불어 원칙적으로 당사자간에 계약에 의하여 성립하는 약정담보물권이다.

(2) 저당권은 우선변제를 받는 담보물권이라는 점에서 질권과 공통의 성질을 가지나, 저당권설정자가 목적물을 계속 점유하기 때문에 유치적 효력을 갖지 않고 우선변제적 효력만 인정된다는 점이 저당권의 장점이며(교환가치만을 파악), 이 때문에 저당권이 널리 이용되고 있다.

(3) 그리고 교환가치와 목적물은 서로 분리할 수 없는 불가분의 관계를 갖기 때문에 점유를 하지 않으면서도 배타적 지배권인 물권으로서의 성질을 갖기 위해서는 공적 장부에 의한 공시방법이 저당권을 설정하는 데는 불가결의 요건이 될 수밖에 없다.

2. 우리 민법상 저당제도의 원칙

(1) 순위확정의 원칙

이것은 동일목적물 위에 설정된 수 개의 저당권은 각각 확정된 순위를 보유하며 서로 침범하지 못한다고 하는 원칙이다. 이러한 순위확정의 원칙은 두 가지의 내용을 포함한다. 즉 하나는 저당권의 순위는 등기의 순위에 의하여 결정되고 먼저 등기된 저당권은 후에 등기된 저당권에 의하여 후순위로 내려가지 않는다는 것이며, 다른 하나는 한 번 확정된 순위는 비록 선순위의 저당권이 소멸하여도 그 순위가 올라가지 않는다는 것이다. 우리 민법은 첫째의 의미에 있어서의 순위확정의 원칙은 관철하고 있으나(제370조, 제333조), 둘째의 의미에 있어서의 순위확정의 원칙은 인정하지 않고 오히려 순위승진의 원칙을 채택하고 있다. 따라서 선순위의 저당권이 소멸하면 후순위 저당권의 순위가 올라간다.

(2) 우리의 저당제도는 후순위저당권자의 경매신청에 의하여 경락이 이루어지면 선순위저당권도 소멸하는 것으로 한다(이른바 소제주의).

3. 저당권의 성립

저당권은 이른바 약정담보물권이므로 원칙적으로 당사자 사이의 저당권설정 계약과 등기에 의해 성립하나(제186조), 예외적으로 법률의 규정에 의한 법정저당권(제649조)도 인정된다.

(1) 약정저당권

1) 저당권설정계약

㈎ 저당권설정계약은 직접 저당권의 발생을 목적으로 하는 이른바 '물권계약'이며, 저당권을 설정할 것을 약속하는 단순한 채권계약과는 다르다. 따라서 저당권설정계약은 물권계약이기 때문에, 따라서 저당권설정자는 목적물에 대해 처분권한을 가지고 있어야 한다. 저당권설정자는 피담보채권의 채무자인 것이 보통이지만, 제3자도 될 수 있고, 이때의 제3자를 물상보증인이라고 한다. 저당권자는 피담보채권의 채권자에 한한다. 채권자가 아닌 자가 저당권만을 가지게 되는 관계는 민법상 원칙적으로 인정되지 않는다.

㈏ 저당권설정계약의 당사자는 채권자(저당권자)와 저당권설정자(채무자 + 제3자)이다. 여기서 **채권자 아닌 제3자 명의로 설정된 저당권**도 효력이 있는지 문제되는데, 부동산실명법 제정 후의 판례도 일정한 경우 그 유효성을 긍정한다.

> **판례** ① 근저당권은 채권담보를 위한 것이므로 원칙적으로 채권자와 근저당권자는 동일인이 되어야 하지만, 제3자를 근저당권 명의인으로 하는 근저당권을 설정하는 경우 그 점에 대하여 **채권자와 채무자 및 제3자 사이에 합의**가 있고, **채권양도, 제3자를 위한 계약, 불가분적 채권관계의 형성** 등 방법으로 **채권이 그 제3자에게 실질적으로 귀속**되었다고 볼 수 있는 특별한 사정이 있는 경우에는 제3자 명의의 근저당권설정등기도 유효하다[대판(전합) 2001. 3. 15, 99다48948].
> ② 채권자와 근저당권자 사이에 형성된 법률관계의 실체를 밝히는 것은 단순한 사실인정의 문제가 아니라 의사표시 해석의 영역에 속하는 것일 수밖에 없고, 따라서 그 행위가 가지는 법률적 의미는 채권자와 근저당권자의 관계, 근저당권설정의 동기 및 경위, 당사자들의 진정한 의사와 목적 등을 종합적으로 고찰하여 논리와 경험칙에 따라 합리적으로 해석하여야 한다. 그리고 근저당권설정등기상 근저당권자가 다른 사람과 함께 채무자로부터 유효하게 채권을 변제받을 수 있고 채무자도 그들 중 누구에게든 채무를 유효하게 변제할 수 있는 관계, 가령 **채권자와 근저당권자가 불가분적 채권자의 관계에 있다고 볼 수 있는 경우**에는 그러한 근저당권설정등기도 유효하다고 볼 것이다(대판 2020. 7. 9, 2019다212594).
> ③ 근저당권 설정계약상의 채무자 아닌 제3자를 채무자로 하여 된 근저당권 설정등기는 채무자를 달리 한 것이므로 근저당권의 부종성에 비추어 원인 없는 무효의 등기이다(대판 1981. 9. 8, 80다1468).

2) 저당권등기

㈎ 법률행위로 인한 부동산물권변동의 일반원칙에 따라, 저당권설정계약 이외에 그 저당권의 등기를 하여야 비로소 저당권이 성립한다(제186조).

[판례] 근저당권설정비용의 부담주체에 관한 약정이 있으면 그에 따르지만 그런 합의가 없는 경우에 그 비용은 채무자가 부담함이 원칙이다(대판 1962. 2. 15, 4294민상291)

(나) 저당권등기가 불법으로 말소된 경우에 그 저당권등기가 효력을 잃는지가 문제되는데, 판례는 "등기는 물권의 효력발생요건이고 효력존속요건이 아니기 때문에 물권에 관한 등기가 원인 없이 말소된 경우에 그 물권의 효력에는 아무런 영향을 미치지 않는다."고 한다.

[판례] 부동산에 관하여 근저당권설정등기가 마쳐졌다가 등기가 위조된 관계서류에 기하여 아무런 원인 없이 말소되었다는 사정만으로는 곧바로 근저당권이 소멸하는 것은 아니지만, 부동산이 **경매절차에서 매각되면** 매각부동산에 존재하였던 저당권은 당연히 소멸하는 것이므로(민사집행법 제91조 제2항, 제268조 참조) 근저당권설정등기가 원인 없이 말소된 이후에 근저당목적물인 부동산에 관하여 다른 근저당권자 등 권리자의 신청에 따라 **경매절차가 진행되어 매각허가결정이 확정되고 매수인이 매각대금을 완납하였다면**, 원인 없이 말소된 근저당권도 소멸한다. 따라서 원인 없이 말소된 근저당권설정등기의 회복등기절차 이행과 회복등기에 대한 승낙의 의사표시를 구하는 소송 도중에 근저당목적물인 부동산에 관하여 경매절차가 진행되어 매각허가결정이 확정되고 매수인이 매각대금을 완납하였다면 매각부동산에 설정된 근저당권은 당연히 소멸하므로, 더 이상 원인 없이 말소된 근저당권설정등기의 회복등기절차 이행이나 회복등기에 대한 승낙의 의사표시를 구할 법률상 이익이 없게 된다(대판 2014. 12. 11, 2013다28025).

[동지판례] **(가압류도 마찬가지)** 부동산에 관하여 가압류등기가 마쳐졌다가 등기가 아무런 원인 없이 말소되었다는 사정만으로는 곧바로 가압류의 효력이 소멸하는 것은 아니지만, 가압류등기가 원인 없이 말소된 이후에 부동산의 소유권이 제3자에게 이전되고 그 후 제3취득자의 채권자 등 다른 권리자의 신청에 따라 **경매절차가 진행되어 매각허가결정이 확정되고 매수인이 매각대금을 다 낸 때**에는, 경매절차에서 집행법원이 가압류의 부담을 매수인이 인수할 것을 특별매각조건으로 삼지 않은 이상 원인 없이 말소된 가압류의 효력은 소멸한다. 그리고 말소회복등기절차에서 등기상 이해관계 있는 제3자가 있어 그의 승낙이 필요한 경우라 하더라도 제3자가 등기권리자에 대한 관계에서 승낙을 하여야 할 실체법상의 의무가 있는 경우가 아니면 승낙요구에 응하여야 할 이유가 없다(대판 2017. 1. 25, 2016다28897).

(2) 법정저당권

> **제649조(임차지상의 건물에 대한 법정저당권)**
> 토지임대인이 변제기를 경과한 최후 2년의 차임채권에 의하여 그 지상에 있는 임차인소유의 건물을 압류한 때에는 저당권과 동일한 효력이 있다.

4. 저당권의 객체

(1) 저당권은 목적물을 점유하는 것을 요건으로 하지 않으므로 등기·등록 등의 공시방법을 가질 수 있는 것이어야 한다. 민법이 인정하는 저당권의 객체는 **부동산**(제356조)과 **지상권·전세권**(제371

조 제1항)이 있다.

(2) 토지와 관련하여 1필의 토지가 1개의 저당권의 목적이 된다. 따라서 수필의 토지의 집합 위에 1개의 저당권을 설정할 수 없다. 또 1필의 토지의 일부분에 저당권을 설정하지 못한다. 다만 1동의 건물의 일부라고 하더라도 구분소유권의 목적이 되는 것에는 저당권을 설정할 수 있다.

(3) 그리고 민법 이외의 법률에서 인정하는 저당권의 객체도 있다. 즉 광업권, 어업권, 공장재단, 광업재단, 선박, 자동차, 항공기, 중기, 입목등기가 이루어진 입목 등이 이에 해당한다.

5. 피담보채권

피담보채권은 저당권설정 당시에 확정되어 있어야만 하는 것은 아니다. 즉 조건부 채권·기한부 채권과 같이 장래에 발생할 특정의 채권을 위해서도 미리 저당권을 설정할 수 있다. 그리고 근저당의 경우에는 장래의 증감 변동하는 불특정다수의 채권도 피담보채권이 될 수 있다(제357조 참조).

> **판례** 장래에 발생할 특정의 조건부 채권을 담보하기 위하여도 저당권을 설정할 수 있으므로 그러한 채권도 근저당권의 피담보채권으로 확정될 수 있고, 그 조건이 성취될 가능성이 없게 되었다는 등의 특별한 사정이 없는 이상 확정 당시 조건이 성취되지 아니하였다는 사정만으로 근저당권이 소멸하는 것은 아니다(대판 2015. 12. 24, 2015다200531).

Ⅱ. 저당권의 효력범위

1. 부합물·종물과 과실

제358조(저당권의 효력의 범위)
저당권의 효력은 저당부동산에 부합된 물건과 종물에 미친다. 그러나 법률에 특별한 규정 또는 설정행위에 다른 약정이 있으면 그러하지 아니하다.

제359조(과실에 대한 효력)
저당권의 효력은 저당부동산에 대한 압류가 있은 후에 저당권설정자가 그 부동산으로부터 수취한 과실 또는 수취할 수 있는 과실에 미친다. 그러나 저당권자가 그 부동산에 대한 소유권, 지상권 또는 전세권을 취득한 제삼자에 대하여는 압류한 사실을 통지한 후가 아니면 이로써 대항하지 못한다.

(1) 제358조의 범위

1) 저당권의 효력은 부합물·종물에 미치나 과실(果實)에는 원칙적으로 미치지 않고 압류가 있은 후에 수취하거나 수취할 수 있는 과실에만 미친다(제359조 참조).
2) 저당권의 효력이 종물에 미치지 않게 하는 특약도 가능한데, 이를 제3자에 대항하려면 등기를 해야 한다.

3) **저당부동산에 대한 종된 권리도 종물에 준하여 판단한다.** 즉 판례는 제358조 본문에 법적 근거를 두면서, 건물에 대한 저당권의 효력은 그 대지이용권인 지상권이나 임차권에도 미친다고 한다. 마찬가지로 구분건물의 전유부분에 설정된 저당권의 효력은 특별한 사정이 없는 한 그 전유부분의 소유자가 나중에 취득한 대지 사용권에까지 미친다(대판 1995. 8. 22, 94다12722).

> **판례** 가. 건물의 소유를 목적으로 하여 토지를 임차한 사람이 그 토지 위에 소유하는 건물에 저당권을 설정한 때에는 민법 제358조 본문에 따라서 저당권의 효력이 건물뿐만 아니라 **건물의 소유를 목적으로 한 토지의 임차권**에도 미친다고 보아야 할 것이므로, 건물에 대한 저당권이 실행되어 경락인이 건물의 소유권을 취득한 때에는 특별한 다른 사정이 없는 한 건물의 소유를 목적으로 한 토지의 임차권도 건물의 소유권과 함께 경락인에게 이전된다. 나. 위 "가"항의 경우에도 민법 제629조가 적용되기 때문에 토지의 임대인에 대한 관계에서는 그의 동의가 없는 한 경락인은 그 임차권의 취득을 대항할 수 없다(대판 1993. 4. 13, 92다24950).

4) **관련판례**

> **판례** ① 저당권의 실행으로 부동산이 경매된 경우에 그 부동산에 **부합된 물건**은 그것이 부합될 당시에 누구의 소유이었는지를 가릴 것 없이 그 부동산을 낙찰받은 사람이 소유권을 취득하지만, 그 **부동산의 상용에 공하여진 물건일지라도 그 물건이 부동산의 소유자가 아닌 다른 사람의 소유인 때**(예 : 렌탈목적물로써 발전설비 등)에는 이를 종물이라고 할 수 없으므로 부동산에 대한 저당권의 효력이 미칠 수 없음이 원칙이다(대판 2008. 5. 8, 2007다36933, 36940).
> ② **건물의 증축부분이 기존건물에 부합**하여 기존건물과 분리하여서는 별개의 독립건물로서 효용을 가지지 못하는 이상, 기존건물에 대한 경매절차에서 **경매목적물로 평가되지 아니하였다 하더라도**, 경락인은 부합된 증축부분의 소유권을 취득한다(대판 2002. 5. 10, 99다24256).
> ③ 저당권은 법률에 특별한 규정이 있거나 설정행위에 다른 약정이 있는 경우를 제외하고 그 저당부동산에 부합된 물건과 종물 이외에까지 그 효력이 미치는 것이 아니므로 사회적 관점이나 경제적 관점에 비추어 보아 **저당건물과는 별개의 독립된 건물**을 저당건물의 부합물이나 종물로 보아 경매법원에서 저당건물과 같이 경매를 진행하고 경락허가를 하였다고 하여 위 건물의 소유권에 변동이 초래될 수는 없다(대판 1974. 2. 12, 73다298).

(2) 부합 또는 종물의 시기

부합물에는 저당권의 효력이 미치는바, 부합의 시기에 관하여 학설·판례(대판 1974. 12. 12, 73다298)는 **저당권설정 당시에 이미 부합하여 있는 것이든, 그 후에 부합한 것이든 가리지 않고** 원칙적으로 부합된 물건에 대하여 저당권의 효력이 미친다고 한다. 종물의 경우에도 마찬가지이다.

(3) 과 실

> **판례** 민법 제359조 전문의 '과실'에는 천연과실뿐만 아니라 법정과실도 포함되므로, 저당부동산에 대한 압류가 있으면 **압류 이후의 저당권설정자의 저당부동산에 관한 차임채권 등**에도 저당권의 효력이 미친다(대판 2016. 7. 27, 2015다230020).

2. 피담보채권의 범위

> **제360조(피담보채권의 범위)**
> 저당권은 원본, 이자, 위약금, 채무불이행으로 인한 손해배상 및 저당권의 실행비용을 담보한다. 그러나 지연배상에 대하여는 원본의 이행기일을 경과한 후의 1년분에 한하여 저당권을 행사할 수 있다.

(1) 원본 등

1) 이자는 저당권에 의하여 제한 없이 담보된다. 반면에 손해배상청구권(지연배상)은 원본의 이행기일을 경과한 후의 1년분에 한한다. 원래 채무불이행에 기한 손해배상청구권은 본래의 채권과 동일성을 가지므로 이러한 손해배상청구권이 저당권에 의하여 담보되는 것은 당연하나, 다만 후순위자 등을 고려하여 제한을 두고 있는 것이다.

> **판례[1]** 저당권의 피담보채무의 범위에 관하여 민법 제360조가 지연배상에 대하여는 원본의 이행기일을 경과한 후의 1년분에 한하여 저당권을 행사할 수 있다고 규정하고 있는 것은 저당권자의 **제3자에 대한 관계**에서의 제한이며 **채무자나 저당권설정자가** 저당권자에 대하여 대항할 수 있는 것이 아니고, 민법 제360조가 양도담보의 경우에 준용된다고 하여도 마찬가지로 해석하여야 할 것인 만큼, 양도담보의 채무자가 양도담보권자에 대하여 민법 제360조에 따른 피담보채권의 제한을 주장할 수는 없는 것이다(대판 1992. 5. 12, 90다8855).
> ☞ 판례는 "채무자나 저당권설정자"라고 하고 있으나, 학설은 "채무자 겸 저당권설정자"라고 해석한다. 저당권설정자의 대표적인 예는 물상보증인인데, 판례에 따르면 물상보증인도 민법 제360조에 따른 피담보채권의 제한을 주장할 수 없게 된다. 이에 대해 학설은 물상보증인도 제3자로서 민법 제360조에 따른 피담보채권의 제한을 주장할 수 있어야 한다고 판례를 비판하는 것이다. 논리적으로는 학설의 태도가 타당하지만 객관식 문제에서는 판례에 따라 출제되고 있다.

> **참고지문** ① **(2012 변리사 기출)** 저당권설정자는 "지연배상에 대하여는 원본의 이행기일을 경과한 후의 1년분에 한하여 저당권을 행사할 수 있다"고 규정한 민법 제360조 단서를 원용하여 저당권자에게 피담보채권의 제한을 주장할 수 없다(○).
> ② **(2020 감정평가사 기출)** 저당권을 설정한 사람이 채무자가 아닌 경우, 그는 원본채권이 이행기를 경과한 때부터 1년분의 범위에서 지연배상을 변제할 책임이 있다(X).

> **판례[2]** 저당권의 피담보채권 범위에 관한 **민법 제360조 단서는 근저당권에 적용되지 않으므로** 근저당권의 피담보채권 중 **지연손해금도 근저당권의 채권최고액 한도에서 전액 담보된다.** 이는 근저당권의 피담보채권이 회생담보권인 경우라고 해서 달리 볼 이유가 없다(대판 2021. 10. 14, 2021다240851).

2) 위약금은 손해배상액의 예정이든, 위약벌이든 저당권에 의하여 담보된다. 다만 등기를 요한다고 할 것이다.

3) 현행민법은 부동산감정비용·경매신청등록세 등과 같은 저당권실행의 비용에 관하여도 저당권의 효력이 미치는 것을 명확히 하였다.

(2) 질권의 피담보채권의 비교

질권의 경우에는 ① 질물의 보존비용과 ② 질물의 하자로 인한 손해배상도 담보하고, ③ 저당권과 달리 지연배상에 관하여 아무런 제한을 두고 있지 않다. 이러한 차이는 저당권에서는 저당권자가 목적물을 점유하지 않는다는 점 및 후순위자 보호 필요성의 정도차이에서 비롯된 것이다.

3. 물상대위(제370조, 제342조)

질권의 물상대위에 관한 규정은 저당권에도 준용된다. 따라서 저당권은 본래의 목적물뿐만 아니라 그 가치대표물에도 효력이 미친다. 한편 담보물의 멸실 등이 **담보권자의 과실에 기인하는 때**에는 물상대위가 인정되지 않는다.

4. 저당권에 기한 경매와 우선변제 등

경매절차는 크게 압류·환가·배당의 3단계 절차로 이루어 진다.

(1) 경매절차

〈경매절차 : ① 압류 → ② 환가 → ③ 배당의 3단계 〉㉠ 경매신청 → ㉡ 경매개시결정·송달(압류)·현황조사 → ㉢ 배당요구종기일 → ㉣ 신문공고·서류열람 → ㉤ 매각기일(=입찰기일) → ㉥ 매각허부결정기일(=낙찰기일) → ㉦ 매각허가결정확정 → ㉧ 매각대금완납(법률규정에 의한 소유권취득) → ㉨ 배당 → ㉩ 경매종료

1) 민사집행의 유형

민사집행은 ① 강제경매와 ② 담보권실행을 위한 경매(임의경매), ③ 민법이나 상법 또는 그 밖의 법률의 규정에 의한 경매가 있다. 이 중 강제경매는 확정된 종국관결이나 가집행의 선고가 있는 종국관결을 기초로 집행문 있는 관결정본(집행권원)이 있어야 할 수 있다.

2) 우선변제권실현의 경매

저당권이나 질권·전세권에 기한 경매는 우선변제권을 실현하기 위한 경매인 반면 유치권에 의한 경매는 환가의 수단으로서 이루어지는 경매이다.

> **[판례]** 피담보채권을 저당권과 함께 양수한 자는 저당권이전의 부기등기를 마치고 저당권실행의 요건을 갖추고 있는 한 **채권양도의 대항요건을 갖추고 있지 아니하더라도 경매신청을 할 수 있다**(대판 2005. 6. 23, 2004다29279).

3) 매수인의 권리취득

매각(경락)허가결정에 의하여 저당목적물의 소유권은 매수인(경락인)에게 이전되는 바, 이때 소유권은 매각대금을 완납한 때에 등기 없이 이전된다(민사집행법 제135조, 민법 제187조).

(2) 배당순위와 관련판례정리

민법상 저당물경매의 경우 배당순서는 "경매비용 ⇒ 비용상환청구권 ⇒ 최우선변제권 ⇒ 우선변제권 ⇒ 일반채권" 순서이다.

```
■ 배당순위 ■

㉠ 경매비용
㉡ 비용상환청구권(민법 367조).
㉢ 우선특권 : 주택소액보증금, 최종3월분 임금, 최종3년간의 퇴직금채권
㉣ 당 해 세 : 저당목적물자체에 부과된 국세·지방세·가산금 등
㉤ 우선변제권 : 전세권·저당권·확정일자부 주택임차보증금 등
㉥ 일반임금(최종 3월분은 제외 - 근로기준법 제37조)
㉦ 조세채권 : 국세·지방세
㉧ 공 과 금 : 의료보험료·연금보험료 등
㉨ 일반채권
```

1) 임금채권 등의 경우

근로기준법에서는 최종 3개월분의 임금 채권은 사용자의 총재산에 대하여 질권 또는 저당권에 따라 담보된 채권에 우선하여 변제되어야 한다고 규정하고 있다.

2) 조세와의 관계

저당권과 조세와의 순위에서, 저당물 소유자가 체납하고 있는 국세는 저당권과 국세의 법정기일을 비교하여 우선변제적 효력의 우열을 정한다. 그러나 그 저당물에 부과된 국세와 가산금(당해세)은 그 법정기일 전에 설정된 저당권에 대해서도 언제나 우선한다.

3) 가압류등기가 먼저 행하여진 후 저당권설정등기가 이루어진 경우(평등배당)

부동산에 대하여 **가압류등기가 먼저 되고 나서 근저당권설정등기가 마쳐진 경우**에 경매절차의 배당관계에서 근저당권자는 선순위 가압류채권자에 대하여는 우선변제권을 주장할 수 없으므로 그 가압류채권자는 근저당권자와 일반 채권자의 자격에서 평등배당을 받을 수 있다(대판 2008. 2. 28, 2007다77446).

판례 가. 부동산에 대하여 가압류등기가 먼저 되고 나서 근저당권설정등기가 마쳐진 경우에 그 근저당권등기는 가압류에 의한 처분금지의 효력 때문에 그 집행보전의 목적을 달성하는 데 필요한 범위 안에서 **가압류채권자에 대한 관계에서만 상대적으로 무효**이다. 나. '가'항의 경우 가압류채권자와 근저당권자 및 근저당권설정등기 후 강제경매신청을 한 압류채권자 사이의 배당관계에 있어서, 근저당권자는 선순위 가압류채권자에 대하여는 우선변제권을 주장할 수 없으므로 1차로 채권액에 따른 안분비례에 의하여 평등배당을 받은 다음, 후순위 경매신청압류채권자에 대하여는 우선변제권이 인정되므로 경매신청압류채권자가 받을 배당액으로부터 자기의 채권액을 만족시킬 때까지 이를 흡수하여 배당받을 수 있다(대결 1994. 11. 29, 자 94마417).

4) 용익권과의 관계

저당권을 설정하기 전에 이미 제3자가 그 목적물에 관하여 용익권을 가지고 있는 경우(예컨대 지상권·전세권·대항력 있는 임차권)에는 후에 저당권이 설정되고 그 저당권에 기하여 경매가 이루어진 경우에도 위의 용익권을 가지고 매수인에게 대항할 수 있다. 여기서 용익권이 저당권의 실행에 의하여 소멸하는가의 여부는 경매를 신청한 저당권자의 저당권과 용익권설정의 시기의 선후에 의하여 결정되지 아니하고, **그 부동산 위의 최고순위의 저당권**과 용익권설정의 우열에 의하여 결정된다. 예컨대, 1번저당권, → 지상권, → 2번저당권의 순서로 등기가 설정된 경우에 2번저당권의 신청으로 경매가 실시되면 지상권은 소멸하고 지상권자는 경락인(=매수인)에게 대항할 수 없다.

Ⅲ. 유저당계약

1. 의 의

유저당계약이란 변제기 도래 전의 특약으로, 저당물로써 직접 변제에 충당하거나 또는 민사집행법상의 경매가 아닌 임의의 방법으로 저당물을 처분하거나 환가하기로 약정하는 것을 말한다(제339조 유질계약 참조).

2. 유저당의 효력(유효성 긍정)

질권에 관하여는 유질계약이 금지된다는 명문규정이 있으나, 유저당에는 이러한 규정이 없어 원칙적으로 유효하다.

3. 유저당계약의 형태

(1) 대물반환(또는 대물변제)의 예약

1) 적용법규

> **제607조(대물반환의 예약)**
> 차용물의 반환에 관하여 차주가 차용물에 갈음하여 다른 재산권을 이전할 것을 예약한 경우에는 그 재산의 예약당시의 가액이 차용액 및 이에 붙인 이자의 합산액을 넘지 못한다.

> **제608조(차주에 불이익한 약정의 금지)**
> 전2조의 규정에 위반한 당사자의 약정으로서 차주에 불리한 것은 환매 기타 여하한 명목이라도 그
> 효력이 없다.

저당권과 병용하여, 변제기 전의 약정으로 저당물의 소유권을 저당권자에게 귀속시키기로 하는 것은 대물변제(반환)의 예약에 해당한다. 이 경우 그 대물변제예약상의 권리를 보전하기 위하여 가등기를 한 경우에는, 그것은 가등기담보가 되고 이에 관하여는 **가등기담보등에관한법률**이 적용된다. 그러나 가등기를 하지 않은 경우에는 **민법 제607조·제608조**의 규율을 받게 된다. 즉 어느 것이나 목적물의 평가액 내지 환가액에서 피담보채권액을 공제하고 남은 금액은 저당권설정자에게 반환하여야 한다.

2) 제608조의 무효의 의미

원래 저당부동산의 소유권을 저당권자에게 귀속시키려는 유저당은 대물변제의 예약에 해당하는데, 현행민법은 제607조에서 대물변제의 예약은 그 목적재산의 예약당시의 가액이 차용액 및 이에 붙인 이자의 합산액을 넘지 못하는 것으로 하고 있고, 제608조는 이러한 제한에 위반한 약정으로서 채무자에게 불리한 것은 무효라고 하는데, 그 의미에 대하여는 차액을 정산한다는 의미로 이해한다. 즉 제607조에 위반하는 초과부분을 채무자에게 반환하는 정산 내지 청산이 요구된다는 것이다.

(2) 임의환가의 약정

임의환가의 약정은 유저당 중 저당부동산의 환가를 경매에 의하지 않고 예컨대 제3자에게 매각하여 정산하기로 하는 약정을 말한다. 저당권과 병용하여, 저당물의 환가를 법률의 규정이 아닌 임의의 방법으로 환가하기로 하는 약정을 했을 때에도 이러한 특약은 유효하며 단지 정산의무를 부담할 뿐이다. 저당권자는 미리 자기 앞으로 소유권이전등기를 하고 목적물을 인도받아 제3자에게 처분하고, 피담보채권에 충당하고 남은 금액을 저당권설정자에게 반환하여야 한다. 단 가등기담보등에관한법률은 이러한 방식(임의환가 = 사적 처분청산)에 의한 실행을 인정하지 않는다.

IV. 법정지상권

> **제366조(법정지상권)**
> 저당물의 경매로 인하여 토지와 그 지상건물이 다른 소유자에 속한 경우에는 토지소유자는 건물소유자에 대하여 지상권을 설정한 것으로 본다. 그러나 지료는 당사자의 청구에 의하여 법원이 이를 정한다.

1. 근거

(1) 법정지상권은 가치권과 이용권의 조절을 위한 공익상의 이유로 지상권설정을 강제하는 제도로서, 현행민법은 건물을 토지와 분리하여 독립된 부동산으로 인정하면서도 자기차지권 또는 자기지상권과 같은 용익권을 설정하는 것도 허용하지 않기 때문에 일정한 요건하에서 지상권의 성립을 의제하는 법정지상권제도를 필요로 한다.

(2) 법정지상권은 가치권과 이용권의 조절을 위한 공익상의 이유로 **강행규정**이다.

> **판례** 민법 제366조는 가치권과 이용권의 조절을 위한 공익상의 이유로 지상권의 설정을 강제하는 것이므로 저당권설정 당사자간의 특약으로 저당목적물인 토지에 대하여 법정지상권을 배제하는 약정을 하더라도 그 특약은 효력이 없다(대판 1988. 10. 25, 87다카1564).

2. 성립요건

(1) 저당권설정 당시의 건물의 존재

1) **저당권설정 당시**에 지상에 건물이 존재할 것을 요한다. 건물이 없는 토지에 저당권을 설정하고 그 후에 건물을 지은 때에는 그 건물을 위한 법정지상권은 성립하지 않는다. 그 건물은 실제로 존재하고 있으면 되고, 보존등기까지 하여야만 하는 것은 아니다.

> **판례** ① 토지에 관하여 저당권이 설정될 당시 그 지상에 건물이 위 토지 소유자에 의하여 건축중이었고, 그것이 사회관념상 독립된 건물로 볼 수 있는 정도에 이르지 않았다 하더라도 **건물의 규모, 종류가 외형상 예상할 수 있는 정도까지 건축이 진전되어 있는 경우**에는, 저당권자는 완성될 건물을 예상할 수 있으므로 법정지상권을 인정하여도 불측의 손해를 입는 것이 아니며 사회경제적으로도 건물을 유지할 필요가 인정되기 때문에 법정지상권의 성립을 인정함이 상당하다고 해석된다(대판 1992. 6. 12, 92다7221).
> ② 민법 제366조의 법정지상권은 저당권 설정 당시 동일인의 소유에 속하던 토지와 건물이 경매로 인하여 양자의 소유자가 다르게 된 때에 건물의 소유자를 위하여 발생하는 것으로서, 법정지상권이 성립하려면 경매절차에서 매수인이 매각대금을 다 낸 때까지 해당 건물이 독립된 부동산으로서 건물의 요건을 갖추고 있어야 한다. 독립된 부동산으로서 건물은 토지에 정착되어 있어야 하는데(민법 제99조 제1항), **가설건축물**은 일시 사용을 위해 건축되는 구조물로서 설치 당시부터 일정한 존치기간이 지난 후 철거가 예정되어 있어 일반적으로 토지에 정착되어 있다고 볼 수 없다. 민법상 건물에 대한 법정지상권의 최단 존속기간은 견고한 건물이 30년, 그 밖의 건물이 15년인 데 비하여, 건축법령상 가설건축물의 존치기간은 통상 3년 이내로 정해져 있다. 따라서 **가설건축물은 특별한 사정이 없는 한 독립된 부동산으로서 건물의 요건을 갖추지 못하여 법정지상권이 성립하지 않는다**(대판 2021. 10. 28, 2020다224821).

2) 민법 제366조의 법정지상권은 저당권 설정 당시부터 저당권의 목적되는 토지 위에 건물이 존재할 경우에 한하여 인정되며, 토지에 관하여 저당권이 설정될 당시 그 지상에 토지소유자에 의한

건물의 건축이 개시되기 이전이었다면, 건물이 없는 토지에 관하여 저당권이 설정될 당시 **근저당권자가 토지소유자에 의한 건물의 건축에 동의하였다고 하더라도** 그러한 사정은 주관적 사항이고 공시할 수도 없는 것이어서 토지를 낙찰받는 제3자로서는 알 수 없는 것이므로 그와 같은 사정을 들어 법정지상권의 성립을 인정한다면 토지 소유권을 취득하려는 제3자의 법적 안정성을 해하는 등 법률관계가 매우 불명확하게 되므로 법정지상권이 성립되지 않는다(대판 2003. 9. 5, 2003다26051).

> **판 례** ① 민법 제366조 소정의 법정지상권이 성립하려면 저당권의 설정 당시 저당권의 목적이 되는 토지 위에 건물이 존재할 경우이어야 하는바, 저당권설정 당시 건물이 존재한 이상 그 이후 개축, 증축하는 경우는 물론이고 **건물이 멸실되거나 철거된 후 재축, 신축하는 경우에도 법정지상권이 성립한다** 할 것이고, 이 경우 법정지상권의 내용인 존속기간, 범위 등은 **구건물을 기준**으로 하여 그 이용에 일반적으로 필요한 범위 내로 제한되는 것이다(대판 1990. 7. 10, 90다카6399).
> ② (i) 동일인의 소유에 속하는 토지 및 그 지상건물에 관하여 **공동저당권이 설정된 후 지상 건물이 철거되고 새로 건물이 신축된 경우**에, 신축건물의 소유자가 토지의 소유자와 동일하고 토지의 저당권자에게 신축건물에 관하여 토지의 저당권과 동일한 순위의 공동저당권을 설정해 주는 등 특별한 사정이 없는 한, 저당물의 경매로 인하여 토지와 신축건물이 다른 소유자에 속하게 되더라도 신축건물을 위한 **법정지상권은 성립하지 않는다**(대판 2014. 9. 4, 2011다73038). (ii) 그러나 토지와 함께 공동근저당권이 설정된 건물이 그대로 존속함에도 불구하고 사실과 달리 등기부에 멸실의 기재가 이루어지고 이를 이유로 등기부가 폐쇄된 경우, 저당권자로서는 멸실 등으로 인하여 폐쇄된 등기기록을 부활하는 절차 등을 거쳐 건물에 대한 저당권을 행사하는 것이 불가능한 것이 아닌 이상 그 후 토지에 대하여만 경매절차가 진행된 결과 토지와 건물의 소유자가 달라지게 되었다면 그 건물을 위한 법정지상권은 성립한다 할 것이고, 단지 건물에 대한 등기부가 폐쇄되었다는 사정만으로 건물이 멸실된 경우와 동일하게 취급하여 법정지상권이 성립하지 아니한다고 할 수는 없다(대판 2013. 3. 14, 2012다108634).

(2) 토지와 건물의 동일인 소유

1) **저당권설정 당시** 토지와 건물이 동일한 소유자에 속하고 있어야 한다. 저당권설정 당시에 건물과 토지가 각 다른 소유자에게 속한 경우에는 그 건물에 관하여 이미 토지소유자에게 대항할 수 있는 이용권이 설정되었던가 그렇지 않으면 이를 설정할 수 있었는데도 불구하고 이를 설정하지 아니한 것이므로 건물의 소유자나 경락인에게 법정지상권의 보호를 줄 필요가 없기 때문이다.

> **판 례** 민법 제366조 소정의 법정지상권은 저당권 설정 당시 동일인의 소유에 속하던 토지와 그 지상건물이 경매로 인하여 각기 그 소유자가 다르게 된 때에 건물의 소유자를 위하여 발생하는 것이므로, 토지와 그 지상건물이 각기 소유자를 달리하고 있던 중 토지 또는 그 지상건물만이 경매에 의하여 다른 사람에게 소유권이 이전된 경우에는 위 법조 소정의 법정지상권이 발생할 여지가 없으며, 또 건물의 등기부상 소유명의를 타인에게 신탁한 경우에 **신탁자는 제3자에게 그 건물이 자기의 소유임을 주장할 수 없고**, 따라서 그 건물과 부지인 토지가 동일인의 소유임을 전제로 한 법정지상권을 취득할 수 없다(대판 1995. 5. 23, 93다47318). ☞ 부동산실권

리자명의등기에관한법률 시행전의 판례로 신탁적 소유권이전설에 따른 것이다. 현재에도 "유효한" 명의신탁의 경우에는 같은 법리가 적용된다.

2) 토지와 건물이 **저당권설정 당시에** 동일인 소유였으면 되고 이후 건물이나 토지에 소유자 변동이 있어 경매 당시에는 동일인 소유가 아니었더라도 상관없다.

> **[판례]** 토지에 **저당권을 설정할 당시** 토지의 지상에 건물이 존재하고 있었고 그 양자가 동일 소유자에게 속하였다가 **그 후 저당권의 실행으로 토지가 낙찰되기 전에 건물이 제3자에게 양도된 경우**, 민법 제366조 소정의 법정지상권을 인정하는 법의 취지가 저당물의 경매로 인하여 토지와 그 지상 건물이 각 다른 사람의 소유에 속하게 된 경우에 건물이 철거되는 것과 같은 사회경제적 손실을 방지하려는 공익상 이유에 근거하는 점, 저당권자로서는 저당권설정 당시에 법정지상권의 부담을 예상하였을 것이고 또 저당권설정자는 저당권설정 당시의 담보가치가 저당권이 실행될 때에도 최소한 그대로 유지되어 있으면 될 것이므로 위와 같은 경우 법정지상권을 인정하더라도 저당권자 또는 저당권설정자에게는 불측의 손해가 생기지 않는 반면, 법정지상권을 인정하지 않는다면 건물을 양수한 제3자는 건물을 철거하여야 하는 손해를 입게 되는 점 등에 비추어 위와 같은 경우 건물을 양수한 제3자는 민법 제366조 소정의 법정지상권을 취득한다(대판 1999. 11. 23, 99다52602).
> ☞ 건물이 제3자에게 양도되는 순간에 관습법상의 법정지상권이 성립할 수 있다. 그러나 이 관습법상의 법정지상권은 이후 선순위저당권의 경매로 인하여 소멸한다.

(3) 경 매

법정지상권은 경매가 행하여진 경우만 성립한다. 민법 제366조는 토지·건물에 관한 저당권을 실행함으로써 일어나는 불합리를 제거하기 위한 규정이기 때문이다. 여기의 경매는 임의경매(담보권실행을 위한 경매)만을 말하고 강제경매는 포함하지 않는다(대판 1970. 9. 29, 70다1454). 강제경매나 임의양도(매매 등)의 경우에는 관습법상의 법정지상권이 인정된다고 해석한다(이영준「물권법」, 907~908면 참조).

(4) 토지와 건물의 귀속분리

임의경매의 결과 토지와 건물이 다른 사람의 소유에 귀속되어야 한다. 토지 또는 건물의 일방에만 저당권이 설정되어 경매된 경우에 법정지상권이 성립하는 것은 의문이 없다. 나아가 토지와 건물이 함께 동일한 저당권의 목적이 되었으나, 후에 경매의 결과 각각 다른 사람에게 경락되거나 또는 한쪽만이 경락된 경우에도 법정지상권이 성립한다(통설).

3. 법정지상권의 효과

(1) 법률규정에 의한 취득

법정지상권은 토지의 소유자와 건물의 소유자가 상이하게 된 때, 즉 임의경매시 경락허가결정이 확정된 후 **대금을 완납하였을 때**에 성립한다(제187조 참조). 따라서 경매 당시의 건물소유자는 법정지상권을 취득할 당시의 토지소유자에 대하여는 물론, 그 이후의 토지소유권을 취득한 제3자에 대하여도 **등기 없이** 법정지상권을 주장할 수 있다(대판 1967. 6. 27, 66다987). 다만 민법 제187조 단서의 규정에 따라 법정지상권자가 이를 등기하지 아니하면 그 지상권을 처분할 수 없으므로 **법정지상권이 있는 건물을 매수한 자**는 지상권 취득의 등기를 하지 아니하면 대지의 원래의 소유자에 대하여 지상권의 취득을 주장할 수 없다. 다만 이 경우 건물의 전득자는 원소유자를 대위하여 토지소유자에 대하여 지상권설정등기를 청구할 수 있고, 이러한 등기청구권을 갖고 있는 한 토지소유자의 건물철거청구는 신의칙에 의해 부정되며, 후에 건물소유자가 지상권등기를 하게 되면 토지소유자에게 대항할 수 있게 된다. 그러나 법정지상권을 취득한 자로부터 **경매에 의하여** 건물의 소유권을 취득한 경락인(매수인)은 제187조에 의하여 지상권도 등기 없이 당연히 취득하게 된다(대판 1985. 2. 26, 84다카1578 등).

> **판례** 법정지상권을 가진 건물소유자로부터 건물을 양수하면서 법정지상권까지 양도받기로 한 자는 **채권자대위의 법리에 따라** 전건물소유자 및 대지소유자에 대하여 차례로 지상권의 설정등기 및 이전등기절차이행을 구할 수 있다 할 것이므로 이러한 **법정지상권을 취득할 지위에 있는 자에 대하여 대지소유자가 소유권에 기하여 건물철거를 구함**은 지상권의 부담을 용인하고 그 설정등기절차를 이행할 의무있는 자가 그 권리자를 상대로 한 청구라 할 것이어서 **신의성실의 원칙상 허용될 수 없다**[대판(전합) 1985. 4. 9, 84다카1131, 1132].

(2) 지상권의 포기약정
제366조의 법정지상권은 강행규정이기 때문에 특약에 의하여 배제할 수는 없다고 해석한다.

(3) 법정지상권의 내용
법정지상권의 범위는 그 건물의 대지뿐 아니라 건물로써 이용하는 데 필요한 범위 내라고 할 것이다.

(4) 지 료
일반지상권에서 지료는 그 요소가 아니지만(제279조, 무상 원칙), 법정지상권의 경우 민법은 지료를 지급하여야 하는 것으로 정한다(제366조 단서, 유상 원칙). 이 때 지료는 우선 당사자의 협의로써 할 것이나, 협의가 성립하지 않는 경우에는 당사자의 청구에 의하여 법원이 정한다.

> **판례** 민법 제366조 단서의 규정에 의하여 법정지상권의 경우 그 지료는 당사자의 협의나 법원에 의하여 결정하도록 되어 있는데, 당사자 사이에 지료에 관한 협의가 있었다거나 법원에 의하여 지료가 결정되었다는 아무런 입증이 없고 법정지상권에 관한 지료가 결정된 바 없다면, 법정지상권자가 지료를 지급하지 않았다고 하더라도 지료 지급을 지체한 것으로는 볼 수 없으므로 법정지상권자가 2년 이상의 지료를 지급하지 아니하였음을 이유로 하는 토지소유자의 지상권 소멸청구는 이유가 없다(대판 1996. 4. 26, 95다52864).

4. 심화 판례

[1] 동일인의 소유에 속하고 있던 토지와 지상 건물이 매매 등으로 인하여 소유자가 다르게 된 경우에 건물을 철거한다는 특약이 없는 한 건물소유자는 건물의 소유를 위한 관습상 법정지상권을 취득한다. 그런데 민법 제406조의 채권자취소권의 행사로 인한 사해행위의 취소와 일탈재산의 원상회복은 채권자와 수익자 또는 전득자에 대한 관계에 있어서만 효력이 발생할 뿐이고 채무자가 직접 권리를 취득하는 것이 아니므로, 토지와 지상 건물이 함께 양도되었다가 **채권자취소권의 행사에 따라 그중 건물에 관하여만 양도가 취소되고 수익자와 전득자 명의의 소유권이전등기가 말소되었다고** 하더라도, 이는 관습상 법정지상권의 성립요건인 '동일인의 소유에 속하고 있던 토지와 지상 건물이 매매 등으로 인하여 소유자가 다르게 된 경우'에 해당한다고 할 수 없다. [2] 저당권설정 당시 동일인의 소유에 속하고 있던 토지와 지상 건물이 경매로 인하여 소유자가 다르게 된 경우에 건물소유자는 건물의 소유를 위한 민법 제366조의 법정지상권을 취득한다. 그리고 건물 소유를 위하여 법정지상권을 취득한 사람으로부터 경매에 의하여 건물의 소유권을 이전받은 매수인은 매수 후 건물을 철거한다는 등의 매각조건하에서 경매되는 경우 등 특별한 사정이 없는 한 건물의 매수취득과 함께 위 지상권도 당연히 취득하는데, 이러한 법리는 사해행위의 수익자 또는 전득자가 건물의 소유자로서 법정지상권을 취득한 후 채무자와 수익자 사이에 행하여진 건물의 양도에 대한 채권자취소권의 행사에 따라 수익자와 전득자 명의의 소유권이전등기가 말소된 다음 경매절차에서 건물이 매각되는 경우에도 마찬가지로 적용된다(대판 2014. 12. 24, 2012다73158).

V. 일괄경매청구권

> **제365조(저당지상의 건물에 대한 경매청구권)**
> 토지를 목적으로 저당권을 설정한 후 그 설정자가 그 토지에 건물을 축조한 때에는 저당권자는 토지와 함께 그 건물에 대하여도 경매를 청구할 수 있다. 그러나 그 건물의 경매대가에 대하여는 우선변제를 받을 권리가 없다.

1. 취 지

일괄경매권의 제도적 의의는 저당권자에게 저당토지상의 건물의 존재로 인하여 생기게 되는 경매의 어려움을 해소하여 저당권의 실행을 쉽게 할 수 있도록 한 데에 있다(대판 2003. 4. 11, 2003다3850).

2. 요 건

(1) 저당권설정 당시 지상에 건물이 없었어야 하며, 토지에 대한 저당권이 설정된 후 건물이 축조된 경우에 일괄경매권이 발생한다.

(2) 저당권설정자가 축조하고 소유하는 건물이어야 하며 **저당권설정 후 저당권설정자 이외의 제3
자가 건물을 축조한 경우**에는, 일괄경매권이 인정되지 않는다.

> **[판례]** 제365조 저당지상의 건물에 대한 일괄경매청구권은 저당권설정자가 건물을 축조한 경우뿐만 아니라 저
> 당권설정자로부터 저당토지에 대한 용익권을 설정받은 자가 그 토지에 건물을 축조한 경우라도 **그 후 저당권
> 설정자가 그 건물의 소유권을 취득한 경우**에는 저당권자는 토지와 함께 그 건물에 대하여 경매를 청구할 수
> 있다(대판 2003. 4. 11, 2003다3850).

3. 저당권자의 권리

일괄경매권은 저당권자의 권리이지 의무는 아니다(대판 1977. 4. 26, 77다77). 따라서 저당권자가 토지
만을 경매하거나, 토지와 건물을 일괄하여 경매하거나, 그것은 저당권자의 자유로운 선택에 달려 있다.

4. 저당권의 효력범위

저당권의 효력은 어디까지나 토지에만 미치므로, 토지와 함께 건물이 경매되더라도, 그 건물의 경
매대가로부터는 우선변제를 받지 못한다.

VI. 저당목적물의 제3취득자의 지위와 물상보증인의 지위

제364조(제삼취득자의 변제)
저당부동산에 대하여 소유권, 지상권 또는 전세권을 취득한 제삼자는 저당권자에게 그 부동산으로
담보된 채권을 변제하고 저당권의 소멸을 청구할 수 있다.

제469조(제삼자의 변제)
① 채무의 변제는 제삼자도 할 수 있다. 그러나 채무의 성질 또는 당사자의 의사표시로 제삼자의 변
제를 허용하지 아니하는 때에는 그러하지 아니하다.
② 이해관계없는 제삼자는 채무자의 의사에 반하여 변제하지 못한다.

제481조(변제자의 법정대위)
변제할 정당한 이익이 있는 자는 변제로 당연히 채권자를 대위한다.

1. 제3취득자의 지위

(1) 의 의

제3취득자라고 함은 저당권설정자로부터 저당부동산의 소유권을 양도받거나, 지상권 또는 전세권
을 설정받은, 양수인·지상권자·전세권자 등을 말한다. 이러한 제3취득자는 저당권이 실행되지 않고

있는 동안은 저당권에 의하여 아무런 영향을 받음이 없이 자기의 권리를 행사할 수 있으나, 저당권이 일단 실행되면 완전히 그 권리를 상실하게 되므로 이를 보호할 필요가 있다.

(2) 제3취득자의 변제와 저당권소멸청구권(제364조)

1) 제364조의 취지

제3취득자는 이해관계가 있는 제3자로서 채무자가 반대하는 경우에도 저당채무를 변제함으로써 저당권을 소멸시킬 수 있다(제469조 제2항 참조). 그럼에도 특별히 제364조를 두고 있는 이유는 제3취득자는 "그 부동산으로 담보된 채권"만을 변제하면 족하므로, 예컨대 지연이자는 원본의 이행기일을 경과한 후의 1년분만을 변제하면 족하다는 데 의의가 있다(통설).

> **판례** ① 채무총액이 근저당권의 채권최고액을 초과한 경우에도, 근저당부동산을 매수한 **제3취득자**는 그 **채권최고액만을** 변제하고 근저당권의 소멸을 청구할 수 있으며, 이는 고유의 권리이다(대판 1971. 4. 6, 71다26). ② 근저당권의 **물상보증인**은 민법 357조에서 말하는 **채권의 최고액만을** 변제하면 근저당권설정등기의 말소청구를 할 수 있고 채권최고액을 초과하는 부분의 채권액까지 변제할 의무가 있는 것이 아니다(대판 1974. 12. 10, 74다998).

> **비교판례** ① 원래 저당권은 원본, 이자, 위약금, 채무불이행으로 인한 손해배상 및 저당권의 실행비용을 담보하는 것이며, 채권최고액의 정함이 있는 근저당권에 있어서 이러한 채권의 총액이 그 채권최고액을 초과하는 경우, 적어도 근저당권자와 **채무자 겸 근저당권설정자**와의 관계에 있어서는 위 채권 전액의 변제가 있을 때까지 근저당권의 효력은 채권최고액과는 관계없이 잔존채무에 여전히 미친다(대판 2001. 10. 12, 2000다59081). ② 연대보증인 겸 물상보증인은 채무 총액을 변제하여야 한다(대판 1972. 5. 23, 72다485, 72다486).

2) 제3취득자의 변제자대위

제3취득자는 변제하는 데 정당한 이익을 가지는 자이므로 변제를 하면 당연히 채권자를 대위하게 된다(제481조의 법정변제자대위).

3) 저당부동산의 제3취득자가 피담보채무를 인수한 경우

저당부동산의 제3취득자가 피담보채무를 인수한 경우에는 그 때부터는 제3취득자는 채권자에 대한 관계에서 **채무자의 지위로 변경**되므로 민법 제364조의 규정은 적용될 여지가 없을 것이다. 다만, 민법 제364조를 둔 취지가, 저당권설정자가 제3취득자로부터 매매목적물의 대가 전액을 받고서도 저당권자에 대한 피담보채무를 변제하지 않는 경우에 저당권의 실행으로 말미암아 제3취득자의 권리가 상실될 위험이 있으므로, 제3취득자로 하여금 대가 전액을 저당권설정자에 대하여 지급하고 다시 저당권설정자가 그 피담보채무를 변제하게 할 것이 아니라 저당권자에게 직접 담보된 채권을 변제하도록 하게 함으로써 제3취득자의 보호를 도모하고자 한 것이라는 점을 감안해 볼 때, 저당부동산에 관한 매매계약을 체결하는 당사자 사이에 매매대금에서 피담보채무 또는 채권최고액을 공제한 잔액만을 현실로 수수하였다는 사정만을 가지고 언제나 매수인이 매도인의 저당채권자에 대한 피담보채무를 인수한 것으로 보아 제3취득자는 채권자에 대한 관계에서 제3취득자가 아니라 채무자와 동일한 지위에 놓이게 됨으로써 저당부동산의 제3취득자가 원래 행사할 수 있었던 저당권소멸청구권을 상실한다고 볼 수는 없고, 오히려 이러한 매매대금 지급방법상의 약정은 다른 특별한 사정이 없는 한 매매당사자 사이에서는 매수인이 피담보채무 또는 채권최고액에 해당하는 매매대금 부분을 매도인에게 지급하는 것이 아니라 채권자에게 직접 지급하기로 하여 그 매매목적 부동산에 관한 저당권의 말소를 보다 확실하게 보장하겠다고 하는 취지로 그런 약정을 하게 된 것이라고 볼 것이다(대판 2002. 5. 24, 2002다7176). ☞ 이러한 경우에는 피담보채무를 인수하여 채권자인 저당권자에 대한 관계에서 제3취득자에서 채무자의 지위로 바뀐 것이 아니다.

4) 후순위근저당권자

민법 제364조의 규정에 의한 권리를 취득한 제3자는 피담보채무가 확정된 이후에 채권최고액의 범위 내에서 그 확정된 피담보채무를 변제하고 근저당권의 소멸을 청구할 수 있으나, **근저당부동산에 대하여 후순위근저당권을 취득한 자**는 민법 제364조에서 정한 권리를 행사할 수 있는 제3취득자에 해당하지 아니하므로 이러한 후순위근저당권자가 선순위근저당권의 피담보채무가 확정된 이후에 그 확정된 피담보채무를 변제한 것은 민법 제469조의 규정에 의한 이해관계 있는 제3자의 변제로서 유효한 것인지 따져볼 수는 있을지언정 민법 제364조의 규정에 따라 선순위근저당권의 소멸을 청구할 수 있는 사유로는 삼을 수 없다(대판 2006. 1. 26, 2005다17341). ☞ 예컨대 甲소유의 X부동산에 乙(제1순위근저당권자), 丙(제2순위 근저당권자)이 있다면 乙의 확정된 피담보채권액이 채권최고액을 초과하는 경우, 丙은 乙의 채권최고액만을 변제하고 乙의 근저당권의 소멸을 청구할 수 없다.

(3) 제3취득자의 비용상환청구권(제367조)

> **제367조(제삼취득자의 비용상환청구권)**
> 저당물의 제삼취득자가 그 부동산의 보존, 개량을 위하여 필요비 또는 유익비를 지출한 때에는 제203조제1항, 제2항의 규정에 의하여 저당물의 경매대가에서 우선상환을 받을 수 있다.

필요비·유익비를 지출한 제3자는 경매법원에 대하여 이를 증명하여 상환을 청구하고 경매법원은 배당기일 전에 그 금액을 확인하여 **경매비용 다음 순위**로 지급한다.

> **판례** 민법 제367조는 저당물의 제3취득자가 그 부동산의 보존, 개량을 위하여 필요비 또는 유익비를 지출한 때에는 제203조 제1항, 제2항의 규정에 의하여 저당물의 경매대가에서 우선상환을 받을 수 있다고 규정하고 있다. 이는 저당권이 설정되어 있는 부동산의 제3취득자가 저당부동산에 관하여 지출한 필요비, 유익비는 부동산 가치의 유지·증가를 위하여 지출된 일종의 공익비용이므로 저당부동산의 환가대금에서 부담하여야 할 성질의 비용이고 더욱이 제3취득자는 경매의 결과 그 권리를 상실하게 되므로 특별히 경매로 인한 매각대금

에서 우선적으로 상환을 받도록 한 것이다. 저당부동산의 소유권을 취득한 자도 민법 제367조의 제3취득자에 해당한다. 제3취득자가 민법 제367조에 의하여 우선상환을 받으려면 저당부동산의 경매절차에서 배당요구의 종기까지 배당요구를 하여야 한다(민사집행법 제268조, 제88조). 위와 같이 민법 제367조에 의한 우선상환은 제3취득자가 **경매절차에서 배당받는 방법으로 민법 제203조 제1항, 제2항에서 규정한 비용에 관하여 경매절차의 매각대금에서 우선변제받을 수 있다**는 것이지 이를 근거로 **제3취득자가 직접 저당권설정자, 저당권자 또는 경매절차 매수인 등에 대하여 비용상환을 청구할 수 있는 권리가 인정될 수 없다.** 따라서 **제3취득자는 민법 제367조에 의한 비용상환청구권을 피담보채권으로 주장하면서 유치권을 행사할 수 없다**(대판 2023. 7. 13, 2022다265093). ☞ 원심은 피고가 이 사건 각 토지를 건물 부지로 개량하는 데 비용을 지출하였고 그 가치 증가액이 현존하는 사실을 인정한 다음 피고가 민법 제367조에 의한 비용상환청구권을 가지고 이를 피담보채권으로 하여 경매절차 매수인인 원고에게 대항 가능한 유치권을 주장할 수 있다고 판단하였으나, 대법원은 위와 같은 이유로 제3취득자는 민법 제367조에 의한 비용상환청구권을 피담보채권으로 주장하면서 유치권을 행사할 수 없다고 한 사례.

| 예상지문 | 제3취득자가 토지를 건물 부지로 개량하는 데 비용을 지출하였고 그 가치 증가액이 현존한다면 제3취득자는 민법 제367조에 의한 비용상환청구권을 가지고 이를 피담보채권으로 하여 경매절차 매수인에게 대항 가능한 유치권을 주장할 수 있다(×).

| 비교지문 | **(2012년 변호사)** 甲소유의 X 부동산에 관하여 乙의 가등기가 마쳐져 있었는데, 丙은 이를 매수하여 인도받고 그 소유권이전등기를 마친 다음 X를 개량하기 위하여 유익비를 지출하였다. 乙의 본등기로 소유권을 상실한 丙은 그 소유자로 등기되었을 당시에 지출한 유익비에 기하여 유치권을 행사할 수 있다( ).

(○) : 가등기가 되어있는 부동산 소유권을 이전받은 "갑" 이 그 부동산에 대하여 필요비나 유익비를 지출한 것은 가등기에 의한 본등기가 경유됨으로써 가등기 이후의 저촉되는 등기라 하여 직권으로 말소를 당한 소유권 이전등기의 명의자 "갑" 과 본등기 명의자인 "을" 내지 그 특별승계인인 "병" 과의 법률관계는 결과적으로 타인의 물건에 대하여 "갑" 이 그 점유기간내에 비용을 투입한 것이 된다고 보는 것이 상당하다(대판 1976. 10. 26, 76다2079). ☞ 이 76다2079 판결과 위 2022다265093 판결은 모순되는 판결이 아니라 단지 쟁점이 다를 뿐입니다. 76다2079 판결은 비용상환청구의 근거가 제203조여서 자기의 물건에 비용을 투입한 것에 불과한 것인지 아니면 결과적으로 타인의 물건에 비용을 투입한 것으로 볼 수 있는지만이 쟁점이었고, 2022다265093 판결은 그 근거가 제367조여서 결과적으로 타인의 물건에 비용을 투입한 것으로 보아 타인성의 문제가 해결되더라도 과연 제367조를 근거로 제3취득자가 직접 저당권설정자, 저당권자 또는 경매절차 매수인 등에 대하여 비용상환을 청구할 수 있는 권리가 인정될 수 있는지 여부가 추가로 문제되는 사안이었던 것입니다. 여기서 대법원은 제367조의 "저당물의 경매대가에서 우선상환을 받을 수 있다."는 표현에 촛점을 맞추어 제367조를 근거로 제3취득자가 직접 저당권설정자, 저당권자 또는 경매절차 매수인 등에 대하여 비용상환을 청구할 수 있는 권리가 인정될 수 없다고 하면서 유치권을 행사할 수 없다고 한 것입니다. 제367조가 제203조처럼 "○○가 ○○에 대하여 ○○비의 상환을 청구할 수 있다."는 형식으로 규정되어있지 않고 "저당물의 경매대가에서 우선상환을 받을 수 있다."는 형식으로 규정되어있음에 착안하시면 쉽게 이해할 수 있을 것입니다.

2. 물상보증인의 지위

(1) 물상보증인의 구상권

> **제341조(물상보증인의 구상권)**
> 타인의 채무를 담보하기 위한 질권설정자가 그 채무를 변제하거나 질권의 실행으로 인하여 질물의 소유권을 잃은 때에는 보증채무에 관한 규정에 의하여 채무자에 대한 구상권이 있다.

[판례] 물상보증은 채무자 아닌 사람이 채무자를 위하여 담보물권을 설정하는 행위이고 물상보증인은 담보물로 물적 유한책임만을 부담할 뿐 채권자에 대하여 채무를 부담하지 않는다. 보증인은 '변제 기타의 출재(출재)로 주채무를 소멸하게 한 때' 주채무자에 대한 구상권이 있는 반면(민법 제441조 제1항, 제444조 제1항, 제2항), 물상보증인은 '그 채무를 변제'한 경우 외에 '담보권의 실행으로 인하여 담보물의 소유권을 잃은 때'에도 채무자에 대한 구상권이 있다(민법 제341조). **물상보증인이 담보권의 실행으로 타인의 채무를 담보하기 위하여 제공한 부동산의 소유권을 잃은 경우 물상보증인이 채무자에게 구상할 수 있는 범위**는 특별한 사정이 없는 한 담보권의 실행으로 부동산의 소유권을 잃게 된 때, 즉 **매수인이 매각대금을 다 낸 때의 부동산 시가**를 기준으로 하여야 하고, **매각대금을 기준으로 할 것이 아니다.** 경매절차에서 유찰 등의 사유로 소유권 상실 당시의 시가에 비하여 낮은 가격으로 매각되는 경우가 있는데, 이 경우 소유권 상실로 인한 부동산 시가와 매각대금의 차액에 해당하는 손해는 채무자가 채무를 변제하지 못한 데 따른 담보권의 실행으로 물상보증인에게 발생한 손해이므로, 이를 채무자에게 구상할 수 있어야 하기 때문이다(대판 2018. 4. 10, 2017다283028).

(2) 제3자변제

물상보증인은 이해관계 있는 제3자로서 채무자의 의사에 구애받지 않고 변제할 수 있다(제469조 제2항).

(3) 물상보증의 경우에도 보증인 보호를 위한 특별법이 적용되는지 여부(소극)

보증인보호법은 민법 제429조 제1항에 따른 보증채무를 부담하는 경우에 적용될 뿐 타인의 채무에 대하여 담보물의 한도 내에서 책임을 지는 물상보증의 경우에는 적용되지 아니한다. 따라서 근저당권설정계약이 보증인보호법에서 정한 보증계약에서 정한 방식을 갖추지 못하였다하더라도 무효가 되는 것은 아니다(대판 2015. 3. 26, 2014다83142).

Ⅶ. 저당권침해시 저당권자의 보호방안

1. 의 의

저당권의 침해란 저당권자가 저당목적물의 교환가치로부터 우선변제를 받는 것을 위태롭게 하는 일체의 행위를 말한다. 목적물의 교환가치를 소멸시키는 행위는 물론 감소시킬 우려가 있는 행위도 저당권의 침해로 되는 수가 있다.

2. 구제방법

(1) 물권적 청구권

> **제370조(준용규정)**
> 제214조, 제321조, 제333조, 제340조, 제341조 및 제342조의 규정은 저당권에 준용한다.

1) 손해발생여부

저당권자의 물권적 청구권(제3자에게도 청구가능)은 저당권의 침해가 있는 이상 비록 목적물의 교환 가치가 피담보채권을 만족시킬 수 있어 손해가 없다고 하더라도 발생한다(통설).

2) 반환청구권 부정

민법은 저당권에 대하여 방해배제청구권만을 인정하고 있으며 반환청구권을 인정하고 있지 않다(제370조, 제214조).

> **판례** ① 저당권자는 저당권 설정 이후 환가에 이르기까지 저당물의 교환가치에 대한 지배권능을 보유하고 있으므로 저당목적물의 소유자 또는 제3자가 저당목적물을 물리적으로 멸실·훼손하는 경우는 물론 그 밖의 행위로 저당부동산의 교환가치가 하락할 우려가 있는 등 저당권자의 우선변제청구권의 행사가 방해되는 결과가 발생한다면 저당권자는 저당권에 기한 방해배제청구권을 행사하여 방해행위의 제거를 청구할 수 있다(대판 2006. 1. 27, 2003다58454).
> ② 대지의 소유자가 나대지 상태에서 저당권을 설정한 다음 대지상에 건물을 신축하기 시작하였으나 피담보채무를 변제하지 못함으로써 저당권이 실행에 이르렀거나 실행이 예상되는 상황인데도 소유자 또는 제3자가 신축공사를 계속한다면 저당권자는 저당권에 기한 방해배제청구권을 행사하여 방해행위의 제거를 청구할 수 있다(대판 2006. 1. 27, 2003다58454).
> ③ 민법의 규정상 저당권자는 물권에 기하여 그 침해가 있는 때에는 그 제거나 예방을 청구할 수 있으므로, 공장저당권의 목적 동산이 저당권자의 동의를 얻지 아니하고 설치된 공장으로부터 반출된 경우에는, 저당권자(A 은행)는 반환할 것을 청구할 수는 없지만, 저당목적물이 제3자에게 선의취득되지 아니하는 한, 원래의 설치장소에 원상회복할 것을 청구하는 것은 방해배제청구권의 행사에 해당한다(대판 1996. 3. 22, 95다55184).

(2) 손해배상청구권

1) 손해발생

민법 제750조의 불법행위로 인한 손해배상청구권(제3자에게도 청구가능)의 행사는 손해가 발생한 경우에 행사 가능하다. 다만 저당권의 실행 전이라도 가능하다. 즉 경매를 기다릴 필요 없이 손해배상을 청구할 수 있다(통설).

판 례 등기는 물권의 효력 발생 요건이고 존속 요건은 아니어서 등기가 원인 없이 말소된 경우에는 그 물권의 효력에 아무런 영향이 없고, 그 회복등기가 마쳐지기 전이라도 말소된 등기의 등기명의인은 적법한 권리자로 추정되며, 그 회복등기 신청절차에 의하여 말소된 등기를 회복할 수 있으므로, **근저당권설정등기가 불법행위로 인하여 원인 없이 말소되었다** 하더라도 말소된 근저당권설정등기의 등기명의인이 곧바로 근저당권 상실의 손해를 입게 된다고 할 수는 없다(대판 2010. 2. 11, 2009다68408).

2) 다른 청구권과의 관계

손해배상청구권은 담보물보충청구권(제362조)과는 함께 행사할 수 없지만, 즉시변제청구권(＝기한이익상실)과는 함께 행사할 수 있다(통설).

(3) 담보물보충청구권

> **제362조(저당물의 보충)**
> 저당권설정자의 책임있는 사유로 인하여 저당물의 가액이 현저히 감소된 때에는 저당권자는 저당권설정지에 대하여 그 원상회복 또는 상당한 담보제공을 청구할 수 있다.

1) 다른 청구권과의 관계

통설에 따르면 담보물보충청구권(제362조)을 행사하는 경우에는 손해배상청구권은 행사할 수 없다고 한다.

2) 귀책사유

담보물보충청구권을 행사할 수 있기 위해서는 저당권설정자의 귀책사유가 있어야 한다.

(4) 즉시변제청구권(＝기한이익상실)

> **제388조(기한의 이익의 상실)**
> 채무자는 다음 각호의 경우에는 기한의 이익을 주장하지 못한다.
> 1. 채무자가 담보를 손상, 감소 또는 멸실하게 한 때
> 2. 채무자가 담보제공의 의무를 이행하지 아니한 때

기한의 이익이 상실되면 채권자는 그의 선택에 따라 즉시 이행을 청구할 수도 있고, 또는 이행기까지 기다려 이행기까지의 이자를 청구할 수도 있다.

VIII. 저당권의 처분과 소멸

1. 저당권의 처분

(1) 저당권의 분리처분 등 제한(제361조)

> **제361조(저당권의 처분제한)**
> 저당권은 그 담보한 채권과 분리하여 타인에게 양도하거나 다른 채권의 담보로 하지 못한다.

우리 민법은 저당권의 처분에 관하여 부종성을 강조하는 태도를 취하고 있다. 즉 저당권은 그 담보한 채권과 분리하여 타인에게 양도하거나 다른 채권의 담보로 하지 못한다(제361조). 따라서 원칙적으로 피담보채권과 함께 저당권을 양도하거나 입질하여야 한다.

> **판례** ① 피담보채권의 처분이 있음에도 불구하고, 담보권의 처분이 따르지 않는 특별한 사정이 있는 경우에는 채권양수인은 담보권이 없는 무담보의 채권을 양수한 것이 되고 채권의 처분에 따르지 않은 담보권은 소멸한다(대판 2004. 4. 28, 2003다61542).
> ② 피담보채권과 근저당권을 함께 양도하는 경우에 채권양도는 당사자 사이의 의사표시만으로 양도의 효력이 발생하지만 근저당권 이전은 이전등기를 하여야 하므로 채권양도와 근저당권이전등기 사이에 어느 정도 시차가 불가피한 이상 피담보채권이 먼저 양도되어 일시적으로 피담보채권과 근저당권의 귀속이 달라진다고 하여 근저당권이 무효로 된다고 볼 수는 없다(대판 2003. 10. 10, 2001다77888).
> ③ 민법 제361조는 "저당권은 그 담보한 채권과 분리하여 타인에게 양도하거나 다른 채권의 담보로 하지 못한다."라고 정하고 있을 뿐 피담보채권을 저당권과 분리해서 양도하거나 다른 채권의 담보로 하지 못한다고 정하고 있지 않다. 채권담보라고 하는 저당권 제도의 목적에 비추어 특별한 사정이 없는 한 피담보채권의 처분에는 저당권의 처분도 당연히 포함된다고 볼 것이지만, 피담보채권의 처분이 있으면 언제나 저당권도 함께 처분된다고는 할 수 없다. 따라서 **저당권으로 담보된 채권에 질권을 설정한 경우** 원칙적으로는 저당권이 피담보채권과 함께 질권의 목적이 된다고 보는 것이 합리적이지만, 질권자와 질권설정자가 **피담보채권만을 질권의 목적으로 하고 저당권은 질권의 목적으로 하지 않는 것도 가능하고 이는 저당권의 부종성에 반하지 않는다.** 이는 저당권과 분리해서 피담보채권만을 **양도**한 경우 양도인이 채권을 상실하여 양도인 앞으로 된 **저당권이 소멸**하게 되는 것과 구별된다. 이와 마찬가지로 담보가 없는 채권에 질권을 설정한 다음 그 채권을 담보하기 위하여 저당권이 설정된 경우 원칙적으로는 저당권도 질권의 목적이 되지만, 질권자와 질권설정자가 피담보채권만을 질권의 목적으로 하였고 그 후 질권설정자가 질권자에게 제공하려는 의사 없이 저당권을 설정받는 등 특별한 사정이 있는 경우에는 저당권은 질권의 목적이 되지 않는다. 이때 저당권은 **저당권자인 질권설정자를 위해 존재**하며, 질권자의 채권이 변제되거나 질권설정계약이 해지되는 등의 사유로 질권이 소멸한 경우 저당권자는 자신의 채권을 변제받기 위해서 저당권을 실행할 수 있다(대판 2020. 4. 29, 2016다235411).

(2) 저당권부 채권의 양도

저당권은 그 담보한 채권과 분리하여 타인에게 양도하거나 다른 채권의 담보로 할 수 없으므로(제

361조), 피담보채권 없는 저당권만의 양도는 무효이다(판례도 동일). 이처럼 저당권과 피담보채권은 원칙적으로 일체로 처분되는 것이므로 저당권부 채권의 양도에 관하여는 채권양도의 규정(제449조 이하)과 저당권양도의 규정(제186조)이 적용된다. 그러므로 저당권의 양도는 부동산물권변동의 일반원칙에 따라 물권적 합의 외에 등기를 하여야 효력이 생긴다. 저당권의 변경은 부기등기에 의한다(대판 1988. 3. 8, 87다카2585).그리고 저당권부 채권의 양도를 채무자 기타 제3자에게 대항하기 위하여는 양도인이 채무자에게 통지하거나 또는 채무자가 승낙하여야 한다(제450조).

> **판 례** ① 저당권은 피담보채권과 분리하여 양도하지 못하는 것이어서 저당권부 채권의 양도는 언제나 저당권의 양도와 채권양도가 결합되어 행해지므로 저당권부 채권의 양도는 민법 제186조의 부동산물권변동에 관한 규정과 민법 제449조 내지 제452조의 채권양도에 관한 규정에 의해 규율되므로 저당권의 양도에 있어서도 물권변동의 일반원칙에 따라 저당권을 이전할 것을 목적으로 하는 물권적 합의와 등기가 있어야 저당권이 이전된다고 할 것이나, 이 때의 **물권적 합의**는 저당권의 양도·양수받는 당사자 사이에 있으면 족하고 그 외에 그 채무자나 물상보증인 사이에까지 있어야 하는 것은 아니라 할 것이고, 단지 채무자에게 채권양도의 통지나 이에 대한 채무자의 승낙이 있으면 채권양도를 가지고 채무자에게 대항할 수 있게 되는 것이다(대판 2005. 6. 10, 2002다15412, 15429).
>
> ② 저당권은 부동산물권변동이고, 등기에 공신력이 없으므로 피담보채권이 소멸하면 저당권은 그 부종성에 의하여 당연히 소멸하게 되므로, 그 말소등기가 경료되기 전에 그 저당권부 채권을 가압류하고 압류 및 전부명령을 받아 저당권이전의 부기등기를 경료한 자라 할지라도, 그 가압류 이전에 그 저당권의 피담보채권이 소멸된 이상, 그 저당권을 취득할 수 없고, 실체관계에 부합하지 않는 그 저당권설정등기를 말소할 의무를 부담한다(대판 2002. 9. 24, 2002다27910).

2. 저당권의 소멸

저당권은 물권이면서 담보물권이기 때문에, 물권 일반의 소멸원인과 담보물권 일반의 소멸원인에 의하여 소멸한다. 특히 민법은 저당권으로 담보한 채권이 시효의 완성 기타 사유로 인하여 소멸한 때에는 저당권도 소멸한다(제369조)고 규정한다. 그러나 저당권만이 단독으로 소멸시효에 걸리는 일은 없다.

IX. 근저당권

> ### 제357조(근저당)
> ① 저당권은 그 담보할 채무의 최고액만을 정하고 채무의 확정을 장래에 보류하여 이를 설정할 수 있다. 이 경우에는 그 확정될 때까지의 채무의 소멸 또는 이전은 저당권에 영향을 미치지 아니한다.
> ② 전항의 경우에는 채무의 이자는 최고액 중에 산입한 것으로 본다.

1. 의의 및 특징

(1) 의 의

근저당이란 장래 증감변동하는 불특정의 채무를 일정한도까지 담보하는 저당권으로서 부종성이 완화되는 점이 특징이다.

(2) 일반저당권과의 차이

1) 대 상

일반저당에서는 단순히 장래의 특정채권을 대상으로 하나, 근저당은 장래·증감변동하는 불특정의 채권을 대상으로 한다. 즉 근저당은 채권자·채무자 간의 기본관계가 종료할 때까지 그 피담보채권은 항상 불확정적이다. 근저당이라고 할 수 있기 위하여는 원본채권 자체가 불확정이어야 한다. 요컨대 근저당권은 ① 피담보채권의 불특정, ② 소멸에 관한 부종성의 예외로서 피담보채권액이 일시 감소하거나 전무하게 되더라도 저당권의 존속자체에 아무런 영향이 없다는 점에 특색이 있다.

2) 계약과 등기

기본계약이 있는 점은 동일하다. 다만 근저당의 기본계약은 피담보채권이 증감변동될 가능성이 있다. 그리고 등기는 일반 저당권은 '저당권등기'를 근저당은 '근저당등기'를 한다. 근저당권인가 또는 일반저당권인가의 여부는 명칭에 의하여서만 정할 것이 아니라 그 설정계약의 해석에 의하여 이를 정할 것이다(대판 1963. 2. 7, 62다796).

> **판례** 근저당권은 그 담보할 채무의 최고액만을 정하고, 채무의 확정을 장래에 보류하여 설정하는 저당권으로서, 계속적인 거래관계로부터 발생하는 다수의 불특정채권을 장래의 결산기에서 일정한 한도까지 담보하기 위한 목적으로 설정되는 담보권이므로 근저당권설정행위와는 별도로 근저당권의 피담보채권을 성립시키는 법률행위가 있어야 한다(대판 2004. 5. 28, 2003다70041).

3) 특정액과 최고액

일반저당권은 특정액을 명시하나, 근저당은 반드시 채권의 최고액을 등기하여야 한다.

(3) 이자범위

민법 제357조 제2항은 「채무의 이자는 최고액 중에 산입한 것으로 본다」고 규정하고 있으므로 지연이자 내지 지연배상은 1년분에 한정되지 아니하고 채권최고액에 포함되는 이상 모두 담보된다(제360조와 차이).

근저당권의 실행비용은 채권최고액에 포함되지 아니한다(대결 1971. 5. 15, 자 71마251). ☞ 경매실무에서는 매각대금에서 매각비용(=실행비용)을 먼저 공제하여 경매를 신청한 근저당권자에게 교부한 후 최고액 범위에서 우선배당을 한다.

(4) 제3취득자의 지위

1) 채무총액이 근저당권의 채권최고액을 초과한 경우에도, **근저당부동산에 대하여 소유권을 취득한 제3자**는 피담보채무가 확정된 이후에 그 확정된 피담보채무를 **채권최고액의 범위 내에서** 변제하고 근저당권의 소멸을 청구할 수 있다.

2) 그러나 **채무자겸 저당권 설정자**는 채권최고액의 초과금액도 변제하여야 근저당권의 소멸을 청구할 수 있다(대판 2001. 10. 12, 2000다59081).

판 례 근저당권의 목적이 된 부동산의 제3취득자는 근저당권의 피담보채무에 대하여 채권최고액을 한도로 당해 부동산에 의한 담보적 책임을 부담하므로, 제3취득자로서는 채무자 또는 제3자의 변제 등으로 피담보채권이 일부 소멸하였다고 하더라도 **잔존피담보채권이 채권최고액을 초과하는 한** 담보 부동산에 의한 자신의 책임이 그 변제 등으로 인하여 감축되었다고 주장할 수 없다(대판 2007. 4. 26, 2005다38300).

2. 포괄근저당의 유효성

(1) 의 의

포괄근저당이라고 함은 '현재 및 장래에 발생할 일체의 채무'를 일정한 최고액까지 담보하는 것을 내용으로 하는 근저당을 말한다. 실무에 있어서는 '어음할인·대부·보증 기타에 의하여 부담하는 일체의 채무를 담보한다'는 형식으로 포괄근저당설정계약이 체결되는 것이 보통이다.

(2) 근저당의 유형

1) 특정근저당

특정일자에 체결된 특정한 계속적 거래계약으로부터 발생하는 불특정의 채권을 일정한 최고한도액까지 담보하는 근저당이다.

2) 한정근저당

특정한 종류의 계속적 거래관계로부터 발생하는 불특정의 채권을 일정한 한도액까지 담보하는 근저당권이다.

3) 포괄근저당

종류를 한정하지 않고 특정채권자와 채무자사이의 은행거래관계(여신거래관계)로부터 발생하는 일체의 채권을 담보하는 근저당이다. 위 세가지 유형에 대하여 학설과 판례는 유효성을 긍정한다.

3. 근저당권의 효력

(1) 효력일반

근저당권은 최고액의 범위 내에서 근저당권의 효력이 미치는 피담보채권을 담보한다.

(2) 최고액과 피담보채권의 범위

피담보채권의 액이 최고액을 초과하면 그 초과부분은 근저당권에 의하여 담보되지 아니하고, 그 최고액만을 담보하며 확정된 피담보채권의 액이 최고액에 미달하는 때에는 확정액만을 우선변제받을 수 있다. 최고액을 초과하는 부분에 대하여도 근저당권의 효력이 미친다는 당사자간의 특약이 있더라도 이러한 특약은 제3자에 대하여 대항할 수 없다(대결 1971. 5. 15, 자71마251).

> **판례** ① 근저당권은 당사자 사이의 계속적인 거래관계로부터 발생하는 불특정채권을 어느 시기에 계산하여 잔존하는 채무를 일정한 한도액 범위 내에서 담보하는 저당권으로서 보통의 저당권과 달리 발생 및 소멸에 있어 피담보채무에 대한 부종성이 완화되어 있는 관계로 피담보채무가 확정되기 이전이라면 채무의 범위나 또는 채무자를 변경할 수 있는 것이고(예 : 종래의 채무자가 채무변제 한 후 물상보증인이 채무자가 되어 거래를 한 경우), **채무의 범위나 채무자가 변경된 경우**에는 당연히 변경 후의 범위에 속하는 채권이나 채무자에 대한 채권만이 당해 근저당권에 의하여 담보되고, 변경 전의 범위에 속하는 채권이나 채무자에 대한 채권은 그 근저당권에 의하여 담보되는 채무의 범위에서 제외된다(대판 1999. 5. 14, 97다15777, 15784).
> ② 근저당권은 피담보채무의 최고액만을 정하고 채무의 확정을 장래에 보류하여 설정하는 저당권이다(민법 제357조 제1항 본문 참조). 근저당권을 설정한 후에 근저당설정자와 근저당권자의 합의로 채무의 범위 또는 채무자를 추가하거나 교체하는 등으로 피담보채무를 변경할 수 있다. 이러한 경우 위와 같이 변경된 채무가 근저당권에 의하여 담보된다. 후순위저당권자 등 이해관계인은 근저당권의 채권최고액에 해당하는 담보가치가 근저당권에 의하여 이미 파악되어 있는 것을 알고 이해관계를 맺었기 때문에 이러한 변경으로 예측하지 못한 손해를 입었다고 볼 수 없으므로, **피담보채무의 범위 또는 채무자를 변경할 때 이해관계인의 승낙을 받을 필요가 없다.** 또한 등기사항의 변경이 있다면 변경등기를 해야 하지만, 등기사항에 속하지 않는 사항은 당사자의 합의만으로 변경의 효력이 발생한다(대판 2021. 12. 16, 2021다255648).
> ③ 물상보증인이 근저당권의 **채무자의 계약상의 지위를 인수한 것이 아니라, 다만 그 채무만을 면책적으로 인수**하고 이를 원인으로 하여 근저당권 변경의 부기등기가 경료된 경우, 특별한 사정이 없는 한 그 변경등기는 당초 채무자가 근저당권자에 대하여 부담하고 있던 것으로서 물상보증인이 인수한 채무만을 그 대상으로 하는 것이지, **그 후 채무를 인수한 물상보증인이 다른 원인으로 근저당권자에 대하여 부담하게 된 새로운 채무**까지 담보하는 것으로 볼 수는 없다(대판 2002. 11. 26, 2001다73022).

4. 근저당에서 피담보채권의 확정

(1) 확정시기

1) 일반론

근저당에 있어서는 채권이 확정되지 않으면 저당권을 실행할 수 없다. 따라서 그 피담보채권의 확정이 필요하다. ① 기본계약에서 결산기를 정한 때에는 **그 시기가 도래한 때**, 다만 피담보채권이 확

정되기 전이라도 채권이 변제 등으로 소멸하거나 또는 거래의 계속을 원하지 않는 경우에는 근저당설
정계약을 해지하고 설정등기의 말소를 청구할 수 있다(판례). ② 원본의 확정시기를 약정하지 아니한
때에는 설정자는 근저당권자를 상대로 **언제든지 해지의 의사표시**를 함으로써 확정시킬 수 있다(대
판 2001. 11. 9, 2001다47528). ③ 이러한 근저당권설정계약해지권은 제3취득자도 원용할 수 있다(대판
2001. 11. 9, 2001다47528; 대판 2006. 4. 28, 2005다74018).

2) 근저당권자의 경매

근저당권자가 스스로 경매를 신청한 때에는 채무자와의 거래를 종료하겠다는 의사를 표시한 것으
로 볼 수 있는 점에서, **경매신청시**에 확정된다(대판 1988. 10. 11, 87다카545).

3) 제3자의 경매

위와 같이 **채권자인 근저당권자가** 경매를 신청하는 경우 경매신청시에 근저당권자의 피담보채권
액은 확정되는데, **후순위 근저당권자가** 저당부동산에 관하여 경매신청을 한 경우, 경락으로 소멸하
게 되는 선순위근저당권자의 피담보채권은 언제 확정되는가? 피담보채무의 변제기가 도래하면 이때
당연히 피담보채권이 확정되므로 문제가 되는 것은 변제기 도래 전의 저당목적물에 대한 경매신청이
있을 때의 확정시기 문제이다. 대법원은 근저당권이 소멸하는 시기, 즉 **경락인이 경락대금(매각대금)
을 완납한 때**에 확정된다고 보고 있다(대판 1999. 9. 21, 99다26085).

> **판례** 당해 근저당권자는 저당부동산에 대하여 경매신청을 하지 아니하였는데 다른 채권자가 저당부동
> 산에 대하여 경매신청을 한 경우 민사소송법 제608조 제2항, 제728조의 규정에 따라 경매신청을 하지 아니
> 한 근저당권자의 근저당권도 경락으로 인하여 소멸하므로, 다른 채권자가 경매를 신청하여 경매절차가 개시
> 된 때로부터 경락으로 인하여 당해 근저당권이 소멸하게 되기까지의 어느 시점에서인가는 당해 근저당권의
> 피담보채권도 확정된다고 하지 아니할 수 없는데, 그 중 어느 시기에 당해 근저당권의 피담보채권이 확정되는
> 가 하는 점에 관하여 우리 민법은 아무런 규정을 두고 있지 아니한바, 부동산 경매절차에서 경매신청기입등기
> 이전에 등기되어 있는 근저당권은 경락으로 인하여 소멸되는 대신에 그 근저당권자는 민사소송법 제605조가
> 정하는 배당요구를 하지 아니하더라도 당연히 그 순위에 따라 배당을 받을 수 있고, 이러한 까닭으로 선순위
> 근저당권이 설정되어 있는 부동산에 대하여 근저당권을 취득하는 거래를 하려는 사람들은 선순위 근저당권의
> 채권최고액 만큼의 담보가치는 이미 선순위 근저당권자에 의하여 파악되어 있는 것으로 인정하고 거래를 하
> 는 것이 보통이므로, 담보권 실행을 위한 경매절차가 개시되었음을 선순위 근저당권자가 안 때 이후의 어떤 시
> 점에 선순위 근저당권의 피담보채무액이 증가하더라도 그와 같이 증가한 피담보채무액이 선순위 근저당권의
> 채권최고액 한도 안에 있다면 경매를 신청한 후순위 근저당권자가 예측하지 못한 손해를 입게 된다고 볼 수 없
> 는 반면, 선순위 근저당권자는 자신이 경매신청을 하지 아니하였으면서도 경락으로 인하여 근저당권을 상실
> 하게 되는 처지에 있으므로 거래의 안전을 해치지 아니하는 한도 안에서 선순위 근저당권자가 파악한 담보가
> 치를 최대한 활용할 수 있도록 함이 타당하다는 관점에서 보면, 후순위 근저당권자가 경매를 신청한 경우 선순
> 위 근저당권의 피담보채권은 그 근저당권이 소멸하는 시기, 즉 **경락인이 경락대금을 완납한 때**에 확정된다
> 고 보아야 한다(대판 1999. 9. 21, 99다26085).

Q : 제3자의 강제집행으로 인하여 근담보의 피담보채권이 확정되는 시기에 관하여, 2009다43621 판결에서 근질권의 피담보채권은 "근질권자가 위와 같은 강제집행이 개시된 사실을 알게 된 때"에 확정된다고 하고, 99다26085판결에서 근저당권의 피담보채권은 "경락인이 경락대금을 완납한 때"에 확정된다고 하는데, 위와 같이 차이가 생기는 이유는 무엇인가요?

A : 채권최고액이 공시가 되느냐의 차이입니다. 근질권의 경우 등기부가 따로 없으므로 채권최고액이 공시가 되지 않습니다. 즉 근질권의 경우 예컨대 경매가 개시된 후에 채무자와 근질권자가 통정하여 피담보채권을 허위로 늘려 후순위자의 이익을 침해할 우려가 있습니다. 따라서 근질권의 피담보채권은 비교적 이른 시기인 "근질권자가 강제집행이 개시된 사실을 알게 된 때" 피담보채권이 확정된다고 봅니다.

반면에 근저당권의 경우에는 채권최고액이 등기부에 의해 공시가 됩니다. 즉 근저당권의 경우는 아무리 통정하여 피담보채무를 허위로 늘려도 어차피 증가한 피담보채무액이 선순위 근저당권의 채권최고액 한도 안에 있다면 경매를 신청한 후순위 근저당권자가 예측하지 못한 손해를 입게 된다고 볼 수 없습니다.

따라서 근저당권의 경우는 거래의 안전을 해치지 아니하는 한도 내에서는 근저당권자가 파악한 담보가치를 최대한 활용할 수 있도록 근저당권이 소멸하는 시기, 즉 경락인이 경락대금을 완납한 때에 확정된다고 하는 것입니다.

4) 기 타

판례 근저당권이 설정된 뒤 채무자 또는 근저당권설정자에 대하여 회생절차개시결정이 내려진 경우 근저당권의 피담보채무는 특별한 사정이 없는 한 **회생절차개시결정을 기준으로 확정**되므로, 확정 이후에 발생한 새로운 거래관계에서 발생한 원본채권이 근저당권에 의하여 담보될 여지는 없다(대판 2021. 1. 28, 2018다286994).

(2) 확정효과

일반의 저당권으로 다루어진다.

판례 ① 근저당권자가 피담보채무의 불이행을 이유로 경매신청을 한 경우에는 경매신청시에 근저당 채무액이 확정되고, 그 이후부터 근저당권은 부종성을 가지게 되어 **보통의 저당권과 같은 취급**을 받게 되는바, 위와 같이 경매신청을 하여 경매개시결정이 있은 후에 **경매신청이 취하**되었다고 하더라도 채무확정의 효과가 번복되는 것은 아니다(대판 2002. 11. 26, 2001다73022).

② 근저당권자가 그 피담보채무의 불이행을 이유로 경매신청한 때에는 그 경매신청시에 근저당권은 확정되는 것이며 근저당권이 확정되면 **그 이후에 발생하는 원금채권**은 그 근저당권에 의하여 담보되지 않는다(대판 1988. 10. 11, 87다카545).

③ 근저당권자의 경매신청 등의 사유로 인하여 근저당권의 피담보채권이 확정되었을 경우, **확정 이후에 새로운 거래관계에서 발생한 원본채권**은 그 근저당권에 의하여 담보되지 아니하지만, 확정 전에 발생한 원본채

권에 관하여 확정 후에 발생하는 **이자나 지연손해금 채권**은 채권최고액의 범위 내에서 근저당권에 의하여 여전히 담보되는 것이다(대판 2007. 4. 26, 2005다38300).

(3) 공동근저당의 경우

1) 공동근저당권자의 경매

채권자가 물상보증인 소유 토지와 공동담보로 주채무자 소유 토지에 1번 근저당권을 취득한 후 이와 별도로 주채무자 소유 토지에 2번 근저당권을 취득한 사안에서, 물상보증인에 대한 근저당권의 피담보채권의 발생 원인인 어음거래 약정이 그 결산기가 정하여져 있지 않고 **물상보증인의 토지에 대하여 아직 경매신청이 되지 않았더라도, 먼저 주채무자의 토지에 대하여 피담보채무의 불이행을 이유로 근저당권이 실행된 이상,** 채권자와 물상보증인 사이의 근저당권 설정계약의 원인관계인 어음거래 약정에 기한 거래는 그로써 종료되고 그 **경매신청시**에 그 피담보채권이 **확정된다**(대판 1996. 3. 8, 95다36596). ☞ 판례원문에 공동근저당권자가 스스로 경매신청한 경우라는 직접적인 언급은 없지만, 피담보채권의 확정시기가 "경매신청시"인 점에서 공동근저당권자가 스스로 경매신청한 사안임을 알 수 있다. 이와 같이 공동근저당권자가 스스로 경매신청한 경우에는 주채무자의 토지에 대하여만 근저당권이 실행된 경우라도 나머지 물상보증인의 토지에 대한 피담보채권도 함께 확정된다.

2) 제3자의 경매

공동근저당권자가 목적 부동산 중 일부 부동산에 대하여 **제3자가 신청한 경매절차에 소극적으로 참가**하여 우선배당을 받은 경우, **해당 부동산에 관한 근저당권의 피담보채권**은 그 근저당권이 소멸하는 시기, 즉 매수인이 매각대금을 지급한 때에 **확정되지만, 나머지 목적 부동산에 관한 근저당권의 피담보채권**은 기본거래가 종료하거나 채무자나 물상보증인에 대하여 파산이 선고되는 등의 다른 확정사유가 발생하지 아니하는 한 **확정되지 아니한다**. 공동근저당권자가 제3자가 신청한 경매절차에 소극적으로 참가하여 우선배당을 받았다는 사정만으로는 당연히 채권자와 채무자사이의 기본거래가 종료된다고 볼 수 없고, 기본거래가 계속되는 동안에는 공동근저당권자가 나머지 목적 부동산에 관한 근저당권의 담보가치를 최대한 활용할 수 있도록 피담보채권의 증감·교체를 허용할 필요가 있으며, 위와 같이 우선배당을 받은 금액은 나머지 목적 부동산에 대한 경매절차에서 다시 공동근저당권자로서 우선변제권을 행사할 수 없어 이후에 피담보채권액이 증가하더라도 나머지 목적 부동산에 관한 공동근저당권자의 우선변제권 범위는 우선배당액을 공제한 채권최고액으로 제한되므로 후순위 근저당권자나 기타 채권자들이 예측하지 못한 손해를 입게 된다고 볼 수 없기 때문이다(대판 2017. 9. 21, 2015다50637).

X. 공동저당

1. 의의 및 성질

공동저당이라 함은 동일한 채권의 담보로서 수 개의 부동산 위에 설정된 저당권을 말한다. 공동저당에 있어서는 목적물의 수만큼의 저당권이 성립한다(복수저당권설). 따라서 공동저당권자(채권자)는 저당권불가분성의 원칙에 따라 수 개의 저당목적물 중 어느 것으로부터도 자유로이 우선변제를 받을 수 있다. 즉 공동저당권자는 공동저당물 전부에 대해서 일괄경매를 할 수도 있고 일부에 대해서 먼저 경매를 할 수도 있다(대판 1983. 3. 22. 81다43). 다만 후순위저당권자가 있을 때에는 후순위 저당권자사이에 불공평한 결과를 초래하지 않기 위해 제368조의 동시배당과 이시배당에 관한 규정을 두고 있는 것이다(김준호 16판, 890면).

2. 공동저당의 성립

공동저당은 그 수 개의 목적물에 꼭 동시에 설정되어야 하는 것은 아니다. 즉 이시에 설정되어도 좋다. 그리고 수 개의 목적물의 소유자가 달라도 좋고, 수 개의 저당권의 순위가 달라도 된다. 그리고 공동저당 부동산이 5개 이상일 때에는 공동담보목록을 첨부하여야 한다(부동산등기법). 공동저당에 의하여 각 부동산 위에 저당권이 성립하므로 각 부동산에 관하여 저당권설정의 등기를 요한다. 다만 공동저당이란 것을 저당권등기에 등록할 수 있다.

3. 공동저당의 효력

(1) 공동저당의 목적물이 모두 채무자 소유인 경우

1) 동시배당의 경우

㈎ 경매대가를 동시에 배당하는 때에는 각 부동산의 경매대가에 비례하여 그 채권의 분담을 정한다(제368조 제1항). 그리고 각 부동산에 관하여 그 비례안분액을 초과하는 부분은 후순위저당권자의 변제에 충당한다.

판례 민법 제368조 제1항은 동일한 채권의 담보로 수개의 부동산에 저당권을 설정한 경우에 그 부동산의 경매대가를 동시에 배당하는 때에는 각 부동산의 경매대가에 비례하여 그 채권의 분담을 정하도록 규정하고 있다. 위 규정은 공동저당권의 목적물 전체 환가대금을 동시에 배당하는 이른바 동시배당의 경우에 공동저당권자의 실행선택권과 우선변제권을 침해하지 않는 범위 내에서 각 부동산의 책임을 안분시킴으로써 각 부동산 상의 소유자와 차순위 저당권자 기타의 채권자의 이해관계를 조절하는 데에 취지가 있고, <u>공동근저당권의 경우에도 적용된다</u>(대판 2014. 4. 10, 2013다36040).

㈏ 민법 제368조의 규정은 부동산에 관하여 후순위저당권자가 존재하지 않는 경우에도 그 적용이 있다고 할 것이다(통설).

2) 이시배당의 경우

㈎ 공동저당의 어느 일부 부동산만을 경매하여 그 대가를 먼저 배당하는 때에는 공동저당권자는 그 대가로부터 채권 전액의 변제를 받을 수 있다(제368조 제2항 전단). 이 경우 그 경매된 부동산의 후순위저당권자는, 만약 동시에 배당하였더라면 다른 부동산의 경매대가에서 변제를 받을 수 있는 금액의 한도에서 선순위자를 대위하여 저당권을 행사할 수 있다(제368조 제2항).

판례 ① 민법 제482조 제2항 제1호, 제5호는 변제자대위의 효과로 채권자가 가지고 있던 채권 및 그 담보에 관한 권리가 법률상 당연히 변제자에게 이전하는 경우에도, 변제로 인하여 저당권 등이 소멸한 것으로 믿고 목적부동산을 취득한 제3취득자를 불측의 손해로부터 보호하기 위하여 미리 저당권 등에 대위의 부기등기를 하지 아니하면 제3취득자에 대하여 채권자를 대위하지 못하도록 정하고 있다. 그런데 이와 같이 법률상 당연히 이전되는 저당권과 관련하여 그 후에 해당 부동산에 대하여 권리를 취득한 제3취득자를 보호할 필요성은 후순위저당권자의 대위의 경우에도 마찬가지로 존재한다. 이러한 사정들을 종합하여 보면, 먼저 경매된 부동산의 후순위저당권자가 다른 부동산에 공동저당의 대위등기를 하지 아니하고 있는 사이에 **선순위저당권자 등에 의해 그 부동산에 관한 저당권등기가 말소되고, 그와 같이 저당권등기가 말소되어 등기부상 저당권의 존재를 확인할 수 없는 상태에서 그 부동산에 관하여 소유권이나 저당권 등 새로 이해관계를 취득한 사람**에 대해서는, 후순위저당권자가 민법 제368조 제2항에 의한 대위를 주장할 수 없다(대판 2015. 3. 20, 2012다99341). ☞ 대위될 저당권의 등기가 말소되고 그 후에 제3자의 저당권설정등기가 된 경우에도 대위의 등기 없이 대위할 수 있다는 견해도 있지만, 판례는 대위의 등기를 하여야만 새로운 저당권자에게 대항할 수 있다는 입장이다.

② 채무자 소유의 수개 부동산에 관하여 공동저당권이 설정된 경우 민법 제368조 제2항 후문에 의한 후순위저당권자의 대위권은 선순위 공동저당권자가 공동저당의 목적물인 부동산 중 일부의 경매대가로부터 배당받은 금액이 그 부동산의 책임분담액을 초과하는 경우에 비로소 인정되는 것이지만, 후순위저당권자로서는 선순위 공동저당권자가 피담보채권을 변제받지 않은 상태에서도 추후 공동저당 목적 부동산 중 일부에 관한 경매절차에서 선순위 공동저당권자가 부동산의 책임분담액을 초과하는 경매대가를 배당받는 경우 다른 공동저당 목적 부동산에 관하여 선순위 공동저당권자를 대위하여 저당권을 행사할 수 있다는 대위의 기대를 가진다고 보아야 하고, 후순위저당권자의 이와 같은 대위에 관한 정당한 기대는 보호되어야 하므로, **선순위 공동저당권자가 피담보채권을 변제받기 전에 공동저당 목적 부동산 중 일부에 관한 저당권을 포기한 경우**에는, 후

순위저당권자가 있는 부동산에 관한 경매절차에서, 저당권을 포기하지 아니하였더라면 후순위저당권자가 대위할 수 있었던 한도에서는 후순위저당권자에 우선하여 배당을 받을 수 없다고 보아야 하고, 이러한 법리는 동일한 채권의 담보를 위하여 공유인 부동산에 공동저당의 관계가 성립된 경우에도 마찬가지로 적용된다고 보아야 한다(대판 2011. 10. 13, 2010다99132). 그리고 이러한 법리는 공동근저당권의 경우에도 마찬가지로 적용된다(대판 2009. 12. 10, 2009다41250).

(나) 대위에 의하여 공동저당권자의 저당권은 후순위저당권자에게 이전된다. 이는 당사자의 의사에 불구하고 당연히 발생하므로 일종의 법률의 규정에 의한 물권변동이다. 따라서 등기 없이도 저당권이전의 효력이 발생한다.

(2) 공동저당의 목적물의 일부는 채무자 소유이고 일부는 물상보증인 소유인 경우

1) 동시배당의 경우

▌**판례** 공동저당권이 설정되어 있는 수개의 부동산 중 **일부는 채무자 소유이고 일부는 물상보증인의 소유인 경우** 위 각 부동산의 경매대가를 **동시에 배당하는 때**에는, 물상보증인이 민법 제481조, 제482조의 규정에 의한 변제자대위에 의하여 채무자 소유 부동산에 대하여 담보권을 행사할 수 있는 지위에 있는 점 등을 고려할 때, "동일한 채권의 담보로 수개의 부동산에 저당권을 설정한 경우에 그 부동산의 경매대가를 동시에 배당하는 때에는 각 부동산의 경매대가에 비례하여 그 채권의 분담을 정한다"고 규정하고 있는 **민법 제368조 제1항은 적용되지 아니한다**고 봄이 상당하다. 따라서 이러한 경우 경매법원으로서는 **채무자 소유 부동산의 경매대가에서 공동저당권자에게 우선적으로 배당을 하고, 부족분이 있는 경우에 한하여 물상보증인 소유 부동산의 경매대가에서 추가로 배당을 하여야 한다**(대판 2010. 4. 15, 2008다41475). 이러한 이치는 물상보증인이 채무자를 위한 연대보증인의 지위를 겸하고 있는 경우에도 마찬가지이다(대판 2016. 3. 10, 2014다231965).

2) 이시배당의 경우

▌**판례** ① 채권자(공동저당권자)가 물상보증인 소유 토지와 공동담보로 주채무자 소유토지에 1번 근저당권을 취득한 후, 주채무자 소유토지에 2번 근저당권이 설정된 사안에서, **채무자 소유의 부동산에 경매가 이루어져** 1번 공동저당권자가 변제를 받은 경우, 채무자 소유의 부동산에 대한 후순위 저당권자가 1번 공동저당권자를 대위하여 물상보증인 소유의 부동산에 저당권을 행사할 수 없다. 따라서 물상보증인의 근저당권설정등기는 그 피담보채무의 소멸로 인하여 말소되어야 한다(대판 1996. 3. 8, 95다36596). 이러한 법리는 채무자 소유의 부동산에 후순위 저당권이 설정된 후 물상보증인 소유의 부동산이 추가로 공동저당의 목적으로 된 경우에도 마찬가지이다(대판 2014. 1. 23, 2013다207996). ☞ 후순위저당권자와 물상보증인 간의 우열의 문제(제368조 제2항과 제481조의 충돌의 문제)이다. 후순위저당권자의 대위를 우선시키는 견해가 다수설이나, 물상보증인 등 제3자의 변제자대위를 우선시키는 견해가 판례의 입장이다. 즉 판례에 따르면 물상보증인이 채무자 목적물에 있는 후순위저당권자보다 우선하여야 한다고 한다.
② (i) 공동저당의 목적인 채무자 소유의 부동산과 물상보증인 소유의 부동산에 각각 채권자를 달리하는 후순위 저당권이 설정되어 있는 경우, **물상보증인 소유의 부동산에 대하여 먼저 경매가 이루어져** 그 경매대금의 교부에 의하여 1번 저당권자가 변제를 받은 때에는 물상보증인은 채무자에 대하여 구상권을 취득함과 동시에, 민법 제481조ㆍ제482조의 규정에 의한 변제자대위에 의하여 채무자 소유의 부동산에 대한 1번 저당권을

취득하고, 그 물상보증인소유의 부동산의 후순위저당권자는 1번 저당권에 대하여 물상대위를 할 수 있다(대판 1994. 5. 10, 93다25417). (ii) 그러므로 그 선순위 저당권설정등기는 말소등기가 경료될 것이 아니라 위 물상보증인 앞으로 대위에 의한 저당권이전의 부기등기가 경료되어야 할 성질의 것이며, 따라서 아직 경매되지 아니한 공동저당물의 소유자로서는 위 선순위 저당권자에 대한 피담보채무가 소멸하였다는 사정만으로는 그 말소등기를 청구할 수 없다고 보아야 한다(대결 2009. 5. 28, 자 2008마109). (iii) 공동저당에 제공된 채무자 소유의 부동산과 물상보증인 소유의 부동산 가운데 물상보증인 소유의 부동산이 먼저 경매되어 매각대금에서 선순위공동저당권자가 변제를 받은 때에는 물상보증인은 채무자에 대하여 구상권을 취득함과 동시에 변제자대위에 의하여 채무자 소유의 부동산에 대한 선순위공동저당권을 대위취득한다. 물상보증인 소유의 부동산에 대한 후순위저당권자는 물상보증인이 대위취득한 채무자 소유의 부동산에 대한 선순위공동저당권에 대하여 물상대위를 할 수 있다. 이 경우에 채무자는 물상보증인에 대한 반대채권이 있더라도 특별한 사정이 없는 한 **물상보증인의 구상금 채권과 상계함으로써 물상보증인 소유의 부동산에 대한 후순위저당권자에게 대항할 수 없다**. 채무자는 선순위공동저당권자가 물상보증인 소유의 부동산에 대해 먼저 경매를 신청한 경우에 비로소 상계할 것을 기대할 수 있는데, 이처럼 우연한 사정에 의하여 좌우되는 상계에 대한 기대가 물상보증인 소유의 부동산에 대한 후순위저당권자가 가지는 법적 지위에 우선할 수 없다(대판 2017. 4. 26, 2014다221777, 221784).

(3) 공동저당이 설정된 복수의 부동산이 같은 물상보증인의 소유에 속하는 경우

[1] **공동저당이 설정된 복수의 부동산이 같은 물상보증인의 소유**에 속하고 그중 하나의 부동산에 후순위저당권이 설정되어 있는 경우에, 그 부동산의 대가만이 배당되는 때에는 후순위저당권자는 **민법 제368조 제2항에 따라** 선순위 공동저당권자가 같은 조 제1항에 따라 공동저당이 설정된 다른 부동산으로부터 변제를 받을 수 있었던 금액에 이르기까지 **선순위 공동저당권자를 대위하여 그 부동산에 대한 저당권을 행사할 수 있다**. 이 경우 **공동저당이 설정된 부동산이 제3자에게 양도되어 그 소유자가 다르게 되더라도** 민법 제482조 제2항 제3호, 제4호에 따라 각 부동산의 소유자는 그 부동산의 가액에 비례해서만 변제자대위를 할 수 있으므로 **후순위저당권자의 지위는 영향을 받지 않는다.**

[2] 채무자 소유의 부동산과 물상보증인 소유의 부동산에 공동저당이 설정되고 그중 채무자 소유의 부동산에 후순위저당권이 설정된 경우에, 선순위 공동저당권자가 물상보증인이 소유한 부동산의 대가만을 배당받는 등 물상보증인으로부터 먼저 채권을 변제받은 때에는 물상보증인은 채무자에 대하여 구상권을 취득함과 동시에 민법 제481조, 제482조에 따른 변제자대위에 의하여 채무자 소유의 부동산에 대한 선순위 공동저당권을 취득한다.

[3] **같은 물상보증인이 소유하는 복수의 부동산에 공동저당이 설정되고 그중 한 부동산에 후순위저당권이 설정된 다음에 그 부동산이 채무자에게 양도됨으로써 채무자 소유의 부동산과 물상보증인 소유의 부동산에 대해 공동저당이 설정된 상태에 있게 된 경우에는 물상보증인의 변제자대위는 후순위저당권자의 지위에 영향을 주지 않는 범위에서 성립한다**고 보아야 하고, 이는 물상보증인으로부터 부동산을 양수한 제3취득자가 변제자대위를 하는 경우에도 마찬가지이다. 이 경우

물상보증인이 자신이 변제한 채권 전부에 대해 변제자대위를 할 수 있다고 본다면, 후순위저당권자는 저당부동산이 채무자에게 이전되었다는 우연한 사정으로 대위를 할 수 있는 지위를 박탈당하는 반면, 물상보증인 또는 그로부터 부동산을 양수한 제3취득자는 뜻하지 않은 이득을 얻게 되어 부당하다. 같은 물상보증인이 소유하는 복수의 부동산에 공동저당이 설정된 경우 그 부동산 중 일부에 대한 후순위저당권자는 선순위 공동저당권자가 공동저당이 설정된 부동산의 가액에 비례하여 배당받는 것을 전제로 부동산의 담보가치가 남아있다고 기대하여 저당권을 설정받는 것이 일반적이고, 이러한 기대를 보호하는 것이 민법 제368조의 취지에 부합한다(대판 2021. 12. 16, 2021다247258).

4. 공동근저당권과 배당

민법 제368조는 공동근저당권의 경우에도 적용되고, 공동근저당권자가 스스로 근저당권을 실행한 경우는 물론이며 타인에 의하여 개시된 경매·공매 절차, 수용 절차 또는 회생 절차 등(이하 '경매 등의 환가절차'라 한다)에서 환가대금 등으로부터 다른 권리자에 우선하여 피담보채권의 일부에 대하여 배당받은 경우에도 적용된다. 공동근저당권이 설정된 목적 부동산에 대하여 **동시배당이 이루어지는 경우에** 공동근저당권자는 채권최고액 범위 내에서 피담보채권을 민법 제368조 제1항에 따라 부동산별로 나누어 각 환가대금에 비례한 액수로 배당받으며, **공동근저당권의 각 목적 부동산에 대하여 채권최고액만큼 반복하여, 이른바 누적적으로 배당받지 아니한다.** 그렇다면 공동근저당권이 설정된 목적 부동산에 대하여 **이시배당이 이루어지는 경우에도** 동시배당의 경우와 마찬가지로 공동근저당권자가 공동근저당권 목적 부동산의 각 환가대금으로부터 **채권최고액만큼 반복하여 배당받을 수는 없다**고 해석하는 것이 민법 제368조 제1항 및 제2항의 취지에 부합한다. 그러므로 공동근저당권자가 스스로 근저당권을 실행하거나 타인에 의하여 개시된 경매 등의 환가절차를 통하여 공동담보의 목적 부동산 중 일부에 대한 환가대금 등으로부터 다른 권리자에 우선하여 피담보채권의 일부에 대하여 배당받은 경우에, 그와 같이 **우선변제받은 금액에 관하여는 공동담보의 나머지 목적 부동산에 대한 경매 등의 환가절차에서 다시 공동근저당권자로서 우선변제권을 행사할 수 없다**고 보아야 하며, 공동담보의 나머지 목적 부동산에 대하여 공동근저당권자로서 행사할 수 있는 우선변제권의 범위는 피담보채권의 확정 여부와 상관없이 **최초의 채권최고액에서 위와 같이 우선변제받은 금액을 공제한 나머지 채권최고액**으로 제한된다고 해석함이 타당하다. 그리고 이러한 법리는 채권최고액을 넘는 피담보채권이 원금이 아니라 이자·지연손해금인 경우에도 마찬가지로 적용된다. ☞ 이와 달리, 공동근저당권의 목적 부동산이 일부씩 나누어 순차로 경매가 실행되는 경우에 공동근저당권자가 선행 경매절차에서 배당받은 원본 및 이자·지연손해금의 합산액이 결과적으로 채권최고액으로 되어 있는 금액을 넘더라도 나머지 목적 부동산에 관한 경매 등의 환가절차에서 다시 우선변제권을 행사할 수 있다는 취지로 판단한 대법원 2009. 12. 10. 선고 2008다72318 판결은 이 판결의 견해에 배치되는 범위내에서 이를 변경하기로 한다[대판(전합) 2017. 12. 21, 2013다16992].

판례 이러한 법리는 채무자 소유 부동산과 물상보증인 소유 부동산에 공동근저당권이 설정된 후 공동담보의 목적 부동산 중 채무자 소유 부동산을 **임의환가하여 청산하는 경우**, 즉 공동담보의 목적 부동산 중 채무자 소유 부동산을 제3자에게 매각하여 그 대가로 피담보채권의 일부를 변제하는 경우에도 적용되어, 공동근저당 권자는 그와 같이 변제받은 금액에 관하여는 더 이상 물상보증인 소유 부동산에 대한 경매 등의 환가절차에서 우선변제권을 행사할 수 없다. 만일 위와 달리 공동근저당권자가 임의환가 방식을 통해 채무자 소유부동산의 대가로부터 피담보채권의 일부를 변제받았음에도, 이후 공동근저당권의 다른 목적부동산인 물상보증인 소유 부동산에 대한 경매 등의 환가절차에서 우선변제권을 행사할 수 있다고 보게 되면, 채무자 소유 부동산의 담보 력을 기대하고 자기의 부동산을 담보로 제공한 물상보증인의 기대이익을 박탈하게 되는 것일 뿐만 아니라, 공 동근저당권자가 담보 목적물로부터 변제받는 방법으로 임의환가 방식을 선택하였다는 이유만으로 물상보증 인의 책임 범위가 달라지게 되어 형평에 어긋나기 때문이다.

[2] 공동저당에 제공된 채무자 소유 부동산과 물상보증인 소유 부동산 가운데 물상보증인 소유부동산이 먼저 경매되어, 매각대금에서 선순위 공동저당권자가 변제를 받은 때에는, 물상보증인은 채무자에 대하여 구상권 을 취득함과 동시에 **변제자대위**에 의하여 채무자 소유 부동산에 대한 선순위 공동저당권을 대위취득한다. 또 한 물상보증인 소유 부동산에 대한 후순위 저당권자는 물상보증인이 대위취득한 채무자 소유 부동산에 대한 선순위 공동저당권에 대하여 **물상대위**를 할 수 있다. 이러한 법리는 **공동근저당권**의 경우에도 마찬가지로 적용된다.

[3] 물상보증인의 변제자대위에 대한 기대권은 민법 제485조에 의하여 보호되어, 채권자가 고의나 과실로 담 보를 상실하게 하거나 감소하게 한 때에는, 특별한 사정이 없는 한 물상보증인은 그 상실 또는 감소로 인하여 상환을 받을 수 없는 한도에서 면책 주장을 할 수 있다. 채권자가 물적 담보인 담보물권을 포기하거나 순위를 불리하게 변경하는 것은 담보의 상실 또는 감소행위에 해당한다. 따라서 채무자 소유 부동산과 물상보증인 소 유 부동산에 공동근저당권을 설정한 채권자가 **공동담보 중 채무자 소유 부동산에 대한 담보 일부를 포기하 거나 순위를 불리하게 변경하여 담보를 상실하게 하거나 감소하게 한 경우**, 물상보증인은 그로 인하여 상 환받을 수 없는 한도에서 책임을 면한다. 그리고 이 경우 공동근저당권자는 나머지 공동담보목적물인 물상보 증인 소유 부동산에 관한 경매절차에서, 물상보증인이 위와 같이 담보 상실 내지 감소로 인한 면책을 주장할 수 있는 한도에서는, 물상보증인 소유 부동산의 **후순위 근저당권자**에 우선하여 배당받을 수 없다(대판 2018. 7. 11, 2017다292756).

5. 누적적 근저당권

[1] 당사자 사이에 하나의 기본계약에서 발생하는 동일한 채권을 담보하기 위하여 여러 개의 부동 산에 근저당권을 설정하면서 각각의 근저당권 채권최고액을 합한 금액을 우선변제받기 위하여 **공동 근저당권의 형식이 아닌 개별 근저당권의 형식을 취한 경우**, 이러한 근저당권은 민법 제368조가 적용되는 공동근저당권이 아니라 **피담보채권을 누적적으로 담보하는 근저당권**에 해당한다. 이와 같은 누적적 근저당권은 공동근저당권과 달리 담보의 범위가 중첩되지 않으므로, 누적적 근저당권을 설정받은 채권자는 여러 개의 근저당권을 동시에 실행할 수도 있고, 여러 개의 근저당권 중 어느 것이 라도 먼저 실행하여 그 채권최고액의 범위에서 피담보채권의 전부나 일부를 우선변제받은 다음 피담 보채권이 소멸할 때까지 나머지 근저당권을 실행하여 그 근저당권의 채권최고액 범위에서 **반복하여**

우선변제를 받을 수 있다.

[2] 채권자가 하나의 기본계약에서 발생하는 동일한 채권을 담보하기 위하여 <u>채무자 소유의 부동산과 물상보증인 소유의 부동산에 누적적 근저당권을 설정받았는데 물상보증인 소유의 부동산이 먼저경매되어 매각대금에서 채권자가 변제를 받은 경우, 물상보증인은 채무자에 대하여 구상권을 취득함과 동시에 민법 제481조, 제482조에 따라 종래 채권자가 가지고 있던 채권 및 담보에 관한 권리를 행사할 수 있다. 이때 물상보증인은 변제자대위에 의하여 종래 채권자가 보유하던 채무자 소유 부동산에 관한 근저당권을 대위취득하여 행사할 수 있다고 보아야 한다</u>(대판 2020. 4. 9, 2014다51756, 51763).

XI. 지상권·전세권을 목적으로 하는 저당권

> **제371조(지상권, 전세권을 목적으로 하는 저당권)**
> ① 본장의 규정은 지상권 또는 전세권을 저당권의 목적으로 한 경우에 준용한다.
> ② 지상권 또는 전세권을 목적으로 저당권을 설정한 자는 저당권자의 동의없이 지상권 또는 전세권을 소멸하게 하는 행위를 하지 못한다.

1. 지상권·전세권목적담보

지상권·전세권은 권리질권의 목적이 될 수 없다(제345조 후단 참조). 지상권·전세권을 목적으로 할 수 있는 담보는 저당권뿐이다(제371조). 아래에서는 판례에서 주로 문제되는 전세권을 목적으로 하는 전세권저당권을 검토하기로 한다.

2. 효 력

(1) 전세기간 만료 전

전세권을 목적으로 하는 저당권에 관하여는 부동산을 목적으로 하는 저당권에 관한 규정이 준용되어, 그 실행절차는 부동산경매절차에 의하게 된다(민사집행법 제264조). 따라서 <u>부동산과 마찬가지로 전세권 자체를 매각하여 매수인(경락인)은 전세권을 취득한다</u>(김준호 16판, 894면).

(2) 전세기간 만료 후

> **판례** ① 전세권에 대하여 저당권이 설정된 경우 전세권의 존속기간이 만료되면 전세권은 소멸하므로 더 이상 전세권자체에 대하여 저당권을 실행할 수 없게 되고, 이러한 경우에는 민법 제370조, 제342조 및 민사소송법 제733조(민사집행법 제273조)에 의하여 저당권의 목적물인 전세권에 갈음하여 존속하는 것으로 볼 수 있는 전세금반환채권에 대하여 압류 및 추심명령 또는 전부명령을 받거나 제3자가 전세금반환채권에 대하여 실시한 강제집행절차에서 배당요구를 하는 등의 방법으로 자신의 권리를 행사하여 비로소 전세권설정자에 대해 전세금의 지급을 구할 수 있고, 전세권저당권이 설정된 경우에도 전세권이 기간만료로 소멸되면 전세권설정자는 전세금반환채권에 대한 **제3자의 압류 등이 없는 한** "전세권자에 대하여만" 전세금반환의무를 부담한다(대판

1999. 9. 17, 98다31301). ☞ 따라서 전세권저당권자가 물상대위권을 행사하기 전에 설정자가 전세권자에게 전세금을 반환한 것은 유효하고 저당권자의 등기는 말소되어야 한다.

② [1] 전세권을 목적으로 한 저당권이 설정된 경우, 전세권의 존속기간이 만료되면 전세권의 용익물권적 권능이 소멸하기 때문에 더 이상 전세권 자체에 대하여 저당권을 실행할 수 없게 되고, 저당권자는 저당권의 목적물인 전세권에 갈음하여 존속하는 것으로 볼 수 있는 전세금반환채권에 대하여 압류 및 추심명령 또는 전부명령을 받거나 제3자가 전세금반환채권에 대하여 실시한 강제집행절차에서 배당요구를 하는 등의 방법으로 **물상대위권을 행사하여** 전세금의 지급을 구하여야 한다. [2] **전세권저당권자가 위와 같은 방법으로 전세금반환채권에 대하여 물상대위권을 행사한 경우**, 종전 저당권의 효력은 물상대위의 목적이 된 전세금반환채권에 존속하여 저당권자가 전세금반환채권으로부터 다른 일반채권자보다 우선변제를 받을 권리가 있으므로, 설령 **전세금반환채권이 압류된 때**에 전세권설정자가 전세권자에 대하여 반대채권을 가지고 있고 반대채권과 전세금반환채권이 상계적상에 있다고 하더라도 그러한 사정만으로 전세권설정자가 전세권저당권자에게 상계로써 대항할 수는 없다. [3] 그러나 전세금반환채권은 전세권이 성립하였을 때부터 이미 발생이 예정되어 있다고 볼 수 있으므로, (ⅰ) **전세권저당권이 설정된 때**에 이미 전세권설정자가 전세권자에 대하여 **반대채권을 가지고 있고** (ⅱ) **반대채권의 변제기가 장래 발생할 전세금반환채권의 변제기와 동시에 또는 그보다 먼저 도래하는 경우**와 같이 전세권설정자에게 합리적 기대 이익을 인정할 수 있는 경우에는 특별한 사정이 없는 한 전세권설정자는 반대채권을 자동채권으로 하여 전세금반환채권과 상계함으로써 전세권저당권자에게 대항할 수 있다(대판 2014. 10. 27, 2013다91672).

[비교판례] [1] 실제로는 전세권설정계약이 없으면서도 임대차계약에 기한 임차보증금 반환채권을 담보할 목적으로 임차인과 임대인 사이의 합의에 따라 임차인 명의로 전세권설정등기를 경료한 후 그 전세권에 대하여 근저당권이 설정된 경우, 설령 위 전세권설정계약만 놓고 보아 그것이 통정허위표시에 해당하여 무효라 하더라도 이로써 위 전세권설정계약에 의하여 형성된 법률관계를 토대로 별개의 법률원인에 의하여 새로운 법률상 이해관계를 갖게 된 근저당권자에 대하여는 그와 같은 사정을 알고 있었던 경우에만 그 무효를 주장할 수 있다. [2] 전세권의 존속기간이 만료하면 전세권의 용익물권적 권능이 소멸하기 때문에 그 전세권에 대한 저당권자는 더 이상 전세권 자체에 대하여 저당권을 실행할 수 없게 되고, 이러한 경우에는 민법 제370조, 제342조, 민사집행법 제273조에 의하여 저당권의 목적물인 전세권에 갈음하여 존속하는 것으로 볼 수 있는 전세금반환채권에 대하여 추심명령 또는 전부명령을 받거나, 제3자가 전세금반환채권에 대하여 실시한 강제집행절차에서 배당요구를 하는 등의 방법으로 자신의 권리를 행사할 수 있고, 민법 제370조, 제342조 단서가 저당권자는 물상대위권을 행사하기 위하여 저당권설정자가 받을 금전 기타 물건의 지급 또는 인도 전에 압류하여야 한다고 규정한 것은 물상대위의 목적인 채권의 특정성을 유지하여 그 효력을 보전함과 동시에 제3자에게 불측의 손해를 입히지 않으려는 데 그 목적이 있으므로, **적법한 기간 내에 적법한 방법으로 물상대위권을 행사한 저당권자**는 전세권자에 대한 일반채권자보다 우선변제를 받을 수 있다. [3] **전세금은 그 성격에 비추어 민법 제315조에 정한 전세권설정자의 전세권자에 대한 손해배상채권 외 다른 채권**까지 담보한다고 볼 수 없으므로, 전세권설정자가 전세권자에 대하여 위 손해배상채권 외 다른 채권을 가지고 있더라도 다른 특별한 사정이 없는 한 이를 가지고 전세금반환채권에 대하여 물상대위권을 행사한 전세권저당권자에게 상계 등으로 대항할 수 없다(대판 2008. 3. 13, 2006다29372, 29389).

Q&A

Q : "전세권저당권이 설정된 때에 이미 전세권설정자가 전세권자에 대하여 반대채권을 가지고 있고 반대채권의 변제기가 장래 발생할 전세금반환채권의 변제기와 동시에 또는 그보다 먼저 도래하는 경우와 같이 전세권설정자에게 합리적 기대 이익을 인정할 수 있는 경우에는 특별한 사정이 없는 한 전세권설정자는 반대채권을 자동채권으로 하여 전세금반환채권과 상계함으로써 전세권저당권자에게 대항할 수 있다"는 2013다91672 판결과, "전세금은 그 성격에 비추어 민법 제315조에 정한 전세권설정자의 전세권자에 대한 손해배상채권 외 다른 채권까지 담보한다고 볼 수 없으므로, 전세권설정자가 전세권자에 대하여 위 손해배상채권 외 다른 채권을 가지고 있더라도 다른 특별한 사정이 없는 한 이를 가지고 전세금반환채권에 대하여 물상대위권을 행사한 전세권저당권자에게 상계 등으로 대항할 수 없다"는 2006다29372,29389 판결은 서로 모순되는 것 같은데 어떻게 이해해야 하나요?

A : 2006다29372, 29389 판결에서 상계가 허용되지 않은 것은 통정허위표시의 문제와 관련이 되어 있습니다. 2006다29372, 29389 판결의 사안은 실질적으로는 임대차계약을 체결하면서 임대차보증금 반환채권의 담보를 목적으로 전세권 설정계약을 체결한 사안으로서 전세권 설정계약이 통정허위표시로서 무효가 되는 사안이었습니다. 그런데 전세권저당권자는 선의의 제3자이어서 그에 대해서는 전세권 설정계약이 무효임을 대항하지 못하는 상황이었던 것입니다. 그런데 전세금은 그 성격에 비추어 민법 제315조에 정한 전세권설정자의 전세권자에 대한 손해배상채권 외 다른 채권까지 담보한다고 볼 수 없기 때문에(전세권의 경우에는 별도로 차임을 지급하지 않기 때문에 예컨대 연체차임 등은 전세금에 의해서 담보되지 않는다는 점을 생각해 보시기 바랍니다) 판례는 전세권설정자가 전세권자에 대하여 위 손해배상채권 외 다른 채권(대표적인 예가 연체차임채권 등입니다)을 가지고 있더라도 다른 특별한 사정이 없는 한 이를 가지고 전세금반환채권에 대하여 물상대위권을 행사한 전세권저당권자에게 상계 등으로 대항할 수 없다고 한 것입니다.

> **판례** 원고들(=전세권설정자, 편집자 주)은 소외인(=전세권자, 편집자 주)에 대하여는 전세권설정계약이 무효라고 주장할 수 있더라도, 그러한 사정을 알지 못한 채 위 전세권에 대하여 근저당권을 설정한 피고(=전세권저당권자, 편집자 주)에 대하여는 위 전세권설정계약의 무효를 주장할 수 없어, 위 전세권설정계약과 양립할 수 없는 위 임대차계약에 의하여 발생한 원고 1의 소외인에 대한 연체차임, 관리비, 손해배상 등의 채권을 주장할 수 없으므로, 결국 원고들은 위 각 채권으로서 피고가 물상대위권의 행사로서 압류·추심한 전세금반환채권과 상계할 수도 없다고 봄이 상당하다(대판 2008. 3. 13, 2006다29372, 29389).

2013다91672 판결에서도 2006다29372, 29389 판결과 달리 상계를 허용하면서 아래와 같이 판결이유를 제시하였습니다.

> **판례** 원심이 내세운 대판 2008. 3. 13, 2006다29372, 29389 판결은 임대차보증금반환채권의 담보를 목적으로 전세권이 설정된 것임을 저당권자가 몰랐던 사안에서 임대차계약에 의하여 발생한 연체차임, 관리비, 손해배상 등의 채권을 자동채권으로 하여 전세금반환채권과 상계할 수 없다고 한 것으로, 이 사건과는 그 사안을 달리하여 원용하기에 적절하지 않다(대판 2014. 10. 27, 2013다91672).

비전형담보물권

Ⅰ. 총 설

1. 비전형담보의 의의

(1) 개 념

거래의 실제에 있어서 질권·저당권과 같은 약정담보물권 이외에 담보목적물의 소유권을 일단 채권자에게 이전했다가 채무이행을 조건으로 하여 권리가 복귀하는 형태(양도담보), 처음에는 권리의 귀속에 변동이 없지만 채무불이행이 있는 경우에 비로소 권리가 채권자에게 이전하는 형태(가등기담보)의 권리이전형 담보 및 소유권유보·재매매의 예약·환매 등이 이용되고 있는데, 이들 모두를 통틀어 비전형담보라 부른다.

(2) 특 징

비전형담보에 공통되는 특징은 전형담보와 같이 제한물권의 형식을 취하는 것이 아니라 목적물에 대한 소유권을 채권자에게 이전하는 형식을 취한다는 점이다. 이러한 비전형담보의 문제점은 외형은 소유권이 이전되는 형태이지만 실질은 담보목적이기 때문에 외형과 실질이 일치하지 않는다는 것이다. 그리고 개인이 사적으로 담보를 실행하기 때문에 자연히 부당한 환가 내지는 평가를 하여 폭리를 취하기 쉽다는 점 또한 지적되기도 한다.

2. 비전형담보가 활용되는 이유

질권에 있어서는 설정자로 하여금 목적물을 점유하게 하지 못하기 때문에(제332조-점유개정금지), 채무자가 목적물을 점유하면서 채권자에게 채권담보의 목적으로 소유권 이전을 해주는 쪽으로 고안된 것이 양도담보이다.

3. 일반적 분류방법

담보물의 소유권이 외부적으로 언제 채권자에게 이전하느냐에 따라 다음의 두 가지로 나눌 수 있다. 첫째, **계약체결과 동시에** 목적물의 소유권을 채권자에게 이전하는 형식을 취하는 것(양도담보)과 둘째, **장래 채무불이행이 있는 때**에 목적물의 소유권을 채권자에게 이전하는 형식을 취하는 것(가등기담보)이 있다.

II. 가등기담보

1. 서설

> **제1조(목적)**
> 이 법은 차용물의 반환에 관하여 차주가 차용물을 갈음하여 다른 재산권을 이전할 것을 예약할 때 그 재산의 예약 당시 가액이 차용액과 이에 붙인 이자를 합산한 액수를 초과하는 경우에 이에 따른 담보계약과 그 담보의 목적으로 마친 가등기 또는 소유권이전등기의 효력을 정함을 목적으로 한다.

(1) 의의

가등기담보란 채권을 담보할 목적으로 채권자와 채무자(또는 제3자) 사이에서 채무자(또는 제3자)소유의 부동산을 목적물로 하는 대물변제예약 또는 매매예약 등을 하고, 동시에 채무자의 채무불이행이 있는 경우에 채권자가 그의 예약완결권을 행사하여 그 목적물의 소유권을 확보할 수 있도록 가등기를 하는 담보형식을 말한다.

> **판례** ① 가등기가 담보가등기인지 여부는 그 등기부상의 표시나 등기 시에 주고받은 서류의 종류에 의하여 형식적으로 따질 것이 아니고, 거래의 실질과 당사자의 의사해석에 따라 결정될 문제이다(대판 1992. 2. 11, 91다36932).
> ② 당해 가등기가 담보 가등기인지 여부는 당해 가등기가 실제상 채권담보를 목적으로 한 것인지 여부에 의하여 결정되는 것이지 당해 가등기의 등기부상 원인이 매매예약으로 기재되어 있는지 아니면 대물변제예약으로 기재되어 있는가 하는 형식적 기재에 의하여 결정되는 것이 아니다(대결 1998. 10. 7, 자 98마1333).

(2) 담보가등기와 순위보전의 가등기의 차이

부동산의 강제경매절차에서 경매목적부동산이 낙찰된 때에도 소유권이전등기청구권의 **순위보전을 위한 가등기**는 그보다 선순위의 담보권이나 가압류가 없는 이상 담보목적의 가등기와는 달리 말소되지 아니한 채 낙찰인에게 인수된다(대결 2003. 10. 6, 자 2003마1438). 이에 반해 **담보가등기**는 가등기담보법 제15조에 따라 매각에 의하여 소멸한다.

> **판례** 소유권이전등기청구권 보전의 가등기보다 후순위로 마쳐진 근저당권의 실행을 위한 경매절차에서 매각허가결정에 따라 매각대금이 완납된 경우에도, 선순위인 가등기는 소멸하지 않고 존속하는 것이 원칙이다. 다만 그 가등기보다 선순위로 기입된 가압류등기는 근저당권의 실행을 위한 경매절차에서 매각으로 인하여 소멸하고, 이러한 경우에는 가압류등기보다 후순위인 가등기 역시 민사집행법 제144조 제1항 제2호에 따라 매수인이 인수하지 아니한 부동산의 부담에 관한 기입에 해당하여 말소촉탁의 대상이 된다(대판 2022. 5. 12, 2019다265376).

(3) 채권자 아닌 제3자 명의로 설정된 담보가등기의 효력

가등기담보의 설정자는 채무자 또는 물상보증인이고 가등기담보권자가 채권자이다. 따라서 채권담보를 목적으로 가등기를 하는 경우에는 원칙적으로 채권자와 가등기명의자가 동일인이 되어야 하지만, 채권자 아닌 제3자의 명의로 가등기를 하는 데 대하여 채권자와 채무자 및 제3자 사이에 합의가 있었고, 나아가 제3자에게 그 채권이 실질적으로 귀속되었다고 볼 수 있는 특별한 사정이 있는 경우 등에는 그 제3자 명의의 가등기도 유효하다고 볼 것이다(대판 2009. 11. 26, 2008다64478).

2. 가등기담보법의 적용범위

(1) 서 설

이 법은 **차용물**의 반환에 관하여 차주가 **차용물에 갈음하여 다른 재산권을 이전할 것을 예약**함에 있어서 **그 재산의 예약 당시의 가액이 차용액 및 이에 붙인 이자의 합산액을 초과**하는 경우에 이에 따른 담보계약과 그 담보의 목적으로 경료된 가등기 또는 소유권이전등기의 효력을 정함을 목적으로 한다(동법 제1조). 한편 이 법에서 담보계약이라 함은 민법 제608조의 규정에 의하여 그 효력이 상실되는 대물반환의 예약(환매, 양도담보 기타 명목 여하를 불문한다)에 포함되거나 병존하는 채권담보의 계약을 말한다(동법 제2조 제1호).

(2) 양도담보도 규제

동법은 민법 제607조 및 608조의 규정을 출발점으로 삼으면서, 이것과 결부된 채권담보의 효력을 규율함을 목적으로 한다. 그리고 그러한 채권담보로서는 '가등기담보 이외에 **양도담보'도 포함한다**(동법 제1조·제4조 제2항 참조).

(3) 다른 권리를 목적으로 하는 계약에의 준용

등기 또는 등록할 수 있는 부동산소유권 외의 권리(질권(質權)·저당권 및 전세권은 제외한다)의 취득을 목적으로 하는 담보계약에 관하여는 제3조부터 제17조까지의 규정을 준용한다. 다만, 「동산·채권 등의 담보에 관한 법률」에 따라 담보등기를 마친 경우에는 그러하지 아니하다(동법 제18조). 따라서 소유권 이외에도 지상권·지역권·임차권 등의 취득을 목적으로 하는 담보계약에도 그 적용이 있게 된다.

(4) 적용의 제외

① 제607조 및 제608조는 소비대차에 부수해서 대물변제의 예약을 한 경우를 규율하는 것이다. 따라서 소비대차 이외의 사유로 인하여 생긴 채권(예컨대 매매대금 채권)은 제외된다. ② 소비대차에 관한 채권이라 하더라도, 그것에 관해 대물변제의 예약의 약정이 없는 경우에는 그 적용이 없다. ③ 가등기 담보 부동산에 대한 예약 당시의 시가가 그 피담보채무액에 미치지 못할 경우에는 이 법은 적용되지 아니한다. ④ 당사자 사이에 대물변제의 예약이 있다고 하더라도 그 채권담보의 목적으로 가등기 또는 소유권이전등기가 경료되지 않은 경우에는 그 적용이 없다.

판례 ① 가등기담보등에관한법률은 차용물의 반환에 관하여 다른 재산권을 이전할 것을 예약한 경우에 적용되므로 금전소비대차나 준소비대차에 기한 차용금반환채무 이외의 채무를 담보하기 위하여 경료된 가등기나 양도담보에는 위 법이 적용되지 아니하나, 금전소비대차나 준소비대차에 기한 차용금반환채무와 그 외의 원인으로 발생한 채무를 동시에 담보할 목적으로 경료된 가등기나 소유권이전등기라도 그 후 후자의 채무가 변제 기타의 사유로 소멸하고 금전소비대차나 준소비대차에 기한 차용금반환채무의 전부 또는 일부만이 남게 된 경우에는 그 가등기담보나 양도담보에 가등기담보등에관한법률이 적용된다(대판 2004. 4. 27, 2003다29968). ☞ 매매잔대금채권의 담보, 공사대금채권의 담보 등의 경우에는 적용되지 않는다.

② (ⅰ) 이른바 '가등기담보법'은 재산권이전의 예약에 의한 가등기담보에 있어서 그 재산의 예약 당시의 가액이 차용액 및 이에 붙인 이자의 합산액을 초과하는 경우에만 적용된다(대판 2002. 12. 24, 2002다50484). (ⅱ) 가등기담보 부동산에 대한 예약 당시의 시가가 그 피담보채무액에 미치지 못할 경우에는 이 법은 적용되지 아니하므로 이 법 제3조가 정하는 청산금 평가액의 통지는 할 여지가 없다(대판 1993. 10. 26, 93다27611 등). (ⅲ) 재산권이전의 예약당시 재산에 대하여 선순위 근저당권이 설정되어 있는 경우에는 재산의 가액에서 피담보채무액을 공제한 나머지 가액이 차용액 및 이에 붙인 이자의 합산액을 초과하는 경우에만 적용된다(대판 2006. 8. 24, 2005다61140).

③ (ⅰ) 가등기나 소유권이전등기를 할 수 없는 주식이나 동산의 경우에는 원칙적으로 적용되지 않는다(대판 1995. 7. 28, 93다61338 등). (ⅱ) 가등기담보법 제3조, 제4조가 적용되기 위해서는 채권자가 담보목적부동산에 관하여 가등기나 소유권이전등기 등을 마침으로써 '담보권'을 취득하였음을 요한다. 이와 달리 **채권자가 채무자와 담보계약을 체결하였지만, 담보목적부동산에 관하여 가등기나 소유권이전등기를 마치지 아니한 경우**에는 '담보권'을 취득하였다고 할 수 없으므로, 이러한 경우에는 가등기담보법 제3조, 제4조는 원칙적으로 적용될 수 없다. 따라서 채권자와 채무자가 담보계약을 체결하였지만, 담보목적부동산에 관하여 가등기나 소유권이전등기를 마치지 아니한 상태에서 채권자로 하여금 귀속정산 절차에 의하지 않고 담보목적부동산을 타에 처분하여 채권을 회수할 수 있도록 약정하였다 하더라도, 그러한 약정이 가등기담보법의 규제를 잠탈하기 위한 탈법행위에 해당한다는 등의 특별한 사정이 없는 한 가등기담보법을 위반한 것으로 보아 무효라고 할 수는 없다(대판 2013. 9. 27, 2011다106778). (ⅲ) 차용금채무의 담보를 위한 양도담보계약이 체결되었으나 **그에 따른 소유권이전등기가 경료되지 않은 경우,** 양도담보는 그 담보계약에 따라 소유권이전등기를 경료함으로써 비로소 담보권이 발생하는 것이므로 채권자는 가등기담보등에관한법률상의 청산절차를 밟기 전에 우선 담보계약에 따른 소유권이전등기절차의 이행을 구하여 소유권이전등기를 받은 다음 같은 법에 따른 청산절차를 밟으면 되고, 따라서 채무자는 같은 법 소정의 청산절차가 없었음을 이유로 그 소유권이전등기절차이행을 거절할 수는 없다(대판 1996. 11. 15, 96다31116).

3. 가등기담보권의 일반적 효력

(1) 피담보채권의 범위

1) 가등기담보권의 피담보채권의 범위에 관하여는 저당권의 그것에 관한 제360조가 적용된다.

2) 가등기담보 채권자가 그의 권리를 보전하기 위하여 가등기담보 채무자의 제3자에 대한 선순위 가등기담보 채무를 대위변제하여 가지는 구상금채권도 담보가등기의 피담보채권에 포함된다. 또한 가등기보다 먼저 등기된 가압류의 채권액도 마찬가지로 가등기담보 채권자의 채권액에 포함된다고 봄이 상당하다(대판 2007. 7. 13, 2006다46421).

3) ① 채무자가 채권자에 대하여 소비대차 등으로 인한 채무를 부담하고 이를 담보하기 위하여 대물변제의 예약을 한 후에 다시 같은 채권자로부터 추가로 채무를 지게 되는 경우에는 특별한 사정이 없는 한 추가되는 채무 역시 기왕에 한 대물변제예약의 대상이 되는 채무 범위에 포함된다고 봄이 상당하다(대판 2010. 4. 29, 2009다16896). ② 채권자와 채무자 또는 물상보증인이 **가등기담보권설정계약을 체결함에 있어** 가등기 이후에 발생될 채무도 가등기부동산의 피담보채무범위에 포함시키기로 한 약정은 가등기담보등에관한법률 제4조 제1항 내지 제3항의 어느 규정에도 반하는 것이라고 볼 수 없고 가등기담보권의 존재가 가등기에 의하여 공시되므로 후순위권리자로 하여금 예측할 수 없는 위험에 빠지게 하는 것도 아니다(대판 1993. 4. 13, 92다12070). ③ 채권자와 채무자가 **가등기담보권설정계약을 체결하면서** 가등기 이후에 발생할 채권도 후순위권리자에 대하여 우선변제권을 가지는 가등기담보권의 피담보채권에 포함시키기로 약정할 수 있고, 가등기담보권을 설정한 후에 채권자와 채무자의 약정으로 새로 발생한 채권을 기존 가등기담보권의 피담보채권에 추가할 수도 있으나, 가등기담보권 설정 후에 후순위권리자나 제3취득자 등 이해관계 있는 제3자가 생긴 상태에서 **새로운 약정으로** 기존 가등기담보권에 피담보채권을 추가하거나 피담보채권의 내용을 변경, 확장하는 경우에는 이해관계 있는 제3자의 이익을 침해하게 되므로, 이러한 경우에는 피담보채권으로 추가, 확장한 부분은 이해관계 있는 제3자에 대한 관계에서는 우선변제권 있는 피담보채권에 포함되지 않는다(대판 2011. 7. 14, 2011다28090).

(2) 가등기담보권의 양도성

가등기담보권의 이전은 가등기담보권도 일종의 재산권으로서 당연히 양도성을 갖는다. 다만, 특수한 저당권의 일종으로서의 가등기담보권도 그 피담보채권과 함께 해야만 양도할 수 있다. 따라서 가등기담보권부 채권의 양도는 채권양도뿐만 아니라 가등기담보권의 양도도 포함된다.

(3) 목적물의 사용·수익권 등

1) 가등기담보권이 설정되어도 목적물의 소유권은 그 가등기담보권의 실행이 있게 될 때까지는 설정자에게 속한다. 그러므로 설정자는 그 권리에 의하여 타인에게 목적물을 임대하여 수익할 수 있다.
2) 한편 가등기담보권의 효력범위 등도 저당권과 마찬가지로 부합물·종물·과실에 관하여도 민법 제358조·제359조가 그대로 적용된다. 또한 가등기담보권은 일종의 담보물권으로서 목적물의 교환가치를 취득하는 권리이므로 물상대위에 관한 제342조도 유추적용된다.

4. 가등기담보권의 실행

> **제3조(담보권 실행의 통지와 청산기간)**
> ① 채권자가 담보계약에 따른 담보권을 실행하여 그 담보목적부동산의 소유권을 취득하기 위하여는 그 채권의 변제기 후에 제4조의 청산금의 평가액을 채무자등에게 통지하고, 그 통지가 채무자등에게 도달한 날부터 2개월(이하 "청산기간"이라 한다)이 지나야 한다. 이 경우 청산금이 없다고 인정되는 경우에는 그 뜻을 통지하여야 한다.
> ② 제1항에 따른 통지에는 통지 당시의 담보목적부동산의 평가액과 「민법」 제360조에 규정된 채권액을 밝혀야 한다. 이 경우 부동산이 둘 이상인 경우에는 각 부동산의 소유권이전에 의하여 소멸시키려는 채권과 그 비용을 밝혀야 한다.
>
> **제4조(청산금의 지급과 소유권의 취득)**
> ② 채권자는 담보목적부동산에 관하여 이미 소유권이전등기를 마친 경우에는 청산기간이 지난 후 청산금을 채무자등에게 지급한 때에 담보목적부동산의 소유권을 취득하며, 담보가등기를 마친 경우에는 청산기간이 지나야 그 가등기에 따른 본등기를 청구할 수 있다.
> ③ 청산금의 지급채무와 부동산의 소유권이전등기 및 인도채무의 이행에 관하여는 동시이행의 항변권에 관한 「민법」 제536조를 준용한다.
> ④ 제1항부터 제3항까지의 규정에 어긋나는 특약으로서 채무자등에게 불리한 것은 그 효력이 없다. 다만, 청산기간이 지난 후에 행하여진 특약으로서 제삼자의 권리를 침해하지 아니하는 것은 그러하지 아니하다.
>
> **제12조(경매의 청구)**
> ① 담보가등기권리자는 그 선택에 따라 제3조에 따른 담보권을 실행하거나 담보목적부동산의 경매를 청구할 수 있다. 이 경우 경매에 관하여는 담보가등기권리를 저당권으로 본다.
> ② 후순위권리자는 청산기간에 한정하여 그 피담보채권의 변제기 도래 전이라도 담보목적부동산의 경매를 청구할 수 있다.

(1) 의 의

가등기담보권의 실행에는 **권리취득에 의한 실행**과 **공적실행으로서 경매에 의한 실행**이 있다. **가등기담보권자**는 둘 중 하나를 임의로 선택할 수 있다(**양도담보권자**는 경매에 의한 실행은 할 수 없다). 경매에 의한 실행의 경우, 가등기 담보권자는 가등기가 경료된 때에 저당권의 설정등기가 경료된 것으로 본다(동법 제13조). 이 경우 가등기담보권을 저당권으로 본다(동법 제12조 제1항). 그리고 이때 가등기담보권은 부동산의 매각에 의하여 소멸한다(동법 제15조).

> **판례** 가등기담보등에관한법률이 제3조와 제4조에서 가등기담보권의 사적 실행방법으로 "귀속정산의 원칙"을 규정함과 동시에 제12조와 제13조에서 그 공적 실행방법으로 경매의 청구 및 우선변제청구권 등 처분정산을 별도로 규정하고 있는 점, 위 제4조가 제1항 내지 제3항에서 채권자의 청산금 지급의무, 청산기간 경과와 본등기청구, 청산금의 지급의무와 부동산의 소유권이전등기 및 인도 채무의 동시이행관계 등을 순차로 규정한 다음, 제4항에서 제1항 내지 제3항에 반하는 특약으로서 채무자 등에게 불리한 것은 그 효력이 없다는 점

등을 종합하여 보면, 가등기담보권의 "사적 실행"에 있어서 채권자가 청산금의 지급 이전에 본등기와 담보목적물의 인도를 받을 수 있다거나 청산기간이나 동시이행관계를 인정하지 아니하는 "처분정산"형의 담보권실행은 가등기담보등에관한법률상 허용되지 아니한다(대판 2002. 12. 10, 2002다42001).

(2) 권리취득에 의한 실행

1) 담보권의 실행통지와 청산기간을 살펴보면, ① 채권자가 담보계약에 의한 담보권을 실행하여 그 담보목적 부동산의 소유권을 취득하기 위하여는 그 채권의 변제기 후에 청산금의 평가액을 채무자 등에게 통지하고, 그 통지가 채무자 등에게 도달한 날로부터 2월(이를 청산기간이라 함)이 경과하여야 한다. 이 경우 청산금이 없다고 인정되는 때에는 그 뜻을 통지하여야 한다(동법 제3 제1항·제4조 제1항). 통지의 방법에는 아무런 제한이 없다. 따라서 서면 또는 구두의 어느 것이더라도 상관이 없다. ② 채권자가 채무자 등에게 통지하여야 할 사항은 목적부동산의 평가액에서 채권액을 공제한 금액인 청산금의 평가액이다. 통지의 상대방은 채무자·물상보증인 및 담보가등기 후에 소유권을 취득한 제3자이다. 그리고 청산금청구권자 중에서 후순위권리자와 대항력을 갖고 있는 임차권자에 관하여는 그들의 청구절차 및 청구권행사의 기회를 주기 위하여 채권자가 담보권실행 통지가 채무자 등에게 도달한 시점에 존재하는 후순위자 등에게 그 뜻을 통지하도록 하고 있다(동법 제6조). 이 경우의 통지의 시기는 실행통지가 채무자 등에게 도달한 때로부터 지체없이 하여야 한다고 하고 있다. ③ 그리고 담보부동산이 2 이상인 때에는 각 부동산의 소유권이전에 의하여 소멸시키려고 하는 채권과 그 비용을 명시하여야 한다(동법 제3조 제2항). 그리고 채권자는 그가 통지한 청산금의 금액에 관하여 다툴 수 없다(동법 제9조).

> **판례** ① 채권자가 나름대로 평가한 청산금의 액수가 객관적인 청산금의 평가액에 미치지 못한다고 하더라도 담보권 실행의 통지로서의 효력이나 청산기간의 진행에는 아무런 영향이 없고, 다만 채무자 등은 정당하게 평가된 청산금을 지급 받을 때까지 목적부동산의 소유권이전등기 및 인도 채무의 이행을 거절하면서 피담보채무 전액을 채권자에게 지급하고 채권담보의 목적으로 마쳐진 가등기의 말소를 구할 수 있을 뿐이다(대판 1996. 7. 30, 96다6974, 6981).
> ② 가등기담보 등에 관한 법률 제3조, 제4조에 의하면 가등기담보권자가 담보계약에 따른 담보권을 실행하여 담보목적부동산의 소유권을 취득하기 위해서는 채권의 변제기 후에 청산금의 평가액을 채무자 등에게 통지하여야 한다. 여기서 말하는 청산금의 평가액은 통지 당시의 담보목적부동산의 가액에서 그 당시의 피담보채권액(원본, 이자, 위약금, 지연배상금, 실행비용)을 뺀 금액을 의미하므로, 가등기담보권자가 담보권 실행을 통하여 우선변제 받게 되는 이자나 지연배상금 등 피담보채권의 범위는 **통지 당시**를 기준으로 확정된다(대판 2016. 6. 23, 2015다13171).
> ③ **통지대상으로서 채무자 등**에는 채무자와 물상보증인뿐만 아니라 담보가등기 후 소유권을 취득한 제3취득자가 포함되는 것이므로, 위 통지는 이들 **모두에게 하여야** 하는 것으로서 채무자 등의 전부 또는 일부에 대하여 통지를 하지 않으면 청산기간이 진행할 수 없게 되고, 따라서 가등기담보권자는 그 후 적절한 청산금을 지급하였다 하더라도 가등기에 기한 본등기를 청구할 수 없으며, 양도담보의 경우에는 그 소유권을 취득할 수 없다(대판 1995. 4. 28, 94다36162).

2) 청산금은 채권자가 채무자 등에게 지급하여야 한다(동법 제4조 제1항).

3) 소유권의 취득

㈎ 담보가등기가 경료된 경우에는 청산기간이 경과하여야 그 가등기에 기한 본등기를 청구할 수 있다(동법 제4조 제2항 후단). 청산금이 없는 때에는 소유권이전의 본등기를 갖춘 때에 소유권을 취득하지만, 청산금이 있는 때에는 그 청산금을 지급하거나, 공탁을 한때에 본등기를 청구할 수 있다. 이때 가등기담보권자의 본등기청구권 및 목적물의 인도청구권과 청산금 지급채무는 동시이행의 관계에 있다(동법 제4조 제3항). 한편 청산금의 지급과 소유권의 취득에 관한 위 규정에 반하는 특약으로서 채무자 등에게 불리한 것은 그 효력이 없다.

> **▌판례▐** 담보권의 실행이란 목적물의 교환가치로부터 채무를 변제받음으로써 채권의 만족을 실현하는 것이다. 담보목적물을 매각해 현금화하여 채무의 변제를 받는 것이 담보권의 전형적인 실행방법이고, 담보권의 성격이나 합의에 따라 담보물 가액에서 피담보채권액 등을 빼고 남은 금액을 채무자에게 지급함으로써 담보물의 소유권을 넘겨받는 방식도 가능하다. 채권자가 어떤 방법을 선택하든지 목적물의 교환가치를 파악하여 피담보채권의 만족을 도모하는 것이 담보권 실행의 본질이고, 담보물의 소유권 변동은 그에 뒤따른 결과일 뿐이다. 채권자가 담보권 실행을 위해 경매를 신청한 경우에 그 경매를 직접 목적으로 하여 지출된 돈으로서 경매절차의 준비 또는 실시를 위하여 필요한 비용이어야 집행비용(민사집행법 제275조, 제53조 제1항)으로서 배당재단에서 우선적으로 변상된다. **매각에 따라 소유권을 취득한 매수인은 소유권이전등기를 넘겨받기 위해 지출한 비용과 취득세 등을 자기가 부담해야 한다.** 이는 경매를 신청한 채권자가 매수인이 된 경우에도 마찬가지이다. **귀속정산에 의한 가등기담보권 실행**도 민사집행법에 따라 담보물을 매각하지 않을 뿐 담보로 파악한 교환가치만큼을 채권자에게 이전한다는 점에서 경매에 의한 실행과 본질이 같으므로, 청산금에서 공제할 수 있는 가등기담보권 실행비용은 경매절차의 집행비용에 상응하는 것이어야 한다. 그러므로 가등기담보권자는 귀속정산 과정에서 **담보목적물의 교환가치를 파악하기 위하여 쓴 감정평가비용 등을 실행비용으로서 청산금에서 공제할 수 있을 뿐, 청산의 결과로서 본등기를 마치기 위해 지출한 절차비용과 취득세 등은 스스로 부담해야 한다**(대판 2022. 4. 14, 2017다266177). ☞ 가등기담보권자가 귀속정산의 방식으로 가등기담보권을 실행하면서 채무자에게 취득세와 등록세 세액만큼의 구상금 채권이 생기므로 이를 가지고 채무자의 청산금 채권과 상계한다고 주장한 사안에서 취득세와 등록세 상당액은 가등기담보권자가 스스로 부담해야 하므로 상계할 수 없다고 한 사례

> **▌참고지문▐** 가등기담보권자가 건물에 관한 가등기담보권을 귀속정산의 방식으로 실행하여 본등기를 마치기 위해 납부한 취득세와 등록세는 담보권의 실행비용이어서 채무자가 부담해야 하므로 가등기담보권자에게 위 세액만큼의 구상금 채권이 생기고, 가등기담보권자는 이 구상금 채권을 자동채권으로 채무자의 청산금 채권과 상계할 수 있다(×).

㈏ 양도담보의 경우

채권자는 담보부동산에 관하여 이미 소유권이전등기가 경료된 경우에는 청산기간 경과 후 청산

금을 채무자 등에게 지급한 때에 목적부동산의 소유권을 취득한다(동법 제4조 제2항). 따라서 가등기담보권에 있어서의 권리취득에 의한 실행에 관한 동법 제3조 내지 제11조의 규정은 양도담보에도 그 적용이 있다고 볼 것이다.

(3) 후순위권리자의 지위

1) 후순위권리자란 담보가등기 후에 등기된 저당권자·전세권자 및 가등기담보권자를 말한다. 후순위권리자는 그 순위에 따라 채무자 등이 지급받을 청산금에 대하여 청산금 지급시까지 그 권리를 행사할 수 있고, 채권자는 후순위권리자의 요구가 있는 때에는 이를 지급하여야 한다(동법 제5조 제1항). 그리고 담보가등기 후에 대항력 있는 임차권을 취득한 자는 청산금의 범위내에서 목적물의 반환과 상환으로 보증금의 반환을 청구할 수 있다(동법 제5조 제5항).

2) 후순위권리자의 권리행사를 보장해 주기 위해 동법은 다음과 같이 규정하고 있다. 즉 채권자는 청산금의 내역을 후순위권리자에게도 통지하여야 한다(동법 제6조). 그리고 채무자가 청산기간의 경과 전에 청산금에 관한 권리를 양도 기타 처분하거나, 채권자가 청산기간의 경과전 또는 후순위권리자에게 통지하지 않고 청산금을 지급하더라도, 이로써 후순위권리자에게 대항하지 못한다(동법 제7조). 한편 청산금의 금액에 관해 후순위권리자는 다툴 수 없다. 그러나 그 대신 그 평가액에 불만이 있는 경우에는 후순위권리자는 청산기간 내에 한하여 그 피담보채권의 변제기 도래 전이라도 목적부동산의 경매를 청구할 수 있다(동법 제12조 제2항). 이 경우에는 가등기담보권자는 그 경매에 참여하여 자기채권의 우선변제를 받아야 하며, 가등기에 기한 본등기를 청구하는 식의 권리취득에 의한 실행방법을 취할 수는 없다(동법 제14조).

> **판 례** ① 가등기담보권자가 청산절차를 거치기 전에 목적물의 일반채권자가 강제경매 등의 신청이 행하여진 경우 담보가등기권자는 그 가등기에 기한 본등기를 청구할 수 없고, 그 가등기가 부동산의 매각에 의하여 소멸하되 다른 채권자보다 자기 채권을 우선변제받을 권리가 있을 뿐이다. 이러한 법리에 비추어 살펴보면, 가등기가 담보가등기이고 그 본등기가 강제경매절차의 매각기일(입찰기일) 후에 이루어진 것이라면, 가등기에 기한 본등기는 강제경매의 신청 전에 청산절차를 거친 것이 아닌 한 무효로 말소되어야 하고 가등기는 이 사건 부동산의 매각으로 소멸된다(대결 2010. 11. 9, 자 2010마1322).
>
> ② 가등기담보 등에 관한 법률(이하 '가등기담보법'이라 한다) 제12조 제1항 전문은 "담보가등기권리자는 그 선택에 따라 제3조에 따른 담보권을 실행하거나 담보목적부동산의 경매를 청구할 수 있다."라고 규정하고, 제13조 전문은 "담보가등기를 마친 부동산에 대하여 강제경매 등이 개시된 경우에 담보가등기권리자는 다른 채권자보다 자기채권을 우선변제 받을 권리가 있다."라고 규정하며, 제14조는 "담보가등기를 마친 부동산에 대하여 강제경매 등의 개시 결정이 있는 경우에 그 경매의 신청이 청산금을 지급하기 전에 행하여진 경우(청산금이 없는 경우에는 청산기간이 지나기 전)에는 담보가등기권리자는 그 가등기에 따른 본등기를 청구할 수 없다."라고 규정하고 있다. 이러한 가등기담보법 규정의 문언 형식과 내용 및 체계에 더하여 담보목적부동산에 대한 경매절차가 개시된 경우 그 경매절차에 참가할 수 있을 것이라는 후순위권리자 등의 기대를 보호할 필요가 있는 점 등을 고려하면, **담보가등기권리자가 담보목적부동산의 경매를 청구하는 방법을 선택하여 그 경매절**

차가 진행 중인 때에는 특별한 사정이 없는 한 **가등기담보법 제3조에 따른 담보권을 실행할 수 없으므로 그 가등기에 따른 본등기를 청구할 수 없다**고 봄이 타당하다(대판 2022. 11. 30, 2017다232167, 232174).

5. 채무자 등의 지위

(1) 채무자 보호

채무자 등은 청산금채권을 변제받을 때까지 즉, 그 채무의 변제기가 경과한 때로부터 10년이 경과할 때까지 그 채무액을 채권자에게 지급하고 그 채권담보의 목적으로 경료된 소유권이전등기의 말소를 청구할 수 있다(동법 11조 본문). 이 규정은 그 조문상 양도담보에 적용됨을 나타내고 있으나, 가등기담보에도 적용되어야 할 것이다.

> **│판례│** ① 채권자가 가등기담보권을 실행하여 그 담보목적부동산의 소유권을 취득하기 위하여 채무자에게 담보권 실행을 통지하고 **2월의 청산기간이 경과한 후에도** 채무자는 정당하게 평가된 청산금을 지급받을 때까지 목적부동산의 소유권이전등기 및 인도채무의 이행을 거절하면서 피담보채무 전액과 그 이자 및 손해금을 지급하고 그 채권담보의 목적으로 경료된 **가등기의 말소를 청구할 수 있다**(대판 1994. 6. 28, 94다3087).
> ② 가등기담보 등에 관한 법률 제11조의 내용과 제척기간 제도의 본질에 비추어 보면, 채무자 등이 위 **제척기간**이 경과하기 전에 **피담보채무를 변제하지 아니한 채 또는 변제를 조건으로** 담보목적으로 마친 소유권이전등기의 말소를 청구하더라도 이를 제척기간 준수에 필요한 권리의 행사에 해당한다고 볼 수 없으므로, 채무자 등의 위 말소청구권은 **제척기간의 경과로 확정적으로 소멸한다.** 이러한 법리는 채무자 등이 피담보채무를 변제하지 아니한 채 또는 변제를 조건으로 위 소유권이전등기의 말소등기를 청구하는 소를 제기한 경우에도 마찬가지로 적용된다(대판 2014. 8. 20, 2012다47074).

(2) 제3자 보호

위와 같은 말소청구권은 그 채무의 변제기가 경과한 때로부터 10년이 경과하거나, 선의의 제3자가 소유권을 취득한 때에는 인정되지 않는다(동법 11조 단서). 특히 후자에 관하여 가등기담보권자가 청산금을 지급하지 않고 가등기에 기하여 소유권이전의 본등기를 하여도 소유권은 취득하지 못하고, 따라서 소유권이전의 본등기를 한 가등기담보권자는 그 부동산처분권능이 없으며 처분에 관한 한 무권리자임에도 불구하고 가등기담보권자가 청산금을 지급하지 않고 가등기에 기하여 소유권이전의 본등기를 하고 그로부터 전득한 선의의 제3자가 보호를 받는다는 것은 마치 등기에 공신력을 인정한 것과 마찬가지의 결과가 된다.

> **│판례│** ① 가담법상 청산절차를 밟지 아니하여 담보목적부동산의 소유권을 취득하지 못하였음에도 그 담보목적부동산을 처분하여 선의의 제3자가 소유권을 취득하고 그로 인하여 채무자가 더는 채무액을 채권자에게 지급하고 그 채권담보의 목적으로 마친 소유권이전등기의 말소를 청구할 수 없게 되었다면, 채권자는 위법한 담보목적부동산 처분으로 인하여 채무자가 입은 손해를 배상할 책임이 있다. 이때 채무자가 입은 손해는 다른 특별한 사정이 없는 한 채무자가 더는 그 소유권이전등기의 말소를 청구할 수 없게 된 때의 담보목적부동산의 가액에서 그때까지의 채무액을 공제한 금액이라고 봄이 상당하다(대판 2010. 8. 26, 2010다27458).

② [1] 가등기담보 등에 관한 법률(이하 '가등기담보법'이라고 한다) 제3조, 제4조를 위반하여 적법한 청산절차를 거치지 아니한 채 담보가등기에 기한 본등기가 이루어진 경우 그 본등기는 무효이다. 이때 가등기담보법 제2조 제2호에서 정한 채무자 등은 청산금채권을 변제받을 때까지는 여전히 가등기담보계약의 존속을 주장하여 그때까지의 이자와 손해금을 포함한 피담보채무액 전부를 변제하고 무효인 위 본등기의 말소를 청구할 수 있다(제11조 본문). 그러나 선의의 제3자가 소유권을 취득한 경우에는 그러하지 아니하다(제11조 단서 후문). 여기서 '선의의 제3자'라 함은 채권자가 적법한 청산절차를 거치지 않고 담보목적부동산에 관하여 본등기를 마쳤다는 사실을 모르고 그 본등기에 터 잡아 소유권이전등기를 마친 자를 뜻한다. **제3자가 악의라는 사실에 관한 주장·증명책임은 무효를 주장하는 사람에게 있다.** [2] 가등기담보 등에 관한 법률(이하 '가등기담보법'이라고 한다) 제3조, 제4조의 청산절차를 위반하여 이루어진 담보가등기에 기한 본등기가 무효라고 하더라도 선의의 제3자가 그 본등기에 터 잡아 소유권이전등기를 마치는 등으로 담보목적부동산의 소유권을 취득하면, 가등기담보법 제2조 제2호에서 정한 채무자 등(이하 '채무자 등'이라고 한다)은 더 이상 가등기담보법 제11조 본문에 따라 채권자를 상대로 그 본등기의 말소를 청구할 수 없게 된다. 이 경우 그 반사적 효과로서 **무효인 채권자 명의의 본등기는 그 등기를 마친 시점으로 소급하여 확정적으로 유효**하게 되고, 이에 따라 담보목적부동산에 관한 채권자의 가등기담보권은 소멸하며, 청산절차를 거치지 않아 무효였던 채권자의 위 본등기에 터 잡아 이루어진 등기 역시 소급하여 유효하게 된다고 보아야 한다. 다만 이 경우에도 채무자 등과 채권자 사이의 청산금 지급을 둘러싼 채권·채무 관계까지 모두 소멸하는 것은 아니고, **채무자 등은 채권자에게 청산금의 지급을 청구할 수 있다.** 이러한 법리는 경매의 법적 성질이 사법상 매매인 점에 비추어 보면 무효인 본등기가 마쳐진 담보목적부동산에 관하여 진행된 **경매절차에서 경락인이 본등기가 무효인 사실을 알지 못한 채 담보목적부동산을 매수한 경우**에도 마찬가지로 적용된다(대판 2021. 10. 28, 2016다248325).

III. 양도담보

1. 의 의

양도담보란 채권담보의 목적으로 물건의 소유권(또는 기타의 재산권)을 채권자에게 이전하고, 채무자가 이행하지 아니한 경우에는 채권자가 그 목적물로부터 우선변제를 받게 되지만, 채무자가 이행을 하는 경우에는 목적물을 다시 원소유자에게 반환함으로써 채권을 담보하는 비전형담보를 말한다(통설).

> **판례** 양도담보를 설정하려면 양도담보설정자에게 목적물에 대한 **소유권이나 처분권 등 양도담보를 설정할 권한이 있어야** 한다. 양도담보설정자에게 이러한 권한이 없는데도 양도담보설정계약을 체결한 경우에는 특별한 사정이 없는 한 양도담보가 유효하게 성립할 수 없다(대판 2022. 1. 27, 2019다295568).

2. 양도담보의 법적 성질

(1) 문제의 소재

양도담보는 실제는 채권담보목적인데 채권자에게 소유권을 이전한다는 형식을 취한다는 것이어서 '목적'과 '형식'이 일치하지 아니하므로 그 법적 구성이 어렵다.

(2) 학설과 판례의 태도

1) 가담법 제정 전의 비전형담보에 대한 판례

양도담보계약은 일종의 신탁행위로서 채권을 담보하기 위한 방법으로서 소유권이전의 효과를 발생케 할 의사를 가지고 양도를 하는 것이므로 허위의 의사표시가 아니라고 하면서 채권자인 수탁자를 (대외적) 소유자로 보았다(신탁적 양도설로써 통설과 판례였다).

2) 가담법 제정 후의 학설·판례

㈎ 담보물권설(다수설)

양도담보권자는 양도담보권이라는 제한물권을 취득하고, 설정자인 채무자가 소유자라고 보는 설이다. 이 설의 근거는 양도담보를 설정하여 이전등기까지 하고 있더라도 가등기담보 등에 관한 법률 제4조 제2항에 의해 소유권은 이전되지 않기 때문이라고 한다. 이러한 설에 의하면 양도담보권자는 양도담보설정자의 일반채권자가 설정자가 점유하는 목적물에 경매를 신청할 때, 민사집행법상 우선변제효와 파산법상 별제권을 주장할 수 있게 된다는 결론에 이르게 된다.

㈏ 신탁적 양도설(소수설)

신탁적 양도설은 가등기담보 등에 관한 법률이 시행된 후에도 양도담보권자가 종전처럼 (대외적) 소유권을 취득한다고 한다. 이러한 입장에 의하게 되면 양도담보권자는 설정자의 채권자가 경매를 하는 경우, 민사집행법상 제3자이의의 소나 채무자회생 및 파산에 관한 법률상 환취권을 주장할 수 있게 된다.

㈐ 판 례

판례는 부동산에 관하여는 다수설(담보권설)과 궤를 같이하나 동산에 관하여는 종래와 같이 신탁적 양도설을 채택하고 있다고 볼 수 있다. 즉 동산에 관하여는 가등기담보 등에 관한 법률이 제정되었음에도 신탁적 양도설에 차이가 없다. 동산에 관한 한 판례가 원칙적으로 가담법을 적용하지 않기 때문이다.

> **판례[1]** 〈**부동산양도담보의 경우(담보물권설을 취한 판례)**〉 ① 양도담보권자는 담보권의 실행으로서 목적부동산의 인도를 구할 수 있고 ……, 직접소유권에 기하여 인도를 구할 수는 없다(대판 1991. 11. 8, 91다21770). ② 부동산이 귀속청산의 방법으로 담보권이 실행되어 그 소유권이 채권자에게 확정적으로 이전되었다고 인정하려면, 우선 당사자로부터 담보권의 실행이 귀속청산의 방법으로 이루어졌다는 주장이 있어야 하고, 또한 채권자가 가등기에 기하여 본등기를 경료하였다는 사실만으로는 부족하고 담보부동산을 적정한 가격으로 평가한 후, 그 대금으로써 피담보채권의 원리금에 충당하고 나머지 금원을 반환하거나 평가금액이 피담보채권액에 미달하는 경우에는 채무자에게 그와 같은 내용의 통지를 하는 등 정산절차를 마친 사실이 인정되어야 한다(대판 1996. 7. 30, 95다11900).

③ [1] 가등기담보법이 적용되는 경우에는 채권자가 담보목적 부동산에 관하여 소유자로 등기되어 있다고 하더라도 **청산절차 등 법에 정한 요건을 충족해야만** 비로소 담보목적 부동산의 **소유권을 취득할 수 있다.**

[2] 채무를 담보하기 위하여 채무자가 자기의 비용과 노력으로 신축하는 건물의 신축허가 명의를 채권자 명의로 한 경우 이는 완성될 건물을 양도담보로 제공하기로 하는 담보권 설정의 합의가 있다고 볼 수 있다. 이때 완성된 건물의 소유권은 이를 건축한 채무자가 원시적으로 취득하고, 채권자가 그 명의로 소유권보존등기를 함으로써 건물에 대한 양도담보가 설정된 것으로 보아야 한다. 이러한 **양도담보가 가등기담보 등에 관한 법률의 적용 대상이 되는 경우에는** 양도담보권자가 **청산절차 등을 거쳐 담보목적 부동산의 소유권을 취득하기 전까지 특별한 사정이 없는 한 양도담보 설정자가 건물의 소유자로서 이를 현실적으로 점유하면서 사용·수익하고 있다고 볼 수 있으므로 채권자가 건물에 대한 양도담보권을 취득했다고 해서 그 대지 소유자에게 부당이득반환의무를 부담하는 것은 아니다**(대판 2022. 4. 14, 2021다263519). ☞ 〈원심〉은 이 사건 건물에 설정된 양도담보가 가등기담보법의 적용 대상이 되는지 여부 등에 관하여 아무런 심리를 하지 않은 채, 채권자(=양도담보권자)가 대외적 관계에서 이 사건 건물의 소유자에 해당한다는 이유로(이른바 신탁적 소유권 이전설) 이 사건 토지의 점유로 인한 부당이득을 대지 소유자에게 반환해야 한다고 판단하였는데, 〈대법원〉은 이 사건 건물에 설정된 양도담보는 가등기담보법의 적용 대상이라고 볼 여지가 있으므로 위 양도담보에 가등기담보법이 적용된다면, 특별한 사정이 없는 한 양도담보 설정자가 이 사건 건물의 소유자로서 이를 현실적으로 점유하면서 사용·수익하고 있다고 볼 수 있고, 반대로 채권자(=양도담보권자)가 이 사건 건물의 소유자로 등기되어 있다고 하더라도 담보권자인 피고가 이 사건 토지에 관해 이익을 얻고 토지 소유자인 원고에게 손해를 입혔다고 볼 수 없다(이른바 담보권설)고 한 사례

▌판례[2]▐ 〈동산양도담보의 경우(신탁적 양도설)〉 ① 동산에 관하여 양도담보계약이 이루어지고 원고가 점유개정의 방법으로 인도를 받았다면, 그 청산절차를 마치기 전이라 하더라도 담보목적물에 대한 사용·수익권은 없지만 제3자에 대한 관계에서는 그 물건의 소유자임을 주장하고 그 권리를 행사할 수 있다(대판 1994. 8. 26, 93다44739). ② 일반 채권자가 채무자가 제3자에게 양도담보로 제공한 동산에 대하여 강제집행을 신청하여 배당을 받은 경우, 경락으로 인하여 경락인이 그 소유권을 선의취득의 방법으로 취득하고 이에 따라 양도담보권자는 그 소유권을 상실하게 된다(대판 1997. 6. 27, 96다51332).

3. 사용·수익권

양도담보권자는 담보권이 있을 뿐 사용·수익권은 없다. 사용·수익권에 대하여는 가담법제정 전이든 제정 후이든 동일하다.

▌판례▐ 양도담보 설정자가 채권을 담보하기 위하여 그 소유의 동산을 채권자에게 양도한 경우 담보목적물을 누가 사용·수익할 수 있는지는 당사자의 합의로 정할 수 있지만 반대의 특약이 없는 한 **양도담보 설정자가** 동산에 대한 사용·수익권을 가진다. 따라서 그 동산이 일정한 토지 위에 설치되어 있어 토지의 점유·사용이 문제 된 경우에는 특별한 사정이 없는 한 양도담보 설정자가 토지를 점유·사용하고 있는 것으로 보아야 한다(대판 2018. 5. 30, 2018다201429).

4. 점유개정에 의한 설정

(1) 일단의 증감·변동하는 동산을 하나의 물건으로 보아 이를 채권담보의 목적으로 삼으려는 이른바 집합물에 대한 양도담보설정계약체결도 가능하다.

> **판례** ① 일반적으로 일단의 증감 변동하는 동산을 하나의 물건으로 보아 이를 채권담보의 목적으로 삼으려는 이른바 집합물에 대한 양도담보설정계약체결도 가능하며 이 경우 그 목적 동산이 담보설정자의 다른 물건과 구별될 수 있도록 그 종류, 장소 또는 수량지정 등의 방법에 의하여 **특정되어 있으면** 그 전부를 하나의 재산권으로 보아 이에 유효한 담보권의 설정이 된 것으로 볼 수 있다. ② 집합물에 대한 양도담보권설정계약이 이루어지면 그 집합물을 구성하는 개개의 물건이 변동되거나 변형되더라도 한 개의 물건으로서 동일성을 잃지 아니하므로 양도담보권의 효력은 항상 현재의 집합물 위에 미치는 것이고, 따라서 양도담보권자가 담보권설정계약 당시 존재하는 집합물을 점유개정의 방법으로 그 점유를 취득하면 그 후 **양도담보설정자가 그 집합물을 이루는 개개의 물건을 반입하였다** 하더라도 그때마다 별도의 양도담보권설정계약을 맺거나 점유개정의 표시를 하여야 하는 것은 아니다(대판 1990. 12. 26, 88다카20224). ③ 다만 양도담보권설정자가 양도담보권설정계약에서 정한 종류·수량에 포함되는 물건을 계약에서 정한 장소에 반입하였더라도 **그 물건이 제3자의 소유라면** 담보목적인 집합물의 구성부분이 될 수 없고 따라서 그 물건에는 양도담보권의 효력이 미치지 않는다(대판 2016. 4. 2, 2012다19659).

(2) 금전채무를 담보하기 위하여 채무자가 그 소유의 동산을 채권자에게 양도하되 점유개정에 의하여 채무자가 이를 계속 점유하기로 한 경우 특별한 사정이 없는 한 동산의 소유권은 신탁적으로 이전됨에 불과하여 채권자와 채무자 사이의 대내적 관계에서 채무자는 의연히 소유권을 보유하나 대외적인 관계에 있어서 채무자는 동산의 소유권을 이미 채권자에게 양도한 무권리자가 되는 것이어서 **다시 다른 채권자와의 사이에 양도담보 설정계약을 체결하고 점유개정의 방법으로 인도를 하더라도** 선의취득이 인정되지 않는 한 나중에 설정계약을 체결한 채권자는 양도담보권을 취득할 수 없는데, **현실의 인도가 아닌 점유개정으로는 선의취득이 인정되지 아니하므로, 결국 뒤의 채권자는 양도담보권을 취득할 수 없다**(대판 2004. 10. 28, 2003다30463).

> **판례** ① 돈사에서 대량으로 사육되는 돼지를 집합물에 대한 양도담보의 목적물로 삼은 경우, 그 돼지는 번식, 사망, 판매, 구입 등의 요인에 의하여 증감 변동하기 마련이므로 양도담보권자가 그 때마다 별도의 양도담보권설정계약을 맺거나 점유개정의 표시를 하지 않더라도 하나의 집합물로서 동일성을 잃지 아니한 채 양도담보권의 효력은 항상 현재의 집합물 위에 미치게 되고, 양도담보설정자로부터 위 목적물을 양수한 자가 이를 선의취득하지 못하였다면 위 양도담보권의 부담을 그대로 인수하게 된다(대판 2004. 11. 12, 2004다22858).
> ② 동산에 대하여 점유개정의 방법으로 이중양도담보를 설정한 경우 원래의 양도담보권자는 뒤의 양도담보권자에 대하여 배타적으로 자기의 담보권을 주장할 수 있으므로, 뒤의 양도담보권자가 양도담보의 목적물을 처분함으로써 원래의 양도담보권자로 하여금 양도담보권을 실행할 수 없도록 하는 행위는, 이중양도담보 설정행위가 횡령죄나 배임죄를 구성하는지 여부나 뒤의 양도담보권자가 이중양도담보 설정행위에 적극적으로 가

담하였는지 여부와 관계없이, <u>원래의 양도담보권자의 양도담보권을 침해하는 위법한 행위이다</u>(대판 2000. 6. 23, 99다65066).

> **비교판례** 〈점유개정에 의한 동산의 이중양도〉 동산의 소유자가 이를 이중으로 양도하고 각 점유개정의 방법으로 양도인 이 점유를 계속하는 경우 양수인들 사이에 있어서는 **먼저 현실의 인도를 받아 점유를 해온 자가 소유권을 취득한다**(대판 1989. 10. 24, 88다카26802).

5. 양도담보권의 효력

(1) 부동산양도담보의 경우

1) 양도담보권자는 일종의 담보권(담보권설)을 가지고 있을 뿐이며, 목적물의 소유권의 내용인 처분권능을 갖고 있지 않다. 따라서 양도담보권자의 목적물의 처분행위는 원칙적으로 무효이다. 그러나 양수인이 선의로 등기부상의 표시를 신뢰하여 매수하고 소유권이전등기가 양수인명의로 경료된 경우라면 말소등기를 청구하지 못하므로(가담법 제11조 단서) 양수인은 확정적으로 부동산의 소유권을 취득한다(결과적으로 등기에 공신력 긍정).

2) 부동산의 경우 양도담보설정에 의하여 외형상으로는 소유권이 채권자에게 이전하지만, 이와 같은 소유권이전의 목적은 채권담보에만 있는 것이므로 실질적으로는 양도담보권이라는 담보권만이 채권자에게 귀속하는 것이고, 소유권은 여전히 양도담보설정자에게 귀속한다(다수설·판례). 따라서 목적부동산을 임대할 권한은 양도담보설정자에게 있다(대판 2001. 12. 11, 2001다40213). 따라서 양도담보권자는 <u>사용·수익할 수 있는 정당한 권한이 있는 채무자나 채무자로부터 그 사용·수익할 수 있는 권한을 승계한 자에 대하여는 사용·수익을 하지 못한 것을 이유로 임료상당의 손해배상이나 부당이득반환청구를 할 수 없다</u>(대판 2008. 2. 28, 2007다37394).

3) 가등기담보 등에 관한 법률 제3조, 제4조의 각 규정에 비추어 볼 때 **위 각 규정을 위반하여 담보가등기에 기한 본등기가 이루어진 경우**에는 그 본등기는 **무효**이다(대판 2002. 12. 10, 2002다42001).

> **판례** ① 가등기담보등에관한법률 제3조, 제4조의 각 규정에 비추어 볼 때 **위 각 규정을 위반하여 담보가등기에 기한 본등기가 이루어진 경우**에는 **그 본등기는 무효**라고 할 것이고, 설령 그와 같은 본등기가 가등기권리자와 채무자 사이에 이루어진 특약에 의하여 이루어졌다고 할지라도 만일 그 특약이 채무자에게 불리한 것으로서 무효라고 한다면 그 본등기는 여전히 무효일 뿐, **이른바 약한 의미의 양도담보로서 담보의 목적 내에서는 유효하다고 할 것이 아니고**, 다만 가등기권리자가 가등기담보등에관한법률 제3조, 제4조에 정한 절차에 따라 청산금의 평가액을 채무자 등에게 통지한 후 채무자에게 정당한 청산금을 지급하거나 지급할 청산금이 없는 경우에는 채무자가 그 통지를 받은 날로부터 2월의 청산기간이 경과하면 위 무효인 본등기는 실체적 법률관계에 부합하는 유효한 등기가 될 수 있을 뿐이다(대판 2002. 6. 11, 99다41657).
> ② 그러므로 가등기담보법의 규정을 위반하여 무효인 본등기가 마쳐진 후 가등기에 기한 본등기를 이행한다는 내용의 화해권고결정이 확정되었다고 하더라도, 그러한 화해권고결정의 내용이 가등기담보법 제3조, 제4

조가 정한 청산절차를 갈음하는 것으로 채무자 등에게 불리하지 않다고 볼 만한 특별한 사정이 없는 한, 위와 같이 확정된 화해권고결정이 있다는 사정만으로는 무효인 본등기가 실체관계에 부합하는 유효한 등기라고 주장할 수 없다. 나아가 그러한 화해권고결정에 기하여 다시 본등기를 마친다고 하더라도 본등기는 가등기담보법의 위 각 규정을 위반하여 이루어진 것이어서 여전히 무효라고 할 것이다(대판 2017. 8. 18, 2016다30296).

③ 담보가등기에 기하여 마쳐진 본등기가 무효인 경우, 담보목적 부동산에 대한 소유권은 담보가등기 설정자인 채무자 등에게 있고 소유권의 권능 중 하나인 사용수익권도 당연히 담보가등기 설정자가 보유한다. 따라서 채무자가 자신이 소유하는 담보목적 부동산에 관하여 채권자와 임대차계약을 체결하고 채권자에게 차임을 지급하거나 채무자가 자신과 임대차계약을 체결하고 있는 임차인으로 하여금 채권자에게 차임을 지급하도록 하여 채권자가 차임을 수령하였다면, 채권자와 채무자 사이에 위 차임을 피담보채무의 변제와는 무관한 별개의 것으로 취급하기로 약정하였거나 달리 차임이 피담보채무의 변제에 충당되었다고 보기 어려운 특별한 사정이 없는 한 위 차임은 피담보채무의 변제에 충당된 것으로 보아야 한다(대판 2019. 6. 13, 2018다300661).

▎**비교사례** 甲의 토지를 丙이 甲으로부터 매수하면서 계약금과 중도금을 먼저 지급하고 나머지 잔대금은 타인에게 분양하여 수령할 분양대금에서 우선적으로 지급하기로 하되, 그 지급을 담보하기 위하여 위 다세대주택의 건축허가를 甲의 명의로 받기로 약정하였다. 그 후 丙은 자신의 노력과 비용을 들여 다세대주택의 건축을 모두 완성한 다음 잔대금 지급채무의 담보를 위하여 甲 명의로 각 소유권보존등기를 하였다.

▎**해 설** ① 매매대금담보 : 「가등기담보 등에 관한 법률」은 차용물의 반환에 갈음하여 다른 재산권을 이전할 것을 예약한 경우에 적용되는 것으로서, **매매대금의 지급을 담보하기 위하여** 부동산의 소유권을 이전하는 경우에는 적용되지 아니한다(대판 2007. 12. 13, 2005다52214 등).

② 약한 의미의 양도담보 : **가등기담보등에관한법률이 시행되기 전**에 채권자가 채권담보의 목적으로 부동산에 가등기를 경료하였다가 그 후 변제기까지 변제를 받지 못하게 되어 위 가등기에 기한 소유권이전의 본등기를 경료한 경우에는 당사자들 사이에 채무자가 변제기에 피담보채무를 변제하지 아니하면 채권채무관계는 소멸하고 부동산의 소유권이 확정적으로 채권자에게 귀속된다는 명시의 특약이 없는 한, **그 본등기도** 채권담보의 목적으로 경료된 것으로서 정산절차를 예정하고 있는 **이른바 '약한 의미의 양도담보'가 된 것**으로 보아야 한다(대판 2005. 7. 15, 2003다46963).

③ 양도담보권의 실행 등 : 당사자 사이에 **매매대금 채무를 담보하기 위하여** 부동산에 관하여 가등기를 마치고 채무를 변제하지 아니하면 가등기에 기한 본등기를 마치기로 약정한 경우에, 변제기에 채무를 변제하지 아니하면 채권채무관계가 소멸하고 부동산의 소유권이 확정적으로 채권자에게 귀속된다는 명시의 특약이 없는 이상 대물변제의 약정이 있었다고 인정할 수 없고, 단지 채무에 대한 담보권 실행을 위한 방편으로 소유권이전등기를 하는 약정, 이른바 정산절차를 예정하고 있는 '약한 의미의 양도담보' 계약이라고 봄이 타당하다. 그리고 '약한 의미의 양도담보'가 이루어진 경우에, 채권자는 채무의 변제기가 지나면 부동산의 가액에서 채권원리금 등을 공제한 나머지 금액을 채무자에게 반환하고 부동산의 소유권을 취득하거나(귀속정산), 부동산을 처분하여 매각대금에서 채권원리금 등의 변제에 충당하고 나머지 금액을 채무자에게 반환할 수도 있다(처분정산). 그렇지만 **채무자가 채권자에게 적극적으로 위와 같은 정산을 요구할 청구권을 가지지는 아니하며,** 다만 채무자는 채무의 변제기가 지난 후에도 채권자가 담보권을 실행하여 정산절차를 마치기 전에는 언제든지 채무를 변제하고 채권자에게 가등기 및 가등기에 기한 본등기의 말소를 청구할 수 있다(대판 2016. 10. 27, 2015다63138, 63145). ▎**비교판례** [1] 가등기담보 등에 관한 법률(이하 '가등기담보법'이라고 한다) 제11조 본문은

같은 법 제2조 제2호에서 정한 채무자 등(이하 '채무자 등'이라고 한다)은 청산금채권을 변제받을 때까지 그 피담보채무액(반환할 때까지의 이자와 손해금을 포함한다)을 채권자에게 지급하고 그 채권담보의 목적으로 마친 소유권이전등기의 말소를 청구할 수 있다고 하면서도, 같은 조 단서 전단에서 그 채무의 변제기가 지난 때부터 10년이 지난 경우에는 그러하지 아니하다고 규정하고 있다. 따라서 채무자 등이 가등기담보법 제11조 본문에 따라 채권담보의 목적으로 마친 소유권이전등기의 말소를 구하기 위해서는 그때까지의 이자와 손해금을 포함한 피담보채무액을 전부 지급함으로써 그 요건을 갖추어야 한다. 그리고 가등기담보법 제11조 단서에 정한 10년의 기간은 제척기간이고, 제척기간은 그 기간의 경과 자체만으로 권리 소멸의 효과가 발생하므로, 가등기담보법 제11조 본문에 정한 채무자 등의 말소청구권은 위 제척기간의 경과로 확정적으로 소멸한다. [2] 가등기담보 등에 관한 법률(이하 '가등기담보법'이라고 한다)은 가등기담보계약 등의 법률관계를 명확히 하여 채무자를 보호하고 채권자 및 후순위권리자 등 이해관계인과의 법률관계를 합리적으로 조정하는 데 그 입법 취지가 있다. 이를 위하여 가등기담보법은 제3조, 제4조 등에서 채권자가 가등기담보계약에 따른 담보권을 실행하여 담보목적부동산의 소유권을 취득하려면 반드시 청산절차를 거치도록 규정하고 있다. 이러한 가등기담보법의 입법 취지 및 가등기담보법 제3조, 제4조의 각 규정 내용에 비추어 볼 때, **가등기담보법 제11조 단서에 정한 제척기간이 경과함으로써** 채무자 등의 말소청구권이 소멸하고 이로써 **채권자가 담보목적부동산의 소유권을 확정적으로 취득한 때에는** 채권자는 가등기담보법 제4조에 따라 산정한 청산금을 채무자 등에게 지급할 의무가 있고, **채무자 등은 채권자에게 그 지급을 청구할 수 있다**(대판 2018. 6. 15, 2018다215947).

④ 가담법 제4조 제3항 "동시이행의 항변권" 적용 배제 : 채권담보를 위하여 소유권이전등기를 경료한 양도담보권자는 채무자가 변제기를 도과하여 피담보채무의 이행지체에 빠졌을 때에는 담보계약에 의하여 취득한 목적 부동산의 처분권을 행사하기 위한 환가절차의 일환으로서 즉, **담보권의 실행으로서** 채무자에 대하여 그 목적 부동산의 인도를 구할 수 있고 제3자가 채무자로부터 적법하게 목적 부동산의 점유를 이전받아 있는 경우에는 그 목적 부동산의 인도청구를 할 수도 있다 할 것이나 **직접 소유권에 기하여** 그 인도를 구할 수는 없다(대판 1991. 11. 8, 91다21770).

(2) 동산양도담보의 경우

1) 동산에 관하여 양도담보계약이 이루어지고 양도담보권자가 점유개정의 방법으로 인도를 받았다면 그 청산절차를 마치기 전이라 하더라도 담보목적물에 대한 사용·수익권은 없지만 **제3자에 대한 관계**에 있어서는 그 물건의 소유자임을 주장하고 그 권리를 행사할 수 있다(대판 1994. 8. 26, 93다44739). 즉 동산에 대하여 양도담보권설정계약이 이루어진 경우에 양도담보권자는 양도담보권설정자를 제외한 제3자에 대한 관계에 있어서는 자신이 그 동산의 소유자임을 주장하여 권리를 행사할 수 있다(대판 1999. 9. 7, 98다47283).

2) 유동집합물의 양도담보에서 새끼 돼지의 귀속 문제

판례 [1] 돈사에서 대량으로 사육되는 돼지를 집합물에 대한 양도담보의 목적물로 삼은 경우, 위 양도담보권의 효력은 양도담보설정자로부터 이를 양수한 양수인이 당초 양수한 돈사 내에 있던 돼지들 및 통상적인 양돈방식에 따라 그 돼지들을 사육·관리하면서 **돼지를 출하하여 얻은 수익으로 새로 구입하거나 그 돼지와 교환한 돼지 또는 그 돼지로부터 출산시켜 얻은 새끼돼지**에 한하여 미치는 것이지 양수인이 **별도의 자금을 투입하여 반입한 돼지**에까지는 미치지 않는다고 한 사례

[2] 유동집합물에 대한 양도담보계약의 목적물을 선의취득하지 못한 양수인이 그 양도담보의 효력이 미치는 목적물에다 자기 소유인 동종의 물건을 섞어 관리함으로써 당초의 양도담보의 효력이 미치는 목적물의 범위를 불명확하게 한 경우에는 **양수인으로 하여금** 그 양도담보의 효력이 미치지 아니하는 물건의 존재와 범위를 입증하도록 하는 것이 공평의 원칙에 부합한다(대판 2004. 11. 12, 2004다22858).

> **비교판례** 돼지를 양도담보의 목적물로 한 경우, 돼지가 출산한 새끼 돼지는 천연과실에 해당하고 그 천연과실의 수취권은 원물인 돼지의 사용·수익권을 가지는 양도담보설정자에게 귀속되므로, 이 새끼돼지에 대하여는 양도담보의 효력이 미치지 않는다(대판 1996. 9. 10, 96다25463). ☞ 이 판례에 대해서는 모돈이 특정되어 개별적으로 양도담보권이 설정되었다고 보는 한 타당하나, 유동집합물로서 양도담보권의 객체가 되었다고 보는 이상, 타당하지 않다는 지적이 있다(김형배 3인공저 422면).

3) 동산에 대하여 점유개정의 방법으로 양도담보를 일단 설정한 후에는 양도담보권자나 양도담보설정자가 그 동산에 대한 **점유를 상실**하였다고 하더라도 그 양도담보의 효력에는 아무런 영향이 없다(대판 2000. 6. 23, 99다65066).

4) **동산을 목적으로 하는 양도담보설정계약**을 체결함과 동시에 채무불이행시 강제집행을 수락하는 공정증서를 작성한 경우, 양도담보설정자가 그 피담보채무를 불이행한 때에는 양도담보권자는 양도담보권을 실행하여 담보목적물인 동산을 환가함에 있어서 집행증서에 기하지 아니하고 양도담보의 약정 내용에 따라 이를 **사적으로 타에 처분**하거나 **스스로 취득한 후 정산**하는 방법으로 환가할 수도 있지만, 집행증서에 기하여 담보목적물을 압류하고 강제경매를 실시하는 방법으로 환가할 수도 있다(대판 1999. 9. 7, 98다47283).

5) 동산 양도담보권자는 양도담보 목적물이 소실되어(화재가 발생하여 위 가금류가 폐사) 양도담보 설정자가 보험회사에 대하여 화재보험계약에 따른 보험금청구권을 취득한 경우 담보물 가치의 변형물인 화재보험금청구권에 대하여 양도담보권에 기한 물상대위권을 행사할 수 있는데, 동산 양도담보권자가 물상대위권 행사로 양도담보 설정자의 화재보험금청구권에 대하여 압류 및 추심명령을 얻어 추심권을 행사하는 경우 특별한 사정이 없는 한 제3채무자인 보험회사는 양도담보 설정 후 취득한 양도담보 설정자에 대한 별개의 채권을 가지고 상계로써 양도담보권자에게 대항할 수 없다(대판 2014. 9. 25, 2012다58609).

IV. 소유권유보부매매

1. 서설

(1) 의의

소유권유보부매매란 매매에 있어서 매도인이 매매목적물을 매수인에게 인도하되 자신의 대금채권의 확보를 위하여 매매대금이 모두 지급될 때까지 소유권을 유보하고, 그 완급이 있으면 소유권이 자동적으로 매수인에게 이전되는 것으로 약정하는 매매를 말한다.

(2) 대 상

소유권유보부매매는 동산, 부동산 모두 가능하다는 것이 다수설이나, 판례는 부동산이나 등록 등을 요하는 동산에 대한 소유권유보부매매의 성립에 관해서 부정적인 태도를 보이고 있다(대판 2010. 2. 25, 2009도5064).

> **판례** 소유권유보부매매는 '동산'을 매매함에 있어 매매목적물을 인도하면서 대금완납시까지 소유권을 매도인에게 유보하기로 특약한 것을 말하며, 이러한 내용의 계약은 동산의 매도인이 매매대금을 다 수령할 때까지 그 대금채권에 대한 담보의 효과를 취득·유지하려는 의도에서 비롯된 것이다. 따라서 '부동산'과 같이 등기에 의하여 소유권이 이전되는 경우에는 등기를 대금완납시까지 미룸으로써 담보의 기능을 할 수 있기 때문에 굳이 위와 같은 소유권유보부매매의 개념을 원용할 필요성이 없으며, 일단 매도인이 매수인에게 소유권이전등기를 경료하여 준 이상은 특별한 사정이 없는 한 매수인에게 소유권이 귀속되는 것이다. 한편 자동차, 중기, 건설기계 등은 비록 동산이기는 하나 부동산과 마찬가지로 등록에 의하여 소유권이 이전되고, 등록이 부동산 등기와 마찬가지로 소유권이전의 요건이므로, 역시 소유권유보부매매의 개념을 원용할 필요성이 없는 것이다(대판 2010. 2. 25, 2009도5064).

2. 소유권유보부매매의 법률구성

정지조건부 소유권이전설이 다수설·판례이다. 즉 물권행위는 성립하지만 그 효력이 발생하기 위하여는 **대금이 모두 지급되는 것을 조건으로** 하는 정지조건부 물권행위로 파악한다. 따라서 다수설과 판례에 의하면 매수인은 단지 목적물의 점유권·이용권만을 취득하였을 뿐이며 소유권 중 처분권은 여전히 매도인에게 귀속되어 있다고 한다(대판 1996. 6. 28, 96다14807).

> **판례** 따라서 그 대금이 모두 지급되지 아니하고 있는 동안에는 비록 매수인이 목적물을 인도받았어도 목적물의 소유권은 위 약정대로 여전히 매도인이 이를 가지고, **대금이 모두 지급됨으로써 그 정지조건이 완성되어 별도의 의사표시 없이 바로 목적물의 소유권이 매수인에게 이전된다**(대판 2010. 2. 11, 2009다93671).

3. 소유권유보의 법률관계

(1) 소유권귀속

다수설과 판례에 의하면 소유권유보부매매에 있어서 소유권은 대내·대외적으로 매도인에게 있다.

(2) 선의취득

매수인이 선의의 제3자에게 그 동산을 처분한 경우에는, 제3자에게 선의취득(제249조)이 성립될 수 있다.

판례 대금이 모두 지급되지 아니한 상태에서 매수인이 목적물을 다른 사람에게 양도하더라도, **양수인이 선의취득의 요건을 갖추거나 소유자인 소유권유보매도인이 후에 처분을 추인하는 등의 특별한 사정이 없는 한** 그 양도는 목적물의 소유자가 아닌 사람이 행한 것으로서 효력이 없어서, 그 양도로써 목적물의 소유권이 매수인에게 이전되지 아니한다(대판 2010. 2. 11, 2009다93671).

제**3**편

채권총칙

CHAPTER 1 채권법 일반

POINT

I. 채권법의 의의

1. 의 의

채권관계를 규율하는 법규를 총칭하여 채권법이라 하고, 특정인이 다른 특정인에 대해 일정한 행위를 청구하는 것이 채권이다.

2. 채권법의 성질

(1) 타인의 협력을 통한 목적달성

물권법이 재화의 소유 및 기타 배타적인 지배관계를 규율대상으로 함에 반해, 채권법은 재화의 교환, 즉 거래관계를 규율대상으로 한다. 다시 말하면 채권법은 타인의 협력에 대하여 법적 구속력을 주어 이를 법률로서 강제하는 힘을 부여한다.

(2) 채권법의 임의법규성

물권법이 원칙적으로 강행규정이라면 채권법은 원칙적으로 임의규정이다. 채권은 물권과 달리 배타성이 없기 때문에 그 성립 및 내용을 당사자의 의사에 맡기고 있다. 그 결과 채권관계의 구성에 있어서는 당사자의 의사와 거래관행이 중요성을 갖는다(제106조 참조). 임의법규는 당사자의 의사를 보충하며, 당사자의 의사를 해석하는 데 보조적인 역할을 한다고 한다. 최근에는 채권법의 임의규정성이 약화되고 강행규정화하는 추세이다. 채권법에 관련된 새로운 특별법이 증가하고 있는 데, 그들 내용은 대개 강행규정성을 갖는다. 근로기준법·주택임대차보호법·소비자보호법 등이 그 예이다.

(3) 신의성실원칙의 지배

신의칙은 민법영역 전반에서 적용되기는 하나 연혁적으로 볼 때, 특히 계속적 계약에서 그 작용이 크다고 볼 수 있다.

3. 채권의 특질

(1) 일반적 특질

㉠ 채권이란 특정인이 다른 특정인에 대하여 특정의 행위를 청구할 수 있는 권리이며, 이른바 상대권(相對權)이다. 그러므로 타인의 재화에 대한 지배권을 취득하기 위한 과정으로서 채권의 획득이 필수적이다.

(ㄴ) 채권의 기본적 효력은 이행청구권으로 나타나는 청구력에 있지만 그것이 채권의 전부는 아니며, 그 밖에 급부보유력·소구력·집행력·채권자대위권·채권자취소권 등의 권능이 포함된다.

(2) 채권관계

채권·채무로서 연결되어 있는 당사자의 법적 결합관계를 채권관계라고 한다. 채권관계는 채권의 발생원인(계약·사무관리·부당이득·불법행위)에 따라 다른 내용으로 구성되는데, 당사자의 자발적인 의사에 의해 구성되는 계약의 채권관계가 그 중에서 가장 중요한 자리를 차지한다.

(3) 채권자 평등의 원칙

채권상호간에는 채권자 평등의 원칙이 지배하여 우열이 없다. 즉 먼저 매매계약이 체결되었다고 하여 후에 체결된 매매계약보다 우선한다는 보장은 없다(물권에서는 제1번 저당권이 제2번 저당권보다 우선한다).

(4) 채권·청구권의 구별

통설은 채권과 청구권은 동일한 것이 아니라고 한다. 채권에는 청구권 이외에도 급부보유력·소구력·집행력·채권자대위권·채권자취소권 등이 포함된다. 채권이 채권관계의 한 요소이듯이 청구권도 채권의 한 요소이고, 채권이 곧 청구권은 아니다.

Ⅱ. 보호의무

1. 채무 중 보호의무의 체계

(1) 채무자의 의무

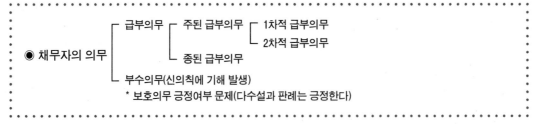

(2) 급부의무의 유형

채무자의 의무로서 급부의무에는 주된 급부의무(이행이 있어야 채권의 목적이 달성된다. 예컨대 매도인의 재산권이전의무 등)와 종된 급부의무(주된 급부의무 이외에 당사자간의 특약 또는 법률의 규정에 의하여 발생한다. 예컨대 임대인의 수선의무 등)가 있다. 그리고 부수의무와 보호의무가 문제된다.

(3) 급부의무의 내용

1) 주된 급부의무는 1차적 급부의무(예컨대 매도인의 재산권이전의무 등)와 2차적 급부의무(예컨대 1차적 급부의무 위반에 대한 손해배상의무, 기타 계속적 법률관계 종료 후의 원상회복의무와 손해배상의무 등)가 있다.

2) 그리고 부수의무란 급부의무의 내용을 제대로 실현하기 위해 급부에 대한 주의와 배려를 베풀어야 하는 채무자의 의무로서, 채권관계의 성질로부터 신의칙상 인정된다. 예컨대 목적물에 대한 보관상의 주의의무 등이 있다.

3) 한편 보호의무는 상대방의 생명·신체·소유권 기타 재산적 이익을 침해하지 않도록 배려할 의무이다. 보통 **일반적인 계약**에서 일방 당사자가 상대방 당사자의 이익을 보호하거나 배려하여야 할 의무를 부담한다고 볼 수는 없음이 원칙이다(대판 2015. 7. 23, 2012다15336). 다만 다수설과 판례는 **일정한 경우** 보호의무를 긍정한다.

> **판례** 운동경기에 참가하는 자는 자신의 행동으로 인해 다른 경기자 등이 다칠 수도 있으므로, 경기규칙을 준수하면서 다른 경기자 등의 생명이나 신체의 안전을 확보하여야 할 **신의칙상 주의의무인 안전배려의무**가 있다(대판 2011. 12. 8, 2011다66849, 66856, 대판 2019. 1. 31, 2017다203596).

2. 급부의무와 보호의무의 비교

		의 의	실 례	위반(불이행)의 효과
급부의무	주된 급부의무	계약유형을 특정지우는 채무자의 중심적인 급부의무로서, 계약이나 법률의 규정에 의해 결정된다.	매매계약에 있어서의 소유권 이전의무	강제이행, 손해배상청구권과 계약해제권이 인정된다.
	종된 급부의무	계약유형을 결정하는 것이 아닌 우연적인 급부의무이다.	복잡한 기계에 대한 설명서나 보증서 인도의무, 또는 임대차에서 임대인의 수선의무(제623조)	계약해제권은 인정되지 않는 것이 원칙이며, 이행청구권과 손해배상청구권이 인정된다.
부수적 주의의무 (기본채무 이외의 용태의무)		급부의무의 내용을 제대로 실현하기 위해 급부에 대한 주의와 배려를 베풀어야 하는 채무자의 의무로서, 채권관계의 성질로부터 신의칙상 인정된다.	제품에 대한(용법 등) 설명의무나 목적물에 대한 보관상의 주의의무	계약해제권은 인정되지 않는 것이 원칙이며, 채무불이행의 유형에 따라 책임이 귀속된다 (특히 불완전이행의 경우 적극적 채권침해가 문제된다)
보호의무		보호의무는 계약의 유효한 성립을 전제요건으로 하지 않으며, 따라서 계약의 체결과정 중에도 인정된다.	거래접촉시 채권자의 신체나 소유권 기타 재산적 이익을 침해하지 않을 의무	원칙적으로 계약해제권이 인정되지 않으며, 손해배상청구권이 인정된다. 단 중대한 침해가 있는 경우에 한해 해제권이 인정될 뿐이다.

3. 판례검토

보호의무에 대한 판례의 태도	계약이 유효한 경우	채무불이행 또는 불법행위
	계약의 불성립이나 무효인 경우	불법행위

(1) 숙박계약의 특수성에 따른 숙박계약의 보호의무

공중접객업인 숙박업을 경영하는 자가 투숙객과 체결하는 숙박계약은 숙박업자가 고객에게 숙박을 할 수 있는 객실을 제공하여 고객으로 하여금 이를 사용할 수 있도록 하고 고객으로부터 그 대가를 받는 일종의 일시사용을 위한 임대차계약으로서, 숙박업자는 통상의 임대차에서 한 걸음 더 나아가 고객에게 위험이 없는 안전하고 편안한 객실 및 관련시설을 제공함으로써 고객의 안전을 배려하여야 할 보호의무를 부담하며 이러한 의무는 숙박계약의 특수성을 고려하여 신의칙상 인정되는 부수적인 의무로서 숙박업자가 이를 위반하여 고객의 생명, 신체를 침해하여 손해를 입힌 경우 **불완전이행으로 인한 채무불이행책임을 부담**한다(대판 1994. 1. 28, 93다43590).

(2) 사용자의 피용자에 대한 보호의무

사용자는 근로계약에 수반되는 신의칙상의 부수의무로서 피용자가 노무를 제공하는 과정에서 생명 · 신체 · 건강을 해치는 일이 없도록 물적 환경을 정비하는 등 필요한 조치를 강구해야할 보호의무를 부담하고, 이를 위반할 시 피용자에게 손해를 배상해야 한다(대판 1998. 11. 27, 97다10925).

> **판례** 보호의무위반을 이유로 사용자에게 손해배상책임을 인정하기 위하여는 특별한 사정이 없는 한 그 사고가 피용자의 업무와 관련성을 가지고 있을 뿐 아니라 또한 그 사고가 통상 발생할 수 있다고 하는 것이 예측되거나 예측할 수 있는 경우라야 할 것이고, 그 예측가능성은 사고가 발생한 때와 장소, 기타 여러 사정을 고려하여 판단하여야 한다. 따라서 야간에 회사 기숙사 내에서 발생한 입사자들 사이의 개인적 사정으로 인한 구타행위에 대하여 회사는 보호의무위반이나 불법행위상의 과실책임을 부담하지 않는다(대판 2001. 7. 27, 99다56734).

(3) 기획여행업자가 여행자에게 부담하는 안전배려의무

기획여행업자(○○투어)는 여행자의 생명 · 신체 · 재산 등의 안전을 확보하기 위하여 여행목적지 · 여행일정 · 여행행정 · 여행서비스기관의 선택 등에 관하여 합리적 조치를 취할 신의칙상 안전배려의무를 부담한다(대판 2011. 5. 26, 2011다1330).

(4) 증권거래 등과 관련된 판례

증권회사의 임직원이 강행법규에 위반한 투자수익보장 투자를 권유하여 이에 따른 결과 투자자가 손실을 본 경우에, 고객의 투자상황에 비추어 과대한 위험성을 수반하는 거래를 적극적으로 권유한 경우에 해당하여 결국 고객에 대한 보호의무를 저버려 위법성을 띤 행위로 평가된다면 이는 불법행위를 구성한다(대판 1999. 12. 24, 99다44588; 대판 2006. 6. 29, 2005다49799).

(5) 입원계약에 따른 신의칙상 보호의무

환자가 병원에 입원하여 치료를 받는 경우에 있어서, 병원은 진료뿐만 아니라 환자에 대한 숙식의 제공을 비롯하여 간호, 보호 등 입원에 따른 포괄적 채무를 지는 것인 만큼 병원은 병실에의 출입자를 통제·감독하든가 그것이 불가능하다면 최소한 입원환자에게 휴대품을 안전하게 보관할 수 있는 시정 장치가 있는 사물함을 제공하는 등으로 입원환자의 휴대품 등의 도난을 방지함에 필요한 적절한 조치를 강구하여 줄 신의칙상의 보호의무가 있다고 할 것이고, 이를 소홀히 하여 입원환자와는 아무런 관련이 없는 자가 입원환자의 병실에 무단출입하여 입원환자의 휴대품 등을 절취하였다면 병원은 그로 인한 손해배상책임을 면하지 못한다(대판 2003. 4. 11, 2002다63275).

(6) 학교법인의 학생에 대한 안전배려의무

[1] 사법인인 학교법인과 학생의 재학관계는 사법상 계약에 따른 법률관계에 해당한다. 지방자치단체가 학교법인이 설립한 사립중학교에 의무교육대상자에 대한 교육을 위탁한 때에 그 학교법인과 해당 사립중학교에 재학 중인 학생의 재학관계도 기본적으로 마찬가지이다. [2] 학교법인은 학생과의 재학계약에서 다음과 같은 내용의 안전배려의무를 부담한다. 즉 학교법인은 학생의 생명, 신체, 건강 등의 안전을 확보하기 위하여 교육장소의 물적 환경을 정비하여야 하고, 학생이 교육을 받는 과정에서 위험 발생의 우려가 있을 때에는 미리 위험을 제거할 수단을 마련하는 등 합리적 조치를 하여야 한다. 학교법인이 안전배려의무를 위반하여 학생의 생명, 신체, 건강 등을 침해하여 손해를 입힌 때에는 불완전이행으로서 채무불이행으로 인한 손해배상책임을 부담한다. 구체적으로 손해배상책임을 인정하기 위해서는, 문제가 된 사고와 재학계약에 따른 교육활동 사이에 직접 또는 간접적으로 관련성이 인정되어야 하고, 학교법인이 설립한 학교의 학교장이나 교사가 사고를 교육활동에서 통상 발생할 수 있다고 예견하였거나 예견할 수 있었음에도 사고 위험을 미리 제거하기 위하여 필요한 조치를 다하지 못하였다고 평가할 수 있어야 한다(대판 2018. 12. 28, 2016다33196).

(7) 카지노이용자의 이익을 위한 카지노사업자의 보호의무나 배려의무가 인정되는지 여부(원칙적 소극)

계약을 둘러싼 법률관계에서도 당사자는 자신의 자유로운 선택과 결정에 따라 계약을 체결한 결과 발생하게 되는 이익이나 손실을 스스로 감수하여야 할 뿐 일방 당사자가 상대방 당사자에게 손실이 발생하지 아니하도록 하는 등 상대방 당사자의 이익을 보호하거나 배려할 일반적인 의무는 부담하지 아니함이 원칙이다[대판(전합) 2014. 8. 21, 2010다92438].

(8) 건강보조식품 판매자

건강보조식품 판매자가 고객에게 제품을 판매할 때에는 건강보조식품의 치료 효과나 부작용 등 의학적 사항에 관하여 잘못된 정보를 제공하여 고객이 이를 바탕으로 긴급한 진료를 중단하는 것과 같이 비합리적인 판단에 이르지 않도록 **고객을 보호할 주의의무가 있다.** 특히 난치병이나 만성 지병을 앓고 있는 고객에게 건강보조식품의 치료 효과를 맹신하여 진료를 중단하는 행위의 위험성에 관한 올바른 인식형성을 적극적으로 방해하거나 고객의 상황에 비추어 위험한 결과를 초래하는 의학적 조언을 지속함으로써 고객에 대한 보호의무를 위반한 경우, 건강보조식품 판매자는 채무불이행 또는 불법행위로 인한 손해배상책임을 진다(대판 2022. 5. 26, 2022다211089).

Ⅰ. 채권의 목적(내용) 일반론

1. 의의 및 구별

> **제373조(채권의 목적)**
> 금전으로 가액을 산정할 수 없는 것이라도 채권의 목적으로 할 수 있다.

(1) 채권의 목적(내용)이라 함은 채권자가 채무자에 대하여 청구할 수 있는 일정한 행위, 즉 채무자의 행위를 말한다. 채권의 목적이 되는 채무자의 행위를 강학상 급부(채권의 객체)라고 하고, 이 급부의무를 채무라고 한다(즉 채무자가 채권자에게 이행하여야 할 채무의 내용이 채권의 목적이다).

(2) 채권의 목적은 채권의 목적물과 구별되어야 한다. 즉 채권의 목적은 채무자의 일정한 행위(작위·부작위)로서 급부이나, 채권의 목적물은 급부의 목적물로서, 예컨대 매매계약에서 채권의 목적은 매수인에게 매매목적물의 권리를 이전하는 매도인의 행위이며, 채권의 목적물은 매도인이 매수인에게 이전하여야 할 매매목적물인 것이다.

2. 유 형

민법은 '채권의 목적'이라 하여 특정물채권(特定物債權)·종류채권(種類債權)·금전채권(金錢債權)·이자채권(利子債權)·선택채권(選擇債權)의 다섯 가지에 관하여 규정한다.

Ⅱ. 특정물채권

1. 의 의

특정물채권은 특정물의 인도를 목적으로 하는 채권을 말한다(제374조). 특정물과 불특정물의 구별은 **당사자의 의사에 의한 주관적인 구별**로서 물건의 객관적 성질에 의한 부대체물과 대체물의 물건의 구별과 다르다.

2. 특정물 급부와 불특정물 급부 구별실익

특정물채권은 특정물의 인도를 목적으로 하는 채권을 말한다(제374조). 종류채권이란 일정한 종류에 속하는 물건 중에서 일정량의 물건을 인도할 것을 목적으로 하는 채권이다. 이를 불특정물채권이라고도 한다. 예컨대 화이트 맥주 10병을 인도할 것을 내용으로 하는 채권 등을 말한다. 이 채권의 특징은 인도하여야 할 급부목적물의 종류와 수량만이 결정되어 있을 뿐, 구체적으로 인도하여야 할 목적물이 특정되어 있지 않기 때문에 인도하기 위하여는 특정이 전제되어야 한다.

> **판례** 甲이 乙에게서 丙 주식회사 주식을 매수한 후 乙에게 명의신탁하였는데, 丙 회사 주식이 제3자에게 매도된 후 甲이 명의신탁을 해지한 사안에서, 주식은 주주가 출자자로서 회사에 대하여 가지는 지분으로서 동일회사의 동일 종류 주식 상호 간에는 개성이 중요하지 아니한 점, 乙이 甲에게 교부한 주식보관증에 乙이 보관하는 주권이 특정되어 있지 아니한 점을 고려하여 보면, 乙의 甲에 대한 주식반환의무는 특정물채무가 아니라 종류채무에 해당하므로, 乙 보유 주식이 제3자에게 매도되어 乙이 이를 보유하고 있지 않다는 사정만으로는 乙의 주식반환의무가 이행불능이 되었다고 할 수 없는데도, 이와 달리 본 원심판결에 법리오해의 잘못이 있다(대판 2015. 2. 26, 2014다37040). ☞ 종류채권의 특정 전에는 채무자가 소유하는 그 종류의 물건이 멸실하였다 하더라도 그 종류물이 거래계에 존재하는 한 채무자는 급부의무를 면하지 못한다. 즉 **조달의무가 있다.**

3. 특정물의 인도를 중심으로 발생하는 법률관계

(1) 선관의무(제374조)

> **제374조(특정물인도채무자의 선관의무)**
> 특정물의 인도가 채권의 목적인 때에는 채무자는 그 물건을 인도할 때까지 선량한 관리자의 주의로 보존하여야 한다.

채무자는 목적물을 인도시까지 선량한 관리자의 주의로 보관하여야 한다(제374조). 이에 대한 **입증책임은 채무자가 진다.**

> **판례** ① 임대차 종료 후 임차인이 임차목적물명도의무와 임대인의 연체차임 기타 명도시까지 발생한 손해배상금 등을 공제하고 남은 임대보증금반환채무는 동시이행의 관계에 있는 것이어서 임차인은 이를 지급받을 때까지 동시이행의 항변권에 기하여 목적물을 명도할 때까지는 선량한 관리자의 주의로 이를 보존할 의무가 있어, 이러한 주의의무를 위반하여 임대목적물이 멸실·훼손된 경우에는 그에 대한 손해를 배상할 채무가 발생하며, 임대목적물이 멸실·훼손된 경우 **임차인이** 그 책임을 면하려면 그 임차건물의 보존에 관하여 선량한 관리자의 주의의무를 다하였음을 입증하여야 할 것이다(대판 1991. 10. 25, 91다22605·22612).
> ② 임차인의 임차물반환채무가 이행불능이 된 경우에 임차인이 그 이행불능으로 인한 손해배상책임을 면하려면 그 이행불능이 임차인의 귀책사유에 의하지 않은 것임을 입증할 책임이 있으며, 임차건물이 화재로 소실된 경우에 그 **화재의 발생원인이 불명인 때에도** 임차인이 그 책임을 면하려면 그 임차건물의 보존에 관하여 선량한 관리자의 주의의무를 다하였음을 입증하여야 한다(대판 1982. 8. 24, 82다카254).
> ③ 주택 기타 건물 또는 그 일부의 임차인이 임대인으로부터 목적물을 인도받아 점유·용익하고 있는 동안에 목적물이 화재로 멸실된 경우, 그 화재가 건물소유자 측이 설치하여 건물구조의 일부를 이루는 **전기배선과 같이 임대인이 지배·관리하는 영역에 존재하는 하자**로 인하여 발생한 것으로 추단된다면, 그 하자를 보수·제거하는 것은 임대차 목적물을 사용·수익하기에 필요한 상태로 유지할 의무를 부담하는 임대인의 의무

에 속하는 것이므로, 그 화재로 인한 목적물반환의무의 이행불능 등에 관한 손해배상책임을 임차인에게 물을 수 없다(대판 2009. 5. 28, 2009다13170).

(2) 특정물의 현상인도

> **제462조(특정물의 현상인도)**
> 특정물의 인도가 채권의 목적인 때에는 채무자는 이행기의 현상대로 그 물건을 인도하여야 한다.

제462조의 '이행기'는 변제기가 아니라 실제로 이행을 하는 때를 의미한다고 보아야 한다. 즉 제374조의 규정과의 상관성을 볼 때, 특정물의 인도채무자는 실제로 인도하기까지 특정물을 선관주의로 보존하다가 그 상태로 인도하면 된다는 것이다.

(3) 인도장소

> **제467조(변제의 장소)**
> ① 채무의 성질 또는 당사자의 의사표시로 변제장소를 정하지 아니한 때에는 특정물의 인도는 채권 성립당시에 그 물건이 있던 장소에서 하여야 한다.
> ② 전항의 경우에 특정물인도 이외의 채무변제는 채권자의 현주소에서 하여야 한다. 그러나 영업에 관한 채무의 변제는 채권자의 현영업소에서 하여야 한다.

특정물 인도 이외의 채무변제는 채권자의 현주소에서 하여야 한다(지참채무의 원칙, 제467조 제2항). 그러나 지참채무의 원칙에 대한 예외로서 특정물의 인도는 채권성립 당시에 그 물건이 있던 장소에서 하여야 한다(제467조 제1항).

4. 특정물채권 사례연습

(1) 사 례

甲은 乙에게 건물을 임대하였는데 乙이 건물을 사용·수익하던 중 임대차기간 만료 전에 화재로 건물이 전소되었다.

(2) 해 설

1) 乙의 귀책사유로 인하여 건물이 전소된 경우, 乙은 甲에게 건물반환채무의 불이행에 따른 손해배상책임을 부담한다(제390조).
2) 쌍방의 귀책사유 없이 건물이 전소된 경우, 乙은 甲에게 건물반환채무의 불이행에 따른 손해배상책임을 부담하지 않는다(다만 이 경우 임대차에는 제627조의 특별규정이 적용된다).
3) 화재에 대한 귀책사유의 유무나 소재가 밝혀지지 않은 경우, 乙은 甲에게 건물반환채무의 불이

행에 따른 손해배상책임을 부담한다(제374조).
4) 만일 임대차 종료 후 乙이 甲에게 건물반환의무의 이행제공을 하면서 보증금반환을 구하였는데
甲이 반환할 보증금이 준비되지 않았다는 이유로 건물인도의 수령을 거절(채권자지체)하던 중 乙
의 경과실로 건물이 전소된 경우라면, 乙은 甲에게 건물반환채무의 불이행에 따른 손해배상책임
을 부담하지 않는다(제401조).

Ⅲ. 종류채권

1. 서 설

   종류채권은 인도하여야 할 목적물의 종류와 수량만 결정되어 있는 채권이다. 이러한 종류채권의 상
태에서는 채무자는 채무를 이행할 수 없다. 즉 종류채권이 특정물채권으로 전환되어야 비로소 이행이
가능하다. 이와 같이 종류채무를 이행하기 위하여는 그 종류에 속하는 물건 가운데서 약정한 수량의
물건을 선정하여 특정물채무로 전환케 하는 것이 필요한데 이를 종류채권의 특정이라 한다.

2. 종류채권의 특정

(1) 특정의 방법 내지 표준(제375조 제2항)

> **제375조(종류채권)**
> ① 채권의 목적을 종류로만 지정한 경우에 법률행위의 성질이나 당사자의 의사에 의하여 품질을 정
>   할 수 없는 때에는 채무자는 중등품질의 물건으로 이행하여야 한다.
> ② 전항의 경우에 채무자가 이행에 필요한 행위를 완료하거나 채권자의 동의를 얻어 이행할 물건을
>   지정한 때에는 그때로부터 그 물건을 채권의 목적물로 한다.

(2) 구체적 내용

1) 채권자의 동의를 얻어 이행할 물건을 지정한 때(제375조 제2항 후단)
채무자가 지정권을 행사하여 목적물을 분리·지정한 때에 특정이 있게 된다.

> **판례** 제한종류채권에 있어 급부목적물의 특정은, 원칙적으로 종류채권의 급부목적물의 특정에 관하여 민법
> 제375조 제2항이 적용되므로, 채무자가 이행에 필요한 행위를 완료하거나 채권자의 동의를 얻어 이행할 물건
> 을 지정한 때에는 그 물건이 채권의 목적물이 되는 것이나, 당사자 사이에 지정권의 부여 및 지정의 방법에 관
> 한 합의가 없고, 채무자가 이행에 필요한 행위를 하지 아니하거나 지정권자로 된 채무자가 이행할 물건을 지
> 정하지 아니하는 경우에는 **선택채권의 선택권 이전에 관한 민법 제381조를 준용**하여 채권의 기한이 도래한
> 후 채권자가 상당한 기간을 정하여 지정권이 있는 채무자에게 그 지정을 최고하여도 채무자가 이행할 물건을
> 지정하지 아니하면 지정권이 채권자에게 이전한다(대판 2003. 3. 28, 2000다24856). ☞ 제한종류채권은 종류채
> 권의 일종이나 예컨대 '일정한 창고 내에 있는 50대의 오토바이 중 5대 매매계약'처럼 창고에 화재가 나서 그
> 안의 오토바이가 모두 소실되면 급부의무(조달의무)를 면하는 점에 특징이 있다.

2) 채무자가 이행에 필요한 행위를 완료한 때

(가) 지참채무의 경우

(ㄱ) 지참채무에서 변제의 제공은 **현실의 제공**을 원칙으로 한다(제460조 본문). 즉 이러한 지참채무에서는 채무자가 모든 이행의 준비를 해서 채권자의 주소에서 현실로 목적물을 제공함으로써 그 제공한 목적물에 대해 특정된다.

(ㄴ) 다만 지참채무라 하더라도 **채권자가 미리 수령을 거절하는 경우**에는, 채무자는 현실의 제공을 할 필요가 없으며 **구두의 제공**으로 특정이 이루어진다.

(나) 추심채무의 경우

추심채무는 채권자가 채무자의 주소에 와서 목적물을 추심하여 변제를 받아야 하는 채무이다. 이러한 추심채무에 있어서는 채무의 이행에 채권자의 추심행위를 필요로 하므로, 이때는 **구두의 제공**, 즉 변제준비의 완료(목적물을 분리하여 채권자가 이를 수령할 수 있는 상태)를 통지하고 그 수령을 최고하여야 특정이 된다(제460조 단서).

(다) 송부채무

다수설은 송부채무의 특정을 두가지로 나누어 봄이 일반이다. 첫째 제3지가 본래의 이행장소인 경우에는 지참채무와 마찬가지로 채무자가 제3지에서 현실의 제공을 하여야 특정이 있게 된다. 두 번째로 제3지가 본래의 이행장소는 아니지만, 채권자의 요청에 의하여 채무자가 호의로 제3지로 송부하는 경우에는 목적물을 분리하여 제3지로 발송함으로써 특정이 이루어진다고 한다(통설).

〈종류물채권의 특정〉

채권자의 동의를 얻어 이행할 물건을 지정하는 경우		채무자가 지정권을 행사하여 목적물을 분리·지정한 때 특정이 된다.
채무자가 이행에 필요한 행위를 종료함에 따른 특정	지참채무	원칙 : 채무자가 채권자 주소에서 현실의 제공을 한 때에 특정이 된다
		예외 : 구두의 제공
	추심채무	구두의 제공시, 즉 변제준비를 완료하고 수령을 최고한 때에 특정이 된다.
	송부채무	제3지가 본래의 이행장소인 때 – '지참채무'에 해당, 도달시 특정
		제3지가 본래의 이행장소가 아니나 채무자 스스로 제3지로 송부 하는 때 – 발송시 특정

3. 특정의 효과

(1) 특정물 채권화

종류채권의 특정이 있게 되면 그때부터 그 물건만이 채권의 목적물이 된다(제375조 제2항). 여기서 유의할 것은 종류채권이 특정되면 특정물채권으로 전환되는 데 불과하고, 그것만으로 곧 목적물의 소유권이 이전되는 것은 아니라는 점이다.

(2) 급부의무

1) **특정 전**에는 채무자가 소유하는 그 종류의 물건이 멸실하였다 하더라도 그 종류물이 거래계에 존재하는 한 채무자는 급부의무를 면하지 못한다(**조달의무가 있다**).

2) **특정 이후** 채무자는 목적물이 멸실하면 **급부(조달)의무를 면하고**, 따라서 특정에 의해 목적물에 대한 급부위험은 채무자로부터 채권자에게 이전한다(물건의 위험). 다만 채무자에게 귀책사유가 있으면 채무불이행(제390조)의 문제이며, 채무자에게 귀책사유가 없으면 위험부담문제로 다루어진다(제537조 이하).

(3) 이행장소

특정물급부와는 달리 불특정물급부의 경우 그 이행은 특별한 약정이 없는 한 채권자의 현주소에서 행해져야 한다(지참채무원칙-제467조 제2항).

(4) 변경권

특정이 있게 되면 종류채권은 특정물 채권으로 되므로 원칙적으로 목적물을 동종의 다른 물건으로 변경하지 못한다. 그러나 종류채권은 목적물의 개성에 중점을 두지 않는 채권이므로, 특정 후에도 동종의 다른 물건으로 인도할 수 있는 변경권을 긍정함이 일반이다. 이는 신의칙에 기한 것이다.

Ⅳ. 금전채권

> **제376조 (금전채권)**
> 채권의 목적이 어느 종류의 통화로 지급하기로 정해진 경우에 그 통화가 변제기에 강제통용력을 잃은 때에는 채무자는 다른 종류의 통화로 변제해야 한다.

1. 금전채권의 특징

(1) 의 의

금전채무는 물건의 인도를 목적으로 하는 채무와는 달리 일정량의 가치의 인도를 목적으로 하는 가치채권으로서 따라서 특정된 화폐로 주지 않아도 되며, 헌 화폐를 주더라도 상관 없고, 이행지체만이 문제되며, 특정이 없기 때문에 위험부담이 따르지 않는다. 즉 특정·하자·급부불능·위험부담의 문제가 발생하지 않는다.

(2) 외화채권

> **제377조(외화채권)**
> ① 채권의 목적이 다른 나라 통화로 지급할 것인 경우에는 채무자는 자기가 선택한 그 나라의 각 종류의 통화로 변제할 수 있다.
> ② 채권의 목적이 어느 종류의 다른 나라 통화로 지급할 것인 경우에 그 통화가 변제기에 강제통용력을 잃은 때에는 그 나라의 다른 통화로 변제하여야 한다.
>
> **제378조(동전)**
> 채권액이 다른 나라 통화로 지정된 때에는 채무자는 지급할 때에 있어서의 이행지의 환금시가에 의하여 우리나라 통화로 변제할 수 있다.

1) 대용권자

제378조는 채무자가 대용권을 행사할 수 있다고 하고 있으나, 통설과 판례는 **채권자도** 우리나라 통화로 청구할 수 있다고 해석한다[대판(전합) 1991. 3. 12, 90다2147].

2) 환산시기

㈎ 채무자가 대용권을 행사하는 경우 : 제378조는 "지급할 때에 있어서의 이행지의 환금시가에 의하여 우리나라 통화로 변제할 수 있다"고 하고 있는바, 종래 판례는 「이행기」가 환산시기라고 판시하였으나, 현재는 「**채무자가 현실로 이행할 때**」를 환산시기라고 하고 있다[대판(전합) 1991. 3. 12, 90다2147].

㈏ 채권자가 대용권을 행사하는 경우 : 특히 재판상 청구하는 경우에는 '채무자가 현실로 이행하는 때에 가장 가까운 **사실심 변론종결시**'를 환산시기로 본다[대판(전합) 1991. 3. 12, 90다2147].

> **판례** 채권액이 외국통화로 정해진 금전채권인 외화채권을 채무자가 우리나라 통화로 변제하는 경우에 그 환산시기는 이행기가 아니라 **현실로 이행하는 때, 즉 현실이행 시**의 외국환시세에 의하여 환산한 우리나라 통화로 변제하여야 하고, 이와 같은 법리는 외화채권자가 경매절차를 통하여 변제를 받는 경우에도 동일하게 적용되어야 할 것이므로, 집행법원이 경매절차에서 외화채권자에 대하여 배당을 할 때에는 특별한 사정이 없는 한 **배당기일 당시**의 외국환시세를 우리나라 통화로 환산하는 기준으로 삼아야 한다(대판 2011. 4. 14, 2010다103642).

2. 금전채무불이행의 특칙

> **제397조(금전채무불이행에 대한 특칙)**
> ① 금전채무불이행의 손해배상액은 법정이율에 의한다. 그러나 법령의 제한에 위반하지 아니한 약정이율이 있으면 그 이율에 의한다.
> ② 전항의 손해배상에 관하여는 채권자는 손해의 증명을 요하지 아니하고 채무자는 과실없음을 항변하지 못한다.
>
> **제390조(채무불이행과 손해배상)**
> 채무자가 채무의 내용에 좇은 이행을 하지 아니한 때에는 채권자는 손해배상을 청구할 수 있다. 그러나 채무자의 고의나 과실없이 이행할 수 없게 된 때에는 그러하지 아니하다.

(1) 제390조 일반채무불이행의 경우(원칙)

1) 채권자가 입증(=증명)하여야 하는 것은 ① 채무자에게 채무가 있고 이를 채무불이행한 사실, ② 채무불이행으로 일정한 손해가 발생한 사실이다.

2) 채무자가 입증(=증명)하여야 하는 것은 채무자의 귀책사유이다. 즉 채무자가 면책을 주장하려면 자신이나 이행보조자가 귀책사유가 없음을 입증하여야 한다.

(2) 제397조 금전채무불이행(특칙)

1) 무과실책임

민법 제397조는 금전채무불이행에 대하여 무과실책임을 인정하고 있다(통화제도가 존재하는 한 채무자의 주관적 지급불능은 면책사유가 될 수 없기 때문이다).

2) 손해액증명

보통의 채무불이행의 경우와는 달리 금전채무가 이행지체된 경우에 채권자는 손해의 발생과 손해액을 입증하지 않아도 당연히 일정액의 손해를 입은 것으로 취급된다(민법 제397조 제2항 후단 참조). 하지만 채권자가 금전채무의 불이행을 원인으로 손해배상을 구할 때에 **지연이자 상당의 손해가 발생하였다는 취지의 주장은 하여야** 하는 것이지 주장조차 하지 아니하여 그 손해를 청구하고 있다고 볼 수 없는 경우까지 지연이자 부분만큼의 손해를 인용해 줄 수는 없는 것이다(대판 2000. 2. 11, 99다49644).

3) 손해배상액산정

㈎ 금전채무를 불이행한 경우 손해배상액은 법정이율에 의한다고 규정하고 있다. 이 규정은 당사자의 약정(또는 손해배상예정)이나 별도의 법률의 규정이 있는 경우에는 적용되지 않는다.

판례 원본채권이 상행위로 인한 채권일 경우 그 지연손해금도 상행위로 인한 채권이고 판결에 의해 권리의 실체적인 내용이 바뀌는 것은 아니며 이행판결이 확정된 지연손해금에 대해서도 채권자의 이행청구에 의해 지체책임이 생긴다. 따라서 **상행위로 인한 원본채권** 및 그에 대한 지연손해금 지급을 명하는 이행판결이 확정된 경우 확정판결에서 지급을 명한 **지연손해금도 상행위로 인한 채권**이므로, **지연손해금에 대한** 채권자의 이행청구에 의해 채무자가 지체책임을 지는 경우 그 **지연손해금에 대하여는** 상법 제54조에 정한 **상사 법정이율인 연 6%**의 비율을 적용하여야 할 것이다(대판 2022. 12. 1, 2022다258248).

(나) 특히 판례는 "소비대차에서 변제기 후의 이자 약정이 없는 경우, 특별한 의사표시가 없는 한 변제기가 지난 후에도 당초의 약정이자를 지급하기로 한 것으로 보는 것이 확립된 판례이다"라고 한다(대판 1981. 9. 8, 80다2649).

판례 ① 금전채무의 불이행으로 인한 손해배상액은 달리 특별한 사정이 없는 한 민법 소정의 법정이율인 연 5 푼의 비율에 의한 금원이라 할 것이고, 다만 그와 다른 이자율의 약정이 있거나 지연손해금률의 약정이 있는 경우에 한하여 그 별도의 약정에 따른 손해배상액을 인정할 수 있다. 이처럼 **지연배상에 관하여 약정이 없으면**, 법정이율보다 (변제기전)약정이율을 적용하는데 이 경우 약정이율이 법정이율 이상인 경우이고, **약정이율이 법정이율보다 낮은 경우에는 법정이율**에 의하여 지연손해금을 정할 것이다. 그리고 우선 금전채무에 관하여 아예 이자약정이 없어서 이자청구를 전혀 할 수 없는 경우에도 채무자의 이행지체로 인한 지연손해금은 법정이율에 의하여 청구할 수 있다(대판 2009. 12. 24, 2009다85342).

② 민법 제397조 제1항은 본문에서 금전채무불이행의 손해배상액을 법정이율에 의하도록 하고, 단서에서 '그러나 법령의 제한에 위반하지 아니한 약정이율이 있으면 그 이율에 의한다.'고 정하고 있다. 민법 제397조 제1항 단서에서 약정이율이 있으면 이에 따르도록 한 것은 약정이율이 법정이율보다 높은 경우에 법정이율에 의한 지연손해금만으로 충분하다고 하면 채무자가 이행지체로 오히려 이익을 얻게 되는 불합리가 발생하므로, 이를 고려해서 약정이율에 의한 지연손해금을 인정한 것이다. 당사자 일방이 금전소비대차가 있음을 주장하면서 약정이율에 따른 이자의 지급을 구하는 경우, 특별한 사정이 없는 한 대여금채권의 변제기 이후의 기간에 대해서는 약정이율에 따른 지연손해금을 구하는 것으로 보아야 하고, 여기에는 약정이율이 인정되지 않는다고 하더라도 법정이율에 의한 지연손해금을 구하는 취지가 포함되어 있다고 볼 수 있다(대판 2017. 9. 26, 2017다22407).

③ (ⅰ) 계약해제 시 반환할 금전에 가산할 이자에 관하여 당사자 사이에 약정이 있는 경우에는 특별한 사정이 없는 한 이행지체로 인한 지연손해금도 그 약정이율에 의하기로 하였다고 보는 것이 당사자의 의사에 부합한다. 다만 그 약정이율이 법정이율보다 낮은 경우에는 약정이율에 의하지 아니하고 법정이율에 의한 지연손해금을 청구할 수 있다고 봄이 타당하다. (ⅱ) 반면 원상회복의무가 이행지체에 빠진 이후의 기간에 대해서는 부당이득반환의무로서의 이자가 아니라 반환채무에 대한 지연손해금이 발생하게 되므로 거기에는 **지연손해금률**이 적용되어야 한다. 그 **지연손해금률에 관하여도 당사자 사이에 별도의 약정이 있으면** 그에 따라야 할 것이고, 설사 그것이 **법정이율보다 낮다 하더라도 마찬가지**이다(대판 2013. 4. 26, 2011다50509).

④ 법정이율보다도 낮은 비율에 의한 지연손해금을 인정하기 위하여는 법정이율보다 낮은 이자율 또는 지연손해금률의 약정이 있다는 점에 관하여 당사자 사이에 다툼이 없거나 증거에 의하여 적극적으로 인정되는 사정이 존재하여야 할 것이다(대판 1995. 10. 12, 95다26797).

V. 이자채권

1. 의 의

이자는 금전 기타 대체물의 사용에 대한 대가로서 원본액과 사용기간에 비례하여 일정한 이율에 따라 지급되는 금전 기타의 대체물이다. 따라서 이자는 원본채권의 유효한 존재를 전제로 하며 유동자산인 원본의 사용대가이므로 지료·차임은 이자가 아니다.

2. 이 율

이율에는 법률이 규정하는 '법정이율'과 당사자의 법률행위로 정하여지는 '약정이율'이 있다.

(1) 법정이율(제379조)

> **제379조(법정이율)**
> 이자있는 채권의 이율은 다른 법률의 규정이나 당사자의 약정이 없으면 연 5푼으로 한다.

민사의 법정이율에 있어서는 연 5푼이고(제397조), 상사에 있어서는 연 6푼이다(상법 제54조). 소송촉진 등에 관한 특례법에서는 일정한 요건 하에 15%이다.

(2) 약정이율

당사자 약정에 의한 이율로서 원칙적으로 자유이다. 다만 당사자 사이의 모든 약정이율이 언제나 유효로 되는 것은 아니다. 즉 제103조, 제104조에 반하는 경우는 무효가 되며, 특히 대부업법, 이자제한법에 반하는 경우에도 무효이다.

3. 기본적 이자채권과 지분적 이자채권

예컨대 일천만원의 원금에 대하여 연 2할의 이율로 매월 이자를 지급하기로 약정하는 경우, 채무자는 연 2할의 이자를 지급하여야 하는 기본적 이자채무를 지고, 이 채무의 이행으로서 변제기에 도달한 매월의 이자를 지급하여야 하는 지분적 이자채무를 지게 된다.

4. 이자채권과 원본채권과의 관계

이자채권은 원본채권에 대하여 종속성을 갖고 있으나, **이미 변제기에 도달한 이자채권**은 원본채권과 분리하여 양도할 수 있고 원본채권과 별도로 변제할 수 있으며 시효로 인하여 소멸되기도 하는 등 어느 정도 독립성을 갖게 되는 것이므로, 원본채권이 양도된 경우 **이미 변제기에 도달한 이자채권**은 원본채권의 양도 당시 그 이자채권도 양도한다는 의사표시가 없는 한 당연히 양도되지는 않는다 (대판 1989. 3. 28, 88다카12803).

5. 지연이자(=지연손해금)

지연이자는 금전채무를 불이행한 경우 법정이율 내지 약정이율에 따라 지급되는 **손해배상금**으로서 고유한 의미의 이자에 해당되지 않는다.

6. 이자제한법

(1) 이자의 최고한도

금전대차에 관한 계약상의 최고이자율은 연 25%를 초과하지 아니하는 범위 안에서 대통령령으로 정한다. 계약상의 이자로서 제1항에서 정한 최고이자율을 초과하는 부분은 무효로 한다(제2조).

> **판 례** ① 이식제한령 소정 범위를 초과한 이식은 무효이므로 이를 자동채권으로 하여 상계의 의사표시를 하였다 하여도 그 효력을 발생할 수 없다(대판 1963. 11. 21, 63다429).
> ② 계약상의 이자로서 이자제한법 소정의 제한이율을 초과하는 부분은 무효이고 이러한 **제한초과의 이자에 대하여 준소비대차계약 또는 경개계약을 체결**하더라도 그 초과 부분에 대하여는 효력이 생기지 아니한다(대판 1998. 10. 13, 98다17046).

(2) 초과이자지급시 반환청구

채무자가 최고이자율을 초과하는 이자를 임의로 지급한 경우에는 초과 지급된 이자 상당금액은 원본에 충당되고, 원본이 소멸한 때에는 그 반환을 청구할 수 있다.

(3) 적용범위

다른 법률에 따라 인가·허가·등록을 마친 금융업 및 대부업에는 이 법을 적용하지 아니한다.

7. 대부업의 등록 및 금융이용자 보호에 관한 법률

(1) 한도액과 제한 이율

대부업자가 개인이나 대통령령으로 정하는 소규모 법인에 대부를 하는 경우 그 이자율은 연 100분의 27.9의 범위에서 대통령령으로 정하는 율을 초과할 수 없다.

(2) 초과부분의 반환청구

대부업자가 제한이율을 위반하여 대부계약을 체결한 경우 그 이자율을 초과하는 부분에 대한 이자계약은 이를 무효로 하며, 채무자가 그 초과부분에 대한 이자를 변제하였을 경우에는 그 반환을 청구할 수 있다[대판(전합) 2007. 2. 15, 2004다50426].

Ⅵ. 선택채권

1. 의 의

> **제380조(선택채권)**
> 채권의 목적이 수개의 행위 중에서 선택에 좇아 확정될 경우에 다른 법률의 규정이나 당사자의 약정
> 이 없으면 선택권은 채무자에게 있다.

(1) 의 의

1) 선택채권이란 수 개의 서로 다른 급부가 선택적으로 채권의 목적으로 되어 있으나 선택에 의하여 그 중 하나가 급부의 목적으로 확정되는 채권을 말한다(제380조 이하).
2) 통상 선택채권으로 볼 수 있는 것은 ① 무권대리인의 상대방에 대한 책임(제135조), ② 회복자의 점유자에 대한 비용상환책임(제203조), ③ 보증인에게 사전배상을 한 주채무자의 면책청구(제443조) 등이 있다.

> **판례** 토지소유자가 1필 또는 수필의 토지 중 일정 면적의 소유권을 상대방에게 양도하기로 하는 계약을 체결한 경우, 특별한 사정이 없는 한 위치가 특정된 일정 면적의 토지 소유권을 양도받을 수 있는 권리를 가지는 것으로 보아야 한다. 따라서 위와 같은 계약에 있어서 양도받을 토지의 위치가 확정되지 아니하였다면 상대방이 토지소유자에 대하여 가지는 채권은 민법 제380조에 규정된 **선택채권**에 해당하는 것으로 보아야 한다(대판 2011. 6. 30, 2010다16090). ☞ 목적물에 개성이 없으면 종류채권이고, 개성이 있으면 선택채권이다. 토지는 그 위치에 따라 개성이 있다고 보아야 한다.

(2) 선택권의 성질

선택권은 형성권의 일종으로 선택권자는 선택권이 있음을 입증(=증명)하여야 한다. 선택의 의사표시는 상대방에게 도달한 때로부터 그 효력이 발생하고(제111조 제1항), 효력이 발생한 이후에는 상대방의 동의 없이 이를 철회할 수 없다(제382조 제2항).

2. 선택권의 행사

> **제382조(당사자의 선택권의 행사)**
> ① 채권자나 채무자가 선택하는 경우에는 그 선택은 상대방에 대한 의사표시로 한다.
> ② 전항의 의사표시는 상대방의 동의가 없으면 철회하지 못한다.
>
> **제383조(제삼자의 선택권의 행사)**
> ① 제삼자가 선택하는 경우에는 그 선택은 채무자 및 채권자에 대한 의사표시로 한다.
> ② 전항의 의사표시는 채권자 및 채무자의 동의가 없으면 철회하지 못한다.

3. 선택권의 이전

> **제381조(선택권의 이전)**
> ① 선택권행사의 기간이 있는 경우에 선택권자가 그 기간내에 선택권을 행사하지 아니하는 때에는 상대방은 상당한 기간을 정하여 그 선택을 최고할 수 있고 선택권자가 그 기간내에 선택하지 아니하면 선택권은 상대방에게 있다.
> ② 선택권행사의 기간이 없는 경우에 채권의 기한이 도래한 후 상대방이 상당한 기간을 정하여 그 선택을 최고하여도 선택권자가 그 기간내에 선택하지 아니할 때에도 전항과 같다.
>
> **제384조(제삼자의 선택권의 이전)**
> ① 선택할 제삼자가 선택할 수 없는 경우에는 선택권은 채무자에게 있다.
> ② 제삼자가 선택하지 아니하는 경우에는 채권자나 채무자는 상당한 기간을 정하여 그 선택을 최고할 수 있고 제삼자가 그 기간내에 선택하지 아니하면 선택권은 채무자에게 있다.

(1) 당사자간에는 상대방에 이전(제381조)

(2) 제3자의 선택권의 경우는 채무자에게 이전(제384조)

4. 불능에 의한 선택(단순화)

> **제385조(불능으로 인한 선택채권의 특정)**
> ① 채권의 목적으로 선택할 수개의 행위 중에 처음부터 불능한 것이나 또는 후에 이행불능하게 된것이 있으면 채권의 목적은 잔존한 것에 존재한다.
> ② 선택권없는 당사자의 과실로 인하여 이행불능이 된 때에는 전항의 규정을 적용하지 아니한다.

(1) 원시적 불능의 경우

제385조에서 불능으로 인한 선택채권의 특정에서 급부의 일부가 원시적으로 불능인 경우에는 잔존부분만이 선택대상으로 된다.

(2) 후발적 불능

① **선택권자의 과실 또는 불가항력**에 의한 후발적 불능의 경우에는 잔존부분만이 선택대상이 되나, ② **선택권 없는 자의 과실**에 의한 후발적 불능의 경우에는 **멸실된 부분도 선택대상이 될 수 있다**(제385조 제2항 참조). 예컨대, **채무자가 선택권**을 가지고 있는 쌍무계약의 경우, **채권자의 과실로** 급부의 일부가 후발적으로 불능이 되었다면 채무자는 멸실된 급부를 선택하여 자신은 이행책임을 면하면서 채권자에게는 반대급부청구권을 행사할 수 있다(제385조 제2항, 제538조 위험부담의 이전). 반대

로 **채권자가 선택권**을 가지고 있는데 **채무자의 과실**로 불능이 되었다면 채권자는 멸실된 급부를 선택하고 채무자에게 전보배상을 청구할 수 있다.

5. 선택의 소급효

> **제386조(선택의 소급효)**
> 선택의 효력은 그 채권이 발생한 때에 소급한다. 그러나 제삼자의 권리를 해하지 못한다.

급부의 선택이 있으면 이 급부만이 처음부터, 즉 채권성립시부터 채권의 목적이었던 것으로 다루어진다. 다만 불능에 의한 특정은 장래효가 있다는 것이 다수설이다.

VII. 임의채권

1. 의 의

임의채권이란 채권의 목적은 하나의 급부에 특정되어 있으나, 채권자 또는 채무자가 다른 급부로 본래의 급부에 갈음할 수 있는 권리를 가지는 채권이다. 갈음하는 급부는 보충적·2차적이기 때문에 본래급부가 원시적 불능이거나 채무자의 과실 없이 불능으로 된 때에는 설사 대용급부가 가능하더라도 임의채권은 성립하지 않는다.

2. 종 류

① 외화채권에서 채무자의 우리나라 통화로의 대용급부권(제378조 참조). ② 주채무자가 보증인에게 사전배상하는 경우에 주채무자는 자기를 면책하게 하거나 자기에게 담보를 제공할 것을 청구할 수 있는데(이는 선택채권), 이에 갈음하여 배상금액 등의 공탁 등을 통해 사전배상의무를 면하는 것(제443조 후단). ③ 명예훼손에서 손해배상에 갈음하여 명예회복을 청구하는 것(제764조) 등이 있다.

CHAPTER 3
채권의 효력

POINT

Ⅰ. 채권의 효력 일반

1. 전반적 고찰

(1) 채권은 채무의 내용을 실현하기 위해 채무자에 대한 관계에서 주어지는 '채권의 대내적 효력'과 채무자에게 속하는 책임재산의 유지·회복을 위한 권한으로의 '책임재산보전의 효력', 그리고 제3자의 위법한 침해에 대한 법적 보호로 '채권의 대외적 효력'을 지닌다.

채권의 대내적 효력	채권자의 채무자에 대한 효력	1. 기본적 효력(청구력 및 급부보유력) 2. 채무불이행에 대한 효력 ① 강제이행-소구력 및 집행력 ② 손해배상청구권
	채무자의 채권자에 대한 효력	채권자지체
책임재산보전의 효력	채권자대위권	
	채권자취소권	
채권의 대외적 효력	제3자에 의한 채권침해에 대한 효력	손해배상청구권(△)

(2) 채권법에서 양대 축은 계약책임으로서 채무불이행책임(제390조)과 법정책임으로서의 불법행위책임(제750조)이다. 계약책임과 불법행위책임을 비교한다면, ① 양자가 모두 위법행위에 의한 책임이라는 점에서 공통점이 있으나, 계약책임은 계약을 체결한 당사자 사이에서만 생기는 데 반하여, 불법행위책임은 널리 일반적으로 누구와의 사이에서도 일어날 수 있다. 그런데 예컨대 택시운전수가 승객을 태우고 가다가 부주의로 승객이 부상을 당한 때와 같이 불법행위의 당사자 사이에 어떤 계약관계가 있고, 가해사실이 계약과 관련을 가지는 경우에 두 청구권을 모두 인정할 것인가 혹은 어느 하나만을 인정할 것인가에 대하여 학설이 대립한다. 두 책임은 그 요건과 효과가 다르다는 점에서 두 청구권의 경합을 인정하는 견해(청구권경합설)가 통설·판례이고, 계약책임을 인정하여야 한다는 견해(법조경합설)가 소수설이다. ② 제390조의 채무불이행은 채무자가 채무불이행에 관하여 자기에게 고의나 과실이 없었음을 입증하여야 하는데, 제750조 불법행위의 경우는 피해자(채권자)가 가해자(채무자)에게 고의나 과실이 있었음을 입증하여야 한다.

2. 자연채무

(1) 의 의

통설에 따르면 자연채무(채권)란 일반적으로 채무(채권)는 유효한데 소구(訴求)할 수 없는 채무(채권)라고 한다. 따라서 자연채무는 채권은 존재하고 있는데도 채권자의 패소판결이 확정된 채무, 승소의 종국판결 후에 채권자가 소를 취하한 경우, 파산절차에서 면책된 채무 및 화의에서 일부면제된 채무를 들고 있다.

> **판례** 채무자 회생 및 파산에 관한 법률(이하 '채무자회생법'이라고 한다) 제251조는 "회생계획인가의 결정이 있는 때에는 회생계획이나 이 법의 규정에 의하여 인정된 권리를 제외하고는 채무자는 모든 회생채권과 회생담보권에 관하여 그 책임을 면한다"라고 규정하고 있다. 여기서 말하는 면책이란 채무 자체는 존속하지만 회사에 대하여 이행을 강제할 수 없다는 의미이다. 따라서 면책된 회생채권은 통상의 채권이 가지는 소 제기 권능을 상실하게 된다(대판 2019. 3. 14, 2018다281159).

(2) 효 력

자연채무는 법적 채무이므로 자연채무에 대한 변제는 유효한 변제가 된다. 자연채무는 자연채무를 자동채권으로 하여 상계할 수 있고, 자연채무에 대한 담보설정도 가능하고, 제3자에게 양도할 수도 있다. 그러나 자연채무가 제3자에게 양도되었다하여 완전한 채무가 되는 것은 아니다.

3. 채무와 책임

(1) 의 의

일반적인 채권은 채무자가 채무를 이행하지 않는 경우, 채권자가 소를 제기하여 이행판결을 받고 그에 터 잡아 채무자의 일반재산에 대하여 강제집행을 함으로써 채권의 만족을 얻게 된다. 여기서 채무자의 일반재산이 채권자의 강제집행의 목적으로 되는 것을 '책임'이라고 하고(채권자의 공취력에 복종), '채무'란 일정한 급부를 하여야 할 구속(채권자의 청구권에 대응)을 말한다. 채권이 있다 함은 일반적으로 청구력(대응하는 것은 채무)과 강제력(소구력과 집행력 포함, 이에 복종하는 것은 책임)이 있다는 것이 된다. 다만 예외적으로 채무와 책임이 분리되는 경우가 있을 수 있다. 채무와 책임의 관계는 쉽게 설명한다면, 채권과 채무가 대응하고, 공취력과 책임이 대응한다고 볼 수 있다.

(2) 분리되는 유형 : 채무 없는 책임

물상보증인. 저당목적물의 제3취득자 등이 이에 해당한다.

Ⅱ. 이행보조자

> **제390조(채무불이행과 손해배상)**
> 채무자가 채무의 내용에 좇은 이행을 하지 아니한 때에는 채권자는 손해배상을 청구할 수 있다. 그러나 채무자의 고의나 과실 없이 이행할 수 없게 된 때에는 그러하지 아니하다.
>
> **제391조(이행보조자의 고의, 과실)**
> 채무자의 법정대리인이 채무자를 위하여 이행하거나 채무자가 타인을 사용하여 이행하는 경우에는 법정대리인 또는 피용자의 고의나 과실은 채무자의 고의나 과실로 본다.

1. 서 설

(1) 의 의

이행보조자는 채무자의 '채무이행'을 보조하는 자를 지칭한다. 채무불이행책임의 요건인 '채무자의 귀책사유'는 채무자 자신의 고의·과실은 물론 그 밖의 채무자를 위하여 이행행위를 하는 자의 고의·과실도 포함하는 개념이다.

> **│판 례│** ① 임대인이 도급인이고 공사수급인에게 화재발생에 대한 과실이 인정되는 경우, 공사수급인은 임대인의 이행보조자가 될 수 있으며, 이러한 경우라면 임대인은 민법 제391조에 따라 위 화재발생에 귀책사유가 있으므로 임차인에 대한 채무불이행상의 손해배상책임이 있다고 함이 판례이다(대판 1999. 4. 13, 98다51077).
> ② 민법 제391조의 이행보조자로서 피용자라 함은 채무자의 의사 관여 아래 그 채무의 이행행위에 속하는 활동을 하는 사람을 의미하므로, 채무자의 채권자에 대한 채무 이행행위에 속한다고 볼 수 없는 활동을 하는 사람을 민법 제391조의 이행보조자에 해당한다고 볼 수는 없다(대판 2013. 8. 23, 2011다2142).

(2) 사용자책임과의 구별

제391조는 제756조의 경우와는 달리 일정한 채권관계를 전제로 한다. 또한 제391조에서는 제756조의 경우와는 달리 채무자의 면책가능성이 존재하지 않는다.

	제391조	제756조
성 질	채무불이행책임	불법행위책임
요 건	일정한 채권관계를 전제로 함	일정한 채권관계를 전제하지 않음
	채무자와 보조자간 종속관계 불요	사용자와 피용자가 종속관계 필요
면책 가능성	채무자의 면책가능성 부정	사용자의 면책가능성 긍정
양자의 경합	채무자는 제391조에 의한 책임과 제756조에 의한 책임이 경합될 수도 있다. 반면에 이행보조자는 채권자에 대해 제750조에 의한 책임만을 부담한다.	

2. 유 형

(1) 법정대리인

(2) 협의의 이행보조자

1) 채무자의 의사관여(사용의사)

협의의 이행보조자에는 채무자의 의사에 의해 그의 채무이행의 보조자로서 사용하는 자를 말한다.

2) 종속적 관계 유무

민법 제391조는 이행보조자의 고의·과실을 채무자의 고의·과실로 본다고 정하고 있는데, 이러한 이행보조자는 채무자의 의사 관여 아래 채무의 이행행위에 속하는 활동을 하는 사람이면 충분하고 **반드시 채무자의 지시 또는 감독을 받는 관계에 있어야 하는 것은 아니다. 따라서 그가 채무자에 대하여 종속적인 지위에 있는지, 독립적인 지위에 있는지는 상관없다.** 또한 이행보조자가 채무자와 계약 그 밖의 법률관계가 있어야 하는 것이 아니다. 제3자가 단순히 호의로 행위를 한 경우에도 그것이 채무자의 용인 아래 이루어지는 것이면 제3자는 이행보조자에 해당한다. 이행보조자의 활동이 일시적인지 계속적인지도 문제되지 않는다(대판 2018. 2. 13, 2017다275447).

(3) 복이행보조자

이행보조자가 채무의 이행을 위하여 제3자를 복이행보조자로서 사용하는 경우에도 채무자가 이를 승낙하였거나 적어도 묵시적으로 동의한 경우에는 채무자는 복이행보조자의 고의·과실에 관하여 민법 제391조에 의하여 책임을 부담한다(예 : 기획여행업자와 사전 협의에 따라 현지에서 선택관광서비스를 제공해 온 업체가 고용한 현지 운전자의 과실로 교통사고가 발생하여 여행객이 사망한 사안에서, 기획여행업자의 손해배상책임을 인정한 사안이다-대판 2011. 5. 26, 2011다1330).

3. 효 과

(1) 채무자의 책임

㉮ 채무이행에 관하여 이행보조자에게 과실이 있는 때에는 채무자에게 과실이 있는 것으로 된다(제391조).

> **판례** 이행보조자의 행위가 채무자에 의하여 그에게 맡겨진 이행업무와 객관적, 외형적으로 관련을 가지는 경우에는 채무자는 그 행위에 대하여 책임을 져야 하고, 채무의 이행에 관련된 행위이면 가사 이행보조자의 행위가 채권자에 대한 불법행위가 된다고 하더라도 채무자가 면책될 수는 없다(대판 2008. 2. 15, 2005다69458).

㉯ 판단기준

이행보조자의 과실의 정도는 이행보조자가 아닌 채무자를 기준으로 판단한다.

(2) 이행보조자의 책임

이행보조자는 **채권자에 대한 관계**에서 원칙적으로 채무불이행책임을 지지 않고, 불법행위가 문제될 수 있을 뿐이다. 이행보조자는 **채무자에 대하여는** 그들 사이의 내부관계로부터 법률상 또는 계약상의 배상의무가 발생하는 경우에 배상책임을 진다.

> **판례** 임대인인 피고 갑은 이행보조자인 피고 을이 임차물인 점포의 출입을 봉쇄하고 내부시설공사를 중단시켜 임차인인 원고로 하여금 그 사용·수익을 하지 못하게 한 행위에 대하여 임대인으로서의 채무불이행으로 인한 손해를 배상할 의무가 있고, 또한 피고 을이 원고가 임차인이라는 사정을 알면서도 위와 같은 방법으로 원고로 하여금 점포를 사용·수익하지 못하게 한 것은 원고의 임차권을 침해하는 불법행위를 이룬다고 할 것이므로 피고 을은 원고에게 불법행위로 인한 손해배상의무가 있다고 할 경우, **피고 갑의 채무불이행책임**과 **피고 을의 불법행위책임**은 동일한 사실관계에 기한 것으로 **부진정연대채무관계**에 있다(대판 1994. 11. 11, 94다22446).

Ⅲ. 채무불이행 중 이행지체

채무불이행이란 채무내용에 좇은 이행을 하지 아니한 경우를 말한다. 채무불이행은 보통 이행지체·이행불능·불완전이행이 있는데, 근래에는 이행거절도 한 유형으로 다룬다.

1. 서 설

(1) 의 의

이행지체란 채무의 이행이 가능함에도 불구하고 채무자가 그에게 책임 있는 사유로 이행을 하지 못하고 이행기를 도과하는 채무불이행의 유형이다.

(2) 귀책사유문제

채무불이행으로 인한 손해배상청구에 있어서 확정된 채무의 내용에 좇은 이행을 하지 아니하였다면 그 자체가 바로 위법한 것으로 평가되는 것이고, 다만 채무불이행에 채무자의 고의나 과실이 없는 때에는 채무자는 손해배상책임을 부담하지 않는다(민법 제390조 참조; 대판 2013. 12. 26, 2011다85352).

> **판례** ① 채무자가 채무의 발생원인 내지 존재에 관한 법률적인 판단을 통하여 자신의 채무가 없다고 믿고 채무의 이행을 거부한 채 소송을 통하여 이를 다투었다고 하더라도, 채무자의 그러한 법률적 판단이 잘못된 것이라면 특별한 사정이 없는 한 채무불이행에 관하여 채무자에게 고의나 과실이 없다고는 할 수 없다(대판 2013. 12. 26, 2011다85352).
> ② 매매계약이 체결된 후 그 목적부동산에 관하여 '공익사업을위한토지등의취득및보상에관한법률'에 따른 **협의취득**이 이루어진 경우, 매도인에게 소유권이전등기의무의 이행불능에 대한 귀책사유가 있다(대판 1996. 6. 25, 95다6601).

(3) 증명책임

1) 채권자가 입증(증명)하여야 하는 것은 ① '채무자에게 채무가 있고 이를 이행하지 않은 사실', ② '채무불이행으로 일정한 손해가 발생한 사실'이다.

2) 채무자가 입증하여야 하는 것은 채무자의 귀책사유이다. 즉 채무자가 면책을 주장하려면 자신이나 이행보조자가 귀책사유가 없음을 스스로 입증하여야 한다. 이 점이 불법행위(제750조)와의 차이점이다.

2. 구체적 내용

> **제387조(이행기와 이행지체)**
> ① 채무이행의 확정한 기한이 있는 경우에는 채무자는 기한이 도래한 때로부터 지체책임이 있다. 채무이행의 불확정한 기한이 있는 경우에는 채무자는 기한이 도래함을 안 때로부터 지체책임이 있다.
> ② 채무이행의 기한이 없는 경우에는 채무자는 이행청구를 받은 때로부터 지체책임이 있다.

(1) 확정기한부채무

1) 확정기한부채무의 경우, **기한이 도래한 때**로부터 지체책임이 있다(제387조 제1항). 여기서 '기한이 도래한 때'로부터 지체책임이 있다는 것은 실제로는 기한이 도래한 **다음 날**로부터 이행지체의 책임을 진다는 것이다.

> **판 례** 확정기한의 채무의 경우 채무자는 기한이 도래한 때로부터 지체책임이 있다고 규정하고 있는 바, 채무자가 선이행의무의 확정기한인 이행기를 지나면 바로 이행지체에 빠진다고 할 것이고, 이처럼 일단 이행지체에 빠진 이상 그 후 채권자가 채무의 일부를 수령하였다고 하여 이행지체의 효과가 없어지고 기한의 정함이 없는 채무로 된다고 볼 수 없다(대판 1992. 10. 27, 91다483).

2) 다만 채무자가 **추심채무**를 부담한다면 기한의 도과만으로 이행지체책임이 발생하지 않는다. 예컨대 **이행기 있는 지시채권이나 무기명채권**의 추심 채무자는 이행기가 도래하였더라도 **소지인이 그 채권증서를 제시하여 이행을 청구한 때**로부터 지체책임을 진다(제517조 참조).

> **판 례** 예금계약은 은행 등 법률이 정하는 금융기관을 수치인으로 하는 금전의 소비임치 계약으로서 수치인은 임치물인 금전 등을 보관하고 그 기간 중 이를 소비할 수 있고 임치인의 청구에 따라 동종 동액의 금전을 반환할 것을 약정함으로써 성립하는 것이므로 소비대차에 관한 민법의 규정이 준용되나 사실상 그 계약의 내용은 약관에 따라 정해진다고 보아야 한다. 또한 만기가 정해진 예금계약에 따른 금융기관의 예금 반환채무는 만기가 도래하더라도 임치인이 미리 만기 후 예금 수령방법을 지정한 경우와 같은 특별한 사정이 없는 한 임치인의 적법한 지급 청구가 있어야 비로소 이행할 수 있으므로, **예금계약의 만기가 도래한 것만으로** 금융기관인 수치인이 임치인에 대하여 예금 반환 지연으로 인한 **지체책임을 부담한다고 볼 수는 없고**, 정당한 권한이 있는

임치인의 **지급 청구에도 불구하고 수치인이 예금 반환을 지체한 경우에 지체책임을 물을 수 있다**고 보아야 한다(대판 2023. 6. 29, 2023다218353).

3) 쌍무계약의 경우

쌍무계약상 확정기한 있는 채무에 있어서 양 채무가 동시에 이행되어야 할 관계에 있는 경우에는 **기한의 도래와 더불어 상대방으로부터 이행의 제공을 받으면서 자기의 채무를 이행하지 않은 경우에** 비로소 채무자는 이행지체의 책임을 진다.

> **판례** 쌍무계약에서 쌍방의 채무가 동시이행관계에 있는 경우 일방의 채무의 이행기가 도래하더라도 상대방 채무의 이행제공이 있을 때까지는 그 채무를 이행하지 않아도 이행지체의 책임을 지지 않는 것이며, 이와 같은 효과는 이행지체의 책임이 없다고 주장하는 자가 반드시 동시이행의 항변권을 행사하여야만 발생하는 것은 아니므로, 동시이행관계에 있는 쌍무계약상 자기채무의 이행을 제공하는 경우 그 채무를 이행함에 있어 상대방의 행위를 필요로 할 때에는 언제든지 현실로 이행을 할 수 있는 준비를 완료하고 그 뜻을 상대방에게 통지하여 그 수령을 최고하여야만 상대방으로 하여금 이행지체에 빠지게 할 수 있는 것이다(대판 2001. 7. 10, 2001다3764 등).

(2) 불확정기한부 채무

1) 채무자는 **기한이 도래함을 안 때**로부터 지체책임이 있다(제387조 제1항).
2) 채무이행에 관하여 불확정기간이 있는 경우에 채무자가 그 기한이 도래하였음을 알지 못하더라도, 채권자가 채무자에게 기한의 도래를 통지하면서 이행청구를 함으로써 채무자를 이행지체에 빠뜨릴 수 있다.

(3) 기한 없는 채무

기한 없는 채무의 경우에 채무자는 **이행의 청구를 받은 때**로부터 지체의 책임을 부담하게 된다(제387조 제2항). 당사자가 이행기에 관해 아무런 약정을 하지 않거나 또는 **법률규정에 의해 발생하는 채무**(예 : 사무관리에 의한 법정채무, 부당이득반환채무 등)가 이에 해당한다(대판 2010. 1. 28, 2009다24187 등). 그러나 **기한 없는 소비대차에** 경우에 대주는 상당기간을 정하여 반환을 최고해야만 하므로(제603조 제2항), 상당기간을 정하지 않고 최고한 때에는 **최고한 때로부터 상당한 기간이 경과된 후**에 채무자는 지체책임을 부담하게 된다.

> **판례** ① 부당이득반환의무는 이행기한의 정함이 없는 채무이므로 그 채무자는 이행청구를 받은 때에 비로소 지체책임을 진다(대판 2010. 1. 28, 2009다24187, 24194).
> ② 채무에 이행기의 정함이 없는 경우에는 채무자가 이행의 청구를 받은 다음 날부터 이행지체의 책임을 지는 것이나, 한편 지명채권이 양도된 경우 채무자에 대한 대항요건이 갖추어질 때까지 채권양수인은 채무자에게 대항할 수 없으므로, **이행기의 정함이 없는 채권을 양수한 채권양수인이 채무자를 상대로 그 이행을 구하는 소를 제기하고 소송 계속 중 채무자에 대한 채권양도통지가 이루어진 경우에는 특별한 사정이 없는 한**

채무자는 **채권양도통지가 도달된 다음 날부터** 이행지체의 책임을 진다(대판 2014. 4. 10, 2012다29557).

③ **기한을 정하지 않은 채무에 정지조건이 있는 경우**, 정지조건이 객관적으로 성취되고 그 후에 채권자가 이행을 청구하면 바로 지체책임이 발생한다. 조건과 기한은 하나의 법률행위에 독립적으로 작용하는 부관이므로, '조건의 성취'는 '기한이 없는 채무에서 이행기의 도래'와는 별개의 문제이기 때문이다. 그리고 **청구금액이 확정되지 아니하였다는 이유만으로 채무자가 지체책임을 면할 수는 없다**. 청구권은 이미 발생하였고 가액이 아직 확정되지 아니한 것일 뿐이므로, 지연손해금 발생의 전제가 되는 원본 채권이 부존재한다고 말할 수는 없기 때문이다. 불법행위로 인한 손해배상채무의 경우 불법행위가 발생한 시점에는 손해배상액을 확정할 수 없는 경우가 대부분이지만, 그 발생 시점부터 지체책임이 성립하는 점에 비추어도 그러하다(대판 2018. 7. 20, 2015다207044).

④ **금전채무의 지연손해금채무**는 금전채무의 이행지체로 인한 손해배상채무로서 **이행기의 정함이 없는 채무**에 해당하므로, 채무자는 확정된 지연손해금채무에 대하여 채권자로부터 **이행청구를 받은 때로부터 지체책임을 부담**하게 된다(대판 2004. 7. 9, 2004다11582). ☞ 확정된 지연손해금을 원금으로 하여 다시 지연손해금을 가산하여 지급할 것을 구할 수 있다.

⑤ 지연손해금은 금전채무의 이행지체에 따른 손해배상으로서 기한이 없는 채무에 해당하므로, 확정된 지연손해금에 대하여 채권자가 이행청구를 하면 채무자는 그에 대한 지체책임을 부담하게 된다. 판결에 의해 권리의 실체적인 내용이 바뀌는 것은 아니므로, **이행판결이 확정된 지연손해금의 경우에도 채권자의 이행청구에 의해 지체책임이 생긴다**(대판 2022. 3. 11, 2021다232331). ☞ 지급을 명하는 판결이 확정된 지연손해금에 대하여는 다시 지연손해금을 청구할 수 없다고 본 원심의 판단에 지연손해금과 판결의 효력에 관한 법리를 오해한 잘못이 있다고 한 사례.

(4) 기한이익상실

> **제388조(기한의 이익의 상실)**
> 채무자는 다음 각호의 경우에는 기한의 이익을 주장하지 못한다.
> 1. 채무자가 담보를 손상, 감소 또는 멸실하게 한 때
> 2. 채무자가 담보제공의 의무를 이행하지 아니한 때

(5) 불법행위

불법행위로 인한 손해배상채무의 경우에는 **불법행위가 있은 때**로부터 지체책임이 발생한다(다음 날 아님 주의). 즉 불법행위로 인한 손해배상채무에 대하여는 **별도의 이행 최고가 없더라도 채무성립과 동시에** 지연손해금이 발생하는 것이 원칙이다(대판 2012. 3. 29, 2011다38325).

판례 ① [1] 불법행위로 인한 손해배상채무는 **손해발생과 동시에 이행기에 있는 것**으로, 공평의 관념상 **별도의 이행최고가 없더라도 불법행위 당시부터 지연손해금이 발생하는 것이 원칙**이고, 불법행위 시점과 손해발생 시점 사이에 **시간적 간격이 있는 경우**에는 불법행위로 인한 손해배상채권의 지연손해금은 **손해발생 시점을 기산일로 하여 발생**한다. 이때 현실적으로 손해가 발생하여 불법행위로 인한 손해배상채권이 성립하게 되는 시점은 사회통념에 비추어 객관적이고 합리적으로 판단하여야 한다. [2] 피해자가 불법행위로 상해를 입고 장래의 불특정한 시점에 그로 인한 손해가 구체적으로 발현되었지만 불법행위 당시부터 이미 예정

된 소극적·적극적 손해의 경우, **불법행위로 상해를 입었을 때** 불법행위가 완성되어 손해배상채권이 성립하고 이행기까지 도래하는 것으로 볼 수 있다. [3] 불법행위로 상해를 입었지만 **후유증 등으로 인하여 불법행위 당시에는 전혀 예상할 수 없었던 후발손해가 새로이 발생한 경우**와 같이, 사회통념상 후발손해가 판명된 때에 현실적으로 손해가 발생한 것으로 볼 수 있는 경우에는 **후발손해 판명 시점**에 불법행위로 인한 손해배상채권이 성립하고, 지연손해금 역시 그때부터 발생한다고 봄이 상당하다(대판 2022. 6. 16, 2017다289538). ② 불법행위로 입은 정신적 고통에 대한 위자료 액수에 관하여는 사실심법원이 제반 사정을 참작하여 그 직권에 속하는 재량에 의하여 이를 확정할 수 있다. **불법행위 시와 변론종결 시 사이에 장기간의 세월이 지나 위자료를 산정할 때 반드시 참작해야 할 변론종결 시의 통화가치 등에 불법행위 시와 비교하여 상당한 변동이 생긴 때에는 예외적으로 불법행위로 인한 위자료 배상채무의 지연손해금은 그 위자료 산정의 기준 시인 사실심 변론종결일로부터 발생한다**고 보아야 하고, 이처럼 불법행위로 인한 위자료 배상채무의 지연손해금이 사실심 변론종결일부터 발생한다고 보아야 하는 예외적인 경우에는 불법행위 시부터 지연손해금이 가산되는 원칙적인 경우보다 배상이 지연된 사정을 적절히 참작하여 사실심 변론종결 시의 위자료 원금을 산정할 필요가 있다(대판 2022. 9. 29, 2018다224408).

(6) 채권의 가압류

채권의 가압류는 제3채무자에 대하여 채무자에게 지급하는 것을 금지하는 데 그칠 뿐 채무 그 자체를 면하게 하는 것이 아니고, 가압류가 있다 하여도 그 채권의 이행기가 도래한 때에는 제3채무자는 그 지체책임을 면할 수 없다고 보아야 할 것이다. 이러한 경우 지체책임을 면하기 위해 제3채무자가 채무자에게 변제를 한 때에는 나중에 채권자에게 이중으로 변제하여야 할 위험을 부담하게 되므로 제3채무자로서는 민법 제487조의 규정에 의하여 공탁을 함으로써 이중변제의 위험에서 벗어나고 이행지체의 책임도 면할 수 있다[대판(전합) 1994. 12. 13, 93다951].

3. 이행지체의 효과

(1) 이행의 강제

> **제389조(강제이행)**
> ① 채무자가 임의로 채무를 이행하지 아니한 때에는 채권자는 그 강제이행을 법원에 청구할 수 있다. 그러나 채무의 성질이 강제이행을 하지 못할 것인 때에는 그러하지 아니하다.

이행지체가 발생한 경우 채권자는 법원에 **강제이행**을 청구할 수 있다(제389조).

(2) 손해배상

1) 지연배상

> **제389조(강제이행)**
> ④ 전3항의 규정은 손해배상의 청구에 영향을 미치지 아니한다.

> **제390조(채무불이행과 손해배상)**
> 채무자가 채무의 내용에 좇은 이행을 하지 아니한 때에는 채권자는 손해배상을 청구할 수 있다. 그러나 채무자의 고의나 과실없이 이행할 수 없게 된 때에는 그러하지 아니하다.

이행지체가 발생한 경우 채권자는 **강제이행과 함께 지연배상**을 청구할 수 있다(제390조, 제389조 제4항). 여기서 지연배상이란 급부가 지연되었기 때문에 채권자가 입은 손해의 배상을 말한다.

2) 전보배상

> **제395조(이행지체와 전보배상)**
> 채무자가 채무의 이행을 지체한 경우에 채권자가 상당한 기간을 정하여 이행을 최고하여도 그 기간내에 이행하지 아니하거나 지체 후의 이행이 채권자에게 이익이 없는 때에는 채권자는 수령을 거절하고 이행에 갈음한 손해배상을 청구할 수 있다.

이행지체의 경우 손해배상은 원칙적으로 지연배상이지만, ① 채권자가 상당한 기간을 정하여 이행을 최고하여도 그 기간내에 이행하지 아니하거나 ② 지체 후의 이행이 채권자에게 이익이 없는 때에는 **전보배상**이 인정된다(제395조). 여기서 전보배상이란 이행에 갈음한 손해배상을 말한다.

> **판례** ① 이행지체에 의한 전보배상에 있어서의 손해액 산정은 **본래의 의무이행을 최고한 후 상당한 기간이 경과한 당시의 시가**를 표준으로 하고, ② **이행불능**으로 인한 전보배상액은 **이행불능 당시의 시가상당액**을 표준으로 할 것인바, ③ 채무자의 **이행거절**로 인한 채무불이행에서의 손해액 산정은, 채무자가 이행거절의 의사를 명백히 표시하여 최고 없이 계약의 해제나 손해배상을 청구할 수 있는 경우에는 **이행거절 당시의 급부목적물의 시가**를 표준으로 해야 한다(대판 2008. 5. 15, 2007다37721 등).

(3) 계약해제

> **제544조(이행지체와 해제)**
> 당사자 일방이 그 채무를 이행하지 아니하는 때에는 상대방은 상당한 기간을 정하여 그 이행을 최고하고 그 기간내에 이행하지 아니한 때에는 계약을 해제할 수 있다. 그러나 채무자가 미리 이행하지 아니할 의사를 표시한 경우에는 최고를 요하지 아니한다.

채무자가 이행을 지체하고 있는 경우, 채권자는 일정한 요건 하에 계약을 해제하여 계약을 소급적으로 소멸시킬 수 있다(제544조 이하).

(4) 책임가중

> **제392조(이행지체 중의 손해배상)**
> 채무자는 자기에게 과실이 없는 경우에도 그 이행지체 중에 생긴 손해를 배상하여야 한다. 그러나 채무자가 이행기에 이행하여도 손해를 면할 수 없는 경우에는 그러하지 아니하다.

예컨대 이행지체 중에 급부가 불능이 된 경우에는 채무자에게 불능에 대한 귀책사유가 없어도 채무자는 지체의 책임과 아울러 불능에 대한 책임을 부담한다(제392조; 채무자의 책임가중). ☞ 이행지체 중의 이행불능은 강제이행이 불가능하기 때문에 통상 이행불능으로 다루어진다.

Ⅳ. 이행불능

1. 의 의

(1) 의 의

채무불이행 중 이행불능이란 채권이 성립한 후에 채무의 이행이 확정적, 영구적으로 불가능하게 됨으로써 채무자가 채무를 이행할 수 없게 된 경우를 가리킨다. 불능인지 여부에 대해서는 사회통념을 기준으로 판단한다.

(2) 이행지체와의 구별 실익

이행지체의 경우 해제와 관련하여 민법 제544조는 "당사자일방이 그 채무를 이행하지 아니하는 때에는 상대방은 상당한 기간을 정하여 그 이행을 최고하고 그 기간 내에 이행하지 아니한 때에는 계약을 해제할 수 있다"고 한다. 그러나 이행불능의 경우에는 민법 제546조가 "채무자의 책임 있는 사유로 이행이 불능하게 된 때에는 채권자는 계약을 해제할 수 있다"고 하여 해제를 위하여 최고할 필요가 없다.

〈이행지체와 이행불능의 효과 비교〉

이행지체	이행불능
이행의 강제 가능(제389조)	이행의 강제 불가
원칙적 지연배상 예외적 전보배상(제395조)	전보배상
계약해제(제544조) 정기행위 계약해제(제545조)	계약해제(제546조)
책임가중(제392조)	대상청구권(통설과 판례)

2. 판단기준

계약체결 전의 불능을 원시적 불능, 계약체결 이후의 불능을 후발적 불능으로 파악한다.

원시적 불능	후발적 불능
전부불능 : 무효 단, 제535조 신뢰이익배상	채무자에게 귀책사유 없는 위험부담(매도인) (제537조, 제538조)
일부불능 : 전부무효 원칙(제137조) 단, 매매는 담보책임문제(제570조~)	채무자에게 귀책사유 있는 채무불이행 (제390조)

3. 불능이 문제되는 것들

(1) 가등기

가등기는 본등기의 순위보전의 효력만을 가지고 있으며, 이로써 소유권이전 등기의무자가 처분권 한을 상실하는 것도 아니다. 따라서 가등기의 경료만으로 소유권이전등기의무가 이행불능이 된다고 는 할 수 없다(대판 1991. 7. 26, 91다8104).

(2) 가처분 또는 가압류

1) 매매의 목적이 된 부동산에 관하여 제3자의 처분금지가처분의 등기가 기입되었다 할지라도, 그 가처분등기로 인하여 바로 계약이 이행불능으로 되는 것은 아니고, 제3자 앞으로 소유권이전등 기가 경료되는 등 사회거래의 통념에 비추어 계약의 이행이 극히 곤란한 사정이 발생하는 때에 비로소 이행불능으로 된다(대판 2002. 12. 27, 2000다47361).

2) 가압류도 가처분에 준하여 이행불능으로 보지 않는다(대판 1992. 12. 22, 92다28518). 따라서 매매 목적물에 대하여 가압류집행이 되었다고 하여 매매에 따른 소유권이전등기가 불가능한 것도 아 니다(대판 1999. 6. 11, 99다11045). 다만 매도인이 그 가압류 또는 가처분 집행을 모두 해제할 수 없 는 **무자력의 상태에 있다고 인정되는 경우**에는 매수인이 매도인의 소유권이전등기의무가 이행 불능임을 이유로 매매계약을 해제할 수 있다(대판 2006. 6. 16, 2005다39211).

(3) 양도담보

부동산소유권이전등기의무자가 그 부동산에 관하여 제3자 앞으로 비록 채무담보를 위하여 소유권 이전등기를 경료하였다고 할지라도 그 의무자가 채무를 **변제할 자력이 없는 경우**에는 특단의 사정 이 없는 한 그 소유권이전등기의무는 이행불능이 된다(대판 1991. 7. 26, 91다8104).

(4) 지상권 + 저당권

매도인이 제3자에게 지상권을 설정하고 등기를 마치고 또 저당권을 설정하고 등기를 마친 경우에는 매도인의 채무는 이행불능에 빠졌다고 하겠다(대판 1974. 5. 28, 73다1133).

(5) 매매 목적물이 강제경매절차 진행 중인 경우

매매목적물에 관하여 매도인의 다른 채권자가 강제경매를 신청하여 그 절차가 진행 중에 있다는 사유만으로는 아직 매도인이 그 목적물의 소유권을 취득할 수 없는 때에 해당한다고 할 수 없으므로 매수인은 이를 이유로 계약을 해제하거나 위약금의 청구를 할 수 없다(대판 1987. 9. 8, 87다카655).

(6) 임대인의 소유권상실

임대인이 소유권을 상실하였다는 이유만으로 그 의무가 불능하게 된 것이라고 단정할 수 없다(대판 1994. 5. 10, 93다37977). **다만 임차인이 진실한 소유자로부터 목적물의 반환청구나 임료 내지 그 해당액의 지급요구를 받는 등의 이유로 임대인이 임차인으로 하여금 사용·수익케 할 수가 없게 되었다면** 임대인의 채무는 이행불능으로 되고, 임차인은 이행불능으로 인한 임대차의 종료를 이유로 그 때 이후의 임대인의 차임지급청구를 거절할 수 있다(대판 1996. 9. 6, 94다54641).

4. 이행불능의 효과

(1) 전보배상청구권

급부의 전부가 채무자의 귀책사유로 불능이 된 경우에 본래의 급부를 목적으로 하는 청구권은 소멸하며, 이에 갈음한 전보배상청구권이 발생한다.

(2) 계약해제권

1) 채무자의 귀책사유로 이행이 불가능하게 된 경우에 채권자는 계약을 해제할 수 있다(제546조 참조). 다만 매도인의 매매목적물에 관한 소유권이전의무가 이행불능이 되었다고 할지라도, 그 이행불능이 **매수인의 귀책사유에 의한 경우**에는 매수인은 그 이행불능을 이유로 계약을 해제할 수 없다(대판 2002. 4. 26, 2000다50497).

2) 이행불능을 이유로 계약을 해제할 경우, 채무가 쌍무계약으로부터 발생한 경우에라도 상대방이 **자기의 채무의 이행의 제공을 할 필요 없이** 계약을 해제할 수 있다(대판 2003. 1. 24, 2000다22850).

(3) 대상청구권

1) 우리 민법이 이행불능의 효과로서 채권자의 전보배상청구권과 계약해제권 외에 별도로 대상청구권을 규정하고 있지 않으나 해석상 대상청구권을 부정할 이유는 없다(대판 2012. 6. 28, 2010다71431). 따라서 급부가 불능으로 된 경우에는 채권자는 채무자가 그 대상으로서 수취한 것의 인도 또는 채무자가 취득한 배상청구권의 양도를 청구할 수 있는 대상청구권을 갖는다는 것이 통

설·판례이다(대판 1992. 5. 12, 92다5481). 대상청구권이 인정되기 위해서는 급부가 **후발적 불능**이어야 하고, 급부를 불능하게 하는 사정의 결과로 채무자가 채권의 목적물에 관하여 **'대신하는 이익'을 취득**하여야 한다(대판 2003. 11. 14, 2003다35482). 이러한 대상청구권은 채권적 청구권이며, 10년의 소멸시효에 걸린다.

> **│판례│** ① [1] 소유권이전등기의무의 목적 부동산이 수용되어 그 소유권이전등기의무가 이행불능이 된 경우, 등기청구권자는 등기의무자에게 대상청구권의 행사로써 **등기의무자가 지급받은 수용보상금의 반환을 구하거나 또는 등기의무자가 취득한 수용보상금청구권의 양도를 구할 수 있을 뿐** 그 수용보상금청구권 자체가 등기청구권자에게 귀속되는 것은 아니다. [2] 등기청구권자라고 주장하는 자가 소유권이전등기의무의 목적 부동산이 수용되었음을 이유로 수용 당시의 소유명의자를 상대로 **수용보상금청구권이 자기에게 속한다는 채권의 귀속에 관한 확인을 구하는 경우**, 그 주장사실이 인정되더라도 수용보상금청구권 자체가 등기청구권자라고 주장하는 자에게 귀속되는 것은 아니므로 **그 확인청구는 주장 자체로 이유 없음이 명백하여 허용될 수 없다**(대판 1996. 10. 29, 95다56910).
>
> ② 채무자가 수령하게 되는 보상금이나 그 청구권에 대하여 채권자가 대상청구권을 가지는 경우에도 채권자는 채무자에 대하여 그가 **지급받은 보상금의 반환을 청구**하거나 **채무자로부터 보상청구권을 양도받아 보상금을 지급받아야 할 것이나, 어떤 사유로 채권자가 직접 자신의 명의로 대상청구의 대상이 되는 보상금을 지급받았다**고 하더라도 이로써 채무자에 대한 관계에서 바로 부당이득이 되는 것은 아니라고 보아야 할 것이다(대판 2002. 2. 8, 99다23901).
>
> ③ 쌍무계약의 당사자 일방이 상대방의 급부가 이행불능이 된 사정의 결과로 상대방이 취득한 대상에 대하여 급부청구권을 행사할 수 있다고 하더라도, 그 당사자 일방이 대상청구권을 행사하려면 상대방에 대하여 **반대급부를 이행할 의무**가 있는바, 이 경우 **당사자 일방의 반대급부도 이행불능이 된 경우(즉 쌍방불능)**, 당사자 일방은 상대방에 대하여 대상청구권을 행사할 수 없다(대판 1996. 6. 25, 95다6601).
>
> ④ (ⅰ) 매매 목적물의 수용 또는 국유화로 인하여 매도인의 소유권이전등기의무가 이행불능된 경우 매수인에게 인정되는 대상청구권에 대하여는 특별한 사정이 없는 한 매수인이 그 대상청구권을 행사할 수 있는 시점인 **매도인의 소유권이전등기의무가 이행불능되었을 때부터 소멸시효가 진행**하는 것이 원칙이다. 그리고 이러한 대상청구권의 소멸시효 기산점에 관한 법리는 **매매 목적물의 이중매매로 인하여 매도인의 소유권이전등기의무가 이행불능된 경우와 같이 그 대상청구권이 채무자의 귀책사유로 발생한 때**에도 마찬가지로 적용된다(대판 2018. 11. 15, 2018다248244). (ⅱ) 대상청구권은 특별한 사정이 없는 한 매매 목적물의 수용 또는 국유화로 인하여 매도인의 소유권이전등기의무가 **이행불능 되었을 때** 매수인이 그 권리를 행사할 수 있다고 보아야 할 것이고 따라서 그 때부터 소멸시효가 진행하는 것이 원칙이라 할 것이나, 국유화가 된 사유의 특수성과 법규의 미비 등으로 그 보상금의 지급을 구할 수 있는 방법이나 절차가 없다가 상당한 기간이 지난 뒤에야 보상금청구의 방법과 절차가 마련된 경우라면, 대상청구권자로서는 그 보상금청구의 방법이 마련되기 전에는 대상청구권을 행사하는 것이 불가능하였던 것이고, 따라서 이러한 경우에는 **보상금을 청구할 수 있는 방법이 마련된 시점부터** 대상청구권에 대한 소멸시효가 진행하는 것으로 봄이 상당하다(대판 2002. 2. 8, 99다23901).
>
> ⑤ [1] 매매의 목적물이 화재로 소실됨으로써 채무자인 매도인의 매매목적물에 대한 인도의무가 이행불능이 되었다면, 채권자인 매수인은 화재사고로 매도인이 지급받게 되는 화재보험금, 화재공제금에 대하여 대상청

구권을 행사할 수 있다. [2] 매매의 목적물이 화재로 소실됨으로써 매도인이 지급받게 되는 화재보험금, 화재공제금에 대하여 매수인의 대상청구권이 인정되는 이상, 매수인은 특별한 사정이 없는 한 목적물에 대하여 지급되는 화재보험금, 화재공제금 **전부에 대하여** 대상청구권을 행사할 수 있고, 인도의무의 이행불능 당시 매수인이 지급하였거나 지급하기로 약정한 **매매대금 상당액의 한도 내로 범위가 제한된다고 할 수 없다**(대판 2016. 10. 27, 2013다7769).

⑥ 대상청구권이 인정되기 위하여는 급부가 후발적으로 불능하게 되어야 하고, 급부를 불능하게 하는 사정의 결과로 채무자가 채권의 목적물에 관하여 '대신하는 이익'을 취득하여야 한다. 따라서 급부의 후발적 이행불능의 경우 '급부를 불능하게 하는 사정'과 채무자가 취득한 '대신하는 이익' 사이에 상당인과관계가 존재한다고 할 수 없는 경우에는 채무자에 대한 대상청구권이 인정되지 않는다(대판 2003. 11. 14, 2003다35482).

2) 사례연습

(가) A는 경제적 어려움으로 공장을 폐쇄하고 그 안의 인쇄기계를 B에게 매각하고 보름 후에 인도하기로 약정하였다. 그런데 A의 귀책사유 없이 제3자 C의 과실로 그 기계가 완전 파손되었다면 당사자간의 법률관계는 어떻게 되는가?

(나) 해 설

(ㄱ) 불법행위 : A는 특정물의 멸실에 관하여 귀책사유가 없으므로 B에 대하여 채무불이행책임을 지지 않는다. 기계의 파손은 제3자의 과실로 인해 야기되었으므로 물건의 소유자인 A는 제3자 C에 대하여 불법행위에 기한 손해배상청구권을 행사할 수 있다.

(ㄴ) 대상청구권 : B는 A에게 대상청구권을 행사할 수 있다. 그 대상은 A의 C에 대한 손해배상청구권이다. 대상청구권에 있어서는 채무자의 귀책사유는 요건이 아니다.

> **비교판례** 점유로 인한 부동산 소유권 취득기간만료를 원인으로 한 등기청구권이 이행불능으로 되었다고 하여 대상청구권을 행사하기 위하여는, 그 이행불능 전에 등기명의자에 대하여 점유로 인한 부동산 소유권 취득기간이 만료되었음을 이유로 그 권리를 주장하였거나 그 취득기간 만료를 원인으로 한 등기청구권을 행사하였어야 하고, 그 이행불능 전에 그와 같은 권리의 주장이나 행사에 이르지 않았다면 대상청구권을 행사할 수 없다고 봄이 공평의 관념에 부합한다(대판 1996. 12. 10, 94다43825).

(ㄷ) 위험부담 : B는 위험부담을 주장하여 자기의 대금지급의무를 면할 수도 있고, 대상청구권을 행사하여 A의 C에 대한 손해배상청구권을 자기에게 양도할 것을 청구할 수도 있다. B는 그 손해배상액이 자기의 대금채무보다 고액인 경우에는 대상청구권을 행사할 것이고, 소액인 때에는 위험부담의 법리를 원용할 것이다(이은영).

5. 후발적 일부불능

> **판례** ① 계약의 일부의 이행이 불능인 경우에는 **이행이 가능한 나머지 부분만의 이행으로 계약의 목적을 달할 수 없을 경우에만** 계약 전부의 해제가 가능하다(대판 1996. 2. 9, 94다57817). ☞ 불능으로 인한 무효는

원시적 불능에 한정되므로, 후발적 일부불능의 경우에는 제137조가 적용되어서는 안된다(지원림「민법강의」 15판, p.1040.).

② 쌍무계약에 있어 당사자 일방이 부담하는 채무의 일부만이 채무자의 책임 있는 사유로 이행할 수 없게 된 때에는, 그 **이행이 불가능한 부분을 제외한 나머지 부분만의 이행으로는 계약의 목적을 달성할 수 없다면** 채무의 이행은 **전부가 불능**이라고 보아야 할 것이므로, 채권자로서는 채무자에 대하여 계약 전부를 해제하거나 또는 채무 전부의 이행에 갈음하는 전보배상을 청구할 수 있을 뿐이지 이행이 가능한 부분만의 급부를 청구할 수는 없다(대판 1995. 7. 25, 95다5929).

V. 불완전이행

> **제390조(채무불이행과 손해배상)**
> 채무자가 채무의 내용에 좇은 이행을 하지 아니한 때에는 채권자는 손해배상을 청구할 수 있다. 그러나 채무자의 고의나 과실없이 이행할 수 없게 된 때에는 그러하지 아니하다.

1. 서 설

(1) 의 의

불완전이행이란 채무자가 외견상의 이행행위를 하였으나 그의 불완전성으로 말미암아 채무내용에 좇은 이행이 되지 못하고 채권자에게 손해를 입힌 경우를 말한다. 불완전이행에 따른 채무불이행책임은 명문상 규정이 없으나, 학설과 판례는 대체로 제390조를 근거로 이를 인정하고 있다(대판 1994. 1. 28, 93다43590).

(2) 구별개념

1) 불완전이행에 따른 채무불이행책임은 채무자의 귀책사유를 전제로 한다는 점에서 무과실책임인 담보책임과 구별된다.

2) 일부불능 또는 일부지체의 경우에도 완전한 이행이 행해지지 않았다는 점에서 불완전이행의 유형이라고 할 수는 있으나, 불완전이행이 적극적인 행위에 의한 채무불이행이라는 점에 비추어 소극적 의무위반인 이행지체나 이행불능은 불완전이행이라고 할 수 없다. 이러한 경우는 이행지체나 이행불능에 준하여 처리한다(통설).

3) 사례연습

㈎ 사 례

㈀ 귤 50상자를 이행하여야 할 사람이 40상자만 이행한 경우 불완전이행인가?

㈁ 위의 경우 50상자를 이행하였으나 과일의 일부가 부패한 경우 불완전이행인가?

㈂ 귤 50상자를 모두 이행하였으나 상한 귤 때문에 사람에게 다른 부가적 손해가 발생한 경우 불완전이행인가?

(ㄹ) A는 B의 여관에 투숙하였다. 그날 밤 여관에 원인 모를 화재가 발생하여 A는 화상을 입었다. A의 구제수단을 설명하라.

(나) 해 설

(ㄱ) 불완전이행이 아니라 이행지체 또는 이행불능으로 해결한다. 즉 나머지 10상자의 이행이 가능한 경우에는 이행지체의 법리에 따라서 해결하고, 이행이 불가능한 경우에는 이행불능에 따라서 해결한다.

(ㄴ) 담보책임의 문제이다. 증여인 경우에는 증여자의 담보책임(제559조), 매매의 경우에는 매도인의 담보책임(제580, 제581조)에 관한 규정이 적용된다.

(ㄷ) 위 (ㄱ), (ㄴ)과 같이 이행지체나 이행불능의 법리에 의할 수 있는 경우에는 그에 의하고, 담보책임으로 규율이 가능한 경우에는 담보책임의 법리에 의한다(즉, 법에 명문 규정이 있는 것을 먼저 적용한다). 그러나 채무의 이행은 있으나 **확대손해**가 발생한 경우에는 불완전이행으로서 채무불이행의 문제로 처리한다. 물론 불법행위로 해결할 수도 있지만, 채권관계가 존재하는 경우이므로 채권관계를 전제로 하지 않는 불법행위책임보다 채무불이행책임인 불완전이행책임을 선호하는 것이 다수설이다.

(ㄹ) 공중접객업인 숙박업을 경영하는 자가 투숙객과 체결하는 숙박계약은 일시 사용을 위한 임대차계약으로서 고객의 안전을 배려하여야 할 보호의무를 부담하며 숙박업자가 이를 위반하여 고객의 생명, 신체를 침해하여 투숙객에게 손해를 입힌 경우 **불완전이행으로 인한 채무불이행책임**을 부담하고, 이 경우 피해자(채권자)로서는 구체적 보호의무의 존재와 그 위반 사실을 주장·입증하여야 하며 숙박업자로서는 통상의 채무불이행에 있어서와 마찬가지로 그 채무불이행에 관하여 자기에게 과실이 없음을 주장·입증하지 못하는 한 그 책임을 면할 수는 없다(대판 1997. 10. 10, 96다47302).

2. 불완전이행의 요건

다수설에 의하면 불완전이행의 요건으로는 ① 이행행위가 있었을 것, ② 이행이 불완전할 것, ③ 채무자의 귀책사유가 있을 것, ④ 위법할 것, ⑤ 손해를 입었을 것 등을 들고 있다.

> **판 례** 불완전이행에 있어서 이행이 완전하였는지의 여부는 채무자가 이를 입증해야 한다(×, 채무불이행에서 채무불이행의 사유는 채권자가 입증하여야 한다. 대판 1997. 10. 10, 96다47302).

3. 효 과(확대손해배상)

하자로 인하여 확대손해가 발생한 경우에는 채무불이행책임으로 처리한다. 담보책임으로 확대손해를 배상시킬 수는 없다(대판 1997. 5. 7, 96다39455).

> **판례** 매도인에게 매매목적물의 하자로 인하여 발생한 **확대손해** 내지 2차 손해에 대한 배상책임을 부담시키기 위하여는, 매도인이 목적물인도시에 매수인이 요구하는 품질과 성능을 갖춘 제품이라고 명시적 또는 묵시적으로 보증하였는데 공급받은 제품이 그러한 품질과 성능을 갖추지 못하였다는 의무위반의 사실뿐만 아니라 매도인에게 그러한 의무위반에 대한 **귀책사유**가 존재하여야 한다(대판 1997. 5. 7, 96다39455).

VI. 이행거절

1. 의 의

> **판례** 채무자가 채무를 이행하지 아니할 의사를 명백히 표시한 경우에 채권자는 신의성실의 원칙상 **이행기 전이라도 이행의 최고 없이** 채무자의 이행거절을 이유로 계약을 해제하거나 채무자를 상대로 손해배상을 청구할 수 있지만, 이러한 이행거절이라는 채무불이행이 인정되기 위해서는 채무를 이행하지 아니할 채무자의 명백한 의사표시가 위법한 것으로 평가되어야 한다(대판 2015. 2. 12, 2014다227225).

2. 판례검토

(1) **쌍무계약인 부동산 매매계약에 있어** 매수인이 이행기일을 도과한 후에 이르러 매도인에 대하여 **계약상 의무 없는 과다한 채무의 이행을 요구하고 있는 경우**에는 매도인으로서는 매수인이 이미 자신의 채무를 이행할 의사가 없음을 표시한 것으로 보고 자기 채무의 이행제공이나 최고 없이도 계약을 해제할 수 있다(대판 1992. 9. 14, 92다9463).

(2) 쌍무계약에서 당사자 일방이 미리 이행을 하지 아니할 의사를 표시하거나 상대방이 이행을 제공하더라도 자기의 채무를 이행하지 아니할 것이 객관적으로 명백한 경우에는 상대방은 이를 이유로 계약을 해제할 수 있다고 할 것인바, **당사자 일방이 자기의 채무를 아직 다 이행하지 아니하였으면서도 이미 다 이행하였다고 주장하면서 상대방 채무의 이행을 구하는 제소까지 하였다면** 그것이 계산상의 착오 때문이라는 등 특별한 사정이 없는 한 미리 자기의 채무를 이행하지 아니할 의사를 표명한 것으로 볼 것이고, 따라서 상대방은 계약을 해제할 수 있다. 그리고 당사자 일방이 위와 같은 의사를 표명한 것으로 볼 것인지 여부는 **계약해제 시**를 기준으로 하여 판단하여야 한다(대판 2014. 10. 6, 2014다210531).

(3) 이행거절과 해제

부동산 매도인이 중도금의 수령을 거절하였을 뿐만 아니라 계약을 이행하지 아니할 의사를 '명백히 표시한 경우' 매수인은 신의성실의 원칙상 **소유권이전등기의무이행기일까지 기다릴 필요 없이** 이를 이유로 매매계약을 해제할 수 있다(대판 1993. 6. 25, 93다11821).

> **판례** 〈이행거절과 계약해제〉 채무불이행에 의한 계약해제에서 미리 이행하지 아니할 의사를 표시한 경우로서 이른바 '이행거절'로 인한 계약해제의 경우에는 **상대방의 최고 및 동시이행관계에 있는 자기 채무의**

이행제공을 요하지 아니하여 이행지체 시의 계약해제와 비교할 때 계약해제의 요건이 완화되어 있는바, 명시적으로 이행거절의사를 표명하는 경우 외에 계약 당시나 계약 후의 여러 사정을 종합하여 **묵시적 이행 거절의사를** 인정하기 위하여는 그 거절의사가 정황상 분명하게 인정되어야 한다(대판 2011. 2. 10, 2010다 77385).

(4) 이행거절의 적법 철회

쌍방의 채무가 동시이행관계에 있는 쌍무계약에 있어서 당사자의 일방이 미리 그 채무를 이행하지 아니할 의사를 표시한 때에는 상대방은 이행의 최고를 하지 아니하고 바로 그 계약을 해제할 수 있으 나 그 **이행거절의 의사표시가 적법히 철회된 경우** 상대방으로서는 자기채무의 이행을 제공하고서 상당한 기간을 정하여 이행을 최고한 후가 아니면 채무불이행을 이유로 계약을 해제할 수 없다(대판 1989. 3. 14, 88다1516, 1523, 88다카10029, 10036).

(5) 손해액산정기준

채무자의 이행거절로 인한 채무불이행에서의 손해액 산정은, 채무자가 이행거절의 의사를 명백히 표시하여 최고 없이 계약의 해제나 손해배상을 청구할 수 있는 경우에는 **이행거절 당시의** 급부목적 물의 시가를 표준으로 해야 한다(대판 2008. 5. 15, 2007다37721 등).

VII. 강제이행

> **제389조(강제이행)**
> ① 채무자가 임의로 채무를 이행하지 아니한 때에는 채권자는 그 강제이행을 법원에 청구할 수 있다. 그러나 채무의 성질이 강제이행을 하지 못할 것인 때에는 그러하지 아니하다.
> ② 전항의 채무가 법률행위를 목적으로 한 때에는 채무자의 의사표시에 갈음할 재판을 청구할 수 있고 채무자의 일신에 전속하지 아니한 작위를 목적으로 한 때에는 채무자의 비용으로 제삼자에게 이를 하게 할 것을 법원에 청구할 수 있다.
> ③ 그 채무가 부작위를 목적으로 한 경우에 채무자가 이에 위반한 때에는 채무자의 비용으로써 그 위반한 것을 제각하고 장래에 대한 적당한 처분을 법원에 청구할 수 있다.
> ④ 전3항의 규정은 손해배상의 청구에 영향을 미치지 아니한다.

1. 강제이행의 의의

채무자가 채무의 이행이 가능함에도 불구하고 임의로 채무를 이행하지 않는 때에는 채권자는 그 강 제이행을 법원에 청구함으로서 강제적으로 채권의 내용인 급부를 실현케 할 수 있다. 이를 임의이행 에 대하여 강제이행이라고 한다. 그런데 이행불능의 경우에는 채무본래의 이행이 불가능하므로 강제 이행을 청구할 수는 없고 손해배상을 청구할 수 있을 뿐이다. 결국 본래채무의 강제이행을 청구할 수 있는 것은 이행지체의 경우이다.

2. 강제이행의 방법

(1) 직접강제

제389조 제1항 본문에서 정하는 강제이행은 직접강제를 말하고, 이것은 물건의 인도나 금전의 지급과 같은 '**주는 채무**'의 경우에 인정된다.

1) 물건의 인도채무

집행관이 채무자로부터 그 점유를 빼앗아 채권자에게 인도하는 방식에 의한다(민사집행법 제257조 이하).

2) 금전채무

채무자 소유의 물건을 압류한 후 경매를 통해 환가하여 배당하거나, 채무자가 제3자에 대해 갖는 채권에 관해서 압류 및 추심명령 또는 전부명령을 통해 채권자가 직접 제3자에게 청구할 수 있게 한다(민집법 제78조 이하).

(2) 대체집행

건물의 철거·단순노무제공·물품의 운송 등 **대체적 작위채무**의 경우 채무자의 비용으로 제3자에게 이를 하게 할 것을 법원에 청구하는 방식으로 한다(제389조 제2항 후단).

(3) 간접강제

1) 의 의

채무자만이 이행할 수 있는 일신전속적 채무(부대체적 작위채무–증권에 서명할 의무, 주식에 명의개서를 할 의무, 골동품감정, 재산목록의 작성의무, 정정 보도문의 게재의무 등)에 관해서는 그 실현 방법이 민법에는 규정이 없고 민사집행법 제261조에서 이를 정한다. 즉 제1심법원은 채권자의 신청에 따라 간접강제를 명하는데, 그 결정에는 채무의 이행의무 및 상당한 이행기간을 밝히고, 채무자가 그 기간 이내에 이행을 아니하는 때에는 늦어진 기간에 따라 일정한 배상을 하도록 명하거나 즉시 손해배상을 하도록 명할 수 있다. 이러한 간접강제는 채무자의 자유로운 의사를 억압할 수 있다는 점에서 직접강제나 대체집행이 가능한 경우에는 간접강제는 허용되지 않는다.

> **판례** ① **부대체적 채무인 부작위채무**에 대한 강제집행은 간접강제만 가능하고, 간접강제결정은 **판결절차에서 먼저 집행권원이 성립한 후에** 채권자의 별도의 신청에 따라 채무자에 대한 필요적 심문을 거쳐 채무를 불이행하는 때에 일정한 배상을 하도록 명하는 것이 원칙이다.
> ② 판결절차에서 부작위채무 또는 부대체적 작위채무의 이행을 명하면서 동시에 간접강제를 명할 수 있는지 여부(적극) 및 그 요건
> [다수의견] **부작위채무**에 관하여 판결절차의 변론종결 당시에 보아 부작위채무를 명하는 집행권원이 성립하더라도 채무자가 이를 단기간 내에 위반할 개연성이 있고, 또한 판결절차에서 민사집행법 제261조에 의하여

명할 적정한 배상액을 산정할 수 있는 경우에는 **판결절차에서도** 채무불이행에 대한 **간접강제를 할 수 있다.**
또한 **부대체적 작위채무**에 관하여서도 판결절차의 변론종결 당시에 보아 집행권원이 성립하더라도 채무자
가 부대체적 작위채무를 임의로 이행할 가능성이 없음이 명백하고, 판결절차에서 채무자에게 간접강제결정의
당부에 관하여 충분히 변론할 기회가 부여되었으며, 민사집행법 제261조에 의하여 명할 적정한 배상액을 산
정할 수 있는 경우에는 **판결절차에서도** 채무불이행에 대한 **간접강제를 할 수 있다**(대판 2021. 7. 22, 2020다
248124). ☞ 반대의견은 판결절차에서 간접강제를 명할 수는 없다고 한다.

2) 구체적 내용 검토

㈎ 부작위 의무의 위반

부작위채무에 있어서 **부작위 자체의 관철**은 간접강제에 의한다. 그러나 **결과제거**는 대체집행에
의한다.

> **판례** 당사자 사이에 일정한 행위를 하지 않기로 하는 부작위 약정을 체결하였는데 채무자가 이러한 의무를
> 위반한 경우, 채권자는 채무자를 상대로 부작위의무의 이행을 소구할 수 있고, 부작위를 명하는 확정판결을 받
> 아 이를 집행권원으로 하여 **대체집행** 또는 **간접강제** 결정을 받는 등으로 부작위의무 위반 상태를 중지시키거
> 나 위반 결과를 제거할 수 있다(대판 2012. 3. 29, 2009다92883).

㈏ 간접강제의 한계

채무의 실현을 채무자의 의사에 반하여 강제한다면 채무의 내용에 좇은 이행이 될 수 없는 경우
에는 강제이행은 허용되지 않고 손해배상청구권만이 인정될 뿐이다. 예컨대 유명한 화가에게 초상
화를 그리게 하였으나 이를 이행하지 않는 화가에게 초상화를 그리게 하기 위한 손해배상을 명하는
판결을 구하거나, 부부의 일방이 동거하지 않는 경우에 동거를 강제하기 위하여 기간에 비례하는
손해배상을 명하는 판결을 구할 수 없다.

(4) 대용판결

의사표시를 해야 할 채무에 있어서는 재판으로써 채무자의 의사표시에 갈음할 수 있다(제389조 제2
항). 예컨대, 매매계약에 따라 승낙의 의사표시를 하여야 할 의무, 등기신청이나 토지거래허가신청의
경우에도 이 방식이 적용된다. 그리고 채권양도의 통지나 승낙(제450조)·주주총회소집의 통지(상법 제
363조) 등이 있다.

3. 강제이행의 순서

금전이나 유체물의 인도를 목적으로 하는 채무에 대한 강제이행의 방법으로는 직접강제가 허용될
뿐, 대체집행이나 간접강제는 인정되지 않는다. 즉 직접강제가 허용되면 다른 방법은 인정되지 않는
다. 또한 대체집행이 허용되면 간접강제는 허용되지 않는다. 결국 직접강제 → 대체집행 → 간접강제
순이다.

4. 사례연습

(1) 사 례

    ㈎ 채무자가 매도한 부동산을 값이 오르자 이행하지 않는 경우, 강제이행의 방법은?

    ㈏ 일정지역에 집을 짓지 않아야 할 사람이 건물을 지어 영업을 하는 경우?

    ㈐ 특정지역에서 일몰 후 경적을 울리지 않아야 하는데 밤이면 계속적으로 소리를 내는 경우는?(부대체적 부작위채무)

    ㈑ 유명화가가 그림을 그려주기로 하고는 이행하지 않는 경우는?

    ㈒ 결혼한 남자가 외박을 자주 하면서도 배우자와 동거하지 않는 경우는?

(2) 해 설

    ㈎ 직접강제에 의하게 되며 직접강제가 허용되면 다른 방법은 인정되지 않는다.

    ㈏ 대체집행에 의하여 건물을 철거한다. 대체집행이 허용되는 경우에는 간접강제는 허용되지 않는다.

    ㈐ 특정지역에서 일몰 후 경적을 울리지 않아야 하는데 밤이면 계속적으로 소리를 내는 경우는 직접강제나 대체집행을 할 수 없으므로 간접강제에 의한다.

    ㈑ 현실적으로 강제이행의 방법이 없기 때문에 손해배상의 청구가 타당하다.

    ㈒ 결혼한 남자가 외박을 자주하면서도 배우자와 동거하지 않는 경우는 동거하라는 심판을 받고도 동거하지 않는 경우는 강제이행의 방법이 없다. 결국 이혼을 하면서 위자료를 청구할 수 있을 뿐이다.

Ⅷ. 손해배상 일반

1. 총 설

(1) 발생원인

> **제390조(채무불이행과 손해배상)**
> 채무자가 채무의 내용에 좇은 이행을 하지 아니한 때에는 채권자는 손해배상을 청구할 수 있다. 그러나 채무자의 고의나 과실없이 이행할 수 없게 된 때에는 그러하지 아니하다.
>
> **제750조(불법행위의 내용)**
> 고의 또는 과실로 인한 위법행위로 타인에게 손해를 가한 자는 그 손해를 배상할 책임이 있다.

손해배상책임을 발생시키는 원인으로 법률행위와 법률의 규정을 들 수 있는데, 가장 대표적인 것은 **채무불이행**(제390조)과 **불법행위**(제750조)이다. 그러나 그 밖에도 손해배상청구권이 발생하는 경우는 산재해 있다(제135조 제1항, 제425조 제2항, 제441조 제2항 등).

판례 ① **채무불이행으로 인한 손해배상채권**은 본래의 채권이 확장된 것이거나 본래의 채권의 내용이 변경된 것이므로 **본래의 채권과 동일성**을 가진다. 따라서 **본래의 채권이 시효로 소멸한 때에는 손해배상채권도 함께 소멸**한다(대판 2018. 2. 28, 2016다45779).

② 계약당사자 사이에서 **일방이 상대방에 대해 계약의 체결이 관련 법령 등에 위반되지 않는다는 점과 함께 계약의 이행을 진술·보장**하였는데도 계약을 이행하지 못하여 상대방에게 손해를 입힌 경우에는 계약상 의무를 이행하지 않은 것에 해당하므로 일종의 **채무불이행 책임이 성립**한다. 그러나 당사자 사이에 체결된 계약이 **강행법규 위반으로 무효인 경우**에 계약 불이행을 이유로 **진술·보장 약정에 따른 손해배상채무를 이행하는 것이 강행법규가 금지하는 것과 동일한 결과를 가져온다면** 이는 **강행법규를 잠탈하는 결과가** 되고, 이러한 경우에는 진술·보장 조항 위반을 이유로 **손해배상을 청구할 수 없다**고 보아야 한다(대판 2019. 6. 13, 2016다203551). ☞ 당사자 일방이 농협의 설립근거법 기타 관련 규정(강행규정)에 위배되지 않음'을 보장하고 위반 시 그로 인한 일체의 손해를 배상하기로 약정하였던 사안이었다.

(2) 민법의 규정

민법은 손해배상에 관한 일반 규정을 채무불이행에서 규정하고(제393조·제394조·제396조·제399조), 이를 불법행위에도 준용한다(제763조).

(3) 귀책사유

손해배상책임은 채무불이행책임과 불법행위책임이 중심적인 역할을 하는데, 이러한 채무불이행책임과 불법행위의 책임은 채무자의 귀책사유를 필요로 하는 과실책임인 것이 원칙이다. 하지만 손해배상의 청구를 위하여 항상 채무자에게 귀책사유가 있어야 하는 것은 아니고, 예컨대 매매 등 유상계약에서 담보책임(제570조 이하)이나 금전채무불이행책임(제397조) 등에 있어서는 채무자의 귀책사유를 전제하지 않는다(무과실책임).

2. 손해와 손해배상

(1) 의 의

손해의 개념에 대하여 학설이 대립하나, 통설적 견해인 차액설에 의할 때 '손해'는 법익에 관하여 입은 모든 불이익으로서 채무의 이행이 있었더라면 채권자가 받았을 이익과 불이행으로 채권자가 현재 받고 있는 이익의 차액이라고 한다. 차액설은 금전배상, 특히 재산적 손해배상에 적당한 개념이다.

(2) 재산적 손해와 비재산적 손해

1) 비재산적 손해(=정신적 손해)

민법은 불법행위에 관하여 정신적 손해를 배상할 책임이 있음을 규정(제751조, 제752조)하고 있으나, 채무불이행에 있어서는 정신적 손해에 관하여 아무런 규정도 두지 않았다. 그러나 긍정함이 통설·판례이다.

2) 재산적 손해

재산적 손해는 다시 적극적 손해와 소극적 손해로 나눈다. 적극적 손해는 물건의 멸실이나 훼손 등 기존 이익의 멸실 또는 감소를 의미하는 반면, 소극적 손해는 장래에 있어서 이익의 획득이 방해당함으로써 받는 손해(일실이익)를 의미한다. 즉, 기존 재산의 감소의 경우가 적극적 손해이고, 장래 얻을 수 있었던 이익의 상실이 소극적 손해이다. 채무불이행을 예로 든다면, 채무불이행에 의한 채권침해가 적극적 손해이고, 채무가 이행되었더라면 채권자가 목적물을 전매하여 얻었을 이익의 상실이 소극적 손해이다. 불법행위를 예로 든다면 가해행위로 인한 치료비 지출 등이 적극적 손해이고, 입원으로 인한 장래 수입상실 등이 소극적 손해이다.

(3) 이행이익과 신뢰이익

(개) 의 의

이행이익의 손해는 채무가 제대로 이행되었을 경우에 채권자가 얻게 될 이익을 기준으로 하여 손해배상의 내용을 구성하는 것을 말한다. **채무불이행으로 인한 손해(제390조)**는 원칙적으로 이행이익을 말한다. 신뢰이익의 손해는 계약이 무효라는 것을 알았더라면 입지 않았을 손해를 그 내용으로 한다. **계약체결상의 과실책임(제535조)** 등이 이에 해당한다. 원칙적으로 **이행이익**은 법률행위가 **유효한데 이행되지 않는 경우**에 문제되고, **신뢰이익**은 **계약이 무효**로 된 경우 또는 **유효하게 성립한 계약이 해지 또는 해제되는 경우**에 주로 문제된다. ☞ (ⅰ) 착오 취소의 경우 신뢰이익 배상 문제에 대해서 학설은 긍정하지만 판례가 부정함(97다13023 판결)은 앞에서 본 바와 같다. (ⅱ) 담보책임으로서의 손해배상에 대해서는 이행이익설과 신뢰이익설이 대립한다(매도인의 담보책임에서 후술).

> **판례** **신뢰이익** 상당의 손해배상청구는 성질상 **목적이 불능한 계약을 체결한 경우**이거나(민법 제535조 제1항 본문) **유효하게 성립한 계약이 해지 또는 해제되는 경우**에 인정되는 것이어서, 계약이 유효함으로 인하여 생기는 이익(민법 제535조 제1항 단서)인 이행이익 상당의 손해배상청구와는 성립 요건이나 산정방법을 달리한다(대판 2023. 7. 27, 2023다223171, 223188).

(내) 계약이 이행되리라고 믿고 지출한 비용의 문제

사실 계약의 일방 당사자가 상대방의 이행을 믿고 지출한 비용에 대해서는 그러한 비용에 대해서 배상을 청구할 수 있는지, 청구할 수 있다면 그것이 이행이익인지 신뢰이익인지 등에 대하여 견해의 대립이 있다. 하지만 여기서 견해 대립의 내용을 모두 소개하는 것은 바람직하지 않으므로 판례의 태도를 위주로 소개하기로 한다. 판례는 기본적으로 이러한 지출 비용에 대한 배상청구를 인정하는 태도 및 신뢰이익이라고 보는 태도를 취하고 있는 것으로 보인다.

> **판례** ① 계약의 일방 당사자가 상대방의 이행을 믿고 지출한 비용인 이른바 **신뢰이익의 손해**도 그러한 지출 사실을 상대방이 알았거나 알 수 있었고 또 그것이 통상적인 지출비용의 범위 내에 속한다면 그에

대하여도 **이행이익의 한도 내에서** 배상을 청구할 수 있다(대판 1999. 7. 27, 99다13621). ☞ 이러한 비용이 이행이익인지, 신뢰이익인지 견해의 대립이 있으나 판례는 신뢰이익이라고 명시하였다.

② **채무불이행을 이유로 계약해제와 아울러 손해배상을 청구하는 경우**에 그 계약이행으로 인하여 채권자가 얻을 이익 즉 이행이익의 배상을 구하는 것이 원칙이지만, 그에 **갈음하여** 그 계약이 이행되리라고 믿고 채권자가 지출한 비용 즉 신뢰이익의 배상을 구할 수도 있다고 할 것이고, 그 신뢰이익 중 계약의 체결과 이행을 위하여 **통상적으로 지출되는 비용**은 통상의 손해로서 상대방이 **알았거나 알 수 있었는지의 여부와는 관계없이** 그 배상을 구할 수 있고, **이를 초과하여 지출되는 비용**은 특별한 사정으로 인한 손해로서 상대방이 이를 알았거나 알 수 있었던 경우에 한하여 그 배상을 구할 수 있다고 할 것이고, 다만 그 신뢰이익은 과잉배상금지의 원칙에 비추어 이행이익의 범위를 초과할 수 없다(대판 2002. 6. 11, 2002다2539). ☞ (ⅰ) 계약이 무효는 아니지만 유효였다가 해제된 경우에도 신뢰이익의 배상을 인정한 판례이다. (ⅱ) 위 ①의 판례에서는 알았거나 알 수 있었던 경우에 청구할 수 있다고 하였으나, 이 판례에서는 통상적으로 지출되는 비용은 알았거나 알 수 있었는지의 여부와 관계없이 청구할 수 있다고 하였다. 판례는 구체적인 사안에 따라 제393조를 적용하여 아예 특별손해라고 판단되면 위 ①과 같이, 아니면 이 판례와 같이 판단하는 것으로 보인다.

③ [1] **채무불이행을 이유로 계약을 해제하거나 해지하고 손해배상을 청구하는 경우**에, 채권자는 채무가 이행되었더라면 얻었을 이익을 얻지 못하는 손해를 입은 것이므로 계약의 이행으로 얻을 이익, 즉 이행이익의 배상을 구하는 것이 원칙이다. 그러나 채권자는 그 대신에 계약이 이행되리라고 믿고 지출한 비용의 배상을 채무불이행으로 인한 손해라고 볼 수 있는 한도에서 청구할 수도 있다. **이러한 지출비용의 배상은 이행이익의 증명이 곤란한 경우에 증명을 용이하게 하기 위하여 인정되는데, 이 경우에도 채권자가 입은 손해, 즉 이행이익의 범위를 초과할 수는 없다. [2] 채권자가 계약의 이행으로 얻을 수 있는 이익이 인정되지 않는 경우라면, 채권자에게 배상해야 할 손해가 발생하였다고 볼 수 없으므로, 당연히 지출비용의 배상을 청구할 수 없다**(대판 2017. 2. 15, 2015다235766).

④ [1] **계약의 일방 당사자가 상대방의 이행을 믿고 지출한 비용**도 그러한 지출사실을 상대방이 알았거나 알 수 있었고 또 그것이 통상적인 지출비용의 범위 내에 속한다면 그에 대하여도 이행이익의 한도 내에서는 배상을 청구할 수 있으며 다만 이러한 **비용 상당의 손해를 일실이익 상당의 손해와 같이 청구하는 경우**에는 중복배상을 방지하기 위하여 일실이익은 제반 비용을 공제한 순이익에 한정된다고 보아야 한다. [2] **신뢰이익** 상당의 손해배상청구는 성질상 **목적이 불능한 계약을 체결한 경우이거나**(민법 제535조 제1항 본문) 유효하게 **성립한 계약이 해지 또는 해제되는 경우**에 인정되는 것이어서, **계약이 유효함으로 인하여 생기는 이익**(민법 제535조 제1항 단서)인 **이행이익** 상당의 손해배상청구와는 성립 요건이나 산정방법을 달리하고, **중복배상은 허용되지 않으나 신뢰이익의 배상과 별도로 제반 비용을 공제한 순이익에 한하여 일실이익, 즉 이행이익의 배상이 허용될 수 있다**(대판 2023. 7. 27, 2023다223171, 223188).

(4) 손해배상의 범위(통상손해와 특별손해)

> **제393조(손해배상의 범위)**
> ① 채무불이행으로 인한 손해배상은 통상의 손해를 그 한도로 한다.
> ② 특별한 사정으로 인한 손해는 채무자가 그 사정을 알았거나 알 수 있었을 때에 한하여 배상의 책임이 있다.

1) 의 의

통설과 판례는 민법 제393조에 대하여 채무불이행의 경우에 있어서의 불이행과 손해와의 사이의 인과관계를 규정한 것이라고 하고, 동조는 상당인과관계설, 그 가운데서도 절충설에 의거한 것이라고 설명한다. 상당인과관계설은 채무의 불이행이라는 원인사실이 일반적으로 보통 그러한 손해를 결과로서 발생케 하는 것이면 불이행과 손해 사이에는 상당인과관계가 있는 것이고 채무자는 그 손해를 배상해야 한다고 보는 것이다.

> **[판례]** 도급인이 그가 분양한 아파트의 하자와 관련하여 구분소유자들로부터 손해배상청구를 당하여 그 하자에 대한 손해배상금 및 이에 대한 지연손해금을 지급한 경우, 그 지연손해금은 도급인이 자신의 채무의 이행을 지체함에 따라 발생한 것에 불과하므로 특별한 사정이 없는 한 수급인의 도급계약상의 채무불이행과 상당인과관계가 있는 손해라고 볼 수는 없다. 이러한 경우 도급인으로서는 구분소유자들의 손해배상청구와 상관없이 수급인을 상대로 위 하자에 대한 손해배상금(원금)의 지급을 청구하여 그 이행지체에 따른 지연손해금을 청구할 수 있을 뿐이다(대판 2013. 11. 28, 2011다67323).

2) 민법 제393조(제한배상주의)

① 통상손해는 채무불이행이 있으면 일반적으로 발생하는 손해로서 가해행위와 상당인과관계의 범위내에서는 당연히 배상받을 수 있으나, ② 특별손해는 채무불이행으로 인해 일반적으로 발생하는 손해가 아닌, 즉 어느 채권자에게만 존재하는 특별한 사정으로 인해 발생하는 손해로서 채무자는 이러한 특별한 사정의 존재에 관해 예견가능성이 있는 경우에만 배상책임을 진다. 채무자의 예견가능성에 대해서는 채권자가 입증해야 한다.

> **[판례]** ① 채무불이행자나 불법행위자는 그러한 특별한 사정에 의하여 생긴 손해의 액수까지 알았거나 알 수 있었어야 하는 것은 아니다(대판 1994. 11. 11, 94다22446).
> ② 민법 제393조 제1항의 통상손해는 특별한 사정이 없는 한 그 종류의 채무불이행이 있으면 사회일반의 거래관념 또는 경험칙에 비추어 통상 발생하는 것으로 생각되는 범위의 손해를 말하고, 제2항의 특별한 사정으로 인한 손해는 당사자들의 개별적, 구체적 사정에 따른 손해를 말한다. 상가건물과 지하철역 사이의 연결통로 개설의무가 이행불능된 경우, 수분양자에게는 그 교환가치의 하락 등의 재산상 손해가 발생하였으며, 주위 부동산들의 거래상황 등에 비추어 볼 때 상가건물과 지하철역 사이의 연결통로가 개설되지 않음으로써 교환가치의 하락 등의 손해를 입었을 개연성이 인정된다면, 연결통로 개설의무 이행불능으로 인한 통상손해가 발생한 것이고, 이 손해가 특별한 사정으로 인한 손해라고 하더라도 예견가능성이 있다(대판 2009. 7. 9, 2009다24842).

3) 특별사정에 대한 예견가능성의 판단시기

통설과 판례는 특별사정에 대한 예견가능성의 판단시기에 관하여 이행기를 기준으로 하고 있다. 그러나 소수설은 계약체결시를 기준으로 해야 한다고 한다(김형배).

판례 민법 제393조 제2항 소정의 특별사정으로 인한 손해배상에 있어서 채무자가 그 사정을 알았거나 알 수 있었는지의 여부를 가리는 시기는 계약체결당시가 아니라 **채무의 이행기까지**를 기준으로 판단하여야 한다 (대판 1997. 11. 11, 97다26982, 26999).

4) 판례검토

㈎ 통상손해

① 수리비 또는 교환가치

[1] 불법행위로 인하여 물건이 훼손되었을 때 통상의 손해액은 수리가 가능한 경우에는 **수리비**, 수리가 불가능한 경우에는 **교환가치의 감소액**이 되고, 수리를 한 후에도 일부 수리가 불가능한 부분이 남아있는 경우에는 수리비 외에 수리불능으로 인한 교환가치의 감소액도 통상의 손해에 해당한다. [2] 자동차의 주요 골격 부위가 파손되는 등의 사유로 중대한 손상이 있는 사고가 발생한 경우에는, 기술적으로 가능한 수리를 마치더라도 특별한 사정이 없는 한 원상회복이 안 되는 수리 불가능한 부분이 남는다고 보는 것이 경험칙에 부합하고, 그로 인한 자동차 가격 하락의 손해는 통상의 손해에 해당한다고 보아야 한다. 이 경우 그처럼 잠재적 장애가 남는 정도의 중대한 손상이 있는 사고에 해당하는지는 사고의 경위 및 정도, 파손 부위 및 경중, 수리방법, 자동차의 연식 및 주행거리, 사고 당시 자동차 가액에서 수리비가 차지하는 비율, 중고자동차 성능·상태 점검기록부에 사고 이력으로 기재할 대상이 되는 정도의 수리가 있었는지 여부 등의 사정을 종합적으로 고려하여, 사회일반의 거래관념과 경험칙에 따라 객관적·합리적으로 판단하여야 하고, 이는 중대한 손상이라고 주장하는 당사자가 주장·증명하여야 한다(대판 2017. 5. 17, 2016다248806).

② 이른바 휴업손해

영업용 차량이 사고로 인하여 파손되어 그 유상교체나 수리를 위하여 필요한 기간 동안 그 차량에 의한 영업을 할 수 없었던 경우에는 영업을 계속하였더라면 얻을 수 있었던 수익상실은 통상손해로 보아야 한다(대판 1997. 4. 25, 97다8526).

㈏ 특별손해

① 재산적 법익의 침해로 인한 정신적 손해

일반적으로 계약상 채무불이행으로 인하여 **재산적 손해가 발생한 경우**, 그로 인하여 계약 당사자가 받은 **정신적인 고통**은 재산적 손해에 대한 배상이 이루어짐으로써 회복된다고 보아야 할 것이므로, 재산적 손해의 배상만으로는 회복될 수 없는 정신적 고통을 입었다는 특별한 사정이 있고, 상대방이 이와 같은 사정을 알았거나 알 수 있었을 경우에 한하여 정신적 고통에 대한 위자료를 인정할 수 있다(대판 2004. 11. 12, 2002다53865).

비교판례 〈**진료계약상 채무불이행책임에서 정신적 손해를 통상손해로 볼 수 있는지 여부(적극)**〉 진료계약 상 주의의무 위반으로 환자의 생명이나 신체에 불이익한 결과를 초래한 경우 일반적으로 채무불이행책임과 불법행위책임이 성립할 수 있다. 이와 같이 **생명·신체가 침해된 경우** 환자가 **정신적 고통**을 입을 수 있으므로, 진료계약의 당사자인 병원 등은 환자가 입은 정신적 고통에 대해서도 민법 제393조, 제763조, 제751조 제1항에 따라 손해를 배상해야 한다. 피고 병원이 이 사건에 적용해야 한다고 주장하는 대법원 2004. 11. 12. 선고 2002다53865 판결 등은 모두 채무불이행으로 침해된 법익이 생명·신체 기타 인격적 법익이 아닌 재산적 법익인 사안에 대한 것이다. 위와 같은 대법원 판결은 그러한 법익 침해로 계약당사자가 입은 정신적 고통은 재산적 손해에 대한 배상이 이루어지면 회복되고 그것만으로 회복될 수 없는 정신적 고통은 특별한 사정으로 인한 손해라는 것이므로 이 사건과 같이 채무불이행으로 생명·신체 등의 법익이 침해된 사안에 적용할 선례가 아니다(대판 2018. 11. 15, 2016다244491).

② 제3자에게 몰수된 계약금

매도인이 매수인으로부터 매매대금을 약정된 기일에 지급받지 못한 결과 제3자로부터 부동산을 매수하고 그 잔대금을 지급하지 못하여 몰수당한 계약금은 특별손해이므로 매수인이 이를 알았거나 알 수 있었던 경우에만 그 손해를 배상할 책임이 있다(대판 1991. 10. 11, 91다25369).

③ 매수인의 설계비

매매대금을 완불하지 않은 토지의 매수인이 그 토지 상에 건물을 신축하기 위하여 설계비 또는 공사계약금을 지출하였다가 계약이 해제됨으로 말미암아 이를 회수하지 못하는 손해는 특별손해이다(대판 1996. 2. 13, 95다47619).

④ 장래의 수입

┃**판례**┃ 의과대학 재학생이 사고로 사망한 경우 그가 졸업한 후, 의사로서의 수입을 얻었을 것이라는 청구는 이른바 **특별한 사정으로 인한 손해**에 속하는 것으로 의사국가고시합격율이 100퍼센트에 가깝다 하여도 그것만으로 그 입증을 다하였다고 할 수 없다(대판 1978. 2. 28, 77다1976).

┃**비교판례**┃ [1] 불법행위로 사망한 피해자의 **일실수입**은 원칙적으로 **불법행위로 손해가 발생할 당시에 피해자가 종사하고 있던 직업의 소득을 기준**으로 산정해야 한다. **피해자가 사고 당시 일정한 직업의 소득이 없는 사람이라면** 그 수입상실액은 보통사람이면 누구나 종사하여 얻을 수 있는 **일반노동임금을 기준**으로 하되, 특정한 기능이나 자격 또는 경력을 가지고 있어서 장차 그에 대응한 소득을 얻을 수 있는 **상당한 개연성이 인정되는 경우**에는 **그 통계소득**을 기준으로 산정할 수 있다. [2] 의과대학 본과 3학년 재학 중 교통사고로 사망한 갑의 일실수입 산정 기준과 방법이 문제 된 사안에서, 피해자가 전문직을 양성하는 대학에 재학 중 사망한 경우 전문직으로서 소득을 얻을 **상당한 개연성**이 인정된다면 **전문직 취업자의 일반통계에 의한 수입의 평균 수치를 기초로** 일실수입을 산정해야 하므로, 갑이 전문직으로서 소득을 얻을 수 있는 상당한 개연성이 있는지를 심리하여 일실수입 산정의 기초가 되는 소득을 정했어야 하는데도, 갑의 일실수입을 고용형태별 근로실태조사보고서의 대졸 이상 전 직종 평균소득을 기준으로 산정한 원심판결에 법리오해의 잘못이 있다고 한 사례(대판 2021. 7. 15, 2016다260097).

⑤ 불능 후 시가 앙등

이행불능의 경우 불능이 된 당시의 시가에 의하여 손해가 배상되어야 하고, 그 후의 시가앙등으로 인한 손해는 특수한 사정에 해당되므로 채무자가 이를 예견 또는 예견할 수 있는 경우에 한하여 그 앙등된 가격을 손해배상액산정의 기준으로 한다(대판 1990. 12. 7, 90다5672).

⑥ 전매차익

전매계약을 체결하여 얻게 되는 전매차익은 특별한 사정으로 인한 손해, 즉 특별손해로서, 채무자가 그 사정을 알았거나 알 수 있었을 때에 한하여 배상의 책임이 있다(대판 1967. 5. 30, 67다466 ; 대판 1992. 4. 28, 91다29972).

⑦ 토지에 대한 부당한 가압류의 집행으로 그 지상에 건물을 신축하는 내용의 공사도급계약이 해제됨으로 인한 손해는 특별손해이므로, 가압류채권자가 토지에 대한 가압류집행이 그 지상 건물 공사도급계약의 해제사유가 된다는 특별한 사정을 알았거나 알 수 있었을 때에 한하여 배상의 책임이 있다(대판 2008. 6. 26, 2006다84874).

(5) 손해배상방법(제394조, 제763조 불법행위에도 준용)

> **제394조(손해배상의 방법)**
> 다른 의사표시가 없으면 손해는 금전으로 배상한다.

1) 금전배상주의

우리 민법은 금전배상주의를 원칙으로 하고 있다(제394조, 제763조). 다만 예외적으로 당사자가 다른 의사표시를 한 때(제394조, 제763조) 또는 법률에 다른 규정이 있는 때에는 그러하지 아니하다(제764조). 위 법조 소정의 금전이라 함은 우리나라의 통화를 가리키는 것이다(대판 2007. 8. 23, 2007다26455, 26462).

> **판례** 불법행위로 인한 손해배상의 방법에 관하여 규정하고 있는 민법 제763조, 제394조가 정한 '금전'이란 **우리나라의 통화를 가리키는 것이어서 이 사건에 있어서와 같이 불법행위로 인한 물품대금 상당의 손해배상을 구하는 채권은** 당사자가 외국통화로 지급하기로 약정하였다는 등의 특별한 사정이 없는 한 채권액이 외국통화로 지정된 **외화채권이라 할 수 없다.** 또한 불법행위로 인한 손해배상의 범위는 원칙적으로 **불법행위시**를 기준으로 산정하여야 하므로, **외화로 표시된 물품대금 상당의 손해배상금을 우리나라 통화로 지급할 것을 명하는 경우** 그 배상액을 산정함에 있어서는 당사자의 주장에 의하거나 외화채권의 경우처럼 사실심 변론종결 당시를 기준으로 하는 것이 아니라 **불법행위 시**의 외국환 시세에 의하여 우리나라 통화로 환산하여야 한다(대판 2018. 3. 15, 2017다213760).

2) 정기금배상문제

현행 민법 제751조 제1항은 위자료(정신적 손해)에 대하여, 제2항은 제1항에 대한 정기금 지급에 대하여 규정하고 있지만, 판례는 이 조항을 확대하여 재산적 손해배상에도 정기금배상을 명할 수 있다고 한다.

3. 중간이익의 공제

향후 계속적인 치료가 필요하여 실제 그 치료를 받을 것임이 확실히 예상되는 경우에 그 치료비는
그 때에 지출되는 것임이 명백하므로, 그 장래의 치료비 상당의 손해를 사고당시를 기준으로 하여 일
시에 청구할 수 있는 금액으로 산정함에 있어서는, 사고 당시와 치료비 지출 예상시까지와의 사이의
중간이자를 공제함이 마땅하다(대판(전합) 1979. 4. 24, 77다703).

4. 손해배상자의 대위(제399조)

> **제399조(손해배상자의 대위)**
> 채권자가 그 채권의 목적인 물건 또는 권리의 가액전부를 손해배상으로 받은 때에는 채무자는 그 물
> 건 또는 권리에 관하여 당연히 채권자를 대위한다.

채무자의 채무불이행으로 인해 채권자가 채권의 목적인 물건 또는 권리의 가액전부를 손해배상으
로 받은 때에는 그 물건 또는 권리는 물권변동의 요건이나 채권양도의 대항요건을 갖추지 않고서도
당연히 채권자로부터 배상자에게로 이전된다.

IX. 과실상계

> **제396조(과실상계)**
> 채무불이행에 관하여 채권자에게 과실이 있는 때에는 법원은 손해배상의 책임 및 그 금액을 정함에
> 이를 참작하여야 한다.

1. 의 의

예컨대 자동차의 과속운행으로 승객이 부상을 당하여 승객(채권자)이 손해배상을 청구하는 경우, 안
전벨트 미착용 등 그 승객의 과실이 있는 경우 그것을 고려하는 것을 말한다. 판례에 의하면 과실상계
에서 "과실"은 사회통념상, 신의성실의 원칙상, 공동생활에서 요구되는 약한 부주의를 말한다고 하여
책임발생요건으로서의 과실(제390조, 제750조 참조)과 별개의 개념으로 인정한다.

자(가해자)로서의 과실 내용 및 비율로 삼을 수는 없다(대판 2005. 7. 8, 2005다8125).

2. 요 건

채무불이행(불법행위) 자체에 관하여 채권자에게 과실이 있는 경우뿐만 아니라 채무불이행(불법행위)이 생긴 후에 손해의 발생 또는 그 '확대'에 관하여 채권자에게 과실이 있는 경우에도 그 적용이 있다. 예컨대 피해자가 합리적인 이유 없이 수술치료를 거부하여 손해가 확대되었다면 손해배상액에서 참작하여야 한다(대판 1999. 6. 25, 99다10714).

> **판례** ① 가해행위와 피해자측의 요인이 경합하여 손해가 발생하거나 확대된 경우에는 그 피해자측의 요인이 **체질적인 소인(예, 폐전색) 또는 질병의 위험도와 같이 피해자측의 귀책사유와 무관한 것이라고 할지라도**, 과실상계의 법리를 유추적용하여 그 손해의 발생 또는 확대에 기여한 피해자측의 요인을 참작할 수 있다(대판 2005. 6. 24, 2005다16713; 대판 2000. 1. 21, 98다50586).
> ② 불법행위로 인한 손해배상의 책임 및 그 범위를 정함에 있어 피해자의 과실을 참작하는 이유는 불법행위로 인하여 발생한 손해를 가해자와 피해자 사이에 공평하게 분담시키고자 함에 있으므로, 피해자의 과실에는 피해자 본인의 과실뿐 아니라 그와 신분상 내지 사회생활상 일체를 이루는 관계에 있는 자의 과실도 **피해자측의 과실**로서 참작되어야 하고, 어느 경우에 신분상 내지 사회생활상 일체를 이루는 관계라고 할 것인지는 구체적인 사정을 검토하여 피해자측의 과실로 참작하는 것이 공평의 관념에서 타당한지에 따라 판단하여야 한다(대판 1999. 7. 23, 98다31868).

3. 적용범위

(1) 과실상계에 관한 제396조의 규정은 불법행위로 인한 손해배상 청구를 하는 경우에도 적용이 있다(제763조).

(2) 과실상계는 채무불이행 내지 불법행위로 인한 손해배상책임에 대해 인정되는 것이고, **채무내용에 따른 본래의 급부의 이행을 구하는 경우**에 적용될 것이 아니다(대판 1996. 5. 10, 96다8468). **표현대리**의 경우에도 마찬가지이다.

> **판례** ① 예금주가 인장관리를 다소 소홀히 하였거나 입·출금 내역을 조회하여 보지 않음으로써 금융기관 직원의 불법행위가 용이하게 된 사정이 있다고 할지라도 정기예탁금 계약에 기한 **정기예탁금 반환청구사건**에 있어서는 그러한 사정을 들어 금융기관의 채무액을 감경하거나 과실상계할 수 없다(대판 2001. 2. 9, 99다48801).
> ② 채권자의 청구가 연대보증인에 대하여 그 **보증채무의 이행**을 구하고 있음이 명백한 경우에는, 손해배상책임의 유무 또는 배상의 범위를 정함에 있어 채권자의 과실이 참작되는 과실상계의 법리는 적용될 여지가 없다(대판 1996. 2. 23, 95다49141).
> ③ **표현대리행위가 성립하는 경우**에 그 본인은 표현대리행위에 의하여 **전적인 책임을 져야** 하고, 상대방에게 과실이 있다고 하더라도 과실상계의 법리를 유추적용하여 본인의 책임을 경감할 수 없는 것이므로, 피고가 반환할 금액에서 원고의 과실이 참작되어 감액되어야 한다는 지적도 그 이유 없다(대판 1996. 7. 12, 95다49554).

(3) 과실상계는 본래 채무불이행 또는 불법행위로 인한 손해배상책임에 대하여 인정되는 것이고, 매매계약이 해제되어 소급적으로 효력을 잃은 결과 매매당사자에게 당해 계약에 기한 급부가 없었던 것과 동일한 재산상태를 회복시키기 위한 **원상회복의무의 이행**으로서 이미 지급한 매매대금 기타의 급부의 반환을 구하는 경우에는 적용되지 아니한다.

> **판례** **계약의 해제로 인한 원상회복청구권**에 대하여 해제자가 해제의 원인이 된 채무불이행에 관하여 '원인'의 일부를 제공하였다는 등의 사유를 내세워 신의칙 또는 공평의 원칙에 기하여 일반적으로 손해배상에 있어서의 과실상계에 준하여 권리의 내용이 제한될 수 있다고 하는 것은 허용되어서는 아니 된다(대판 2014. 3. 13, 2013다34143).

(4) 하자담보책임

무과실책임인 매도인의 하자담보책임이나, 수급인의 하자담보책임에도 과실을 참작하여야 한다고 봄이 판례이다(대판 1995. 6. 30, 94다23920 등).

> **판례** ① 민법 제581조, 제580조에 기한 매도인의 하자담보책임은 법이 특별히 인정한 무과실책임으로서 여기에 민법 제396조의 과실상계 규정이 준용될 수는 없다 하더라도, 담보책임이 민법의 지도이념인 공평의 원칙에 입각한 것인 이상 하자 발생 및 그 확대에 가공한 매수인의 잘못을 참작하여 손해배상의 범위를 정함이 상당하다(대판 1995. 6. 30, 94다23920).
> ② 이러한 원리는 수급인의 하자담보책임에 관한 민법 제667조에도 동일하다(대판 1990. 3. 9, 88다카31866).

4. 효 과

(1) 직권주의

채권자(피해자)의 과실정도에 관한 판단은 원칙적으로 사실심의 전권사항에 속한다(대판 2006. 4. 28, 2005다44626). 그러나 과실이 인정되면 이를 반드시 참작해야만 되며, 참작하지 않은 판결은 상고의 대상이 된다. 채권자의 과실의 유무는 법원이 직권으로 조사하여야 한다.

> **판례** ① 불법행위나 채무불이행으로 인한 손해배상사건에서 과실상계 등 책임제한사유에 관한 사실인정이나 그 제한 비율을 정하는 것은 그것이 형평의 원칙에 비추어 현저히 불합리하다고 인정되지 않는 한 사실심의 전권사항에 속한다(대판 2013. 11. 28, 2011다60247).
> ② 피해자에게 과실이 인정되면 법원은 손해배상의 책임 및 그 금액을 정함에 있어서 이를 참작하여야 하며, 배상의무자가 피해자의 과실에 관하여 주장하지 않는 경우에도 소송자료에 의하여 과실이 인정되는 경우에는 이를 법원이 직권으로 심리·판단하여야 한다(대판 1996. 10. 25, 96다30113).

(2) 공동불법행위의 경우(전체적 평가설)

> **판례** ① [1] 공동불법행위책임은 가해자 각 개인의 행위에 대하여 개별적으로 그로 인한 손해를 구하는 것이 아니라 가해자들이 공동으로 가한 불법행위에 대하여 그 책임을 추궁하는 것이므로, 법원이 피해자의 과실을

들어 과실상계를 함에 있어서는 피해자의 공동불법행위자 각인에 대한 과실비율이 서로 다르더라도 피해자의 과실을 공동불법행위자 각인에 대한 과실로 개별적으로 평가할 것이 아니고 그들 전원에 대한 과실로 **전체적으로 평가**하여야 한다. [2] 이는 과실상계를 위한 피해자의 과실을 평가함에 있어서 공동불법행위자 전원에 대한 과실로 전체적으로 평가하여야 한다는 것이지, 공동불법행위자 중에 고의로 불법행위를 행한 자가 있는 경우에는 피해자에게 과실이 없는 것으로 보아야 한다거나 모든 불법행위자가 과실상계의 주장을 할 수 없게 된다는 의미는 아니다(대판 2010. 2. 11, 2009다68408).
② **공동불법행위책임**은 가해자 각 개인의 행위에 대하여 개별적으로 그로 인한 손해를 구하는 것이 아니라 그 가해자들이 공동으로 가한 불법행위에 대하여 그 책임을 추구하는 것으로, 법원이 피해자의 과실을 들어 과실상계를 함에 있어서는 **피해자의 공동불법행위자 각인에 대한 과실비율이 서로 다르더라도** 피해자의 과실을 공동불법행위자 각인에 대한 과실로 개별적으로 평가하지 않고 그들 **전원에 대한 과실로 전체적으로 평가**하는 것이 원칙이다. 그런데 **공동불법행위자의 관계는 아니지만** 서로 별개의 원인으로 발생한 독립된 채무가 동일한 경제적 목적을 가지고 있고 서로 중첩되는 부분에 관하여 한쪽의 채무가 변제 등으로 소멸하면 다른 쪽의 채무도 소멸하는 관계에 있기 때문에 **부진정연대채무 관계가 인정되는 경우**가 있다. 이러한 경우까지 과실상계를 할 때 반드시 채권자의 과실을 채무자 전원에 대하여 **전체적으로 평가하여야 하는 것은 아니다**. 그리고 손해배상사건에서 과실상계나 손해부담의 공평을 기하기 위한 책임제한에 관한 사실인정이나 그 비율을 정하는 것은 그것이 형평의 원칙에 비추어 현저하게 불합리하다고 인정되지 않는 한 사실심의 전권사항에 속한다(대판 2022. 7. 28, 2017다16747, 16754).

(3) 일부청구의 경우 과실상계의 방법

> **판례** 일개의 손해배상청구권중 일부가 소송상 청구되어 있는 경우에 과실상계를 함에 있어서는 **손해의 전액에서 과실비율에 의한 감액**을 하고 그 잔액이 청구액을 초과하지 않을 경우에는 그 잔액을 인용할 것이고 잔액이 청구액을 초과할 경우에는 청구의 전액을 인용하는 것으로 풀이하는 것이 일부청구를 하는 당사자의 통상적 의사라고 할 것이다(대판 1976. 6. 22, 75다819).

5. 한 계

피해자의 부주의를 이용하여 고의로 불법행위를 저지른 자가 바로 그 피해자의 부주의를 이유로 자신의 책임을 감하여 달라고 주장하는 것은 허용될 수 없다(대판 2010. 7. 8, 2010다21276).

> **판례** ① 피해자의 부주의를 이용하여 고의로 불법행위를 저지른 자가 바로 그 피해자의 부주의를 이유로 자신의 책임을 감하여 달라고 주장하는 것이 허용되지 아니하는 것은, 그와 같은 고의적 불법행위가 영득행위에 해당하는 경우 과실상계와 같은 책임의 제한을 인정하게 되면 가해자로 하여금 불법행위로 인한 이익을 최종적으로 보유하게 하여 공평의 이념이나 신의칙에 반하는 결과를 가져오기 때문이므로, **고의에 의한 불법행위의 경우에도 위와 같은 결과가 초래되지 않는 경우**에는 과실상계와 공평의 원칙에 기한 책임의 제한은 얼마든지 가능하다(대판 2016. 4. 12, 2013다31137).
> ② 피해자의 부주의를 이용하여 고의로 불법행위를 저지른 사람이 바로 피해자의 부주의를 이유로 자신의 책임을 줄여 달라고 주장하는 것은 허용될 수 없다. 그러나 이는 그러한 사유가 있는 자에게 과실상계의 주장을 허용하는 것이 신의칙에 반하기 때문이므로, 불법행위자 중의 일부에게 그러한 사유가 있다고 하여 **그러**

한 사유가 없는 **다른 불법행위자**까지도 과실상계의 주장을 할 수 없다고 해석할 것은 아니다. 또한 중개보조원이 업무상 행위로 거래당사자인 피해자에게 고의로 불법행위를 저지른 경우라고 하더라도, **중개보조원을 고용하였을 뿐 이러한 불법행위에 가담하지 않은 개업공인중개사에게 책임을 묻고 있는 피해자에게 과실이 있다면**, 법원은 과실상계의 법리에 따라 손해배상의 책임과 그 금액을 정하는 데 이를 참작하여야 한다. 따라서 **과실에 의한 불법행위자인 중개보조원이 고의에 의한 불법행위자와 공동불법행위책임을 부담하는 경우** 중개보조원의 손해배상액을 정할 때에는 피해자의 과실을 참작하여 과실상계를 할 수 있고, 중개보조원을 고용한 개업공인중개사의 손해배상금액을 정할 때에는 개업공인중개사가 중개보조원의 사용자일 뿐 불법행위에 관여하지는 않았다는 등의 개별적인 사정까지 고려하여 중개보조원보다 가볍게 책임을 제한할 수도 있다(대판 2018. 2. 13, 2015다242429).

③ 불법행위로 인한 손해의 발생 또는 확대에 관하여 피해자에게도 과실이 있는 때에는 가해자의 손해배상의 범위를 정함에 있어 당연히 이를 참작하여야 하고, 가해행위가 **사기, 횡령, 배임 등의 영득행위인 경우** 등 과실상계를 인정하게 되면 가해자로 하여금 불법행위로 인한 이익을 최종적으로 보유하게 하여 공평의 이념이나 신의칙에 반하는 결과를 가져오는 경우에만 예외적으로 과실상계가 허용되지 아니한다[대판(전합) 2013. 9. 26, 2012다13637].

6. 손익상계

(1) 의의와 구별

> **판례** 채무불이행이나 불법행위 등이 채권자 또는 피해자에게 손해를 생기게 하는 동시에 이익을 가져다 준 경우에는 공평의 관념상 그 이익은 당사자의 주장을 기다리지 아니하고 손해를 산정함에 있어서 공제되어야만 하는 것이므로, 민법 제673조에 의하여 도급계약이 해제된 경우에도, 그 해제로 인하여 수급인이 그 일의 완성을 위하여 들이지 않게 된 자신의 노력을 타에 사용하여 소득을 얻었거나 또는 얻을 수 있었음에도 불구하고, 태만이나 과실로 인하여 얻지 못한 소득 및 일의 완성을 위하여 준비하여 둔 재료를 사용하지 아니하게 되어 타에 사용 또는 처분하여 얻을 수 있는 대가 상당액은 당연히 손해액을 산정함에 있어서 공제되어야 한다(대판 2002. 5. 10, 2000다37296, 37302).

(2) 과실상계와 순서

채무불이행 또는 불법행위로 인한 손해배상액을 산정함에 있어서 **과실상계를 한 다음 손익상계**를 하여야 한다(대판 1996. 1. 23, 95다24340).

(3) 손익상계가 허용되기 위해서는 손해배상책임의 원인이 되는 행위로 인하여 피해자가 새로운 이득을 얻었고 그 이득과 손해배상책임의 원인행위 사이에 상당인과관계가 있어야 한다(대판 2012. 11. 29, 2010다93790).

> **판례** ① 근로자가 사용자의 고용의무 불이행을 이유로 고용의무를 이행하였다면 받을 수 있었던 임금 상당액을 손해배상으로 청구하는 경우, **근로자가 사용자에게 제공하였어야 할 근로를 다른 직장에 제공함으로써 얻은 이익**이 사용자의 고용의무 불이행과 사이에 **상당인과관계가 인정된다면** 이러한 이익은 고용의무 불이행으로 인한 손해배상액을 산정할 때 **공제되어야 한다**(대판 2022. 9. 29, 2018다301527).

② 손해배상액 산정에서 손익상계가 허용되기 위해서는 손해배상책임의 원인이 되는 행위로 인하여 피해자가 새로운 이득을 얻었을 뿐만 아니라 그 이득은 배상의무자가 **배상하여야 할 손해의 범위에 대응하는 것이어 야** 한다(대판 2011. 4. 28, 2009다98652).

X. 손해배상액의 예정

제398조(배상액의 예정)
① 당사자는 채무불이행에 관한 손해배상액을 예정할 수 있다.
② 손해배상의 예정액이 부당히 과다한 경우에는 법원은 적당히 감액할 수 있다.
③ 손해배상액의 예정은 이행의 청구나 계약의 해제에 영향을 미치지 아니한다.
④ 위약금의 약정은 손해배상액의 예정으로 추정한다.
⑤ 당사자가 금전이 아닌 것으로써 손해의 배상에 충당할 것을 예정한 경우에도 전4항의 규정을 준용한다.
---

1. 서 설

(1) 채무불이행으로 인한 손해배상을 청구하려면 채권자는 채무불이행 사실 그리고 그 사실에 의한 손해의 발생과 그 액수를 입증해야 한다. 그러나 그러한 입증이 용이한 것은 아니기 때문에 당사 자는 장차 채무불이행이 있게 되면 그 사실만으로 일정한 금액을 손해배상액으로 하기로 미리 약 정할 수 있는데 이를 '손해배상액의 예정'이라 한다.

판례 ① 매수인이 당초 약정된 잔금 지급기일까지 잔금을 지급하지 못하여 그 지급독촉을 받아 오다가 매도 인과의 사이에 그 잔금의 지급기일을 연기받는 한편 그 기일의 준수를 다짐하면서, 만일 그 연기된 날까지 잔 금을 지급하지 아니하면 매매계약을 해제하여 무효로 함과 아울러 매도인에게 이미 지급한 계약금 및 중도금 에 대한 반환청구권을 포기 내지 상실키로 하는 약정을 한 경우, 그 포기약정은 손해배상액의 예정으로 봄이 상당하다(대판 1995. 12. 12, 95다40076).
② 금전채무에 관하여 이행지체에 대비한 **지연손해금 비율을 따로 약정한 경우**에 이는 일종의 손해배상액 의 예정으로서 민법 제398조에 의한 감액의 대상이 된다(대판 2000. 7. 28, 99다38637).
③ 건물 신축공사에 있어 준공 후에도 건물에 다수의 하자와 미시공 부분이 있어 수급인이 약정기한 내에 그 하자와 미시공 부분에 대한 공사를 완료하지 못할 경우 미지급 공사비 등을 포기하고 이를 도급인의 손해배상 금으로 충당한다는 내용의 합의각서를 작성한 경우, 위 약정은 민법 제398조에 정한 채무불이행에 관한 손해 배상액을 예정한 경우에 해당한다(대판 2008. 7. 24, 2007다69186).
④ 甲 회사가 乙 회사와 분양대행계약을 체결하면서 약정기일까지 일정 분양률을 달성하지 못하면 계약보증 금을 乙 회사에 귀속시키기로 약정한 사안에서, 위 약정은 甲 회사가 약정기일까지 위 분양률을 달성하지 못 할 경우에 대하여 위약금을 약정한 것으로 보아야 하고, 이는 민법 제398조 제4항에 따라 손해배상액의 예정 으로 추정된다(대판 2010. 2. 25, 2009다83797).

(2) 손해배상액의 예정계약은 채무불이행을 조건으로 하는 정지조건부계약이며, 원채권관계에 종된 계약이다.

(3) 위약금은 손해배상액의 예정이나 위약벌로서의 성질을 지니는데, 특약이 없는 한 위약금의 약정은 손해배상액의 예정으로 추정한다(제398조 제4항 참조).

2. 배상액예정의 효과

(1) 입증책임의 완화

채무불이행으로 인한 손해배상액이 예정되어 있는 경우 채권자는 **채무불이행 사실**만 증명하면 **손해의 발생 및 그 액수**를 증명하지 아니하고 예정배상액을 청구할 수 있다. 반면 채무자는 채권자와 채무불이행에 있어 채무자의 귀책사유를 묻지 아니한다는 약정을 하지 아니한 이상 자신의 **귀책사유가 없음**을 주장·증명함으로써 위 예정배상액의 지급책임을 면할 수 있다(대판 2010. 2. 25, 2009다83797).

(2) 예정액 배상의무

채무자는 배상하기로 한 예정액을 배상해야 하며, 손해가 전혀 없다는 사실 또는 실제의 손해액이 예정액보다 적다는 사실을 입증하더라도 책임을 면하거나 감액을 청구하지는 못한다(대판 2008. 11. 13, 2008다46906). 채권자도 실제의 손해액이 예정액보다 많다는 것을 입증하더라도 배상예정액 이상으로 청구하지는 못한다. 따라서 채무자가 알았거나 알 수 있었던 **특별손해**도 예정배상액과 별도로 청구할 수 없다.

> **판례** 당사자간의 특별한 약정이 없는 한 예정액에는 통상손해뿐만 아니라 **특별한 사정에 의한 손해**도 포함된다고 해석된다(대판 2007. 7. 27, 2007다18478).

(3) 직권감액

손해배상의 예정액이 부당히 과다한 경우에는 법원은 적당히 감액할 수 있다(제398조 제2항). 손해배상의 예정액이 부당하게 과다한지의 여부 내지 그에 대한 적당한 감액의 범위를 판단하는 데 있어서의 기준시점은 **사실심의 변론종결시**로 봄이 판례이다(대판 2009. 2. 26, 2007다19051). 예정액이 부당하게 과다하다고 하여 감액을 한 경우에 손해배상액의 예정에 관한 약정 중 감액에 해당하는 부분은 **처음부터 무효**이다(대판 1991. 7. 9, 91다11490).

> **판례** ① 손해배상 예정액이 부당하게 과다한 경우에는 법원은 당사자의 주장이 없더라도 **직권으로** 이를 감액할 수 있으며, 이 경우에 실제 발생할 것으로 예상되는 손해의 크기를 참작하여 손해배상액의 예정액이 부당하게 과다한지 여부 내지 그에 대한 적당한 감액의 범위를 판단함에 있어서는 실제의 손해액을 구체적으로

심리·확정할 필요는 없다(대판 2010. 7. 15, 2010다10382). 다만 기록상 실제의 손해액 또는 예상 손해액을 알 수 있는 경우 그 예정액과 대비하여 보면 족하다 할 것이며, 실제의 손해액이 예정액에 미치지 못한다는 점은 그 예정액이 부당히 과다하다고 주장하는 채무자가 입증할 필요가 있다(대판 1995. 11. 10, 95다33658).

② (ⅰ) 민법 제398조 제2항에 의하여 법원이 손해배상 예정액을 감액할 수 있는 '부당히 과다한 경우'라 함은 손해가 없다든가 손해액이 예정액보다 적다는 것만으로는 부족하고, 계약자의 경제적 지위 기타 제반사정을 고려하여 그와 같은 예정액의 지급이 경제적 약자의 지위에 있는 채무자에게 부당한 압박을 가하여 공정성을 잃는 결과를 초래한다고 인정되는 경우를 뜻하는 것으로 보아야 한다(대판 2012. 3. 29, 2011다83240). (ⅱ) 따라서 단지 예정액 자체가 크다든가 계약 체결 시부터 계약 해제 시까지의 시간적 간격이 짧다든가 하는 사유만으로는 부족하다(대판 2014. 7. 24, 2014다209227).

③ 위 규정의 적용에 따라 손해배상의 예정액이 부당하게 과다한지 및 그에 대한 적당한 감액의 범위를 판단하는 데 있어서는, 법원이 구체적으로 그 판단을 하는 때 즉, **사실심의 변론종결 당시**를 기준으로 하여 그 사이에 발생한 위와 같은 모든 사정을 종합적으로 고려하여야 한다. 이때 감액사유에 대한 사실인정이나 그 비율을 정하는 것은 형평의 원칙에 비추어 현저히 불합리하다고 인정되지 않는 한 사실심의 전권에 속하는 사항이다(대판 2017. 5. 30, 2016다275402).

④ 손해배상액의 예정으로서 공사수급인이 약정한 지체상금을 연대보증인이 지급하게 되는 경우, 지체상금의 과다여부는 연대보증인이 아닌 공사수급인을 기준으로 판단하여야 한다(대판 2005. 8. 19, 2002다59764).

(4) 과실상계 부정

▌**판례** ① 손실배상액을 예정한 경우에는 과실상계를 적용할 것이 아니다(대판 1972. 3. 31, 72다108).

② 지체상금이 손해배상의 예정으로 인정되어 이를 감액함에 있어서는 채무자가 계약을 위반한 경위 등 제반사정이 참작되므로 **손해배상액의 감경에 앞서 채권자의 과실 등을 들어 따로 감경할 필요는 없다**(대판 2002. 1. 25, 99다57126).

③ 당사자 사이의 계약에서 채무자의 채무불이행으로 인한 손해배상액이 예정되어 있는 경우, 채무불이행으로 인한 손해의 발생 및 확대에 채권자에게도 과실이 있더라도 민법 제398조 제2항에 따라 채권자의 과실을 비롯하여 채무자가 계약을 위반한 경위 등 제반 사정을 참작하여 **손해배상 예정액을 감액할 수는 있을지언정 채권자의 과실을 들어 과실상계를 할 수는 없다**(대판 2016. 6. 10, 2014다200763,200770).

(5) 약관규제법과의 관계

약관의 규제에 관한 법률에 의하여 약관조항이 무효인 경우 그것이 유효함을 전제로 민법 제398조 제2항을 적용하여 적당한 한도로 손해배상예정액을 감액하거나, 과중한 손해배상의무를 부담시키는 부분을 감액한 나머지 부분만으로 그 효력을 유지시킬 수는 없다(대판 2009. 8. 20, 2009다20475, 20482).

(6) 일방에게만 손해배상액의 예정조항이 있는 경우

▌**판례** 분양계약서에서 수분양자인 乙의 분양대금 납입 지체에 따른 지연손해금의 납부책임과 금액만을 규정하고 분양자이자 매도인인 甲 주식회사 등의 이행지체에 따른 지체상금에 관하여는 아무런 규정을 두지 않은 사안에서, **수분양자의 분양대금 납입 지체에 적용되는 지연손해금 조항이 당연히 매도인에게도 적용되어 동일한 내용의 지체상금 조항이 있는 것으로 간주될 수는 없으므로**, 乙은 甲회사에 대하여 손해배상액

의 예정으로서 지체상금의 지급을 구할 수는 없고 甲회사의 채무불이행으로 인하여 실제로 입은 손해만을 민법 제393조 등에서 정한 바에 따라 배상받을 수 있을 뿐이다(대판 2012. 3. 29, 2010다590).

3. 위약벌문제

(1) 의 의

계약 위반시 **손해배상책임을 지는 것과는 별도로** 상대방에게 귀속시킴으로써 의무자에게 제재를 가함과 동시에 의무자의 계약이행을 간접적으로 강제하는 작용을 하기 위해 지급하기로 약정한 금원을 말한다. 민법은 제398조 제4항에서 위약금을 원칙적으로 손해배상액의 예정으로 추정하므로 위약금이 위약벌로 해석되기 위하여는 특별한 사정이 주장·입증되어야 한다.

> **판례** 위약벌은 손해배상과는 무관하므로 **위약벌 약정에 해당한다면 위약벌과 별도로 채무불이행으로 인하여 실제 발생한 손해에 대하여 배상을 청구할 수 있다**고 해석된다(대판 2022. 7. 21, 2018다248855, 248862).

(2) 특 징

위약벌은 손해배상의 예정과는 그 내용이 다르므로 손해배상의 예정에 관한 **민법 제398조 제2항의 규정을 유추적용하여 그 액을 감액할 수는 없으며,** 다만 그 의무의 강제에 의하여 얻어지는 채권자의 이익에 비하여 약정된 벌이 과도하게 무거울 때에는 그 일부 또는 전부가 **공서양속에 반하여 무효가 되는 것에 불과하다**(대판 2002. 4. 23, 2000다56976).

> **판례** 위약벌의 약정은 채무의 이행을 확보하기 위하여 정하는 것으로서 손해배상액의 예정과 그 내용이 다르므로 손해배상의 예정에 관한 민법 제398조 제2항을 유추적용하여 그 액을 감액할 수 없다. **위와 같은 현재의 판례는 타당하고 그 법리에 따라 거래계의 현실이 정착되었다고 할 수 있으므로 그대로 유지되어야 한다**(대판 2022. 7. 21, 2018다248855, 248862). ☞ 위약벌은 손해배상액의 예정과 함께 위약금의 일종으로서 손해배상액의 예정에 관한 민법 제398조 제2항을 유추하여 감액할 수 있다고 해석하여야 한다는 반대의견이 있었으나 다수의견에 따라 기존 판례가 유지되었다.

(3) 계약이행보증금

계약이행보증금을 위약벌로 이해하는 것이 종전 판례의 태도였으나, 최근에는 손해배상예정으로 추정한다.

> **판례** ① 도급계약에 있어 계약이행보증금과 지체상금의 약정이 있는 경우에는 특별한 사정이 없는 한 계약이행보증금은 위약벌 또는 제재금의 성질을 가지고, 지체상금은 손해배상의 예정으로 봄이 상당하다(대판 1997. 10. 28, 97다21932).
> ② 위약금이 위약벌로 해석되기 위하여는 특별한 사정이 주장·입증되어야 하는바, 당사자 사이의 도급계약서

에 계약보증금 외에 지체상금도 규정되어 있다는 점만을 이유로 하여 계약보증금을 위약벌로 보기는 어렵다 (대판 2000. 12. 8, 2000다35771).

(4) 손해배상액 예정과의 구별

판례 ① 당사자 사이에 채무불이행이 있으면 위약금을 지급하기로 하는 약정이 있는 경우에 위약금이 손해배상액의 예정인지 위약벌인지는 계약서 등 처분문서의 내용과 계약의 체결 경위 등을 종합하여 구체적 사건에서 개별적으로 판단할 의사해석의 문제이고, 위약금은 민법 제398조 제4항에 의하여 손해배상액의 예정으로 추정되지만, 당사자 사이의 위약금 약정이 채무불이행으로 인한 손해의 배상이나 전보를 위한 것이라고 보기 어려운 특별한 사정, 특히 하나의 계약에 채무불이행으로 인한 손해의 배상에 관하여 손해배상예정에 관한 조항이 따로 있다거나 실손해의 배상을 전제로 하는 조항이 있고 그와 별도로 위약금 조항을 두고 있어서 **위약금 조항을 손해배상액의 예정으로 해석하게 되면 이중배상이 이루어지는 등의 사정이 있을 때**에는 위약금은 위약벌로 보아야 한다(대판 2016. 7. 14, 2013다82944).

② [1] 당사자 사이에 채무불이행이 있으면 위약금을 지급하기로 약정한 경우에 위약금 약정이 손해배상액의 예정인지 위약벌인지는 구체적인 사건에서 개별적으로 판단해야 할 의사해석의 문제이다. 그런데 **위약금은 손해배상액의 예정으로 추정되므로**(민법 제398조 제4항), 위약금을 위약벌로 해석하기 위해서는 이를 위약벌로 인정할 만한 특별한 사정이 있어야 한다. [2] **위약금 약정이 손해배상액의 예정과 위약벌의 성격을 함께 가지는 경우** 특별한 사정이 없는 한 **법원은 당사자의 주장이 없더라도 직권으로** 민법 제398조 제2항에 따라 **위약금 전체 금액을 기준으로 감액할 수 있다**(대판 2020. 11. 12, 2017다275270).

(5) 이자제한법 적용여부

이자제한법의 최고이자율 제한에 관한 규정은 금전대차에 관한 계약상의 이자에 관하여 적용될 뿐, 계약을 위반한 사람을 제재하고 계약의 이행을 간접적으로 강제하기 위하여 정한 **위약벌의 경우에는 적용될 수 없다**(대판 2017. 11. 29, 2016다259769).

4. 계약금

(1) 해약금추정

계약금계약은 **요물계약**이며 매매계약의 **종된 또 하나의 계약**이다. 계약금은 원칙적으로 해약금으로 추정된다(제565조). 당사자 일방이 이행에 착수할 때까지 교부자(매수인)는 이를 포기하고, 수령자(매도인)는 그 배액을 상환하여 매매계약을 해제할 수 있다(제565조 제1항).

(2) 손해배상예정이 되기 위한 요건

계약금을 교부하면서 **채무를 이행하지 않을 경우** 계약금을 교부한 자는 이를 포기하고 수령한 자는 그 배액의 상환을 '약정'하였다면, 이러한 계약금의 수수는 한편으로 해약금으로서의 성질을 가지며(제565조), 다른 한편 손해배상액의 예정(제398조)으로서의 성질을 지니고 있다고 할 것이다.

> **판례** 유상계약을 체결함에 있어서 계약금이 수수된 경우 계약금은 해약금의 성질을 가지고 있어서, **이를 위약금으로 하기로 하는 특약이 없는 이상** 계약이 당사자 일방의 귀책사유로 인하여 해제되었다 하더라도 상대방은 계약불이행으로 입은 실제 손해만을 배상받을 수 있을 뿐 계약금이 위약금으로서 상대방에게 당연히 귀속되는 것은 아니다(대판 2006. 1. 27, 2005다52078, 52085). ☞ 단순히 계약금을 지급하는 것만으로는 손해배상액의 예정이 되지 않고, 특약이 있어야 한다.

(3) 법정해제권과의 관계

계약금에 의한 해제권유보나 손해배상의 예정은 채무불이행으로 인한 법정해제권의 발생·행사·효과에 영향을 미치지 않는다(제398조 제3항).

5. 불법행위와의 관계

계약당사자 사이에 손해배상액을 예정하는 내용의 약정이 있는 경우에는 그것은 계약상의 채무불이행으로 인한 손해액에 관한 것이고 이를 계약과 관련된 불법행위상의 손해까지 예정한 것이라고는 볼 수 없으므로 매매계약해제 이후 철거의무 불이행 등으로 인한 손해는 계약이 해제된 이후 별도의 불법행위를 원인으로 하는 것으로서 계약당시 수수된 손해배상액의 예정액으로 전보되는 것은 아니다(대판 1999. 1. 15, 98다48033) ☞ 불법행위에는 손해배상 예정이 적용될 수 없음에 유의할 것. 제763조는 제398조를 준용하지 않는다.

6. 하자보수 보증금의 성질(특수한 손해배상액의 예정)

하자보수보증금의 특성상 실손해가 하자보수보증금을 초과하는 경우에는 그 초과액의 손해배상을 구할 수 있다는 명시 규정이 없다고 하더라도 도급인은 수급인의 하자보수의무 불이행을 이유로 하자보수보증금의 몰취 외에 그 실손해액을 입증하여 수급인으로부터 그 초과액 상당의 손해배상을 받을 수도 있는 "특수한 손해배상액의 예정"으로 봄이 상당하다(대판 2002. 7. 12, 2000다17810).

XI. 채권자지체(수령지체)

> **제400조(채권자지체)**
> 채권자가 이행을 받을 수 없거나 받지 아니한 때에는 이행의 제공있는 때로부터 지체책임이 있다.

1. 의 의

(1) 채권자지체란 채무자가 채무의 내용에 좇은 이행을 제공하였는데도 채권자가 이행을 받을 수 없거나 받지 아니하여 이행이 완료되지 못한 상태에 놓이는 것을 말한다(제400조 참조).

(2) 채권자지체는 본질상 채무자의 이행행위만으로써 이행이 완료되고 채권자의 협력을 필요로 하지 않는 경우에는 채권자지체가 문제되지 않는다.

2. 채권자지체의 본질론과 요건

(1) 견해의 대립

구 분	채무불이행책임설	법정책임설
내용	채권자에게는 수령 내지 협력의 신의칙상 의무가 있고 채권자지체는 이에 위반한 채무불이행책임이다.	채권자에게는 수령·협력의무가 없고 채권자지체는 형평의 원칙에 따라 협력지연의 불이익을 채권자에게 부담케 한 법정책임이다.
요건	채권자의 귀책사유를 요한다(귀책사유가 없으면 제401조 이하의 법정효과도 발생하지 않는다).	채권자의 귀책사유를 요하지 않는다(무과실책임).
효과	제401조 이하의 효과 및 채무불이행의 일반효과인 계약해제, 손해배상청구권 등도 발생한다.	제401조, 제402조, 제403조, 제538조의 법정효과만 발생한다.

〈이종훈 채권법편, 495면〉

(2) 판례의 태도

판례 민법 제400조는 채권자지체에 관하여 "채권자가 이행을 받을 수 없거나 받지 아니한 때에는 이행의 제공 있는 때로부터 지체책임이 있다"라고 정하고 있다. 채무의 내용인 급부가 실현되기 위하여 채권자의 수령 그 밖의 협력행위가 필요한 경우에, 채무자가 채무의 내용에 따른 이행제공을 하였는데도 채권자가 수령 그 밖의 협력을 할 수 없거나 하지 않아 급부가 실현되지 않는 상태에 놓이면 채권자지체가 성립한다. **채권자지체의 성립에 채권자의 귀책사유는 요구되지 않는다.** 민법은 채권자지체의 효과로서 채권자지체 중에는 채무자는 고의 또는 중대한 과실이 없으면 불이행으로 인한 모든 책임이 없고(제401조), 이자 있는 채권이라도 채무자는 이자를 지급할 의무가 없으며(제402조), 채권자지체로 인하여 그 목적물의 보관 또는 변제의 비용이 증가된 때에는 그 증가액은 채권자가 부담하는 것으로 정한다(제403조). 나아가 채권자의 수령지체 중에 당사자 쌍방의 책임 없는 사유로 채무를 이행할 수 없게 된 때에는 채무자는 상대방의 이행을 청구할 수 있다(제538조 제1항). 이와 같은 규정 내용과 체계에 비추어 보면, 채권자지체가 성립하는 경우 그 효과로서 원칙적으로 채권자에게 **민법 규정에 따른 일정한 책임이 인정되는 것 외에,** 채무자가 채권자에 대하여 **일반적인 채무불이행책임과 마찬가지로 손해배상이나 계약 해제를 주장할 수는 없다.** 그러나 계약 당사자가 명시적·묵시적으로 채권자에게 급부를 수령할 의무 또는 채무자의 급부 이행에 협력할 의무가 있다고 약정한 경우, 또는 구체적 사안에서 **신의칙상 채권자에게 위와 같은 수령의무나 협력의무가 있다고 볼 특별한 사정이 있다고 인정되는 경우**에는 그러한 의무 위반에 대한 책임이 발생할 수 있다. 이와 같이 채권자에게 계약상 의무로서 수령의무나 협력의무가 인정되는 경우, 그 수령의무나 협력의무가 이행되지 않으면 계약 목적을 달성할 수 없거나 채무자에게 계약의 유지를 더 이상 기대할 수 없다고 볼 수 있는 때에는 **채무자는 수령의무나 협력의무 위반을 이유로 계약을 해제할 수 있다**(대판 2021. 10. 28, 2019다293036).

(3) 요건검토

(ㄱ) 채권자지체가 되려면 채무자의 채무의 내용에 좋은 이행의 제공(변제의 제공)이 있어야 한다.

(ㄴ) 판례에 따르면 채권자지체의 성립에 채권자의 귀책사유는 요구되지 않는다.

(4) 입 증

채권자지체의 성립은 채무자가 입증하여야 한다. 즉 채무자는 이행의 제공 및 채권자의 지체 사실에 대한 입증책임을 진다(채무불이행과 역으로 생각하면 된다).

> **판례** 일반적으로 채무불이행으로 인한 손해배상청구에 있어서 그 불이행의 귀책사유에 대한 증명책임은 채무자에게 있고, 채권자의 수령지체 중에 이행불능이 된 경우에도 **채권자지체가 발생한 사실에 대한 증명책임은 채무자에게 있다**(대판 2016. 3. 24, 2015다249383).

3. 효 과(제401조~제403조, 제538조)

제401조(채권자지체와 채무자의 책임)
채권자지체 중에는 채무자는 고의 또는 중대한 과실이 없으면 불이행으로 인한 모든 책임이 없다.

제402조(동전)
채권자지체 중에는 이자있는 채권이라도 채무자는 이자를 지급할 의무가 없다.

제403조(채권자지체와 채권자의 책임)
채권자지체로 인하여 그 목적물의 보관 또는 변제의 비용이 증가된 때에는 그 증가액은 채권자의 부담으로 한다.

제538조(채권자귀책사유로 인한 이행불능)
① 쌍무계약의 당사자 일방의 채무가 채권자의 책임있는 사유로 이행할 수 없게 된 때에는 채무자는 상대방의 이행을 청구할 수 있다. 채권자의 수령지체 중에 당사자쌍방의 책임없는 사유로 이행할 수 없게 된 때에도 같다.
② 전항의 경우에 채무자는 자기의 채무를 면함으로써 이익을 얻은 때에는 이를 채권자에게 상환하여야 한다.

(1) 책임감경

> **판례** 수치인이 적법하게 임치계약을 해지하고 임치인에게 임치물의 회수를 최고하였음에도 불구하고 임치인의 수령지체로 반환하지 못하고 있는 사이에 임치물이 멸실 또는 훼손된 경우에는 수치인에게 고의 또는 중대한 과실이 없는 한 채무불이행으로 인한 손해배상책임이 없다(대판 1983. 11. 8, 83다카1476).

〈선관의무문제〉 이행기 이후에도(즉 인도시까지) 채무자가 선관주의의무가 있게 되는 것은 민법 전체의 각도에서 본다면, 이행지체나 수령지체도 되지 않는 경우이다(제392조 · 401조 참조). 채무자가 이행지체에 빠진 경우에는 책임이 가중되며, 채권자가 지체에 빠진 경우에는 채무자의 책임이 경감되고 그 범위에서 선관주의의무는 수정된다(제392조, 제401조 참조). 따라서 동시이행항변권이 있다던가, 불가항력으로 인하여 이행기에 이행하지 못한 경우에 목적물에 대한 채무자의 주의의무는 선관주의의무가 된다.

(2) 손해배상, 계약해제

채권자지체로 인한 채권을 채무불이행책임으로 보면 손해배상 및 계약해제권을 행사할 수 있지만, 판례는 원칙적으로 채권자에게 민법 규정에 따른 일정한 책임이 인정되는 것 외에, 채무자가 채권자에 대하여 일반적인 채무불이행책임과 마찬가지로 손해배상이나 계약 해제를 주장할 수는 없다고 한다.

(3) 채권자지체로 되면 위험부담은 채권자에게 이전한다(제538조).

사례연습 甲은 乙에게 서울막걸리 50통을 2010년 10월 12일의 축제일에 배달하도록 주문을 하였다. 乙이 10월 12일에 막걸리를 가지고 甲에게 왔으나 축제는 연기되었고 甲은 문을 잠근 채 나타나지 않았다. 乙이 막걸리를 가지고 공장으로 돌아가던 중 버스와 충돌하여 막걸리가 유실되었다.

판례 ① 채권자지체 : 乙이 10월 12일에 이행제공을 한 막걸리를 甲이 수령하지 않은 결과로 甲은 채권자지체에 빠졌다고 볼 수 있다.
② 채무자의 책임감경 : 버스와의 충돌이 乙의 고의나 중과실인 경우에는 乙이 채무불이행책임을 부담하지만, 乙에게 고의나 중과실이 없는 한 채무불이행책임을 지지 않는다(제401조).
③ 위험부담의 이전 : 甲이 채권자지체에 빠지는 동시에 반대급부위험은 채권자에게 이전하여 乙의 귀책사유 없이 이행불능이 된 경우에는 비록 甲이 이행불능에 대한 귀책사유가 없다고 하더라도 대금지급위험을 부담한다. 결국 乙은 甲에게 막걸리를 인도할 채무를 면하고 甲에 대하여는 막걸리대금을 청구할 수 있다(제538조).

XII. 책임재산보전의 일반론

1. 서 설

강제이행이나 손해배상이나 모두 종국적으로는 채무자의 일반재산이 그 담보가 되는 것이므로, 자기재산의 보전을 게을리 하는 채무자나, 적극적으로 자기재산의 산일을 꾀하는 채무자가 있는 경우에 채권자를 보호하는 제도를 필요로 한다. 채권자대위권과 채권자취소권은 채무자의 일반재산의 감소에 의해 채권자의 채권의 효력이 약화되는 것을 방지하기 위한 제도이다.

2. 채권자대위권과 채권자취소권의 비교

채권자대위권이 채무자의 권리를 채권자가 대신 행사하는 것이라면, 채권자취소권은 채무자와 수익자사이의 유효한 법률행위를 채권자가 부인하는 점에서 제3자에게 미치는 영향이 매우 크고, 따라서 채권자취소권은 '재판상'으로만 행사할 수 있다.

XIII. 채권자대위권

> **제404조(채권자대위권)**
> ① 채권자는 자기의 채권을 보전하기 위하여 채무자의 권리를 행사할 수 있다. 그러나 일신에 전속한 권리는 그러하지 아니하다.
> ② 채권자는 그 채권의 기한이 도래하기 전에는 법원의 허가없이 전항의 권리를 행사하지 못한다. 그러나 보전행위는 그러하지 아니하다.
>
> **제405조(채권자대위권행사의 통지)**
> ① 채권자가 전조 제1항의 규정에 의하여 보전행위 이외의 권리를 행사한 때에는 채무자에게 통지하여야 한다.
> ② 채무자가 전항의 통지를 받은 후에는 그 권리를 처분하여도 이로써 채권자에게 대항하지 못한다.

1. 의 의

채권자대위권은 채권자가 자신의 이름으로 채무자의 권리를 행사하는 실체법상의 권리이다(제404조 이하).

2. 요 건

첫째 '채권자'측의 요건으로서 ① 채권자가 자기의 채권을 보전할 필요가 있어야 하고, ② 채권의 이행기가 도래하여야 하며, 둘째 '채무자'측의 요건으로서 ③ 채무자의 제3자에 대한 권리가 일신에 전속하는 것이 아니어야 하고, ④ 채무자가 스스로 그의 권리를 행사하지 않고 있어야 한다.

(1) 채권의 존재 및 보전의 필요성

민법 제404조에서 규정하고 있는 채권자대위권은 채권자가 채무자에 대한 자기의 채권을 보전하기 위하여 필요한 경우에 채무자의 제3자에 대한 권리를 대위하여 행사할 수 있는 권리를 말하므로, 보전되는 채권에 대하여 **보전의 필요성**이 인정되어야 한다(대판 2014. 12. 11, 2013다71784). 여기에서 보전의 필요성은, 채권자가 보전하려는 권리와 대위하여 행사하려는 채무자의 권리가 **밀접하게 관련되어 있고**, 채권자가 채무자의 권리를 대위하여 행사하지 않으면 자기 채권의 완전한 만족을 얻을 수 없게 될 위험이 있어 채무자의 권리를 대위하여 행사하는 것이 자기채권의 현실적 이행을 유효·적절하게 확보하기 위하여 필요한 것을 말한다(대판 2014. 12. 11, 2013다71784; 대판 2013. 5. 23, 2010다50014).

1) 채권의 존재

㈎ 채권자대위권은 채권자가 자기의 채권을 보전하기 위하여 인정되는 것이므로, 채권자가 채무자에 대해 채권을 가지고 있을 것이 당연히 요구된다. 채권의 종류는 묻지 않으며, 또 채무자의 제3채무자에 대한 권리보다 먼저 성립되어 있을 필요도 없다(이점이 채권자취소권과 구별된다).

판례 ① 채권자대위소송에서 대위에 의하여 보전될 **채권자의 채무자에 대한 권리가 인정되지 아니할 경우** 에는 채권자가 스스로 원고가 되어 채무자의 제3채무자에 대한 권리를 행사할 당사자적격이 없게 되므로 그 대위소송은 부적법하여 각하할 것인바, **피대위자인 채무자가 실존인물이 아니거나 사망한 사람인 경우** 역시 피보전채권인 채권자의 채무자에 대한 권리를 인정할 수 없는 경우에 해당하므로 그러한 채권자대위소송은 당사자적격이 없어 부적법하다(대판 2021. 7. 21, 2020다300893).

② 채권자대위권은 채권자가 자기의 채권을 보전하기 위하여 채무자의 권리를 행사할 수 있는 권리로서 **채무자에 대하여 채권을 행사할 수 있음이 전제되어야 할 것**인바, 채무자 회생 및 파산에 관한 법률 제566조 본문은 "면책을 받은 채무자는 파산절차에 의한 배당을 제외하고는 파산채권자에 대한 채무의 전부에 관하여 그 책임이 면제된다."라고 규정하고 있고, 다만 그 단서에서 들고 있는 일정한 채무의 경우에만 책임이 면제되지 아니한다는 예외규정을 두고 있으므로, 채무자가 파산절차에서 면책결정을 받은 때에는 파산채권을 피보전채권으로 하여 채권자대위권을 행사하는 것은 그 채권이 위 법률 제566조 단서의 예외사유에 해당하지 않는 한 허용되지 않는다(대판 2022. 9. 7, 2022다230165).

(나) 피보전채권이 존재하여야 하므로, 채권자대위소송에 있어서 대위에 의하여 보전될 채권자의 채무자에 대한 권리가 인정되지 아니할 경우에는 채권자가 스스로 원고가 되어 채무자의 제3채무자에 대한 권리를 행사할 당사자적격이 없게 되므로 그 대위소송은 부적법하여 각하할 수 밖에 없다(대판 2014. 3. 27, 2009다104960). 따라서 채권자가 채무자를 상대로 소유권이전등기절차이행의 소를 제기하여 **패소의 확정판결**을 받게 되면, 그러한 권리를 보전하기 위한 채권자대위소송은 그 요건을 갖추지 못하여 부적법하다(대판 2003. 5. 13, 2002다64148). 반면에 채권자가 채무자를 상대로 제기한 소송에서 **승소확정판결**을 받고 그 확정판결에 기한 청구권을 피보전채권으로 하여 제3채무자를 상대로 채권자대위소송을 제기한 경우에는 제3채무자가 그 청구권의 존재를 다툴 수 없다(대판 2010. 11. 11, 2010다43597).

판례 ① 甲이 乙에 대해서는 소유권이전등기절차이행을, 丙에 대해서는 乙을 대위하여 말소등기절차이행을 청구하는 소송에서 乙에 대한 청구가 승소 확정된 경우, 甲의 乙에 대한 **승소 확정판결**에 의하여 甲이 乙에 대하여 소유권이전등기청구권을 가진다는 점은 입증되었다고 할 것이고 **丙으로서는 그 등기청구권의 존재를 다툴 수 없다**(대판 1998. 3. 27, 96다10522). ② 그러나 **그 청구권의 취득이**, 채권자로 하여금 채무자를 대신하여 소송행위를 하게 하는 것을 주목적으로 이루어진 경우와 같이, **강행법규에 위반되어 무효라고 볼 수 있는 경우** 등에는 위 확정판결에도 불구하고 채권자대위소송의 제3채무자에 대한 관계에서는 피보전권리가 존재하지 아니한다고 보아야 한다. 이는 위 확정판결 또는 그와 같은 효력이 있는 재판상 화해조서 등이 재심이나 준재심으로 취소되지 아니하여 채권자와 채무자 사이에서는 그 판결이나 화해가 무효라는 주장을 할 수 없는 경우라 하더라도 마찬가지이다(대판 2019. 1. 31, 2017다228618).

(다) 본조(제404조)에서 규정하고 있는 채권자대위권은 채권자가 채무자에 대한 자기의 채권을 보전하기 위하여 필요한 경우에 채무자의 제3자에 대한 권리를 대위행사할 수 있는 권리를 말하는 것으로서, 이때 보전되는 채권은 보전의 필요성이 인정되고 이행기가 도래한 것이면 족하고, 그 채권의 발생원인이 어떠하든 대위권을 행사함에는 아무런 방해가 되지 아니하며, 또한 **채무자에**

대한 채권이 제3채무자에게 까지 대항할 수 있는 것임을 요하는 것도 아니라 할 것이다(대판 1988. 2. 23, 87다카961).

비교판례 임대인의 동의 없는 임차권의 양도는 당사자 사이에서는 유효하다 하더라도 다른 특약이 없는 한 임대인에게는 대항할 수 없는 것이고, 임대인에 대항할 수 없는 임차권의 양수인으로서는 임대인의 권한을 대위행사할 수 없다(대판 1985. 2. 8, 84다카188).

(라) 긍정예와 부정예
판례 ① 매수인이 **토지거래허가 신청절차의 협력의무 이행청구권**을 보전하기 위하여 매도인의 권리를 대위하여 행사하는 것도 허용된다고 할 수 있지만, **보전의 필요성**이 인정되어야 한다(대판 2013. 5. 23, 2010다50014).
② 국세기본법의 규정, 채권자대위 소송의 목적과 근거, 효과 등에 비추어 보면, 국가는 **조세채권**의 보전을 위하여 납세의무자의 제3자에 대한 채권을 대위하여 행사할 수 있다(대판 2019. 4. 11, 2017다269862).
③ **이혼으로 인한 재산분할청구권**은 협의 또는 심판에 의하여 그 구체적 내용이 형성되기까지는 그 범위 및 내용이 불명확·불확정하기 때문에 구체적으로 권리가 발생하였다고 할 수 없으므로 이를 보전하기 위하여 채권자대위권을 행사할 수 없다(대판 1999. 4. 9, 98다58016).
④ 특별한 사정이 없는 한 **대표이사의 업무집행권 등이나 주주의 주주권**에 기하여는 회사가 제3자에 대하여 가지는 특정물에 관한 물권적청구권이나 등기청구권을 대위행사할 수 없다(대판 1978. 4. 25, 78다90).

2) 채권을 보전하기 위하여의 의미
(가) 보전해야 할 채권이 금전채권인 경우
(ㄱ) 채권자대위권행사에 관한 요건으로 통설적 견해와 판례는 보전되는 채권이 **금전채권**인 경우에는 채무자의 무자력을 요건으로 하고 있으며, 반면 **특정채권**인 경우에는 채권자대위권제도의 전용을 인정하여 채무자의 무자력을 그 요건으로 하지 않는다고 한다.
(ㄴ) 채무자의 무자력은 **채권자**가 이를 주장·입증하여야 한다. 무자력은 **사실심의 변론종결 당시**를 표준으로 하여 결정한다(대판 1976. 7. 13, 75다1086).
(ㄷ) 하지만 채권자의 채권이 **금전채권인 경우에도** 판례상 일정한 경우에는 **채무자의 무자력을 요건으로 하지 않고도 채권자대위권이 인정된 사례**가 있다.

판례 ① 채권자가 자기채권을 보전하기 위하여 채무자의 권리를 행사하려면 채무자의 무자력을 요건으로 하는 것이 통상이지만 **임차보증금반환청구권을 양수한 채권자가 그 이행을 청구하기 위하여 임차인의 가옥명도가 선 이행되어야 할 필요가 있어서 그 명도를 구하는 경우**에는 그 채권의 보전과 채무자인 임대인의 자력유무는 관계가 없는 일이므로 무자력을 요건으로 한다고 할 수 없다(대판 1989. 4. 25, 88다카4253, 4260).
② **수임인이 가지는 민법 제688조 제2항 전단 소정의 대변제청구권**은 통상의 금전채권과는 다른 목적을 갖는 것이므로, **수임인이 이 대변제청구권을 보전하기 위하여 채무자인 위임인의 채권을 대위 행사하는 경우**에는 채무자의 무자력을 요건으로 하지 아니한다(대판 2002. 1. 25, 2001다52506).

비교판례 [1] 채권자는 자기의 채권을 보전하기 위하여 일신에 전속한 권리가 아닌 한 채무자의 권리를 행사할 수 있다(민법 제404조 제1항). 권리의 행사 여부는 권리자가 자유로운 의사에 따라 결정하는 것이 원칙이다. 채무자가 스스로 권리를 행사하지 않는데도 채권자가 채무자를 대위하여 채무자의 권리를 행사할 수 있으려면 그러한 채무자의 권리를 행사함으로써 채권자의 권리를 **보전해야 할 필요성**이 있어야 한다. 여기에서 보전의 필요성은 채권자가 보전하려는 권리의 내용, 채권자가 보전하려는 권리가 금전채권인 경우 채무자의 자력 유무, 채권자가 보전하려는 채권과 대위하여 행사하려는 권리의 관련성 등을 종합적으로 고려하여 채권자가 채무자의 권리를 대위하여 행사하지 않으면 자기 채권의 완전한 만족을 얻을 수 없게 될 위험이 있어 채무자의 권리를 대위하여 행사하는 것이 자기 채권의 현실적 이행을 유효·적절하게 확보하기 위하여 필요한지를 기준으로 판단하여야 하고, 채권자대위권의 행사가 채무자의 자유로운 재산관리행위에 대한 **부당한 간섭**이 되는 등 특별한 사정이 있는 경우에는 보전의 필요성을 인정할 수 없다. 위 법리에 따르면, 보전의 필요성이 인정되기 위하여는 우선 **적극적 요건**으로서 채권자가 채권자대위권을 행사하지 않으면 피보전채권의 완전한 만족을 얻을 수 없게 될 위험의 존재가 인정되어야 하고, 나아가 채권자대위권을 행사하는 것이 그러한 위험을 제거하여 피보전채권의 현실적 이행을 유효·적절하게 확보하여 주어야 하며, 다음으로 **소극적 요건**으로서 채권자대위권의 행사가 채무자의 자유로운 재산관리행위에 대한 부당한 간섭이 된다는 사정이 없어야 한다. 이러한 적극적 요건과 소극적 요건은 채권자가 보전하려는 권리의 내용, 보전하려는 권리가 금전채권인 경우 채무자의 자력 유무, 피보전채권과 채권자가 대위행사하는 채무자의 권리와의 관련성 등을 종합적으로 고려하여 인정 여부를 판단하여야 한다.

[2] [다수의견] 피보험자가 임의 비급여 진료행위에 따라 요양기관에 진료비를 지급한 다음 실손의료보험계약상의 보험자에게 청구하여 진료비와 관련한 보험금을 지급받았는데, 진료행위가 위법한 임의 비급여 진료행위로서 무효인 동시에 보험자와 피보험자가 체결한 실손의료보험계약상 진료행위가 보험금 지급사유에 해당하지 아니하여 **보험자가 피보험자에 대하여 보험금 상당의 부당이득반환채권을 갖게 된 경우**, 채권자인 보험자(보험회사)가 **금전채권인 부당이득반환채권을 보전하기 위하여** 채무자인 피보험자를 대위하여 제3채무자인 요양기관을 상대로 진료비 상당의 부당이득반환채권을 행사하는 형태의 채권자대위소송에서 **채무자가 자력이 있는 때에는 보전의 필요성이 인정된다고 볼 수 없다.** 구체적인 이유는 다음과 같다.

(가) 채무자인 피보험자가 자력이 있는 경우라면, 특별한 사정이 없는 한 채권자인 보험자가 채무자의 요양기관에 대한 부당이득반환채권을 대위하여 행사하지 않으면 자신의 채무자에 대한 부당이득반환채권의 완전한 만족을 얻을 수 없게 될 위험이 있다고 할 수 없다. 나아가 피보전채권인 보험자의 피보험자에 대한 부당이득반환채권과 대위채권인 피보험자의 요양기관에 대한 부당이득반환채권 사이에는 피보전채권의 실현 또는 만족을 위하여 대위권리의 행사가 긴밀하게 필요하다는 등의 **밀접한 관련성을 인정할 수도 없다.** 만약 채무자인 피보험자의 자력이 있는데도 보전의 필요성을 인정한다면, 이는 채권자인 보험자에게 사실상의 담보를 취득하게 하는 특권을 부여하고, 법적 근거 없이 직접청구권을 인정하는 위험을 야기하며, 다른 채권자보다 우선하여 보험자의 채권만족이 실현되어 채권자평등주의에 기반한 민사집행법 체계와 조화를 이루지 못할 우려가 있다.

(나) 보험자가 요양기관의 위법한 임의 비급여 진료행위가 무효라는 이유로 자력이 있는 피보험자의 요양기관에 대한 권리를 대위하여 행사하는 것은 피보험자의 자유로운 재산관리행위에 대한 부당한 간섭이 될 수 있다(대판 2022. 8. 25, 2019다229202). ☞ 이러한 다수의견에 대해 채권자인 보험자가 자신의 부당이득반환채권을 보전하기 위하여 채무자인 피보험자를 대위하여 제3채무자인 요양기관을 상대로 진료비 상당의 부당이득반환채권을 청구하는 채권자대위권 행사는 채무자의 자력 유무와 관계없이 채권자대위권 행사요건인 보전의 필요성이 인정된다는 반대의견이 있었다.

(ㄹ) 한편 채권자대위의 요건으로서 채무자의 무자력 여부를 판단할 때 **제3자 명의로 소유권이 전청구권보전의 가등기가 마쳐진 부동산**은 원칙적으로 적극재산에서 제외하여야 한다(대판 2009. 2. 26, 2008다76556).

(나) 보전해야 할 채권이 특정채권(비금전채권)인 경우

채무자의 제3자에 대한 특정의 채권을 행사함으로써 채권자의 채무자에 대한 특정채권을 보전할 수 있는 경우에는, 즉 채권자의 채무자에 대한 채권과 채무자의 제3채무자에 대한 채권이 **서로 연관성이 있는 경우**에는, 채무자의 무자력을 요하지 않는다(통설·판례).

(ㄱ) 등기청구권

① 중간생략등기의 합의가 없는 경우, 즉 甲에서 乙에게로 부동산이 매도되고, 乙이 그 등기를 하지 않은 채 丙에게 부동산을 매도하였는데, 제3자간에 중간생략등기의 합의가 없는 경우, 丙이 자신의 등기청구권을 보전하기 위하여 乙을 대위하여 甲에게 소유권이전등기를 乙에게 해 줄 것을 청구할 수 있다. ② 매수인이 등기명의가 남아 있는 매도인을 대위하여 제3자 명의의 원인무효등기를 말소청구하거나, 반사회적 부동산 이중매매의 경우에 제1매수인이 매도인을 대위하여 제2매수인 명의의 소유권등기의 말소를 청구할 수 있다.

(ㄴ) 임차인의 방해배제청구권의 대위행사

토지임차인은 그 토지상의 불법점유자에게 토지임차권을 보전하기 위해 토지소유자를 대위하여 방해배제를 청구할 수 있다.

> **판례** 지하도상가의 운영을 목적으로 한 도로점용 허가를 받은 자로서 그 상가의 소유자 겸 관리주체인 시에 대하여 그 상가 내 각 **점포의 사용을 청구할 수 있는 권리**를 가지는 자는, 시에 대한 위 각 점포사용청구권을 보전하기 위하여 그 점포들의 소유자인 시가 불법점유자들에 대하여 가지는 명도청구권을 대위행사할 수 있고, 이러한 경우 불법점유자들에 대하여 직접 자기에게 그 점포들을 명도할 것을 청구할 수도 있다(대판 1995. 5. 12, 93다59502).

(ㄷ) 피보전채권이 특정채권이라 하여 반드시 순차매도 또는 임대차에 있어 **소유권이전등기청구권이나 인도청구권** 등의 보전을 위한 경우에만 한하여 채권자대위권이 인정되는 것은 아니며, **물권적 청구권**에 대하여도 채권자대위권에 관한 민법 제404조의 규정과 위와 같은 법리가 적용될 수 있다(대판 2007. 5. 10, 2006다82700).

(ㄹ) 자기채권범위 내에 행사하는 것을 원칙으로 하기 때문에 ① **부동산을 공동매수한 채권자**가 채무자에 대한 소유권이전등기청구권을 피보전채권으로 하여 제3채무자를 상대로 채무자의 제3채무자에 대한 소유권이전등기청구권을 대위행사하는 소송을 제기한 사안에서, 위 채권자는 공동매수인 중 1인에 불과하므로 **그의 매수지분 범위 내에서만** 채무자의 제3채무자에 대한 소유권이전등기청구권을 대위행사할 수 있고, 그 **지분을 초과하는 부분에 관하여는** 채무

자를 대위할 보전의 필요성이 없다(대판 2010. 11. 11, 2010다43597). ② **채무자 소유의 부동산을 시효취득한 채권자의 공동상속인**이 채무자에 대한 소유권이전등기청구권을 피보전채권으로 하여 제3채무자를 상대로 채무자의 제3채무자에 대한 소유권이전등기의 말소등기청구권을 대위행사하는 경우, 공동상속인은 **자신의 지분 범위 내에서만** 채무자의 제3채무자에 대한 소유권이전등기의 말소등기청구권을 대위행사할 수 있고, **지분을 초과하는 부분에 관하여는** 채무자를 대위할 보전의 필요성이 없다(대판 2014. 10. 27, 2013다25217).

㈐ 다른 권리구제수단이 있는 경우

다른 권리구제수단이 있었다는 사정은 채권자대위권의 행사요건인 채권보전의 필요성을 부정할 사유가 될 수 없다.

> **판 례** 토지 소유권에 근거하여 그 토지상 건물의 임차인들을 상대로 건물에서의 퇴거를 청구할 수 있었더라도 퇴거청구와 건물의 임대인을 대위하여 임차인들에게 임대차계약의 해지를 통고하고 건물의 인도를 구하는 청구는 그 요건과 효과를 달리하는 것이므로, 위와 같은 퇴거청구를 할 수 있었다는 사정이 채권자대위권의 행사 요건인 채권보전의 필요성을 부정할 사유가 될 수 없다(대판 2007. 5. 10, 2006다82700, 82717).

㈑ 보전의 필요성이 인정되지 아니하는 경우

채권자가 채권자대위권의 법리에 의하여 채무자에 대한 채권을 보전하기 위하여 채무자의 제3자에 대한 권리를 대위행사하기 위하여는 채무자에 대한 채권을 보전할 필요가 있어야 하고, 그러한 보전의 필요가 인정되지 아니하는 경우에는 소가 **부적법**하므로 법원으로서는 이를 **각하**하여야 한다(대판 2012. 8. 30, 2010다39918).

(2) 채권의 이행기의 도래

채권자는 이행기 전에는 채권을 행사할 수 없기 때문에 채권자대위권도 행사할 수 없다. 채권자대위권을 행사하려면 채권자의 채권의 이행기가 도래해야만 한다(제404조 제2항). 그러나 이행기 전에도 채권자대위권을 행사할 수 있는 두 가지 예외가 있다. 하나는 법원의 허가를 얻은 경우이고, 두 번째는 보존행위(예 : 채무자의 권리에 대한 시효중단을 위한 이행청구·미등기부동산에 대한 보존등기 신청)를 하는 경우이다.

(3) 채무자측의 요건으로서 채무자의 제3자에 대한 권리가 일신에 전속하는 것이 아닐 것

1) 채권자대위권의 목적이 되는 권리

㈎ 채권자대위권에 의해 보전되는 권리는 채무자의 책임재산보전이라는 목적에 비추어 판단되어야 한다. 따라서 보전되는 권리에는 청구권 이외에도 취소권·환매권·선택권·해제권·해지권 등의 형성권이 포함된다. 따라서 채무자가 착오·사기·강박에 의해 제3자와 계약을 체결한 경우에 채권자는 채무자의 의사표시의 취소권을 대위행사할 수 있다.

① **임대인의 임대차계약 해지권**은 오로지 임대인의 의사에 행사의 자유가 맡겨져 있는 행사상의 일신
전속권에 해당하는 것으로 볼 수 없다(대판 2007. 5. 10, 2006다82700).

② **조합원이 조합을 탈퇴할 권리**는 그 성질상 조합계약의 해지권으로서 그의 일반재산을 구성하는 재산권
의 일종이라 할 것이고 채권자대위가 허용되지 않는 일신전속적 권리라고는 할 수 없다. 따라서 채무자의 재산
인 조합원 지분을 압류한 채권자는, 당해 채무자가 속한 조합에 존속기간이 정하여져 있다거나 기타 채무자 본
인의 조합탈퇴가 허용되지 아니하는 것과 같은 특별한 사유가 있지 않은 한, 채권자대위권에 의하여 채무자의
조합 탈퇴의 의사표시를 대위행사할 수 있다(대결 2007. 11. 30, 자 2005마1130).

③ 비법인사단이 총유재산에 관한 소를 제기할 때에는 정관에 다른 정함이 있는 등의 특별한 사정이 없는 한
사원총회의 결의를 거쳐야 하지만, 이는 비법인사단의 대표자가 비법인사단 명의로 총유재산에 관한 소를 제
기하는 경우에 비법인사단의 의사결정과 특별수권을 위하여 필요한 내부적인 절차이다. 채권자대위권은 채무
자가 스스로 자기의 권리를 행사하지 아니하는 때에 채권자가 채무자에 대한 채권을 보전하기 위하여 채무자
의 의사와는 상관없이 채무자의 권리를 대위하여 행사할 수 있는 권리로서 **그 권리행사에 채무자의 동의를
필요로 하는 것은 아니므로**, 비법인사단이 총유재산에 관한 권리를 행사하지 아니하고 있어 **비법인사단의
채권자가 채권자대위권에 기하여 비법인사단의 총유재산에 관한 권리를 대위행사하는 경우에는 사원총
회의 결의 등 비법인사단의 내부적인 의사결정절차를 거칠 필요가 없다**(대판 2014. 9. 25, 2014다211336).

㈏ 채무자가 제3채무자에 대해 **채권자대위권·채권자취소권**을 가지는 경우, 그 채무자의 채권자
도 이들 권리를 대위행사할 수 있다.

㈐ 채권양도의 양수인은 양도인을 대리하여서는 채권양도의 통지를 할 수 있으나, 대위하여 통지를
할 수는 없다(제450조 참조). 다만 양도인은 양수인에 대하여 채무자에게 통지할 의무를 부담하고
있으므로 양도인이 임의로 통지하지 않는 경우에는 양수인은 양도인에게 통지를 청구할 수 있을
뿐이다.

2) 채권자대위권의 목적으로 되지 않는 권리

㈎ 채무자의 일신전속권

채권자대위권의 객체는 일신전속권 특히 행사상 일신전속권은 제외된다(예컨대 부부간만 행사할 수
있는 권리, 상속의 승인·포기권 등).

① 유류분반환청구권은 그 행사 여부가 유류분권리자의 인격적 이익을 위하여 그의 자유로운 의사결정
에 전적으로 맡겨진 권리로서 행사상의 일신전속성을 가진다고 보아야 하므로, 유류분권리자에게 그 권리행
사의 확정적 의사가 있다고 인정되는 경우가 아니라면 채권자대위권의 목적이 될 수 없다(대판 2010. 5. 27,
2009다93992).

② 공공주택 특별법에 따른 공공임대주택의 임차인이 공공주택사업자에 대한 임대차보증금반환채권을 자신
의 대출채권자에게 양도하고, 대출금의 상환이 지체되면 대출채권자 또는 지정된 제3자에게 임차주택을 인도
하겠다는 각서를 교부한 경우에도 채권자가 대출금의 상환이 지체되었다는 이유로 **임차인을 대위하여 공공
임대주택의 임대차계약을 해지할 수 없다**(대판 2022. 9. 7, 2022다230165). ☞ 공공주택 특별법이 적용되어

같은 법 시행규칙에 따른 표준임대차계약서를 사용하여 임대차계약을 체결한 경우 계약서에 규정된 **공공임대주택 임차인의 임대차계약 중도 해지권**은 임차인의 의사에 행사의 자유가 맡겨져 있는 '**행사상의 일신전속권**'으로 봄이 타당하므로, 민법 제404조 제1항 단서에 따라 채권자대위권의 목적이 될 수 없다고 한 판례.

③ [1] 이혼으로 인한 재산분할청구권은 이혼을 한 당사자의 일방이 다른 일방에 대하여 재산분할을 청구할 수 있는 권리로서 청구인의 재산에 영향을 미치지만, 순전한 재산법적 행위와 같이 볼 수는 없다. 오히려 이혼을 한 경우 당사자는 배우자, 자녀 등과의 관계 등을 종합적으로 고려하여 재산분할청구권 행사 여부를 결정하게 되고, 법원은 청산적 요소뿐만 아니라 이혼 후의 부양적 요소, 정신적 손해(위자료)를 배상하기 위한 급부로서의 성질 등도 고려하여 재산을 분할하게 된다. 또한 재산분할청구권은 협의 또는 심판에 의하여 구체적 내용이 형성되기까지는 그 범위 및 내용이 불명확·불확정하기 때문에 구체적으로 권리가 발생하였다고 할 수 없어 채무자의 책임재산에 해당한다고 보기 어렵고, 채권자의 입장에서는 채무자의 재산분할청구권 불행사가 그의 기대를 저버리는 측면이 있다고 하더라도 채무자의 재산을 현재의 상태보다 악화시키지 아니한다. 이러한 사정을 종합하면, **이혼으로 인한 재산분할청구권**은 그 행사 여부가 청구인의 인격적 이익을 위하여 그의 자유로운 의사결정에 전적으로 맡겨진 권리로서 **행사상의 일신전속성을 가지므로, 채권자대위권의 목적이 될 수 없고** 파산재단에도 속하지 않는다고 보아야 한다(대판 2023. 9. 21, 2023므10861, 10878).

(ㄴ) **계약의 청약이나 승낙**과 같이 비록 행사상의 일신전속권은 아니지만 이를 행사하면 그로써 새로운 권리의무관계가 발생하는 등으로 권리자 본인이 그로 인한 법률관계 형성의 결정 권한을 가지도록 할 필요가 있는 경우에는, 채무자에게 이미 그 권리행사의 확정적 의사가 있다고 인정되는 등 특별한 사정이 없는 한, 그 권리는 채권자대위권의 목적이 될 수 없다고 봄이 상당하다(대판 2012. 3. 29, 2011다100527).

3) 공유물분할청구권

판 례 [1] 채권자는 자기의 채권을 보전하기 위하여, 일신에 전속한 권리가 아닌 한 채무자의 권리를 행사할 수 있다(민법 제404조 제1항). 공유물분할청구권은 공유관계에서 수반되는 형성권으로서 공유자의 일반재산을 구성하는 재산권의 일종이다. 공유물분할청구권의 행사가 오로지 공유자의 자유로운 의사에 맡겨져 있어 공유자 본인만 행사할 수 있는 권리라고 볼 수는 없다. 따라서 **공유물분할청구권도 채권자대위권의 목적이 될 수 있다.**

[2] 권리의 행사 여부는 그 권리자가 자유로운 의사에 따라 결정하는 것이 원칙이다. 채무자가 스스로 권리를 행사하지 않는데도 채권자가 채무자를 대위하여 채무자의 권리를 행사할 수 있으려면 그러한 채무자의 권리를 행사함으로써 채권자의 권리를 **보전해야 할 필요성**이 있어야 한다. 여기에서 보전의 필요성은 채권자가 보전하려는 권리의 내용, 채권자가 보전하려는 권리가 금전채권인 경우 채무자의 자력 유무, 채권자가 보전하려는 권리와 대위하여 행사하려는 권리의 관련성 등을 종합적으로 고려하여 채권자가 채무자의 권리를 대위하여 행사하지 않으면 자기 채권의 완전한 만족을 얻을 수 없게 될 위험이 있어 채무자의 권리를 대위하여 행사하는 것이 자기 채권의 현실적 이행을 유효·적절하게 확보하기 위하여 필요한지 여부를 기준으로 판단하여야 하고, 채권자대위권의 행사가 채무자의 자유로운 재산관리행위에 대한 부당한 간섭이 되는 등 특별한 사정이 있는 경우에는 보전의 필요성을 인정할 수 없다.

[3] [다수의견] 채권자가 자신의 **금전채권을 보전하기 위하여** 채무자를 대위하여 **부동산에 관한 공유물분**

할청구권을 행사하는 것은, 책임재산의 보전과 직접적인 관련이 없어 채권의 현실적 이행을 유효·적절하게 확보하기 위하여 필요하다고 보기 어렵고 채무자의 자유로운 재산관리행위에 대한 부당한 간섭이 되므로 **보전의 필요성을 인정할 수 없다.** 또한 특정 분할 방법을 전제하고 있지 않은 공유물분할청구권의 성격 등에 비추어 볼 때 그 대위행사를 허용하면 여러 법적 문제들이 발생한다. 따라서 극히 예외적인 경우가 아니라면 금전채권자는 부동산에 관한 공유물분할청구권을 대위행사할 수 없다고 보아야 한다. 이는 채무자의 공유지분이 다른 공유자들의 공유지분과 함께 근저당권을 공동으로 담보하고 있고, 근저당권의 피담보채권이 채무자의 공유지분 가치를 초과하여 채무자의 공유지분만을 경매하면 남을 가망이 없어 민사집행법 제102조에 따라 경매절차가 취소될 수밖에 없는 반면, 공유물분할의 방법으로 공유부동산 전부를 경매하면 민법 제368조 제1항에 따라 각 공유지분의 경매대가에 비례해서 공동근저당권의 피담보채권을 분담하게 되어 채무자의 공유지분 경매대가에서 근저당권의 피담보채권 분담액을 변제하고 남을 가망이 있는 경우에도 마찬가지이다[대판(전합) 2020. 5. 21, 2018다879]. ☞ 공유자에 대하여 금전채권을 가진 사람은 공유자의 **공유지분에 대한 강제집행을 통해서 채권의 만족을 얻는 것이 원칙**이고, 공유물분할청구권 행사가 강제집행의 대상이 되는 채무자의 책임재산 감소를 방지한다거나 공유물분할청구권 행사로 책임재산이 늘어난다고 일반적으로 말할 수 없다. 공유부동산 전체를 매각하면 공유지분만을 매각할 때보다 공유지분의 매각대금이 더 커질 수 있다는 사실상의 가능성만으로 채무자의 책임재산이 늘어난다고 법률적으로 평가할 수도 없다. 따라서 이와 달리 공유물에 근저당권 등 선순위 권리가 있어 남을 가망이 없다는 이유로 민사집행법 제102조에 따라 공유지분에 대한 경매절차가 취소된 경우에는 공유자의 금전채권자는 자신의 채권을 보전하기 위하여 공유자의 공유물분할청구권을 대위행사할 수 있다는 취지로 판단한 대법원 2015. 12. 10. 선고 2013다56297 판결은 이 판결의 견해에 배치되는 범위에서 이를 변경하기로 한다.

(4) 채무자가 스스로 그의 권리를 행사하지 않을 것

1) 의 미

채권자대위권 행사의 요건인 '채무자가 스스로 그 권리를 행사하지 않을 것'이라 함은 채무자의 제3채무자에 대한 권리가 존재하고 채무자가 그 권리를 행사할 수 있는 상태에 있으나 스스로 그 권리를 행사하고 있지 아니하는 것을 의미하고, 여기서 권리를 행사할 수 있는 상태에 있다는 뜻은 권리행사를 할 수 없게 하는 법률적 장애가 없어야 한다는 뜻이며 채무자 자신에 관한 현실적인 장애까지 없어야 한다는 뜻은 아니다(대판 1992. 2. 25, 91다9312). 따라서 채무자가 그 권리를 행사하지 않는 이유를 묻지 아니하므로 미등기 토지에 대한 시효취득자가 제3자 명의의 소유권보존등기가 원인무효라 하여 그 등기의 말소를 구하는 경우에 있어 **채무자인 진정한 소유자가 성명불상자**라 하여도 그가 위 등기의 말소를 구하는 데 어떤 법률적 장애가 있다고 할 수는 없어 그 **채권자대위권 행사에 어떤 법률적 장애가 될 수 없다**(대판 1992. 2. 25, 91다9312).

2) 소송상의 권리

소송상의 권리에 관해서는 직접 실체법상의 권리를 주장하는 형식으로서의 **대위가 가능하지만** (예컨대 소제기, 강제집행의 신청, 청구이의의 소제기, 제3자이의의 소제기 등), **이미 채무자와 제3자 사이에 소송이 계속된 후에** 소송수행을 위하여 개개의 소송법상의 권리를 대위행사하는 것(예컨대 소송개시

후의 공격·방어방법의 제출, 상소제기 등)은 **허용될 수 없다**(대판 2012. 12. 27, 2012다75239; 대결 1961. 10. 26, 4924민재항559 참고).

> **판례** 채권을 보전하기 위해 대위행사가 필요한 경우는 실체법상의 권리뿐만 아니라 소송법상의 권리에 대해서도 대위가 허용된다고 할 것이지만, 채무자와 제3채무자 사이의 소송이 계속된 이후의 소송수행과 관련한 개개의 소송상의 행위는 그 권리행사를 소송당사자인 채무자의 의사에 맡기는 것이 타당하므로 채권자대위가 허용될 수 없다. 따라서 종전 소송절차의 재개, 속행, 재심판을 구하는 **재심의 소 제기**는 채권자대위권의 목적이 될 수 없다(대판 2012. 12. 27, 2012다75239).

3) 권리포기·패소의 경우

㈎ 채권자대위권은 채무자가 그 권리를 행사하지 아니할 때 한해 허용된다. 채무자 스스로 권리를 행사하고 있음에도 불구하고 채권자대위를 허용한다면 채무자에 대하여 부당한 간섭이 되기 때문이다(대판 1979. 3. 27, 78다2342). 따라서 채무자가 제3자에 대한 자신의 채권을 포기하는 것 역시 권리행사의 일종이므로 당연히 채권자는 **채무자가 포기한 권리**를 대위행사할 수 없다(대판 2009. 3. 12, 2008다65839).

㈏ 마찬가지로 채무자가 제3채무자에게 소를 제기하여 패소당한 경우에도 채권자는 대위행사할 수 없다.

> **판례** 채권자대위권은 채무자가 제3채무자에 대한 권리를 행사하지 아니하는 경우에 한하여 채권자가 자기의 채권을 보전하기 위하여 행사할 수 있는 것이기 때문에 채권자가 대위권을 행사할 당시 이미 채무자가 그 권리를 재판상 행사하였을 때에는 **설사 패소의 확정판결을 받았더라도** 채권자는 채무자를 대위하여 채무자의 권리를 행사할 당사자적격이 없다(대판 1993. 3. 26, 92다32876).

> **비교판례** 채권자대위권은 채무자가 스스로 제3채무자에 대한 권리를 행사하지 아니하는 경우에 한하여 채권자가 자기의 채권을 보전하기 위하여 행사할 수 있는 것이어서, 채권자가 대위권을 행사할 당시에 이미 채무자가 그 권리를 재판상 행사하였을 때에는 채권자는 채무자를 대위하여 채무자의 권리를 행사할 수 없다. 그런데 비법인사단이 사원총회의 결의 없이 제기한 소는 소제기에 관한 특별수권을 결하여 부적법하고, 그 경우 소제기에 관한 비법인사단의 의사결정이 있었다고 할 수 없다. 따라서 비법인사단인 채무자 명의로 제3채무자를 상대로 한 소가 제기되었으나 사원총회의 결의 없이 총유재산에 관한 소가 제기되었다는 이유로 **각하판결을 받고 그 판결이 확정된 경우**에는 채무자가 스스로 제3채무자에 대한 권리를 행사한 것으로 볼 수 없다(대판 2018. 10. 25, 2018다210539).

3. 행사방법과 행사의 효과

(1) 채무자에게 통지

채권자가 보존행위 이외의 목적으로 채무자의 권리를 대위행사할 때에는 반드시 채무자에게 이를 통지하여야 한다(제405조). 채권자대위권의 행사는 채권자가 대위행사의 사실을 채무자에게 통지함으로써 채무자는 **통지 이후 권리의 처분**으로 채권자에게 대항하지 못한다. 판례는 "대위권 행사의 **통지가 없더라도** 채무자가 대위권 행사의 사실을 **알고 있었다면**, 통지가 있었던 것과 마찬가지의 효과가 생긴다"고 한다(대판 1988. 1. 19, 85다카1792).

> **판례** ① 채권자가 채무자를 대위하여 채무자의 제3채무자에 대한 권리를 행사하고 **채무자에게 통지를 하거나 채무자가 채권자의 대위권 행사사실을 안 후에는** 채무자는 그 권리에 대한 처분권을 상실하여 그 권리의 양도나 포기등 처분행위를 할 수 없고 채무자의 처분행위에 기하여 취득한 권리로서는 채권자에게 대항할 수 없으나, **채무자의 변제수령**은 처분행위라 할 수 없고 같은 이치에서 **채무자가 그 명의로 소유권이전등기를 경료하는 것** 역시 처분행위라고 할 수 없으므로 소유권이전등기청구권의 대위행사 후에도 채무자는 그 명의로 소유권이전등기를 경료하는 데 아무런 지장이 없다(대판 1991. 4. 12, 90다9407).
> ② 민법 제405조 제2항은 "채무자가 채권자대위권행사의 통지를 받은 후에는 그 권리를 처분하여도 이로써 채권자에게 대항하지 못한다"고 규정하고 있는데, **채무자가 자신의 채무불이행을 이유로 매매계약이 해제되도록 한 것**을 두고 민법 제405조 제2항에서 말하는 '처분'에 해당한다고 할 수 없다. 따라서 채무자가 채권자대위권행사의 통지를 받은 후에 채무를 불이행함으로써 통지 전에 체결된 약정에 따라 매매계약이 **자동적으로 해제**되거나, 채권자대위권행사의 통지를 받은 후에 채무자의 **채무불이행을 이유로 제3채무자가 매매계약을 해제**한 경우 제3채무자는 계약해제로써 대위권을 행사하는 채권자에게 대항할 수 있다. 다만 형식적으로는 채무자의 채무불이행을 이유로 한 계약해제인 것처럼 보이지만 실질적으로는 채무자와 제3채무자사이의 '**합의에 따라 계약을 해제**'(=합의해제)한 것으로 볼 수 있는 경우에는 채무자가 피대위채권을 처분한 것으로 보아 제3채무자는 계약해제로써 대위권을 행사하는 채권자에게 대항할 수 없다[대판(전합) 2012. 5. 17, 2011다87235].
> ③ 채권자대위소송이 제기되고 대위채권자가 채무자에게 대위권 행사사실을 통지하거나 채무자가 이를 알게 되면 민법 제405조 제2항에 따라 채무자는 피대위채권을 양도하거나 포기하는 등 채권자의 대위권 행사를 방해하는 처분행위를 할 수 없게 되고 이러한 효력은 제3채무자에게도 그대로 미치는데, 그럼에도 그 이후 대위채권자와 평등한 지위를 가지는 채무자의 다른 채권자가 피대위채권에 대하여 전부명령을 받는 것도 가능하다고 하면, 채권자대위권의 실질적 효과를 확보하고자 하는 민법 제405조 제2항의 취지에 반하게 된다. 따라서 채권자대위소송이 제기되고 대위채권자가 채무자에게 대위권 행사사실을 통지하거나 채무자가 이를 알게 된 이후에는 민사집행법 제229조 제5항이 유추적용 되어 **피대위채권에 대한 전부명령**은, 우선권 있는 채권에 기초한 것이라는 등의 특별한 사정이 없는 한, 무효이다(대판 2016. 8. 29, 2015다236547).

(2) 효과귀속
1) 채무자에게 귀속·채권자에게 이행할 것 청구

채권자대위권을 행사하면 그 효과는 채무자에게 귀속한다. 그러나 채무자가 목적물수령을 기피하는 경우, 채권자는 대위행사의 목적을 달성할 수 없기 때문에 채권자는 자신에게 인도할 것을 청구할 수 있다. 그리고 채권자는 자신이 채무자에게 지니는 채권의 목적물과 제3자에 의해 인도받은 목적물이 동종이며 양 채무가 상계적상에 놓여 있는 경우에는 자신의 채권과 상계함으로써 사실상 우선변제 받을 수도 있다.

[판례] ① 채권자대위권 행사의 효과는 **채무자에게 귀속되는 것**이므로 채권자대위소송의 제기로 인한 소멸시효 중단의 효과 역시 **채무자**에게 생긴다(대판 2011. 10. 13, 2010다80930).

② 채권자대위권을 행사하는 채권자에게 변제수령의 권한을 인정하더라도 그것이 채권자평등의 원칙에 어긋난다거나 제3채무자를 이중변제의 위험에 빠뜨리게 하는 것이라고 할 수 없다(대판 2005. 4. 15, 2004다70024).

③ 채권자대위권을 행사하는 채권자들이 각기 자신을 이행 상대방으로 하여 금전의 지급을 청구하였더라도 채권자들이 채무자를 대위하여 변제를 수령하게 될 뿐 자신의 채권에 대한 변제로서 수령하게 되는 것은 아니다(대판 2015. 7. 23, 2013다30301). 따라서 채권자대위소송에서 제3채무자로 하여금 직접 대위채권자에게 금전의 지급을 명하는 판결이 확정되더라도, 피대위채권이 변제 등으로 소멸하기 전이라면 **채무자의 다른 채권자**는 이를 **압류·가압류**할 수 있다(대판 2016. 8. 29, 2015다236547).

④ 대위채권자는 제3채무자로 하여금 직접 대위채권자 자신에게 지급의무를 이행하도록 청구할 수 있고 제3채무자로부터 변제를 수령할 수도 있으나, 이로 인하여 채무자의 제3채무자에 대한 피대위채권이 대위채권자에게 이전되거나 귀속되는 것이 아니므로, 대위채권자의 제3채무자에 대한 추심권능 내지 변제수령권능은 자체로서 독립적으로 처분하여 환가할 수 있는 것이 아니어서 압류할 수 없는 성질의 것이고, 따라서 추심권능 내지 변제수령권능에 대한 압류명령 등은 무효이다. 그리고 채권자대위소송에서 제3채무자로 하여금 직접 대위채권자에게 금전의 지급을 명하는 판결이 확정되었더라도 판결에 기초하여 금전을 지급받는 것 역시 대위채권자의 제3채무자에 대한 추심권능 내지 변제수령권능에 속하므로, 채권자대위소송에서 확정된 판결에 따라 대위채권자가 제3채무자로부터 지급받을 채권에 대한 압류명령 등도 무효이다(대판 2016. 8. 29, 2015다236547).

⑤ 원고가 미등기 건물을 매수하였으나 소유권이전등기를 하지 못한 경우에는 위 건물의 소유권을 원시취득한 **매도인을 대위하여** 불법점유자에 대하여 명도청구를 할 수 있고 **이때** 원고는 불법점유자에 대하여 **직접 자기에게 명도할 것을 청구할 수도 있다**(대판 1980. 7. 8, 79다1928). ☞ "이때"는 "대위행사할 때"를 말하는 것이다.

[비교판례] 미등기 무허가건물의 양수인이라 할지라도 그 소유권이전등기를 경료받지 않는 한 그 건물에 대한 소유권을 취득할 수 없고, 그러한 상태의 건물 양수인에게 소유권에 준하는 관습상의 물권이 있다고 볼 수도 없으므로, 건물을 신축하여 그 소유권을 원시취득한 자로부터 그 **건물을 매수하였으나 아직 소유권이전등기를 갖추지 못한 자**는 그 건물의 불법점거자에 대하여 **직접 자신의 소유권 등에 기하여 명도를 청구할 수는 없다**(대판 2007. 6. 15, 2007다11347).

⑥ 채권자대위권을 행사함에 있어서 채권자가 제3채무자에 대하여 자기에게 직접 급부를 요구하여도 상관없는 것이고 자기에게 급부를 요구하여도 어차피 그 효과는 채무자에게 귀속되는 것이므로, 채권자대위권을 행사하여 채권자가 제3채무자에게 그 명의의 소유권보존등기나 소유권이전등기의 말소절차를 직접 자기에게 이행할 것을 청구하여 승소하였다고 하여도 그 효과는 원래의 소유자인 채무자에게 귀속되는 것이니, 법원이 채권자대위권을 행사하는 **채권자에게 직접 말소등기절차를 이행**할 것을 명하였다고 하여 무슨 위법이 있다고 할 수 없다(대판 1996. 2. 9, 95다27998).

[비교판례] 채권자대위권을 주장하여 소유권이전등기를 구하는 경우에, 대위권자 甲이 제3채무자 丙에 대하여 채무자 乙에게로 소유권이전등기를 청구함은 모르되 자신 甲에게 **소유권이전등기를 청구하는 것**은 법률상

의 근거가 없다(대판 1966. 7. 26, 66다892). ☞ 중간생략등기를 합리화하는 셈이 되기 때문이다(이은영).

2) 채권자대위판결의 효력

통설은 채권자가 채권자대위권에 기한 대위소송의 기판력은 채무자의 제소사실에 대한 인식여부와 관계없이 채무자에게도 미친다고 하나, 판례는 채권자가 제3채무자를 상대로 소를 제기하였다는 사실을 **채무자가 알아야만** 채권자와 제3채무자 사이의 판결의 효력이 채무자에게 미친다고 하고 있다(대판 1993. 4. 27, 93다4519).

> **판례** 채권자대위권에 의한 소송이 제기된 사실을 **채무자가 알았을 때**에는 그 판결의 효력이 채무자에게 미친다고 보아야 한다(대판 2014. 1. 23, 2011다108095).

3) 제3채무자의 항변권 등

(가) 채권자대위권은 채무자의 제3채무자에 대한 권리를 행사하는 것이므로, 제3채무자는 채무자에 대해 가지는 모든 항변사유로 채권자에게 대항할 수 있으나, 채권자는 채무자 자신이 주장할 수 있는 사유의 범위 내에서 주장할 수 있을 뿐 **자기와 제3채무자 사이의 독자적인 사정에 기한 사유**를 주장할 수는 없다(대판 2009. 5. 28, 2009다4787).

(나) 채권자가 채권자대위권을 행사하여 제3자에 대하여 하는 청구에 있어서, 제3채무자는 채무자가 채권자에 대하여 가지는 항변으로 대항할 수 없고, **피보전 채권의 소멸시효가 완성된 경우 이를 원용할 수 있는 자**는 원칙적으로는 시효이익을 직접 받는 자뿐이고, 채권자대위소송의 제3채무자는 이를 행사할 수 없다(대판 2004. 2. 12, 2001다10151 ; 대판 1998. 12. 8, 97다31472 ; 대판 1992. 11. 10, 92다35899 등).

> **판례** 채권자가 채권자대위소송을 제기한 경우, 제3채무자는 채무자가 채권자에 대하여 가지는 **항변권이나 형성권 등**과 같이 권리자에 의한 행사를 필요로 하는 사유를 들어 채권자의 채무자에 대한 권리가 인정되는지 여부를 다툴 수 없지만, 채권자의 채무자에 대한 권리의 **발생원인이 된 법률행위가 무효라거나 위 권리가 변제 등으로 소멸하였다는 등의 사실**을 주장하여 채권자의 채무자에 대한 권리가 인정되는지 여부를 다투는 것은 가능하고, 이 경우 법원은 제3채무자의 주장을 고려하여 채권자의 채무자에 대한 권리가 인정되는지 여부에 관하여 **직권으로** 심리·판단하여야 한다(대판 2015. 9. 10, 2013다55300).

4) 채권자의 채무자에 대한 비용상환청구권

채권자대위권을 행사하는 경우 채권자와 채무자는 일종의 법정위임의 관계에 있으므로 채권자는 민법 제688조를 준용하여 채무자에게 그 비용의 상환을 청구할 수 있다(대판 1992. 4. 10, 91다41620 등).

XIV. 채권자취소권

> **제406조(채권자취소권)**
> ① 채무자가 채권자를 해함을 알고 재산권을 목적으로 한 법률행위를 한 때에는 채권자는 그 취소 및 원상회복을 법원에 청구할 수 있다. 그러나 그 행위로 인하여 이익을 받은 자나 전득한 자가 그 행위 또는 전득당시에 채권자를 해함을 알지 못한 경우에는 그러하지 아니하다.
> ② 전항의 소는 채권자가 취소원인을 안 날로부터 1년, 법률행위있은 날로부터 5년내에 제기하여야 한다.
>
> **제407조(채권자취소의 효력)**
> 전조의 규정에 의한 취소와 원상회복은 모든 채권자의 이익을 위하여 그 효력이 있다.

1. 의 의

채무자가 채권자를 해함을 알고 재산권을 목적으로 한 법률행위를 한 때에 채권자가 그 법률행위의 취소 및 원상회복을 청구하는 것을 말한다. 채권자취소권은 실체법상의 권리로서 법률의 규정에 그 근거를 두는 채권의 효력이다(제406조 참조). 채권자취소권은 채무자가 채권의 공동담보가 부족함을 알면서 재산감소행위를 하였을 때에 그 감소행위의 효력을 부인하여 채권의 공동담보를 회복함을 목적으로 채권자에게 부여된 권리이다.

2. 요 건

(1) 피보전채권

1) 피보전채권의 존재 등

(가) 장래의 채권

채권자취소권을 행사하기 위한 요건으로 채권자의 채권이 반드시 이행기에 있어야 할 것을 요건으로 하지는 않는다. 따라서 채권자가 조건부·기한부채권을 가지고 있는 경우에도 채권자취소권을 행사할 수 있다고 한다.

> **판례** 민법이 제148조, 제149조에서 조건부권리의 보호에 관한 규정을 두고 있는 점을 종합해 볼 때, 취소채권자의 채권이 **정지조건부채권**이라 하더라도 장래에 정지조건이 성취되기 어려울 것으로 보이는 등 특별한 사정이 없는 한, 이를 피보전채권으로 하여 채권자취소권을 행사할 수 있다(대판 2011. 12. 8, 2011다55542).

(나) 채권자취소권을 행사하려면 채무자에 대하여 채권을 행사할 수 있음이 전제되어야 할 것인데, **채권자의 채무자에 대한 소유권이전등기청구소송이나 손해배상청구소송이 패소확정되어 행사할 수 없게 되었다면** 소유권이전등기청구권이나 손해배상청구권을 행사하기 위하여 채무자의 제3자에 대한 소유권이전등기의 말소를 구하는 사해행위취소청구도 인용될 수 없다(대판

1993. 2. 12, 92다25151).

㈐ 채권자취소권은 사해행위로 이루어진 채무자의 재산처분행위를 취소하고 그 원상회복을 구하기 위한 권리로서 사해행위에 의해 일탈된 채무자의 책임재산을 **총채권자를 위하여** 채무자에게 복귀시키기 위한 것이지 채권자취소권을 행사하는 특정 채권자에게만 독점적 만족을 주기 위한 권리가 아니다(대판 2010. 5. 27, 2007다40802).

> **판례[1]** ① 채권자취소권(사해행위취소권)은 채권자의 공동담보인 채무자의 책임재산의 감소를 방지하기 위한 것이므로 **특정물에 대한 소유권이전등기청구권을 보전하기 위하여는** 채권자취소권을 행사할 수 없다(대판 1988. 2. 23, 87다카1586).
> ② 채권자취소권을 특정물에 대한 소유권이전등기청구권을 보전하기 위하여 행사하는 것은 허용되지 않으므로, 부동산의 제1양수인은 자신의 소유권이전등기청구권 보전을 위하여 양도인과 제3자 사이에서 이루어진 **이중양도행위에 대하여** 채권자취소권을 행사할 수 없다(대판 1999. 4. 27, 98다56690).

> **판례[2]** **사해행위 이후에 채권을 취득한 채권자**는 채권의 취득 당시에 사해행위취소에 의하여 회복되는 재산을 채권자의 공동담보로 파악하지 아니한 자로서 민법 제407조에 정한 사해행위취소와 원상회복의 효력을 받는 채권자에 **포함되지 아니한다**(대판 2009. 6. 23, 2009다18502).

2) 피보전채권의 발생시기

㈎ 취소채권자의 채권은 **사해행위 이전**에 발생하였을 것을 원칙으로 한다. 사해행위 이후에 성립한 채권은 사해행위로 인해 침해받지 않기 때문이다.

> **판례** ① 부동산을 양도받아 소유권이전등기청구권을 가지고 있는 자가 **양도인이 제3자에게 이를 이중으로 양도하여 소유권이전등기를 경료하여 줌으로써 취득하는 부동산 가액상당의 손해배상채권**은 이중양도행위에 대한 사해행위취소권을 행사할 수 있는 피보전채권에 해당한다고 할 수 없다(대판 1999. 4. 27, 98다56690). ☞ 이러한 손해배상채권은 사해행위 이전에 발생한 것이 아니기 때문이다.
> ② 채권자취소권에 의하여 보호될 수 있는 채권은 원칙적으로 사해행위라고 볼 수 있는 행위가 행하여 지기 전에 발생된 것임을 요하지만, 그 **사해행위 당시에 이미 채권 성립의 기초가 되는 법률관계가 발생되어 있고, 가까운 장래에 그 법률관계에 터잡아 채권이 성립되리라는 점에 대한 고도의 개연성이 있으며, 실제로 가까운 장래에 그 개연성이 현실화되어 채권이 성립된 경우에는** 그 채권도 채권자취소권의 피보전채권이 될 수 있다(대판 2001. 2. 9, 2000다63516).
> ③ 계속적인 물품공급계약에서 대상이 되는 물품의 구체적인 수량, 거래단가, 거래시기 등에 관하여까지 구체적으로 미리 정하고 있다거나, 일정한 한도에서 공급자가 외상으로 물품을 공급할 의무를 규정하고 있지 않은 이상, **계속적 물품공급계약** 그 자체에 기하여 거래당사자의 채권이 바로 성립하지는 아니하며, 주문자가 상대방에게 구체적으로 물품의 공급을 의뢰하고 그에 따라 상대방이 물품을 공급하는 별개의 법률관계가 성립하여야만 채권이 성립한다. 따라서 특별한 사정이 없는 한 **사해행위 당시 계속적인 물품거래관계가 존재하였다는 사정만으로 채권 성립의 기초가 되는 법률관계가 발생하여 있었다고 할 수 없다**(대판 2023. 3. 16, 2022다272046). ☞ 甲이 이 사건 매매계약이 체결되기 전부터 채무자 乙과 물품공급거래

를 계속하여 왔더라도 이 사건 매매계약이 체결된 후 乙로부터 구체적인 물품 공급을 의뢰받아 공급한 물품에 대한 대금채권은 사해행위 이후에 발생한 채권에 불과하므로, 다른 사정이 없는 한 채권자취소권의 피보전채권이 된다고 보기 어렵다고 본 판례.

⒝ 채권자취소권 행사는 채무 이행을 구하는 것이 아니라 총채권자를 위하여 채무자의 자력 감소를 방지하고, 일탈된 채무자의 책임재산을 회수하여 채권의 실효성을 확보하는 데 목적이 있으므로, 피보전채권이 사해행위 이전에 성립되어 있는 이상 **액수나 범위가 구체적으로 확정되지 않은 경우**라고 하더라도 채권자취소권의 피보전채권이 된다(대판 2018. 6. 28, 2016다1045).

⒞ 사해행위라고 볼 수 있는 행위가 행하여지기 전에 발생한 채권은 원칙적으로 채권자취소권에 의하여 보호될 수 있는 채권이 될 수 있고, 채권자의 채권이 사해행위 이전에 성립한 이상 **사해행위 이후에 양도되었다고 하더라도** 양수인은 채권자취소권을 행사할 수 있으며, 채권 양도일에 채권자취소권의 피보전채권이 새로이 발생되었다고 할 수 없다(대판 2012. 2. 9, 2011다77146).

(2) 채무자의 무자력

⒜ 채무자는 사해행위 당시 그 행위에 의하여 무자력이 될 것을 요한다. 즉 어떤 행위의 사해성여부의 판단에 있어서 문제가 되는 채무자의 자력유무는 '**처분 행위당시**'를 산정기준으로 한다. 다만 **사실심의 변론종결시**까지 채무자의 무자력상태가 계속되어야 한다. 즉 사해성의 요건은 행위 당시는 물론 채권자가 취소권을 행사할 당시 즉 사해행위취소소송의 사실심변론종결시에도 갖추고 있어야 한다(대판 2009. 3. 26, 2007다63102).

> **판례** ① 채무자의 무자력 여부는 **사해행위 당시**를 기준으로 판단하여야 하는 것이므로 채무자의 적극재산에 포함되는 부동산이 사해행위가 있은 후에 경매절차에서 경락된 경우에 그 부동산의 평가는 경락된 가액을 기준으로 할 것이 아니라 사해행위 당시의 시가를 기준으로 하여야 할 것이다(대판 2001. 4. 27, 2000다69026). ② 마찬가지로 채권양도계약이 사해행위에 해당하는지는 채권양도계약 체결 시를 기준으로 판단하여야지, 채권양도통지시를 기준으로 하면 법리오해의 위법이 있다(대판 2013. 6. 28, 2013다8564).

⒝ 채권자취소권의 요건인 '채권자를 해하는 법률행위'는 채무자의 재산을 처분하는 행위로서, 그로 인하여 채무자의 재산이 감소하여 채권의 공동담보에 부족이 생기거나 이미 부족상태에 있는 공동담보가 한층 더 부족하게 됨으로써 채권자의 채권을 완전하게 만족시킬 수 없게 되는 것을 말한다. 따라서 이러한 사해행위는 채무자가 재산을 처분하기 이전에 이미 채무초과 상태에 있는 경우는 물론이고, **문제된 처분행위로 말미암아 비로소 채무초과 상태에 빠지는 경우**에도 성립할 수 있다. 또한 법률행위이어야 하므로 **이미 이루어진 법률행위에 기한 이행행위**는 사해행위가 아니다(대판 2017. 9. 21, 2015다53841).

⒞ ① 채무자의 재산처분행위가 사해행위가 되기 위해서는 그 행위로 말미암아 채무자의 총재산의

감소가 초래되어 채권의 공동담보에 부족이 생기게 되어야 하는 것, 즉 채무자의 소극재산이 적극재산보다 많아져야 하는 것인바, 채무자가 재산처분행위를 할 당시 적극재산을 산정함에 있어서는 다른 특별한 사정이 없는 한 **실질적으로 재산적 가치가 없어 채권의 공동담보로서의 역할을 할 수 없는 재산은 이를 제외하여야** 하고, 재산이 채권인 경우에는 그것이 용이하게 변제를 받을 수 있는 확실성이 있는 것인지 여부를 합리적으로 판정하여 그것이 긍정되는 경우에 한하여 적극재산에 포함시켜야 한다. 나아가, 채무자의 재산처분행위가 사해행위에 해당함을 주장하면서 그 취소를 구하는 채권자는 채무자의 재산처분행위로 인하여 무자력 또는 채무초과상태가 초래되었다는 사실에 관한 주장·증명책임을 부담하므로, 어떠한 채권의 존부 및 범위에 관한 증명이 있는 경우에는, **그 채권이 용이하게 변제를 받을 수 있는 확실성이 없는 등 실질적으로 재산적 가치가 없어 채권의 공동담보로서의 역할을 할 수 없는 재산에 해당한다는 점에 대한 주장·증명책임 역시 취소채권자가 부담한다.** [2] 채무자가 여러 채권자 중 일부에게만 채무의 이행과 관련하여 **그 채무의 본래 목적이 아닌 다른 채권 기타 적극재산을 양도함**으로써 채무초과상태를 유발 또는 심화시킨 경우, 채무자의 총재산에는 변동이 없지만 일반채권자를 위한 공동담보가 되는 책임재산을 감소시키는 결과가 초래되므로, 그와 같은 적극재산의 양도 행위는 채무자가 특정 채권자에게 **채무 본지에 따른 변제를 하는 경우와 달리 원칙적으로 다른 채권자들에 대한 관계에서는 사해행위가 될 수 있고**, 예외적으로 사해성의 일반적인 판단 기준에 비추어 그 행위가 궁극적으로 일반채권자를 해하는 행위로 볼 수 없는 경우에는 사해행위의 성립이 부정될 수 있다. 이때 채무자가 일반채권자 일부에 대한 특정 채무의 이행과 관련하여 그보다 적은 가액의 다른 채권 기타 적극재산을 양도함에 따라 채무초과상태가 유발되었는지 여부를 판단하기 위한 채무자의 책임재산을 산정함에 있어 양도된 재산을 적극재산에서 제외하였다면, 특별한 사정이 없는 한 위 특정 채무 중 양도된 재산과 같은 금액에 해당하는 부분도 소극재산에서 제외하여야 할 것이다(대판 2023. 10. 18, 2023다237804). ☞ 원심은 채무자의 적극재산에서 양도된 근저당권의 채권최고액 상당을 제외하면서도 소극재산에서는 이를 전혀 고려하지 않은 채 수익자에 대한 채무를 그대로 채무자의 소극재산으로 인정하였는바, 이는 적법한 책임재산의 산정방법으로 볼 수 없다. ② 채무자가 위와 같이 채무초과상태에 있는지 여부를 판단함에 있어서 사해행위 당시 존속하고 있는 임대차관계에서의 **임차인의 보증금반환채권**은 장차 임대차관계가 종료되는 등으로 그 권리가 실제로 성립하는 때에 선순위권리의 존재 또는 임차인의 차임지급의무 불이행 등으로 임차인이 이를 현실적으로 반환받을 가능성이 없거나 제한되는 것으로 합리적으로 예측되는 등의 특별한 사정이 없는 한 이를 **애초의 보증금액 상당의 가치대로** 적극재산에 포함된다고 평가하는 것이 그 권리의 성질이나 내용 등에 부합한다(대판 2013. 4. 26, 2012다118334).

㈃ [1] 민법 제406조의 채권자취소권의 대상인 '사해행위'란 채무자가 적극재산을 감소시키거나 소극재산을 증가시킴으로써 채무초과상태에 이르거나 이미 채무초과상태에 있는 것을 심화시킴으로써 채권자를 해치는 행위를 말한다. **채무초과상태를 판단할 때 소극재산은 원칙적으로 사**

해행위가 있기 전에 발생되어야 하지만, **사해행위 당시 이미 채무 성립의 기초가 되는 법률관계가 성립되어 있고 가까운 장래에 그 법률관계에 기초하여 채무가 성립되리라는 고도의 개연성이 있으며 실제로 가까운 장래에 그 개연성이 현실화되어 채무가 성립되었다면, 그 채무도 채무자의 소극재산에 포함된다.** 여기에서 채무 성립의 기초가 되는 법률관계에는 당사자 사이의 약정에 의한 법률관계에 한정되지 않고 채무 성립의 개연성이 있는 준법률관계나 사실관계 등도 포함된다. 따라서 당사자 사이에 채권 발생을 목적으로 하는 계약의 교섭이 상당히 진행되어 계약체결의 개연성이 고도로 높아진 단계도 여기에 포함될 수 있다. [2] 토지나 건물의 양도에 따른 양도소득세와 지방소득세는 과세표준이 되는 금액이 발생한 달, 즉 양도로 양도차익이 발생한 토지나 건물의 양도일이 속하는 달의 말일에 소득세를 납부할 의무가 성립한다. 여기에서 양도는 대가적 수입을 수반하는 유상양도를 가리키고 소득세법 제98조, 같은 법 시행령 제162조에 따르면 양도시기는 대금을 청산하기 전에 소유권이전등기를 하는 경우 등 예외적인 경우를 제외하고는 대금이 모두 지급된 날을 가리킨다. **사해행위로 주장되는 토지나 건물의 양도 자체에 대한 양도소득세와 지방소득세 채무**는 통상적으로 토지나 건물의 양도에 대한 대금이 모두 지급된 이후에 비로소 성립하므로 사해행위로 주장하는 행위 당시에는 아직 발생하지 않는다. 양도소득세와 지방소득세 채무 성립의 기초가 되는 법률관계가 사해행위로 주장되는 행위 당시 이미 성립되었다거나 이에 기초하여 이러한 채무가 성립할 **고도의 개연성이 있다고 볼 수도 없다.** 토지나 건물에 관하여 소득세법에 따른 양도가 이루어지지 않았을 때에는 양도소득세와 지방소득세 채무 성립의 기초가 되는 법률관계가 존재한다고 보기 어렵고, 토지나 건물의 양도에 관한 계약 등의 교섭이 진행되는 경우라 하더라도 이는 양도소득세와 지방소득세 채무를 성립시키기 위한 교섭이라고 볼 수 없어서 채무 성립의 개연성 있는 준법률관계나 사실관계 등에 해당한다고 볼 수 없다. 따라서 사해행위로 주장되는 토지나 건물의 양도 자체에 대한 양도소득세와 지방소득세 채무는 **사해행위로 주장되는 행위 당시의 채무초과상태를 판단할 때 소극재산으로 고려할 수는 없다**(대판 2022. 7. 14, 2019다281156).

(3) 채권자취소권의 대상(사해행위)

1) 의 미

㈎ 민법 제406조에서 정하는 채권자취소권의 대상인 '사해행위'란 채무자가 적극재산을 감소시키거나 소극재산을 증가시킴으로써 채무초과상태에 이르거나 이미 채무초과상태에 있는 것을 심화시킴으로써 채권자를 해하는 행위를 가리킨다(대판 2003. 11. 13, 2003다39989). 따라서 사해행위취소의 소에서 **채무자가 수익자에게 양도한 목적물에 저당권이 설정되어 있는 경우**에 목적물 중에서 일반채권자들의 공동담보에 제공되는 책임재산은 **피담보채권액을 공제한 나머지 부분만**이므로, **피담보채권액이 목적물의 가액을 초과할 때**의 목적물 양도는 **사해행위에 해당하지 않는다**(대판 2017. 1. 12, 2016다208792).

판례 ① 저당권의 피담보채권액이 목적물의 가액을 초과하였더라도 채무자가 목적물을 양도하기에 앞서 자신의 출재로 **피담보채무의 일부를 변제**하여 잔존 피담보채권액이 목적물의 가액을 초과하지 않게 되었다면 목적물의 양도로 목적물의 가액에서 잔존 피담보채권액을 공제한 잔액의 범위 내에서 사해행위가 성립하고, 이는 채무자의 출재에 의한 **피담보채무의 일부 변제가 양도계약 체결 후 이에 따른 소유권이전등기 등이 마쳐지는 과정에서 이루어진 경우에도 마찬가지**로 보아야 한다(대판 2017. 1. 12, 2016다208792).

② 건물의 공유자가 공동으로 건물을 임대하고 임차보증금을 수령한 경우 특별한 사정이 없는 한 그 임대는 각자 공유지분을 임대한 것이 아니라 임대목적물을 다수의 당사자로서 공동으로 임대한 것이고 임차보증금 반환채무는 성질상 **불가분채무**에 해당한다. 임차인이 공유자 전원으로부터 상가건물을 임차하고 상가건물 임대차보호법 제3조 제1항에서 정한 대항요건을 갖추어 임차보증금에 관하여 우선변제를 받을 수 있는 권리를 가진 경우에, 상가건물의 공유자 중 1인인 채무자가 처분한 지분 중에 일반채권자들의 공동담보에 제공되는 책임재산은 **우선변제권이 있는 임차보증금 반환채권 "전액"을 공제한 나머지 부분**이다(대판 2017. 5. 30, 2017다205073).

(나) 수 개의 부동산에 공동저당권이 설정되어 있는 경우 책임재산 산정방법

사례

부부인 乙과 丙은 X 부동산(시가 2억)에 관하여 1/2씩 소유권이전등기를 마치고, 같은 날 X 부동산 전부를 A 은행(저당권자)에 저당권을 설정하고 乙의 이름으로 1억 원의 융자를 받았다(채무자는 乙이고 丙은 물상보증인이다). 乙은 2010. 3. 채무초과 상태에서 자신의 유일한 재산인 X 부동산 중 2분의 1 지분을 丙에게 증여하는 계약을 체결하고 소유권이전등기를 마쳐주었다. 위 증여가 乙의 다른 채권자 甲에 대하여 사해행위가 되는가?

판례 ① (ⅰ) 공동저당권이 설정된 수개의 **부동산 전부의 매매계약이 사해행위에 해당하는 경우**, 배상액의 산정은 목적 부동산 전체의 가액에서 **공동저당권의 피담보채권 총액을 공제**하는 방식으로 함이 취소채권자의 의사에도 부합하는 상당한 방법이고, 매매계약의 목적물 중 일부 목적물만을 사해행위로 취소하는 경우 일부 목적물의 사실심 변론종결 당시 가액에서 **공제되어야 할 피담보채권액**은 공동저당권의 피담보채권 총액을 사실심 변론종결 당시를 기준으로 한 **공동저당목적물의 가액에 비례하여 안분한 금액**이라고 보아야 한다(대판 2014. 6. 26, 2012다77891). (ⅱ) 수 개의 부동산에 공동저당권이 설정되어 있는 경우 책임재산을 산정함에 있어 각 부동산이 부담하는 피담보채권액은 특별한 사정이 없는 한 민법 제368조의 규정 취지에 비추어 공동저당권의 목적으로 된 **각 부동산의 가액에 비례하여 공동저당권의 피담보채권액을 안분한 금액**이라고 보아야 한다(대판 2003. 11. 13, 2003다39989 참조).

② 그러나 수 개의 부동산 중 **일부는 채무자의 소유이고 다른 일부는 물상보증인의 소유인 경우**에는, 물상보증인이 민법 제481조, 제482조의 규정에 따른 변제자대위에 의하여 채무자 소유의 부동산에 대하여 저당권을 행사할 수 있는 지위에 있는 점 등을 고려할 때, 그 물상보증인이 채무자에 대하여 구상권을 행사할 수 없는 특별한 사정이 없는 한 **채무자 소유의 부동산에 관한 피담보채권액은 공동저당권의 피담보채권액 전액**으로 봄이 상당하다. 이러한 법리는 하나의 **공유부동산 중 일부지분이 채무자의 소유이고, 다른 일부 지분이 물상보증인의 소유인 경우에도 마찬가지**로 적용된다[대판(전합) 2013. 7. 18, 2012다5643].

해설 하나의 공유부동산 중 일부지분이 채무자의 소유이고, 다른 일부 지분이 물상보증인의 소유인 경우이므로, 채무자 乙 소유의 지분에 관한 A의 피담보채권액은 각 지분의 가액에 비례하여 안분한 금액(1:1이므로 5천만 원)이 아니라 공동저당권의 피담보채권액 전액(1억 원)으로 보아야 한다. 따라서 乙의 지분의 가치(1억 원)에서 A의 피담보채권액 전액(1억 원)을 공제하고 나면 乙의 증여로 인하여 일탈된 책임재산은 0 원이므로 결국 乙의 증여는 다른 채권자 甲에 대하여 사해행위가 되지 않는다.

2) 구체적으로 문제되는 경우

㈎ 채무자의 재산상 법률행위

(ㄱ) 취소가능한 사해행위는 재산권을 목적으로 하는 법률행위로서 채무자가 소멸시효 완성 후에 한 **소멸시효이익의 포기행위**도 채권자취소권의 대상인 사해행위가 되며, 여기에는 준법률행위도 포함된다(채무의 승인 등; 대결 2013. 5. 31. 자 2012마712).

(ㄴ) 채권자취소권은 채무자가 채권자를 해함을 알면서 일반채권자의 공동담보인 채무자의 책임재산을 감소하게 하는 법률행위를 한 경우에 그 감소행위의 효력을 부인하여 채무자의 재산을 원상회복함으로써 채권의 공동담보를 유지 보전하게 하기 위하여 채권자에게 부여된 권리이므로, 채무자의 재산적 법률행위라 하더라도 **채무자의 책임재산이 아닌 재산에 관한 법률행위**인 경우에는 이를 채권자취소권의 대상이 된다고 할 수 없다(대판 2013. 4. 11. 2011다27158). ☞ 채무자가 제3자의 계좌에서 횡령 또는 편취한 돈을 수익자에게 송금하거나 이체하자, 제3자가 수익자를 상대로 사해행위 취소와 원상회복을 구한 사안에서, 위 돈은 채무자의 책임재산이 아니므로 송금 및 이체행위가 채권자취소권의 대상이 될 수 없다고 한 사례.

(ㄷ) 채권자취소권에서 취소의 대상이 되는 사해행위는 **채권행위거나 물권행위임을 불문**하는 것이므로 이 사건에서 소외인과 피고와의 간에 매매예약을 하고 그 소유권이전청구권보전을 위한 가등기가 이루어 진 때에 사해행위가 있는 것으로 본 원심의 조치는 정당하고 거기에 법리오해가 있다 할 수 없다(대판 1975. 4. 8. 74다1700).

㈏ 변제, 대물변제

(ㄱ) 원 칙

판례 ① 채권자가 채무의 변제를 구하는 것은 그의 당연한 권리행사로서 다른 채권자가 존재한다는 이유로 이것이 방해받아서는 아니되고 채무자도 채무의 본지에 따라 채무를 이행할 의무를 부담하고 있어 다른 채권자가 있다는 이유로 그 채무이행을 거절하지는 못하므로, 채무자가 채무초과의 상태에서 특정채권자에게 **채무의 본지에 따른 변제**를 함으로써 다른 채권자의 공동담보가 감소하는 결과가 되는 경우에도 그 변제는 채무자가 특히 일부의 채권자와 통모하여 다른 채권자를 해할 의사를 가지고 변제를 한 경우가 아닌 한 **원칙적으로 사해행위가 되는 것은 아니**라고 할 것인바, 기존 금전채무의 변제에 갈음하여 다른 금전채권을 양도하는 경우에도 이와 마찬가지이다(대판 2003. 6. 24. 2003다1205).
② 기존채무를 소멸시키기 위한 방법으로 **대물변제**가 있었고 그것이 **상당한 가격으로 된 것이라면** 채권자취소권의 대상이 될 수 없다(대판 1962. 11. 15. 62다634).

(ㄴ) 예 외

판례 ① 채무자가 채무초과의 상태에서 특정채권자에게 채무의 본지에 따른 변제를 함으로써 다른 채권자의 공동담보가 감소하는 결과가 되는 경우에도 이 같은 변제는 **채무자가 특히 일부의 채권자와 통모하여 다른 채권자를 해할 의사를 가지고 변제를 한 경우를 제외하고는** 원칙적으로 사해행위가 되는 것은 아니라고 할 것이다(대판 2001. 4. 10, 2000다66034).

② **채무초과의 상태에 있는 채무자가 여러 채권자 중 일부에게만** 채무의 이행과 관련하여 **그 채무의 본래 목적이 아닌 다른 채권 기타 적극재산을 양도하는 행위**는, 채무자가 특정 채권자에게 채무 본지에 따른 변제를 하는 경우와는 달리 원칙적으로 다른 채권자들에 대한 관계에서 **사해행위가 될 수 있고**, 다만 이러한 경우에도 사해성의 일반적인 판단 기준에 비추어 그 행위가 궁극적으로 일반채권자를 해하는 행위로 볼 수 없는 경우에는 사해행위의 성립이 부정될 수 있다(대판 2011. 10. 13, 2011다28045).

③ **이미 채무초과의 상태에 빠져 있는 채무자가 그의 유일한 재산인 부동산을 채권자들 가운데 어느 한 사람에게 대물변제로 제공하는 행위**는 다른 특별한 사정이 없는 한 다른 채권자들에 대한 관계에서 사해행위가 된다(대판 1996. 10. 29, 96다23207).

④ **채무자의 재산이 채무의 전부를 변제하기에 부족한 경우에 채무자가 그의 재산을 어느 특정 채권자에게 대물변제나 담보로 제공하였다면** 특별한 사정이 없는 한 이는 곧 다른 채권자의 이익을 해하는 것으로서 다른 채권자들에 대한 관계에서 **사해행위가 되는 것이고**, 위와 같이 **대물변제나 담보로 제공된 재산이 채무자의 유일한 재산이 아니라거나 그 가치가 채권액에 미달한다고 하여도 마찬가지이다**(대판 2022. 1. 14, 2018다295103).

(ㄷ) 통정허위표시

채무자의 법률행위가 통정허위표시인 경우에도 채권자취소권의 대상이 되고, 한편 채권자취소권의 대상으로 된 채무자의 법률행위라도 통정허위표시의 요건을 갖춘 경우에는 무효라고 할 것이다(대판 1998. 2. 27, 97다50985).

판례 채무자가 선순위 근저당권이 설정되어 있는 상태에서 그 부동산을 제3자에게 양도한 후 선순위 근저당권설정계약을 해지하고 근저당권설정등기를 말소한 경우에, 비록 근저당권설정계약이 이미 해지되었지만 그것이 사해행위에 해당하는지에 따라 후행 양도계약 당시 당해 부동산의 잔존가치가 피담보채무액을 초과하는지 여부가 달라지고 그 결과 후행 양도계약에 대한 사해행위취소청구가 받아들여지는지 여부 및 반환범위가 달라지는 때에는 **이미 해지된 근저당권설정계약**이라 하더라도 그에 대한 사해행위취소청구를 할 수 있는 권리보호의 이익이 있다고 보아야 한다(대판 2013. 5. 9, 2011다75232).

(ㄹ) 부동산 매각

상당한 대가에 따른 유일한 자산인 '부동산의 매각'에 대하여 학설은 채무자의 경제적 회생의 가능성을 고려하여 사해행위로서 인정하지 않으나, 판례는 유일한 재산의 매각은 소비하기 쉬운 금전으로 바꾸는 것이기 때문에 사해행위로 인정한다.

[판례] ① 채무자가 자기의 유일한 재산인 부동산을 매각하여 소비하기 쉬운 금전으로 바꾸거나 타인에게 무상으로 이전하여 주는 행위는 특별한 사정이 없는 한 채권자에 대하여 사해행위가 된다(대판 2001. 4. 24, 2000다41875).

② 채무자가 자기의 유일한 재산인 부동산을 매각하여 소비하기 쉬운 금전으로 바꾸는 경우, 매각 목적이 채무를 변제하거나 변제자력을 얻기 위한 것이고 대금이 부당한 염가가 아니며 실제 이를 채권자에 대한 변제에 사용하거나 변제자력을 유지하고 있는 때에는 채무자가 일부 채권자와 통모하여 다른 채권자를 해칠 의사를 가지고 변제를 하는 등의 특별한 사정이 없는 한, **사해행위에 해당한다고 볼 수 없다.** 이러한 법리는 유일한 재산으로서 영업재산과 영업권이 유기적으로 결합된 일체로서 영업을 양도하는 경우에도 마찬가지로 적용된다(대판 2021. 10. 28, 2018다223023).

③ 채무자가 연속하여 수개의 재산처분행위(아파트 8채)를 한 경우에는 원칙적으로 **각 행위별로** 그로 인하여 무자력이 초래되었는지 여부에 따라 사해성 여부를 판단하여야 하는 것이지만, 일련의 행위를 하나의 행위로 볼만한 특별한 사정이 있는 경우에는 이를 **일괄하여 전체적으로** 사해성이 있는지 여부를 판단하여야 한다(대판 2014. 3. 27, 2012다34740).

㈕ 인적 담보의 부담

채무자가 연대채무를 부담하는 행위는 소극재산을 증가케 하는 것으로 사해행위가 된다(대판 2003. 7. 8, 2003다13246).

㈖ 채권담보제공과 신규자금융통

㈀ 원래 채무초과상태에 있는 채무자가 그 소유의 부동산을 **채권자 중의 어느 한 사람에게 채권담보로 제공하는 행위**(저당권 설정)는 특별한 사정이 없는 한 다른 채권자들에 대한 관계에서 사해행위에 해당한다. 그러나 자금난으로 사업을 계속 추진하기 어려운 상황에 처한 채무자가 자금을 융통하여 사업을 계속 추진하려고 자금을 융통하기 위하여 부득이 부동산을 특정 채권자에게 담보로 제공하고 그로부터 **신규자금을 추가로 융통받았다면** 특별한 사정이 없는 한 채무자의 담보권 설정행위는 사해행위에 해당하지 않는다(대판 2001. 5. 8, 2000다50015). 그러나 이러한 경우에도 채무자에게 사업의 갱생이나 계속 추진의 의도가 있더라도 **신규자금의 융통 없이 단지 기존채무의 이행을 유예받기 위하여** 자신의 채권자 중 한 사람에게 담보를 제공하는 행위는 다른 특별한 사정이 없는 한 다른 채권자들에 대한 관계에서는 **사해행위에 해당한다**(대판 2022. 1. 14, 2018다295103).

[판례] ① 부동산에 대하여 가압류등기가 먼저 되고 나서 근저당권설정등기가 마쳐진 경우에 경매절차의 배당관계에서 근저당권자는 선순위 가압류채권자에 대하여는 우선변제권을 주장할 수 없으므로 그 가압류채권자는 근저당권자와 일반 채권자의 자격에서 평등배당을 받을 수 있고, 따라서 가압류채권자는 채무자의 근저당권설정행위로 인하여 아무런 불이익을 입지 않으므로 채권자취소권을 행사할 수 없다(대판 2008. 2. 28, 2007다77446).

② 채무자가 아무 채무도 없이 다른 사람을 위해 자신의 부동산에 관하여 근저당권을 설정함으로써 물

상보증인이 되는 행위는 그 부동산의 담보가치만큼 채무자의 총재산에 감소를 가져오는 것이므로, 그 근저당권이 채권자의 가압류와 동순위의 효력밖에 없다 하여도, 그 자체로 다른 채권자를 해하는 행위가 된다(대판 2010. 6. 24, 2010다20617, 20624).

(ㄴ) 저당권이 설정되어 있는 목적물의 경우 목적물 중에서 일반채권자들의 공동담보에 제공되는 책임재산은 피담보채권액을 공제한 나머지 부분만이므로, 수익자가 채무초과 상태에 있는 채무자의 부동산에 관하여 설정된 선순위 근저당권의 피담보채무를 변제하여 근저당권설정등기를 말소하는 대신 동일한 금액을 피담보채무로 하는 새로운 근저당권설정등기를 설정하는 것은 채무자의 공동담보를 부족하게 하는 것이라고 볼 수 없어 사해행위가 성립하지 아니한다(대판 2012. 1. 12, 2010다64792).

(ㄷ) 채무자의 재산처분행위가 사해행위가 되려면 그 행위로 채무자의 총재산이 감소되어 채권의 공동담보가 부족한 상태를 유발 또는 심화시켜야 하는 것이므로, **채무자가 제3자로부터 자금을 차용하여 부동산을 매수하고 해당 부동산을 차용금채무에 대한 담보로 제공**하거나, **채무자가 제3자로부터 부동산을 매수하여 매매대금을 지급하기 전에 소유권이전등기를 마치고 해당 부동산을 매매대금채무에 대한 담보로 제공**한 경우와 같이 기존 채권자들의 공동담보가 감소되었다고 볼 수 없는 경우에는 담보제공행위를 사해행위라고 할 수 없다. 나아가 위와 같은 부동산매수행위와 담보제공행위가 한꺼번에 이루어지지 않고 단기간 내에 순차로 이루어졌다고 하더라도 다른 특별한 사정이 없는 한 일련의 행위 전후를 통하여 기존 채권자들의 공동담보에 증감이 있었다고 평가할 것도 아니므로, **담보제공행위만을 분리하여** 사해행위에 해당한다고 하여서도 아니 된다(대판 2017. 9. 21, 2017다237186).

(사) 가등기

소유권이전등기청구권을 보전하기 위한 가등기는 그 자체만으로는 물권취득의 효과가 발생하지 않지만, 후일 본등기를 하는 경우에는 가등기시에 소급하여 소유권변동의 효력을 발생하기 때문에 채권자로 하여금 완전한 변제를 받을 수 없게 하는 결과가 되므로 채권자를 해치는 것이 된다(대판 1975. 2. 10, 74다334).

> **판례** ① 가등기에 기하여 본등기가 경료된 경우 가등기의 원인인 법률행위와 본등기의 원인인 법률행위가 명백히 다른 것이 아닌 한 사해행위 요건의 구비 여부는 **가등기의 원인된 법률행위 당시**를 기준으로 하여 판단하여야 한다(대판 2001. 7. 27, 2000다73377).
> ② 법률행위의 이행으로서 가등기를 경료하는 경우에 그 채무의 원인되는 법률행위가 취소권을 행사하려는 채권자의 채권보다 앞서 발생한 경우에는 특별한 사정이 없는 한 그 가등기는 채권자취소권의 대상이 될 수 없다(대판 2009. 4. 9, 2008다92176).
> ③ [1] 가등기에 기하여 본등기가 마쳐진 경우 **가등기의 원인인 법률행위와 본등기의 원인인 법률행위가 다르지 않다면** 사해행위 요건의 구비 여부는 **가등기의 원인인 법률행위를 기준으로** 하여 판단해야 한다.

그러나 **가등기와 본등기의 원인인 법률행위가 다르다면** 사해행위 요건의 구비 여부는 **본등기의 원인인 법률행위를 기준으로** 판단해야 하고 제척기간의 기산일도 본등기의 원인인 법률행위가 사해행위임을 안 때라고 보아야 한다. [2] 채무자가 유일한 재산인 부동산에 관하여 **가등기의 효력이 소멸한 상태에서 새로 매매계약을 체결하고 말소되어야 할 가등기를 기초로 하여 본등기를 한 행위**는 가등기의 원인인 법률행위와 별개로 일반채권자의 공동담보를 감소시키는 것으로 특별한 사정이 없는 한 채권자취소권의 대상인 사해행위이고, 이때 **본등기의 원인인 새로운 매매계약을 기준으로** 사해행위 여부나 제척기간의 준수 여부를 판단해야 한다(대판 2021. 9. 30, 2019다266409).

(아) 명의신탁에서 수탁자의 양도행위

(ㄱ) **3자간 등기명의신탁**의 경우 수탁자(채무자)명의의 등기는 무효이므로 **수탁자(채무자)의 저당권설정 등**은 사해행위가 아니다(대판 2012. 8. 23, 2012다45184). 반면에 부동산 실권리자명의 등기에 관한 법률 제4조 제2항 단서에 의해 신탁부동산의 소유권을 취득한 **이른바 계약명의신탁 약정의 명의수탁자(채무자)가**, 채무초과 상태에서 명의신탁자나 그가 지정하는 사람에게 신탁부동산을 양도하는 행위는 사해행위에 해당한다(대판 2008. 9. 25, 2007다74874). 그러나 **계약명의신탁에서 신탁자가** 실질적인 당사자가 되어 위 부동산을 제3자에게 처분한 행위는 신탁자의 일반채권자들을 해하는 사해행위가 되지 않는다(대판 2013. 9. 12, 2011다89903).

> **판례** 부동산에 관하여 부동산 실권리자명의 등기에 관한 법률 제4조 제2항 본문이 적용되어 명의수탁자인 채무자 명의의 소유권이전등기가 무효인 경우(등기명의신탁)에는 그 부동산은 채무자의 소유가 아니기 때문에 이를 채무자의 일반 채권자들의 공동담보에 제공되는 책임재산이라고 볼 수 없고, 채무자가 위 부동산에 관하여 제3자와 매매계약을 체결하고 그에게 소유권이전등기를 마쳐주었다고 하더라도 그로써 채무자의 책임재산에 감소를 초래한 것이라고 할 수 없으므로 이를 들어 채무자의 일반 채권자들을 해하는 사해행위라고 할 수 없으며, 채무자에게 사해의 의사가 있다고 볼 수도 없다. 그러나 **명의신탁자와 명의수탁자가 "이른바 계약명의신탁" 약정을 맺고 명의수탁자가 당사자가 되어 명의신탁 약정이 있다는 사실을 알지 못하는 소유자와 부동산에 관한 매매계약을 체결한 후 그 매매계약에 따라 당해 부동산의 소유권이전등기를 명의수탁자 명의로 마친 경우**에는, 명의수탁자가 취득한 부동산은 채무자인 명의수탁자의 일반 채권자들의 공동담보에 제공되는 책임재산이 되고, 명의신탁자는 명의수탁자에 대한 관계에서 금전채권자 중 한 명에 지나지 않으므로, 명의수탁자의 재산이 채무의 전부를 변제하기에 부족한 경우 명의수탁자가 위 부동산을 명의신탁자 또는 그가 지정하는 자에게 양도하는 행위는 특별한 사정이 없는 한 다른 채권자의 이익을 해하는 것으로서 다른 채권자들에 대한 관계에서 사해행위가 된다(대판 2008. 9. 25, 2007다74874).

(ㄴ) **2자간 등기명의신탁자(채무자)가** 명의신탁된 부동산을 처분한 경우에 명의신탁자의 채권자에 대하여 사해행위가 된다(대판 2012. 10. 25, 2011다107375).

(ㄷ) **부부간의 명의신탁약정**은 특별한 사정이 없는 한 유효하고, 이때 명의신탁자는 명의수탁자에 대하여 신탁해지를 하고 신탁관계의 종료 그것만을 이유로 하여 소유 명의의 이전등기절차의 이행을 청구할 수 있음은 물론, 신탁해지를 원인으로 하고 소유권에 기해서도 그와 같은 청구를 할

수 있는데, 이와 같이 **명의신탁관계가 종료된 경우 신탁자의 수탁자에 대한 소유권이전등기청구권**은 신탁자의 일반채권자들에게 공동담보로 제공되는 **책임재산이 된다**. 그런데 신탁자가 유효한 명의신탁약정을 해지함을 전제로 신탁된 부동산을 제3자에게 직접 처분하면서 수탁자 및 제3자와의 합의 아래 중간등기를 생략하고 수탁자에게서 곧바로 제3자 앞으로 소유권이전등기를 마쳐 준 경우 이로 인하여 신탁자의 책임재산인 수탁자에 대한 소유권이전등기청구권이 소멸하게 되므로, 이로써 신탁자의 소극재산이 적극재산을 초과하게 되거나 채무초과상태가 더 나빠지게 되고 신탁자도 그러한 사실을 인식하고 있었다면 이러한 신탁자의 법률행위는 신탁자의 일반채권자들을 해하는 행위로서 사해행위에 해당한다(대판 2016. 7. 29, 2015다56086).

㉣ 민법 제666조 수급인의 저당권설정청구권 행사에 따라 도급인이 저당권을 설정하는 행위

신축건물의 도급인이 민법 제666조가 정한 수급인의 저당권설정청구권의 행사에 따라 공사대금채무의 담보로 그 건물에 저당권을 설정하는 행위는 특별한 사정이 없는 한 사해행위에 해당하지 아니한다(대판 2008. 3. 27, 2007다78616).

㉤ 부부간 재산분할

원칙적으로 이혼에 따른 재산분할행위는 사해행위가 되지 않는다. 다만, 이혼에 따른 재산분할행위가 구체화 되어 상당 정도를 넘는 경우에는 취소권의 대상이 될 수도 있다(대판 1990. 11. 23, 90다카24762 참고).

㉥ 상속재산분할

상속재산의 분할협의는 상속이 개시되어 공동상속인 사이에 잠정적 공유가 된 상속재산에 대하여 그 전부 또는 일부를 각 상속인의 단독소유로 하거나 새로운 공유관계로 이행시킴으로써 상속재산의 귀속을 확정시키는 것으로 그 성질상 재산권을 목적으로 하는 법률행위이므로 사해행위취소권 행사의 대상이 될 수 있고, 한편 채무자가 자기의 유일한 재산인 부동산을 매각하여 소비하기 쉬운 금전으로 바꾸거나 타인에게 무상으로 이전하여 주는 행위는 특별한 사정이 없는 한 채권자에 대하여 사해행위가 되는 것이므로, 이미 채무초과 상태에 있는 채무자가 상속재산의 분할협의를 하면서 자신의 상속분에 관한 권리를 포기함으로써 일반 채권자에 대한 공동담보가 감소한 경우에도 원칙적으로 채권자에 대한 사해행위에 해당한다(대판 2007. 7. 26, 2007다29119).

㉦ 상속의 포기, 유증의 포기

① 상속인의 채권자의 입장에서는 상속의 포기가 그의 기대를 저버리는 측면이 있다고 하더라도 채무자인 상속인의 재산을 현재의 상태보다 악화시키지 아니한다. 이러한 점들을 종합적으로 고려하여 보면, **상속의 포기**는 민법 제406조 제1항에서 정하는 "재산권에 관한 법률행위"에 해당하지 아니하여 사해행위취소의 대상이 되지 못한다(대판 2011. 6. 9, 2011다29307).

② 유증을 받을 자는 유언자의 사망 후에 언제든지 유증을 승인 또는 포기할 수 있고, 그 효력은 유언자가 사망한 때에 소급하여 발생하므로(민법 제1074조), 채무초과 상태에 있는 채무자라도 자유롭게 유증을 받을 것을 포기할 수 있다. 또한 채무자의 유증 포기가 직접적으로 채무자의 일반재산을 감소시켜 채무자의 재산을 유증 이전의 상태보다 악화시킨다고 볼 수도 없다. 따라서 **유증을 받을 자가 이를 포기하는 것**은 사해행위 취소의 대상이 되지 않는다고 보는 것이 옳다(대판 2019. 1. 17, 2018다260855).

㈜ 채권양도행위가 사해행위에 해당하지 않는 경우, 그 양도통지가 따로 채권자취소의 대상이 될 수 있는지 여부(소극)

채권양도의 경우 권리이전의 효과는 원칙적으로 당사자 사이의 양도계약 체결과 동시에 발생하며 채무자에 대한 통지 등은 채무자를 보호하기 위한 대항요건일 뿐이므로, 채권양도행위가 사해행위에 해당하지 않는 경우(예 : 피보전채권이 사해행위 후에 발생 함)에 **양도통지가 따로** 채권자취소권 행사의 대상이 될 수는 없다(대판 2012. 8. 30, 2011다32785, 32792).

㈝ 건축 중인 건물 외에 별다른 재산이 없는 채무자가 수익자에게 책임재산인 위 건물을 양도하기 위해 수익자 앞으로 건축주명의를 변경해주기로 약정하였다면 **위 양도 약정이 포함되어 있다고 볼 수 있는 건축주명의변경 약정**은 채무자의 재산감소 효과를 가져오는 행위로서 다른 일반채권자의 이익을 해하는 사해행위가 될 수 있다(대판 2017. 4. 27, 2016다279206).

㈎ 채무자가 유일한 재산인 그 소유의 부동산에 관한 매매예약에 따른 예약 완결권이 **제척기간 경과가 임박하여 소멸할 예정인 상태에서 제척기간을 연장하기 위하여 새로 매매예약을 하는 행위**는 채무자가 부담하지 않아도 될 채무를 새롭게 부담하게 되는 결과가 되므로 채권자취소권의 대상인 사해행위가 될 수 있다(대판 2018. 11. 29, 2017다247190).

㈏ 취소채권자에게 우선변제권이 확보되어 있는 경우

주채무자 또는 제3자 소유의 부동산에 대하여 채권자 앞으로 근저당권이 설정되어 있고, 그 부동산의 가액 및 채권최고액이 당해 채무액을 초과하여 **채무 전액에 대하여 채권자에게 우선변제권이 확보되어 있다면**, 연대보증인이 비록 유일한 재산을 처분하는 법률행위를 하더라도 채권자에 대하여 사해행위가 성립되지 않는다고 보아야 한다(대판 2000. 12. 8, 2000다21017).

▌**판례** ① 주채무자 또는 제3자 소유의 부동산에 대하여 채권자 앞으로 근저당권이 설정되어 **채권자에게 우선 변제권이 확보되어 있다면** 그 범위 내에서는 채무자의 재산처분행위는 채권자를 해하지 아니하므로 그 담보물로부터 **우선변제받을 액을 공제한 나머지 채권액에 대하여만** 채권자취소권이 인정된다(대판 2002. 4. 12, 2000다63912).

② [1] 주채무자 또는 제3자 소유의 부동산에 관하여 채권자 앞으로 근저당권이 설정되어 있고, 부동산의 가액 및 채권최고액이 당해 채무액을 초과하여 **채무 전액에 대하여 채권자에게 우선변제권이 확보되어 있다면** 그 범위 내에서는 채무자의 재산처분 행위가 채권자를 해하지 아니하므로, 채무자가 비록 재산을 처분하는 법률행위를 하더라도 채권자에 대하여 사해행위가 성립하지 않고, **채무액이 부동산의 가액 및 채권최고액을 초과하는 경우**에는 '그 담보물로부터 우선변제받을 금액'을 공제한 나머지 채권액에 대하여만 채권자취소권이 인정된다. 이때 취소채권자가 '담보물로부터 우선변제받을 금액'은 **사해행위 당시를 기준으로 담보물의 가액에서 취소채권자에 앞서는 선순위 담보물권자가 변제받을 금액을 먼저 공제한 다음 산정하여야 한다.** [2] 채권자취소권에 의하여 보호될 수 있는 채권은 원칙적으로 사해행위라고 볼 수 있는 행위가 행하여지기 전에 발생된 것임을 요하지만, 사해행위 당시에 이미 채권 성립의 기초가 되는 법률관계가 발생되어 있고, 가까운 장래에 그 법률관계에 기하여 채권이 성립되리라는 점에 대한 고도의 개연성이 있으며, 실제로 가까운 장래에 그 개연성이 현실화되어 채권이 성립된 경우에는, 그 채권도 채권자취소권의 피보전채권이 될 수 있다. 이러한 법리는 **물적 담보권자가 채권자취소권을 행사할 수 있는 피보전채권의 범위를 정하는 경우에도 마찬가지로 적용된다.** 이에 따라 취소채권자가 채무자 소유의 부동산에 관하여 근저당권을 설정하였는데 사해행위 당시 채무자에 대하여 근로기준법 제38조 제2항 제1호, 제1항, 근로자퇴직급여 보장법 제12조 제2항, 제1항에 따라 최우선변제권을 갖는 임금채권이 이미 성립되어 있고, 임금채권자가 우선변제권 있는 임금채권에 기하여 취소채권자의 담보물에 관하여 압류나 가압류 등기를 마치는 등 가까운 장래에 우선변제권을 행사하리라는 점에 대한 고도의 개연성이 있으며, 실제로 가까운 장래에 임금채권자가 그 담보물에 관하여 우선변제권을 행사하여 그 개연성이 현실화된 경우에는, 사해행위 당시 담보물로부터 우선변제를 받을 수 없는 일반채권이 발생할 고도의 개연성이 가까운 장래에 현실화된 것이므로 **그 일반채권도 채권자취소권을 행사할 수 있는 피보전채권이 될 수 있다.** 이러한 경우 취소채권자가 '담보물로부터 우선변제받을 금액'은 사해행위 당시를 기준으로 담보물의 가액에서 우선변제권 있는 임금채권액을 먼저 공제한 다음 산정하여야 하고, 취소채권자는 그 채권액에서 위와 같이 산정된 '담보물로부터 우선변제받을 금액'을 공제한 나머지 채권액에 대하여만 채권자취소권이 인정된다(대판 2021. 11. 25, 2016다263355).

(4) 사해의사

1) 채무자의 사해의사

채무자의 사해의 의사는 사해행위 당시에 있어야 하며, 소극적인 인식만으로 충분하다(대판 1998. 5. 12, 97다57320). 채권자는 채무자의 악의를 입증하여야만 취소권을 행사할 수 있다. 다만 판례는 채무자가 유일한 재산을 매각하는 경우 특별한 사정이 없는 한 채무자의 사해의사를 추정하고 있다(대판 1966. 10. 4, 66다1535).

2) 수익자·전득자

채무자의 악의를 채권자가 입증하면 수익자·전득자의 악의는 추정된다. 따라서 수익자·전득자는 자신의 선의를 스스로 입증하여야 한다(대판 2010. 4. 29, 2009다104564).

> **판례** ① 사해행위취소소송에서 수익자의 선의 여부는 채무자와 수익자의 관계, 채무자와 수익자 사이의 처분행위의 내용과 그에 이르게 된 경위 또는 동기, 처분행위의 거래조건이 정상적이고 이를 의심할 만한 특별한

사정이 없으며 정상적인 거래관계임을 뒷받침할 만한 객관적인 자료가 있는지 여부, 처분행위 이후의 정황 등 여러 사정을 종합적으로 고려하여 논리칙·경험칙에 비추어 합리적으로 판단하여야 한다. 또한 **사해행위취소소송에서는 수익자의 선의 여부만이 문제 되고 수익자의 선의에 과실이 있는지 여부는 묻지 않는다**(대판 2023. 9. 21, 2023다234553).

② 채권자가 사해행위의 취소로서 수익자를 상대로 채무자와의 법률행위의 취소를 구함과 아울러 전득자를 상대로도 전득행위의 취소를 구함에 있어서, 전득자의 악의는 전득행위 당시 그 행위가 채권자를 해한다는 사실, 즉 사해행위의 객관적 요건을 구비하였다는 것에 대한 인식을 의미하므로, **전득자의 악의**를 판단함에 있어서는 단지 전득자가 전득행위 당시 채무자와 수익자 사이의 법률행위의 사해성을 인식하였는지 여부만이 문제가 될 뿐이지, 수익자와 전득자 사이의 전득행위가 다시 채권자를 해하는 행위로서 사해행위의 요건을 갖추어야 하는 것은 아니다(대판 2006. 7. 4, 2004다61280).

3) 연대보증인의 경우

연대보증인에게 부동산의 처분행위 당시 사해의 의사가 있었는지 여부는 연대보증인이 **자신의 자산상태가** 채권자에 대한 연대보증채무를 담보하는 데에 부족이 생기게 되리라는 것을 인식하였는가 하는 점에 의하여 판단하여야 하고, 연대보증인이 **주채무자의 자산상태가** 채무를 담보하는 데 부족이 생기게 되리라는 것까지 인식하였어야만 사해의 의사를 인정할 수 있는 것은 아니다(대판 2001. 1. 5, 2000다30097 등).

3. 채권자취소권 행사의 방법

(1) 채권자취소소송의 당사자

취소소송에서 원고는 채권자이고 피고는 수익자 또는 전득자이며, 채무자는 피고로 삼을 수 없다는 것이 확립된 판례이다(대판 1991. 8. 13, 93다13717).

> **판례** (ⅰ) 채권자가 채권자취소권을 행사하려면 **사해행위로 인하여 이익을 받은 자나 전득한 자를 상대로** 그 법률행위의 취소를 청구하는 소송을 제기하여야 되는 것으로서 **채무자를 상대로** 그 소송을 제기할 수는 없다. (ⅱ) 채권자가 전득자를 상대로 하여 사해행위의 취소와 함께 책임재산의 회복을 구하는 사해행위취소의 소를 제기한 경우에 그 취소의 효과는 채권자와 전득자 사이의 상대적인 관계에서만 생기는 것이고 채무자 또는 채무자와 수익자 사이의 법률관계에는 미치지 않는 것이므로, 이 경우 **취소의 대상이 되는 사해행위**는 채무자와 수익자 사이에서 행하여진 법률행위에 국한되고, 수익자와 전득자 사이의 법률행위는 취소의 대상이 되지 않는다(대판 2004. 8. 30, 2004다21923).

(2) 재판상 행사

1) 채권자취소권은 반드시 재판상 행사하여야 한다.

> **판례** ① 채권자취소권을 행사하는 채권자는 수익자나 전득자를 상대로 사해행위의 취소를 법원에 소를 제기하는 방법으로 청구할 수 있을 뿐 **소송상의 공격방어방법**으로 주장할 수 없다(대판 1995. 7. 25, 95다8393).

② [1] 채권자가 민법 제406조 제1항에 따라 사해행위의 취소와 원상회복을 청구하는 경우 사해행위의 **취소만을 먼저 청구한 다음 원상회복을 나중에 청구**할 수 있다. [2] 채권자가 민법 제406조 제1항에 따라 사해행위의 취소와 원상회복을 청구하는 경우 사해행위 취소 청구가 민법 제406조 제2항에 정하여진 기간 안에 제기되었다면 원상회복의 청구는 그 기간이 지난 뒤에도 할 수 있다(대판 2001. 9. 4, 2001다14108).

③ 채권자가 전득자를 상대로 민법 제406조 제1항에 의한 채권자취소권을 행사하기 위하여는 같은 조 제2항에서 정한 기간 안에 채무자와 수익자 사이의 사해행위취소를 법원에 소를 제기하는 방법으로 청구하여야 하는 것이고, 채권자가 **수익자를 상대로** 사해행위취소를 구하는 소를 제기하여 채무자와 수익자 사이의 법률행위를 취소하는 내용의 판결이 선고되어 확정되었더라도 판결의 효력은 그 소송의 피고가 아닌 전득자에게는 미치지 아니하므로, 채권자가 **전득자에 대하여** 채권자취소권을 행사하여 원상회복을 구하기 위하여는 민법 제406조 제2항에서 정한 기간 안에 별도로 전득자에 대한 관계에서 채무자와 수익자 사이의 사해행위를 취소하는 청구를 하여야 한다. 이는 기존 전득자 명의의 등기가 말소된 후 다시 새로운 전득자 명의의 등기가 경료되어 새로운 전득자에 대한 관계에서 채무자와 수익자 사이의 사해행위를 취소하는 청구를 하는 경우에도 마찬가지이다(대판 2014. 2. 13, 2012다204013).

2) 중복제소와 관련하여 판례는 "채권자취소권의 요건을 갖춘 각 채권자는 고유의 권리로서 채무자의 재산처분 행위를 취소하고 그 원상회복을 구할 수 있는 것이므로 **여러 명의 채권자가 동시에 또는 시기를 달리하여 사해행위취소 및 원상회복청구의 소를 제기한 경우** 이들 소가 **중복제소**에 해당하지 아니할 뿐만 아니라, 그에 기하여 재산이나 가액의 회복을 마친 경우에 비로소 다른 채권자의 사해행위취소 및 원상회복청구는 그와 중첩되는 범위 내에서 **권리보호의 이익**이 없게 된다"(대판 2008. 4. 24, 2007다84352)고 한다.

> **┃판례** [1] 채권자취소권의 요건을 갖춘 각 채권자는 **고유의 권리로서** 채무자의 재산처분 행위를 취소하고 원상회복을 구할 수 있다. 그러므로 **여러 채권자가 동시에 또는 시기를 달리하여 사해행위취소 및 원상회복청구의 소를 제기한 경우,** 어느 한 채권자가 동일한 사해행위에 관하여 사해행위취소 및 원상회복청구를 하여 승소관결을 받아 그 관결이 확정되었다는 것만으로는 그 후에 제기된 다른 채권자의 동일한 청구가 권리보호의 이익이 없게 되는 것은 아니고, 그에 기하여 **재산이나 가액의 회복을 마친 경우에 비로소** 다른 채권자의 사해행위취소 및 원상회복청구가 그와 중첩되는 범위 내에서 권리보호의 이익이 없게 된다. 따라서 **여러 채권자가 사해행위취소 및 원상회복청구의 소를 제기하여 여러 개의 소송이 계속 중인 경우**에는 각 소송에서 채권자의 청구에 따라 사해행위의 취소 및 원상회복을 명하는 관결을 선고하여야 하고, 수익자가 가액배상을 하여야 할 경우에도 수익자가 반환하여야 할 가액 범위 내에서 **각 채권자의 피보전채권액 전액의 반환을 명하여야 한다.** [2] 여러 개의 사해행위취소소송에서 각 가액배상을 명하는 관결이 선고되어 확정된 경우, 각 채권자의 피보전채권액을 합한 금액이 사해행위 목적물의 가액에서 일반채권자들의 공동담보로 되어 있지 않은 부분을 공제한 잔액(이하 '공동담보가액'이라 한다)을 초과한다면 수익자가 채권자들에게 반환하여야 할 가액은 **공동담보가액이 될 것**인데, 그럼에도 수익자는 공동담보가액을 초과하여 반환하게 되는 범위 내에서 이중으로 가액을 반환하게 될 위험에 처할 수 있다. 이때 각 사해행위취소 관결에서 산정한 공동담보가액의 액수가 서로 달라 수익자에게 이중지급의 위험이 발생하는지를 판단하는 **기준이 되는 공동담보가액은,** 그중 다액의 공동담보가액이 이를 산정한 사해행위취소소송의 사실심 변론종결 당시의 객관적인

사실관계와 명백히 다르고 해당 소송에서의 공동담보가액의 산정 경위 등에 비추어 그 가액을 그대로 인정하는 것이 심히 부당하다고 보이는 등의 특별한 사정이 없는 한 **그 다액에 해당하는 금액**이라고 보는 것이 채권자취소권의 취지 및 채권자취소소송에서 변론주의 원칙 등에 부합한다. 따라서 수익자가 어느 채권자에게 자신이 배상할 가액의 일부 또는 전부를 반환한 때에는 다른 채권자에 대하여 각 사해행위취소 판결에서 가장 다액으로 산정된 공동담보가액에서 자신이 반환한 가액을 공제한 금액을 초과하는 범위에서 청구이의의 방법으로 집행권원의 집행력의 배제를 구할 수 있을 뿐이다(대판 2022. 8. 11, 2018다202774).

(3) 제척기간
　채권자취소권의 행사를 위한 출소기간은 채권자가 취소원인을 안 날로부터 1년, 법률행위가 있은 날로부터 5년이다.

> **판례**　① 민법 제406조 제2항 소정의 **채권자취소권의 행사기간**은 제소기간이므로 법원은 그 기간의 준수 여부에 관하여 **직권으로** 조사하여 그 기간이 도과된 후에 제기된 채권자취소의 소는 부적법한 것으로 각하하여야 한다(대판 1996. 5. 14, 95다50875).
> ② 제척기간의 도과에 관한 증명책임은 **사해행위취소소송의 상대방**에게 있다(대판 2018. 4. 10, 2016다272311). ☞ 위 ①에서는 직권주의라고 하면서 여기서는 증명책임이 상대방에게 있다고 하여 혼란을 느끼는 수험생들이 많은데, 흔히 입증책임이라고 하는 증명책임은 이른바 객관적 증명책임이라 하며 변론주의뿐만 아니라 직권탐지주의에 의한 절차에서도 문제가 됩니다. 자세한 것은 민사소송법에서 배우시기 바랍니다.
> ③ 채권자취소권 행사에서 제척기간의 기산점인 채권자가 '취소원인을 안 날'은 채권자가 채권자취소권의 요건을 안 날, 즉 채무자가 채권자를 해함을 알면서 사해행위를 하였다는 사실을 알게 된 날을 의미하므로, **단순히 채무자가 재산의 처분행위를 하였다는 사실을 아는 것만으로는 부족하고, 그 법률행위가 채권자를 해하는 행위라는 것 즉, 그에 의하여 채권의 공동담보에 부족이 생기거나 이미 부족상태에 있는 공동담보가 한층 더 부족하게 되어 채권을 완전하게 만족시킬 수 없게 되었으며 나아가 채무자에게 사해의 의사가 있었다는 사실까지 알 것을 요한다**고 할 것이나, 그렇다고 하여 **채권자가 수익자나 전득자의 악의까지 알아야 하는 것은 아니다.** 또 채권자가 채무자의 재산상태를 조사한 결과 자신의 채권 총액과 비교하여 **채무자 소유 부동산 가액이 그에 미치지 못하는 것을 이미 파악하고 있었던 상태**에서 채무자의 재산에 대하여 가압류를 하는 과정에서 그 중 일부 부동산에 관하여 **제3자 명의의 근저당권설정등기가 마쳐진 사실을 확인하였다면**, 다른 특별한 사정이 없는 한 채권자는 가압류 무렵에는 채무자가 채권자를 해함을 알면서 사해행위를 한 사실을 알았다고 봄이 타당하다(대판 2012. 1. 12, 2011다82384).
> ④ 민법 제406조 제2항 소정의 채권자가 그 취소원인을 안 날이라 함은 채무자가 채권자를 해함을 알면서 법률행위를 한 사실을 채권자가 안 때를 의미하고 **단순히 사해행위의 객관적 사실을 안 것만으로는 부족하며, 사해의 객관적 사실을 알았다고 하여 취소의 원인을 알았다고 추정할 수는 없다**(대법 1989. 9. 12, 88다카26475).
> ⑤ [1] 채권자취소권도 채권자가 채무자를 대위하여 행사하는 것이 가능하다. [2] 민법 제404조 소정의 채권자대위권은 채권자가 자신의 채권을 보전하기 위하여 채무자의 권리를 자신의 이름으로 행사할 수 있는 권리라 할 것이므로, 채권자가 채무자의 채권자취소권을 대위행사하는 경우, 제소기간은 대위의 목적으로 되는 권리의 채권자인 **채무자를 기준으로 하여 그 준수 여부를 가려야 할 것**이고, 따라서 채권자취소권을 대위행사

하는 채권자가 취소원인을 안 지 1년이 지났다 하더라도 채무자가 취소원인을 안 날로부터 1년, 법률행위가 있은 날로부터 5년 내라면 채권자취소의 소를 제기할 수 있다(대판 2001. 12. 27, 2000다73049).

⑥ 국민건강보험법에 따라 설립된 공법인인 국민건강보험공단이 채무자에 대한 채권을 피보전채권으로 하여 채무자의 법률행위를 대상으로 채권자취소권을 행사하는 경우, 제척기간의 기산점과 관련하여 **국민건강보험공단이 취소원인을 알았는지는 특별한 사정이 없는 한 피보전채권의 추심 및 보전 등에 관한 업무를 담당하는 직원의 인식을 기준으로 판단**하여야 하므로, 담당직원이 채무자의 재산 처분행위 사실뿐만 아니라 구체적인 사해행위의 존재와 채무자에게 사해의 의사가 있었다는 사실까지 인식하였다면 이로써 국민건강보험공단도 그 시점에 취소원인을 알았다고 볼 수 있다(대판 2023. 4. 13, 2021다309231).

⑦ **법인의 대표자가 법인에 대하여 불법행위를 한 경우**에는 적어도 법인의 이익을 정당하게 보전할 권한을 가진 **다른 대표자, 임원 또는 사원이나 직원 등이** 손해배상청구권을 행사할 수 있을 정도로 **이를 안 때에** 비로소 단기소멸시효가 진행하고, 만약 **다른 대표자나 임원 등이** 법인의 대표자와 공동불법행위를 한 경우에는 그 **다른 대표자나 임원 등을 배제하고** 단기소멸시효 기산점을 판단하여야 한다. 그리고 이는 법인의 대표자의 불법행위로 인한 법인의 대표자에 대한 손해배상청구권을 피보전권리로 하여 **법인이 채권자취소권을 행사하는 경우**의 제척기간의 기산점인 '**취소원인을 안 날**'을 판단할 때에도 마찬가지이다(대판 2015. 1. 15, 2013다50435).

⑧ 민법 제406조 제2항에서 정한 채권자가 '취소원인을 안 날'이란 단순히 채무자의 법률행위가 있었다는 사실을 아는 것만으로는 부족하고, 그 법률행위가 채권자를 불리하게 하는 행위라는 것, 즉 그 행위에 의하여 채권의 공동담보에 부족이 생기거나 이미 부족상태에 있는 공동담보가 한층 더 부족하게 되어 채권을 완전하게 만족시킬 수 없게 된다는 것까지 알아야 한다. 채무자가 유일한 재산인 부동산을 처분하였다는 사실을 채권자가 알았다면 특별한 사정이 없는 한 채무자의 사해의사도 채권자가 알았다고 봄이 타당하다. 채무자의 법률행위가 통정허위표시인 경우에도 채권자취소권의 대상이 됨은 마찬가지이다. **위와 같은 법리는, 사해행위 당시에 이미 채권 성립의 기초가 되는 법률관계가 발생되어 있고, 가까운 장래에 그 법률관계에 터 잡아 채권이 성립되리라는 점에 대한 고도의 개연성이 있으며, 실제로 가까운 장래에 그 개연성이 현실화되어 채권이 성립되는 등 예외적으로 그 채권을 채권자취소권의 피보전채권으로 인정하는 경우에도 동일하게 적용된다. 따라서 그 단기 제척기간의 기산일 역시 채권자취소권의 피보전채권이 성립하는 시점과 관계없이 '채권자가 취소원인을 안 날'이라고 보아야 하고, 이는 채권자취소권의 피보전채권이 피고인에 대하여 추징을 명한 형사판결이 확정됨으로써 비로소 현실적으로 성립하게 되는 경우에도 마찬가지이다**(대판 2022. 5. 26, 2021다288020). ☞ 소외인의 관세법 위반의 범행 및 공소의 제기에 따라 추징을 포함한 유죄 취지의 제1심판결이 2019. 1. 8. 선고된 이후로 **원고가 추징보전명령을 청구한 2019. 1. 28. 무렵**에는 소외인이 사실상 유일한 재산인 이 사건 부동산을 배우자인 피고에게 증여하여 이 사건 추징금 채권의 회수가 어려워지는 등 채권자의 공동담보에 부족이 생길 수 있음을 원고가 알았던 것으로 볼 수 있어, **민법 제406조 제2항에서 정한 채권자가 '취소원인을 안 날'에 해당한다. 그렇다면 위 추징금채권이 그 이후인 2019. 5. 2. 현실적으로 성립되었더라도 2019. 1. 28.부터는 채권자취소권의 단기 제척기간이 진행된다고 보아야 할 것이지,** 추징을 명한 형사판결이 확정됨으로써 추징금채권이 현실적으로 성립될 때까지 제척기간이 진행하지 않는다고 볼 수는 없다. 따라서 그로부터 1년의 제척기간이 도과된 후에 제기된 이 사건 소 중 주위적 청구 부분이 부적법하다고 한 사례. 이러한 판례의 태도에 따르면 피보전채권이 현실적으로 성립하기 전에도 단기제척기간은 기산될 수 있다는 결과가 된다.

4. 행사의 효과

(1) 취소 및 원상회복의 의미

1) 상대적 무효설

㈎ 다수설과 판례는 사해행위 취소의 효과는 소송의 당사자인 채권자와 수익자 또는 전득자 사이에만 그 효력이 생기는 상대적 효력이 있을 뿐이라고 한다. 즉 채권자취소의 소의 효력은 소송에 참가하지 않은 채무자에게는 영향을 미치지 않는다.

> **[판례]** ① 채권자가 사해행위의 취소와 함께 수익자 또는 전득자로부터 책임재산의 회복을 명하는 사해행위취소의 판결을 받은 경우 취소의 효과는 채권자와 수익자 또는 전득자 사이에만 미치므로, 수익자 또는 전득자가 채권자에 대하여 사해행위의 취소로 인한 원상회복 의무를 부담하게 될 뿐, 채권자와 채무자 사이에서 취소로 인한 법률관계가 형성되거나 취소의 효력이 소급하여 채무자의 책임재산으로 복구되는 것은 아니다(대판 2014. 6. 12, 2012다47548).
> ② 사해행위 취소의 효력은 채무자와 수익자의 법률관계에 영향을 미치지 아니하고, 사해행위 취소로 인한 원상회복 판결의 효력도 소송의 당사자인 채권자와 수익자 또는 전득자에게만 미칠 뿐 **채무자나 다른 채권자에게 미치지 아니하므로**, 어느 채권자가 수익자를 상대로 사해행위 취소 및 원상회복으로 소유권이전등기의 말소를 명하는 판결을 받았으나 말소등기를 마치지 아니한 상태라면 **소송의 당사자가 아닌 다른 채권자는** 위 판결에 기하여 **채무자를 대위하여 말소등기를 신청할 수 없다. 그럼에도 불구하고 다른 채권자의 등기신청으로 말소등기가 마쳐졌다면 등기에는 절차상의 흠이 존재한다.** 그러나 채권자가 사해행위 취소의 소를 제기하여 승소한 경우 취소의 효력은 민법 제407조에 따라 모든 채권자의 이익을 위하여 미치므로 수익자는 채무자의 다른 채권자에 대하여도 사해행위의 취소로 인한 소유권이전등기의 말소등기의무를 부담하는 점, 등기절차상의 흠을 이유로 말소된 소유권이전등기가 회복되더라도 다른 채권자가 사해행위취소관결에 따라 사해행위가 취소되었다는 사정을 들어 수익자를 상대로 다시 소유권이전등기의 말소를 청구하면 수익자는 말소등기를 해 줄 수밖에 없어서 결국 말소된 소유권이전등기가 회복되기 전의 상태로 돌아가는데 이와 같은 불필요한 절차를 거치게 할 필요가 없는 점 등에 비추어 보면, 사해행위 취소 및 원상회복으로 소유권이전등기의 말소를 명한 관결의 **소송당사자가 아닌 다른 채권자가 위 판결에 기하여 채무자를 대위하여 마친 말소등기는 등기절차상의 흠에도 불구하고 실체관계에 부합하는 등기로서 유효하다**(대판 2015. 11. 17, 2013다84995).
> ③ [1] 사해행위의 취소는 채권자와 수익자의 관계에서 상대적으로 채무자와 수익자 사이의 법률행위를 무효로 하는 데에 그치고 채무자와 수익자 사이의 법률관계에는 영향을 미치지 아니하므로, 채무자와 수익자 사이의 부동산매매계약이 사해행위로 취소되고 그에 따른 원상회복으로 수익자 명의의 소유권이전등기가 말소되어 채무자의 등기명의가 회복되더라도, 그 부동산은 취소채권자나 민법 제407조에 따라 사해행위 취소와 원상회복의 효력을 받는 채권자와 수익자 사이에서 채무자의 책임재산으로 취급될 뿐, 채무자가 직접 부동산을 취득하여 권리자가 되는 것은 아니다. [2] **채무자가 사해행위 취소로 등기명의를 회복한 부동산을 제3자에게 처분**하더라도 이는 **무권리자의 처분**에 불과하여 효력이 없으므로, 채무자로부터 제3자에게 마쳐진 소유권이전등기나 이에 기초하여 순차로 마쳐진 소유권이전등기 등은 모두 원인무효의 등기로서 말소되어야 한다. 이 경우 **취소채권자나 민법 제407조에 따라 사해행위 취소와 원상회복의 효력을 받는 채권자는** 채무자의 책임재산으로 취급되는 부동산에 대한 **강제집행을 위하여** 원인무효 등기의 명의인을 상대로 **등기의 말소를 청구할 수 있다**(대판 2017. 3. 9, 2015다217980).

④ 사해행위가 취소되더라도 부동산은 여전히 수익자의 소유이고, 다만 채권자에 대한 관계에서 채무자의 책임 재산으로 환원되어 강제집행을 당할 수 있는 부담을 지고 있는 데 지나지 않는다. 그러므로 **수익자의 등기부 취득시효**가 인정되려면, 자기 소유 부동산에 대한 취득시효가 인정될 수 있다는 것이 전제되어야 한다. 그러나 부동산에 관하여 적법·유효한 등기를 하여 소유권을 취득한 사람이 당해 부동산을 점유하는 경우에는 특별한 사정이 없는 한 그러한 점유는 취득시효의 기초가 되는 점유라고 할 수 없다(대판 2016. 11. 25, 2013다206313).

⑤ [1] 무자력상태의 채무자가 소송절차를 통해 수익자에게 자신의 책임재산을 이전하기로 하여, 수익자가 제기한 소송에서 자백하는 등의 방법으로 패소판결 또는 그와 같은 취지의 화해권고결정 등을 받아 확정시키고, 이에 따라 수익자 앞으로 책임재산에 대한 소유권이전등기 등이 마쳐졌다면, 이러한 일련의 행위의 실질적인 원인이 되는 채무자와 수익자 사이의 이전합의는 다른 일반채권자의 이익을 해하는 사해행위가 될 수 있다. [2] 채권자가 사해행위의 취소와 함께 수익자 또는 전득자로부터 책임재산의 회복을 명하는 사해행위취소의 판결을 받은 경우 수익자 또는 전득자가 채권자에 대하여 사해행위의 취소로 인한 원상회복 의무를 부담하게 될 뿐, 채권자와 채무자 사이에서 취소로 인한 법률관계가 형성되는 것은 아니다. 따라서 위와 같이 **채무자와 수익자 사이의 소송절차에서 확정판결 등을 통해 마쳐진 소유권이전등기가 사해행위취소로 인한 원상회복으로써 말소된다**고 하더라도, 그것이 확정판결 등의 효력에 반하거나 모순되는 것이라고는 할 수 없다(대판 2017. 4. 7, 2016다204783).

⑥ **채무자의 수익자에 대한 채권양도가 사해행위로 취소되는 경우**, 수익자가 제3채무자에게서 아직 채권을 추심하지 아니한 때에는, 채권자는 사해행위 취소에 따른 **원상회복으로서 수익자가 제3채무자에게 채권양도가 취소되었다는 취지의 통지를 하도록 청구할 수 있다**. 그런데 사해행위의 취소는 채권자와 수익자의 관계에서 상대적으로 채무자와 수익자 사이의 법률행위를 무효로 하는 데에 그치고, 채무자와 수익자 사이의 법률관계에는 영향을 미치지 아니한다. 따라서 채무자의 수익자에 대한 채권양도가 사해행위로 취소되고, 그에 따른 원상회복으로서 제3채무자에게 채권양도가 취소되었다는 취지의 통지가 이루어지더라도, 채권자와 수익자의 관계에서 채권이 채무자의 책임재산으로 취급될 뿐, 채무자가 직접 채권을 취득하여 권리자로 되는 것은 아니므로, **채권자는 채무자를 대위하여 제3채무자에게 채권에 관한 지급을 청구할 수 없다**(대판 2015. 11. 17, 2012다2743).

⑦ 사해행위의 취소는 취소소송의 당사자 간에 상대적으로 취소의 효력이 있는 것으로 당사자 이외의 제3자는 다른 특별한 사정이 없는 이상 취소로 그 법률관계에 영향을 받지 않는다. 사해행위의 취소에 상대적 효력만을 인정하는 것은 사해행위 취소채권자와 수익자 그리고 제3자의 이익을 조정하기 위한 것으로 그 취소의 효력이 미치지 아니하는 제3자의 범위를 사해행위를 기초로 목적부동산에 관하여 새롭게 법률행위를 한 그 목적부동산의 전득자 등만으로 한정할 것은 아니므로, 수익자와 새로운 법률관계를 맺은 것이 아니라 **수익자의 고유채권자로서 이미 가지고 있던 채권 확보를 위하여 수익자가 사해행위로 취득한 근저당권에 배당된 배당금을 가압류한 자**에게 사해행위취소 판결의 효력이 미친다고 볼 수 없다(대판 2009. 6. 11, 2008다7109). ☞

▌참고지문▌ (2023 변리사) 취소채권자는 수익자가 사해행위로 취득한 근저당권에 배당된 배당금을 가압류한 수익자의 채권자에 대하여서도 우선하여 배당을 받을 수 있다(×).

⑭ 상대적 효력설에 따른다면 채권자가 수익자(또는 전득자)를 상대로 하여 소를 제기하고 채무자에게 원상회복된 재산에 강제집행을 하고 남은 것이 있을 경우에는 수익자(또는 전득자)에게 반환되어야 한다. 또한 수익자(또는 전득자)는 그 강제집행으로 인해 채무자의 채무를 면하게 해 준것이 되므로, 채무자에 대해 부당이득반환청구를 할 수 있다.

판례 〈채무자의 수익자 또는 전득자에 대한 부당이득반환의무〉 채무자의 법률행위가 사해행위에 해당하여 취소를 이유로 원상회복이 이루어지는 경우, 특별한 사정이 없는 한 채무자는 수익자 또는 전득자에게 부당이득반환채무를 부담한다. 채무자의 책임재산이 위와 같이 원상회복되어 그로부터 채권자가 채권의 만족을 얻음으로써 채무자의 다른 공동채무자도 자신의 채무가 소멸하는 이익을 얻을 수 있다. 이러한 경우에 공동채무의 법적 성격이나 내용에 따라 채무자와 다른 공동채무자 사이에 구상관계가 성립하는 것은 별론으로 하고 공동채무자가 수익자나 전득자에게 직접 부당이득반환채무를 부담하는 것은 아니다. 따라서 채무자의 공동채무자가 수익자나 전득자의 가액배상의무를 대위변제한 경우에도 특별한 사정이 없는 한 수익자나 전득자에게 구상할 수 있다(대판 2017. 9. 26, 2015다38910).

2) 구체적 해결

⑺ **수익자와 전득자 모두 악의일 때**

(ㄱ) 수익자를 피고로 하여 그로부터 재산의 반환에 갈음하여 가액배상을 청구할 수 있다.

(ㄴ) 전득자를 피고로 하여 그로부터 직접 채무자 앞으로 재산의 회복을 구할 수도 있다(대판 2004. 8. 30, 2004다21923).

⑷ **수익자가 악의이고 전득자가 선의인 때**

수익자를 피고로 하여 그로부터 가액의 배상을 청구하거나 또는 전득자에게 영향을 미치지 않는 한도에서 재산의 반환을 청구할 수 있다.

판례 ① 채권자의 사해행위취소 및 원상회복청구가 인정되면, 수익자는 원상회복으로서 사해행위의 목적물을 채무자에게 반환할 의무를 지게 되고, 만일 원물반환이 불가능하거나 현저히 곤란한 경우에는 원상회복의무의 이행으로서 사해행위 목적물의 가액 상당을 배상하여야 하는바, 여기에서 원물반환이 불가능하거나 현저히 곤란한 경우라 함은 원물반환이 단순히 절대적, 물리적으로 불능인 경우가 아니라 사회생활상의 경험법칙 또는 거래상의 관념에 비추어 그 이행의 실현을 기대할 수 없는 경우를 말하는 것이므로, 사해행위 후 그 목적물에 관하여 제3자가 저당권이나 지상권 등의 권리를 취득한 경우에는 수익자가 목적물을 저당권 등의 제한이 없는 상태로 회복하여 이전하여 줄 수 있다는 등의 특별한 사정이 없는 한 채권자는 수익자를 상대로 원물반환 대신 그 가액 상당의 배상을 구할 수도 있다고 할 것이나, 그렇다고 하여 채권자가 스스로 위험이나 불이익을 감수하면서 원물반환을 구하는 것까지 허용되지 아니하는 것으로 볼 것은 아니고, 그 경우 채권자는 원상회복 방법으로 가액배상 대신 수익자 명의의 등기의 말소를 구하거나 수익자를 상대로 채무자 앞으로 직접 소유권이전등기절차를 이행할 것을 구할 수 있다(대판 2001. 2. 9, 2000다57139).

② 사해행위 후 목적물에 관하여 제3자가 저당권이나 지상권 등의 권리를 취득한 경우, 채권자는 원상회복 방법으로 수익자를 상대로 가액 상당의 배상을 구할 수도 있고, 채무자 앞으로 직접 소유권이전등기절차를 이행할 것을 구할 수도 있다. 이 경우 **원상회복청구권은 사실심 변론종결 당시의 채권자의 선택에 따라 원물반환과 가액배상 중 어느 하나로 확정되며,** 채권자가 일단 사해행위 취소 및 원상회복으로서 원물반환 청구를 하여 승소 판결이 확정되었다면, **그 후 어떠한 사유로 원물반환의 목적을 달성할 수 없게 되었다고 하더라도** 다시 원상회복청구권을 행사하여 가액배상을 청구할 수는 없으므로 그 청구는 권리보호의 이익이 없어 허용되지 않는다(대판 2006. 12. 7, 2004다54978). 나아가 채권자가 일단 사해행위취소 및 원상회복으로서 수익

자 명의 등기의 말소를 청구하여 승소판결이 확정되었다면, 어떠한 사유로 수익자 명의 등기를 말소하는 것이 불가능하게 되었다고 하더라도 다시 수익자를 상대로 원상회복청구권을 행사하여 가액배상을 청구하거나 원물반환으로서 채무자 앞으로 직접 소유권이전등기절차를 이행할 것을 청구할 수는 없으므로, 그러한 청구는 권리보호의 이익이 없어 허용되지 않는다(대판 2018. 12. 28, 2017다265815).

③ 채권자가 수익자를 상대로 제기한 사해행위취소소송에서 원물반환으로 근저당권설정등기의 말소를 구하여 승소판결이 확정되었는데, 그 후 해당 부동산이 관련 경매사건에서 담보권 실행을 위한 경매절차를 통하여 제3자에게 매각된 사안에서, 위와 같이 부동산이 담보권 실행을 위한 경매절차에 의하여 매각됨으로써 확정판결에 기한 수익자의 근저당권설정등기 말소등기절차의무가 이행불능된 경우, 원고인 채권자는 대상청구권 행사로서 수익자가 말소될 근저당권설정등기에 기한 근저당권자로서 지급받은 배당금의 반환을 청구할 수 있다(대판 2012. 6. 28, 2010다71431).

㈐ 수익자가 선의이고 전득자가 악의인 때

채권자는 악의의 전득자를 피고로 채권자취소권을 행사하여 재산의 반환을 구할 수 있다. 이는 민법총칙에서 의사표시의 경우(이른바 엄폐물의 법칙)와 대비되는 것이다.

(2) 원상회복의 방법과 범위

1) 채권양도가 사해행위인 경우 원상회복의 방법

판례 ① 예금주 명의신탁계약이 사해행위에 해당하여 취소될 경우 취소에 따른 원상회복은 명의인이 예금계좌에서 예금을 인출하여 사용하였거나 예금계좌를 해지하였다는 등의 특별한 사정이 없는 한 명의인에 대하여 금융기관에 대한 예금채권을 출연자에게 양도하고 아울러 금융기관에 대하여 양도통지를 할 것을 명하는 방법으로 이루어져야 한다(대판 2015. 7. 23, 2014다212438).

② 채무자의 수익자에 대한 채권양도가 사해행위로 취소되는 경우, 수익자가 제3채무자에게서 아직 채권을 추심하지 아니한 때에는, 채권자는 사해행위취소에 따른 원상회복으로서 수익자가 제3채무자에게 채권양도가 취소되었다는 취지의 통지를 하도록 청구할 수 있다(대판 2015. 11. 17, 2012다2743 [대여금]).

2) 취소권의 행사는 채권의 공동담보의 보전이라는 목적에 따라 필요한 범위 내로 한정되어야 한다. 다만 사해행위 취소의 범위는 **다른 채권자가 배당요구를 할 것이 명백하거나 목적물이 불가분인 경우**와 같이 특별한 사정이 있는 경우에는 취소채권자의 채권액을 넘어서까지도 취소를 구할 수 있다(대판 2009. 1. 15, 2007다61618).

판례 취소채권자의 채권액에는 **사해행위 이후 사실심 변론종결시까지 발생한 이자나 지연손해금**이 포함된다(대판 2002. 4. 12, 2000다63912).

3) 사해행위의 취소 및 원상회복은 책임재산의 보전을 위하여 필요한 범위 내로 한정되어야 하므로 원래의 책임재산을 초과하는 부분까지 원상회복의 범위에 포함된다고 볼 수 없다(대판 2008. 12. 11, 2007다69162).

부동산에 관한 법률행위가 사해행위에 해당하여 민법 제406조 제1항에 의하여 취소된 경우에 **수익자 또는 전득자가 사해행위 이후 그 부동산을 직접 사용하거나 제3자에게 임대하였다고** 하더라도, 당초 채권자의 공동담보를 이루는 채무자의 책임재산은 당해 부동산이었을 뿐 수익자 또는 전득자가 그 부동산을 사용함으로써 얻은 사용이익이나 임차인으로부터 받은 임료상당액까지 채무자의 책임재산이었다고 볼 수 없으므로 수익자 등이 원상회복으로서 당해 부동산을 반환하는 이외에 **그 사용이익이나 임료상당액을** 반환해야 하는 것은 아니다(대판 2008. 12. 11, 2007다69162).

4) 채권자취소는 목적물의 원상회복을 목적으로 하나, 일정한 경우 원물반환 대신 가액의 반환을 긍정한 사례가 늘고 있다. 사해행위를 전부 취소하고 원상회복을 구하는 채권자의 주장 속에는 사해행위를 일부 취소하고 가액의 배상을 구하는 취지도 포함되어 있으므로, 채권자가 원상회복만을 구하는 경우에도 법원은 가액의 배상을 명할 수 있다(대판 2001. 9. 4, 2000다66416).

① 어느 부동산의 매매계약이 사해행위에 해당하는 경우에는 원칙적으로 그 매매계약을 취소하고 그 소유권이전등기의 말소 등 부동산 자체의 회복을 명하여야 하지만, 그 **사해행위가 저당권이 설정되어 있는 부동산에 관하여 당해 저당권자 이외의 자와의 사이에 이루어지고 그 후 변제 등에 의하여 저당권설정등기가 말소된 때**에는, 매매계약 전부를 취소하여 그 부동산 자체의 회복을 명하는 것은 당초 담보로 되어 있지 아니하던 부분까지 회복시키는 것이 되어 공평에 반하는 결과가 되므로, **그 부동산의 가액에서 저당권의 피담보채권액을 공제한 잔액의 한도에서 그 매매계약의 일부 취소와 그 가액의 배상을 구할 수 있을 뿐 부동산 자체의 회복을 구할 수는 없다**(대판 1996. 10. 29, 96다23207). ① **사해행위 후 그 목적물에 관하여 선의의 제3자가 저당권을 취득하였음을 이유로 가액배상을 명하는 경우**에는 사해행위 당시 일반 채권자들의 공동담보로 되어 있었던 부동산 가액 전부의 배상을 명하여야 할 것이고, **그 가액에서 제3자가 취득한 저당권의 피담보채권액을 공제할 것은 아니다**(대판 2003. 12. 12, 2003다40286). ② **사해행위 당시 어느 부동산이 가압류되어 있다는 사정**은 채권자 평등의 원칙상 채권자의 공동담보로서 그 부동산의 가치에 아무런 영향을 미치지 아니하므로, 가압류가 된 여부나 그 청구채권액의 다과에 관계없이 그 부동산 전부에 대하여 사해행위가 성립하고, 따라서 **사해행위 후 수익자 또는 전득자가 그 가압류 청구채권을 변제하거나 채권액 상당을 해방공탁하여 가압류를 해제시키거나 또는 그 집행을 취소시켰다 하더라도, 법원이 사해행위를 취소하면서 원상회복으로 원물반환 대신 가액배상을 명하여야 하거나, 다른 사정으로 가액배상을 명하는 경우에도 그 변제액을 공제할 것은 아니다**(대판 2003. 2. 11, 2002다37474).
② 저당권이 설정되어 있는 부동산이 사해행위로 양도된 경우에 사해행위는 부동산의 가액에서 저당권의 피담보채무액을 공제한 잔액의 범위 내에서만 성립한다고 보아야 하므로, 사해행위 후 변제 등에 의하여 저당권설정등기가 말소되었다면 부동산의 가액에서 저당권의 피담보채무액을 공제한 잔액의 한도에서 사해행위를 취소하고 가액의 배상을 구할 수 있을 뿐이다. 한편 사해행위의 취소는 취소소송의 당사자 사이에서 상대적으로 취소의 효력이 있는 것으로 당사자 이외의 제3자는 다른 특별한 사정이 없는 이상 취소로 인하여 그 법률관계에 영향을 받지 아니한다. 저당권설정행위 등이 사해행위에 해당하여 채권자가 저당권설정자를 상대로 제기한 사해행위취소소송에서 채권자의 청구를 인용하는 판결이 선고되었다고 하더라도 이러한 사해행위 취소 판결의 효력은 해당 부동산의 소유권을 이전받은 자에게 미치지 아니하므로, 저당권이 설정되어 있는 부동산이 사해행위로 양도된 경우 부동산의 가액에서 저당권의 피담보채무액을 공제한 잔액의 한도에서 양도행위를

사해행위로 취소하고 가액의 배상을 구할 수 있다는 앞서 본 법리는 저당권설정행위 등이 사해행위로 인정되어 취소된 때에도 마찬가지로 적용된다(대판 2018. 6. 28, 2018다214319).

③ [1] 부동산에 관한 법률행위가 사해행위에 해당하는 경우에는 채무자의 책임재산을 보전하기 위하여 사해행위를 취소하고 원상회복을 명하여야 한다. 수익자는 채무자로부터 받은 재산을 반환하는 것이 원칙이지만, 그 반환이 불가능하거나 곤란한 사정이 있는 때에는 그 가액을 반환하여야 한다. 사해행위를 취소하여 부동산 자체의 회복을 명하게 되면 당초 일반 채권자들의 공동담보로 되어 있지 않던 부분까지 회복을 명하는 것이 되어 공평에 반하는 결과가 되는 경우에는 그 부동산의 가액에서 공동담보로 되어 있지 않던 부분의 가액을 뺀 나머지 금액 한도에서 가액반환을 명할 수 있다. [2] 저당권이 설정되어 있는 부동산에 관하여 사해행위 후 변제 등으로 저당권설정등기가 말소되어 사해행위 취소와 함께 가액반환을 명하는 경우, 부동산 가액에서 저당권의 피담보채권액을 공제한 한도에서 가액반환을 하여야 한다. 그런데 그 부동산에 위와 같은 저당권 이외에 우선변제권 있는 임차인이 있는 경우에는 **임대차계약의 체결시기 등에 따라 임차보증금 공제 여부가 달라질 수 있다.** 가령 **사해행위 이전에 임대차계약이 체결되었고 임차인에게 임차보증금에 대해 우선변제권이 있다면,** 부동산 가액 중 임차보증금에 해당하는 부분이 일반 채권자의 공동담보에 제공되었다고 볼 수 없으므로 수익자가 반환할 부동산 가액에서 우선변제권 있는 임차보증금 반환채권액을 공제하여야 한다. 그러나 부동산에 관한 **사해행위 이후에 비로소 채무자가 부동산을 임대한 경우**에는 그 임차보증금을 가액반환의 범위에서 공제할 이유가 없다. 이러한 경우에는 부동산 가액 중 임차보증금에 해당하는 부분도 일반 채권자의 공동담보에 제공되어 있음이 분명하기 때문이다(대판 2018. 9. 13, 2018다215756).

④ 채권자취소권은 채무자의 사해행위를 채권자와 수익자 또는 전득자 사이에서 상대적으로 취소하고 채무자의 책임재산에서 일탈한 재산을 회복하여 채권자의 강제집행이 가능하도록 하는 것을 본질로 하는 권리이므로, 원상회복을 **가액배상**으로 하는 경우에 그 이행의 상대방은 **채권자**이어야 한다(대판 2008. 4. 24, 2007다84352). 따라서 수익자인 피고로 하여금 채권자인 원고에게 가액배상을 하도록 명한 조치는 위 법리에 따른 것으로서 정당하다(대판 2008. 6. 12, 2007다37837).

⑤ 사해행위취소에 따른 원상회복으로 가액배상을 명하는 경우, 그 가액 산정의 기준시기는 **사실심 변론종결 시**이다(대판 2010. 2. 25, 2007다28819, 28826).

5) 채무자와 수익자 사이의 근저당권설정계약이 사해행위인 이상 그로 인한 **근저당권설정등기가 경락으로 인하여 말소되었다**고 하더라도 수익자로 하여금 근저당권자로서의 배당을 받도록 하는 것은 민법 제406조 제1항의 취지에 반하므로, 수익자에게 그와 같은 부당한 이득을 보유시키지 않기 위하여 그 근저당권설정등기로 인하여 해를 입게 되는 채권자는 근저당권설정계약의 취소를 구할 이익이 있다(대판 1997. 10. 10, 97다8687).

> **판례** ① **근저당권설정계약을 사해행위로 취소하는 경우** 경매절차가 진행되어 타인이 소유권을 취득하고 근저당권설정등기가 말소되었다면 원물반환이 불가능하므로 가액배상의 방법으로 원상회복을 명한다. 이 때 배당표가 확정되었으나 배당금지급금지가처분 등으로 인하여 수익자가 배당금을 현실적으로 지급받지 못한 경우에는, 수익자의 배당금청구권을 사해행위를 한 채무자에게 반환하는 방법으로 원상회복이 이루어져야 하고, 이는 배당금채권을 사해행위를 한 채무자에게 양도하고 채권양도의 통지를 배당금채권의 채무자에게 할 것을 명하는 형태가 된다(대판 2023. 11. 16, 2023다254519).

② [1] 저당권이 설정된 부동산이 사해행위로 증여되었다가 그 저당권의 실행 등으로 말미암아 수증자인 수익자에게 돌아갈 배당금청구권이 있음에도 배당금지급금지가처분 등으로 인하여 현실적으로 지급되지 못한 경우, 채권자취소권의 행사에 따른 원상회복의 방법은 **수익자가 취득한 배당금청구권을 채무자에게 반환하는 방법**으로 이루어져야 하고, 이는 **배당금채권의 양도와 그 채권양도의 통지를 배당금채권의 채무자에게 할 것을 명하는 형태**가 된다. [2] 채권자취소권의 행사에 따른 가액배상은 사해행위 당시 채무자의 일반채권자들의 공동담보로 되어 있어 사해행위가 성립하는 범위 내의 부동산 가액 전부의 배상을 명하는 것으로, **저당권이 설정된 부동산에 관하여 사해행위가 이루어진 경우** 부동산의 가액에서 그 저당권의 피담보채권액을 공제한 잔액의 범위 내에서만 사해행위가 성립하므로, 사실심 변론종결 시 기준의 부동산 가액에서 저당권의 피담보채권액을 공제한 잔액의 한도에서 사해행위를 취소하고 가액의 배상을 구할 수 있다. 따라서 **사해행위 이후 그 부동산에 관하여 제3자가 저당권을 취득한 경우**에는, 그 피담보채권액은 사해행위 당시 일반채권자들의 공동담보였던 부분에 속하므로 채권자취소권의 행사에 따른 원상회복의 범위에서 이를 공제할 수 없고, 이를 포함한 전부가 가액배상 등 원상회복의 범위에 포함된다 할 것인데, 이는 **채무자의 부동산에 관하여 증여 등 사해행위로 수익자에게 그 소유권이 이전된 후 경매의 실행으로 배당절차가 진행된 경우에도 마찬가지로, 그 부동산 가액 중 수익자의 채권자가 배당절차에 참여하여 취득한 배당액 상당은** 사해행위 당시 채무자의 일반 채권자들의 공동담보였으므로 **가액배상 등 원상회복의 범위에서 공제하여 산정할 것은 아니고,** 수익자의 채권자가 채무자의 일반채권자에 해당하는 지위를 겸하고 있다고 하여 달리 볼 것도 아니다(대판 2023. 6. 29, 2022다244928).

사실관계 채무자 乙과 그 배우자인 수익자 丙은 X 아파트 중 각 1/2 지분에 관하여 소유권이전등기를 마쳤고, 같은 날 X 아파트에 관하여 丁 명의로 근저당권설정등기가 마쳐졌다. 이후 乙은 丙와 이 사건 아파트 중 자기 소유인 1/2 지분에 관한 증여계약을 체결하고 丙에게 그 이전등기를 마쳐주었다. 丁이 임의경매를, 수익자 丙의 채권자 戊가 강제경매를 중복하여 신청함에 따라 X 아파트는 매각되었다. 이후 乙에 대한 채권자 甲이 위 증여계약이 사해행위에 해당함을 이유로 사해행위취소 및 원상회복을 구하였다. 〈원심〉은 근저당권자 丁에 대한 배당액과 **수익자의 채권자인 戊에 대한 배당액을 전부 공제한 나머지 액수의 범위에서만 원상회복청구를 인용**하였으나 〈대법원〉은 **수익자의 채권자인 戊에 대한 배당액은** 이 사건 증여계약 체결 당시 乙의 일반 채권자들에 대한 공동담보였던 부분에 포함되므로 **원상회복의 범위에서 공제되지 않는다**고 하였다. ☞ 원심은 대판 2009. 6. 11, 2008다7109 판결을 근거로 근저당권자 丁에 대한 배당액 뿐만 아니라 수익자의 채권자인 戊에 대한 배당액까지 전부 공제해야한다고 판단하였으나, 대법원은 대판 2009. 6. 11, 2008다7109 판결 등은 채권자취소소송의 상대적 효력에 관한 것으로 취소채권자가 수익자의 채권자에게 사해행위취소 판결의 효력을 주장할 수 없다는 취지일 뿐, 원상회복의 범위를 산정할 때 수익자의 채권자에 대한 배당금까지 공제하여야 한다는 취지는 아니므로, 사실관계 및 쟁점이 모두 다른 이 사건에 적용된다고 보기 어렵다고 하였다.

(3) 취소채권자의 만족

채권자는 채권자취소권의 행사를 통해 채무자의 책임재산을 확보한 후, 채무자로부터 임의로 변제를 받거나 그 변제가 없는 경우에는 따로 그 이행소송을 제기하는 등 집행권원을 얻어야만 그 재산에 대해 강제집행이 가능하다. 이 때 다른 채권자도 그 배당에 참가가능하며 채권자취소권을 행사한 자가 우선적으로 변제를 받지는 아니한다. 다만 부동산 이외의 재산, 특히 금전채권의 경우 채권자가 목적물을 수령하는 경우에는 상계를 주장하여 다른 채권자보다 사실상 우선변제적 효력을 누릴 수는 있다.

판례 ① 사해행위의 취소와 원상회복은 모든 채권자의 이익을 위하여 그 효력이 있으므로(민법 제407조), 채권자취소권의 행사로 채무자에게 회복된 재산에 대하여 취소채권자가 우선변제권을 가지는 것이 아니라 다른 채권자도 총채권액 중 자기의 채권에 해당하는 안분액을 변제받을 수 있는 것이지만, 이는 채권의 공동담보로 회복된 채무자의 책임재산으로부터 **민사집행법 등의 법률상 절차를 거쳐** 다른 채권자도 안분액을 지급받을 수 있다는 것을 의미하는 것일 뿐, 다른 채권자가 이러한 법률상 절차를 거치지 아니하고 취소채권자를 상대로 하여 안분액의 지급을 직접 구할 수 있는 권리를 취득한다거나, 취소채권자에게 인도받은 재산 또는 가액배상금에 대한 분배의무가 인정된다고 볼 수는 없다(대판 2008. 6. 12, 2007다37837).

② 민법 제406조에 의한 채권자취소와 원상회복은 모든 채권자의 이익을 위하여 그 효력이 있는 것인바, 채무자가 다수의 채권자들 중 1인(수익자)에게 담보를 제공하거나 대물변제를 한 것이 다른 채권자들에 대한 사해행위가 되어 채권자들 중 1인의 사해행위 취소소송 제기에 의하여 그 취소와 원상회복이 확정된 경우에, 사해행위의 상대방인 수익자는 그의 채권이 사해행위 당시에 그대로 존재하고 있었거나 또는 사해행위가 취소되면서 그의 채권이 부활하게 되는 결과 본래의 채권자로서의 지위를 회복하게 되는 것이므로, 다른 채권자들과 함께 민법 제407조에 의하여 그 취소 및 원상회복의 효력을 받게 되는 채권자에 포함된다고 할 것이고, 따라서 취소소송을 제기한 채권자 등이 원상회복된 채무자의 재산에 대한 강제집행을 신청하여 그 절차가 개시되면 **수익자인 채권자도 그 집행권원을 갖추어 강제집행절차에서 배당을 요구할 권리가 있다**(대판 2003. 6. 27, 2003다15907).

③ 채권자가 사해행위에 가담하여 그 사해행위가 취소되었다고 하더라도 채권자가 당해 채권에 대하여 채권압류 및 추심명령을 받아 둔 경우, 압류 및 추심명령을 받은 채권자의 지위에서 배당받는 것은 가능하다(대판 2014. 3. 27, 2011다107818).

④ (ⅰ) 수익자로 하여금 자기의 채무자에 대한 반대채권으로써 상계를 허용하는 것은 사해행위에 의하여 이익을 받은 수익자를 보호하고 다른 채권자의 이익을 무시하는 결과가 되어 위 제도의 취지에 반하므로, **수익자가 채권자취소에 따른 원상회복으로서 가액배상을 할 때에 채무자에 대한 채권자라는 이유로 채무자에 대하여 가지는 자기의 채권과의 상계를 주장할 수는 없다**(대판 2001. 6. 1, 99다63183). (ⅱ) 같은 이유로 **수익자가 채무자의 채권자인 경우** 수익자가 가액배상을 할 때에 수익자 자신도 사해행위취소의 효력을 받는 채권자 중의 1인이라는 이유로 취소채권자에 대하여 총채권액 중 자기의 채권에 대한 안분액의 분배를 청구하거나, 수익자가 취소채권자의 원상회복에 대하여 총채권액 중 자기의 채권에 해당하는 **안분액의 배당요구권으로써 원상회복청구와의 상계를 주장하여 그 안분액의 지급을 거절할 수는 없다**(대판 2001. 2. 27, 2000다44348).

⑤ [1] 사해행위취소의 소에서 수익자가 원상회복으로서 채권자취소권을 행사하는 채권자에게 가액배상을 할 경우, 수익자 자신이 사해행위취소소송의 채무자에 대한 채권자라는 이유로 채무자에 대하여 가지는 자기의 채권과 상계하거나 채무자에게 가액배상금 명목의 돈을 지급하였다는 점을 들어 채권자취소권을 행사하는 채권자에 대해 이를 가액배상에서 공제할 것을 주장할 수 없다. 그러나 수익자가 채권자취소권을 행사하는 채권자에 대해 가지는 별개의 다른 채권을 집행하기 위하여 그에 대한 집행권원을 가지고 채권자의 수익자에 대한 가액배상채권을 압류하고 전부명령을 받는 것은 허용된다. 이는 수익자의 채무자에 대한 채권을 기초로 한 상계나 임의적인 공제와는 내용과 성질이 다르다. 또한 채권자가 채무자의 제3채무자에 대한 채권을 압류하는 경우 제3채무자가 채권자 자신인 경우에도 이를 압류하는 것이 금지되지 않으므로 단지 채권자와 제3채무자가 같다고 하여 채권압류 및 전부명령이 위법하다고 볼 수 없다. [2] 상계가 금지되는 채권이라고 하더라도 압류금지채권에 해당하지 않는 한 강제집행에 의한 전부명령의 대상이 될 수 있다(대결 2017. 8. 21, 자 2017마499).

5. 사해행위인 매매예약에 기하여 수익자 앞으로 가등기를 마친 후 전득자 앞으로 가등기 이전의 부기등기를 마치고 가등기에 기한 본등기까지 마친 경우의 각종 법률관계(전합)

(1) 사해행위인 매매예약에 기하여 수익자 앞으로 가등기를 마친 후 전득자 앞으로 그 가등기 이전의 부기등기를 마치고 나아가 그 가등기에 기한 본등기까지 마쳤다 하더라도, 위 부기등기는 사해행위인 매매예약에 기초한 수익자의 권리의 이전을 나타내는 것으로서 위 부기등기에 의하여 수익자로서의 지위가 소멸하지는 아니하며, 채권자는 수익자를 상대로 그 사해행위인 매매예약의 취소를 청구할 수 있다.

(2) 그리고 설령 부기등기의 결과 위 가등기 및 본등기에 대한 말소청구소송에서 수익자의 피고적격이 부정되는 등의 사유로 인하여 수익자의 원물반환의무인 가등기말소의무의 이행이 불가능하게 된다 하더라도 달리 볼 수 없으며, 특별한 사정이 없는 한 수익자는 위 가등기 및 본등기에 의하여 발생된 채권자들의 공동담보 부족에 관하여 원상회복의무로서 가액을 배상할 의무를 진다 할 것이다.

(3) 이와 달리 사해행위인 매매예약에 의하여 마친 가등기를 부기등기에 의하여 이전하고 그 가등기에 기한 본등기를 마친 경우에, 그 가등기에 의한 권리의 양도인은 가등기말소등기청구소송의 상대방이 될 수 없고 본등기의 명의인도 아니므로 가액배상의무를 부담하지 않는다는 취지의 대법원 2005. 3. 24. 선고 2004다70079 판결 등은 이 판결의 견해에 배치되는 범위 안에서 이를 변경하기로 한다[대판(전합) 2015. 5. 21, 2012다952].

XV. 제3자에 의한 채권침해

1. 문제의 소재

채권은 원칙적으로 채무자에 의해 침해되는 것을 예상할 수 있으며 이것이 곧 채무불이행이다(제390조 이하). 그렇다면, 채권은 제3자에 의해 침해될 수는 없는 것인가. 그 침해가 가능하다면 그에 대한 구제는 무엇인가 하는 문제가 제3자에 의한 채권침해의 문제이다.

2. 제3자의 채권침해로 인한 불법행위의 성부

일반적으로 채권에 대하여는 배타적 효력이 부인되고 채권자 상호간 및 채권자와 제3자 사이에 자유경쟁이 허용되는 것이어서 제3자에 의하여 채권이 침해되었다는 사실만으로 **바로 불법행위로 되지는 않는다.** 제3자에 의한 채권침해가 가능하다고 하는 경우에도 불법행위가 인정되기 위하여는 불법행위법상 **위법성**이 있는 것으로 평가를 받아야 한다(제750조 참조). 예컨대, 제3자가 채권자를 해한다는 사정을 **알면서도** 법규를 위반하거나 선량한 풍속 또는 사회질서를 위반하는 등 위법한 행위를 함으로써 채권자의 이익을 침해하였다면 이로써 불법행위가 성립한다(대판 2007. 5. 11, 2004다11162). 다수설도 제3자의 채권침해는 사실상 침해자의 **고의**에 의한 경우로 한정한다.

판례 〈제3자가 채무자의 책임재산을 감소시키는 행위〉① 제3자에 의한 채권침해가 불법행위를 구성할 수 있다 함은 시인되지만 제3자의 채권침해가 반드시 언제나 불법행위가 되는 것은 아니고 채권침해의 태양에 따라 그 성립여부를 구체적으로 검토하여 정하여야 할 문제이다. 본건의 경우 乙의 丙의 돈을 가로챈 사실행위로는 **채권자인 甲의 丙에 대한 채권이 소멸된 것이 아니고 丙의 책임재산이 감소되었을 뿐으로서 甲은 간접적 손해를 본데 불과**하므로 불법행위가 성립된다고 하기 어렵다(대판 1975. 5. 13, 73다1244). ☞ 丙이 甲의 부탁을 받고 소를 팔아 돌아오던 중 乙이 丙으로부터 소 판 돈을 가로챈 사안

② 일반적으로 제3자에 의한 채권의 침해가 불법행위를 구성할 수는 있으나, **제3자의 채권침해가 언제나 불법행위로 되는 것은 아니고 채권침해의 태양에 따라 그 성립 여부를 구체적으로 검토하여 정하여야** 하는 바, **제3자가 채무자의 책임재산을 감소시키는 행위**를 함으로써 채권자로 하여금 채권의 실행과 만족을 불가능 내지 곤란하게 한 경우 채권의 침해에 해당한다고 할 수는 있겠지만, 그 제3자의 행위가 채권자에 대하여 **불법행위를 구성한다고 하기 위하여는 단순히 채무자 재산의 감소행위에 관여하였다는 것만으로는 부족하고 제3자가 채무자에 대한 채권자의 존재 및 그 채권의 침해사실을 알면서 채무자와 적극 공모하였다거나 채권행사를 방해할 의도로 사회상규에 반하는 부정한 수단을 사용하였다는 등 채권침해의 고의·과실 및 위법성이 인정되는 경우라야만 할 것**이며, 여기서 채권침해의 위법성은 침해되는 채권의 내용, 침해행위의 태양, 침해자의 고의 내지 해의의 유무 등을 참작하여 구체적, 개별적으로 판단하되, 거래의 자유 보장의 필요성, 경제·사회정책적 요인을 포함한 공공의 이익, 당사자 사이의 이익균형 등을 종합적으로 고려하여 신중히 판단하여야 한다(대판 2007. 9. 6, 2005다25021).

③ 제3자가 채무자에 대한 채권자의 존재 및 그 채권의 침해사실을 알면서 채무자와 적극 공모하거나 채권행사를 방해할 의도로 사회상규에 반하는 부정한 수단을 사용하는 등으로 **채무자의 책임재산을 감소시키는 행위**를 함으로써 채권자로 하여금 채권의 실행과 만족을 불가능 내지 곤란하게 한 경우 채권자에 대한 불법행위를 구성할 수 있다(대판 2019. 5. 10, 2017다239311). ☞ 채무자의 재산을 은닉하는 방법으로 이루어진 제3자에 의한 채권침해 행위가 채권자에 대한 불법행위를 구성한다고 판단한 사안

수인의 채권자 및 채무자

채권의 실현을 담보하기 위한 방법으로는 물적 담보와 인적 담보가 있다. 물적 담보는 채무자의 일반재산을 기초로 하는 담보 이외에 다른 채권자에 우선하여 변제받을 수 있는 담보형태로서 저당권·가등기담보 등이 있고, 인적 담보는 채무자 이외의 자가 가지는 일반재산을 함께 담보로 하여 채권의 효력을 담보하는 형태로서 보증채무·연대채무·불가분채무 등이 있다. 다수당사자의 채권관계로서 민법은 분할채권관계·불가분채권관계·연대채무·보증채무를 두고 있으며 통설과 판례는 부진정연대채무라는 관념을 인정하고 있다. 민법은 이 중 분할채권관계를 원칙으로 하고 있다(제408조). 이처럼 민법은 채무자가 수인인 경우, 분할(=가분)채권관계를 원칙으로 하는데 이는 채권의 담보와는 거리가 먼 것이다. 그리고 각각의 유형에 기본적으로 "① 대외관계, ② 1인에게 생긴 사유의 효력(절대효, 상대효), ③ 대내관계(구상관계)"의 3가지 쟁점이 문제된다.

I. 분할채권관계

> **제408조(분할채권관계)**
> 채권자나 채무자가 수인인 경우에 특별한 의사표시가 없으면 각 채권자 또는 각 채무자는 균등한 비율로 권리가 있고 의무를 부담한다.

1. 분할주의 원칙

> **판례** 채권자나 채무자가 여러 사람인 경우에 특별한 의사표시가 없으면 각 채권자 또는 각 채무자는 균등한 비율로 권리가 있고 의무를 부담한다고 할 것이므로, 피고를 포함한 4인의 매도인이 원고를 포함한 4인의 매수인에게 임야를 매도하기로 하는 계약을 체결한 경우 매매계약의 무효를 원인으로 부당이득으로서 계약금의 반환을 구하는 채권은 특별한 사정이 없으면 불가분채권채무관계가 될 수 없으므로 매도인 중의 1인에 불과한 피고가 매수인 중의 1인에 불과한 원고에게 위 계약금 전액을 반환할 의무가 있다고 할 수 없다(대판 1993. 8. 14, 91다41316).

2. 구체적 판례의 태도

(1) 분할채권

㈎ 2인의 공동매수인 각자가 그 1/2지분권에 기해 가지는 소유권이전등기청구권(대판 1981. 4. 15, 79다14).

㈏ 공유물에 끼친 불법행위를 이유로 하는 손해배상청구권도 특별한 사유가 없는 한 각 공유자가

지분에 대응하는 비율의 한도내에서만 이를 행사할 수 있다고 함이 판례이다(대판 1970. 4. 14, 70 다171).

(2) 분할채무

공동불법행위자 중 1인이 자기의 부담 부분 이상을 변제하여 공동의 면책을 얻게 하였을 때에는 다른 공동불법행위자에게 그 부담 부분의 비율에 따라 구상권을 행사할 수 있고, 공동불법행위자 중 1인에 대하여 구상의무를 부담하는 다른 공동불법행위자가 수인인 경우에는 특별한 사정이 없는 이 상 그들의 구상권자에 대한 채무는 이를 부진정연대채무로 보아야 할 근거는 없으며, 오히려 다수 당 사자 사이의 분할채무의 원칙이 적용되어 각자의 부담 부분에 따른 분할채무로 봄이 상당하다(대판 2002. 9. 27, 2002다15917).

3. 분할주의 제한(입법적 제한)

분할채권관계는 채권자의 채권을 약화시키는 면이 있기 때문에 민법에서 명문으로 분할채무의 성 립을 제한하는 경우가 있는데, 이러한 규정으로는 제616조의 사용대차에서 공동차주의 의무, 제654 조에서 임대차의 공동차주의 의무, 제760조의 공동불법행위자의 배상의무, 제832조의 부부간의 일상 가사에 대한 연대채무 등이 있다.

Ⅱ. 불가분채권관계

제409조(불가분채권)
채권의 목적이 그 성질 또는 당사자의 의사표시에 의하여 불가분인 경우에 채권자가 수인인 때에는 각 채권자는 모든 채권자를 위하여 이행을 청구할 수 있고 채무자는 모든 채권자를 위하여 각 채권 자에게 이행할 수 있다.

제410조(1인의 채권자에 생긴 사항의 효력)
① 전조의 규정에 의하여 모든 채권자에게 효력이 있는 사항을 제외하고는 불가분채권자중 1인의 행 위나 1인에 관한 사항은 다른 채권자에게 효력이 없다.
② 불가분채권자 중의 1인과 채무자간에 경개나 면제있는 경우에 채무전부의 이행을 받은 다른 채권 자는 그 1인이 권리를 잃지 아니하였으면 그에게 분급할 이익을 채무자에게 상환하여야 한다.

제411조(불가분채무와 준용규정)
수인이 불가분채무를 부담한 경우에는 제413조 내지 제415조, 제422조, 제424조 내지 제427조 및 전 조의 규정을 준용한다.

1. 일반론

(1) 불가분채권

불가분채권(제409조 이하)은 채권의 담보적 기능에 충실한 다수당사자간의 채권관계로서 채권자에게 채권의 만족을 주는 사유 및 이와 관련된 사유, 예컨대, 채무자의 **이행**(변제·변제의 제공 및 이에 따른 채권자지체), 채권자의 **이행청구**(이행청구에 따른 시효중단 및 이행지체 포함)만이 절대적 효력을 가진다. 따라서 대물변제·면제·혼동·상계·시효의 완성은 상대적 효력만이 있을 뿐이다(김준호 16판, 1241~1242면). 예컨대 A·B·C는 공동으로 D로부터 자동차를 구입하였으나 그 후 A가 D에 대해 자동차의 인도채무를 면제한 경우에도 D의 B·C에 대한 인도채무는 소멸하지 않는다.

> **판례** 수인의 채권자에게 금전채권이 불가분적으로 귀속되는 경우에, 불가분채권자들 중 1인을 집행채무자로 한 압류 및 전부명령이 이루어지면 그 불가분채권자의 채권은 전부채권자에게 이전되지만, 그 압류 및 전부명령은 집행채무자가 아닌 **다른 불가분채권자에게 효력이 없으므로**, 다른 불가분채권자의 채권의 귀속에 변경이 생기는 것은 아니다. 따라서 **다른 불가분채권자는 모든 채권자를 위하여 채무자에게 불가분채권 전부의 이행을 청구할 수 있고, 채무자는 모든 채권자를 위하여 다른 불가분채권자에게 전부를 이행할 수 있다.** 이러한 법리는 불가분채권의 목적이 금전채권인 경우 그 **일부에 대하여만 압류 및 전부명령이 이루어진 경우에도 마찬가지이다**(대판 2023. 3. 30, 2021다264253). ☞ 乙, 丙과 甲은 丁으로부터 건물을 공동으로 임차하였는데, 임대차계약이 합의해지로 종료되자 乙과 丙은 丁을 상대로 임대차보증금의 반환을 구하는 소를 제기하였다. 한편 甲의 채권자인 戊는 甲의 丁에 대한 임대차보증금반환채권 중 일부에 대하여 압류 및 전부명령을 받아 그대로 확정되었다. 원심은 위 압류 및 전부명령의 효력이 乙과 丙에게도 미친다는 전제에서, 불가분채권인 위 임대차보증금반환채권 중 일부가 戊에게 전부되었으므로 乙과 丙이 반환받을 임대차보증금의 액수가 그 전부된 금액만큼 줄어든다는 취지로 판단하였으나, 대법원은 乙과 丙에게는 위 압류 및 전부명령의 효력이 미치지 않으므로 乙과 丙은 위 압류 및 전부명령에 관계없이 임대차보증금반환채권의 이행을 구할 수 있으며 戊는 이 사건 압류 및 전부명령으로 전부받은 채권액 범위 내에서 乙, 丙과 임대차보증금반환채권에 대하여 불가분채권자의 지위를 갖게 될 뿐이라고 하였다.

> **예상지문** 수인의 채권자에게 금전채권이 불가분적으로 귀속되는 경우에, 불가분채권자들 중 1인을 집행채무자로 한 압류 및 전부명령이 이루어지면 그 압류 및 전부명령의 효력이 다른 불가분채권자들에게도 미치므로, 불가분채권 중 일부가 불가분채권자들 중 1인에게 전부되었다는 이유만으로 전부된 만큼 다른 불가분채권자들의 채권도 줄어든다(×).

(2) 불가분채무

1) 불가분채무의 경우(제411조 이하) 채무자 1인의 **변제·대물변제·공탁** 등은 다른 채무자에 대하여 효력이 있다. 그리고 **채권자지체**도 절대효 사유이다(제422조를 준용). 그러나 채권자가 채무자 1인에게 한 이행의 청구는 다른 채무자에게 효력을 미치지 않는다. 즉 연대채무와 달리 불가분채무에 있어서는 이행청구가 상대적 효력을 가질 뿐이다. 상계에도 절대적 효력이 인정되지 않는다.

판례 2인 이상의 불가분채무자 또는 연대채무자가 있는 금전채권의 경우에, 그 불가분채무자 등 중 1인을 제 3채무자로 한 채권압류 및 추심명령이 이루어지면 그 채권압류 및 추심명령을 송달받은 불가분채무자 등에 대한 피압류채권에 관한 이행의 소는 추심채권자만이 제기할 수 있고 추심채무자는 그 피압류채권에 대한 이행소송을 제기할 당사자적격을 상실하지만, 그 채권압류 및 추심명령의 제3채무자가 아닌 나머지 불가분채무자 등에 대하여는 추심채무자가 여전히 채권자로서 추심권한을 가지므로 나머지 불가분채무자 등을 상대로 이행을 청구할 수 있다(대판 2013. 10. 31, 2011다98426).

2) 연대채무자가 변제 기타 자기의 출재로 공동면책을 얻은 때에는 다른 연대채무자의 부담부분에 대하여 구상권을 행사할 수 있고 이때 부담부분은 균등한 것으로 추정된다(민법 제425조 제1항, 제 424조). 그러나 연대채무자 사이에 부담부분에 관한 특약이 있거나 특약이 없더라도 채무의 부담과 관련하여 각 채무자의 수익비율이 다르다면 그 특약 또는 비율에 따라 부담부분이 결정된다. 이러한 법리는 민법 제411조에 따라 연대채무자의 부담부분과 구상권에 관한 규정이 준용되는 불가분채무자가 변제 기타 자기의 출재로 공동면책을 얻은 때 다른 불가분채무자를 상대로 구상권을 행사하는 경우에도 마찬가지로 적용된다. 불가분채무자 사이에 부담부분에 관한 특약이 있거나 특약이 없더라도 채무자의 수익비율이 다르다면 그 특약 또는 비율에 따라 부담부분이 결정된다. 따라서 불가분채무자가 변제 등으로 공동면책을 얻은 때에는 다른 채무자의 부담부분에 대하여 구상할 수 있다(대판 2020. 7. 9, 2020다208195).

(3) 분할채무(채권)로 변경

> **제412조(가분채권, 가분채무에의 변경)**
> 불가분채권이나 불가분채무가 가분채권 또는 가분채무로 변경된 때에는 각 채권자는 자기부분만의 이행을 청구할 권리가 있고 각 채무자는 자기부담부분만을 이행할 의무가 있다.

2. 판례 검토

(1) 철거의무

공동상속인들의 건물철거의무는 그 성질상 불가분채무라고 할 것이고 각자 그 지분의 한도 내에서 건물 전체에 대한 철거의무를 지는 것이다(대판 1980. 6. 24, 80다756).

(2) 부당이득 반환채무

여러 사람이 공동으로 법률상 원인 없이 타인의 재산을 사용한 경우의 부당이득 반환채무는 특별한 사정이 없는 한 불가분적 이득의 반환으로서 **불가분채무**이고, 불가분채무는 각 채무자가 채무 전부를 이행할 의무가 있으며, 1인의 채무이행으로 다른 채무자도 그 의무를 면하게 된다(대판 2001. 12. 11, 2000다13948).

토지공유자는 특별한 사정이 없는 한 **그 지분에 대응하는 비율의 범위내에서만** 그 차임상당의 부당이득금반환의 청구권을 행사할 수 있다(대판 1979. 1. 30, 78다2088). ☞ 공유자 중 1인의 부당이득반환청구권이나 불법행위 손해배상청구권은 자신의 지분범위 내에서 행사(분할채권), 그러나 공유자들이 타인의 부동산을 무단점유하여 소유자에 대하여 부담하는 부당이득반환의무는 불가분채무.

참고지문 ① **(2011 사법시험 기출)** 甲과 乙은 1/2씩 대금을 출연하여 丙으로부터 A 토지를 매수하고, 각자의 지분을 1/2씩으로 하여 A 토지에 대한 공유의 소유권이전등기를 마쳤다. 丁이 무단으로 A 토지를 점유하여 사용·수익한 경우, 甲과 乙은 丁에 대하여 불법행위로 인한 손해배상 내지 부당이득반환을 청구할 수 있는데, 이들 권리는 불가분채권에 속한다(×, 분할채권).

② **(2019 변호사시험 기출)** 토지공유자 중의 일부가 공유 토지의 특정 부분을 배타적으로 점유·사용하고 있는 경우, 비록 그 특정 부분의 면적이 자신들의 지분 비율에 상당하는 면적 범위 내라고 할지라도, 그 토지를 사용·수익 하지 않는 다른 공유자들에 대하여는 그 지분에 상응하는 부당이득을 반환할 의무가 있으며, 이 의무는 분할채무의 성질을 가진다(×, 불가분채무).

(3) 전세금반환, 보증금반환

① 채권적인 전세계약에 있어서 전세물건의 소유자가 공유자일 경우에는 그 전세계약과 관련하여 받은 전세금반환채무는 성질상 불가분의 것이다(대판 1967. 4. 25, 67다328). ② **건물의 공유자가 공동으로 건물을 임대하고 보증금을 수령한 경우**, 특별한 사정이 없는 한 그 임대는 각자 공유지분을 임대한 것이 아니고 임대목적물을 다수의 당사자로서 공동으로 임대한 것이고 그 보증금반환채무는 성질상 불가분채무이다(대판 1998. 12. 8, 98다43137).

판례 상가건물 임대차보호법 제3조는 '대항력 등'이라는 표제로 제1항에서 대항력의 요건을 정하고, 제2항에서 "임차건물의 양수인(그 밖에 임대할 권리를 승계한 자를 포함한다)은 임대인의 지위를 승계한 것으로 본다"라고 정하고 있다. 이 조항은 임차인이 취득하는 대항력의 내용을 정한 것으로, **상가건물의 임차인이 제3자에 대한 대항력을 취득한 다음 임차건물의 양도 등으로 소유자가 변동된 경우**에는 양수인 등 새로운 소유자(이하 '양수인'이라 한다)가 **임대인의 지위를 당연히 승계한다**는 의미이다. 소유권 변동의 원인이 매매 등 법률행위든 상속·경매 등 법률의 규정이든 상관없이 이 규정이 적용되므로, 상속에 따라 임차건물의 소유권을 취득한 자도 위 조항에서 말하는 임차건물의 양수인에 해당한다. **임대인 지위를 공동으로 승계한 공동임대인들의 임차보증금 반환채무는 성질상 불가분채무에 해당한다**(대판 2021. 1. 28, 2015다59801).

Ⅲ. 연대채무

제413조(연대채무의 내용)
수인의 채무자가 채무전부를 각자 이행할 의무가 있고 채무자 1인의 이행으로 다른 채무자도 그 의무를 면하게 되는 때에는 그 채무는 연대채무로 한다.

1. 일반론

(1) 의 의

연대채무란 수인의 채무자가 채무 전부를 각자 이행할 의무가 있고 채무자 1인의 이행으로 다른 채무자도 그 의무를 면하게 되는 채무를 일컫는다.

(2) 담보적 효력

연대채무는 채권의 담보적 효력에 있어서 보증채무보다는 강하나, 부진정연대채무보다는 약하다.

(3) 성 질

연대채무에 대하여 우리의 통설은 채무복수설 입장이고, 다만 채무는 단일한 급부를 위해 결합되어 있는 것이라고 본다(채무복수설 + 주관적 공동목적설).

1) 채무복수설(복수채무성)

하나의 채무가 여러 명에게 분할되는 것이 아니라, 각 채무자가 전부를 이행할 채무를 짐으로써 여러 개의 채무가 중첩적으로 존재한다. 따라서 계약에 의해 연대채무가 성립한 경우에 채무자 1인에게 법률행위의 무효·취소의 사유가 있더라도 그것이 다른 채무자의 채무성립에 영향을 미치지 않는다(제415조). 따라서 연대채무자 중의 한 사람에 대한 채권만을 분리해서 양도할 수도 있으며, 각 연대채무자의 채무의 모습(조건·기한 등)은 서로 달리할 수 있고, 연대채무자 중 1인의 채무만을 보증할 수도 있다.

2) 결합관계(주관적 공동목적)

복수의 연대채무는 1인의 채권자의 특정한 채권을 만족시킨다는 공동의 목적으로 결합되어 있다. 민법 제416조 이하에서 변제 이외의 사유에 대해서도 절대적 효력을 인정하는 이유는 채무자 사이에 일정한 결합관계가 존재함을 전제로 하여 그 결합관계를 배려하기 위함이라고 해석된다.

2. 연대채무에서 절대적 효력과 상대적 효력

(1) 의 의

민법은 연대채무자 상호간의 결합관계를 전제로 하여 채무자 1인과 채권자 사이에 발생한 사유가 다른 채무자에게도 동일한 효력을 발생시키는 절대적 효력을 넓게 인정한다. 다만 이러한 절대적 효력의 확장은 채권의 효력을 약화시키는 측면이 있기 때문에 피해자의 손해를 전보시켜야 한다는 목적만을 공통으로 갖는 다수의 가해자 사이(예컨대 공동불법행위 등)에 적용함은 옳지 못하다. 이에 부진정연대채무 개념의 필요성이 대두된다.

구별	절대효 사유	상대효 사유
연대채무	(1) 일체형 절대효 사유: 이행(변제·대물변제·공탁), 이행의 청구(시효중단), 경개, 상계, 수령지체(채권자지체) (2) 부담부분형 절대효 사유: 면제, 혼동, 소멸시효의 완성	절대효 사유를 제외한 나머지 사유(이행청구에 의하지 않은 시효중단의 효과 등)
부진정연대채무	변제·대물변제·공탁·상계	나머지는 모두 상대효 사유

(2) 절대적 효력

변제, 대물변제, 공탁 이외에도 ① 이행청구(제416조) ② 경개(제417조) ③ 상계(제418조) ④ 면제(제419조) ⑤ 혼동(제420조) ⑥ 소멸시효(제421조) ⑦ 채권자지체(제422조) 등이 절대효 사유이다.

1) 일체형 절대효 사유

채권자와 채무자 1인 사이에 생긴 사유가 그대로 채권자와 다른 채무자 사이에 동일한 효과를 발생시키는 경우이다. 변제·대물변제·공탁, 채권자의 이행청구(제416조), 경개(제417조), 상계(제418조)와 채권자지체(제422조) 등이 일체형 절대사유에 해당한다.

> **판례** 회생채권이 소멸시효기간 경과 전에 채무자 회생 및 파산에 관한 법률 제251조에 의하여 실권되었다면 더 이상 그 채무의 소멸시효 중단이 문제 될 여지가 없다. 따라서 회생채권자가 제3자를 상대로 한 소송 계속 중에 회생채무자를 상대로 소송고지를 하고 소송고지서에 **실권된 회생채무의 이행을 청구하는 의사가 표명되어 있더라도**, 회생채권자는 그로써 **다른 연대채무자나 보증인에 대하여 민법 제416조 또는 제440조에 따른 소멸시효 중단을 주장할 수 없다**(대판 2021. 6. 30, 2018다290672).

2) 부담부분형 절대효 사유

채권자와 채무자 1인 사이의 사유가 다른 채무자에 대한 관계에 있어서는 채무자 1인의 부담부분의 범위에서만 다른 채무자의 채무에 영향을 미치는 경우가 있다. 민법은 면제(제419조), 혼동(제420조), 소멸시효(제421조)를 이러한 제한적 절대사유로서 규정한다.

(3) 상대적 효력

> **제423조(효력의 상대성의 원칙)**
> 전7조의 사항외에는 어느 연대채무자에 관한 사항은 다른 연대채무자에게 효력이 없다.

위에서 언급한 연대채무의 절대적 효력 발생이외의 사유는 모두 상대적 효력이 발생한다. 특히 **이행청구로 인하여 소멸시효가 중단되는 경우**에는 모든 공동채무자에게 중단사유가 되지만, **압류·가압류 신청 등과 같은 이행청구 이외의 시효중단사유**는 상대적 효력이 있을 뿐이다.

판례 ① 채권자의 신청에 의한 경매개시결정에 따라 **연대채무자 1인의 소유 부동산이 압류된 경우**, 이로써 위 채무자에 대한 채권의 소멸시효는 중단되지만, 압류에 의한 시효중단의 효력은 다른 연대채무자에게 미치지 아니하므로, 경매개시결정에 의한 시효중단의 효력을 다른 연대채무자에 대하여 주장할 수 없다(대판 2001. 8. 21, 2001다22840).

② 민법 제416조는 어느 연대채무자에 대한 이행청구는 다른 연대채무자에게도 효력이 있다고 규정하고 있을 뿐이고 **채무승인**은 이행청구에는 해당하지 않기 때문에, 어느 연대채무자가 채무를 승인함으로써 그에 대한 시효가 중단되었더라도 그로 인하여 다른 연대채무자에게도 시효중단의 효력이 발생하는 것은 아니다(대판 2018. 10. 25, 2018다234177).

〈제416조의 절대적 효력범위 고찰〉
① A·B는 공동으로 C로부터 가옥을 임차하였으나 그 후 C가 A에 대해 임료를 청구하였다. 이 경우 B의 C에 대한 임료채무의 소멸시효는 중단된다(제654조).
② A·B는 C로부터 금전을 차용할 때에 연대채무의 특약을 하였으나 그 후 C가 A에 대해 대금의 반환을 청구하였다. 이 경우 C의 A에 대한 청구에 의해 B의 채무의 시효는 중단된다.
③ A·B는 C로부터 금전을 차용할 때에 연대채무의 특약을 하였으나 그 후 A는 단독으로 C에 대한 채무를 승인하였다. 이 경우 A의 승인에 의해 B의 채무의 소멸시효는 중단되지 않는다.

---

3. 연대채무에서 면제의 유형검토

> **제419조(면제의 절대적 효력)**
> 어느 연대채무자에 대한 채무면제는 그 채무자의 부담부분에 한하여 다른 연대채무자의 이익을 위하여 효력이 있다.

(1) 연대채무의 면제

1) 연대채무자 중 1인에 대한 채무의 전부 면제

㈎ 채권자 甲에 대하여 乙·丙·丁 3인이 1,200만원의 연대채무를 부담하고 있고, 甲이 乙에 대해서 그의 채무를 면제한 때에 부담부분이 균등하다면 丙과 丁은 얼마의 채무를 변제하여야 하는가?

㈏ 400만원(부담부분)에 한해서 절대적 효력이 발생하여, 400만원의 채무는 소멸하고, 800만원의 채무만이 남게 된다. 따라서 乙의 채무는 "0"이 되고, 丙·丁은 각각 800만원을 변제할 의무를 지게 된다.

2) 연대채무자 중 1인에 대한 채무의 일부 면제

민법 제419조는 "어느 연대채무자에 대한 채무면제는 그 채무자의 부담부분에 한하여 다른 연대채무자의 이익을 위하여 효력이 있다"라고 정하여 면제의 절대적 효력을 인정한다. 이는 당사자들 사이에 구상의 순환을 피하여 구상에 관한 법률관계를 간략히 하려는 데 취지가 있는바, 채권자가 연대채무자 중 1인에 대하여 채무를 일부 면제하는 경우에도 그와 같은 취지는 존중되어야 한다. 따라서 연대채무자 중 1인에 대한 채무의 일부 면제에 상대적 효력만 있다고 볼 특별한 사정이 없는 한 **일부 면제의 경우에도 면제된 부담부분에 한하여 면제의 절대적 효력이 인정된다**고 보아야 한다. 구체적으로 연대채무자 중 1인이 채무 일부를 면제받는 경우에 **그 연대채무자가 지급해야 할 잔존 채무액이 부담부분을 초과하는 경우**에는 그 연대채무자의 부담부분이 감소한 것은 아니므로 다른 연대채무자의 채무에도 영향을 주지 않아 다른 연대채무자는 채무 전액을 부담하여야 한다. 반대로 **일부 면제에 의한 피면제자의 잔존 채무액이 부담부분보다 적은 경우**에는 차액(부담부분 − 잔존 채무액)만큼 피면제자의 부담부분이 감소하였으므로, 차액의 범위에서 면제의 절대적 효력이 발생하여 다른 연대채무자의 채무도 차액만큼 감소한다(대판 2019. 8. 14, 2019다216435).

사례

乙, 丙, 丁이 甲에게 1,200만 원의 연대채무를 부담하고 있을 때, ① 甲이 乙에게 채무의 일부인 600만 원을 면제한 경우 乙의 잔존 채무액(600만 원)이 乙의 부담부분(400만 원)을 초과하여 乙의 부담부분이 감소한 것은 아니므로 丙과 丁은 여전히 채무 전액(1,200만 원)을 부담하여야 한다. ② 甲이 乙에게 1,000만 원을 면제한 경우 乙의 잔존 채무액(200만 원)이 부담부분(400만 원)보다 적으므로 차액 200만 원(400만 원 − 200만 원)의 범위에서 丙과 丁의 채무도 감소하여 1,000만 원이 된다.

---

(2) 연대의 면제

제427조(상환무자력자의 부담부분)
① 연대채무자 중에 상환할 자력이 없는 자가 있는 때에는 그 채무자의 부담부분은 구상권자 및 다른 자력이 있는 채무자가 그 부담부분에 비례하여 분담한다. 그러나 구상권자에게 과실이 있는 때에는 다른 연대채무자에 대하여 분담을 청구하지 못한다.
② 전항의 경우에 상환할 자력이 없는 채무자의 부담부분을 분담할 다른 채무자가 채권자로부터 연대의 면제를 받은 때에는 그 채무자의 분담할 부분은 채권자의 부담으로 한다.

1) 의의 및 구별

연대의 면제는 연대를 면제하는 것, 다시 말해 전부의 지급의무를 면해 주되 채무액을 그의 부담부분의 범위로 제한하는 것을 말한다. 연대의 면제는 두 가지가 있는바, ① 모든 채무자에 대하여 연대를 면제하는 경우로서 이를 절대적 연대면제라 하며, 이 경우에는 연대채무는 분할채무가 된다. ② 어느 연대채무자에 대해서만 연대를 면제하는 경우로서 이를 상대적 연대면제라고 한다. 이 경우에는 면제를 받은 채무자만이 그의 부담부분만을 목적으로 하는 분할채무를 질 뿐이고, 면제를 받지 않은 다른 채무자의 연대채무에는 영향을 미치지 않는다. 즉 상대적 효력이 있을 뿐이다.

2) 구체적 사례

예컨대 위 사례, 채권자 甲에 대하여 乙·丙·丁 3인이 1,200만원의 연대채무를 부담하고 있다고 하자. 만약 甲이 乙·丙·丁에 대해서 모두 연대를 면제한 경우(절대적 연대면제)에는 채무자 모두가 분할채무를 부담하여 각자 400만원의 채무를 부담하게 된다. 그러나 甲이 乙에게만 연대의 면제를 한 경우(상대적 연대면제)에는 乙은 400만원, 즉 그의 부담부분만을 이행하면 되나 나머지 채무자인 丙과 丁은 1,200만원의 연대채무를 그대로 부담하게 된다(제427조 참조).

〈구상권문제〉
① 제419조의 채무자 일인에 대한 연대채무의 면제에서 면제된 연대채무자는 연대채무관계로부터 벗어나게 된다. 따라서 다른 연대채무자가 채권자에게 연대채무를 변제한 경우에도 면제된 연대채무자에 대한 구상의 문제는 발생하지 않는다고 해석한다. ② 반면에 연대의 면제에서는 다른 연대채무자가 채권자에게 연대채무를 변제하였다면 연대의 면제를 받은 연대채무자에게 그 부담부분에 따라 구상할 수 있다(제427조 참조).

3) 채권자의 부담

상환할 자력이 없는 채무자의 부담부분을 분담할 다른 채무자가 채권자로부터 '연대의 면제'를 받은 때에는 그 채무자의 분담할 부분은 채권자의 부담으로 한다(제427조 제2항). 따라서 위 사례에서 예컨대 丙이 상환무자력자인 경우 채권자 甲은 연대면제로 인해 200만원을 부담하게 된다.

4. 예외적 제3자 상계 허용(상계에서 후술)

> **제418조(상계의 절대적 효력)**
> ② 상계할 채권이 있는 연대채무자가 상계하지 아니한 때에는 그 채무자의 부담부분에 한하여 다른 연대채무자가 상계할 수 있다.

5. 연대채무의 구상권

> **제425조(출재채무자의 구상권)**
> ① 어느 연대채무자가 변제 기타 자기의 출재로 공동면책이 된 때에는 다른 연대채무자의 부담부분에 대하여 구상권을 행사할 수 있다.
> ② 전항의 구상권은 면책된 날 이후의 법정이자 및 피할 수 없는 비용 기타 손해배상을 포함한다.

(1) 구상권의 의의

구상권이란 타인을 위하여 변제를 한 사람이 그 타인에 대하여 가지는 반환청구의 권리를 말한다.

(2) 구상권의 성립요건

1) 출재에 의한 공동면책

연대채무자가 다른 연대채무자에게 구상권을 행사하기 위하여는 출재에 의한 공동면책이 있어야 한다. 출재란 출재자의 재산이 감소하고 상대방의 재산을 증가시키는 것을 말하는데, 구상권이 발생하려면 '출재'가 있어야 하므로 예컨대 면제나 시효의 완성은 부담부분의 범위에서는 절대적 효력이 생기는 것이지만 이 때에는 '출재'가 없으므로 구상권은 발생하지 않는다.

2) 초과출재불요설

민법은 **연대보증인 중의 한 사람**이 공동면책을 이유로 다른 연대보증인에게 구상권을 행사하려면 '**자기의 부담부분을 넘은** 변제를 하였을 것'을 그 요건으로 규정하였으나(제448조 제2항), **연대채무자 중의 한 사람**이 공동면책을 이유로 다른 연대채무자에게 구상권을 행사하는 데 있어서는 **그러한 제한 없이** 구상권을 행사할 수 있는 것으로 규정하고 있다(제425조 제1항). 따라서 연대채무자 사이의 구상권행사에 있어서 '부담부분'이란 연대채무자가 그 내부관계에서 출재를 분담하기로 한 비율을 말한다고 봄이 타당하다(대판 2013. 11. 14, 2013다46023).

(3) 구상권의 내용

㈎ 어느 연대채무자가 변제 기타 자기의 출재로 공동면책이 된 때에는 다른 연대채무자의 부담부분에 대하여 변제 후 사후구상권을 행사할 수 있으며, 그 범위는 면책된 날 이후의 법정이자 및 피할 수 없는 비용 기타 손해배상을 포함한다(제425조 참조).

㈏ 이때 부담부분은 균등한 것으로 추정되나 연대채무자 사이에 부담부분에 관한 특약이 있거나 특약이 없더라도 채무의 부담과 관련하여 각 채무자의 수익비율이 다르다면 특약 또는 비율에 따라 (즉 이러한 특약은 유효하다) 부담분이 결정된다(대판 2014. 8. 20, 2012다97420).

(4) 구상권의 제한(통지의무)

> **제426조(구상요건으로서의 통지)**
> ① 어느 연대채무자가 다른 연대채무자에게 통지하지 아니하고 변제 기타 자기의 출재로 공동면책이 된 경우에 다른 연대채무자가 채권자에게 대항할 수 있는 사유가 있었을 때에는 그 부담부분에 한하여 이 사유로 면책행위를 한 연대채무자에게 대항할 수 있고 그 대항사유가 상계인 때에는 상계로 소멸할 채권은 그 연대채무자에게 이전된다.
> ② 어느 연대채무자가 변제 기타 자기의 출재로 공동면책되었음을 다른 연대채무자에게 통지하지 아니한 경우에 다른 연대채무자가 선의로 채권자에게 변제 기타 유상의 면책행위를 한 때에는 그 연대채무자는 자기의 면책행위의 유효를 주장할 수 있다.

1) 통지의무의 의미

연대채무자간에는 주관적 공동목적이 있기 때문에 상호간 통지의무를 부과한다. 즉 연대채무자가 공동면책을 얻기 위하여 출재를 함에 있어서는 다른 채무자에 대하여 사전과 사후 두 번에 걸쳐 그 통지를 하여야 한다. 사전통지를 한 경우에도 출재행위를 한 뒤에는 사후의 통지를 하여야 하는데, 사전통지와 사후통지는 그 내용과 목적이 서로 다르기 때문이다.

2) 통지의무 위반의 효과

이러한 **통지를 게을리하면 구상권의 제한을 받는다.**

3) 구체적 내용

(가) 사전통지를 게을리한 때(제426조 제1항)

甲·乙·丙 세 사람이 丁에 대한 60만원의 연대채무를 부담하고 있고 그 부담부분이 균등하다고 할 때, 乙이 丁에 대하여 40만원의 반대채권을 가지고 있었으나 甲이 乙과 丙에 대하여 사전통지를 하지 아니하고 丁에 대하여 60만원을 변제하고 乙에게 구상권을 행사하는 경우, 乙은 丁에 대하여 상계할 수 있는 반대채권을 가지고 있었음을 주장하며 이를 거절할 수 있고, 이 경우 乙의 丁에 대한 채권 중 20만원의 채권은 甲에게로 이전된다.

(나) 사후의 통지를 게을리한 때(제426조 제2항)

어느 연대채무자가 예컨대 변제 후 사후통지를 게을리하여 다른 연대채무자가 선의로 채권자에게 변제 기타 유상의 면책행위를 한 때에는 그 연대채무자는 자기의 면책행위의 유효를 주장할 수 있다.

(다) **어느 연대채무자가 변제를 하고 사후의 통지를 게을리하고 있는 동안에 다른 연대채무자가 사전의 통지를 하지 않고 변제를 한 경우** 통설은 일반원칙에 따라서 먼저 변제한 제1출재자의 면책행위를 유효하다고 한다.

IV. 부진정연대채무

1. 의의와 유형

(1) 의 의

부진정연대채무는 진정연대채무에 있어서와 마찬가지로 수인의 채무자가 동일내용의 급부를 독립해서 전부 부담하고, 그 가운데 한 사람 또는 수인이 1개의 급부를 하면 모든 채무자의 채무가 소멸하는 다수당사자의 채권관계로서, 민법에서 규율하는 연대채무에 속하지 않는 연대채무라고 한다. 부진정연대채무를 인정하는 통설과 판례의 취지는 채권자(피해자)를 보호하기 위한 것으로, 채권의 담보력을 강화시키기 위함이다.

부진정연대채무 관계는 서로 별개의 원인으로 발생한 독립된 채무라 하더라도 동일한 경제적 목적을 가지고 있고 서로 중첩되는 부분에 관하여 일방의 채무가 변제 등으로 소멸할 경우 타방의 채무도 소멸하는 관계에 있으면 성립할 수 있고, <u>반드시 양 채무의 발생원인, 채무의 액수 등이 서로 동일할 것을 요한다고 할 수는 없다</u>(대판 2009. 3. 26, 2006다47677).

(2) 부진정연대채무의 유형

1) 법인의 이사가 그의 직무수행과 관련하여 불법행위를 행한 경우에 법인의 손해배상의무와 이사 개인의 손해배상의무(제35조 제1항)

2) 피용자가 사무집행에 관하여 불법행위를 한 경우에 피용자의 불법행위로 인한 손해배상의무와 사용자의 손해배상의무(제756조)

3) 책임무능력자의 불법행위에 대한 법정감독의무자와 대리감독자의 손해배상의무(제755조)

4) 동물의 가해행위에 대한 점유자와 보관자의 손해배상의무(제759조)

5) 공동불법행위에 대한 가해자들의 손해배상의무(제760조, 통설과 판례). 예컨대, 甲, 乙, 丙이 운행하는 자동차가 충돌하여 승객이 피해를 입은 경우 각 가해 차량의 운행자인 甲, 乙, 丙이 피해자에 대하여 지는 손해배상책임

6) 어떤 물건에 대하여 직접점유자와 간접점유자가 있는 경우, 그에 대한 점유·사용으로 인한 부당이득의 반환의무는 동일한 경제적 목적을 가진 채무로서 서로 중첩되는 부분에 관하여는 일방의 채무가 변제 등으로 소멸하면 타방의 채무도 소멸하는 이른바 부진정연대채무의 관계에 있다(대판 2012. 9. 27, 2011다76747).

7) **채무자가 부담하는 채무불이행으로 인한 손해배상채무와 제3자가 부담하는 불법행위로 인한 손해배상채무**의 원인이 동일한 사실관계에 기한 경우에는 하나의 동일한 급부에 관하여 수인의 채무자가 각자 독립해서 그 전부를 급부하여야 할 의무를 부담하는 경우로서 부진정연대채무 관계에 있다(대판 2006. 9. 8, 2004다55230).

8) **설계 또는 감리 용역계약상의 채무불이행으로 인한 손해배상채무와 제작·설치계약상의 채무불이행으로 인한 손해배상채무**는 서로 별개의 원인으로 발생한 독립된 채무이고, 다만 동일한 경제적 목적을 가진 채무로서 서로 중첩되는 부분에 한하여 **부진정연대**의 관계에 있다(대판 2022. 1. 13, 2019다279542).

2. 진정연대채무와 부진정연대채무의 구별

(1) 주관적 공동목적

⑦ 진정연대채무에 있어서는 연대채무자 상호간에 주관적 공동목적으로 결합되어 있으며, 각 연대채무자의 부담부분이 있고, 연대채무자 1인에 관하여 발생한 사유 중 절대적 효력이 인정되는 것이 있고, 연대채무자 사이의 대내적 관계에서는 구상권이 인정된다고 한다.

⑭ 그러나 부진정연대채무에 있어서는 채무자 사이에 공동목적에 의한 주관적인 관련이 없으며, 고

유의 의미에 있어서의 부담부분이 없고, 변제에 준하는 것을 제외하고는 채무자의 한 사람에 관하여 생긴 사유가 다른 채무자에게 영향을 미치지 않는다.

(2) 연대채무와 부진정연대채무의 구체적 차이

1) 부담부분

부진정연대채무에서는 채권자에 대한 관계에서 각자의 부담부분이 인정되지 않는다(제418조 제2항, 제427조 제2항).

> **판례** 부진정연대채무자 사이에는 **고유의 의미에 있어서의 부담부분**이 존재하지 아니하므로 위와 같은 고유의 의미의 부담부분의 존재를 전제로 하는 **민법 제418조 제2항은 부진정연대채무에는 적용되지 아니하는 것**으로 봄이 상당하고, 따라서 부진정연대채무에 있어서는 한 부진정연대채무자가 채권자에 대하여 상계할 채권을 가지고 있음에도 상계를 하지 않고 있다 하더라도 다른 부진정연대채무자가 그 채권을 가지고 상계를 할 수는 없는 것으로 보아야 한다(대판 1994. 5. 27, 93다21521).

2) 통지의무

부진정연대채무에서는 채무자 상호간에 결합관계가 없는 경우도 많은데, 그 경우에는 변제에 관한 사전·사후의 통지의무는 적용되지 않는다.

3. 부진정연대채무의 효력

(1) 절대적 효력

부진정연대채무에 있어서는 채권자에게 만족을 주는 사유에 대해서만 절대적 효력이 인정되므로, 채무자 1인의 **변제·대물변제·공탁·상계**는 다른 채무자에게도 효력이 발생한다.

> **판례** 부진정연대채무자 중 1인이 자신의 채권자에 대한 반대채권으로 **상계**를 한 경우에도 채권은 변제, 대물변제, 또는 공탁이 행하여진 경우와 동일하게 현실적으로 만족을 얻어 그 목적을 달성하는 것이므로, 그 상계로 인한 채무소멸의 효력은 소멸한 채무 전액에 관하여 다른 부진정연대채무자에 대하여도 미친다고 보아야 한다. 이는 부진정연대채무자 중 1인이 채권자와 **상계계약**을 체결한 경우에도 마찬가지이다. 나아가 이러한 법리는 채권자가 상계 내지 상계계약이 이루어질 당시 다른 부진정연대채무자의 존재를 알았는지 여부에 의하여 좌우되지 아니한다[대판(전합) 2010. 9. 16, 2008다97218].

(2) 상대적 효력

부진정연대채무에서는 위의 절대적 효력 이외는 상대적 효력만이 있을 뿐이다.

> **판례** ① 부진정연대채무에 있어서 채권자가 어느 채무자에 대하여 그의 부담부분이거나 또는 이를 초과하는 **전 채권액을 포기하는 의사표시**를 하였다고 해도 다른 채무자들에게는 상대적인 효력밖에 없다(대판 1981.

6. 23, 80다1796).

② 부진정연대채무관계에 있어서 채무자 1인에 대한 **채무면제**는 다른 채무자에 대하여는 그 효력을 미치지 아니한다(대판 1980. 7. 22, 79다1107). 따라서 **변제자는 채무면제를 받은 자에게도 구상권을 행사할 수 있다**(제419조 연대채무면제와 구별).

③ (i) 부진정연대채무에 있어 채무자 1인에 대한 **이행의 청구**는 타 채무자에 대하여 그 효력이 미치지 않으므로, 하천구역으로 편입된 토지의 소유자가 서울특별시장에게 보상금지급 청구를 하였다 하더라도 부진정연대채무관계에 있는 국가에 대하여 시효중단의 효과가 발생한다고 할 수 없다(대판 1997. 9. 12, 95다42027). (ii) 부진정연대채무에서는 **채무자 1인에 대한 이행청구 또는 채무자 1인이 행한 채무의 승인 등 소멸시효의 중단사유나 시효이익의 포기**가 다른 채무자에게 효력이 미치지 아니한다(대판 2011. 4. 14, 2010다91886).

(3) 구상관계

부진정연대채무에서는 주관적 공동관련성이 없으므로 구상관계가 본질적 부분이 아니다. 다만 채무자들 사이에 특별한 내부적 법률관계가 있는 경우에는 그에 기초하여 구상관계가 인정될 수 있고, 이러한 내부적 부담부분은 과실의 정도, 불법의 강약 등에 의하여 정하여 진다고 볼 수 있다(대판 1971. 2. 9, 70다2508 참조). 판례는 공동불법행위의 경우에 주로 구상권을 인정해왔는데(아래 판례 ①, ②, ③), 공동불법행위가 아닌 경우에도 구상권을 인정한 경우도 있다(아래 판례 ④).

> **판례** ① **공동불법행위자**는 채권자에 대한 관계에서는 부진정연대채무를 지되, 공동불법행위자들 **내부관계에서는 일정한 부담 부분**이 있고, 공동불법행위자 중 1인이 **자기의 부담 부분 이상을 변제하여** 공동의 면책을 얻게 하였을 때에는 다른 공동불법행위자에게 그 부담 부분의 비율에 따라 구상권을 행사할 수 있으나, 부담부분을 초과하여 배상하여야 한다(대판 2006. 2. 9, 2005다28426). ☞ 초과출재필요설
> ② **공동불법행위자** 중 1인의 손해배상채무가 **시효로 소멸**한 후에 다른 공동불법행위자 1인이 피해자에게 자기의 부담 부분을 넘는 손해를 배상하였을 경우에도, 그 공동불법행위자는 **다른 공동불법행위자에게 구상권을 행사할 수 있다**(대판 1997. 12. 23, 97다42830).
> ③ 피용자와 제3자가 공동불법행위로 피해자에게 손해를 가하여 그 손해배상채무를 부담하는 경우에 피용자와 제3자는 공동불법행위자로서 서로 부진정연대관계에 있고, 한편 사용자의 손해배상책임은 피용자의 배상책임에 대한 대체적 책임이어서 **사용자도 제3자와 부진정연대관계에 있다**고 보아야 할 것이므로, 사용자가 피용자와 제3자의 책임비율에 의하여 정해진 피용자의 부담 부분을 초과하여 피해자에게 손해를 배상한 경우에는 **사용자는 제3자에 대하여도 구상권을 행사할 수 있다**(대판 2006. 2. 9, 2005다28426).
> ④ 이른바 부진정연대채무의 관계에 있는 복수의 책임주체 **내부관계에 있어서는 형평의 원칙상 일정한 부담 부분**이 있을 수 있으며, 그 부담 부분은 각자의 고의 및 과실의 정도에 따라 정하여지는 것으로서 부진정연대채무자 중 1인이 자기의 부담 부분 이상을 변제하여 공동의 면책을 얻게 하였을 때에는 다른 부진정연대채무자에게 **그 부담 부분의 비율에 따라 구상권을 행사할 수 있다**(대판 2006. 1. 27, 2005다19378). ☞ 원고의 경비용역계약상 채무불이행으로 인한 손해배상채무와 피고들의 절도라는 불법행위로 인한 손해배상채무는 서로 별개의 원인으로 발생한 독립된 채무이나 동일한 경제적 목적을 가진 채무로서 서로 중첩되는 부분에 관하여는 일방의 채무가 변제 등으로 소멸하면 타방의 채무도 소멸하는 이른바 부진정연대의 관계에 있다고 한 사례.

Ⅴ. 보증채무

> ### 제428조(보증채무의 내용)
> ① 보증인은 주채무자가 이행하지 아니하는 채무를 이행할 의무가 있다.
> ② 보증은 장래의 채무에 대하여도 할 수 있다.
>
> ### 제428조의2(보증의 방식)
> ① 보증은 그 의사가 보증인의 기명날인 또는 서명이 있는 서면으로 표시되어야 효력이 발생한다. 다만, 보증의 의사가 전자적 형태로 표시된 경우에는 효력이 없다.
> ② 보증채무를 보증인에게 불리하게 변경하는 경우에도 제1항과 같다.
> ③ 보증인이 보증채무를 이행한 경우에는 그 한도에서 제1항과 제2항에 따른 방식의 하자를 이유로 보증의 무효를 주장할 수 없다.
>
> ### 제428조의3(근보증)
> ① 보증은 불확정한 다수의 채무에 대해서도 할 수 있다. 이 경우 보증하는 채무의 최고액을 서면으로 특정하여야 한다.
> ② 제1항의 경우 채무의 최고액을 제428조의2 제1항에 따른 서면으로 특정하지 아니한 보증계약은 효력이 없다.

1. 의 의

(1) 인적 담보로서 보증

보증채무는 **채권자와 보증인 사이**에 체결된 보증계약에 의하여 성립하는 채무로서 주채무자가 그 채무를 이행하지 않는 경우에 보증인이 이를 보충적으로 이행하여야 하는 채무를 말한다(제428조, 제428조의 2). 주채무자는 보증계약의 당사자가 아니다(주채무자의 부탁이나 보증위탁계약이 보증계약의 요건이 아니며, 또한 보증인의 자격이 보증계약의 성립요건이 되는 것도 아니다). 보증인의 일반재산이 강제집행의 대상이 된다는 점에서 인적담보에 속한다.

(2) 개정법률의 특징

1) 서면주의 · 요식주의

개정 전 보증채무는 채권자와 보증인 사이에 체결된 보증계약(낙성계약)에 의하여 성립하는 채무로서 불요식 계약이었다. 따라서 구두보증이나 전자보증도 얼마든지 가능하였다. 그러나 개정법률은 보증인의 기명날인 또는 서명이 있는 서면으로 표시되어야 그 효력이 발생하도록 하여 불요식행위였던 기존의 보증의 방식을 서면주의로 변경하였다. 따라서 서면이 아닌 구두로 한 채무보증은 무효가 되므로 보증채무의 남발로 인한 폐해가 줄어들 전망이다. 다만 보증계약이 서면주의 등에 위반하여 무효인 경우에도 보증인이 보증채무를 이행한 경우에는 그 한도에서 방식의 하자를 이유로 보증의 무효를 주장할 수 없다.

① 구 보증인 보호를 위한 특별법(2015. 2. 3. 법률 제13125호로 개정되기 전의 것, 이하 '구 보증인보호법'이라 한다) 제3조 제1항에서 보증의 의사표시에 보증인의 기명날인 또는 서명이 있는 서면을 요구하는 것은, 보증의사를 명확하게 표시하게 함으로써 보증 의사의 존부 및 내용에 관하여 분명한 확인수단을 보장하여 분쟁을 예방하는 한편, 보증인으로 하여금 가능한 한 경솔하게 보증에 이르지 아니하고 숙고의 결과로 보증을 하도록 하려는 취지에서 나온 것이다. 일반적으로 서명은 기명날인과 달리 명의자 본인이 자신의 이름을 쓰는 것을 의미한다. 그런데 보증인의 서명에 대해 제3자가 보증인을 대신하여 이름을 쓰는 것이 포함된다면, 보증인이 직접 자신의 의사표시를 표시한다는 서명 고유의 목적은 퇴색되고 사실상 구두를 통한 보증계약 내지 보증인이 보증 내용을 구체적으로 알지 못하는 보증계약의 성립을 폭넓게 인정하는 결과를 초래하게 되며, 이는 경솔한 보증행위로부터 보증인을 보호하고자 하는 구 보증인보호법의 입법 취지를 몰각시키게 된다. 따라서 이러한 구 보증인보호법의 입법 목적과 취지, 규정 내용 등을 종합해 보면, 구 보증인보호법 제3조 제1항에서 정한 '보증인의 서명'은 원칙적으로 **보증인이 직접 자신의 이름을 쓰는 것**을 의미하며 타인이 보증인의 이름을 대신 쓰는 것은 이에 해당하지 아니한다고 해석함이 타당하다(대판 2017. 12. 13, 2016다233576).

② 민법 제428조의2 제1항 전문은 "보증은 그 의사가 보증인의 기명날인 또는 서명이 있는 서면으로 표시되어야 효력이 발생한다"라고 규정하고 있는데, '보증인의 서명'은 원칙적으로 보증인이 직접 자신의 이름을 쓰는 것을 의미하므로 타인이 보증인의 이름을 대신 쓰는 것은 이에 해당하지 않지만, **'보증인의 기명날인'은 타인이 이를 대행하는 방법으로 하여도 무방하다**(대판 2019. 3. 14, 2018다282473).

2) 전자보증 불허

인터넷이나 휴대폰 앱 등 전자적 형태로 보증의사를 표시한 경우에도 효력이 없도록 했다(무효). 전자문서의 경우에는 일반 종이문서보다는 훨씬 쉽게 의사결정이 되는 경우가 많고, 클릭 하나로 보증을 서게 되는 경우도 생기므로 이러한 단서가 추가된 것이다.

(3) 장래의 채무

장래의 채무에 대해서도 보증할 수 있다(제428조 제2항 참조). 주채무 발생의 원인이 되는 기본계약이 반드시 보증계약보다 먼저 체결되어야만 하는 것은 아니고, 보증계약 체결 당시 보증의 대상이 될 주채무의 발생원인과 그 내용이 어느 정도 확정되어 있다면 **장래의 채무**에 대해서도 유효하게 보증계약을 체결할 수 있다(대판 2006. 6. 27, 2005다50041). 특히 장래 증감변동하는 불확정한 채무를 보증하는 계약을 근보증이라 한다. 개정법률은 특히 근보증의 경우 보증인을 보호하기 위하여 보증계약체결 시 보증채무최고액을 특정하도록 하고, 그 방식을 역시 서면주의를 요구하고 있다(제428조의 3).

① 민법 제428조의3은 제1항에서 "보증은 불확정한 다수의 채무에 대하여도 할 수 있다. 이 경우 보증하는 채무의 최고액을 서면으로 특정하여야 한다"라고 규정하고 있고, 제2항에서 "제1항의 경우 채무의 최고액을 제428조의2 제1항에 따른 서면으로 특정하지 아니한 보증계약은 효력이 없다."라고 규정하고 있다. 이는 불확정한 다수의 채무에 대하여 보증하는 경우 보증인이 부담하여야 할 보증채무의 액수가 당초 보증인이 예상하였거나 예상할 수 있었던 것보다 지나치게 확대될 우려가 있으므로, 보증인이 보증을 함에 있어 자신이 지게 되는 법적 부담의 한도액을 미리 명확하게 알 수 있도록 함으로써 보증인을 보호하려는 데에 입법 취지

가 있다. 위와 같은 민법의 규정 및 입법 취지에 비추어 볼 때, 불확정한 다수의 채무에 대하여 보증하는 경우 보증채무의 최고액이 서면으로 특정되어 보증계약이 유효하다고 하기 위해서는, 보증인의 보증의사가 표시된 서면에 보증채무의 최고액이 명시적으로 기재되어 있어야 하고, 보증채무의 최고액이 명시적으로 기재되어 있지 않더라도 서면 자체로 보아 보증채무의 최고액이 얼마인지를 객관적으로 알 수 있는 등 보증채무의 최고액이 명시적으로 기재되어 있는 경우와 동일시할 수 있을 정도의 구체적인 기재가 필요하다고 봄이 타당하다 (대판 2019. 3. 14, 2018다282473).

② 계속적 채권관계에서 발생하는 **주계약상의 불확정 채무에 대하여 보증**한 경우 그 보증채무는 통상적으로 **주계약상의 채무가 확정된 때**에 이와 함께 확정된다. 그러나 채권자와 주채무자 사이에서 주계약상의 거래기간이 연장되었으나 보증인과 사이에서 보증기간이 연장되지 아니하는 등의 사정으로 **보증계약 관계가 먼저 종료된 때**에는 그 종료로 보증채무가 확정되므로, 보증인은 그 당시의 주계약상의 채무에 대하여 보증 책임을 지고, 그 후의 채무에 대하여는 보증책임을 지지 아니한다(대판 2021. 1. 28, 2019다207141).

2. 법적 성질

(1) 독립성

> **제429조(보증채무의 범위)**
> ① 보증채무는 주채무의 이자, 위약금, 손해배상 기타 주채무에 종속한 채무를 포함한다.
> ② 보증인은 그 보증채무에 관한 위약금 기타 손해배상액을 예정할 수 있다.

1) 보증채무는 주채무와는 별개의 독립한 채무이다. 다만 주채무자에게 생긴 사유는 보증채무의 부종성의 성질로 인해 보증인에게도 그 효력을 미치기 때문에 보증채무의 독립성은 연대채무보다 약하다.
2) 보증채무는 주채무와는 별개의 채무이기 때문에 **보증채무 자체의 이행지체로 인한 지연손해금**은 보증한도액과는 별도로 부담한다(대판 2006. 7. 4, 2004다30675).
3) **보증채무의 연체이율**에 관하여 특별한 약정이 없는 경우라면 그 거래행위의 성질에 따라 상법 또는 민법에서 정한 법정이율에 따라야 하며, 주채무에 관하여 약정된 연체이율이 당연히 여기에 적용되는 것은 아니다(대판 2003. 6. 13, 2001다29803; 대판 2000. 4. 11, 99다12123 참조).

> **판례** 보증채무는 채권자와 보증인 간의 보증계약에 의하여 성립하고, 주채무와는 별개 독립의 채무이지만 주 채무와 동일한 내용의 급부를 목적으로 함이 원칙이라고 할 것이나 채권자와 보증인은 보증채무의 내용, 이행의 시기, 방법 등에 관하여 특약을 할 수 있고, 그 특약에 따른 보증인의 부담이 주채무의 목적이나 형태보다 중하지 않는 한 그러한 특약이 무효라고 할 수도 없으므로 (민법 제430조 참조), 주채무가 외화채무인 경우에도 채권자와 보증인 사이에 미리 약정한 환율로 환산한 원화로 보증채무를 이행하기로 약정하는 것도 허용된다 (대판 2002. 8. 27, 2000다9734).

(2) 동일성

주채무는 대체적 급부를 내용으로 하는 것이 원칙이다. 그러나 부대체적 급부를 목적으로 하는 채무를 보증한 경우에는 주채무의 불이행으로 인한 손해배상의무를 보증하는 것으로 해석한다(통설·판례).

> **판 례** 부대체적 급부를 내용으로 하는 채무라 하여도 부대체적 급부가 이행되지 않아 손해배상채무로 변경될 것을 정지조건으로 하여 부대체적 급부를 내용으로 하는 보증채무도 인정된다고 할 것이다(대판 1967. 9. 16, 67다1482).

(3) 부종성

> **제430조(목적, 형태상의 부종성)**
> 보증인의 부담이 주채무의 목적이나 형태보다 중한 때에는 주채무의 한도로 감축한다.
>
> **제433조(보증인과 주채무자항변권)**
> ① 보증인은 주채무자의 항변으로 채권자에게 대항할 수 있다.
> ② 주채무자의 항변포기는 보증인에게 효력이 없다.
>
> **제434조(보증인과 주채무자 상계권)**
> 보증인은 주채무자의 채권에 의한 상계로 채권자에게 대항할 수 있다.
>
> **제435조(보증인과 주채무자의 취소권 등)**
> 주채무자가 채권자에 대하여 취소권 또는 해제권이나 해지권이 있는 동안은 보증인은 채권자에 대하여 채무의 이행을 거절할 수 있다.

보증채무는 주채무에 부종한다. 이러한 부종성은 '성립 및 소멸상의 부종성'과 '내용상의 부종성'의 둘로 나눌 수 있다. 첫째, 성립 및 소멸상의 부종성은 보증채무의 성립 및 소멸은 주채무와 그 운명을 같이한다는 것으로, 주채무가 무효·취소·소멸된 때에는 보증채무도 영향을 받는다. 그리고 둘째, 내용상의 부종성은 보증채무는 내용상으로도 주채무에 대하여 주종의 관계에 있다는 것으로, 보증채무의 목적·형태는 주채무보다 중할 수 없다(제430조·433조·434조·435조 참조).

1) 주채무의 부존재 및 소멸의 항변권(제430조, 제433조)

㈎ 주채무가 소멸하면 보증채무도 소멸한다. 그러므로 주채무의 일부면제는 보증채무의 부종성에 의해 보증채무에도 영향을 미친다.

> **판 례** 보증채무에 대한 소멸시효가 중단되는 등의 사유로 완성되지 아니하였다고 하더라도 **주채무에 대한 소멸시효가 완성된 경우**에는 시효완성 사실로써 주채무가 당연히 소멸되므로 보증채무의 부종성에 따라 보증채무 역시 당연히 소멸된다. 그리고 **주채무에 대한 소멸시효가 완성되어 보증채무가 소멸된 상태에서 보증**

인이 보증채무를 이행하거나 승인하였다고 하더라도, 주채무자가 아닌 보증인의 행위에 의하여 주채무에 대한 소멸시효 이익의 포기 효과가 발생된다고 할 수 없으며, 주채무의 시효소멸에도 불구하고 보증채무를 이행하겠다는 의사를 표시한 경우 등과 같이 부종성을 부정하여야 할 다른 특별한 사정이 없는 한 보증인은 여전히 주채무의 시효소멸을 이유로 보증채무의 소멸을 주장할 수 있다고 보아야 한다(대판 2012. 7. 12, 2010다51192).

㈏ 원래 보증인의 의무는 보증계약 성립 후 채무자가 한 법률행위로 인하여 확장, 가중되지 아니하는 것이 원칙이므로, 채무자의 채무불이행시의 손해배상의 범위에 관하여 채무자와 채권자사이의 합의로 **보증인의 관여 없이 그 손해배상 예정액이 결정되었다**고 하더라도, 보증인으로서는 위 합의로 결정된 손해배상 예정액이 채무불이행으로 인하여 채무자가 부담할 손해배상책임의 범위를 초과하지 아니한 한도 내에서만 보증책임이 있다(대판 1996. 2. 9, 94다38250).

㈐ 보증계약이 성립된 후에 보증인이 알지도 못하는 사이에 주채무의 목적이나 형태가 변경되었다면, 그 변경으로 인하여 주채무의 실질적 동일성이 상실된 경우 당초의 주채무는 경개로 인하여 소멸하였다고 보아야 할 것이다(대판 2001. 3. 23, 2001다628).

> **판례** ① 보증채무에 대한 소멸시효가 중단되었다고 하더라도 이로써 주채무에 대한 소멸시효가 중단되는 것은 아니고, 주채무가 소멸시효 완성으로 소멸된 경우에는 보증채무도 그 채무 자체의 시효중단에 불구하고 부종성에 따라 당연히 소멸된다(대판 2002. 5. 14, 2000다62476).
> ② 주채무가 시효로 소멸한 때에는 보증인도 그 시효소멸을 원용할 수 있으며 주채무자가 시효이익을 포기하더라도 보증인에게는 그 효력이 없다(대판 1991. 1. 29, 89다카1114).

2) 제436조 삭제

"취소의 원인있는 채무를 보증한 자가 보증계약당시에 그 원인있음을 안 경우에 주채무의 불이행 또는 취소가 있는 때에는 주채무와 동일한 목적의 독립채무를 부담한 것으로 본다"는 제436조는 보증채무의 부종성에 반한다는 이유로 삭제되었다.

3) 주채무자의 상계권(제434조), 주채무자의 취소권·해제권·해지권(제435조)

㈎ 보증인은 주채무자의 채권에 의한 상계로 채권자에게 대항할 수 있다(제434조).

> **판례** 상계는 단독행위로서 상계를 할지는 채권자의 의사에 따른 것이고 상계적상에 있는 자동채권이 있다고 하여 반드시 상계를 해야 할 것은 아니다. **채권자가 주채무자에 대하여 상계적상에 있는 자동채권을 상계하지 않았다**고 하여 이를 이유로 보증채무자가 보증한 채무의 이행을 거부할 수 없으며 나아가 보증채무자의 책임이 면책되는 것도 아니다(대판 2018. 9. 13, 2015다209347). ☞ 이 판결의 사안은 보증인이 제434조에 의하여 상계하는 것은 타법률(채무자회생법)에 의하여 금지되고, 채권자가 상계하는 것만 가능했던 사안이었다. 즉 구 건설산업기본법(2011. 5. 24. 법률 제10719호로 개정되기 전의 것)에 따라 계약보증을 한 건설공제조합이 민법 제434조에 따라 채무자의 채권에 의한 상계로 보증채권자에게 대항할 수 있다고 하더라도 법률상 상계가 금지되는 경우까지 이를 허용할 수는 없다. 그런데 채무자 회생 및 파산에 관한 법률(이하 '채무자회생법'이라 한다) 제131조 본문에서 채무자회생법에 특별한 규정이 있는 경우를 제외하고는 회생채권의 소멸금지를 정

하고 있다. 따라서 특별한 규정이 없는 한 채무자에 대하여 회생절차가 개시된 경우 건설공제조합이 민법 제434조에 따른 상계로 보증채권자의 회생채권을 소멸시킬 수는 없다고 보아야 한다.

(나) 주채무자가 채권자에 대하여 취소권 또는 해제권이나 해지권이 있는 경우, 상계와 달리 이러한 취소권 등의 권리는 주채무자만이 행사할 수 있는 것이고 보증인이 위의 권리들을 행사할 수는 없다. 다만 민법은 주채무자가 채권자에 대하여 취소권 또는 해제권이나 해지권이 있는 동안은 보증인은 채권자에 대하여 채무의 이행을 거절할 수 있도록 하였다(제435조).

> **판례** ① 보증채무는 주채무와 동일한 내용의 급부를 목적으로 함이 원칙이지만 주채무와는 별개 독립의 채무이고, 한편 보증채무자가 주채무를 소멸시키는 행위는 주채무의 존재를 전제로 하므로, 보증인의 출연행위 당시에는 주채무가 유효하게 존속하고 있었다 하더라도 **그 후 주계약이 해제되어 소급적으로 소멸하는 경우**에는 보증인은 변제를 수령한 **채권자를 상대로** 이미 이행한 급부를 부당이득으로 반환청구할 수 있다(대판 2004. 12. 24, 2004다20265).
> ② 보증채무자가 주채무를 소멸시키는 행위는 주채무의 존재를 전제로 하므로, 보증인의 출연행위 당시 주채무가 성립되지 아니하였거나 타인의 면책행위로 이미 소멸되었거나 유효하게 존속하고 있다가 그 후 소급적으로 소멸한 경우에는 보증채무자의 주채무 변제는 비채변제가 되어 **채권자와 사이**에 부당이득반환의 문제를 남길 뿐이고 **주채무자에 대한** 구상권을 발생시키지 않는다(대판 2012. 2. 23, 2011다62144).

4) 채권양도

연대채무에 있어서는 연대채무자 1인에 대한 채권만의 양도가 인정되는 반면(채무복수설), **보증채무**에 있어서는 보증인에 대한 채권만의 양도는 허용되지 않는다(보증채무의 부종성). 다만 주채무가 이전되면 보증채무는 따라서 이전한다(수반성).

> **판례** [1] 보증채무는 주채무에 대한 부종성 또는 수반성이 있어서 주채무자에 대한 채권이 이전되면 당사자 사이에 별도의 특약이 없는 한 보증인에 대한 채권도 함께 이전하고, 이 경우 **채권양도의 대항요건**도 주채권의 이전에 관하여 구비하면 족하고, 별도로 보증채권에 관하여 대항요건을 갖출 필요는 없다. [2] 주채권과 보증인에 대한 채권의 귀속주체를 달리하는 것은, 주채무자의 항변권으로 채권자에게 대항할 수 있는 보증인의 권리가 침해되는 등 보증채무의 부종성에 반하고, 주채권을 가지지 않는 자에게 보증채권만을 인정할 실익도 없기 때문에 **주채권과 분리하여 보증채권만을 양도하기로 하는 약정**은 그 효력이 없다(대판 2002. 9. 10, 2002다21509).

(4) 보충성(최고·검색의 항변권)

제437조(보증인의 최고, 검색의 항변)
채권자가 보증인에게 채무의 이행을 청구한 때에는 보증인은 주채무자의 변제자력이 있는 사실 및 그 집행이 용이할 것을 증명하여 먼저 주채무자에게 청구할 것과 그 재산에 대하여 집행할 것을 항변할 수 있다. 그러나 보증인이 주채무자와 연대하여 채무를 부담한 때에는 그러하지 아니하다.

1) 의 의

(가) 보증채무의 경우 주채무자가 1차적으로 급부의무를 지고, 그 이행이 없을 때에 보증인이 2차적으로 이행의무를 부담하는 보충성이 있다. 최고·검색의 항변권은 이러한 보충성에 기한 권리이다.

(나) 이러한 권리는 연대보증(제437조)이나 보증인이 항변권을 포기한 경우에는 인정되지 않는다.

2) 입증문제

민법 제437조 본문에 의하면 채권자가 보증인에게 채무의 이행을 청구한 때에는 보증인은 주채무자의 변제자력이 있는 사실 및 그 집행이 용이할 것을 증명하여 먼저 주채무자에게 청구할 것과 그 재산에 대하여 집행할 것을 항변할 수 있다고 규정하므로 보증인의 최고와 검색의 항변권은 보증인이 주채무자에게 변제자력이 있고 집행이 용이한 사실을 입증할 때에 성립될 수 있고, 단순히 주채무자에게 먼저 청구할 것을 항변할 수 없다할 것이다(대판 1968. 9. 24, 68다1271).

3. 제436조의2 신설 : 채권자의 정보제공의무와 통지의무 등

제436조의2(채권자의 정보제공의무와 통지의무 등)

① 채권자는 보증계약을 체결할 때 보증계약의 체결 여부 또는 그 내용에 영향을 미칠 수 있는 주채무자의 채무 관련 신용정보를 보유하고 있거나 알고 있는 경우에는 보증인에게 그 정보를 알려야 한다. 보증계약을 갱신할 때에도 또한 같다.

② 채권자는 보증계약을 체결한 후에 다음 각 호의 어느 하나에 해당하는 사유가 있는 경우에는 지체 없이 보증인에게 그 사실을 알려야 한다.

　1. 주채무자가 원본, 이자, 위약금, 손해배상 또는 그 밖에 주채무에 종속한 채무를 3개월 이상 이행하지 아니하는 경우

　2. 주채무자가 이행기에 이행할 수 없음을 미리 안 경우

　3. 주채무자의 채무 관련 신용정보에 중대한 변화가 생겼음을 알게 된 경우

③ 채권자는 보증인의 청구가 있으면 주채무의 내용 및 그 이행 여부를 알려야 한다.

④ 채권자가 제1항부터 제3항까지의 규정에 따른 의무를 위반하여 보증인에게 손해를 입힌 경우에는 법원은 그 내용과 정도 등을 고려하여 보증채무를 감경하거나 면제할 수 있다.

4. 보증인보호를 위한 특별조치법(2008. 9. 22. 시행)

제5조(채권자의 통지의무 등)

① 채권자는 주채무자가 원본, 이자 그 밖의 채무를 3개월 이상 이행하지 아니하는 경우 또는 주채무자가 이행기에 이행할 수 없음을 미리 안 경우에는 지체 없이 보증인에게 그 사실을 알려야 한다.

② 채권자로서 보증계약을 체결한 금융기관은 주채무자가 원본, 이자 그 밖의 채무를 1개월 이상 이행하지 아니하는 경우에는 지체 없이 그 사실을 보증인에게 알려야 한다.

③ 채권자는 보증인의 청구가 있으면 주채무의 내용 및 그 이행 여부를 보증인에게 알려야 한다.

④ 채권자가 제1항부터 제3항까지의 규정에 따른 의무를 위반한 경우에는 보증인은 그로 인하여 손해를 입은 한도에서 채무를 면한다.

Ⅵ. 주채무자 또는 보증인에 관하여 생긴 사유의 효력과 구상권

1. 주채무자 또는 보증인에 관하여 생긴 사유의 효력

(1) 절대적 효력과 상대적 효력

㈎ 채권자와 주채무자 사이에서 **주채무자에게 생긴 사유**는 보증채무의 부종성의 성질에 따라 보증인에게도 그 효력이 미친다(절대적 효력). 그러나 **보증인에게 생긴 사유**는 채권을 만족시키는 사유(변제·대물변제·공탁·상계) 이외에는 주채무자에게 영향을 주지 못한다(상대적 효력).

> **판례** 보증채무에 대한 소멸시효가 중단되는 등의 사유로 완성되지 아니하였다고 하더라도 주채무에 대한 소멸시효가 완성된 경우에는 시효완성의 사실로 주채무가 소멸되므로 보증채무의 부종성에 따라 보증채무 역시 당연히 소멸되는 것이 원칙이다. 다만 **보증채무의 부종성을 부정하여야 할 특별한 사정이 있는 경우**에는 예외적으로 보증인은 주채무의 시효소멸을 이유로 보증채무의 소멸을 주장할 수 없으나, 특별한 사정을 인정하여 보증채무의 본질적인 속성에 해당하는 부종성을 부정하려면 **보증인이 주채무의 시효소멸에도 불구하고 보증채무를 이행하겠다는 의사를 표시하거나 채권자와 그러한 내용의 약정을 하였어야** 하고, 단지 보증인이 주채무의 시효소멸에 원인을 제공하였다는 것만으로는 보증채무의 부종성을 부정할 수 없다(대판 2018. 5. 15, 2016다211620).

㈏ 채권자와 주채무자 사이의 합의로 주채무의 목적·범위 등을 변경하는 경우에 그것이 **보증채무를 중하게 하는 경우**에는 보증채무에 영향을 미치지 않는다. 그러나 보증계약체결 후 채권자가 보증인의 승낙 없이 **주채무자에 대하여 변제기를 연장**해 준 경우에는, 그것이 보증인의 책임을 가중하는 것은 아니므로 보증인에 대하여도 그 효력이 미친다는 것이 판례이다(대판 1996. 2. 23, 95다49141).

(2) 주채무자의 시효중단

> **제440조(시효중단의 보증인에 대한 효력)**
> 주채무자에 대한 시효의 중단은 보증인에 대하여 그 효력이 있다.

㈎ 민법 제169조는 "시효의 중단은 당사자 및 그 승계인 간에만 효력이 있다"고 규정하고 있고, 한편 민법 제440조는 "주채무자에 대한 시효의 중단은 보증인에 대하여 그 효력이 있다"라고 규정하고 있는바, 민법 제440조는 **민법 제169조의 예외 규정**으로서 이는 채권자 보호 내지 채권담보의 확보를 위하여 주채무자에 대한 시효중단의 사유가 발생하였을 때는 그 보증인에 대한 별도의 중단조치가 이루어지지 아니하여도 동시에 시효중단의 효력이 생기도록 한 것이고, **그 시효중단사유가 압류, 가압류 및 가처분이라고 하더라도 이를 보증인에게 통지하여야 비로소 시효중단의 효력이 발생하는 것은 아니다**(대판 2005. 10. 27, 2005다35554, 35561).

(내) 보증채무가 주채무에 부종한다 할지라도 보증채무는 주채무와는 별개의 독립된 채무의 성질이 있고 민법 제440조가 주채무자에 대한 시효의 중단은 보증인에 대하여 그 효력이 있다 라고 규정하고 있으나 이는 보증채무의 부종성에 기한 것이라기 보다는 채권자보호 내지 채권담보의 확보를 위한 특별규정으로서 이 규정은 주채무자에 대한 시효중단의 사유가 발생 하였을 때는 그 보증인에 대한 별도의 중단조치가 이루어지지 아니하여도 동시에 시효중단의 효력이 생기도록 한 것에 불과하고 중단된 이후의 시효기간까지가 당연히 보증인에게도 그 효력을 미치는 것은 아니다(대판 1986. 11. 25, 86다카1569; 대판 2011. 11. 10, 2011다62090).

> **판례** 채권자와 주채무자 사이의 확정판결에 의하여 주채무가 확정되어 그 소멸시효기간이 10년으로 연장되었다 할지라도 그 보증채무까지 당연히 단기소멸시효의 적용이 배제되어 10년의 소멸시효기간이 적용되는 것은 아니고, 채권자와 연대보증인 사이에 있어서 연대보증채무의 소멸시효기간은 여전히 종전의 소멸시효기간에 따른다(대판 2006. 8. 24, 2004다26287, 26294).

2. 보증인의 구상권

제441조(수탁보증인의 구상권)
① 주채무자의 부탁으로 보증인이 된 자가 과실없이 변제 기타의 출재로 주채무를 소멸하게 한 때에는 주채무자에 대하여 구상권이 있다.
② 제425조제2항의 규정은 전항의 경우에 준용한다.

제442조(수탁보증인의 사전구상권)
① 주채무자의 부탁으로 보증인이 된 자는 다음 각호의 경우에 주채무자에 대하여 미리 구상권을 행사할 수 있다.
  1. 보증인이 과실없이 채권자에게 변제할 재판을 받은 때
  2. 주채무자가 파산선고를 받은 경우에 채권자가 파산재단에 가입하지 아니한 때
  3. 채무의 이행기가 확정되지 아니하고 그 최장기도 확정할 수 없는 경우에 보증계약후 5년을 경과한 때
  4. 채무의 이행기가 도래한 때
② 전항 제4호의 경우에는 보증계약후에 채권자가 주채무자에게 허여한 기한으로 보증인에게 대항하지 못한다.

제443조(주채무자의 면책청구)
전조의 규정에 의하여 주채무자가 보증인에게 배상하는 경우에 주채무자는 자기를 면책하게 하거나 자기에게 담보를 제공할 것을 보증인에게 청구할 수 있고 또는 배상할 금액을 공탁하거나 담보를 제공하거나 보증인을 면책하게 함으로써 그 배상의무를 면할 수 있다.

> **제444조(부탁없는 보증인의 구상권)**
> ① 주채무자의 부탁없이 보증인이 된 자가 변제 기타 자기의 출재로 주채무를 소멸하게 한 때에는 주채무자는 그 당시에 이익을 받은 한도에서 배상하여야 한다.
> ② 주채무자의 의사에 반하여 보증인이 된 자가 변제 기타 자기의 출재로 주채무를 소멸하게 한 때에는 주채무자는 현존이익의 한도에서 배상하여야 한다.
> ③ 전항의 경우에 주채무자가 구상한 날 이전에 상계원인이 있음을 주장한 때에는 그 상계로 소멸할 채권은 보증인에게 이전된다.

(1) 의 의

보증인은 채권자에 대한 관계에서는 자기의 채무(보증채무)를 이행하는 것이지만, 주채무자에 대한 관계(내부관계)에서는 타인의 채무를 변제하는 것이 되어 보증인은 주채무자에 대하여 구상권을 가진다(채무와 책임에서 물상보증인은 책임만을, 보증인은 채무와 책임을 진다).

〈수탁보증인과 그 외의 보증인 사이의 구상권행사에 대한 민법상의 규정〉

유 형		사전구상권	사후구상권	구상권범위
수탁보증인		○	○	면책된 날 이후의 법정이자 및 피할 수 없는 비용 기타의 손해배상 포함 (제441조 제2항, 제425조 제2항)
무부탁 보증인	채무자 의사에 반하지 않는 경우	×	○	그 당시에 이익을 받은 한도(제444조 제1항)
	채무자 의사에 반하는 경우			현존이익의 한도(제444조 제2항)

(2) 수탁보증인의 구상권

1) 구상권의 발생요건과 범위

주채무자의 부탁으로 보증인이 된 자가 과실 없이 변제 기타의 출재로 주채무를 소멸하게 한 때에는 주채무자에 대하여 구상권이 있다(제441조 제1항). 보증인의 출재가 있어야 하므로, 보증인이 채권자에 간청하여 주채무를 면제받게 한 경우에는 구상권은 발생하지 않는다. 그리고 주채무의 일부를 소멸시키면 그 한도에서 구상권이 생긴다. 수탁보증인의 구상권의 범위는 출재한 연대채무자의 구상권의 범위에 관한 규정이 준용된다(제441조 제2항 참조).

> **판례** 민법은 주채무자의 부탁으로 보증인이 된 자, 즉 수탁보증인과 부탁 없이 보증인이 된 자의 구상권의 범위에 관하여 달리 정하고 있다(제441조 제2항, 제425조 제2항, 제444조 제1항). 그런데 보증인이 주채무자의 부탁을 받아 보증인이 된 경우 양자는 위임관계에 있고, 이러한 보증의 위임에는 일정한 방식이 요구되지 아니하므로 그 의사표시는 명시적인 경우는 물론 묵시적으로도 이루어질 수 있다(대판 2017. 7. 18, 2017다206922).

2) 구상권의 행사

㈎ 사후구상의 원칙(제441조 제1항)

주채무자와 부탁받은 보증인 사이는 위임계약에 유사한 관계가 존재하게 되는데, 수임인은 위임사무의 처리에 드는 비용의 선급청구권이 인정된다(제687조). 그러나 민법은 수탁보증인의 사전구상에 대하여는 특별한 요건을 필요로 한다고 규정한다(제442조).

㈏ 사전구상의 요건

수탁보증인은 다음의 경우에 주채무자에 대하여 미리 구상권을 행사할 수 있다(제442조). ① 보증인이 과실 없이 채권자에게 변제할 재판을 받은 때, ② 주채무자가 파산선고를 받은 경우에 채권자가 파산재단에 가입하지 아니한 때, ③ 채무의 이행기가 확정되지 아니하고 그 최장기도 확정할 수 없는 경우에 보증계약 후 5년을 경과한 때, ④ 채무의 이행기가 도래한 때, 이때는 보증계약 후 채권자가 주채무자에게 기간을 허여한 경우에도 주채무자는 이를 가지고 보증인에게 대항하지 못한다(제442조 제2항 참조).

> **[판례]** ① 수탁보증인이 사전구상권을 행사하여 사전구상금을 수령하였다면, 이는 결국 사전구상 당시 채권자에 대하여 보증인이 부담할 원본채무와 이미 발생한 이자, 피할 수 없는 비용 및 기타의 손해액을 선급받은 것이므로 주채무자로부터 구상금을 사전상환 받은 것과 다름없고, 이 금원은 주채무자에 대하여 수임인의 지위에 있는 수탁보증인이 위탁사무의 처리를 위하여 선급받은 비용의 성질을 가지는 것이므로 보증인은 이를 선량한 관리자의 주의로써 위탁사무인 주채무자의 면책에 사용하여야 할 의무가 있다(대판 1989. 9. 29, 88다카10524). ② (i) 수탁보증인이 민법 제442조에 의하여 주채무자에 대하여 미리 구상권을 행사하는 경우에 사전구상으로서 청구할 수 있는 범위는, **주채무인 원금과 사전구상에 응할 때까지 이미 발생한 이자와 기한 후의 지연손해금, 피할 수 없는 비용 기타의 손해액**이 포함될 뿐이고, **주채무인 원금에 대한 완제일까지의 지연손해금**은 사전구상권의 범위에 포함될 수 없으며, 또한 사전구상권은 장래의 변제를 위하여 자금의 제공을 청구하는 것이므로 **수탁보증인이 아직 지출하지 아니한 금원에 대하여 지연손해금**을 청구할 수도 없다(대판 2004. 7. 9, 2003다46758). (ii) 수탁보증인이 사전구상권을 행사하는 경우 보증인은 자신이 부담할 것이 확정된 채무 전액에 대하여 구상권을 행사할 수 있지만, **면책비용에 대한 법정이자나 채무의 원본에 대한 장래 도래할 이행기까지의 이자 등**을 청구하는 것은 사전구상권의 성질상 허용될 수 없다(대판 2005. 11. 25, 2004다66834, 66841).
> ③ 보증계약 후에 채권자가 주채무자에게 변제기한을 유예해 주었더라도 주채무자는 그로써 사전구상권을 행사하는 보증인에게 대항하지 못한다(대판 2003. 11. 14, 2003다37730).

㈐ 사전구상에 대한 주채무자의 면책청구 등(제443조)

보증인이 사전구상을 받아서 주채무자를 면책시키지 않고 구상금을 유용할 경우에 대비하여 민법은 사전구상에 의하여 주채무자가 보증인에게 배상하는 경우에, 주채무자는 자기를 면책하게 하거나 자기에게 담보를 제공할 것을 보증인에게 청구할 수 있고, 또는 배상할 금액을 공탁하거나 담보를 제공하거나 보증인을 면책하게 함으로써 그 배상의무를 면할 수 있다고 규정한다(제443조).

민법 제443조 전단은 '전조의 규정에 의하여 주채무자가 보증인에게 배상하는 경우에 주채무자는 자기에게 담보를 제공할 것을 보증인에게 청구할 수 있다.'고 정한다. 따라서 **주채무자는 수탁보증인이 민법 제442조에 정한 바에 따라 주채무자에게 사전구상의무 이행을 구하면 민법 제443조 전단을 근거로 수탁보증인에게 담보의 제공을 구할 수 있고, 그러한 담보제공이 있을 때까지 사전구상의무 이행을 거절할 수 있다.** 만약 **수탁보증인이 주채무자의 담보제공청구에 응하여 구상금액에 상당한 담보를 특정하여 제공할 의사를 표시한다면** 법원은 주채무자가 수탁보증인으로부터 그 특정한 **담보를 제공받음과 동시에 사전구상의무를 이행하여야 한다고 판결**하여야 하지만, **수탁보증인이 주채무자의 담보제공청구를 거절하거나 구상금액에 상당한 담보를 제공하려는 의사를 표시하지 않는다면** 법원은 수탁보증인의 사전구상금 청구를 **기각하는 판결**을 하여야 한다(대판 2023. 2. 2, 2020다283578). ☞ 원심은 주채무자의 민법 제443조 전단의 담보제공청구권이 주채무자가 사전구상의무를 이행한 이후에 비로소 발생한다는 전제에서 주채무자가 담보제공청구권으로 수탁보증인의 사전구상금 청구에 대한 이행을 거절하지 못한다고 판단하였으나 대법원이 원심의 판단에는 민법 제443조 전단의 담보제공청구권에 관한 법리 등을 오해하여 판결에 영향을 미친 잘못이 있다고 한 사례.

주채무자의 민법 제443조 전단의 담보제공청구권은 주채무자가 사전구상의무를 이행한 이후에 비로소 발생하므로 주채무자는 담보제공청구권으로 수탁보증인의 사전구상금 청구에 대한 이행을 거절하지 못한다(×).

3) 구상권의 제한

> **제445조(구상요건으로서의 통지)**
> ① 보증인이 주채무자에게 통지하지 아니하고 변제 기타 자기의 출재로 주채무를 소멸하게 한 경우에 주채무자가 채권자에게 대항할 수 있는 사유가 있었을 때에는 이 사유로 보증인에게 대항할 수 있고 그 대항사유가 상계인 때에는 상계로 소멸할 채권은 보증인에게 이전된다.
> ② 보증인이 변제 기타 자기의 출재로 면책되었음을 주채무자에게 통지하지 아니한 경우에 주채무자가 선의로 채권자에게 변제 기타 유상의 면책행위를 한 때에는 주채무자는 자기의 면책행위의 유효를 주장할 수 있다.
>
> **제446조(주채무자의 보증인에 대한 면책통지의무)**
> 주채무자가 자기의 행위로 면책하였음을 그 부탁으로 보증인이 된 자에게 통지하지 아니한 경우에 보증인이 선의로 채권자에게 변제 기타 유상의 면책행위를 한 때에는 보증인은 자기의 면책행위의 유효를 주장할 수 있다.

㈎ 보증인이 면책통지를 하지 아니한 때(사전+사후)(제445조)

보증인은 주채무자에 대하여 사전통지의무와 사후통지의무를 모두 부담한다.

㈏ 주채무자가 면책통지를 하지 아니한 때

사전, 사후 통지를 모두 요하는 연대채무와 달리 보증채무에서 주채무자는 **수탁보증인에 대하여 사후통지의무만**을 부담한다.

(다) 수탁보증에 있어서 주채무자가 면책행위를 하고도 그 사실을 보증인에게 통지하지 아니하고 있던 중에 보증인도 사전통지를 하지 아니한 채 이중의 면책행위를 한 경우에는 보증인도 주채무자에게 같은 법 제446조에 의하여 자기의 면책행위의 유효를 주장할 수 없다. 그리고 위 경우에는 이중변제의 기본원칙으로 돌아가 **먼저 이루어진 주채무자의 면책행위가 유효**하고 나중에 이루어진 보증인의 면책행위는 무효로 보아야 할 것이므로 보증인은 같은 법 제446조에 의하여 주채무자에게 구상권을 행사할 수 없다(대판 1997. 10. 10, 95다46265).

(3) 부탁 없는 보증인의 구상권

1) 주채무자의 부탁 없이 보증인이 된 자가 주채무자의 의사에는 반하지 않는 경우 부탁 없는 보증인은 주채무자가 이익을 받은 한도에서 구상할 수 있다(제444조 제1항). '그 당시에 이익을 받은 한도'에서 배상하여야 하기 때문에, 따라서 면책된 날 이후의 법정이자와 손해배상은 포함되지 않는다. 한편 부탁 없이 보증인이 된 자에게는 사전구상권이 주어지지 않는다(제442조 참조).
2) 주채무자의 부탁이 없을 뿐만 아니라 그의 의사에 반하여 보증인이 된 자의 구상권 주채무자의 의사에 반하여 보증인이 된 자는 '주채무자의 현존이익의 한도'에서 구상할 수 있다(제444조 제2항). 의사에 반한 보증인이 주채무자가 구상한 날 이전에 상계원인 있음을 주장한 때에는 그 상계로 소멸할 채권은 보증인에게 이전된다(제444조 제3항).

(4) 불가분채무 또는 연대채무에 있어 보증인의 구상권(제447조)

> **제447조(연대, 불가분채무의 보증인의 구상권)**
> 어느 연대채무자나 어느 불가분채무지를 위하여 보증인이 된 자는 다른 연대채무자나 다른 불가분채무자에 대하여 그 부담부분에 한하여 구상권이 있다.

예컨대 甲·乙·丙이 丁에 대하여 30만원의 연대채무를 부담하는데, 보증인 戊가 丙의 채무에 대해서만 보증을 한 경우, 戊가 보증채무를 이행하게 되면 丙에게 30만원 전액을 구상할 수 있고, 한편 丙은 甲과 乙에게 각각 10만원씩 구상하게 된다. 민법은 이러한 이중의 구상관계를 간편하게 결제하기 위해 戊가 甲과 乙에게 직접 10만원씩 구상할 수 있도록 한 것이다.

> **판례** ① 어느 **부진정연대채무자를 위하여** 보증인이 된 자가 채무를 이행한 경우에는 다른 부진정연대채무자에 대하여도 직접 구상권을 취득하게 되고, 그와 같은 구상권을 확보하기 위하여 채권자를 대위하여 채권자의 다른 부진정연대채무자에 대한 채권 및 그 담보에 관한 권리를 구상권의 범위 내에서 행사할 수 있다(대판 2010. 5. 27, 2009다85861). ☞ 조문은 연대채무자와 불가분채무자만 규정하지만 판례는 부진정연대채무자의 경우에도 제447조를 적용한다.
> ② 민법 제447조는 어느 연대채무자나 어느 불가분채무자를 위하여 보증인이 된 자의 다른 연대채무자나 다른 불가분채무자에 대한 구상권에 관한 규정에 불과하므로, **연대채무자 모두를 위하여 물상보증인이 된 자**

가 그 연대채무자의 1인에 대하여 구상권을 행사하는 경우에는 적용될 여지가 없다(대판 1990. 11. 13, 90다카 26065).

(5) 보증인에 대한 부당이득반환청구

주채무가 제3자의 변제에 의하여 소멸한 경우에는 주채무의 소멸로 인하여 보증채무도 소멸한다. 그리고 제3자의 출재로 인하여 주채무가 소멸되면 제3자로서는 주채무자에 대하여 자신의 출재에 대한 구상권을 행사할 수 있어 그에게 손해가 있다고 보기도 어려우므로 제3자의 연대보증인에 대한 부당이득반환청구는 인정되지 않는다(대판 1996. 9. 20, 96다22655).

Ⅶ. 특수한 보증

1. 연대보증

(1) 의의 및 구별

1) **연대보증**이란 보증인이 채권자에 대하여 **주채무자와 연대하여** 채무를 부담함으로써 주채무의 이행을 담보하는 보증채무의 일종이다. 단순보증과는 달리 연대보증인에게는 최고·검색의 항변권이 인정되지 않아 채권의 담보력이 강화된다.
2) 한편 **보증연대**는 **수인의 보증인 사이에 연대의 특약이 있는 경우**로서 보충성(제437조)이 있는 점이 연대보증과 다른 점이다.

(2) 연대보증의 성립

연대보증이 성립하기 위해서는 보증계약과 함께 연대약정이 필요하다. 개정법률에서는 제428조의 2에서 "보증은 그 의사가 보증인의 기명날인 또는 서명이 있는 서면으로 표시되어야 효력이 발생한다"고 하면서(제1항), 이를 "보증채무를 보증인에게 불리하게 변경하는 경우에도 마찬가지이다"라고 하고 있으므로(제2항), 연대보증이 성립하기 위해서도 서면주의가 적용된다.

(3) 특 색

연대보증도 보증채무로서 부종성은 있으나, 보충성이 없고 분별의 이익이 없다는 점에서 통상의 보증과 다르다.

2. 공동보증

제439조(공동보증의 분별의 이익)
수인의 보증인이 각자의 행위로 보증채무를 부담한 경우에도 제408조의 규정을 적용한다.

> **제448조(공동보증인간의 구상권)**
> ① 수인의 보증인이 있는 경우에 어느 보증인이 자기의 부담부분을 넘은 변제를 한 때에는 제444조의 규정을 준용한다.
> ② 주채무가 불가분이거나 각 보증인이 상호연대로 또는 주채무자와 연대로 채무를 부담한 경우에 어느 보증인이 자기의 부담부분을 넘은 변제를 한 때에는 제425조 내지 제427조의 규정을 준용한다.

(1) 의 의

동일한 주채무를 보증하는 보증인이 다수 있는 경우 공동보증이라 한다. 수인의 보증인은 다른 특약이 없으면 분별의 이익을 갖는다(제439조 참조). 다만 ① 주채무가 불가분인 경우, ② 수인의 보증인이 연대보증인인 경우, ③ 수인의 보증인 사이에 보증연대의 특약이 행해진 경우 등은 분별의 이익이 없다.

(2) 공동보증의 유형

1) 수인의 보증인이 단순 보증한 경우인 단순공동보증(제439조 참조)

2) 연대보증인이 수인인 경우(제448조 제2항)

> **판례** 수인의 연대보증인이 있는 경우, 연대보증인들 사이에 연대관계의 특약이 있는 경우가 아니면 채권자가 연대보증인의 1인에 대하여 채무의 전부 또는 일부를 면제하더라도 다른 연대보증인에 대하여는 그 효력이 미치지 아니한다 할 것이다(대판 1992. 9. 25. 91다37553).

3) 각 보증인이 상호 연대한 보증연대(제448조 제2항).

☞ 이 세가지 유형 중 원칙적인 모습은 단순공동보증이다.

(3) 공동보증인과 채권자의 관계

1) 분별의 이익이 있는 경우(제439조)

수인의 보증인이 있는 경우 공동보증인은 주채무를 균등한 비율로 분할한 부분에 대해서만 보증채무를 부담한다. 이를 '분별의 이익'이 있다고 한다.

2) 분별의 이익이 없는 경우(제448조 제2항)

① 주채무가 불가분인 경우, ② 수인의 보증인이 연대보증인인 경우, ③ 수인의 보증인 사이에 보증연대의 특약이 행해진 경우 각 보증인은 채무 전부의 변제를 하여야 한다.

(4) 공동보증인 사이의 구상관계

공동보증인 가운데 한 사람이 변제 등을 한 경우에는 **주채무자에게** 구상할 수 있고, 보증인이 **자기의 부담부분을 넘어서 변제한 경우**에는 **다른 공동보증인에 대해**서도 구상을 할 수 있다(초과출재필요설).

1) 공동보증인은 자기의 출재로 공동면책이 된 때에는 그 출재한 금액에 불구하고 <u>주채무자에게 구</u>상을 할 수 있다(민법 제441조 제1항, 제444조).

2) 다른 공동보증인에 대한 구상권의 범위
(가) 분별의 이익을 가지는 경우
　분별의 이익 있는 보증인 1인이 자기의 부담부분을 넘은 변제를 한 때에는 다른 보증인에 대하여 **부탁받지 않은 보증인이 주채무자에 대해 구상하는 것과 같은 범위** 내에서 구상한다(제448조 제1항).

(나) 분별의 이익이 없는 경우
　분별의 이익이 없는 보증인 1인이 자기의 부담부분을 넘은 변제를 한 경우에는 다른 보증인에 대하여 **연대채무자 상호간에서와 같은 범위**의 구상권이 인정된다(제448조 제2항).

> **판례** ① 연대보증인들 상호간의 내부관계에서는 주채무에 대하여 출재를 분담하는 일정한 금액을 의미하는 부담부분이 있고, 그 부담부분의 비율, 즉 분담비율에 관하여는 그들 사이에 특약이 있으면 당연히 그에 따르되 그 특약이 없는 한 각자 평등한 비율로 부담을 지게 된다. 그러므로 연대보증인 가운데 한 사람이 **자기의 부담부분을 초과하여 변제하였을 때**에는 다른 연대보증인에 대하여 구상을 할 수 있는데, 다만 다른 연대보증인 가운데 이미 자기의 부담부분을 변제한 사람에 대하여는 구상을 할 수 없으므로 그를 제외하고 아직 자기의 부담부분을 변제하지 아니한 사람에 대하여만 구상권을 행사하여야 한다. ② 자기의 부담부분을 초과한 변제를 함으로써 그 초과 변제액에 대하여 다른 연대보증인을 상대로 구상권을 행사할 수 있는 연대보증인인지 여부는 당해 변제시를 기준으로 판단하되, 구체적으로는 우선 그때까지 발생·증가하였던 주채무의 총액에 분담비율을 적용하여 당해 연대보증인의 부담부분 총액을 산출한다(대판 2009. 6. 25, 2007다70155).

〈연대채무와 보증채무의 종류별 법적 성질 비교〉

종 류 ＼ 성 질	부종성	보충성	분별의 이익
연대채무	×	×	×
보증채무	○	○	×
공동보증	○	○	○
연대보증	○	×	×
보증연대	○	○	×

Ⅷ. 계속적 보증 또는 근보증

1. 의의와 유효성

(1) 의 의

　계속적 보증이란 계속적인 계약관계에서 생기는 불확정한 채무를 보증하는 것을 말한다. 이는 일시적 보증에 대비되는 것으로서 종래 통설과 판례는 그 유효성을 긍정한다. 나아가 개정법률은 근보증에 관하여 명문의 규정을 두었다(제428조의 3).

(2) 유효성

> **제428조의3(근보증)**
> ① 보증은 불확정한 다수의 채무에 대해서도 할 수 있다. 이 경우 보증하는 채무의 최고액을 서면으로 특정하여야 한다.
> ② 제1항의 경우 채무의 최고액을 제428조의2제1항에 따른 서면으로 특정하지 아니한 보증계약은 효력이 없다.

1) 계속적 보증의 경우에도 장래에 주채무가 확정될 수 있다면 특별히 문제될 것이 없고, 판례도 그 유효성을 긍정하여 왔다(대판 1976. 8. 24, 76다1178).

> **판례** 　보증은 특정한 계속적 거래계약뿐 아니라 그 밖에 일정한 종류의 거래로부터 발생하는 채무 또는 특정한 원인에 기하여 계속적으로 발생하는 채무에 대하여도 할 수 있다(대판 2013. 11. 14, 2011다29987).

2) 개정법률은 "보증은 불확정한 다수의 채무에 대해서도 할 수 있다. 이 경우 보증하는 채무의 최고액을 서면으로 특정하여야 한다"고 하며 근보증에 대하여 명문의 규정을 두었다(제428조의 3, 제1항). 따라서 채무의 최고액을 서면으로 특정하지 아니한 근보증계약은 효력이 없다.

> **판례** 　근보증의 대상인 주채무는 근보증계약을 체결할 당시에 이미 발생되어 있거나 구체적으로 내용이 특정되어 있을 필요는 없고, 장래의 채무, 조건부 채무는 물론 장래 증감·변동이 예정된 불특정의 채무라도 이를 특정할 수 있는 기준이 정해져 있으면 된다. 이와 같이 근보증은 그 보증대상인 주채무의 확정을 장래 근보증관계가 종료될 시점으로 유보하여 두는 것이므로, 그 종료 시점에 이르러 비로소 보증인이 부담할 피보증채무가 구체적으로 확정된다(대판 2013. 11. 14, 2011다29987).

2. 근보증인의 책임제한

(1) 필요성

　계속적 신용보증에서는 보증인의 책임의 불확정성·장기존속성으로 말미암아 보증인에게 무거운 부담을 주게 되기 때문에 개정법률도 보증인을 보호하기 위하여 서면주의와 요식주의, 그리고 채권자의 통지의무 등의 보증인 보호 규정을 두고 있다.

(2) 구체적 내용

1) 보증한도액

계속적 보증계약에 있어서 보증한도액이 정하여져 있는 경우, 그 한도액을 주채무의 원금만을 기준으로 정한 것인지 아니면 주채무에 대한 이자·지연손해금 등 부수채무까지 포함하여 정한 것인지의 여부는 먼저 계약당사자의 의사에 따라서 결정하여야 하나, 특별한 약정이 없으면 그 한도액은 주채무에 대한 이자·지연손해금 등 부수채무까지 포함된 것이라고 보아야 한다(대판 1999. 3. 23, 98다64639).

2) 사정변경을 이유로 한 해지 및 신의칙에 기한 책임제한

보증인과 주채무자의 원인관계에 중대한 변경이 생긴 경우(**회사의 이사 또는 직원이 퇴사한 경우 등**), 계속적 보증계약(근보증)을 사정변경을 이유로 해지할 수 있다. 다만 회사의 이사가 **채무액과 변제기가 특정되어 있는** 회사 채무에 대하여 보증계약을 체결한 경우에는 계속적 보증이나 포괄근보증의 경우와는 달리 이사직 사임이라는 사정변경을 이유로 보증인인 이사가 일방적으로 보증계약을 해지할 수 없다(대판 2006. 7. 4, 2004다30675).

> **[판례]** ① 이른바 계속적 보증계약은 보증책임의 범위나 보증기간에 관하여 아무런 정함이 없는 경우라도 그 본질은 의연히 보증계약임에 변함이 없는 것이므로 보증인은 변제기에 있는 주채무 전액에 관하여 보증책임을 부담함이 원칙이고, 다만 보증인의 부담으로 돌아갈 주채무의 액수가 보증인이 보증당시에 예상할 수 있었던 범위를 훨씬 상회하고 그 원인이 채권자가 주채무자의 자산상태가 현저히 악화된 사실을 익히 알면서도(중대한 과실로 알지 못한 경우도 이와 같다) 이를 알지 못하는 보증인에게 아무런 통보나 의사타진도 없이 고의로 거래규모를 확대함에 연유하는 등 신의칙에 반하는 사정이 인정되는 경우에 한하여 보증인의 책임을 합리적인 범위로 제한할 수 있다(대판 1987. 4. 28, 86다카2033).
> ② 이른바 계속적 보증의 경우뿐만 아니라 특정채무를 보증하는 일반보증의 경우에 있어서도, 채권자의 권리행사가 신의칙에 비추어 용납할 수 없는 성질의 것인 때에는 보증인의 책임을 제한하는 것이 예외적으로 허용될 수 있을 것이나, 일단 유효하게 성립된 보증계약에 따른 책임을 신의칙과 같은 일반원칙에 의하여 제한하는 것은 자칫 잘못하면 사적 자치의 원칙이나 법적 안정성에 대한 중대한 위협이 될 수 있으므로 신중을 기하여 극히 예외적으로 인정하여야 할 것이다(대판 2007. 1. 25, 2006다25257).

3) 통지의무부과 등에 의한 보증인의 책임제한

개정민법은 보증인을 보호하기 위하여 이를 민법에 명문화하였다(제436조의 2).

4) 상속의 부정

㈎ 개정법 이전의 판례에 따르면 "근보증에서 **보증기간과 한도액의 정함이 없는 경우**, 근보증인의 **사망 후의 거래**에 대해서는 그 상속인이 보증책임을 지지 않는다"고 한다(대판 2003. 12. 26, 2003다30784). 따라서 **사망 전 확정된 채무**에 관하여는 상속을 긍정한다. 다만 "**보증한도액이 정해진 계속적 보증계약의 경우** 보증인이 사망하였다하더라도 보증계약이 당연히 종료되는 것은 아니고 특별한 사정이 없는 한 상속인들이 보증인의 지위를 승계한 것으로 보아야 한다"고 하였다(대판 1999. 6. 22, 99다19322).

㈏ 개정법률(제428조의 3)에 따르면 보증인 보호를 위하여 근보증의 경우에는 서면으로 한도액을 특정하도록 하였기 때문에 종래처럼 한도액이 무한정 확장되는 것은 피할 수 있게 되었다.

채권양도와 채무인수

Ⅰ. 채권양도

1. 의 의

채권양도란 **채무의 동일성을 유지하면서** 채권을 법률행위에 의해 이전하는 처분행위이다(제449조 이하). 채권양도가 계약에 의해 발생하는 경우, 그 계약의 당사자는 채권자와 양수인일 뿐 채무자는 당사자가 아니다. 이러한 채권양도는 채권자와 양수인 사이에 처분·이전하는 법률행위로서 채권의 주체를 변경시키는 처분행위의 성질을 갖는다.

> **판례** **채권양도가 다른 채무의 담보조로 이루어졌으며 또한 그 채무가 변제되었다고 하더라도,** 이는 채권 양도인과 양수인 간의 문제일 뿐이고, 양도채권의 채무자는 채권 양도·양수인 간의 채무 소멸 여하에 관계없이 양도된 채무를 양수인에게 변제하여야 하는 것이므로, 설령 그 피담보채무가 변제로 소멸되었다고 하더라도 **양도채권의 채무자로서는 이를 이유로 채권양수인의 양수금 청구를 거절할 수 없다**(대판 1999. 11. 26, 99다23093).

2. 채권의 양도성 검토

(1) 특정성

채권을 양도하기 위하여는 양도의 대상인 채권이 존재하여야 하고 또 특정할 수 있어야 한다. 종류채권이나 선택채권도 특정할 수 있기 때문에 그 양도가 가능하다.

> **판례** 채권양도에 있어서 양도채권이 사회통념상 다른 채권과 구별하여 그 동일성을 인식할 수 있을 정도로 되어 있다면 그 채권은 특정된 것으로 보아야 하고 양도채권의 종류나 금액 등이 구체적으로 적시되어 있어야 하는 것은 아니다(대판 1998. 5. 29, 96다51110).

(2) 장래의 채권

채권양도 당시 양도 목적 채권의 채권액이 확정되어 있지 아니하였다 하더라도 채무의 이행기까지 이를 확정할 수 있는 기준이 설정되어 있다면 그 채권의 양도는 유효한 것으로 보아야 한다. 장래 매매계약의 해제시 발생할 원상회복 채권도 채권양도 당시 특정할 수 있거나 가까운 장래에 발생할 가능성을 상당 정도 기대할 수 있었다(대판 1997. 7. 25, 95다21624).

(3) 임금채권

임금채권도 양도성을 긍정함이 판례이나, 다만 근로기준법상(동법 제42조 : 임금은 통화로 직접 근로자에게 그 전액을 지급하여야 한다)의 제한 때문에 양수인이라고 할지라도 스스로 사용자에 대하여 임금의 지급을 청구할 수는 없다(대판 1988. 12. 13, 87다카2803).

(4) 가압류된 채권

가압류된 채권도 이를 양도하는데 아무런 제한이 없으나, 다만 가압류된 채권을 양수받은 양수인은 그러한 가압류에 의하여 권리가 제한된 상태의 채권을 양수받는다고 보아야 할 것이다(대판 2000. 4. 11, 99다23888).

> **판 례** 채권가압류의 처분금지의 효력은 본안소송에서 가압류채권자가 승소하여 채무명의(집행권원)를 얻는 등으로 피보전권리의 존재가 확정되는 것을 조건으로 하여 발생하는 것이므로 채권가압류결정의 채권자가 본안소송에서 승소하는 등으로 채무명의(집행권원)를 취득하는 경우에는 가압류에 의하여 권리가 제한된 상태의 채권을 양수받는 양수인에 대한 채권양도는 무효가 된다(대판 2002. 4. 26, 2001다59033).

(5) 보증금채권

채권은 일반적 양도성을 지니므로, 임차보증금반환채권의 양도 역시 허용된다. 양도를 인정하더라도 임대인에게 아무런 불이익이 없기 때문이다. 판례는 "임차권양도금지특약이 있는 경우에도 임차보증금반환채권양도까지 금지되는 것은 아니"라고 한다(대판 2001. 6. 12, 2001다2624).

3. 채권양도제한

> **제449조(채권의 양도성)**
> ① 채권은 양도할 수 있다. 그러나 채권의 성질이 양도를 허용하지 아니하는 때에는 그러하지 아니하다.
> ② 채권은 당사자가 반대의 의사를 표시한 경우에는 양도하지 못한다. 그러나 그 의사표시로써 선의의 제삼자에게 대항하지 못한다.

(1) 성질상 제한

채권의 성질이 양도를 허용하지 아니한 때에는 그 채권은 양도할 수 없는데, 예컨대 특정인의 교습을 받을 채권이나 화가가 특정인을 그려주기로 한 경우 그러한 채권 등이 이에 속한다. 특히 매매로 인한 소유권이전등기청구권이 성질상 양도가 제한되는 채권인지에 대하여 판례는 성질상 양도제한으로 이해한다.

판례 ① 부동산의 **매매로 인한 소유권이전등기청구권**은 채권적 청구권으로 그 이행과정에 신뢰관계가 따르므로 그 권리의 성질상 양도가 제한되고 그 양도에 채무자(매도인)의 승낙이나 동의를 요한다고 할 것이므로, 통상의 채권양도와 달리 양도인(매수인)의 채무자에 대한 통지만으로는 채무자에 대한 대항력이 생기지 않으며 반드시 채무자의 동의나 승낙을 받아야 대항력이 생긴다고 할 것이다(대판 2005. 3. 10, 2004다67653, 67660; 대판 2001. 10. 9, 2000다51216).

② 그러나 취득시효완성으로 인한 소유권이전등기청구권은 채권자와 채무자 사이에 아무런 계약관계나 신뢰관계가 없고, 그에 따라 채권자가 채무자에게 반대급부로 부담하여야 하는 의무도 없다. 따라서 **취득시효완성으로 인한 소유권이전등기청구권**의 양도의 경우에는 매매로 인한 소유권이전등기청구권에 관한 양도제한의 법리가 적용되지 않는다(대판 2018. 7. 12, 2015다36167).

(2) 특약상 제한

1) 채권은 당사자가 반대의 의사를 표시한 경우에는 양도하지 못한다. 그러나 그 의사표시로써 선의의 제3자에게 대항하지 못한다(민법 제449조 제2항). 이처럼 당사자가 양도를 반대하는 의사를 표시(이하 '양도금지특약'이라고 한다)한 경우 채권은 양도성을 상실한다. **양도금지특약에 위반하여 채권을 제3자에게 양도한 경우**에 채권양수인이 양도금지특약이 있음을 **알았거나 중대한 과실로 알지 못하였다면** 채권 이전의 효과가 생기지 아니한다. 반대로 양수인이 중대한 과실 없이 양도금지특약의 존재를 알지 못하였다면 채권양도는 유효하게 되어 채무자는 양수인에게 양도금지특약을 가지고 그 채무이행을 거절할 수 없다. 채권양수인의 악의 내지 중과실은 **양도금지특약으로 양수인에게 대항하려는 자**가 주장·증명하여야 한다[대판(전합) 2019. 12. 19, 2016다24284].

판례 민법 제449조 제2항이 채권양도 금지의 특약은 선의의 제3자에게 대항할 수 없다고만 규정하고 있어서 그 문언상 제3자의 과실의 유무를 문제삼고 있지는 아니하지만, 제3자의 중대한 과실은 악의와 같이 취급되어야 하므로, 양도금지 특약의 존재를 알지 못하고 채권을 양수한 경우에 있어서 **그 알지 못함에 중대한 과실이 있는 때**에는 악의의 양수인과 같이 양도에 의한 채권을 취득할 수 없다고 해석하는 것이 상당하다(대판 1996. 6. 28, 96다18281).

2) 당사자의 양도금지의 의사표시로써 채권은 양도성을 상실하며 양도금지의 특약에 위반해서 채권을 제3자에게 양도한 경우에 악의 또는 중과실의 채권양수인에 대하여는 채권 이전의 효과가 생기지 아니하나, 악의 또는 중과실로 채권양수를 받은 후 **채무자가 그 양도에 대하여 승낙을 한 때**에는 채무자의 사후승낙에 의하여 **무효인 채권양도행위가 추인되어 유효**하게 되며 이 경우 다른 약정이 없는 한 **소급효가 인정되지 않고 양도의 효과는 승낙시부터 발생**한다(대판 2009. 10. 29, 2009다47685).

3) 그리고 민법 제449조 제2항 단서는 채권양도금지 특약으로써 대항할 수 없는 자를 '선의의 제3자'라고만 규정하고 있어 채권자로부터 직접 양수한 자만을 가리키는 것으로 해석할 이유는 없으므로, **악의의 양수인으로부터 다시 선의로 양수한 전득자**도 위 조항에서의 선의의 제3자에 해

당한다. 또한 선의의 양수인을 보호하고자 하는 위 조항의 입법 취지에 비추어 볼 때, 이러한 **선의의 양수인으로부터 다시 채권을 양수한 전득자는 선의·악의를 불문하고** 채권을 유효하게 취득한다(대판 2015. 4. 9, 2012다118020).

4) 채권양도금지의 특약이 있는 채권이 **전부명령**에 의해 양도되는 경우, 압류채권자의 양도금지에 대한 **선의·악의와 관계없이** 채권은 당연히 이전된다(통설·대판 2003. 12. 11, 2001다3771).

> **판례** 당사자 사이에 양도금지의 특약이 있는 채권이더라도 **전부명령**에 의하여 전부되는 데에는 지장이 없고, 양도금지의 특약이 있는 사실에 관하여 집행채권자가 선의인가 악의인가는 전부명령의 효력에 영향을 미치지 못하는 것인바, 이와 같이 양도금지특약부 채권에 대한 전부명령이 유효한 이상, 그 **전부채권자로부터 다시 그 채권을 양수한 자가 그 특약의 존재를 알았거나 중대한 과실로 알지 못하였다고 하더라도** 채무자는 위 특약을 근거로 삼아 채권양도의 무효를 주장할 수 없다(대판 2003. 12. 11, 2001다3771).

(3) 법률상 제한

1) 부양청구권(제979조)처럼 채권자자신에게만 변제하게 할 필요가 있는 채권에 대해서는 법률에서 명문으로 그 양도를 금지하는 규정을 두고 있다.

2) 특히 소송행위를 하게 하는 것을 주목적으로 채권양도 등이 이루어진 경우, 무효라고 할 것이다 (대판 2010. 1. 14, 2009다55808; 대판 2004. 6. 25, 2004다8371).

4. 채권양도의 대항요건(제450조)

> **제450조(지명채권양도의 대항요건)**
> ① 지명채권의 양도는 양도인이 채무자에게 통지하거나 채무자가 승낙하지 아니하면 채무자 기타 제삼자에게 대항하지 못한다.
> ② 전항의 통지나 승낙은 확정일자 있는 증서에 의하지 아니하면 채무자 이외의 제삼자에게 대항하지 못한다.

(1) 채무자에 대한 대항요건

1) 채무자에 대한 대항요건으로 통지나 승낙은 이중변제 등의 위험으로부터 채무자를 보호하기 위한 규정이다.

2) 채무자에 대한 대항요건으로서의 양도통지에는 **조건이나 기한**을 붙일 수 없지만, 승낙의 경우에는 이의를 유보할 수 있을 뿐 아니라, 조건을 붙여서 할 수도 있다(대판 1989. 7. 11, 88다카20866).

3) 채권양도통지는 채권양도사실을 채무자에게 알리는 행위일 뿐 **제척기간 준수사유인 재판외의 권리행사가 아니다**[대판(전합) 2012. 3. 22, 2010다28840]. 즉 입주자대표회의가 분양자를 상대로 손해배상청구소송을 제기하였다가 소송계속 중 정당한 권리자인 구분소유자들에게서 손해배상

채권을 양도받고 분양자에게 통지가 마쳐지고 그에 따라 소를 변경한 경우, 통지시점이 아닌 소변경시점에 권리를 행사한 것이 된다.

4) 대리인 또는 사자의 통지

양수인이 **양도인을 대위하여** 통지를 할 수는 없다. 그러나 채권양도의 통지는 양도인이 채무자에 대하여 당해 채권을 양수인에게 양도하였다는 사실을 알리는 관념의 통지이고, 법률행위의 대리에 관한 규정은 관념의 통지에도 유추적용되기 때문에, 채권양도의 통지도 **양도인이 직접 하지 아니하고 사자를 통하여 하거나 대리인이 하여도** 무방하다(대판 1997. 6. 27, 95다40977).

> **판례** [1] 민법 제450조에 의한 채권양도통지는 양도인이 직접하지 아니하고 사자를 통하여 하거나 대리인으로 하여금 하게 하여도 무방하고, **채권의 양수인도** 양도인으로부터 채권양도통지 권한을 위임받아 **대리인으로서 그 통지를 할 수 있다.** [2] 채권양도통지 권한을 위임받은 양수인이 양도인을 대리하여 채권양도통지를 함에 있어서는 민법 제114조 제1항의 규정에 따라 양도인 본인과 대리인을 표시하여야 하는 것이므로, 양수인이 서면으로 채권양도통지를 함에 있어 **대리관계의 현명을 하지 아니한 채 양수인 명의로 된** 채권양도통지서를 채무자에게 발송하여 도달되었다 하더라도 이는 효력이 없다고 할 것이다. [3] 대리에 있어 본인을 위한 것임을 표시하는 이른바 현명은 반드시 명시적으로만 할 필요는 없고 묵시적으로도 할 수 있는 것이고, 채권양도통지를 함에 있어 현명을 하지 아니한 경우라도 채권양도통지를 둘러싼 여러 사정에 비추어 양수인이 대리인으로서 통지한 것임을 **상대방이 알았거나 알 수 있었을 때**에는 민법 제115조 단서의 규정에 의하여 유효하다(대판 2008. 2. 14, 2007다77569; 대판 2004. 2. 13, 2003다43490).

5) 사후통지

지명채권양도의 대항요건으로서 통지와 승낙에 있어서 승낙은 사전·사후의 승낙이 모두 가능하나, 통지는 승낙과는 달리 **사전의 통지**는 통지로서의 효력이 없다(대판 2000. 4. 11, 2000다2627). 즉 민법 제450조 제1항 소정의 채권양도의 통지는 양도인이 채무자에 대하여 당해 채권을 양수인에게 양도하였다는 사실을 통지하는 이른바 관념의 통지로서, 채권양도가 있기 전에 미리 하는 사전 통지는 채무자로 하여금 양도의 시기를 확정할 수 없는 불안한 상태에 있게 하는 결과가 되어 원칙적으로 허용될 수 없다.

6) 지명채권 양도의 대항요건인 채무자 승낙의 상대방(=양도인 또는 양수인)

지명채권 양도의 채무자에 대한 대항요건은 채무자에 대한 채권양도의 통지 또는 채무자의 승낙인데, 채권양도 통지가 채무자에 대하여 이루어져야 하는 것과는 달리 채무자의 승낙은 **양도인 또는 양수인 모두**가 상대방이 될 수 있다. 한편 지명채권 양도의 대항요건인 채무자의 '승낙'이라 함은 채무자가 채권양도 사실에 관한 인식을 표명하는 것으로서 이른바 관념의 통지에 해당하고, 대리인에 의하여도 위와 같은 승낙을 할 수 있다(대판 2013. 6. 28, 2011다83110). 채무자는 채권양도를 승낙하면서 **조건을 붙여서** 할 수도 있다(대판 2011. 6. 30, 2011다8614).

7) 채권양도인과 채무자 사이의 허위표시에 의해 성립한 지명채권을 선의로 양수한 채권양수인이 채무자에게 채권을 행사하기 위하여 양도에 관한 합의 외에 민법 제450조의 대항요건을 갖추어야 하는지 여부(적극)

채권양수인이 채권양도인으로부터 지명채권을 양도받았음을 이유로 채무자에 대하여 그 채권을 행사하기 위하여는 지명채권 양도에 관한 합의 이외에 양도받은 당해 채권에 관하여 <u>민법 제450조 소정의 대항요건을 갖추어야 하는 것이고, 이러한 법리는 채권양도인과 채무자 사이의 법률행위가 허위표시인 경우에도 마찬가지로 적용된다</u>(대판 2011. 4. 28, 2010다100315). ☞ 채권양수인이 제108조 제2항에 의하여 보호되는 선의의 제3자라도 채권양도의 대항요건은 갖추어야 한다는 취지이다.

8) 대항요건을 갖추지 않은 경우

채권양도의 통지나 승낙이 없으면 양수인은 채무자에 대하여 채권을 주장하지 못한다. 이는 채무자가 악의라도 마찬가지라는 것이 통설이다. 따라서 채무자가 채권양도사실을 알고서 **양도인에게 변제한 경우**에도 양수인에 대하여 변제의 유효를 주장할 수 있다. 그런데 채권양도의 효력은 채권양도계약만으로 발생하고 통지 또는 승낙은 대항요건에 불과하므로 채무자가 채권양도의 효력을 인정하여 **양수인에게 변제하면** 그 변제도 유효하다.

9) 지명채권의 양도는 특별한 사정이 없는 한 채권자와 양수인 사이의 계약에 의하여 이루어지는데, 채무자에 대한 통지 또는 채무자의 승낙이 없으면 채무자 기타 제3자에게 대항할 수 없다(민법 제450조 제1항). 한편 위 통지나 승낙이 확정일자 있는 증서에 의한 것이 아니면 채무자 이외의 제3자에게 대항하지 못하므로(민법 제450조 제2항), **양수인은 대항요건을 구비하기 위해 채권자에게 채권양도통지절차의 이행을 청구할 수 있다**(대판 2022. 10. 27, 2017다243143).

(2) 제3자에 대한 대항요건

1) 지명채권양도에 있어서 채무자 이외의 제3자에 대한 대항요건은 확정일자부증서에 의한 통지나 승낙이다. 여기서 확정일자란 증서에 대하여 그 작성한 일자에 관한 완전한 증거가 될 수 있는 것으로 법률상 인정되는 일자를 말하며 당사자가 나중에 변경하는 것이 불가능한 확정된 일자를 가리킨다(대판 2000. 4. 11, 2000다2627). 여기서 '확정일자 있는 증서에 의한 통지나 승낙'은 통지나 승낙행위 자체를 확정일자 있는 증서로 하여야 한다는 것을 의미하지, 통지나 승낙이 있었음을 확정일자부 증서의 방법으로 증명하는 것을 말하는 것이 아니다. 민법이 이처럼 '확정일자 있는 증서에 의한' 통지나 승낙을 갖추도록 하고 있는 취지는 채권의 양도인, 양수인 및 채무자가 통모하여 통지일 또는 승낙일을 소급함으로써 제3자의 권리를 침해하는 것을 방지하기 위한 것이다(대판 2011. 7. 14, 2009다49469).

판례 확정일자 있는 증서에 의한 통지나 승낙에 있어서 '확정일자'는 이러한 채무자의 인식의 전제가 되는 통지 또는 승낙과 관련하여 이루어져야 하는 것인바, 먼저 채권양도의 확정일자를 받았다면 그것을 보내야지 그 채권양도 통지와는 무관하게 별도의 일반우편으로 양도증서를 보낸 것이라면 이로써 제3자에 대한 대항요건을 갖추었다고 할 수 없다(대판 2002. 4. 9, 2001다80815).

2) 여기서 제3자란 「그 채권에 대해서 법률상의 이익을 가지는 자」 또는 「그 채권에 관하여 양수인의 지위와 병립할 수 없는 법률상의 지위를 취득한 자」만을 가리킨다(제한설적 입장). 예컨대, **이중양도의 제2양수인** 이외에 질권자·**압류채권자**·파산채권자 등이 제3자에 해당한다. 먼저 대항요건을 갖춘 양수인은 그 이후에 행해진 질권설정·압류·파산선고의 효력을 부인할 수 있다.

판례 ① 채권양도의 대항요건의 흠결의 경우 채권을 주장할 수 없는 채무자 이외의 제3자는 양도된 채권 자체에 관하여 양수인의 지위와 양립할 수 없는 법률상 지위를 취득한 자에 한하므로, **선순위의 근저당권부채권을 양수한 채권자보다 후순위의 근저당권자**는 채권양도의 대항요건을 갖추지 아니한 경우 대항할 수 없는 제3자에 포함되지 않는다. 따라서 피담보채권을 저당권과 함께 양수한 자는 저당권이전의 부기등기를 마치고 저당권실행의 요건을 갖추고 있는 한 채권양도의 대항요건을 갖추고 있지 아니하더라도 경매신청을 할 수 있으며 후순위자에 우선하여 배당받을 수 있다(대판 2005. 6. 23, 2004다29279).
② [1] 채권양도는 양도인과 양수인 사이에 채권을 동일성을 유지하면서 전자로부터 후자에게로 이전시킬 것을 목적으로 하는 계약을 말한다. 채권양도에 의하여 채권은 동일성을 잃지 않고 양도인으로부터 양수인에게 이전되는데, 이는 **채권양도의 대항요건을 갖추지 못하였다고 하더라도 마찬가지**이다. 이와 같은 채권의 귀속주체 변경의 효과는 원칙적으로 채권양도에 따른 처분행위 시 발생하는바, **지명채권 양수인이 '양도되는 채권의 채무자'인 경우**에는 채권양도에 따른 처분행위 시 채권과 채무가 동일한 주체에 귀속한 때에 해당하므로 민법 제507조 본문에 따라 채권이 혼동에 의하여 소멸한다. [2] 민법 제450조 제2항에서 정한 지명채권양도의 제3자에 대한 대항요건은 양도된 채권이 존속하는 동안에 그 채권에 관하여 양수인의 지위와 양립할 수 없는 법률상의 지위를 취득한 제3자가 있는 경우에 적용된다. 따라서 **지명채권 양수인이 '양도되는 채권의 채무자'여서 양도된 채권이 민법 제507조 본문에 따라 혼동에 의하여 소멸한 경우**에는 후에 채권에 관한 압류 또는 가압류결정이 제3채무자에게 송달되더라도 채권압류 또는 가압류결정은 존재하지 아니하는 채권에 대한 것으로서 무효이고, **압류 또는 가압류채권자는 민법 제450조 제2항에서 정한 제3자에 해당하지 아니한다**(대판 2022. 1. 13, 2019다272855).

3) 지명채권의 양도통지가 확정일자 없는 증서에 의하여 이루어짐으로써 제3자에 대한 대항력을 갖추지 못하였으나 그 후 그 증서에 확정일자를 얻은 경우에는 그 일자 이후에는 제3자에 대한 대항력을 취득한다(대판 2010. 5. 13, 2010다8310).

4) ① 내용증명우편은 확정일자 있는 증서에 해당한다. ② 양수금 청구소송에서의 「승소확정판결」은 확정일자 있는 증서에 해당한다(대판 1999. 3. 26, 97다30622). ③ 채권자가 채권양도통지서에

공증인가 합동법률사무소의 확정일자 인증을 받아 이를 채무자에게 통지한 경우에도 확정일자 있는 증서에 의한 채권양도의 통지가 있었다고 해석하는 것이 당원의 판례이다(대판 2008. 9. 11, 2008다38400).

5. 채권의 이중양도의 각 유형과 우열의 구체적 기준

(1) 의사표시에 의한 채권양도만이 있는 단계

이러한 단계에서는 채무자에게 대항할 수 없을 뿐만 아니라, 양수인 상호 간에도 서로 대항할 수 없다.

(2) 확정일자 없는 통지 등과 확정일자 있는 통지 등

이중의 채권양도가 있는 경우에 **확정일자 있는 증서에 의해** 통지된 양수인만이 적법한 채권자가 되므로 채무자는 그 양수인에 대하여만 변제의무를 지고, **확정일자 없이** 채무자가 승낙한 양수인에 대하여는 변제의무가 없다(대판 1972. 1. 31, 71다2697).

> **판례** ① 확정일자 있는 증서에 의하지 아니한 통지나 승낙이 있는 채권양도의 양수인은 확정일자 있는 증서에 의한 통지나 승낙이 있는 채권양도의 양수인에게 대항할 수 없다(대판 2013. 6. 28, 2011다83110).
> ② 지명채권이 그 양도인과 양수인 및 채무자 3인의 합의에 따라 양도되고 비록 채권양도 통지와 채무자의 승낙의 외형을 갖추었다 하더라도 이것이 확정일자 있는 증서에 의한 것이 아닌 경우에는 위 양도통지나 승낙으로서는 제3자에 대항할 수 없는 것이므로 위 채권에 관하여 전부명령을 받은 자는 위 채권양도를 부인하는 우월한 권리를 가진다(대판 1986. 2. 11, 85다카1087).
> ③ 지명채권인 임차보증금반환채권이 양도되고 이에 대한 채무자의 승낙이 있었다 하더라도 그것이 확정일자 있는 증서에 의한 것이 아니라면 이와 같은 승낙을 가지고서는 제3자에게 대항할 수 없는 것이므로 위 채권에 관하여 가압류명령을 받고, 나아가 전부명령을 받은 자로서는 아직도 위 채권양도를 부인하여 우월한 권리를 갖게 된다 할 것이고 채무자도 이를 부인할 수 없다(대판 1985. 9. 10, 85다카794).

(3) 각 양도사실이 모두 확정일자 있는 증서에 의해 통지된 경우

각 양도사실이 모두 확정일자 있는 증서에 의해 통지된 경우에는 그 우선순위를 확정일자의 순위로 판단할 것인가 아니면 확정일자증서의 도달시점으로 해결할 것인가의 여부가 문제된다. 다수설은 확정일자 기준설이고, 판례는 인식설(도달시설)이다. 따라서 인식설인 판례에 따르면 양도통지는 **통지가 채무자에게 도달한 일시, 승낙은 승낙의 일시**가 기준이 된다[대판(전합) 1994. 4. 26, 93다24223].

> **판례** 채권이 이중으로 양도된 경우의 양수인 상호간의 우열은 통지 또는 승낙에 붙여진 **확정일자의 선후에 의하여 결정할 것이 아니라**, 채권양도에 대한 **채무자의 인식, 즉 확정일자 있는 양도통지가 채무자에게 도달한 일시 또는 확정일자 있는 승낙의 일시의 선후에 의하여 결정**하여야 할 것이고, 이러한 법리는 채권양수인과 동일 채권에 대하여 가압류명령을 집행한 자 사이의 우열을 결정하는 경우에 있어서도 마찬가지이

므로, **확정일자 있는 채권양도 통지와 가압류결정 정본의 제3채무자**(채권양도의 경우는 채무자)에 대한 **도달의 선후**에 의하여 그 우열을 결정하여야 한다[대판(전합) 1994. 4. 26, 93다24223].

(4) 채권변제 후 대항요건구비

민법 제450조 제2항 소정의 지명채권양도의 제3자에 대한 대항요건은 **양도된 채권이 존속하는 동안에** 그 채권에 관하여 양수인의 지위와 양립할 수 없는 법률상의 지위를 취득한 제3자가 있는 경우에 적용되는 것이므로, **양도된 채권이 이미 변제 등으로 소멸한 경우**에는 그 후에 그 채권에 관한 채권압류 및 추심명령이 송달되더라도 그 채권압류 및 추심명령은 존재하지 아니하는 채권에 대한 것으로서 무효이고, 위와 같은 **대항요건의 문제는 발생될 여지가 없다**(대판 2003. 10. 24, 2003다37426).

> **판례** [1] 임대차보증금 반환채권을 양도하는 경우에 확정일자 있는 증서로 이를 채무자에게 통지하거나 채무자가 확정일자 있는 증서로 이를 승낙하지 아니한 이상 양도로써 채무자 이외의 제3자에게 대항할 수 없으며 (민법 제450조 참조), 이러한 법리는 임대차계약상의 지위를 양도하는 등 임대차계약상의 권리의무를 포괄적으로 양도하는 경우에 권리의무의 내용을 이루고 있는 임대차보증금 반환채권의 양도 부분에 관하여도 마찬가지로 적용된다. [2] 민법 제450조 제2항이 정하는 지명채권 양도의 제3자에 대한 대항요건은 양도된 채권이 존속하는 동안에 채권에 관하여 양수인의 지위와 양립할 수 없는 법률상의 지위를 취득한 제3자가 있는 경우에 적용되므로, 임대차보증금 반환채권이 양도되거나 임대차보증금 반환채권에 대하여 채권가압류명령, 채권압류 및 추심명령등(이하 '채권가압류명령 등'이라 한다)이 이루어지기에 앞서 임대차계약의 종료 등을 원인으로 한 변제, 상계, 정산합의 등에 의하여 **임대차보증금 반환채권이 이미 소멸하였다면**, 채권 양도나 채권가압류명령 등은 모두 존재하지 아니하는 채권에 대한 것으로서 효력이 없고, **대항요건의 문제는 발생할 여지가 없다.** [3] 甲이 乙로부터 아파트를 임차하기로 하는 임대차계약을 체결한 후 임대차계약 기간 중 甲의 처인 丙이 乙과 위 아파트에 관하여 임대차보증금과 월 차임을 달리하는 임대차계약서를 작성하였는데, 정이 甲을 채무자, 乙을 제3채무자로 하여 甲이 乙에 대하여 가지는 임대차보증금 반환채권에 관하여 채권가압류결정을 받은 사안에서, 제반 사정에 비추어 甲은 기존 임대차계약상의 임차인 지위를 丙에게 양도하는 등 기존 임대차계약상의 권리의무를 포괄적으로 양도하고 이와 아울러 기존 임대차보증금 반환채권을 양도하면서 丙의 명의로 乙과 임대차계약서를 작성한 것으로 보이므로, 기존 임대차보증금 반환채권에 관한 채권가압류결정에 앞서 乙이 반환한 임대차보증금 차액의 범위 내에서는 기존 임대차보증금 반환채권이 소멸되었으나, 나머지 기존 임대차보증금반환채권에 관하여는 채권가압류결정에 앞서 확정일자 있는 증서에 의하여 임대차계약서가 작성되거나 기존 임대차보증금 반환채권의 양도에 대한 통지·승낙이 있었다는 사정이 없는 한 丁에 대하여 기존 임대차보증금반환채권의 양도 사실을 가지고 대항할 수 없다고 한 사례(대판 2017. 1. 25, 2014다52933)

(5) 우열에 대한 구체적인 판례들

① 지명채권의 양도란 채권의 귀속주체가 법률행위에 의하여 변경되는 것으로서 이른바 준물권행위 내지 처분행위의 성질을 가지므로, 그것이 유효하기 위하여는 양도인이 채권을 처분할 수 있는 권한을 가지고 있어야 한다. **처분권한 없는 자가 지명채권을 양도**한 경우 특별한 사정이 없는 한 채권

양도로서 효력을 가질 수 없으므로 **양수인은 채권을 취득하지 못한다.** 양도인이 지명채권을 **제1양수인에게 1차로 양도한 다음** 제1양수인이 그에 따라 확정일자 있는 증서에 의한 대항요건을 적법하게 갖추었다면 이로써 채권이 제1양수인에게 이전하고 **양도인은 채권에 대한 처분권한을 상실하므로,** 그 후 양도인이 **동일한 채권을 제2양수인에게 양도하였더라도 제2양수인은 채권을 취득할 수 없다.** 이 경우 양도인이 다른 채무를 담보하기 위하여 제1차 양도계약을 하였더라도 대외적으로 채권이 제1양수인에게 이전되어 제1양수인이 채권을 취득하게 되므로 그 후에 이루어진 제2차 양도계약에 따라 제2양수인이 채권을 취득하지 못하게 됨은 마찬가지이다. 또한 제2차 양도계약 후 양도인과 제1양수인이 제1차 양도계약을 합의해지한 다음 제1양수인이 그 사실을 채무자에게 통지함으로써 **채권이 다시 양도인에게 귀속하게 되었더라도** 특별한 사정이 없는 한 양도인이 처분권한 없이 한 제2차 양도계약이 채권양도로서 유효하게 될 수는 없으므로, 그로 인하여 **제2양수인이 당연히 채권을 취득하게 된다고 볼 수는 없다**(대판 2016. 7. 14, 2015다46119).

② [1] 채권가압류취소결정의 집행으로서 집행법원이 제3채무자에게 가압류집행취소통지서를 송달한 경우 그 효력은 확정적이므로, 채권가압류결정이 제3채무자에게 송달된 상태에서 그 채권을 양수하여 확정일자 있는 통지 등에 의한 대항요건을 갖춘 채권양수인은 위와 같이 **가압류집행취소통지서가 제3채무자에게 송달된 이후에는** 더 이상 처분금지효의 제한을 받지 않고 아무런 부담이 없는 채권 취득의 효력을 가압류채권자에게 대항할 수 있게 된다. 위와 같이 가압류취소결정의 집행이 완료된 이상 이후 항고심에서 **가압류취소결정을 취소하여 가압류결정을 인가하였다고 하더라도,** 이미 취소된 가압류집행이 소급하여 부활하는 것은 아니므로, 채권양수인이 아무런 부담이 없는 채권 취득의 효력을 가압류채권자에게 대항할 수 있음은 마찬가지이다. [2] 채권압류의 효력발생 전에 채무자가 채권을 처분한 경우에는 그보다 먼저 압류한 채권자가 있어 그 채권자에게는 대항할 수 없는 사정이 있더라도 처분 후에 집행에 참가하는 채권자에 대하여는 처분의 효력을 대항할 수 있는 것이므로, **채무자가 압류 또는 가압류의 대상인 채권을 양도하고 확정일자 있는 통지 등에 의한 채권양도의 대항요건을 갖추었다면, 그 후 채무자의 다른 채권자가 양도된 채권에 대하여 압류 또는 가압류를 하더라도** 압류 또는 가압류 당시에 피압류채권은 이미 존재하지 않는 것과 같아 **압류 또는 가압류로서의 효력이 없다**(대판 2022. 1. 27, 2017다256378).

③ [1] 채무자가 압류 또는 가압류의 대상인 채권을 양도하고 확정일자 있는 통지 등에 의한 채권양도의 대항요건을 갖추었다면, 그 후 채무자의 다른 채권자가 그 양도된 채권에 대하여 압류 또는 가압류를 하더라도 그 압류 또는 가압류 당시에 피압류채권은 이미 존재하지 않는 것과 같아 압류 또는 가압류로서의 효력이 없고, 그에 기한 추심명령 또한 무효이므로, 그 다른 채권자는 압류 등에 따른 집행절차에 참여할 수 없다. 또한 압류된 금전채권에 대한 전부명령이 절차상 적법하게 발부되어 확정되었다고 하더라도 **전부명령이 제3채무자에게 송달될 때에 피압류채권이 존재하지 않으면 전부명령도 무효**이므로, 피압류채권이 전부채권자에게 이전되거나 집행채권이 변제되어 소멸하는 효과는 발생할 수 없다. [2] 채권자가 사해행위의 취소와 함께 수익자 또는 전득자로부터 책임재산의 회복을 명하는 사해행위취소의 판결을 받은 경우 그 취소의 효과는 채권자와 수익자 또는 전득자 사이에

만 미치므로, 수익자 또는 전득자가 채권자에 대하여 사해행위의 취소로 인한 원상회복 의무를 부담하게 될 뿐, 채무자와 사이에서 그 취소로 인한 법률관계가 형성되거나 취소의 효력이 소급하여 채무자의 책임재산으로 회복되는 것은 아니다. 따라서 **채권압류명령 등 당시 피압류채권이 이미 제3자에 대한 대항요건을 갖추어 양도되어 그 명령이 효력이 없는 것이 되었다면, 그 후의 사해행위취소소송에서 위 채권양도계약이 취소되어 채권이 원채권자에게 복귀하였다고 하더라도 이미 무효로 된 채권압류명령 등이 다시 유효로 되는 것은 아니다**(대판 2022. 12. 1, 2022다247521). ☞ 원심은 채권압류명령 등은 관련 사해행위취소소송의 확정에 따라 원채권자에게 원상회복될 채권에 대한 압류로서 유효하다고 판단하였으나, 대법원은 원심판결에는 채권압류명령 등의 피압류채권 및 그 효력에 관한 법리를 오해하여 판결에 영향을 미친 잘못이 있다며 파기환송한 사례.

6. 양수인들 상호간에 우열이 없는 경우의 법률관계

[1] 채권양도 통지, 가압류 또는 압류명령 등이 제3채무자에 **동시에 송달되어 그들 상호간에 우열이 없는 경우**에도 그 채권양수인, 가압류 또는 압류채권자는 모두 제3채무자에 대하여 완전한 대항력을 갖추었다고 할 것이므로, **그 전액에 대하여** 채권양수금, 압류전부금 또는 추심금의 이행청구를 하고 적법하게 이를 변제받을 수 있고, **제3채무자로서는 이들 중 누구에게라도 그 채무 전액을 변제하면 다른 채권자에 대한 관계에서도 유효하게 면책되는 것**이며, 만약 양수채권액과 가압류 또는 압류된 채권액의 합계액이 제3채무자에 대한 채권액을 초과할 때에는 그들 상호간에는 법률상의 지위가 대등하므로 공평의 원칙상 **각 채권액에 안분하여 이를 내부적으로 다시 정산할 의무**가 있다. [2] 제3채무자는 이중지급의 위험이 있을 수 있으므로, 동시에 송달된 경우에도 제3채무자는 송달의 선후가 불명한 경우에 준하여 채권자를 알 수 없다는 이유로 **변제공탁**을 함으로써 법률관계의 불안으로부터 벗어날 수 있다. [3] 채권양도 통지와 채권가압류결정 정본이 **같은 날 도달되었는데 그 선후관계에 대하여 달리 입증이 없으면** 동시에 도달된 것으로 추정한다[대판(전합) 1994. 4. 26, 93다24223].

7. 이의 유보 없는 승낙의 효력

> **제451조(승낙, 통지의 효과)**
> ① 채무자가 이의를 보류하지 아니하고 전조의 승낙을 한 때에는 양도인에게 대항할 수 있는 사유로써 양수인에게 대항하지 못한다. 그러나 채무자가 채무를 소멸하게 하기 위하여 양도인에게 급여한 것이 있으면 이를 회수할 수 있고 양도인에 대하여 부담한 채무가 있으면 그 성립되지 아니함을 주장할 수 있다.
> ② 양도인이 양도통지만을 한 때에는 채무자는 그 통지를 받은 때까지 양도인에 대하여 생긴 사유로써 양수인에게 대항할 수 있다.

(1) 의 의

이의 유보 없는 승낙이란 채무자가 채권양도를 승낙함에 있어 그 채권의 불성립, 일부 면제 등 기타의 항변사유를 양도인에 대하여 가지고 있음을 밝히지 않고서 행한 단순한 승낙을 말한다. 이와 같이 채무자가 이의를 보류하지 아니하고 승낙을 한 때에는 양도인에게 대항할 수 있는 사유로써 양수인에게 대항하지 못한다. 이러한 내용의 민법 제451조 제1항은 채무자의 승낙이라는 사실에 공신력을 주어 양수인을 보호하고 거래의 안전을 꾀하기 위한 규정이다.

민법 제451조 제1항 본문은 "채무자가 이의를 보류하지 아니하고 전조의 승낙을 한 때에는 양도인에게 대항할 수 있는 사유로써 양수인에게 대항하지 못한다"라고 정하고 있다. **채무자가 이 조항에 따른 이의를 보류하지 않은 승낙을 할 때에 명시적으로 항변사유를 포기한다거나 양도되는 채권에 대하여 이의가 없다는 뜻을 표시할 것까지 요구하지는 않는다**(대판 2019. 6. 27, 2017다222962).

(2) 내 용

대항할 수 없는 사유는 협의의 항변권에 한하지 아니하고, 넓게 **채권의 성립·존속·행사를 저지하거나 배척하는 사유**를 포함한다. 예를 들어 도박으로 생긴 채권을 양도하고 이를 채무자가 단순 승낙을 한 때에는, 채무자는 양수인에 대해 그 채무의 무효를 주장할 수 없다(대판 1962. 4. 4, 4294민상1296). 다만 **채권의 귀속**은 포함되지 않는다.

> **판례** ① 민법은 채권의 귀속에 관한 우열을 오로지 확정일자 있는 증서에 의한 통지 또는 승낙의 유무와 그 선후로써만 결정하도록 규정하고 있는데다가, 채무자의 "이의를 보류하지 아니한 승낙"은 민법 제451조 제1항 전단의 규정 자체로 보더라도 그의 양도인에 대한 항변을 상실시키는 효과밖에 없고, 채권에 관하여 권리를 주장하는 자가 여럿인 경우, 그들 사이의 우열은 채무자에게도 효력이 미치므로, 위 규정의 "양도인에게 대항할 수 있는 사유"란 **채권의 성립, 존속, 행사를 저지 배척하는 사유**를 가리킬 뿐이고, **채권의 귀속**(채권이 이미 타인에게 양도되었다는 사실)은 이에 포함되지 아니한다(대판 1994. 4. 29, 93다35551).

> **관련사례** 甲은 乙에게 2천만원의 보증금반환채권을 가지고 있는데, 이를 丙에게 1천만원 양도하고, 그 사실을 확정일자 있는 증서로 통지하였다. 그 후 甲은 위 2천만원 채권을 丁에게 양도하고 그 사실을 단순히 통지하였는데, 채무자 乙이 이의를 보류하지 아니하고 승낙을 한 경우, 채무자 乙은 丁에게 이의를 보류하지 아니하고 승낙한 이유로 2천만원의 전액을 지급할 의무가 있는가?

> **해설** 채무자 乙은 丁보다 우선권을 가지는 丙의 채권을 공제한 나머지 1천만원에 대해서만 그 지급의무를 진다(대판 1994. 4. 29, 93다35551 참조).

> ② 민법 제451조 제1항이 이의를 보류하지 않은 승낙에 대하여 항변사유를 제한한 취지는 이의를 보류하지 않은 승낙이 이루어진 경우 양수인은 양수한 채권에 아무런 항변권도 부착되지 아니한 것으로 신뢰하는 것이 보통이므로 채무자의 '승낙'이라는 사실에 공신력을 주어 양수인의 신뢰를 보호하고 채권양도나 질권설정과 같은 거래의 안전을 꾀하기 위한 규정이라 할 것이므로, 채권의 양도나 질권의 설정에 대하여 이의를 보류하지 아니하고 승낙을 하였더라도 양수인 또는 질권자가 **악의 또는 중과실**의 경우에 해당하는 한 채무자의 승낙 당시까지 양도인 또는 질권설정자에 대하여 생긴 사유로써도 양수인 또는 질권자에게 대항할 수 있다(대판 2002. 3. 29, 2000다13887).

③ 채무자가 채권양도에 대하여 이의를 보류하지 아니하는 승낙을 하였더라도 양도인에게 대항할 수 있는 사유로서 양수인에게 대항하지 못할 뿐이고(민법 제451조), 채권의 내용이나 양수인의 권리 확보에 위험을 초래할 만한 사정을 조사, 확인할 책임은 원칙적으로 양수인 자신에게 있으므로, 채무자는 양수인이 대상 채권의 내용이나 원인이 되는 법률관계에 대하여 잘 알고 있음을 전제로 채권양도를 승낙할지를 결정하면 되고 양수인이 채권의 내용 등을 실제와 다르게 인식하고 있는지까지 확인하여 위험을 경고할 의무는 없다. 따라서 채무자가 양도되는 채권의 성립이나 소멸에 영향을 미치는 사정에 관하여 양수인에게 알려야 할 신의칙상 주의의무가 있다고 볼 만한 특별한 사정이 없는 한 채무자가 그러한 사정을 알리지 아니하였다고 하여 불법행위가 성립한다고 볼 수 없다(대판 2015. 12. 24, 2014다49241).

8. 양도통지와 금반언

> **제452조(양도통지와 금반언)**
> ① 양도인이 채무자에게 채권양도를 통지한 때에는 아직 양도하지 아니하였거나 그 양도가 무효인 경우에도 선의인 채무자는 양수인에게 대항할 수 있는 사유로 양도인에게 대항할 수 있다.

9. 양도된 채권의 복귀

> **제452조(양도통지와 금반언)**
> ② 전항의 통지는 양수인의 동의가 없으면 철회하지 못한다.

판례 ① 종전의 채권자가 채권의 추심 기타 행사를 위임하여 채권을 양도하였으나 양도의 '원인'이 되는 그 위임이 해지 등으로 효력이 소멸한 경우에 이로써 채권은 양도인에게 복귀하게 되고, 나아가 양수인은 그 양도의 무계약의 해지로 인하여 양도인에 대하여 부담하는 원상회복의무(이는 계약의 효력불발생에서의 원상회복의무 일반과 마찬가지로 부당이득반환의무의 성질을 가진다)의 한 내용으로 채무자에게 이를 통지할 의무를 부담한다(대판 2011. 3. 24, 2010다100711).

② 민법 제452조는 '양도통지와 금반언'이라는 제목 아래 제1항에서 "양도인이 채무자에게 채권양도를 통지한 때에는 아직 양도하지 아니하였거나 그 양도가 무효인 경우에도 선의인 채무자는 양수인에게 대항할 수 있는 사유로 양도인에게 대항할 수 있다"고 하고, 제2항에서 "전항의 통지는 양수인의 동의가 없으면 철회하지 못한다"고 하여 채권양도가 불성립 또는 무효인 경우에 선의인 채무자를 보호하는 규정을 두고 있다. 이는 채권양도가 해제 또는 합의해제되어 소급적으로 무효가 되는 경우에도 유추적용할 수 있다고 할 것이므로, 지명채권의 양도통지를 한 후 양도계약이 해제 또는 합의해제된 경우에 채권양도인이 해제 등을 이유로 다시 원래의 채무자에 대하여 양도채권으로 대항하려면 **채권양도인이 채권양수인의 동의를 받거나 채권양수인이 채무자에게 위와 같은 해제 등 사실을 통지하여야** 한다. 이 경우 위와 같은 대항요건이 갖추어질 때까지 양도계약의 해제 등을 알지 못한 선의인 채무자는 해제 등의 통지가 있은 다음에도 채권양수인에 대한 반대채권에 의한 상계로써 채권양도인에게 대항할 수 있다고 봄이 타당하다(대판 2012. 11. 29, 2011다17953).

10. 상계와 관련된 채권양도의 효력

> **사례**
>
> 채무자(乙)가 양도인(甲)에 대하여 반대채권을 가지고 있는 경우에 양수인(丙)에게도 상계를 주장할 수 있는가? 즉 甲이 乙에게 5천만원의 채권을 갖고 있고, 乙이 甲에게 3천만원의 반대채권을 갖고 있다고 한다면 甲이 5천만원의 채권을 丙에게 양도한 경우, 乙이 甲에게 주장할 수 있는 사유로 丙에게 대항할 수 있는가?

(1) 긍정되는 경우

> **판례** 지명채권의 양도는 양도인이 채무자에게 통지하거나 채무자가 승낙하지 않으면 채무자에게 대항하지 못한다(민법 제450조 제1항). 채무자가 채권양도 통지를 받은 경우 채무자는 그때까지 양도인에 대하여 생긴 사유로써 양수인에게 대항할 수 있고(제451조 제2항), **당시 이미 상계할 수 있는 원인이 있었던 경우**에는 **아직 상계적상에 있지 않더라도 그 후에 상계적상에 이르면** 채무자는 양수인에 대하여 상계로 대항할 수 있다(대판 2019. 6. 27, 2017다222962). ☞ 판례는 지급금지명령(민법 제498조)의 경우와는 달리 "반대채권의 변제기가 먼저 도래할 것"은 요구하지 않는다(이른바 무제한설).

(2) 부정되는 경우(제451조 제2항 참조)

채무자는 **채권양도를 승낙한 후에 취득한** 양도인에 대한 채권으로써 양수인에 대하여 상계로써 대항하지 못한다(대판 1984. 9. 11, 83다카2288).

> **판례** 채무자의 채권양도인에 대한 **자동채권이 발생하는 기초가 되는 원인이 양도 전에 이미 성립하여 존재하고 자동채권이 수동채권인 양도채권과 동시이행의 관계에 있는 경우**에는, 양도통지가 채무자에게 도달하여 채권양도의 대항요건이 갖추어진 후에 자동채권이 발생하였다고 하더라도 채무자는 동시이행의 항변권을 주장할 수 있고, 따라서 그 채권에 의한 상계로 양수인에게 대항할 수 있다(대판 2015. 4. 9, 2014다80945).

(3) 채권일부양도의 경우, 채무자의 양도인에 대한 채권을 자동채권으로 하는 상계의 방법

채권의 일부 양도가 이루어지면 특별한 사정이 없는 한 각 분할된 부분에 대하여 독립한 분할채권이 성립하므로 그 채권에 대하여 양도인에 대한 반대채권으로 상계하고자 하는 **채무자로서는 양도인을 비롯한 각 분할채권자 중 어느 누구도 상계의 상대방으로 지정하여 상계할 수 있고**, 그러한 채무자의 상계 의사표시를 수령한 분할채권자는 제3자에 대한 대항요건을 갖춘 양수인이라 하더라도 양도인 또는 다른 양수인에 귀속된 부분에 대하여 먼저 상계되어야 한다거나 각 분할채권액의 채권총액에 대한 비율에 따라 상계되어야 한다는 이의를 할 수 없다(대판 2002. 2. 8, 2000다50596).

11. 증권적 채권의 양도

(1) 서 설

유가증권의 거의 대부분이 어음·수표·상법상의 증권이기 때문에 민법규정이 일반법으로서의 기능을 하지 못하고 있다.

(2) 지시채권의 양도

1) 의 의

지시채권은 특정인 또는 그가 지시하는 자에게 변제하여야 하는 증권적 채권을 말한다. 지시채권에는 증서에 채권자가 특정되어 있으며, "귀하 또는 귀하의 지시인에게 지급하겠다"는 지시문구가 기재되어 있는 것이 특징이다. 대부분의 유가증권이 지시증권에 해당한다. 예컨대, **어음·수표**·화물상환증·창고증권·선하증권은 법률상 당연한 지시증권이다.

2) 양도방법

지시채권의 양도는 증서에 **배서**하여 양수인에게 **교부**하는 방식으로 하여야 한다(제508조). 배서와 교부는 채권양도의 **성립(또는 효력)요건**으로서 지명채권에서 통지·승낙이 채권양도의 대항요건인 것과 대조적이다.

(3) 무기명채권의 양도

1) 의 의

무기명채권은 특정의 채권자의 이름을 기재하지 않고 그 증권의 정당한 소지인에게 변제하여야 하는 증권적 채권이다. 무기명사채·**상품권**·승차권·극장입장권 등이 이에 해당한다.

2) 양도방법

무기명채권의 양도는 양도인이 양수인에게 그 증서를 **교부**함으로써 한다(제523조). 지시채권이 배서와 교부를 요하는 데 반하여 무기명채권은 교부만으로 한다.

Ⅱ. 면책적 채무인수

> **제453조(채권자와의 계약에 의한 채무인수)**
> ① 제삼자는 채권자와의 계약으로 채무를 인수하여 채무자의 채무를 면하게 할 수 있다. 그러나 채무의 성질이 인수를 허용하지 아니하는 때에는 그러하지 아니하다.
> ② 이해관계 없는 제삼자는 채무자의 의사에 반하여 채무를 인수하지 못한다.

1. 의 의

면책적 채무인수란 **채무의 동일성을 유지한 채**, 채무를 구채무자로부터 신채무자에게 이전시키는 것을 말한다. 이로써 전(前)채무자는 채무를 면하고 인수인이 이를 부담한다. 따라서 판례는 인수채무가 원래 5년의 상사시효의 적용을 받던 채무라면 그 후 면책적 채무인수에 따라 그 채무자의 지위가 인수인으로 교체되었다고 하더라도 그 소멸시효의 기간은 여전히 5년의 상사시효의 적용을 받는다고 판시하였다(대판 1999. 7. 9, 99다12376).

2. 채무인수계약의 당사자

> **제454조(채무자와의 계약에 의한 채무인수)**
> ① 제삼자가 채무자와의 계약으로 채무를 인수한 경우에는 채권자의 승낙에 의하여 그 효력이 생긴다.
> ② 채권자의 승낙 또는 거절의 상대방은 채무자나 제삼자이다.
>
> **제455조(승낙여부의 최고)**
> ① 전조의 경우에 제삼자나 채무자는 상당한 기간을 정하여 승낙여부의 확답을 채권자에게 최고할 수 있다.
> ② 채권자가 그 기간내에 확답을 발송하지 아니한 때에는 거절한 것으로 본다.

(1) 계약의 당사자

채무인수의 유형으로는 다음의 3가지가 있다.

첫째, 채권자·채무자·제3자(인수인) 사이의 계약에 의해 가능하다. 민법에는 명문규정이 없으나 계약자유 원칙상 가능하다.

둘째, 채권자·제3자 사이의 계약에 의하여도 가능한데, 인수인이 채권자와 합의하여 채무를 인수하는 경우에는 채무자의 동의는 요건이 아니다(제453조 제1항). 그러나 이해관계 없는 제3자는 채무자의 의사에 반하여 채무를 인수하지 못한다(제453조 제2항).

셋째, 채무자·제3자 사이의 계약에 의하는 경우에는 채권자의 승낙이 있어야 그 효력이 생긴다. 즉 효력요건이다(제454조). 이는 면책적 채무인수의 특징이다. 이때 채권자의 승낙 또는 거절의 의사표시는 채무자 또는 제3자 어느 편에 하여도 무방하다(제454조 제2항). **채권자가 승낙을 거절하면 그 이후에는 채권자가 다시 승낙을 하더라도 채무인수로서 효력이 생기지 아니한다**(대판 1998. 11. 24, 98다33765).

> **판례** 채무자와 인수인 사이의 계약에 의한 채무인수에 대하여 채권자는 명시적인 방법뿐만 아니라 묵시적인 방법으로도 승낙을 할 수 있는 것인데, **채권자가 직접 채무인수인에 대하여 인수채무금의 지급을 청구하였다면** 그 지급청구로써 묵시적으로 채무인수를 승낙한 것으로 보아야 한다(대판 1989. 11. 14, 88다카29962).

(2) 최 고

제3자나 채무자는 상당한 기간을 정하여 승낙여부의 확답을 채권자에게 최고할 수 있다. 채권자가 그 기간내에 확답을 발송(=발신주의)하지 아니한 때에는 거절한 것으로 본다(제455조 제2항).

3. 법적 성질

채권양도는 처분행위 또는 준물권행위의 성질을 띠나, 채무인수의 법적 성질은 인수계약의 당사자에 따라 달리 파악된다. 먼저, 채권자·채무자·인수인 또는 채권자·인수인 사이의 인수계약에 의해 채무인수가 행해진 경우, 통설에 따르면 채권행위와 준물권행위가 결합되었다고 이해된다. 한편 **채무자·인수인 사이의 채무인수계약**은 채권자의 승낙이 있어야만 그 효력이 발생한다는 점에서(제454조) **단순한 채권행위이지만, 채권자의 승낙에 의해 준물권행위로 된다**고 할 수 있다.

4. 채무인수의 효과

> **제457조(채무인수의 소급효)**
> 채권자의 채무인수에 대한 승낙은 다른 의사표시가 없으면 채무를 인수한 때에 소급하여 그 효력이 생긴다. 그러나 제삼자의 권리를 침해하지 못한다.

(1) 채무의 이전

1) 면책적 채무인수에 의해 채무는 그 동일성을 유지하면서 전 채무자로부터 인수인에게 이전된다. 이로써 전채무자는 채무를 면하고 인수인이 이를 부담한다. 다만 채무자·인수인을 당사자로 하는 채무인수의 경우에는 그 계약의 효력은 채권자의 승낙이 있는 때에 발생한다(제454조 제1항). 채권자의 채무인수에 대한 승낙은 다른 의사표시가 없으면 채무를 인수한 때에 소급하여 그 효력이 생긴다. 그러나 제3자의 권리를 침해하지 못한다(제457조).

2) 제3자와 채무자간의 계약에 의한 채무인수는 채권자의 승낙이 있을 때까지 당사자는 이를 철회하거나 변경할 수 있다(제456조).

3) 채무자와 제3자와 채무인수계약을 채권자가 승낙한 바 있다면 그 뒤 채무인수인이 위 채무인수계약을 적법하게 취소하려면 채권자의 승낙이 있다든가 채권자가 위 인수계약을 승낙할 때에 채무인수인의 취소권유보를 승낙하였다든가의 특수한 사정이 있어야 한다(대판 1962. 5. 17, 62다161).

(2) 항변권의 이전

> **제458조(전채무자의 항변사유)**
> 인수인은 전채무자의 항변할 수 있는 사유로 채권자에게 대항할 수 있다.

1) 인수인은 전 채무자가 가지고 있던 항변사유, 즉 계약의 불성립·취소·동시이행의 항변권 등을 주장할 수 있다. 판례는 **전 채무자가 채권자에 대하여 가지는 항변사유**로써 대항할 수는 있으나, **인수인의 전 채무자에 대한 항변사유**로는 채권자에게 대항할 수는 없다고 한다(대판 1966. 11. 29, 66다1861).

2) 계약의 취소권 또는 계약해제권·해지권과 같이 계약관계의 당사자만이 행사할 수 있는 권리를 인수인이 행사할 수는 없다.

(3) 담보의 이전여부

> **제459조(채무인수와 보증, 담보의 소멸)**
> 전채무자의 채무에 대한 보증이나 제삼자가 제공한 담보는 채무인수로 인하여 소멸한다. 그러나 보증인이나 제삼자가 채무인수에 동의한 경우에는 그러하지 아니하다.

1) 제3자가 전채무자의 채무에 대한 보증을 하거나 전채무자의 물상보증인이 된 경우에는 채무인수로 제3자의 보증 또는 물상보증은 소멸한다(제459조).

> **판례** 채무가 인수되는 경우에 구 채무자의 채무에 관하여 **제3자가 제공한 담보**는 채무인수로 인하여 소멸하되 다만 그 **제3자(물상보증인)가 채무인수에 동의한 경우에 한하여** 소멸하지 아니하고 **신 채무자를 위하여 존속**하게 되는바, 이 경우 물상보증인이 채무인수에 관하여 하는 동의는 채무인수인을 위하여 새로운 담보를 설정하겠다는 의사표시가 아니라 기존의 담보를 채무인수인을 위하여 계속 유지하겠다는 의사표시에 불과하여 그 동의에 의하여 유지되는 담보는 기존의 담보와 동일한 내용을 갖는 것이므로, 근저당권에 관하여 채무인수를 원인으로 채무자를 교체하는 변경등기(부기등기)가 마쳐진 경우 특별한 사정이 없는 한 **그 근저당권은 당초 구 채무자가 부담하고 있다가 신 채무자가 인수하게 된 채무만을 담보하는 것이지, 그 후 신 채무자(채무인수인)가 다른 원인으로 부담하게 된 새로운 채무까지 담보하는 것으로 볼 수는 없다**(대판 2000. 12. 26, 2000다56204).

2) **채무자가 설정한 담보**와 관련해서 인수계약이 **채무자와 인수인 사이에 체결된 경우**에는 담보관계는 원칙적으로 존속한다. 예컨대 종래의 채무자가 설정한 저당권은 존속하게 된다(대판 1996. 10. 11, 96다27476). **채무자가 인수계약에 참여하지 않고, 채권자와 인수인 사이에 계약이 체결된 경우**에는 채무자가 제공한 담보는 소멸한다고 해석한다(통설).

III. 병존적(중첩적) 채무인수

1. 의의와 성질

(1) 의 의

종래의 채무자는 그대로 있으면서 제3자(인수인)가 채무관계에 가입해서 채무자가 되고, 그리하여 종래의 채무자와 더불어 동일한 내용의 채무를 부담하는 계약을 말한다.

(2) 성 질
병존적 채무인수는 채무자와 인수인이 모두 의무를 부담하는 **채권행위**로서, 준물권행위가 아니다.

(3) 구 별
> **판례** 채무인수에 있어서 면책적 인수인지, 중첩적 인수인지가 분명하지 아니한 때에는 이를 중첩적으로 인수한 것으로 볼 것이라는 채무인수의 법리에 비추어 보면, 구분소유권이 순차로 양도된 경우 각 특별승계인들은 이전 구분소유권들의 채무를 중첩적으로 인수한다고 봄이 상당하다(대결 2010. 1. 14, 자 2009그196).

2. 요 건
(1) 대체적 채무
채무에 관한 요건으로 병존적 채무인수가 가능하기 위하여, 채무는 인수인에 의하여서도 이행될 수 있는 성질의 것이어야 한다. 따라서 본질상 전속적이거나 부대체적인 것은 인수의 대상이 될 수 없다.

(2) 계약의 당사자
인수계약의 당사자를 살펴보기로 하자.

1) 채권자·채무자·인수인의 3당사자의 계약에 의하여는 계약자유의 원칙상 인정될 수 있다.
2) 채권자와 인수인 사이의 계약으로도 가능하다. 이 경우에는 면책적 채무인수의 경우와는 달리, 병존적 채무인수는 채무자의 채무의 담보를 그 목적으로 하는 것이므로, 보증채무의 경우에 준하여(제444조 제2항 참조) **이해관계 유무를 불문하고 채무자의 의사에 반하여서도 할 수 있다는** 것이 통설·판례의 입장이다(대판 1988. 11. 22, 87다카1836). 물론 **이해관계 있는 제3자**는 채권자와의 계약으로 중첩적(병존적) 채무인수 뿐만 아니라 면책적 채무인수도 할 수 있다.
3) 채무자와 인수인 사이의 계약에 의해서도 가능한데, 이 때의 계약은 **일종의 제3자를 위한 계약**이 된다. 따라서 채권자의 **수익의 의사표시**를 필요로 한다(제539조 제2항 참조).

> **판례** 채무자와 인수인의 합의에 의한 중첩적 채무인수는 일종의 제3자를 위한 계약이라고 할 것이므로, 채권자는 인수인에 대하여 채무이행을 청구하거나 기타 채권자로서의 권리를 행사하는 방법으로 수익의 의사표시를 함으로써 인수인에 대하여 직접 청구할 권리를 갖게 된다. 이러한 점에서 채무자에 대한 채권을 상실시키는 효과가 있는 **면책적 채무인수의 경우 채권자의 승낙을 계약의 효력발생요건**으로 보아야 하는 것과는 달리, 채무자와 인수인의 합의에 의한 **중첩적 채무인수의 경우 채권자의 수익의 의사표시는 그 계약의 성립요건**

이나 효력발생요건이 아니라 채권자가 인수인에 대하여 **채권을 취득하기 위한 요건**이다(대판 2013. 9. 13, 2011다56033).

3. 효 과

(1) 인수인과 채무자의 관계

1) 종래의 채무자는 그의 채무를 면하지 않으며, 인수인은 채무자와 더불어 동일한 내용의 채무를 진다.

> **판례** 중첩적 채무인수라 함은 제3자인 인수인이 종래의 채무자와 함께 동일한 내용의 채무를 부담하는 것을 목적으로 하는 계약으로서, 중첩적 채무인수로 인하여 인수인은 새로이 당사자로서 기존의 채무관계에 들어가 기존채무와 동일한 내용의 채무를 부담하게 된다. 이와 같이 중첩적 채무인수에 의하여 인수되는 채무는 **기존채무와 내용이 동일**하고 인수행위로 인하여 그 채무의 성질 등이 변하는 것은 아니므로, 인수인이 부담하는 인수채무에 대해서는 **기존채무와 동일한 소멸시효기간이 적용된다**(대판 2021. 9. 30, 2019다209345).

2) 중첩적 채무인수에서 인수인이 채무자의 부탁 없이 채권자와의 계약으로 채무를 인수하는 것은 매우 드문 일이므로 채무자와 인수인은 **원칙적으로 주관적 공동관계가 있는 연대채무관계**에 있고, **인수인이 채무자의 부탁을 받지 아니하여 주관적 공동관계가 없는 경우에는 부진정연대관계**에 있는 것으로 보아야 한다(대판 2014. 8. 20, 2012다97420; 대판 2009. 8. 20, 2009다32409).

(2) 구상권

병존적 채무인수에 있어서는 면책적 채무인수와 달리(면책적 채무인수인은 자신의 채무를 변제한 것이므로 원래의 채무자에게 구상할 여지가 없다) 원래의 채무자에게 구상할 수 있음은 당연하다(즉 병존적 채무인수를 한 자는 변제에 의해 법률상 당연히 채권자를 대위할 수 있는 자이다. 제481조 참조).

> **판례** 채권자와 보증인 사이에 보증인이 주채무를 중첩적으로 인수하기로 약정하였다 하더라도 특별한 사정이 없는 한 보증인은 주채무자에 대한 관계에서는 종전의 보증인의 지위를 그대로 유지한다고 봄이 상당하므로, 채무인수로 인하여 보증인과 주채무자 사이의 주채무에 관련된 구상관계가 달라지는 것은 아니다(대판 2003. 11. 14, 2003다37730).

4. 관련문제(이행인수와 계약인수)

(1) 이행인수

1) 의 의

이행인수는 인수인이 채무자에 대해 채무자의 채무를 이행할 것을 약정하는 채무자·인수인 사이의 계약으로서 **인수인은 채무자에 대해서만 채무를 부담한다.** 따라서 채권자는 인수인에 대해 채무의 이행을 청구할 수 있는 권리를 가지지 않는다. 이행인수에서 채권자의 동의나 승낙은 그 요건이 아니다(대판 2004. 7. 9, 2004다13083).

> **판례** ① 부동산의 매수인이 매매 목적물에 관한 임대차보증금 반환채무 등을 인수하는 한편 그 채무액을 매매대금에서 공제하기로 약정한 경우, 그 인수는 특별한 사정이 없는 이상 매도인을 면책시키는 면책적 채무인수가 아니라 이행인수로 보아야 하고, 면책적 채무인수로 보기 위하여는 이에 대한 채권자의 승낙이 있어야 한다(대판 1997. 6. 24, 97다1273).
> ② 민법 제454조는 제3자가 채무자와 계약으로 채무를 인수하여 채무자의 채무를 면하게 하는 면책적 채무인수의 경우에 채권자 승낙이 있어야 채권자에 대하여 효력이 생긴다고 규정하고 있으므로, 채권자의 승낙이 없는 경우에는 채무자와 인수인 사이에서 면책적 채무인수 약정을 하더라도 이행인수 등으로서 효력밖에 갖지 못하며 채무자는 채무를 면하지 못한다(대판 2012. 5. 24, 2009다88303).

2) 병존적 채무인수와 이행인수 비교

채무자와 인수인의 계약으로 체결되는 병존적 채무인수는 채권자로 하여금 인수인에 대하여 새로운 권리를 취득하게 하는 것으로 제3자를 위한 계약의 하나로 볼 수 있는바, 이와 비교하여 이행인수는 인수인이 채무자에 대한 관계에서 채무자를 면책하게 하는 채무를 부담하게 될 뿐 채권자로 하여금 직접 인수인에 대한 채권을 취득하게 하는 것이 아니다(대판 2008. 3. 27, 2006다40515).

3) 이행인수의 법률관계

이행인수는 인수인이 채무자에 대하여 그 채무를 이행할 것을 약정하는 채무자와 인수인 간의 계약으로서, 인수인은 채무자와 사이에 채권자에게 채무를 이행할 의무를 부담하는 데 그치고 직접 채권자에 대하여 채무를 부담하는 것이 아니므로 채권자는 직접 인수인에게 채무를 이행할 것을 청구할 수 없으나, 채무자는 인수인이 그 채무를 이행하지 아니하는 경우 인수인에 대하여 채권자에게 이행할 것을 청구할 수 있고, 이러한 채무자의 인수인에 대한 청구권은 그 성질상 재산권의 일종으로서 일신전속적 권리라고 할 수는 없으므로, 채권자는 **채권자대위권에 의하여** 채무자의 인수인에 대한 청구권을 대위행사할 수 있다(대판 2009. 6. 11, 2008다75072).

> **판례** ① 소멸시효 중단사유인 채무의 승인은 시효이익을 받을 당사자나 대리인만 할 수 있으므로 **이행인수인이 채권자에 대하여 채무자의 채무를 승인**하더라도 다른 특별한 사정이 없는 한 시효중단 사유가 되는 채무승인의 효력은 발생하지 않는다(대판 2016. 10. 27, 2015다239744).
> ② 민법 제481조에 의하여 법정대위를 할 수 있는 '변제할 정당한 이익이 있는 자'라고 함은 변제함으로써 당연히 대위의 보호를 받아야 할 법률상의 이익을 가지는 자를 의미한다. 그런데 이행인수인이 채무자와의 이행인수약정에 따라 채권자에게 채무를 이행하기로 약정하였음에도 불구하고 이를 이행하지 아니하는 경우에는 **채무자에 대하여 채무불이행의 책임을 지게 되어** 특별한 법적 불이익을 입게 될 지위에 있다고 할 것이므로, **이행인수인은 그 변제를 할 정당한 이익이 있다고 할 것이다**(대결 2012. 7. 16, 자 2009마461).
> ③ (i) 부동산의 매수인이 매매목적물에 관한 근저당권의 피담보채무를 인수하는 것으로 매매대금의 지급에

갈음하기로 약정한 경우 특별한 사정이 없는 한 이는 매도인의 채무를 매수인이 인수하여 변제한다는 뜻이므로 매수인이 위 채무를 현실적으로 당장 변제할 의무를 부담하는 것이 아니고, **채무의 이행인수의 약정에 의하여 매수인은 그의 매매대금지급의무를 다하였다** 할 것이므로 설사 매수인이 위 채무를 현실적으로 변제하지 아니하였다 하더라도 특별한 사정이 없는 한 그와 같은 사정만으로는 매도인은 매매계약을 해제할 수 없다(대판 1993. 6. 29, 93다19108). (ii) 매수인은 매매계약시 인수한 채무를 현실적으로 변제할 의무를 부담하는 것은 아니고, 특별한 사정이 없는 한 매수인이 매매대금에서그 채무액을 공제한 나머지를 지급함으로써 잔금지급의 의무를 다하였다 할것이므로, 설사 매수인이 위 채무를 현실적으로 변제하지 아니하였다 하더라도 그와 같은 사정만으로는 매도인은 매매계약을 해제할 수 없고, 매수인이 인수채무를 이행하지 않음으로써 **매매대금의 일부를 지급하지 않은 것과 동일하다고 평가할 수 있는 특별한 사유가 있을 때** 계약해제권이 발생한다(대판 1995. 8. 11, 94다58599).

④ [1] 부동산의 매수인이 매매목적물에 관한 근저당권의 피담보채무를 인수하는 한편, 그 채무액을 매매대금에서 공제하기로 약정한 경우, 다른 특별한 약정이 없는 이상 이는 매도인을 면책시키는 채무인수가 아니라 이행인수로 보아야 하고, 매수인이 위 채무를 현실적으로 변제할 의무를 부담한다고 해석할 수 없으며, 특별한 사정이 없는 한 **매수인은 매매대금에서 그 채무액을 공제한 나머지를 지급함으로써 잔금지급의무를 다하였다**고 할 것이다. [2] 매매목적물에 관한 근저당권의 피담보채무를 인수한 매수인이 인수채무의 일부인 근저당권의 **피담보채무의 변제를 게을리함으로써 매매목적물에 관하여 근저당권의 실행으로 임의경매절차가 개시되고 매도인이 경매절차의 진행을 막기 위하여 피담보채무를 변제하였다면,** 매도인은 채무인수인에 대하여 손해배상채권을 취득하는 이외에 이 사유를 들어 매매계약을 해제할 수 있다. [3] 부동산매매계약과 함께 이행인수계약이 이루어진 경우, 매수인이 인수한 채무는 매매대금지급채무에 갈음한 것으로서 **매도인이 매수인의 인수채무불이행으로 말미암아 또는 임의로 인수채무를 대신 변제하였다면, 그로 인한 손해배상채무 또는 구상채무**는 인수채무의 변형으로서 매매대금지급채무에 갈음한 것의 변형이므로 매수인의 손해배상채무 또는 구상채무와 매도인의 소유권이전등기의무는 대가적 의미가 있어 이행상 견련관계에 있다고 인정되고, 따라서 양자는 **동시이행의 관계에 있다고** 해석함이 공평의 관념 및 신의칙에 합당하다(대판 2004. 7. 9, 2004다13083).

(2) 계약인수

1) 의 의

계약인수란 하나의 계약에 기초한 일방당사자의 권리·의무를 총체적으로 제3자에게 이전하는 것을 말한다.

2) 3면계약설

판례 ① 계약당사자로서의 지위 승계를 목적으로 하는 계약인수는 계약당사자 및 인수인의 **3면 합의**에 의하여 계약당사자 중 일방이 당사자로서의 지위를 포괄적으로 제3자에게 이전하여 계약관계에서 탈퇴하고 제3자가 그 지위를 승계하는 것을 목적으로 하는 계약으로서 3면 계약으로 이루어지는 것이 보통이나 **관계 당사자 중 2인이 합의하고 나머지 당사자가 이를 동의 내지 승낙하는 방법으로도 가능**하고, 나머지 당사자의 동의 내지 승낙이 반드시 명시적 의사표시에 의하여야 하는 것은 아니며 묵시적 의사표시에 의하여서도 **가능하다**(대판 2023. 3. 30, 2022다296165).

② 계약당사자로서 지위 승계를 목적으로 하는 **계약인수**는 계약으로부터 발생하는 채권·채무의 이전 외에 계약관계로부터 생기는 해제권 등 포괄적 권리의무의 양도를 포함하는 것으로서, 계약인수가 적법하게 이루어지면 양도인은 계약관계에서 탈퇴하게 되고, 계약인수 후에는 양도인의 면책을 유보하였다는 등 특별한 사정이 없는 한 잔류당사자와 양도인 사이에는 계약관계가 존재하지 않게 되며 그에 따른 채권채무관계도 소멸하지만, 이러한 계약인수는 양도인과 양수인 및 잔류당사자의 합의에 의한 **삼면계약**으로 이루어지는 것이 통상적이며 <u>관계당사자 3인 중 2인의 합의가 선행된 경우에는 나머지 당사자가 이를 동의 내지 승낙하여야</u> 그 효력이 생긴다. 이러한 계약인수가 이루어지면 계약관계에서 이미 발생한 채권·채무도 이를 인수 대상에서 배제하기로 하는 특약이 있는 등 특별한 사정이 없는 한 인수인에게 이전된다. 계약인수는 개별 채권·채무의 이전을 목적으로 하는 것이 아니라 다수의 채권·채무를 포함한 계약당사자로서의 지위의 포괄적 이전을 목적으로 하는 것으로서 계약당사자 3인의 관여에 의해 비로소 효력을 발생하는 반면, 개별 채권의 양도는 채권양도인과 양수인 2인만의 관여로 성립하고 효력을 발생하는 등 양자가 법적인 성질과 요건을 달리하므로, **채무자 보호를 위해 개별 채권양도에서 요구되는 대항요건은 계약인수에서는 별도로 요구되지 않는다** (대판 2020. 12. 10, 2020다245958).

3) 계약인수의 법률관계

계약당사자 중 일방이 상대방 및 제3자와 3면 계약을 체결하거나 상대방의 승낙을 얻어 계약상 당사자로서의 지위를 포괄적으로 제3자에게 이전하는 경우 <u>이를 양수한 제3자는 양도인의 계약상 지위를 승계함으로써 종래 계약에서 이미 발생한 채권·채무도 모두 이전받게 된다</u>(대판 2011. 6. 23, 2007다63089, 63096). 따라서 계약인수인은 취소권·해지권·해제권 등 당사자지위에서 인정되는 권리도 행사할 수 있다.

> **판례** ① 구 표시·광고의 공정화에 관한 법률상 허위·과장광고로 인한 손해배상청구권은 불법행위에 기한 손해배상청구권의 성격을 가지는데, 계약상 지위의 양도에 의하여 계약당사자로서의 지위가 제3자에게 이전되는 경우 계약상 지위를 전제로 한 권리관계만이 이전될 뿐 **불법행위에 기한 손해배상청구권**은 별도의 채권양도절차 없이 제3자에게 당연히 이전되는 것이 아니므로, 표시광고법상 허위·과장광고로 인한 손해배상청구권을 가지고 있던 아파트 수분양자가 수분양자의 지위를 제3자에게 양도하였다는 사정만으로 양수인이 당연히 위 손해배상청구권을 행사할 수 있다고 볼 수는 없다(대판 2015. 7. 23, 2012다15336).
> ② 채권의 압류는 제3채무자에 대하여 채무자에게 지급 금지를 명하는 것이므로 채무자는 채권을 소멸 또는 감소시키는 등의 행위를 할 수 없고 그와 같은 행위로 채권자에게 대항할 수 없는 것이지만, 채권의 발생원인인 법률관계에 대한 채무자의 처분까지도 구속하는 효력은 없다. 그런데 계약 당사자로서의 지위 승계를 목적으로 하는 계약인수의 경우에는 양도인이 계약관계에서 탈퇴하는 까닭에 양도인과 상대방 당사자 사이의 계약관계가 소멸하지만, 양도인이 계약관계에 기하여 가지던 권리의무가 동일성을 유지한 채 양수인에게 그대로 승계된다. 따라서 양도인의 제3채무자에 대한 채권이 압류된 후 채권의 발생원인인 계약의 당사자 지위를 이전하는 계약인수가 이루어진 경우 양수인은 압류에 의하여 권리가 제한된 상태의 채권을 이전받게 되므로, 제3채무자는 계약인수에 의하여 그와 양도인 사이의 계약관계가 소멸하였음을 내세워 압류채권자에 대항할 수 없다(대판 2015. 5. 14, 2012다41359).

채권의 소멸

Ⅰ. 채권의 소멸일반

1. 의 의

채권의 소멸이란 채권의 목적이 된 급부를 향한 채권과 채무가 동시에 소멸하여 존재하지 않게 되는 것을 말한다. 즉 채권이 객관적으로 존재하지 않게 된 것을 말한다. 채권소멸의 원인이 발생하면 그때부터 채권은 법률상 당연히 소멸하고, 채무자의 주장을 필요로 하지 않는다.

2. 채권의 일반적 소멸원인

민법의 채권편에 규정된 채권의 소멸원인은 변제·대물변제·공탁·상계·경개·면제·혼동의 일곱 가지이다. 이 중에서 변제는 채권이 채무의 내용에 좇은 이행에 의해 정상적인 방법으로 만족을 얻는 경우이다. 대물변제·공탁·상계는 채무내용에 의해 예정된 이행방법이 아니지만, 다른 방법에 의해 채권이 만족을 얻는 경우로서 채무의 이행에 준한다. 그러나 경개·면제·혼동은 채권이 만족을 얻지 않고 소멸하는 경우이다.

Ⅱ. 변 제

1. 의의 및 성질

변제란 채무자가 본래의 채무내용대로 급부를 제공하고 채권자가 이를 수령하는 것을 말한다. 변제의 성질에 대해서는 준법률행위설(다수설)과 사실행위설이 대립하고 있다.

2. 동시이행관계

> **제474조(영수증청구권)**
> 변제자는 변제를 받는 자에게 영수증을 청구할 수 있다.
>
> **제475조(채권증서반환청구권)**
> 채권증서가 있는 경우에 변제자가 채무전부를 변제한 때에는 채권증서의 반환을 청구할 수 있다. 채권이 변제 이외의 사유로 전부 소멸한 때에도 같다.

채권증서의 반환과 변제는 동시이행의 관계에 있지 않다. 그러나 영수증 반환과 변제는 동시이행의 관계이다.

> **판 례** 채무자가 채무 전부를 변제한 때에는 채권자에게 채권증서의 반환을 청구할 수 있으며, 제3자가 변제를 하는 경우에는 제3자도 채권증서의 반환을 구할 수 있으나(민법 제475조 참조), 이러한 채권증서 반환청구권은 채권 전부를 변제한 경우에 인정되는 것이고, **영수증 교부의무와는 달리** 변제와 동시이행관계에 있지 않다(대판 2005. 8. 19, 2003다22042).

3. 변제목적물과 변제의 장소

제463조(변제로서의 타인의 물건의 인도)
채무의 변제로 타인의 물건을 인도한 채무자는 다시 유효한 변제를 하지 아니하면 그 물건의 반환을 청구하지 못한다.

제467조(변제의 장소)
① 채무의 성질 또는 당사자의 의사표시로 변제장소를 정하지 아니한 때에는 특정물의 인도는 채권 성립당시에 그 물건이 있던 장소에서 하여야 한다.
② 전항의 경우에 특정물인도 이외의 채무변제는 채권자의 현주소에서 하여야 한다. 그러나 영업에 관한 채무의 변제는 채권자의 현영업소에서 하여야 한다.

제586조(대금지급장소)
매매의 목적물의 인도와 동시에 대금을 지급할 경우에는 그 인도장소에서 이를 지급하여야 한다.

(1) 지참채무의 원칙
특정물의 인도장소는 채권발생시 그 물건이 존재한 장소이지만(제467조 제1항), 그 외의 채무에 대해서는 채권자의 현주소지이다(제467조 제2항).

(2) 한편 매매의 목적물의 인도와 동시에 대금을 지급할 경우에는 그 인도장소에서 이를 지급하여야 한다(제586조). 이는 제467조의 특별규정의 성격을 갖는다.

4. 제3자의 변제

제469조(제삼자의 변제)
① 채무의 변제는 제삼자도 할 수 있다. 그러나 채무의 성질 또는 당사자의 의사표시로 제삼자의 변제를 허용하지 아니하는 때에는 그러하지 아니하다.
② 이해관계 없는 제삼자는 채무자의 의사에 반하여 변제하지 못한다.

(1) 의 의

제3자 변제란 제3자가 타인의 채무를 자기의 이름으로 변제하는 것을 말하며, 일종의 사무관리이다.

> **판례** 채무의 변제는 원칙적으로 채무자뿐만 아니라 제3자도 할 수 있고, 채무의 성질상 반드시 변제자 본인의
> 행위에 의해서만 가능한 것이 아닌 이상 제3자를 이행보조자 내지 이행대행자로 사용하여 대위변제할 수도 있
> 다(대판 2001. 6. 15, 99다13513).

(2) 법률상 이해관계인 여부

1) 이해관계 없는 제3자는 채무자의 의사에 반하여 변제하지 못한다. 반대해석상 이해관계 있는 제
   3자는 채무자의 의사에 반하여 변제할 수 있다(제469조 제2항). 이는 이해관계 없는 제3자도 보증
   인은 될 수 있으며, 채무자의 반대의사가 있어도 보증인은 채권자와 보증계약을 체결할 수 있다
   (제444조 제2항 참조)는 점과 구별해야 할 것이다.

> **판례** ① 민법 제469조에 정한 바에 따라 채무의 변제는 제3자도 할 수 있는 것인바, 제3자가 타인의 채무를
> 변제하여 그 채무를 소멸시키기 위하여는 **제3자가 타인의 채무를 변제한다는 의사를 가지고 있었음**을 요
> 건으로 하고 이러한 의사는 타인의 채무변제임을 나타내는 변제지정을 통하여 표시되어야 할 것이지만, 채권
> 자가 변제를 수령하면서 제3자가 타인의 채무를 변제하는 것이라는 사실을 인식하였다면 타인의 채무변제라
> 는 지정이 있었다고 볼 수 있다(대판 2010. 2. 11, 2009다71558).
> ② 채무자 아닌 제3자가 **타인의 채무를 변제할 의사로** 타인의 채무를 변제하고 채권자도 변제를 수령하면서
> 그러한 사정을 인식하였다면 민법 제469조에 의하여 제3자 변제의 대상인 타인의 채무는 소멸하고 제3자는
> 채무자에게 구상할 수 있다. 이해관계 없는 제3자는 채무자의 의사에 반하여 변제할 수 없는데, 채무자의 반
> 대의사는 제3자가 변제할 당시의 객관적인 제반 사정에 비추어 명확하게 인식될 수 있는 것이어야 하고, 함부
> 로 채무자의 반대의사를 추정함으로써 제3자의 변제 효과를 무효화시키는 일은 피해야 한다(대판 2020. 7. 23,
> 2016다271455).

2) 민법 제469조 제2항과 민법 제481조에서 말하는 '이해관계' 내지 '변제할 정당한 이익'이 있는 자
   는 변제를 하지 않으면 채권자로부터 집행을 받게 되거나 또는 채무자에 대한 자기의 권리를 잃
   게 되는 지위에 있기 때문에 변제함으로써 당연히 대위의 보호를 받아야 할 법률상 이익을 가지
   는 자를 말하고, 단지 사실상의 이해관계를 가진 자는 제외된다(대결 2009. 5. 28, 자 2008마109).

> **판례** ① **부동산의 매수인**은 그 권리실현에 장애가 되는 그 부동산에 대한 담보권 등의 권리를 소멸시키기 위
> 하여 매도인의 채무를 대신 변제할 법률상 이해관계 있는 제3자라고 볼 것이다(대판 1995. 3. 24, 94다44620).
> ② **건물의 매수인 겸 임차인이 건물의 공사금채무의 변제에 대하여 채무를 변제할 이해관계 있는 제3자
> 이자 변제할 정당한 이익이 있는 자에 해당한다고 본 사례** : 건물을 신축한 자가 건물을 매도함과 동시에
> 소유권이전등기 전까지 그 건물을 매수인에게 임대하기로 하였는데 그 건물의 건축공사수급인이 공사금 일부
> 를 지급받지 못하였다는 이유로 건물의 매수인 겸 임차인의 입주를 저지하자 건물의 매수인 겸 임차인이 매도

인에게 지급할 매매대금의 일부를 건축공사수급인에게 공사금채무 변제조로 지급한 경우, **건물의 매수인 겸 임차인**은 그 권리실현에 장애가 되는 위 수급인의 건물에 대한 유치권 등의 권리를 소멸시키기 위하여 매도인의 공사금채무를 대신 변제할 법률상 이해관계 있는 제3자이자 변제할 정당한 이익이 있는 자라고 볼 것이므로 위 변제는 공사금채무의 범위 내에서는 매도인의 의사에 반하여도 효력이 있다(대판 1993. 10. 12, 93다9903).

(3) 제3자 상계와 구별

제3자 변제와 구별하여야 할 것이 제3자의 상계이다. 즉, 제3자가 채권자에 대한 채권을 가지고 채무자의 채무와 상계할 수 있는가에 대해서는 견해가 대립하나 다수설과 판례는 부정한다(대판 2011. 4. 28, 2010다101394).

> **판례** 상계제도의 취지는 서로 대립하는 두 당사자 사이의 채권·채무를 간이한 방법으로 원활하고 공평하게 처리하려는 데 있으므로, 수동채권으로 될 수 있는 채권은 상대방이 상계자에 대하여 가지는 채권이어야 하고, 상대방이 제3자에 대하여 가지는 채권과는 상계할 수 없다고 보아야 한다(대판 2011. 4. 28, 2010다101394).

(4) 구상권

채무의 변제는 제3자도 할 수 있다(민법 제469조 제1항). 제3자가 유효하게 채무자가 부담하는 채무를 변제한 경우에 **채무자와 계약관계가 있으면 그에 따라** 구상권을 취득하고, **그러한 계약관계가 없으면** 특별한 사정이 없는 한 **민법 제734조 제1항에서 정한 사무관리가 성립하여 민법 제739조에 정한 사무관리비용의 상환청구권에 따라** 구상권을 취득한다(대판 2022. 3. 17, 2021다276539).

5. 제3자에 대한 변제
(1) 채권의 준점유자에 대한 변제

> **제470조(채권의 준점유자에 대한 변제)**
> 채권의 준점유자에 대한 변제는 변제자가 선의이며 과실없는 때에 한하여 효력이 있다.

1) 채권의 준점유자의 의의

채권의 준점유자(제210조)란 거래의 관념상 진정한 채권자라고 믿게 할만한 외관을 갖춘 자를 말한다. 이러한 채권의 준점유자로 볼 수 있는 자로는 예금증서와 그에 찍힌 인영과 같은 인장을 소지한 자, 채권의 표현상속인, 무효 또는 취소된 채권양도계약에 의한 채권의 사실상의 양수인 등이 이에 속한다.

> **판례** ① 예금통장을 절취한 자에게 예금지급이 이루어진 경우, 이미 신고된 진정한 인감이 사용되었으며 비밀번호까지 일치하였다면 예금의 지급을 구하는 청구자에게 정당한 변제수령권한이 없을 수 있다는 의심

을 가질 만한 특별한 사정이 없는 한 채권의 준점유자에 대한 변제로서 유효하다(대판 2007. 10. 25, 2006다 44791).

② 민법 제470조에 정하여진 채권의 준점유자라 함은, 변제자의 입장에서 볼 때 일반의 거래관념상 채권을 행사할 정당한 권한을 가진 것으로 믿을 만한 외관을 가지는 사람을 말하므로 준점유자가 스스로 채권자라고 하여 채권을 행사하는 경우뿐만 아니라 **채권자의 대리인이라고 하면서 채권을 행사하는 때**에도 채권의 준점유자에 해당한다(대판 2004. 4. 23, 2004다5389).

③ 일정기간 차주에게 신용을 공여하는 대출한도 거래약정이라고 하더라도 당사자 사이에 차주의 사망으로 인해 계약이 당연히 종료된다고 정하는 등 특별한 사정이 없는 한 차주의 사망으로 인하여 당연히 대출계약이 종료되는 것은 아니고, 그 상속인이 차주의 지위를 승계한다. 또한 이 사건 여신거래와 같은 대출한도거래에서 대출계약 이후 예금 잔액을 초과하여 돈을 인출하는 행위를 개별 대출의 실행으로 볼 수 있다고 하더라도 대출계약에서 이미 대출한도, 기한 등 변제에 관한 구체적 내용이 체결되어 있고, 대주인 금융기관이 대출계약의 이행으로 차주에게 그 대출금을 지급할 의무가 있게 되는 이상, **대출금 신청에 대하여 금융기관이 대출금을 지급하는 것은 대출계약에 따른 금융기관의 채무를 이행하는 것이므로 대출금을 지급하는 행위에도 민법 제470조의 채권의 준점유자에 대한 변제 규정이 적용될 수 있다**(대판 2020. 12. 24, 2016다259851).

2) 변제자의 선의·무과실

채권의 준점유자에 대한 변제가 유효하려면, 변제자가 선의·무과실이어야 한다(제470조). 채권의 준점유자에 대한 변제가 유효하기 위한 요건인 **선의는 준점유자에게 변제수령의 권한이 없음을 알지 못하는 것뿐만 아니라 적극적으로 진정한 권리자라고 믿었음을 필요로 하고,** 무과실은 그렇게 믿는 데에 과실이 없음을 뜻한다(대판 2021. 1. 14, 2018다286888).

> **판례** ① 제3채무자의 지점 등이 예금채권의 가압류 사실을 알지 못하고 또 과실도 없이 그 시간 내에 예금채권을 지급하고 말았다면, 채권의 준점유자에 대한 변제에 관한 민법 제470조를 유추적용하여 제3채무자의 면책을 인정할 수 있고, 이 경우 선의·무과실의 주장·입증책임은 제3채무자(변제의 유효를 주장하는 자)에게 있다(대판 2002. 8. 27, 2002다31858).
>
> ② 무효인 채권압류 및 전부명령을 받은 자에 대한 변제라도 그 채권자가 피전부채권에 관하여 무권리자라는 사실을 알지 못하거나 과실 없이 그러한 사실을 알지 못하고 변제한 때에는 그 변제는 채권의 준점유자에 대한 변제로서 유효하다(대판 1997. 3. 11, 96다44747).
>
> ③ 채무자가 채권양도승낙 후에 채권양수인이 확정일자 있는 승낙증서를 받았는지를 확인하지 아니한 채, 전부채권자에게 변제한 때에는 그 전부채권자에게 한 변제가 채권의 준점유자에 대한 변제라 하여도 채무자에게 과실이 있다(대판 1965. 12. 21, 65다1990).
>
> ④ 채권의 준점유자에 대한 변제에 관하여 효력규정인 강행법규에 위반되는 계약을 체결한 자가 그 약정의 효력이 부인된다는 사실을 알지 못한 탓에 그 약정에 따라 변제수령권을 갖는 것처럼 외관을 갖게 된 자에게 변제를 한 경우에는, 특별한 사정이 없는 한 그 변제자가 채권의 준점유자에게 변제수령권이 있는 것으로 오해한 것은 법률적인 검토를 제대로 하지 않은 과실에 기인한 것이라고 할 것이다(대판 2004. 6. 11, 2003다1601).

(2) 영수증소지자에 대한 변제

> ### 제471조(영수증소지자에 대한 변제)
> 영수증을 소지한 자에 대한 변제는 그 소지자가 변제를 받을 권한이 없는 경우에도 효력이 있다. 그러나 변제자가 그 권한없음을 알았거나 알 수 있었을 경우에는 그러하지 아니하다.

영수증은 수령증을 작성할 권한이 있는 자에 의해 작성된 것이어야 한다. 즉 제471조는 진정한 영수증에 한하여 적용되는 것이다(통설).

(3) 변제가 효력이 있다는 것의 의미

변제가 유효하다는 것은 그 결과 채무자는 채무를 면하고, 따라서 진정한 채권자의 채권도 소멸한다는 것을 의미한다. **진정한 채권자**는 **채무자에게** 이행청구를 할 수 없고, **변제수령자에 대하여** 부당이득반환을 청구하거나 불법행위책임을 물을 수 있다. **변제자가 변제수령자에 대하여** 부당이득반환을 청구할 수도 없다.

> **판례** 채권압류가 경합된 경우에 그 압류채권자 중의 한 사람이 전부명령을 얻은 경우 그 전부명령은 무효이지만 제3채무자가 선의·무과실로 그 전부 채권자에게 전부금을 변제하였다면 이는 채권의 준점유자에 대한 변제로서 유효하므로 제3채무자의 채무자에 대한 채무는 소멸되고 **제3채무자는 압류채권자에 대하여** 이중변제의 의무를 부담하지 아니하며 **전부채권자에 대하여** 전부명령의 무효를 주장하여 부당이득반환청구도 할 수 없다(대판 1980. 9. 30, 78다1292).

(4) 그 외의 권한 없는 자에 대한 변제

> ### 제472조(권한없는 자에 대한 변제)
> 전2조의 경우외에 변제받을 권한 없는 자에 대한 변제는 채권자가 이익을 받은 한도에서 효력이 있다.

민법 제472조는 불필요한 연쇄적 부당이득반환의 법률관계가 형성되는 것을 피하기 위하여 변제받을 권한 없는 자에 대한 변제의 경우에도 그로 인하여 채권자가 이익을 받은 한도에서 효력이 있다고 규정하고 있다.

> **판례** ① 민법 제472조에서 '채권자가 이익을 받은' 경우란 **변제수령자가 채권자에게 변제로 받은 급부를 전달한 경우**는 물론이고, 변제수령자가 변제로 받은 급부를 가지고 **채권자의 자신에 대한 채무의 변제에 충당**하거나 채권자의 제3자에 대한 채무를 대신 변제함으로써 채권자의 기존 채무를 소멸시키는 등 채권자에게 실질적인 이익이 생긴 경우를 포함하나, 변제수령자가 변제로 받은 급부를 가지고 **자신이나 제3자의 채권자에 대한** 채무를 변제함으로써 채권자의 기존 채권을 소멸시킨 경우에는 채권자에게 실질적인 이익이 생겼다고 할 수 없으므로 민법 제472조에 의한 변제의 효력을 인정할 수 없다(대판 2014. 10. 15, 2013

다17117, 2021. 3. 11, 2017다278729).

② 민법 제472조에서 말하는 '채권자가 이익을 받은' 경우에는 **변제의 수령자가 진정한 채권자에게 채무자의 변제로 받은 급부를 전달한 경우**는 물론이고, 그렇지 않더라도 **무권한자의 변제수령을 채권자가 사후에 추인한 때**와 같이 무권한자의 변제수령을 채권자의 이익으로 돌릴 만한 실질적 관련성이 인정되는 경우도 포함된다. 그리고 무권한자의 변제수령을 채권자가 추인한 경우에 채권자는 무권한자에게 부당이득으로서 변제받은 것의 반환을 청구할 수 있다(대판 2016. 7. 14, 2015다71856).

III. 변제의 제공

1. 일반론

> **제460조(변제제공의 방법)**
> 변제는 채무내용에 좇은 현실제공으로 이를 하여야 한다. 그러나 채권자가 미리 변제받기를 거절하거나 채무의 이행에 채권자의 행위를 요하는 경우에는 변제준비의 완료를 통지하고 그 수령을 최고하면 된다.

(1) 의 의

변제제공이란 채무자가 이행에 필요한 행위를 완료하는 것을 말한다. 변제의 제공은 이행의 제공(제400조)이라고도 한다. 변제는 변제제공과 변제수령에 의하여 완료되므로, 변제제공은 변제의 과정, 즉 변제에 이르기 위한 수단이라고 볼 수 있다. 따라서 채권이 소멸되는 변제와 그 전단계인 변제의 제공은 구별된다.

(2) 유 형

변제의 제공은 현실의 제공과 구두의 제공이 있는바, 현실의 제공은 채권자가 수령하면, 곧 변제의 효과가 발생할 정도의 변제의 제공을 말한다. 한편 채권자가 정당한 이유 없이 미리 수령하지 않겠다는 거절의 의사를 표시한 경우에 채무자는 구두제공으로써 변제제공의 효과를 받을 수 있다.

(3) 변제제공의 효과

> **제461조(변제제공의 효과)**
> 변제의 제공은 그때로부터 채무불이행의 책임을 면하게 한다.

1) 변제의 제공을 한 채무자는 이행지체로 인한 채무불이행책임을 면한다(제461조). 즉 지연배상, 위약금의 청구 등을 당하지 않으며, 담보권을 실행 당하지 않는다. 다만 담보물을 회수할 수 있다는 것은 아니다(담보물의 회수를 위해서는 변제가 선이행의무).

2) 상대방을 채권자지체(제400조)에 빠뜨릴 수 있다.

> **판례** 민법 제400조 소정의 채권자지체가 성립하기 위해서는 민법 제460조 소정의 채무자의 변제 제공이 있어야 하고, 변제 제공은 원칙적으로 **현실 제공**으로 하여야 하며 다만 채권자가 미리 변제받기를 거절하거나 채무의 이행에 채권자의 행위를 요하는 경우에는 **구두의 제공**으로 하더라도 무방하고, **채권자가 변제를 받지 아니할 의사가 확고한 경우(이른바, 채권자의 영구적 불수령)**에는 구두의 제공을 한다는 것조차 무의미하므로 그러한 경우에는 **구두의 제공조차 필요 없다**고 할 것이지만, 그러한 **구두의 제공조차 필요 없는 경우라고 하더라도**, 이는 그로써 채무자가 채무불이행책임을 면한다는 것에 불과하고(제461조), **민법 제538조 제1항 제2문 소정의 '채권자의 수령지체 중에 당사자 쌍방의 책임 없는 사유로 이행할 수 없게 된 때'에 해당하기 위해서는 현실 제공이나 구두 제공이 필요하다**(다만, 그 제공의 정도는 그 시기와 구체적인 상황에 따라 신의성실의 원칙에 어긋나지 않게 합리적으로 정하여야 한다(대판 2004. 3. 12, 2001다79013).

3) 약정이자가 있는 경우 그 발생이 정지되고, 종류채권의 경우 특정이 이루어지며, 변제제공에도 불구하고 채권자가 받지 않는 경우 등에는 채무자는 변제공탁을 할 수 있다(제487조).

4) 특히 쌍무계약의 경우 상대방의 동시이행의 항변권을 봉쇄하여 상대방을 이행지체에 빠뜨릴 수 있는 일석이조의 효과를 얻는다.

2. 채무의 내용에 좇은 변제의 제공

(1) 금전채무의 제공

1) 채권자의 주소에서 변제해야 할 금전채무에 있어서 채무자가 채무액에 해당하는 금전을 가지고 채권자의 주소로 갔다면 유효한 제공이 된다.
2) 변제제공의 시기는 원칙적으로 이행기이다. 다만, 이행기 이후일지라도 채권자의 해제권 행사 이전에는 **지연이자와 함께** 원본을 제공함으로써 유효하게 변제할 수 있다.

(2) 일부의 제공

급부의 일부제공은 원칙적으로 채무내용에 좇은 제공이 아니고, 따라서 채권자가 그 수령을 거절하더라도 채권자지체가 성립하지 않는다(대판 1984. 9. 11, 84다카781). 따라서 이행지체에 빠져 원본과 지연이자를 지급할 의무가 있는 금전채무자가 원본과 지연이자를 합한 전액에 부족한 이행제공을 하는 경우, 유효한 변제제공이 아니며 변제충당의 효력이 발생하지도 않는다. 따라서 채권자는 그 수령을 거절할 수 있다(대판 2005. 8. 19, 2003다2204).

(3) 약속어음의 제공

금전채무에 있어 보통의 수표나 약속어음의 제공은 원칙적으로 변제의 제공이 되지 않는다. 다만 거래상 통화와 동일하게 취급되는 우편환이나 은행이 발행한 자기앞 수표의 교부는 현실의 제공이 된다.

(4) 임차목적물의 명도의 이행제공

임대인의 동시이행의 항변권을 소멸시키고 임대보증금반환지체책임을 인정하기 위해서는 임차인이 임대인에게 임차목적물의 명도의 이행제공을 하여야만 한다. 여기서 임차인이 임차목적물에서 퇴거하면서 그 사실을 임대인에게 알리지 아니한 경우에는 임차목적물의 명도의 이행제공이 있었다고 볼 수 없다(대판 2002. 2. 26, 2001다77697).

3. 구두의 제공

현실의 제공과 구두의 제공은 정도의 차이에 지나지 않는다. 구두의 제공은 채권자가 수령을 거절한 경우 또는 채무의 이행을 위하여 채권자가 미리 협력하여야 할 경우에 행하여지는 제공으로서, 채무자는 채권자가 협력하면 언제든지 변제할 수 있을 정도의 준비를 하고, 그 사실을 채권자에게 통지하여 급부의 수령 기타의 협력을 최고하는 방법으로 행하여진다.

> **판례** 쌍무계약에서 상대방의 채무불이행을 이유로 계약을 해제하려면 먼저 자기의 채무이행을 제공하고 상당한 기간을 정하여 상대방의 채무이행을 최고함으로써 상대방으로 하여금 이행지체에 빠지게 하여야 하는 것인바, **자기의 채무의 이행에 상대방의 행위를 요하는 경우**에는 이행의 준비를 완료한 다음 그 사실을 상대방에게 통지하고 수령을 최고하는 **구두의 제공**을 하면 되는 것이기는 하지만, 이 경우에도 상대방이 협력만 한다면 언제든지 현실로 이행을 할 수 있을 정도로 준비를 완료하고 그 사실을 상대방에게 통지하여 수령 기타 상대방의 협력과 상대방의 채무이행을 최고하여야만 상대방을 이행지체에 빠지게 할 수 있는 것이므로 단순히 자기의 채무를 이행할 준비태세를 갖추고 있는 것만으로는 부족하다(대판 1993. 4. 13, 92다56438).

Ⅳ. 변제충당

1. 의 의

채무자가 동일한 채권자에 대하여 같은 종류를 목적으로 한 여러 개의 채무를 부담한 경우에, 변제의 제공이 그 채무 전부를 소멸하게 하지 못하는 때에 그 급부를 가지고 어느 채무의 변제에 충당할 것인가 하는 문제가 변제충당의 문제이다.

2. 순 서

> **제476조(지정변제충당)**
> ① 채무자가 동일한 채권자에 대하여 같은 종류를 목적으로 한 수개의 채무를 부담한 경우에 변제의 제공이 그 채무전부를 소멸하게 하지 못하는 때에는 변제자는 그 당시 어느 채무를 지정하여 그 변제에 충당할 수 있다.
> ② 변제자가 전항의 지정을 하지 아니할 때에는 변제받는 자는 그 당시 어느 채무를 지정하여 변제에 충당할 수 있다. 그러나 변제자가 그 충당에 대하여 즉시 이의를 한 때에는 그러하지 아니하다.
> ③ 전2항의 변제충당은 상대방에 대한 의사표시로써 한다.

제477조(법정변제충당)

당사자가 변제에 충당할 채무를 지정하지 아니한 때에는 다음 각호의 규정에 의한다.

1. 채무중에 이행기가 도래한 것과 도래하지 아니한 것이 있으면 이행기가 도래한 채무의 변제에 충당한다.
2. 채무전부의 이행기가 도래하였거나 도래하지 아니한 때에는 채무자에게 변제이익이 많은 채무의 변제에 충당한다.
3. 채무자에게 변제이익이 같으면 이행기가 먼저 도래한 채무나 먼저 도래할 채무의 변제에 충당한다.
4. 전2호의 사항이 같은 때에는 그 채무액에 비례하여 각 채무의 변제에 충당한다.

제478조(부족변제의 충당)

1개의 채무에 수개의 급여를 요할 경우에 변제자가 그 채무전부를 소멸하게 하지 못한 급여를 한 때에는 전2조의 규정을 준용한다.

제479조(비용, 이자, 원본에 대한 변제충당의 순서)

① 채무자가 1개 또는 수개의 채무의 비용 및 이자를 지급할 경우에 변제자가 그 전부를 소멸하게 하지 못한 급여를 한 때에는 비용, 이자, 원본의 순서로 변제에 충당하여야 한다.
② 전항의 경우에 제477조의 규정을 준용한다.

● 변제의 충당
① 합의충당
② 지정충당 〈 변제자지정
　　　　　　 수령자지정(이의제기 가능)
③ 법정충당(제477조) : 이행기 도래여부(1호) → 변제이익(2호) → 이행기 선후(3호) → 비례하여(4호)

---

(1) 일반론

변제의 충당은 당사자 사이에 합의된 바가 있으면 이에 따른다. 즉 합의가 있으면 합의를 우선한다(임의규정성). 당사자의 합의가 없는 경우, 변제자의 지정충당 → 변제수령자의 지정충당 → 법정충당에 의한다(제476조 이하).

> **판례** ① 변제충당에 관한 민법 제476조 내지 제479조의 규정은 임의규정이므로 변제자인 채무자와 변제수령자인 채권자는 약정에 의하여 이를 배제하고 제공된 급부를 어느 채무에 어떤 방법으로 충당할 것인가를 결정할 수 있고, 이는 민법 제499조에 의하여 위 규정이 준용되는 상계의 경우에도 마찬가지이다(대판 2015. 6. 11, 2012다10386).
> ② 동일한 당사자가 동일 목적물에 관하여 동일 거래관계로 인하여 발생되는 채무를 담보하기 위하여 순위가 다른 여러 개의 근저당권을 설정한 경우 각 근저당권은 그 설정계약에서 정한 거래관계로 인하여 발생된 여러 개의 채무 전액을 각 한도 범위 내에서 담보하는 것이므로, 그 담보물의 경매대금이 채무 전액을 만족시키지 못

할 때에는 변제충당의 방법으로 그 대금수령으로 인하여 소멸할 채무를 정할 것이지, 위 경매대금을 당연히 선순위 근저당권설정시에 발생한 채무에 우선적으로 변제충당할 것은 아니다(대판 2002. 12. 10, 2002다51579).

(2) 변제의 충당과 관련해 제479조는 채무자가 1개 또는 수 개의 급부의 비용 및 이자를 지급할 경우에 변제자가 그 전부를 소멸하게 하지 못할 급부를 하였다면 비용 → 이자 → 원본의 순서로 변제에 충당한다고 규정하고 있다. 비용에는 변제비용, 계약비용 이외에 소송비용, 경매비용, 집행비용 등을 포함한다(예 : 강제집행에 필요한 비용은 채무자가 부담한다). 판례는 당사자 사이에 이와 다른 **합의가 있는 경우**에는 이 순서를 바꿀 수 있지만, 변제자 또는 수령자의 **지정충당이 있더라도** 이 순서를 바꿀 수는 없다고 한다. 즉 일방당사자의 의사에 의해서는 그 순서를 변경하지 못한다.

> **판례** ① 비용, 이자, 원본에 대한 변제충당에 있어서는 민법 제479조에 그 충당 순서가 법정되어 있고 지정 변제충당에 관한 민법 제476조는 준용되지 않으므로 원칙적으로 비용, 이자, 원본의 순서로 충당하여야 하고, 채무자는 물론 채권자라 할지라도 **위 법정 순서와 다르게 일방적으로 충당의 순서를 지정할 수는 없다.** 그러나 당사자 사이에 특별한 합의가 있는 경우이거나 당사자의 일방적인 지정에 대하여 상대방이 지체 없이 이의를 제기하지 아니함으로써 묵시적인 합의가 되었다고 보이는 경우에는 그 법정충당의 순서와는 달리 충당의 순서를 인정할 수 있다(대판 2009. 6. 11, 2009다12399).
> ② 비용, 이자, 원본에 대한 변제충당에 관해서는 민법 제479조에 충당 순서가 법정되어 있고 지정변제충당에 관한 민법 제476조는 준용되지 않으므로 당사자가 법정 순서와 다르게 일방적으로 충당 순서를 지정할 수 없다. 민법 제479조에 따라 변제충당을 할 때 **지연손해금**은 이자와 같이 보아 **원본보다 먼저 충당된다.** 당사자 사이에 명시적·묵시적 합의가 있다면 법정변제충당의 순서와 달리 인정할 수 있지만 이러한 합의가 있는지는 **이를 주장하는 자**가 증명할 책임이 있다(대판 2020. 1. 30, 2018다204787).

3. 구체적 내용

(1) 합의충당(약정충당)

1) 임의규정성

민법은 합의충당에 관하여 특별히 규정하고 있지 않으나, 변제충당에 관한 민법 제476조 내지 제479조의 규정은 임의규정이므로 사적자치의 원칙상 합의충당이 인정된다.

> **판례** ① 변제자(채무자)와 변제수령자(채권자)는 변제로 소멸한 채무에 관한 보증인 등 이해관계 있는 제3자의 이익을 해하지 않는 이상 이미 급부를 마친 뒤에도 기존의 충당방법을 배제하고 제공된 급부를 어느 채무에 어떤 방법으로 다시 충당할 것인가를 약정할 수도 있는 것이다(대판 2013. 9. 12, 2012다118044).
> ② 변제충당지정은 상대방에 대한 의사표시로써 하여야 하나, 채권자와 채무자 사이에 **변제충당에 관한 약정이 있고,** 그 약정내용이 변제가 채권자에 대한 모든 채무를 소멸시키기에 부족한 때에는 **채권자가 적당하다고 인정하는 순서와 방법에 의하여 충당하기로 한 것**이라면, 변제수령권자인 채권자가 위 약정에 터 잡아 스스로 적당하다고 인정하는 순서와 방법에 좇아 변제충당을 한 이상 **변제자에 대한 의사표시와 관계없이** 충당의 효력이 있다고 해석하는 것이 타당하다(대판 2012. 4. 13, 2010다1180). 위와 같이 미리 변제충당에 관

한 별도의 약정이 있는 경우에는 채무자가 변제를 하면서 위 약정과 달리 특정 채무의 변제에 우선적으로 충당한다고 지정하더라도 그에 대하여 채권자가 명시적 또는 묵시적으로 동의하지 않는 한 그 지정은 효력이 없어 채무자가 지정한 채무가 변제되어 소멸하는 것은 아니다(대판 2004. 3. 25, 2001다53349).

2) 예외적 제한
담보권 실행을 위한 경매에서 배당된 배당금이 담보권자가 가지는 수개의 피담보채권 전부를 소멸시키기에 부족한 경우에는 민법 제476조에 의한 지정변제충당은 허용될 수 없고, 채권자와 채무자 사이에 변제충당에 관한 합의가 있었다고 하여 그 합의에 따른 변제충당도 허용될 수 없으며, 획일적으로 가장 공평타당한 충당방법인 **민법 제477조 및 제479조의 규정에 의한 법정변제충당**의 방법에 따라 충당하여야 하는 것이다(대판 2000. 12. 8, 2000다51339). ☞ 학설은 강제경매의 경우에도 마찬가지라고 한다.

(2) 지정변제충당
1) 의 의
지정충당이란 변제의 충당이 지정권자의 지정에 의해서 결정되는 경우로서, 지정은 일방적 의사표시로 이루어진다.

2) 충당지정권자와 시기
충당지정권자는 **1차적으로 변제자**이며 지정시기는 변제의 제공시이다. 변제자가 그 지정을 하지 아니할 때에는 **2차적으로 변제수령자**가 수령 후 지체 없이 변제자에 대한 의사표시로써 지정한다. 이때 **변제자가 즉시 이의를 제기한 때**에는 그 충당은 효력을 잃고, **법정충당**에 따라야 한다(통설).

(3) 법정변제충당(제477조)
1) 법정변제충당의 순서
당사자에 의한 지정변제충당이 없을 때에는 제477조의 규정에 의해 법정충당이 이루어진다. 그 순서는 다음과 같다.
① 채무 중에 이행기가 도래한 것과 도래하지 않은 것이 있으면, 이행기가 도래한 채무의 변제에 충당한다(제1호).
② 채무 전부의 이행기가 도래하였거나 또는 도래하지 않은 때에는, 채무자에게 변제이익이 많은 채무의 변제에 충당한다(제2호).
③ 채무자에게 변제이익이 같으면, 이행기가 먼저 도래한 채무나 먼저 도래할 채무의 변제에 충당한다(제3호).
④ 이상의 기준에 의하여 변제충당의 선후가 정해지지 않을 경우에는, 그 채무액에 비례하여 각 채무의 변제에 충당한다(제4호).

① 민법 제477조의 법정변제충당의 순서는 **채무자의 변제제공 당시**를 기준으로 정하여야 한다(대판 2015. 11. 26, 2014다71712).

② 법정변제충당의 순위를 정함에 있어서 **변제의 유예가 있는 채무**에 대하여는 유예기까지 변제기가 도래하지 않은 것과 같게 보아야 한다(대판 1999. 8. 24, 99다22281, 22298).

2) 변제이익문제

법정변제충당을 위한 변제이익은 **변제자**를 기준으로 판단한다. 일반적으로 **무이자 채무보다 이자부 채무가, 낮은 이율의 채무보다 높은 이율의 채무가**, 무담보 채무보다 담보부 채무(변제자가 채무자인 경우 채무자 자신의 재산이 담보로 제공된 경우)가 변제이익이 더 크다.

① **연대채무보다 단순채무가, 보증채무보다 자기의 주채무가, 동시이행의 항변권이 부착된 채무보다 그렇지 않은 채무**가 채무자에게 이익이 크다(대판 2002. 7. 12, 99다68652).

② (i) 변제자가 주채무인 경우에 **보증인이 있는 채무와 보증인이 없는 채무** 사이에 있어서 전자가 후자에 비하여 변제이익이 더 많다고 볼 근거는 전혀 없어 양자는 변제이익의 점에 있어 차이가 없다(대판 1999. 8. 24, 99다26481). **보증기간 중의 채무와 보증기간 종료 후의 채무 사이**에서도 변제이익에 차이가 없다(대판 1985. 3. 12, 84다카2093). (ii) 마찬가지로 변제자가 채무자인 경우 **물상보증인이 제공한 물적 담보가 있는 채무와 그러한 담보가 없는 채무 사이**에도 변제이익의 점에서 차이가 없다(대판 2014. 4. 30, 2013다8250).

③ **주채무자 이외의 자가 변제자인 경우**에는, 변제자가 발행 또는 배서한 어음에 의하여 담보되는 채무가 다른 채무보다 변제이익이 많다고 보아야 한다. 그러나 **주채무자가 변제자인 경우**에는, 담보로 **제3자가 발행 또는 배서한** 약속어음이 교부된 채무와 다른 채무 사이에 변제이익의 점에서 차이가 없다고 보아야 할 것이나, 담보로 **주채무자 자신이 발행 또는 배서한** 어음이 교부된 채무는 다른 채무보다 변제이익이 많은 것으로 보아야 한다(대판 1999. 8. 24, 99다22281, 22298).

3) 입증책임의 문제

① 채무자가 동일한 채권자에 대하여 같은 종류를 목적으로 한 수개의 채무를 부담한 경우에 변제의 제공에 있어서 당사자가 변제에 충당할 채무를 지정하지 아니한 때에는 민법 제477조의 규정에 따라 법정변제충당되는 것이고 특히 민법 제477조 제4호에 의하면 법정변제충당의 순위가 동일한 경우에는 각 채무액에 안분비례하여 각 채무의 변제에 충당되는 것이므로, 위 안분비례에 의한 법정변제충당과는 달리, 그 법정변제충당에 의하여 부여되는 법률효과 이상으로 **자신에게 유리한** 변제충당의 지정, 당사자 사이의 변제충당의 합의가 있다거나 또는 당해 채무가 법정변제충당에 있어 우선순위에 있어서 당해 채무에 전액 변제충당되었다고 **주장하는 자는 그 사실을 주장입증할 책임을 부담한다**(대판 1994. 2. 22, 93다49338). 그리고 이 경우 위 사실을 주장하는 자가 변제충당의 지정 또는 변제충당의 합의가 있었다거나 당해 채무가 법정변제충당에 있어 우선순위에 있어서 당해 채무에 전액 변제되었다는 점에 관하여 증명을 다하지 못하였다면 당연히 각 채무액에 안분비례하여 법정충당이 행하여지는 것이다(대판 2021. 10. 28, 2021다247937, 247951, 247968).

② 채무자가 특정한 채무의 변제조로 금원을 지급하였다고 주장함에 대하여, **채권자가 이를 수령한 사실을 인정하면서도 다른 채무의 변제에 충당하였다고 주장하는 경우**에는 **채권자는** 그 다른 채권이 존재한다는 사실과 그 다른 채권에 변제충당하기로 하는 합의나 지정이 있었다거나 그 다른 채권이 법정충당의 우선순위에 있었다는 사실을 **주장·증명하여야 할 것이다**(대판 2021. 10. 28, 2021다251813).

Ⅴ. 변제자대위(변제에 의한 대위)

제480조(변제자의 임의대위)

① 채무자를 위하여 변제한 자는 변제와 동시에 채권자의 승낙을 얻어 채권자를 대위할 수 있다.

② 전항의 경우에 제450조 내지 제452조의 규정을 준용한다.

제481조(변제자의 법정대위)

변제할 정당한 이익이 있는 자는 변제로 당연히 채권자를 대위한다.

제482조(변제자대위의 효과, 대위자간의 관계)

① 전2조의 규정에 의하여 채권자를 대위한 자는 자기의 권리에 의하여 구상할 수 있는 범위에서 채권 및 그 담보에 관한 권리를 행사할 수 있다.

② 전항의 권리행사는 다음 각호의 규정에 의하여야 한다.

1. 보증인은 미리 전세권이나 저당권의 등기에 그 대위를 부기하지 아니하면 전세물이나 저당물에 권리를 취득한 제삼자에 대하여 채권자를 대위하지 못한다.

2. 제삼취득자는 보증인에 대하여 채권자를 대위하지 못한다.

3. 제삼취득자 중의 1인은 각 부동산의 가액에 비례하여 다른 제삼취득자에 대하여 채권자를 대위한다.

4. 자기의 재산을 타인의 채무의 담보로 제공한 자가 수인인 경우에는 전호의 규정을 준용한다.

5. 자기의 재산을 타인의 채무의 담보로 제공한 자와 보증인간에는 그 인원수에 비례하여 채권자를 대위한다. 그러나 자기의 재산을 타인의 채무의 담보로 제공한 자가 수인인 때에는 보증인의 부담부분을 제외하고 그 잔액에 대하여 각 재산의 가액에 비례하여 대위한다. 이 경우에 그 재산이 부동산인 때에는 제1호의 규정을 준용한다.

1. 의 의

(1) 변제에 의한 대위란 채무의 변제가 제3자에 의해 행하여진 경우에, 변제자가 채무자에 대하여 취득한 구상권을 확보하기 위하여, 종래의 채권자가 가지고 있던 채권에 관한 권리가 구상권의 범위 안에서 변제자에게 이전하는 것이다. 특히 법정대위는 <u>법률의 규정에 의한 이전이므로 부동산의 경우</u>(예 : 피담보채권의 이전과 함께 저당권도 이전하는 경우)<u>에도 등기 없이 이전의 효력이 발생한다.</u>

(2) 변제자대위는 구상권을 확보하기 위한 것이기 때문에 물상보증인이 채무를 변제하였으나 어떤 사정에 의하여 채무자에 대하여 **구상권이 없는 경우**, 물상보증인이 채권자를 대위하여 채권자의 채권 및 담보에 관한 권리를 행사할 수 없는 것이다(대판 2014. 4. 30, 2013다80429).

2. 유 형

(1) 서 설

변제에 의한 대위에는 법정대위(제481조)와 임의대위(제480조)가 있는데, 변제에 관해 정당한 이해관계가 있는 자는 법률상 당연히 채권자를 대위할 수 있지만(법정대위), 그렇지 않은 자는 채권자의 승낙을 얻어 채권양도의 방식에 의해 채권자를 대위할 수 있을 뿐이다(임의대위).

(2) 법정대위(제481조)

변제할 정당한 이익이 있는 자는 변제로 당연히 채권자를 대위한다. 민법 제469조 제2항과 민법 제481조에서 말하는 '이해관계' 내지 '변제할 정당한 이익'이 있는 자는 변제를 하지 않으면 채권자로부터 집행을 받게 되거나 또는 채무자에 대한 자기의 권리를 잃게 되는 지위에 있기 때문에 변제함으로써 당연히 대위의 보호를 받아야 할 법률상 이익을 가지는 자를 말하고, 단지 사실상의 이해관계를 가진 자는 제외된다(대결 2009. 5. 28, 자2008마109). 변제할 정당한 이익이 있는 자는 다음의 셋으로 분류할 수 있다.

첫째, 자기재산에 대한 강제집행을 면하기 위하여 타인의 채무를 변제하는 자(물상보증인과 저당부동산의 제3취득자).

둘째, 채권자에 대하여는 법적인 채무를 부담하지만 실질적으로는 자기의 고유채무가 아니라 타인채무로서의 성격을 갖는 경우(보증인의 변제는 전부가 타인채무성을 가지며, 연대채무자와 불가분채무자의 변제는 자기의 부담부분을 초과하는 부분만이 타인채무성을 갖는다).

셋째, 채권자의 강제집행으로 자기 권리에 장애가 오는 경우 등이다.

> **판례** 민법 제481조에 의하여 법정대위를 할 수 있는 '변제할 정당한 이익이 있는 자'라고 함은 변제함으로써 당연히 대위의 보호를 받아야 할 법률상의 이익을 가지는 자를 의미한다. 그런데 **이행인수인**이 채무자와의 이행인수약정에 따라 채권자에게 채무를 이행하기로 약정하였음에도 불구하고 이를 이행하지 아니하는 경우에는 채무자에 대하여 채무불이행의 책임을 지게 되어 특별한 법적 불이익을 입게 될 지위에 있다고 할 것이므로, 이행인수인은 그 변제를 할 정당한 이익이 있다고 할 것이다(대결 2012. 7. 16, 자 2009마461).

(3) 임의대위(제480조)

3. 변제자대위의 효과

(1) 서 설

대위변제한 제3자는 채무자에 대한 자신의 구상권 외에 채권자가 채무자에 대하여 가지고 있던 채권 기타 권리도 취득하게 되며, 이 권리는 구상권 자체와는 별개의 권리로서 구상권의 효력을 담보하는 기능을 한다. 따라서 변제자는 채무자에 대하여 구상권 및 변제자대위로 취득한 채권 등 동일급부를 내용으로 하는 두 청구권을 갖게 되어 청구권경합이 생기게 된다(다수설, 판례).

> **판례** ① 물상보증인이 채무자의 채무를 변제한 경우, 그는 민법 제370조에 의하여 준용되는 같은 법 제341조에 의하여 채무자에 대하여 구상권을 가짐과 동시에 민법 제481조에 의하여 당연히 채권자를 대위하고, 위 구

상권과 변제자대위권은 원본, 변제기, 이자, 지연손해금의 유무 등에 있어서 내용이 다른 별개의 권리로서, 물상보증인은 고유의 구상권을 행사하든 대위하여 채권자의 권리를 행사하든 자유이며, 다만 채권자를 대위하는 경우에는 같은 법 제482조 제1항에 의하여 고유의 구상권의 범위에서 채권 및 그 담보에 관한 권리를 행사할 수 있는 것이어서, 변제자대위권은 고유의 구상권의 효력을 확보하는 역할을 한다(대판 1997. 5. 30, 97다1556).

② 채무를 변제할 이익이 있는 자가 채무를 대위변제한 경우에 통상 채무자에 대하여 구상권을 가짐과 동시에 민법 제481조에 의하여 당연히 채권자를 대위하나, 위 구상권과 변제자 대위권은 그 원본, 변제기, 이자, 지연손해금의 유무 등에 있어서 그 내용이 다른 **별개의 권리**이므로, 대위변제자와 채무자 사이에 구상금에 관한 지연손해금 약정이 있더라도 이 약정은 구상금을 청구하는 경우에 적용될 뿐, 변제자대위권을 행사하는 경우에는 적용될 수 없다(대판 2009. 2. 26, 2005다32418).

(2) 구체적 내용

1) 대위자는 자기 구상권의 범위에서 채권자의 채권 및 담보에 관한 권리를 행사할 수 있다(제482조 제1항). 대위자는 채무자에 대한 관계에서 마치 채권자인 것처럼 권리를 행사하는 것이다. 채무자는 채권자에 대하여 갖는 항변사유로서 대위자에게 대항할 수 있다.

2) 변제자의 **채권에 대한 대위행사**는 주로 담보권실행과 함께 그의 피담보채권을 행사하기 위해 행해진다.

3) 대위자는 채권자가 갖는 **물적 담보와 인적 담보**를 법률의 허용범위 내에서 대위행사할 수 있다. 대위자는 채무자가 구상금을 변제하지 않는 때에는 보증인에 대하여 그의 이행을 청구하고 강제집행할 수 있으며, 담보물을 경매하여 그의 매각대금에서 우선변제받을 수 있다. 변제자는 채권자가 보유하는 저당권이나 가등기에 대해 대위의 부기등기를 청구할 수 있다.

4) 변제자대위를 둘러싼 여러 이해관계인의 관계

최후까지 채무를 부담해야 하는 자는 **채무자**이다. 그 다음은 **담보물의 제3취득자**이며, **보증인과 물상보증인**은 그 다음 순위이고 동등한 지위이다. 따라서 제3취득자는 보증인에 대하여 채권자를 대위하지 못한다(제482조 제2항 제2호). **기타의 제3변제자**는 담보의무가 없으므로 다른 자로부터 대위의 대상이 되지 않는 가장 후순위의 가벼운 위치에 있다.

5) 법정대위의 조문내용(제482조 제2항)

㈎ 1호 : 보증인은 미리 전세권이나 저당권의 등기에 그 대위를 부기하지 아니하면 전세물이나 저당물에 권리를 취득한 제3자에 대하여 채권자를 대위하지 못한다.

> **판례** 민법 제480조, 제481조에 따라 채권자를 대위한 자는 자기의 권리에 의하여 구상할 수 있는 범위에서 채권과 그 담보에 관한 권리를 행사할 수 있다(민법 제482조 제1항). 보증인과 제3취득자 사이의 변제자대위에 관하여 민법 제482조 제2항 제1호는 "보증인은 미리 전세권이나 저당권의 등기에 그 대위를 부기하지 아니하

면 전세물이나 저당물에 권리를 취득한 제3자에 대하여 채권자를 대위하지 못한다"라고 정하고 있다. 이 규정은 보증인의 변제로 저당권 등이 소멸한 것으로 믿고 목적부동산에 대하여 권리를 취득한 제3취득자를 예측하지 못한 손해로부터 보호하기 위한 것이다. 따라서 **보증인이 채무를 변제한 후 저당권 등의 등기에 관하여 대위의 부기등기를 하지 않고 있는 동안 제3취득자가 목적부동산에 대하여 권리를 취득한 경우** 보증인은 제3취득자에 대하여 채권자를 대위할 수 없다. 그러나 **제3취득자가 목적부동산에 대하여 권리를 취득한 후 채무를 변제한 보증인은 대위의 부기등기를 하지 않고도 대위할 수 있다고 보아야 한다.** 보증인이 변제하기 전 목적부동산에 대하여 권리를 취득한 제3자는 등기부상 저당권 등의 존재를 알고 권리를 취득하였으므로 나중에 보증인이 대위하더라도 예측하지 못한 손해를 입을 염려가 없다(대판 2020. 10. 15, 2019다222041).

(나) 2호 : 제3취득자는 보증인에 대하여 채권자를 대위하지 못한다.

판례 ① **물상보증인이** 채무를 변제하거나 담보권의 실행으로 소유권을 잃은 때에는 보증채무를 이행한 보증인과 마찬가지로 **채무자로부터 담보부동산을 취득한 제3자에 대하여** 구상권의 범위 내에서 출재한 전액에 관하여 채권자를 대위할 수 있는 반면, **채무자로부터 담보부동산을 취득한 제3자는** 채무를 변제하거나 담보권의 실행으로 소유권을 잃더라도 **물상보증인에 대하여** 채권자를 대위할 수 없다고 보아야 한다[대판(전합) 2014. 12. 18, 2011다50233].

② [1] 민법 제482조 제2항 제1호와 제2호에서 보증인에게 대위권을 인정하면서도 제3취득자는 보증인에 대하여 채권자를 대위할 수 없다고 규정한 까닭은, 제3취득자는 등기부상 담보권의 부담이 있음을 알고 권리를 취득한 자로서 그 담보권의 실행으로 인하여 예기치 못한 손해를 입을 염려가 없고, 또한 저당부동산에 대하여 소유권, 지상권 또는 전세권을 취득한 제3자는 저당권자에게 그 부동산으로 담보된 채권을 변제하고 저당권의 소멸을 청구할 수 있으며(민법 제364조), 저당물의 제3취득자가 그 부동산의 보존, 개량을 위하여 필요비 또는 유익비를 지출한 때에는 저당물의 경매대가에서 우선상환을 받을 수 있도록(민법 제367조) 하는 등 그 이익을 보호하는 규정도 마련되어 있으므로, 변제자대위와 관련해서는 제3취득자보다는 보증인을 보호할 필요가 있기 때문이다. 그러나 저당부동산에 대하여 후순위 근저당권을 취득한 제3자는 민법 제364조에서 정한 저당권소멸청구권을 행사할 수 있는 제3취득자에 해당하지 아니하고, 달리 선순위 근저당권의 실행으로부터 그의 이익을 보호하는 규정이 없으므로 변제자대위와 관련해서 후순위 근저당권자보다 보증인을 더 보호할 이유가 없으며, 나아가 선순위 근저당권의 피담보채무에 대하여 직접 보증책임을 지는 보증인과 달리 선순위 근저당권의 피담보채무에 대한 직접 변제책임을 지지 않는 **후순위 근저당권자는 보증인에 대하여** 채권자를 대위할 수 있다고 봄이 타당하므로, 민법 제482조 제2항 제2호의 제3취득자에 후순위 근저당권자는 포함되지 아니한다. [2] 민법 제482조 제2항 제2호의 제3취득자에 후순위 근저당권자가 포함되지 않음에도 같은 항 제1호의 제3자에는 후순위 근저당권자가 포함된다고 하면, 후순위 근저당권자는 보증인에 대하여 항상 채권자를 대위할 수 있지만 보증인은 후순위 근저당권자에 대하여 채권자를 대위하기 위해서는 미리 대위의 부기등기를 하여야만 하므로 보증인보다 후순위 근저당권자를 더 보호하는 결과가 되는데, 이러한 결과는 법정대위자인 보증인과 후순위 근저당권자 간의 이해관계를 공평하고 합리적으로 조절하기 위한 민법 제482조 제2항 제1호와 제2호의 입법 취지에 부합하지 않을뿐더러 후순위 근저당권자는 통상 자신의 이익을 위하여 선순위 근저당권의 담보가치를 초과하는 담보가치만을 파악하여 담보권을 취득한 자에 불과하므로 변제자대위와 관련해서 후순위 근저당권자를 보증인보다 더 보호할 이유도 없다. 이러한 사정들과 민법 제482조 제2항 제1호와 제2호가 상호작용하에 법정대위자 중 보증인과 제3취득자의 이해관계를 조절하는 규정인 점 등을 종합하여

보면, **보증인은** 미리 저당권의 등기에 그 대위를 부기하지 않고서도 **저당물에 후순위 근저당권을 취득한 제3자에 대하여 채권자를 대위할 수 있다**고 할 것이므로 민법 제482조 제2항 제1호의 제3자에 후순위 근저당권자는 포함되지 않는다(대판 2013. 2. 15, 2012다48855).

甲은 乙에게 1억 원을 대여하면서 乙 소유인 X 토지에 관하여 근저당권을 설정받았다. 丙은 乙의 부탁을 받고 乙의 위 채무를 보증하였다. 변제기가 도래하였음에도 乙이 채무를 변제하지 않고 있어 丙이 보증채무를 모두 변제하였다. 이후 丙이 X 토지상의 근저당권에 관하여 자신의 명의로 부기등기를 경료하지 않고 있는 사이에 乙은 다시 丁으로부터 금원을 차용하고 丁에게 제2순위 근저당권을 설정하여 주었다. X 토지가 경매되는 경우 丙이 변제사실을 증명하여 배당요구하면 丙은 丁보다 우선하여 배당받을 수 있다(○).

㈐ 3호 : 제3취득자중의 1인은 각부동산의 가액에 비례하여 다른 제3취득자에 대하여 채권자를 대위한다.

㈑ 4호 : 자기의 재산을 타인의 채무의 담보로 제공한 자가 수인인 경우에는 제3취득자간 법률관계의 규정을 준용한다.

㈒ 5호 : 자기의 재산을 타인의 채무의 담보로 제공한 자와 보증인 간에는 그 인원수에 비례하여 채권자를 대위한다. 그러나 자기의 재산을 타인의 채무의 담보로 제공한 자가 수인인 때에는 보증인의 부담부분을 제외하고 그 잔액에 대하여 각 재산의 가액에 비례하여 대위한다. 이 경우에 그 재산이 부동산인 때에는 제1호의 규정(변제 후 즉시 부기등기 필요)을 준용한다.

판례 ① 보증인과 물상보증인이 여럿 있는 경우 어느 누구라도 위와 같은 방식으로 산정한 **각자의 부담 부분을 넘는** 대위변제 등을 하지 않으면 다른 보증인과 물상보증인을 상대로 채권자의 권리를 대위할 수 없다(대판 2010. 6. 10, 2007다61113, 61120). ☞ 초과출재필요설

② 민법 제482조 제2항 제4호, 제5호 전문에 의한 대위비율은 **보증인과 물상보증인의 지위를 겸하는 자도 1인으로 보아 산정**함이 상당하다(대판 2010. 6. 10, 2007다61113, 61120). ☞ 보증인과 물상보증인과의 이중의 자격을 가지는 자는 보증인으로서 한 사람으로 보게 되고, 그 부담부분은 인원수대로 나누어 정한다.

③ 타인의 채무를 변제하고 채권자를 대위하는 대위자 상호간의 관계를 규정한 민법 제482조 제2항 제5호 단서에서 대위의 부기등기에 관한 제1호의 규정을 준용하도록 규정한 취지는 자기의 재산을 타인의 채무의 담보로 제공한 물상보증인이 수인일 때 그중 일부의 물상보증인이 채무의 변제로 다른 물상보증인에 대하여 채권자를 대위하게 될 경우에 **미리 대위의 부기등기를 하여 두지 아니하면 채무를 변제한 뒤에 그 저당물을 취득한 제3취득자에 대하여 채권자를 대위할 수 없도록 하려는 것**이라고 해석되므로 자신들 소유의 부동산을 채무자의 채무의 담보로 제공한 물상보증인들이 채무를 변제한 뒤 다른 물상보증인 소유부동산에 설정된 근저당권설정등기에 관하여 **대위의 부기등기를 하여 두지 아니하고 있는 동안에 제3취득자가 위 부동산을 취득하였다면**, 대위변제한 물상보증인들은 제3취득자에 대하여 채권자를 **대위할 수 없다**(대판 1990. 11. 9, 90다카10305).

4. 일부변제자 대위

> **제483조(일부의 대위)**
> ① 채권의 일부에 대하여 대위변제가 있는 때에는 대위자는 그 변제한 가액에 비례하여 채권자와 함께 그 권리를 행사한다.
> ② 전항의 경우에 채무불이행을 원인으로 하는 계약의 해지 또는 해제는 채권자만이 할 수 있고 채권자는 대위자에게 그 변제한 가액과 이자를 상환하여야 한다.
>
> **제484조(대위변제와 채권증서, 담보물)**
> ① 채권전부의 대위변제를 받은 채권자는 그 채권에 관한 증서 및 점유한 담보물을 대위자에게 교부하여야 한다.
> ② 채권의 일부에 대한 대위변제가 있는 때에는 채권자는 채권증서에 그 대위를 기입하고 자기가 점유한 담보물의 보존에 관하여 대위자의 감독을 받아야 한다.

(1) 일부변제에 대해서는 일부대위가 인정된다(제483조). 즉 "채권의 일부에 대하여 대위변제가 있는 때에는 대위자는 그 변제한 가액에 비례하여 채권자와 함께 그 권리를 행사한다". 여기서 '함께'의 의미에 대하여 판례는 채권자우선설의 입장이다. 반대설(소수설)은 변제자와 채권자 동순위설이다.

> **[판례]** ① 변제할 정당한 이익이 있는 자가 채무자를 위하여 **채권의 일부를 대위변제할 경우**에 대위변제자는 변제한 가액의 범위내에서 종래 채권자가 가지고 있던 채권 및 담보에 관한 권리를 취득하게 되고 따라서 채권자가 부동산에 대하여 저당권을 가지고 있는 경우에는 채권자는 대위변제자에게 일부 대위변제에 따른 저당권의 일부이전의 부기등기를 경료해 주어야 할 의무가 있다 할 것이나 **이 경우에도 채권자는 일부 대위변제자에 대하여 우선변제권을 가지고 있다**(대판 1988. 9. 27, 88다카1797). ☞ 이러한 판례의 태도에 의하면, 예컨대 채무자를 위하여 저당권자의 피담보채권 500만원 중 300만원을 변제한 자는, 채무자 소유 저당부동산의 경매로 400만원의 경락대금(매각대금)이 배당되는 경우에, 채권자가 먼저 200만원을 배당받은 후 남은 200만원을 지급받게 된다. 만약 반대견해(소수설)에 따른다면 대위자는 400×3/5=240만원을 지급받게 될 것이다.
> ② 구상권과 변제자대위는 별개이다. 따라서 변제할 정당한 이익이 있는 자가 채무자를 위하여 채권의 일부를 대위변제할 경우 대위자는 그 변제한 가액에 비례하여 채권자와 함께 그 권리를 행사하고, 변제한 가액의 범위내에서 종래 채권자가 가지고 있던 채권 및 담보에 관한 권리를 취득하는 것이되, 이 경우에도 채권자는 일부 대위변제자에 대하여 우선변제권을 가지는 것이라 하겠으나, 보증인이 변제 기타의 출재로 주채무를 소멸하게 하는 등의 사유로 주채무자에 대하여 가지게 되는 **구상권은 변제자가 갖는 고유의 권리로서 대위의 객체가 된 권리와는 별개**라 할 것이어서 당사자 사이에 다른 약정이 있다는 등의 특별한 사정이 없는 한 **일부대위에 관한 위와 같은 법리가** 보증인이 행사하는 **구상권의 경우**에 당연히 그대로 적용되는 것은 아니다(대판 1995. 3. 3, 94다33514).

(2) 채권의 전부나 일부에 대한 대위변제가 있는 때에도 계약의 해제권·해지권은 계약당사자의 지위에 부속하여 인정되는 것이므로 변제자가 변제자대위로서 행사할 수 없다(제483조 제2항 참조). 변제에 의한 대위는 변제자의 구상권을 보호하기 위해 채권자의 채권 및 그 담보에 관한 권리를 변제자에게 법률상 이전하는 것이고 계약당사자의 지위를 이전하는 것은 아니기 때문이다.

(3) 우선회수특약

판례 변제할 정당한 이익이 있는 사람이 채무자를 위하여 채권의 일부를 대위변제할 경우에 대위변제자는 변제한 가액의 범위 내에서 종래 채권자가 가지고 있던 채권 및 담보에 관한 권리를 취득하므로, 채권자가 부동산에 대하여 저당권을 가지고 있는 경우에는 채권자는 대위변제자에게 일부 대위변제에 따른 저당권 일부 이전의 부기등기를 할 의무를 진다. 한편 이 경우에도 채권자는 일부 대위변제자에 대하여 우선변제권을 가진다 할 것이고, 다만 일부 대위변제자와 채권자 사이에 변제의 순위에 관하여 따로 약정(이하 '우선회수특약'이라 한다)을 하였다면 우선회수특약에 따라 변제의 순위가 정해진다. 그런데 변제로 채권자를 대위하는 경우에 '채권 및 그 담보에 관한 권리'가 변제자에게 이전될 뿐 계약당사자의 지위가 이전되는 것은 아니다. 그리고 변제로 채권자를 대위하는 사람이 구상권 범위에서 행사할 수 있는 '채권 및 그 담보에 관한 권리'에는 채권자와 채무자 사이에 채무의 이행을 확보하기 위한 특약이 있는 경우에 특약에 기하여 채권자가 가지는 권리도 포함되나, 채권자와 일부 대위변제자 사이의 약정에 지나지 아니하는 '우선회수특약'이 '채권 및 그 담보에 관한 권리'에 포함된다고 보기는 어렵다. 이러한 사정들을 고려하면, 일부 대위변제자의 채무자에 대한 구상채권에 대하여 보증한 사람이 자신의 보증채무를 변제함으로써 일부 대위변제자를 다시 대위하게 되었다 하더라도, 그것만으로 채권자의 채무자에 대한 권리가 아니라 채권자와 일부 대위변제자 사이의 약정에 해당하는 '우선회수특약'에 따른 권리까지 당연히 대위하거나 이전받게 된다고 볼 수는 없다. 그렇지만 '우선회수특약'은 일부 대위변제 후의 잔존 채권 변제 및 그 담보권 행사의 순위를 정한 약정으로서 일부 대위에 부수하여 이루어진 약정이고, 일부 대위변제자는 자신을 다시 대위하는 보증채무 변제자를 위하여 민법 제484조 및 제485조에 따라 채권 및 그 담보권 행사에 협조하고 이에 관한 권리를 보존할 의무를 진다는 사정 등에 비추어 보면, 일부 대위변제자로서는 특별한 사정이 없는 한 보증채무 변제자가 대위로 이전받은 담보에 관한 권리 행사 등과 관련하여 채권자 등을 상대로 '우선회수특약'에 따른 권리를 주장할 수 있도록 권리의 승계 등에 관한 절차를 해 주어야 할 의무를 지고, 이를 위반함으로 인해 보증채무 변제자가 채권자 등에 대하여 권리를 주장할 수 없게 되어 손해를 입은 경우에는 그에 대한 손해배상책임을 진다(대판 2017. 7. 18, 2015다206973).

5. 근저당권에서 변제자대위

(1) 채권이 확정되기 전 변제자대위

근저당권은 계속적인 거래관계로부터 발생·소멸하는 불특정다수의 채권 중 그 결산기에 잔존하는 채권을 일정한 한도액의 범위 내에서 담보하는 것으로서 그 거래가 종료하기까지 그 피담보채권은 계속적으로 증감·변동하는 것이므로, 근저당 거래관계가 계속되는 관계로 **근저당권의 피담보채권이 확정되지 아니하는 동안에는** 그 채권의 일부가 대위변제되었다 하더라도 그 근저당권이 대위변제자에게 이전될 수 없다(대판 2000. 12. 26, 2000다54451). 다만 근저당권 확정 전에 대위변제한 경우라도 **그 근저당권에 의하여 담보되는 피담보채권이 확정되게 되면**, 그 피담보채권액이 그 근저당권의 채권최고액을 초과하지 않는 한 그 근저당권 내지 그 실행으로 인한 경락대금에 대한 권리 중 그 피담보채권액을 담보하고 남는 부분은 저당권의 일부이전의 부기등기의 경료 여부와 관계없이 대위변제자에게 법률상 당연히 이전된다(대판 2002. 7. 26, 2001다53929).

(2) 채권이 확정된 근저당권에서 일부대위

채권이 확정된 경우 일반 저당권처럼 변제자대위가 인정된다.

> **판례** ① 변제할 정당한 이익이 있는 자가 채무자를 위하여 근저당권의 피담보채무의 일부를 대위변제한 경우에 대위변제자는 피담보채무의 일부대위변제를 원인으로 한 근저당권 일부이전의 부기등기의 경료 여부와 관계없이 변제한 가액의 범위 내에서 종래 채권자가 가지고 있던 채권 및 담보에 관한 권리를 법률상 당연히 취득하게 되는 것이나 이 때에도 채권자는 대위변제자에 대하여 우선변제권을 가진다고 할 것인바, 이 경우에 채권자의 우선변제권은 피담보채권액을 한도로 특별한 사정이 없는 한 자기가 보유하고 있는 잔존 채권액 전액에 미친다고 할 것이고, 이러한 법리는 채권자와 후순위권리자 사이에서도 마찬가지라 할 것이므로 근저당권의 실행으로 인한 배당절차에서도 채권자는 특별한 사정이 없는 한 자기가 보유하고 있는 잔존 채권액 및 피담보채권액의 한도에서 후순위권리자에 우선해서 배당받을 수 있다(대판 2004. 6. 25, 2001다2426).
> ② 수인이 시기를 달리하여 채권의 일부씩을 대위변제한 경우 그들은 각 일부 대위변제자로서 변제한 가액에 비례하여 근저당권을 준공유한다고 보아야 하나, 그 경우에도 채권자는 특별한 사정이 없는 한 채권의 일부씩을 대위변제한 일부 대위변제자들에 대하여 우선변제권을 가지고, 채권자의 우선변제권은 채권최고액을 한도로 자기가 보유하고 있는 잔존 채권액 전액에 미치므로, 결국 근저당권을 실행하여 배당할 때에는 채권자가 자신의 잔존 채권액을 일부 대위변제자들보다 우선하여 배당받고, 일부 대위변제자들은 채권자가 우선 배당받고 남은 한도액을 각 대위변제액에 비례하여 안분 배당받는 것이 원칙이다(대판 2011. 6. 10, 2011다9013).

6. 법정대위자의 면책

> **제485조(채권자의 담보상실, 감소행위와 법정대위자의 면책)**
> 제481조의 규정에 의하여 대위할 자가 있는 경우에 채권자의 고의나 과실로 담보가 상실되거나 감소된 때에는 대위할 자는 그 상실 또는 감소로 인하여 상환을 받을 수 없는 한도에서 그 책임을 면한다.

(1) 의 의

법정대위자의 채무자에 대한 구상권을 확보케 하기 위하여 채권자에게 담보보존의무가 있음을 전제로, 채권자의 고의나 과실로 담보를 상실 또는 감소시킨 경우 그로 인해 구상할 수 없는 한도에서 법정대위자의 책임을 면하게 하는 것이다.

> **판례** ① 민법 제481조의 규정에 의하여 대위할 자가 있는 경우에 채권자의 고의나 과실로 담보가 상실되거나 감소된 때에는 대위할 자는 그 상실 또는 감소로 인하여 상환을 받을 수 없는 한도에서 그 책임을 면한다(민법 제485조). 이는 보증인 등 법정대위를 할 자가 있는 경우에 채권자에게 담보보존의무를 부담시킴으로써 대위할

자의 구상권과 대위에 대한 기대권을 보호하려는 것이다. 물상보증인은 근저당권의 피담보채무를 변제할 정당한 이익이 있는 자로서 변제로 채권자를 대위할 법정대위권이 있다. 채권자가 고의나 과실로 담보를 상실하게 하거나 감소하게 한 때에는 특별한 사정이 없는 한 물상보증인의 대위권을 침해하는 것이므로 물상보증인은 민법 제485조에 따라 상실 또는 감소로 인하여 상환을 받을 수 없는 한도에서 면책 주장을 할 수 있다. 여기서 물상보증인이 면책 주장을 할 수 있다는 것은 채무자가 부담하는 근저당권의 피담보채무 자체가 소멸한다는 뜻은 아니고 피담보채무에 관한 물상보증인의 책임이 소멸한다는 의미이다(대판 2017. 10. 31, 2015다65042). ② 채권자가 일부 대위변제자에게 그가 대위변제한 비율을 넘어 근저당권 전부를 이전하여 준 경우, 결국 채권자는 근저당권의 피담보채무 중 일부를 대위변제한 다른 보증인이 법정대위권을 행사할 수 있는 채권의 담보를 고의로 상실되게 한 것이므로, 다른 보증인은 그의 보증채무를 이행함으로써 채권자에 대한 법정대위권자로서 근저당권을 실행하여 배당받을 수 있었던 금액의 한도에서 보증의 책임을 면한다(대판 1996. 12. 6, 96다35774).

(2) 채권자의 고의·과실

여기서 채권자는 당초의 채권자인지 장래 대위로 인해 채권자로 되는 자인지를 구별할 이유가 없다.

> **판례** 민법 제485조는 보증인 기타 법정대위권자를 보호하여 주채무자에 대한 구상권을 확보할 수 있도록 채권자에게 담보보존의무를 부담시키는 것으로서, 채권자가 당초의 채권자이거나 장래 대위로 인하여 채권자로 되는 자이거나를 구별할 이유가 없다. 연대보증인 중 1인이 변제 기타 자기의 출재로 공동면책이 된 때에는 민법 제448조 제2항, 제425조에 의하여 다른 연대보증인의 부담부분에 대하여 구상권을 행사할 수 있는 것과는 별개로 민법 제481조에 의하여 당연히 채권자를 대위하여 주채무자에 대하여 구상권 범위 내에서 채권자로 되고, 위 연대보증인에 대하여 자기 부담부분에 대하여 상환을 하는 다른 연대보증인은 그의 상환액을 다시 주채무자에 대하여 구상할 수 있고 이 구상권 범위 내에서는 그 자는 공동면책시킨 위 연대보증인이 당초 채권자를 대위하여 가지는 권리를 다시 대위취득할 수 있기 때문에, 변제로 당초 채권을 대위 행사하는 연대보증인과 다른 연대보증인의 관계는 바로 민법 제485조에서 정한 '채권자'와 '제481조의 규정에 의하여 대위할 자'의 관계가 된다. 따라서 변제로 공동면책시켜 구상권을 가지는 연대보증인이 주채무자에 대한 채권 담보를 상실 또는 감소시킨 때에는 민법 제485조의 '채권자의 고의나 과실로 담보가 상실되거나 감소된 때'에 해당하여, 다른 연대보증인은 구상의무를 이행하였을 경우에 담보 소멸로 인하여 주채무자로부터 상환을 받을 수 없는 한도에서 책임을 면한다고 보아야 한다(대판 2012. 6. 14, 2010다11651).

(3) 담보의 범위

인적 또는 물적 담보를 포함한다. 또한 담보는 이미 성립한 담보뿐만 아니라 장래 성립할 담보도 포함한다.

> **판례** 주채무자가 채권자에게 가등기담보권을 설정하기로 약정한 뒤 이를 이행하지 않고 있음에도 채권자가 그 약정에 기하여 가등기가처분 명령신청, 가등기설정등기 이행청구 등과 같은 담보권자로서의 지위를 보전·실행·집행하기 위한 조치를 취하지 아니하다가 당해 부동산을 제3자가 압류 또는 가압류함으로써 가등기담보권자로서의 권리를 제대로 확보하지 못한 경우도 담보가 상실되거나 감소된 경우에 해당한다(대판 2009. 10. 29, 2009다60527).

(4) 법정대위자의 면책액을 산정하는 시기

판례는 "담보가 상실 또는 감소된 시점(포기시)"을 표준시점으로 하여 판단한다(대판 2001. 12. 24, 2001다42677).

> **[판례]** 민법 제485조에 의하여 법정대위자가 면책되는지 여부 및 면책되는 범위는 담보가 상실 또는 감소한 시점을 표준시점으로 하여 판단되는 점 등을 종합하면, 법정대위의 전제가 되는 보증 등의 시점 이전에 이미 소멸한 채권자의 담보에 대해서는 민법 제485조가 적용되지 않는다고 보아야 하고, 위와 같은 담보 소멸에 채권자의 고의나 과실이 있다거나 법정대위의 전제가 되는 보증 등의 시점 당시 소멸된 담보의 존재를 신뢰하였다는 등의 사정이 있다고 하여 달리 볼 것은 아니다(대판 2014. 10. 15, 2013다91788).

(5) 임의규정

민법 제485조의 면책규정은 오로지 법정대위권자의 이익보호에 있으므로 그 성질상 임의규정으로 보아야 할 것이고 따라서 법정대위권자로서는 채권자와의 특약으로서 위 규정에 의한 면책이익을 포기하거나 면책의 사유와 범위를 제한 내지 축소할 수 있다(대판 1987. 4. 14, 86다카520).

(6) 채권자의 담보보존의무 인정여부 및 불법행위 성부

> **[판례]** ① **(원칙)** 채권자가 자신의 채권이나 담보권을 행사할지 여부는 채권자가 자유롭게 선택할 수 있는 영역에 속하는 것이므로 **채권자가 제3자에 대하여 자신의 채권이나 담보권을 성실하게 행사하여야 할 의무를 부담하는 특단의 사정이 없는 한 채권자가 자신의 채권이나 담보권을 행사하지 않거나 포기하였다고 하여 이를 불법행위에 해당한다고 할 수는 없는 것**이고, 대위변제의 정당한 이익을 갖는 자가 채권자의 담보상실 또는 감소 행위를 들어 민법 제485조 소정의 면책을 주장할 수 있음은 별론으로 하더라도 **대위변제의 정당한 이익을 갖는 자가 있다는 사정만으로 채권자가 자신의 채권이나 담보권을 성실히 행사하여야 할 의무를 부담한다고는 할 수 없다**(대판 2001. 12. 24, 2001다42677).
> ② **(예외)** [1] 민법 제485조는 "제481조의 규정에 의하여 대위할 자가 있는 경우에 채권자의 고의나 과실로 담보가 상실되거나 감소된 때에는 대위할 자는 그 상실 또는 감소로 인하여 상환을 받을 수 없는 한도에서 그 책임을 면한다."라고 정한다. 이는 보증인 등 법정대위를 할 자가 있는 경우에 채권자에게 담보보존의무를 부담시킴으로써 대위할 자의 구상권과 대위에 대한 기대권을 보호하려는 것이다. 법정대위를 할 자는 채권자가 고의나 과실로 담보를 상실하게 하거나 감소하게 한 때에는 원칙적으로 민법 제485조에 따라 면책을 주장할 수 있을 뿐이지만, **채권자가 제3자에 대하여 자신의 담보권을 성실하게 보존·행사하여야 할 의무를 부담하는 특별한 사정이 인정되는 경우에는 채권자의 담보권의 포기 행위가 불법행위에 해당할 수 있다.** [2] 갑과 을이 각 1/2 지분을 소유하고 있는 토지에 관하여 을이 병으로부터 대출받으면서 병을 근저당권자로, 채무자를 을로 하는 근저당권을 설정하였는데, 위 토지 중 갑 지분에만 경매절차가 개시되어 제3자가 매각대금을 완납하자, 병은 을 지분에 관한 근저당권설정등기를 말소해주었고, 이후 개시된 배당절차에서 병에게 신고채권액 전부를 배당하는 것으로 배당표가 작성된 사안에서, 위 배당절차에서 채권자인 병에게 배당이 이루어지면 민법 제481조, 제482조의 규정에 따라 위 토지 중 채무자인 을 지분에 관한 병 명의의 근저당권에 대하여 갑의 변제자대위가 당연히 이루어질 것으로 예상되던 상황이었으므로, 물상보증인인 갑의 지분에 관하여 **담보권이 실행될 가능성이 단순히 예상되는 수준을 넘어 실제로 현실화됨으로써** 갑은 배당절차를 통하여

변제가 이루어졌을 때에 준하는 변제자대위에 관한 정당한 기대를 가지게 되었고, 채권자인 병이 갑에 대하여 자신의 담보권을 성실하게 보존·행사하여야 할 의무를 부담함에도 곧 변제자대위의 대상이 될 채무자에 대한 근저당권설정등기를 말소하여 줌으로써 저당권을 포기한 행위는 **변제자대위에 의하여 취득한 권리의 침해에 준하는 물상보증인의 변제자대위에 대한 정당한 기대를 침해하는 행위로서 민법 제750조에 정한 불법행위에 해당한다**고 한 사례(대판 2022. 12. 29, 2017다261882).

VI. 대물변제

> **제466조(대물변제)**
> 채무자가 채권자의 승낙을 얻어 본래의 채무이행에 갈음하여 다른 급여를 한 때에는 변제와 같은 효력이 있다.

1. 대물변제

(1) 대물변제의 의의

대물변제는 채권자의 승낙을 얻어 채무자가 부담하고 있는 본래의 급부에 갈음하여 현실적으로 다른 급부를 함으로써 채권을 소멸시키는 것을 말한다.

(2) 법적 성질(요물계약설)

채권의 소멸원인으로 채권자의 승낙이 필요하고, 현실적 급부가 동시에 행하여져야 하기 때문에 대물변제는 요물계약이라고 함이 통설과 판례이다.

> **판례** ① 대물변제란 본래의 채무에 갈음하여 다른 급부를 현실적으로 하는 때에 성립하는 **요물계약**이므로, 그 급부가 소유권이전일 때에는 그 **이전등기가 마쳐져야** 본래의 채무가 소멸된다 할 것이고 그 **이전등기가 경료되지 아니하는 한** 대물변제의 예약에 불과하여 본래채무가 소멸하지 아니한다(대판 1979. 9. 11, 79다381). ② [1] 대물변제는 본래 채무의 이행에 갈음하여 다른 급여를 현실적으로 하는 때에 성립하는 계약이므로, **다른 급여가 부동산의 소유권이전인 경우 등기를 완료하면 대물변제가 성립되어 기존채무가 소멸한다.** 한편 대물변제도 **유상계약**이므로 목적물에 하자가 있을 경우 **매도인의 담보책임에 관한 민법 조항이 준용된다.** [2] 갑 주식회사가 다세대주택 신축공사의 전기공사를 을 합자회사에 하도급 주면서 공사대금을 다세대주택 구분건물로 대물변제하기로 약정하고, 이후 을 회사가 구분건물에 관하여 소유권이전등기를 넘겨받은 사안에서, 을 회사가 당초의 약정대로 하도급 공사대금에 대한 대물변제를 원인으로 구분건물에 관하여 **소유권이전등기를 마친 이상** 갑 회사는 본래 채무에 갈음하여 이행하기로 한 **다른 급여를 현실적으로 한 것으로 보아야** 하고, **구분건물이 아직 사용승인을 받지 않았으며 대지지분에 제한물권이 설정되어 있다는 사정은 대물변제 목적물의 하자로서 담보책임을 물을 수 있는 사유가 될 뿐**이므로 을 회사가 약정한 목적물에 관하여 대물변제를 원인으로 소유권이전등기를 넘겨받았는데도, 대물변제가 이행되었다는 갑 회사의 항변을 배척한 원심판단에 법리오해의 잘못이 있다(대판 2023. 2. 2, 2022다276789). ☞ 원심은 이 사건 구분건물은 사용승인을 받지 않았고 대지에 근저당권이 설정되어 있으므로 대물변제가 완전히 이행되었다고 인정하기 부족

하다는 이유를 들어 원고가 청구한 공사대금 전액의 지급을 명하였으나, 대법원은 원심의 판단이 대물변제의 성립에 관한 법리를 오해한 잘못이 있다고 하면서 파기환송한 사례.

(3) 대물변제의 내용

1) 대물변제는 "본래의 채무이행에 갈음하여" 다른 급부가 행해졌어야 한다. "변제를 위하여" 다른 급부를 행한 경우에는 기존의 채무 외에 새로운 급부를 추가할 뿐이다.

> **판례** ① 채무자가 채무와 관련하여 채권자에게 채무자 소유의 재산을 양도하기로 약정한 경우에, 그것이 종전 채무의 변제에 갈음하여 대물변제 조로 양도하기로 한 것인지 아니면 종전 채무의 담보를 위하여 추후 청산절차를 유보하고 양도하기로 한 것인지는 약정 당시의 당사자 의사해석에 관한 문제이다(대판 2015. 8. 27, 2013다28247).
> ② 채권자에 대하여 금전채무를 부담하는 채무자가 채권자에게 그 금전채무와 관련하여 다른 급부를 하기로 약정한 경우, 그 약정을 언제나 기존 금전채무를 소멸시키고 다른 채무를 성립시키는 약정이라고 단정할 수는 없다. 기존 금전채무를 존속시키면서 당사자의 일방 또는 쌍방에게 기존 급부와 다른 급부를 하거나 요구할 수 있는 권능을 부여하는 등 그 약정이 기존 금전채무의 존속을 전제로 하는 약정일 가능성도 배제하기 어렵다(대판 2018. 11. 15, 2018다28273).

2) 채권이 존재하지 않거나 무효·취소된 경우 대물변제도 무효가 된다.

> **판례** 채무자가 채권자의 승낙을 얻어 본래의 채무이행에 갈음하여 부동산으로 대물변제를 하였으나 본래의 채무가 존재하지 않았던 경우에는, 당사자가 특별한 의사표시를 하지 않은 한 대물변제는 무효로서 부동산의 소유권이 이전되는 효과가 발생하지 않는다(대판 1991. 11. 12, 91다9503).

(4) 채권자에 대한 채무변제를 위해 다른 채권을 채권자에게 양도한 경우

채권자에 대한 채무변제를 위하여 어떤 다른 채권을 채권자에게 양도함에 있어서는 특단의 사정이 없는 한, 그 채권양도는 채무변제를 위한 **담보 또는 변제의 방법으로** 양도되는 것이지 채무변제에 갈음하여 양도되어 원채권이 소멸하는 것이 아니다(대판 1981. 10. 13, 81다354). 따라서 원채권이 소멸되는 "갈음하여"에 해당하려면 특약이 있어야 할 것이다.

> **판례** ① 채무자가 기존 채무의 이행에 관하여 채권자에게 어음을 교부하는 경우에 당사자 사이에 특별한 의사표시가 없고, 다른 한편 어음상의 주채무자가 원인관계상의 채무자와 동일하지 아니한 때에는 제3자인 어음상의 주채무자에 의한 지급이 예정되고 있으므로, 이는 '지급을 위하여' 교부된 것으로 추정된다(대판 1995. 10. 13, 93다12213).
> ② 채무자가 채권자에게 채무변제와 관련하여 다른 채권을 양도하는 것은 특단의 사정이 없는 한 채무변제를 위한 담보 또는 변제의 방법으로 양도되는 것으로 추정할 것이지 채무변제에 갈음한 것으로 볼 것은 아니어서, 그 경우 채권양도만 있으면 바로 원래의 채권이 소멸한다고 볼 수는 없고 **채권자가 양도받은 채권을 변제받**

은 때에 **비로소** 그 범위 내에서 채무자가 면책된다(대판 2013. 5. 9, 2012다40998).

③ 채무자가 채권자에게 채무변제에 '**갈음하여**' 다른 채권을 양도하기로 한 경우에는 특별한 사정이 없는 한 **채권양도의 요건을 갖추어 대체급부가 이루어짐으로써 원래의 채무는 소멸하는 것**이고 그 양수한 채권의 변제까지 이루어져야만 원래의 채무가 소멸한다고 할 것은 아니다. 이 경우 대체급부로서 채권을 양도한 양도인은 양도 당시 양도대상인 **채권의 존재**에 대해서는 담보책임을 지지만 당사자 사이에 별도의 약정이 있다는 등 특별한 사정이 없는 한 그 채무자의 **변제자력**까지 담보하는 것은 아니다(대판 2013. 5. 9, 2012다40998).

2. 대물변제의 예약

제607조(대물반환의 예약)
차용물의 반환에 관하여 차주가 차용물에 갈음하여 다른 재산권을 이전할 것을 예약한 경우에는 그 재산의 예약당시의 가액이 차용액 및 이에 붙인 이자의 합산액을 넘지 못한다.

제608조(차주에 불이익한 약정의 금지)
전2조의 규정에 위반한 당사자의 약정으로서 차주에 불리한 것은 환매 기타 여하한 명목이라도 그 효력이 없다.

Ⅶ. 공 탁

1. 일반론

제487조(변제공탁의 요건, 효과)
채권자가 변제를 받지 아니하거나 받을 수 없는 때에는 변제자는 채권자를 위하여 변제의 목적물을 공탁하여 그 채무를 면할 수 있다. 변제자가 과실없이 채권자를 알 수 없는 경우에도 같다.

(1) 의의와 법적 성질

변제공탁은 채무자로 하여금 채무로부터 벗어나게 하기 위한 제도이다. 이러한 공탁은 국가기관인 공탁소를 중심으로 공탁법의 규정에 따라 그 절차가 실현되기 때문에 공법관계이며, 그러한 관계가 형성될 때에 비로소 민법상의 채무는 그 목적을 달성하게 되어 소멸되는 것이다.

(2) 공탁의 유효요건
1) 채권자가 변제를 받지 아니하거나 받을 수 없을 때

채권자의 귀책사유 유무에 관계 없다. 따라서 채권자지체의 요건이 갖추어져야 하는 것도 아니다.

판례 가. 채권의 가압류는 제3채무자에 대하여 채무자에게 지급하는 것을 금지하는 데 그칠 뿐 채무 그 자체를 면하게 하는 것이 아니고, 가압류가 있다 하여도 그 채권의 이행기가 도래한 때에는 제3채무자는 그 지체책임을 면할 수 없다고 보아야 할 것이다. 나. '가'항의 경우 가압류에 불구하고 제3채무자가 채무자에게 변제를 한 때에는 나중에 채권자에게 이중으로 변제하여야 할 위험을 부담하게 되므로 제3채무자로서는 민법 제487 조의 규정에 의하여 공탁을 함으로써 이중변제의 위험에서 벗어나고 이행지체의 책임도 면할 수 있다고 보아 야 할 것이다[대판(전합) 1994. 12. 13. 93다951].

2) 변제자가 과실 없이 채권자를 알 수 없는 경우

민법 제487조 후단의 '변제자가 과실 없이 채권자를 알 수 없는 경우'라 함은 객관적으로 채권자 또 는 변제수령권자가 존재하고 있으나 채무자가 선량한 관리자의 주의를 다하여도 채권자가 누구인지 를 알 수 없는 경우를 말한다(대판 2004. 11. 11. 2004다37737). ☞ 이른바 상대적 불확지

> **│판례│** ① 채권양도금지특약에 반하여 채권양도가 이루어진 경우, 그 양수인이 양도금지특약이 있음을 알았거 나 중대한 과실로 알지 못하였던 경우에는 채권양도는 효력이 없게 되고, 반대로 양수인이 중대한 과실 없이 양도금지특약의 존재를 알지 못하였다면 채권양도는 유효하게 되어 채무자로서는 양수인에게 양도금지특약 을 가지고 그 채무이행을 거절할 수 없게 되어 양수인의 선의, 악의 등에 따라 양수채권의 채권자가 결정되는 바, 이와 같이 양도금지의 특약이 붙은 채권이 양도된 경우에 양수인의 악의 또는 중과실에 관한 입증책임은 채무자가 부담하지만, 그러한 경우에도 채무자로서는 양수인의 선의 등의 여부를 알 수 없어 과연 채권이 적법 하게 양도된 것인지에 관하여 의문이 제기될 여지가 충분히 있으므로 특별한 사정이 없는 한 민법 제487조 후 단의 채권자 불확지를 원인으로 하여 변제공탁을 할 수 있다(대판 2000. 12. 22. 2000다55904).
> ② 채권이 압류되기 전에 이미 제3자에게 양도되었으나 채무자가 확정일자 있는 증서에 의하지 아니하고 그 채권양도를 승낙한 경우에 채무자가 압류채권자와 채권의 양수인 중 누구에게 변제하여야 할지 몰라 변제공 탁한 경우에 채권자불명으로 보아 공탁의 유효성을 인정한다(대판 1971. 1. 26. 70다2626).

(3) 공탁의 당사자

1) 공탁은 공탁공무원의 수탁처분과 공탁물보관자의 공탁물수령으로 효력이 발생한다. 따라서 공 탁관계의 당사자는 공탁자와 공탁소가 된다. 따라서 공탁이 유효하게 효력을 발생하기 위해서 채 권자에 대한 공탁통지를 요건으로 하는 것은 아니다. 공탁에 의한 변제효과의 발생시기는 **공탁공 무원의 수탁처분과 공탁물보관자의 공탁물수령이 있는 때**이며, 채권자에 대한 공탁통지나 채 권자의 수익의 의사표시가 있는 때에 공탁의 효력이 발생하는 것은 아니다.

2) 매수인이 매도인을 대리하여 매매대금을 수령할 권한을 가진 자에게 잔대금의 수령을 최고하고 그 자를 공탁물수령자로 지정하여 변제공탁을 한 경우, 매도인에 대한 잔대금 지급의 효력이 있 다(대판 2012. 3. 15. 2011다77849).

(4) 공탁의 대상

변제목적물이 공탁의 목적물이다. 한편 다수설은 동산뿐만 아니라 부동산도 공탁의 목적물로 될 수 있다고 이해하지만, 판례는 부동산에 대하여는 부정적이다(지원림 민법강의-아래판결참조).

> **판례** 통상의 채권채무 관계에서는 채권자가 수령을 지체하는 경우 채무자는 공탁 등에 의한 방법으로 채무부담에서 벗어날 수 있으나 등기에 관한 채권채무 관계에 있어서는 이러한 방법을 사용할 수 없으므로, 등기의무자가 자기 명의로 있어서는 안 될 등기가 자기 명의로 있음으로 인하여 사회생활상 또는 법상 불이익을 입을 우려가 있는 경우에는 소의 방법으로 등기권리자를 상대로 등기를 인수받아 갈 것을 구하고 그 판결을 받아 등기를 강제로 실현할 수 있도록 한 것이다(대판 2001. 2. 9, 2000다60708).

(5) 수령거절과 구두제공

채권자가 미리 채무의 수령을 거절한 경우에 원칙적으로 채무자는 구두의 제공을 하지 않고서도 공탁할 수 있다. 즉 채권자의 태도로 보아 채무자가 설사 채무의 이행제공을 하였더라도 그 수령을 거절하였을 것이 명백한 경우에는 채무자는 이행의 제공을 하지 않고 바로 변제공탁할 수 있다(대판 1994. 8. 26, 93다42276).

(6) 공탁의 효과

> **제488조(공탁의 방법)**
> ① 공탁은 채무이행지의 공탁소에 하여야 한다.
> ② 공탁소에 관하여 법률에 특별한 규정이 없으면 법원은 변제자의 청구에 의하여 공탁소를 지정하고 공탁물보관자를 선임하여야 한다.
> ③ 공탁자는 지체없이 채권자에게 공탁통지를 하여야 한다.

공탁이 유효한 경우 채무소멸의 효과가 발생한다(제487조).

> **판례** [1] 민법 제476조, 제487조의 규정에 의하면 변제공탁이 유효한 이상 그 공탁을 한 때에 변제의 효력이 있고 또한 그 변제충당의 법률상 효과도 공탁을 한 때에 생긴다. [2] 채권자가 아무런 이의없이 공탁금을 수령하였다면 이는 공탁의 취지에 의하여 수령한 것이 되어 그에 따른 법률효과가 발생하는 것이므로 채무자가 변제충당할 채무를 지정하여 공탁한 것을 채권자가 아무런 이의없이 수령하였다면 그 공탁의 취지에 따라 변제충당된다(대판 1987. 4. 14, 85다카2313).

2. 조건부 공탁 등

(1) 동시이행항변권

채무에 동시이행의 항변권이 부착된 경우에 채무자는 동시이행의 항변권을 포기하지 않고서도 공탁할 수 있다. 이때 채무자는 채권자의 반대급부제공을 공탁물수령의 조건으로 할 수 있다. 그러나 본래의 채권에 부착되어 있지 않은 조건을 붙여서 행한 공탁은 채권자의 승낙이 없는 한 공탁 자체가 무효이다(대판 2002. 12. 6, 2001다2846 등).

> **판례** 쌍무계약에서 채권자는 동시이행관계에 있는 상환채무를 이행하지 않으면 공탁물을 수령하지 못한다 (대판 2011. 12. 13, 2011다11580).

(2) 일부공탁

변제공탁이 유효하려면 채무 전부에 대한 변제의 제공 및 채무 전액에 대한 공탁이 있음을 요하고 채무 전액이 아닌 일부에 대한 공탁은 그 부분에 관하여서도 효력이 생기지 않으나, **채권자가 공탁금을 채권의 일부에 충당한다는 유보의 의사표시를 하고 이를 수령한 때**에는 그 공탁금은 채권의 일부의 변제에 충당되고, 그 경우 유보의 의사표시는 반드시 명시적으로 하여야 하는 것은 아니다(대판 2009. 10. 29, 2008다51359).

> **판례** 변제공탁이 유효하려면 채무 전부에 대한 변제의 제공 및 채무 전액에 대한 공탁이 있어야 하고, **채무 전액이 아닌 일부에 대한 공탁은** 일부의 제공이 유효한 제공이라고 볼 수 있거나 변제자의 공탁금액이 채무의 총액에 비하여 아주 근소하게 부족하여 해당 변제공탁을 신의칙상 유효한 것이라고 볼 수 있는 등의 특별한 사정이 있는 경우를 제외하고는 **채권자가 이를 수락하지 않는 한 그 공탁 부분에 관하여서도 채무소멸의 효과가 발생하지 않는다**(대판 2022. 11. 30, 2017다232167, 232174).

3. 공탁물회수

> **제489조(공탁물의 회수)**
> ① 채권자가 공탁을 승인하거나 공탁소에 대하여 공탁물을 받기를 통고하거나 공탁유효의 판결이 확정되기까지는 변제자는 공탁물을 회수할 수 있다. 이 경우에는 공탁하지 아니한 것으로 본다.
> ② 전항의 규정은 질권 또는 저당권이 공탁으로 인하여 소멸한 때에는 적용하지 아니한다.

(1) 공탁물 회수권

공탁은 채무자를 위한 제도이므로 공탁물을 회수할 수 있음이 원칙이다. 다만 일정한 경우에는 제한된다(제489조).

(2) 학설의 대립

1) 정지조건설

정지조건설에 의할 때에는 회수권의 소멸이 있을 때까지 채무소멸의 효과는 불확정적인 것으로 파악하고, 회수권이 확정적으로 소멸한 후(이를 정지조건으로 하여)에는 공탁이 있었던 때에 소급하여 그 효력이 발생한다고 한다.

2) 해제조건설

공탁으로 채무는 즉시 소멸하지만 변제자가 공탁물을 회수한 때에는 채무는 소급하여 소멸하지 않은 것으로 된다는 것으로, 다수설·판례의 태도이다.

> **[판례]** ① 변제공탁이 적법한 경우에는 채권자가 공탁물 출급청구를 하였는지 여부와는 관계없이 공탁을 한때에 변제의 효력이 발생하나(제487조 참조), 변제공탁자가 공탁물 회수권의 행사에 의하여 공탁물을 회수한 경우에는 공탁하지 아니한 것으로 보아 채권소멸의 효력은 소급하여 없어진다(대판 2014. 5. 29, 2013다212295).
> ② 변제공탁이 적법한 경우에는 채권자가 공탁물 출급청구를 하였는지 여부와는 관계없이 공탁을 한 때에 변제의 효력이 발생하나, 피공탁자를 포함한 제3자가 공탁자에 대하여 가지는 별도 채권의 집행권원으로써 공탁자의 공탁물 회수청구권에 대하여 압류 및 추심명령을 받아 그 집행으로 공탁물을 회수한 경우 채권소멸의 효력은 소급하여 없어진다. 나아가 부적법한 변제공탁으로 변제의 효력이 발생하지 않았다고 하더라도, 피공탁자는 이를 수락하여 공탁물 출급청구를 하는 대신 공탁자에 대한 다른 채권에 기하여 공탁자의 공탁물 회수청구권에 대하여 압류 및 추심명령을 받아 그 집행으로 공탁물을 회수할 수 있다. 한편 공탁물 출급청구권과 공탁물 회수청구권은 서로 독립한 별개의 청구권이므로 설령 공탁물 출급청구권에 대한 압류 등이 있었다고 하더라도 이는 공탁물 회수청구권에 대하여 아무런 영향을 미치지 않는다(대결 2020. 5. 22, 자 2018마5697).

(3) 공탁물 회수의 제한(질권·저당권의 소멸시)

1) 공탁으로 채권은 소멸하므로 질권, 저당권 등도 소멸한다. 그런데 공탁물이 회수되면 채권과 질권, 저당권은 부활하여야 할 것이고, 질권과 저당권이 부활하면 물상보증인 등 제3자에게 불측의 손해를 줄 염려가 있으므로 민법은 질권, 저당권이 소멸하면 공탁물을 회수할 수 없도록 하였다(제489조 제2항).

2) 질권·저당권 외에 가등기담보권이나 양도담보권이 소멸한 경우에도 공탁자의 회수권이 역시 부정되는가? 판례는 질권이나 저당권의 경우와는 달리 회수를 인정한다.

> **[판례]** 민법 제489조의 규정은 공탁으로 인하여 질권 또는 저당권이 소멸한 경우를 제외하고, 채권자가 공탁을 승인하거나 공탁소에 대하여 공탁물을 받기를 통고하거나 공탁유효의 판결이 확정되기까지, 변제자는 공탁물을 회수할 수 있고 이 경우에는 공탁하지 아니한 것으로 본다고 규정하고 있을 뿐, 가등기 및 본등기에 의하여 담보된 채무의 변제공탁으로 인하여 가등기담보권이나 양도담보권이 소멸하는 경우에도 변제자가 공탁물을 회수할 수 없다는 취지를 포함하는 것은 아니므로, 변제자의 채권자는 공탁금회수청구권을 압류 전부받아 변제공탁금을 회수할 수 있다(대판 1982. 7. 27, 81다495).

Ⅷ. 상 계

1. 일반론

> **제492조(상계의 요건)**
> ① 쌍방이 서로 같은 종류를 목적으로 한 채무를 부담한 경우에 그 쌍방의 채무의 이행기가 도래한 때에는 각 채무자는 대등액에 관하여 상계할 수 있다. 그러나 채무의 성질이 상계를 허용하지 아니할 때에는 그러하지 아니하다.

> ② 전항의 규정은 당사자가 다른 의사를 표시한 경우에는 적용하지 아니한다. 그러나 그 의사표시로
> 써 선의의 제삼자에게 대항하지 못한다.

(1) 서 설
1) 의 의
상계라 함은 채무자가 채권자에 대하여 자기도 또한 동종의 채권을 갖는 경우에 채무자의 상계의
의사표시만으로 그 채권과 채무를 대등액에서 소멸시키는 것을 말한다. 이러한 상계제도의 취지는 서
로 대립하는 두 당사자 사이의 채권·채무를 간이한 방법으로 원활하고 공평하게 처리하려는 데 있다
(대판 2011. 4. 28, 2010다101394).

2) 작 용
상계는 상대방의 자산상태가 악화된 경우에 다른 채권자에 우선해서 자기의 채권의 회수를 확보할
수 있게 해준다. 즉 수동채권의 존재가 사실상 자동채권에 대한 담보로서 기능하는 것이다. 반면에 상계
의 대상이 되는 채무자의 채권이 채무자 재산의 중요부분을 이루는 경우, 또는 채권이 양도되거나 압류
된 경우에도 일정한 요건하에서 상계가 인정된다는 점에서 제3자는 불측의 손해를 받을 수 있게 된다.

(2) 상계의 요건
1) 채권의 대립
상계자와 피상계자간 채권이 대립하여야 한다. 원칙적으로 **제3자 상계**는 허용되지 않는다. 그러나
민법은 제3자가 상계를 할 수 있는 예외를 인정하고 있는바, **연대채무자**(제418조 제2항)와 **보증인**(제
434조)이 그러하다.

> **판례** ① [1] 상계는 당사자 쌍방이 서로 같은 종류를 목적으로 한 채무를 부담한 경우에 서로 같은 종류의 급
> 부를 현실로 이행하는 대신 어느 일방 당사자의 의사표시로 그 대등액에 관하여 채권과 채무를 동시에 소멸시
> 키는 것이고, 이러한 상계제도의 취지는 서로 대립하는 두 당사자 사이의 채권·채무를 간이한 방법으로 원활
> 하고 공평하게 처리하려는 데 있으므로, 수동채권으로 될 수 있는 채권은 상대방이 상계자에 대하여 가지는 채
> 권이어야 하고, 상대방이 제3자에 대하여 가지는 채권과는 상계할 수 없다고 보아야 한다. [2] 유치권이 인정
> 되는 아파트를 경락·취득한 자가 아파트 일부를 점유·사용하고 있는 **유치권자에 대한** 임료 상당의 부당이득
> 금 반환채권을 자동채권으로 하고 **유치권자의 종전 소유자에 대한** 유익비상환채권을 수동채권으로 하여 상
> 계의 의사표시를 한 사안에서, 상대방이 제3자에 대하여 가지는 채권을 수동채권으로 하여 상계할 수 없다고
> 한 사례(대판 2011. 4. 28, 2010다101394).
> ② [1] 법률의 규정 등 특별한 사정이 없는 한 자동채권으로 될 수 있는 채권은 상계자가 상대방에 대하여 가지
> 는 채권이어야 하고 제3자가 상대방에 대하여 가지는 채권으로는 상계할 수 없다. [2] 국세징수법에 의한 채권
> 압류의 경우 압류채권자는 체납자에 대신하여 추심권을 취득할 뿐이고, 이로 인하여 채무자가 제3채무자에 대

하여 가지는 채권이 압류채권자에게 이전되거나 귀속되는 것은 아니다. 따라서 **압류채권자가 채무자의 제3채권자에 대한 채권을 압류한 경우 그 채권은 압류채권자가 제3채무자에 대하여 가지는 채권이 아니므로, 압류채권자는 이를 자동채권으로 하여 제3채무자의 압류채권자에 대한 채권과 상계할 수 없고**, 이는 피압류채권에 대하여 이중압류, 배분요구 등이 없다고 하더라도 달리 볼 것은 아니다(대판 2022. 12. 16, 2022다218271).

③ **상속채권자가 피상속인에 대하여는 채권을 보유하면서 상속인에 대하여는 채무를 부담하는 경우**, 상속이 개시되면 위 채권 및 채무가 모두 상속인에게 귀속되어 상계적상이 생기지만, **상속인이 한정승인을 하면** 상속이 개시된 때부터 민법 제1031조에 따라 피상속인의 상속재산과 상속인의 고유재산이 분리되는 결과가 발생하므로, **상속채권자의 피상속인에 대한 채권과 상속인에 대한 채무 사이의 상계는 제3자의 상계에 해당하여 허용될 수 없다**. 즉, 상속채권자가 **상속이 개시된 후 한정승인 이전에** 피상속인에 대한 채권을 자동채권으로 하여 상속인에 대한 채무에 대하여 **상계하였더라도, 그 이후 상속인이 한정승인을 하는 경우에는** 민법 제1031조의 취지에 따라 **상계가 소급하여 효력을 상실**하고, 상계의 자동채권인 상속채권자의 피상속인에 대한 채권과 수동채권인 상속인에 대한 **채무는 모두 부활한다**(대판 2022. 10. 27, 2022다254154, 254161).

2) 동종의 채권

대립하는 채권이 금전채권 등 동종의 목적을 가진 종류채권에 한한다. 판례는 백미인도채무와 금전채무는 상계적상에 있지 않다고 한다. 한편 채권액이 동일할 필요는 없으며, 또 양 채권의 이행지가 다르더라도 상계할 수 있다(제494조).

> **판례** 형벌의 일종인 벌금도 일정 금액으로 표시된 추상적 경제가치를 급부목적으로 하는 채권인 점에서는 다른 금전채권들과 본질적으로 다를 것이 없고, 벌금형이 확정된 이상 벌금채권의 변제기는 도래한 것이므로 달리 이를 금하는 특별한 법률상 근거가 없는 이상 벌금채권은 적어도 상계의 자동채권이 되지 못할 아무런 이유가 없다(대판 2004. 4. 27, 2003다37891).

3) 채권의 변제기

㈎ 쌍방이 서로 같은 종류를 목적으로 한 채무를 부담한 경우 쌍방 채무의 이행기가 도래한 때에는 각 채무자는 대등액에 관하여 상계할 수 있다(민법 제492조 제1항). 민법 제492조 제1항에서 정한 '채무의 이행기가 도래한 때'는 **채권자가 채무자에게 이행의 청구를 할 수 있는 시기가 도래하였음을 의미**하고 채무자가 **이행지체에 빠지는 시기를 말하는 것이 아니다**(대판 2021. 5. 7, 2018다25946).

㈏ 여기서 "각 채무가 상계할 수 있는 때"란 **양 채권이 모두 변제기가 도래한 경우**와 **수동채권의 변제기가 도래하지 아니하였다고 하더라도 기한의 이익을 포기할 수 있는 경우**를 포함한다(대판 1980. 9. 9, 80다939). 따라서 **자동채권은 반드시 변제기에 있어야** 하나, 수동채권은 변제기 도래 전이라도 채무자가 기한의 이익을 포기하고 상계할 수 있다. 예컨대 甲이 乙에게 만기 1월 1일부의 채권을 갖고 있고, 乙이 甲에게 만기 2월 1일부의 채권을 갖고 있다고 할 때, 동년 1월 15

일에 乙은 甲에게 상계권자가 될 수 없다. 이를 인정한다면 甲의 기한의 이익이 이유 없이 일방적으로 침해되기 때문이다. 그러나 반대로 甲은 乙에게 1월 15일에도 자신의 기한이익을 포기하고 상계할 수 있다.

> **판 례** 부동산임대차에서 수수된 임대차보증금은 차임채무, 목적물의 멸실·훼손 등으로 인한 손해배상채무 등 임대차에 따른 임차인의 모든 채무를 담보하는 것이고, 특별한 사정이 없는 한, 임대인의 임대차보증금반환채무는 장래에 실현되거나 도래할 것이 확실한 임대차계약의 종료시점에 이행기에 도달한다. 그리고 **임대인으로서는 임대차보증금 없이도 부동산 임대차계약을 유지할 수 있으므로, 임대차계약이 존속 중이라도 임대차보증금반환채무에 관한 기한의 이익을 포기하고 임차인의 임대차보증금반환채권을 수동채권으로 하여 상계할 수 있고**, 임대차 존속 중에 그와 같은 상계의 의사표시를 한 경우에는 임대차보증금반환채무에 관한 기한의 이익을 포기한 것으로 볼 수 있다(대판 2017. 3. 15, 2015다252501).

(3) 상계의 제한(상계금지)
1) 성질상 제한
(개) 부작위채무나 하는 채무는 현실적으로 이행을 하여야 채권의 목적을 달성할 수 있으므로 성질상 상계가 허용되지 않는다.

(내) **항변권이 붙어 있는 채권을 자동채권으로 하는 상계**를 허용한다면 상계자 일방의 의사표시에 의하여 상대방의 항변권을 박탈하는 결과가 되므로 성질상 상계가 허용되지 않는다.

> **판 례** ① **수탁보증인이 주채무자에 대하여 가지는 민법 제442조의 사전구상권**에는 민법 제443조의 면책청구권이 항변권으로 부착되어 있는 만큼 이를 자동채권으로 하는 상계는 허용될 수 없다(대판 2004. 5. 28, 2001다81245).
> ② 민법 제443조는 임의규정으로서 **주채무자가 사전에 담보제공청구권의 항변권을 포기한 경우**에는 보증인은 사전구상권을 자동채권으로 하여 주채무자에 대한 채무와 상계할 수 있다(대판 2004. 5. 28, 2001다81245).

(대) **수동채권에 항변권이 붙어 있는 경우**에는 상계자가 항변권을 포기할 수 있으므로 이를 포기하고 상계하는 것은 무방하다.

(래) 상계의 대상이 될 수 있는 **자동채권과 수동채권이 동시이행관계**에 있다고 하더라도 서로 현실적으로 이행하여야 할 필요가 없는 경우라면 상계로 인한 불이익이 발생할 우려가 없고 오히려 상계를 허용하는 것이 동시이행관계에 있는 채권·채무 관계를 간명하게 해소할 수 있으므로 특별한 사정이 없는 한 상계가 허용된다(대판 2006. 7. 28, 2004다54633).

2) 의사표시에 의한 제한
당사자는 상계를 반대하는 의사표시를 하여 이를 금지할 수 있다. 다만 이 의사표시로써 선의의 제3자에게 대항하지 못한다(제492조 제2항).

3) 법률에 의한 제한

민법은 채무자가 실제로 변제를 하여야 할 특별한 사정이 있는 수동채권에 대해서는 이를 상계의 수동채권으로 삼는 것을 금지한다. 그러나 그 수동채권에 의하여 보호받는 자가 스스로 그 이익을 포기하고 자동채권으로 하여 상계하는 것은 가능하다.

(가) 고의의 불법행위로 인한 손해배상채권(제496조)

> **제496조(불법행위채권을 수동채권으로 하는 상계의 금지)**
> 채무가 고의의 불법행위로 인한 것인 때에는 그 채무자는 상계로 채권자에게 대항하지 못한다.

(ㄱ) 민법 제496조가 고의의 불법행위로 인한 손해배상채권에 대한 상계를 금지하는 입법취지는 ① 고의의 불법행위에 인한 손해배상채권에 대하여 상계를 허용한다면 고의로 불법행위를 한 자가 상계권행사로 현실적으로 손해배상을 지급할 필요가 없게 됨으로써 보복적 불법행위를 유발하게 될 우려가 있고, ② 고의의 불법행위로 인한 피해자가 가해자의 상계권행사로 인하여 현실의 변제를 받을 수 없는 결과가 됨은 사회적 정의관념에 맞지 아니하므로 ① 고의에 의한 불법행위의 발생을 방지함과 아울러 ② 고의의 불법행위로 인한 피해자에게 현실의 변제를 받게 하려는 데 있다(대판 1994. 8. 12, 93다52808).

판례 ① 분양자인 건설회사가 수분양자인 소비자에게 기망에 의한 과장광고로 인하여 손해배상채무를 부담하게 된 경우, 수분양자에게 분양대금 미납금 등 채권을 자동채권으로 하고 불법행위에 기한 손해배상채권과 상계한다는 항변은 건설회사의 고의의 불법행위로 인한 것이고, 위 상계 항변은 민법 제496조에 의하여 허용될 수 없다(대판 2015. 7. 23, 2012다15336).
② 고의의 불법행위로 인한 손해배상채권을 수동채권으로 하는 상계는 허용되지 않는 것이며, 이는 그 자동채권이 **동시에 행하여진 싸움에서 서로 상해를 가한 경우**와 같이 동일한 사안에서 발생한 고의의 불법행위로 인한 손해배상채권인 경우에도 마찬가지이다(대판 1994. 2. 25, 93다38444).
③ 고의의 불법행위에 인한 손해배상채권에 대한 상계금지를 **중과실의 불법행위에 인한 손해배상채권**에까지 유추 또는 확장적용하여야 할 필요성이 있다고 할 수 없다(대판 1994. 8. 12, 93다52808).
④ 고의의 불법행위가 부당이득의 원인이 됨으로써 불법행위로 인한 손해배상채권과 부당이득반환채권이 모두 성립하여 양 채권이 경합하는 경우, 피해자가 **부당이득반환채권만을 청구하였을 때** 상대방이 이를 수동채권으로 하여 상계하는 것은 허용되지 않는다(대판 2002. 1. 25, 2001다52506).
⑤ 이 규정은 고의의 불법행위로 인한 손해배상채권을 수동채권으로 한 상계에 관한 것이고 **고의의 채무불이행으로 인한 손해배상채권**에는 적용되지 않는다. 다만 고의에 의한 행위가 불법행위를 구성함과 동시에 채무불이행을 구성하여 **불법행위로 인한 손해배상채권과 채무불이행으로 인한 손해배상채권이 경합하는 경우**에는 이 규정을 유추적용할 필요가 있다. 이러한 경우에 고의의 채무불이행으로 인한 손해배상채권을 수동채권으로 한 상계를 허용하면 이로써 고의의 불법행위로 인한 손해배상채권까지 소멸하게 되어 고의의 불법행위에 의한 손해배상채권은 현실적으로 만족을 받아야 한다는 이 규정의 입법 취지가 몰각될 우려가 있기

때문이다. 따라서 이러한 예외적인 경우에는 민법 제496조를 유추적용하여 고의의 채무불이행으로 인한 손해
배상채권을 수동채권으로 하는 상계를 한 경우에도 채무자가 상계로 채권자에게 대항할 수 없다고 보아야 한
다(대판 2017. 2. 15, 2014다19776, 19783).

⑥ 피용자의 고의의 불법행위로 인하여 사용자책임이 성립하는 경우에 민법 제496조의 적용을 배제하여
야 할 이유가 없으므로 사용자책임이 성립하는 경우 사용자는 자신의 고의의 불법행위가 아니라는 이유로 민
법 제496조의 적용을 면할 수는 없다(대판 2006. 10. 26, 2004다63019).

⑦ 고의의 불법행위로 인한 손해배상채권의 채무자는 그 채권을 수동채권으로 한 상계로 채권자에게 대항하
지 못하고(민법 제496조), 그 결과 채권이 양도된 경우에 양수인에게도 상계로 대항할 수 없게 되나(민법 제451
조 제2항 참조), 채권양도가 사해행위에 해당하는 경우 불법행위로 인한 손해배상채권의 채무자가 채권양도인
에 대한 별도의 채권자 지위에서 채권양수인에게 채권자취소권을 행사하여 채권양도의 취소를 구함과 아울러
취소에 따른 원상회복 방법으로 직접 자신 앞으로 가액배상의 지급을 구하는 것 자체는 민법 제496조에 반하
지 않으므로 허용된다(대판 2011. 6. 10, 2011다8980, 8997).

(ㄴ) 고의의 불법행위채권일지라도 수동채권이 아니고 **자동채권**으로 하여 상계하는 것, 즉 불법행위
의 가해자가 아니라 **피해자(채권자)가 스스로 상계하는 것**은 허용된다.

> **판례** 탈퇴한 동업자의 출자금반환청구에 있어서 그 탈퇴자가 공동영업사무집행중 동업체의 금원을 횡령하였
> 다면 탈퇴자는 동업체에 이를 변상할 책임이 있다고 할 것이므로 동업체의 업무집행자는 위 손해배상채권을
> 자동채권으로 하여 탈퇴자의 출자금반환청구와 상계를 주장할 수 있다(대판 1983. 10. 11, 83다카542).

(나) 압류금지채권(제497조)

> **제497조(압류금지채권을 수동채권으로 하는 상계의 금지)**
> 채권이 압류하지 못할 것인 때에는 그 채무자는 상계로 채권자에게 대항하지 못한다.

(ㄱ) 압류금지채권은 ① 법령에 의한 부양료청구권[청구권자의 채권자가 압류하거나 대위권에 의하여 대위
청구 및 대위수령 할 수 없다(민사집행법 제246조 제1항 제1호)]와 ② 연금·봉급등의 급여채권의 2분의
1 상당액이 이에 해당한다(민사집행법 제246조 참조).

> **판례** ① 구 근로기준법 제42조(현 제43조, 편저자 주) 제1항 본문에 의하면 임금은 통화로 직접 근로자에게 그
> 전액을 지급하여야 하므로 **사용자가 근로자에 대하여 가지는 채권으로써 근로자의 임금채권과 상계를
> 하지 못하는 것이 원칙**이고, 이는 경제적·사회적 종속관계에 있는 근로자를 보호하기 위한 것인바, 근로자
> 가 받을 퇴직금도 임금의 성질을 가지므로 역시 마찬가지이다. **다만 계산의 착오 등으로 임금을 초과 지급
> 한 경우**에, 근로자가 퇴직 후 그 재직 중 받지 못한 임금이나 퇴직금을 청구하거나, 근로자가 비록 재직 중에
> 임금을 청구하더라도 위 초과 지급한 시기와 상계권 행사의 시기가 임금의 정산, 조정의 실질을 잃지 않을 만
> 큼 근접하여 있고 나아가 사용자가 상계의 금액과 방법을 미리 예고하는 등으로 근로자의 경제생활의 안정을
> 해할 염려가 없는 때에는, 사용자는 위 초과지급한 임금의 반환청구권을 자동채권으로 하여 근로자의 임금채

권이나 퇴직금채권과 상계할 수 있다. 그리고 이러한 법리는 사용자가 근로자에게 이미 퇴직금 명목의 금원을 지급하였으나 그것이 퇴직금 지급으로서의 효력이 없어 사용자가 같은 금원 상당의 부당이득반환채권을 갖게 된 경우에 이를 자동채권으로 하여 근로자의 퇴직금채권과 상계하는 때에도 적용된다. 한편 민사집행법 제 246조 제1항 제5호는 근로자인 채무자의 생활보장이라는 공익적·사회 정책적 이유에서 '퇴직금 그 밖에 이와 비슷한 성질을 가진 급여채권의 2분의 1에 해당하는 금액'을 압류금지채권으로 규정하고 있고, 민법 제497조는 압류금지채권의 채무자는 상계로 채권자에게 대항하지 못한다고 규정하고 있으므로, **사용자가 근로자에게 퇴직금 명목으로 지급한 금원 상당의 부당이득반환채권을 자동채권으로 하여 근로자의 퇴직금채권을 상계하는 것은 퇴직금채권의 2분의 1을 초과하는 부분에 해당하는 금액에 관하여만 허용된다**고 봄이 상당하다[대판(전합) 2010. 5. 20, 2007다90760].

② 근로기준법 제42조 제1항 본문에서 "임금은 통화로 직접 근로자에게 그 전액을 지급하여야 한다."라고 규정하여 이른바 임금 전액지급의 원칙을 선언한 취지는 사용자가 일방적으로 임금을 공제하는 것을 금지하여 근로자에게 임금 전액을 확실하게 지급 받게 함으로써 근로자의 경제생활을 위협하는 일이 없도록 그 보호를 도모하려는 데 있으므로, 사용자가 근로자에 대하여 가지는 채권을 가지고 일방적으로 근로자의 임금채권을 상계하는 것은 금지된다고 할 것이지만, 사용자가 근로자의 동의를 얻어 근로자의 임금채권에 대하여 상계하는 경우에 그 동의가 근로자의 자유로운 의사에 터잡아 이루어진 것이라고 인정할 만한 합리적인 이유가 객관적으로 존재하는 때에는 근로기준법 제42조 제1항 본문에 위반하지 아니한다고 보아야 할 것이고, 다만 임금 전액지급의 원칙의 취지에 비추어 볼 때 그 동의가 근로자의 자유로운 의사에 기한 것이라는 판단은 엄격하고 신중하게 이루어져야 한다(대판 2001. 10. 23, 2001다25184).

(ㄴ) 압류금지채권을 수동채권으로 하여 상계하지 못하도록 하는 것은 예컨대 채권자의 생존 보장 등 압류금지의 취지를 관철하여 상대방으로 하여금 현실의 변제를 받게 하려는 취지이다. 압류금지 채권을 수동채권으로 하는 상계만 금지되므로 그것을 자동채권으로 하여서는 상계할 수 있다.

(다) 지급금지채권(제498조)

> **제498조(지급금지채권을 수동채권으로 하는 상계의 금지)**
> 지급을 금지하는 명령을 받은 제삼채무자는 그 후에 취득한 채권에 의한 상계로 그 명령을 신청한 채권자에게 대항하지 못한다.

(ㄱ) 반대채권을 지급금지명령 이전에 취득한 경우

민법 제498조 문언에 의하면 "지급을 금지하는 명령을 받은 제3채무자는 그 후에 취득한 채권에 의한 상계로 그 명령을 신청한 채권자에게 대항하지 못한다"고 하고 있으므로 그 이전에 취득한 상계로는 대항할 수 있음이 원칙인데, 그렇다면 제3채무자가 지급을 금지하는 명령을 받기 전에 취득한 채권을 자동채권으로 상계하는 것은 아무런 제한을 받지 않는 것인지 문제되어 왔는데, 판례는 "채권압류명령 또는 채권가압류명령을 받은 제3채무자가 압류채무자에 대한 반대채권을 가지고 있는 경우에, 가압류의 효력 발생 당시에 대립하는 **양 채권이 모두 변제기가 도래**

하였거나, 그 당시 반대채권(자동채권)의 변제기가 도래하지 아니한 때에는 그것이 피가압류
채권(수동채권)의 변제기와 동시에 또는 그보다 먼저 도래하면, 상계로써 가압류채권자에게 대
항할 수 있다(대판 2015. 1. 29, 2012다108764)"고 한다.

［판례］ [1] 타인의 채무를 담보하기 위하여 그 소유의 부동산에 저당권을 설정한 물상보증인이 타인의 채무를
변제하거나 저당권의 실행으로 저당물의 소유권을 잃은 때에는 채무자에 대하여 구상권을 취득한다(민법 제
370조, 제341조). 그런데 구상권 취득의 요건인 '채무의 변제'라 함은 채무의 내용인 급부가 실현되고 이로써
채권이 그 목적을 달성하여 소멸하는 것을 의미하므로, 기존 채무가 동일성을 유지하면서 인수 당시의 상태
로 종래의 채무자로부터 인수인에게 이전할 뿐 **기존 채무를 소멸시키는 효력이 없는 면책적 채무인수는** 설
령 이로 인하여 기존 채무자가 채무를 면한다고 하더라도 이를 가리켜 **채무가 변제된 경우에 해당한다고 할
수 없다.** 따라서 채무인수의 대가로 기존 채무자가 물상보증인에게 어떤 급부를 하기로 약정하였다는 등의 사
정이 없는 한 **물상보증인이 기존 채무자의 채무를 면책적으로 인수하였다는 것만으로 물상보증인이 기
존 채무자에 대하여 구상권 등의 권리를 가진다고 할 수 없다.** [2] 수탁보증인의 사전구상권과 사후구상권
은 종국적 목적과 사회적 효용을 같이하는 공통성을 가지고 있으나, 사후구상권은 보증인이 채무자에 갈음하
여 변제 등 자신의 출연으로 채무를 소멸시켰다고 하는 사실에 의하여 발생하는 것이고, 이에 대하여 사전구상
권은 그 외의 민법 제442조 제1항 소정의 사유나 약정으로 정한 일정한 사실에 의하여 발생하는 등 발생원인
을 달리하고 법적 성질도 달리하는 **별개의 독립된 권리이므로, 사후구상권이 발생한 이후에도 사전구상권
은 소멸하지 아니하고 병존하며, 다만 목적달성으로 일방이 소멸하면 타방도 소멸하는 관계에 있을 뿐
이다.** [3] 항변권이 붙어 있는 채권을 자동채권으로 하여 다른 채무(수동채권)와의 상계를 허용한다면 상계자
일방의 의사표시에 의하여 상대방의 항변권 행사의 기회를 상실시키는 결과가 되므로 그러한 상계는 허용될
수 없고, 특히 수탁보증인이 주채무자에 대하여 가지는 민법 제442조의 사전구상권에는 민법 제443조의 담보
제공청구권이 항변권으로 부착되어 있는 만큼 이를 자동채권으로 하는 상계는 원칙적으로 허용될 수 없다. [4]
채권압류명령을 받은 제3채무자가 압류채무자에 대한 반대채권을 가지고 있는 경우에 상계로써 압류채권자
에게 대항하기 위하여는, 압류의 효력 발생 당시에 대립하는 양 채권이 상계적상에 있거나, 그 당시 반대채권
(자동채권)의 변제기가 도래하지 아니한 경우에는 그것이 피압류채권(수동채권)의 변제기와 동시에 또는 그보
다 먼저 도래하여야 한다. 이러한 법리는 **채권압류명령을 받은 제3채무자이자 보증채무자인 사람이 압류
이후 보증채무를 변제함으로써 담보제공청구의 항변권을 소멸시킨 다음, 압류채무자에 대하여 압류 이
전에 취득한 사전구상권으로 피압류채권과 상계하려는 경우에도 적용된다고 봄이 타당하다.** [5] 결국 **제
3채무자가 압류채무자에 대한 사전구상권을 가지고 있는 경우에** 상계로써 압류채권자에게 대항하기 위해
서는, 압류의 효력 발생 당시 사전구상권에 부착된 담보제공청구의 항변권이 소멸하여 사전구상권과 피
압류채권이 상계적상에 있거나, 압류 당시 여전히 사전구상권에 담보제공청구의 항변권이 부착되어 있
는 경우에는 제3채무자의 면책행위 등으로 인해 위 항변권을 소멸시켜 사전구상권을 통한 상계가 가능하
게 된 때가 피압류채권의 변제기보다 먼저 도래하여야 한다(대판 2019. 2. 14, 2017다274703).

(ㄴ) 제498조의 적용예외

압류명령이 제3채무자에게 송달되어 압류의 효력이 생긴 후에 자동채권이 발생한 경우에는 제
498조 문언에 따라 원칙적으로 상계로 대항할 수 없다. 그러나 다음과 같은 예외가 있다.

판례 제3채무자의 압류채무자에 대한 자동채권이 수동채권인 피압류채권과 **동시이행의 관계**에 있는 경우에는, 압류명령이 제3채무자에게 송달되어 압류의 효력이 생긴 후에 자동채권이 발생하였다고 하더라도 제3채무자는 동시이행의 항변권을 주장할 수 있다. 이 경우에 **자동채권이 발생한 기초가 되는 원인은 수동채권이 압류되기 전에 이미 성립하여 존재하고 있었던 것**이므로, 그 자동채권은 민법 제498조의 '지급을 금지하는 명령을 받은 제3채무자가 그 후에 취득한 채권'에 해당하지 않는다고 봄이 상당하고, 제3채무자는 그 자동채권에 의한 상계로 압류채권자에게 대항할 수 있다(대판 2010. 3. 25, 2007다35152; 대판 2015. 4. 9, 2014다80945).

2. 상계권 행사와 그 효과

> **제493조(상계의 방법, 효과)**
> ① 상계는 상대방에 대한 의사표시로 한다. 이 의사표시에는 조건 또는 기한을 붙이지 못한다.
> ② 상계의 의사표시는 각 채무가 상계할 수 있는 때에 대등액에 관하여 소멸한 것으로 본다.
>
> **제495조(소멸시효완성된 채권에 의한 상계)**
> 소멸시효가 완성된 채권이 그 완성전에 상계할 수 있었던 것이면 그 채권자는 상계할 수 있다.

(1) 형성권

상계는 상계적상과 상계의사표시(단독행위)의 두 법률사실을 요소로 하는 법률요건이다. 즉 상계를 하면 대등액에서 채권·채무가 소멸한다. 그리고 상계는 단독행위로서 상계를 하는 여부는 채권자의 의사에 따르는 것이고 상계적상에 있는 자동채권이 있다하여 반드시 상계를 하여야 하는 것은 아니다(대판 1987. 5. 12, 86다카1340).

판례 ① 상계는 상계적상에 있는 채권을 가진 채권자가 **별도로 의사표시**를 하여야 하는 것이고(민법 제493조 제1항) 그 의사표시 여부는 원칙적으로 채권자의 자유에 맡겨져 있는 것이므로, 비록 상계의 의사표시가 묵시적으로도 가능하다 하더라도, 다른 의사와 구분되는 별도의 상계 의사를 확인하지 않은 채 이를 인정할 수는 없다(대판 2009. 10. 29, 2008다51359).
② 당사자 쌍방의 채무가 서로 상계적상에 있다 하더라도, 별도의 의사표시 없이도 상계된 것으로 한다는 특약이 없는 한, 그 자체만으로 상계로 인한 채무 소멸의 효력이 생기는 것은 아니고 **상계의 의사표시를 기다려** 비로소 상계로 인한 채무 소멸의 효력이 생긴다(대판 2000. 9. 8, 99다6524).

(2) 조건·기한 금지

상계는 단독행위이므로 조건을 붙이는 것은 상대방의 지위를 불안하게 하기 때문에 허용되지 않는다. 한편 상계는 소급효를 갖기 때문에 그 도래한 때부터 효력이 생기는 기한은 이를 붙이지 못한다(제493조).

(3) 소멸시효완성된 채권에 의한 상계(제495조)

판례 ① 민법 제495조는 "소멸시효가 완성된 채권이 그 완성 전에 상계할 수 있었던 것이면 그 채권자는 상계할 수 있다"라고 규정하고 있다. 이는 당사자 쌍방의 채권이 상계적상에 있었던 경우에 당사자들은 그 채권·채무관계가 이미 정산되어 소멸하였다고 생각하는 것이 일반적이라는 점을 고려하여 당사자들의 신뢰를 보호하기 위한 것이다. 다만 이는 '자동채권의 소멸시효 완성 전에 양 채권이 상계적상에 이르렀을 것'을 요건으로 한다. 민법 제626조 제2항은 임차인이 유익비를 지출한 경우에는 임대인은 임대차 종료 시에 그 가액의 증가가 현존한 때에 한하여 임차인의 지출한 금액이나 그 증가액을 상환하여야 한다고 규정하고 있으므로, **임차인의 유익비상환채권은 임대차계약이 종료한 때에 비로소 발생한다고 보아야 한다**. 따라서 **임대차 존속 중 임대인의 구상금채권의 소멸시효가 완성된 경우**에는 위 구상금채권과 임차인의 유익비상환채권이 상계할 수 있는 상태에 있었다고 할 수 없으므로, **그 이후에 임대인이 이미 소멸시효가 완성된 구상금채권을 자동채권으로 삼아 임차인의 유익비상환채권과 상계하는 것은 민법 제495조에 의하더라도 인정될 수 없다**(대판 2021. 2. 10, 2017다258787).

② 민법 제495조는 "소멸시효가 완성된 채권이 그 완성 전에 상계할 수 있었던 것이면 그 채권자는 상계할 수 있다"라고 정하고 있다. 이는 당사자 쌍방의 채권이 상계적상에 있었던 경우에 당사자들은 채권·채무관계가 이미 정산되어 소멸하였거나 추후에 정산될 것이라고 생각하는 것이 일반적이라는 점을 고려하여 당사자들의 신뢰를 보호하기 위한 것이다. 매도인이나 수급인의 담보책임을 기초로 한 매수인이나 도급인의 손해배상채권의 **제척기간**이 지난 경우에도 민법 제495조를 유추적용해서 매수인이나 도급인이 상대방의 채권과 상계할 수 있는지 문제 된다. 매도인의 담보책임을 기초로 한 매수인의 손해배상채권 또는 수급인의 담보책임을 기초로 한 도급인의 손해배상채권이 각각 상대방의 채권과 상계적상에 있는 경우에 당사자들은 채권·채무관계가 이미 정산되었거나 정산될 것으로 기대하는 것이 일반적이므로, 그 신뢰를 보호할 필요가 있다. 이러한 손해배상채권의 제척기간이 지난 경우에도 그 기간이 지나기 전에 상대방에 대한 채권·채무관계의 정산 소멸에 대한 신뢰를 보호할 필요성이 있다는 점은 소멸시효가 완성된 채권의 경우와 아무런 차이가 없다. 따라서 매도인이나 수급인의 담보책임을 기초로 한 손해배상채권의 **제척기간이 지난 경우에도** 제척기간이 지나기 전 상대방의 채권과 상계할 수 있었던 경우에는 매수인이나 도급인은 **민법 제495조를 유추적용**해서 위 손해배상채권을 자동채권으로 해서 상대방의 채권과 상계할 수 있다고 봄이 타당하다(대판 2019. 3. 14, 2018다255648).

(4) 소급효

상계적상이 생겼다하여 채권이 당연히 소멸하는 것은 아니며, 상계의 의사표시가 있는 때에 비로소 소멸한다. 다만 채무는 **상계적상이 발생한 때로 소급하여 소멸**할 뿐이다(제493조 제2항). 따라서 ① 상계가 있게 되면 이자부채권이라도 **상계적상이 생긴 때부터는 이자가 발생하지 않는다**(상계의 소급효 – 제493조 제2항). ② 예컨대 자동채권의 변제기가 2009. 5. 1. 수동채권의 변제기가 2009. 8. 1. 인 경우 자동채권의 채권자가 2009. 9. 1. 상계의 의사표시를 하였다면 상계적상이 발생하는 시기는 2009. 8. 1.이다.

판례 ① 상계의 의사표시가 있는 경우, 채무는 상계적상 시에 소급하여 대등액에서 소멸한 것으로 보게 되므로, 상계에 의한 양 채권의 차액 계산 또는 상계충당은 상계적상의 시점을 기준으로 하게 된다. 따라서 **그 시점 이전에 수동채권의 변제기가 이미 도래하여 지체가 발생한 경우**에는 상계적상 시점까지의 수동채권의 지연손해금을 계산한 다음 자동채권으로 그 **지연손해금을 먼저 소각하고 잔액을 가지고 원본을 소각하여야 한다**(대판 2013. 11. 14, 2013다46023).

② 민법 제493조 제2항은 "상계의 의사표시는 각 채무가 상계할 수 있는 때에 대등액에 관하여 소멸한 것으로 본다."라고 정하고 있으므로 상계의 효력은 상계적상 시로 소급하여 발생한다. 상계적상은 자동채권과 수동채권이 상호 대립하는 때에 비로소 생긴다. **채권양수인이 양수채권을 자동채권으로 하여 그 채무자가 채권양수인에 대해 가지고 있던 기존 채권과 상계한 경우**, 채권양수인은 채권양도의 대항요건이 갖추어진 때 비로소 자동채권을 행사할 수 있으므로 **채권양도 전에 이미 양 채권의 변제기가 도래하였다고 하더라도 상계의 효력은 변제기로 소급하는 것이 아니라 채권양도의 대항요건이 갖추어진 시점으로 소급한다**(대판 2022. 6. 30, 2022다200089).

(5) 상계충당

> **제499조(준용규정)**
> 제476조 내지 제479조의 규정은 상계에 준용한다.

상계의 경우에도 민법 제499조에 의하여 민법 제476조, 제477조에 규정된 변제충당의 법리가 준용된다. 따라서 여러 개의 자동채권이 있고 수동채권의 원리금이 자동채권의 원리금 합계에 미치지 못하는 경우에는 **우선 자동채권의 채권자**가 상계의 대상이 되는 자동채권을 지정할 수 있고(지정충당은 채무자가 먼저 행사한다), **다음으로 자동채권의 채무자**가 이를 지정할 수 있으며, 양 당사자가 모두 지정하지 아니한 때에는 **법정변제충당**의 방법으로 상계충당이 이루어지게 된다(대판 2013. 2. 28, 2012다94155).

(6) 상계가 권리남용에 해당하기 위한 요건

관련사례 甲은 D백화점의 부도로 인하여 D백화점이 발행한 약속어음의 가치가 현저하게 하락된 사정을 잘 알면서 오로지 甲자신이 D백화점에 대하여 부담하는 임대차보증금반환채무와 상계할 목적으로 D백화점이 발행한 약속어음 20장을 액면가의 40%에도 미치지 못하는 가격으로 할인·취득하고, 그 약속어음채권을 자동채권으로 하여 상계를 하였다. 상계의 효력은 발생하는가?

해 설 당사자가 상계의 대상이 되는 채권이나 채무를 취득하게 된 목적과 경위, 상계권을 행사함에 이른 구체적·개별적 사정에 비추어, 그것이 위와 같은 상계 제도의 목적이나 기능을 일탈하고, 법적으로 보호받을 만한 가치가 없는 경우에는, 그 상계권의 행사는 신의칙에 반하거나 상계에 관한 권리를 남용하는 것으로서 허용되지 않는다고 함이 상당하고, 일반적인 권리 남용의 경우에 요구되는 **주관적 요건**을 필요로 하는 것은 아니다(대판 2003. 4. 11, 2002다59481).

3. 기타 판례 정리

(1) 소송상 상계항변에 대하여 상대방이 소송상 상계의 재항변을 하는 것이 허용되는지 여부 (원칙적 소극)

1) 소송상 방어방법으로서의 상계항변은 통상 그 수동채권의 존재가 확정되는 것을 전제로 하여 행하여지는 일종의 예비적 항변으로서 소송상 상계의 의사표시에 의해 확정적으로 그 효과가 발생하는 것이 아니라 당해 소송에서 수동채권의 존재 등 상계에 관한 법원의 실질적 판단이 이루어지는 경우에 비로소 실체법상 상계의 효과가 발생한다.

2) 원고의 소송상 상계의 재항변은 일반적으로 이를 허용할 이익이 없다. 따라서 피고의 소송상 상계항변에 대하여 원고가 소송상 상계의 재항변을 하는 것은 다른 특별한 사정이 없는 한 허용되지 않는다. 즉 법원이 원고의 소송상 상계의 재항변과 무관한 사유로 피고의 소송상 상계항변을 배척하는 때에는 소송상 상계의 재항변을 판단할 필요가 없고, 피고의 소송상 상계항변이 이유 있다고 판단하는 때에는 원고의 청구채권인 수동채권과 피고의 자동채권이 상계적상 당시에 대등액에서 소멸한 것으로 보게 될 것이므로 원고가 소송상 상계의 재항변으로써 상계할 대상인 피고의 자동채권이 그 범위에서 존재하지 아니하게 되어 이때에도 역시 원고의 소송상 상계의 재항변에 관하여 판단할 필요가 없게 된다(대판 2015. 3. 20, 2012다107662).

3) 이러한 법리는 원고가 2개의 채권을 청구하고, 피고가 그중 1개의 채권을 수동채권으로 삼아 소송상 상계항변을 하자, 원고가 다시 청구채권 중 다른 1개의 채권을 자동채권으로 소송상 상계의 재항변을 하는 경우에도 마찬가지로 적용된다(대판 2015. 3. 20, 2012다107662).

(2) 불법행위 또는 채무불이행에 따른 손해배상채무자가 채권자에 대하여 가지는 반대채권으로 상계항변을 하는 경우, 책임제한을 한 후의 손해배상액과 상계하여야 하는지 여부(적극)

불법행위 또는 채무불이행에 따른 채무자의 손해배상액을 산정할 때에 손해부담의 공평을 기하기 위하여 채무자의 책임을 제한할 필요가 있고, 채무자가 채권자에 대하여 가지는 반대채권으로 상계항변을 하는 경우에는 **책임제한을 한 후의** 손해배상액과 상계하여야 한다(대판 2015. 3. 20, 2012다107662).

Ⅸ. 경 개

> **제500조(경개의 요건, 효과)**
> 당사자가 채무의 중요한 부분을 변경하는 계약을 한 때에는 구채무는 경개로 인하여 소멸한다.
>
> **제504조(구채무불소멸의 경우)**
> 경개로 인한 신채무가 원인의 불법 또는 당사자가 알지 못한 사유로 인하여 성립되지 아니하거나 취소된 때에는 구채무는 소멸되지 아니한다.

1. 의 의

(1) 민법 제500조 소정의 경개라 함은 기존채무의 중요부분을 변경하여 기존채무를 소멸케 하고 이와 동일성이 없는 새로운 채무를 성립시키는 계약이다. 따라서 기존채무와 관련하여 새로운 약정을 체결한 경우에 그러한 약정이 경개에 해당하는 것인지 아니면 단순히 기존채무의 변제기나 변제방법 등을 변경한 것인지는 당사자의 의사에 의하여 결정되고, 만약 당사자의 의사가 명백하지 아니할 때에는 의사해석의 문제로 귀착되는 것이다(대판 2011. 3. 10, 2010다86655).

(2) 경개계약은 신채권을 성립시키고 구채권을 소멸시키는 처분행위이다(대판 2003. 2. 11, 2002다62333).

2. 동일성 상실

(1) 채권양도와 구별

경개에서는 구채무가 가지고 있던 항변권은 신채무에 수반되지 않는다. 경개는 채권양도와는 달리 동일성이 상실되기 때문이다.

(2) 준소비대차와 구별

1) 준소비대차란 당사자들이 소비대차에 의하지 아니하고 금전 기타의 대체물을 지급할 의무가 있는 경우에 당사자가 그 목적물을 소비대차의 목적으로 할 것을 약정하는 경우인데(제605조 참조). 현실적인 자금의 수수 없이 형식적으로만 신규 대출을 하여 기존 채무를 변제하는 이른바 대환은 특별한 사정이 없는 한 형식적으로는 별도의 대출에 해당하나, 실질적으로는 기존 채무의 변제기 연장에 불과하므로, 그 법률적 성질은 기존 채무가 여전히 동일성을 유지한 채 존속하는 준소비대차로 보아야 하고, 이러한 경우 채권자와 보증인 사이에 사전에 신규 대출형식에 의한 대환을 하는 경우 보증책임을 면하기로 약정하는 등의 특별한 사정이 없는 한 기존 채무에 대한 보증책임이 존속된다.

2) 다만 기존 대출과 신규 대출은 그 대출과목, 대출원금, 이율 및 지연손해금률 등이 서로 다르고, 기존 대출의 이자채무 일부가 신규 대출의 원금으로 변경되기도 한 경우에는 기존채무를 확정적으로 소멸케 하고 신채무를 성립시키는 계약으로서 양 채무 사이에 동일성이 없는 경개에 해당한다(대판 2002. 10. 11, 2001다7445).

3. 경개계약의 해제

(1) 경개계약의 해제

판례 경개계약은 신채권을 성립시키고 구채권을 소멸시키는 처분행위로서 신채권이 성립되면 그 효과는 완결되고 경개계약 자체의 이행의 문제는 발생할 여지가 없으므로 **경개에 의하여 성립된 신채무의 불이행을 이유로 경개계약을 해제**할 수는 없다 할 것이다(대판 1980. 11. 11, 80다2050).

(2) 다수 당사자 사이에서 경개계약이 체결된 경우 일부 당사자 사이의 경개계약 합의해제의 효력여하(상대효)

계약자유의 원칙상 **경개계약의 성립 후에 그 계약을 명시적이든 묵시적이든 합의해제하여 구채무를 부활시키는 것**은 적어도 당사자 사이에서는 가능하다. 또한, 다수 당사자 사이에서 경개계약이 체결된 경우 일부 당사자만이 경개계약을 합의해제 하더라도 이를 무효라고 볼 수는 없고, 다만 그 효과가 경개계약을 해제하기로 합의한 당사자들에게만 미치는 것에 불과하다. 따라서 甲·乙·丙이 경개계약을 하고 난 후 甲과 乙 사이에 그러한 약정을 해제하기로 한 합의가 유효하더라도 그 해제의 효력이 丙에게 미칠 수 없다(대판 2010. 7. 29, 2010다699).

4. 경개와 담보존속문제

> **제505조(신채무에의 담보이전)**
> 경개의 당사자는 구채무의 담보를 그 목적의 한도에서 신채무의 담보로 할 수 있다. 그러나 제삼자가 제공한 담보는 그 승낙을 얻어야 한다.

민법 제505조는 "경개의 당사자는 구 채무의 담보를 그 목적의 한도에서 신채무의 담보로 할 수 있다. 그러나 제3자가 제공한 담보는 그 승낙을 얻어야 한다."고 규정하고 있는 바, 이 규정은 경개에 의하여 구 채무가 소멸하기 때문에 이에 따르는 인적·물적 담보 또한, 부종성의 원리에 따라 당연히 함께 소멸하고, 당사자가 신 채무에 관하여 저당권 등을 설정하기로 합의하여도 구 채무에 관하여 존재하던 저당권 등은 어차피 소멸하여 그 순위의 보전이 불가능하나, 이러한 결과가 많은 경우 당사자의 의도에 반하는 것인 점을 고려하여 당사자의 편의를 위하여 부종성에 대한 예외를 인정한 것으로서, 경개계약의 경우 구 채무에 관한 저당권 등이 신 채무에 이전되기 위하여는 당사자 사이에 그러한 뜻의 특약이 이루어져야 하지만, 반드시 명시적인 것을 필요로 하지는 않고, 묵시적인 합의로도 가능하다(대판 2002. 10. 11, 2001다7445).

X. 면 제

> **제506조(면제의 요건, 효과)**
> 채권자가 채무자에게 채무를 면제하는 의사를 표시한 때에는 채권은 소멸한다. 그러나 면제로써 정당한 이익을 가진 제삼자에게 대항하지 못한다.

1. 의 의

면제는 일종의 처분행위로서 채권의 포기이다(단독행위).

2. 면제의 의사표시

면제는 상대방 있는 단독행위이지만 채무자에게 불리할 것이 없어 이에 조건이나 기한을 붙일 수 있다.

> **판례** ① 민법상 채무면제는 채권을 무상으로 소멸시키는 채권자의 채무자에 대한 단독행위이고 다만 계약에 의하여도 동일한 법률효과를 발생시킬 수 있는 것인 반면, 검사 작성의 피의자신문조서는 검사가 피의자를 신문하여 그 진술을 기재한 조서로서 피의자 진술은 어디까지나 검사를 상대로 이루어지는 것이므로 그 진술기재 가운데 채무면제의 의사가 표시되어 있다고 하더라도 그 부분이 곧바로 채무면제의 처분문서에 해당한다고 보기 어렵다(대판 1998. 10. 13, 98다17046).
> ② 채무의 면제는 반드시 명시적인 의사표시만에 의하여야 하는 것이 아니고 채권자의 어떠한 행위 내지 의사표시의 해석에 의하여 그것이 채권의 포기라고 볼 수 있는 경우에도 이를 인정하여야 하나, 그와 같이 인정하기 위해서는 당해 권리관계의 내용에 따라 이에 대한 채권자의 행위 내지 의사표시의 해석을 엄격히 하여 적용 여부를 결정하여야 한다(대판 2020. 10. 15, 2020다227523, 227530).

XI. 혼 동

> **제507조(혼동의 요건, 효과)**
> 채권과 채무가 동일한 주체에 귀속한 때에는 채권은 소멸한다. 그러나 그 채권이 제삼자의 권리의 목적인 때에는 그러하지 아니하다.

1. 일반론

(1) 의의 및 성질

채권·채무가 동일인에게 귀속되는 경우, 권리·의무관계를 간소화하는 제도가 혼동이다.

(2) 법률관계의 간이

혼동에 의한 채권의 소멸을 인정하는 취지는 채권·채무가 동일인에게 귀속되는 경우, 권리·의무관계를 간소화하려는 것이므로 채권과 채무가 동일한 주체에 귀속되더라도 그 채권의 존속을 인정하여야 할 특별한 이유가 있는 때에는 그 채권은 혼동에 의하여 소멸하지 아니한다(대판 1995. 7. 14, 94다36698).

2. 관련문제

(1) 가등기에 기한 본등기청구권

부동산에 관한 소유권이전청구권보전을 위한 가등기 경료 이후에 다른 가압류등기가 경료되었고, 그 가등기에 기한 본등기 절차에 의하지 아니하고 별도로 가등기권자 명의의 소유권이전등기가 경료되었다고 하여, 가등기권리자와 의무자 사이의 가등기 약정상의 채무의 본지에 따른 이행이 종료되었다고 할 수는 없으니, 특별한 사정이 없는 한, 가등기권자는 가등기의무자에 대하여 그 가등기에 기한 본등기 절차의 이행을 구할 수도 있다(대판 1995. 12. 26, 95다29888). 따라서 가등기에 기한 본등기청구권이 혼동으로 소멸되었다고 볼 수 없다.

(2) 주택임차권

1) 주택임차인의 임대인지위승계와 혼동에 있어서, "임차주택의 양수인에게 **대항할 수 있는** 주택임차인이 당해 임차주택을 경락받아 그 대금을 납부함으로써 임차주택의 소유권을 취득한 때에는 그 주택임차인은 임대인의 지위를 승계하는 결과, 그 임대차계약에 기한 채권이 혼동으로 인하여 소멸하게 되므로 그 임대차는 종료된 상태가 된다"고 하였다(대판 1998. 9. 25, 97다28650).

2) 한편 부동산에 대한 소유권과 임차권이 동일인에게 귀속하게 되는 경우 임차권은 혼동에 의하여 소멸하는 것이 원칙이지만, 그 임차권이 대항요건을 갖추고 있고 또한 그 대항요건을 갖춘 후에 저당권이 설정된 때에는 혼동으로 인한 물권소멸 원칙의 예외 규정인 민법 제191조 제1항 단서를 준용하여 임차권은 소멸하지 않는다(대판 2001. 5. 15, 2000다12693).

채권각론

CHAPTER
1

계약총칙

..... POINT

제1절 계약의 성립

Ⅰ. 계약의 의의 및 계약자유의 원칙

1. 의 의

계약이란 광의로는 단독행위나 합동행위와 구별되는 개념으로서 일정한 법률효과의 발생을 목적으로 하는 당사자의 합의를 말하며, 채권계약·물권계약·가족법상의 계약 등을 포함하는 개념이다. 협의로는 채권계약만을 의미한다.

2. 계약자유의 원칙 및 제한

(1) 계약자유의 원칙의 내용

계약 자유의 원칙의 내용으로는 ① 계약체결의 자유, ② 상대방 선택의 자유, ③ 내용결정의 자유, ④ 방식의 자유의 4가지가 있다. 계약해제의 자유가 포함되는 것은 아니다.

(2) 계약자유에 대한 제한

1) 계약체결의 자유 제한

민법 제639조의 묵시적 갱신·지상물매수청구권(제283조, 제285조)·전세권에서 매수청구권(제316조) 등이 계약체결을 강제한다고 볼 수 있다.

2) 내용 결정의 자유 제한

예컨대 민법 제103조, 제104조, 제607조, 제608조 등에 의하여 불공정한 계약의 내용에 대한 통제가 이루어 진다.

3) 방식의 자유 제한

민법상 계약은 원칙적으로 불요식·낙성계약이지만 특정한 방식을 요구하는 경우가 있다. ① 유언에서 일정한 방식을 요구한다든지(제1060조 이하 참조), ② 매매 등의 계약이 소유권이전등기의 신청에 있어서 등기원인인 때에는 검인계약서를 제출토록 하는 것이나, ③ 개정법률에서 보증계약에 서면주의를 요구하는 것 등이 이러한 제한에 해당한다(제428조의 2 참조).

제1장 계약총칙 **757**

Ⅱ. 계약의 종류

1. 전형계약·비전형계약

민법 제3편 제2장에서 규정하는 15가지 종류의 계약을 전형계약이라 하고(2016년부터 여행계약이 추가됨), 전형계약 이외의 계약을 비전형계약이라고 한다.

2. 편무계약·쌍무계약

(1) 의 의

1) 계약에 의하여 각 당사자가 서로 대가적인 의미를 가지는 채무를 부담하는가 여부에 따른 구별이다. 대가적 의미의 기준은 일정시점을 기준으로 하는데, 계약성립시기를 기준으로 생각하면 된다.

2) 쌍무계약이라 함은 쌍방 당사자가 상호 대등한 대가관계에 있는 채무를 부담하는 계약으로서, 본래적으로 쌍방의 채무 사이에 성립·이행·존속상 법률적·경제적으로 견련성을 갖고 있어서 서로 담보로서 기능하는 것을 가리킨다(대판 2014. 9. 4, 2013다204140). 예컨대 매매·교환·임대차·고용·여행·도급·조합·화해·이자부소비대차·유상위임·유상임치 등이 이에 해당한다. 이러한 쌍무계약은 양 당사자 사이에 형평을 유지하도록 하자는 데 그 뜻이 있다.

3) 편무계약은 당사자 일방만이 채무를 지거나, 또는 쌍방이 채무를 지더라도 그 채무가 서로 대가적 의미를 갖지 않는 계약이다. 예컨대, 증여·사용대차·현상광고·무이자소비대차·무상위임·무상임치가 이에 해당한다.

(2) 구별실익

쌍무계약은 양 채무가 서로 의존관계가 있기 때문에 각 채무가 성립·이행·존속상의 견련관계가 있다. 후술하는 동시이행의 항변권(제536조)·위험부담(제537조, 538조) 등은 쌍무계약에서 문제되는 것이다.

3. 무상계약·유상계약

(1) 의 의

1) 계약의 쌍방 당사자가 서로 대가적 의미를 가지는 출연을 하는가 여부에 따른 구별이다. 유상·무상의 구별은 계약성립시부터 소멸시까지 전 과정을 고찰하여 판단한다. 이 점에서 일정시점을 기준으로 판단하는 쌍무·편무의 구별과 차이가 있다.

2) 유상계약에는 매매·교환·임대차·고용·도급·여행·조합·화해·현상광고 등이 있고, 무상계약에는 증여·사용대차가 있다.

3) 현상광고(제675조 이하)는 일정시점을 기준으로 할 때, 일방만이 의무를 지기 때문에 편무계약이고, 계약의 성립과 소멸의 전 과정을 고찰할 때 쌍방 모두의 재산의 출연이 있기 때문에 유상계약이다(통설). 쌍무계약은 모두 유상계약이지만, 모든 편무계약이 무상계약인 것은 아니다. 편

무계약도 그 급부를 실현하는 대가로 출연을 하는 경우에는 유상계약이 될 수 있다(예 : 제675조 현상광고).

(2) 구별실익

1) 담보책임

매도인은 원칙적으로 담보책임이 있다. 그리고 유상계약의 경우는 매매에 관한 규정이 준용되므로 (제567조), 유상계약의 경우 원칙적으로 담보책임이 인정된다. 특히 도급과 여행계약의 경우 별도로 담보책임규정을 두고 있는데, 이는 특별규정의 성질을 갖는 것이다. 이에 반해 무상계약의 경우에는 원칙적으로 담보책임이 인정되지 않고 예외적으로만 인정된다(제559조).

2) 과실의 정도

유상계약의 경우에는 추상적 과실이 채무자의 과실을 판단하는 기준이라면, 무상계약의 경우에는 구체적 과실이 그 기준이 된다(제695조). 다만 무상의 "위임"계약은 예외이다(제681조).

4. 낙성계약·요물계약

(1) 의 의

당사자의 합의만으로 계약이 성립하는 경우를 낙성계약이라 하고, 합의 외에 물건의 인도 또는 기타의 급부를 성립요건으로 하는 계약을 요물계약이라 한다.

(2) 요물계약인 경우

다수설 또는 판례에 따라 요물계약인 경우는 ① 해약금계약(제565조), ② 임대보증금계약, ③ 현상광고계약(제675조), ④ 대물변제(제466조) 등이 있다.

5. 계속적 계약·일시적 계약

이것은 급부의 실현이 시간적 계속성을 갖는가 여부에 따른 구별이다. 양자의 구별실익은 ① 계약을 소멸시키고자 할 때 해지냐 해제냐, ② 사정변경의 원칙의 적용이 강하게 적용되느냐 등에 있다. 계속적 계약의 경우 ① 계약의 소멸은 해제가 아닌 해지에 의하고, ② 사정변경의 원칙이 더 강하게 적용된다고 볼 수 있다.

6. 본계약·예약

당사자 사이에서 장차 본계약을 체결할 의무를 발생케 하는 계약을 예약이라 하고, 이 예약에 기초하여 체결되는 계약을 본계약이라고 한다. 예약은 당사자가 어떠한 계약의 체결을 의도하고 있기는 하나 곧 계약의 효력을 발생시킬 수 없거나 또는 발생시키는 것을 원하지 않는 경우에 주로 이용된다.

Ⅲ. 계약의 성립

1. 계약 성립의 요건

(1) 계약이 성립하기 위하여는 주관적으로 당사자가 일치하여야 하고, 당사자의 서로 대립하는 수
개의 의사표시의 객관적 합치가 필요하다.

(2) 객관적 합치가 있다고 하기 위하여는 당사자의 의사표시에 나타나 있는 사항에 관하여는 모두
일치하고 있어야 하는 한편, 계약내용의 중요한 점 및 계약의 객관적 요소는 아니더라도 특히 당
사자가 그것에 중대한 의의를 두고 계약성립의 요건으로 할 의사를 표시한 때에는 이에 관하여
합치가 있어야 계약이 적법·유효하게 성립한다(대판 2003. 4. 11, 2001다53059).

> **[판례]** 계약의 성립을 위한 의사표시의 객관적 합치 여부를 판단함에 있어, 처분문서인 계약서가 있는 경우에
> 는 특별한 사정이 없는 한 계약서에 기재된 대로의 의사표시의 존재 및 내용을 인정하여야 하고, 계약을 체결
> 함에 있어 당해 계약으로 인한 법률효과에 관하여 제대로 알지 못하였다 하더라도 이는 계약체결에 관한 의사
> 표시의 착오의 문제가 될 뿐이다(대판 2009. 4. 23, 2008다96291, 96307).

2. 계약 성립의 모습

(1) 청약과 승낙에 의한 계약의 성립

1) 청약과 승낙

청약은 그에 응하는 승낙만 있으면 곧 계약이 성립하는 구체적·확정적 의사표시여야 한다. 청약의
의사표시는 상대방 있는 의사표시이지만, 반드시 청약 당시 상대방이 특정되어 있을 필요는 없고 승
낙과 합치되는 순간 상대방이 확정되면 충분하다. 반면 승낙은 특정된 상대방에게 하여야 한다. 청약
과 구별하여야 할 것이 '청약의 유인'이다. 청약의 유인은 청약이 아니며, 청약의 유인을 한 자가 상대
방으로부터 청약을 받아 승낙을 하여야 계약이 체결되는 것이다.

> **[판례]** 상가를 분양하면서 그 곳에 첨단 오락타운을 조성·운영하고 전문경영인에 의한 위탁경영을 통하여 분
> 양계약자들에게 일정액 이상의 수익을 보장한다는 광고를 하고, 분양계약 체결시 이러한 광고내용을 계약상
> 대방에게 설명하였더라도, 체결된 분양계약서에는 이러한 내용이 기재되지 않은 점과, 그 후의 위 상가 임대운
> 영경위 등에 비추어 볼 때, 위와 같은 광고 및 분양계약 체결시의 설명은 청약의 유인에 불과할 뿐 상가 분양계
> 약의 내용으로 되었다고 볼 수 없고, 따라서 분양 회사는 위 상가를 첨단 오락타운으로 조성·운영하거나 일정
> 한 수익을 보장할 의무를 부담하지 않는다(대판 2001. 5. 29, 99다55601, 55618).

2) 청약의 구속력

> **제527조(계약의 청약의 구속력)**
> 계약의 청약은 이를 철회하지 못한다.

청약의 의사표시는 상대방에 도달한 때부터 효력이 생기고(제111조 제1항), 일단 효력이 생긴 후에는 청약자가 그를 철회하지 못한다(제527조). 청약을 믿고 준비행위를 할 상대방에게 부당한 손해를 줄 염려가 있기 때문에 청약이 도달한 후에는 철회할 수 없도록 한 것이다.

> **판례** ① 명예퇴직은 근로자가 명예퇴직의 신청(청약)을 하면 사용자가 요건을 심사한 후 이를 승인(승낙)함으로써 합의에 의하여 근로관계를 종료시키는 것으로, 명예퇴직의 신청은 근로계약에 대한 합의해지의 청약에 불과하여 **이에 대한 사용자의 승낙이 있어 근로계약이 합의해지되기 전에는** 근로자가 임의로 그 청약의 의사표시를 철회할 수 있다(대판 2003. 4. 25, 2002다11458).
>
> ② 법인과 이사의 법률관계는 신뢰를 기초로 한 위임 유사의 관계이므로, 이사는 민법 제689조 제1항이 규정한 바에 따라 언제든지 사임할 수 있고, 법인의 이사를 사임하는 행위는 상대방 있는 단독행위이므로 **그 의사표시가 상대방에게 도달함과 동시에 그 효력을 발생하고, 그 의사표시가 효력을 발생한 후에는 마음대로 이를 철회할 수 없음**이 원칙이다. 그러나 **법인이 정관에서 이사의 사임절차나 사임의 의사표시의 효력발생시기 등에 관하여 특별한 규정을 둔 경우**에는 그에 따라야 하는바, 위와 같은 경우에는 이사의 사임의 의사표시가 법인의 대표자에게 도달하였다고 하더라도 그와 같은 사정만으로 곧바로 사임의 효력이 발생하는 것은 아니고 정관에서 정한 바에 따라 사임의 효력이 발생하는 것이므로, 이사가 사임의 의사표시를 하였더라도 **정관에 따라 사임의 효력이 발생하기 전에는** 그 사임의사를 자유롭게 철회할 수 있다(대판 2008. 9. 25, 2007다17109).

3) 승낙기간을 정한 계약의 청약문제

> **제528조(승낙기간을 정한 계약의 청약)**
> ① 승낙의 기간을 정한 계약의 청약은 청약자가 그 기간 내에 승낙의 통지를 받지 못한 때에는 그 효력을 잃는다.
> ② 승낙의 통지가 전항의 기간후에 도달한 경우에 보통 그 기간내에 도달할 수 있는 발송인 때에는 청약자는 지체없이 상대방에게 그 연착의 통지를 하여야 한다. 그러나 그 도달전에 지연의 통지를 발송한 때에는 그러하지 아니하다.
> ③ 청약자가 전항의 통지를 하지 아니한 때에는 승낙의 통지는 연착되지 아니한 것으로 본다.
>
> **제529조(승낙기간을 정하지 아니한 계약의 청약)**
> 승낙의 기간을 정하지 아니한 계약의 청약은 청약자가 상당한 기간내에 승낙의 통지를 받지 못한 때에는 그 효력을 잃는다.

(개) 청약의 존속기간(승낙적격)

승낙은 청약이 그 효력을 갖고 있는 때, 즉 청약의 존속기간 내에 이루어져야 승낙으로서 효력을 발생한다. 이것을 승낙적격이라 한다. 청약자가 승낙기간을 정한 때에는 그 기간이고(제528조 제1항), 승낙기간을 정하지 않은 경우에는 계약을 성립시키는 데 소요되는 상당한 기간이다(제529조). 승낙은 승낙기간이 있으면 그 기간 내(없으면 상당한 기간 내)에 청약자에게 도달하여야만 하고, 승낙의 통지가 그 기간 후에 도달하였다면 원칙적으로 청약은 그 효력을 잃는다.

(나) 승낙 간주의 청약

청약자가 미리 정한 기간 내에 상대방이 이의를 하지 아니하면 승낙한 것으로 간주한다는 뜻을 청약시에 표시하였다고 하더라도 이는 상대방을 구속하지 아니하고 그 기간은 경우에 따라 단지 승낙기간을 정하는 의미를 가질 수 있을 뿐이므로 그 기간이 도과하면 청약이 실효되게 된다(대판 1999. 1. 29, 98다48903).

4) 연착된 승낙과 변경을 가한 승낙

> **제530조(연착된 승낙의 효력)**
> 전2조의 경우에 연착된 승낙은 청약자가 이를 새 청약으로 볼 수 있다.
>
> **제534조(변경을 가한 승낙)**
> 승낙자가 청약에 대하여 조건을 붙이거나 변경을 가하여 승낙한 때에는 그 청약의 거절과 동시에 새로 청약한 것으로 본다.

(가) 연착된 승낙은 새 청약으로 볼 수 있고, 이에 청약자가 다시 승낙을 하여야 계약이 체결된다(제530조).

(나) 매도인의 청약에 대하여 매수인이 조건을 붙여 승낙하였다면 매도인의 청약은 실효된다. 그리고 그 승낙은 새로운 청약이 된다. 예컨대, 10만원에 팔겠다는 A의 청약에 대해 B가 8만원이면 사겠다고 하였는데 이에 대해 A가 응하지 않자 B가 처음대로 10만원에 사겠다고 한 경우라도 10만원에 매매계약이 체결된 것으로 되지 않는다. 이는 제534조의 '변경을 가한 승낙'으로, 최초의 청약의 거절과 동시에 새로 청약한 것으로 보기 때문에, 변경을 가한 승낙에 대하여 청약자가 다시 승낙을 하여야 계약이 성립할 수 있다.

> **판례** 매매계약당사자 중 매도인이 매수인에게 매매계약의 합의해제를 청약하였다고 할 지라도, 매수인이 그 **청약에 대하여 조건을 붙이거나 변경을 가하여 승낙한 때**에는 민법 제534조의 규정에 비추어 그 청약의 거절과 동시에 새로 청약한 것으로 보게 되는 것이고, 그로 인하여 **종전의 매도인의 청약은 실효된다** 할 것이다(대판 2009. 2. 12, 2008다71926 ; 대판 2002. 4. 12, 2000다17834).

5) 교차청약

> **제533조(교차청약)**
> 당사자간에 동일한 내용의 청약이 상호교차된 경우에는 양 청약이 상대방에게 도달한 때에 계약이 성립한다.

교차청약은 당사자간에 동일한 내용의 청약이 상호교차된 경우로써 상대방 있는 의사표시인 청약이 모두 도달한 때 계약이 성립한다. 결국 마지막 청약이 도달한 때 계약이 성립한다.

(2) 의사실현에 의한 계약성립

> **제532조(의사실현에 의한 계약성립)**
> 청약자의 의사표시나 관습에 의하여 승낙의 통지가 필요하지 아니한 경우에는 계약은 승낙의 의사표시로 인정되는 사실이 있는 때에 성립한다.

의사실현으로 인정되는 사실이 발생한 때에 계약은 성립하며, 청약자가 그러한 사실을 알고 있을 것을 요건으로 하지 않는다. 즉 일정한 사실행위도 승낙의 의사표시로 인정되어 계약을 성립시킬 수 있다. 예컨대, 서점에서 신간서적을 보내 오면 그 중에서 필요한 책을 사기로 하고서 보내온 책에 이름을 적는 경우 그때 매매계약이 성립한 것으로 된다는 것이다.

> **판례** 예금계약은 예금자가 예금의 의사를 표시하면서 금융기관에 돈을 제공하고 금융기관이 그 의사에 따라 그 돈을 받아 확인을 하면 그로써 성립하며, 금융기관의 직원이 그 받은 돈을 금융기관에 입금하지 아니하고 이를 횡령하였다고 하더라도 예금계약의 성립에는 아무런 영향이 없다(대판 1996. 1. 26, 95다26919).

3. 격지자간의 계약성립시기

> **제531조(격지자간의 계약성립시기)**
> 격지자간의 계약은 승낙의 통지를 발송한 때에 성립한다.

의사표시의 효력발생시기에 관해서 우리 민법은 도달주의의 원칙(제111조)을 취하면서도, 격지자간의 계약성립시기에 관해서는 예외적 발신주의를 취한다(제531조). 이러한 제531조는 민법 제528조 제1항 및 제529조와 충돌하는 면이 있어 그 해석에 관한 논란이 있다.

(1) 해제조건설(통설적 견해)

민법이 계약의 성립에 관하여 특히 발신주의를 취한 취지를 최대한으로 관철하자는 의미에서 승낙의 통지를 발송한 때에 계약은 즉시 성립하되, 다만 그 통지가 청약의 존속기간 내(기간이 정해진 경우는 그 기간 내, 그렇지 않으면 상당한 기간 내)에 도달하지 않은 경우에는 계약이 성립되지 않은 것으로 본다. 즉 승낙과 동시에 계약은 성립되지만, 승낙의 부도달을 해제조건으로 한다는 것이다.

(2) 정지조건설(소수설)

정지조건설은 승낙의 효력은 그 의사표시가 청약자에게 도달한 때에 발생하며, 다만 승낙의 도달을 정지조건으로 그 효력이 승낙통지를 발송한 때에 소급하여 청약과 결합하여 계약을 성립하게 한다는 견해이다.

Ⅳ. 약관에 의한 계약성립

1. 일반론

(1) 약관의 의의

약관이란 다수의 상대방과 계약을 체결하기 위하여 **일방당사자에 의해 사전작성**된 계약의 조항을 말한다(부합계약). 따라서 구체적인 계약에서 **일방 당사자와 상대방 사이에 교섭이 이루어져 계약의 내용으로 된 조항**은 작성상의 일방성이 없으므로 약관의 규제에 관한 법률의 규제 대상인 약관에는 해당하지 않는다고 할 것이다(대판 2008. 2. 1, 2005다74863).

> **판례** 단순히 1회의 계약체결을 위한 것이라거나 다수의 상대방에게 동일한 내용이 아닌 것, 개별적인 흥정을 거친 것이라면 약관이 될 수 없다(대판 2013. 7. 25, 2013다27015).

(2) 약관구속력의 근거(계약설)

약관의 법적 성질에 관해서는 약관규제법 제정 이전에 규범설과 계약설로 대립하였으나, 현재는 약관규제법이 약관의 법적 성질을 근본적으로 계약이라는 관점에서 다루고 있고, 학설·판례도 계약설을 채택하고 있다.

(3) 약관의 계약으로의 편입

> **약관규제법 제3조(약관의 작성 및 설명의무 등)**
> ① 사업자는 고객이 약관의 내용을 쉽게 알 수 있도록 한글로 작성하고, 표준화·체계화된 용어를 사용하며, 약관의 중요한 내용을 부호, 색채, 굵고 큰 문자 등으로 명확하게 표시하여 알아보기 쉽게 약관을 작성하여야 한다.
> ② 사업자는 계약을 체결할 때에는 고객에게 약관의 내용을 계약의 종류에 따라 일반적으로 예상되는 방법으로 분명하게 밝히고, 고객이 요구할 경우 그 약관의 사본을 고객에게 내주어 고객이 약관의 내용을 알 수 있게 하여야 한다. 다만, 다음 각 호의 어느 하나에 해당하는 업종의 약관에 대하여는 그러하지 아니하다.
> 1. 여객운송업 2. 전기·가스 및 수도사업 3. 우편업 4. 공중전화 서비스 제공 통신업
> ③ 사업자는 약관에 정하여져 있는 중요한 내용을 고객이 이해할 수 있도록 설명하여야 한다. 다만, 계약의 성질상 설명하는 것이 현저하게 곤란한 경우에는 그러하지 아니하다.
> ④ 사업자가 제2항 및 제3항을 위반하여 계약을 체결한 경우에는 해당 약관을 계약의 내용으로 주장할 수 없다.

계약설에 따른다면, 일방적으로 작성된 약관이 언제 비로소 계약의 내용으로 편입되는가? 약관규제법은 **사업자가 약관의 내용을 명시하고 중요한 내용을 설명하면** 계약의 내용을 구성하는 것으로 한다(제3조).

> **판례** 보험약관에 정하여진 사항이라고 하더라도 **거래상 일반적이고 공통된 것이어서 보험계약자가 별도의 설명 없이도 충분히 예상할 수 있었던 사항**이거나 **이미 법령에 의하여 정하여진 것을 되풀이하거나 부연하는 정도에 불과한 사항**이라면 그러한 사항에 대하여서까지 보험자에게 명시·설명의무가 인정된다고 할 수 없다(대판 1998. 11. 27, 98다32564).

(4) 약관의 설명의무 위반의 효과

사업자가 약관의 중요사항을 설명하지 않은 경우에는 계약의 성립에 따른 약관의 내용을 상대방에게 주장할 수 없다. 예컨대, 보험자가 약관설명의무를 위반한 경우는 보험계약자의 고지의무위반을 이유로 보험계약을 해지할 수 없다.

2. 약관의 해석문제

> **제5조(약관의 해석)**
> ① 약관은 신의성실의 원칙에 따라 공정하게 해석되어야 하며 고객에 따라 다르게 해석되어서는 아니 된다.
> ② 약관의 뜻이 명백하지 아니한 경우에는 고객에게 유리하게 해석되어야 한다.

(1) 약관의 객관적·획일적 해석의 원칙 및 작성자 불이익원칙

약관의 해석은, 신의성실의 원칙에 따라 당해 약관의 목적과 취지를 고려하여 공정하고 합리적으로 해석하되, 개개 계약 당사자가 기도한 목적이나 의사를 참작함이 없이 평균적 고객의 이해가능성을 기준으로 **객관적·획일적으로 해석**하여야 하며, 위와 같은 해석을 거친 후에도 약관 조항이 객관적으로 다의적으로 해석되고 그 각각의 해석이 합리성이 있는 등 당해 약관의 뜻이 명백하지 아니한 경우에는 **고객에게 유리하게 해석**하여야 하나, 당해 약관의 목적과 취지를 고려하여 공정하고 합리적으로, 그리고 평균적 고객의 이해가능성을 기준으로 객관적이고 획일적으로 해석한 결과 그 **약관 조항이 일의적으로 해석된다면 그 약관 조항을 고객에게 유리하게 제한 해석할 여지가 없다**(대판 2010. 9. 9, 2007다5120).

> **판례** 보험약관은 신의성실의 원칙에 따라 당해 약관의 목적과 취지를 고려하여 공정하고 합리적으로 해석하되, 개개의 계약당사자가 기도한 목적이나 의사를 참작함이 없이 평균적 고객의 이해가능성을 기준으로 보험단체 전체의 이해관계를 고려하여 객관적·획일적으로 해석하여야 한다. 보험약관이 비록 보험자가 다수의 보험계약자와 계약을 체결하기 위하여 일방적으로 마련한 것이라고 하더라도, 보험약관의 내용 등이 보험계약

자의 정당한 이익과 합리적인 기대에 반할 뿐 아니라 사적자치의 한계를 벗어나는 등 무효라고 볼 만한 사정이 없다면, 법원이 이를 함부로 배척하거나 보험약관 내용을 그 목적과 취지 등과 달리 개별 사건마다 임의로 해석하여서는 안 된다(대판 2023. 10. 12, 2020다232709, 232716).

(2) 예문해석

판례 근저당권설정계약서는 처분문서이므로 특별한 사정이 없는 한 그 계약문언대로 해석하여야 함이 원칙이긴 하나, 그 근저당권설정계약서가 금융기관 등에서 일률적으로 일반거래약관의 형태로 부동문자로 인쇄해 두고 사용하는 계약서인 경우에 그 계약조항에서 피담보채무의 범위를 그 근저당권설정으로 대출받은 당해 대출금채무 외에 기존의 채무나 장래에 부담하게 될 다른 원인에 의한 모든 채무도 포괄적으로 포함하는 것으로 기재하였다고 하여도 당해 대출금채무와 기존채무의 각 성립 경위 및 각 채무액과 그 근저당권의 채권최고액과의 관계 등 기타 여러 사정에 비추어 인쇄된 계약문언대로 피담보채무의 범위를 해석하면 오히려 금융기관 등의 일반대출관례에 어긋난다고 보여지고 당사자의 의사는 당해 대출금채무만을 그 근저당권의 피담보채무로 약정한 취지라고 해석하는 것이 합리적인 때에는 위 계약서의 피담보채무에 관한 포괄적 기재는 부동문자로 인쇄된 일반거래약관의 예문에 불과한 것으로 보아 그 구속력을 배제하는 것이 타당하다(대판 1990. 7. 10, 89다카12152).

(3) 축소해석

축소해석의 원칙은, 고객의 권리를 제한하는 약관조항은 좁게 해석하여야 한다는 해석법리로서, 특히 이 해석원칙에 의하여 고객에게 불리한 사업자의 면책조항, 하자담보책임 제한조항, 보험급부 면책조항 등의 적용범위를 축소함으로써 고객을 보호하겠다는 원칙이다(대판 2011. 4. 28, 2010다106337).

(4) 개별약정우선의 원칙

1) 당사자간 개별약정은 약관조항에 우선한다는 원칙이다(대판 2001. 3. 9, 2000다67235). 즉 계약의 일방 당사자가 일정한 형식에 의하여 미리 계약서를 마련하여 두었다가 이를 상대방에게 제시하여 그 내용대로 계약을 체결하는 경우에도 특정 조항에 관하여 상대방과 개별적인 교섭을 거침으로써 상대방이 자신의 이익을 조정할 기회를 가졌다면, 그 조항은 '약관의 규제에 관한 법률'의 규율 대상이 아닌 개별약정이 된다고 보아야 한다. 이때 개별적인 교섭이 있었다고 하기 위해서는 그 교섭의 결과가 반드시 특정 조항의 내용을 변경하는 형태로 나타나야 하는 것은 아니고, 계약 상대방이 그 특정 조항을 미리 마련한 당사자와 대등한 지위에서 당해 조항에 대하여 충분한 검토와 고려를 한 뒤 그 내용을 변경할 가능성이 있었다고 인정되면 된다[대판(전합) 2013. 9. 26, 2013다26746].

2) 이처럼 약관 조항이 당사자 사이의 합의에 의하여 개별약정으로 되었다는 사실은 이를 주장하는 사업자 측에서 증명하여야 한다(대판 2014. 6. 12, 2013다214864; 대판 2010. 9. 9, 2009다105383).

3) [1] 사업자와 고객 사이에 교섭이 이루어진 약관 조항은 약관 작성상의 일방성이 없으므로 약관의규제에관한법률 소정의 약관에 해당하지 않는다고 할 것이나, 이 경우 원칙적으로 개개의 조항별로 교섭의 존재 여부를 살펴야 하며, 약관 조항 중 일부의 조항이 교섭되었음을 이유로 그 조항

에 대하여는 같은 법의 적용이 배제되더라도 교섭되지 아니한 나머지 조항들에 대하여는 여전히 같은 법이 적용되어야 한다. [2] 동일한 약관집 내의 대다수의 조항들이 교섭되고 변경된 사정이 있다면, 변경되지 아니한 나머지 소수의 조항들에 대해서도 교섭이 이루어진 것으로 추정할 수 있다(대판 2000. 12. 22, 99다4634).

3. 약관의 불공정조항에 대한 약관규제법상의 규제

(1) 불공정조항의 무효

제6조(일반원칙)
① 신의성실의 원칙을 위반하여 공정성을 잃은 약관 조항은 무효이다.
② 약관의 내용 중 다음 각 호의 어느 하나에 해당하는 내용을 정하고 있는 조항은 공정성을 잃은 것으로 추정된다.
  1. 고객에게 부당하게 불리한 조항
  2. 고객이 계약의 거래형태 등 관련된 모든 사정에 비추어 예상하기 어려운 조항
  3. 계약의 목적을 달성할 수 없을 정도로 계약에 따르는 본질적 권리를 제한하는 조항

(2) 일부무효의 특칙

제16조(일부 무효의 특칙)
약관의 전부 또는 일부의 조항이 제3조제4항에 따라 계약의 내용이 되지 못하는 경우나 제6조부터 제14조까지의 규정에 따라 무효인 경우 계약은 나머지 부분만으로 유효하게 존속한다. 다만, 유효한 부분만으로는 계약의 목적 달성이 불가능하거나 그 유효한 부분이 한쪽 당사자에게 부당하게 불리한 경우에는 그 계약은 무효로 한다.

이는 민법 제137조의 일부무효의 원칙규정에 대한 특칙이다.

4. 구체적인 판례 검토

(1) 손해배상액의 예정

제8조(손해배상액의 예정)
고객에게 부당하게 과중한 지연손해금 등의 손해배상 의무를 부담시키는 약관 조항은 무효로 한다.

판례 약관상 매매계약 해제시 매도인을 위한 손해배상액의 예정조항은 있는 반면 매수인을 위한 손해배상액의 예정조항은 없는 경우, 매도인 일방만을 위한 손해배상액의 예정조항을 두었다고 하여 곧 그 조항이 약관의 규제에관한법률에 위배되어 무효라 할 수는 없다(대판 2000. 9. 22, 99다53759, 53766).

(2) 변제충당

변제충당에 관한 약관조항이 채권자에게 무제한의 포괄적 충당권을 부여하면서도 그 순서와 방법의 기준 등을 전혀 규정하지 아니하여 채무자 또는 담보제공자가 충당되는 채무를 예측할 수 없는 경우의 약관조항은 고객인 채무자 등의 정당한 이익을 완전히 무시하여 부당하게 불리하고 신의성실에 반하여 공정을 잃은 조항으로서 약관의규제에관한법률 제6조 제1항, 제2항 제1호에 의하여 무효라고 보아야 한다(대판 2002. 7. 12, 99다68652).

V. 계약체결상의 과실책임

> **제535조(계약체결상의 과실)**
> ① 목적이 불능한 계약을 체결할 때에 그 불능을 알았거나 알 수 있었을 자는 상대방이 그 계약의 유효를 믿었음으로 인하여 받은 손해를 배상하여야 한다. 그러나 그 배상액은 계약이 유효함으로 인하여 생길 이익액을 넘지 못한다.
> ② 전항의 규정은 상대방이 그 불능을 알았거나 알 수 있었을 경우에는 적용하지 아니한다.

1. 서 설

(1) 의 의

계약의 목적달성이 체결당시에 이미 확정적으로 불가능한 경우(급부의 원시적·객관적 불능), 계약의 내용으로서의 급부의무도 발생하지 않게 되는데, 이 때 교섭당사자가 계약이 성립될 것을 기대하는 신뢰손해는 그 손해야기의 귀책사유가 있는 자가 부담하여야 한다는 것이다.

(2) 본조의 특징

1) 계약책임도 불법행위책임도 아닌 계약체결상의 과실책임을 명문으로 인정한다.

2) 계약이 그 목적의 원시적·객관적 불능으로 인하여 무효인 경우에 인정되는 것이다.

3) 손해의 유형으로 신뢰이익배상을 인정하고, 다만 이행이익을 초과할 수 없도록 하고 있다.

판례 [1] **계약 체결 후에 채무의 이행이 불가능하게 된 경우**에는 채권자가 이행을 청구하지 못하고 채무불이행을 이유로 손해배상을 청구하거나 계약을 해제할 수 있다. 그러나 **계약 당시에 이미 채무의 이행이 불가능했다면** 특별한 사정이 없는 한 채권자가 이행을 구하는 것은 허용되지 않고, 민법 제535조에서 정한 계약체결상의과실책임을 추궁하는 등으로 권리를 구제받을 수밖에 없다. 채무의 이행이 불가능하다는 것은 절대적·물리적으로 불가능한 경우만이 아니라 사회생활상 경험칙이나 거래상의 관념에 비추어 볼 때 채권자가 채무자의 이행의 실현을 기대할 수 없는 경우도 포함한다. 이는 채무를 이행하는 행위가 법률로 금지되어 그 행위의 실현이 법률상 불가능한 경우에도 마찬가지이다. [2] 1필지의 토지 중 일부를 특정하여 매매계약이 체결되었으나 그 부분의 면적이 건축법 제57조 제1항, 건축법 시행령 제80조에 따라 분할이 제한되는 경우에 해당한다면, 매도인으로서는 그 부분을 분할하여 소유권이전등기절차를 이행할 수 없다. 따라서 매도인이 매매계약에 따라 매수인에게 부담하는 소유권이전등기절차 이행의무는 이행이 불가능하다고 보아야 한다. 이는 교환계약에서도 마찬가지이다(대판 2017. 8. 29, 2016다212524).

2. 요 건

(1) 배상의무자측의 요건

계약이 그 목적의 원시적·객관적 불능으로 인하여 무효여야 하며, 의무자에게 고의 또는 과실이 있어야 한다.

(2) 손해를 입은 상대방측의 요건

상대방이 목적의 불능으로 인하여 손해를 입었을 것이 필요하며, 상대방은 선의·무과실이어야 한다.

3. 효 과(신뢰이익의 손해배상)

(1) 신뢰이익

제535조의 요건이 충족된 경우, 배상되어야 할 손해는 상대방이 입은 신뢰이익의 손해이며, 그의 배상액은 계약이 유효함으로 인하여 생길 이익(이행이익배상)을 넘지 못한다(제535조 제1항 후문). 신뢰이익이 이행이익을 초과할 수 있다고 한다면 오히려 계약이 유효한 것으로 이행되는 경우보다 좌절 또는 무효가 더 유리해지는 부당한 결과를 초래하기 때문이다.

(2) 채무불이행과 구별

민법은 계약이 유효하게 성립한 경우와 무효로서 좌절된 경우를 엄격히 구별하여 전자는 채무불이행책임으로, 후자는 계약체결상 과실책임(제535조)으로 처리하고, 전자의 손해배상은 이행이익 배상을 원칙으로 하는 반면에 후자의 경우는 신뢰이익 배상만을 인정한다.

4. 계약체결상의 과실책임의 인정범위

(1) 일반론

다수설은 제535조를 원시적·객관적 불능으로 인하여 계약이 무효인 경우 이외에도 여러 경우에 유추적용을 인정하자고 주장하나, 판례는 계약체결상의 과실책임을 제535조에서 정하는 것(원시적·객관적 불능)외에 이를 확대인정하는 경우가 없고, 불법행위의 문제로 해결한다.

(2) 구체적인 판례의 태도

1) 계약의 준비단계, 특히 계약교섭단계에서의 부당파기 문제

다수설에 의하면 예컨대 어느 직위에 채용할 것이라는 확고한 신뢰를 상대방에게 주었기 때문에 상대방이 현 직장에 사표를 제출한 경우, 가전제품의 대리점에서 최신 모델의 전자제품을 구경하던 중

진열제품이 넘어져 다친 경우 등 계약의 준비단계에서 손해가 발생한 경우에도 제535조의 계약체결 상의 과실책임을 인정한다. 그러나 판례는 유사한 사안에서 제535조에 문의하지 않고 불법행위의 요건의 충족을 전제로 불법행위로 인한 손해배상책임을 인정할 뿐이다.

> **판례** ① 학교법인이 원고를 사무직원 채용시험의 최종합격자로 결정하고도 차후에 직원발령을 지체하고 여러번 발령을 미루다가 직원으로 채용할 수 없다고 통지한 경우, 위 학교법인은 **불법행위자로서** 원고가 위 최종합격자 통지와 계속된 발령을 신뢰하여 직원으로 채용되기를 기대하면서 다른 취직의 기회를 포기함으로써 입은 **손해를 배상할 책임이 있다**(대판 1993. 9. 10, 92다42897).
> ② 어느 일방이 교섭단계에서 계약이 확실하게 체결되리라는 정당한 기대 내지 신뢰를 부여하여 상대방이 그 신뢰에 따라 행동하였음에도 상당한 이유 없이 계약의 체결을 거부하여 손해를 입혔다면 이는 신의성실의 원칙에 비추어 볼 때 계약자유 원칙의 한계를 넘는 위법한 행위로서 **불법행위를 구성한다**고 할 것이다(대판 2001. 6. 15, 99다40418).
> ③ 계약 교섭 단계에서는 아직 계약이 성립된 것이 아니므로 **당사자 중 일방이 계약의 이행행위를 준비하거나 이를 착수하는 것**은 이례적인 일로서, 설령 이행에 착수하였다고 하더라도 이는 자기의 위험 판단과 책임에 따른 것이라고 평가할 수 있다. 그러나 만일 **이행의 착수가 상대방의 적극적인 요구에 따른 것이고 바로 위와 같은 이행에 들인 비용의 지급에 관하여 이미 계약 교섭**이 진행되고 있었다는 등의 특별한 사정이 있다면, 당사자 중 일방이 계약의 성립을 기대하고 이행을 위하여 지출하였거나 지출할 것이 확실한 비용은 계약체결을 신뢰하여 발생한 손해로서 **계약 교섭의 부당파기로 인한 손해배상의 범위에 해당할 수 있다**(대판 2022. 7. 14, 2021다216773).

2) 무효·취소

계약이 무효 또는 취소된 경우, 특히 착오 취소의 경우 다수설은 제535조를 유추적용하여 취소자의 신뢰이익배상책임을 인정하려고 하지만 판례는 이를 부정한다.

> **판례** 불법행위로 인한 손해배상책임이 성립하기 위하여는 가해자의 고의 또는 과실 이외에 행위의 위법성이 요구되므로, 전문건설공제조합이 계약보증서를 발급하면서 조합원이 수급할 실제 도급금액을 확인하지 아니한 과실이 있다고 하더라도, 민법 제109조에서 중과실이 없는 착오자의 착오를 이유로 한 의사표시의 취소를 허용하고 있는 이상, 전문건설공제조합이 과실로 인하여 착오에 빠져 계약보증서를 발급한 것이나 그 착오를 이유로 보증계약을 취소한 것이 위법하다고 할 수는 없다. 따라서 **취소한 자에게 불법행위를 이유로 손해배상을 청구할 수 없다**(대판 1997. 8. 22, 97다13023).

3) 매매계약이 매매대금에 관한 의사의 불합치로 성립하지 아니한 경우

계약이 의사의 불합치로 성립하지 아니한 경우 그로 인하여 손해를 입은 당사자가 상대방에게 **부당이득반환청구 또는 불법행위로 인한 손해배상청구를 할 수 있는지는 별론으로 하고**, 상대방이 계약이 성립되지 아니할 수 있다는 것을 알았거나 알 수 있었음을 이유로 **민법 제535조를 유추적용하여 계약체결상의 과실로 인한 손해배상청구를 할 수는 없다**(대판 2017. 11. 14, 2015다10929).

(3) 계약교섭단계에서의 부당파기 사례연습

｜관련사례｜ 피고(한국무역협회)는 무역센터 부지 내에 수출 1,000억 $ 달성을 기념하는 영구조형물을 건립하기로 하고 그 건립방법에 관하여 분야별로 5인 가량의 작가를 선정하여 조형물의 시안(試案) 제작을 의뢰한 후 그 중에서 최종적으로 1개의 시안을 선정한 다음 그 선정된 작가와 이 사건 조형물의 제작·납품 및 설치계약을 체결하기로 하였다. 피고는 원고 등 조각가 4인에게 시안(試案)의 작성을 의뢰하면서 시안이 선정된 작가와 조형물 제작·납품 및 설치계약을 체결할 것이라는 사실을 알렸으나 당시 이 사건 조형물의 제작비, 제작시기, 설치장소를 구체적으로 통보하지는 않았다. 피고는 작가들이 제출한 시안 중 원고가 제출한 시안을 당선작으로 선정하고 원고에게 그 사실을 통보하기는 하였으나, 구체적인 계약을 체결하지 아니하고 있다가 당선사실 통지시로부터 약 3년이 경과한 시점에 원고에게 이 사건 조형물의 설치를 취소하기로 하였다고 통보하였다. 피고는 그 후 다른 작가에게 의뢰하여 해상왕 장보고 상징조형물을 건립하였다. 여기서 원고의 권리구제는?(대판 2003. 4. 11, 2001다53059).

｜해설｜ ① 계약의 성립여부(소극) : 피고가 작가들에게 시안 제작을 의뢰할 때 시안이 당선된 작가와 사이에 이 사건 계약을 체결할 의사를 표명하였다 하더라도 그 의사표시 안에 이 사건 조형물의 제작·납품 및 설치에 필요한 제작대금, 제작시기, 설치장소를 구체적으로 명시하지 아니하였던 이상 <u>피고의 원고 등에 대한 시안제작 의뢰는 이 사건 계약의 청약이라고 할 수 없고, 나아가 원고가 시안을 제작하고 피고가 이를 당선작으로 선정하였다 하더라도 원고와 피고 사이에 구체적으로 이 사건 계약의 청약과 승낙이 있었다고 보기는 어렵다.</u> ☞ 계약의 성립이 부정된 사례이다. 청약은 그에 응하는 승낙만 있으면 곧 계약이 성립하는 구체적, 확정적 의사표시여야 하므로, 청약은 계약의 내용을 결정할 수 있을 정도의 사항을 포함시키는 것이 필요하기 때문이다.

② 계약체결의 좌절과 손해배상 : 어느 일방이 교섭단계에서 계약이 확실하게 체결되리라는 정당한 기대 내지 신뢰를 부여하여 상대방이 그 신뢰에 따라 행동하였음에도 상당한 이유 없이 계약의 체결을 거부하여 손해를 입혔다면 이는 신의성실의 원칙에 비추어 볼 때 계약자유 원칙의 한계를 넘는 위법한 행위로서 불법행위를 구성한다고 할 것이다(대판 2001. 6. 15, 99다40418 참조).

③ 신뢰이익배상 : <u>그러한 불법행위로 인한 손해</u>는 일방이 신의에 반하여 상당한 이유 없이 계약교섭을 파기함으로써 계약체결을 신뢰한 상대방이 입게 된 상당인과관계 있는 손해로서 계약이 유효하게 체결된다고 믿었던 것에 의하여 입었던 손해 즉 <u>신뢰손해에 한정된다</u>고 할 것이고, 이러한 <u>신뢰손해란 예컨대, 그 계약의 성립을 기대하고 지출한 **계약준비비용**과 같이 그러한 신뢰가 없었더라면 통상 지출하지 아니하였을 비용 상당의 손해</u>라고 할 것이며, 아직 계약체결에 관한 확고한 신뢰가 부여되기 이전 상태에서 **계약교섭의 당사자가 계약체결이 좌절되더라도 어쩔 수 없다고 생각하고 지출한 비용, 예컨대 경쟁입찰에 참가하기 위하여 지출한 제안서, 견적서 작성비용 등**은 여기에 포함되지 아니한다고 볼 것이다.

④ 정신적 고통에 대한 별도의 손해배상 : 침해행위와 피해법익의 유형에 따라서는 <u>계약교섭의 파기로 인한 불법행위가 인격적 법익을 침해함으로써 상대방에게 정신적 고통을 초래하였다고 인정되는 경우라면 그러한 정신적 고통에 대한 손해에 대하여는 별도로 배상을 구할 수 있다.</u>

｜비교판례｜ 공사도급계약의 도급인이 될 자가 수급인을 선정하기 위해 입찰절차를 거쳐 낙찰자를 결정한 경우 입찰을 실시한 자와 낙찰자 사이에는 **도급계약의 본계약체결의무를 내용으로 하는 예약의 계약관계가 성립하고,** 어느 일방이 정당한 이유 없이 본계약의 체결을 거절하는 경우 상대방은 **예약채무불이행을 이유로 한** 손해배상을 청구할 수 있다. <u>이러한 손해배상의 범위는 원칙적으로 예약채무불이행으로 인한 통상의 손해를</u>

한도로 하는데, 만일 입찰을 실시한 자가 정당한 이유 없이 낙찰자에 대하여 본계약의 체결을 거절하는 경우라면 낙찰자가 본계약의 체결 및 이행을 통하여 얻을 수 있었던 이익, 즉 **이행이익 상실의 손해**는 통상의 손해에 해당한다고 볼 것이므로 입찰을 실시한 자는 낙찰자에 대하여 이를 배상할 책임이 있다(대판 2011. 11. 10, 2011다41659). ☞ 계약관계의 성립여부에 따라 차이가 나는 것이다.

제2절 계약의 효력

Ⅰ. 동시이행의 항변권

> **제536조(동시이행의 항변권)**
> ① 쌍무계약의 당사자 일방은 상대방이 그 채무이행을 제공할 때 까지 자기의 채무이행을 거절할 수 있다. 그러나 상대방의 채무가 변제기에 있지 아니하는 때에는 그러하지 아니하다.
> ② 당사자 일방이 상대방에게 먼저 이행하여야 할 경우에 상대방의 이행이 곤란할 현저한 사유가 있는 때에는 전항 본문과 같다.

1. 의의 및 성질

(1) 의 의

동시이행항변권이란 쌍무계약 또는 비쌍무계약 중 일정한 경우 상대방이 이행을 제공할 때까지 자기의 채무이행을 거절할 수 있는 권리를 말한다(제536조). 이러한 동시이행의 항변권은 자기의 채무이행을 상대방 채무이행의 조건으로 함으로써 사실상 상대방의 채무이행을 담보하는 담보적 기능도 갖는다.

(2) 법적 성질(항변권설, 통설과 판례)

상대방이 채무이행을 제공할 때까지 자기의 채무이행을 거절할 수 있다는 민법 제536조의 규정을 근거로 쌍무계약에서 각 채무자의 거절할 수 있는 권능을 **항변권**으로 이해한다.

> **판례** 매매를 원인으로 한 소유권이전등기청구에 있어서 매수인은 매매계약 사실을 주장·입증하면 특별한 사정이 없는 한 매도인은 소유권이전등기의무가 있는 것이며, 매도인이 매매대금의 일부를 수령한 바 없다면, **동시이행의 항변을 제기하여야 하는 것**이고, 법원은 매도인의 이와 같은 <u>**항변이 있을 때 비로소** 대금지급 사실의 유무를 심리할 수 있는 것이다</u>(대판 1990. 11. 27, 90다카25222).

2. 동시이행항변권의 요건

(1) 쌍방의 채무가 동일한 쌍무계약으로부터 발생할 것

1) 쌍무계약 및 비쌍무계약에의 확장적용

⑺ 동시이행의 항변권은 본래 쌍무계약의 효력으로 인정되는 것이지만, 판례는 "당사자가 부담하는 각 채무가 쌍무계약에 있어 고유의 대가관계에 있는 채무가 아니라고 하더라도, 구체적인 계약관계에서 각 당사자가 부담하는 채무에 관한 약정 내용에 따라 그것이 대가적 의미가 있어 이행상의 견련관계를 인정하여야 할 사정이 있는 경우에는 동시이행의 항변권을 인정할 수 있다(대판 2006. 6. 9, 2004다24557)"고 하며 비쌍무계약에의 확장적용을 인정한다.

> **판례** 원래 쌍무계약에서 인정되는 동시이행의 항변권을 비쌍무계약에 확장함에 있어서는 양채무가 동일한 법률요건으로부터 생겨서 공평의 관점에서 보아 견련적으로 이행시킴이 마땅한 경우라야 한다(대판 1992. 10. 9, 92다25656).

⑷ 위와 같은 확장적용이 법률상 인정되는 경우로는 **계약해제로 인한 원상회복의무**(제549조), **매도인의 담보책임**(제583조), **도급인의 손해배상청구권과 수급인의 보수청구권 사이**(제667조), **가등기담보에 있어 청산금지급채무와 목적부동산에 대한 본등기 및 인도의무 사이**(가담법 제4조 제3항) 등이 있다.

⑸ 민법에는 규정이 없으나 확장이 인정되는 경우로는 **계약이 무효 또는 취소된 경우의 당사자 상호간의 반환의무 사이**(대판 1976. 4. 27, 75다1241), **변제와 영수증의 교부사이**(대판 2005. 8. 19, 2003다22042), **임대차에서 임대차계약의 기간이 만료된 경우에 임차인이 임차목적물을 명도할 의무와 임대인이 보증금 중 연체차임 등 당해 임대차에 관하여 명도시까지 생긴 모든 채무를 청산한 나머지를 반환할 의무 사이**[대판(전합) 1977. 9. 28, 77다1241, 1242] 등이 있다.

2) 동일한 계약

동시이행의 항변권은 동일한 쌍무계약에서 인정되는 것이 원칙이고 별개의 계약에서 발생하는 의무 사이에서는 부정함이 원칙이다.

> **판례** ① 임대차계약 해제에 따른 임차인의 임대차계약의 이행으로 이루어진 목적물 인도의 원상회복의무와 임대인이 임차인에게 건물을 사용수익하게 할 의무를 불이행한 데 대하여 손해배상을 하기로 한 **각서에 기하여 발생된 약정지연손해배상의무**는 하나의 임대차계약에서 이루어진 계약이행의 원상회복관계에 있지 않고 그 발생원인을 달리하고 있어 임차인의 동시이행의 항변은 배척되어야 한다(대판 1990. 12. 26, 90다카25383). ② **임차인의 임차목적물 반환의무**는 임대차계약의 종료에 의하여 발생하나, **임대인의 권리금 회수 방해로 인한 손해배상의무**는 상가건물 임대차보호법에서 정한 권리금 회수기회 보호의무 위반을 원인으로 하고 있으므로 양 채무는 **동일한 법률요건이 아닌 별개의 원인에 기하여 발생한 것**일 뿐 아니라 공평의 관점에서 보더라도 그 사이에 이행상 견련관계를 인정하기 어렵다(대판 2019. 7. 10, 2018다242727).

(2) 상대방의 채무가 변제기에 있을 것

1) 원 칙

상대방의 채무가 변제기에 있지 않을 때, 즉 당사자 일방이 상대방보다 먼저 이행할 의무를 지는 때(이른바 선이행의무)에는 동시이행의 항변권을 행사할 수 없다.

2) 예 외

당사자 일방이 선이행의무를 부담하는 경우에도 다음의 두 경우에는 동시이행항변권이 인정된다.

㈎ 상대방채무의 변제기 도래시

사례

甲은 2009. 1. 4. 乙에게 A 토지를 매도하면서 계약금은 그날 지급 받고 중도금은 2009. 1. 10.에 잔금은 2009. 1. 30.에 소유권이전등기에 필요한 서류와 상환으로 각각 지급 받기로 하였는데, 乙은 중도금 및 잔금을 지급하지 않았고, 甲도 소유권이전등기 소요서류를 교부하지 아니한 채 잔금지급기일을 지나버렸다.

판례 ① 매수인이 **선이행의무 있는 중도금을 지급하지 않았다 하더라도 계약이 해제되지 않은 상태에서 잔대금지급기일이 도래한 경우**, 특별한 다른 사정이 없는 한 매수인의 **중도금 및 잔대금의 지급과 매도인의 소유권이전등기 소요서류의 제공은 동시이행관계에 있다** 할 것이어서 **그때부터는 매수인은 중도금을 지급하지 아니한 데 대한 이행지체의 책임을 지지 아니한다**(대판 1998. 3. 13, 97다54604).
② 매수인이 선이행하여야 할 중도금지급을 하지 아니한 채 잔대금지급일을 경과한 경우에는 (i) 매수인의 **중도금 및 (ii) 이에 대한 지급일 다음날부터 잔대금지급일까지의 지연손해금과 (iii) 잔대금의 지급채무**는 매도인의 소유권이전등기의무와 특별한 사정이 없는 한 동시이행관계에 있다(대판 1991. 3. 27, 90다19930).

㈏ 불안의 항변권(제536조 제2항)

쌍무계약의 일방 당사자가 선이행의무를 부담하고 그와 대가관계에 있는 상대방의 채무가 아직 이행기에 이르지 아니하였으나 그 이행기의 이행이 현저히 불투명하게 된 경우, 선이행의무의 이행을 거절할 수 있다.

판례 민법 제536조 제2항의 이른바 불안의 항변권을 발생시키는 사유에 관하여 신용불안이나 재산상태 악화와 같이 채권자 측에 발생한 객관적·일반적 사정만이 이에 해당한다고 제한적으로 해석할 이유는 없다. 따라서 도급계약에서 일정 기간마다 이미 행하여진 공사부분에 대하여 기성공사금 등의 대가를 지급하기로 약정되어 있는데도 도급인이 정당한 이유 없이 이를 지급하지 않아 수급인에게 당초 계약내용에 따른 선이행의무의 이행을 요구하는 것이 공평에 반하게 되는 경우, 수급인이 민법 제536조 제2항에 의하여 계속공사의무의 이행을 거절할 수 있다(대판 2012. 3. 29, 2011다93025).

(3) 상대방의 이행제공이 없을 것

당사자 일방이 그 자신의 채무는 이행하지 않으면서 이행청구를 하는 경우에 동시이행의 항변권을 행사할 수 있다.

3. 구체적 판례의 내용

(1) 매매계약·교환계약 등

1) 건물매매계약에서 매수인의 잔금대금지급의무와 매도인의 소유권이전의무는 원칙적으로 동시이행관계에 있고, 이는 특별한 사정이 없는 한 미등기건물의 경우에도 마찬가지이다. 따라서 미등기건물의 매매에 있어서는 잔대금지급의무와 동시이행관계에 있는 것은 건물명도의무뿐이라는 논지는 부당하다(대판 1981. 7. 7, 80다2388).

2) 동산매매에서는 목적물의 인도와 대금지급의무 사이에 대가성을 갖는다고 볼 수 있으나, 부동산매매에서는 등기와 대금지급 외에 **부동산의 명도도 대금과 동시이행의 관계에 있는지** 문제가 된다. 판례는 부정한 예(대판 1976. 4. 27, 76다297)도 없지 않으나, **긍정함이 주류적 판례의 태도**이다(대판 1991. 9. 10, 91다6368 등). ☞ 판례가 이미 변경된 것으로 보아야 한다(송덕수 「채권각론」, p.185).

3) 부동산 매매계약에 있어 매수인이 부가가치세(또는 양도소득세)를 부담하기로 약정한 경우, 부가가치세를 매매대금과 별도로 지급하기로 했다는 등의 특별한 사정이 없는 한 **부가가치세를 포함한 매매대금 전부**와 부동산의 소유권이전등기의무가 동시이행의 관계에 있다고 봄이 상당하다(대판 2006. 2. 24, 2005다58656, 58663).

4) **동시이행의 관계에 있는 쌍방의 채무 중 어느 한 채무가 이행불능이 됨으로 인하여 발생한 손해배상채무도** 여전히 다른 채무와 동시이행의 관계에 있다(대판 2000. 2. 25, 97다30066).

5) 부동산매매계약과 함께 이행인수계약이 이루어진 경우는 매수인이 인수한 채무는 매매대금지급채무에 갈음한 것으로서 **매도인이 매수인의 인수채무 불이행으로 말미암아 또는 임의로 인수채무를 대신 변제하였다면, 그로 인한 손해배상채무 또는 구상채무**는 인수채무의 변형으로서 매매대금지급채무에 갈음한 것의 변형이므로 매수인의 손해배상채무 또는 구상채무와 매도인의 소유권이전등기의무는 대가적 의미가 있어 이행상 견련관계에 있다(대판 2004. 7. 9, 2004다13083).

6) 그러나 주된 급부가 아닌 부수적인 협력의무의 경우는 부정한다.

> **판례** 매도인의 토지거래계약허가 신청절차에 협력할 의무와 토지거래허가를 받으면 매매계약 내용에 따라 매수인이 이행하여야 할 매매대금 지급의무 사이에는 상호 이행상의 견련성이 있다고 할 수 없으므로, 매도인으로서는 그러한 의무이행의 제공이 있을 때까지 그 협력의무의 이행을 거절할 수 있는 것은 아니다(대판 1996. 10. 25, 96다23825).

(2) 담보계약의 경우(부정)

1) 저당권이나 가등기담보, 양도담보 등의 경우 채무자의 채무변제와 등기말소의무간에는 동시이행관계가 아니고 채무자의 변제가 선이행의무이다(대판 1984. 9. 11, 84다카781 등).

> **판례** ① 채무를 담보를 위하여 가등기 및 그 가등기에 기한 본등기가 경료된 경우에 채권자는 그 채무변제를 받기 전 또는 받음과 교환으로 그 담보로 된 가등기 및 그 가등기에 기한 본등기를 말소하여야 할 의무는 없다 (대판 1982. 12. 14, 82다카1623).
> ② 금전채권의 채무자가 채권자에게 담보를 제공한 경우 특별한 사정이 없는 한 채권자는 채무자로부터 채무를 모두 변제받은 다음 담보를 반환하면 될 뿐 **채무자의 변제의무와 채권자의 담보 반환의무가 동시이행 관계에 있다고 볼 수 없다.** 따라서 채권자가 채무자로부터 제공받은 담보를 반환하기 전에도 특별한 사정이 없는 한 채무자는 이행지체 책임을 진다(대판 2019. 10. 31, 2019다247651).

2) 그러나 근저당권설정등기 있는 부동산의 (피담보채무의 변제가 아닌) **매매계약**에 있어서는 **매도인의 소유권이전등기 의무와 아울러 근저당권설정등기의 말소의무도 매수인의 대금지급의무와 동시이행관계**에 있는 바 근저당권설정등기의 말소의무에 관한 이행제공은 그 근저당채무가 변제되었다는 것만으로는 부족하고 근저당권설정등기의 말소에 필요한 서류까지도 준비함이 필요하다(대판 1979. 11. 13, 79다1562).

> **판례** 매도인은 특별한 사정이 없는 한 제한이나 부담이 없는 완전한 소유권이전등기의무를 지는 것이므로 **매매목적부동산에 가압류등기 등이 되어 있는** 경우에는 매도인은 이와 같은 등기도 말소하여 완전한 소유권이전등기를 해 주어야 하는 것이고, 따라서 가압류등기 등이 있는 부동산의 매매계약에 있어서는 매도인의 소유권이전등기의무와 아울러 **가압류등기의 말소의무도 매수인의 대금지급의무와 동시이행 관계에 있다**고 할 것이다(대판 2000. 11. 28, 2000다8533).

> **비교판례** 부동산에 관한 매매계약을 체결한 후 매수인 앞으로 소유권이전등기를 마치기 전에 매수인으로부터 그 부동산을 다시 매수한 제3자의 처분금지가처분신청으로 **매매목적부동산에 관하여 가처분등기가 이루어진 상태에서 매도인과 매수인 사이의 매매계약이 해제된 경우,** 매도인만이 가처분이의 등을 신청할 수 있을 뿐 매수인은 가처분의 당사자가 아니어서 가처분이의 등에 의하여 가처분등기를 말소할 수 있는 법률상의 지위에 있지 않고, 제3자가 한 가처분을 매도인의 매수인에 대한 소유권이전등기의무의 일부이행으로 평가할 수 없어 그 가처분등기를 말소하는 것이 매매계약 해제에 따른 매수인의 원상회복의무에 포함된다고 보기도 어려우므로, 위와 같은 **가처분등기의 말소와 매도인의 대금반환의무**는 동시이행의 관계에 있다고 할 수 없다(대판 2009. 7. 9, 2009다18526).

(3) 도급계약

도급계약에 있어서 완성된 목적물에 하자가 있는 때에는 도급인은 수급인에 대하여 **하자의 보수를 청구할 수 있고, 그 하자의 보수에 갈음하여 또는 보수와 함께 손해배상을 청구할 수 있는바,** 이들 청구권은 특별한 사정이 없는 한 **수급인의 보수지급청구권**과 동시이행의 관계에 있다고 할 것이다(대판 2001. 6. 15, 2001다21632; 제667조 제3항).

> 판례 공사도급계약의 도급인이 자신 소유의 토지에 근저당권을 설정하여 수급인으로 하여금 공사에 필요한 자금을 대출받도록 한 사안에서, 수급인의 근저당권 말소의무는 도급인의 공사대금채무와 이행상 견련관계가 인정되어 서로 동시이행관계에 있고, 나아가 도급인이 대출금 등을 대위변제함으로써 수급인이 지게 된 구상금채무도 근저당권 말소의무의 변형물로서 도급인의 공사대금채무와 동시이행관계에 있다(대판 2010. 3. 25, 2007다35152).

(4) 무효·취소 등

1) 쌍무계약이 무효로 되어 각 당사자가 서로 취득한 것을 반환하여야 할 경우, 어느 일방의 당사자에게만 먼저 그 반환의무의 이행이 강제된다면 공평과 신의칙에 위배되는 결과가 되므로 각 당사자의 반환의무는 동시이행관계에 있다(대판 2007. 12. 28, 2005다38843). 마찬가지로 미성년자가 제한능력을 이유로 취소한 경우 원상회복의무 상호간 동시이행관계가 긍정된다(대판 1996. 6. 14, 95다54693).

2) 다만 당사자가 다른 경우에는 인정되지 않는 경우가 있다.

> 판례 **근저당권 실행을 위한 경매가 무효**로 된 경우, **채권자(=근저당권자)가 낙찰자에 대하여 부담하는** 배당금 반환채무와 **낙찰자가 채무자에 대하여 부담하는** 소유권이전등기 말소의무는 **서로 이행의 상대방을 달리하는 것으로서**, 위 두 채무는 동시에 이행되어야 할 관계에 있지 아니하다"고 하고 있다(대판 2006. 9. 22, 2006다24049).

(5) 채권양도, 채무인수, 준소비대차(제605조) 등

통설 및 판례에 따르면 채권양도·채무인수·상속 등으로 당사자가 변경된 경우에도 '채권관계의 동일성'이 유지되는 한, 동시이행의 항변권은 인정된다. 소멸하는 기존채무와 준소비대차로 성립하는 신채무 사이에도 동일성이 유지되므로 담보권·보증·동시이행의 항변권 등은 그대로 존속한다.

> 판례 ① 채무자가 기존채무의 지급을 위하여 채권자에게 수표를 교부하였는데 채권자가 그 수표와 분리하여 기존 원인채권만을 제3자에게 양도한 경우, 채무자는 기존 원인채권의 양도인에 대하여 채권자가 위 수표의 반환 없는 **기존 원인채무의 이행을 거절할 수 있는 항변권**을 그 채권양도통지를 받기 이전부터 이미 가지고 있었으므로 **채권양수인에 대하여도** 이와 같은 항변권을 행사할 수 있다(대판 2003. 5. 30, 2003다13512).
> ② 임차인의 임차보증금반환청구채권이 **전부된 경우**에도 채권의 동일성은 그대로 유지되는 것이어서 동시이행관계도 당연히 그대로 존속한다(대판 2002. 7. 26, 2001다68839).
> ③ **대금지급의무와 재산권이전은 동시이행관계에 있고, 그 금전채권에 대한 압류 및 추심명령이 있는 경우** 이는 강제집행절차에서 추심채권자에게 채무자의 제3채무자에 대한 채권을 추심할 권능만을 부여하는

것이므로, 이로 인하여 채무자가 제3채무자에 대하여 가지는 채권이 추심채권자에게 이전되거나 귀속되는 것은 아니므로, 추심채무자로서는 제3채무자에 대하여 피압류채권에 기하여 그 동시이행을 구하는 항변권을 상실하지 않는다(대판 2001. 3. 9, 2000다73490).

(6) 임대차에서 지상물매수청구권

토지임차인이 건물매수청구권을 행사한 경우, 토지 임차인의 건물명도 및 소유권이전등기의무와 토지임대인의 건물대금지급의무는 동시이행관계에 있다. 따라서 임차인이 임대인에게 매수청구권이 행사된 건물들에 대한 명도와 소유권이전등기를 마쳐주지 아니하였다면 임대인에게 그 매매대금에 대한 지연손해금을 구할 수 없다(대판 1998. 5. 8, 98다2389).

(7) 수령지체와 동시이행항변권

변제의 제공으로 수령지체에 빠진 상대방은 그 후 당사자 일방이 자기의 채무의 이행은 없이 이행청구를 한 경우에 동시이행의 항변권을 행사할 수 있는지, 즉 스스로 채권자지체에 빠져 있는 자도 동시이행의 항변권을 갖는지 문제되는데, 긍정함이 학설과 판례의 태도라고 볼 수 있다.

> **｜판례｜** 쌍무계약의 당사자 일방이 먼저 **한 번 현실의 제공**을 하고, 상대방을 수령지체에 빠지게 하였다 하더라도 **그 이행의 제공이 계속되지 않는 경우**는 과거에 이행의 제공이 있었다는 사실만으로 상대방이 가지는 동시이행의 항변권이 소멸하는 것은 아니다(대판 1993. 8. 24, 92다56490).

4. 동시이행항변권의 행사

(1) 상응하는 범위

동시이행의 항변권은 서로의 의무에 상응하는 범위 내에서만 행사 가능한 것이 원칙이다. 예컨대, 완성된 목적물에 하자가 있어 도급인이 하자의 보수에 갈음하여 손해배상을 청구한 경우에, 도급인은 수급인이 그 손해배상청구에 관하여 채무이행을 제공할 때까지 그 **손해배상액에 상응하는 보수액에 관하여만** 자기의 채무이행을 거절할 수 있을 뿐이고 그 **나머지 보수액**은 지급을 거절할 수 없다(대판 1996. 6. 11, 95다12798 등).

> **｜판례｜** 임대차계약에 있어서 목적물을 사용·수익케 할 임대인의 의무와 임차인의 차임지급의무는 상호 대응관계에 있으므로 임대인이 목적물에 대한 수선의무를 불이행하여 임차인이 목적물을 **전혀 사용할 수 없을 경우**에는 임차인은 차임전부의 지급을 거절할 수 있으나, 수선의무불이행으로 인하여 **부분적으로 지장이 있는 상태에서 그 사용·수익이 가능할 경우**에는 그 지장이 있는 한도내에서만 차임의 지급을 거절할 수 있을 뿐 그 전부의 지급을 거절할 수는 없으므로 그 한도를 넘는 차임의 지급거절은 채무불이행이 된다(대판 1989. 6. 13, 88다카13332, 13349).

> **｜비교판례｜** 그러나 매수인이 매도인을 상대로 **매매 목적 부동산 중 일부에 대해서만 소유권이전등기의무의**

이행을 구하고 있는 경우에도 매도인은 특별한 사정이 없는 한 그 **매매잔대금 전부에 대하여** 동시이행의 항변권을 행사할 수 있다고 할 것이다(대판 2006. 2. 23, 2005다53187).

(2) 상환급부판결

동시이행의 항변권이 붙은 채무를 소송상 이행청구하는 경우 법원은 피고가 원고의 이행과 상환으로 이행할 것을 명하는 상환급부판결(=일부승소판결)을 하여야 한다(유치권과 동일).

(3) 집행개시요건

민사집행법 제41조(집행개시의 요건)
① 반대의무의 이행과 동시에 집행할 수 있다는 것을 내용으로 하는 집행권원의 집행은 채권자가 반대의무의 이행 또는 이행의 제공을 하였다는 것을 증명하여야만 개시할 수 있다.

상환급부판결을 받은 경우 그 집행을 위한 반대의무의 이행 또는 이행의 제공은 집행문부여의 요건이 아니라 집행개시의 요건이다.

(4) 동시이행항변권과 권리남용

일반적으로 동시이행의 관계가 인정되는 경우에 그러한 항변권을 행사하는 자의 상대방이 그 동시이행의 의무를 이행하기 위하여 과다한 비용이 소요되거나 또는 그 의무의 이행이 실제적으로 어려운 반면 그 의무의 이행으로 인하여 항변권자가 얻는 이득은 별달리 크지 아니하여 동시이행의 항변권의 행사가 주로 자기채무의 이행만을 회피하기 위한 수단이라고 보여지는 경우에는 그 항변권의 행사는 권리남용으로서 배척되어야 할 것이다(대판 2001. 9. 18, 2001다9304).

5. 동시이행항변권의 효과

(1) 이행지체저지효(이른바 존재효, 당연효)

쌍무계약에서 이행지체책임과 관련하여 **일방의 채무의 이행기가 도래하더라도 상대방 채무의 이행제공이 있을 때까지는** 그 채무를 이행하지 않아도 **이행지체의 책임을 지지 않는 것**이고, 이와 같은 효과는 **이행지체의 책임이 없다고 주장하는 자가 반드시 동시이행의 항변권을 행사하여야만 발생하는 것은 아니다**(대판 1998. 3. 13, 97다54604).

> **판례** 임차인이 임차건물을 명도할 의무와 임대인이 임대보증금 중 미지급월임료 등을 공제한 나머지 보증금을 반환할 의무가 동시이행관계에 있는 이상, 임대인이 임차인에게 위 보증금반환의무를 이행하였다거나 그 현실적인 이행의 제공을 하여 임차인의 건물명도의무가 지체에 빠졌다는 사실이 인정되지 않는다면 임차인은 임대차기간만료후 명도를 지연할 경우 지급키로 한 약정지연손해금을 지급할 의무가 없다(대판 1988. 4. 12, 86다카2476).

(2) 상계금지

동시이행의 항변권이 붙은 채무에 대해서는 이를 자동채권으로 하는 상계가 금지된다(통설·판례). 왜냐하면 이를 허용할 경우 상대방은 아무런 이유 없이 항변권을 잃게 될 우려가 있기 때문이다. 그러나 반대로 수동채권에 동시이행항변권이 붙은 경우에는 상계가 가능하다.

(3) 계약해제문제

동시이행의 관계에 있는 쌍무계약에 있어서 상대방의 채무불이행을 이유로 계약을 해제하려고 하는 자는 동시이행관계에 있는 **자기 채무의 이행을 제공하여야** 하고, 그 채무를 이행함에 있어 상대방의 행위를 필요로 할 때에는 언제든지 현실로 이행을 할 수 있는 준비를 완료하고 그 뜻을 상대방에게 통지하여 그 수령을 최고하여야만 상대방으로 하여금 이행지체에 빠지게 할 수 있는 것이며 단순히 이행의 준비태세를 갖추고 있는 것만으로는 안 된다(대판 2008. 4. 24, 2008다3053, 3060).

6. 기존채무와 관련하여 어음·수표가 교부된 경우의 법률관계

(1) 기존채무의 소멸 또는 병존 여부

채무자가 채권자에게 기존채무의 이행에 관하여 어음·수표를 교부하는 경우 다른 특별한 사정이 없는 한 기존의 원인채무는 소멸하지 아니하고 어음·수표상의 채무와 병존한다고 보아야 한다. 기존 원인채무를 소멸시키고 새로운 어음채무만을 존속시키기 위해서는 '지급에 갈음하여' 교부된 것으로 볼 만한 특별한 사정이 있어야 한다.

> **판례** 기존 채무의 이행에 관하여 채무자가 채권자에게 어음을 교부할 때의 당사자의 의사는 기존 원인채무의 **'지급에 갈음하여'**, 즉 기존 원인채무를 소멸시키고 새로운 어음채무만을 존속시키려고 하는 경우와, 기존 원인채무를 존속시키면서 그에 대한 지급방법으로서 이른바 **'지급을 위하여'** 교부하는 경우 및 단지 기존채무의 지급 담보의 목적으로 이루어지는 이른바 **'담보를 위하여'** 교부하는 경우로 나누어 볼 수 있는데, 어음상의 주채무자가 원인관계상의 채무자와 동일하지 아니한 때에는 제3자인 어음상의 주채무자에 의한 지급이 예정되어 있으므로 이는 '지급을 위하여' 교부된 것으로 추정되지만, '지급에 갈음하여' 교부된 것으로 볼 만한 특별한 사정이 있는 경우에는 그러한 추정은 깨진다(대판 2010. 12. 23, 2010다44019).

(2) 동시이행관계

1) 기존 채무와 어음·수표채무가 병존하는 경우 **원인채무의 이행과 어음·수표의 반환**은 동시이행의 관계에 있다(대판 1993. 11. 9, 93다11203, 11210).

> **판례** ① 채무의 이행확보를 위한 어음을 발행한 경우, 그 채무의 이행과 어음의 반환은 동시이행의 관계에 있다(대판 1992. 12. 22, 92다8712).
> ② 채무자가 기본채무의 이행확보를 위하여 채권자에게 수표를 발행·교부한 경우에는 채무자는 그 교부된 수표가 반환되기까지 기본채무의 이행을 거절할 수 있다(대판 1969. 4. 22, 69다144).

2) ① **채무자가 어음의 반환이 없음을 이유로 원인채무의 변제를 거절할 수 있는 것은** 채무자로 하여금 무조건적인 원인채무의 이행으로 인한 **이중지급의 위험을 면하게 하려는 데에 그 목적이 있는 것**이지, 기존의 원인채권에 터잡은 이행청구권과 상대방의 어음 반환청구권이 민법 제536조에 정하는 쌍무계약상의 채권채무관계나 그와 유사한 대가관계가 있어서 그러는 것은 아니므로, 원인채무 이행의무와 어음 반환의무가 동시이행의 관계에 있다 하더라도 이는 어음의 반환과 상환으로 하지 아니하면 지급을 할 필요가 없으므로 이를 거절할 수 있다는 것을 의미하는 것에 지나지 아니하는 것이며, 따라서 채무자가 어음의 반환이 없음을 이유로 원인채무의 변제를 거절할 수 있는 권능을 가진다고 하여 채권자가 어음의 반환을 제공하지 아니하면 채무자에게 적법한 이행의 최고를 할 수 없다고 할 수는 없고, **채무자는 원인채무의 이행기를 도과하면 원칙적으로 이행지체의 책임을 진다**(대판 1999. 7. 9, 98다47542, 47559). ② 기존채무와 어음, 수표채무가 병존하는 경우 원인채무의 이행과 어음, 수표의 반환이 동시이행의 관계에 있다 하더라도 채권자가 어음, 수표의 반환을 제공을 하지 아니하면 채무자에게 적법한 이행의 최고를 할 수 없다고 할 수는 없고, 채무자는 원인채무의 이행기를 도과하면 원칙적으로 이행지체의 책임을 지고, 채권자로부터 어음, 수표의 반환을 받지 아니하였다 하더라도 이 어음, 수표를 반환하지 않음을 이유로 **위와 같은 항변권을 행사하여 그 지급을 거절하고 있는 것이 아닌 한** 이행지체의 책임을 면할 수 없다(대판 1993. 11. 9, 93다11203, 11210). ☞ 이중지급의 위험을 면하기 위한 동시이행의 항변권에는 통상의 동시이행의 항변권에서 인정되는 이른바 존재효, 당연효는 인정되지 않는다.

3) 그러나 **어음상 권리가 시효완성으로 소멸**하여 채무자에게 이중지급의 위험이 없고 채무자가 다른 어음상 채무자에 대하여 권리를 행사할 수도 없는 경우에는 채권자의 원인채권 행사에 대하여 채무자에게 어음상환의 동시이행항변을 인정할 필요가 없으므로 결국 채무자의 동시이행항변권은 부인된다(대판 2010. 7. 29, 2009다69692).

II. 위험부담

제537조(채무자위험부담주의)
쌍무계약의 당사자 일방의 채무가 당사자쌍방의 책임없는 사유로 이행할 수 없게 된 때에는 채무자는 상대방의 이행을 청구하지 못한다.

제538조(채권자귀책사유로 인한 이행불능)
① 쌍무계약의 당사자 일방의 채무가 채권자의 책임있는 사유로 이행할 수 없게 된 때에는 채무자는 상대방의 이행을 청구할 수 있다. 채권자의 수령지체 중에 당사자쌍방의 책임없는 사유로 이행할 수 없게 된 때에도 같다.
② 전항의 경우에 채무자는 자기의 채무를 면함으로써 이익을 얻은 때에는 이를 채권자에게 상환하여야 한다.

1. 서 설

(1) 의 의

위험부담이란 쌍무계약의 일방의 채무가 채무자에게 책임 없는 사유로 불능이 되어 소멸하는 경우에, 그에 대응하는 채권자의 반대급부의무도 소멸하는지 아니면 존속하는지의 문제이다.

(2) 물건의 위험

「물건의 위험」은 물건이 멸실됨으로써 그를 갖지 못하게 되는 불이익이다. 물건의 위험은 소유자가 부담하게 되나, 그 물건이 타인에게 인도될 것인 경우에는 인도받을 사람(채권자)이 위험을 부담한다. 종류채무에 있어서 물건의 위험은 특정과 함께 채권자에게 이전된다(특정 이전에는 채무자가 조달의무를 부담한다).

(3) 대가의 위험

「대가의 위험」은 대가를 받지 못하는 불이익을 말한다. 매매(쌍무계약)의 경우 대가의 위험을 누가 부담하느냐 하는 것은 입법정책의 문제라고 한다. 우리 민법은 채무자부담주의의 원칙을 취하고 있다. 여기서 '채무자'는 대금이 아니라 물건의 인도채무자를 말한다. 일반적으로 '위험부담'이라고 할 때의 '위험'은 대가의 위험을 말한다.

(4) 위험부담의 특징

1) 위험부담은 쌍무계약에서 문제되는 것이지, 편무계약에서는 본래급부에 대응하는 대가가 없기 때문에 문제되지 않는다. 다만 물건의 위험은 있을 수 있다.
2) 위험부담에서의 '불능'은 후발적 불능을 지칭하는 것이다.
3) 위험부담에서 불능은 채무자에게 귀책사유가 없는 사유로 생긴 것이어야 한다. 채무자의 책임있는 사유로 불능으로 된 경우에는 손해배상채무가 발생하고 이러한 손해배상은 위험부담의 문제가 아니라 채무불이행의 문제이다.
4) 위험의 부담에 관한 제537조, 제538조는 **임의규정**이다. 그러므로 그와 다른 약정이나 관습이 있으면 그에 따른다.

2. 채무자부담주의의 원칙

(1) 쌍무계약의 당사자 일방의 채무가 당사자 쌍방의 책임 없는 사유로 후발적 불능이 된 경우 채무자는 그의 급부의무를 면하지만 반대급부청구권도 상실한다(제537조).

(2) 부당이득 반환의 문제

|판례| [1] 민법 제537조는 채무자위험부담주의를 채택하고 있는바, 쌍무계약에서 당사자 쌍방의 귀책사유 없

이 채무가 이행불능된 경우 채무자는 급부의무를 면함과 더불어 반대급부도 청구하지 못하므로, **쌍방 급부가 없었던 경우**에는 계약관계는 소멸하고 **이미 이행한 급부**는 법률상 원인 없는 급부가 되어 부당이득의 법리에 따라 반환청구할 수 있다. [2] 매매 목적물이 경매절차에서 매각됨으로써 당사자 쌍방의 귀책사유 없이 이행불능에 이르러 매매계약이 종료된 사안에서, 위험부담의 법리에 따라 매도인은 **이미 지급받은 계약금**을 반환하여야 하고 매수인은 **목적물을 점유·사용함으로써 취득한 임료 상당의 부당이득**을 반환할 의무가 있다고 한 사례(대판 2009. 5. 28, 2008다98655, 98662).

3. 채권자부담주의의 예외

채권자지체가 있는 경우에는 그때부터 위험부담은 매수인(채권자)에게 이전한다(제538조). 채권자지체 중 당사자 쌍방의 책임 없는 사유로 이행할 수 없게 된 때에도 같다.

> **판례** 영상물 제작공급계약상 수급인의 채무가 도급인과 협력하여 그 지시감독을 받으면서 영상물을 제작하여야 하므로 도급인의 협력 없이는 완전한 이행이 불가능한 채무이고, 한편 그 계약의 성질상 수급인이 일정한 기간 내에 채무를 이행하지 아니하면 계약의 목적을 달성할 수 없는 정기행위인 사안에서, 도급인의 영상물제작에 대한 협력의 거부로 수급인이 독자적으로 성의껏 제작하여 납품한 영상물이 도급인의 의도에 부합되지 아니하게 됨으로써 결과적으로 도급인의 의도에 부합하는 영상물을 기한 내에 제작하여 납품하여야 할 수급인의 채무가 이행불능케 된 경우, 이는 계약상의 협력의무의 이행을 거부한 도급인의 귀책사유로 인한 것이므로 수급인은 약정대금 전부의 지급을 청구할 수 있다(대판 1996. 7. 9, 96다14364, 14371).

4. 관련문제(위험부담과 임금청구)

(1) 정당한 해고(무노동 무임금의 원칙, 제537조)

사용자가 정당한 사유에 의하여 사업을 폐지한 경우에는 사용자의 귀책사유로 인하여 근로제공을 못한 것이 아니므로 그 기간 중에는 임금을 청구할 수 없다.

> **판례** 쟁의행위 시의 임금 지급에 관하여 단체협약이나 취업규칙 등에서 이를 규정하거나 그 지급에 관한 당사자 사이의 약정이나 관행이 있다고 인정되지 아니하는 한, 근로자의 근로제공의무 등의 주된 권리·의무가 정지되어 근로자가 근로를 제공하지 아니한 쟁의행위 기간 동안에는 근로제공의무와 대가관계에 있는 근로자의 주된 권리로서의 임금청구권은 발생하지 아니한다. 근로를 불완전하게 제공하는 형태의 쟁의행위인 태업도 근로제공이 일부 정지되는 것이라고 할 수 있으므로, 여기에도 이러한 무노동 무임금 원칙이 적용된다고 봄이 타당하다(대판 2013. 11. 28, 2011다39946).

(2) 부당해고 등(제538조)

사용자의 근로자에 대한 해고가 무효인 경우 근로자는 근로계약관계가 유효하게 존속함에도 불구하고 사용자의 귀책사유로 인하여 근로제공을 하지 못한 셈이므로, 민법 제538조 제1항에 의하여 그 기간 중에 근로를 제공하였을 경우에 받을 수 있는 반대급부인 임금의 지급을 청구할 수 있다(대판 1981. 12. 22, 81다626).

> **판례** 근로자가 무효인 부당전직에 불응하여 전직명령의 효력을 다투면서 전직발령지에서 근로를 제공하지 아니하는 경우 이는 부당한 전직명령을 한 사용자의 귀책사유로 말미암은 것이므로, 근로자(채무자)는 전직명령시부터 원직복귀시까지의 기간 동안 종전 근무지에서 계속 근로하였을 경우에 받을 수 있는 임금의 지급을 청구할 수 있다(대판 2006. 9. 14, 2006다33531).

Ⅲ. 제3자를 위한 계약

> **제539조(제삼자를 위한 계약)**
> ① 계약에 의하여 당사자 일방이 제삼자에게 이행할 것을 약정한 때에는 그 제삼자는 채무자에게 직접 그 이행을 청구할 수 있다.
> ② 전항의 경우에 제삼자의 권리는 그 제삼자가 채무자에 대하여 계약의 이익을 받을 의사를 표시한 때에 생긴다.

1. 일반론

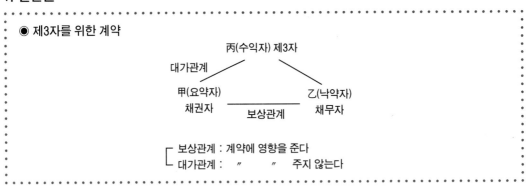

● 제3자를 위한 계약

(1) 의 의

「제3자를 위한 계약」의 특징은 채무자가 계약당사자 이외의 제3자에게 직접 채무를 부담한다는 점이다.

(2) 제3자를 위한 계약의 예(例)

면책적 채무인수는 채권자로 하여금 새로운 채권을 취득케 하는 것이 아니므로 제3자를 위한 계약이 아니고, 병존적 채무인수가 제3자를 위한 계약에 해당한다고 볼 수 있다. 또한 변제를 위한 공탁(제487조), 타인을 위한 보험 등이 이에 해당한다. 제3자를 위한 계약에서 낙약자의 제3자에 대한 급부의 내용에는 제한이 없기 때문에 **낙약자가 제3자에 대해 가지는 청구권을 행사하지 않도록 하는 것**(예 : 면제)도 급부에 해당한다(대판 2006. 1. 12, 2004다46922).

판 례 ① 부동산을 매매하면서 매도인과 매수인 사이에 매매대금을 매도인의 채권자에게 직접 지급하기로 약정한 경우, 이는 매도인의 채권자로 하여금 **매매대금청구권을 취득하게 하는** 제3자를 위한 계약으로서 병존적 채무인수에 해당된다(대판 1997. 10. 24, 97다28698).

② 계약의 당사자가 제3자에 대하여 가진 채권에 관하여 그 **채무를 면제하는 계약도** 제3자를 위한 계약에 준하는 것으로 유효하다고 한다(대판 2004. 9. 3, 2002다37405).

(3) 기본관계(＝보상관계)·대가관계

1) 요약자와 낙약자의 관계를 기본관계(보상관계)라 하는데, 제3자를 위한 계약의 내용이 되며 그 하자는 계약의 효력에 영향을 준다. 반면에 수익자와 요약자사이의 대가관계는 제3자를 위한 계약에 영향을 주지 않는다.

판 례 제3자를 위한 계약의 체결 원인이 된 요약자와 제3자(수익자) 사이의 법률관계(이른바 대가관계)의 효력은 제3자를 위한 계약 자체는 물론 그에 기한 요약자와 낙약자 사이의 법률관계(이른바 기본관계=보상관계)의 성립이나 효력에 영향을 미치지 아니하므로 낙약자는 **요약자와 수익자 사이의 법률관계에 기한 항변**으로 수익자에게 대항하지 못하고, 요약자도 **대가관계의 부존재나 효력의 상실을 이유로** 자신이 기본관계에 기하여 낙약자에게 부담하는 채무의 이행을 거부할 수 없다(대판 2003. 12. 11, 2003다49771).

2) 기본관계에 기한 항변

> **제542조(채무자의 항변권)**
> 채무자는 제539조의 계약에 기한 항변으로 그 계약의 이익을 받을 제삼자에게 대항할 수 있다.

예컨대 甲(요약자)과 乙(낙약자)이 甲 소유의 토지를 乙에게 매도하되 매매대금은 乙이 丙(수익자)에게 지급하기로 약정한 경우, 乙의 丙에 대한 대금지급의무와 甲의 乙에 대한 소유권이전의무는 원칙적으로 동시이행의 관계에 있다(제542조).

2. 제3자를 위한 계약에서 제3자의 지위

(1) 제3자의 현존과 특정

제3자를 위한 계약(제539조 이하)에 있어서 제3자는 계약체결 당시에 현존하거나 특정될 필요는 없다. 따라서 태아나 아직 성립하지 않은 법인을 위한 계약도 가능하다(대판 1960. 7. 21, 4292민상773).

(2) 제3자의 의무부담

통설은 제3자에게 권리뿐만 아니라 의무도 부담케 하는 계약의 유효성을 인정하고 있다(판례동지).

> **판례** 주택분양보증은 그 성질상 조건부 제3자를 위한 계약으로서, 제3자의 지위에 있는 수분양자는 주택분양
> 보증계약의 내용에 따라 수익의 의사표시에 의하여 주택분양보증인에 대한 분양계약상의 권리를 취득함과 동
> 시에 그와 반대급부의 관계에 있는 의무를 부담한다(대판 2006. 5. 12, 2005다68783).

(3) 수익의 의사표시

1) 제3자가 직접 권리를 취득하려면 수익의 의사표시를 해야 한다(제539조 제2항). 이러한 <u>수익의 의사표시는 **제3자를 위한 계약의 성립요건이나 효력발생요건이 아니라 제3자의 권리취득요건에 불과하다**</u>(대판 2013. 9. 13, 2011다56033).

2) 제3자의 권리의 변경 또는 소멸

> **제541조(제삼자의 권리의 확정)**
> 제539조의 규정에 의하여 제삼자의 권리가 생긴 후에는 당사자는 이를 변경 또는 소멸시키지 못한다.

> **판례** 제3자를 위한 계약에 있어서, 제3자가 민법 제539조 제2항에 따라 수익의 의사표시를 함으로써 제3자
> 에게 권리가 확정적으로 귀속된 경우에는, 요약자와 낙약자의 합의에 의하여 제3자의 권리를 변경·소멸시킬
> 수 있음을 미리 유보하였거나, 제3자의 동의가 있는 경우가 아니면 계약의 당사자인 요약자와 낙약자는 제3자
> 의 권리를 변경·소멸시키지 못하고, 만일 계약의 당사자가 제3자의 권리를 임의로 변경·소멸시키는 행위를
> 한 경우 이는 제3자에 대하여 효력이 없다(대판 2002. 1. 25, 2001다30285). ☞ 예컨대 합의해제. 다만 당사자는
> 제3자의 동의 없이도 채무불이행을 이유로 하는 법정해제를 할 수 있음은 아래와 같다.

(4) 취소권 해제권 등

제3자는 계약당사자가 아니므로 취소권·해제권을 행사할 수 없다. 반면에 낙약자의 책임 있는 사유에 의한 급부불능의 경우에는 **요약자는** 계약을 해제할 수 있다. 이때 요약자가 계약해제권을 행사하기 위해서 제3자의 동의를 요하는가에 대해서는 학설의 대립이 있으나 다수설과 판례는 제3자를 위한 유상 쌍무계약의 경우 요약자는 낙약자의 채무불이행을 이유로 **제3자의 동의 없이** 계약을 해제할 수 있다고 한다(대판 1970. 2. 24, 69다1410).

> **판례** 제3자를 위한 계약의 당사자가 아닌 수익자는 **계약의 해제권**이나 해제를 원인으로 한 원상회복청구
> 권이 있다고 볼 수 없다(대판 1994. 8. 12, 92다41559).

(5) 채무불이행으로 인한 손해배상

낙약자의 귀책사유에 의하여 채무불이행이 발생한 경우에, 제3자는 그 낙약자에 대하여 손해배상을 청구할 수 있다(대판 1994. 8. 12, 92다41559). 따라서 예컨대 甲(요약자)과 乙(낙약자)이 甲 소유의 토지를 乙에게 매도하되, 매매대금은 乙이 丙(수익자)에게 지급하기로 약정한 경우, 丙이 乙에 대하여

수익의 의사표시를 한 후 乙이 대금채무이행을 지체하였다면, 丙은 乙에 대하여 이행지체로 인한 **손해배상을 청구**할 수는 있으나, 계약을 **해제**할 수는 없다.

> **판례** 제3자를 위한 계약에 있어서 수익의 의사표시를 한 수익자는 낙약자에게 **직접 그 이행을 청구**할 수 있을 뿐만 아니라 요약자가 계약을 해제한 경우에는 낙약자에게 **자기가 입은 손해의 배상을 청구**할 수 있는 것이므로, 수익자가 완성된 목적물의 하자로 인하여 손해를 입었다면 수급인은 그 손해를 배상할 의무가 있다(대판 1994. 8. 12, 92다41559).

(6) 제3자의 보호 등
1) 학설 및 기존 판례의 태도
수익자인 「제3자」에 대해서는 민법상 제3자 보호규정이 적용되지 않는다는 것이 다수설이다. 기존 판례도 판결요지는 아니지만 판결이유에서 "제3자를 위한 계약에서의 제3자가 계약해제시 보호되는 민법 제548조 제1항 단서의 제3자에 해당하지 않음은 물론(대판 2005. 7. 22, 2005다7566, 7573)"이라고 한 적이 있다.

2) 최신판례의 태도
계약해제의 소급효가 제한되는 제3자는 일반적으로 그 해제된 계약으로부터 생긴 법률효과를 기초로 하여 해제 전에 새로운 이해관계를 가졌을 뿐만 아니라 등기, 인도 등으로 권리를 취득한 사람을 말한다. 나아가 **제3자를 위한 계약에서도** 낙약자와 요약자 사이의 법률관계(기본관계)에 기초하여 수익자가 요약자와 원인관계(대가관계)를 맺음으로써 해제 전에 새로운 이해관계를 갖고 그에 따라 등기, 인도 등을 마쳐 권리를 취득하였다면, **수익자는** 민법 제548조 제1항 단서에서 말하는 계약해제의 소급효가 제한되는 **제3자에 해당한다**고 봄이 타당하다(대판 2021. 8. 19, 2018다244976). ☞ 이 판결 전까지 기출문제도 1)의 다수설 및 판례에 따라 출제되어왔다. 하지만 해제에 관해서 만큼은 이에 배치되는 판례가 나왔으므로 주의를 요한다.

(7) 채무자의 제3자에 대한 최고권

> **제540조(채무자의 제삼자에 대한 최고권)**
> 전조의 경우에 채무자는 상당한 기간을 정하여 계약의 이익의 향수여부의 확답을 제삼자에게 최고할 수 있다. 채무자가 그 기간 내에 확답을 받지 못한 때에는 제삼자가 계약의 이익을 받을 것을 거절한 것으로 본다.

민법 제540조는 "채무자가 그 기간 내에 확답을 받지 못한 때"라고 하여 발신주의가 아닌 도달주의임에 유의하여야 한다.

(8) 원상회복의무 또는 부당이득반환의무

제3자를 위한 계약관계에서 낙약자와 요약자 사이의 법률관계(이른바 기본관계)를 이루는 계약이 해제된 경우, 낙약자가 이미 제3자에게 급부한 것에 대해 계약해제에 기한 원상회복 또는 부당이득을 원인으로 **제3자를 상대로** 그 반환을 구할 수 없다(대판 2005. 7. 22, 2005다7566).

> **판례** 매도인 甲과 매수인 乙이 토지거래허가구역 내 토지의 지분에 관한 매매계약을 체결하면서 매매대금을 丙에게 지급하기로 하는 제3자를 위한 계약을 체결하고 그 후 매수인 乙이 그 매매대금을 丙에게 지급하였는데, 토지거래허가를 받지 않아 유동적 무효였던 위 매매계약이 확정적으로 무효가 된 사안에서, 그 **계약관계의 청산은 요약자인 甲과 낙약자인 乙 사이에 이루어져야** 하므로 특별한 사정이 없는 한 乙은 丙에게 매매대금 상당액의 부당이득반환을 구할 수 없다(대판 2010. 8. 19, 2010다31860, 31877).

> **비교판례** [1] 보험계약자가 다수의 보험계약을 통하여 보험금을 부정취득할 목적으로 보험계약을 체결한 경우, 이러한 목적으로 체결된 보험계약에 의하여 보험금을 지급하게 하는 것은 보험계약을 악용하여 부정한 이득을 얻고자 하는 사행심을 조장함으로써 사회적 상당성을 일탈하게 될 뿐만 아니라, 합리적인 위험의 분산이라는 보험제도의 목적을 해치고 위험발생의 우발성을 파괴하며 다수의 선량한 보험가입자들의 희생을 초래하여 보험제도의 근간을 해치게 되므로, 이와 같은 보험계약은 민법 제103조 소정의 선량한 풍속 기타 사회질서에 반하여 무효라고 할 것이다. [2] 보험계약자가 타인의 생활상의 부양이나 경제적 지원을 목적으로 보험자와 사이에 타인을 보험수익자로 하는 생명보험이나 상해보험 계약을 체결하여 보험수익자가 보험금 청구권을 취득한 경우, 보험자의 보험수익자에 대한 급부는 보험수익자에 대한 보험자 자신의 고유한 채무를 이행한 것이다. 따라서 보험자는 보험계약이 무효이거나 해제되었다는 것을 이유로 **보험수익자를 상대로 하여** 그가 이미 보험수익자에게 **급부한 것의 반환을 구할 수 있고**, 이는 타인을 위한 생명보험이나 상해보험이 제3자를 위한 계약의 성질을 가지고 있다고 하더라도 달리 볼 수 없다(대판 2018. 9. 13, 2016다255125).

제3절 계약의 소멸(해제·해지)

해제와 해지는 계약에 특유한 제도로서, 해제는 유효하게 성립하고 있는 계약의 효력을 당사자일방의 의사표시에 의하여 그 계약이 처음부터 있지 않았던 것과 같은 상태에 복귀시키는 것이고, 해지는 계속적 계약관계에 있어서 계약의 효력을 장래에 향하여 소멸케 하는 일방적 행위를 말한다.

Ⅰ. 계약의 해제

> **제543조(해지, 해제권)**
> ① 계약 또는 법률의 규정에 의하여 당사자의 일방이나 쌍방이 해지 또는 해제의 권리가 있는 때에는 그 해지 또는 해제는 상대방에 대한 의사표시로 한다.
> ② 전항의 의사표시는 철회하지 못한다.

1. 해제의 개념

- ① 법정해제(채무불이행) ┐
- ② 약정해제(약정사유)   ┘ 형성권(일방적)
- ③ 합의해제(해제계약) : 청약+승낙(쌍방적)
- ④ 해제조건 : 자동적

(1) 법정해제(단독행위)

계약의「법정해제」는 계약은 유효하였는데 계약당사자의 일방이 그 계약상의 채무를 이행하지 않는 경우(채무불이행)에, 상대방이 일정한 요건하에 그 계약을 처음부터 없었던 것으로 하는 것이다(통설과 판례가 소급효를 긍정한다).

(2) 약정해제(단독행위)

「약정해제」라 함은 당사자의 계약에 의하여 해제권을 유보해 두는 것을 말한다(예컨대 제565조). 약정해제도 약정사유가 발생하면 **일방적인 형성권의 행사**로 해제하는 것은 법정해제와 동일하다. 다만 해제사유가 법정사유가 아니라 약정사유라는 점에서만 법정해제와 차이가 있는 것이다. 법정해제권은 형성권으로 10년의 제척기간에 걸리고, 약정해제권도 마찬가지로 10년의 제척기간에 걸린다.

(3) 합의해제(계약)

「해제계약」(=합의해제)이라 함은, 해제권자의 일방적인 형성권의 행사로 계약을 소멸시키는 법정해제 및 약정해제와는 달리 계약당사자의 합의에 의하여 계약을 해소하는 것을 말한다. 당사자의 합의에 의하여 계약을 해소시키는 해제계약에 있어서는 **원칙적으로 법정해제에 관한 규정이 적용되지 않는다**(특히 손해배상에 관한 제551조, 이자가산의무에 관한 제548조 제2항).

(4) 해제조건

1) 해제에 있어서는 해제권(형성권)의 행사가 있어야 비로소 그 효과가 발생하고 그 효과도 소급하지만, 해제조건에 있어서는 조건의 성취라는 사실에 의하여 그 효력이 당연히 장래를 향하여 상실되는 점에 차이가 있다. 따라서 해제조건에는 소급효가 없으나, 다른 해제의 경우는 소급효가 있다.

판례 매매계약에 있어서 매수인이 **중도금을 약정한 일자에 지급하지 아니하면 그 계약을 무효로 한다고 하는 특약이 있는 경우** 매수인이 약정한대로 중도금을 지급하지 아니하면(해제의 의사표시를 요하지 않고) 그 불이행 자체로써 계약은 그 일자에 **자동적으로 해제된 것**이라고 보아야 한다(대판 1991. 8. 13, 91다13717).

비교판례 ① 부동산매매계약에 있어서 매수인이 **잔대금지급기일까지 그 대금을 지급하지 못하면 그 계약이 자동적으로 해제된다는 취지의 약정**이 있더라도 특별한 사정이 없는 한 매수인의 잔대금지급의무와 매도인의 소유권이전등기의무는 동시이행의 관계에 있으므로 매도인이 잔대금지급기일에 소유권이전등기에 필요한 서류를 준비하여 매수인에게 알리는 등 이행의 제공을 하여 매수인으로 하여금 이행지체에 빠지게 하였을 때에 비로소 자동적으로 매매계약이 해제된다고 보아야 하고 매수인이 그 **약정기한을 도과하였더라도 이행지체에 빠진 것이 아니라면** 대금미지급으로 계약이 **자동해제된 것으로 볼 수 없다**(대판 1994. 9. 9, 94다8600).

② 부동산 매매계약에서 매수인이 **잔대금** 지급기일까지 그 대금을 지급하지 못하면 계약이 자동적으로 해제된다는 취지의 약정이 있더라도 매도인이 이행의 제공을 하여 매수인을 이행지체에 빠뜨리지 않는 한 지급기일의 도과사실만으로는 매매계약이 자동해제된 것으로 볼 수 없다. **다만 매도인이 소유권이전등기에 필요한 서류를 갖추었는지 여부를 묻지 않고 매수인의 지급기일 도과사실 자체만으로 계약을 실효시키기로 특약을 하였다거나, 매수인이 수회에 걸친 채무불이행에 대하여 책임을 느끼고 잔금 지급기일의 연기를 요청하면서 새로운 약정기일까지는 반드시 계약을 이행할 것을 확약하고 불이행 시에는 매매계약이 자동적으로 해제되는 것을 감수하겠다는 내용의 약정을 하였다고 볼 특별한 사정이 있다면,** 매수인이 잔금 지급기일까지 잔금을 지급하지 않음으로써 그 매매계약은 **자동적으로 실효된다**(대판 2022. 11. 30, 2022다255614).

2) 해제조건과 해제권유보조항(약정해제)은 구별이 어려운 경우도 있다.

> **판례** "매도인이 위약시에는 계약금의 배액을 배상하고 매수인이 위약시에는 지급한 계약금을 매도인이 취득하고 계약은 자동적으로 해제된다"는 조항은 위약 당사자가 상대방에 대하여 계약금을 포기하거나 그 배액을 배상하여 계약을 해제할 수 있다는 해제권 유보조항이라 할 것이고 최고나 통지 없이 해제할 수 있다는 특약이라고 볼 수 없다(대판 1982. 4. 27, 80다851; 대판 2013. 9. 27, 2011다110128).

(5) 취소·철회와 구별

1) 취소는 모든 법률행위에서 인정되나, 해제는 계약에서만 인정된다. 그리고 취소는 부당이득이 따르지만(제741조), 해제는 원상회복의 문제가 발생한다(제548조).

> **판례** 매도인이 매수인의 중도금 지급채무 불이행을 이유로 매매계약을 적법하게 해제한 후라도 매수인으로서는 상대방이 한 계약해제의 효과로서 발생하는 손해배상책임을 지거나 매매계약에 따른 계약금의 반환을 받을 수 없는 불이익을 면하기 위하여 착오를 이유로 한 취소권을 행사하여 매매계약 전체를 무효로 돌리게 할 수 있다(대판 1996. 12. 6, 95다24982, 24999). ☞ 반면에 매매계약을 취소하여 무효가 된 경우에는 채무불이행을 이유로 해제나 손해배상청구를 할 수는 없다(대판 1992. 10. 13, 92다16836 등). 채무불이행은 계약의 유효를 전제로 하는 것이기 때문이다.

2) 철회는 아직 법률행위의 효력이 발생하지 않은 것에 대해 그 효력발생을 저지시키는 것을 말한다. 예컨대, 무권대리의 상대방의 철회(제134조), 유언의 철회(제1108조) 등이다. 이에 대하여 해제는 이미 효력을 발생하고 있는 계약을 소급적으로 실효시키는 점에서 철회와 다르다.

2. 해제권이 인정되는 범위

(1) 편무계약

해제(법정+약정)는 쌍무계약에만 한정되는 것이 아니라 편무계약에서도 발생될 수 있다.

(2) 부수적 의무

판례 민법 제544조에 의하여 채무불이행을 이유로 계약을 해제하려면, 당해 채무가 계약의 목적 달성에 있어 필요불가결하고 이를 이행하지 아니하면 계약의 목적이 달성되지 아니하여 채권자가 그 계약을 체결하지 아니하였을 것이라고 여겨질 정도의 **주된 채무이어야** 하고 그렇지 아니한 **부수적 채무를 불이행한 데에 지나지 아니한 경우에는 계약을 해제할 수 없다.** 또한 계약상의 의무 가운데 주된 채무와 부수적 채무를 구별함에 있어서는 급부의 독립된 가치와는 관계없이 계약을 체결할 때 표명되었거나 그 당시 상황으로 보아 분명하게 객관적으로 나타난 당사자의 합리적 의사에 의하여 결정하되, 계약의 내용·목적·불이행의 결과 등의 여러 사정을 고려하여야 한다(대판 2022. 6. 16, 2022다203804).

3. 합의해제

(1) 의 의

1) 계약당사자 쌍방이 합의(청약과 승낙)에 의하여 기존의 계약의 효력을 소멸시켜 당초부터 계약이 체결되지 않았던 것과 같은 상태로 복귀시킬 것을 내용으로 하는 계약이다. 이러한 합의해제가 계약자유의 원칙상 유효함은 당연하다.

판례 ① 매매계약을 합의해제한 후 그 합의해제를 무효화시키고, **해제된 매매계약을 부활시키는 약정**은 계약자유의 원칙상 적어도 당사자 사이에서는 가능하다(대판 2006. 4. 13, 2003다45700).
② 쌍무계약을 체결하면서 어느 기한까지 일방이 채무를 이행하지 아니하면 자동적으로 계약이 해제된다고 약정한 경우 어느 일방이 채무를 이행하지 아니하였다면 별도의 이행최고나 해제의 의사표시를 요하지 않고 그 불이행 자체로써 계약이 자동으로 해제된 것으로 보아야 한다. 그러나 **당사자들이 계약이 여전히 유효함을 전제로 논의를 계속하면서 해제에 따른 법률효과를 주장하지 아니한 채 계약 내용에 따른 이행을 촉구하거나 온전한 채무의 이행을 받지 못한 상대방이 별다른 이의 없이 급부 중 일부를 수령하였다면,** 특별한 사정이 없는 한 계약당사자들 사이에서는 자동해제 약정의 효력을 상실시키고 **자동해제된 계약을 부활시키기로 하는 합의가 있었다고** 봄이 상당하다. 이러한 경우 채무이행을 받지 못한 상대방은 새로운 이행의 최고 없이 바로 해제권을 행사할 수 없다(대판 2019. 6. 27, 2019다216817).

2) 당사자 사이의 합의로 성립한 계약을 합의해제하기 위하여서는 계약이 성립하는 경우와 마찬가지로 기존 계약의 효력을 소멸시키기로 하는 내용의 **해제계약의 청약과 승낙이라는 서로 대립하는 의사표시가 합치될 것**을 그 요건으로 하며, 이러한 합의가 성립하기 위하여는 쌍방 당사자의 표시행위에 나타난 의사의 내용이 서로 객관적으로 일치하여야 한다. 그리고 계약의 합의해제는 묵시적으로 이루어질 수도 있으나, 계약이 **묵시적으로 합의해제되었다고 하려면** 계약의 성

립 후에 당사자 쌍방의 계약실현의사의 결여 또는 포기로 인하여 당사자 쌍방의 계약을 실현하지 아니할 의사가 일치되어야만 하고, **계약이 일부 이행된 경우에는 그 원상회복에 관하여도 의사가 일치되어야 할 것이다**(대판 2011. 4. 28, 2010다98412, 98429).

│비교판례│ 계약을 합의해제할 때에 원상회복에 관하여 반드시 약정을 하여야 하는 것은 아니지만, 매매계약을 합의해제하는 경우에 이미 지급된 계약금, 중도금의 반환 및 손해배상금에 관하여는 아무런 약정도 하지 아니한 채 매매계약을 해제하기만 하는 것은 경험칙에 비추어 이례에 속하는 일이다(대판 1994. 9. 13, 94다17093).

│판례│ ① 합의해제는 명시적으로뿐만 아니라 당사자 쌍방의 **묵시적인 합의**에 의하여도 할 수 있으나, 묵시적인 합의해제를 한 것으로 인정되려면 계약이 체결되어 그 일부가 이행된 상태에서 당사자 쌍방이 장기간에 걸쳐 나머지 의무를 이행하지 아니함으로써 이를 방치한 것만으로는 부족하고, 당사자 쌍방에게 계약을 실현할 의사가 없거나 계약을 포기할 의사가 있다고 볼 수 있을 정도에 이르러야 한다(대판 2011. 2. 10, 2010다77385; 대판 1998. 8. 21, 98다17602).
② 계약의 성립 후에 **당사자 쌍방의 계약실현 의사의 결여 또는 포기로 인하여** 쌍방 모두 이행의 제공이나 최고에 이름이 없이 장기간 이를 방치하였다면, 그 계약은 당사자 쌍방이 계약을 실현하지 아니할 의사가 일치함으로써 묵시적으로 합의해제되었다고 해석함이 상당하다(대판 2007. 6. 15, 2004다37904, 37911).
③ [1] 계약의 합의해지는 계속적 채권채무관계에서 당사자가 이미 체결한 계약의 효력을 장래에 향하여 소멸시킬 것을 내용으로 하는 새로운 계약으로서, 이를 인정하기 위해서는 계약이 성립하는 경우와 마찬가지로 기존 계약의 효력을 장래에 향하여 소멸시키기로 하는 내용의 청약과 승낙이라는 서로 대립하는 의사표시가 합치될 것을 요건으로 한다. 계약의 합의해지는 **묵시적으로** 이루어질 수도 있으나, 계약에 따른 채무의 이행이 시작된 다음에 당사자 쌍방이 계약실현 의사의 결여 또는 포기로 계약을 실현하지 않을 의사가 일치되어야만 한다. 이와 같은 합의가 성립하기 위해서는 쌍방 당사자의 표시행위에 나타난 의사의 내용이 객관적으로 일치하여야 하므로 **계약당사자 일방이 계약해지에 관한 조건을 제시한 경우 조건에 관한 합의까지 이루어져야 한다.** [2] 당사자 사이에 계약을 종료시킬 의사가 일치되었더라도 **계약 종료에 따른 법률관계가 당사자들에게 중요한 관심사가 되고 있는 경우 그러한 법률관계에 관하여 아무런 약정 없이 계약을 종료시키는 합의만 하는 것은** 경험칙에 비추어 이례적이고, 이 경우 **합의해지가 성립하였다고 보기 어렵다.** [3] 계약 당시 일방의 책임으로 계약이 해지되면 계약이행보증금이 상대방에게 귀속된다고 정한 경우 **계약이행보증금은 위약금으로서 민법 제398조 제4항에 따라 손해배상액의 예정으로 추정된다.** 손해배상액을 예정한 경우 다른 특약이 없는 한 **채무불이행으로** 발생할 수 있는 모든 손해가 예정액에 포함된다. 그 계약과 관련하여 손해배상액을 예정한 **채무불이행과 별도의 행위를 원인으로 손해가 발생하여 불법행위 또는 부당이득이 성립한 경우 그 손해는 예정액에서 제외되지만, 계약 당시 채무불이행으로 인한 손해로 예정한 것이라면** 특별한 사정이 없는 한 **손해를 발생시킨 원인행위의 법적 성격과 상관없이** 그 손해는 예정액에 포함되므로 예정액과 별도로 배상 또는 반환을 청구할 수 없다(대판 2018. 12. 27, 2016다274270, 274287).

(2) 이행제공여부

계약의 합의해제는 청약과 승낙이라는 서로 대립되는 의사표시의 합치로 성립하기 때문에 당사자 쌍방이 자기 채무의 이행제공을 하지 않은 상태에서도, 계약의 합의해제를 할 수 있다(대판 1991. 7. 12, 90다8343).

(3) 손해배상청구의 문제

> **판례** [1] **계약이 합의에 따라 해제되거나 해지된 경우**에는 상대방에게 손해배상을 하기로 특약하거나 손해배상청구를 유보하는 의사표시를 하는 등 다른 사정이 없는 한 **채무불이행으로 인한 손해배상을 청구할 수 없다.** 그와 같은 손해배상의 특약이 있었다거나 손해배상청구를 유보하였다는 점은 이를 **주장하는 당사자가** 증명할 책임이 있다. [2] 법률행위의 해석은 당사자가 그 표시행위에 부여한 의미를 명백하게 확정하는 것으로서, 당사자가 표시한 문언에서 그 의미가 명확하게 드러나지 않는 경우에는 문언의 내용, 법률행위가 이루어진 동기와 경위, 당사자가 법률행위로 달성하려는 목적과 진정한 의사, 거래의 관행 등을 종합적으로 고려하여 논리와 경험의 법칙, 그리고 사회일반의 상식과 거래의 통념에 따라 합리적으로 해석하여야 한다. **계약을 합의하여 해제하거나 해지하면서 상대방에게 손해배상을 하기로 하는 특약이나 손해배상청구를 유보하는 의사표시를 하였는지를 판단할 때**에도 위와 같은 법률행위 해석에 관한 법리가 적용된다. 위와 같은 특약이나 의사표시가 있었는지는 **합의해제·해지 당시를 기준으로 판단하여야** 하는데, **원래의 계약에 있는 위약금이나 손해배상에 관한 약정**은 그것이 계약 내용이나 당사자의 의사표시 등에 비추어 합의해제·해지의 경우에도 적용된다고 볼 만한 특별한 사정이 없는 한 **합의해제·해지의 경우에까지 적용되지는 않는다**(대판 2021. 5. 7, 2017다220416).

(4) 이자가산의 문제

> **판례** 합의해제 또는 해제계약의 효력은 그 합의의 내용에 의하여 결정되고 여기에는 해제에 관한 민법 제548조 제2항의 규정은 적용되지 아니하므로, 당사자 사이에 약정이 없는 이상 **합의해제로 인하여 반환할 금전에 그 받은 날로부터의 이자를 가하여야 할 의무가 있는 것은 아니다**(대판 1996. 7. 30, 95다16011).

(5) 제3자 보호문제

계약의 합의해제에 있어서도 민법 제548조의 계약해제의 경우와 같이 이로써 **제3자의 권리를 해할 수 없다**(대판 2005. 6. 9, 2005다6341).

> **판례** 상속재산 분할협의가 합의해제되면 그 협의에 따른 이행으로 변동이 생겼던 물권은 당연히 그 분할협의가 없었던 원상태로 복귀하지만, 민법 제548조 제1항 단서의 규정상 이러한 합의해제를 가지고서는, 그 해제 전의 분할협의로부터 생긴 법률효과를 기초로 하여 새로운 이해관계를 가지게 되고 등기·인도 등으로 완전한 권리를 취득한 제3자의 권리를 해하지 못한다(대판 2004. 7. 8, 2002다73203).

4. 법정해제

(1) 법정해제권의 발생

법정해제란 채무불이행을 이유로 해제하는 것으로 이행지체, 이행불능, 불완전이행 등을 원인으로 해제권을 행사하는 것을 말한다.

> **제544조(이행지체와 해제)**
>
> 당사자 일방이 그 채무를 이행하지 아니하는 때에는 상대방은 상당한 기간을 정하여 그 이행을 최고하고 그 기간내에 이행하지 아니한 때에는 계약을 해제할 수 있다. 그러나 채무자가 미리 이행하지 아니할 의사를 표시한 경우에는 최고를 요하지 아니한다.
>
> **제545조(정기행위와 해제)**
>
> 계약의 성질 또는 당사자의 의사표시에 의하여 일정한 시일 또는 일정한 기간내에 이행하지 아니하면 계약의 목적을 달성할 수 없을 경우에 당사자 일방이 그 시기에 이행하지 아니한 때에는 상대방은 전조의 최고를 하지 아니하고 계약을 해제할 수 있다.
>
> **제546조(이행불능과 해제)**
>
> 채무자의 책임있는 사유로 이행이 불능하게 된 때에는 채권자는 계약을 해제할 수 있다.

1) 이행지체

(가) 최 고

(ㄱ) 최고 요부

일반적 이행지체에서 해제를 위해서는 원칙적으로 최고가 필요하다(제544조 참조). 그러나 ① 채무자의 이행거절이 있는 경우(제544조 후단), ② 정기행위(제545조)의 경우에는 최고가 필요 없다.

> **| 판례 |** ① **계약해제권의 발생사유인 이행지체라 함은** 채무의 이행이 가능한데도 채무자가 그 이행기를 도과한 것을 말하는 것이어서 그 **이행기가 도래하기 전에는 이행지체란 있을 수 없고, 조합채권의 추심은 원칙적으로 조합원 전원이 공동으로 행하여야 한다**(대판 2021. 7. 8, 2020다290804).
> ② **채권자의 이행최고가 본래 이행하여야 할 채무액을 초과하는 금액의 이행을 요구하는 내용일 때에는 그 과다한 정도가 현저하고 채권자가 청구한 금액을 제공하지 않으면 그것을 수령하지 않을 것이라는 의사가 분명한 경우에는 그 최고는 부적법하고 이러한 최고에 터잡은 계약해제는 그 효력이 없다**(대판 1994. 11. 25, 94다35930).

(ㄴ) 최고기간이 상당하지 않은 경우 등

이행지체시(제544조 참조) 채무의 이행에 대해 상당한 기간을 정하지 않고 최고한 경우에도 최고로서 유효하다. 또한 최고의 기간이 상당하지 않은 경우에도(예컨대 지나치게 짧은 경우) 최고로서의 효력은 발생하고, 다만 상당한 기간이 경과된 후에 해제권이 발생한다.

> **| 판례 |** 이행지체를 이유로 계약을 해제함에 있어서 그 전제요건인 이행의 최고는 **반드시 미리 일정기간을 명시하여 최고하여야 하는 것은 아니며 최고한 때로부터 상당한 기간이 경과하면 해제권이 발생한다**(대판 1994. 11. 25, 94다35930). 그리고 **채무자의 급부불이행 사정을 들어 계약을 해제하겠다는 통지를 한 때에는** 특별히 그 급부의 수령을 거부하는 취지가 포함되어 있지 아니하는 한 **그로써 이행의 최고가 있었다고 볼**

수 있으며, 그로부터 상당한 기간이 경과하도록 이행되지 아니하였다면 채권자는 계약을 해제할 수 있다(대판 2017. 9. 21, 2013다58668).

㈏ 이행제공

㈀ 이행제공 요부

동시이행의 관계에 있는 쌍무계약에 있어서 상대방의 채무불이행을 이유로 계약을 해제하려고 하는 자는 **동시이행관계에 있는 자기채무의 이행을 제공하여야** 하고, 그 채무를 이행함에 있어 상대방의 행위를 필요로 할 때에는 언제든지 현실로 이행을 할 수 있는 준비를 완료하고 그 뜻을 상대방에게 통지하여 그 수령을 최고하여야만 상대방으로 하여금 이행지체에 빠지게 할 수 있는 것이며 단순히 이행의 준비태세를 갖추고 있는 것만으로는 안 된다(대판 2008. 4. 24, 2008다3053).

> **[판례]** 당사자 일방이 그 채무를 이행하지 아니하는 때에는 상대방은 상당한 기간을 정하여 그 이행을 최고하고 그 기간 내에 이행하지 아니한 때에는 계약을 해제할 수 있다(민법 제544조 본문). 채무자는 변제의 제공으로 채무불이행의 책임을 면하고 변제의 제공은 채무내용에 좇은 현실제공으로 하여야 하는데(민법 제460조, 제461조), **금전채무의 현실제공은 특별한 사정이 없는 한 채권자가 급부를 즉시 수령할 수 있는 상태에 있어야만 인정될 수 있다.** 채권자가 채무자의 급부불이행 사정을 들어 계약을 해제하겠다는 통지를 한 때에는 특별히 그 급부의 수령을 거부하는 취지가 포함되어 있지 아니하는 한 그로써 이행의 최고를 하였다고 볼 수 있으며, 그로부터 상당한 기간이 경과하도록 이행되지 아니하였다면 채권자는 계약을 해제할 수 있다. 다만 **동시이행관계에 있는 반대급부의무를 지고 있는 채권자는 채무자의 변제의 제공이 없음을 이유로 계약해제를 하기 위하여는 스스로의 채무의 변제제공을 하여야 한다**(대판 2022. 10. 27, 2022다238053). ☞ 원고는 최종 잔금 지급기일 다음 날인 2020. 6. 11. 잔금 상당의 대출을 받기 위하여 부동산담보신탁계약을 체결하는 등 잔금의 지급을 준비하고 있었을 뿐 피고들에게 잔금을 즉시 수령할 수 있는 상태로 현실제공하였다고 볼 수 없다고 한 사례.

㈁ 이행제공의 정도

판례는 반대급부의무의 이행제공의 정도를 엄격하게 요구하지 않고 구체적 상황에 맞추어 합리적으로 해석한다.

> **[판례]** ① 쌍무계약에서 일방 당사자의 자기 채무에 관한 이행의 제공을 엄격하게 요구하면 오히려 불성실한 상대 당사자에게 구실을 주는 것이 될 수도 있으므로 일방 당사자가 하여야 할 제공의 정도는 그 시기와 구체적인 상황에 따라 신의성실의 원칙에 어긋나지 않게 합리적으로 정하여야 하고, 따라서 매수인이 잔대금의 지급 준비가 되어 있지 아니하여 소유권이전등기서류를 수령할 준비를 안 한 경우에는 매도인으로서도 그에 상응한 이행의 준비를 하면 족하다(대판 2012. 11. 29, 2012다65867).
> ② 매수인의 잔대금의 준비나 제공 여부와는 관계없이 매도인에게 일률적으로 즉시 소유권이전등기가 가능할 정도로 구비서류를 완성하여 매수인에게 현실의 제공을 할 의무까지는 없다고 할 것이고, 매수인으로서는 매도인이 이와 같은 모든 구비서류를 완비하여 제공하지 아니한 때에는 그 잔대금의 지급을 거절할 수 있고 매도

인으로서는 매수인이 이와 같은 이유로 잔대금의 지급을 거절할 때에는 이를 이유로 매수인을 지체에 빠뜨릴 수 없다고 할 것이나, 매수인이 매매대금을 준비하지 아니하고 대금지급기일을 넘기는 등 계약을 이행함과 동시에 소유권이전등기를 수령할 준비를 하지 아니한 경우에는 매도인으로서는 부동산매도용 인감증명서를 발급받아 놓고, 인감도장이나 등기권리증 등을 준비하여 놓아, 잔대금수령과 동시에 법무사등에게 위임하여 이전등기신청행위에 필요한 서류를 작성할 수 있도록 준비함으로써 이행의 제공을 하고 잔대금지급의 최고를 할 수 있다고 보아야 할 것이고, 이와 같은 경우 위의 서류 등은 자신의 집에 소지하고 있음으로써 족하다고 할 것이다(대판 1992. 7. 14, 92다5713).

③ 쌍무계약의 일방 당사자가 이행기에 한 번 이행제공을 하여서 상대방을 이행지체에 빠지게 한 경우, 신의성실의 원칙상 이행을 최고하는 일방 당사자로서는 그 채무이행의 제공을 계속할 필요는 없다 하더라도 상대방이 최고기간 내에 이행 또는 이행제공을 하면 계약해제권은 소멸되므로 상대방의 이행을 수령하고 자신의 채무를 이행할 수 있는 정도의 준비가 되어 있으면 된다(대판 1996. 11. 26, 96다35590, 35606). ☞ 동시이행의 항변권을 행사하는 경우와는 달리 해제권을 행사하기 위해서는 한 번의 이행제공으로 족하다는 것이 학설 및 판례의 태도이다. 즉 이행제공으로 상대방의 동시이행의 항변권을 상실시키고 상대방을 이행지체에 빠뜨려 **해제권이 일단 발생한 후에는** 그 후 이행제공이 없더라도 해제권을 행사할 수 있다는 것이다.

2) 이행불능

이행불능(제546조)의 경우에는 최고 없이, 이행제공 없이 즉시 해제권이 발생한다.

> **판례** ① 매도인의 매매계약상의 소유권이전등기의무가 **이행불능이 되어 이를 이유로 매매계약을 해제함에 있어서는** 상대방의 잔대금지급의무가 매도인의 소유권이전등기의무와 **동시이행관계에 있다고 하더라도 그 이행의 제공을 필요로 하는 것이 아니다**(대판 2003. 1. 24, 2000다22850).
> ② 이행불능을 이유로 계약을 해제하기 위해서는 그 이행불능이 채무자의 귀책사유에 의한 경우여야만 한다 할 것이므로(민법 제546조), 매도인의 매매목적물에 관한 소유권이전의무가 이행불능이 되었다고 할지라도, 그 **이행불능이 매수인(채권자)의 귀책사유에 의한 경우**에는 매수인은 그 이행불능을 이유로 계약을 해제할 수 없다(대판 2002. 4. 26, 2000다50497).
> ③ **일부불능**을 이유로 계약을 해제하는 경우, 계약의 일부의 이행이 불능인 경우에는 이행이 가능한 나머지 부분만의 이행으로 계약의 목적을 달할 수 없을 경우에만 계약 전부의 해제가 가능하고, 이행이 가능한 부분은 원칙적으로 계약해제를 인정하지 않아야 한다(대판 1996. 2. 9, 94다57817).

3) 이행거절

채무불이행에 의한 계약해제에서 미리 이행하지 아니할 의사를 표시한 경우로서 이른바 '이행거절'로 인한 계약해제의 경우에는 **상대방의 최고 및 동시이행관계에 있는 자기 채무의 이행제공을 요하지 아니하여 이행지체 시의 계약해제와 비교할 때 계약해제의 요건이 완화**되어 있는바, 명시적으로 이행거절의사를 표명하는 경우 외에 계약 당시나 계약 후의 여러 사정을 종합하여 묵시적 이행거절의사를 인정하기 위하여는 그 거절의사가 정황상 분명하게 인정되어야 한다(대판 2011. 2. 10, 2010다77385).

① 쌍무계약에서 상대방에 대하여 **계약상의 의무가 없는 과도한 채무의 이행을 청구하는 것**은, 자기 채무를 이행할 의사 없음을 표시한 것으로 보아야하고, 상대방은 이행을 최고할 필요 없이 계약을 해제할 수 있다(대판 1992. 9. 14, 92다9463).

② 쌍무계약에서 당사자 일방이 자기의 채무를 이행하지 아니하였음에도 불구하고 자기의 채무를 이행하였다고 주장하면서 상대방에 대하여 채무의 이행을 구하는 소를 제기한 경우에는, 자기의 채무를 이행하지 아니할 의사를 표시한 것이다(대판 1993. 12. 24, 93다26045).

③ 계약상 채무자가 계약을 이행하지 아니할 의사를 명백히 표시한 경우에 채권자는 신의성실의 원칙상 **이행기 전이라도 이행의 최고 없이** 채무자의 이행거절을 이유로 계약을 해제하거나 채무자를 상대로 손해배상을 청구할 수 있고, 채무자가 계약을 이행하지 아니할 의사를 명백히 표시하였는지 여부는 계약 이행에 관한 당사자의 행동과 계약 전후의 구체적인 사정 등을 종합적으로 살펴서 판단하여야 한다(대판 2005. 8. 19, 2004다53173).

(2) 법정해제권의 행사방법

1) 형성권(상대방 있는 단독행위)

해제권은 상대방 있는 단독행위로서, 형성권이다. 해제권을 행사할 것인지는 해제권자의 자유이다. 해제의 상대방은 타방 계약당사자이다. 의사표시에 관한 행위능력, 의사와 표시와의 불일치, 도달 등의 민법총칙의 규정은 이 의사표시에 적용된다. 따라서 상대방에게 해제의 의사표시가 도달한 때에 그 효력이 생긴다(제111조 제1항). 그리고 해제의 의사표시는 단독행위라는 점에서 조건과 기한을 붙이지 못한다. 다만 상대방을 불리한 지위에 놓이지 않게 하는 경우에는 예외가 허용될 수 있다. 예컨대 조건의 성취여부가 상대방에게 달려있는 **정지조건부 해제의 의사표시**는 유효하다.

소정의 기일내에 이행을 하지 아니하면 계약은 당연히 해제된 것으로 한다는 이행청구는 그 이행청구와 동시에 기간 또는 기일내에 이행이 없는 것을 정지조건으로 하여 미리 해제의 의사표시를 한 것으로 볼 것이다(대판 1981. 4. 14, 80다2381).

2) 해제와 철회제한

해제의 의사표시는 철회하지 못한다(제543조 제2항).

3) 불가분성

제547조(해지, 해제권의 불가분성)
① 당사자의 일방 또는 쌍방이 수인인 경우에는 계약의 해지나 해제는 그 전원으로부터 또는 전원에 대하여 하여야 한다.
② 전항의 경우에 해지나 해제의 권리가 당사자 1인에 대하여 소멸한 때에는 다른 당사자에 대하여도 소멸한다.

(가) 해제는 계약의 모든 당사자에게 영향을 미치게 되고, 또 그 영향이 중대하므로 민법은 전원으로부터 또는 전원에 대하여 이루어져야 한다고 규정한다.

> **판례** ① 매매계약의 일방 당사자가 사망하였고 그에게 여러 명의 상속인이 있는 경우에 그 상속인들이 위 계약을 해제하려면, 상대방과 사이에 다른 내용의 특약이 있다는 등의 특별한 사정이 없는 한, 상속인들 전원이 해제의 의사표시를 하여야 한다(대판 2013. 11. 28, 2013다22812).
> ② 여러 사람이 공동임대인으로서 임차인과 하나의 임대차계약을 체결한 경우에는 민법 제547조 제1항의 적용을 배제하는 특약이 있다는 등의 특별한 사정이 없는 한 공동임대인 전원의 해지의 의사표시에 따라 임대차계약 전부를 해지하여야 한다. 이러한 법리는 임대차계약의 체결 당시부터 공동임대인이었던 경우뿐만 아니라 **임대차목적물 중 일부가 양도되어 그에 관한 임대인의 지위가 승계됨으로써 공동임대인으로 되는 경우**에도 마찬가지로 적용된다(대판 2015. 10. 29, 2012다5537).

(나) 제547조의 규정은 **임의규정**으로서 **당사자의 특약으로 이를 배제할 수 있다**고 해석된다.

4) 해제의 의사표시 당시에 채권이 시효가 완성되어 소멸한 경우

> **판례** 이행불능 또는 이행지체를 이유로 한 법정해제권은 채무자의 채무불이행에 대한 구제수단으로 인정되는 권리이다. 따라서 채무자가 이행해야 할 본래 채무가 **이행불능이라는 이유로 계약을 해제하려면 그 이행불능의 대상이 되는 채무자의 본래 채무가 유효하게 존속하고 있어야 한다**. 민법 제167조는 "소멸시효는 그 기산일에 소급하여 효력이 생긴다."라고 정한다. **본래 채권이 시효로 인하여 소멸하였다면** 그 채권은 그 기산일에 소급하여 더는 존재하지 않는 것이 되어 **채권자는 그 권리의 이행을 구할 수 없는 것이고**, 이와 같이 **본래 채권이 유효하게 존속하지 않는 이상 본래 채무의 불이행을 이유로 계약을 해제할 수 없다**고 보아야 한다. 결국 채무불이행에 따른 **해제의 의사표시 당시**에 이미 채무불이행의 대상이 되는 본래 채권이 시효가 완성되어 소멸하였다면, 채무자가 소멸시효의 완성을 주장하는 것이 신의성실의 원칙에 반하여 허용될 수 없다는 등의 특별한 사정이 없는 한, 채권자는 **채무불이행 시점이 본래 채권의 시효 완성 전인지 후인지를 불문하고** 그 채무불이행을 이유로 한 해제권 및 이에 기한 원상회복청구권을 행사할 수 없다(대판 2022. 9. 29, 2019다204593).

> **동지판례** 본래 채권의 소멸시효가 완성된 경우 그 채무의 이행불능을 이유로 채권자가 법정해제권 등을 행사할 수 있는지 여부(소극) 계약해제 의사표시 당시에 본래 채권이 시효의 완성으로 소멸하였다면 그 해제권 및 이에 근거한 원상회복청구권과 위약금청구권도 행사할 수 없거나 소멸한다(대판 2023. 5. 18, 2020다8432).

5. 법정해제의 효과

(1) 문제의 소재

계약이 해제되면 계약상의 법률적 구속으로부터의 해방, 원상회복, 손해배상과 원상회복과 동시이행의 관계 등의 문제가 발생한다. 이러한 해제의 효과를 어떻게 법률적으로 이론구성하여야 하는가에 대하여 견해대립이 있다.

(2) 해제효과의 법적 구성

1) 직접효과설(통설·판례)

직접효과설은 해제권의 행사에 의하여 그 직접적 효과로서 계약상의 채권·채무가 마치 **처음부터 존재하지 않던 경우처럼 소급하여 소멸한다**고 보는 견해이다. 직접효과설내에서도 채권적 효과설과 물권적 효과설이 대립한다.

　㈎ 채권적 효과설 : 채권적 효과설은 물권행위의 무인성을 인정하는 입장에서 주장한다. 즉 물권행위와 그 원인행위인 채권행위는 각각 효력요건을 달리하여 해제에 의하여 소급적으로 소멸하는 것은 채권행위이고, 채권행위의 효력상실이 당연히 물권행위에 영향을 미치지는 아니한다고 보는 견해이다. 이 견해에 따르면 제548조 제1항 단서(제3자 보호조항)는 주의적 규정에 불과하다.

　㈏ 물권적 효과설(판례) : 물권적 효과설은 물권행위의 무인성을 부정하는 입장에서 주장된다. 즉, 해제된 계약에 기하여 이미 한 이행행위와 등기·인도로 물권변동이 생긴 경우라고 하더라도 원인행위인 채권계약이 해제되면 소급적으로 소멸하는 것은 채권행위뿐만 아니라 일단 이전된 물권행위도 효력을 상실하고 그 **이전된 권리가 당연히 복귀한다**고 보는 견해이다.

> **판례** 물권에 관한 계약해제의 효과에 관하여는 채권적 효과설과 물권적 효과설이 대립되어 있으나, 우리의 법제가 물권행위의 독자성과 무인성을 인정하고 있지 않는 점과 본조(제548조) 제1항 단서가 거래안전을 위한 특별규정이란 점을 생각할 때 계약이 해제되면 그 계약의 이행으로 변동이 생겼던 물권은 당연히 그 계약이 없었던 원상태로 복귀한다고 봄이 타당하다(물권적 효과설; 대판 1977. 5. 24, 75다1394).

2) 청산관계설(소수설)

청산관계설은 계약해제의 효과를 비소급적으로 구성하고, 해제권의 행사가 있으면 원래의 채권관계는 그 내용이 변경되어 청산관계로 들어간다. 그래서 미이행채무는 장래에 향하여 소멸하고, 이미 이행한 채무는 원래대로 각 상대방에게 반환하여야 한다고 한다.

(3) 직접효과설 중 물권적 효과설에 따른 해제의 효과

> **제548조(해제의 효과, 원상회복의무)**
> ① 당사자 일방이 계약을 해제한 때에는 각 당사자는 그 상대방에 대하여 원상회복의 의무가 있다. 그러나 제삼자의 권리를 해하지 못한다.
> ② 전항의 경우에 반환할 금전에는 그 받은 날로부터 이자를 가하여야 한다.
>
> **제549조(원상회복의무와 동시이행)**
> **제536조의 규정은 전조의 경우에 준용한다.**
>
> **제551조(해지, 해제와 손해배상)**
> 계약의 해지 또는 해제는 손해배상의 청구에 영향을 미치지 아니한다.

1) 계약의 소급적 소멸

통설적 견해와 판례는 직접효과설로서 해제로 인한 소급효를 인정한다.

> **판례** 계약의 해제권은 일종의 형성권으로서 당사자의 일방에 의한 계약해제의 의사표시가 있으면 그 효과로서 새로운 법률관계가 발생하고 각 당사자는 그에 구속되는 것이므로, 일방 당사자의 계약위반을 이유로 한 상대방의 계약해제 의사표시에 의하여 계약이 해제되었음에도 상대방이 계약이 존속함을 전제로 계약상 의무의 이행을 구하는 경우 **계약을 위반한 당사자도** 당해 계약이 상대방의 해제로 소멸되었음을 들어 그 이행을 거절할 수 있다(대판 2001. 6. 29, 2001다21441, 21458).

2) 원상회복의무

(개) 원상회복의 범위

당사자일방이 계약을 해제한 때에는 각 당사자는 그 상대방에 대하여 원상회복의 의무가 있다. 이때 계약 해제의 효과로서 원상회복의무를 규정하는 민법 제548조 제1항 본문은 **부당이득에 관한 특별규정**의 성격을 가지는 것으로서, 그 이익 반환의 범위는 이익의 현존 여부나 청구인의 **선의·악의를 불문하고** 특단의 사유가 없는 한 **받은 이익의 전부**이다(대판 2014. 3. 13, 2013다34143).

(내) 이자가산의무

대금반환의무의 경우 '받은 날로부터'(받은 날의 익일이 아님) 이자를 가산하여야 한다(제548조 제2항).

> **판례** ① 법정해제권 행사의 경우 당사자 일방이 그 수령한 금전을 반환함에 있어 그 받은 때로부터 법정이자를 부가함을 요하는 것은 민법 제548조 제2항이 규정하는 바로서, 이는 원상회복의 범위에 속하는 것이며 일종의 부당이득반환의 성질을 가지는 것이고 반환의무의 이행지체로 인한 것이 아니므로, 부동산 매매계약이 해제된 경우 매도인의 매매대금 반환의무와 매수인의 소유권이전등기말소등기 절차이행의무가 **동시이행의 관계에 있는지 여부와는 관계없이** 매도인이 반환하여야 할 매매대금에 대하여는 그 **받은 날로부터 민법 소정의 법정이율인 연 5푼의 비율에 의한 법정이자를 부가하여 지급하여야** 하고, 이와 같은 법리는 약정된 해제권을 행사하는 경우라 하여 달라지는 것은 아니다(대판 2000. 6. 9, 2000다9123).
> ② 그러나 원상회복의무가 이행지체에 빠진 이후의 기간에 대해서는 부당이득반환의무로서의 이자가 아니라 반환채무에 대한 지연손해금이 발생하게 되므로 거기에는 지연손해금률이 적용되어야 한다. 지연손해금률에 관하여 당사자 사이에 별도의 약정이 있으면 그에 따라야 할 것이고, 설사 그것이 법정이율보다 낮다 하더라도 마찬가지이다(대판 2000. 6. 9, 2000다9123).

(대) 원물반환의 원칙

계약해제시 원상회복의무에 있어서(제548조 제1항) 원물반환을 그 원칙으로 한다. 원물을 반환하는 경우에는 그 원물과 그 **목적물을 이용한 경우는 사용이익까지 반환하여야 한다.** 다만 감가비(減價費) 상당액은 반환하지 않아도 된다.

판례 ① 계약해제로 인하여 계약당사자가 원상회복의무를 부담함에 있어서 계약당사자 일방이 목적물을 이용한 경우에는 그 **사용에 의한 이익**을 상대방에게 반환하여야 하므로, 중기를 매수인이 인도받아 사용하던 중 그 매매계약이 해제된 경우에 있어 매도인이 위 해제로 인하여 매수인에게 그 중기의 사용에 의한 이익의 반환을 구함은 별론으로 하고, 그 중기가 매수인에 의하여 사용됨으로 인하여 감가 내지 소모가 되는 요인이 발생하였다 하여도 그것을 훼손으로 볼 수 없는 한 그 **감가비 상당**은 매수인이 원상회복의무로서 반환할 성질의 것은 아니다(대판 1991. 8. 9, 91다13267).
② **매매계약이 해제된 경우**에 매수인이 목적물을 인도받아 사용하였다면 원상회복으로서 그 목적물을 반환하는 외에 그 **사용이익을 반환할 의무**를 부담하고, 여기에서 사용이익의 반환의무는 **부당이득 반환의무에 해당**하므로, 특별한 사정이 없는 한 매수인이 점유·사용한 기간 동안 그 재산으로부터 통상 수익할 수 있을 것으로 예상되는 이익, 즉 **임료 상당액**을 매수인이 반환하여야 할 사용이익으로 보아야 한다(대판 2021. 7. 8, 2020다290804).

㈐ 예외적 가액반환

원물반환이 불가능하게 된 경우에 매수인이 원상회복의무로서 가액을 반환하여야 하며, 이때에 반환할 금액은 특별한 사정이 없는 한 그 **'처분당시'의 목적물의 대가 또는 그 시가 상당액과 처분으로 얻은 이익에 대하여 그 이득일부터의 법정이자를 가산한 금액**이다(대판 2013. 12. 12, 2013다14675).

판례 매도인으로부터 매매 목적물의 소유권을 이전받은 매수인이 매도인의 계약해제 이전에 제3자에게 목적물을 처분하여 계약해제에 따른 원물반환이 불가능하게 된 경우에 매수인은 원상회복의무로서 가액을 반환하여야 하며, 이때에 반환하여야 하는 목적물의 가액은 특별한 사정이 없는 한 그 처분 당시의 대가 또는 그 시가 상당액이라 할 것이고, 그리고 이러한 법리는 매수인과 매도인의 약정에 따라 매도인으로부터 직접 제3자에게 목적물의 권리가 이전된 경우에도 마찬가지이다(대판 2013. 12. 12, 2012다58029).

3) 제3자 보호문제

㈎ 민법 제548조 제1항 단서에서 말하는 제3자란 일반적으로 그 해제된 계약으로부터 생긴 법률효과를 기초로 하여 해제 전에 새로운 이해관계를 가졌을 뿐 아니라 등기, 인도 등으로 완전한 권리를 취득한 자(대항력을 취득한 자 포함)를 말한다(대판 2007. 12. 27, 2006다60229).

판례 ① 제3자에 포함되는 자 : (ⅰ) 해제된 매매계약에 의하여 채무자의 책임재산이 된 **부동산을 가압류 집행한 가압류채권자**는 원칙상 위 조항 단서에서 말하는 제3자에 포함된다(대판 2005. 1. 14, 2003다33004). (ⅱ) 매수인과 매매예약을 체결한 후 그에 기한 소유권이전청구권 보전을 위한 **가등기를 마친 사람**도 위 조항 단서에서 말하는 제3자에 포함된다(대판 2014. 12. 11, 2013다14569). (ⅲ) 소유권을 취득하였다가 계약해제로 인하여 소유권을 상실하게 된 임대인으로부터 그 계약이 해제되기 전에 주택을 임차받아 주택의 인도와 주민등록을 마침으로써 **주택임대차보호법 제3조 제1항에 의한 대항요건을 갖춘 임차인**은 민법 제548조 제1항 단서의 규정에 따라 계약해제로 인하여 권리를 침해받지 않는 제3자에 해당하므로 임대인의 임대권원의 바탕이 되는 계약의 해제에도 불구하고 자신의 임차권을 새로운 소유자에게 대항할 수 있고, 이 경우 계약해제로 소유권을 회복한 제3자는 주택임대차보호법 제3조 제2항에 따라 임대인의 지위를 승계한다(대판 2003. 8. 22, 2003다12717). ② 제3자에 포함되지 않는 자 : (i) **계약상의 채권을 양수한 자**는 여기서 말하는 제3자에 해당하지 않는다고 할 것인바, 계약이 해제된 경우 계약해제 이전에 해제로 인하여 소멸되는 채권을 양수한 자는 계약해제의 효과에 반하여 자신의 권리를 주장할 수 없음은 물론이고, 나아가 특단의 사정이 없는 한 채무자로부터 이행받은 급부를 원상회복하여야 할 의무가 있다(대판 2003. 1. 24, 2000다22850). (ii) 계약상의 채권을 양수한 자나 그 **채권 자체를 압류 또는 전부한 채권자**는 여기서 말하는 제3자에 해당하지 아니한다(대판 2000. 4. 11, 99다51685). (iii) 당사자 사이에 중간생략등기에 관한 합의가 있은 후 최초매도인과 중간자 사이의 토지매매계약에 관한 합의해제가 이루어진 경우, 계약의 합의해제에 있어서도 계약해제의 경우에 있어서와 같이 이로써 제3자의 권리를 해할 수 없다 할 것이나, 최종매수인은 그 토지를 매매계약에 의하여 전득한 매수인이기는 하나 완전한 권리를 취득한 자라고 할 수 없으므로 매매계약의 합의해제에 의하여 권리를 해하지 못하는 제3자에 해당되지 아니하고, 따라서 최초매도인은 그 합의해제로서 최종매수인에게 대항할 수 있으므로 최종매수인은 최초매도인을 상대로 이전등기청구권을 행사할 수 없다(대판 1980. 5. 13, 79다932 ; 대판 1991. 4. 12, 91다2601; 대판 2005. 6. 9, 2005다6341). (iv) **토지**를 매도하였다가 대금지급을 받지 못하여 그 매매계약을 해제한 경우에 있어 **그 토지 위에 신축된 건물의 매수인**은 위 계약해제로 권리를 침해당하지 않을 제3자에 해당하지 아니한다(대판 1991. 5. 28, 90다카16761). (v) 미등기 무허가건물에 관한 매매계약이 해제되기 전에 매수인으로부터 해당 무허가건물을 다시 매수하고 **무허가건물관리대장에 소유자로 등재되었다**고 하더라도 건물에 관하여 완전한 권리를 취득한 것으로 볼 수 없으므로 민법 제548조 제1항 단서에서 규정하는 제3자에 해당한다고 할 수 없다(대판 2014. 2. 13, 2011다64782).

(나) 직접효과설 중 물권적 효과설(판례)에 따르면 제548조 제1항 단서의 「제3자」는 **해제의 의사표시 전에 물권변동의 성립요건을 갖춘 제3자**에 대해서만 보호된다(이때는 선·악 불문)고 하는 것이 논리적이나, 판례는 「해제의 의사표시가 있은 후 그 해제에 의한 말소등기가 있기 전」에 이해관계를 갖게 된 「선의」의 제3자를 포함한다고 해석한다(대판 1985. 4. 9, 84다카130).

> **판 례** ① 계약당사자의 일방이 계약을 해제한 경우 **그 계약의 해제 전에 그 해제와 양립되지 아니하는 법률관계를 가진 제3자**에 대하여는 계약의 해제에 따른 법률효과를 주장할 수 없고, 이는 **제3자가 그 계약의 해제 전에 계약이 해제될 가능성이 있다는 것을 알았거나 알 수 있었다 하더라도 달라지지 아니한다**(대판 2010. 12. 23, 2008다57746).
> ② (i) 계약당사자의 일방이 계약을 해제하였을 때에는 계약은 소급하여 소멸하여 해약당사자는 각 원상회복의 의무를 지게 되나 이 경우 계약해제로 인한 **원상회복등기 등이 이루어지기 이전에** 계약의 해제를 주장하는 자와 양립되지 아니하는 법률관계를 가지게 되었고 **계약 해제 사실을 몰랐던** 제3자에 대하여는 계약해제를 주장할 수 없다(대판 1985. 4. 9, 84다카130, 84다카131). (ii) 이 경우 제3자는 선의가 추정되므로 제3자가 악의라는 사실의 주장·입증책임은 계약해제를 주장하는 자에게 있다(대판 2005. 6. 9, 2005다6341).

4) 동시이행관계(제549조)

민법 제549조는 계약해제의 경우, 당사자 상호 간 원상회복에 대하여 동시이행의 관계를 인정하고 있다. 이는 당사자 상호 간의 공평을 기하기 위하여다.

5) 손해배상(이행이익배상)

채무불이행에 의한 손해배상청구권은 해제의 경우에는 손해배상청구권과 양립할 수 있다(제551조). 그리고 제551조의 손해배상의 범위에 관해서는 원칙적으로 이행이익으로 본다.

> **판례** ① 채무불이행을 이유로 계약해제와 아울러 손해배상을 청구하는 경우에 그 계약이행으로 인하여 채권자가 얻을 이익 즉 이행이익의 배상을 구하는 것이 원칙이지만, 그에 갈음하여 그 계약이 이행되리라고 믿고 채권자가 지출한 비용 즉 신뢰이익의 배상을 구할 수도 있다고 할 것이고, 다만 그 신뢰이익은 과잉배상금지의 원칙에 비추어 이행이익의 범위를 초과할 수 없다(대판 2002. 6. 11, 2002다2539).
> ② [1] 채무불이행을 이유로 계약을 해제하거나 해지하고 손해배상을 청구하는 경우에, 채권자는 채무가 이행되었더라면 얻었을 이익을 얻지 못하는 손해를 입은 것이므로 계약의 이행으로 얻을 이익, 즉 이행이익의 배상을 구하는 것이 원칙이다. 그러나 채권자는 그 대신에 계약이 이행되리라고 믿고 지출한 비용의 배상을 채무불이행으로 인한 손해라고 볼 수 있는 한도에서 청구할 수도 있다. 이러한 지출비용의 배상은 이행이익의 증명이 곤란한 경우에 증명을 용이하게 하기 위하여 인정되는데, 이 경우에도 채권자가 입은 손해, 즉 이행이익의 범위를 초과할 수는 없다. [2] **채권자가 계약의 이행으로 얻을 수 있는 이익이 인정되지 않는 경우**라면, 채권자에게 배상해야 할 손해가 발생하였다고 볼 수 없으므로, 당연히 지출비용의 배상을 청구할 수 없다(대판 2017. 2. 15, 2015다235766).
> ③ 민법 제398조 제1항, 제3항, 제551조의 문언·내용과 계약당사자의 일반적인 의사 등을 고려하면, 계약당사자가 채무불이행으로 인한 전보배상에 관하여 손해배상액을 예정한 경우에 **채권자가 채무불이행을 이유로 계약을 해제하거나 해지하더라도 원칙적으로 손해배상액의 예정은 실효되지 않고**, 전보배상에 관하여 특별한 사정이 없는 한 손해배상액의 예정에 따라 배상액을 정해야 한다. 다만 위와 같은 손해배상액의 예정이 **계약의 유지를 전제로 정해진 약정이라는 등의 사정이 있는 경우**에 채무불이행을 이유로 계약을 해제하거나 해지하면 손해배상액의 예정도 실효될 수 있다. 이때 손해배상액의 예정이 실효된다고 볼 특별한 사정이 있는지는 약정 내용, 약정이 이루어지게 된 동기와 경위, 당사자가 이로써 달성하려는 목적, 거래의 관행 등을 종합적으로 고려하여 당사자의 의사를 합리적으로 해석하여 판단해야 한다(대판 2022. 4. 14, 2019다 292736, 292743).

6. 약정해제권

(1) 의 의

1) 민법 제543조 제1항은 당사자는 계약에 의하여 해제권을 발생시킬 수 있다고 규정하고 있는바, 약정해제는 해제권발생원인을 당사자의 약정에 의하여 유보하여 두고 약정사유가 발생하면 해제권자가 해제할 수 있는 제도이다. 이러한 약정해제는 그 해제권의 발생원인에 특색이 있을 뿐이고 그 밖의 점에 있어서는 법정해제와 다를 것이 없다.

2) 약정해제권에는 당사자가 해제권을 보류하는 경우와 이를 하지 않았더라도 법률에 의하여 해제 권을 보류한 것으로 다루어지는 경우가 있는데, 민법 제565조의 계약금의 수수가 후자의 대표적인 예이다.

(2) 구 별

1) 법정해제와의 구별 및 관계

판례 계약서에 명문으로 위약시의 법정해제권의 포기 또는 배제를 규정하지 않은 이상 계약당사자 중 어느 일방에 대한 약정해제권의 유보 또는 위약벌에 관한 특약의 유무 등은 채무불이행으로 인한 법정해제권의 성립에 아무런 영향을 미칠 수 없다(대판 1990. 3. 27, 89다카14110).

2) 해제조건과의 구별

예컨대 매매계약에 있어서 매수인이 중도금을 약정한 일자에 지급하지 아니하면 그 계약을 무효로 한다고 하는 특약이 있는 경우가 해제조건이다. 이때는 매수인이 약정한 대로 중도금을 지급하지 아니하면, 그 불이행자체로서 계약은 그 일자에 해제의 의사표시 없이 자동적으로 해소된 것으로 보아야 한다(대판 1991. 8. 13, 91다13717)는 점에서 해제의 의사표시가 필요한 약정해제와 차이가 있다.

(3) 행사방법과 효과

약정해제권의 행사·해제의 효과·해제권의 소멸 등은 법정해제와 대체로 같다. 다만 효과와 관련하여 **손해배상의 청구는 약정해제에는 그 적용이 없다**(제565조 제2항). 제551조의 계약해제에 있어서의 손해배상청구는 채무불이행을 이유로 하는 것이기 때문이다(대판 1983. 1. 18, 81다89, 90).

판례 ① 원·피고 사이의 계약조항상의 부수적 의무위반을 이유로 한 약정해제권의 행사의 경우에는 법정해제의 경우와는 달리 그 해제의 효과로서 손해배상의 청구는 할 수 없다 할 것이다(대판 1983. 1. 18, 81다89). ② 계약 상대방의 채무불이행을 이유로 한 계약의 해지 또는 해제는 손해배상의 청구에 영향을 미치지 아니하지만(민법 제551조), 다른 특별한 사정이 없는 한 그 손해배상책임 역시 채무불이행으로 인한 손해배상책임과 다를 것이 없으므로, 상대방에게 고의 또는 과실이 없을 때에는 배상책임을 지지 아니한다(민법 제390조). 이는 상대방의 채무불이행과 상관없이 일정한 사유가 발생하면 계약을 해지 또는 해제할 수 있도록 하는 약정해지·해제권을 유보한 경우에도 마찬가지이고 그것이 자기책임의 원칙에 부합한다(대판 2016. 4. 15, 2015다59115).

7. 해제권의 소멸

> **제552조(해제권행사여부의 최고권)**
> ① 해제권의 행사의 기간을 정하지 아니한 때에는 상대방은 상당한 기간을 정하여 해제권행사여부의 확답을 해제권자에게 최고할 수 있다.
> ② 전항의 기간내에 해제의 통지를 받지 못한 때에는 해제권은 소멸한다.

> **제553조(훼손 등으로 인한 해제권의 소멸)**
>
> 해제권자의 고의나 과실로 인하여 계약의 목적물이 현저히 훼손되거나 이를 반환할 수 없게 된 때 또는 가공이나 개조로 인하여 다른 종류의 물건으로 변경된 때에는 해제권은 소멸한다.

해제권은 형성권으로 해제권 행사의 기간을 정하지 아니한 때에는 10년의 제척기간에 걸린다.

Ⅱ. 계약의 해지

> **제550조(해지의 효과)**
>
> 당사자 일방이 계약을 해지한 때에는 계약은 장래에 대하여 그 효력을 잃는다.

1. 의 의

당사자의 일방적 의사표시에 의하여 계속적 채권관계를 장래에 대해서 소멸시키는 것을 해지라고 한다. 해지는 장래에 대하여만 효력이 발생하므로 해지가 있더라도 해지 이전에 발생한 채권관계는 완전히 그 효력을 유지하고, 이미 행하여진 급부는 반환할 필요가 없다. 따라서 해지에 있어서는 해제와는 달리 원상회복의무는 발생하지 않는다.

2. 대상 및 효력

계속적 계약은 당사자 상호간의 신뢰관계를 기초로 하는 것으로서, 당해 계약의 존속 중에 당사자 일방의 부당한 행위 등으로 인하여 계약의 기초가 되는 신뢰관계가 파괴되어 계약의 존속을 기대할 수 없는 중대한 사유가 있는 때에는 상대방은 계약을 해지함으로써 장래에 향하여 효력을 소멸시킬 수 있다(대판 2013. 4. 11, 2011다59629).

> **판례** ① 계속적 계약관계에서 당사자의 일방 또는 쌍방이 해지권을 유보하는 약정을 한 경우, 약정에서 정한 요건을 갖추어 계속적 계약을 해지함으로써 장래에 향하여 효력을 소멸시킬 수 있으나, 위와 같은 해지가 인정되는 것은 계속적 채권관계를 발생시키는 계약에 한한다(대판 2015. 5. 29, 2012다87751).
> ② [1] 임대차계약, 고용계약, 위임계약 등에서와 같이 계약으로부터 생기는 채권·채무의 내용을 이루는 급부가 일정 기간 계속하여 행하여지게 되는 경우 이는 이른바 계속적 계약에 해당한다. [2] 갑 등이 해외이주 알선업체인 을 주식회사와 미국 비숙련 취업이민을 위한 알선업무계약을 체결하였는데, 을 회사의 업무 수행에 따라 갑 등이 미국 노동부의 노동허가, 이민국의 이민허가를 받았으나 이후 추가 행정검토 결정 등이 내려지면서 미국 비숙련 취업이민 절차가 진척되지 않았고, 이에 갑 등이 을 회사를 상대로 사정변경으로 인한 계약의 해제 등을 주장하며 국외알선 수수료의 반환을 구한 사안에서, 을 회사는 상당히 장기간 동안 지속되는 미국 비숙련 취업이민 절차가 단계적으로 원활하게 진행되어 갑 등이 비숙련 취업이민을 위한 비자를 발급받고 성공

적으로 미국에 취업이민할 수 있도록 계약에서 정한 여러 업무를 계속해서 신의성실의 원칙에 따라 충실하게 수행하여야 할 의무가 있는바, 이러한 의무를 정한 계약의 체결 경위, 당사자들의 의사, 계약의 목적과 내용, 급부의 성질, 이행의 형태와 방법 등을 종합하여 볼 때, 위 계약은 **계속적 계약에 해당하므로**, 위 계약에서 정한 을 회사의 업무 중 여러 부분이 이미 이행되고 상당한 기간이 흐른 경우 갑 등이 사정변경을 이유로 계약의 효력을 소멸시킬 때에는 다른 특별한 사정이 없는 한 소멸에 따른 효과를 장래에 향하여 발생시키는 **민법 제550조의 '해지'만 가능할 뿐 민법 제548조에서 정한 '해제'를 할 수는 없는데도**, 이와 달리 본 원심판결에 법리오해 등의 잘못이 있다고 한 사례(대판 2022. 3. 11, 2020다297430).

〈민법상 규정된 전형계약의 개요〉

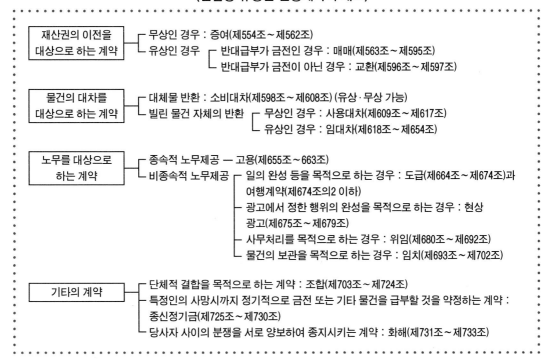

제1절 증 여

1. 서 설

> **제554조(증여의 의의)**
> 증여는 당사자 일방이 무상으로 재산을 상대방에 수여하는 의사를 표시하고 상대방이 이를 승낙함으로써 그 효력이 생긴다.

(1) 의 의

증여는 당사자 한쪽이 상대방에게 재산을 무상으로 준다는 의사를 표시하고, 상대방이 이를 승낙함으로써 효력이 생긴다(제554조). 따라서 편무·무상·낙성·불요식의 계약이다.

(2) 구 별

비록 무상으로 타인에게 재산을 주는 경우이더라도, 단독행위인 유증은 증여가 아니다(유증은 엄격한 요식행위이다). 증여는 의사표시의 합치를 요하는 계약이기 때문이다.

(3) 승낙의 필요

증여는 청약과 승낙의 합치가 필요한데, 승낙의 의사표시를 적극적으로 할 수 없는 태아나 아직 형성되지 않은 단체에 대한 증여의 의사표시는 무효이다(대판 1992. 2. 25, 91다28344). 다만 제3자를 위한 계약을 이용하면 같은 효과를 얻을 수 있다.

(4) 불요식행위

증여는 불요식행위로서, 서면이 증여계약의 성립요건인 것은 아니다. 다만 서면에 의하지 않은 증여는 각 당사자가 이를 해제할 수 있을 뿐이다(제555조).

(5) 증여의 목적

타인의 재산도 증여의 목적으로 할 수 있다.

> **판례** 민법이 타인의 권리의 매매를 인정하고 있는 것처럼 **타인의 권리의 증여**도 가능하며, 이 경우 채무자는 권리를 취득하여 채권자에게 이전하여야 하고, 이 같은 사정은 계약 당시부터 예정되어 있으므로, 매매나 증여의 대상인 권리가 타인에게 귀속되어 있다는 이유만으로 채무자의 계약에 따른 이행이 불능이라고 할 수는 없다(대판 2016. 5. 12, 2016다200729).

2. 증여자의 담보책임

> **제559조(증여자의 담보책임)**
> ① 증여자는 증여의 목적인 물건 또는 권리의 하자나 흠결에 대하여 책임을 지지 아니한다. 그러나 증여자가 그 하자나 흠결을 알고 수증자에게 고지하지 아니한 때에는 그러하지 아니하다.
> ② 상대부담있는 증여에 대하여는 증여자는 그 부담의 한도에서 매도인과 같은 담보의 책임이 있다.

무상계약에서는 채권자가 일방적으로 재산적 이득을 취득할 뿐 대가적 반대급부를 부담하지 않으므로 대가성을 전제로 한 유상계약의 하자담보책임의 원칙은 수정되어 채무자의 담보책임이 완화된다(제559조).

3. 증여의 구속력 약화

증여는 무상계약이므로 유상계약에서와 같은 엄격한 계약구속력이 보장되지 않는다. 즉 민법은 증여에 특수한 해제사유를 규정하여 당사자가 계약의 구속으로부터 벗어날 수 있는 여지를 주고 있다.

(1) 서면에 의하지 아니한 증여

> **제555조(서면에 의하지 아니한 증여와 해제)**
> 증여의 의사가 서면으로 표시되지 아니한 경우에는 각 당사자는 이를 해제할 수 있다.

1) '증여의사'의 표시

민법 제555조가 서면에 의하지 아니한 증여는 해제할 수 있다고 한 것은 증여자가 경솔하게 증여하는 것을 방지함과 동시에 증여자의 의사를 명확하게 하여 후일에 분쟁이 생기는 것을 피하려는데 있으므로 증여의 서면에는 당사자간에 있어서 증여자가 자기의 재산을 상대방에게 주는 증여의사가 문서를 통하여 확실히 알 수 있는 정도로 서면에 나타나 있으면 충분하다(대판 1988. 9. 27, 86다카2634).

> 판례 ① 서면에 의한 증여란 증여계약 당사자 사이에 있어서 증여자가 자기의 재산을 상대방에게 준다는 증여의사가 문서를 통하여 확실히 알 수 있는 정도로 서면에 나타난 증여를 말하는 것으로서, 비록 서면의 문언 자체는 증여계약서로 되어 있지 않더라도 그 서면의 작성에 이르게 된 경위를 아울러 고려할 때 그 서면이 바로 증여의사를 표시한 서면이라고 인정되면 이를 민법 제555조에서 말하는 서면에 해당한다고 보아야 한다(대판 2003. 4. 11, 2003다1755). ☞ 서면에 표시된 것은 증여자의 '증여의사'로 족하고 수증자의 '수증의사'까지 표시될 것을 요구하는 것은 아니다.
> ② 민법 제555조 소정의 증여의 의사가 표시된 서면의 작성시기에 관하여는 법률상 아무런 제한이 없으므로 증여계약이 성립한 당시에는 서면이 작성되지 않았다 하더라도 그 후 위 계약이 존속하는 동안 서면을 작성한 때에는 그때부터 서면에 의한 증여로서 당사자가 임의로 이를 해제할 수 없다(대판 1992. 9. 14, 92다4192).
> ③ 이러한 서면에 의한 증여란 증여계약 당사자 사이에 있어서 증여자가 자기의 재산을 상대방에게 준다는 취지의 증여의사가 문서를 통하여 확실히 알 수 있는 정도로 서면에 나타난 것을 말하는 것으로, 이는 수증자에 대하여 서면으로 표시되어야 한다(대판 2009. 9. 24, 2009다37831).

2) 서면에 의한 증여의 취소

민법 제47조 제1항에 의하여 생전처분으로 재단법인을 설립하는 때에 준용되는 민법 제555조는 "증여의 의사가 서면으로 표시되지 아니한 경우에는 각 당사자는 이를 해제할 수 있다"고 함으로써 **서면에 의한 증여(출연)의 해제를 제한**하고 있으나, 그 해제는 민법 총칙상의 취소와는 요건과 효과가 다르므로 **서면에 의한 출연이더라도 민법 총칙규정에 따라 출연자가 착오에 기한 의사표시라는 이유로 출연의 의사표시를 취소할 수 있고, 상대방 없는 단독행위인 재단법인에 대한 출연행위**라고 하여 달리 볼 것은 아니다(대판 1999. 7. 9, 98다9045).

3) 특수한 철회

민법 제555조에서 말하는 해제는 **일종의 특수한 철회**일 뿐 민법 제543조 이하에서 규정한 본래 의미의 해제와는 다르다고 할 것이어서 형성권의 제척기간의 적용을 받지 않는다(대판 2003. 4. 11, 2003다1755).

(2) 망은행위를 이유로 한 해제

> **제556조(수증자의 행위와 증여의 해제)**
> ① 수증자가 증여자에 대하여 다음 각호의 사유가 있는 때에는 증여자는 그 증여를 해제할 수 있다.
> 　1. 증여자 또는 그 배우자나 직계혈족에 대한 범죄행위가 있는 때
> 　2. 증여자에 대하여 부양의무있는 경우에 이를 이행하지 아니하는 때
> ② 전항의 해제권은 해제원인있음을 안 날로부터 6월을 경과하거나 증여자가 수증자에 대하여 용서의 의사를 표시한 때에는 소멸한다.

> **[판례]** 민법 제556조 제1항 제1호에서 '범죄행위'는, 수증자가 증여자에게 감사의 마음을 가져야 함에도 불구하고 증여자가 배은망덕하다고 느낄 정도로 둘 사이의 신뢰관계를 중대하게 침해하여 수증자에게 증여의 효과를 그대로 유지시키는 것이 사회통념상 허용되지 아니할 정도의 범죄를 저지르는 것을 말한다. 이때 이러한 범죄행위에 해당하는지는 수증자가 범죄행위에 이르게 된 동기 및 경위, 수증자의 범죄행위로 증여자가 받은 피해의 정도, 침해되는 법익의 유형, 증여자와 수증자의 관계 및 친밀도, 증여행위의 동기와 목적 등을 종합적으로 고려하여 판단하여야 하고, **반드시 수증자가 그 범죄행위로 형사처벌을 받을 필요는 없다**(대판 2022. 3. 11, 2017다207475, 207482).

(3) 증여자의 재산상태악화와 증여의 해제

> **제557조(증여자의 재산상태변경과 증여의 해제)**
> 증여계약후에 증여자의 재산상태가 현저히 변경되고 그 이행으로 인하여 생계에 중대한 영향을 미칠 경우에는 증여자는 증여를 해제할 수 있다.

(4) 이행완료 후 해제의 제한

> **제558조(해제와 이행완료부분)**
> 전3조의 규정에 의한 계약의 해제는 이미 이행한 부분에 대하여는 영향을 미치지 아니한다.

각 당사자는 이행이 있기 전에 한하여 해제할 수 있다(제558조). 따라서 계약을 해제하더라도 **원상회복의 문제**는 생기지 않는다. 여기서 민법 제558조의 「이미 이행한 부분」이란 **동산의 경우 목적물의 인도**가 행해진 것을 의미하고, **부동산의 경우에는 소유권이전등기**가 있으면 「이행한」것으로 인정하고 반드시 인도를 요구하지는 않는다(대판 1976. 2. 10, 75다2295).

판례 ① 물권변동에 관하여 형식주의를 채택하고 있는 현행 민법의 해석으로서는 부동산 증여에 있어서 이행이 되었다고 함은 그 부동산의 인도만으로써는 부족하고 이에 대한 소유권이전등기절차까지 마친 것을 의미한다(대판 1977. 12. 27, 77다834).

② 토지에 대한 증여는 증여자의 의사에 기하여 수증자에게 **소유권이전등기가 경료됨**으로써 이행이 완료되므로, 증여자가 그 이행 후 증여계약을 해제하였다고 하더라도 증여계약이나 그에 의한 소유권이전등기의 효력에 아무런 영향을 받지 아니한다(대판 2005. 5. 12, 2004다63484).

③ 증여의 의사가 서면으로 표시되지 아니한 경우라도 망인이 **생전에 부동산을 증여하고 그의 뜻에 따라 그 소유권이전등기에 필요한 서류를 제공하였다면, 망인이 사망한 후에 그 등기가 경료되었다고 하더라도** 위 망인의 의사에 따른 증여의 이행으로서의 소유권이전등기가 경료되었다 할 것이므로, 증여는 이미 이행되었다고 할 것이어서, 망인의 상속인이 서면에 의하지 아니한 증여라는 이유로 증여계약을 해제하였다고 하더라도 이에 아무런 영향이 없다고 할 것이다(대판 2001. 9. 18, 2001다29643).

④ 증여자가 서면에 의하지 않고 소유권이전등기가 경료되지 않은 매수토지를 증여하였으나 위 토지에 관한 **소유권이전등기청구권을 수증자에게 양도하고 매도인에게 양도통지까지 마친 경우**에는(아직 등기가 없어도), 그 후 증여자의 상속인들에 의한 서면에 의하지 아니한 증여라는 이유의 해제는 이에 아무런 영향을 끼치지 않는다(대판 1998. 9. 25, 98다22543).

⑤ 민법 제555조는 "증여의 의사가 서면으로 표시되지 아니한 경우에는 각 당사자는 이를 해제할 수 있다"고 규정하고 있고, 민법 제558조는 "전 3조의 규정에 의한 계약의 해제는 이미 이행한 부분에 대하여는 영향을 미치지 아니한다"고 규정하고 있는바, 망인이 생전에 서면에 의하지 아니한 의사표시로 부동산의 지분을 증여하고 그의 뜻에 따라 증여한 부동산의 지분 중 일부 지분에 대하여만 소유권이전등기를 경료하고, 나머지 지분은 소유권이전등기를 경료하지 않은 채 사망하였다면, 증여계약에 따른 권리의무를 승계한 상속인은 이미 이행된 지분에 관하여는 증여의 의사표시를 해제할 수 없다고 하겠으나, 아직 이행되지 아니한 지분에 관한 증여의 의사표시는 민법 제555조에 의하여 이를 해제할 수 있다고 할 것이다(대판 2003. 4. 11, 2003다1755).

4. 특수한 증여

(1) 부담부증여

> **제561조(부담부증여)**
> 상대부담있는 증여에 대하여는 본절의 규정외에 쌍무계약에 관한 규정을 적용한다.

1) 의 의

부담부증여란 수증자가 증여를 받는 동시에 일정한 부담, 즉 일정한 급부를 하여야 할 채무를 부담하는 것을 부관으로 하는 증여를 말한다. 이러한 부담부증여는 부담의 한도에서 ① 매도인의 담보책임과 ② 쌍무계약에 관한 규정이 적용되게 된다(제559조 제2항, 제561조). 다만 그렇다고 하여 부담부증여가 쌍무·유상계약이 되는 것은 아니다.

부담부증여에는 동시이행의 항변권에 관한 규정은 적용되지만 위험부담에 관한 규정은 적용되지 않는다(×). : 부담부 증여에는 쌍무계약에 관한 규정이 준용되므로(제561조), 동시이행의 항변권(제536조) 및 위험부담(제537조·제538조)의 규정이 적용된다.

2) 증여와 부담의 관계

부담부증여에서 증여(주된 것)가 무효이면 부담(종된 것)도 무효가 되나, 부담이 무효라고 해서 반드시 증여도 무효가 되는 것은 아니다.

3) 부담부증여의 해제

① 상대부담 있는 증여에 대하여는 민법 제561조에 의하여 쌍무계약에 관한 규정이 준용되어 부담의무 있는 상대방이 자신의 의무를 이행하지 아니할 때에는 **비록 증여계약이 이미 이행되어 있다 하더라도 증여자는 계약을 해제할 수 있고,** 그 경우 민법 제555조와 제558조는 적용되지 아니한다(대판 1997. 7. 8, 97다2177). ☞ 이러한 판례의 태도에 따르면 (i) 서면에 의한 증여라도 부담의무 불이행을 이유로 한 해제는 가능하고, (ii) 해제의 효과가 이미 이행한 부분에도 영향을 미친다는 것이 된다.

② 부담부증여에 있어서는 쌍무계약에 관한 규정이 준용되어 부담의무 있는 상대방이 자신의 의무를 이행하지 아니할 때에는 비록 증여계약이 이행되어 있다 하더라도 그 계약을 해제할 수 있고, 민법 제556조 제1항 제2호에 규정되어 있는 '부양의무'라 함은 민법 제974조에 규정되어 있는 직계혈족 및 그 배우자 또는 생계를 같이하는 **친족간의 부양의무**를 가리키는 것으로서, 이 사건과 같이 위와 같은 **친족간이 아닌 당사자 사이의 약정에 의한 부양의무**는 이에 해당하지 아니하여 이 사건 부담부증여에는 민법 제556조 제2항이나 민법 제558조가 적용되지 않는다(대판 1996. 1. 26, 95다43358). ☞ 친족간이 아닌 당사자 사이의 약정에 의한 부양의무를 이행하지 아니한 경우에는 해제원인있음을 안 날로부터 6월을 경과하거나 증여자가 수증자에 대하여 용서의 의사를 표시한 때에도 해제권이 소멸하지 않는다.

③ 민법 제555조는 "증여의 의사가 서면으로 표시되지 아니한 경우에는 각 당사자는 이를 해제할 수 있다."라고 정하고, 민법 제561조는 "상대부담있는 증여에 대하여는 본절의 규정 외에 쌍무계약에 관한 규정을 적용한다."라고 정한다. 이처럼 **부담부증여에도** 민법 제3편 제2장 제2절(제554조부터 제562조까지)의 증여에 관한 일반 조항들이 그대로 적용되므로, **증여의 의사가 서면으로 표시되지 않은 경우** 각 당사자는 원칙적으로 **민법 제555조에 따라 부담부증여계약을 해제할 수 있다.** 그러나 부담부증여계약에서 **증여자의 증여 이행이 완료되지 않았더라도 수증자가 부담의 이행을 완료한 경우**에는, 그러한 부담이 의례적·명목적인 것에 그치거나 그 이행에 특별한 노력과 비용이 필요하지 않는 등 실질적으로는 부담 없는 증여가 이루어지는 것과 마찬가지라고 볼 만한 특별한 사정이 없는 한, **각 당사자가 서면에 의하지 않은 증여임을 이유로 증여계약의 전부 또는 일부를 해제할 수는 없다**고 봄이 타당하다. 민법 제558조는 제555조에 따라 증여계약을 해제하더라도 이미 이행한 부분에 대해서는 영향을 미치지 못한다고 정하고, **부담부증여에서는 이미 이행한 부담 역시 제558조에서의 '이미 이행한 부분'에 포함된다**(대판 2022. 9. 29, 2021다299976, 299983).

(2) 정기증여

> **제560조(정기증여와 사망으로 인한 실효)**
> 정기의 급여를 목적으로 한 증여는 증여자 또는 수증자의 사망으로 인하여 그 효력을 잃는다.

(3) 사인증여(死因贈與)

> **제562조(사인증여)**
> 증여자의 사망으로 인하여 효력이 생길 증여에는 유증에 관한 규정을 준용한다.

사인증여는 증여자의 사망으로 효력이 생기는 증여로서, **사인증여는 계약이라는 점에서 단독행위인 유증과는 구별된다.** 민법은 사인증여에 유증에 관한 규정을 준용한다고 규정(제562조)하고 있는데, 유증은 유언에 의한 엄격한 요식행위로서 유증에 관한 규정 중 유언능력·**유언의 방식**·승인과 포기·유언의 철회 등은 유언의 단독행위적 성질에 기초하는 것이기 때문에 이 규정들은 계약으로서의 사인증여에는 준용되지 않고, **유증의 효력에 관한 규정**이 사인증여에 준용되는 것이다(통설; 대판 1996. 4. 12, 94다37721).

> **판례** ① [1] **유증**은 유언으로 수증자에게 일정한 재산을 무상으로 주기로 하는 행위로서 상대방 없는 **단독행위**이다. **사인증여**는 증여자가 생전에 무상으로 재산의 수여를 약속하고 증여자의 사망으로 약속의 효력이 발생하는 **증여계약의 일종**으로 수증자와의 의사의 합치가 있어야 하는 점에서 단독행위인 유증과 구별된다. [2] 망인이 단독행위로서 유증을 하였으나 유언의 요건을 갖추지 못하여 효력이 없는 경우 이를 '**사인증여**'로서 효력을 인정하려면 증여자와 수증자 사이에 청약과 승낙에 의한 의사합치가 이루어져야 한다(대판 2023. 9. 27, 2022다302237).
> ② [1] 민법 제562조는 사인증여에 관하여는 유증에 관한 규정을 준용하도록 규정하고 있지만, **유증의 방식**에 관한 민법 제1065조 내지 제1072조는 그것이 단독행위임을 전제로 하는 것이어서 계약인 사인증여에는 적용되지 아니한다. [2] 민법 제562조가 사인증여에 관하여 유증에 관한 규정을 준용하도록 규정하고 있다고 하여, 이를 근거로 **포괄적 유증을 받은 자는 상속인과 동일한 권리의무가 있다고 규정하고 있는 민법 제1078조**가 포괄적 사인증여에도 준용된다고 해석하면 포괄적 사인증여에도 상속과 같은 효과가 발생하게 된다. 그러나 포괄적 사인증여는 낙성·불요식의 증여계약의 일종이고, 포괄적 유증은 엄격한 방식을 요하는 단독행위이며, 방식을 위배한 포괄적 유증은 대부분 포괄적 사인증여로 보여질 것인바, 포괄적 사인증여에 민법 제1078조가 준용된다면 양자의 효과는 같게 되므로, 결과적으로 포괄적 유증에 엄격한 방식을 요하는 요식행위로 규정한 조항들은 무의미하게 된다. 따라서 민법 제1078조가 포괄적 사인증여에 준용된다고 하는 것은 사인증여의 성질에 반하므로 **준용되지 아니한다**고 해석함이 상당하다(대판 1996. 4. 12, 94다37714, 37721).
> ③ 민법 제562조는 사인증여에는 유증에 관한 규정을 준용한다고 정하고 있고, 민법 제1108조 제1항은 유증자는 유증의 효력이 발생하기 전에 언제든지 유언 또는 생전행위로써 유증 전부나 일부를 철회할 수 있다고 정하고 있다. 특별한 사정이 없는 한 **유증의 철회**에 관한 민법 제1108조 제1항은 **사인증여에 준용된다**고 해석함이 타당하다(대판 2022. 7. 28, 2017다245330).

제2절 매 매

Ⅰ. 매매 일반론

1. 매매의 성립

> **제563조(매매의 의의)**
> 매매는 당사자 일방이 재산권을 상대방에게 이전할 것을 약정하고 상대방이 그 대금을 지급할 것을 약정함으로써 그 효력이 생긴다.

(1) 의 의

매매는 당사자일방이 재산권을 상대방에게 이전할 것을 약정하고 상대방이 그 대금을 지급할 것을 약정하는 것으로, 매매가 성립하면 매도인은 매수인에 대하여 매매의 목적이 된 권리를 이전하여야 하며, 매수인은 매도인에게 그 대금을 지급하여야 한다(제568조 제1항). 매매의 중심적 효력은 매도인의 재산권이전의무와 매수인의 대금지급의무이다.

(2) 낙성계약

매매계약은 매도인의 재산권이전 '약정'과 이에 대한 반대급부로서 대금(=금전)지급 '약정'이 있으면 성립하는 낙성계약이다(제563조 참조).

> **판례** ① 매매는 당사자 일방이 재산권을 상대방에게 이전할 것을 약정하고 상대방이 대금을 지급할 것을 약정함으로써 효력이 발생하는 것이므로 매매계약은 매도인이 재산권을 이전하는 것과 매수인이 대가로서 대금을 지급하는 것에 관하여 쌍방당사자의 합의가 이루어짐으로써 성립하는 것이며, 그 경우 **매매목적물과 대금은 반드시 계약체결 당시에 구체적으로 특정할 필요는 없고 이를 사후에라도 구체적으로 특정할 수 있는 방법과 기준이 정하여져 있으면 족하다**(대판 1993. 6. 8, 92다49447).
> ② 계약이 성립하기 위하여는 당사자 사이에 의사의 합치가 있을 것이 요구되는데 이러한 **의사의 합치**는 당해 계약의 내용을 이루는 모든 사항에 관하여 있어야 하는 것은 아니고 그 **본질적 사항이나 중요 사항에 관하여 구체적으로 의사의 합치가 있거나 적어도 장래 구체적으로 특정할 수 있는 기준과 방법 등에 관한 합의가 있으면 된다.** 따라서 당사자 사이에 체결된 계약과 이에 따라 장래 체결할 본계약을 구별하고자 하는 의사가 명확하거나 일정한 형식을 갖춘 본계약 체결이 별도로 요구되는 경우 등의 특별한 사정이 없다면, **매매계약이 성립하였다고 보기에 충분한 합의가 있었음에도** 법원이 매매계약 성립을 부정하고 별도의 본계약이 체결되어야 하는 **매매예약에 불과하다고 단정할 것은 아니다**(대판 2022. 7. 14, 2022다225767, 225774).
> ③ 매매목적물과 대금은 반드시 계약체결 당시에 구체적으로 특정할 필요는 없고 이를 **사후에라도 구체적으로 특정할 수 있는 방법과 기준이 정하여져 있으면 충분**하다. 이 경우 그 약정된 기준에 따른 대금액 산정에 관하여 당사자 간에 다툼이 있다면 법원이 이를 정할 수밖에 없다. 매매대금 액수를 일정기간 후 시가에 의하여 정하기로 하였다는 사유만을 들어 매매계약이 아닌 매매예약이라고 단정할 것은 아니다.

그 밖에 특별한 사정이 없는 한 이행시기, 이행장소, 담보책임 등에 관한 합의가 없었더라도 매매계약이 성립하는 데에 지장이 없다(대판 2023. 9. 14, 2023다227500).

④ 계약이 성립하기 위해서는 당사자 사이에 의사의 합치가 있어야 한다. 이러한 의사의 합치는 계약의 내용을 이루는 모든 사항에 관하여 있어야 하는 것은 아니지만, 그 본질적 사항이나 중요 사항에 관해서는 구체적으로 의사의 합치가 있거나 적어도 장래 구체적으로 특정할 수 있는 기준과 방법 등에 관한 합의는 있어야 한다. 한편 당사자가 의사의 합치가 이루어져야 한다고 표시한 사항에 대하여 합의가 이루어지지 않은 경우에는 특별한 사정이 없는 한 계약은 성립하지 않는다. 매매계약은 매도인이 재산권을 이전하는 것과 매수인이 대금을 지급하는 것에 관하여 쌍방 당사자가 합의함으로써 성립하므로 **매매계약 체결 당시에 반드시 매매목적물과 대금을 구체적으로 특정할 필요는 없지만, 적어도 매매계약의 당사자인 매도인과 매수인이 누구인지는 구체적으로 특정되어 있어야만** 매매계약이 성립할 수 있다(대판 2021. 1. 14, 2018다223054).

2. 매매의 예약

> **제564조(매매의 일방예약)**
> ① 매매의 일방예약은 상대방이 매매를 완결할 의사를 표시하는 때에 매매의 효력이 생긴다.
> ② 전항의 의사표시의 기간을 정하지 아니한 때에는 예약자는 상당한 기간을 정하여 매매완결여부의 확답을 상대방에게 최고할 수 있다.
> ③ 예약자가 전항의 기간내에 확답을 받지 못한 때에는 예약은 그 효력을 잃는다.

(1) 유 형

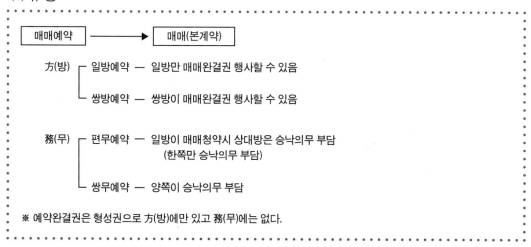

1) 일방예약·쌍방예약은 예약상의 권리자가 상대방에 대하여 본계약을 성립시킨다는 일방적인 의사표시만으로써 매매가 성립되는 것으로 정하는 것이다(상대방의 승낙을 요하지는 않는다). 이러한 예약완결권(형성권)을 일방만이 갖는가, 아니면 쌍방이 갖는 것으로 하느냐에 따라 일방예약과 쌍방예약으로 구별된다. 민법은 당사자의 의사가 명확하지 않은 경우에는 매매 및 유상계약에 있어

서는 일방예약으로 추정한다(제564조, 제567조).

2) 편무예약, 쌍무예약은 예약상 권리자의 본계약을 성립시킨다는 의사표시만으로써 매매가 성립되는 것이 아니라 상대방의 승낙이 있어야 본계약이 체결된다. 그 중 일방만이 승낙의무를 부담하는 것이 편무예약이고, 양쪽이 승낙의무를 부담하는 것이 쌍무예약이다.

(2) 매매의 일방예약에서 예약완결권의 내용

1) 형성권

매매의 일방예약에서 예약자의 상대방이 매매예약 완결의 의사표시를 하여 매매의 효력을 생기게 하는 권리를 예약완결권이라 하며, 이는 형성권이다.

> **판례** ① 민법 제564조의 일방예약은 상대방이 매매를 완결할 의사표시를 한 때에 매매의 효력이 생기는 것이므로 적어도 일방예약이 성립하려면 그 예약에 터잡아 맺어질 본계약의 요소가 되는 내용이 확정되어 있거나 적어도 확정될 수 있어야 한다(대판 1988. 2. 23. 86다카2768).
> ② 매매예약이 성립한 이후 상대방의 매매예약 완결의 의사표시 전에 목적물이 멸실 기타의 사유로 이전할 수 없게 되어 예약 완결권의 행사가 이행불능이 된 경우에는 예약 완결권을 행사할 수 없고, 이행불능 이후에 상대방이 매매예약 완결의 의사표시를 하여도 매매의 효력이 생기지 아니한다. 물론 이행불능여부는 사회통념으로 판단한다(대판 2015. 8. 27, 2013다28247).

2) 예약상 지위 보전의 가등기

㈎ 부동산물권의 이전의무를 생기게 하는 계약의 예약완결권은 가등기할 수 있다(부동산등기법 제3조).

㈏ 예약완결권자가 수인인 경우

> **판례** ① 폐기된 종전판결 : 복수채권자의 채권을 담보하기 위하여 그 복수채권자 전원을 공동매수인으로 하여 채무자소유의 부동산에 관한 매매계약을 체결하고 이에 따른 가등기를 경료한 경우에 그 복수채권자는 매매예약완결권을 준공동소유하는 관계에 있기 때문에 말소된 그 가등기의 회복등기나 그 회복등기에 승낙을 받는 소의 제기 또는 가등기에 기한 본등기절차의 이행을 구하는 소의 제기 등은 반드시 그 복수채권자 전원이 하여야 하는 필요적 공동소송이어야 한다(대판 1987. 5. 26, 85다카2203).
> ② 변경된 전원합의체판결 : [1] 수인의 채권자가 각기 채권을 담보하기 위하여 채무자와 채무자 소유의 부동산에 관하여 수인의 채권자를 공동매수인으로 하는 1개의 매매예약을 체결하고 그에 따라 수인의 채권자 공동명의로 그 부동산에 가등기를 마친 경우, 수인의 채권자가 **공동으로 매매예약완결권을 가지는 관계**인지 아니면 **채권자 각자의 지분별로 별개의 독립적인 매매예약완결권을 가지는 관계**인지는 **매매예약의 내용에 따라야** 하고, 매매예약에서 그러한 내용을 명시적으로 정하지 않은 경우에는 수인의 채권자가 공동으로 매매예약을 체결하게 된 동기 및 경위, 매매예약에 의하여 달성하려는 담보의 목적, 담보 관련 권리를 공동 행사하려는 의사의 유무, 채권자별 구체적인 지분권의 표시 여부 및 지분권 비율과 피담보채권 비율의 일치 여부, 가등기담보권 설정의 관행 등을 종합적으로 고려하여 판단하여야 한다. [2] 공동명의로 담보가등기를 마친 수인의 채권자가 **각자의 지분별로 별개의 독립적인 매매예약완결권을 가지는 경우**, 채권자 중 1인은 **단독으로**

자신의 지분에 관하여 가등기담보 등에 관한 법률이 정한 청산절차를 이행한 후 소유권이전의 본등기절차 이행청구를 할 수 있다[대판(전합) 2012. 2. 16, 2010다82530]. ☞ 당사자의 의사와 관계없이 언제나 수인의 채권자가 공동으로 매매예약완결권을 가진다고 보고, 매매예약완결의 의사표시도 수인의 채권자 전원이 공동으로 행사하여야 한다는 취지의 대법원 1984. 6. 12. 선고 83다카2282 판결 등은 이 판결의 견해와 저촉되는 한도에서 변경하기로 한다.

3) 예약완결권의 행사기간

(가) 당사자는 완결권의 행사기간을 약정할 수 있으며, 행사기간의 약정이 있는 때에는 그 기간의 경과로 완결권은 소멸한다.

(나) 행사기간의 약정이 없는 때에는 일반원칙에 따라 예약완결권은 형성권이므로 10년의 기간 내에 행사하지 않으면 소멸한다(제척기간). 이때 예약권리자가 **목적 부동산을 인도받은 경우에도** 매매예약완결권은 제척기간의 경과로 소멸한다(소멸시효와 차이).

> **판례** ① 행사기간 : (ⅰ) 매매의 일방예약에서 예약자의 상대방이 매매예약 완결의 의사표시를 하여 매매의 효력을 생기게 하는 권리 즉, 매매예약 완결권은 일종의 형성권으로서 당사자 사이에 그 **행사기간을 약정한 때에는 그 기간 내에,** 그러한 **약정이 없는 때에는 그 예약이 성립한 때로부터 10년 내에** 이를 행사하여야 하고, 그 기간을 지난 때에는 **상대방이 예약 목적물인 부동산을 인도받은 경우라도** 예약완결권은 제척기간의 경과로 인하여 소멸한다(대판 1997. 7. 25, 96다47494, 47500). (ⅱ) [1] **당사자 사이에 약정하는 예약 완결권의 행사기간에 특별한 제한은 없다.** [2] 원고가 2002. 4. 30. 이 사건 부동산에 관하여 피고에게 **2002. 4. 26.**자 매매의 일방예약을 원인으로 한 이 사건 가등기를 마쳐 주면서 원고와 피고가 예약 완결권의 행사기간을 **2032. 4. 25.**까지 행사하기로 약정하였으므로 약정한 2032. 4. 25.이 지나야 그 예약 완결권이 제척기간의 경과로 인하여 소멸한다고 할 것이어서, 이 사건 가등기가 예약 완결권의 소멸을 이유로 무효라고 할 수는 없다(대판 2017. 1. 25, 2016다42077). ☞ 예약완결권의 행사기간을 30년으로 약정한 사례
> ② 기산점 : 제척기간은 권리자로 하여금 당해 권리를 신속하게 행사하도록 함으로써 법률관계를 조속히 확정시키려는 데 그 제도의 취지가 있는 것으로서, 소멸시효가 일정한 기간의 경과와 권리의 불행사라는 사정에 의하여 권리 소멸의 효과를 가져오는 것과는 달리 그 기간의 경과 자체만으로 곧 권리 소멸의 효과를 가져오게 하는 것이므로 그 기간 진행의 **기산점은** 특별한 사정이 없는 한 원칙적으로 **권리가 발생한 때**이고, 당사자 사이에 매매예약 완결권을 행사할 수 있는 시기를 특별히 약정한 경우에도 그 제척기간은 당초 권리의 **발생일로부터 10년간의 기간이 경과되면 만료되는 것**이지 그 기간을 넘어서 그 약정에 따라 권리를 행사할 수 있는 때로부터 10년이 되는 날까지로 연장된다고 볼 수 없다(대판 1995. 11. 10, 94다22682).
> ③ 예약완결권은 재판상이든 재판외이든 그 기간 내에 행사하면 되는 것으로서, 예약완결권자가 예약완결권 행사의 의사표시를 담은 소장 부본을 상대방에게 송달함으로써 재판상 행사하는 경우에는 그 소장 부본이 상대방에게 도달한 때에 비로소 예약완결권 행사의 효력이 발생하여 예약완결권자와 상대방 사이에 매매의 효력이 생기므로, **예약완결권 행사의 의사표시가 담긴 소장 부본이 제척기간 내에 상대방에게 송달되어야만 예약완결권자가 제척기간 내에 적법하게 예약완결권을 행사하였다고 볼 수 있다**(대판 2019. 7. 25, 2019다227817). ☞ 소장을 이용하여 사법상의 의사표시를 한 경우 도달주의 원칙에 따라 소장 부본이 상대방에게 송달됨으로써 그 효과가 발생한다.

3. 계약금

> **제565조(해약금)**
> ① 매매의 당사자 일방이 계약당시에 금전 기타 물건을 계약금, 보증금등의 명목으로 상대방에게 교부한 때에는 당사자간에 다른 약정이 없는 한 당사자의 일방이 이행에 착수할 때까지 교부자는 이를 포기하고 수령자는 그 배액을 상환하여 매매계약을 해제할 수 있다.
> ② 제551조의 규정은 전항의 경우에 이를 적용하지 아니한다.

(1) 의 의
계약을 체결할 때에 일방당사자가 상대방에 대하여 금전 기타 물건을 교부하는 경우, 그 교부된 것을 계약금이라 한다.

(2) 계약금계약의 특질
1) 계약금 계약은 매매의 성립요건이 아니라 종된 또 하나의 계약이다. 종된 계약이므로 주된 계약이 무효가 되거나 취소된 때 또는 계약금으로 보류된 해제권의 행사 이외의 사유로 해제된 때에는 계약금계약은 효력을 잃게 되고 계약금교부자는 수령자에게 반환을 요구할 수 있다.
2) 계약금계약은 요물계약이다.

(3) 계약금의 성질
1) 증약금
계약금의 수수는 당사자 사이에 어떤 합의가 있었다는 증거는 되는 것이므로 최소한 "증약금"의 성질은 갖는다.

2) 해약금
계약금이 수수된 유상계약에서 당사자간의 다른 약정이 없는 한 당사자의 일방이 이행에 착수할 때까지 교부자는 이를 포기하고 수령자는 그 배액을 상환하여 계약을 해제할 수 있다. 따라서 다른 특약이 없는 한 **계약금이 수수된 계약에는 해제권이 유보된 것으로 추정되므로 원칙적으로 "해약금"의 성질도 가진다**(제565조). 다만 민법 제565조의 해약권은 당사자 간에 다른 약정이 없는 경우에 한하여 인정되는 것이고, 만일 당사자가 위 조항의 해약권을 배제하기로 하는 약정을 하였다면 더 이상 그 해제권을 행사할 수 없다(대판 2009. 4. 23, 2008다50615).

3) 위약금
교부자가 계약을 위반하면 몰수당하고, 수령자가 위반하면 배액상환해야 하는 계약금을 말한다. 계약금이 해약금으로 추정되는 것과는 달리, **계약금이 위약금으로서의 성질도 가지기 위해서는 계**

약금을 위약금으로 하기로 하는 특약이 있어야 한다. 이러한 위약금은 손해배상액의 예정일 수도 있고 위약벌일 수도 있는데, 민법은 제398조 제4항에서 위약금을 원칙적으로 손해배상액의 예정으로 추정하므로 위약금이 위약벌로 해석되기 위하여는 특별한 사정이 주장·입증되어야 한다.

> **판례** ① 유상계약을 체결함에 있어서 계약금이 수수된 경우 계약금은 해약금의 성질을 가지고 있어서, **이를 위약금으로 하기로 하는 특약이 없는 이상** 계약이 당사자 일방의 귀책사유로 인하여 해제되었다 하더라도 상대방은 계약불이행으로 입은 실제 손해만을 배상받을 수 있을 뿐 계약금이 위약금으로서 상대방에게 당연히 귀속되는 것은 아니다(대판 1996. 6. 14, 95다54693).
> ② 매매계약에 있어서의 계약금은 민법 제565조 제1항에 의하여 해약금의 성질을 가지고, 다만 **당사자의 일방이 위약을 할 경우 그 계약금을 위약금으로 하기로 하는 특약이 있는 경우에 한하여** 민법 제398조 제4항에 의하여 손해배상액의 예정으로서의 성질을 가지므로 그와 같은 특약이 없음에도 동 계약금이 손해배상액의 예정임을 전제로 하는 감액 청구는 이유가 없다(대판 1981. 7. 28, 80다2499).

(4) 구체적 내용

1) 해약금 추정

계약금은 당사자 사이에 특별한 약정이 없는 한 해약금으로 추정된다(제565조 제1항). 계약금에 의한 해제권유보는 계약금액만큼의 재산적 손실을 감수하여야 한다는 것 외에는 다른 해제권 발생요건을 요구하지 않고 당사자가 임의로 해제할 수 있는 자유를 부여한다.

2) 현실의 제공

수령자가 그 배액을 상환하여 계약을 해제하고자 하는 경우에는 반드시 현실의 제공을 요한다. 그러나 제공자는 포기의 의사표시로 족하다.

> **판례** 매매당사자 간에 계약금을 수수하고 계약해제권을 유보한 경우에 매도인이 계약금의 배액을 상환하고 계약을 해제하려면 **계약해제의 의사표시 외에 계약금 배액의 이행의 제공이 있으면 족하고,** 상대방이 이를 수령하지 아니한다 하여 이를 **공탁할 필요는 없다**(대판 1981. 10. 27, 80다2784).

3) 원상회복문제

계약금에 기한 해제는 당사자가 '이행에 착수하기 이전에' 행사할 수 있을 뿐이므로 원상회복의 문제는 발생할 여지가 없다.

4) 이행의 착수

> **판례** ① 매수인이 매도인의 동의 아래에 매매계약의 **계약금 및 중도금을 지급하기 위하여 약속어음을 교부**하였다면 매수인은 계약의 이행에 착수하였다고 볼 수 있다(대판 2002. 11. 26, 2002다46492).
> ② 매도인이 매수인에게 매매계약의 **이행을 최고하고 매매잔대금의 지급을 구하는 소송을 제기한 것만으**

로 이행에 착수하였다고 볼 수 없다(대판 2008. 10. 23, 2007다72274).

③ 국토의 계획 및 이용에 관한 법률에 정한 토지거래계약에 관한 허가구역으로 지정된 구역 안의 토지에 관하여 매매계약이 체결된 후 계약금만 수수한 상태에서 당사자가 **토지거래허가신청을 하고 이에 따라 관할 관청으로부터 그 허가를 받았다** 하더라도, 그러한 사정만으로는 아직 이행의 착수가 있다고 볼 수 없어 매도인으로서는 민법 제565조에 의하여 계약금의 배액을 상환하여 매매계약을 해제할 수 있다(대판 2009. 4. 23, 2008다62427).

④ 민법 제565조 제1항에서 말하는 당사자의 일방이라는 것은 매매 쌍방 중 어느 일방을 지칭하는 것이고, 상대방이라 국한하여 해석할 것이 아니므로, 비록 **상대방인 매도인이 매매계약의 이행에는 전혀 착수한 바가 없다 하더라도 매수인이 중도금을 지급하여 이미 이행에 착수한 이상** 매수인은 민법 제565조에 의하여 계약금을 포기하고 매매계약을 해제할 수 없다(대판 2000. 2. 11, 99다62074).

⑤ 민법 제565조가 해제권 행사의 시기를 당사자의 일방이 이행에 착수할 때까지로 제한한 것은 당사자의 일방이 이미 이행에 착수한 때에는 그 당사자는 그에 필요한 비용을 지출하였을 것이고, 또 그 당사자는 계약이 이행될 것으로 기대하고 있는데 만일 이러한 단계에서 상대방으로부터 계약이 해제된다면 예측하지 못한 손해를 입게 될 우려가 있으므로 이를 방지하고자 함에 있고, 이행기의 약정이 있는 경우라 하더라도 당사자가 채무의 이행기 전에는 착수하지 아니하기로 하는 특약을 하는 등 특별한 사정이 없는 한 **이행기 전에 이행에 착수**할 수 있다(대판 2006. 2. 10, 2004다11599). ☞ 따라서 매수인이 이행기 전 기한의 이익을 포기하고 중도금을 미리 지급한 후, 매도인이 계약금 배액을 상환하며 해제권을 행사한 경우 매도인의 해제는 부적법하다.

5) 법정해제와의 관계

계약서에 명문으로 위약시의 법정해제권의 포기 또는 배제를 규정하지 않은 이상 계약당사자 중 어느 일방에 대한 약정해제권의 유보 또는 위약벌에 관한 특약의 유무 등은 **채무불이행으로 인한 법정해제권의 성립에 아무런 영향을 미칠 수 없다**(대판 1990. 3. 27, 89다카14110). 예를 들어 계약금을 교부하고 중도금까지 지급된 경우(이행에 착수)라도, 계약당사자의 채무불이행이 발생하면 법정해제가 가능하다. 이러한 법정해제의 경우에는 당사자간 원상회복의무와 손해배상의무가 발생한다.

6) 계약금을 다 받기 전 계약금에 기한 주계약해제 문제(요물계약성)

㈎ 매매의 주된 계약과 더불어 계약금계약을 한 경우에는 민법 제565조 제1항의 규정에 따라 임의해제를 할 수 있기는 하나, 계약금 계약은 금전 기타의 유가물의 교부를 요건으로 하므로 **단지 계약금을 지급하기로 약정만 한 단계**에서는 아직 계약금으로서의 효력, 즉 위 민법 규정에 의해 계약해제 할 수 있는 권리는 발생하지 않는다고 할 것이다. 따라서 교부자가 계약금의 잔금 또는 전부를 지급하지 아니하는 한 계약금계약은 성립하지 아니하므로 당사자가 임의로 주계약을 해제할 수는 없다 할 것이다(대판 2008. 3. 13, 2007다73611).

㈏ 계약금 일부만 지급된 경우 수령자가 매매계약을 **해제할 수 있다고 하더라도 해약금의 기준이 되는 금원은 '실제 교부받은 계약금'이 아니라 '약정 계약금'**이라고 봄이 타당하므로, 매도인이 계약금의 일부로서 지급받은 금원의 배액을 상환하는 것으로는 매매계약을 해제할 수 없다(대판 2015. 4. 23, 2014다231378).

7) 손해배상(제565조 제2항)

해약금 약정에 기한 해제의 경우에는 제551조의 규정은 적용하지 아니한다.

4. 매매의 법률효과

> **제568조(매매의 효력)**
> ① 매도인은 매수인에 대하여 매매의 목적이 된 권리를 이전하여야 하며 매수인은 매도인에게 그 대금을 지급하여야 한다.
> ② 전항의 쌍방의무는 특별한 약정이나 관습이 없으면 동시에 이행하여야 한다.

(1) 재산권이전의무

매도인은 매수인에게 재산권을 이전할 의무를 부담한다. 따라서 매도인은 매수인에게 재산권이전에 필요한 모든 행위, 즉 재산권변동에 필요한 급부를 종국적으로 이행하여야 한다(인도나 등기 등). 따라서 매매목적 부동산에 처분금지가처분등기와 소유권말소예고등기가 기입되어 있는 경우에는 매도인은 그와 같은 등기를 말소하여 완전한 소유권이전등기를 해줄 의무가 있다(대판 1999. 7. 9, 98다13754).

(2) 대금지급장소

목적물인도와 동시에 대금을 지급하기로 약정한 경우 목적물인도장소가 대금지급장소로 된다(제586조, 제467조 제2항의 특칙).

(3) 과실의 귀속

매도인의 목적물인도와 매수인의 대금지급은 동시이행의 관계에 있기 때문에 제587조의 과실귀속에 관한 규정을 두었다. ☞ 제587조는 물권변동에 관하여 대항요건주의를 취하고 있는 일본민법에서 유래한 것으로, 우리 민법은 성립요건주의라는 점에서 태생적으로 체계상 문제가 있는 조문이다. 어차피 있는 조문이니 조화롭게 해석해보자는 시도들도 물론 있지만, 아예 삭제해야한다는 견해도 있는 실정이다. 따라서 태생적으로 문제가 있는 조문을 체계적으로 완벽하게 이해한다는 것은 어불성설이므로 이 부분을 학습할 때에는 객관식 문제를 풀 수 있을 정도로만 대비한다는 생각으로 조문과 판례의 태도만 정확히 정리해 두면 충분할 것이다.

> **제587조(과실의 귀속, 대금의 이자)**
> 매매계약있은 후에도 인도하지 아니한 목적물로부터 생긴 과실은 매도인에게 속한다. 매수인은 목적물의 인도를 받은 날로부터 대금의 이자를 지급하여야 한다. 그러나 대금의 지급에 대하여 기한이 있는 때에는 그러하지 아니하다.

판례 ① 제587조에서는 과실의 귀속·대금의 이자에 관하여 규정하고 있는바, 매수인이 대금을 이미 지급하였음에도 매도인이 매매목적물의 인도를 지체하고 있다면, 매도인은 과실을 취득할 수 없다(제587조 참조). 따라서 매매목적물이 인도되지 아니하더라도 **매수인이 대금을 완제한 때**에는 그 시점 이후의 과실은 매수인에게 귀속되지만, 매매목적물이 인도되지 아니하고 또한 **매수인이 대금을 완제하지 아니한 때**에는 매도인의 이행지체가 있더라도 과실은 매도인에게 귀속되는 것이므로 매수인은 인도의무의 지체로 인한 손해배상금의 지급을 구할 수 없다(대판 2004. 4. 23, 2004다8210).

② 매매계약이 취소된 경우, 선의의 매수인에게 민법 제201조가 적용되어 과실취득권이 인정되는 이상, 선의의 매도인에게도 민법 제587조의 유추적용에 의하여 대금의 운용이익 내지 법정이자의 반환을 부정함이 형평에 맞다(대판 1993. 5. 14, 92다45025).

③ 민법 제587조는 "매매계약이 있은 후에도 인도하지 아니한 목적물로부터 생긴 과실은 매도인에게 속한다. 매수인은 목적물의 인도를 받은 날로부터 대금의 이자를 지급하여야 한다"라고 규정하고 있다. 그러나 매수인의 대금 지급의무와 매도인의 근저당권설정등기 내지 가압류등기 말소의무가 **동시이행관계에 있는 등**으로 **매수인이 대금 지급을 거절할 정당한 사유가 있는 경우**에는 매매목적물을 미리 인도받았다 하더라도 위 민법 규정에 의한 이자를 지급할 의무는 없다고 보아야 한다(대판 2018. 9. 28, 2016다246800).

(4) 매수인의 대금지급거절권

매매의 목적물에 대하여 권리를 주장하는 자가 있는 경우에 매수인이 매수한 권리의 전부나 일부를 잃을 염려가 있는 때에는 매수인은 그 위험의 한도에서 대금의 전부나 일부의 지급을 거절할 수 있다(제588조).

판례 매도인이 말소할 의무를 부담하고 있는 매매목적물상의 근저당권을 말소하지 못하고 있다면 매수인은 그 위험의 한도에서 매매대금의 지급을 거절할 수 있고, 이 경우 지급을 거절할 수 있는 매매대금이 어느 경우에나 근저당권의 채권최고액에 상당하는 금액인 것은 아니고, 매수인이 근저당권의 피담보채무액을 확인하여 이를 알고 있는 경우와 같은 특별한 사정이 있는 경우에는 지급을 거절할 수 있는 매매대금은 확인된 피담보채무액에 한정된다(대판 1996. 5. 10, 96다6554).

(5) 매매계약비용부담

매매계약에 관한 비용은 특별한 사정이 없는 한 당사자쌍방이 균분하여 부담한다(제566조).

비교조문 채무변제비용은 채무자가 부담하는 것을 원칙으로 한다(제473조).

Ⅱ. 매도인의 담보책임

1. 서 설

(1) 의의 및 취지

매도인이 이전한 권리에 흠이 있거나 또는 물건 등에 흠이 있는 경우 그러한 흠에 대하여 매도인에게 일정한 책임을 지우는 것을 말한다.

판례 민법의 하자담보책임에 관한 규정은 매매라는 유상·쌍무계약에 의한 **급부와 반대급부 사이의 등가관계를 유지**하기 위하여 민법의 지도이념인 **공평의 원칙**에 입각하여 마련된 것이다(대판 2014. 5. 16, 2012다72582).

(2) 담보책임과 채무불이행책임의 비교

담보책임과 채무불이행책임은 계약으로부터 생기는 책임이라는 점에서 공통성을 가지나, 채무불이행책임은 채무자의 귀책사유를 요건으로 하는 과실책임이나 담보책임은 무과실책임이다. 채무불이행책임에서는 채권자의 선의·악의는 문제되지 않으나, 담보책임은 매수인의 선의·악의가 문제된다. 담보책임에는 1년 또는 6개월의 제척기간이 있는 것이 있으나, 채무불이행책임에는 그러한 제한이 없다.

> **판례** 타인의 권리를 매매의 목적으로 한 경우에 있어서 그 권리를 취득하여 매수인에게 이전하여야 할 매도인의 의무가 매도인의 **귀책사유로 인하여 이행불능이 되었다면** 매수인이 매도인의 담보책임에 관한 **민법 제570조 단서의 규정**에 의해 손해배상을 청구할 수 없다 하더라도 **채무불이행 일반의 규정(민법 제546조, 제390조)에 좇아서** 계약을 해제하고 손해배상을 청구할 수 있다(대판 1993. 11. 23, 93다37328; 대판 2002. 12. 26, 2002다9523). ☞ 매도인이 타인으로부터 권리를 취득하여 매수인에게 이전하지 못한 데에 대하여 매도인에게 귀책사유가 있었고 매수인도 악의였던 사안에서 담보책임과 채무불이행책임이 경합할 수 있음을 인정한 판례

〈담보책임과 채무불이행책임 비교〉

		담보책임(제570조 이하)	채무불이행책임(제390조)
성립요건 (매도인의 귀책사유)		담보책임을 채무불이행책임으로 파악한다고 하여도, 하자에 대한 매도인(채무자)의 귀책사유를 책임요건으로 하지 않는 무과실책임이다.	채무자의 고의·과실을 전제로 채무의 내용에 좇은 이행을 하지 못한 경우에 책임이 인정되는 과실책임이다.
책임	매수인의 선의·악의	매수인(채권자)의 하자에 대한 선의·악의는 담보책임의 효과 내지 내용에 영향을 미친다.	채권자의 선의·악의는 책임발생이나 내용에 영향을 주지 않는 것이 원칙이다.
	계약해제권	계약해제는 계약의 목적이 달성될 수 없는 경우에 한해 최고 없이 인정된다.	계약을 해제하기 위해서는 채무자의 귀책사유에 기한 채무불이행이 있어야만 하며(통설), 상당한 기간의 최고가 있어야 한다(이행지체의 경우).

(3) 담보책임과 착오·사기와의 경합여부

매수인이 매도인에 대하여 담보책임을 물을 수 있는 경우, 매수인은 담보책임제도에 의하여 보호되므로 착오 또는 사기를 이유로 의사표시를 취소할 수는 없다는 경합부정설도 있으나, 판례는 담보책임을 물을 수 있는 경우에도 착오 또는 사기를 이유로 의사표시를 취소할 수 있다는 경합인정설의 입장이다.

┃판례┃ ① 민법 제109조 제1항에 의하면 법률행위 내용의 중요 부분에 착오가 있는 경우 착오에 중대한 과실이 없는 표의자는 법률행위를 취소할 수 있고, 민법 제580조 제1항, 제575조 제1항에 의하면 매매의 목적물에 하자가 있는 경우 하자가 있는 사실을 과실 없이 알지 못한 매수인은 매도인에 대하여 하자담보책임을 물어 계약을 해제하거나 손해배상을 청구할 수 있다. 착오로 인한 취소 제도와 매도인의 하자담보책임 제도는 취지가 서로 다르고, 요건과 효과도 구별된다. 따라서 매매계약 내용의 중요 부분에 착오가 있는 경우 매수인은 **매도인의 하자담보책임이 성립하는지와 상관없이** 착오를 이유로 매매계약을 취소할 수 있다(대판 2018. 9. 13, 2015다78703).
② 민법 제569조가 타인의 권리의 매매를 유효로 규정한 것은 선의의 매수인의 신뢰 이익을 보호하기 위한 것이므로, 매수인이 매도인의 기망에 의하여 타인의 물건을 매도인의 것으로 알고 매수한다는 의사표시를 한 것은 만일 타인의 물건인줄 알았더라면 매수하지 아니하였을 사정이 있는 경우에는 매수인은 민법 110조에 의하여 매수의 의사표시를 취소할 수 있다고 해석해야 할 것이다(대판 1973. 10. 23, 73다268).

2. 담보책임의 본질에 관한 견해의 대립

다수설은 담보책임은 매매계약의 유상성에 기해 인정되는 법정책임이라고 한다(법정책임설). 반면에 소수설은 담보책임을 그 본질에 있어 채무의 이행을 다하지 않은 데에 대한 채무불이행책임의 일종이라고 한다(채무불이행설). 법정책임설에 의하면 담보책임의 효과로 발생하는 손해배상의 범위도 무과실책임의 원칙상 유상계약에서의 대가관계를 유지하기 위하여 필요한 신뢰이익의 배상에 한한다고 한다. 채무불이행설에 의하면 손해배상의 범위는 이행이익을 포함한다고 한다. 담보책임의 본질에 대한 판례의 태도는 통일적이지 못하다.

3. 담보책임의 개별적 고찰

(1) 권리의 하자에 대한 담보책임

1) 권리 전부가 타인에게 속하는 경우(제570조)

> **제569조(타인의 권리의 매매)**
> 매매의 목적이 된 권리가 타인에게 속한 경우에는 매도인은 그 권리를 취득하여 매수인에게 이전하여야 한다.
>
> **제570조(동전-매도인의 담보책임)**
> 전조의 경우에 매도인이 그 권리를 취득하여 매수인에게 이전할 수 없는 때에는 매수인은 계약을 해제할 수 있다. 그러나 매수인이 계약당시 그 권리가 매도인에게 속하지 아니함을 안 때에는 손해배상을 청구하지 못한다.

㈎ 타인권리매매의 유효성
우리 민법상 타인 권리매도도 유효하다(제569조, 대판 1993. 9. 10, 93다20283).

판례 매매의 목적이 된 권리가 매도인이 아닌 타인에게 속한 경우에도 매도인은 매매계약을 체결할 수 있고, 이때 매도인은 그 권리를 취득하여 매수인에게 이전하여야 할 의무를 부담한다(민법 제569조). 이와 같은 법리는 매매의 목적이 된 권리가 **매도인과 타인의 공유**라고 해도 마찬가지이다(대판 2021. 6. 24, 2021다220666).

(나) 담보책임의 내용

제570조에 의한 계약해제는 매수인의 선악을 불문하고 인정되나, 손해배상은 매수인이 선의인 경우에만 인정된다. 그리고 제척기간의 제한은 없다.

(다) 손해배상범위

판례는 이행이익배상을 긍정하였다. 배상액은 불능당시의 시가를 표준으로 하여 결정한다.

판례 타인의 권리를 매매한 자가 권리이전을 할 수 없게 된 때에는 매도인은 선의의 매수인에 대하여 **불능 당시의 시가를** 표준으로 그 **계약이 완전히 이행된 것과 동일한 경제적 이익**을 배상할 의무가 있다[대판(전합) 1967. 5. 18, 66다2618].

(라) 오로지 매수인의 귀책사유로 재산권을 이전할 수 없는 경우

민법상 매도인의 담보책임은 무과실책임이나, 타인권리매매에 있어서 매도인의 목적물을 매수인에게 이전할 수 없게 된 것이 **오직 매수인의 귀책사유에 기인한 경우**에는 매도인은 민법 제570조 담보책임을 지지 않는다(예 : 매수인이 등기를 제때 하지 않아 매도인 명의로 되어있는 사이 경매가 되어 제3자에게 이전된 사안-대판 1979. 6. 26, 79다564).

(마) 선의의 매도인에 대한 보호(제571조)

> **제571조(동전-선의의 매도인의 담보책임)**
> ① 매도인이 계약당시에 매매의 목적이 된 권리가 자기에게 속하지 아니함을 알지 못한 경우에 그 권리를 취득하여 매수인에게 이전할 수 없는 때에는 매도인은 손해를 배상하고 계약을 해제할 수 있다.
> ② 전항의 경우에 매수인이 계약당시 그 권리가 매도인에게 속하지 아니함을 안 때에는 매도인은 매수인에 대하여 그 권리를 이전할 수 없음을 통지하고 계약을 해제할 수 있다.

(ㄱ) 적용범위

민법 제571조 제1항은 선의의 매도인이 매매의 목적인 권리의 전부를 이전할 수 없는 경우에 적용될 뿐 매매의 목적인 **권리의 일부를 이전할 수 없는 경우**에는 적용될 수 없고, 마찬가지로 수 개의 권리를 일괄하여 매매의 목적으로 정하였으나 그 중 일부의 권리를 이전할 수 없는 경우에도 위 조항은 적용될 수 없다(대판 2004. 12. 9, 2002다33557). 예컨대 전체 토지 15필지를 일괄하

여 대금 58억원에 매도한 경우, 매매의 목적의 일부 토지의 소유권을 이전할 수 없게 되었다면 매도인이 민법 제571조에 의하여 매매계약의 일부를 해제할 수는 없다.

(ㄴ) 동시이행관계

민법 제571조에 의한 계약해제의 경우에도 매도인의 손해배상의무와 매수인의 대지인도의무는 발생원인이 다르다 하더라도 이행의 견련관계는 양 의무에도 그대로 존재하므로 양 의무사이에는 동시이행관계가 있다고 인정함이 공평의 원칙에 합치한다(대판 1993. 4. 9, 92다25946).

2) 권리의 일부가 타인에게 속하는 경우(제572조, 제573조)

제572조(권리의 일부가 타인에게 속한 경우와 매도인의 담보책임)
① 매매의 목적이 된 권리의 일부가 타인에게 속함으로 인하여 매도인이 그 권리를 취득하여 매수인에게 이전할 수 없는 때에는 매수인은 그 부분의 비율로 대금의 감액을 청구할 수 있다.
② 전항의 경우에 잔존한 부분만이면 매수인이 이를 매수하지 아니하였을 때에는 선의의 매수인은 계약전부를 해제할 수 있다.
③ 선의의 매수인은 감액청구 또는 계약해제외에 손해배상을 청구할 수 있다.

제573조(전조의 권리행사의 기간)
전조의 권리는 매수인이 선의인 경우에는 사실을 안 날로부터, 악의인 경우에는 계약한 날로부터 1년내에 행사하여야 한다.

(가) 적용범위

권리 일부가 타인에게 속하는 경우의 담보책임인 제572조의 규정은 단일한 권리의 일부가 타인에 속하는 경우에만 한정하여 적용되는 것이 아니라 **수 개의 권리를 일괄하여 매매의 목적으로 정한 경우**에도 역시 적용된다(대판 1989. 11. 14, 88다카13547).

(나) 대금감액청구권

제572조의 대금감액청구권은 매수인의 선악을 불문한다.

(다) 손해배상청구권의 범위

선의의 매수인은 매도인에게 담보책임을 물어 이로 인한 손해배상을 청구할 수 있는바, 이 경우에 매도인이 매수인에 대하여 배상하여야 할 손해액은 원칙적으로 매도인이 매매의 목적이 된 권리의 일부를 취득하여 매수인에게 이전할 수 없게 된 때의 **이행불능이 된 권리의 시가, 즉 이행이익 상당액**이라고 할 것이다(대판 1993. 1. 19, 92다37727).

(라) 계약해제

잔존한 부분만이면 매수인이 이를 매수하지 아니하였을 때에는 선의의 매수인은 계약전부를 해제할 수 있다(동조 제2항).

3) 수량부족, 일부멸실(제574조)

> **제574조(수량부족, 일부멸실의 경우와 매도인의 담보책임)**
> 전2조의 규정은 수량을 지정한 매매의 목적물이 부족되는 경우와 매매목적물의 일부가 계약당시에 이미 멸실된 경우에 매수인이 그 부족 또는 멸실을 알지 못한 때에 준용한다.

(가) 수량부족의 의미

부동산 매매계약에 있어서 계약당사자가 면적을 가격을 정하는 여러 요소 중 가장 중요한 요소로 파악하고, 그 객관적 수치를 기준으로 가격을 정하는 경우라면 민법 제574조에 정한 '수량을 지정한 매매'에 해당한다(대판 2001. 4. 10, 2001다12256). 따라서 토지의 매매에 있어 목적물을 등기부상의 면적에 따라 특정한 경우라도 당사자가 그 지정된 구획을 전체로서 평가하였고 면적에 의한 계산이 하나의 표준에 지나지 아니한 경우 이를 가리켜 수량을 지정한 매매라 할 수 없다(대판 2003. 1. 24, 2002다65189).

> **판례** ① 매수인이 일정한 면적이 있는 것으로 믿고 매도인도 그 면적이 있는 것을 명시적 또는 묵시적으로 표시하며, 나아가 계약당사자가 면적을 가격을 정하는 여러 요소 중 가장 중요한 요소로 파악하고 그 객관적 수치를 기준으로 가격을 정한 경우, **매매계약서에 토지의 평당 가격을 기재하지 않았다 하더라도** 수량을 지정한 매매에 해당한다(대판 1996. 4. 9, 95다48780).
> ② 부동산매매계약에 있어서 실제면적이 계약면적에 미달하는 경우에는 그 매매가 **수량지정매매에 해당할 때에 한하여 민법 제574조, 제572조에 의한 대금감액청구권을 행사함은 별론으로 하고**, 그 매매계약이 그 미달 부분만큼 일부 무효임을 들어 이와 별도로 **일반 부당이득반환청구를 하거나** 그 부분의 원시적 불능을 이유로 민법 제535조가 규정하는 **계약체결상의 과실에 따른 책임의 이행을 구할 수 없다**(대판 2002. 4. 9, 99다47396).

(나) 담보책임의 내용

제572조와는 달리 대금감액청구권은 매수인이 선의인 경우에만 인정된다. 손해배상이나 계약해제는 제572조와 동일하다.

(다) 제척기간

매수인이 사실을 "안 날"이라 함은 단순히 권리의 일부가 타인에게 속한 사실을 안 날이 아니라 그 때문에 매도인이 이를 취득하여 매수인에게 이전할 수 없게 되었음이 확실하게 된 사실을 안 날을 말한다(대판 2002. 11. 8, 99다58136).

4) 매매의 목적인 권리의 용익권능이 제한되는 경우(제575조)

> **제575조(제한물권있는 경우와 매도인의 담보책임)**
> ① 매매의 목적물이 지상권, 지역권, 전세권, 질권 또는 유치권의 목적이 된 경우에 매수인이 이를 알지 못한 때에는 이로 인하여 계약의 목적을 달성할 수 없는 경우에 한하여 매수인은 계약을 해제할 수 있다. 기타의 경우에는 손해배상만을 청구할 수 있다.
> ② 전항의 규정은 매매의 목적이 된 부동산을 위하여 존재할 지역권이 없거나 그 부동산에 등기된 임대차계약이 있는 경우에 준용한다.
> ③ 전2항의 권리는 매수인이 그 사실을 안 날로부터 1년내에 행사하여야 한다.

(가) 예컨대 乙이 甲소유의 건물을 매수하였는데, 이미 제3자 A가 그 건물에 대해 전세권이나 대항력 있는 임차권 등을 가지고 있어서 **매수인 乙이 그 건물을 사용하지 못하는 경우**에 인정되며, 매수인이 선의인 경우에 계약해제·손해배상청구권이 인정된다. 양적인 하자가 아니고 질적인 하자이기 때문에 대금감액청구권은 인정되지 않는다.

(나) 제척기간은 그 사실을 안 날로부터 1년이다.

5) 저당권 또는 전세권 등에 의한 제한이 있는 경우(제576조)

> **제576조(저당권, 전세권의 행사와 매도인의 담보책임)**
> ① 매매의 목적이 된 부동산에 설정된 저당권 또는 전세권의 행사로 인하여 매수인이 그 소유권을 취득할 수 없거나 취득한 소유권을 잃은 때에는 매수인은 계약을 해제할 수 있다.
> ② 전항의 경우에 매수인의 출재로 그 소유권을 보존한 때에는 매도인에 대하여 그 상환을 청구할 수 있다.
> ③ 전2항의 경우에 매수인이 손해를 받은 때에는 그 배상을 청구할 수 있다.

해제든 손해배상이든 다른 유형의 담보책임과는 달리, 선의·악의나 제척기간 등의 정함이 일체 없다(제576조).

> **판례** ① 가등기의 목적이 된 부동산을 매수한 사람이 그 뒤 가등기에 기한 본등기가 경료됨으로써 그 부동산의 소유권을 상실하게 된 때에는 매매의 목적 부동산에 설정된 저당권 또는 전세권의 행사로 인하여 매수인이 취득한 소유권을 상실한 경우와 유사하다(대판 1992. 10. 27, 92다21784).
> ② 가압류 목적이 된 부동산을 매수한 이후 가압류에 기한 강제집행으로 부동산 소유권을 상실한 경우에도 매도인의 담보책임에 관한 민법 제576조가 준용된다. 따라서 매수인은 같은 조 제1항에 따라 매매계약을 해제할 수 있고, 같은 조 제3항에 따라 손해배상을 청구할 수 있다고 보아야 한다(대판 2011. 5. 13, 2011다1941).
> ③ 부동산의 매수인이 소유권을 보존하기 위하여 자신의 출재로 피담보채권을 변제함으로써 그 부동산에 설정된 저당권을 소멸시킨 경우에는, 매수인이 그 부동산 매수시 저당권이 설정되었는지 여부를 알았든 몰랐든 간에 이와 관계없이 민법 제576조 제2항에 의하여 매도인에게 그 출재의 상환을 청구할 수 있다(대판

1996. 4. 12, 95다55245).

④ 매매의 목적이 된 부동산에 설정된 저당권의 행사로 인하여 매수인이 취득한 소유권을 잃은 때에는 매수인은 민법 제576조 제1항의 규정에 의하여 매매계약을 해제할 수 있지만, **매수인이 매매목적물에 관한 근저당권의 피담보채무를 인수하는 것으로 매매대금의 지급에 갈음하기로 약정**한 경우에는 특별한 사정이 없는 한, 매수인으로서는 매도인에 대하여 **민법 제576조 제1항의 담보책임을 면제하여 주었거나 이를 포기한 것**으로 봄이 상당하므로, 매수인이 매매목적물에 관한 근저당권의 피담보채무 중 일부만을 인수한 경우 매도인으로서는 자신이 부담하는 피담보채무를 모두 이행한 이상 매수인이 인수한 부분을 이행하지 않음으로써 근저당권이 실행되어 매수인이 취득한 소유권을 잃게 되더라도 민법 제576조 소정의 담보책임을 부담하게 되는 것은 아니다(대판 2002. 9. 4, 2002다11151).

6) 경매에 있어서의 담보책임(제578조, 제580조 제2항)

> **제578조(경매와 매도인의 담보책임)**
> ① 경매의 경우에는 경락인은 전8조의 규정에 의하여 채무자에게 계약의 해제 또는 대금감액의 청구를 할 수 있다.
> ② 전항의 경우에 채무자가 자력이 없는 때에는 경락인은 대금의 배당을 받은 채권자에 대하여 그 대금전부나 일부의 반환을 청구할 수 있다.
> ③ 전2항의 경우에 채무자가 물건 또는 권리의 흠결을 알고 고지하지 아니하거나 채권자가 이를 알고 경매를 청구한 때에는 경락인은 그 흠결을 안 채무자나 채권자에 대하여 손해배상을 청구할 수 있다.

⑺ 요건분석

㈀ 민법 제578조와 민법 제580조 제2항이 말하는 '경매'는 민사집행법상의 강제집행이나 담보권 실행을 위한 경매 또는 국세징수법상의 공매 등과 같이 국가나 그를 대행하는 기관 등이 법률에 기하여 목적물 권리자의 의사와 무관하게 행하는 매도행위만을 의미하는 것으로 해석하여야 한다(대판 2016. 8. 24, 2014다80839).

㈁ **물건의 하자는 포함되지 않고, 권리의 하자만이 포함된다**(제580조 제2항). 이는 경매의 결과를 확실하게 하기 위해서이다. **다만 채무자가 물건의 흠결을 알고 고지하지 아니하거나 채권자가 이를 알고 경매를 청구한 때**에는 경락인은 그 흠결을 안 채무자나 채권자에 대하여 **손해배상은 청구할 수 있다**(제578조 제3항).

<u>참고지문</u> **(2015년 공인노무사)** 1. 경매에 의하여 목적물을 매수한 경우, 물건의 하자에 대하여 매도인에게 담보책임을 물을 수 있다(×, 제580조 제2항).
(2018년 변리사) 2. 甲의 채권자 丙이 甲소유의 물건에 흠결이 있다는 것을 안 상태에서 담보권 실행을 위한 경매를 신청하였고 乙이 그 물건을 경락받은 경우, 乙은 그 물건에 흠결이 있음을 이유로 丙에게 손해배상을 청구할 수 없다(×, 제578조 제3항).

(ㄷ) 담보책임은 매매계약이 유효함을 전제로 하고, 경매도 마찬가지이다.

> **판례** ① 민법 제578조 제1항, 제2항은 매매의 일종인 경매에 있어서 그 목적물의 하자로 인하여 경락인이 경락의 목적인 재산권을 완전히 취득할 수 없을 때에 매매의 경우에 준하여 매도인의 위치에 있는 경매의 채무자나 채권자에게 담보책임을 부담시켜 경락인을 보호하기 위한 규정으로서, 그 담보책임은 매매의 경우와 마찬가지로 경매절차는 유효하게 이루어졌으나 경매의 목적이 된 권리의 전부 또는 일부가 타인에게 속하는 등의 하자로 경락인이 완전한 소유권을 취득할 수 없거나 이를 잃게 되는 경우에 인정되는 것이고, **경매절차 자체가 무효인 경우**에는 경매의 채무자나 채권자의 담보책임은 인정될 여지가 없다(대판 1991. 10. 11, 91다21640).
> ② 경락인이 강제경매절차를 통하여 부동산을 경락받아 대금을 완납하고 그 앞으로 소유권이전등기까지 마쳤으나, 그 후 강제경매절차의 기초가 된 채무자 명의의 소유권이전등기가 원인무효의 등기이어서 경매 부동산에 대한 소유권을 취득하지 못하게 된 경우, 이와 같은 **강제경매는 무효**라고 할 것이므로 경락인은 경매 채권자에게 경매대금 중 그가 배당받은 금액에 대하여 **일반 부당이득의 법리**에 따라 반환을 청구할 수 있고, 민법 제578조 제1항, 제2항에 따른 경매의 채무자나 채권자의 담보책임은 인정될 여지가 없다(대판 2004. 6. 24, 2003다59259).
> ③ 경매의 목적물에 대항력 있는 임대차가 존재하는 경우에 경락인이 이를 알지 못한 때에는 경락인은 이로 인하여 계약의 목적을 달성할 수 없는 경우에 한하여 계약을 해제하고 채무자 또는 채무자에게 자력이 없는 때에는 배당을 받은 채권자에게 그 대금의 전부나 일부의 반환을 구하거나, 그 계약해제와 함께 또는 그와 별도로 경매목적물에 위와 같은 흠결이 있음을 알고 고지하지 아니한 채무자나 이를 알고 경매를 신청한 채권자에게 손해배상을 청구할 수 있을 뿐, 계약을 해제함이 없이 채무자나 경락대금을 배당받은 채권자들을 상대로 경매목적물상의 대항력 있는 임차인에 대한 임대차보증금에 상당하는 경락대금의 전부나 일부를 부당이득하였다고 하여 바로 그 반환을 구할 수 있는 것은 아니다(대판 1996. 7. 12, 96다7106).

(나) 책임의 내용

담보책임은 1차로 채무자가 경락인(매수인)에 대해 부담하고, 그 내용은 **계약의 해제와 대금감액청구**의 둘에 한정된다(제578조 제1항). 1차로 책임을 지는 채무자가 자력이 없는 때에는 대금의 배당을 받은 채권자가 2차로 그 책임을 진다(제578조 제2항). **손해배상청구**는 원칙적으로 할 수 없다. 채무자가 물건 또는 권리의 흠결을 알고 고지하지 아니하거나 또는 채권자가 이를 알고 경매를 청구한 때에 한해서만 경락인이 그 흠결을 안 채무자 또는 채권자에 대하여 손해배상을 청구할 수 있을 뿐이다(제578조 제3항).

7) 채권매매와 매도인의 담보책임(제579조)

제579조(채권매매와 매도인의 담보책임)
① 채권의 매도인이 채무자의 자력을 담보한 때에는 매매계약당시의 자력을 담보한 것으로 추정한다.
② 변제기에 도달하지 아니한 채권의 매도인이 채무자의 자력을 담보한 때에는 변제기의 자력을 담보한 것으로 추정한다.

⑺ 취 지

채권의 매도인은 **채권의 존재나 채권액** 등에 관하여는 책임을 져야 하지만, **채무자가 변제자력이 있느냐** 여부에 대해서까지 책임을 져야 하는 것은 아니다. 그러나 채권의 매매에 수반하여 **매도인이 채무자의 자력을 담보하는 특약**을 하는 경우가 있는데, 이와 같이 채무자의 변제자력을 담보하기로 하는 특약이 있는 경우 어느 시점의 채무자의 자력을 담보하는 것인지에 대해 다툼이 있을 수 있어 민법이 이에 대한 규정을 두고 있는 것이다.

⑷ 규정의 내용

㈀ 매도인이 시기를 정하지 않고 채무자의 자력을 담보한 때에는 매매계약 당시의 자력을 담보한 것으로 추정한다(제579조 제1항). 따라서 매매계약 당시 채무자가 무자력인때에 한하여 매도인은 그 책임을 부담하고, 예컨대 매매계약 이후에 채무자의 자력이 감소하여 매수인이 변제를 받지 못하게 되더라도, 매도인은 책임을 지지 않는다.

㈁ 변제기에 도달하지 아니한 채권의 매도인이 채무자의 자력을 담보한 때에는 변제기의 자력을 담보한 것으로 추정한다(제579조 제2항).

(2) 물건의 하자에 대한 담보책임

1) 물건의 하자의 의미

판 례 ① 매매의 목적물이 **거래통념상 기대되는 객관적 성질이나 성능을 갖추지 못한 경우** 또는 당사자가 **예정하거나 보증한 성질을 갖추지 못한 경우**에 매도인은 민법 제580조에 따라 매수인에게 그 하자로 인한 담보책임을 부담한다(대판 2021. 4. 8, 2017다202050). ☞ 전자를 이른바 객관적 하자, 후자를 이른바 주관적 하자라고 한다. 판례의 태도에 따르면 객관적 하자뿐만 아니라 주관적 하자에 대해서도 하자담보책임을 부담한다고 볼 수 있다.

② 매도인이 매수인에게 공급한 기계가 통상의 품질이나 성능을 갖추고 있는 경우, 그 기계에 작업환경이나 상황이 요구하는 품질이나 성능을 갖추고 있지 못하다 하여 하자가 있다고 인정할 수 있기 위하여는, 매수인이 매도인에게 제품이 사용될 작업환경이나 상황을 설명하면서 그 환경이나 상황에 충분히 견딜 수 있는 제품의 공급을 요구한 데 대하여, 매도인이 그러한 품질과 성능을 갖춘 제품이라는 점을 명시적으로나 묵시적으로 보증하고 공급하였다는 사실이 인정되어야만 할 것임은 물론이나, 매도인이 매수인에게 기계를 공급하면서 당해 기계의 카탈로그와 검사성적서를 제시하였다면, 매도인은 그 기계가 카탈로그와 검사성적서에 기재된 바와 같은 정도의 품질과 성능을 갖춘 제품이라는 점을 보증하였다고 할 것이므로, 매도인이 공급한 기계가 매도인이 카탈로그와 검사성적서에 의하여 보증한 일정한 품질과 성능을 갖추지 못한 경우에는 그 기계에 하자가 있다고 보아야 한다(대판 2000. 10. 27, 2000다30554, 30561).

2) 특정물매매에서 목적물에 하자가 있는 경우(제580조)

> **제580조(매도인의 하자담보책임)**
> ① 매매의 목적물에 하자가 있는 때에는 제575조제1항의 규정을 준용한다. 그러나 매수인이 하자있
> 는 것을 알았거나 과실로 인하여 이를 알지 못한 때에는 그러하지 아니하다.
> ② 전항의 규정은 경매의 경우에 적용하지 아니한다.

(가) 요건분석

특정된 매매 목적물에 하자가 있어야 하며, 매수인은 목적물에 하자가 있음에 대하여 선의, 무과실이어야 한다(제580조 제1항 단서). 특정물매매의 경우에는 계약의 해제와 손해배상청구를 할 수 있고, 그 권리행사는 매수인이 그 사실을 안 날로부터 6월 이내에 행사하여야 한다(제580조 제1항, 제582조).

> **판례** ① 토지 매도인이 성토작업을 기화로 다량의 폐기물을 은밀히 매립하고 그 위에 토사를 덮은 다음 도시계획사업을 시행하는 공공사업시행자와 사이에서 정상적인 토지임을 전제로 협의취득절차를 진행하여 이를 매도함으로써 매수자로 하여금 그 토지의 폐기물처리비용 상당의 손해를 입게 하였다면 매도인은 이른바 불완전이행으로서 채무불이행으로 인한 손해배상책임을 부담하고 이는 하자 있는 토지의 매매로 인한 민법 제580조 소정의 하자담보책임과 경합적으로 인정된다(대판 2004. 7. 22, 2002다51586).
> ② 매매의 목적물에 하자가 있는 경우 매도인의 하자담보책임과 채무불이행책임은 별개의 권원에 의하여 경합적으로 인정된다(대판 2004. 7. 22, 2002다51586 참조). 이 경우 특별한 사정이 없는 한 하자를 보수하기 위한 비용은 매도인의 하자담보책임과 채무불이행책임에서 말하는 손해에 해당한다. 따라서 **매매 목적물인 토지에 폐기물이 매립되어 있고 매수인이 폐기물을 처리하기 위해 비용이 발생**한다면 매수인은 그 비용을 **민법 제390조에 따라 채무불이행으로 인한 손해배상으로 청구할 수도 있고, 민법 제580조 제1항에 따라 하자담보책임으로 인한 손해배상으로 청구할 수도 있다**(대판 2021. 4. 8, 2017다202050).

(나) 법률적 장애와 담보책임

예컨대 공장부지로서 매수한 토지가 하천법의 적용을 받는 지역이어서 공장을 세울 수 없는 경우 또는 벌채의 목적으로 매수한 산림이 보안림구역에 해당하여 벌채를 하지 못하는 경우 등에 이를 권리의 하자로 볼 것인지 아니면 물건의 하자로 볼 것인지가 문제되는데, 판례는 물건의 하자로 보아 제580조를 적용한다(대판 2000. 1. 18, 98다18506). 물건의 하자로 본다면 경매의 경우에 그 적용이 없게 된다(제580조 제2항).

> **판례** 건축을 목적으로 매매된 토지에 대하여 건축허가를 받을 수 없어 건축이 불가능한 경우, 위와 같은 법률적 제한 내지 장애 역시 **매매목적물의 하자**에 해당한다 할 것이나, 다만 위와 같은 하자의 존부는 **매매계약 성립시**를 기준으로 판단하여야 할 것이다(대판 2000. 1. 18, 98다18506).

3) 불특정물매매에서 목적물에 하자가 있는 경우(제581조)

> **제581조(종류매매와 매도인의 담보책임)**
> ① 매매의 목적물을 종류로 지정한 경우에도 그 후 특정된 목적물에 하자가 있는 때에는 전조의 규정을 준용한다.
> ② 전항의 경우에 매수인은 계약의 해제 또는 손해배상의 청구를 하지 아니하고 하자없는 물건을 청구할 수 있다.
>
> **제582조 (전2조의 권리행사기간)**
> 제580조와 제581조에 따른 권리는 매수인이 그 사실을 안 날부터 6개월 내에 행사해야 한다.

종류물(불특정물)매매의 경우에는 제580조가 준용되어 선의, 무과실의 매수인은 계약해제와 손해배상을 청구할 수 있고, 나아가 매수인은 계약의 해제 또는 손해배상의 청구를 하지 아니하고 그에 갈음하여 하자 없는 물건을 청구할 수도 있다(완전물급부청구권, 제581조 제2항).

> **판례** 종류매매에서 매수인이 가지는 완전물급부청구권을 제한 없이 인정하는 경우에는 오히려 매도인에게 지나친 불이익이나 부당한 손해를 주어 등가관계를 파괴하는 결과를 낳을 수 있다. 따라서 매매목적물의 하자가 경미하여 수선 등의 방법으로도 계약의 목적을 달성하는 데 별다른 지장이 없는 반면 매도인에게 하자 없는 물건의 급부의무를 지우면 다른 구제방법에 비하여 지나치게 큰 불이익이 매도인에게 발생되는 경우와 같이 **하자담보의무의 이행이 오히려 공평의 원칙에 반하는 경우에는, 완전물급부청구권의 행사를 제한함이 타당하다**(대판 2014. 5. 16, 2012다72582).

4) 확대손해가 발생한 경우
㈎ 매매당사자간의 관계

매수인이 확대손해 내지 2차 손해가 발생하였다는 이유로 매도인에게 그 확대손해에 대한 배상책임을 지우기 위하여는 채무의 내용으로 된 하자 없는 목적물을 인도하지 못한 의무위반사실 외에 그러한 의무위반에 대하여 **매도인에게 귀책사유가 인정될 수 있어야만 한다**(대판 1997. 5. 7, 96다39455).

㈏ 제조물책임

> **제조물책임법 제3조(제조물 책임)**
> ① 제조업자는 제조물의 결함으로 생명·신체 또는 재산에 손해(그 제조물에 대하여만 발생한 손해는 제외한다)를 입은 자에게 그 손해를 배상하여야 한다.

(ㄱ) 매도인에게 귀책사유가 없는 등의 이유로 매수인이 매도인에게 채무불이행 책임 등으로 확대 손해배상청구를 할 수 없는 경우, 매수인은 **제조자에게** 제조물 책임을 물을 수 있다. 제조물책임이란 제조물에 통상적으로 기대되는 안전성을 결여한 결함으로 인하여 생명·신체나 제조물 그 자체 외의 다른 재산에 손해가 발생한 경우에 제조업자 등에게 지우는 손해배상책임이다.

(ㄴ) 제조물에 상품적합성이 결여되어 **제조물 그 자체에 발생한 손해**는 제조물책임의 적용 대상이 아니므로, 하자담보책임으로서 그 배상을 구하여야 한다(대판 2000. 7. 28, 98다35525).

5) 제척기간

제582조가 적용되어 매수인이 그 사실을 안 날로부터 6월 내에 행사하여야 한다. 이는 제척기간이다. 판례는 통설과는 달리 권리의 재판상·재판외의 행사를 긍정한다.

6) 소멸시효

매도인에 대한 하자담보에 기한 손해배상청구권에 대하여는 민법 제582조의 제척기간이 적용되고, 이는 법률관계의 조속한 안정을 도모하고자 하는 데에 취지가 있다. 그런데 하자담보에 기한 매수인의 손해배상청구권은 권리의 내용·성질 및 취지에 비추어 민법 제162조 제1항의 채권 소멸시효의 규정이 적용되고, **민법 제582조의 제척기간 규정으로 인하여 소멸시효 규정의 적용이 배제된다고 볼 수 없으며,** 이때 다른 특별한 사정이 없는 한 무엇보다도 **매수인이 매매 목적물을 인도받은 때부터 소멸시효가 진행한다**고 해석함이 타당하다(대판 2011. 10. 13, 2011다10266).

> **판례** 공익사업을 위한 토지 등의 취득 및 보상에 관한 법률에 따라 공공사업의 시행자가 토지를 **협의취득하는 행위는 사법상의 법률행위로 일방 당사자의 채무불이행에 대하여 민법에 따른 손해배상 또는 하자담보책임을 물을 수 있다.** 이 경우 매도인에 대한 하자담보에 기한 손해배상청구권에 대하여는 민법 제162조 제1항의 채권 소멸시효의 규정이 적용되고, 매수인이 매매의 목적물을 인도받은 때부터 소멸시효가 진행한다(대판 2020. 5. 28, 2017다265389).

Ⅲ. 환 매

1. 일반론

> **제590조(환매의 의의)**
> ① 매도인이 매매계약과 동시에 환매할 권리를 보류한 때에는 그 영수한 대금 및 매수인이 부담한 매매비용을 반환하고 그 목적물을 환매할 수 있다.
> ② 전항의 환매대금에 관하여 특별한 약정이 있으면 그 약정에 의한다.
> ③ 전2항의 경우에 목적물의 과실과 대금의 이자는 특별한 약정이 없으면 이를 상계한 것으로 본다.

> **제591조(환매기간)**
> ① 환매기간은 부동산은 5년, 동산은 3년을 넘지 못한다. 약정기간이 이를 넘는 때에는 부동산은 5년, 동산은 3년으로 단축한다.
> ② 환매기간을 정한 때에는 다시 이를 연장하지 못한다.
> ③ 환매기간을 정하지 아니한 때에는 그 기간은 부동산은 5년, 동산은 3년으로 한다.

(1) 의 의

매도인이 매매계약과 동시에 매매목적물을 환매할 권리를 보유하고, 일정기간 내에 그 환매권을 행사하여 매매목적물을 다시 사는 경우를 환매라고 한다.

(2) 성 격

1) 형성권 : 환매권은 환매권자의 일방적 의사표시에 의해 환매의무자로 하여금 매매목적물의 소유권을 환매대금과 상환하여 환매권자에게 이전하여 줄 의무를 발생시키는 형성권이다.
2) 매매에 종된 계약 : 환매의 특약은 매매계약에 '종된 계약'이므로 매매계약의 실효로 환매의 특약도 효력을 상실한다(통설). 그러나 환매특약의 무효·취소는 당사자가 그 특약의 유효를 조건으로 삼지 않는 한, 매매계약의 효력에 영향을 주지 않는다.

2. 환매권의 행사 등

(1) 상계간주

환매목적물을 매수인이 용익하는 경우에 당사자의 특약이 없는 한, 매도인(환매권자)은 환매권행사시까지의 대금이자를 지급할 필요가 없고 매수인은 과실을 반환할 필요가 없다. 즉 대금의 이자와 목적물의 과실은 상계한 것으로 간주된다(제590조 제3항).

(2) 제3자에 대한 효력

> **제592조(환매등기)**
> 매매의 목적물이 부동산인 경우에 매매등기와 동시에 환매권의 보류를 등기한 때에는 제삼자에 대하여 그 효력이 있다.

판례 ① 부동산에 관하여 **매매등기와 아울러 환매특약의 등기가 경료된 이후** 그 부동산매수인으로부터 그 부동산을 전득한 제3자가 환매권자의 환매권행사에 대항할 수 없으나, 환매특약의 등기가 부동산의 매수인의 처분권을 금지하는 효력을 가지는 것은 아니므로 그 매수인은 환매특약의 등기 이후 부동산을 전득한 제3자에 대하여 여전히 소유권이전등기절차의 이행의무를 부담하고, 나아가 환매권자가 환매권을 행사하지 아니한 이상 매수인이 전득자인 제3자에 대하여 부담하는 소유권이전등기절차의 이행의무는 이행불능 상태에 이르렀다고 할 수 없으므로, 부동산의 매수인은 전득자인 제3자에 대하여 환매특약의 등기사실만으로 제3자의 소유권이전등기청구를 거절할 수 없다(대판 1994. 10. 25, 94다35527).

② 부동산의 매매계약에 있어 당사자 사이의 환매특약에 따라 **소유권이전등기와 함께 민법 제592조에 따른 환매등기가 마쳐진 경우** 매도인이 환매기간 내에 적법하게 환매권을 행사하면 환매등기 후에 마쳐진 제3자의 근저당권 등 제한물권은 소멸하는 것이다(대판 2002. 9. 27, 2000다27411).

(3) 환매권의 실행

> **제594조(환매의 실행)**
> ① 매도인은 기간내에 대금과 매매비용을 매수인에게 제공하지 아니하면 환매할 권리를 잃는다.
> ② 매수인이나 전득자가 목적물에 대하여 비용을 지출한 때에는 매도인은 제203조의 규정에 의하여 이를 상환하여야 한다. 그러나 유익비에 대하여는 법원은 매도인의 청구에 의하여 상당한 상환기간을 허여할 수 있다.

3. 공유지분의 환매

> **제595조(공유지분의 환매)**
> 공유자의 1인이 환매할 권리를 보류하고 그 지분을 매도한 후 그 목적물의 분할이나 경매가 있는 때에는 매도인은 매수인이 받은 또는 받을 부분이나 대금에 대하여 환매권을 행사할 수 있다. 그러나 매도인에게 통지하지 아니한 매수인은 그 분할이나 경매로써 매도인에게 대항하지 못한다.

제3절 교 환

1. 일반론

> **제596조 (교환의 의의)**
> 교환은 당사자쌍방이 금전이외의 재산권을 상호이전할 것을 약정함으로써 그 효력이 생긴다.
>
> **제597조(금전의 보충지급의 경우)**
> 당사자 일방이 전조의 재산권이전과 금전의 보충지급을 약정한 때에는 그 금전에 대하여는 매매대금에 관한 규정을 준용한다.

2. 교환의 특징

(1) 의의와 법적 성질

교환은 당사자 쌍방이 금전 이외의 재산권을 상호 이전할 것을 약정함으로써 그 효력이 생긴다(제596조). 교환은 쌍무·유상·낙성·불요식의 계약인 점에서 매매와 같으나, 그 목적물이 금전 이외의 재산권이라는 점에서 매매와는 다르다.

(2) 특 징

교환의 목적물은 금전 이외의 재산권에 한하며(제596조 이하), 교환은 유상계약이므로 매매의 규정이 준용된다(제567조).

제4절 소비대차

1. 일반론

> **제598조(소비대차의 의의)**
> 소비대차는 당사자 일방이 금전 기타 대체물의 소유권을 상대방에게 이전할 것을 약정하고 상대방은 그와 같은 종류, 품질 및 수량으로 반환할 것을 약정함으로써 그 효력이 생긴다.

(1) 구 별

대차형의 계약이면서도, 차주가 빌린 물건 그 자체를 반환하지 않고 다른 동종·동질·동량의 것을 반환하면 되는 점에서, 다른 대차형의 계약, 즉 사용대차·임대차와 다르다.

(2) 낙성계약

소비대차는 낙성·불요식의 계약이다(제598조 이하). 그리고 편무계약이며 무상이 원칙이다.

> **판례** [1] 법률행위의 해석은 당사자가 표시행위에 부여한 객관적인 의미를 명백하게 확정하는 것으로서 당사자가 표시한 문언에 의하여 객관적인 의미가 명확하게 드러나지 않는 경우에는 문언의 내용과 법률행위가 이루어진 동기 및 경위, 당사자가 법률행위에 의하여 달성하려고 하는 목적과 진정한 의사, 거래의 관행 등을 종합적으로 고찰하여 사회정의와 형평의 이념에 맞도록 논리와 경험의 법칙, 그리고 사회일반의 상식과 거래의 통념에 따라 합리적으로 해석하여야 한다. 특히 당사자 일방이 주장하는 계약의 내용이 상대방에게 중대한 책임을 부과하게 되는 경우에는 더욱 엄격하게 해석하여야 한다. 이러한 이치는 **거동에 의한 묵시적 법률행위**에 있어서도 다르지 않다. [2] 민법상 소비대차는 당사자 일방이 금전 기타 대체물의 소유권을 상대방에게 이전할 것을 약정하고 상대방은 그와 같은 종류, 품질 및 수량으로 반환할 것을 약정함으로써 효력이 생기는 이른바 낙성계약이므로, **차주가 현실로 금전 등을 수수하거나 현실의 수수가 있은 것과 같은 경제적 이익을 취득하여야만 소비대차가 성립하는 것은 아니다.** 반대로 당사자 일방이 상대방에게 현실로 금전 기타 대체물의 소유권을 이전하였다고 하더라도 **상대방이 같은 종류, 품질 및 수량으로 반환할 것을 약정한 경우가 아니라면** 이들 사이의 법률행위를 **소비대차라 할 수 없다**(대판 2018. 12. 27, 2015다73098).

(3) 이자부소비대차

민법상 소비대차는 무상계약으로 무이자 소비대차가 원칙이다. 이자부소비대차에 대하여는 다수설과 판례가 쌍무·유상계약으로 본다.

(4) 소비대차의 실효 등

> **제599조(파산과 소비대차의 실효)**
> 대주가 목적물을 차주에게 인도하기 전에 당사자 일방이 파산선고를 받은 때에는 소비대차는 그 효력을 잃는다.

민법 제2조 제1항은 신의성실의 원칙에 관하여 "권리의 행사와 의무의 이행은 신의에 좇아 성실히 하여야 한다"라고 정한다. 이 원칙은 법률관계의 당사자가 상대방의 이익을 배려하여 형평에 어긋나거나 신의를 저버리는 내용 또는 방법으로 권리를 행사하거나 의무를 이행해서는 안 된다는 추상적 규범으로서 법질서 전체를 관통하는 일반 원칙으로 작용하고 있다. 한편 민법 제536조 제2항에 정한 '선이행의무를 지고 있는 당사자가 상대방의 이행이 곤란한 현저한 사유가 있는 때에 자기의 채무이행을 거절할 수 있는 경우'란 선이행채무를 지게 된 채권자가 계약 성립 후 채무자의 신용불안이나 재산상태의 악화 등의 사정으로 반대급부를 이행받을 수 없는 사정변경이 생기고 이로 인하여 당초의 계약내용에 따른 선이행의무를 이행케 하는 것이 공평과 신의칙에 반하게 되는 경우를 말하는 것이고, 이와 같은 사유는 당사자 쌍방의 사정을 종합하여 판단하여야 한다. 나아가 민법 제599조는 "대주가 목적물을 차주에게 인도하기 전에 당사자 일방이 파산선고를 받은 때에는 소비대차는 그 효력을 잃는다"라고 정한다. 위 규정의 취지는 소비대차계약의 목적물이 인도되기 전에 당사자의 일방이 파산한 경우에는 당사자 사이의 신뢰관계가 깨어져 당초의 계약관계를 유지하는 것이 타당하지 아니한 사정변경을 반영한 것이다. 위와 같은 규정의 내용과 그 입법 취지에 비추어 보면, 금전소비대차계약이 성립된 이후에 차주의 신용불안이나 재산상태의 현저한 변경이 생겨 장차 대주의 대여금반환청구권 행사가 위태롭게 되는 등 사정변경이 생기고 이로 인하여 당초의 계약내용에 따른 대여의무를 이행케 하는 것이 공평과 신의칙에 반하게 되는 경우에 **대주는 대여의무의 이행을 거절할 수 있다**고 보아야 한다(대판 2021. 10. 28, 2017다224302).

2. 대물대차와 대물반환의 예약

> **제606조(대물대차)**
> 금전대차의 경우에 차주가 금전에 갈음하여 유가증권 기타 물건의 인도를 받은 때에는 그 인도시의 가액으로써 차용액으로 한다.
>
> **제607조(대물반환의 예약)**
> 차용물의 반환에 관하여 차주가 차용물에 갈음하여 다른 재산권을 이전할 것을 예약한 경우에는 그 재산의 예약당시의 가액이 차용액 및 이에 붙인 이자의 합산액을 넘지 못한다.

> **제608조(차주에 불이익한 약정의 금지)**
>
> 전2조의 규정에 위반한 당사자의 약정으로서 차주에 불리한 것은 환매 기타 여하한 명목이라도 그 효력이 없다.

(1) 대물반환의 예약

1) 예약당시기준

재산권의 가액을 산정하는 표준이 되는 시기는 예약상의 권리를 행사하는 때 또는 대물변제가 성립하는 시기가 아니라「예약당시」이다.

> **판례** 채무자가 그 소유 토지를 차용 원리금에 대한 대물변제조로 채권자에게 양도하기로 약정하고 그 차용 원리금의 담보조로 그 토지에 소유권이전등기청구권 가등기를 하였다가 그 차용 원리금에 갈음한 현실적인 대물변제조로 채권자 앞으로 소유권이전등기를 한 경우, 채무자와 채권자 간의 그 약정은 민법 제607조 소정의 대물반환의 예약이라 할 것이어서 같은 법 제607조, 제608조가 적용되어 그 재산의 가액이 차용 원리금의 합산액을 넘는 경우에는 그 효력이 없고, 여기서 그 재산의 가액이 차용액과 이에 붙인 이자의 합산액을 넘는지의 여부는 **예약 당시를 기준**으로 할 것이지 소유권 이전 당시를 기준으로 할 것은 아니다(대판 1996. 4. 26, 95다34781).

2) 가담법 적용범위

대물변제예약이 채권담보목적으로 행하여지지 않았거나, 설사 목적물이 부동산일지라도 소유권이전청구권보전의 가등기 등을 하지 않은 경우, 또는 예약당시의 가액이 차용액 및 그 이자의 합산액에 미달하는 경우에는 가등기 담보 등에 관한 법률의 적용이 없고, 제607조, 제608조에 의하여 규율된다(송덕수 신민법강의, 1256면).

(2) "효력이 없다"는 의미

민법 제608조에서 "효력이 없다"라고 함은 청산 내지 정산을 하여 초과분을 채무자에게 반환하여야 한다는 것을 의미한다.

(3) 대물변제의 경우 민법 제607조, 제608조가 적용되는지 여부

채무자가 채권자 앞으로 차용물 아닌 다른 재산권을 이전한 경우에 있어 그 권리의 이전이 채무의 이행을 담보하기 위한 것이 아니고 그 채무에 갈음하여 상대방에게 완전히 그 권리를 이전하는 경우 즉 대물변제의 경우에는 가사 그 시가가 그 채무의 원리금을 초과한다고 하더라도 민법 제607조, 제608조가 적용되지 아니한다(대판 1992. 2. 28, 91다25574).

3. 준소비대차

> **제605조(준소비대차)**
> 당사자 쌍방이 소비대차에 의하지 아니하고 금전 기타의 대체물을 지급할 의무가 있는 경우에 당사자가 그 목적물을 소비대차의 목적으로 할 것을 약정한 때에는 소비대차의 효력이 생긴다.

(1) 의 의

예컨대 매매계약에 의하여 매수인이 대금지급채무를 부담하는 경우에, 매도인과 매수인이 이 대금채무를 소비대차의 목적으로 한다는 합의를 하는 경우가 준소비대차이다. 합의만으로 성립하는 불요식의 낙성계약이다.

(2) 경개와 구별

경개나 준소비대차는 모두 기존채무를 소멸케 하고 신채무를 성립시키는 계약인 점에 있어서는 동일하지만 경개에 있어서는 기존채무와 신채무와의 사이에 동일성이 없는 반면, 준소비대차에 있어서는 원칙적으로 동일성이 인정된다는 점에 차이가 있는 바, 기존채권 채무의 당사자가 그 목적물을 소비대차의 목적으로 할 것을 약정한 경우 그 약정을 **경개로 볼 것인가 또는 준소비대차로 볼 것인가**는 일차적으로 당사자의 의사에 의하여 결정되고 만약 당사자의 의사가 명백하지 않을 때에는 의사해석의 문제이나 특별한 사정이 없는 한 동일성을 상실함으로써 채권자가 담보를 잃고 채무자가 항변권을 잃게 되는 것과 같이 스스로 불이익을 초래하는 의사를 표시하였다고는 볼 수 없으므로 **일반적으로 준소비대차로 보아야 한다**(대판 1989. 6. 27, 89다카2957).

(3) 담보 존속

소멸하는 기존채무와 준소비대차로 성립하는 신채무는 동일성이 유지되므로 반대의 의사가 없는 한 기존채무와 붙어 있던 동시이행의 항변권이나 담보·보증 같은 것은 원칙적으로 존속한다고 볼 것이다(대판 2007. 1. 11, 2005다47175).

> **판 례** 현실적인 자금의 수수 없이 형식적으로만 신규 대출을 하여 기존 채무를 변제하는 **이른바 대환**은 특별한 사정이 없는 한 형식적으로는 별도의 대출에 해당하나, 실질적으로는 기존 채무의 변제기 연장에 불과하므로, 그 법률적 성질은 기존 채무가 여전히 동일성을 유지한 채 존속하는 **준소비대차**로 보아야 하고, 이러한 경우 채권자와 보증인 사이에 사전에 신규 대출 형식에 의한 대환을 하는 경우 보증책임을 면하기로 약정하는 등의 특별한 사정이 없는 한 기존 채무에 대한 **보증책임이 존속**된다(대판 2002. 10. 11, 2001다7445). ☞ 한편 법문에서는 "소비대차에 의하지 아니하고"라고 하고 있으나, 기존의 채무가 소비대차에 의해 발생하고 있더라도 준소비대차가 성립할 수 있다는 것이 판례의 태도이다.

(4) 준소비대차계약의 요건

1) 기존채무의 당사자가 그 채무의 목적물을 소비대차의 목적물로 한다는 합의를 할 것을 요건으로 하므로 **준소비대차계약의 당사자**는 기초가 되는 **기존채무의 당사자이어야** 한다(대판 2002. 12. 6, 2001다2846).

2) **기존 채무가 무효되거나 취소되면 준소비대차는 성립되지 않는다**(대판 1962. 1. 18, 4294민상493).

(5) 준소비대차와 소멸시효

준소비대차의 소멸시효기간은 신채권의 성질에 따라 결정된다(대판 1981. 12. 22, 80다1363). 또한 준소비대차에 기한 채권의 소멸시효는 준소비대차로 중단되고 새로이 진행한다.

제5절 사용대차

1. 일반론

> **제609조(사용대차의 의의)**
> 사용대차는 당사자 일방이 상대방에게 무상으로 사용, 수익하게 하기 위하여 목적물을 인도할 것을 약정하고 상대방은 이를 사용, 수익한 후 그 물건을 반환할 것을 약정함으로써 그 효력이 생긴다.

(1) 성 질

사용대차는 무상으로 사용·수익하게 하는 점에서, 편무·무상·낙성·불요식계약이다.

(2) 비용상환청구

사용대차에서 '통상의 필요비'는 사용차주가 부담하고, 기타비용(특별 필요비, 유익비)에 대해서만 차주가 상환청구할 수 있다(제611조·제617조 참조). 그러나 임대차에서는 임대인은 임차인이 목적물을 사용 및 수익하는 데 필요한 상태를 유지하여야 할 의무를 부담하므로(제623조), 임차인은 임대목적물에 지출된 '통상의 필요비'에 대해서도 상환청구할 수 있다(제626조 제1항).

> **판례** [1] 사용대차에서 차주는 민법 제611조 제2항, 제594조 제2항, 제203조 제2항에 따라 유익비상환을 청구할 수 있다. 그러나 종중이 종중원에게 종중 소유 토지를 무상으로 사용하도록 하는 사용대차계약이 묵시적으로 성립했다고 볼 수 있는 경우 유익비상환청구권을 인정하는 것은 신중을 기해야 한다. 토지에 대한 장기간의 무상 사용대차계약은 종중과 종중원 관계가 아니라면 찾아보기 힘들 정도로 매우 이례적인 데다가, 토지를 장기간 무상으로 사용하면서 토지 사용이익을 향유한 종중원이 종중을 상대로 유익비상환청구를 하는 것은 형평에 어긋날 수 있기 때문이다. 따라서 이러한 경우에는 사용·수익에 충분한 기간이 지나면 종중의 반환 요청을 받은 종중원이 유익비를 지출하였더라도 그 상환을 청구하지 않고 토지를 그대로 반환한다는 묵시적 약

정이 포함되어 있다고 보는 것이 당사자의 진정한 의사에 부합한다. [2] 민법 제203조 제2항에서 정한 점유자의 지출금액은 점유자가 실제 지출한 금액을 의미한다. 비용을 지출한 것은 명백하나 유익비를 지출한 때부터 오랜 시간이 지나 자료가 없어졌다는 이유로 실제 지출한 금액에 대한 증명이 불가능하여 가치 증가에 드는 비용을 추정하는 방법으로 지출금액을 인정해야 하는 경우 실제 비용을 지출한 날을 기준시점으로 하여 가치 증가에 드는 금액을 산정한 다음 그 금액에 대하여 물가상승률을 반영하는 등의 방법으로 현가한 금액을 지출금액으로 인정해야 한다(대판 2018. 3. 27, 2015다3914, 3921, 3938).

(3) 차주의 사용·수익권(제610조)

제610조(차주의 사용, 수익권)
① 차주는 계약 또는 그 목적물의 성질에 의하여 정하여진 용법으로 이를 사용, 수익하여야 한다.
② 차주는 대주의 승낙이 없으면 제삼자에게 차용물을 사용, 수익하게 하지 못한다.
③ 차주가 전2항의 규정에 위반한 때에는 대주는 계약을 해지할 수 있다.

판례 사용대차와 같은 무상계약은 증여와 같이 개인적 관계에 중점을 두는 것이므로 당사자 사이에 특약이 있다는 등의 특별한 사정이 없으면 사용대차의 차주는 대주의 승낙이 없이 제3자에게 차용물을 사용, 수익하게 하지 못한다(민법 제610조 제2항). 차주가 위 규정에 위반한 때에는 대주는 계약을 해지하거나(민법 제610조 제3항) 계약을 해지하지 않고서도 제3자에 대하여 그 목적물의 인도를 청구할 수 있으며, 사용대차에서 차주의 권리를 양도받은 자는 그 양도에 관한 대주의 승낙이 없으면 대주에게 대항할 수 없다(대판 2021. 2. 4, 2019다202795, 202801).

(4) 차주의 의무

차주는 선량한 관리자의 주의로써(제374조) 차용물을 보관하여야 하며, 사용대차의 종료시 차주는 차용물에 부속시킨 물건을 철거하여 원상으로 회복한 후 반환하여야 한다(제615조).

(5) 연대채무

수인이 공동하여 물건을 차용한 때에는 연대하여 그 의무를 부담한다(제616조; 공동차주의 연대의무). 이러한 연대채무의 규정은 임대차에도 준용된다(제654조 참조).

2. 사용대차의 해지

제613조(차용물의 반환시기)
① 차주는 약정시기에 차용물을 반환하여야 한다.
② 시기의 약정이 없는 경우에는 차주는 계약 또는 목적물의 성질에 의한 사용, 수익이 종료한 때에 반환하여야 한다. 그러나 사용, 수익에 족한 기간이 경과한 때에는 대주는 언제든지 계약을 해지할 수 있다.

> **제614조(차주의 사망, 파산과 해지)**
> 차주가 사망하거나 파산선고를 받은 때에는 대주는 계약을 해지할 수 있다.

판례 ① 민법 제613조 제2항에 의하면, 사용대차에 있어서 그 존속기간을 정하지 아니한 경우에는, 차주는 계약 또는 목적물의 성질에 의한 사용수익이 종료한 때에 목적물을 반환하여야 하나, 현실로 사용수익이 종료하지 아니한 경우라도 사용수익에 충분한 기간이 경과한 때에는 대주는 언제든지 계약을 해지하고 그 차용물의 반환을 청구할 수 있는 것인바, 민법 제613조 제2항 소정의 사용수익에 충분한 기간이 경과하였는지의 여부는 사용대차계약 당시의 사정, 차주의 사용기간 및 이용상황, 대주가 반환을 필요로 하는 사정 등을 종합적으로 고려하여 공평의 입장에서 대주에게 해지권을 인정하는 것이 타당한가의 여부에 의하여 판단하여야 할 것이다(대판 2001. 7. 24, 2001다23669).

② 일반으로 건물의 소유를 목적으로 하는 토지 사용대차에 있어서는, 당해 토지의 사용수익의 필요는 당해 지상건물의 사용수익의 필요가 있는 한 그대로 존속하는 것이고, 이는 특별한 사정이 없는 한 차주 본인이 사망하더라도 당연히 상실되는 것이 아니어서 그로 인하여 곧바로 계약의 목적을 달성하게 되는 것은 아니라고 봄이 통상의 의사해석에도 합치되므로, 이러한 경우에는 민법 제614조의 규정에 불구하고 대주가 차주의 사망 사실을 사유로 들어 사용대차계약을 해지할 수는 없다(대판 1993. 11. 26, 93다36806).

제6절 임대차

Ⅰ. 민법상 임대차

1. 일반론

> **제618조(임대차의 의의)**
> 임대차는 당사자 일방이 상대방에게 목적물을 사용, 수익하게 할 것을 약정하고 상대방이 이에 대하여 차임을 지급할 것을 약정함으로써 그 효력이 생긴다.
>
> **제619조(처분능력, 권한없는 자의 할 수 있는 단기임대차)**
> 처분의 능력 또는 권한없는 자가 임대차를 하는 경우에는 그 임대차는 다음 각호의 기간을 넘지 못한다.
> 1. 식목, 채염 또는 석조, 석회조, 연와조 및 이와 유사한 건축을 목적으로 한 토지의 임대차는 10년
> 2. 기타 토지의 임대차는 5년
> 3. 건물 기타 공작물의 임대차는 3년
> 4. 동산의 임대차는 6월

(1) 의 의

임대차는 당사자 일방(임대인)이 상대방에게 목적물을 사용·수익하게 할 것을 약정하고 상대방이

이에 대하여 대가로서 차임을 지급할 것을 약정함으로써 성립하는 계약이다(제618조). 임대차는 차임을 지급하는 점에서 사용대차와 다르고, 임차물 자체를 임차인이 임대인에게 반환한다는 점에서 소비대차와 다르다.

(2) 임대차의 법적 성질

임대차는 쌍무·유상·낙성·불요식 계약이다(제618조 참조).

(3) 타인소유 물건의 임대

┃판례┃ **타인소유의 부동산을 임대**한 것이 임대차계약을 해지할 사유는 될 수 없고 **목적물이 반드시 임대인의 소유일 것을 특히 계약의 내용으로 삼은 경우**라야 착오를 이유로 임차인이 임대차계약을 취소할 수 있다 (대판 1975. 1. 28, 74다2069).

(4) 임대차기간을 영구로 정한 약정

┃판례┃ 구 민법(2016. 1. 6. 법률 제13710호로 삭제되기 전의 것) 제651조에서는 '석조, 석회조, 연와조 또는 이와 유사한 견고한 건물 기타 공작물의 소유를 목적으로 하는 토지임대차 및 식목, 채염을 목적으로 하는 토지임대차'를 제외한 임대차의 존속기간을 20년으로 제한하고 있었으나, 헌법재판소는 2013. 12. 26. 위 조항의 입법취지가 불명확하고, 과잉금지원칙을 위반하여 계약의 자유를 침해한다는 이유로 헌법에 위반된다는 결정을 선고하였다. 결국 민법 제619조에서 처분능력, 권한 없는 자의 단기임대차의 경우에만 임대차기간의 최장기를 제한하는 규정만 있을 뿐, **민법상 임대차기간이 영구인 임대차계약의 체결을 불허하는 규정은 없다. 소유자가 소유권의 핵심적 권능에 속하는 사용·수익의 권능을 대세적으로 포기하는 것은 특별한 사정이 없는 한 허용되지 않으나, 특정인에 대한 관계에서 채권적으로 사용·수익권을 포기하는 것까지 금지되는 것은 아니다.** 따라서 임대차기간이 영구인 임대차계약을 인정할 실제의 필요성도 있고, 이러한 임대차계약을 인정한다고 하더라도 사정변경에 의한 차임증감청구권이나 계약 해지 등으로 당사자들의 이해관계를 조정할 수 있는 방법이 있을 뿐만 아니라, 임차인에 대한 관계에서만 사용·수익권이 제한되는 외에 임대인의 소유권을 전면적으로 제한하는 것도 아닌 점 등에 비추어 보면, **당사자들이 자유로운 의사에 따라 임대차기간을 영구로 정한 약정은 이를 무효로 볼 만한 특별한 사정이 없는 한 계약자유의 원칙에 의하여 허용된다**고 보아야 한다. 특히 영구임대라는 취지는, 임대인이 차임지급 지체 등 임차인의 귀책사유로 인한 채무불이행이 없는 한 임차인이 임대차관계의 유지를 원하는 동안 임대차계약이 존속되도록 이를 보장하여 주는 의미로, 위와 같은 임대차기간의 보장은 임대인에게는 의무가 되나 임차인에게는 권리의 성격을 갖는 것이므로 **임차인으로서는 언제라도 그 권리를 포기할 수 있고, 그렇게 되면 임대차계약은 임차인에게 기간의 정함이 없는 임대차가 된다**(대판 2023. 6. 1, 2023다209045). ☞ 원심은 이 사건 임대차계약에서 임대차기간을 영구로 설정한 것은 채권인 임차권의 성질로 보아 허용되지 않고, 사용·수익 권능을 영구적으로 포기함으로써 처분 권능만이 남는 새로운 유형의 소유권을 창출하는 것이어서 그 임대차계약이 무효라고 판단하였으나, 대법원은 원심판결이 임대차계약의 성질 및 효력에 관한 법리를 오해하여 판결에 영향을 미친 잘못이 있다며 파기환송하였다.

2. 부동산임차인의 보호(임차권의 물권화)

> **제621조(임대차의 등기)**
> ① 부동산임차인은 당사자간에 반대약정이 없으면 임대인에 대하여 그 임대차등기절차에 협력할 것을 청구할 수 있다.
> ② 부동산임대차를 등기한 때에는 그때부터 제삼자에 대하여 효력이 생긴다.
>
> **제622조(건물등기있는 차지권의 대항력)**
> ① 건물의 소유를 목적으로 한 토지임대차는 이를 등기하지 아니한 경우에도 임차인이 그 지상건물을 등기한 때에는 제삼자에 대하여 임대차의 효력이 생긴다.
> ② 건물이 임대차기간만료전에 멸실 또는 후폐한 때에는 전항의 효력을 잃는다.

(1) 문제의 소재

부동산임차권이 「물권화」한다는 것은 통상 대항력의 인정(제621조, 제622조, 주택임대차보호법 등), 임차권 존속의 보장 등 임차권의 보호가 그 공통적 내용이 된다.

(2) 대항력

임차권이 대항력을 갖춘 경우에 임차인은 그 부동산의 양수인에게 대항할 수 있다. 즉 대항력을 갖춘 임차인은 ① 양수인의 부동산 명도청구에 대하여 임대차기간동안 이를 거절할 수 있고, ② 양수인을 상대로 임차보증금의 반환을 청구할 수 있다(대판 1988. 4. 25, 87다카458 참조).

> **[판례]** 건물의 소유를 목적으로 한 토지임대차는 이를 등기하지 아니한 경우에도 임차인이 그 지상건물을 등기한 때에는 제3자에 대하여 임대차의 효력이 생기는데, 다만 건물 소유를 목적으로 하는 토지 임차인(제622조)이 그 지상건물을 등기하기 전에 제3자가 토지에 관하여 물권취득의 등기(처분금지가처분등기)를 한 경우, 그 이후에 그 지상건물을 등기한 임차인은 제3자에 대하여 임대차의 효력을 주장할 수 없다(대판 2003. 2. 28, 2000다65802, 65819).

(3) 임차권의 존속보장(묵시의 갱신 등)

> **제639조(묵시의 갱신)**
> ① 임대차기간이 만료한 후 임차인이 임차물의 사용, 수익을 계속하는 경우에 임대인이 상당한 기간 내에 이의를 하지 아니한 때에는 전임대차와 동일한 조건으로 다시 임대차한 것으로 본다. 그러나 당사자는 제635조의 규정에 의하여 해지의 통고를 할 수 있다.
> ② 전항의 경우에 전임대차에 대하여 제삼자가 제공한 담보는 기간의 만료로 인하여 소멸한다.

> **제635조(기간의 약정없는 임대차의 해지통고)**
> ① 임대차기간의 약정이 없는 때에는 당사자는 언제든지 계약해지의 통고를 할 수 있다.
> ② 상대방이 전항의 통고를 받은 날로부터 다음 각호의 기간이 경과하면 해지의 효력이 생긴다.
>   1. 토지, 건물 기타 공작물에 대하여는 임대인이 해지를 통고한 경우에는 6월, 임차인이 해지를 통고한 경우에는 1월
>   2. 동산에 대하여는 5일

1) 기간의 약정이 없는 임대차

당사자는 언제든지 계약해지를 통고할 수 있으나, 우리 민법은 임차인의 보호를 위하여 해지의 효력은 통고가 있는 날로부터 일정한 기간이 경과하여야 효력이 발생하도록 하고 있다(제635조).

2) 묵시의 갱신

㈎ 존속기간

묵시의 갱신(제639조)의 경우 갱신된 임대차는 기간의 약정이 없는 임대차로 되기 때문에 당사자는 제635조의 규정에 의하여 해지의 통고를 할 수 있다. 존속기간 이외의 조건은 전임대차와 동일하다.

㈏ 담보의 존속여부

묵시의 갱신의 경우 제3자가 제공하였던 질권, 저당권 혹은 보증 같은 담보는 당연히 소멸한다(제639조 제2항).

> **[판례]** 제639조 제2항의 "전임대차에 대하여 제3자가 제공한 담보는 기간의 만료로 인하여 소멸한다"는 규정에서 「제3자가 제공한 담보」는 질권·저당권 그 밖의 보증을 말하는 것으로 건물의 임차보증금은 이에 해당하지 않는다(대판 1977. 6. 7, 76다951).

㈐ 간주규정

"전임대차와 동일한 조건으로 다시 임대차한 것으로 본다"고 규정하고 있으므로 묵시의 갱신은 '추정'되는 것이 아니라 '간주'되는 것이다.

㈑ 강행규정

임대차에서 묵시의 갱신에 관한 제639조는 강행규정이라는 것이 판례이다(대판 1964. 12. 8, 64누62 참조).

3. 수선의무(제623조)

> **제623조(임대인의 의무)**
> 임대인은 목적물을 임차인에게 인도하고 계약존속중 그 사용, 수익에 필요한 상태를 유지하게 할 의무를 부담한다.

(1) 수선의무의 내용

임대차계약에서 임대인은 목적물을 계약 존속 중 **사용·수익에 필요한 상태를 유지할 의무**를 부담하므로, 목적물에 파손 또는 장해가 생긴 경우 그것이 임차인이 별비용을 들이지 아니하고도 손쉽게 고칠 수 있을 정도의 사소한 것이어서 임차인의 사용·수익을 방해할 정도의 것이 아니라면 임대인은 수선의무를 부담하지 않지만, 그것을 수선하지 아니하면 임차인이 계약에 의하여 정해진 목적에 따라 사용·수익할 수 없는 상태로 될 정도의 것이라면 임대인은 수선의무를 부담한다(대판 2012. 6. 14, 2010다89876, 89883).

> **판례** 임대인은 임차인이 목적물을 사용·수익할 수 있도록 목적물을 임차인에게 인도하여야 한다(민법 제623조 전단). 임차인이 계약에 의하여 정하여진 목적에 따라 사용·수익하는 데 **하자가 있는 목적물인 경우** 임대인은 **하자를 제거한 다음 임차인에게 하자 없는 목적물을 인도할 의무가 있다.** 임대인이 임차인에게 그와 같은 하자를 제거하지 아니하고 목적물을 인도하였다면 사후에라도 위 하자를 제거하여 임차인이 목적물을 사용·수익하는 데 아무런 장해가 없도록 해야만 한다. **임대인의 임차목적물의 사용·수익상태 유지의무는 임대인 자신에게 귀책사유가 있어 하자가 발생한 경우는 물론, 자신에게 귀책사유가 없이 하자가 발생한 경우에도 면해지지 아니한다. 또한 임대인이 그와 같은 하자 발생 사실을 몰랐다거나 반대로 임차인이 이를 알거나 알 수 있었다고 하더라도 마찬가지이다**(대판 2021. 4. 29, 2021다202309).

(2) 임의규정

임대인의 수선의무는 특약에 의하여 이를 면제하거나 임차인의 부담으로 돌릴 수 있으나, 그러한 특약에서 수선 의무의 범위를 명시하고 있는 등의 특별한 사정이 없는 한 그러한 특약에 의하여 임대인이 수선의무를 면하거나 임차인이 그 수선의무를 부담하게 되는 것은 통상 생길 수 있는 파손의 수선 등 **소규모의 수선**에 한한다 할 것이고, 대파손의 수리, 건물의 주요 구성부분에 대한 대수선, 기본적 설비부분의 교체 등과 같은 **대규모의 수선**은 이에 포함되지 아니하고 여전히 임대인이 그 수선의무를 부담한다고 해석함이 상당하다(대판 1994. 12. 9, 94다34692, 94다34708).

(3) 일반임대차의 안전배려의무

임대인은 임차인에게 임대목적물을 제공하여 임차인으로 하여금 이를 사용·수익하게 함에 그치고, 더 나아가 임차인의 안전을 배려하여 주거나 도난을 방지하는 등의 보호의무까지 부담한다고 볼 수 없다(대판 1999. 7. 9, 99다10004).

4. 비용상환청구권·차임증감청구권 등

(1) 필요비·유익비상환청구권

> **제626조(임차인의 상환청구권)**
> ① 임차인이 임차물의 보존에 관한 필요비를 지출한 때에는 임대인에 대하여 그 상환을 청구할 수 있다.
> ② 임차인이 유익비를 지출한 경우에는 임대인은 임대차종료시에 그 가액의 증가가 현존한 때에 한하여 임차인의 지출한 금액이나 그 증가액을 상환하여야 한다. 이 경우에 법원은 임대인의 청구에 의하여 상당한 상환기간을 허여할 수 있다.

1) 각종 필요비·유익비 청구권의 비교

점유자와 회복자간	**제203조 (점유자의 상환청구권)** ① 점유자가 점유물을 반환할 때에는 회복자에 대하여 점유물을 보존하기 위하여 지출한 금액 기타 필요비의 상환을 청구할 수 있다. 그러나 점유자가 과실을 취득한 경우에는 통상의 필요비는 청구하지 못한다. ② 점유자가 점유물을 개량하기 위하여 지출한 금액 기타 유익비에 관하여는 그 가액의 증가가 현존한 경우에 한하여 회복자의 선택에 좇아 그 지출금액이나 증가액의 상환을 청구할 수 있다. ③ 전항의 경우에 법원은 회복자의 청구에 의하여 상당한 상환기간을 허여할 수 있다.
전세권자 (지상권자)	**제310조 (전세권자의 상환청구권)** ① 전세권자가 목적물을 개량하기 위하여 지출한 금액 기타 유익비에 관하여는 그 가액의 증가가 현존한 경우에 한하여 소유자의 선택에 좇아 그 지출액이나 증가액의 상환을 청구할 수 있다. ② 전항의 경우에 법원은 소유자의 청구에 의하여 상당한 상환기간을 허여할 수 있다.
유치권자	**제325조 (유치권자의 상환청구권)** ① 유치권자가 유치물에 관하여 필요비를 지출한 때에는 소유자에게 그 상환을 청구할 수 있다. ② 유치권자가 유치물에 관하여 유익비를 지출한 때에는 그 가액의 증가가 현존한 경우에 한하여 소유자의 선택에 좇아 그 지출한 금액이나 증가액의 상환을 청구할 수 있다. 그러나 법원은 소유자의 청구에 의하여 상당한 상환기간을 허여할 수 있다.
사용대차	**제611조 (비용의 부담)** ① 차주는 차용물의 통상의 필요비를 부담한다. ② 기타의 비용에 대하여는 제594조 제2항(제203조)의 규정을 준용한다.

사무관리	제739조 (관리자의 비용상환청구권) ① 관리자가 본인을 위하여 필요비 또는 유익비를 지출한 때에는 본인에 대하여 그 상환을 청구할 수 있다. ② 관리자가 본인을 위하여 필요 또는 유익한 채무를 부담한 때에는 제688조 제2항의 규정을 준용한다. ③ 관리자가 본인의 의사에 반하여 관리한 때에는 본인의 현존이익의 한도에서 전2항의 규정을 준용한다.

2) 임의규정

비용상환청구권에 관한 규정은 강행규정이 아니며, 따라서 당사자 사이에 이와 다른 약정을 할 수 있기 때문에 임대인의 수선의무면제특약은 유효하다. 이는 임차인의 지상물매수청구권이나 부속물매수청구권 규정은 강행규정인 점(제652조·제643조·제646조)과 비교해야 한다.

3) 차임과의 관계

판례 임대차는 타인의 물건을 빌려 사용·수익하고 그 대가로 차임을 지급하기로 하는 계약이다(민법 제618조). 임대차계약에서 임대인은 목적물을 계약존속 중 사용·수익에 필요한 상태를 유지하게 할 의무를 부담한다(민법 제623조). 임대인이 목적물을 사용·수익하게 할 의무는 임차인의 차임지급의무와 서로 대응하는 관계에 있으므로, 임대인이 이러한 의무를 불이행하여 목적물의 사용·수익에 지장이 있으면 임차인은 지장이 있는 한도에서 차임의 지급을 거절할 수 있다. 임차인이 임차물의 보존에 관한 필요비를 지출한 때에는 임대인에게 상환을 청구할 수 있다(민법 제626조 제1항). 여기에서 '필요비'란 임차인이 임차물의 보존을 위하여 지출한 비용을 말한다. 임대차계약에서 임대인은 목적물을 계약존속 중 사용·수익에 필요한 상태를 유지하게 할 의무를 부담하고, 이러한 의무와 관련한 임차물의 보존을 위한 비용도 임대인이 부담해야 하므로, 임차인이 필요비를 지출하면, 임대인은 이를 상환할 의무가 있다. **임대인의 필요비상환의무**는 특별한 사정이 없는 한 **임차인의 차임지급의무**와 서로 대응하는 관계에 있으므로, **임차인은 지출한 필요비 금액의 한도에서 차임의 지급을 거절할 수 있다**(대판 2019. 11. 14, 2016다227694).

☞ 월 차임 800만 원, 차임 미지급액 2,700만 원, 필요비 1,500만 원인 경우, 미지급액 중 1,500만 원에 대해서는 필요비의 상환과 **동시이행**을 주장할 수 있어 그 지급을 연체한 것으로 볼 수 없고, 연체한 차임은 1,200만 원(= 2,700만 원 – 1,500만 원)에 불과하므로 2기 이상의 차임을 연체한 것이 아니어서 임대차계약 해지는 부적법하다.

(2) 차임증감청구권

제628조(차임증감청구권)
임대물에 대한 공과부담의 증감 기타 경제사정의 변동으로 인하여 약정한 차임이 상당하지 아니하게 된 때에는 당사자는 장래에 대한 차임의 증감을 청구할 수 있다.

1) 강행규정

조문상으로는 편면적 강행규정이지만 판례는 "임대차계약에 있어서 차임불증액의 특약이 있더라도 그 약정 후 그 특약을 그대로 유지시키는 것이 신의칙에 반한다고 인정될 정도의 사정변경이 있다고 보여지는 경우에는 형평의 원칙상 임대인에게 차임증액청구를 인정하여야 한다(대판 1996. 11. 12, 96다34061)"고 하여 임대인도 보호한다.

2) 형성권

민법 제628조(강행규정)에 의하여 장래에 대한 차임의 증액을 청구하였을 때에 그 청구가 상당하다고 인정되면 그 효력은 재판시를 표준으로 할 것이 아니고 그 **청구시**에 곧 발생한다고 보는 것이 상당하고 그 청구는 재판 외의 청구라도 무방하다(대판 1974. 8. 30, 74다1124).

> **판 례** 임대인이 민법 제628조에 의하여 장래에 대한 차임의 증액을 청구하였을 때에 당사자 사이에 협의가 성립되지 아니하여 **법원이 결정해 주는 차임**은 증액청구의 의사표시를 한 때에 소급하여 그 효력이 생기는 것이므로, 특별한 사정이 없는 한 증액된 차임에 대하여는 법원 결정 시가 아니라 증액청구의 의사표시가 상대방에게 도달한 때를 이행기로 보아야 한다(대판 2018. 3. 15, 2015다239508, 239515).

5. 임차인의 매수청구권(제643조, 제646조)

> **제643조(임차인의 갱신청구권, 매수청구권)**
> 건물 기타 공작물의 소유 또는 식목, 채염, 목축을 목적으로 한 토지임대차의 기간이 만료한 경우에 건물, 수목 기타 지상시설이 현존한 때에는 제283조의 규정을 준용한다.
>
> **제646조(임차인의 부속물매수청구권)**
> ① 건물 기타 공작물의 임차인이 그 사용의 편익을 위하여 임대인의 동의를 얻어 이에 부속한 물건이 있는 때에는 임대차의 종료시에 임대인에 대하여 그 부속물의 매수를 청구할 수 있다.
> ② 임대인으로부터 매수한 부속물에 대하여도 전항과 같다.

(1) 매수청구권의 의의

민법상 임대차에서 임차인이 가지는 매수청구권은 임대차계약을 성실하게 지켜온 임차인이 임대인에게 상당한 가액으로 그 지상 건물이나 부속물의 매수를 청구할 수 있는 권리로서 국민경제적 관점에서 희생당하기 쉬운 임차인을 보호하기 위한 제도이며, 이러한 매수청구권은 형성권적인 성질을 갖는다.

> **판 례** [1] 지상물매수청구권은 이른바 형성권으로서 그 행사로 임대인·임차인 사이에 지상물에 관한 매매가 성립하게 되며, 임차인이 지상물의 매수청구권을 행사한 경우에는 임대인은 그 매수를 거절하지 못하고, 이 규정은 강행규정이므로 이에 위반하는 것으로서 임차인에게 불리한 약정은 그 효력이 없다. [2] 토지임대차 종료

시 임대인의 건물철거와 그 부지인도 청구에는 건물매수대금 지급과 동시에 건물명도를 구하는 청구가 포함되어 있다고 볼 수 없다[대판(전합) 1995. 7. 11, 94다34265].

(2) 토지임차인의 갱신청구권, 지상물매수청구권(제643조)
1) 요건검토
㈎ 건물 기타 공작물의 소유 등을 목적으로 한 토지임대차의 **기간이 만료**한 경우에 건물, 수목 기타 지상시설이 현존한 때에는 임차인은 계약의 갱신을 청구할 수 있고, 만일에 임대인이 계약의 갱신을 원하지 않는 때에는 임차인은 그 지상물의 매수를 청구할 수 있다(제643조).

> **판례** ① 건물의 소유를 목적으로 하는 토지 임대차에 있어서, 토지 임차인의 지상물매수청구권은 기간의 정함이 없는 임대차에 있어서 임대인에 의한 **해지통고**에 의하여 그 임차권이 소멸한 경우에도, **임차인의 계약갱신 청구의 유무에 불구하고** 인정된다(대판 1995. 12. 26, 95다42195). ☞ (i) 조문에는 기간만료에 의한 임차권 소멸만 규정되어 있지만 판례는 해지통고에 의한 소멸에도 인정한다. (ii) 해지통고에는 이미 갱신거절의 의사가 포함되어 있다고 볼 수 있으므로 계약갱신청구를 거치지 않고 바로 지상물매수청구권을 행사할 수 있다.
> ② 토지 임대차에 있어서 토지 임차인의 **차임연체 등 채무불이행을 이유로 그 임대차계약이 해지되는 경우**, 토지 임차인으로서는 토지 임대인에 대하여 그 지상건물의 매수를 청구할 수는 없다(대판 1996. 2. 27, 95다29345).

㈏ 지상물매수청구권자
민법 제643조 소정의 지상물매수청구권은 지상물의 소유자에 한하여 행사할 수 있다(대판 1993. 7. 27, 93다6386). 따라서 임대차기간 만료 전에 지상물의 소유권을 양도한 자는 지상물매수청구권을 행사할 수 없다.

> **판례** 민법 제643조가 정하는 건물 소유를 목적으로 하는 토지 임대차에서 임차인이 가지는 지상물매수청구권은 임차인을 보호하기 위한 제도이므로, 특별한 사정이 없는 한 행정관청의 허가를 받은 적법한 건물이 아니더라도 임차인의 지상물매수청구권의 대상이 될 수 있다(따라서 그 지상 건물이 객관적으로 경제적 가치가 있는지 여부나 임대인에게 소용이 있는지 여부가 그 행사요건이라고 볼 수 없다). 그리고 건물을 매수하여 점유하고 있는 사람은 소유자로서의 등기명의가 없다 하더라도 그 권리의 범위 내에서는 그 점유 중인 건물에 대하여 법률상 또는 사실상의 처분권을 가지고 있다. 위와 같은 지상물매수청구청구권 제도의 목적, 미등기 매수인의 법적 지위 등에 비추어 볼 때, **종전 임차인으로부터 미등기 무허가건물을 매수하여 점유하고 있는 임차인**은 특별한 사정이 없는 한 비록 소유자로서의 등기명의가 없어 소유권을 취득하지 못하였다 하더라도 임대인에 대하여 지상물매수청구권을 행사할 수 있는 지위에 있다(대판 2013. 11. 28, 2013다48364).

㈐ 매수청구의 상대방
임차인의 지상물매수청구권은 국민경제적 관점에서 지상 건물의 잔존 가치를 보존하고 토지 소유자의 배타적 소유권 행사로부터 임차인을 보호하기 위한 것으로서, 원칙적으로 **임차권 소멸 당시에 토지 소유권을 가진 임대인을 상대로** 행사할 수 있다. 임대인이 제3자에게 토지를 양도하는 등으로 토지 소유권이 이전된 경우에는 임대인의 지위가 승계되거나 임차인이 토지 소유자에게 임차권을 대항할 수 있다면 새로운 토지 소유자를 상대로 지상물매수청구권을 행사할 수 있다(대판 2017. 4. 26, 2014다72449, 72456).

|판례| ① 건물의 소유를 목적으로 하는 토지 임차인의 건물매수청구권 행사의 상대방은 원칙적으로 **임차권 소멸 당시의 토지소유자인 임대인**이고, 임대인이 임차권 소멸 당시에 이미 토지소유권을 상실한 경우에는 그에게 지상건물의 매수청구권을 행사할 수는 없으며, 이는 임대인이 임대차계약의 종료 전에 토지를 임의로 처분하였다 하여 달라지는 것은 아니다(대판 1994. 7. 29, 93다59717, 93다59724).
② 건물의 소유를 목적으로 한 토지임차인의 건물매수청구권 행사의 상대방은 통상의 경우 기간의 만료로 인한 임차권 소멸 당시 토지소유자인 임대인뿐만 아니라 임차권 소멸후 임대인이 그 토지를 제3자에게 양도하는 등 그 소유권이 이전되었을 때에는 그 **건물에 대하여 보존등기를 필하여 제3자에 대하여 대항할 수 있는 차지권을 가지고 있는 토지임차인**은 그 신소유자에 대하여도 위 매수 청구권을 행사할 수 있다(대판 1977. 4. 26, 75다348).
③ **토지 소유자가 아닌 제3자가 토지 임대행위를 한 경우**에는 제3자가 토지 소유자를 적법하게 대리하거나 토지 소유자가 제3자의 무권대리행위를 추인하는 등으로 **임대차계약의 효과가 토지 소유자에게 귀속되었다면 토지 소유자가 임대인으로서 지상물매수청구권의 상대방**이 된다. 그러나 **제3자가 임대차계약의 당사자로서 토지를 임대하였다면**, 토지 소유자가 임대인의 지위를 승계하였다는 등의 특별한 사정이 없는 한 **임대인이 아닌 토지 소유자가 직접 지상물매수청구권의 상대방이 될 수는 없다**(대판 2017. 4. 26, 2014다72449, 72456).
④ [1] 건물의 소유를 목적으로 하는 토지 임차인의 **지상물매수청구권 행사의 상대방은** 원칙적으로 임차권 소멸 당시의 토지 소유자인 임대인이다. 토지 소유자가 아닌 제3자가 토지를 임대한 경우에 임대인은 특별한 사정이 없는 한 지상물매수청구권의 상대방이 될 수 없다. [2] 국가로부터 국유 토지의 관리를 위탁받은 갑 주식회사와 사용수익계약을 체결하여 그 토지 위에 건물을 건축한 을 주식회사가 계약기간 만료 후 갑 회사를 상대로 지상물매수청구권을 행사한 사안에서, 갑 회사는 국유 토지의 관리를 위탁받아 을 회사와 사용수익계약을 체결한 자일뿐 토지 소유자가 아니므로 지상물매수청구권의 상대방이 될 수 없다(대판 2022. 4. 14, 2020다254228, 254235).

(라) 매수청구권의 대상이 되는 건물
|판례| ① 건물 소유를 목적으로 하는 토지임대차에 있어서 임차인 소유 건물이 임대인이 임대한 토지외에 **임차인 또는 제3자 소유의 토지 위에 걸쳐서 건립되어 있는 경우**에는, 임차지상에 서 있는 건물 부분 중 **구분 소유의 객체가 될 수 있는 부분에 한하여** 임차인에게 매수청구가 허용된다[대판(전합) 1996. 3. 21, 93다42634]. ② 매수청구권의 대상이 되는 건물은 그것이 토지의 임대목적에 반하여 축조되고, 임대인이 예상할 수 없을 정도의 고가의 것이라는 특별한 사정이 없는 한 임대차기간 중에 축조되었다고 하더라도 그 만료시에 그 가치가 잔존하고 있으면 그 범위에 포함되는 것이고, 반드시 임대차계약 당시의 기존건물이거나 임대인의 동의를 얻어 신축한 것에 한정된다고는 할 수 없다(대판 1993. 11. 12, 93다34589).
③ 지상물 매수청구의 대상이 되는 건물에는 임차인이 임차토지상에 그 건물을 소유하면서 그 필요에 따라 설치한 것으로서 건물로부터 용이하게 분리될 수 없고 그 건물을 사용하는 데 객관적인 편익을 주는 부속물이나 부속시설 등이 포함되는 것이지만, 이와 달리 임차인이 자신의 특수한 용도나 사업을 위하여 설치한 물건이나 시설은 이에 해당하지 않는다(대판 2002. 11. 13, 2002다46003).

(매) **지상물매수청구권의 행사시기**

　건물의 소유를 목적으로 하는 토지 임대차에 있어서, 임대차가 종료함에 따라 토지의 임차인이 임대인에 대하여 건물매수청구권을 행사할 수 있음에도 불구하고 이를 행사하지 아니한 채, 토지의 임대인이 임차인에 대하여 제기한 토지인도 및 건물철거청구 소송에서 패소하여 그 패소판결이 확정되었다고 하더라도, 그 **확정판결에 의하여 건물철거가 집행되지 아니한 이상** 토지의 임차인으로서는 건물매수청구권을 행사하여 별소로써 임대인에 대하여 건물매매대금의 지급을 구할 수 있다(대판 1995. 12. 26, 95다42195).

(배) **건물의 매수가격**

　건물의 소유를 목적으로 한 토지임대차계약의 기간이 만료됨에 따라 지상건물 소유자가 임대인에 대하여 민법 제643조에 규정된 매수청구권을 행사한 경우에 그 건물의 매수가격은 건물 자체의 가격 외에 건물의 위치, 주변 토지의 여러 사정 등을 종합적으로 고려하여 **매수청구권 행사 당시 건물이 현존하는 대로의 상태에서 평가된 시가 상당액**을 의미한다(대판 2002. 11. 13, 2002다46003).

> **판례** ① 건물의 소유를 목적으로 한 토지임대차계약의 기간이 만료함에 따라 지상건물 소유자가 임대인에 대하여 행사하는 민법 제643조 소정의 매수청구권은 **매수청구의 대상이 되는 건물에 근저당권이 설정되어 있는 경우**에도 인정된다. 이 경우에 그 건물의 매수가격은 건물 자체의 가격 외에 건물의 위치, 주변 토지의 여러 사정 등을 종합적으로 고려하여 매수청구권 행사 당시 건물이 현존하는 대로의 상태에서 평가된 시가 상당액을 의미하고, **여기에서 근저당권의 채권최고액이나 피담보채무액을 공제한 금액을 매수가격으로 정할 것은 아니다.** 다만, 매수청구권을 행사한 지상건물 소유자가 위와 같은 근저당권을 말소하지 않는 경우 토지소유자는 민법 제588조에 의하여 위 근저당권의 말소등기가 될 때까지 그 채권최고액에 상당한 대금의 지급을 거절할 수 있다(대판 2008. 5. 29, 2007다4356).
> ② 민법 제643조 소정의 지상물매수청구권이 행사되면 임대인과 임차인 사이에서는 임차지상의 건물에 대하여 **매수청구권 행사 당시의 건물시가**를 대금으로 하는 매매계약이 체결된 것과 같은 효과가 발생하는 것이지, 임대인이 기존 건물의 철거비용을 포함하여 임차인이 임차지상의 건물을 신축하기 위하여 지출한 모든 비용을 보상할 의무를 부담하게 되는 것은 아니다(대판 2002. 11. 13, 2002다46003).

2) 동시이행관계

　민법 제643조의 규정에 의한 토지임차인의 매수청구권행사로 지상건물에 대하여 시가에 의한 매매 유사의 법률관계가 성립된 경우에 토지임차인의 건물명도 및 그 소유권이전등기의무와 토지임대인의 건물대금지급의무는 서로 대가관계에 있는 채무이므로 토지임차인은 토지임대인의 건물명도청구에 대하여 대금지급과의 동시이행을 주장할 수 있다(대판 1991. 4. 9, 91다3260).

> **판례** 건물 기타 공작물의 소유를 목적으로 한 대지임대차에 있어서 임차인이 그 지상건물 등에 대하여 민법 제643조 소정의 매수청구권을 행사한 후에 그 임대인인 대지의 소유자로부터 매수대금을 지급받을 때까지 그

지상건물 등의 인도를 거부할 수 있다고 하여도, **지상건물 등의 점유·사용을 통하여 그 부지를 계속하여 점유·사용하는 한 그로 인한 부당이득으로서 부지의 임료 상당액**은 이를 반환할 의무가 있다(대판 2001. 6. 1, 99다60535)

3) 편면적 강행규정(제652조 참조)

매수청구권은 임차인을 보호하기 위한 편면적 강행규정으로 임차인에게 불리한 것은 효력이 없다(제652조, 대판 1998. 5. 8, 98다2389).

> **판례** ① 토지임대인과 토지임차인 사이에 임대차기간 만료시에 임차인이 지상건물을 양도하거나 이를 철거하기로 하는 약정은 특별한 사정이 없는 한 민법 제643조 소정의 임차인의 지상물매수청구권을 배제하기로 하는 약정으로서 임차인에게 불리한 것이므로 민법 제652조의 규정에 의하여 무효라고 보아야 한다(대판 1993. 7. 27, 93다6386).
> ② 건물임차인인 피고들이 증·개축한 시설물과 부대시설을 포기하고 임대차 종료시의 현상대로 임대인의 소유에 귀속하기로 하는 대가로 **임대차계약의 보증금 및 월차임을 파격적으로 저렴하게 하고, 그 임대기간도 장기간으로 약정**하고, 임대인은 임대차계약의 종료 즉시 임대건물을 철거하고 그 부지에 건물을 신축하려고 하고 있으며 임대차계약 당시부터 임차인도 그와 같은 사정을 알고 있었다면 임대차계약시 임차인의 부속시설의 소유권이 임대인에게 귀속하기로 한 특약은 단지 부속물매수청구권을 배제하기로 하거나 또는 부속물을 대가 없이 임대인의 소유에 속하게 하는 약정들과는 달라서 임차인에게 불리한 약정이라고 할 수 없다(대판 1982. 1. 19, 81다1001).

(3) 건물임차인의 부속물매수청구권(제646조)

1) 의 의

건물 기타 공작물의 임차인이 그 사용의 편익을 위하여 임대인의 동의를 얻어 이에 부속하거나 혹은 임대인으로부터 매수한 부속물이 있는 때에는, '임대차의 종료시'에 임대인에 대하여 그 부속물의 매수를 청구할 수 있다(제646조). 토지임대차의 경우에 관하여는 제643조가 규정하고 있으며, 한편 단순한 동산임대차의 경우에는 실효성이 크지 않기 때문에 매수청구권이 인정되지 않는다.

2) 비용상환청구권과 부속물매수청구권의 차이

(가) 양자는 투하자본의 회수 수단이라는 점에서 그 취지를 같이 하지만, 부속물매수청구권을 행사하려면, 그 부속물이 건물의 구성부분이 아닌 독립된 별개의 물건이어야 한다. 그 물건이 건물의 구성부분을 이루는 경우에는 비용상환청구권을 행사하여야 한다.

(나) 부속물매수청구권을 행사하려면, 임차인이 임대인의 동의를 얻어 부속시키거나 또는 임대인으로부터 매수한 경우에만 국한되지만(제646조), 비용상환청구권의 경우에는 이것은 그 요건이 아니다.

(다) 부속물매수청구권에 관한 제646조는 강행규정으로서 이에 위반하여 임차인에게 불리한 약정은

무효가 되지만(제652조), 비용상환청구권에 관한 제626조는 임의규정으로 당사자 사이의 특약으로 이를 포기할 수 있다.

3) 부속물

민법 제646조가 규정하는 건물임차인의 매수청구권의 대상이 되는 부속물이라 함은 건물에 부속된 물건으로 임차인의 소유에 속하고, 건물의 구성부분이 되지 아니한 것으로서 건물의 사용에 객관적인 편익을 가져오게 하는 물건이라 할 것이므로, 부속된 물건이 오로지 임차인의 특수목적에 사용하기 위하여 부속된 것일 때는 이를 부속물매수청구권의 대상이 되는 물건이라 할 수 없을 것이나, 이 경우 당해 건물의 객관적인 사용목적은 건물 자체의 구조와 임대차계약 당시 당사자 사이에 합의된 사용목적, 기타 건물의 위치, 주변의 환경 등 제반 사정을 참작하여 정하여 지는 것이라 할 것이다(대판 1993. 2. 26, 92다41627). 따라서 기존건물과 분리되어 독립한 소유권의 객체가 될 수 없는 증축부분이나 임대인의 소유에 속하기로 한 부속물은 매수청구의 대상이 될 수 없다(대판 1982. 1. 19, 81다1001).

6. 임차권의 양도와 전대

> **제629조(임차권의 양도, 전대의 제한)**
> ① 임차인은 임대인의 동의없이 그 권리를 양도하거나 임차물을 전대하지 못한다.
> ② 임차인이 전항의 규정에 위반한 때에는 임대인은 계약을 해지할 수 있다.

(1) 의 의

임차인이 임차권을 양도하거나 또는 임차물을 전대하기 위해서는 임대인의 동의가 필요하며, 이때 그 임차권의 등기 여부는 묻지 않는다(제629조). 임대인의 동의를 요하는 본 규정은 임대인의 인적 신뢰나 경제적 이익을 보호하여 이를 해치지 않게 하고자 하는 임의규정이다.

> **판례** 특별한 사정이 인정되지 아니하는 한, 임차권의 양도인은 임대인으로부터 양도의 동의를 받아줄 의무를 면할 수 없고 이를 이행하지 못한 경우에는 민법의 담보책임의 규정에 따라 양수인이 계약을 해제하거나 손해배상의 청구를 할 수 있다고 보아야 하며, 양도계약에서 임대인의 동의를 받아주겠다는 약정을 명시적으로 하지 아니하였다고 해서 달리 볼 수 있는 것은 아니다(대판 2001. 7. 24, 2001다16418).

(2) 계약의 당사자

임차권의 양도 및 전대의 계약당사자에는 임대인이 포함되지 않는다.

(3) 임대인의 동의

1) 임대인의 동의는 대항요건에 불과하다. 따라서 임대인의 동의가 없다고 하더라도 임차권양도와

전대는 유효하다. 동의가 있었다는 사실의 입증책임은 임차인 및 양수인 또는 전차인 측이 부담한다.

2) 임대인의 동의는 사전이나 사후에라도 좋고, 그 상대방은 임차인 혹은 양수인 또는 전차인이라도 좋다.

(4) 명도의무

1) 임대인이 임차권의 양도를 승낙하여 신 임차인이 구 임차인으로부터 임차목적물을 명도받았다면 구 임차인이 임대인에게 명도하여 임대인이 다시 신 임차인에게 명도하는 대신 구 임차인이 임대인의 승낙하에 직접 신 임차인에게 명도하는 것으로서 명도의무의 이행을 다한 것으로 보아야 한다(대판 1998. 7. 14, 96다17202).

2) 임차인이 임차물을 전대하여 그 임대차 기간 및 전대차 기간이 모두 만료된 경우에는, 그 전대차가 임대인의 동의를 얻은 여부와 상관없이 임대인으로서는 전차인에 대하여 소유권에 기한 반환청구권에 터잡아 목적물을 자신에게 직접 반환해 줄 것을 요구할 수 있고, 전차인으로서도 목적물을 임대인에게 직접 명도함으로써 임차인(전대인)에 대한 목적물 명도의무를 면한다(대판 1995. 12. 12, 95다23996).

(5) 임차권 양도

1) 임대인의 동의를 얻은 경우

임차인은 계약관계에서 벗어나고 임대인과 양수인 사이에 임대차관계가 계속된다. 임차보증금반환관계도 마찬가지이다. 다만 임대인의 동의와 함께 임차권이 양도된 경우, 그의 동의가 있기 전에 발생한 임차인의 연체차임채무나 손해배상채무는 다른 약정이 없으면 양수인에게 이전되지 않는다.

2) 임대인의 동의를 얻지 않은 경우(임차권의 무단양도)

⑺ 임대인과 임차인의 관계

임대인은 임대차계약을 해지할 수 있다. 다만 아래와 같은 제한이 있다.

> **판례** ① 임차인이 임대인으로부터 별도의 승낙을 얻은 바 없이 제3자에게 임차물을 사용·수익하도록 한 경우에 있어서도 임차인의 당해 행위가 **임대인에 대한 배신적 행위라고 인정할 수 없는 특별한 사정이 있는 경우**에는 위 법조항에 의한 해지권은 발생하지 않는다(대판 1993. 4. 27, 92다45308). ☞ 임차권의 양수인이 임차인과 부부로서 임차건물에 동거하면서 함께 가구점을 경영하고 있는 등의 사정이 이러한 특별한 사정에 해당한다고 한 사례.
> ② 건물 소유를 목적으로 한 대지 임차권을 가지고 있는 자가 위 대지상의 자기소유 건물에 대하여 제3자에 대한 채권담보의 목적으로 제3자 명의의 소유권이전등기를 경료하여 준 **이른바 양도담보의 경우**에는, 채권담보를 위하여 신탁적으로 양도담보권자에게 건물의 소유권이 이전될 뿐 확정적·종국적으로 이전되는 것은 아니고 또한 특별한 사정이 없는 한 양도담보권자가 건물의 사용·수익권을 갖게 되는 것도 아니므로, 이러한 경

우 위 건물의 부지에 관하여 민법 제629조 소정의 해지의 원인인 임차권의 양도 또는 전대가 이루어지지 않았다고 해석함이 상당하다(대판 1995. 7. 25, 94다46428).

(나) 임대인과 양수인과의 관계

(ㄱ) 임대인은 양수인의 불법점유를 이유로 **물권적 청구권**을 행사할 수 있다. 다만 임대인이 임차인과의 임대차계약을 해지하지 않는 한 임대인은 자기에게 목적물의 반환을 청구할 수는 없고, 임차인에게 반환할 것을 청구할 수 있을 뿐이다(제207조).

(ㄴ) 임차인이 임대인의 동의를 받지 않고 제3자에게 임차권을 양도하거나 전대하는 등의 방법으로 임차물을 사용·수익하게 하더라도, **임대인이 이를 이유로 임대차계약을 해지하거나 그 밖의 다른 사유로 임대차계약이 적법하게 종료되지 않는 한** 임대인은 임차인에 대하여 여전히 차임청구권을 가지므로, 임대차계약이 존속하는 한도 내에서는 제3자에게 불법점유를 이유로 한 **차임상당 손해배상청구나 부당이득반환청구**를 할 수 없다(대판 2008. 2. 28, 2006다10323).

> **판례** 임차인이 임대인의 동의를 받지 않고 제3자에게 임차권을 양도하거나 전대하는 등의 방법으로 임차물을 사용·수익하게 하더라도, 임대인이 이를 이유로 임대차계약을 해지하거나 그 밖의 다른 사유로 **임대차계약이 적법하게 종료되지 않는 한** 임대인은 임차인에 대하여 여전히 차임청구권을 가지므로, **임대차계약이 존속하는 한도 내에서는 제3자에게 불법점유를 이유로 한 차임 상당 손해배상청구나 부당이득반환청구를 할 수 없다.** 그러나 임대차계약이 종료된 이후에는 임차물을 소유하고 있는 임대인은 **제3자를 상대로** 위와 같은 손해배상청구나 부당이득반환청구를 할 수 있다(대판 2023. 3. 30, 2022다296165).

(6) 전 대

1) 임대인의 동의가 있는 경우

제630조(전대의 효과)
① 임차인이 임대인의 동의를 얻어 임차물을 전대한 때에는 전차인은 직접 임대인에 대하여 의무를 부담한다. 이 경우에 전차인은 전대인에 대한 차임의 지급으로써 임대인에게 대항하지 못한다.
② 전항의 규정은 임대인의 임차인에 대한 권리행사에 영향을 미치지 아니한다.

제631조(전차인의 권리의 확정)
임차인이 임대인의 동의를 얻어 임차물을 전대한 경우에는 임대인과 임차인의 합의로 계약을 종료한 때에도 전차인의 권리는 소멸하지 아니한다.

제638조(해지통고의 전차인에 대한 통지)
① 임대차계약이 해지의 통고로 인하여 종료된 경우에 그 임대물이 적법하게 전대되었을 때에는 임대인은 전차인에 대하여 그 사유를 통지하지 아니하면 해지로써 전차인에게 대항하지 못한다.
② 전차인이 전항의 통지를 받은 때에는 제635조제2항의 규정을 준용한다.

> ### 제644조(전차인의 임대청구권, 매수청구권)
> ① 건물 기타 공작물의 소유 또는 식목, 채염, 목축을 목적으로 한 토지임차인이 적법하게 그 토지를 전대한 경우에 임대차 및 전대차의 기간이 동시에 만료되고 건물, 수목 기타 지상시설이 현존한 때에는 전차인은 임대인에 대하여 전전대차와 동일한 조건으로 임대할 것을 청구할 수 있다.
> ② 전항의 경우에 임대인이 임대할 것을 원하지 아니하는 때에는 제283조제2항의 규정을 준용한다.
>
> ### 제647조(전차인의 부속물매수청구권)
> ① 건물 기타 공작물의 임차인이 적법하게 전대한 경우에 전차인이 그 사용의 편익을 위하여 임대인의 동의를 얻어 이에 부속한 물건이 있는 때에는 전대차의 종료시에 임대인에 대하여 그 부속물의 매수를 청구할 수 있다.
> ② 임대인으로부터 매수하였거나 그 동의를 얻어 임차인으로부터 매수한 부속물에 대하여도 전항과 같다.

⑺ 임대인의 동의가 있는 전대차의 경우, 전차인은 임대인과 계약을 맺은 것이 아닌데도, 계약상 의무를 부담한다. 예컨대 차임지급의무·목적물보관의무 등이다. 그러나 전차인이 임대인에 대해 임대보증금, 필요비 및 유익비의 상환을 직접 청구할 수는 없다.

⑻ 민법 제630조 제1항은 임차인이 임대인의 동의를 얻어 임차물을 전대한 때에는 전차인은 직접 임대인에 대하여 의무를 부담하고, 이 경우에 전차인은 전대인에 대한 차임의 지급으로써 임대인에게 대항할 수 없다고 규정하고 있는바, 위 규정에 의하여 전차인이 임대인에게 대항할 수 없는 차임의 범위는 **전대차계약상의 차임지급시기**를 기준으로 하여 **그 전에 전대인에게 지급한 차임**에 한정되고, **그 이후에 지급한 차임**으로는 임대인에게 대항할 수 있다(대판 2008. 3. 27, 2006다45459).

▍**판례** [1] 임차인이 임대인의 동의를 얻어 임차물을 전대한 경우, 임대인과 임차인 사이의 종전 임대차계약은 계속 유지되고(민법 제630조 제2항), 임차인과 전차인 사이에는 별개의 새로운 전대차계약이 성립한다. 한편 임대인과 전차인 사이에는 직접적인 법률관계가 형성되지 않지만, 임대인의 보호를 위하여 전차인이 임대인에 대하여 직접 의무를 부담한다(민법 제630조 제1항). 이 경우 전차인은 전대차계약으로 전대인에 대하여 부담하는 의무 이상으로 임대인에게 의무를 지지 않고 동시에 임대차계약으로 임차인이 임대인에 대하여 부담하는 의무 이상으로 임대인에게 의무를 지지 않는다. [2] **전대인과 전차인은 계약자유의 원칙에 따라 전대차계약의 내용을 변경할 수 있다.** 그로 인하여 민법 제630조 제1항에 따라 전차인이 임대인에 대하여 직접 부담하는 의무의 범위가 변경되더라도, 전대차계약의 내용 변경이 전대차에 동의한 임대인 보호를 목적으로 한 민법 제630조 제1항의 취지에 반하여 이루어진 것이라고 볼 특별한 사정이 없는 한 **전차인은 변경된 전대차계약의 내용을 임대인에게 주장할 수 있다.** 전대인과 전차인이 **전대차계약상의 차임을 감액한 경우도** 마찬가지이다. 또한 그 경우, **임대차종료 후 전차인이 임대인에게 반환하여야 할 차임 상당 부당이득액을 산정함에 있어서도**, 부당이득 당시의 실제 차임액수를 심리하여 이를 기준으로 삼지 아니하고 약정 차임을 기준으로 삼는 경우라면, 전차인이 임대인에 대하여 직접 의무를 부담하는 차임인 **변경된 차임을 기준으**

로 할 것이지, 변경 전 전대차계약상의 차임을 기준으로 할 것은 아니다. [3] 전차인은 전대차계약상의 차임지급시기 전에 전대인에게 차임을 지급한 사정을 들어 임대인에게 대항하지 못하지만, 차임지급시기 이후에 지급한 차임으로는 임대인에게 대항할 수 있고, **전대차계약상의 차임지급시기 전에 전대인에게 지급한 차임이라도, 임대인의 차임청구 전에 차임지급시기가 도래한 경우에는** 그 지급으로 임대인에게 대항할 수 있다(대판 2018. 7. 11, 2018다200518).

㈐ 임대인의 동의를 얻어 전대를 하였는데 임대차 및 전대차가 모두 종료되었으나 임대인이 전차인에 대해 목적물의 반환 및 차임 등의 지급을 청구하지 않은 경우, **임차인은** 전차인에 대해 목적물의 명도를 구하고 명도시까지 전차임 상당의 부당이득의 반환을 청구할 수 있다(대판 2001. 6. 29, 2000다68290).

㈑ 그 밖에도 민법은 **전차인 보호를 위하여 특별규정**을 두고 있다. 즉 적법전대의 경우 임대인과 임차인의 합의로 계약을 종료하더라도 전차인의 권리는 소멸하지 않으며(제631조), 해지통고로 인한 임대차계약의 종료에서도 이를 전차인에게 통지하지 않으면 그 해지로써 전차인에게 대항할 수 없다(제638조). 또한 전차인에게도 임대인에 대한 임대청구권, 지상물매수청구권, 부속물매수청구권은 인정된다(제644조, 제647조).

> **판례** 민법 제638조 제1항, 제2항 및 제635조 제2항에 의하면 임대차계약이 해지 통고로 인하여 종료된 경우에 그 임대물이 적법하게 전대되었을 때에는 임대인은 전차인에 대하여 그 사유를 통지하지 아니하면 해지로써 전차인에게 대항하지 못하고, 전차인이 통지를 받은 때에는 토지, 건물 기타 공작물에 대하여는 임대인이 해지를 통고한 경우에는 6월, 임차인이 해지를 통고한 경우에는 1월, 동산에 대하여는 5일이 경과하면 해지의 효력이 생긴다고 할 것이지만 민법 제640조에 터 잡아 **임차인의 차임연체액이 2기의 차임액에 달함에 따라 임대인이 임대차계약을 해지하는 경우**에는 전차인에 대하여 그 사유를 통지하지 않더라도 해지로써 전차인에게 대항할 수 있고, 해지의 의사표시가 임차인에게 도달하는 즉시 임대차관계는 해지로 종료된다(대판 2012. 10. 11, 2012다55860).

2) 임대인의 동의가 없는 경우

임대인은 전대인에 대해서는 임대차계약을 해지할 수 있고, 전차인에 대해서는 물권적 청구권을 행사할 수 있는 등 임차권의 무단양도의 효과와 유사하다.

(7) 경매에 의한 임차권의 양도

1) 건물의 소유를 목적으로 하여 토지를 임차한 사람이 그 토지 위에 소유하는 건물에 저당권을 설정한 때에는 민법 제358조 본문에 따라서 저당권의 효력이 건물뿐만 아니라 건물의 소유를 목적으로 한 토지의 임차권에도 미친다고 보아야 할 것이므로, 건물에 대한 저당권이 실행되어 경락인이 건물의 소유권을 취득한 때에는 특별한 다른 사정이 없는 한 건물의 소유를 목적으로 한 토지의 임차권도 건물의 소유권과 함께 경락인에게 이전된다.

2) 위 "가"항의 경우에도 민법 제629조가 적용되기 때문에 토지의 임대인에 대한 관계에서는 그의 동의가 없는 한 경락인은 그 임차권의 취득을 대항할 수 없다고 할 것인바, 민법 제622조 제1항 은 건물의 소유를 목적으로 한 토지임대차는 이를 등기하지 아니한 경우에도 임차인이 그 지상건 물을 등기한 때에는 토지에 관하여 권리를 취득한 제3자에 대하여 임대차의 효력을 주장할 수 있 음을 규정한 취지임에 불과할 뿐, 건물의 소유권과 함께 건물의 소유를 목적으로 한 토지의 임차 권을 취득한 사람이 토지의 임대인에 대한 관계에서 그의 동의가 없이도 임차권의 취득을 대항할 수 있는 것까지 규정한 것이라고는 볼 수 없다.

3) 임차인의 변경이 당사자의 개인적인 신뢰를 기초로 하는 계속적 법률관계인 임대차를 더 이상 지속시키기 어려울 정도로 당사자간의 신뢰관계를 파괴하는 임대인에 대한 배신행위가 아니라 고 인정되는 특별한 사정이 있는 때에는 임대인은 자신의 동의 없이 임차권이 이전되었다는 것 만을 이유로 민법 제629조 제2항에 따라서 임대차계약을 해지할 수 없고, 그와 같은 특별한 사정 이 있는 때에 한하여 경락인은 임대인의 동의가 없더라도 임차권의 이전을 임대인에게 대항할 수 있다고 봄이 상당한바, 위와 같은 특별한 사정이 있는 점은 경락인이 주장·입증하여야 한다(대판 1993. 4. 13, 92다24950).

7. 임대인의 지위 양도

임대차계약에 있어 임대인의 지위의 양도는 임대인의 의무의 이전을 수반하는 것이지만 임대인의 의무는 임대인이 누구인가에 의하여 이행방법이 특별히 달라지는 것은 아니고, 목적물의 소유자의 지 위에서 거의 완전히 이행할 수 있으며, 임차인의 입장에서 보아도 신 소유자에게 그 의무의 승계를 인 정하는 것이 오히려 임차인에게 훨씬 유리할 수도 있으므로 임대인과 신 소유자와의 계약만으로써 그 지위의 양도를 할 수 있다 할 것이나, 이 경우에 임차인이 원하지 아니하면 임대차의 승계를 임차인에 게 강요할 수는 없는 것이어서 스스로 임대차를 종료시킬 수 있어야 한다는 공평의 원칙 및 신의성실 의 원칙에 따라 임차인이 곧 이의를 제기함으로써 승계되는 임대차관계의 구속을 면할 수 있고, 임대 인과의 임대차관계도 해지할 수 있다고 보아야 한다(대결 1998. 9. 2, 자 98마100). ☞ 당사자 지위를 이 전시키는 계약인수는 통상 3면계약으로 이루어지는데, 임대인의 지위 양도는 임대인과 신 소유자와 의 계약만으로써 이를 할 수 있고, 다만 임차인은 곧 이의를 제기함으로써 승계되는 임대차관계의 구 속을 면할 수 있다.

8. 임차권 소멸과 임차인의 목적물 반환 및 원상회복의무

(1) 임차권 소멸

제640조(차임연체와 해지)
건물 기타 공작물의 임대차에는 임차인의 차임연체액이 2기의 차임액에 달하는 때에는 임대인은 계 약을 해지할 수 있다.

(2) 임차인의 목적물 반환의무

1) 입증책임의 문제

[1] 임대차 목적물이 화재 등으로 인하여 소멸됨으로써 임차인의 목적물 반환의무가 이행불능이 된 경우에, **임차인은 이행불능이 자기가 책임질 수 없는 사유로 인한 것이라는 증명을 다하지 못하면** 목적물 반환의무의 이행불능으로 인한 손해를 배상할 책임을 지며, 화재 등의 구체적인 발생 원인이 밝혀지지 아니한 때에도 마찬가지이다. 또한 이러한 법리는 임대차 종료 당시 임대차 목적물 반환의무가 이행불능 상태는 아니지만 반환된 임차 건물이 화재로 인하여 훼손되었음을 이유로 손해배상을 구하는 경우에도 동일하게 적용된다. 한편 임대인은 목적물을 임차인에게 인도하고 임대차계약 존속 중에 그 사용, 수익에 필요한 상태를 유지하게 할 의무를 부담하므로(민법 제623조), 임대차계약 존속 중에 발생한 화재가 **임대인이 지배·관리하는 영역에 존재하는 하자**로 인하여 발생한 것으로 추단된다면, 그 하자를 보수·제거하는 것은 임대차 목적물을 사용·수익하기에 필요한 상태로 유지하여야 하는 임대인의 의무에 속하며, 임차인이 하자를 미리 알았거나 알 수 있었다는 등의 특별한 사정이 없는 한, 임대인은 화재로 인한 목적물 반환의무의 이행불능 등에 관한 손해배상책임을 임차인에게 물을 수 없다. [2] [다수의견] 임차인이 임대인 소유 건물의 일부를 임차하여 사용·수익하던 중 임차 건물 부분에서 화재가 발생하여 임차 건물 부분이 아닌 건물 부분(이하 '**임차 외 건물 부분**'이라 한다)까지 불에 타 그로 인해 임대인에게 재산상 손해가 발생한 경우에, 임차인이 보존·관리의무를 위반하여 화재가 발생한 원인을 제공하는 등 화재 발생과 관련된 임차인의 계약상 의무 위반이 있었음이 증명되고, 그러한 의무 위반과 임차 외 건물 부분의 손해 사이에 상당인과관계가 있으며, 임차 외 건물 부분의 손해가 그러한 의무 위반에 따른 통상의 손해에 해당하거나, 임차인이 그 사정을 알았거나 알 수 있을 특별한 사정으로 인한 손해에 해당한다고 볼 수 있는 경우라면, 임차인은 임차 외 건물 부분의 손해에 대해서도 민법 제390조, 제393조에 따라 임대인에게 손해배상책임을 부담하게 된다 …중략… **임차 외 건물 부분이 구조상 불가분의 일체를 이루는 관계에 있는 부분이라 하더라도**, 그 부분에 발생한 손해에 대하여 임대인이 임차인을 상대로 채무불이행을 원인으로 하는 배상을 구하려면, 임차인이 보존·관리의무를 위반하여 화재가 발생한 원인을 제공하는 등 화재 발생과 관련된 **임차인의 계약상 의무 위반이 있었고**, 그러한 의무 위반과 임차 외 건물 부분의 손해 사이에 상당인과관계가 있으며, 임차 외 건물 부분의 손해가 의무 위반에 따라 민법 제393조에 의하여 배상하여야 할 손해의 범위 내에 있다는 점에 대하여 **임대인이 주장·증명하여야 한다**. 이와 달리 위와 같은 임대인의 주장·증명이 없는 경우에도 임차인이 임차 건물의 보존에 관하여 선량한 관리자의 주의의무를 다하였음을 증명하지 못하는 이상 임차 외 건물 부분에 대해서까지 채무불이행에 따른 손해배상책임을 지게 된다고 판단한 종래의 대법원판결들은 이 판결의 견해에 배치되는 범위 내에서 이를 모두 변경하기로 한다[대판(전합) 2017. 5. 18, 2012다86895, 86901].

판례 ① 임차건물이 **전기배선의 이상**으로 인한 화재로 일부 소훼되어 임차인의 임차목적물반환채무가 일부 이행불능이 되었으나 발화부위인 전기배선이 건물구조의 일부를 이루고 있어 임차인이 전기배선의 이상을 미리 알았거나 알 수 있었다고 보기 어렵고, 따라서 그 하자를 수리 유지할 책임은 임대인에게 있으므로 임차목적물반환채무의 이행불능은 임대인으로서의 의무를 다하지 못한 결과이고 임차인의 임차목적물의 보존에 관한 선량한 관리자의 주의의무를 다하지 아니한 결과가 아니라는 이유로 임차인의 손해배상책임을 부정한 원심판결을 수긍한 사례(대판 2000. 7. 4, 99다64384).

② 임대차가 종료한 경우 임차인이 반환할 임대차 목적물이 훼손되었음을 이유로 임대인이 임차인의 목적물 반환의무 불이행에 따른 손해배상을 구하는 경우에, 임차인은 불이행이 자기가 책임질 수 없는 사유로 발생한 것이라는 증명을 다하지 못하면 목적물 반환의무의 불이행에 따른 손해를 배상할 책임을 지고, 훼손의 구체적인 발생 원인이 밝혀지지 않은 때에도 마찬가지이다. 다만 임대차계약 존속 중에 발생한 훼손이 임대인이 지배·관리하는 영역에 존재하는 하자로 발생한 것으로 추단된다면, 하자를 보수·제거하는 것은 임대차 목적물을 사용·수익하기에 필요한 상태로 유지하여야 하는 임대인의 의무에 속하고, 임차인이 하자를 미리 알았거나 알 수 있었다는 등의 특별한 사정이 없는 한, 임대인은 훼손으로 인한 목적물 반환의무의 불이행에 따른 손해배상책임을 임차인에게 물을 수 없다. **이러한 법리는 임대인이 훼손된 임대차 목적물에 관하여 수선의무를 부담하더라도 동일하게 적용된다.** ☞ 사실관계 : 임대인 甲과 임차인 乙이 장비에 관한 임대차계약을 체결하고 이후 임대차가 종료하였는데, 乙이 반환할 장비가 고장이 나 훼손되었음을 이유로, 甲이 乙을 상대로 장비의 반환의무 불이행에 따른 손해배상을 구한 사안에서, 乙은 장비의 고장이 자기가 책임질 수 없는 사유로 발생한 것이라는 증명을 다하지 못하면 목적물 반환의무의 불이행에 따른 손해를 배상할 책임을 지게 되나, 임대차계약 존속 중에 발생한 장비의 고장이 甲이 지배·관리하는 영역에 존재하는 하자로 발생한 것으로 추단된다면, 특별한 사정이 없는 한 甲은 장비의 고장으로 인한 목적물 반환의무의 불이행에 따른 손해배상책임을 乙에게 물을 수 없고, 이는 甲이 고장이 난 장비에 관하여 수선의무를 부담하더라도 마찬가지이므로, 장비의 고장이 乙이 책임질 수 없는 사유로 발생한 것인지 또는 장비의 고장이 甲이 지배·관리하는 영역에 존재하는 하자로 발생한 것인지에 관해서 구체적으로 심리·판단하였어야 하는데도, 임대인인 甲에게 乙의 사용 중 과실로 장비에 고장이 났다는 점에 관한 증명책임이 있다고 보고, 甲이 고장이 난 장비에 관하여 수선의무를 부담한다는 것만으로 甲의 수리비 청구를 배척한 원심판단에 법리오해의 잘못이 있다고 한 사례(대판 2019. 4. 11, 2018다291347).

2) 숙박계약의 특수성

┃**판례**┃ 숙박업자가 고객과 체결하는 숙박계약은 숙박업자가 고객에게 객실을 제공하여 이를 일시적으로 사용할 수 있도록 하고, 고객은 숙박업자에게 사용에 따른 대가를 지급하는 것을 내용으로 한다는 점에서 임대차계약과 유사하다. 대법원이 숙박계약을 '일종의 일시 사용을 위한 임대차계약'이라고 한 것은 이러한 유사성에 착안한 것이다. 그러나 숙박계약은 통상의 임대차계약과는 다른 여러 가지 요소들도 포함하고 있으므로, **숙박계약에 대한 임대차 관련 법리의 적용 여부와 범위는 이러한 숙박계약의 특수성을 고려하여 개별적으로 판단하여야 한다.** 임대인은 임대차계약에 따라 임차인에게 목적물을 인도하여야 한다(민법 제623조). 임차인은 목적물의 점유를 취득하여 이를 사용·수익하면서 선량한 관리자의 주의를 다하여 목적물을 보존하고, 임대차가 종료되면 목적물을 원상에 회복하여 반환하여야 한다(민법 제374조, 제654조, 제615조). 임차인은 목적물을 인도받아 이를 사용·수익하는 동안 목적물을 직접 지배한다고 추단된다. 그러므로 목적물에 화재가 발생한 경우 화재가 임대인의 귀책사유로 인한 것이거나 임대인의 지배영역에서 발생하였다는 등의 사정이 없는 한 화재로 인한 목적물 반환의무의 이행불능으로 인한 손해는 임차인의 부담으로 귀속된다. **숙박업자와 고객의 관계는 통상적인 임대인과 임차인의 관계와는 다르다.** 숙박업자는 고객에게 객실을 사용·수익하

게 하는 것을 넘어서서 **고객이 안전하고 편리하게 숙박할 수 있도록 시설 및 서비스를 제공하고 고객의 안전을 배려할 보호의무를 부담한다.** 숙박업자에게는 숙박시설이나 설비를 위생적이고 안전하게 관리할 공법적 의무도 부과된다(공중위생관리법 제4조 제1항 참조). 숙박업자는 고객에게 객실을 제공한 이후에도 필요한 경우 객실에 출입하며 고객의 안전 배려 또는 객실 관리를 위한 조치를 취하기도 한다. 숙박업자가 고객에게 객실을 제공하여 일시적으로 이를 사용·수익하게 하더라도 객실을 비롯한 숙박시설에 대한 점유는 그대로 유지하는 것이 일반적이다. 그러므로 **객실을 비롯한 숙박시설은 특별한 사정이 없는 한 숙박기간 중에도 고객이 아닌 숙박업자의 지배 아래 놓여 있다고 보아야 한다.** 그렇다면 임차인이 임대차기간 중 목적물을 직접 지배함을 전제로 한 임대차 목적물 반환의무 이행불능에 관한 법리는 이와 전제를 달리하는 숙박계약에 그대로 적용될 수 없다. 고객이 숙박계약에 따라 객실을 사용·수익하던 중 발생 원인이 밝혀지지 않은 화재로 인하여 객실에 발생한 손해는 특별한 사정이 없는 한 숙박업자의 부담으로 귀속된다고 보아야 한다(대판 2023. 11. 2, 2023다244895).

3) 임차인의 원상회복의무

임대차가 만료되면 임차인은 원상회복의무가 있다(제654조, 제615조).

> **판례** ① 임대차계약이 중도에 해지되어 종료하면 임차인은 목적물을 원상으로 회복하여 반환하여야 하는 것이고, 임대인의 귀책사유로 임대차계약이 해지되었다고 하더라도 임차인은 그로 인한 손해배상을 청구할 수 있음은 별론으로 하고 원상회복의무를 부담하지 않는다고 할 수는 없다(대판 2002. 12. 6, 2002다42278).
> ② 임차인이 임대인에게 임차목적물을 반환하는 때에는 원상회복의무가 있다(민법 제654조, 제615조). 임차인이 임차목적물을 수리하거나 변경한 때에는 원칙적으로 수리·변경 부분을 철거하여 임대 당시의 상태로 사용할 수 있도록 해야 한다(대판 2019. 8. 30, 2017다268142). 다만, **토지 임대 당시 이미 임차목적물인 토지에 종전 임차인 등이 설치한 가건물 기타 공작물이 있는 경우**에는 특별한 사정이 없는 한 **임차인은 그가 임차하였을 때의 상태로 임차목적물을 반환하면 되고 종전 임차인 등이 설치한 부분까지 원상회복할 의무는 없다.** 위 특별한 사정의 인정은 임대차계약의 체결 경위와 내용, 임대 당시 목적물의 상태, 임차인에 의한 현상 변경 유무 등을 심리하여 구체적·개별적으로 이루어져야 한다(대판 2023. 11. 2, 2023다249661).

9. 보증금

(1) 의 의

민법은 보증금에 관하여 아무런 규정을 두지 않았다. 결국 보증금의 법률문제는 학설·판례에 의해 해결하는 수밖에 없다. 보증금이란 부동산 임대차, 특히 건물임대차에 있어서 임차인의 채무 등을 담보하기 위하여 임차인 또는 제3자가 임대인에게 지급하는 금전 기타의 유가물을 말한다.

(2) 기 능

부동산 임대차에서 수수된 보증금은 차임채무, 목적물의 멸실·훼손 등으로 인한 손해배상채무 등 임대차에 따른 임차인의 모든 채무를 담보하는 기능(대판 2015. 3. 26, 2013다77225)을 한다. 이외에도 차임(월세)의 변칙적 지불방법으로 이용되기도 한다.

│판례│ ① 부동산 임대차에 있어서 수수된 보증금은 임료채무, 목적물의 멸실·훼손 등으로 인한 손해배상채무 등 **임대차관계에 따른 임차인의 모든 채무를 담보**하는 것으로서 그 피담보채무 상당액은 **임대차관계의 종료 후 목적물이 반환될 때**에 특별한 사정이 없는 한 **별도의 의사표시 없이 보증금에서 당연히 공제**된다(대판 1999. 12. 7, 99다50729).

② 임대차종료 전 임대차보증금이 임대인에게 교부되어 있더라도 임대인은 임대차관계가 계속되고 있는 동안에는 임대차보증금에서 연체차임을 충당할 것인지를 자유로이 선택할 수 있으므로, 임대차계약 종료 전에는 연체차임이 공제 등 별도의 의사표시 없이 임대차보증금에서 당연히 공제되는 것은 아니다(대판 2013. 2. 28, 2011다49608, 49615).

③ 임대차보증금은 임대차계약이 종료된 후 임차인이 목적물을 명도할 때까지 발생하는 차임 및 기타 임차인의 채무를 담보하기 위하여 교부되는 것이므로 특별한 사정이 없는 한 **임대차계약이 종료되었다 하더라도 목적물이 명도되지 않았다면** 임차인은 보증금이 있음을 이유로 연체차임의 지급을 거절할 수 없다(대판 1999. 7. 27, 99다24881).

④ **보증금이 수수된 임대차계약에서 차임채권이 양도되었다**고 하더라도, 임차인은 임대차계약이 종료되어 목적물을 반환할 때까지 연체한 차임 상당액을 보증금에서 공제할 것을 주장할 수 있다(대판 2015. 3. 26, 2013다77225). ☞ 차임채권의 양수인은 결국 양수채권을 실현할 수 없는 결과가 된다.

⑤ 임대보증금이 수수된 임대차계약에서 **차임채권에 관하여 압류 및 추심명령**이 있었다 하더라도, 당해 임대차계약이 종료되어 목적물이 반환될 때에는 그 때까지 추심되지 아니한 채 잔존하는 차임채권 상당액도 임대보증금에서 **당연히 공제**된다(대판 2004. 12. 23, 2004다56554 등).

⑥ **임차보증금 반환채권을 피전부채권으로 한 전부명령이 확정된 경우**, 제3채무자에게 송달한 때에 소급하여 그 효력이 발생하지만, **임차보증금 반환채권은 임대인의 채권이 발생하는 것을 해제조건으로 하여 발생하는 것**이므로, 임대차관계 종료 후 그 목적물이 명도되기까지 사이에 발생한 임대인의 채권을 공제한 잔액에 관하여서만 전부명령이 유효하다(대판 1998. 10. 20, 98다31905).

⑦ 상가건물 임대차보호법 제3조는 '대항력 등'이라는 표제로 제1항에서 대항력의 요건을 정하고, 제2항에서 "임차건물의 양수인(그 밖에 임대할 권리를 승계한 자를 포함한다)은 임대인의 지위를 승계한 것으로 본다"라고 정하고 있다. 이 조항은 임차인이 취득하는 대항력의 내용을 정한 것으로, 상가건물의 임차인이 제3자에 대한 대항력을 취득한 다음 임차건물의 양도 등으로 소유자가 변동된 경우에는 양수인 등 새로운 소유자(이하 '양수인'이라 한다)가 임대인의 지위를 당연히 승계한다는 의미이다. 소유권 변동의 원인이 매매 등 법률행위든 상속·경매 등 법률의 규정이든 상관없이 이 규정이 적용된다. 따라서 임대를 한 상가건물을 여러 사람이 공유하고 있다가 이를 분할하기 위한 경매절차에서 건물의 소유자가 바뀐 경우에도 양수인이 임대인의 지위를 승계한다. 위 조항에 따라 임차건물의 양수인이 임대인의 지위를 승계하면, 양수인은 임차인에게 임대보증금반환의무를 부담하고 임차인은 양수인에게 차임지급의무를 부담한다. 그러나 **임차건물의 소유권이 이전되기 전에 이미 발생한 연체차임이나 관리비 등**은 별도의 채권양도절차가 없는 한 원칙적으로 양수인에게 이전되지 않고 임대인만이 임차인에게 청구할 수 있다. 차임이나 관리비 등은 임차건물을 사용한 대가로서 임차인에게 임차건물을 사용하도록 할 당시의 소유자 등 처분권한 있는 자에게 귀속된다고 볼 수 있기 때문이다. 임대차계약에서 임대차보증금은 임대차계약 종료 후 목적물을 임대인에게 명도할 때까지 발생하는, 임대차에 따른 임차인의 모든 채무를 담보한다. 따라서 이러한 채무는 임대차관계 종료 후 목적물이 반환될 때에 특별한 사정이 없는 한 별도의 의사표시 없이 보증금에서 당연히 공제된다. 임차건물의 양수인이 건물 소유권을 취득한 후 임대차관계가 종료되어 임차인에게 임대차보증금을 반환해야 하는 경우에 **임대인의 지위를 승계하기**

전까지 발생한 연체차임이나 관리비 등이 있으면 이는 특별한 사정이 없는 한 임대차보증금에서 당연히 공제된다. 일반적으로 임차건물의 양도 시에 연체차임이나 관리비 등이 남아있더라도 나중에 임대차관계가 종료되는 경우 임대차보증금에서 이를 공제하겠다는 것이 당사자들의 의사나 거래관념에 부합하기 때문이다(대판 2017. 3. 22, 2016다218874).

⑧ 민법 제495조는 "소멸시효가 완성된 채권이 그 완성 전에 상계할 수 있었던 것이면 그 채권자는 상계할 수 있다"라고 규정하고 있다. 이는 당사자 쌍방의 채권이 상계적상에 있었던 경우에 당사자들은 채권·채무관계가 이미 정산되어 소멸하였다고 생각하는 것이 일반적이라는 점을 고려하여 당사자들의 신뢰를 보호하기 위한 것이다. 다만 이는 '자동채권의 소멸시효 완성 전에 양 채권이 상계적상에 이르렀을 것'을 요건으로 하는데, 임대인의 임대차보증금 반환채무는 임대차계약이 종료된 때에 비로소 이행기에 도달하므로, **임대차 존속 중 차임채권의 소멸시효가 완성된 경우**에는 소멸시효 완성 전에 임대인이 임대차보증금 반환채무에 관한 기한의 이익을 실제로 포기하였다는 등의 특별한 사정이 없는 한 양 채권이 상계할 수 있는 상태에 있었다고 할 수 없다. 그러므로 그 이후에 **임대인이 이미 소멸시효가 완성된 차임채권을 자동채권으로 삼아 임대차보증금 반환채무와 상계하는 것**은 민법 제495조에 의하더라도 인정될 수 없지만, 임대차 존속 중 차임이 연체되고 있음에도 임대차보증금에서 연체차임을 충당하지 않고 있었던 임대인의 신뢰와 차임연체 상태에서 임대차관계를 지속해 온 임차인의 묵시적 의사를 감안하면 연체차임은 민법 제495조의 유추적용에 의하여 **임대차보증금에서 공제할 수는 있다**(대판 2016. 11. 25, 2016다211309).

⑨ [1] 민법 제359조 전문의 '과실'에는 천연과실뿐만 아니라 법정과실도 포함되므로, 저당부동산에 대한 압류가 있으면 압류 이후의 저당권설정자의 저당부동산에 관한 차임채권 등에도 저당권의 효력이 미친다. 다만 저당부동산에 대한 경매절차에서 저당부동산에 관한 차임채권 등을 관리하면서 이를 추심하거나 저당부동산과 함께 매각할 수 있는 제도가 마련되어 있지 아니하므로, 저당권의 효력이 미치는 차임채권 등에 대한 저당권의 실행이 저당부동산에 대한 경매절차에 의하여 이루어질 수는 없고, 그 저당권의 실행은 저당권의 효력이 존속하는 동안에 채권에 대한 담보권의 실행에 관하여 규정하고 있는 민사집행법 제273조에 따른 채권집행의 방법으로 저당부동산에 대한 경매절차와 별개로 이루어질 수 있을 뿐이다. [2] 보증금이 수수된 저당부동산에 관한 임대차계약이 저당부동산에 대한 경매로 종료되었는데, 저당권자가 차임채권 등에 대하여는 **민사집행법 제273조에 따른 채권집행의 방법으로 별개로 저당권을 실행하지 아니한 경우**에 저당부동산에 대한 압류의 전후와 관계없이 임차인이 연체한 차임 등의 상당액이 임차인이 배당받을 보증금에서 당연히 공제됨은 물론, 저당권자가 차임채권 등에 대하여 **위와 같은 방법으로 별개로 저당권을 실행한 경우**에도 채권집행 절차에서 임차인이 실제로 차임 등을 지급하거나 공탁하지 아니하였다면 잔존하는 차임채권 등의 상당액은 임차인이 배당받을 보증금에서 당연히 공제된다(대판 2016. 7. 27, 2015다230020).

⑩ 임대차보증금 반환 채권을 양도함에 있어서 임대인이 아무런 이의를 보류하지 아니한 채 채권양도를 승낙하였어도 임차 목적물을 개축하는 등 하여 **임차인이 부담할 원상복구비용 상당의 손해배상액은 반환할 임대차보증금에서 당연히 공제할 수 있다**(대판 2002. 12. 10, 2002다52657).

⑪ 부동산임대차에서 임차인이 임대인에게 지급하는 임대차보증금은 임대차관계가 종료되어 목적물을 반환하는 때까지 임대차관계에서 발생하는 임차인의 모든 채무를 담보하는 것으로서, 임대인이 임차인을 상대로 차임연체로 인한 임대차계약의 해지를 원인으로 임대차목적물인 부동산의 인도 및 연체차임의 지급을 구하는 **소송비용은** 임차인이 부담할 원상복구비용 및 차임지급의무 불이행으로 인한 것이어서 임대차관계에서 발생하는 임차인의 채무에 해당하므로 이를 반환할 임대차보증금에서 당연히 공제할 수 있다(대판 2012. 9. 27, 2012다49490).

⑫ 임대차관계와 사실상 관련되어 있는 채무라고 하더라도, 그 임대차관계에서 당연히 발생하는 임차인의 채무가 아니라 그 **임대차계약과 별도로 이루어진 약정 등에 기하여 비로소 발생하는 채무**의 경우에는, 반환할 임대차보증금에서 당연히 공제할 수 있는 것은 아니다(대판 2015. 10. 29, 2015다32585).

⑬ 임대차계약서에 임차인의 원상복구의무를 규정하고 원상복구비용을 임대차보증금에서 공제할 수 있는 것으로 약정하였다 하더라도 **임대인이 원상복구할 의사 없이 임차인이 설치한 시설을 그대로 이용하여 타에 다시 임대하려 하는 경우**에는 원상복구비용을 임대차보증금에서 공제할 수 없다(대판 2002. 12. 10, 2002다52657).

(3) 종된 계약

보증금계약은 임대차에 종된 계약이며, 보증금반환청구권만의 양도도 가능하다.

> **판례**   ① 임차권의 양도가 금지된다 하더라도 임차보증금반환채권의 양도마저 금지되는 것은 아니므로 양도인은 양수인에 대하여 그 채권의 양도에 관하여 임대인에게 통지를 하거나 그에 대한 승낙을 받아 주어야 할 의무를 부담한다(대판 1993. 6. 25, 93다13131).
> ② 임대인이 임대차보증금반환청구채권의 양도통지를 받은 후에는 임대인과 임차인 사이에 임대차계약의 갱신이나 계약기간 연장에 관하여 명시적 또는 묵시적 합의가 있더라도 그 합의의 효과는 보증금반환채권의 양수인에 대하여는 미칠 수 없다(대판 1989. 4. 25, 88다카4253, 4260).

(4) 동시이행관계

> **판례**   ① 임대차계약의 기간이 만료된 경우에 임차인이 임차목적물을 명도할 의무와 임대인이 보증금중 연체차임 등 당해 임대차에 관하여 명도시까지 생긴 모든 채무를 청산한 나머지를 반환할 의무는 모두 이행기에 도달하고 이들 의무상호간에는 동시이행의 관계가 있다고 보는 것이 상당하다[대판(전합) 1977. 9. 28, 77다1241, 1242].
> ② 임대차계약이 종료되면 임차인은 목적물을 반환하고 임대인은 연체차임을 공제한 나머지 보증금을 반환해야 한다. 이러한 임차인의 목적물반환의무와 임대인의 보증금반환의무는 **동시이행관계**에 있으므로, 임대인이 임대차보증금의 반환의무를 이행하거나 적법하게 이행제공을 하는 등으로 임차인의 동시이행항변권을 상실시키지 않은 이상, 임대차계약 종료 후 **임차인이 목적물을 계속 점유**하더라도 그 점유를 불법점유라고 할 수 없고 임차인은 이에 대한 손해배상의무를 지지 않는다. 그러나 임차인이 그러한 **동시이행항변권을 상실하였는데도 목적물의 반환을 계속 거부하면서 점유**하고 있다면, 달리 점유에 관한 적법한 권원이 인정될 수 있는 특별한 사정이 없는 한 이러한 점유는 **적어도 과실에 의한 점유로서 불법행위를 구성한다**(대판 2020. 5. 14, 2019다252042).
> ③ 건물매수인이 아직 건물의 소유권을 취득하지 못한 채 매도인의 동의를 얻어 제3자에게 임대하였으나 매수인(임대인)의 채무불이행으로 매도인이 매매계약을 해제하고 임차인에게 건물의 명도를 구하는 경우 임차인은 매도인에 대한 관계에서 건물의 전차인의 지위와 흡사하다 할 것인바, 임대인의 동의 있는 전차인도 임차인의 채무불이행으로 임대차계약이 해지되면 특단의 사정이 없는 한 임대인에 대해서 전차인의 전대인에 대한 권리를 주장할 수가 없고, 또 임차인이 매매계약목적물에 대하여 직접 임차권을 취득했다고 보더라도, 대항력을 갖추지 아니한 상태에서는 그 매매계약이 해제되어 소급적으로 실효되면 그 권리를 보호받을 수가 없다는 점에 비추어 볼 때, 임차인의 건물명도의무와 매수인(임대인)의 보증금반환의무를 동시이행관계에 두는 것은 오히려 공평의 원칙에 반한다 할 것이다(대판 1990. 12. 7, 90다카24939).

10. 권리금

(1) 의 의

권리금의 지급은 임대차계약의 내용을 이루는 것은 아니고 권리금자체는 영업시설·비품 등의 유형물이나 거래처·신용 등, 또는 영업상의 이점 등 무형의 재산적 가치의 양도 또는 일정기간 동안의 이용대가라고 볼 수 있다(대판 2001. 4. 10, 2000다59050 등). 이러한 권리금을 보호하기 위하여 상가건물임대차 보호법은 권리금의 정의와 그 보호규정을 두고 있다(동법 제10조의3 이하 참조).

(2) 보증금과의 차이

통상 권리금은 새로운 임차인으로부터만 지급받을 수 있을 뿐이고 임대인에 대하여는 지급을 구할 수 없는 것이다(대판 2000. 4. 11, 2000다4517, 4524).

II. 주택임대차보호법

1. 대항력

> **제3조(대항력 등)**
> ① 임대차는 그 등기가 없는 경우에도 임차인이 주택의 인도와 주민등록을 마친 때에는 그 다음 날부터 제삼자에 대하여 효력이 생긴다. 이 경우 전입신고를 한 때에 주민등록이 된 것으로 본다.
> ④ 임차주택의 양수인(그 밖에 임대할 권리를 승계한 자를 포함한다)은 임대인의 지위를 승계한 것으로 본다.

주택임차권의 대항요건은 주택의 인도와 주민등록이다. 주민등록은 그 대항력 취득시 뿐만 아니라 그 대항력을 유지하기 위하여서도 계속 존속하고 있어야 한다.

> 대항력 : 주택의 인도 + 전입신고(주민등록) 후 그 익일
> 우선변제효 : 대항력 + 확정일자
> *최우선변제효(소액임차인보호) : 대항력만으로 가능

> **판례** ① 주택의 임차인이 제3자에 대한 대항력을 구비한 후 임차 주택의 소유권이 양도된 경우에는, 그 양수인이 임대인의 지위를 승계하게 되고, 임차보증금 반환채무도 주택의 소유권과 결합하여 일체로서 이전하며, 이에 따라 양도인의 위 채무는 소멸한다 할 것이므로, 주택 양수인이 임차인에게 임대차보증금을 반환하였다 하더라도, 이는 자신의 채무를 변제한 것에 불과할 뿐, 양도인의 채무를 대위변제한 것이라거나, 양도인이 위 금액 상당의 반환채무를 면함으로써 법률상 원인 없이 이익을 얻고 양수인이 그로 인하여 위 금액 상당의 손해를 입었다고 할 수 없다(대판 1993. 7. 16, 93다17324).
> ② 주택임차인은 주택임대차보호법 제3조 제1항에서 정한 주택의 인도와 주민등록을 구비하면 대항력을 취득

하고 대항요건이 존속되는 한 대항력은 계속 유지된다. 한편 주택임대차보호법에 정한 대항력과 우선변제권 두 가지 권리를 겸유하고 있는 임차인이 **먼저 우선변제권을 선택하여 임차주택에 대하여 진행되고 있는 경매절차에서 배당요구를 하였으나 보증금 전액을 배당받지 못한 경우** 임차인은 여전히 대항요건을 유지함으로써 **임대차관계의 존속을 주장할 수 있으므로**, 임차인이 대항력을 구비한 후 임차주택을 양수한 자는 그와 같이 존속되는 임대차의 임대인 지위를 당연히 승계한다(대판 2023. 2. 2, 2022다255126).

③ 주택의 **공동임차인 중 1인이라도** 주택임대차보호법 제3조 제1항에서 정한 **대항력 요건을 갖추게 되면 그 대항력은 임대차 전체에 미치므로**, 임차 건물이 양도되는 경우 특별한 사정이 없는 한 **공동임차인에 대한 보증금반환채무 전부가** 임대인 지위를 승계한 양수인에게 이전되고 양도인의 채무는 소멸한다. 이러한 법리는 계약당사자 사이에 **공동임차인의 임대차보증금 지분을 별도로 정한 경우에도 마찬가지이다**(대판 2021. 10. 28, 2021다238650).

④ 주택임대차보호법 제3조 제3항은 같은 조 제1항이 정한 대항요건을 갖춘 임대차의 목적이 된 임대주택(이하 '임대주택'은 주택임대차보호법의 적용대상인 임대주택을 가리킨다)의 양수인은 임대인의 지위를 승계한 것으로 본다고 규정하고 있는바, 이는 법률상의 당연승계 규정으로 보아야 하므로, 임대주택이 양도된 경우에 양수인은 주택의 소유권과 결합하여 임대인의 임대차 계약상의 권리·의무 일체를 그대로 승계하며, 그 결과 **양수인이 임대차보증금반환채무를 면책적으로 인수하고, 양도인은 임대차관계에서 탈퇴하여 임차인에 대한 임대차보증금반환채무를 면하게 된다**…중략…임차인의 임대차보증금반환채권이 가압류된 상태에서 **임대주택이 양도되면** 양수인이 채권가압류의 제3채무자의 지위도 승계하고, 가압류권자 또한 임대주택의 양도인이 아니라 **"양수인에 대하여만" 위 가압류의 효력을 주장할 수 있다**고 보아야 한다[대판(전합) 2013. 1. 17, 2011다49523].

｜동지판례｜ 이는 **임차인이 임대차보증금반환채권에 질권을 설정하고 임대인이 그 질권설정을 승낙한 후에 임대주택이 양도된 경우에도 마찬가지**라고 보아야 한다. 따라서 이 경우에도 임대인은 구 주택임대차법 제3조 제3항에 의해 임대차관계에서 탈퇴하고 임차인에 대한 임대차보증금반환채무를 면하게 된다(대판 2018. 6. 19, 2018다201610).

｜비교판례｜ 구 주택임대차보호법(2013. 8. 13. 법률 제12043호로 개정되기 전의 것, 이하 같다) 제3조 제1항에 따라 대항력을 갖춘 임차인이 있는 경우 같은 조 제3항에 따라 임차주택의 양수인은 임대인의 지위를 승계한 것으로 본다. 그 결과 임차주택의 양수인은 임대차보증금반환채무를 면책적으로 인수하고, 양도인은 임대차관계에서 탈퇴하여 임차인에 대한 임대차보증금반환채무를 면하게 된다. 그러나 **임차주택의 양수인에게 대항할 수 있는 임차권자라도 스스로 임대차관계의 승계를 원하지 아니할 때에는 승계되는 임대차관계의 구속을 면할 수 있다**고 보아야 하므로, 임대차기간의 만료 전에 임대인과 합의에 의하여 **임대차계약을 해지**하고 임대인으로부터 임대차보증금을 반환받을 수 있으며, **이러한 경우 임차주택의 양수인은 임대인의 지위를 승계하지 아니한다**(대판 2018. 12. 27, 2016다265689).

2. 보증금의 회수(우선변제권 등)

> **제3조의2(보증금의 회수)**
> ② 제3조 제1항·제2항 또는 제3항의 대항요건과 임대차계약증서(제3조 제2항 및 제3항의 경우에는 법인과 임대인 사이의 임대차계약증서를 말한다)상의 확정일자를 갖춘 임차인은 「민사집행법」에 따른 경매 또는 「국세징수법」에 따른 공매를 할 때에 임차주택(대지를 포함한다)의 환가대금에서 후순위권리자나 그 밖의 채권자보다 우선하여 보증금을 변제받을 권리가 있다.
>
> **제8조(보증금 중 일정액의 보호)**
> ① 임차인은 보증금 중 일정액을 다른 담보물권자보다 우선하여 변제받을 권리가 있다. 이 경우 임차인은 주택에 대한 경매신청의 등기 전에 제3조제1항의 요건을 갖추어야 한다.

주택임대차보호법 제8조는 이른바 소액임차인의 최우선변제권을 규정한 것이다.

3. 임차권등기명령

> **제3조의3(임차권등기명령)**
> ① 임대차가 끝난 후 보증금이 반환되지 아니한 경우 임차인은 임차주택의 소재지를 관할하는 지방법원·지방법원지원 또는 시·군 법원에 임차권등기명령을 신청할 수 있다.
> ⑤ 임차인은 임차권등기명령의 집행에 따른 임차권등기를 마치면 제3조 제1항·제2항 또는 제3항에 따른 대항력과 제3조의2 제2항에 따른 우선변제권을 취득한다. 다만, 임차인이 임차권등기 이전에 이미 대항력이나 우선변제권을 취득한 경우에는 그 대항력이나 우선변제권은 그대로 유지되며, 임차권등기 이후에는 제3조 제1항·제2항 또는 제3항의 대항요건을 상실하더라도 이미 취득한 대항력이나 우선변제권을 상실하지 아니한다.

임대차의 존속기간이 종료되더라도 임차권등기가 경료되지 않은 상태에서 주민등록을 이전하면 그 즉시 대항력을 상실한다(제3조의3 참조). 따라서 임차권등기명령제도가 필요한 것이다. 즉 이미 대항력과 우선변제권을 취득한 자가 법원에 의하여 임차권등기명령을 받아 임차권등기를 경료하면, 등기 이후에 주민등록을 퇴거하더라도 임차권의 대항력과 우선변제권을 유지할 수 있다.

> **판례** 임대차에서 보증금반환과 목적물반환은 동시이행관계에 있으나, 주택임대차보호법 제3조의3 규정에 의한 임차권등기가 있는 경우, 담보적 기능만을 주목적으로 하는 점 등에 비추어 볼 때, **임대인의 임대차보증금의 반환의무가 임차인의 임차권등기 말소의무보다 먼저 이행되어야 할 의무이다**(대판 2005. 6. 9, 2005다4529).

Ⅲ. 상가건물임대차보호법

제3조(대항력 등)

① 임대차는 그 등기가 없는 경우에도 임차인이 건물의 인도와 「부가가치세법」 제8조, 「소득세법」 제168조 또는 「법인세법」 제111조에 따른 사업자등록을 신청하면 그 다음 날부터 제3자에 대하여 효력이 생긴다.

② 임차건물의 양수인(그 밖에 임대할 권리를 승계한 자를 포함한다)은 임대인의 지위를 승계한 것으로 본다.

제5조(보증금의 회수)

② 제3조제1항의 대항요건을 갖추고 관할 세무서장으로부터 임대차계약서상의 확정일자를 받은 임차인은 「민사집행법」에 따른 경매 또는 「국세징수법」에 따른 공매 시 임차건물(임대인 소유의 대지를 포함한다)의 환가대금에서 후순위권리자나 그 밖의 채권자보다 우선하여 보증금을 변제받을 권리가 있다.

제10조의8(차임연체와 해지)

임차인의 차임연체액이 3기의 차임액에 달하는 때에는 임대인은 계약을 해지할 수 있다.

제7절 고 용

제655조(고용의 의의)

고용은 당사자 일방이 상대방에 대하여 노무를 제공할 것을 약정하고 상대방이 이에 대하여 보수를 지급할 것을 약정함으로써 그 효력이 생긴다.

　고용은 쌍무·유상·낙성·불요식의 계약이다. 다만 근로기준법에서는 친권자 또는 후견인은 미성년자의 근로계약을 대리할 수 없다고 규정한다(동법 제53조 제1항). 한편 임금청구에 대하여는 미성년자가 단독으로 청구할 수 있다는 것이 판례이다.

제8절 도 급

제664조(도급의 의의)

도급은 당사자 일방이 어느 일을 완성할 것을 약정하고 상대방이 그 일의 결과에 대하여 보수를 지급할 것을 약정함으로써 그 효력이 생긴다.

> **제665조(보수의 지급시기)**
> ① 보수는 그 완성된 목적물의 인도와 동시에 지급하여야 한다. 그러나 목적물의 인도를 요하지 아니하는 경우에는 그 일을 완성한 후 지체없이 지급하여야 한다.
> ② 전항의 보수에 관하여는 제656조 제2항의 규정을 준용한다.

1. 일반론

(1) 의 의

도급은 당사자 일방이 어느 일을 완성할 것을 약정하고 상대방이 그 일의 결과에 대하여 보수를 지급할 것을 약정함으로써 성립하는 계약이다(제664조). 도급계약은 쌍무·유상·낙성·불요식의 계약이다. 보수의 종류에는 제한이 없으며, 금전에 한하지 않는다.

(2) 도급계약의 특징

도급은 일의 완성을 목적으로 하는 계약으로서 '일'이란, 유형적인 것이든(예컨대 건물의 축조), 무형적인 것이든(예컨대 병의 치료·음악의 연주) 불문한다. 이처럼 '일의 완성'에 주안을 둔 점에서, '일의 처리'자체에 주안을 둔 위임(제680조)과 구별된다. 완성의 결과에 주안을 두기 때문에 수급인은 원칙적으로 제3자(하수급인)를 사용할 수 있다. 한편 도급인은 수급인이 일을 '완성'하는 것을 조건으로 보수를 지급한다. 완성시키지 못하는 한 보수의 일부도 청구할 수 없는 것이 원칙이다. 다만 수급인이 일을 미완성하였다고 하더라도 그 일의 결과에 대하여 도급인에게 이익이 되는 경우, 판례는 보수의 지급을 기성고비율에 따라 인정한다.

(3) 수급인의 저당권설정청구권(제666조)

> **제666조(수급인의 목적부동산에 대한 저당권설정청구권)**
> 부동산공사의 수급인은 전조의 보수에 관한 채권을 담보하기 위하여 그 부동산을 목적으로 한 저당권의 설정을 청구할 수 있다.

1) 채권적 청구권

민법은 특히 부동산수급인의 보수채권을 확보하기 위해서 저당권 설정청구권을 부여하고 있다(제666조). 통설 및 판례에 따르면 이를 채권적 청구권으로 이해하므로 부동산 공사수급인에게는 저당권 설정을 위한 등기청구권이 주어진다고 볼 것이다. 따라서 위 청구권은 형성권이 아니며 등기하여야 저당권이 성립한다.

판 례 [1] 건물신축공사에 관한 도급계약에서 수급인이 자기의 노력과 출재로 건물을 완성하여 소유권이 수급인에게 귀속된 경우에는 수급인으로부터 건물신축공사 중 일부를 도급받은 **하수급인도** 수급인에 대하여 민법 제666조에 따른 저당권설정청구권을 가진다.

[2] 도급받은 공사의 공사대금채권은 민법 제163조 제3호에 따라 3년의 단기소멸시효가 적용되고, 공사에 부수되는 채권도 마찬가지인데, 민법 제666조에 따른 저당권설정청구권은 공사대금채권을 담보하기 위하여 저당권설정등기절차의 이행을 구하는 **채권적 청구권**으로서 공사에 부수되는 채권에 해당하므로 소멸시효기간 역시 3년이다.

[3] 건물신축공사에서 하수급인의 수급인에 대한 민법 제666조에 따른 저당권설정청구권(이하 '저당권설정청구권'이라 한다)은 수급인이 건물의 소유권을 취득하면 성립하고 특별한 사정이 없는 한 그때부터 권리를 행사할 수 있지만, 건물 소유권의 귀속주체는 하수급인의 관여 없이 도급인과 수급인 사이에 체결된 도급계약의 내용에 따라 결정되고, 더구나 건물이 완성된 이후 소유권 귀속에 관한 법적 분쟁이 계속되는 등으로 하수급인이 수급인을 상대로 저당권설정청구권을 행사할 수 있는지를 객관적으로 알기 어려운 상황에 있어 과실 없이 이를 알지 못한 경우에도 청구권이 성립한 때부터 소멸시효가 진행한다고 보는 것은 정의와 형평에 맞지 않을 뿐만 아니라 소멸시효 제도의 존재이유에도 부합한다고 볼 수 없다. 그러므로 이러한 경우에는 객관적으로 하수급인이 저당권설정청구권을 행사할 수 있음을 알 수 있게 된 때부터 소멸시효가 진행한다(대판 2016. 10. 27, 2014다211978).

2) 사해행위문제

신축건물의 도급인이 민법 제666조가 정한 수급인의 저당권설정청구권의 행사에 따라 공사대금채무의 담보로 그 건물에 저당권을 설정하는 행위는 특별한 사정이 없는 한 사해행위에 해당하지 아니한다(대판 2008. 3. 27, 2007다78616, 78623).

> **판례** 민법 제666조에서 정한 수급인의 저당권설정청구권은 공사대금채권을 담보하기 위하여 인정되는 채권적 청구권으로서 공사대금채권에 부수하여 인정되는 권리이므로, 당사자 사이에 공사대금채권만을 양도하고 저당권설정청구권은 이와 함께 양도하지 않기로 약정하였다는 등의 특별한 사정이 없는 한, 공사대금채권이 양도되는 경우 저당권설정청구권도 이에 수반하여 함께 이전된다고 봄이 타당하다. 따라서 신축건물의 수급인으로부터 공사대금채권을 양수받은 자의 저당권설정청구에 의하여 신축건물의 도급인이 그 건물에 저당권을 설정하는 행위 역시 다른 특별한 사정이 없는 한 사해행위에 해당하지 아니한다고 할 것이다(대판 2018. 11. 29, 2015다19827).

2. 제작물공급계약

(1) 의 의

제작물공급계약이란 수급인이 자기의 재료를 사용하여 도급인이 주문한 대체물·부대체물을 제작·완성하여 도급인에게 그 목적물의 소유권을 이전해야 할 의무를 부담하고, 도급인은 이에 대해 보수를 지급할 의무를 부담하는 쌍무·유상계약이다.

(2) 성 질

> **판례** 제작물공급계약은 그 제작의 측면에서는 도급의 성질이 있고 공급의 측면에서는 매매의 성질이 있어 이러한 계약은 대체로 매매와 도급의 성질을 함께 가지고 있는 것으로서 그 적용법률은 계약에 의하여 제작공급

하여야 할 물건이 **대체물**인 경우에는 매매로 보아서 **매매**에 관한 규정이 적용된다고 할 것이나 물건이 특정의 주문자의 수요를 만족시키기 위한 **부대체물**인 경우에는 당해 물건의 공급과 함께 그 제작이 계약의 주목적이 되어 **도급**의 성질을 강하게 띠고 있다 할 것이므로 이 경우에는 매매에 관한 규정이 당연히 적용된다고 할 수 없다(대판 1987. 7. 21, 86다카2446). 따라서 甲 회사가 乙 회사와 승강기 제작 및 설치 공사계약을 체결한 사안에서, 甲 회사가 위 계약에 따라 제작·설치하기로 한 승강기가 乙 회사가 신축하는 건물에 맞추어 일정한 사양으로 특정되어 있으므로, 그 계약은 대체가 어렵거나 불가능한 제작물의 공급을 목적으로 하는 계약으로서 도급의 성질을 갖고 있다(대판 2010. 11. 25, 2010다56685).

(3) 보수지급시기

제작물공급계약에서 보수의 지급시기에 관하여 당사자 사이의 특약이나 관습이 없으면 도급인은 완성된 목적물을 인도받음과 동시에 수급인에게 보수를 지급하는 것이 원칙이고, 이때 목적물의 인도는 완성된 목적물에 대한 단순한 점유의 이전만을 의미하는 것이 아니라 도급인이 목적물을 검사한 후 그 목적물이 계약내용대로 완성되었음을 명시적 또는 묵시적으로 시인하는 것까지 포함하는 의미이다(대판 2006. 10. 13, 2004다21862).

(4) 입증책임

판례 도급계약에 있어 일의 완성에 관한 주장·입증책임은 일의 결과에 대한 보수의 지급을 청구하는 수급인에게 있고, 제작물공급계약에서 일이 완성되었다고 하려면 당초 예정된 최후의 공정까지 일단 종료하였다는 점만으로는 부족하고 목적물의 주요구조 부분이 약정된 대로 시공되어 사회통념상 일반적으로 요구되는 성능을 갖추고 있어야 하므로, 제작물공급에 대한 보수의 지급을 청구하는 수급인으로서는 그 목적물 제작에 관하여 계약에서 정해진 최후 공정을 일단 종료하였다는 점뿐만 아니라 그 목적물의 주요구조 부분이 약정된대로 시공되어 사회통념상 일반적으로 요구되는 성능을 갖추고 있다는 점까지 주장·입증하여야 한다(대판 2006. 10. 13, 2004다21862).

3. 하도급(하청)

판례 ① 공사도급계약에 있어서 당사자 사이에 특약이 있거나 일의 성질상 수급인 자신이 하지 않으면 채무의 본지에 따른 이행이 될 수 없다는 등의 특별한 사정이 없는 한 반드시 수급인 자신이 직접 일을 완성하여야 하는 것은 아니고, 이행보조자 또는 이행대행자를 사용하더라도 공사도급계약에서 정한 대로 공사를 이행하는 한 계약을 불이행하였다고 볼 수 없다(대판 2002. 4. 12, 2001다82545, 82552)
② 도급계약에 있어서 완성된 목적물에 하자가 있는 때에는 도급인은 수급인에 대하여 하자의 보수를 청구할 수 있고 그 하자의 보수에 갈음하여 또는 보수와 함께 손해배상을 청구할 수 있는바, 이들 청구권은 수급인의 공사대금채권과 동시이행관계에 있으므로 수급인의 하수급인에 대한 **하도급 공사대금채무를 인수**한 도급인은 수급인이 하수급인과 사이의 하도급계약상 동시이행의 관계에 있는 수급인의 하수급인에 대한 하자보수청구권 내지 하자에 갈음한 손해배상채권 등에 기한 **동시이행의 항변으로써 하수급인에게 대항할 수 있다**[대판 2007. 10. 11, 2007다31914].

4. 도급에 있어 완성물의 소유권귀속문제

(1) 특약이 없는 경우(이른바 재료제공설)

1) 도급인이 재료의 전부 또는 주요부분을 공급하는 경우 완성된 물건의 소유권은 그 물건이 동산이냐 부동산이냐에 관계없이 모두 원시적으로 도급인에 속한다(통설).

2) **수급인이 재료의 전부 또는 주요부분을 제공한 경우** 학설은 대립하며, 판례는 완성된 물건의 소유권은 **수급인**에게 속한다고 한다.

(2) 특약이 있는 경우

> **판례** 일반적으로 자기의 노력과 재료를 들여 건물을 건축한 사람이 그 건물의 소유권을 원시취득하는 것이지만, 도급계약에 있어서는 수급인이 자기의 노력과 재료를 들여 건물을 완성하더라도 **도급인과 수급인 사이에 도급인 명의로 건축허가를 받아 소유권보존등기를 하기로 하는 등 완성된 건물의 소유권을 도급인에게 귀속시키기로 합의**한 것으로 보일 경우에는 그 건물의 소유권은 **도급인**에게 원시적으로 귀속된다[대판(전합) 2003. 12. 18, 98다43601].

> **비교판례** 건축업자가 타인의 대지를 매수하여 계약금만 지급하거나 대금을 전혀 지급하지 아니한 채 그 지상에 자기의 노력과 재료를 들여 건물을 건축하면서 건축허가 명의를 대지소유자로 하는 경우에는 그 목적이 대지대금채무를 담보하기 위한 경우가 일반적이고, **채무의 담보를 위하여 채무자가 자기의 비용과 노력으로 신축하는 건물의 건축허가 명의를 채권자 명의로 하였다면** 이는 완성될 건물을 담보로 제공하기로 하는 합의로서 법률행위에 의한 담보권의 설정이라 할 것이므로, 완성된 건물의 소유권은 **일단 이를 건축한 채무자가 원시적으로 취득**한 후 채권자 명의로 소유권보존등기를 마침으로써 **담보목적의 범위 내에서 채권자에게 그 소유권이 이전된다**고 보아야 한다(대판 2001. 3. 13, 2000다48517, 48524, 48531).

5. 도급에서의 담보책임

제667조(수급인의 담보책임)

① 완성된 목적물 또는 완성전의 성취된 부분에 하자가 있는 때에는 도급인은 수급인에 대하여 상당한 기간을 정하여 그 하자의 보수를 청구할 수 있다. 그러나 하자가 중요하지 아니한 경우에 그 보수에 과다한 비용을 요할 때에는 그러하지 아니하다.
② 도급인은 하자의 보수에 갈음하여 또는 보수와 함께 손해배상을 청구할 수 있다.
③ 전항의 경우에는 제536조의 규정을 준용한다.

제668조(동전-도급인의 해제권)

도급인이 완성된 목적물의 하자로 인하여 계약의 목적을 달성할 수 없는 때에는 계약을 해제할 수 있다. 그러나 건물 기타 토지의 공작물에 대하여는 그러하지 아니하다.

> **제669조(동전-하자가 도급인의 제공한 재료 또는 지시에 기인한 경우의 면책)**
> 전2조의 규정은 목적물의 하자가 도급인이 제공한 재료의 성질 또는 도급인의 지시에 기인한 때에는
> 적용하지 아니한다. 그러나 수급인이 그 재료 또는 지시의 부적당함을 알고 도급인에게 고지하지 아
> 니한 때에는 그러하지 아니하다.

(1) 의 의

도급은 유상계약이므로, 그 담보책임에 관해서는 매도인의 담보책임에 관한 규정이 준용될 것이
지만(제567조), 도급의 목적물에 대한 하자는 단지 재료의 하자에 의해서 생길 뿐만이 아니고, 수급
인의 일을 하는 방법에 불완전한 점이 있는 경우에도 생기므로 민법은 수급인의 담보책임에 관해
따로 특별규정을 두고 있다. 따라서 수급인의 담보책임의 규정은 매매의 하자담보책임의 특칙이라
고 해석된다.

(2) 특 징

수급인의 담보책임은 무과실책임이다.

> **판례** 수급인의 하자담보책임에 관한 민법 제667조는 법이 특별히 인정한 **무과실책임**으로서 여기에 민법 제
> 396조의 과실상계 규정이 준용될 수는 없다 하더라도 담보책임이 민법의 지도이념인 공평의 원칙에 입각한
> 것인 이상 하자발생 및 그 확대에 가공한 도급인의 잘못을 참작하여 손해배상의 범위를 정함이 상당하다(대판
> 1990. 3. 9, 88다카31866).

(3) 구체적 내용

1) 하자보수청구권과 손해배상청구권

⑺ 일반론

도급계약에 있어서 완성된 목적물에 하자가 있는 때에는 도급인은 수급인에 대하여 하자의 보수를
청구할 수 있고 그 하자의 보수에 갈음하여 또는 보수와 함께 손해배상을 청구할 수 있음이 원칙이다.
이들 청구권은 특별한 사정이 없는 한 수급인의 보수지급청구권과 동시이행의 관계에 있다.

> **판례** ① 액젓 저장탱크의 제작·설치공사 도급계약에 의하여 완성된 저장탱크에 균열이 발생한 경우, **보수비**
> **용**은 민법 제667조 제2항에 의한 수급인의 하자담보책임 중 하자보수에 갈음하는 손해배상이고, **액젓 변질**
> **로 인한 손해배상**은 위 하자담보책임을 넘어서 수급인이 도급계약의 내용에 따른 의무를 제대로 이행하지 못
> 함으로 인하여 도급인의 신체·재산에 발생한 손해(=확대손해, 편집자 주)에 대한 배상으로서 양자는 별개의 권
> 원에 의하여 경합적으로 인정된다(대판 2004. 8. 20, 2001다70337).
> ② 민법 제667조 제2항의 하자보수에 갈음한 손해배상청구권은 보수청구권과 병존하여 처음부터 도급인에게
> 존재하는 권리이고, 일반적으로 손해배상청구권은 사회통념상 현실적으로 손해가 발생한 때에 성립하는 것이

므로, 하자보수에 갈음한 손해배상청구권은 **하자가 발생하여 보수가 필요하게 된 시점**에 구체적으로 성립한다(대판 2014. 9. 4, 2013다29448).

(나) 동시이행관계

(ㄱ) 도급계약에 있어서 완성된 목적물에 하자가 있는 때에는 도급인은 수급인에 대하여 **하자의 보수를 청구할 수 있고, 그 하자의 보수에 갈음하여 또는 보수와 함께 손해배상을 청구할 수 있는바, 이들 청구권**은 특별한 사정이 없는 한 **수급인의 보수지급청구권**과 동시이행의 관계에 있다고 할 것이다(대판 2001. 6. 15, 2001다21632).

> **판례** ① 수급인이 도급계약에 따른 의무를 제대로 이행하지 못함으로 말미암아 도급인에게 손해가 발생한 경우 그와 같은 **하자확대손해**로 인한 수급인의 손해배상채무와 도급인의 보수지급채무 역시 동시이행관계에 있는 것으로 보아야 한다(대판 2007. 8. 23, 2007다26455).
> ② 공사도급계약상 도급인의 **지체상금채권**과 수급인의 공사대금채권은 특별한 사정이 없는 한 동시이행의 관계에 있다고 할 수 없다(대판 2015. 8. 27, 2013다81224).
> ③ 기성고에 따라 공사대금을 분할하여 지급하기로 약정한 경우라도 특별한 사정이 없는 한 하자보수의무와 동시이행관계에 있는 공사대금지급채무는 **당해 하자가 발생한 부분의 기성공사대금에 한정되는 것은 아니**라고 할 것이다. 왜냐하면, 이와 달리 본다면 도급인이 하자발생사실을 모른 채 하자가 발생한 부분에 해당하는 기성공사의 대금을 지급하고 난 후 뒤늦게 하자를 발견한 경우에는 동시이행의 항변권을 행사하지 못하게 되어 공평에 반하기 때문이다(대판 2001. 9. 18, 2001다9304).

(ㄴ) 상응하는 범위내

도급인이 하자의 보수에 갈음하여 손해배상을 청구하는 경우에는 수급인이 그 손해배상청구에 관하여 채무이행을 제공할 때까지 그 **손해배상의 액에 상응하는 보수의 액에 관하여만** 자기의 채무이행을 거절할 수 있을 뿐, 그 **나머지 액의 보수에 관하여는** 지급을 거절할 수 없다(대판 1991. 12. 10, 91다33056). 따라서 도급인이 인도받은 목적물에 하자가 있는 것만을 이유로, **하자의 보수나 하자의 보수에 갈음하는 손해배상을 청구하지 아니하고** 막바로 보수의 지급을 거절할 수는 없다(대판 1991. 12. 10, 91다33056). ☞ 도급인이 완성된 목적물에 하자가 있는 것을 이유로 삼아 보수의 지급을 거절하기 위하여서는 먼저, 그 하자의 보수를 청구하는 것인지, 아니면 하자의 보수에 갈음하여 손해배상을 청구하는 것인지, 또는 하자의 보수와 함께 손해배상을 아울러 청구하는 것인지를 명료하게 하지 않으면 안되기 때문이다.

(다) 하자보수청구(제667조 제1항)와 손해배상청구(제667조 제2항)의 관계

(ㄱ) **하자가 중요하지 아니하면서 동시에 그 보수에 과다한 비용을 요하는 경우**에는 도급인은 하자보수나 하자보수에 갈음하는 손해배상을 청구할 수 없고, 그 **하자로 인하여 입은 손해의** 배상만을 청구할 수 있다. 이러한 경우 하자로 인하여 입은 통상의 손해는 특별한 사정이 없는

한 도급인이 하자 없이 시공하였을 경우의 목적물의 교환가치와 하자가 있는 현재의 상태대로의 교환가치와의 차액이 된다(대판 1998. 3. 13, 97다54376).

(ㄴ) 반면 **하자가 중요한 경우**에는 – 비록 보수에 과다한 비용이 필요하더라도 – 그 보수에 갈음하는 즉 **실제로 보수에 필요한 비용**이 모두 손해배상에 포함된다.

> **판례** ① 하자가 중요한 경우에는 비록 보수에 과다한 비용이 필요하더라도 보수에 갈음하는 비용, 즉 실제로 보수에 필요한 비용이 모두 손해배상에 포함된다. 나아가 완성된 건물 기타 토지의 공작물(이하 '건물 등'이라 한다)에 중대한 하자가 있고 이로 인하여 건물 등이 무너질 위험성이 있어서 보수가 불가능하고 다시 건축할 수밖에 없는 경우에는, 특별한 사정이 없는 한 건물 등을 철거하고 다시 건축하는 데 드는 비용 상당액을 하자로 인한 손해배상으로 청구할 수 있다(대판 2016. 8. 18, 2014다31691, 31707).
> ② 하자가 중요한 경우의 그 손해배상의 액수 즉 하자보수비는 목적물의 완성시가 아니라 하자보수 청구시 또는 손해배상 청구시를 기준으로 산정함이 상당하다(대판 1998. 3. 13, 95다30345).

(라) 이행지체시점

집합건물법 제9조에 의하여 준용되는 민법 제667조가 정하는 수급인의 하자보수에 갈음하는 손해배상채무는 이행의 기한이 없는 채무로서 이행청구를 받은 때부터 지체책임이 있다(대판 2009. 2. 26, 2007다83908).

(마) 동시이행관계에도 불구하고 상계 가능

도급인은 하자보수에 갈음한 손해배상채권을 자동채권으로 하고 수급인의 공사잔대금 채권을 수동채권으로 하여 상계할 수 있다(대판 1996. 7. 12, 96다7250). 항변권이 부착된 채권을 자동채권으로는 상계할 수 없는 것이 원칙이나, 상계의 대상이 될 수 있는 자동채권과 수동채권이 서로 동시이행관계에 있다면 특별한 사정이 없는 한 결제의 간편을 위하여 상계가 허용되기 때문이다.

(바) 채무불이행책임과의 경합

도급계약에 따라 완성된 목적물에 하자가 있는 경우, **수급인의 하자담보책임과 채무불이행책임은 별개의 권원에 의하여 경합적으로 인정된다.** 목적물의 하자를 보수하기 위한 비용은 수급인의 하자담보책임과 채무불이행책임에서 말하는 손해에 해당한다. 따라서 도급인은 하자보수비용을 민법 제667조 제2항에 따라 하자담보책임으로 인한 손해배상으로 청구할 수도 있고, 민법 제390조에 따라 채무불이행으로 인한 손해배상으로 청구할 수도 있다. 하자보수를 갈음하는 손해배상에 관해서는 민법 제667조 제2항에 따른 하자담보책임만이 성립하고 민법 제390조에 따른 채무불이행책임이 성립하지 않는다고 볼 이유가 없다(대판 2020. 6. 11, 2020다201156). ☞ 도급계약상 계약특수조건에서 정한 하자보수 보증기간이 지났다고 하더라도 불완전이행으로 인한 채무불이행책임을 주장할 수는 있다.

2) 계약해제

(가) 완성된 경우(담보책임, 제668조)

완성된 목적물의 하자로 인하여 계약의 목적을 달성할 수 없는 경우에는 도급인이 계약을 해제할 수 있다. 그러나 **"완성된 건물 기타 토지의 공작물"에 하자가 있는 경우에는** – 설령 그 하자가 중대하여 계약의 목적을 달성할 수 없는 경우라도 – 도급인에게 해제권이 인정되지 않는다(제668조). 이 때에는 손해배상만이 인정된다.

> **판례** 건축공사의 도급계약에서 **이미 공사가 완성되었다면** 특별한 사정이 있는 경우를 제외하고는 이제 더 이상 공사도급계약을 해제할 수는 없다(대판 2015. 4. 23, 2011다109388). ☞ 건물 등을 철거하는 것은 국가 경제적으로 손실이기 때문이다.

(나) 완성되기 전(채무불이행)

완성되기 전에는 채무불이행의 일반원칙에 따라 해제할 수 있다. 다만 해제 당시 공사가 상당한 정도로 진척되어 이를 원상회복하는 것이 중대한 사회적, 경제적 손실을 초래하게 되는 경우에는 해제가 제한된다.

> **판례[1]** ① 건축공사도급계약의 수급인이 일을 완성하지 못한 상태에서 그의 채무불이행으로 말미암아 건축공사도급계약이 해제되었으나, 해제 당시 공사가 상당한 정도로 진척되어 이를 원상회복하는 것이 중대한 사회적, 경제적 손실을 초래하게 되고, 완성된 부분이 도급인에게 이익이 되는 경우, 그 도급계약은 **미완성부분에 대하여만 실효**되고 수급인은 해제 당시의 상태 그대로 그 건물을 도급인에게 인도하고 도급인은 특별한 사정이 없는 한 **인도받은 미완성건물에 대한 보수를 지급하여야** 하는 권리의무관계가 성립한다(대판 1994. 11. 4, 94다18584). ☞ 이른바 기성고에 따라 보수를 지급해야 하는 것이다.
> ② 도급계약에서 수급인의 보수는 완성된 목적물의 인도와 동시에 지급하여야 하고, 인도를 요하지 않는 경우 일을 완성한 후 지체 없이 지급하여야 하며, 도급인은 완성된 목적물의 인도의 제공이나 일의 완성이 있을 때까지 보수 지급을 거절할 수 있으므로, **도급계약에서 정한 일의 완성 이전에 계약이 해제된 경우 수급인으로서는 도급인에게 보수를 청구할 수 없음이 원칙이다. 다만 당해 도급계약에 따라 수급인이 일부 미완성한 부분이 있더라도 계약해제를 이유로 이를 전부 원상회복하는 것이 신의성실의 원칙 등에 비추어 공평·타당하지 않다고 평가되는 특별한 경우라면 예외적으로 이미 완성된 부분에 대한 수급인의 보수청구권이 인정될 수 있다**(대판 2023. 3. 30, 2022다289174).

> **판례[2]** ① 건축공사도급계약에 있어서 수급인이 공사를 완성하지 못한 상태로 계약이 해제되어 도급인이 그 기성고에 따라 수급인에게 공사대금을 지급하여야 할 경우 그 공사비 액수는 공사비 지급방법에 관하여 달리 정한 경우 등 다른 특별한 사정이 없는 한 **당사자 사이에 약정된 총공사비에 공사를 중단할 당시의 공사기성고 비율을 적용한 금액**이고, 기성고 비율은 이미 완성된 부분에 소요된 공사비에다 미시공부분을 완성하는데 소요될 공사비를 합친 전체 공사비 가운데 완성된 부분에 소요된 비용이 차지하는 비율이다(대판 1989. 4. 25, 86다카1147, 86다카1148).
> ② 건축공사도급계약이 중도해제된 경우 도급인이 지급하여야 할 미완성 건물에 대한 보수는 특별한 사정이

없는 한 당사자 사이에 약정한 총 공사비를 기준으로 하여 그 금액에서 **수급인이 공사를 중단할 당시의 공사기성고비율에 의한 금액**이 되는 것이지 **수급인이 실제로 지출한 비용**을 기준으로 할것은 아니다(대판 1992. 3. 31, 91다42630).

③ 만약 공사도급계약에서 설계 및 사양의 변경이 있는 때에는 그 설계 및 사양의 변경에 따라 공사대금이 변경되는 것으로 특약하고, 변경된 설계 및 사양에 따라 공사가 진행되다가 중단되었다면 설계 및 사양의 변경에 따라 **변경된 공사대금에 기성고 비율을 적용하는 방법**으로 기성고에 따른 공사비를 산정하여야 한다(대판 2023. 10. 12, 2020다210860, 210877).

3) 도급인의 지시에 따른 경우와 담보책임(제669조)

건축 도급계약의 수급인이 설계도면의 기재대로 시공한 경우, 이는 도급인의 지시에 따른 것과 같아서 수급인이 그 설계도면이 부적당함을 알고 도급인에게 고지하지 아니한 것이 아닌 이상, 그로 인하여 목적물에 하자가 생겼다 하더라도 수급인에게 하자담보책임을 지울 수는 없다(대판 1996. 5. 14, 95다24975).

> **판례** 도급계약에 따라 완성된 목적물에 하자가 있는 경우, 수급인의 하자담보책임과 채무불이행책임은 별개의 권원에 의하여 경합적으로 인정된다. **민법 제669조 본문은** 완성된 목적물의 하자가 도급인이 제공한 재료의 성질 또는 도급인의 지시에 기인한 때에는 수급인의 하자담보책임에 관한 규정이 적용되지 않는다고 정하고 있다. 그러나 이 규정은 **수급인의 하자담보책임이 아니라 민법 제390조에 따른 채무불이행책임에는 적용되지 않는다**(대판 2020. 1. 30, 2019다268252). ☞ 완성된 목적물의 하자가 도급인이 제공한 재료의 성질 또는 도급인의 지시에 기인한 때에도 수급인에게 귀책사유가 있으면 채무불이행책임은 질 수 있다.

(4) 제척기간

제670조(담보책임의 존속기간)
① 전3조의 규정에 의한 하자의 보수, 손해배상의 청구 및 계약의 해제는 목적물의 인도를 받은 날로부터 1년내에 하여야 한다.
② 목적물의 인도를 요하지 아니하는 경우에는 전항의 기간은 일의 종료한 날로부터 기산한다.

제671조(수급인의 담보책임-토지, 건물 등에 대한 특칙)
① 토지, 건물 기타 공작물의 수급인은 목적물 또는 지반공사의 하자에 대하여 인도후 5년간 담보의 책임이 있다. 그러나 목적물이 석조, 석회조, 연와조, 금속 기타 이와 유사한 재료로 조성된 것인 때에는 그 기간을 10년으로 한다.
② 전항의 하자로 인하여 목적물이 멸실 또는 훼손된 때에는 도급인은 그 멸실 또는 훼손된 날로부터 1년내에 제667조의 권리를 행사하여야 한다.

매수인이 선의인 경우 매도인의 담보책임의 제척기간은 권리의 하자는 안 날로부터 1년(제573조 참조), 물건의 하자는 안 날로부터 6개월이나(제582조), 도급의 경우에는 제670조 제1항에서 「인도를 받은 날로부터 1년 내」, 제2항에서 「일의 종료한 날로부터」라고 규정하고 있다. 이러한 규정에 따르면 도급인이 하자를 알아차리지 못한 상태에서 1년이 경과한 경우에도 수급인의 담보책임이 소멸해 버릴 수 있다는 것이 되는데, 이는 도급의 경우 장기간이 경과하면 하자의 판정이 곤란하게 될 것을 고려한 것이다. 다만 어느 정도 시간이 경과한 후에 비로소 하자가 발견되는 일이 적지 않은 토지, 건물 기타 공작물에 대해서는 제671조에서 제척기간을 5년 내지 10년으로 하는 특칙이 설정되어 있다.

> **[판례]** ① 민법 제671조에 의하면 토지, 건물 기타 공작물 수급인의 담보책임에 대하여는 같은 법 제670조의 제척기간에 대한 특칙으로 그 제척기간을 공작물의 종류에 따라 5년 또는 10년으로 규정하고 있어 건물수급인에 대하여 담보책임을 묻는 하자보수청구권에 대하여는 1년간의 제척기간을 규정한 민법 제670조가 적용되지 않는다(대판 1988. 3. 8, 87다카2083, 2084).
> ② 민법상 수급인의 하자담보책임에 관한 기간은 제척기간으로서 재판상 또는 재판 외의 권리행사기간이며 재판상 청구를 위한 출소기간이 아니라고 할 것이다(대판 2000. 6. 9, 2000다15371).
> ③ 수급인의 담보책임에 기한 하자보수에 갈음하는 손해배상청구권에 대하여는 민법 제670조 또는 제671조의 제척기간이 적용되고, 이는 법률관계의 조속한 안정을 도모하고자 하는 데에 취지가 있다. 그런데 이러한 도급인의 손해배상청구권에 대하여는 권리의 내용·성질 및 취지에 비추어 민법 제162조 제1항의 채권 소멸시효의 규정 또는 도급계약이 상행위에 해당하는 경우에는 상법 제64조의 상사시효의 규정이 적용되고, 민법 제670조 또는 제671조의 제척기간 규정으로 인하여 위 각 소멸시효 규정의 적용이 배제된다고 볼 수 없다(대판 2012. 11. 15, 2011다56491). ☞ 소멸시효기간은 하자가 발생한 때부터 진행하고, 제척기간은 건물의 인도시부터 진행한다. 위 두 가지 기간은 병렬적으로 진행된다고 이해하여야 한다.
> ④ **건설공사에 관한 도급계약이 상행위에 해당하는 경우** 그 도급계약에 근거한 **수급인의 하자담보책임은 상법 제64조 본문에 의하여 원칙적으로 5년의 소멸시효에 걸리고**, 그 소멸시효기간은 민법 제166조 제1항에 따라 그 권리를 행사할 수 있는 때인 하자가 발생한 시점부터 진행하는 것이 원칙이나, 그 하자가 건물의 인도 당시부터 이미 존재하고 있는 경우에는 이와 관련한 하자보수를 갈음하는 손해배상채권의 소멸시효기간은 **건물을 인도한 날부터** 진행한다(대판 2021. 8. 12, 2021다210195).

(5) 담보책임면제의 특약(임의규정)

> **제672조(담보책임면제의 특약)**
> 수급인은 제667조, 제668조의 담보책임이 없음을 약정한 경우에도 알고 고지하지 아니한 사실에 대하여는 그 책임을 면하지 못한다.

수급인의 담보책임에 관한 규정은 **임의규정**이어서 담보책임을 면제하거나 제한하는 특약은 유효하다. 다만 민법 제672조는 수급인이 담보책임이 없음을 약정한 경우에도 알고 고지하지 아니한 사실에 대하여는 그 책임을 면하지 못한다고 규정하는바, 이러한 경우까지 수급인의 담보책임을 면하게 하는 것은 신의성실의 원칙에 위배되기 때문이다.

> **판례** 담보책임을 면제하는 약정을 한 경우뿐만 아니라 담보책임기간을 단축하는 등 법에 규정된 **담보책임**
> **을 제한하는 약정**도 유효하나 다만 이러한 경우에도 수급인이 알고 고지하지 아니한 사실에 대하여 그 책임
> 을 제한하는 것이 신의성실의 원칙에 위배된다면 위 규정의 취지를 유추하여 그 사실에 대하여는 담보책임이
> 제한되지 않는다(대판 1999. 9. 21, 99다19032).

6. 기타 관련 문제

(1) 선급금

공사도급계약에 따라 주고받는 선급금은 일반적으로 구체적인 기성고와 관련하여 지급되는 것이 아니라 "전체 공사와 관련하여 지급되는" **공사대금의 일부**이다. 도급인이 선급금을 지급한 후 도급계약이 해제되거나 해지된 경우에는 특별한 사정이 없는 한 **별도의 상계 의사표시 없이** 그때까지 기성고에 해당하는 공사대금 중 미지급액은 당연히 선급금으로 충당되고 공사대금이 남아 있으면 도급인은 그 금액에 한하여 지급의무가 있다. 거꾸로 선급금이 미지급공사대금에 충당되고 남는다면 수급인이 남은 선급금을 반환할 의무가 있다(대판 2017. 1. 12, 2014다11574, 11581).

(2) 특수한 손해배상액의 예정

판례는 공사도급계약서 또는 그 계약내용에 편입된 약관에 "수급인이 하자담보책임기간 중 도급인으로부터 하자보수요구를 받고 이에 불응한 경우 하자보수보증금은 도급인에게 귀속한다"는 조항이 있을 때 이 하자보수보증금은 특별한 사정이 없는 한 손해배상액 예정으로 볼 것이고, 다만 하자보수보증금의 특성상 실손해가 하자보수보증금을 초과하는 경우에는 그 초과액의 손해배상을 구할 수 있다는 명시규정이 없다고 하더라도 도급인은 수급인의 하자보수의무 불이행을 이유로 하자보수보증금의 몰취 외에 그 실손해액을 입증하여 수급인으로부터 그 초과액 상당의 손해배상을 받을 수도 있는 특수한 손해배상액의 예정으로 봄이 상당하다고 하였다(대판 2002. 7. 12, 2000다17810).

(3) 지체상금

1) 지체상금의 시기와 종기

수급인이 완공기한 내에 공사를 완성하지 못한 채 공사를 중단하고 계약이 해제된 결과 완공이 지연된 경우에 있어서 지체상금은 **약정 준공일 다음날부터** 발생(=시기)하되 그 종기는 수급인이 공사를 중단하거나 기타 해제사유가 있어 **도급인이 공사도급계약을 해제할 수 있었을 때(실제로 해제한 때가 아니다)부터 도급인이 다른 업자에게 맡겨서 공사를 완성할 수 있었던 시점까지**이고, 수급인이 책임질 수 없는 사유로 인하여 공사가 지연된 경우에는 그 기간만큼 공제되어야 한다(대판 2010. 1. 28, 2009다41137, 41144).

Q : 88다카6273 판례를 보면, 지체상금발생의 시기는 특별한 사정이 없는 한 약정준공일이나 그 종기는 수급인이나 도급인이 건물을 준공할 때까지 무한히 계속되는 것이라고 할 수 없고 수급인이 공사를 중단하거나 기타 해제사유가 있어 도급인이 이를 해제할 수 있었을 때(실제로 해제한 때가 아니고)부터 도급인이 다른 업자에게 의뢰하여 같은 건물을 완성할 수 있었던 시점까지로 제한되어야 하고 또 수급인이 책임질 수 없는 사유로 인하여 공사가 지연된 경우에는 그 기간만큼 공제되어야 한다고 되어 있습니다. 그런데 종기에 대한 표현을 명확히 이해하지 못하겠습니다. 종기에 대한 표현이 "~부터 ~까지"라고 되어 있는데, 이는 시기와 종기를 둘 다 나타낸 것인가요?

A : 아닙니다. "~부터 ~까지"의 형식으로 표현되어 있지만 시기와 종기를 둘 다 나타낸 것이 아니라 종기만을 나타낸 것입니다. "수급인이 공사를 중단하거나 기타 해제사유가 있어 도급인이 이를 해제할 수 있었을 때(실제로 해제한 때가 아니고)부터"라는 표현은 시기가 아니라 종기의 기산점을 표현한 것일 뿐입니다. 예컨대, 중단된 상태에서 다른 업자에게 의뢰하여 건물을 완성하는데 2년이 더 걸린다면, 수급인이 공사를 중단하거나 기타 해제사유가 있어 도급인이 이를 해제할 수 있었을 때부터 2년 후가 종기가 되는 것입니다. 시기는 특별한 사정이 없는 한 약정준공일입니다.

> **판례** 수급인이 납품기한 내에 납품을 완료하지 못하면 지연된 일수에 비례하여 계약금액에 일정비율을 적용하여 산정한 지체상금을 도급인에게 지급하기로 약정한 경우, 수급인이 책임질 수 없는 사유로 의무 이행이 지연되었다면 해당 기간만큼은 지체상금의 발생기간에서 공제되어야 한다. 그리고 도급계약의 보수 일부를 선급하기로 하는 특약이 있는 경우, 수급인은 그 제공이 있을 때까지 일의 착수를 거절할 수 있고 이로 말미암아 일의 완성이 지연되더라도 채무불이행책임을 지지 않으므로, 도급인이 수급인에 대하여 약정한 선급금의 지급을 지체하였다는 사정은 일의 완성이 지연된 데 대하여 수급인이 책임질 수 없는 사유에 해당한다. 따라서 도급인이 선급금 지급을 지체한 기간만큼은 수급인이 지급하여야 하는 지체상금의 발생기간에서 공제되어야 한다(대판 2016. 12. 15, 2014다14429, 14436).

2) 손해배상액의 예정

지체상금에 관한 약정은 수급인이 일의 완성을 지체한 데 대한 손해배상액의 예정이므로, 법원은 민법 제398조 제2항의 규정에 따라 그것이 부당하게 과다하다고 인정하는 경우에는 직권으로 이를 적당히 감액할 수 있다(대판 2012. 10. 11, 2010다34043).

> **판례** 지체상금을 계약 총액에서 지체상금률을 곱하여 산출하기로 정한 경우, 손해배상의 예정에 해당하는 지체상금의 과다 여부는 - 지체상금률 자체가 아니라 - **지체상금 총액**을 기준으로 하여 판단하여야 한다(대판 2002. 12. 24, 2000다54536).

3) 도급인의 귀책사유로 인한 해제

(가) 지체상금 약정은 수급인이 약정 준공일보다 늦게 공사를 완료하거나 수급인의 귀책사유로 도급

계약이 해제된 경우뿐 아니라 **도급인의 귀책사유로 도급계약이 해제된 경우**에도 적용이 된다 할 것이고, 이 경우에는 도급인의 귀책사유가 발생하지 아니하여 수급인이 공사를 계속하였더라면 완성할 수 있었을 때까지의 기간을 기준으로 하여 당초의 준공예정일로부터 지체된 기간을 산정하는 방법으로 지체일수를 적용해야 할 것이다(대판 2012. 10. 11, 2010다34043, 34050).

(나) 건물신축의 도급계약은 그 건물의 준공이라는 일의 완성을 목적으로 하는 계약으로서 그 지체상금에 관한 약정은 수급인이 이와 같은 일의 완성을 지체한데 대한 손해배상액의 예정이므로 수급인이 약정된 기간내에 그 일을 완성하여 도급인에게 인도하지 않는 한 특별한 사정이 있는 경우를 제외하고는 지체상금을 지급할 의무가 있고, 약정된 기일 이전에 그 공사의 일부만을 완료한 후 **공사가 중단된 상태에서 약정기일을 넘기고 그 후에 도급인이 계약을 해제함으로써 일을 완성하지 못한 것이라고 하여 지체상금에 관한 약정이 적용되지 않는다고 할 수는 없다**(대판 1989. 7. 25, 88다카6273, 88다카6280).

> **비교판례** 건축도급계약시 도급인과 수급인 사이에 준공기한내에 공사를 완성하지 아니한 때에는 매 지체일수마다 계약에서 정한 지체상금율을 계약금액에 곱하여 산출한 금액을 지체상금으로 지급하도록 약정한 경우 이는 수급인이 완공예정일을 지나서 공사를 완료하였을 경우에 그 지체일수에 따른 손해배상의 예정을 약정한 것이지 **공사도중에 도급계약이 해제되어 수급인이 공사를 완료하지 아니한 경우에는 지체상금을 논할 여지가 없다**(대판 1989. 9. 12, 88다카15901, 15918).

> **참고지문** (2021년 변리사) 예정된 준공기한 전에 도급계약이 해제되어 乙이 공사를 완료하지 아니한 경우에는 특별한 사정이 없는 한 지체상금약정은 적용되지 않는다(○). ☞ 88다카6273 판결은 "약정된 기일 이전에 그 공사의 일부만을 완료한 후 공사가 중단된 상태에서 <u>약정 기일을 넘기고 그 후에 도급인이 계약을 해제함으로써 일을 완성하지 못한 것</u>이라고 하여 지체상금에 관한 약정이 적용되지 않는다고 할 수 없다"고 한 반면에 88다카15901 판결을 기초로 출제된 2021년 변리사 기출문제에서 출제자는 "예정된 준공기한 전에 도급계약이 해제되어 乙이 공사를 완료하지 아니한 경우에는 특별한 사정이 없는 한 지체상금약정은 적용되지 않는다."는 지문을 맞는 지문으로 출제한 것으로 보아 출제자는 도급인이 계약을 해제한 시점이 약정기일 전인지 후인지를 가지고 두 판례를 구별하고 있는 것으로 보인다.

(4) 도급인의 위자료청구권

일반적으로 건물 신축 도급계약에 있어서 수급인이 신축한 건물에 하자가 있는 경우에, 이로 인하여 도급인이 받은 정신적 고통은 하자가 보수되거나 하자보수에 갈음한 손해배상이 이루어짐으로써 회복된다고 봄이 상당하고, 도급인이 하자의 보수나 손해배상만으로는 회복될 수 없는 정신적 고통을 입었다면 이는 특별한 사정으로 인한 손해로서 수급인이 이와 같은 사정을 알았거나 알 수 있었을 경우에 한하여 정신적 고통에 대한 위자료를 인정할 수 있다(대판 1996. 6. 11, 95다12798).

7. 민법 제673조의 해제에 따른 법률관계

> **제673조(완성전의 도급인의 해제권)**
> 수급인이 일을 완성하기 전에는 도급인은 손해를 배상하고 계약을 해제할 수 있다.

(1) 취 지

도급인은 **수급인이 일을 완성하기 전**에는 **수급인의 채무불이행여부와 상관없이** 자유롭게 계약을 해제할 수 있되, 손해만 배상해주면 된다.

(2) 부정되는 것(과실상계, 손해배상예정액의 감액주장)

민법 제673조에서 도급인으로 하여금 자유로운 해제권을 행사할 수 있도록 하는 대신 수급인이 입은 손해를 배상하도록 규정하고 있는 것은 도급인의 일방적인 의사에 기한 도급계약 해제를 인정하는 대신, 도급인의 일방적인 계약해제로 인하여 수급인이 입게 될 손해, 즉 수급인이 이미 지출한 비용과 일을 완성하였더라면 얻었을 이익을 합한 금액을 전부 배상하게 하는 것이라 할 것이므로, 위 규정에 의하여 도급계약을 해제한 이상은 특별한 사정이 없는 한 도급인은 수급인에 대한 손해배상에 있어서 **과실상계나 손해배상예정액 감액을 주장할 수는 없다**(대판 2002. 5. 10, 2000다37296, 37302).

(3) 긍정되는 것(손익상계)

채무불이행이나 불법행위 등이 채권자 또는 피해자에게 손해를 생기게 하는 동시에 이익을 가져다 준 경우에는 공평의 관념상 그 이익은 당사자의 주장을 기다리지 아니하고 손해를 산정함에 있어서 공제되어야만 하는 것이므로, 민법 제673조에 의하여 도급계약이 해제된 경우에도, 그 해제로 인하여 수급인이 그 일의 완성을 위하여 들이지 않게 된 자신의 노력을 타에 사용하여 소득을 얻었거나 또는 얻을 수 있었음에도 불구하고, 태만이나 과실로 인하여 얻지 못한 소득 및 일의 완성을 위하여 준비하여 둔 재료를 사용하지 아니하게 되어 타에 사용 또는 처분하여 얻을 수 있는 대가 상당액은 당연히 손해액을 산정함에 있어서 공제되어야 한다(대판 2002. 5. 10, 2000다37296, 37302).

(4) 채무불이행을 이유로 한 해제와의 관계

도급인이 수급인의 채무불이행을 이유로 도급계약 해제의 의사표시를 하였으나 실제로는 채무불이행의 요건을 갖추지 못한 것으로 밝혀진 경우, 도급계약의 당사자 사이에 분쟁이 있었다고 하여 그러한 사정만으로 위 의사표시에 민법 제673조에 따른 임의해제의 의사가 포함되어 있다고 볼 수는 없다. 그 이유는 다음과 같다.

① 도급인이 수급인의 채무불이행을 이유로 도급계약을 해제하면 수급인에게 손해배상을 청구할 수 있다. 이에 반하여 민법 제673조에 기하여 도급인이 도급계약을 해제하면 오히려 수급인에게

손해배상을 해주어야 하는 처지가 된다. 도급인으로서는 자신이 손해배상을 받을 수 있다고 생각하였으나 이제는 자신이 손해배상을 하여야 하는 결과가 된다면 이는 도급인의 의사에 반할 뿐 아니라 의사표시의 일반적인 해석의 원칙에도 반한다.

② 수급인의 입장에서 보더라도 채무불이행 사실이 없으므로 도급인의 도급계약 해제의 의사표시가 효력이 없다고 믿고 일을 계속하였는데, 민법 제673조에 따른 해제가 인정되면 그 사이에 진행한 일은 도급계약과 무관한 일을 한 것이 되고 그 사이에 다른 일을 할 수 있는 기회를 놓치는 경우도 있을 수 있어 불측의 손해를 입을 수 있다(대판 2022. 10. 14, 2022다246757).

제9절 여행계약(신설)

1. 여행계약의 의의

> **제674조의2(여행계약의 의의)**
> 여행계약은 당사자 한쪽이 상대방에게 운송, 숙박, 관광 또는 그 밖의 여행 관련 용역을 결합하여 제공하기로 약정하고 상대방이 그 대금을 지급하기로 약정함으로써 효력이 생긴다.

여행계약은 쌍무, 유상, 낙성, 불요식의 계약이다.

2. 여행계약개시 전의 계약해제

> **제674조의3(여행 개시 전의 계약 해제)**
> 여행자는 여행을 시작하기 전에는 언제든지 계약을 해제할 수 있다. 다만, 여행자는 상대방에게 발생한 손해를 배상하여야 한다.

3. 부득이한 사유로 인한 계약해지

> **제674조의4(부득이한 사유로 인한 계약 해지)**
> ① 부득이한 사유가 있는 경우에는 각 당사자는 계약을 해지할 수 있다. 다만, 그 사유가 당사자 한쪽의 과실로 인하여 생긴 경우에는 상대방에게 손해를 배상하여야 한다.
> ② 제1항에 따라 계약이 해지된 경우에도 계약상 귀환운송 의무가 있는 여행주최자는 여행자를 귀환운송할 의무가 있다.
> ③ 제1항의 해지로 인하여 발생하는 추가 비용은 그 해지 사유가 어느 당사자의 사정에 속하는 경우에는 그 당사자가 부담하고, 누구의 사정에도 속하지 아니하는 경우에는 각 당사자가 절반씩 부담한다.

4. 대금의 지급시기

> **제674조의5(대금의 지급시기)**
> 여행자는 약정한 시기에 대금을 지급하여야 하며, 그 시기의 약정이 없으면 관습에 따르고, 관습이 없으면 여행의 종료 후 지체 없이 지급하여야 한다.

5. 여행주최자의 담보책임

(1) 하자의 시정청구권, 대금감액청구권, 손해배상청구권

> **제674조의6(여행주최자의 담보책임)**
> ① 여행에 하자가 있는 경우에는 여행자는 여행주최자에게 하자의 시정 또는 대금의 감액을 청구할 수 있다. 다만, 그 시정에 지나치게 많은 비용이 들거나 그 밖에 시정을 합리적으로 기대할 수 없는 경우에는 시정을 청구할 수 없다.
> ② 제1항의 시정 청구는 상당한 기간을 정하여 하여야 한다. 다만, 즉시 시정할 필요가 있는 경우에는 그러하지 아니하다.
> ③ 여행자는 시정 청구, 감액 청구를 갈음하여 손해배상을 청구하거나 시정 청구, 감액 청구와 함께 손해배상을 청구할 수 있다.

(2) 담보책임으로서 계약해지권

> **제674조의7(여행주최자의 담보책임과 여행자의 해지권)**
> ① 여행자는 여행에 중대한 하자가 있는 경우에 그 시정이 이루어지지 아니하거나 계약의 내용에 따른 이행을 기대할 수 없는 경우에는 계약을 해지할 수 있다.
> ② 계약이 해지된 경우에는 여행주최자는 대금청구권을 상실한다. 다만, 여행자가 실행된 여행으로 이익을 얻은 경우에는 그 이익을 여행주최자에게 상환하여야 한다.
> ③ 여행주최자는 계약의 해지로 인하여 필요하게 된 조치를 할 의무를 지며, 계약상 귀환운송 의무가 있으면 여행자를 귀환운송하여야 한다. 이 경우 상당한 이유가 있는 때에는 여행주최자는 여행자에게 그 비용의 일부를 청구할 수 있다.

(3) 담보책임의 존속기간

> **제674조의8(담보책임의 존속기간)**
> 제674조의6과 제674조의7에 따른 권리는 여행 기간 중에도 행사할 수 있으며, 계약에서 정한 여행 종료일부터 6개월 내에 행사하여야 한다.

6. 편면적 강행규정

> **제674조의9(강행규정)**
>
> 제674조의3, 제674조의4 또는 제674조의6부터 제674조의8까지의 규정을 위반하는 약정으로서 여행자에게 불리한 것은 효력이 없다.

종래의 여행계약이 여행사 위주로 작성되어 있고, 소비자의 피해가 심각한 것을 고려하여 **여행주최자의 담보책임**을 **편면적 강행규정**으로 하였다. 이는 민법의 담보책임(매도인의 담보책임, 수급인의 담보책임)이 원칙적으로 임의규정인 것과 구별되는 것이다.

7. 기획여행업자의 안전배려의무 및 손해배상의 범위

(1) 기획여행업자의 안전배려의무

판례 [1] 기획여행업자는 통상 여행 일반은 물론 목적지의 자연적·사회적 조건에 관하여 전문적 지식을 가진 자로서 우월적 지위에서 행선지나 여행시설의 이용 등에 관한 계약 내용을 일방적으로 결정하는 반면, 여행자는 그 안전성을 신뢰하고 기획여행업자가 제시하는 조건에 따라 여행계약을 체결하는 것이 일반적이다. 이러한 점을 감안할 때 기획여행업자가 여행자와 여행계약을 체결할 경우에는 다음과 같은 내용의 안전배려의무를 부담한다고 봄이 타당하다…중략…여행 실시 도중 위와 같은 안전배려의무 위반을 이유로 기획여행업자에게 손해배상책임을 인정하기 위해서는, 문제가 된 사고와 기획여행업자의 여행계약상 채무이행 사이에 직접 또는 간접적으로 관련성이 있고, 그 사고 위험이 여행과 관련 없이 일상생활에서 발생할 수 있는 것이 아니어야 하며, 기획여행업자가 그 사고 발생을 예견하였거나 예견할 수 있었음에도 그러한 사고 위험을 미리 제거하기 위하여 필요한 조치를 다하지 못하였다고 평가할 수 있어야 한다. 이 경우 기획여행업자가 취할 조치는 여행일정에서 상정할 수 있는 모든 추상적 위험을 예방할 수 있을 정도일 필요는 없고, 개별적·구체적 상황에서 여행자의 생명·신체·재산 등의 안전을 확보하기 위하여 통상적으로 필요한 조치이면 된다. [2] 甲 등이 여행사인 乙 주식회사와 기획여행계약을 체결하고 베트남 여행 중 자유시간인 야간에 숙소 인근 해변에서 물놀이를 하였는데, 乙 회사 소속 인솔자 丙이 "바닷가는 위험하니 빨리 나오라"고 말하였으나, 甲 등이 계속 물놀이를 하다가 파도에 휩쓸려 익사한 사안에서…중략… 乙 회사가 사고와 관련하여 기획여행계약의 여행주최자로서 여행계약상의 안전배려의무를 위반하였다고 단정하기 어려운데도, 이와 달리 본 원심판단에 법리오해의 잘못이 있다고 한 사례(대판 2017. 12. 13, 2016다6293).

(2) 여행업자의 손해배상의 범위

[1] 여행자가 해외 여행계약에 따라 여행하는 도중 여행업자의 고의 또는 과실로 상해를 입은 경우 계약상 여행업자의 여행자에 대한 국내로의 귀환운송의무가 예정되어 있고, 여행자가 입은 상해의 내용과 정도, 치료행위의 필요성과 치료기간은 물론 해외의 의료 기술수준이나 의료제도, 치료과정에서 발생할 수 있는 언어적 장애 및 의료비용의 문제 등에 비추어 현지에서 당초 예정한 여행기간 내에 치료를 완료하기 어렵거나, 계속적, 전문적 치료가 요구되어 사회통념상 여행자가 국내로 귀환할 필요성이 있었다고 인정된다면, 이로 인하여 발생하는 **귀환운송비 등 추가적인 비용**은 여행업자의 고의

또는 과실로 인하여 발생한 **통상손해**의 범위에 포함되고, 이 손해가 **특별한 사정으로 인한 손해라고 하더라도 예견가능성이 있었다고 보아야 한다.** [2] 甲이 여행업자인 乙 주식회사와 해외여행계약을 체결한 후 해외여행을 하던 중 사고로 인하여 정신적 상해를 입은 사안에서, 제반 사정에 비추어 甲이 위 사고 이후 지출한 국내 환자 후송비용, 해외에서의 치료와 국내로의 귀환과정 또는 사고의 처리과정에서 추가로 지출한 체류비와 국제전화요금 등의 비용이 여행업자인 乙 회사의 여행계약상 주의의무 내지 신의칙상 안전배려의무 위반과 상당인과관계가 있는 통상손해라고 볼 수 있다고 한 사례 (대판 2019. 4. 3, 2018다286550).

제10절 현상광고

> **제675조(현상광고의 의의)**
> 현상광고는 광고자가 어느 행위를 한 자에게 일정한 보수를 지급할 의사를 표시하고 이에 응한 자가 그 광고에 정한 행위를 완료함으로써 그 효력이 생긴다.
>
> **제676조(보수수령권자)**
> ① 광고에 정한 행위를 완료한 자가 수인인 경우에는 먼저 그 행위를 완료한 자가 보수를 받을 권리가 있다.
> ② 수인이 동시에 완료한 경우에는 각각 균등한 비율로 보수를 받을 권리가 있다. 그러나 보수가 그 성질상 분할할 수 없거나 광고에 1인만이 보수를 받을 것으로 정한 때에는 추첨에 의하여 결정한다.
>
> **제677조(광고부지의 행위)**
> 전조의 규정은 광고있음을 알지 못하고 광고에 정한 행위를 완료한 경우에 준용한다.
>
> **제679조(현상광고의 철회)**
> ① 광고에 그 지정한 행위의 완료기간을 정한 때에는 그 기간만료전에 광고를 철회하지 못한다.
> ② 광고에 행위의 완료기간을 정하지 아니한 때에는 그 행위를 완료한 자 있기 전에는 그 광고와 동일한 방법으로 광고를 철회할 수 있다.
> ③ 전광고와 동일한 방법으로 철회할 수 없는 때에는 그와 유사한 방법으로 철회할 수 있다. 이 철회는 철회한 것을 안 자에 대하여만 그 효력이 있다.

1. 일반론

(1) 의 의

예컨대 미아·범인·유실물 등을 찾아 주는 사람이나, 문학작품에 당선된 사람 등에게 일정액의 보수(현상금)를 지급하겠다는 광고를 내는 경우가 이에 해당한다.

(2) 법적 성질

1) 계약설로 보는 것이 통설적 견해이다(소수설인 단독행위설이 있다). 계약설에 의하면, 광고자의 광고를 계약의 '청약'으로 보고 지정행위의 완료를 '승낙'으로 보며, 따라서 현상광고를 이러한 특수한 청약과 승낙에 의하여 성립하는 도급과 유사한 계약으로 본다.

2) 아무튼 현상광고를 계약으로 볼 경우, 현상광고는 의사의 합치만으로는 성립하지 않고 지정행위가 완료됨으로써 성립한다는 점에서 **'요물'계약**이다(제675조 참조). 그리고 성립시 일방만이 의무를 부담한다는 점에서 **'편무'계약**이며, 계약의 전과정을 고찰할 때 재산적 출연이 있기 때문에 **'유상'계약**이다(통설).

2. 우수현상광고(제678조)

> **제678조(우수현상광고)**
> ① 광고에 정한 행위를 완료한 자가 수인인 경우에 그 우수한 자에 한하여 보수를 지급할 것을 정하는 때에는 그 광고에 응모기간을 정한 때에 한하여 그 효력이 생긴다.
> ② 전항의 경우에 우수의 판정은 광고 중에 정한 자가 한다. 광고 중에 판정자를 정하지 아니한 때에는 광고자가 판정한다.
> ③ 우수한 자 없다는 판정은 이를 할 수 없다. 그러나 광고 중에 다른 의사표시가 있거나 광고의 성질상 판정의 표준이 정하여져 있는 때에는 그러하지 아니하다.
> ④ 응모자는 전2항의 판정에 대하여 이의를 하지 못한다.
> ⑤ 수인의 행위가 동등으로 판정된 때에는 제676조제2항의 규정을 준용한다.

판례 [1] 우수현상광고의 광고자로서 당선자에게 일정한 계약을 체결할 의무가 있는 자가 그 의무를 위반함으로써 계약의 종국적인 체결에 이르지 않게 되어 상대방이 그러한 계약체결의무의 채무불이행을 원인으로 하는 손해배상을 청구한 경우 그 손해배상청구권은 계약이 체결되었을 경우에 취득하게 될 계약상의 이행청구권과 실질적이고 경제적으로 밀접한 관계가 형성되어 있기 때문에, 그 손해배상청구권의 소멸시효기간은 계약이 체결되었을 때 취득하게 될 이행청구권에 적용되는 소멸시효기간에 따른다. [2] 우수현상광고의 당선자가 광고주에 대하여 우수작으로 판정된 계획설계에 기초하여 기본 및 실시설계계약의 체결을 청구할 수 있는 권리를 가지고 있는 경우, 이러한 청구권에 기하여 계약이 체결되었을 경우에 취득하게 될 계약상의 이행청구권은 "설계에 종사하는 자의 공사에 관한 채권"으로서 이에 관하여는 민법 제163조 제3호 소정의 3년의 단기소멸시효가 적용되므로, 위의 기본 및 실시설계계약의 체결의무의 불이행으로 인한 손해배상청구권의 소멸시효 역시 3년의 단기소멸시효가 적용된다고 한 사례. [3] 채무불이행으로 인한 손해배상청구권의 소멸시효는 채무불이행시로부터 진행한다(대판 2005. 1. 14, 2002다57119).

3. 조건부현상광고(신창원사건)

(1) 조건부현상광고의 가부

민법 제675조에 정하는 현상광고라 함은, 광고자가 어느 행위를 한 자에게 일정한 보수를 지급할 의사를 표시하고 이에 응한 자가 그 광고에 정한 행위를 완료함으로써 그 효력이 생기는 것으로서, 그 **광고에 정한 행위의 완료에 조건이나 기한을 붙일 수 있다**(대판 2000. 8. 22, 2000다3675).

(2) 조건성취

경찰이 탈옥수를 수배하면서「제보로 검거되었을 때에 신고인 또는 제보자에게 현상금을 지급한다」는 내용의 현상광고를 한 경우, 현상광고의 지정행위는 탈옥수의 거처 또는 소재를 경찰에 신고 내지 제보하는 것이고 탈옥수가 '검거되었을 때'는 지정행위의 완료에 조건을 붙인 것인데, 제보자가 탈옥수의 소재를 발견하고 경찰에 이를 신고함으로써 현상광고의 지정행위는 완료되었고, 그에 따라 경찰관 등이 출동하여 탈옥수가 있던 호프집 안에서 그를 검문하고 나아가 차량에 태워 파출소에까지 데려간 이상 그에 대한 검거는 이루어진 것이므로, 현상광고상의 지정행위 완료에 붙인 조건도 성취된다(대판 2000. 8. 22, 2000다3675).

제11절 위 임

> **제680조(위임의 의의)**
> 위임은 당사자 일방이 상대방에 대하여 사무의 처리를 위탁하고 상대방이 이를 승낙함으로써 그 효력이 생긴다.
>
> **제681조(수임인의 선관의무)**
> 수임인은 위임의 본지에 따라 선량한 관리자의 주의로써 위임사무를 처리하여야 한다.

1. 일반론

(1) 의 의

위임은 위임인의 위탁에 의해 수임인이 위임사무를 처리해 주는 것을 내용으로 하는 계약이다(제680조).

(2) 법적 성질

민법상의 위임은 편무·무상·낙성·불요식계약이 원칙이다. 실제에 있어서는 위임장을 교부하는 경우가 있으나, 이는 단순한 증거방법에 지나지 않고 위임의 성립요건이 되는 것은 아니다.

(3) 사무의 처리

위임에 있어서 처리할 '사무'는 법률상 행위(계약을 체결하는 행위), 준법률행위(등기신청·채무의 변제) 또는 사실상 행위(서류의 정리·축사의 대독) 등 모든 행위를 포함한다.

2. 위임계약의 내용

(1) 선관주의의무

위임에 있어서는 무상인 경우에도 수임인에게 선관주의의무를 부담시키고 있음이 특징이다. 즉 유상위임은 물론이고 무상위임의 경우에도 수임인은 위임의 본지에 따라 선량한 관리자의 주의의무로써 위임사무를 처리할 의무가 있다(제681조).

> **판례** ① (ⅰ) 일반인이 **법무사**에게 등기의 신청대리를 의뢰하고 법무사가 이를 승낙하는 법률관계는 민법상의 위임에 해당하는 것인데, 수임인은 위임의 본지에 따라 선량한 관리자의 주의로써 위임사무를 처리하여야 하므로, 수임인인 법무사는 우선적으로 위임인인 의뢰인의 지시에 따라야 할 것이지만 이 지시에 따르는 것이 위임의 취지에 적합하지 않거나 또는 의뢰인에게 불이익한 때에는 그러한 내용을 의뢰인에게 알려주고 그 지시의 변경을 요구 또는 권고할 수 있다(대판 2011. 9. 29, 2010다5892; 대판 2006. 9. 28, 2004다55162 등). (ⅱ) 따라서 압류등기가 되어 있는 부동산상에 설정된 의뢰인의 처 명의의 기존근저당설정등기를 말소하고 의뢰인을 근저당권자로 하는 새로운 근저당설정등기를 의뢰받은 법무사에게 근저당권이전의 부기등기의 방법등을 권유할 직무상 의무가 있다(대판 2003. 1. 10, 2000다61671).
> ② (ⅰ) 의사가 환자에게 부담하는 진료채무는 질병의 치료와 같은 결과를 반드시 달성해야 할 결과 채무가 아니라 환자의 치유를 위하여 선량한 관리자의 주의의무를 가지고 현재의 의학 수준에 비추어 필요하고 적절한 진료조치를 다해야 할 채무 즉 수단채무라고 보아야 할 것이다. 위와 같은 주의의무를 다하였는데도 그 진료 결과 질병이 치료되지 아니하였다면 치료비를 청구할 수 있으나, 의사가 위와 같은 선량한 관리자의 주의의무를 다하지 아니한 탓으로 오히려 환자의 신체기능이 회복불가능하게 손상되었다면 병원측으로서는 환자에 대하여 그 수술비 내지 치료비의 지급을 청구할 수 없다(대판 1993. 7. 27, 92다15031). (ⅱ) 의사가 선량한 관리자의 주의의무를 다하지 아니한 탓으로 오히려 환자의 신체기능이 회복불가능하게 손상되었고, 또 손상 이후에는 후유증세의 치유 또는 더 이상의 악화를 방지하는 정도의 치료만이 계속되어 온 것뿐이라면 의사의 치료행위는 진료채무의 본지에 따른 것이 되지 못하거나 손해전보의 일환으로 행하여진 것에 불과하여 병원 측으로서는 환자에 대하여 수술비와 치료비의 지급을 청구할 수 없다(대판 2018. 4. 26, 2017다288115).
> ③ **공인중개사**는 자기가 조사·확인하여 설명할 의무가 없는 사항이라도 중개의뢰인이 계약을 맺을지를 결정하는 데 중요한 것이라면 그에 관해 그릇된 정보를 제공해서는 안 되고, 그 정보가 진실인 것처럼 그대로 전달하여 중개의뢰인이 이를 믿고 계약을 체결하도록 했다면 **선량한 관리자의 주의로 신의를 지켜 성실하게 중개해야 할 의무를 위반한 것**이 된다(대판 2022. 6. 30, 2022다212594).
> ④ 부동산중개업자와 중개의뢰인의 법률관계는 민법상의 위임관계와 유사하므로 중개의뢰를 받은 중개업자는 선량한 관리자의 주의로 중개대상물의 권리관계 등을 조사·확인하여 중개의뢰인에게 설명할 의무가 있다...중략...신탁관계가 설정된 부동산에 관하여 임대차계약을 중개하는 공인중개사로서는 선량한 관리자의 주의와 신의성실로써 신탁관계에 관한 조사·확인을 거쳐, 중개의뢰인에게 신탁원부를 제시하고, 신탁관계 설정사실 및 그 법적인 의미와 효과, 즉 대상 부동산의 소유자가 수탁자이고, 임대인 소유 아닌 부동산에 관하여 임대차계약이 체결되는 것이며, 수탁자의 사전승낙이나 사후승인이 없다면 수탁자에게 임대차계약으로 대항할 수 없다는 점 등을 성실하고 정확하게 설명하여야 할 의무가 있다(대판 2023. 8. 31, 2023다224327). ☞ 갑이 공인중개사인 을의 중개로 병 주식회사와 부동산 임대차계약을 체결하였는데 그 부동산이 정 주식회사에 신탁된 부동산이었던 사안.

(2) 자기복무의 원칙(복위임의 금지)

> **제682조(복임권의 제한)**
> ① 수임인은 위임인의 승낙이나 부득이한 사유없이 제삼자로 하여금 자기에 갈음하여 위임사무를 처리하게 하지 못한다.
> ② 수임인이 전항의 규정에 의하여 제삼자에게 위임사무를 처리하게 한 경우에는 제121조, 제123조의 규정을 준용한다.

수임인은 원칙적으로 스스로 위임사무를 처리하여야 하나, 위임인의 승낙이나 부득이한 사유가 있는 때에 한하여 예외적으로 복위임을 할 수 있다(제682조 제1항). 수임인이 복위임을 한 경우에는 위임인에게 대하여 그 선임·감독에 관한 책임이 있다(제682조 제2항, 제121조 제1항).

(3) 취득물 등의 인도, 이전의무(제684조)

> **제684조(수임인의 취득물 등의 인도, 이전의무)**
> ① 수임인은 위임사무의 처리로 인하여 받은 금전 기타의 물건 및 그 수취한 과실을 위임인에게 인도하여야 한다.
> ② 수임인이 위임인을 위하여 자기의 명의로 취득한 권리는 위임인에게 이전하여야 한다.

판례 ① 수임인이 위임사무를 처리함에 있어 받은 물건으로 위임인에게 인도한 목적물은 그것이 대체물이더라도 당사자간에 있어서는 특정된 물건과 같은 것으로 보아야 한다(대판 1962. 12. 16, 67다1525).
② (ⅰ) 민법 제684조 제1항에서 인도 시기는 당사자간에 특약이 있거나 위임의 본뜻에 반하는 경우 등과 같은 특별한 사정이 있지 않는 한 **위임계약이 종료한 때**이므로, 수임인이 반환할 금전의 범위도 위임종료시를 기준으로 정해진다(대판 2007. 2. 8, 2004다64432). ☞ 취득한 즉시 인도, 이전해야 하는 것은 아니다. (ⅱ) 수임인의 위임인에 대한 취득물 인도의무나 수임인의 위임사무처리비용 상환방법 등에 관하여 위임계약에서 특별히 약정하였다는 등의 특별한 사정이 없는 한, **위임계약이 종료된 때**에 수임인이 위임사무의 처리로 인하여 얻은 총 수익에서 위임계약의 취지에 따라 위임사무의 처리를 위하여 지출한 총 비용 등을 공제하고 남아 있는 수익이 있는 경우, 수임인은 위임인에게 이를 반환할 의무가 있다고 봄이 타당하다. 이 경우 위임사무의 처리를 위하여 지출한 비용 등의 액수와 그 비용 등을 위임계약의 취지에 따라 정당한 용도로 지출하였다는 점에 대한 증명책임은 수임인에게 있다(대판 2016. 6. 28, 2016다11295).
③ 민법 제684조 제2항은 "수임인이 위임인을 위하여 자기의 명의로 취득한 권리는 위임인에게 이전하여야 한다."라고 규정하고 있는데, 이때 그 이전 시기는 당사자 간에 특약이 있거나 위임의 본뜻에 반하는 경우 등과 같은 특별한 사정이 없는 한 **위임계약이 종료된 때**이다. 따라서 위임사무로 수임인 명의로 취득한 권리에 관한 **위임인의 이전청구권의 소멸시효**는 위임계약이 종료된 때부터 진행하게 된다(대판 2022. 9. 7, 2022다217117).

(4) 보수청구권·비용선급 및 상환청구권과 손해배상청구권

제686조(수임인의 보수청구권)

① 수임인은 특별한 약정이 없으면 위임인에 대하여 보수를 청구하지 못한다.

② 수임인이 보수를 받을 경우에는 위임사무를 완료한 후가 아니면 이를 청구하지 못한다. 그러나 기간으로 보수를 정한 때에는 그 기간이 경과한 후에 이를 청구할 수 있다.

③ 수임인이 위임사무를 처리하는 중에 수임인의 책임없는 사유로 인하여 위임이 종료된 때에는 수임인은 이미 처리한 사무의 비율에 따른 보수를 청구할 수 있다.

제687조(수임인의 비용선급청구권)

위임사무의 처리에 비용을 요하는 때에는 위임인은 수임인의 청구에 의하여 이를 선급하여야 한다.

제688조(수임인의 비용상환청구권 등)

① 수임인이 위임사무의 처리에 관하여 필요비를 지출한 때에는 위임인에 대하여 지출한 날 이후의 이자를 청구할 수 있다.

② 수임인이 위임사무의 처리에 필요한 채무를 부담한 때에는 위임인에게 자기에 갈음하여 이를 변제하게 할 수 있고 그 채무가 변제기에 있지 아니한 때에는 상당한 담보를 제공하게 할 수 있다.

③ 수임인이 위임사무의 처리를 위하여 과실없이 손해를 받은 때에는 위임인에 대하여 그 배상을 청구할 수 있다.

1) 보수청구권

위임에서는 특별한 약정이 없으면 보수청구권이 인정되지 않는다(무상 원칙). 유상의 약정이 있어 수임인이 보수를 받을 경우에도 위임사무를 완료한 후가 아니면 이를 청구하지 못한다. 그러나 기간으로 보수를 정한 때에는 그 기간이 경과한 후에 보수를 청구할 수 있고, 수임인이 위임사무를 처리하는 중에 **수임인의 책임 없는 사유로 인하여 위임이 종료된 때**에는 수임인은 이미 처리한 사무의 비율에 따른 보수를 청구할 수 있다(제686조).

> **판례** ① 변호사에게 계쟁 사건의 처리를 위임함에 있어서 그 보수 지급 및 수액에 관하여 명시적인 약정을 아니하였다 하여도, 무보수로 한다는 등 특별한 사정이 없는 한 응분의 보수를 지급할 묵시의 약정이 있는 것으로 봄이 상당하다(대판 1995. 12. 5, 94다50229).
>
> ② **소송위임계약과 관련하여** 위임사무 처리 도중에 **수임인의 귀책사유로** 신뢰관계가 훼손되어 더 이상 소송위임사무를 처리하지 못하게 됨에 따라 계약이 종료되었다 하더라도, 위임인은 수임인이 계약종료 당시까지 이행한 사무처리 부분에 관해서 수임인이 처리한 사무의 정도와 난이도, 사무처리를 위하여 수임인이 기울인 노력의 정도, 처리된 사무에 대하여 가지는 위임인의 이익 등 여러 사정을 참작하여 상당하다고 인정되는 보수 금액 및 상당하다고 인정되는 사무처리비용을 지급할 의무가 있다(대판 2019. 8. 14, 2016다200538).
>
> ③ 변호사의 소송위임 사무처리 보수에 관하여 변호사와 의뢰인 사이에 약정이 있는 경우 위임사무를 완료한 변호사는 원칙적으로 약정 보수액 전부를 청구할 수 있다. 다만 의뢰인과의 평소 관계, 사건 수임 경위, 사건처리 경과와 난이도, 노력의 정도, 소송물 가액, 의뢰인이 승소로 인하여 얻게 된 구체적 이익, 그 밖에 변론에 나

타난 여러 사정을 고려하여, 약정 보수액이 부당하게 과다하여 신의성실의 원칙이나 형평의 관념에 반한다고 볼 만한 특별한 사정이 있는 경우에는 예외적으로 적당하다고 인정되는 범위 내의 보수액만을 청구할 수 있다. 그런데 이러한 보수 청구의 제한은 어디까지나 계약자유의 원칙에 대한 예외를 인정하는 것이므로, 법원은 그에 관한 합리적인 근거를 명확히 밝혀야 한다. 위와 같은 특별한 사정의 존재에 대한 증명책임은 약정된 보수액이 부당하게 과다하다고 주장하는 측에 있다(대판 2023. 8. 31, 2022다293937).

2) 비용선급청구권

위임인은 사무처리의 비용을 요하는 경우에 수임인의 청구에 따라 비용을 선급할 의무를 부담한다 (제687조). 따라서 비용의 선급이 없으면 수임인이 위임사무의 처리를 하지 않더라도 이행지체에 해당되지 않는다.

3) 비용상환청구권

위임인은 필요비 및 이를 지출한 날 이후의 이자를 상환할 의무를 부담한다(제688조 제1항).

4) 대변제청구권

판례 ① 민법 제688조 제2항, 제681조, 제683조의 내용과 그 취지를 종합하여 보면, 수임인이 위임사무 처리와 관련하여 선관주의의무를 다하여 자기의 이름으로 위임인을 위해 필요한 계약을 체결하였다고 하더라도, 이후 그에 따른 채무를 이행하지도 않고 위임인에 대하여 필요한 보고 등의 **조치도 취하지 않으면서 방치하여 두거나** 계약 상대방의 소제기에 **제대로 대응하지 않음으로써** 수임인 자신이 계약 상대방에 대하여 **부담하여야 할 채무액이 확대된 경우**에는, 그 범위가 확대된 부분까지도 당연히 '위임사무의 처리에 필요한 채무'로서 '위임인에게 대신 변제하게 할 수 있는 채무'의 범위에 포함된다고 보기는 어렵다. 이러한 경우 법원으로서는 수임인이 보고의무 등을 다하지 못하거나 계약 상대방이 제기한 소송에 제대로 대응하지 못하여 채무액이 확대된 것인지 등을 심리하여 수임인이 위임인에게 대신 변제하게 할 수 있는 채무의 범위를 정하여야 한다(대판 2018. 11. 29, 2016다48808).

5) 손해배상청구권(위임인의 무과실손해배상의무)

수임인이 위임사무의 처리를 위하여 자기의 과실 없이 손해를 받은 때에는 위임인에 대하여 그 배상을 청구할 수 있다(제688조 제3항). 이때 위임인의 과실을 요건으로 하지 않으므로 일종의 **무과실책임**이다.

3. 위임의 상호해지의 자유

> **제689조(위임의 상호해지의 자유)**
> ① 위임계약은 각 당사자가 언제든지 해지할 수 있다.
> ② 당사자 일방이 부득이한 사유없이 상대방의 불리한 시기에 계약을 해지한 때에는 그 손해를 배상하여야 한다.

(1) 해지의 자유

위임계약은 그것이 유상계약이든 무상계약이든 당사자 쌍방의 특별한 대인적 신뢰관계를 기초로 하는 위임계약의 본질상 **각 당사자는 언제든지 이를 해지할 수 있고** 그로 말미암아 **상대방이 손해를 입는 일이 있어도 그것을 배상할 의무를 부담하지 않는 것이 원칙이다**(대판 2005. 11. 24, 2005다39136). 다만 불리한 시기에 부득이한 사유 없이 해지한 경우에 한하여 상대방에게 그로 인한 손해배상책임을 질 뿐이다(대판 2000. 4. 25, 98다47108; 제689조 제2항).

> **판례** ① 위임계약은 원래 해지의 자유가 인정되어 **쌍방 누구나 정당한 이유 없이도 언제든지 위임계약을 해지할 수 있고**, 다만 불리한 시기에 부득이한 사유 없이 해지한 경우에 한하여 상대방에게 그로 인한 손해배상책임을 질 뿐이다(대판 2000. 4. 25, 98다47108).
> ② 민법상의 위임계약은 그것이 유상계약이든 무상계약이든 당사자 쌍방의 특별한 대인적 신뢰관계를 기초로 하는 위임계약의 본질상 각 당사자는 언제든지 이를 해지할 수 있고 그로 말미암아 상대방이 손해를 입는 일이 있어도 그것을 배상할 의무를 부담하지 않는 것이 원칙이며, 다만 상대방이 불리한 시기에 해지한 때에는 그 해지가 부득이 한 사유에 의한 것이 아닌 한 그로 인한 손해를 배상하여야 하나 그 배상의 범위는 **위임이 해지되었다는 사실로부터 생기는 손해가 아니라 적당한 시기에 해지되었더라면 입지 아니하였을 손해에 한한다**고 볼 것이다(대판 1991. 4. 9, 90다18968).

(2) 임의규정

민법 제689조 제1항, 제2항은 **임의규정**에 불과하므로 당사자의 약정에 의하여 위 규정의 적용을 배제하거나 내용을 달리 정할 수 있다. 그리고 당사자가 위임계약의 해지사유 및 절차, 손해배상책임 등에 관하여 민법 제689조 제1항, 제2항과 다른 내용으로 약정을 체결한 경우, 이러한 약정은 당사자에게 효력을 미치면서 당사자 간의 법률관계를 명확히 함과 동시에 거래의 안전과 이에 대한 각자의 신뢰를 보호하기 위한 취지라고 볼 수 있으므로, 이를 단순히 주의적인 성격의 것이라고 쉽게 단정해서는 아니 된다. 따라서 당사자가 위임계약을 체결하면서 민법 제689조 제1항, 제2항에 규정된 바와 다른 내용으로 해지사유 및 절차, 손해배상책임 등을 정하였다면, 민법 제689조 제1항, 제2항이 이러한 약정과는 별개 독립적으로 적용된다고 볼 만한 특별한 사정이 없는 한, **약정에서 정한 해지사유 및 절차에 의하지 않고는 계약을 해지할 수 없고**, 손해배상책임에 관한 당사자 간 법률관계도 약정이 정한 바에 의하여 규율된다고 봄이 타당하다(대판 2019. 5. 30, 2017다53265).

〈전형계약상 해지의 자유 및 제한〉

유 형	내 용
위 임 (제689조)	① 위임계약은 각 당사자가 언제든지 해지할 수 있다. ② 당사자일방이 부득이한 사유 없이 상대방의 불리한 시기에 계약을 해지한 때에는 그 손해를 배상하여야 한다.
임 치	① 기간약정이 있는 경우(제698조) : 임치기간의 약정이 있는 때에는 수치인은 부득이한 사유없이 그 기간 만료전에 계약을 해지하지 못한다. 그러나 임치인은 언제든지 계약을 해지할 수 있다. ② 기간 약정이 없는 경우(제699조) : 임치기간의 약정이 없는 때에는 각 당사자는 언제든지 계약을 해지할 수 있다.
소비임치 (제702조)	수치인이 계약에 의하여 임치물을 소비할 수 있는 경우에는 소비대차에 관한 규정을 준용한다. 그러나 반환시기의 약정이 없는 때에는 임치인은 언제든지 그 반환을 청구할 수 있다.
소비대차 (제603조)	① 차주는 약정시기에 차용물과 같은 종류, 품질 및 수량의 물건을 반환하여야 한다. ② 반환시기의 약정이 없는 때에는 대주는 상당한 기간을 정하여 반환을 최고하여야 한다. 그러나 차주는 언제든지 반환할 수 있다.
사용대차 (제613조)	① 차주는 약정시기에 차용물을 반환하여야 한다. ② 시기의 약정이 없는 경우에는 차주는 계약 또는 목적물의 성질에 의한 사용, 수익이 종료한 때에 반환하여야 한다. 그러나 사용, 수익에 족한 기간이 경과한 때에는 대주는 언제든지 계약을 해지할 수 있다.

(3) 법정해제문제(위임해지자유와 구별할 것)

위임도 계약인 이상 채무불이행을 이유로 한 계약해제가 가능하다. 판례는 수임인이 위임계약상의 채무를 제대로 이행하지 않은 경우 채무불이행을 이유로 위임계약을 해제하기 위한 요건으로서 "수임인이 위임계약상의 채무를 제대로 이행하지 아니하였다 하여 위임인이 언제나 최고 없이 바로 그 채무불이행을 이유로 하여 위임계약을 해제할 수 있는 것은 아니고, 아직도 수임인이 위임계약상의 채무를 이행하는 것이 가능하다면 위임인은 수임인에 대하여 **상당한 기간을 정하여 그 이행을 최고하고, 수임인이 그 기간 내에 이를 이행하지 아니할 때에 한하여** 계약을 해제할 수 있다"고 판시한다 (대판 1996. 11. 26, 96다27148).

> **판례** 위임계약의 일방 당사자가 타방 당사자의 채무불이행을 이유로 위임계약을 해지한다는 의사표시를 하였으나 실제로는 **채무불이행을 이유로 한 계약 해지의 요건을 갖추지 못한 경우**라도, 특별한 사정이 없는 한 의사표시에는 민법 제689조 제1항에 따른 **임의해지로서의 효력이 인정된다**(대판 2015. 12. 23, 2012다71411).

4. 위임종료

(1) 위임의 종료원인

> **제690조(사망·파산 등과 위임의 종료)**
> 위임은 당사자 한쪽의 사망이나 파산으로 종료된다. 수임인이 성년후견개시의 심판을 받은 경우에도 이와 같다.

(2) 위임종료시의 긴급처리

> **제691조(위임종료시의 긴급처리)**
> 위임종료의 경우에 급박한 사정이 있는 때에는 수임인, 그 상속인이나 법정대리인은 위임인, 그 상속인이나 법정대리인이 위임사무를 처리할 수 있을 때까지 그 사무의 처리를 계속하여야 한다. 이 경우에는 위임의 존속과 동일한 효력이 있다.

(3) 위임종료의 대항요건

> **제692조(위임종료의 대항요건)**
> 위임종료의 사유는 이를 상대방에게 통지하거나 상대방이 이를 안 때가 아니면 이로써 상대방에게 대항하지 못한다.

제12절 임 치

> **제693조(임치의 의의)**
> 임치는 당사자 일방이 상대방에 대하여 금전이나 유가증권 기타 물건의 보관을 위탁하고 상대방이 이를 승낙함으로써 효력이 생긴다.

1. 임치 일반

(1) 민사상 임치는 원칙적으로 편무·무상·낙성·불요식의 계약이다.

(2) 주의의무

> **제695조(무상수치인의 주의의무)**
> 보수없이 임치를 받은 자는 임치물을 자기재산과 동일한 주의로 보관하여야 한다.

제695조에서는 **무상수치인의 주의의무**에 관하여 "보수없이 임치를 받은 자는 임치물을 **자기재산과 동일한 주의**로 보관하여야 한다"고 규정한다. **유상인 경우**에는 **선관주의의무**를 부담한다(통설·판례).

(3) 특정물채무

임치가 종료하면 수치인은 임치물을 반환하여야 한다. 이때 반환의 목적물은 수치인이 받은 물건이나 금전 또는 유가증권 '그 자체'이며(통설·판례), 임치물이 대체물이라고 해서 동종·동량·동질의 물건을 반환하는 것은 아니다(대판 1976. 11. 9, 76다1932).

(4) 계약의 해지

> **제698조(기간의 약정있는 임치의 해지)**
> 임치기간의 약정이 있는 때에는 수치인은 부득이한 사유없이 그 기간만료전에 계약을 해지하지 못한다. 그러나 임치인은 언제든지 계약을 해지할 수 있다.
>
> **제699조(기간의 약정없는 임치의 해지)**
> 임치기간의 약정이 없는 때에는 각 당사자는 언제든지 계약을 해지할 수 있다.

2. 소비임치(예금계약)

> **제702조(소비임치)**
> 수치인이 계약에 의하여 임치물을 소비할 수 있는 경우에는 소비대차에 관한 규정을 준용한다. 그러나 반환시기의 약정이 없는 때에는 임치인은 언제든지 그 반환을 청구할 수 있다.

(1) 의 의

1) 소비임치란 수치인이 대체물인 임치물을 소비하고 이와 동종·동질·동량의 물건을 반환할 것을 내용으로 하는 계약이다. 따라서 임치물의 소유권이 수치인에게 이전한다. 이러한 점에서 소비대차와 비슷하므로 소비대차의 규정이 준용된다(제702조).
2) 그러나 기간의 약정이 없는 경우의 반환시기에 관해서는 - 소비대차와는 달리(제603조 제2항) - 임치인은 언제든지 그 반환을 청구할 수 있다(제702조).

(2) 예금계약의 성질

예금계약의 법적 성질에 관하여는, 소비임치라고 함이 통설·판례의 입장이다.

> **판례** 이른바 예금은 은행등 법률이 정하는 금융기관을 수치인으로 하는 금전의 소비임치 계약으로서 수치인은 임치물인 금전등을 보관하고 그 기간중 이를 소비할 수 있고 임치인의 청구에 따라 동종 동액의 금전을 반

환할 것을 약정함으로써 성립하는 것이므로 소비대차에 관한 민법의 규정이 준용된다(대판 1985. 12. 24, 85다카880).

제13절 조 합

1. 조합의 의의

> **제703조(조합의 의의)**
> ① 조합은 2인 이상이 상호출자하여 공동사업을 경영할 것을 약정함으로써 그 효력이 생긴다.
> ② 전항의 출자는 금전 기타 재산 또는 노무로 할 수 있다.

(1) 의 의

판례 ① (ⅰ) 민법상 조합계약은 2인 이상이 상호 출자하여 공동으로 사업을 경영할 것을 약정하는 계약으로서, 특정한 사업을 공동경영하는 약정에 한하여 이를 조합계약이라 할 수 있고, 공동의 목적 달성이라는 정도만으로는 조합의 성립요건을 갖추었다고 할 수 없다(대판 2008. 7. 10, 2007다44965). (ⅱ) 부동산의 공동매수인들이 전매차익을 얻으려는 '공동의 목적 달성'을 위해 상호 협력한 것에 불과하고 이를 넘어 '공동사업을 경영할 목적'이 있었다고 인정되지 않는 경우, 이들 사이의 법률관계는 공유관계에 불과할 뿐 민법상 조합이 아니다(대판 2007. 6. 14, 2005다5140).

② 조합관계가 있다고 하려면 서로 출자하여 공동사업을 경영할 것을 약정하여야 하며, 영리사업을 목적으로 하면서 당사자 중의 일부만이 이익을 분배받고 다른 자는 전혀 이익분배를 받지 않는 경우에는 조합관계(동업관계)라고 할 수 없다(대판 2000. 7. 7, 98다44666).

③ [1] 당사자들이 공동이행방식의 공동수급체를 구성하여 도급인으로부터 공사를 수급받는 경우 공동수급체는 원칙적으로 민법상 조합에 해당한다. 건설공동수급체 구성원은 공동수급체에 출자의무를 지는 반면 공동수급체에 대한 이익분배청구권을 가지는데, 이익분배청구권과 출자의무는 별개의 권리·의무이다. **따라서 공동수급체의 구성원이 출자의무를 이행하지 않더라도, 공동수급체가 출자의무의 불이행을 이유로 이익분배 자체를 거부할 수도 없고, 그 구성원에게 지급할 이익분배금에서 출자금이나 그 연체이자를 당연히 공제할 수도 없다.** 다만 구성원에 대한 공동수급체의 출자금 채권과 공동수급체에 대한 구성원의 이익분배청구권이 상계적상에 있으면 상계에 관한 민법 규정에 따라 **두 채권을 대등액에서 상계할 수 있을 따름이다.** [2] 공동수급체의 구성원들 사이에 '출자의무와 이익분배를 직접 연계시키는 특약'을 하는 것도 계약자유의 원칙상 허용된다. 따라서 구성원들이 출자의무를 먼저 이행한 경우에 한하여 이익분배를 받을 수 있다고 약정하거나 출자의무의 불이행 정도에 따라 이익분배금을 전부 또는 일부 삭감하기로 약정할 수도 있다. 나아가 금전을 출자하기로 한 구성원이 출자를 지연하는 경우 그 구성원이 지급받을 이익분배금에서 출자금과 그 연체이자를 '공제'하기로 하는 약정을 할 수도 있다. 이러한 약정이 있으면 공동수급체는 그 특약에 따라 출자의무를 불이행한 구성원에 대한 이익분배를 거부하거나 구성원에게 지급할 이익분배금에서 출자금과 그 연체이자를 공제할 수 있다. 이러한 '공제'는 특별한 약정이 없는 한 당사자 쌍방의 채권이 서로 상계적상에 있는지 여부와 관계없이 가능하고 별도의 의사표시도 필요하지 않다. 이 점에서 상계적상에 있는 채권을 가진 채권자가 별도로 의사표시를 하여야 하는 상계(민법 제493조 제1항)와는 구별된다. 물론 상계의 경우에도 쌍방의 채

무가 상계적상에 이르면 별도의 의사표시 없이도 상계된 것으로 한다는 특약을 할 수 있다. 그러나 공제 약정이 있으면 별도의 의사표시 없이도 당연히 공제되는 것이 원칙이다(대판 2018. 1. 24, 2015다69990).

(2) 법인과의 차이

1) 조합은 사단과 같이 그 자체가 구성원과는 독립된 개별성을 갖지 못한다. 조합은 조합원 상호 간의 채권관계에 지나지 않는 것이고, 조합원들과 구별되는 독립된 권리·의무의 주체가 조합이라는 이름으로 존재하는 것은 아니다. 따라서 민법이 조합재산이란 관념을 인정한다고 하더라도(합유), 조합이 조합채권의 채권자나 조합채무의 채무자가 되는 것을 인정할 수 없다(즉 조합자체가 권리의무의 주체가 되는 것이 아니다).

2) 조합자체에는 법인격이 없으며, 또한 민사소송법상 "비법인의 당사자능력"의 규정도 적용되지 않는다.

민법상 사단과 조합의 차이	
사단	조합
개개의 구성원은 단체 속에서 그 개성이나 중요성을 상실하며 단체가 그 구성원의 개성을 초월한 독립한 단일체로 존재한다. 따라서 원칙적으로 법인격이 주어진다.	구성원인 개인은 여전히 독립한 존재를 가지고 있고, 공동의 목적을 달성하는 데 필요한 한도에서 그 제한을 받을 뿐이다. 따라서 원칙적으로 법인격이 주어지지 않는다.
통일적인 조직과 기관을 가지고 있고, 그 기관에 의하여 행동하며, 기관의 행위의 효과는 모두 단체 자체에 귀속된다.	조합원 각자에 의해서 또는 구성원 전원으로부터 대리권이 주어진 자에 의해 활동하고 그 법률효과는 각 조합원에 귀속한다.
자산이나 부채는 모두 사단에 귀속하며, 사원은 사단의 부담에 관하여 유한책임을 진다. → 청산절차법규정의 강행규정성	재산은 각자의 소유에 속하지만 단체적 구속을 받는 합유이며, 부채도 역시 각자의 부채여서 조합원으로서 소유하는 재산 이외에, 각자의 개인재산으로도 책임을 져야 한다(무한책임). → 청산절차법규정의 임의규정성

2. 조합계약의 법적 성질

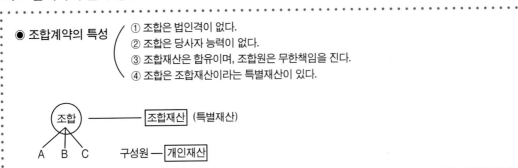

● 조합계약의 특성
① 조합은 법인격이 없다.
② 조합은 당사자 능력이 없다.
③ 조합재산은 합유이며, 조합원은 무한책임을 진다.
④ 조합은 조합재산이라는 특별재산이 있다.

조합 ──── 조합재산 (특별재산)

A B C   구성원 ── 개인재산

(1) 계약설

다수설은 조합을 계약(특히 쌍무·유상계약으로 봄)으로 보는 반면, 소수설은 합동행위라고 한다. 다만 계약설에 의하더라도 아래와 같은 점에서 통상적인 계약과는 차이가 있다.

(2) 법률행위 취소

본래의 광업권자와 공동광업권자로 등록하여 광업을 공동으로 관리경영하기로 한 계약은 유효하고 공동광업권자는 조합계약을 한 것으로 간주되며 그 조합이 사업을 개시하여 제3자와의 사이에 거래관계가 이루어지고 난 다음에는 조합계약체결당시의 의사표시의 하자를 이유로 취소하여 조합 성립 전으로 환원시킬 수 없다(대판 1972. 4. 25, 71다1833).

(3) 계약해제

동업계약과 같은 조합계약에 있어서는 조합의 해산청구를 하거나 조합으로부터 탈퇴를 하거나 또는 다른 조합원을 제명할 수 있을 뿐이지 일반계약에 있어서처럼 조합계약을 해제하고 상대방에게 그로 인한 원상회복의 의무를 부담지울 수는 없다(대판 1994. 5. 13, 94다7157).

3. 조합의 사무집행의 방법

> **제706조(사무집행의 방법)**
> ① 조합계약으로 업무집행자를 정하지 아니한 경우에는 조합원의 3분의 2 이상의 찬성으로써 이를 선임한다.
> ② 조합의 업무집행은 조합원의 과반수로써 결정한다. 업무집행자 수인인 때에는 그 과반수로써 결정한다.
> ③ 조합의 통상사무는 전항의 규정에 불구하고 각 조합원 또는 각 업무집행자가 전행할 수 있다. 그러나 그 사무의 완료전에 다른 조합원 또는 다른 업무집행자의 이의가 있는 때에는 즉시 중지하여야 한다.

(1) 인원수 기준

민법 제706조에서는 조합원 3분의 2 이상의 찬성으로 조합의 업무집행자를 선임하고 조합원 과반수의 찬성으로 조합의 업무집행방법을 결정하도록 규정하고 있는바, 여기서 말하는 조합원은 조합원의 출자가액이나 지분이 아닌 **조합원의 인원수**를 뜻한다. 다만, 위와 같은 민법의 규정은 임의규정이므로, 당사자 사이의 약정으로 업무집행자의 선임이나 업무집행방법의 결정을 조합원의 인원수가 아닌 그 출자가액 내지 지분의 비율에 의하도록 하는 등 그 내용을 달리 정할 수 있고, 그와 같은 약정이 있는 경우에는 그 정한 바에 따라 업무집행자를 선임하거나 업무집행방법을 결정하여야만 유효하다(대판 2009. 4. 23, 2008다4247).

(2) 조합재산의 처분·변경행위(민법 제706조 제2항과 제272조의 충돌문제)

1) 문제의 소재

민법 제272조에 의하면 조합재산을 처분하거나 변경하기 위하여 조합원 전원의 동의를 필요로 하지만, 민법 제706조에 의하면 조합재산의 처분이나 변경에 조합원 전원의 일치된 의사가 필요한 것은 아니라는 결과가 된다. 이렇게 서로 모순·충돌하는 규정을 어떻게 해석하여야 하는지에 대하여 논란이 있다.

2) 민법 제706조 제2항을 민법 제272조에 우선하여 적용(판례)

조합재산의 처분·변경에 관한 행위는 다른 특별한 사정이 없는 한 조합의 특별사무에 해당하는 업무집행이며, 이에 대하여는 특별한 사정이 없는 한 **민법 제706조 제2항이 민법 제272조에 우선하여 적용**되므로, 조합재산의 처분·변경은 ① **업무집행자가 없는 경우에는 조합원의 과반수**로 결정하고, ② **업무집행자가 수인 있는 경우에는 그 업무집행자의 과반수로써** 결정하며, ③ **업무집행자가 1인만 있는 경우에는 그 업무집행자가 단독으로** 결정한다(대판 2010. 4. 29, 2007다18911).

4. 조합대리(대외관계)

> **제709조(업무집행자의 대리권추정)**
> 조합의 업무를 집행하는 조합원은 그 업무집행의 대리권있는 것으로 추정한다.

(1) 대리권추정

조합계약으로 업무집행자를 정하였거나 또는 선임한 때에는 그 업무집행조합원은 조합의 목적을 달성하는 데 필요한 범위에서 조합을 위하여 모든 행위를 할 대리권이 있는 것으로 추정되지만, 위 규정은 임의규정이라고 할 것이므로 당사자 사이의 약정에 의하여 조합의 업무집행에 관하여 조합원 전원의 동의를 요하도록 하는 등 그 내용을 달리 정할 수 있다(대판 2002. 1. 25, 99다62838).

(2) 현명주의

민법 제114조 제1항은 "대리인이 그 권한 내에서 본인을 위한 것임을 표시한 의사표시는 직접 본인에게 대하여 효력이 생긴다"라고 규정하고 있으므로, 원칙적으로 대리행위는 본인을 위한 것임을 표시하여야 직접 본인에 대하여 효력이 생기는 것이고, 한편 민법상 조합의 경우 법인격이 없어 조합 자체가 본인이 될 수 없으므로, 이른바 조합대리에 있어서는 본인에 해당하는 모든 조합원을 위한 것임을 표시하여야 하나, 반드시 조합원 전원의 성명을 제시할 필요는 없고, 상대방이 알수 있을 정도로 조합을 표시하는 것으로 충분하다(대판 2009. 1. 30, 2008다79340).

5. 조합원의 업무, 재산상태 검사권

> **제710조(조합원의 업무, 재산상태검사권)**
> 각 조합원은 언제든지 조합의 업무 및 재산상태를 검사할 수 있다.

> **판례** 민법 제710조는 '조합원의 업무, 재산상태 검사권'이라는 제목으로 "각 조합원은 **언제든지** 조합의 업무 및 재산상태를 검사할 수 있다"라고 정하고 있다. 이 규정에 따라 각 조합원은 장부 그 밖의 서류를 열람하여 조합의 업무와 재산의 유무를 검사할 수 있으므로, 조합원의 검사권에는 업무와 재산상태를 검사하기 위하여 필요한 범위에서 장부 그 밖의 **서류의 열람·등사를 청구할 권한이 포함된다**(대판 2021. 1. 14, 2020다222580).

6. 조합재산

> **제704조(조합재산의 합유)**
> 조합원의 출자 기타 조합재산은 조합원의 합유로 한다.

(1) 합 유

조합재산의 소유는 조합 자체가 법인격이 없으므로 조합원 전원이 공동으로 소유하는 수밖에 없다. 이를 합유라 한다. 합유의 내용은 일차적으로는 조합계약서의 정함에 따르고, 그에 정함이 없는 경우에는 민법의 합유에 관한 규정(제271조~제274조)이 적용된다.

> **판례** ① 부동산의 소유자가 동업계약(조합계약)에 의하여 부동산의 소유권을 투자하기로 하였으나 아직 그의 소유로 등기가 되어 있고 조합원의 합유로 등기되어 있지 않다면, 그와 조합 사이에 채권적인 권리의무가 발생하여 그로 하여금 조합에 대하여 그 소유권을 이전할 의무 내지 그 사용을 인용할 의무가 있다고 할 수는 있지만, 그 동업계약을 이유로 조합계약 당사자 아닌 사람에 대한 관계에서 그 부동산이 조합원의 합유에 속한다고 할 근거는 없으므로, 조합원이 아닌 제3자에 대하여는 여전히 소유자로서 그 소유권을 행사할 수 있다(대판 2002. 6. 14, 2000다30622).
> ② 민법상 조합에서 조합의 채권자가 **조합재산에 대하여 강제집행을** 하려면 **조합원 전원에 대한 집행권원을 필요로 하고**, 조합재산에 대한 강제집행의 보전을 위한 가압류의 경우에도 마찬가지로 조합원 전원에 대한 가압류명령이 있어야 하므로, **조합원 중 1인만을 가압류채무자로 한 가압류명령으로써 조합재산에 가압류집행을 할 수는 없다**(대판 2015. 10. 2, 2012다21560).

(2) 조합원의 지분양도

합유자는 전원의 동의 없이 합유물에 대한 지분을 처분하지 못한다(제273조).

> **판례** ① 조합원은 다른 조합원 전원의 동의가 있으면 그 지분을 처분할 수 있으나 조합의 목적과 단체성에 비추어 조합원으로서의 자격과 분리하여 그 지분권만을 처분할 수는 없으므로, 조합원이 지분을 양도하면 그로

써 조합원의 지위를 상실하게 되며, 이와 같은 조합원 지위의 변동은 조합지분의 양도·양수에 관한 약정으로써 바로 효력이 생긴다(대판 2009. 3. 12, 2006다28454).

② 2인 이상이 상호 출자하여 공동사업을 경영할 것을 약정함에 따라 성립한 민법상 조합에서 조합원 지분의 양도는 원칙적으로 다른 조합원 전원의 동의가 있어야 하지만, **다른 조합원의 동의 없이 각자 지분을 자유로이 양도할 수 있도록 조합원 상호 간에 약정하거나 사후적으로 지분 양도를 인정하는 합의를 하는 것은 유효**하다(대판 2016. 8. 30, 2014다19790).

(3) 조합의 채권

1) 조합채권의 행사

조합의 채권은 조합원 전원에게 합유적으로 귀속하는 것이어서, 특별한 사정이 없는 한 **조합원 중 1인이 임의로 조합의 채무자에 대하여 출자지분의 비율에 따른 급부를 청구할 수 없는 것이므로,** 조합원 중 1인의 채권자가 그 조합원 개인을 집행채무자로 하여 조합의 채권에 대하여 강제집행하는 경우, 다른 조합원으로서는 보존행위로서 제3자이의의 소를 제기하여 그 강제집행의 불허를 구할 수 있다(대판 1997. 8. 26, 97다4401).

> **판례** ① [다수의견] (i) 공동이행방식의 공동수급체는 기본적으로 민법상 조합의 성질을 가지는 것이므로, 공동수급체가 공사를 시행함으로 인하여 도급인에 대하여 가지는 채권은 원칙적으로 공동수급체 구성원에게 합유적으로 귀속하는 것이어서 특별한 사정이 없는 한 구성원 중 1인이 임의로 도급인에 대하여 출자지분 비율에 따른 급부를 청구할 수 없고, 구성원 중 1인에 대한 채권으로써 그 구성원 개인을 집행채무자로 하여 공동수급체의 도급인에 대한 채권에 대하여 강제집행을 할 수 없다. (ii) 그러나 공동이행방식의 공동수급체와 도급인이 공사도급계약에서 발생한 채권과 관련하여 **공동수급체가 아닌 개별 구성원으로 하여금 지분비율에 따라 직접 도급인에 대하여 권리를 취득하게 하는 약정**을 하는 경우와 같이 공사도급계약의 내용에 따라서는 공사도급계약과 관련하여 도급인에 대하여 가지는 채권이 공동수급체 구성원 각자에게 지분비율에 따라 구분하여 귀속될 수도 있고, 위와 같은 약정은 명시적으로는 물론 묵시적으로도 이루어질 수 있다[대판(전합) 2012. 5. 17, 2009다105406].
>
> ② 공동이행방식의 공동수급체와 도급인 사이의 공사도급계약에서 공동수급체의 개별 구성원으로 하여금 공사대금채권에 관하여 지분비율에 따라 직접 도급인에 대하여 권리를 취득하게 하는 약정이 이루어진 경우, 공사도급계약 자체에서 개별 구성원의 실제 공사 수행 여부나 정도를 지분비율에 의한 공사대금채권 취득의 조건으로 약정하거나 일부 구성원의 공사 미이행을 이유로 공동수급체로부터 탈퇴·제명하도록 하여 그 구성원으로서의 자격이 아예 상실되는 것으로 약정하는 등의 특별한 사정이 없는 한, 개별 구성원들은 실제 공사를 누가 어느 정도 수행하였는지에 상관없이 도급인에 대한 관계에서 공사대금채권 중 각자의 지분비율에 해당하는 부분을 취득하고, 공사도급계약의 이행에 있어서의 실질적 기여비율에 따른 공사대금의 최종적 귀속 여부는 도급인과는 무관한 공동수급체 구성원들 내부의 정산문제일 뿐이라고 할 것이다. 따라서 공동이행방식의 공동수급체와 도급인 사이에서 공동수급체의 개별 구성원으로 하여금 공사대금채권에 관하여 지분비율에 따라 직접 도급인에 대하여 권리를 취득하게 하는 약정이 이루어진 경우에 있어서는 일부 구성원만이 실제로 공사를 수행하거나 일부 구성원이 그 공사대금채권에 관한 자신의 지분비율을 넘어서 수행하였다고 하더라도 이를 이유로 도급인에 대한 공사대금채권 자체가 그 실제의 공사비율에 따라 그에게 귀속한다고 할 수는 없다

(대판 2013. 2. 28, 2012다107532).

③ 일부 조합원이 동업계약에 따라 동업자금을 출자하였는데 업무집행 조합원이 본연의 임무에 위배되거나 혹은 권한을 넘어선 행위를 자행함으로써 끝내 동업체의 동업 목적을 달성할 수 없게끔 만들고, 조합원이 출자한 동업자금을 모두 허비한 경우에 그로 인하여 손해를 입은 주체는 동업자금을 상실하여 버린 조합, 즉 조합원들로 구성된 동업체라 할 것이고, 이로 인하여 결과적으로 동업자금을 출자한 조합원에게 손해가 발생하였다 하더라도 이는 조합과 무관하게 개인으로서 입은 손해가 아니고, 조합체를 구성하는 조합원의 지위에서 입은 손해에 지나지 아니하는 것이므로, 결국 피해자인 조합원으로서는 **조합관계를 벗어난 개인의 지위에서** 그 손해의 배상을 구할 수는 없다(대판 1999. 6. 8, 98다60484).

④ 민법상 조합계약은 2인 이상이 상호 출자하여 공동으로 사업을 경영할 것을 약정하는 계약으로서, 조합재산은 조합의 합유에 속하므로 조합재산에 속하는 채권에 관한 소송은 합유물에 관한 소송으로서 특별한 사정이 없는 한 조합원들이 공동으로 제기하여야 하는 고유필수적 공동소송에 해당한다(대판 2012. 11. 29, 2012다44471).

2) 조합채권의 양도

판례 ① 조합의 임원회의 결의로 그 조합재산인 채권을 타인에게 양도한 경우, 그 조합 임원들이 조합의 업무집행조합원들이고 그 채권의 양도는 조합의 특별사무에 해당하는 조합재산의 처분이므로 그 임원회의 과반수 결의로 이루어진 채권의 양도는 유효한 업무집행이다(대판 2000. 10. 10, 2000다28506, 28513).

② 2인이 동업하는 조합의 조합원 1인이 다른 조합원의 동의 없이 한 조합채권양도행위는 무효이다(대판 1990. 2. 27, 88다카11534).

(4) 조합의 채무

> **제712조(조합원에 대한 채권자의 권리행사)**
> 조합채권자는 그 채권발생 당시에 조합원의 손실부담의 비율을 알지 못한 때에는 각 조합원에게 균분하여 그 권리를 행사할 수 있다.
>
> **제713조(무자력조합원의 채무와 타조합원의 변제책임)**
> 조합원 중에 변제할 자력없는 자가 있는 때에는 그 변제할 수 없는 부분은 다른 조합원이 균분하여 변제할 책임이 있다.

1) 병존적 책임

조합채무는 조합원 전원이 조합재산을 가지고 공동으로 책임을 지는 외에, 각 조합원도 그의 개인재산을 가지고 책임을 진다(병존적). 이때 조합의 채권자가 먼저 조합재산으로부터 변제를 받고 변제받지 못한 한도에서 각 조합원에게 청구하여야 하는 것은 아니다. 즉 조합의 채권자는 처음부터 조합원 개인에게 책임을 물을 수도 있다.

2) 조합원 개인재산에 의한 개별책임 : 분담주의(분할채무)

㈎ 조합의 채권자는 그 채권발생당시에 조합원의 손실부담의 비율을 알지 못한 때에는 각 조합원에게 균분하여 그 권리를 행사할 수 있다(제712조). 즉 조합채무는 각 조합원의 채무로서 그 채무가 불가분채무이거나 연대특약이 없는 한 조합채권자는 각 조합원에 대하여 지분의 비율에 따라 또는 균일적으로 변제를 청구할 수 있을 뿐이지 달리 그 금원 전부나 연대의 지급을 구할 수는 없다(대판 1985. 11. 12, 85다카1499).

㈏ 무자력조합원이 있는 경우 다른 조합원의 변제책임과 관련하여서는, 제713조가 "그 변제할 수 없는 부분은 다른 조합원이 **균분하여** 변제할 책임이 있다"고 규정하고 있다. 이에 대해서는 균분할 것이 아니라 출자가액에 비례해야 한다는 입법론상 문제점이 제기되고 있다.

㈐ 민법 제425조 제1항은 "어느 연대채무자가 변제 기타 자기의 출재로 공동면책이 된 때에는 다른 연대채무자의 부담부분에 대하여 구상권을 행사할 수 있다."라고 정하고 있다. 조합채무는 모든 조합원에게 합유적으로 귀속되므로, **조합원 중 1인이 조합채무를 면책시킨 경우 그 조합원은 다른 조합원에 대하여 민법 제425조 제1항에 따라 구상권을 행사할 수 있다.** 이러한 구상권은 조합의 해산이나 청산 시에 손실을 부담하는 것과 별개의 문제이므로 **반드시 잔여재산분배 절차에서 행사해야 하는 것은 아니다**(대판 2022. 5. 26, 2022다211416). ☞ '이 사건 사업이 종료되지 않아, 원고가 조합채무를 면책시킨 부분에 대해 다른 조합원을 상대로 구상금 청구를 할 수는 없다.'는 피고의 주장을 배척한 것은 위 법리에 따른 것으로서 정당하다고 한 사례.

(5) 조합재산의 보호

제714조(지분에 대한 압류의 효력)
조합원의 지분에 대한 압류는 그 조합원의 장래의 이익배당 및 지분의 반환을 받을 권리에 대하여 효력이 있다.

제715조(조합채무자의 상계의 금지)
조합의 채무자는 그 채무와 조합원에 대한 채권으로 상계하지 못한다.

1) 취 지

민법이 조합재산이라는 특별재산을 별도로 인정하는 것은 조합의 목적달성을 도와주기 위한 목적이다. 즉 제714조와 제715조는 조합원 개인 때문에 조합재산이 줄어드는 것을 막기 위한 규정이다.

2) 조합재산을 구성하는 개개의 재산에 대한 합유지분에 관하여 압류 기타 강제집행이 가능한지 여부(소극)

민법 제714조는 "조합원의 지분에 대한 압류는 그 조합원의 장래의 이익배당 및 지분의 반환을 받을 권리에 대하여 효력이 있다"고 규정하여 조합원의 지분에 대한 압류를 허용하고 있으나, 여기에서의 조합원의 지분이란 전체로서의 조합재산에 대한 조합원 지분을 의미하는 것이고, 이와 달리 조합재산을 구성하는 개개의 재산에 대한 합유지분에 대하여는 압류 기타 강제집행의 대상으로 삼을 수 없다 할 것이다(대결 2007. 11. 30, 자 2005마1130).

3) 상계금지

조합의 특별재산을 되도록 유지시키려는 목적으로 민법은 조합의 채무자가 그 채무와 조합원에 대한 개인채권으로 상계하지 못하도록 하였다(제715조).

> **판례** 조합에 대한 채무자는 그 채무와 조합원에 대한 채권으로 상계할 수는 없는 것이므로(민법 제715조), 조합으로부터 부동산을 매수하여 잔대금 채무를 지고 있는 자가 조합원 중의 1인에 대하여 개인 채권을 가지고 있다고 하더라도 그 채권과 조합과의 매매계약으로 인한 잔대금 채무를 서로 대등액에서 상계할 수는 없다(대판 1998. 3. 13, 97다6919).

(6) 조합재산의 상속 여부

부동산의 합유자 중 일부가 사망한 경우 합유자 사이에 특별한 약정이 없는 한 사망한 합유자의 상속인은 합유자로서의 지위를 승계하지 못하므로, 해당 부동산은 잔존 합유자가 2인 이상일 경우에는 잔존 합유자의 합유로 귀속되고 잔존 합유자가 1인인 경우에는 잔존 합유자의 단독소유로 귀속된다(대판 1996. 12. 10, 96다23238).

7. 조합원간의 관계

(1) 손익분배

> **제711조(손익분배의 비율)**
> ① 당사자가 손익분배의 비율을 정하지 아니한 때에는 각 조합원의 출자가액에 비례하여 이를 정한다.
> ② 이익 또는 손실에 대하여 분배의 비율을 정한 때에는 그 비율은 이익과 손실에 공통된 것으로 추정한다.

(2) 조합원의 탈퇴

> **제716조(임의탈퇴)**
> ① 조합계약으로 조합의 존속기간을 정하지 아니하거나 조합원의 종신까지 존속할 것을 정한 때에는 각 조합원은 언제든지 탈퇴할 수 있다. 그러나 부득이한 사유없이 조합의 불리한 시기에 탈퇴하지 못한다.
> ② 조합의 존속기간을 정한 때에도 조합원은 부득이한 사유가 있으면 탈퇴할 수 있다.

> **제717조(비임의 탈퇴)**
> 제716조의 경우 외에 조합원은 다음 각 호의 어느 하나에 해당하는 사유가 있으면 탈퇴된다.
> 1. 사망 2. 파산 3. 성년후견의 개시 4. 제명
>
> **제718조(제명)**
> ① 조합원의 제명은 정당한 사유있는 때에 한하여 다른 조합원의 일치로써 이를 결정한다.
> ② 전항의 제명결정은 제명된 조합원에게 통지하지 아니하면 그 조합원에게 대항하지 못한다.
>
> **제719조(탈퇴조합원의 지분의 계산)**
> ① 탈퇴한 조합원과 다른 조합원간의 계산은 탈퇴당시의 조합재산상태에 의하여 한다.
> ② 탈퇴한 조합원의 지분은 그 출자의 종류여하에 불구하고 금전으로 반환할 수 있다.
> ③ 탈퇴당시에 완결되지 아니한 사항에 대하여는 완결후에 계산할 수 있다.

1) 탈 퇴

㈎ 임의탈퇴

판례 ① 조합원의 임의 탈퇴는 조합계약에 관한 일종의 해지로서 다른 조합원에 대한 의사표시로써 하여야 하나, 그 의사표시가 반드시 명시적이어야 하는 것은 아니고 묵시적으로도 할 수 있으며, 임의 탈퇴의 의사표시가 있는지 여부는 법률행위 해석의 일반 원칙에 따라 판단하여야 한다. 조합원의 임의 탈퇴가 적법하다면 조합원 사이에 특별한 약정이 없는 한 탈퇴한 조합원의 합유지분은 잔존 조합원에게 귀속된다(대판 2017. 7. 18, 2015다30206, 30213).

② 민법상 조합에 있어서 조합원은 임의로 탈퇴할 수 있고 그 탈퇴는 **다른 조합원 전원에 대한 의사표시로** 하여야 하나 조합계약에서 탈퇴의사의 표시 방식을 따로 정하는 특약은 유효하다(대판 1997. 9. 9, 96다16896). ☞ 다른 조합원 전원에 대한 의사표시가 필요하므로, 업무집행자가 있는 때에도 그에 대한 의사표시만으로는 충분하지 않다.

③ 조합의 탈퇴란 특정 조합원이 장래에 향하여 조합원으로서의 지위를 벗어나는 것으로서, 이 경우 조합 자체는 나머지 조합원에 의해 동일성을 유지하며 존속하는 것이므로 결국 탈퇴는 잔존 조합원이 동업사업을 계속 유지·존속함을 전제로 한다. **2인으로 구성된 조합에서 한 사람이 탈퇴하면 조합관계는 종료되나** 특별한 사정이 없는 한 조합은 **해산이나 청산이 되지 않고,** 다만 조합원의 합유에 속한 조합재산은 남은 조합원의 단독소유에 속하여 **탈퇴 조합원과 남은 조합원 사이에는 탈퇴로 인한 계산을 해야 한다.** 이러한 법리는 **부동산 사용권을 출자한 경우**에도 적용된다. 조합원이 부동산 사용권을 존속기한을 정하지 않고 출자하였다가 탈퇴한 경우 특별한 사정이 없는 한 탈퇴 시 조합재산인 부동산 사용권이 소멸한다고 볼 수는 없고, 그러한 사용권은 공동사업을 유지할 수 있도록 일정한 기간 동안 존속한다고 보아야 한다. 이때 탈퇴 조합원이 남은 조합원으로 하여금 부동산을 사용·수익할 수 있도록 할 의무를 이행하지 않음으로써 남은 조합원에게 손해가 발생하였다면 탈퇴 조합원은 그 손해를 배상할 책임이 있다(대판 2018. 12. 13, 2015다72385).

(나) 비임의탈퇴

조합원은 ① 사망, ② 파산, ③ 성년후견의 개시, ④ 제명 중 어느 하나에 해당하는 사유가 있으면 탈퇴된다(제717조).

> **판례** 민법상 조합에서 조합원의 **제명은 정당한 사유가 있는 때에 한하여 다른 조합원의 일치로써** 결정한다(제718조 제1항). 여기에서 '정당한 사유가 있는 때'란 특정 조합원이 동업계약에서 정한 의무를 이행하지 않거나 조합업무를 집행하면서 부정행위를 한 경우와 같이 **특정 조합원에게 명백한 귀책사유가 있는 경우는 물론이고**, 이에 이르지 않더라도 특정 조합원으로 말미암아 **조합원들 사이에 반목·불화**로 대립이 발생하고 신뢰관계가 근본적으로 훼손되어 특정 조합원이 계속 조합원의 지위를 유지하도록 한다면 **조합의 원만한 공동운영을 기대할 수 없는 경우도 포함**한다(대판 2021. 10. 28, 2017다200702).

2) 지분의 계산

> **판례** ① 탈퇴한 조합원의 지분은 그 출자의 종류 여하에 불구하고 금전으로 반환할 수 있고, 이 경우 탈퇴 조합원의 지분 계산에 있어서 자산평가의 기준 시기는 **탈퇴 당시**이며, 조합원이 지분의 정산을 장기간 거부하였다거나 금전으로 정산하겠다는 의사표시를 뒤늦게 하였다 하여 달리 볼 것이 아니다(대판 1998. 10. 27, 98다15170).
> ② 탈퇴한 조합원은 **탈퇴 당시의 조합재산을 계산한 결과 조합의 재산상태가 적자가 아닌 경우에 지분을 환급받을 수 있다.** 따라서 탈퇴 조합원의 지분을 계산할 때 지분을 계산하는 방법에 관해서 별도 약정이 있다는 등 특별한 사정이 없는 한 **지분의 환급을 주장하는 사람**에게 조합재산의 상태를 증명할 책임이 있다(대판 2021. 7. 29, 2019다207851).
> ③ 조합에서 조합원이 탈퇴하는 경우, 탈퇴자와 잔존자 사이의 탈퇴로 인한 계산은 특별한 사정이 없는 한 민법 제719조 제1항, 제2항에 따라 '탈퇴 당시의 조합재산상태'를 기준으로 평가한 조합재산 중 탈퇴자의 지분에 해당하는 금액을 금전으로 반환하여야 하고, 조합원의 지분비율은 **조합청산의 경우에 실제 출자한 자산가액의 비율에 의하는 것과는 달리 조합 내부의 손익분배 비율을 기준으로 계산하여야 하는 것**이 원칙이다 (대판 2023. 10. 12, 2022다285523, 285530). 다만 당사자가 **손익분배의 비율을 정하지 아니한 때에는** 민법 제711조에 따라 **각 조합원의 출자가액에 비례**하여 이를 정하여야 한다(대법 2008. 9. 25, 2008다41529).

8. 해산과 청산

제720조(부득이한 사유로 인한 해산청구)
부득이한 사유가 있는 때에는 각 조합원은 조합의 해산을 청구할 수 있다.

제721조(청산인)
① 조합이 해산한 때에는 청산은 총조합원 공동으로 또는 그들이 선임한 자가 그 사무를 집행한다.
② 전항의 청산인의 선임은 조합원의 과반수로써 결정한다.

제724조(청산인의 직무, 권한과 잔여재산의 분배)
① 청산인의 직무 및 권한에 관하여는 제87조의 규정을 준용한다.
② 잔여재산은 각 조합원의 출자가액에 비례하여 이를 분배한다.

(1) 조합의 해산사유에 관한 민법 제720조 소정의 "부득이한 사유"

조합원 사이의 반목·불화로 인한 대립으로 신뢰관계가 파괴되어 조합의 원만한 공동운영을 기대할 수 없게 된 경우도 포함되며, 위와 같이 공동사업의 계속이 현저히 곤란하게 된 이상 신뢰관계의 파괴에 책임이 있는 당사자도 조합의 해산청구권이 있다(대판 1993. 2. 9, 92다21098).

(2) 한편 조합의 해산결의 이후 조합원의 자동제명 사유가 발생하였다 하더라도 그 조합원은 해산결의에서 정한 청산방법에 따라 출자지분에 비례한 잔여재산의 분배를 구할 수 있다(대판 2007. 2. 9, 2006다3486). ☞ 재산분배가 공평하게 행하여지는 것을 보장하기 위해서는 오히려 자동제명 사유가 발생한 조합원에 대해서도 잔여 조합원들과 동등한 지위에서 청산사무에 관여하도록 하는 것이 보다 공정하기 때문이라고 한다.

(3) 민법의 조합의 해산사유와 청산에 관한 규정이 강행규정인지 여부(소극)

민법의 조합의 해산사유와 청산에 관한 규정은 그와 내용을 달리하는 당사자의 특약까지 배제하는 **강행규정이 아니므로** 당사자가 민법의 조합의 해산사유와 청산에 관한 규정과 다른 내용의 특약을 한 경우, 그 특약은 유효하다(대판 1985. 2. 26, 84다카1921).

(4) 청산절차를 거치지 않는 잔여재산의 분배청구권

조합관계가 종료된 경우 당사자 사이에 별도의 약정이 없는 이상, 원칙적으로 청산절차가 종료되지 아니한 상태에서 잔여재산의 분배를 청구할 수는 없는 것이지만 **조합의 잔무로서 처리할 일이 없고, 잔여재산의 분배만이 남아 있을 때**에는 따로 청산절차를 밟을 필요가 없이 각 조합원은 자신의 잔여재산 분배비율의 범위 내에서 그 분배비율을 초과하여 잔여재산을 보유하고 있는 조합원에 대하여 바로 잔여재산의 분배를 청구할 수 있다(대판 1998. 12. 8, 97다31472).

> **판례** ① [1] 조합계약으로 조합원 중 일부 또는 제3자를 업무집행자로 정하지 않은 경우에는 모든 조합원이 원칙적으로 업무집행권을 가진다. 업무를 집행하는 조합원은 조합계약의 내용에 따라 선량한 관리자의 주의로써 조합사무를 처리하여야 한다(민법 제707조, 제681조). [2] 2인으로 구성된 조합의 조합원 중 1인이 선량한 관리자의 주의의무 위반 또는 불법행위 등으로 인하여 조합에 대하여 손해배상책임을 지게 되고 또한 그로 인하여 조합 관계마저 그 목적 달성이 불가능하게 되어 종료되고 달리 조합의 잔여업무가 남아 있지 않은 상황에서 조합재산의 분배라는 청산절차만이 남게 된 경우에, 다른 조합원은 조합에 손해를 가한 조합원을 상대로 선량한 관리자의 주의의무 위반 또는 불법행위에 따른 손해배상채권액 중 자신의 출자가액 비율에 의한 몫에 해당하는 돈을 청구하는 형식으로 조합관계의 종료로 인한 잔여재산의 분배를 청구할 수 있다(대판 2018. 8. 30, 2016다46338, 46345).
> ② 조합관계가 종료된 경우 당사자 사이에 별도의 약정이 없는 이상 청산절차를 밟는 것이 통례이나, 조합의 잔무로서 처리할 일이 없고, 다만 잔여재산의 분배만이 남아 있을 때에는 따로 청산절차를 밟을 필요가 없으며, 잔여재산은 조합원 사이에 별도의 특약이 없는 이상 각 조합원의 출자가액에 비례하여 분배하도록 되어 있

으므로, 비록 조합채무의 변제 사무가 완료되지 아니한 사정이 있더라도 채권자가 조합원인 경우에는 동업체 자산을 보유하는 자가 동업체 자산에서 채권자 조합원에 대한 조합채무를 공제하여 분배대상 잔여재산액을 산출한 다음, 다른 조합원들에게 잔여재산 중 각 조합원의 출자가액에 비례한 몫을 반환함과 아울러 채권자 조합원에게 조합채무를 이행함으로써 별도의 청산절차를 거침이 없이 간이한 방법으로 공평한 잔여재산의 분배가 가능하다(대판 2019. 7. 25, 2019다205206, 205213).

③ 조합의 일부 조합원이 당초 약정한 출자의무를 이행하고 있지 않은 상태에서 조합의 해산사유가 발생하여 해산이 이루어진 경우 그 잔여업무가 남아 있지 않고 다만 잔여재산의 분배 절차만이 남아 있을 때에는 조합원 사이에 별도의 약정이 없는 이상, 그 이행되지 아니한 출자금 채권을 추심하거나 청산절차를 거치지 않고도 각 조합원은 자신이 실제로 출자한 가액 비율의 범위 내에서 그 출자가액 비율을 초과하여 잔여재산을 보유하고 있는 조합원에 대하여 잔여재산의 분배 절차를 진행할 수 있다. 이때 **잔여재산은 특별한 사정이 없는 한 각 조합원이 실제로 출자한 가액에 비례하여 이를 분배**하여야 할 것인데, **일부 이행되지 아니한 출자금이 있더라도 이를 고려하지 않고 잔여재산의 범위를 확정한 다음 각 조합원이 실제로 출자한 가액에 비례하여 이를 분배함이 타당하다.** 그리고 **이러한 기준에 따라 잔여재산분배 절차를 진행하는 이상 다른 조합원들은 출자의무를 이행하지 아니한 조합원에게 더 이상 출자의무의 이행을 청구할 수 없다**고 보아야 한다(대판 2022. 2. 17, 2016다278579, 278586).

제14절 종신정기금

제725조(종신정기금계약의 의의)
종신정기금계약은 당사자 일방이 자기, 상대방 또는 제삼자의 종신까지 정기로 금전 기타의 물건을 상대방 또는 제삼자에게 지급할 것을 약정함으로써 그 효력이 생긴다.

제727조(종신정기금계약의 해제)
① 정기금채무자가 정기금채무의 원본을 받은 경우에 그 정기금채무의 지급을 해태하거나 기타 의무를 이행하지 아니한 때에는 정기금채권자는 원본의 반환을 청구할 수 있다. 그러나 이미 지급을 받은 채무액에서 그 원본의 이자를 공제한 잔액을 정기금채무자에게 반환하여야 한다.
② 전항의 규정은 손해배상의 청구에 영향을 미치지 아니한다.

제728조(해제와 동시이행)
제536조의 규정은 전조의 경우에 준용한다.

제15절 화 해

> **제731조(화해의 의의)**
> 화해는 당사자가 상호양보하여 당사자간의 분쟁을 종지할 것을 약정함으로써 그 효력이 생긴다.

1. 일반론

(1) 의 의

화해는 당사자가 서로 양보하여 당사자 사이의 분쟁을 종료시킬 것을 약정함으로써 성립하는 계약이다(제731조). 화해는 당사자간에 분쟁이 있어야 하므로, 다툼이 없고 단순히 법률관계가 불명확한 경우에 이를 확정하기 위한 계약은 화해가 아니다.

> **판 례** 화해계약이 성립하기 위해서는 분쟁이 된 법률관계에 관하여 당사자 쌍방이 서로 양보함으로써 분쟁을 끝내기로 하는 의사의 합치가 있어야 하는데, 화해계약이 성립한 이후에는 그 목적이 된 사항에 관하여 나중에 다시 이행을 구하는 등으로 다툴 수 없는 것이 원칙이므로, 당사자가 한 행위나 의사표시의 해석을 통하여 묵시적으로 그와 같은 의사의 합치가 있었다고 인정하기 위해서는 그 당시의 여러 사정을 종합적으로 참작하여 이를 엄격하게 해석하여야 한다. 따라서 **당사자들이 분쟁을 인식하지 못한 상태에서** 일방 당사자가 이행해야 할 채무액에 관하여 협의하였다거나 일방 당사자의 채무이행에 대해 상대방 당사자가 이의를 제기하지 않았다는 사정만으로는 **묵시적 화해계약이 성립하였다고 보기 어렵다**(대판 2021. 9. 9, 2016다203933).

(2) 법적 성질

재판상 화해와는 달리 민법상 화해계약은 낙성·불요식계약이다. 쌍무·유상성에 대하여는 논란이 있으나 당사자 일방만의 양보는 화해가 아니기 때문에 긍정적으로 이해함이 타당하다(다수설).

(3) 화해의 대상

화해의 경우, 다툼이 있는 법률관계의 종류에는 제한이 없다. 그러나 당사자가 자유롭게 처분할 수 없는 법률관계(특히 신분행위–친자관계와 관련된 인지청구 등)는 화해의 목적이 될 수 없다.

> **판 례** 조정이나 재판상 화해의 대상인 권리관계는 사적 이익에 관한 것으로서, 당사자가 자유롭게 처분할 수 있는 것이어야 하므로, 성질상 당사자가 임의로 처분할 수 없는 사항을 대상으로 한 조정이나 재판상 화해는 허용될 수 없고, 설령 그에 관하여 조정이나 재판상 화해가 성립하였더라도 효력이 없어 당연무효이다(대판 2012. 9. 13, 2010다97846).

(4) 처분능력

화해계약의 당사자는 분쟁내용에 관하여 처분권이나 처분능력이 있어야 하므로, 타인의 채무에 관하여 화해계약을 체결하려는 자는 본인으로부터 이에 관한 수권(즉, 대리권의 수여)이 존재하여야 한다.

(5) 창설적 효력

화해에 의하여 분쟁의 내용이었던 화해전의 법률관계는 소멸하고 당사자는 새로운 채무를 부담한다(제732조, 임의규정).

2. 화해계약의 특색

(1) 계약의 법리

1) 화해계약도 계약의 일종으로서 의사표시를 요소로 하므로 의사표시의 무효·취소에 관한 규정이 적용된다. 예컨대 피해자가 그의 궁박·경솔 등으로 인하여 적정한 배상액보다 현저하게 소액의 배상금을 합의한 경우에 그 합의는 불공정한 계약으로 무효이다(제104조).
2) 다만 착오에 관해서는 제733조의 특칙이 있어 화해계약을 착오를 이유로 취소할 수 없도록 하고 있다.

(2) 착오의 특별규정

> **제733조(화해의 효력과 착오)**
> 화해계약은 착오를 이유로 하여 취소하지 못한다. 그러나 화해당사자의 자격 또는 화해의 목적인 분쟁 이외의 사항에 착오가 있는 때에는 그러하지 아니하다.

1) 화해의 목적(내용)자체의 착오취소는 안되지만, **화해당사자의 자격에 대한 착오** 또는 **화해의 목적인 분쟁 이외의 사항에 착오**가 있는 때에는 제109조의 요건에 따라 취소할 수 있다. 예컨대, 교통사고에 가해자의 과실이 경합되어 있는데도 오로지 피해자의 과실로 인하여 발생한 것으로 착각하고 치료비를 포함한 합의금으로 실제 입은 손해액보다 훨씬 적은 금원인 금 7백원만을 받고 일체의 손해배상청구권을 포기하기로 합의한 경우, 그 사고가 피해자의 전적인 과실로 인하여 발생하였다는 사실은 쌍방 당사자 사이에 다툼이 없어 양보의 대상이 되지 않았던 사실로서 화해의 목적인 분쟁의 대상이 아니라 그 분쟁의 전제가 되는 사항에 해당하는 것이므로 피해자측은 착오를 이유로 화해계약을 취소할 수 있다고 하였다(대판 1997. 4. 11, 95다48414).

판례 ① 민법상의 화해계약을 체결한 경우 당사자는 착오를 이유로 취소하지 못하고 다만 화해당사자의 자격 또는 화해의 목적인 분쟁 이외의 사항에 착오가 있는 때에 한하여 이를 취소할 수 있으며, 여기서 '화해의 목적인 분쟁 이외의 사항'이라 함은 분쟁의 대상이 아니라 분쟁의 전제 또는 기초가 된 사항으로서, 쌍방 당사자가 예정한 것이어서 상호 양보의 내용으로 되지 않고 다툼이 없는 사실로 양해된 사항을 말한다(대판

1997. 4. 11, 95다48414).

② 의사의 치료행위 직후 환자가 사망하여 의사가 환자의 유족에게 거액의 손해배상금을 지급하기로 합의하였으나 그 후 환자의 사망이 의사의 치료행위와는 전혀 무관한 것으로 밝혀진 사안에서, 의사에게 치료행위상의 과실이 있다는 점은 위 합의의 전제이었지 분쟁의 대상은 아니었다고 보아 착오를 이유로 화해계약의 취소를 인정하였다(대판 2001. 10. 12, 2001다49326).

2) 반면에 화해계약이 사기로 인하여 이루어진 경우에는 화해의 목적인 분쟁에 관한 사항에 착오가 있는 때에도 민법 제110조에 따라 이를 취소할 수 있다(대판 2008. 9. 11, 2008다15278).

3. 화해계약의 효력범위

(1) 물적 범위(후유증의 문제)

불법행위로 인한 손해배상에 관하여 가해자와 피해자 사이에 피해자가 일정한 금액을 지급받고 그 나머지 청구를 포기하기로 합의가 이루어진 때에는 그 후 그 이상의 손해가 발생하였다 하여 다시 그 배상을 청구할 수 없는 것이나, 다만 그 합의가 손해발생의 원인인 사고 후 얼마 지나지 아니하여 손해의 범위를 정확히 확인하기 어려운 상황에서 이루어진 것이고, 후발손해가 합의 당시의 사정으로 보아 예상이 불가능한 것으로서 당사자가 후발손해를 예상하였더라면 사회통념상 그 합의금액으로는 화해하지 않았을 것이라고 보는 것이 상당할 만큼 그 손해가 중대한 것일 때에는 당사자의 의사가 이러한 손해에 대해서까지 그 배상청구권을 포기한 것이라고 볼 수 없으므로 다시 그 배상을 청구할 수 있다고 보아야 한다(대판 1997. 4. 11, 97다423).

(2) 인적 범위

교통사고로 말미암아 피해자 본인과는 별도로 그의 부모들도 그들이 입은 정신적 손해에 대하여 고유의 위자료청구권을 가진다 할 것이고, 피해자 본인이 전국택시공제조합과의 합의에 의하여 합의금을 수령하고 나머지 손해배상청구권을 포기하기로 약정하였다 하더라도 그의 부모들이 합의당사자인 피해자 본인과 위 공제조합 사이에 합의가 성립되면 그들 자신은 별도로 손해배상을 청구하지 아니하고 손해배상청구권을 포기할 뜻을 명시적 혹은 묵시적으로 나타낸 바 있다는 등 특별한 사정이 없는 한 위 포기 등 약정의 효력이 당연히 고유의 손해배상청구권을 가지는 그의 부모들에게까지 미친다고는 할 수 없다(대판 1993. 9. 28, 92다42606).

사무관리

Ⅰ. 의의 및 본질

제734조(사무관리의 내용)

① 의무없이 타인을 위하여 사무를 관리하는 자는 그 사무의 성질에 좇아 가장 본인에게 이익되는 방법으로 이를 관리하여야 한다.

② 관리자가 본인의 의사를 알거나 알 수 있는 때에는 그 의사에 적합하도록 관리하여야 한다.

③ 관리자가 전2항의 규정에 위반하여 사무를 관리한 경우에는 과실없는 때에도 이로 인한 손해를 배상할 책임이 있다. 그러나 그 관리행위가 공공의 이익에 적합한 때에는 중대한 과실이 없으면 배상할 책임이 없다.

제735조(긴급사무관리)

관리자가 타인의 생명, 신체, 명예 또는 재산에 대한 급박한 위해를 면하게 하기 위하여 그 사무를 관리한 때에는 고의나 중대한 과실이 없으면 이로 인한 손해를 배상할 책임이 없다.

1. 의 의

(1) 사무관리란 법률상 또는 계약상 의무 없이 타인을 위하여 그의 사무를 처리하는 행위를 말한다 (제734조 제1항). 예컨대 자발적으로 타인의 사무를 처리하거나, 부탁을 받지 않고 타인의 채무를 변제해 주거나, 타인의 자식을 부양 및 교육시켜 주는 것 등이다.

(2) 이러한 사무관리는 법률사실 중 혼합사실행위라고 함이 일반이다. 민법은 이러한 사무관리를 적법한 행위로 평가하여(사무관리는 행위의 위법성을 조각한다), 관리자와 본인 사이에 일정한 법정채권관계를 인정한다.

2. 사무관리의 인정이유(사회부조설, 통설)

본인의 허락이나 부탁 없이 함부로 타인의 사무에 간섭하는 것은 원칙적으로 위법하지만 일정한 경우에는 타인의 사무에 개입하여 처리하는 것이 결과적으로 타인에게 이익이 될 수도 있기 때문에, 이 경우에는 사회연대·상호부조의 이상에서 타인의 사무를 관리하는 행위를 적법한 것으로 인정하고 이에 대한 타당한 법적 규율을 위하여 사무관리제도가 생성된 것이다(통설).

Ⅱ. 성립요건

통설인 '사회부조설'에 따라 사무관리가 성립하기 위해서는, ① 타인의 사무의 관리가 있을 것,

② 타인을 위하여 한다는 의사(= 관리의사)가 있을 것, ③ 법률상 또는 계약상 의무의 부존재, ④ 본인에게 불리하거나 본인의사에 명백히 반하지 않을 것을 요건으로 한다.

1. 타인사무의 처리

사무관리의 내용이 되는 행위는 법률행위일 수도 있고 사실행위일 수도 있으며, 보존·개량행위 뿐만 아니라 본인의 의사에 반하지 않는 한 처분행위도 포함된다.

> **판례** **타인의 사무가 국가의 사무인 경우**, 원칙적으로 사인이 법령상 근거 없이 국가의 사무를 수행할 수 없다는 점을 고려하면, 사인이 처리한 국가의 사무가 사인이 국가를 대신하여 처리할 수 있는 성질의 것으로서, **사무 처리의 긴급성 등 국가의 사무에 대한 사인의 개입이 정당화되는 경우에 한하여** 사무관리가 성립하고, 사인은 그 범위 내에서 국가에 대하여 국가의 사무를 처리하면서 지출된 필요비 내지 유익비의 상환을 청구할 수 있다(대판 2014. 12. 11, 2012다15602). ☞ 유조선에서 원유가 유출된 사고가 발생하여 지나가던 배가 해양경찰의 지휘를 받아 국가의 방제작업을 보조한 사안

2. 관리의사

사무관리가 성립하기 위해서 통설과 판례는 이른바 '타인을 위한 관리의사'가 존재하여야 한다고 한다(주관설). 이러한 관리의사는 사무관리에서 다루어지는 법률효과를 발생시키려는 의사표시가 아니라 관리의 사실상의 이익을 타인에게 귀속시키려는 자연적 의사이면 족하다.

> **판례** 사무관리가 성립하기 위하여는 우선 그 사무가 타인의 사무이고 타인을 위하여 사무를 처리하는 의사, 즉 관리의 사실상의 이익을 타인에게 귀속시키려는 의사가 있어야 하며, 나아가 그 사무의 처리가 본인에게 불리하거나 본인의 의사에 반한다는 것이 명백하지 아니할 것을 요한다. 여기에서 '타인을 위하여 사무를 처리하는 의사'는 관리자 자신의 이익을 위한 의사와 병존할 수 있고, 반드시 외부적으로 표시될 필요가 없으며, 사무를 관리할 당시에 확정되어 있을 필요가 없다(대판 2013. 8. 22, 2013다30882).

3. 의무의 부존재

법률상으로나 계약상 의무가 없어야 한다. 따라서 丙이 乙의 위탁을 받아 甲의 가옥을 수리한 경우 丙과 甲 사이에는 사무관리가 성립하지 않음이 원칙이다.

> **판례** 의무 없이 타인의 사무를 처리한 자는 그 타인에 대하여 민법상 사무관리 규정에 따라 비용상환 등을 청구할 수 있으나, **제3자와의 약정에 따라 타인의 사무를 처리한 경우**에는 의무 없이 타인의 사무를 처리한 것이 아니므로 이는 원칙적으로 그 타인과의 관계에서는 사무관리가 된다고 볼 수 없다(대판 2013. 9. 26, 2012다43539).

4. 본인에게 불리하거나 본인의사에 명백히 반하지 않을 것

처음부터 사무관리가 본인의 의사에 반하면 사무관리가 성립할 수 없으나, 이때 본인의 의사는 강행법규 또는 사회질서에 위반해서는 안 된다. 예컨대 자살자를 살리기 위해 의사를 부르는 경우 본인의 의사에 반하지만 사무관리가 성립한다.

> **판례** 사무관리는 의사표시를 요소로 하는 법률행위가 아니므로 본인이 사무관리의 목적이었던 사무를 본인이 직접 관리하려면 사무관리자에게 그 관리를 종료하여 줄 것을 내용으로 하는 의사표시를 하여야 하는 것이 아니고 본인 자신이 직접 관리하겠다는 의사가 외부적으로 명백히 표현된 경우에는 사무관리는 그 이상 성립할 수 없다(대판 1975. 4. 8, 75다254).

Ⅲ. 효 과

1. 위임의 규정 적용여부

(1) 적용되는 것

사무관리에는 위임에 관한 많은 규정이 준용된다. 관리자에게 보고의무가 있는 것(제683), 관리자의 취득물 등의 인도·이전의무(제684조), 관리자의 금전소비책임(제685조), 본인에게 변제시키거나 담보를 제공시킬 수 있는 것(제688조 제2항) 등이 이에 해당한다.

(2) 적용되지 않는 것

사무관리에는 위임의 보수청구권에 대한 규정이 적용되지 않는다(관리자는 본인에 대하여 보수를 청구할 수 없다). 그리고 위임에서 '수임자'는 위임사무의 처리에 관한 비용이 필요할 때 위임자에게 그 선급을 청구할 수 있지만(제687조), '관리자'는 사무관리에 의해 발생할 비용의 선급을 청구할 수 없다.

2. 사무관리자의 의무

(1) 사무관리자의 무과실책임

관리자가 사무관리규정에 위반하여 사무를 관리한 경우에는 과실 없는 때에도 이로 인한 손해를 배상할 책임이 있다. 즉 관리자는 무과실책임을 진다(제734조 제3항 본문). 다만 다음의 경우에는 그 책임이 완화된다. 관리행위가 공공의 이익에 적합한 때에는 중대한 과실이 없으면 배상할 책임이 없고(제743조 제3항 단서), 또 관리자가 타인의 생명·신체·명예 또는 재산에 대한 급박한 위해를 면하게 하기 위하여 그 사무를 관리(긴급사무관리)한 때에는, 고의나 중대한 과실이 없으면 이로 인한 손해를 배상할 책임이 없다(제735조).

> **판례** 甲 경영의 레스토랑 부근 A 레스토랑 주방장으로 일하던 乙이 甲 레스토랑에 들렀다가 마침 손님이 들어와서 식사가 되느냐고 묻자 으레 식사를 주문할 것으로 알고 주방에 들어가 기름용기 등이 올려져 있는 가스레인지에 불을 켜 놓았다가, 손님이 식사를 주문하지 아니하고 음료수만을 주문하여 위 가스레인지의 불이 불필요하게 되었음에도 위 가스레인지의 불을 끄지 아니하고 줄여만 놓은 채 위 레스토랑을 나가는 바람에 위 가스레인지 위의 기름용기가 과열되어 기름이 용기 밖으로 넘치면서 화재가 발생한 경우, 乙이 甲을 대신하여 손님이 주문할 음식의 조리를 위한 준비로 위 가스레인지를 점화하여 甲의 사무를 개시한 이상 위 가스레인지의 사용이 필요 없게 된 경우 스스로 위 가스레인지의 불을 끄거나 위 레스토랑의 종업원으로 하여금 그 불을 끄도록 조치하는 등 甲에게 가장 이익되는 방법으로 이를 관리하여야 함에도 이를 위반하였으므로 乙은 사무관리자로서 이로 인하여 발생한 손해에 대하여 본인인 甲이 입은 손해를 배상할 책임이 있다(민법 제734조 제1항, 제3항 ; 대판 1995. 9. 29, 94다13008).

(2) 관리자의 통지의무(제736조)

관리자가 관리를 개시한 때에는 지체없이 본인에게 통지하여야 한다. 그러나 본인이 이미 이를 안 때에는 그러하지 아니하다.

(3) 관리자의 관리계속의무(제737조)

관리자는 본인, 그 상속인이나 법정대리인이 그 사무를 관리하는 때까지 관리를 계속하여야 한다. 그러나 관리의 계속이 본인의 의사에 반하거나 본인에게 불리함이 명백한 때에는 그러하지 아니하다.

3. 관리자의 비용상환청구권

> **제739조(관리자의 비용상환청구권)**
> ① 관리자가 본인을 위하여 필요비 또는 유익비를 지출한 때에는 본인에 대하여 그 상환을 청구할 수 있다.
> ② 관리자가 본인을 위하여 필요 또는 유익한 채무를 부담한 때에는 제688조제2항의 규정을 준용한다.
> ③ 관리자가 본인의 의사에 반하여 관리한 때에는 본인의 현존이익의 한도에서 전2항의 규정을 준용한다.

사무관리가 성립한 경우, 본인은 현존이익 불문하고 관리자가 지출한 필요비와 유익비의 전액을 상환하여야 하나(제739조 제1항, 부당이득의 특칙), 관리자가 **본인의 의사에 반하여 관리한 때**에는 본인에게 **이익이 현존하는 한도에서** 상환하면 된다(제739조 제3항). ☞ 본인의 의사에 반하여 관리한 때에는 사무관리가 성립하지 않으므로 비용상환의무가 없는 것 아닌가 하는 의문이 들 수 있다. 이에 대하여는 ⅰ) 본인의 의사에 반함이 "명백한 때"에 사무관리가 성립하지 않는 것이고, 본인의 의사에 반하는지 여부가 명백하지는 않으나 본인의 의사에 반하는 경우 현존이익 한도에서 비용상환을 청구할 수 있다는 해석, ⅱ) "관리개시"가 본인의 의사에 반하는 경우에는 사무관리가 성립하지 않고 "관리방법"이 본인의 의사에 반하는 경우에는 현존이익 한도에서 비용상환을 청구할 수 있다는 해석 등이 있다.

> **▌판례▐** ① (ⅰ) 채권자가 자신의 채권을 보전하기 위하여 채무자가 다른 상속인과 공동으로 상속받은 부동산에 관하여 위와 같이 공동상속등기를 대위신청하여 그 등기가 행하여지는 것과 같이 채권자에 의한 채무자 권리의 대위행사의 직접적인 내용이 제3자의 법적 지위를 보전·유지하는 것이 되는 경우에는, 채권자는 자신의 채무자가 아닌 **제3자에 대하여도** 다른 특별한 사정이 없는 한 **사무관리에 기하여** 그 등기에 소요된 **비용의 상환을 청구할 수 있다**(대판 2013. 8. 22, 2013다30882). (ⅱ) 채권자대위권을 행사하는 경우 채권자와 채무자는 일종의 법정위임의 관계에 있으므로 채권자는 민법 제688조를 준용하여 채무자에게 그 비용의 상환을 청구할 수 있고, 그 비용상환청구권은 강제집행을 직접 목적으로 하여 지출된 집행비용이라고는 볼 수 없으므로 지급명령신청에 의하여 지급을 구할 수 있다(대결 1996. 8. 21, 자 96그8).
> ② 계약상 급부가 계약 상대방뿐 아니라 제3자에게 이익이 된 경우에 급부를 한 계약당사자는 계약 상대방에 대하여 계약상 반대급부를 청구할 수 있는 이외에 제3자에 대하여 직접 부당이득반환청구를 할 수는 없다고 보아야 하고, **이러한 법리는 급부가 사무관리에 의하여 이루어진 경우에도 마찬가지이다.** 따라서 의무 없이 타인을 위하여 사무를 관리한 자는 **타인에 대하여 민법상 사무관리 규정에 따라 비용상환 등을 청구**할 수 있는 외에 사무관리에 의하여 결과적으로 사실상 이익을 얻은 **다른 제3자에 대하여 직접 부당이득반환을 청구**할 수는 없다(대판 2013. 6. 27, 2011다17106).
>
> **▌참고지문▐** (2017 변호사시험 기출) 甲회사가 계약상 의무 없이 乙회사를 위하여 경비사무를 처리한 경우 乙회사에게 이에 따른 비용상환을 청구할 수 있고, 乙회사와의 계약에 의해 경비사무를 담당할 의무가 있었던 丙회사에게도 비용 상당의 부당이득반환을 청구할 수 있다(×, 乙회사에 비용상환을 청구할 수는 있지만, 丙회사에 부당이득반환을 청구할 수는 없다).
>
> ③ 직업 또는 영업에 의하여 유상으로 타인을 위하여 일하는 사람이 향후 계약이 체결될 것을 예정하여 그 직업 또는 영업의 범위 내에서 타인을 위한 행위를 하였으나 그 후 계약이 체결되지 아니함에 따라 타인을 위한 사무를 관리한 것으로 인정되는 경우에 그 관리자가 사무관리를 위하여 다른 사람을 고용하였을 경우 지급하는 보수는 사무관리 비용으로 취급되어 본인에게 반환을 구할 수 있는 것과 마찬가지로, 다른 사람을 고용하지 않고 자신이 직접 사무를 처리한 것도 통상의 보수 상당의 재산적 가치를 가지는 관리자의 용역이 제공된 것으로서 사무관리 의사에 기한 자율적 재산희생으로서의 비용이 지출된 것이라 할 수 있으므로 그 **통상의 보수에 상응하는 금액을 필요비 내지 유익비로 청구할 수 있다**(대판 2010. 1. 14, 2007다55477).

4. 본인의 손해보상의무(관리자의 무과실손해보상청구권)

> **제740조(관리자의 무과실손해보상청구권)**
> 관리자가 사무관리를 함에 있어서 과실없이 손해를 받은 때에는 본인의 현존이익의 한도에서 그 손해의 보상을 청구할 수 있다.

사무관리의 경우 본인은 **현존이익의 한도**에서만 손해보상의무를 부담한다는 점에서 위임의 경우와 차이가 있다(민법 제688조 제3항과 비교).

부당이득

I. 일반부당이득

1. 의 의

> **제741조(부당이득의 내용)**
> 법률상 원인없이 타인의 재산 또는 노무로 인하여 이익을 얻고 이로 인하여 타인에게 손해를 가한 자는 그 이익을 반환하여야 한다.

　부당이득반환이란 법률상 원인 없이 타인의 재산 또는 노무로 인하여 이익을 얻고 이로 인하여 타인에게 손해를 가한 자는 그 이익을 반환하는 것을 말한다(제741조). 즉, 정당한 이유 없이 타인의 손실 하에 재산적 이득을 얻고 있는 자는 당연히 그 이득을 손실자에게 반환할 의무 내지 채무를 법률상 부담하게 되고, 그에 대응하는 손실자는 부당이득반환청구권이 법률상 당연히 인정되게 된다. 이러한 부당이득은 사무관리·불법행위와 더불어 '법정'채권발생원인의 일종이다.

2. 통일설과 비통일설(유형설)

(1) 문제의 제기

　무엇이 부당이득인지에 관해서 연혁적으로 개별적인 유형을 중심으로 이를 파악하는 방법(로마법주의)과 일반적·통일적으로 파악하는 방법(독일법주의)의 두 가지 방법이 있어 왔다. 부당이득을 통일설에 따라 파악할 것이냐, 아니면 비통일설(유형론)에 따라 파악할 것이냐에 따라 부당이득의 성립요건이 달라진다.

(2) 성립요건 검토

1) 통일설(독일법주의)

　통설적 견해인 '통일설'은 모든 부당이득의 공통된 성립요건으로서 ① 타인의 재산 또는 노무로 인하여 이익을 얻었을 것. ② 일방의 이득으로 인하여 상대방이 손해를 입었을 것. ③ 수익과 손해 사이에 인과관계가 있을 것. ④ 법률상의 원인이 없을 것을 요구한다.

2) 비통일설(로마법주의)

　'비통일설'(유형론)은 부당이득의 성립요건을 부당이득의 유형에 관계 없이 모두 동일하게 요구할 수는 없다고 한다. 즉 비통일설에 따르면 모든 부당이득에 공통하는 성립요건은 존재하지 않는다는 것이다. 이러한 비통일설에 따르면 부당이득의 유형은 크게 급부부당이득, 침해부당이득, 비용부당이득의 세 가지로 나눌 수 있다.

> **판례** ① 민법 제741조는 "법률상 원인 없이 타인의 재산 또는 노무로 인하여 이익을 얻고 이로 인하여 타인에게 손해를 가한 자는 그 이익을 반환하여야 한다"라고 정하고 있다. 당사자 일방이 자신의 의사에 따라 일정한 급부를 한 다음 급부가 법률상 원인 없음을 이유로 반환을 청구하는 이른바 **급부부당이득**의 경우에는 법률상 원인이 없다는 점에 대한 증명책임은 **부당이득반환을 주장하는 사람**에게 있다. 이 경우 부당이득의 반환을 구하는 자는 급부행위의 원인이 된 사실의 존재와 함께 그 사유가 무효, 취소, 해제 등으로 소멸되어 법률상 원인이 없게 되었음을 주장·증명하여야 하고, 급부행위의 원인이 될 만한 사유가 처음부터 없었음을 이유로 하는 이른바 착오 송금과 같은 경우에는 착오로 송금하였다는 점 등을 주장·증명하여야 한다. 이는 타인의 재산권 등을 침해하여 이익을 얻었음을 이유로 부당이득반환을 구하는 이른바 **침해부당이득**의 경우에는 **부당이득반환 청구의 상대방**이 이익을 보유할 정당한 권원이 있다는 점을 증명할 책임이 있는 것과 구별된다(대판 2018. 1. 24, 2017다37324).
> ② 물건의 소유자가 물건에 관한 어떠한 이익을 상대방이 권원 없이 취득하고 있다고 주장하여 그 이익을 부당이득으로 반환청구하는 경우 **상대방**은 그러한 이익을 보유할 권원이 있음을 주장·증명하지 않는 한 소유자에게 이를 부당이득으로 반환할 의무가 있다. 이때 해당 토지의 현황이나 지목이 '도로'라는 이유만으로 부당이득의 성립이 부정되지 않으며, 도로로 이용되고 있는 사정을 감안하여 부당이득의 액수를 산정하면 된다(대판 2020. 10. 29, 2018다228868). ☞ 이른바 침해부당이득의 경우이다.

3. 구체적 판례의 검토

(1) 이득(실질설)과 손실의 발생

부당이득이 성립하기 위하여는 수익자의 이득과 상대방의 손실이 발생하여야 한다. 이때 부당이득에서 '이득'이란 재산이 적극적으로 증가한 경우와 소극적으로 재산의 감소를 면한 경우를 포함한다.

> **판례[1]** 〈이득〉① (i) 법률상의 원인 없이 이득하였음을 이유로 한 부당이득의 반환에 있어 이득이라 함은 실질적인 이익을 의미하므로, 임차인이 임대차계약관계가 소멸된 이후에 임차건물 부분을 계속 점유하기는 하였으나 이를 **본래의 임대차계약상의 목적에 따라 사용·수익하지 아니하여 실질적인 이득을 얻은 바 없는 경우**에는, 그로 인하여 임대인에게 손해가 발생하였다고 하더라도 임차인의 부당이득반환의무는 성립하지 아니하는 것이고, 이는 **임차인의 사정으로 인하여 임차건물 부분을 사용·수익을 하지 못하였거나 임차인이 자신의 시설물을 반출하지 아니하였다고 하더라도 마찬가지**이다(대판 1998. 7. 10, 98다8554). (ⅱ) 임차인이 임대차계약 종료 후 동시이행의 항변권을 행사하면서 임대차건물을 계속 점유하였으나 본래의 임대차계약상의 목적에 따라 사용·수익하지 않은 경우, 부당이득반환의무는 성립하지 않는다(대판 2008. 4. 10, 2007다76986, 76993).
> ② 타인 소유의 토지 위에 권한 없이 건물을 소유하고 있는 자는 그 자체로서 특별한 사정이 없는 한 법률상 원인 없이 타인의 재산으로 토지의 차임에 상당하는 이익을 얻고 그로 인하여 타인에게 동액 상당의 손해를 주고 있다고 보아야 한다(대판 2014. 7. 24, 2011다10348; 대판 2011. 9. 8, 2010다37325, 37332).
> ③ 농지에 관한 임대차계약이 강행법규인 농지법 제23조에 위반되어 무효가 되는 경우, 임차인이 법률상 권원

없이 농지를 점유·사용함에 따라 얻게 된 이득은 특별한 사정이 없는 한 **그 농지의 임료 상당액**이고, 이때의 '임료 상당액'은 해당 농지가 다른 용도로 불법으로 전용되어 이용되는 상태임을 전제로 산정하여서는 안 **됨은 물론, 임대차보증금이 없는 경우를 전제로 객관적으로 산정된 금액을 의미하는 것이 원칙이다.** 그 러므로 강행법규인 농지법 제23조의 위반을 이유로 임대차계약이 무효가 되는 경우에도 특별한 사정이 있는 경우가 아니라면 임대인이 임차인에 대하여 그 점유·사용에 관한 부당이득의 반환을 구할 수 있지만, 그 **약 정 차임**이 해당 농지가 불법으로 전용되는 상태가 아닌 경우로서, 임대차보증금이 없는 경우임을 전제로 객관 적으로 산정된 '임료 상당액'과 사실상 동일하다는 등의 특별한 사정이 없음에도, **곧바로 이를 그 점유·사용 에 따른 부당이득 금액으로 추인하는 것은** 결과적으로 무효인 농지임대차계약의 내용을 적극적으로 실현하 는 것이 되어 강행법규인 농지법 제23조의 규범 목적과 취지를 사실상 잠탈하게 되므로 **허용될 수 없다**(대판 2022. 5. 26, 2021다216421, 216438).

④ (ⅰ) 어떠한 계약상의 채무를 채무자가 이행하지 않았다고 하더라도 채권자는 여전히 해당 계약에서 정한 채권을 보유하고 있으므로, 특별한 사정이 없는 한 **채무자가 채무를 이행하지 않고 있다고** 하여 채무자가 법 률상 원인 없이 이득을 얻었다고 할 수는 없고, 설령 **채권이 시효로 소멸하게 되었다** 하더라도 달리 볼 수 없 다(대판 2018. 2. 28, 2016다45779). (ⅱ) 상계계약은 상호의 채무를 면제시키는 것을 내용으로 하는 계약으로 서 일방의 채권이 불성립 또는 무효이어서 그 면제가 무효가 되면 타방의 채무면제도 당연히 무효가 되어 그 채권은 여전히 존재하는 것이므로, 단순히 그 채무를 이행하지 않고 있다는 점만으로 법률상 원인 없이 이득을 얻었다 할 수 없는 것이고, 가사 그 채권이 시효로 소멸하게 되었다 하더라도 달리 볼 것은 아니다(대판 2005. 4. 28, 2005다3113).

⑤ 甲의 대리인 乙이, 토지 소유자인 丙에게서 매도에 관한 대리권을 위임받지 않았음에도 대리인이라고 사칭 한 丁으로부터 토지를 매수하기로 하는 매매계약을 체결한 후, 甲이 丙 명의 계좌로 매매대금을 송금하였는 데, 丙에게서 미리 통장과 도장을 교부받아 소지하고 있던 丁이 위 돈을 송금당일 전액 인출한 사안에서, 丙이 위 돈을 송금 받아 실질적으로 이익의 귀속자가 되었다고 보기 어렵기 때문에 甲의 부당이득반환청구를 인정 할 수 없다(대판 2011. 9. 8, 2010다37325).

⑥ 토지의 상공에 고압전선이 통과하게 됨으로써 토지소유자가 토지 상공의 사용·수익을 제한받게 되는 경 우, 특별한 사정이 없는 한 고압전선의 소유자는 **토지소유자의 사용·수익이 제한되는 상공 부분에 대한 차 임 상당의 부당이득**을 얻고 있으므로, 토지소유자는 이에 대한 반환을 구할 수 있다. 이때 토지소유자의 사 용·수익이 제한되는 상공의 범위에는 고압전선이 통과하는 부분뿐만 아니라 관계 법령에서 고압전선과 건조 물 사이에 일정한 거리를 유지하도록 규정하고 있는 경우 그 거리 내의 부분도 포함된다. 한편 고압전선의 소 유자가 해당 토지 상공에 관하여 일정한 사용권원을 취득한 경우, 그 양적 범위가 토지소유자의 사용·수익이 제한되는 상공의 범위에 미치지 못한다면, **사용·수익이 제한되는 상공 중 사용권원을 취득하지 못한 부 분에 대해서** 고압전선의 소유자는 특별한 사정이 없는 한 **차임 상당의 부당이득을 토지소유자에게 반환할 의무를 부담한다**(대판 2022. 11. 30, 2017다257043).

┃ 판례 [2] 〈손실〉 토지소유자가 고압전선이 설치된 토지를 농지로만 이용해 온 경우에도, 그 토지 상공에 대한 구분지상권에 상응하는 임료 상당액의 손해를 입었다고 볼 수 있다(대판 2006. 4. 13, 2005다14083).

(2) 이득과 손실 사이의 인과관계

┃ 판례 적법한 원인 없이 타인 소유 부동산에 관하여 소유권보존등기를 마친 무권리자가 그 부동산을 제3자에

게 매도하고 소유권이전등기를 마쳐주었다고 하더라도, 그러한 소유권보존등기와 소유권이전등기는 실체관계에 부합한다는 등의 특별한 사정이 없는 한 모두 무효이다. 따라서 이 경우 **원소유자가 소유권을 상실하지 아니하고**, 또 무권리자가 제3자와 체결한 매매계약의 효력이 원소유자에게 미치는 것도 아니므로, **무권리자가 받은 매매대금이 부당이득에 해당하여 이를 원소유자에게 반환하여야 한다고 볼 수는 없다.** 무권리자로부터 부동산을 매수한 제3자나 그 후행 등기 명의인이 과실 없이 점유를 개시한 후 소유권이전등기가 말소되지 않은 상태에서 소유의 의사로 평온, 공연하게 선의로 점유를 계속하여 10년이 경과한 때에는 **민법 제245조 제2항에 따라 바로 그 부동산에 대한 소유권을 취득하고, 이때 원소유자는 소급하여 소유권을 상실함으로써 손해를 입게 된다.** 그러나 이는 민법 제245조 제2항에 따른 물권변동의 효과일 뿐 무권리자와 제3자가 체결한 매매계약의 효력과는 직접 관계가 없으므로, **무권리자가 제3자와의 매매계약에 따라 대금을 받음으로써 이익을 얻었다고 하더라도 이로 인하여 원소유자에게 손해를 가한 것이라고 볼 수도 없다**(대판 2022. 12. 29, 2019다272275).

(3) 채권의 취득

채권도 물권과 같이 재산권의 하나이므로 그 취득도 당연히 이득이 되는 것이므로 <u>가등기담보 부동산을 매도하여 그 매매대금 중 일부만을 수령하고 나머지를 아직 수령하지 않았다 하더라도 매매잔대금 채권의 취득 역시 반환하여야 할 부당이득의 대상이 된다</u>(대판 1984. 2. 14, 83다카1645).

> **판례** ① 채권을 현실적으로 추심하지 못한 경우에는 손실자는 채권의 이득자에 대하여 그 채권의 반환을 구하여야 하고 그 채권 가액에 해당하는 금전의 반환을 구할 수는 없으며, 이는 결국 **부당이득한 채권의 양도와 그 채권 양도의 통지를 그 채권의 채무자에게 하여 줄 것을 청구하는 형태**가 된다(대판 1995. 12. 5, 95다22061). ② 전부명령이 확정된 후 그 집행권원인 집행증서의 기초가 된 법률행위 중 전부 또는 일부에 무효사유가 있는 것으로 판명된 경우에는 그 무효 부분에 관하여는 집행채권자가 부당이득을 한 셈이 되므로, 그 집행채권자는 집행채무자에게, 위 전부명령에 따라 전부받은 채권 중 **실제로 추심한 금전 부분**에 관하여는 그 상당액을 반환하여야 하고, **추심하지 아니한 나머지 부분**에 관하여는 그 채권 자체를 양도하는 방법에 의하여 반환하여야 한다(대판 2005. 4. 15, 2004다70024).

(4) 배당과 부당이득

1) 임의경매의 정당성은 실체적으로 유효한 담보권의 존재에 근거하므로, 담보권에 실체적 하자가 있다면 그에 기초한 경매는 원칙적으로 무효이다. 특히 채권자가 경매를 신청할 당시 실행하고자 하는 담보권이 이미 소멸하였다면, 그 경매개시결정은 아무런 처분권한이 없는 자가 국가에 처분권을 부여한 데에 따라 이루어진 것으로서 위법하다. 그러므로 피담보채권이 소멸되어 무효인 근저당권에 기초하여 임의경매절차가 개시되고 매수인이 해당 부동산의 매각대금을 지급하였더라도, 그 경매절차는 무효이므로 매수인은 부동산의 소유권을 취득할 수 없다. 이와 같이 경매가 무효인 경우 **매수인은 경매채권자 등 배당금을 수령한 자를 상대로** 그가 배당받은 금액에 대하여 부당이득반환을 청구할 수 있다(대판 2023. 7. 27, 2023다228107).

2) 대법원은 **배당받을 권리 있는 채권자가 자신이 배당받을 몫을 받지 못하고 그로 인해 권리**

없는 다른 채권자가 그 몫을 배당받은 경우에는 배당이의 여부 또는 배당표의 확정 여부와 관계없이 배당받을 수 있었던 채권자가 배당금을 수령한 다른 채권자를 상대로 부당이득반환 청구를 할 수 있다는 입장을 취해 왔다. 이러한 종래 대법원 판례는 법리적으로나 실무적으로 타당하므로 유지되어야 한다[대판(전합) 2019. 7. 18, 2014다206983].

> **판례** ① [1] 경매신청기입등기 전에 등기된 근저당권자가 배당요구를 하지 않은 경우 배당에서 제외되는지 여부(소극) [2] 확정된 배당표에 따라 배당을 실시한 후에도 배당을 받지 못한 우선채권자는 부당이득반환청구권을 가지는지 여부(적극) 경매신청기입등기 전에 등기된 근저당권자는 경락으로 인하여 그 권리가 소멸하는 대신 별도로 배당요구를 하지 않더라도 그 순위에 따라 경락대금에서 우선변제를 받을 수 있어 당연히 배당요구를 한 것과 같은 효력이 있으므로, 그러한 근저당권자가 배당요구를 하지 아니하였다 하여도 배당에서 제외하여서는 아니 되고, 배당을 받아야 할 자가 배당을 받지 못하고 배당을 받지 못할 자가 배당을 받은 경우에는 배당에 관하여 이의를 한 여부 또는 형식상 배당절차가 확정되었는가의 여부에 관계없이 배당을 받지 못한 우선채권자에게 부당이득반환청구권이 있다(대판 2006. 9. 28, 2004다68427).
> ② 등기는 물권의 효력 발생 요건이고 존속 요건은 아니어서 등기가 원인 없이 말소된 경우에는 그 물권의 효력에 아무런 영향이 없고, 그 회복등기가 마쳐지기 전이라도 말소된 등기의 등기명의인은 적법한 권리자로 추정되므로, 근저당권설정등기가 위법하게 말소되어 아직 회복등기를 경료하지 못한 연유로 그 부동산에 대한 경매절차의 배당기일에서 피담보채권액에 해당하는 금액을 배당받지 못한 근저당권자는 배당기일에 출석하여 이의를 하고 배당이의의 소를 제기하여 구제를 받을 수 있고, 가사 배당기일에 출석하지 않음으로써 배당표가 확정되었다고 하더라도, 확정된 배당표에 의하여 배당을 실시하는 것은 실체법상의 권리를 확정하는 것이 아니기 때문에 위 경매절차에서 실제로 배당받은 자에 대하여 부당이득반환 청구로서 그 배당금의 한도 내에서 그 근저당권설정등기가 말소되지 아니하였더라면 배당받았을 금액의 지급을 구할 수 있다(대판 2002. 10. 22, 2000다59678).
> ③ 배당절차에서 권리 없는 자가 배당을 받아감으로써 법률상 원인 없이 부당이득을 하였다 하더라도, 그로 인하여 손해를 입은 사람은 배당이 잘못되지 않았다면 배당을 받을 수 있었던 사람이지 다음 순위의 배당을 받을 수 있는 채권자가 있음에도 곧바로 손해가 채무자에게 귀속된다고 할 수는 없다. 후순위 근저당권과 함께 그 피담보채권을 양수하였지만 채권양도의 대항요건을 갖추지 못한 양수인이 선순위 근저당권자가 신청한 경매절차에서 배당을 받은 경우에, 채무자가 양수인을 상대로 채권양도의 대항요건 미비를 이유로 배당이의절차에서 다툼으로써 양수인이 배당을 받지 못하게 되더라도, 그 후순위 근저당권이 경매개시결정등기 전에 등기되어 매각으로 소멸하는 이상 채무자에 대한 관계에서 양도인이 민사집행법 제148조 제4호에 따라 배당요구 없이 당연히 배당을 받는 근저당권자에 해당한다고 볼 수 있으므로, 채무자에게는 위 배당으로 인하여 손해가 발생하였다고 할 수 없다(대판 2021. 12. 16, 2021다215701).

3) 그러나 임금채권자나 우선변제효가 있는 주택임차인과 같이 실체법상 우선변제청구권이 있는 채권자는 이른바 배당요구채권자로서, 경락기일까지 배당요구를 한 경우에 한하여 비로소 배당을 받을 수 있고, 이러한 배당요구채권자가 적법한 배당요구를 하지 아니하여 그를 배당에서 제외하는 것으로 배당표가 작성·확정되고 그 확정된 배당표에 따라 배당이 실시되었다면 그가 적법한 배당요구를 한 경우에 배당받을 수 있었던 금액 상당의 금원이 후순위채권자

에게 배당되었다고 하여 이를 법률상 원인이 없는 것이라고 할 수 없다. 따라서 이러한 경우에는 후순위자를 상대로 부당이득반환을 청구할 수 없다(대판 1998. 10. 13, 98다12379 등). ☞ 민사집행법에 의하면 집행력 있는 정본을 가진 채권자, 경매개시결정이 등기된 뒤에 가압류를 한 채권자, 민법·상법, 그 밖의 법률에 따라 우선변제청구권이 있는 채권자는 배당요구의 종기까지 배당요구를 한 경우에 한하여 비로소 배당을 받을 수 있는 배당요구채권자이다(민사집행법 제88조 제1항, 제148조 제2호).

> **판례** ① (ⅰ) 민사소송법 제605조 제1항에서 규정하는 배당요구가 필요한 배당요구채권자는, **압류의 효력발생 전에 등기한 가압류채권자, 경락으로 인하여 소멸하는 저당권자 및 전세권자로서 압류의 효력발생 전에 등기한 자 등 당연히 배당을 받을 수 있는 채권자의 경우와는 달리**, 경락기일까지 배당요구를 한 경우에 한하여 비로소 배당을 받을 수 있고, 적법한 배당요구를 하지 아니한 경우에는 비록 실체법상 우선변제청구권이 있다 하더라도 경락대금으로부터 배당을 받을 수는 없을 것이므로, 이러한 배당요구채권자가 적법한 배당요구를 하지 아니하여 그를 배당에서 제외하는 것으로 배당표가 작성·확정되고 그 확정된 배당표에 따라 배당이 실시되었다면 그가 적법한 배당요구를 한 경우에 배당받을 수 있었던 금액 상당의 금원이 후순위채권자에게 배당되었다고 하여 이를 법률상 원인이 없는 것이라고 할 수 없다. [2] **주택임대차보호법에 의하여 우선변제청구권이 인정되는 임대차보증금반환채권**은 현행법상 배당요구가 필요한 배당요구채권에 해당한다(대판 1998. 10. 13, 98다12379). (ⅱ) 민사소송법 제728조에 의하여 준용되는 제605조 제1항에서 규정하는 배당요구 채권자는 경락기일까지 배당요구를 한 경우에 한하여 비로소 배당을 받을 수 있고, 적법한 배당요구를 하지 아니한 경우에는 **임금채권과 같이 실체법상 우선변제청구권이 있는 채권자**라 하더라도 그 경락대금으로부터 배당을 받을 수는 없을 것이므로, 이러한 배당요구 채권자가 적법한 배당요구를 하지 아니하여 그를 배당에서 제외하는 것으로 배당표가 작성·확정되고 그 확정된 배당표에 따라 배당이 실시되었다면, 집행목적물의 교환가치에 대하여서만 우선변제권을 가지고 있는 법정담보물권자의 경우와는 달리 그가 적법한 배당요구를 한 경우에 배당받을 수 있었던 금액 상당의 금원이 후순위 채권자에게 배당되었다 하여 이를 법률상 원인이 없는 것이라고 할 수 없다(대판 1996. 12. 20, 95다28304).
> ② 배당받을 권리 있는 채권자가 자신이 배당받을 몫을 받지 못하고 그로 말미암아 권리 없는 다른 채권자가 그 몫을 배당받은 경우에는 배당이의 여부 또는 배당표의 확정 여부와 관계없이 배당받을 수 있었던 채권자가 배당금을 수령한 다른 채권자를 상대로 부당이득반환청구를 할 수 있다. 다만 **집행력 있는 정본을 가진 채권자 등**은 배당요구의 종기까지 배당요구를 한 경우에 한하여 비로소 배당을 받을 수 있고, 적법한 배당요구를 하지 않은 경우에는 매각대금으로부터 배당을 받을 수는 없다. 이러한 채권자가 적법한 배당요구를 하지 않아 배당에서 제외되는 것으로 배당표가 작성되어 배당이 실시되었다면, 그가 적법한 배당요구를 한 경우에 배당받을 수 있었던 금액에 해당하는 돈이 다른 채권자에게 배당되었다고 해서 법률상 원인이 없는 것이라고 할 수 없다(대판 2020. 10. 15, 2017다216523).

4) 근로기준법상 우선변제권이 있는 임금채권자가 경매절차개시 전에 경매 목적 부동산을 가압류하고 배당표가 확정되기 전까지 그 가압류의 청구채권이 우선변제권 있는 임금채권임을 소명하였음에도 경매법원이 임금채권자에게 우선배당을 하지 아니한 경우, 임금채권자는 배당을 받은 후순위 채권자를 상대로 부당이득반환청구권을 갖는다(대판 2004. 7. 22, 2002다52312).

5) 구별해야 할 판례

예컨대 **저당목적토지가 수용된 경우** 저당권자는 수용보상금청구권에 물상대위권을 행사하여 일반채권자보다 우선변제를 받을 수 있으나, 그 행사방법은 민사집행법 제273조에 의하여 담보권의 존재를 증명하는 서류를 집행법원에 제출하여 채권압류 및 전부명령을 신청하는 것이거나 민사집행법 제247조 제1항에 의하여 배당요구를 하는 것이므로, 이러한 물상대위권의 행사에 나아가지 아니한 채 단지 수용대상토지에 대하여 담보물권의 등기가 된 것만으로는 그 보상금으로부터 우선변제를 받을 수 없다. 그렇다면 **저당권자가 물상대위권의 행사에 나아가지 아니하여 우선변제권을 상실한 이상, "다른 채권자가" 그 보상금 또는 이에 관한 변제공탁금으로부터 이득을 얻었다고 하더라도 저당권자는 이를 부당이득으로서 반환청구할 수 없다**(대판 2010. 10. 28, 2010다46756 ; 대판 2002. 10. 11, 2002다33137).

┃비교사례┃ ① 저당권자 甲은 설정자 乙에 대한 대여금채권을 확보하기 위하여 乙소유이던 X부동산에 저당권설정등기를 경료한 후, 乙의 부동산이 丙에게 증여로 이전되어 등기가 완료되었다. 그 후 한국도로공사가 당해 부동산을 수용하면서 丙 앞으로 수용보상금을 공탁하였는바, 甲이 위 공탁금의 출급청구권을 압류하기 전에 丙이 위 공탁금을 모두 찾아갔다. 여기서 甲은 X부동산의 수용으로 인한 근저당권의 소멸로 피담보채권액 상당의 손실을 입었고 이로 인하여 丙이 위 근저당권의 부담을 면하는 이득을 얻었다고 주장하면서, 丙에게 그 이득의 반환을 청구할 수 있는가?(대판 2009. 5. 14, 2008다17656). ② 위 X부동산에 저당권 대신 가압류가 있었다면, 즉 기존의 가압류의 효력이 소멸한 경우 가압류 집행 후 토지의 소유권을 취득한 제3취득자가 보상금을 전액 수령하는 것은 부당이득반환청구의 대상이 되는가?(대판 2009. 9. 10, 2006다61536, 61543).

┃해 설┃ ① 저당권자는 저당권의 목적이 된 물건의 멸실, 훼손 또는 공용징수로 인하여 저당목적물의 소유자가 받을 저당목적물에 갈음하는 금전 기타 물건에 대하여 물상대위권을 행사할 수 있으나, 다만 그 지급 또는 인도 전에 이를 압류하여야 하며, 저당권자가 위 금전 또는 물건의 인도청구권을 압류하기 전에 저당물의 소유자가 그 인도청구권에 기하여 금전 등을 수령한 경우 저당권자는 더 이상 물상대위권을 행사할 수 없게 된다. 이 경우 저당권자는 저당권의 채권최고액 범위 내에서 저당목적물의 교환가치를 지배하고 있다가 저당권을 상실하는 손해를 입게 되는 반면에, **저당목적물의 소유자**는 저당권의 채권최고액 범위 내에서 저당권자에게 저당목적물의 교환가치를 양보하여야 할 지위에 있다가 마치 그러한 저당권의 부담이 없었던 것과 같은 상태에서의 대가를 취득하게 되는 것이므로, 그 수령한 금액 가운데 저당권의 채권최고액을 한도로 하는 피담보채권액의 범위 내에서는 이득을 얻게 된다. 저당목적물 소유자가 얻은 위와 같은 이익은 저당권자의 손실로 인한 것으로서 인과관계가 있을 뿐 아니라, 공평의 관념에 위배되는 재산적 가치의 이동이 있는 경우 수익자로부터 그 이득을 되돌려받아 손실자와 재산상태의 조정을 꾀하는 부당이득제도의 목적에 비추어 보면 위와 같은 이익을 소유자에게 종국적으로 귀속시키는 것은 저당권자에 대한 관계에서 공평의 관념에 위배되어 법률상 원인이 없다고 봄이 상당하므로, **저당목적물 소유자**는 저당권자에게 이를 부당이득으로 반환할 의무가 있다(대판 2009. 5. 14, 2008다17656).
② 가압류는 담보물권과는 달리 목적물의 교환가치를 지배하는 권리가 아니고, 담보물권의 경우에 인정되는 물상대위의 법리가 여기에 적용된다고 볼 수도 없다. 그러므로 토지에 대하여 가압류가 집행된 후에 제3자가 그 토지의 소유권을 취득함으로써 가압류의 처분금지효력을 받고 있던 중 그 토지가 『공익사업을 위한 토지

등의 취득 및 보상에 관한 법률』에 따라 수용됨으로 인하여 기존 가압류의 효력이 소멸되는 한편 제3취득자인 토지소유자는 위 가압류의 부담에서 벗어나 토지수용보상금을 온전히 지급받게 되었다고 하더라도, 이는 위 법에 따른 토지수용의 효과일 뿐이지 이를 두고 법률상 원인 없는 부당이득이라고 할 것은 아니다(대판 2009. 9. 10, 2006다61536, 61543).

(5) 이른바 전용물소권의 문제

계약상의 급부가 계약의 상대방뿐만 아니라 제3자의 이익으로 된 경우에 급부를 한 계약당사자가 **계약 상대방에 대하여** 계약상의 반대급부를 청구할 수 있는 이외에 그 제3자에 대하여도 직접 부당이득반환청구를 할 수 있도록 하는 것을 이른바 전용물소권(轉用物訴權)이라고 한다. 그러나 **우리 판례는 이러한 전용물소권을 부정**한다(대판 2002. 8. 23, 99다66564, 66571; 대판 2010. 3. 11, 2009다 98706). 급부가 계약이 아니라 **사무관리에 의하여 이루어진 경우**에도 마찬가지이다(대판 2013. 6. 27, 2011다17106).

> **판례** 계약상의 급부가 계약의 상대방뿐만 아니라 제3자의 이익으로 된 경우에 급부를 한 계약당사자가 계약 상대방에 대하여 계약상의 반대급부를 청구할 수 있는 이외에 그 제3자에 대하여 직접 부당이득반환청구를 할 수 있다고 보면, 자기 책임하에 체결된 계약에 따른 위험부담을 제3자에게 전가시키는 것이 되어 계약법의 기본원리에 반하는 결과를 초래할 뿐만 아니라, 채권자인 계약당사자가 채무자인 계약 상대방의 일반채권자에 비하여 우대받는 결과가 되어 일반채권자의 이익을 해치게 되고, 수익자인 제3자가 계약 상대방에 대하여 가지는 항변권 등을 침해하게 되어 부당하므로, 위와 같은 경우 계약상의 급부를 한 계약당사자는 이익의 귀속 주체인 **제3자에 대하여 직접 부당이득반환을 청구할 수는 없다**고 보아야 한다(대판 2002. 8. 23, 99다66564, 66571).

(6) 이른바 삼각관계에서의 부당이득(특히 이른바 단축급부 사례)

사례

甲은 X상가를 신축한 후 乙(가인유통)과 X상가를 대금 230억 원에 매도하는 매매계약을 체결하고, 乙은 X상가를 호수별로 분할하여 丙 등에게 분양하였다. 丙 등은 분양대금의 일부를 乙의 지시에 따라 무통장입금의 방법으로 甲이 개설한 계좌로 송금하였다. 그런데 乙은 매도인 甲에게 나머지 중도금 및 잔금을 지급하지 못하였고, 丙 등이 甲에게 상가분양의 이행을 청구하자 甲은 乙로부터 잔금을 지급받지 못하였음을 이유로 이를 거부하였다. 결국 상가를 분양받지 못하게 된 丙 등은 乙과의 분양계약을 해제하고 분양대금을 송금받은 甲을 상대로 부당이득반환을 청구하였다.

1. 丙 등은 甲에게 직접 분양대금을 지급하였는데 甲은 분양의무의 이행을 거부하고 있으므로 丙 등은 甲에게 직접 지급한 분양대금을 부당이득으로 반환할 것을 청구할 수 있는가?
2. 丙 등은 乙과의 분양계약을 해제하였으므로, 해제를 원인으로 직접 甲을 상대로 부당이득반환을 청구할 수 있는가?

해설 1. ① 원심관결의 태도 : 원심관결은 甲이 丙에 대하여 X상가 소유권 이전의무의 이행책임을 부인하고 있는 이상 분양대금의 수령권자는 乙(가인유통)이고 甲은 이를 수령할 권한이 없으므로, 甲은 법률상 원인 없이 동액 상당의 이득을 얻고 丙은 동액 상당의 손실을 입었다고 할 것이어서 특별한 사정이 없는 한 甲은 丙에게 지급받은 대금을 부당이득으로 반환할 의무가 있다고 판단하였다.

② 대법원의 태도 : **계약의 한쪽 당사자가 상대방의 지시 등으로 급부과정을 단축하여 상대방과 또 다른 계약관계를 맺고 있는 제3자에게 직접 급부를 하는 경우**(이른바 삼각관계에서 급부가 이루어진 경우), 그 급부로써 급부를 한 계약당사자가 상대방에게 급부를 한 것일 뿐만 아니라 그 상대방이 제3자에게 급부를 한 것이다. 따라서 계약의 한쪽 당사자는 **제3자를 상대로** 법률상 원인 없이 급부를 수령하였다는 이유로 **부당이득반환청구를 할 수 없다**(대판 2003. 12. 26, 2001다46730).

2. ① 원심판결의 태도 : 원심은 또 원고들이 가인유통과 사이의 분양계약이 적법하게 해제되었으므로, 이에 기하여도 피고에게 부당이득반환청구권을 행사할 수 있다고 부가적으로 판단하였다.

② 대법원의 태도 : 이러한 경우에 계약의 한쪽 당사자가 상대방에게 급부를 한 원인관계인 법률관계에 무효 등의 흠이 있거나 그 계약이 해제되었다는 이유로 제3자를 상대로 직접 부당이득반환청구를 할 수 있다고 보면, 자기 책임 아래 체결된 계약에 따른 위험부담을 제3자에게 전가하는 것이 되어 계약법의 원리에 반하는 결과를 초래할 뿐만 아니라 수익자인 제3자가 상대방에 대하여 가지는 항변권 등을 침해하게 되어 부당하다. 이와 같이 삼각관계에서의 급부가 이루어진 경우에, 제3자가 급부를 수령함에 있어 계약의 일방당사자가 상대방에 대하여 급부를 한 원인관계인 법률관계에 무효 등의 흠이 있었다는 사실을 알고 있었다 할지라도 계약의 일방당사자는 제3자를 상대로 법률상 원인 없이 급부를 수령하였다는 이유로 부당이득반환청구를 할 수 없다(대판 2008. 9. 11, 2006다46278).

(7) 미등기매수인 또는 전득자

1) 토지의 매수인이 아직 소유권이전등기를 마치지 않았더라도 매매계약의 이행으로 토지를 인도받은 때에는 매매계약의 효력으로서 이를 점유·사용할 권리가 있으므로, **매도인이 매수인에 대하여** 그 점유·사용을 법률상 원인이 없는 이익이라고 하여 **부당이득반환청구**를 할 수는 없다. 이러한 법리는 대물변제 약정 등에 의하여 매매와 같이 부동산의 소유권을 이전받게 되는 사람이 이미 부동산을 점유·사용하고 있는 경우에도 마찬가지로 적용된다(대판 2016. 7. 7, 2014다2662).

2) 토지의 매수인이 아직 소유권이전등기를 경료받지 아니하였다 하여도 매매계약의 이행으로 그 토지를 인도받은 때에는 매매계약의 효력으로서 이를 점유·사용할 권리가 생기게 된 것으로 보아야 하고, 또 매수인으로부터 위 토지를 다시 매수한 자는 위와 같은 토지의 점유사용권을 취득한 것으로 봄이 상당하므로 매도인은 **매수인으로부터 다시 위 토지를 매수한 자에 대하여** 토지 소유권에 기한 **물권적 청구권**을 행사하거나 그 점유·사용을 법률상 원인이 없는 이익이라고 하여 **부당이득반환청구**를 할 수는 없다(대판 2001. 12. 11, 2001다45355).

(8) 판결에 기한 집행의 경우

판례 ① 소송당사자가 허위의 주장으로 법원을 기망하고 상대방의 권리를 해할 의사로 상대방의 소송관여를 방해하는 등 부정한 방법으로 실체의 권리관계와 다른 내용의 확정판결을 취득하여 그 판결에 기하여 강제집행을 하는 것은 정의에 반하고 사회생활상 도저히 용인될 수 없는 것이어서 권리남용에 해당한다고 할 것이지만, 위 확정판결에 대한 재심의 소가 각하되어 확정되는 등으로 위 확정판결이 취소되지 아니한 이상 위

확정판결에 기한 강제집행으로 취득한 채권을 법률상 원인 없는 이득이라고 하여 반환을 구하는 것은 위 확정판결의 기판력에 저촉되어 허용될 수 없다(대판 2001. 11. 13, 99다32905).

② 확정판결은 **재심의 소 등으로 취소되지 않는 한** 그 소송당사자를 기속하므로 확정판결에 기한 이행으로 받은 급부는 법률상 원인 없는 이익이라고 할 수 없다. 그리고 이는 **해당 급부뿐만 아니라 그 급부의 대가로서 기존 급부와 동일성을 유지하면서 형태가 변경된 것에 불과한 처분대금 등에 대해서도 마찬가지이다**(대판 2023. 6. 29, 2021다243812).

(9) 운송사업등록명의이용과 부당이득

화물자동차에 대한 지입계약이 해지되었음에도 지입회사가 지입차량의 소유명의를 보유하고 있는 동안 지입차주가 지입회사의 화물자동차운송사업등록명의를 이용하여 화물자동차운송사업을 영위한 경우 지입차주가 지입료상당을 부당이득한 것으로 볼 수 있다(대판 2003. 11. 28, 2003다37136).

(10) 송금의 착오

송금의뢰인과 수취인 사이에 계좌이체의 원인이 되는 법률관계가 존재하지 않음에도 불구하고, 계좌이체에 의하여 수취인이 계좌이체금액 상당의 예금채권을 취득한 경우에는, 송금의뢰인은 **수취인에 대하여** 위 금액 상당의 부당이득반환청구권을 가지게 되지만, 수취은행은 이익을 얻은 것이 없으므로 **수취은행에 대하여는** 부당이득반환청구권을 행사할 수 없다(대판 2007. 11. 29, 2007다51239; 대판 2010. 11. 11, 2010다41263, 41270).

> **판례** 약정계좌의 잔고가 **마이너스**로 유지되는 상태, 즉 대출채무가 있는 상태에서 약정계좌로 자금이 이체되면, 그 금원에 대해 수취인의 예금채권이 성립됨과 동시에 수취인과 수취은행 사이의 대출약정에 따라 수취은행의 대출채권과 상계가 이루어지게 된다. 그 결과 수취인은 대출채무가 감소하는 이익을 얻게 되므로, 설령 송금의뢰인과 수취인 사이에 자금이체의 원인인 법률관계가 없더라도, 송금의뢰인은 **수취인에 대하여** 이체금액 상당의 부당이득반환청구권을 가지게 될 뿐이고, 수취인과의 적법한 대출거래약정에 따라 대출채권의 만족을 얻은 **수취은행에 대하여는** 부당이득반환청구권을 취득한다고 할 수 없다(대판 2022. 6. 30, 2016다237974). ☞ 마이너스 통장의 경우에도 마찬가지이다.

(11) 횡령한 금전을 채권자에 대한 채무변제에 사용한 경우

채무자가 횡령한 금전으로 자신의 채권자에 대한 채무를 변제하는 경우 **채권자가 그 변제를 수령함에 있어 악의 또는 중대한 과실이 있는 경우**에는 채권자의 금전 취득은 피해자에 대한 관계에 있어서 법률상 원인을 결여한 것으로 봄이 상당하나, 채권자가 그 변제를 수령함에 있어 **단순히 과실이 있는 경우**에는 그 변제는 유효하고 채권자의 금전 취득이 피해자에 대한 관계에 있어서 법률상 원인을 결여한 것이라고 할 수 없다(대판 2003. 6. 13, 2003다8862). 이와 같은 법리는 **채무자가 횡령한 돈을 제3자에게 증여한 경우**에도 마찬가지라고 보아야 한다(대판 2012. 1. 12, 2011다74246).

(12) [1] 담보권자가 담보제공자 아닌 제3자 소유의 토지를 담보물로 이용하였다고 하더라도 현실적인 점유를 수반하지 아니하는 가치권의 이용만으로써는 담보권자에게 어떠한 현실적인 이익이 있었다고 할 수도 없고 또 이로 인하여 제3자의 현실적인 점유가 방해되었다고도 할 수 없다. [2] 甲이 乙에게 건물 일부를 임대하였다가 차임 연체를 이유로 임대차계약을 해지하였는데, 해지통보가 도달한 후에도 乙이 임대차 목적물을 점유·사용하던 중 乙의 채권자인 丙이 乙로부터 임대차 목적물에 소재한 식당에 관한 일체의 권리를 양도담보로 제공받기로 한 사안에서, 양도담보권자인 丙이 임대차 목적물의 직접점유자인 乙을 점유매개자로 하여 임대차 목적물을 간접점유한 사실이 인정되므로 丙은 甲에게 점유에 따른 부당이득을 반환할 의무가 있다고 본 원심판단에 법리오해의 위법이 있다고 한 사례(대판 2018. 7. 12, 2018다223269).

(13) 집합건물의 공용부분을 정당한 권원 없이 점유·사용한 경우에 부당이득 성립여부

▌판례 [다수의견] (가) 구분소유자 중 일부가 정당한 권원 없이 집합건물의 복도, 계단 등과 같은 공용부분을 배타적으로 점유·사용함으로써 이익을 얻고, 그로 인하여 다른 구분소유자들이 해당 공용부분을 사용할 수 없게 되었다면, 공용부분을 무단점유한 구분소유자는 특별한 사정이 없는 한 해당 공용부분을 점유·사용함으로써 얻은 이익을 부당이득으로 반환할 의무가 있다. 해당 공용부분이 구조상 이를 별개 용도로 사용하거나 다른 목적으로 임대할 수 있는 대상이 아니더라도, 무단점유로 인하여 다른 구분소유자들이 해당 공용부분을 사용·수익할 권리가 침해되었고 이는 그 자체로 민법 제741조에서 정한 손해로 볼 수 있다.
(나) 이러한 법리는 구분소유자가 아닌 제3자가 집합건물의 공용부분을 정당한 권원 없이 배타적으로 점유·사용하는 경우에도 마찬가지로 적용된다[대판(전합) 2020. 5. 21, 2017다220744]. ☞ 이와 달리 집합건물의 복도, 계단 등과 같은 공용부분은 구조상 이를 점포로 사용하는 등 별개의 용도로 사용하거나 그와 같은 목적으로 임대할 수 있는 대상이 아니므로 특별한 사정이 없는 한 구분소유자 중 일부나 제3자가 정당한 권원 없이 이를 점유·사용하였더라도 이로 인하여 다른 구분소유자에게 차임 상당의 이익을 상실하는 손해가 발생하였다고 볼 수 없다고 하여 부당이득이 성립하지 않는다고 판시한 대법원 1998. 2. 10. 선고 96다42277, 42284 판결 등을 비롯하여 같은 취지의 대법원판결들은 이 판결의 견해에 배치되는 범위에서 이를 모두 변경하기로 한다. 상가건물 구분소유자가 그 건물의 공용부분인 복도와 로비에 골프연습장의 부대시설을 설치하고 골프연습장 내부공간처럼 사용하고 있는 경우 그 구분소유자에게 부당이득반환의무를 인정한 사안.

(14) 건물 부지의 점유·사용에 따른 부당이득반환의무

▌판례 사회통념상 건물은 그 부지를 떠나서는 존재할 수 없으므로 건물의 부지가 된 토지는 그 건물의 소유자가 점유하는 것으로 볼 것이고, 이 경우 건물의 소유자가 현실적으로 건물이나 그 부지를 점거하고 있지 아니하고 있더라도 건물의 소유를 위하여 그 부지를 점유한다고 보아야 한다. 타인 소유의 토지 위에 권원 없이 건물을 소유하는 자는 그 자체로써 건물 부지가 된 토지를 점유하고 있는 것이므로 특별한 사정이 없는 한 법률상 원인 없이 타인의 재산으로 인하여 토지의 차임에 상당하는 이익을 얻고 이로 인하여 타인에게 동액 상당의 손해를 주고 있다고 할 것이고, 이는 건물 소유자가 미등기건물의 원시취득자이고 그 건물에 관하여 사실상의 처분권을 보유하게 된 양수인이 따로 존재하는 경우에도 다르지 아니하므로, 미등기건물의 원시취득자는 토지 소유자에 대하여 부당이득반환의무를 진다. 한편 미등기건물을 양수하여 건물에 관한 사실상의 처분권을 보유하게 됨으로써 그 양수인이 건물 부지 역시 아울러 점유하고 있다고 볼 수 있는 경우에는 미

등기건물에 관한 사실상의 처분권자도 건물 부지의 점유·사용에 따른 부당이득반환의무를 부담한다. 이러한 경우 **미등기건물의 원시취득자와 사실상의 처분권자**가 토지 소유자에 대하여 부담하는 부당이득반환의무는 동일한 경제적 목적을 가진 채무로서 **부진정연대채무 관계에 있다**고 볼 것이다(대판 2022. 9. 29, 2018다243133, 243140).

Ⅱ. 특수한 부당이득

부당이득의 일반적 성립요건을 갖춘 경우에도 민법은 제742조 내지 제746조에서 그 반환청구를 금지하는 특칙을 규정하고 있다. 대별하면 비채변제와 불법원인급여로 나누어 볼 수 있다. 여기서 비채변제라 함은 채무가 없음에도 불구하고 변제로서 급부하는 것을 말한다.

1. 비채변제

비채변제에 관해서는 원칙적으로 부당이득반환청구권이 인정된다. 그러나 민법은 다음의 경우와 같이 일정한 비채변제에 관해서는 부당이득반환청구를 금지하는 특칙을 규정한다. ① 악의의 비채변제(제742조), ② 변제기 전의 변제(제743조), ③ 도의관념에 적합한 비채변제(제744조), ④ 타인채무의 변제(제745조)가 그것이다. 이 중 특히 ① 악의의 비채변제(제742조)와 ③ 도의관념에 적합한 비채변제(제744조)를 협의의 비채변제라고 한다.

(1) 악의의 비채변제

> **제742조(비채변제)**
> 채무없음을 알고 이를 변제한 때에는 그 반환을 청구하지 못한다.

1) 요 건

악의의 비채변제의 요건은 ① 변제당시 채무가 존재하지 않을 것, ② 변제로서 급부하였을 것(대물변제나 제3자의 변제도 이에 해당한다), ③ 변제자가 변제당시 채무 없음을 알았을 것 등이다.

> **[판례]** 민법 제742조 소정의 비채변제에 관한 규정은 변제자가 채무 없음을 알면서도 변제를 한 경우에 적용되는 것이고, 채무 없음을 알지 못한 경우에는 그 과실 유무를 불문하고 적용되지 아니한다(대판 1998. 11. 13, 97다58453).

2) 입증문제

비채변제를 원인으로 부당이득금반환을 청구하는 자는 변제한 채무가 존재하지 아니한 사실만 주장·입증하면 족하고, 그 채무가 존재하지 아니함을 알지 못하고 지급하였음을 주장·입증할 책임은 없는 것이다(대판 1962. 6. 28, 4294민상1453). 즉 채무 없는데 변제하였다는 사실은 변제자가, 악의 여부에 대하여는 반환을 면하려는 수령자가 입증해야 한다는 것이다.

3) 부득이한 지급

지급자가 채무 없음을 알면서도 임의로 지급한 경우에는 민법 제742조 소정의 비채변제로서 수령자에게 그 반환을 구할 수 없으나, 지급자가 채무 없음을 알고 있었다고 하더라도 **변제를 강제당한 경우나 변제거절로 인한 사실상의 손해를 피하기 위하여 부득이 변제하게 된 경우 등 그 변제가 자유로운 의사에 반하여 이루어진 것으로 볼 수 있는 사정이 있는 때**에는 지급자가 그 반환청구권을 상실하지 않는다(대판 2004. 1. 27, 2003다46451).

> **│판례│** ① 甲이 공장을 매수할 당시 매도인인 乙의 전기요금 체납사실을 알지 못하였는데, 丙이 전기공급을 해주지 아니하므로 이를 공급받기 위하여 부득이 인수하지도 아니한 乙의 체납 전기요금채무를 그 반환청구권을 유보하고 변제하였다면 매수 당시부터 그 체납사실을 알면서도 이를 매수한 경우와 달리 민법 제742조의 비채변제에 해당하지 않는다(대판 1992. 2. 14, 91다17917).
> ② **강제집행에 의한 채권의 만족**은 변제자의 의사에 기하지 아니하고 행하여지는 것으로서 비채변제가 성립되지 아니한다(대판 2018. 11. 29, 2017다286577). ☞ 채무 없음을 알고 있지만 강제집행당한 자는 부당이득반환청구가 가능하다.

(2) 기한 전의 변제

> **제743조(기한전의 변제)**
> 변제기에 있지 아니한 채무를 변제한 때에는 그 반환을 청구하지 못한다. 그러나 채무자가 착오로 인하여 변제한 때에는 채권자는 이로 인하여 얻은 이익을 반환하여야 한다.

1) 중간이자

예컨대 甲이 자기의 채무가 기한도래 전에 있음에도 변제기가 도래한 것으로 오신해서 변제한 경우, 甲은 그 **원금**은 반환을 청구할 수 없다. 다만 **중간이자**(이익)의 반환청구가 가능할 뿐이다.

2) '착오로 인하여'의 의미

민법 제743조 소정의 '착오로 인하여'라 함은 변제기 전임을 알지 못하였음을 의미하므로 변제기가 도래했다고 오신하고서 변제한 경우에 한하고, 변제기 전임을 알면서 변제한 자는 기한의 이익을 포기한 것으로 볼 것이다(대결 1991. 8. 13, 자 91마6856).

(3) 도의관념에 적합한 비채변제

> **제744조(도의관념에 적합한 비채변제)**
> 채무없는 자가 착오로 인하여 변제한 경우에 그 변제가 도의관념에 적합한 때에는 그 반환을 청구하지 못한다.

예컨대, 법률상의 부양의무가 없는 자가 그 의무가 있는 것으로 잘못 알고 부양을 한 경우, 소멸시효가 완성된 채무를 모르고 변제한 경우(절대적 소멸설에 따를 때) 등이다. 이는 비채변제이지만, '도의관념에 적합한 변제'에 해당하므로 부당이득이라 하여 반환을 청구하지 못한다.

(4) 타인채무의 변제

> **제745조(타인의 채무의 변제)**
> ① 채무자아닌 자가 착오로 인하여 타인의 채무를 변제한 경우에 채권자가 선의로 증서를 훼멸하거나 담보를 포기하거나 시효로 인하여 그 채권을 잃은 때에는 변제자는 그 반환을 청구하지 못한다.
> ② 전항의 경우에 변제자는 채무자에 대하여 구상권을 행사할 수 있다.

제3자의 변제는 유효하나(제469조와 비교), **일방이 타인채무를 자기의 채무로 '오신'하여 변제**한 경우에는 부당이득반환청구가 가능하다. 다만 채권자가 채권증서를 훼멸하거나 또는 담보를 포기하거나 시효로 인하여 그 채권을 잃은 때에는 선의의 채권자를 보호하기 위하여 변제자에게 반환청구를 인정하지 않는다(제745조 제1항). 대신 채무자에 대하여 구상권을 행사할 수 있다(제745조 제2항).

2. 불법원인급여

> **제746조(불법원인급여)**
> 불법의 원인으로 인하여 재산을 급여하거나 노무를 제공한 때에는 그 이익의 반환을 청구하지 못한다. 그러나 그 불법원인이 수익자에게만 있는 때에는 그러하지 아니하다.

(1) 불법원인급여의 의의 및 취지

1) 불법을 원인으로 급여한 자에게 반환청구를 원칙적으로 금지하는 것을 불법원인급여의 문제라고 한다. 불법원인에 가담한 급여자의 반환청구에 법이 협력하지 않겠다는 의미이다.
2) 법률은 한편에서는 사회적 타당성이 없는 행위를 한 자가 그 실현을 바랄 때에 이에 협력할 것을 거절하고(제103조), 다른 한편으로는 사회적 타당성이 없는 행위의 결과를 복구하려는 자에 대하여도 협력을 거절하려고 한다(제746조). 즉 제746조는 불법원인급여를 한 자로 하여금 급여한 것의 반환을 청구할 수 없도록 함으로써 공서양속에 어긋나는 행위에 대해 제재를 가하는 면도 아울러 갖고 있다.

(2) 불법의 의미

제746조 본문에서 말하는 불법은 제103조에서 말하는 선량한 풍속 기타 사회질서에 위반하는 것을 의미하고, 강행법규 위반은 포함하지 않는다는 것이 통설적 견해 및 판례이다(대판 2008. 10. 9, 2007도2511).

판례[1] ① 도지사에게 청탁하여 택시운송사업면허를 받아줄 것을 부탁하면서도 도지사에 대한 청탁교제비로 금원을 교부한 경우 불법원인급여에 해당된다(대판 1991. 3. 22, 91다520).

② 윤락행위를 할 자를 고용·모집하거나 그 직업을 소개·알선한 자가 윤락행위를 할 자를 고용·모집함에 있어 성매매의 유인·강요의 수단으로 제공한 선불금은 불법원인급여이다(대판 2004. 9. 3, 2004다27488, 27495).

③ 강제집행을 면할 목적으로 부동산의 소유자명의를 신탁하는 것이 위와 같은 불법원인급여에 해당한다고 볼 수는 없다(대판 1994. 4. 15, 93다61307).

④ 구 수산업법 제33조가 어업권의 임대차를 금지하고 있는 취지 등에 비추어 보면, 위 규정에 위반하는 행위가 무효라고 하더라도 그것이 선량한 풍속 기타 사회질서에 반하는 행위라고 볼 수는 없다. 따라서 어업권의 임대차를 내용으로 하는 임대차계약이 구 수산업법 제33조에 위반되어 무효라고 하더라도 그것이 부당이득의 반환이 배제되는 '불법의 원인'에 해당하는 것으로 볼 수는 없으므로, 어업권을 임대한 어업권자로서는 그 임대차계약에 기해 임차인에게 한 급부로 인하여 임차인이 얻은 이익, 즉 임차인이 양식어장(어업권)을 점유·사용함으로써 얻은 이익을 부당이득으로 반환을 구할 수 있다(대판 2010. 12. 9, 2010다57626, 57633).

판례[2] [다수의견] 부동산 실권리자명의 등기에 관한 법률(이하 '부동산실명법'이라 한다) 규정의 문언, 내용, 체계와 입법 목적 등을 종합하면, **부동산실명법을 위반하여 무효인 명의신탁약정에 따라 명의수탁자 명의로 등기를 하였다는 이유만으로 그것이 당연히 불법원인급여에 해당한다고 단정할 수는 없다.** 이는 농지법에 따른 제한을 회피하고자 명의신탁을 한 경우에도 마찬가지이다[대판(전합) 2019. 6. 20, 2013다218156].

(3) 급여의 의미

급여는 **종국적 급여**를 의미한다. 수익자가 그 이익을 향수하려면 경매신청을 하는 등 별도의 조치를 취하여야 하는 경우(예컨대 **수익자가 저당권자인 경우**)에는 그 불법원인급여로 인한 이익이 종국적인 것이 아니므로(일시적 급여), 설정자는 **수익자에게로 등기된 무효인 저당권등기의 말소를 구할 수 있다**(대판 1995. 8. 11, 94다54108).

(4) 불법원인급여와 물권적 반환청구권 및 손해배상청구권

1) 급여한 사람은 수익자에게 부당이득반환채권을 갖지 못한다. 그렇다면 급여자는 물권적 청구권을 주장하여 목적물의 반환을 주장할 수는 있는가. 판례는 물권적 청구권에 기한 청구도 부정한다. 따라서 급여한 물건의 소유권은 급여를 받은 상대방에게 반사적으로 귀속된다[대판(전합) 1979. 11. 13, 79다483].

2) 불법원인으로 급여한 사람은 부당이득반환청구뿐만 아니라 **불법행위를 이유로 손해배상**을 청구할 수도 없다(통설·판례).

판례 불법의 원인으로 재산을 급여한 사람은 상대방 수령자가 그 '불법의 원인'에 가공하였다고 하더라도 상대방에게만 불법의 원인이 있거나 그의 불법성이 급여자의 불법성보다 현저히 크다고 평가되는 등으로 제반 사정에 비추어 급여자의 손해배상청구를 인정하지 아니하는 것이 오히려 사회상규에 명백히 반한다고 평가될 수 있는 특별한 사정이 없는 한 상대방의 불법행위를 이유로 그 재산의 급여로 말미암아 발생한 자신의 손해를 배상할 것을 주장할 수 없다고 할 것이다. 그와 같은 경우에 급여자의 위와 같은 손해배상청구를 인용한다면, 이는 급여자는 결국 자신이 행한 급부 자체 또는 그 경제적 동일물을 환수하는 것과 다름없는 결과가 되어, 민법 제746조에서 실정법적으로 구체화된 법이념에 반하게 되는 것이다(대판 2013. 8. 22, 2013다35412).

(5) 불법성 비교론

불법원인급여에 있어서 수익자의 불법성이 급여자의 불법성보다 현저하게 큰 경우, 급여자의 부당이득청구가 허용된다(대판 1997. 10. 24, 95다49530).

> **판례** ① 포주인 피고인이 피해자가 손님을 상대로 윤락행위를 할 수 있도록 업소를 제공하고, 윤락녀인 피해자가 윤락행위의 상대방으로부터 받은 화대를 피고인에게 보관하도록 하였다가 이를 분배하기로 한 약정은 선량한 풍속 기타 사회질서에 위반되는 것이고, 따라서 피해자가 그 약정에 기하여 피고인에게 화대를 교부한 것은 불법원인 급여에 해당한다고 할 것이나, 피고인과 피해자의 사회적 지위, 그 약정에 이르게 된 경위 등을 종합하여 볼 때, 피고인측의 불법성이 피해자측의 그것보다 현저하게 크다고 봄이 상당하므로, 민법 제746조 본문의 적용은 배제되어 피해자가 피고인에게 보관한 화대 전부의 반환을 청구할 수 있고, 따라서 피고인이 이를 임의로 소비한 행위는 횡령죄를 구성한다(대판 1999. 9. 17, 98도2036).
>
> ② 급여자가 수익자에 대한 도박 채무의 변제를 위하여 급여자의 주택을 수익자에게 양도하기로 한 것이지만 내기바둑에의 계획적인 유인, 내기바둑에서의 사기적 행태, 도박자금 대여 및 회수 과정에서의 폭력성과 갈취성 등에서 드러나는 수익자의 불법성의 정도가 내기바둑에의 수동적인 가담, 도박 채무의 누증으로 인한 도박의 지속, 도박 채무 변제를 위한 유일한 재산인 주택의 양도 등으로 인한 급여자의 불법성보다 훨씬 크다고 보아 급여자로서는 그 주택의 반환을 구할 수 있다(대판 1997. 10. 24, 95다49530, 49547). ☞ 사기도박의 피해자는 가해자를 상대로 부당이득의 반환을 청구할 수 있다는 판례이다.
>
> ③ 선량한 풍속 기타 사회질서에 위반하여 무효인 부분의 이자 약정을 원인으로 차주가 대주에게 임의로 이자를 지급하는 것은 통상 불법의 원인으로 인한 재산 급여라고 볼 수 있을 것이나, 불법원인급여에 있어서도 그 불법원인이 수익자에게만 있는 경우이거나 수익자의 불법성이 급여자의 그것보다 현저히 커서 급여자의 반환청구를 허용하지 않는 것이 오히려 공평과 신의칙에 반하게 되는 경우에는 급여자의 반환청구가 허용되므로, 대주가 사회통념상 허용되는 한도를 초과하는 이율의 이자를 약정하여 지급받은 것은 그의 우월한 지위를 이용하여 부당한 이득을 얻고 차주에게는 과도한 반대급부 또는 기타의 부당한 부담을 지우는 것으로서 그 불법의 원인이 수익자인 대주에게만 있거나 또는 적어도 대주의 불법성이 차주의 불법성에 비하여 현저히 크다고 할 것이어서 차주는 그 이자의 반환을 청구할 수 있다[대판(전합) 2007. 2. 15, 2004다50426].

(6) 임의반환약정

1) 제746조는 불법원인급여자의 급여물반환청구를 법률상 보호하지 않는 데 입법취지가 있을 뿐이므로 수령자가 임의로 급여물이나 그의 대상물을 반환하는 것까지 선량한 풍속 기타의 사회질서에 위배된다고 하는 취지가 아니다. 임의반환은 현실적인 반환을 하였을 경우만을 가리키며, **반환의 약정**과 같이 그 약정의 이행청구에서 약정원인인 불법원인급여에 관한 사실을 주장하게 되는 경우는 포함되지 않는다(대판 1964. 10. 27, 64다798, 799).

2) 불법원인급여 후 급부를 이행받은 자가 급부의 원인행위와 **"별도의 약정"**으로 급부 그 자체 또는 그에 갈음한 대가물의 반환을 특약하는 것은 불법원인급여를 한 자가 그 부당이득의 반환을 청구하는 경우와는 달리 - 그 반환약정 자체가 사회질서에 반하여 무효가 되지 않는 한 - 유효하다. 여기서 반환약정 자체의 무효 여부는 반환약정 그 자체의 목적뿐만 아니라 당초의 불법원인급여가 이루어진 경위, 쌍방당사자의 불법성의 정도, 반환약정의 체결과정 등 민법 제103조 위반 여부를 판단하기 위한 제반 요소를 종합적으로 고려하여 결정하여야 하고, 한편 반환약정이 사회질서에 반하여 무효라는 점은 수익자가 이를 입증하여야 한다(대판 2010. 5. 27, 2009다12580).

Ⅲ. 부당이득의 효과(부당이득의 반환)

제747조(원물반환불능한 경우와 가액반환, 전득자의 책임)
① 수익자가 그 받은 목적물을 반환할 수 없는 때에는 그 가액을 반환하여야 한다.
② 수익자가 그 이익을 반환할 수 없는 경우에는 수익자로부터 무상으로 그 이익의 목적물을 양수한 악의의 제삼자는 전항의 규정에 의하여 반환할 책임이 있다.

제748조(수익자의 반환범위)
① 선의의 수익자는 그 받은 이익이 현존한 한도에서 전조의 책임이 있다.
② 악의의 수익자는 그 받은 이익에 이자를 붙여 반환하고 손해가 있으면 이를 배상하여야 한다.

제749조(수익자의 악의인정)
① 수익자가 이익을 받은 후 법률상 원인없음을 안 때에는 그때부터 악의의 수익자로서 이익반환의 책임이 있다.
② 선의의 수익자가 패소한 때에는 그 소를 제기한 때부터 악의의 수익자로 본다.

1. 일반론

(1) 원 칙(원물반환원칙)

부당이득반환의무자의 반환내용에 관하여 통일설(다수설)은 이득자가 손실자의 손실 이상의 이득을 얻은 경우에 이득자는 초과된 이득의 부분은 반환할 필요가 없고, 이득자가 손실자의 손실보다 훨씬 적게 이득을 얻은 경우에 이득자는 이득액만 반환하면 된다고 해석한다. 부당이득반환은 원물반환을 원칙으로 한다.

(2) 가액반환

1) 처분당시의 대가

원물반환이 불가능한 경우에는 가액을 반환하여야 한다(제747조 제1항). 예컨대, 부합 혹은 혼화 등으로 목적물을 제3자가 소유하는 경우에는 '가액'으로 반환하여야 한다. 판례는 일반적으로 수익자가 법률상 원인 없이 이득한 재산을 처분함으로 인하여 원물반환이 불가능한 경우에 있어서 반환하여야 할 가액은 특별한 사정이 없는 한 그 **'처분 당시의 대가'**라고 한다(대판 1995. 5. 12, 94다25551).

> **[판례]** ① 무권리자가 타인의 권리를 제3자에게 처분하였으나 선의의 제3자 보호규정에 의하여 원래 권리자가 권리를 상실하는 경우, 권리자는 무권리자를 상대로 제3자에게서 처분의 대가로 수령한 것을 이른바 침해부당이득으로 보아 반환청구할 수 있다. 한편 수익자가 법률상 원인 없이 이득한 재산을 처분함으로 인하여 원물반환이 불가능한 경우에 반환하여야 할 가액을 산정할 때에는 법률상 원인 없는 이득을 얻기 위하여 지출한 비용은 수익자가 반환하여야 할 이득의 범위에서 공제되어야 할 것이나, 타인 소유의 부동산을 처분하여 매각대금을 수령한 경우, 수익자는 그러한 처분행위가 없었다면 부동산 자체를 반환하였어야 할 지위에 있던 사람이므로 자신의 처분행위로 인하여 발생한 양도소득세 기타 비용은 수익자가 이익 취득과 관련하여 지출한 비용에 해당한다고 할 수 없어 이를 반환하여야 할 이득에서 공제할 것은 아니다(대판 2011. 6. 10, 2010다40239).
> ② 일반적으로 타인의 토지를 법률상 권원 없이 점유·사용함으로 인하여 수익자가 얻는 이득은 특별한 사정이 없는 한 그 토지의 임료 상당액이라 할 것이고, 구체적인 점유·사용의 일환으로 수익자가 토지에 나무를 식재한 후 이를 처분하였다고 하더라도 그 처분대금 중에는 수익자의 노력과 비용이 포함되어 있을 뿐만 아니라, 이를 제외한 나머지 대금 상당액이 임료 상당의 부당이득과 서로 별개의 이득이라고 보기는 어렵다고 할 것이므로, 수익자가 임료 상당액과는 별도로 그 처분대금을 부당이득으로 반환해야 하는 것은 아니다"(대판 2006. 12. 22, 2006다56367).

2) 운용이익반환 문제

(가) 부당이득의 가액반환에서 수익자가 그 법률상 원인 없는 이득을 얻기 위하여 지출한 비용은 수익자가 반환하여야 할 이득의 범위에서 공제되어야 하고, 수익자가 자신의 노력 등으로 부당이득한 재산을 이용하여 남긴 **이른바 운용이익**도 그것이 – 사회통념상 수익자의 행위가 개입되지 아니하였더라도 부당이득된 재산으로부터 손실자가 당연히 취득하였으리라고 생각되는 범위 내의 것이 아닌 한 – 수익자가 반환하여야 할 이득의 범위에서 공제되어야 한다(대판 1995. 5. 12, 94다25551).

(나) 따라서 부당이득한 재산에 수익자의 행위가 개입되어 얻어진 이른바 운용이익의 경우, 그것이 사회통념상 수익자의 행위가 개입되지 아니하였더라도 부당이득된 재산으로부터 손실자가 통상 취득하였으리라고 생각되는 범위 내에서는 반환해야 할 이득의 범위에 포함된다(대판 2008. 1. 18, 2005다34711).

2. 부당이득 반환범위

(1) 선의의 수익자

부당이득의 반환에서 선의의 수익자는 그 받은 이익이 '현존한 한도'에서 반환할 책임이 있다. 생활비, 학비, 병원비는 현존이익이 있는 것으로 해석되나, 음주나 도박은 현존이익이 없는 것으로 평가된다. 판례는 금전의 경우에는 이득의 현존을 추정한다(대판 1987. 8. 18, 87다카768).

> **판례** ① 법률상 원인 없이 타인의 재산 또는 노무로 이익을 얻고 그로 인하여 타인에게 손해를 가한 경우, 그 취득한 것이 **금전상의 이득인 때**에는 그 금전은 이를 취득한 자가 소비하였는가의 여부를 불문하고 현존하는 것으로 추정되고, 그 취득한 것이 성질상 계속적으로 반복하여 거래되는 물품으로서 곧바로 판매되어 환가될 수 있는 **금전과 유사한 대체물인 경우**에도 마찬가지다(대판 2009. 5. 28, 2007다20440, 20457).
> ② 법률상 원인 없이 타인의 재산 또는 노무로 인하여 이익을 얻고 이로 인하여 타인에게 손해를 가한 경우 선의의 수익자는 받은 이익이 현존하는 한도에서 반환책임이 있고(민법 제748조 제1항), 부당이득 반환의무자가 악의의 수익자라는 점에 대하여는 이를 주장하는 측에서 증명책임을 진다. 수익자가 취득한 것이 금전상의 이득인 때에는 그 금전은 이를 취득한 자가 소비하였는지 여부를 불문하고 현존하는 것으로 추정되나, **수익자가 급부자의 지시나 급부자와의 합의에 따라 그 금전을 사용하거나 지출하는 등의 사정이 있다면 위 추정은 번복될 수 있다**(대판 2022. 10. 14, 2018다244488).
> ③ 저작권자의 허락 없이 저작물을 이용한 사람은 특별한 사정이 없는 한 법률상 원인 없이 그 **이용료 상당액**의 이익을 얻고 이로 인하여 저작권자에게 그 금액 상당의 손해를 가하였다고 보아야 하므로, 저작권자에게 그 저작물에 관하여 **이용허락을 받았더라면 이용대가로서 지급하였을 객관적으로 상당한 금액**을 부당이득으로 반환할 책임이 있고(대판 2016. 7. 14, 2014다82385 참조), **위와 같은 이익은 현존하는 것으로 볼 수 있으므로 선의의 수익자라고 하더라도 이를 반환하여야 한다**(대판 2023. 1. 12, 2022다270002).

(2) 악의의 수익자

악의의 수익자는 그 받은 이익에 이자를 붙여서 반환하고 손해가 있으면 이를 배상하여야 한다(제748조 제2항).

> **판례** ① 여기서 '악의'라고 함은, **자신의 이익 보유가 법률상 원인 없는 것임을 인식하는 것을 말하고, 그** 이익의 보유를 법률상 원인이 없는 것이 되도록 하는 사정, 즉 **부당이득반환의무의 발생요건에 해당하는 사실이 있음을 인식하는 것만으로는 부족하다.** 부당이득반환의무자가 악의의 수익자라는 점에 대하여는 **이를 주장하는 측에서 입증책임을 진다**(대판 2010. 1. 28, 2009다24187, 24194).
> ② 따라서 계약명의신탁에서 명의수탁자가 수령한 **매수자금이 명의신탁약정에 기하여 지급되었다는 사실을 알았다**고 하여도 그 **명의신탁약정이 부동산 실권리자명의 등기에 관한 법률 제4조 제1항에 의하여 무효임을 알았다**는 등의 사정이 부가되지 아니하는 한 명의수탁자가 그 금전의 보유에 관하여 법률상 원인없음을 알았다고 쉽사리 말할 수 없다(대판 2010. 1. 28, 2009다24187, 24194).
> ③ 계약무효의 경우 각 당사자가 상대방에 대하여 부담하는 반환의무는 성질상 부당이득반환의무로서 악의의 수익자는 그 받은 이익에 법정이자를 붙여 반환하여야 하므로(민법 제748조 제2항), **매매계약이 무효로 되는 때에는 매도인이 악의의 수익자인 경우** 특별한 사정이 없는 한 매도인은 반환할 매매대금에 대하여 민법이 정한 연 5%의 법정이율에 의한 **이자를 붙여 반환하여야 한다.** 그리고 위와 같은 법정이자의 지급은 부당이득반환의 성질을 가지는 것이지 반환의무의 이행지체로 인한 손해배상이 아니므로, 매도인의 매매대금 반환의무와 매수인의 소유권이전등기 말소등기절차 이행의무가 **동시이행의 관계에 있는지 여부와는 관계가 없다**(대판 2017. 3. 9, 2016다47478).

④ 타인 소유물을 권원 없이 점유함으로써 얻은 사용이익을 반환하는 경우 민법은 선의 점유자를 보호하기 위하여 제201조 제1항을 두어 선의 점유자에게 과실수취권을 인정함에 대하여, 이러한 보호의 필요성이 없는 악의 점유자에 관하여는 민법 제201조 제2항을 두어 과실수취권이 인정되지 않는다는 취지를 규정하는 것으로 해석되는바, 따라서 악의 수익자가 반환하여야 할 범위는 민법 제748조 제2항에 따라 정하여지는 결과 그는 받은 이익에 이자를 붙여 반환하여야 한다. 즉, 악의 점유자는 과실을 반환하여야 한다고만 규정한 민법 제201조 제2항이, 민법 제748조 제2항에 의한 악의 수익자의 이자지급의무까지 배제하는 취지는 아니기 때문에, 악의 수익자의 부당이득금 반환범위에 있어서 민법 제201조 제2항이 민법 제748조 제2항의 특칙이라거나 우선적으로 적용되는 관계를 이루는 것은 아니다. 그리고 위 조문에서 규정하는 이자는 당해 침해행위가 없었더라면 원고가 위 임료로부터 통상 얻었을 법정이자상당액을 말하는 것이므로 악의 수익자는 위 이자의 이행지체로 인한 지연손해금도 지급하여야 할 것이다(대판 2003. 11. 14, 2001다61869).

CHAPTER 5 불법행위

POINT

Ⅰ. 불법행위 총설

1. 계약책임과 불법행위에 의한 손해배상청구권과 비교

불법행위책임이란 고의 또는 과실로 인한 위법행위로 타인에게 손해를 가한 자가 지는 책임을 말한다(제750조). 이러한 과실책임주의는 불법행위의 영역에 국한되지 않고, 계약책임인 채무불이행으로 인한 손해배상에서도 인정된다(제390조). 불법행위책임은 널리 일반적으로 누구와의 사이에서도 일어날 수 있다는 점에서 채무불이행과 차이가 있다. 이 두 책임을 비교한다면 아래와 같다.

〈계약책임과 불법행위책임의 비교〉

비교대상	계약 책임	불법행위 책임
입증책임	채무자가 채무불이행에 관하여 자기에게 고의나 과실이 없었음을 증명하여야 한다(제390조·제397조).	피해자가 가해자에게 고의나 과실이 있었음을 증명하여야 한다(제750조).
손해배상의범위·방법, 과실상계, 손해배상자의 대위	제393조, 제394조, 제396조, 제399조	제763조에 의해 모두 준용된다.
연대 책임		공동불법행위의 경우 연대책임이 발생(제760조)
시 효	10년(제162조 제1항)	피해자나 그 법정대리인이 손해 및 가해자를 안 날로부터 3년 또는 불법행위를 한 날로부터 10년(제766조)
상 계		불법행위에 의한 손해배상채무를 수동채권으로 하는 상계의 금지(제496조)
특별법의 적용	상법 등	'실화책임에 관한 법률'의 적용
태아의 지위		손해배상청구권의 주체가 된다(제762조).
제3자에 의한 책임	이행보조자에 의한 채무자의 책임(제391조) 면책사유 없음	피용자에 의한 사용자의 책임(제756조). 법에 면책사유 있음

2. 불법행위와 부당이득의 차이

(1) 일반적 차이점

부당이득반환청구권과 불법행위로 인한 손해배상청구권은 각각 목적하는 바가 다르다. 즉 불법행위로 인한 손해배상청구권은 위법한 행위로서「손해의 전보」를 목적으로 하는 반면 부당이득반환청구권은「재산적 가치의 이동을 조절」하는 것을 목적으로 한다. 따라서 그 요건이나 효과에 있어서도 차이가 있게 되며 두 청구권의 병존 내지 경합이 인정된다. 부당이득은 고의·과실 불문하고 인정되는 점, 손실과 이득의 적은 범위에서 반환하면 되는 점 등이 불법행위와 구별된다(불법행위는 손해를 기준으로 한다).

(2) 구체적 차이점

제750조의 불법행위로 인한 손해배상청구권(A)과 제741조의 부당이득반환청구권(B)과의 차이점을 살펴본다면,

1) 귀책사유 및 책임능력 : A의 성립에는 주관적 요소로서 고의 또는 과실과 책임능력이 존재함을 요하나, B의 성립에는 이와 같은 요건이 필요치 않다.

2) 위법성 : A에는 위법성이 요구되고, B에 있어서는 이득이 부당성을 띠어야 한다.

3) 이행지체 : B의 채무는 기한의 정함이 없는 채무이기 때문에 청구시부터 지체책임을 진다. 그러나 A는 불법행위가 성립한 때부터 지체책임을 진다.

4) 정신적 손해 : A는 재산적 손해뿐만 아니라 정신적 손해도 포함하나, B는 재산적 손해에 한한다.

5) 반환범위 : A는 행위자는 선·악의에 따른 배상범위에 차이를 두고 있지 않으나, B는 수익자의 선·악의에 따라 반환범위가 다르다.

6) 금전배상 : A는 금전배상을 원칙으로 하나, B는 원물반환을 원칙으로 한다.

(3) 부당이득반환청구권과 불법행위 손해배상청구권의 관계(청구권 경합)

판례 ① 부당이득반환청구권을 행사하여 임료 상당액을 지급받는 것으로 확정된 경우, 이와 중첩적으로 불법행위로 인한 손해배상을 청구할 수는 없다(대판 2003. 9. 26, 2003다4068).

② 부당이득반환청구권과 불법행위로 인한 손해배상청구권은 서로 실체법상 별개의 청구권으로 존재하고 그 각 청구권에 기초하여 이행을 구하는 소는 소송법적으로도 소송물을 달리하므로, 채권자로서는 **어느 하나의 청구권에 관한 소를 제기하여 승소 확정판결을 받았다고 하더라도 아직 채권의 만족을 얻지 못한 경우에는** 다른 나머지 청구권에 관한 이행판결을 얻기 위하여 그에 관한 이행의 소를 제기할 수 있으며(대판 2013. 9. 13, 2013다45457), **손해배상청구의 소를 먼저 제기하여 과실상계 등으로 승소액이 제한된 경우**, 제한된 금액에 대한 부당이득반환청구권을 행사할 수 있다(대판 2013. 9. 13, 2013다45457).

3. 과실책임과 무과실책임 그리고 중간책임

(1) 의 의

1) 과실책임이란 고의 또는 과실로 인한 위법행위로 손해가 발생한 경우 책임을 지는 것이고, 무과실책임이란 행위와 손해발생 사이에 인과관계가 있는 한 행위에 고의·과실이 없는 경우에도 책임을 지는 것을 말한다(제750조).

2) 한편 과실책임과 무과실책임의 중간에 위치한다고 볼 수 있는 중간책임은 손해의 결과발생에 관하여 결과책임이 아닌 과실을 요구하되(과실책임주의), 피해자를 보호하기 위해 입증책임(=증명책임)을 가해자에게 돌리는 것을 말한다. 이는 당사자의 형평을 위하여 입법에 의하거나 해석에 의하여 인정되고 있다. 민법이 불법행위에서 중간책임의 형태로 입법하고 있는 것에는 대표적으로 제755조의 책임무능력자의 감독자의 책임, 제756조의 사용자책임, 제758조 공작물의 점유자의 책임(공작물소유자의 책임은 무과실책임이다), 제759조의 동물점유자의 책임 등이다.

(2) 무과실책임

1) 의 의

근대사법은 과실책임주의를 원칙으로 하면서, 예외적·제한적으로 일정한 위험한 시설 또는 물건의 운용으로 인하여 입은 타인의 손해에 대해서는, 그 운용자의 귀책사유를 불문하고 손해를 배상하게 하려고 한다. 이를 무과실책임(주의)이라고 한다.

2) 무과실책임의 운영

(가) 민법상 무과실책임으로는 금전채무불이행의 특칙(제397조 제2항), 공작물의 소유자의 책임(제758조 제1항 단서) 등이 있다.

(나) 특별법상 무과실책임이 인정되는 경우로는 자동차손해배상(자동차손해배상보장법), 원자로의 운전으로 인한 손해(원자력손해배상법), 오염물질로 인한 생명과 신체의 침해(환경정책기본법), 광물의 채굴과정에서 타인에게 손해가 발생한 경우(광업법) 등이 있다(김형배 「민법요점강의 Ⅳ」, p.654 참조).

Ⅱ. 일반불법행위

> **제750조(불법행위의 내용)**
> 고의 또는 과실로 인한 위법행위로 타인에게 손해를 가한 자는 그 손해를 배상할 책임이 있다.

불법행위책임의 일반적 성립요건으로 ① 가해행위가 있을 것, ② 그 가해행위로 인하여 손해가 발생하였을 것, ③ 가해행위자에게 고의·과실 및 책임능력이 있을 것, ④ 그 행위가 위법성을 띨 것이 요구된다.

1. 고의 또는 과실 있는 행위

(1) 행 위

과실책임주의 원칙상 가해자가 책임을 부담하기 위해서는 가해자의 고의 또는 과실 있는 행위이어야 한다. 이러한 행위는 적극적 작위는 물론 부작위도 포함될 수 있는데, 부작위의 행위가 불법행위가 되기 위하여는 작위의무 있는 경우에 한한다.

> **판례** ① 부작위로 인한 불법행위가 성립하려면 작위의무가 전제되어야 하지만, **작위의무가 객관적으로 인정되는 이상 의무자가 의무의 존재를 인식하지 못하였더라도 불법행위 성립에는 영향이 없다.** 이는 고지의무 위반에 의하여 불법행위가 성립하는 경우에도 마찬가지이므로 당사자의 부주의 또는 착오 등으로 고지의무가 있다는 것을 인식하지 못하였다고 하여 위법성이 부정될 수 있는 것은 아니다(대판 2012. 4. 26, 2010다8709).
> ② 부작위에 의한 불법행위가 성립하기 위해서는 작위의무가 있는 자의 부작위가 인정되어야 한다. 여기서 작위의무는 **법적인 의무이어야** 하는데 그 근거가 **법령, 법률행위, 선행행위**로 인한 경우는 물론이고 **신의성실의 원칙**이나 **사회상규** 혹은 **조리상** 작위의무가 기대되는 경우에도 법적인 작위의무가 인정될 수는 있다. 다만 신의성실의 원칙이나 사회상규 혹은 조리상 작위의무는 혈연적인 결합관계나 계약관계 등으로 인한 특별한 신뢰관계가 존재하여 상대방의 법익을 보호하고 그에 대한 침해를 방지할 책임이 있다고 인정되거나 혹은 상대방에게 피해를 입힐 수 있는 위험요인을 지배·관리하고 있거나 타인의 행위를 관리·감독할 지위에 있어 개별적·구체적 사정하에서 위험요인이나 타인의 행위로 인한 피해가 생기지 않도록 조치할 책임이 있다고 인정되는 경우 등과 같이 **상대방의 법익을 보호하거나 그의 법익에 대한 침해를 방지하여야 할 특별한 지위에 있음이 인정되는 자에 대하여만 인정할 수 있고,** 그러한 지위에 있지 아니한 제3자에 대하여 함부로 작위의무를 확대하여 부과할 것은 아니다(대판 2023. 11. 16, 2022다265994).

(2) 고의 또는 과실

과실의 판단기준으로 법문상으로는 일반적으로 '선량한 관리자의 주의'로 표현된다. 불법행위에 있어서의 과실은 언제나 추상적 과실이다. 따라서 과실의 유무와 그 과실의 경중에 관한 표준은 개인의 구체적 사정에 의하여 결정되는 것이 아니고 보통인으로서 할 수 있는 주의의 정도를 표준으로 하여야 한다. 반면에 제695조에서 무상임치의 수치인의 "자기재산과 동일한 주의 의무" 위반을 구체적 과실이라 한다.

> **판례** 가압류나 가처분 등 보전처분은 법원의 재판에 의하여 집행되는 것이기는 하나, 실체상 청구권이 있는지는 본안소송에 맡기고 단지 소명에 의하여 채권자의 책임 아래 하는 것이므로 그 집행 후에 집행채권자가 본안소송에서 패소 확정되었다면 **보전처분 집행으로 인하여 채무자가 입은 손해**에 대하여는 특별한 반증이 없는 한 집행채권자에게 고의 또는 과실이 있다고 추정되고, 따라서 그 부당한 집행으로 인한 손해에 대하여 이를 배상할 책임이 있다(대판 2012. 8. 23, 2012다34764).

2. 책임능력

> **제753조(미성년자의 책임능력)**
> 미성년자가 타인에게 손해를 가한 경우에 그 행위의 책임을 변식할 지능이 없는 때에는 배상의 책임이 없다.
>
> **제754조(심신상실자의 책임능력)**
> 심신상실 중에 타인에게 손해를 가한 자는 배상의 책임이 없다. 그러나 고의 또는 과실로 인하여 심신상실을 초래한 때에는 그러하지 아니하다.

(1) 소극적 요건

우리 민법은 책임능력에 관하여 일반규정을 두지 않고, 제753조와 제754조에서 소극적으로 규정할 뿐이다.

(2) 증명책임

책임능력은 일반인에게 갖추어져 있는 것이 보통이기 때문에 배상을 청구하는 피해자가 가해자에게 책임능력이 있음을 입증할 필요는 없고, 가해자 쪽에서 책임을 면하려면 스스로 책임무능력자임을 입증하여야 한다.

(3) 개별적·구체적 판단(피성년후견인과의 관계)

피성년후견인이 아니더라도 심신상실자이면 배상책임이 없으나, 반대로 피성년후견인이더라도 행위 당시에 심신상실의 상태가 아니었다면 그는 책임능력을 갖춘 것이 되고 따라서 배상책임을 지게 된다.

(4) 원인에 있어서의 자유로운 행위

심신상실 중에 타인에게 손해를 가한 자는 배상의 책임이 없다(제754조). 다만 고의 또는 과실로 심신상실을 초래한 때에는, 초래한 원인에 귀책사유가 있으므로 그 심신상실 중의 행위, 책임능력 없는 상태하에 한 행위에 대하여도 책임을 진다. 이를 "원인에 있어서 자유로운 행위"라고 한다(제754조 단서).

3. 위법행위

(1) 위법성 판단

1) 판단기준

불법행위가 인정되기 위하여는 가해행위가 위법성이 있어야 한다. 고의나 과실 있는 행위는 위법행위로 추정된다. 따라서 위법성도 책임능력처럼 추정되기 때문에 그 위법성 없다는 것을 가해자 쪽에서 증명하여야 한다.

판례 ① 불법행위 성립요건으로서의 위법성은 관련 행위 전체를 일체로만 판단하여 결정하여야 하는 것은 아니고 문제가 되는 행위마다 개별적·상대적으로 판단하여야 할 것이므로, 어느 시설을 적법하게 가동하거나 공용에 제공하는 경우에도 그로부터 발생하는 유해배출물로 인하여 제3자가 손해를 입은 경우에는 그 위법성을 별도로 판단하여야 한다. 이 경우 판단 기준은 유해의 정도가 사회통념상 일반적으로 참아내야 할 정도를 넘는 것인지 여부이다(대판 2019. 11. 28, 2016다233538, 233545).

② 공사현장에서 발생하는 소음·진동으로 인근 제3자가 손해를 입은 경우 그 위법성을 판단하는 기준은 소음·진동으로 인한 피해가 사회통념상 일반적으로 참아내야 할 정도(이하 '참을 한도'라 한다)를 넘는 것인지 여부이다. 소음·진동으로 참을 한도를 넘는 피해가 발생하였는지 여부는 구체적으로 피해의 성질 및 정도, 피해이익의 공공성, 가해행위의 태양, 가해행위의 공공성, 가해자의 방지조치 또는 손해회피의 가능성, 공법상 규제기준의 위반 여부, 토지가 있는 지역의 용도와 이용현황, 토지이용의 선후관계 등 모든 사정을 종합적으로 고려하여 판단하여야 한다. 일반적으로 소음·진동을 규제하는 행정법규는 인근 주민의 건강이나 재산, 환경을 소음·진동으로부터 보호하는 것을 주된 목적으로 하고 있기 때문에 여기에서 정하는 소음·진동에 관한 기준을 넘는지 여부는 참을 한도를 정하는 데 중요한 고려요소가 될 수 있다. 그러나 이러한 기준은 주민의 건강 등을 보호하기 위한 최소한도의 기준이므로, 그 기준을 넘어야만 참을 한도를 넘는 위법한 침해행위가 되는 것은 아니고 그 기준에 형식적으로 부합한다고 하더라도 현실적인 피해의 정도가 현저하게 커서 사회통념상 참을 한도를 넘는 경우에는 위법행위로 평가될 수 있다(대판 2023. 4. 13, 2022다210000).

③ [1] 민법 제750조는 "고의 또는 과실로 인한 위법행위로 타인에게 손해를 가한 자는 그 손해를 배상할 책임이 있다."라고 정하고 있다. 위법행위는 불법행위의 핵심적인 성립요건으로서, 법률을 위반한 경우에 한정되지 않고 전체 법질서의 관점에서 사회통념상 위법하다고 판단되는 경우도 포함할 수 있는 탄력적인 개념이다. 불법행위의 성립요건으로서 위법성은 관련 행위 전체를 일체로 보아 판단하여 결정해야만 하는 것은 아니고, 문제가 되는 행위마다 개별적·상대적으로 판단하여야 한다. 소유권을 비롯한 절대권을 침해한 경우뿐만 아니라 법률상 보호할 가치가 있는 이익을 침해하는 경우에도 침해행위의 양태, 피침해이익의 성질과 그 정도에 비추어 그 위법성이 인정되면 불법행위가 성립할 수 있다. [2] 계약 체결을 위한 교섭 과정에서 어느 일방이 보호가치 있는 기대나 신뢰를 가지게 된 경우에, 그러한 기대나 신뢰를 보호하고 배려해야 할 의무를 부담하게 된 상대방이 오히려 상당한 이유 없이 이를 침해하여 손해를 입혔다면, 신의성실의 원칙에 비추어 볼 때 계약 체결의 준비 단계에서 협력관계에 있었던 당사자 사이의 신뢰관계를 해치는 위법한 행위로서 불법행위를 구성할 수 있다고 보아야 한다. 특히 계약 체결을 위한 교섭 과정에서 상대방의 기대나 신뢰를 보호하고 배려해야 할 의무를 위반하면서 상대방의 성과물을 무단으로 이용한 경우에는 당사자 사이의 신뢰관계를 해칠 뿐만 아니라 상도덕이나 공정한 경쟁질서를 위반한 것으로서 그러한 행위의 위법성을 좀 더 쉽게 인정할 수 있다(대판 2021. 6. 30, 2019다268061).

2) 위법성과 관련된 판례정리

㈎ 의사가 설명의무를 위반하여 설명을 하지 아니한 채 환자의 승낙 없이 의료행위를 한 경우에는 설령 의사에게 치료상의 과실이 없는 경우에도 그 의료행위는 환자의 승낙권을 침해하는 위법한 행위가 된다(대판 1999. 12. 21, 98다29261).

㈏ 토지의 소유자라 하더라도 토양오염물질을 토양에 누출·유출하거나 투기·방치함으로써 토양오염을 유발하였음에도 오염토양을 정화하지 않은 상태에서 오염토양이 포함된 토지를 거래에

제공함으로써 **유통되게 하거나**, 토지에 폐기물을 불법으로 매립하였음에도 처리하지 않은 상태에서 토지를 거래에 제공하는 등으로 유통되게 하였다면, 다른 특별한 사정이 없는 한 **이는 거래의 상대방 및 토지를 전전 취득한 현재의 토지 소유자에 대한 위법행위로서 불법행위가 성립할 수 있다.** 그리고 토지를 매수한 현재의 토지 소유자가 오염토양 또는 폐기물이 매립되어 있는 지하까지 토지를 개발·사용하게 된 경우 등과 같이 자신의 토지소유권을 완전하게 행사하기 위하여 오염토양 정화비용이나 폐기물 처리비용을 지출하였거나 지출해야만 하는 상황에 이르렀다거나 구 토양환경보전법에 의하여 관할 행정관청으로부터 조치명령 등을 받음에 따라 마찬가지의 상황에 이르렀다면 위법행위로 인하여 오염토양 정화비용 또는 폐기물 처리비용의 지출이라는 손해의 결과가 현실적으로 발생하였으므로, 토양오염을 유발하거나 폐기물을 매립한 종전 토지 소유자는 오염토양 정화비용 또는 폐기물 처리비용 상당의 손해에 대하여 불법행위자로서 손해배상책임을 진다[대판(전합) 2016. 5. 19, 2009다66549].

(대) 변호사의 신분적 지위와 직무수행의 방법과 한계, 의뢰인에 대한 의무의 목적과 성격 등을 종합하면, 변호사는 의뢰인이나 그의 대리인으로부터 위임된 소송의 소송물 또는 공격방어방법, 후속 분쟁 발생 가능성 등의 측면에서 위임사무 수행과 밀접하게 관련된 법률적 문제에 관하여 구체적인 질의를 받은 경우에는, **그것이 직접적인 수임사무는 아니더라도** 해당 질의 사항이 가지고 있는 법률적인 문제점, 그들의 선택에 따라 향후 발생할 수 있는 상황과 현재 수행하는 소송에 미칠 영향, 만일 형사처벌이 문제 될 여지가 있다면 그 위험성 등을 당시 인식할 수 있었던 상황과 **법률전문가로서 통상적으로 갖추고 있는 법률지식의 범위에서 성실히 답변하여야 한다.** 그리고 만약 그러한 질의 사항이 자신의 법률지식과 경험 범위를 벗어난 것이어서 답변하기 어렵다고 판단되거나 그에 관하여 일반적이거나 확립된 견해와 다른 입장을 갖고 있다면, 의뢰인이나 그의 대리인에게 다른 법률전문가에게도 상담을 받도록 조언하거나 적어도 이를 알림으로써 숙고하여 선택할 수 있는 기회를 부여해야 한다. 변호사가 의뢰인이나 그의 대리인에 대하여 부담하는 위와 같은 의무를 위반한 경우, 개별 사안에서 질의와 답변의 경위나 내용, 동기나 의도, 침해된 이익의 성격과 정도 등 여러 사정을 종합하여 볼 때 변호사의 행위가 전문적·합목적적 재량에 유보된 영역의 것이 아니고 변호사 직무의 공공성과 윤리성, 사회적 책임성 등에 비추어 **위법하다고 평가할 수 있는 때에는 불법행위가 성립할 수 있다**(대판 2022. 11. 17, 2018다300364).

(2) 위법성조각사유

위법성이 있는 행위라도 일정한 경우에는 위법성이 조각된다. 위법성이 조각되면 적법행위가 된다. 위법성조각사유에는 정당방위·긴급피난·정당행위·피해자의 승낙 등이 있다. 정당방위와 긴급피난의 가장 큰 차이점은 전자가 위법한 침해에 대한 반격인데 대하여 후자는 위법하지 않은 침해사태에 대한 피난이라는 점이다.

4. 손해발생

민법은 불법행위가 인정되기 위하여는 위법행위로 인한 타인의 손해를 요건으로 한다. 이 때의 손해란 피해자가 누리고 있던 보호법익에 대한 평가를 말하며, 손해는 이미 현실적으로 발생하였어야 한다. 발생할 우려가 있는 손해는 책임을 발생시키지 않는다.

> **판례** ① 불법행위를 이유로 배상하여야 할 손해는 **현실로 입은 확실한 손해**에 한하므로, **가해자가 행한 불법행위로 인하여 피해자가 제3자에 대하여 채무를 부담하게 된 경우** 피해자가 가해자에게 그 채무액 상당의 손해배상을 구하기 위해서는 **채무의 부담이 현실적·확정적이어서 실제로 변제하여야 할 성질의 것이어야** 하고, 현실적으로 손해가 발생하였는지 여부는 사회통념에 비추어 객관적이고 합리적으로 판단하여야 한다(대판 2019. 8. 14, 2016다217833; 대판 2020. 7. 9, 2017다56455; 대판 2020. 10. 15, 2017다278446).
> ② [1] 불법행위로 인한 손해배상청구권은 **현실적으로 손해가 발생한 때**에 성립하는 것이고, 현실적으로 손해가 발생하였는지 여부는 사회통념에 비추어 객관적이고 합리적으로 판단하여야 한다. [2] 토지 소유자 갑 주식회사 등이 인접 토지와 그 지상의 유류저장소를 취득한 을 등을 상대로 위 유류저장소에서 유류가 유출되어 토양오염이 되었음을 이유로 오염토양 정화비용 등의 손해배상을 구한 사안에서, **을 등이 인접 토지와 유류저장소에 대한 각 소유권을 취득한 이후 추가로 갑 회사 등 소유의 토지에 토양오염을 유발한 사실이 인정되면**, 을 등은 토양환경보전법 제10조의3 제1항에 따른 오염토양 정화의무를 부담하고, 을 등이 이러한 의무를 이행하지 않음에 따라 갑 회사 등은 토지 소유권을 완전하게 행사하기 위하여 자신들의 비용으로 오염토양을 정화할 수밖에 없으므로, **사회통념상 오염토양 정화비용 상당의 손해가 갑 회사 등에 현실적으로 발생한 것으로 볼 수 있다.** 손해가 갑 회사 등에 현실적으로 발생하지 않았다고 본 원심판단에는 손해발생에 관한 법리오해 등의 잘못이 있다(대판 2021. 3. 11, 2017다179, 186).

5. 인과관계

불법행위로 인한 손해배상청구권이 인정되려면 위법행위와 타인의 손해(결과) 간에 인과관계가 요구된다. 이러한 인과관계와 관련된 학설로는 조건설, 상당인과관계설 등이 있다. 그리고 한편으로 현대불법행위에서는 피해자를 보호하기 위한 사실상의 입증책임의 전환이론이 대두되고 있다(현대불법행위에서 후술).

(1) 조건설

결과발생의 원인이 된 모든 조건에 관하여 인과관계를 인정한다. 피해자의 구제에 유리할 수 있는 이론이지만, 예컨대 살인자를 출산한 자에게도 인과관계가 인정되는 불합리가 있다.

(2) 상당인과관계설

원인·결과관계에 있는 무한히 연결되는 사실 가운데서 객관적으로 보아서 어떤 선행 사실로부터 보통 일반적으로 초래되는 후행사실이 있는 때에 양자는 상당인과관계에 있다고 한다.

판례 ① 무릇 불법행위로 인한 손해배상의 범위를 정함에 있어서는 불법행위와 손해와의 사이에 자연적 또는 사실적 인과관계가 존재하는 것만으로는 부족하고 이념적 또는 법률적 인과관계 즉 상당인과관계가 있어야 할 것이다. 그런데 변호사강제주의를 택하지 않고 있는 우리나라 법제 아래에서는 손해배상청구의 원인된 불법행위 자체와 변호사 비용 사이에 상당인과관계가 있음을 인정할 수 없으므로 변호사 비용을 그 불법행위 자체로 인한 손해배상채권에 포함시킬 수는 없다(대판 2010. 6. 10, 2010다15363, 15370). 다만 부당고소로 인하여 피고소인 등이 그에 대응하기 위하여 변호사선임비용을 지출하게 되었다면 고소인 등은 위 비용을 상당하다고 인정되는 범위 내에서 배상할 의무가 있다(대판 2009. 6. 23, 2007다3650, 3667).

② 불법행위로 인한 손해배상청구 소송에서 가해행위와 손해 발생 사이의 인과관계는 존재하거나 부존재하는지를 판단하는 것이고, 이를 비율적으로 인정할 수는 없으므로, 이른바 비율적 인과관계론은 받아들일 수 없다(대판 2013. 7. 12, 2006다17539).

Ⅲ. 책임무능력자의 불법행위에 대한 감독자의 책임

> **제755조(감독자의 책임)**
> ① 다른 자에게 손해를 가한 사람이 제753조 또는 제754조에 따라 책임이 없는 경우에는 그를 감독할 법정의무가 있는 자가 그 손해를 배상할 책임이 있다. 다만, 감독의무를 게을리하지 아니한 경우에는 그러하지 아니하다.
> ② 감독의무자를 갈음하여 제753조 또는 제754조에 따라 책임이 없는 사람을 감독하는 자도 제1항의 책임이 있다.

1. 의 의

책임무능력자의 위법한 가해행위에 관하여 행위자 자신은 책임을 지지 않고 그의 감독의무자가 직접 피해자에 대하여 손해배상의무를 지는 것을 감독자책임이라 한다(제755조).

판례 비양육친은 이혼 후에도 자녀의 양육비용을 분담할 의무가 있지만, 이것만으로 비양육친이 일반적, 일상적으로 자녀를 지도하고 조언하는 등 보호·감독할 의무를 진다고 할 수 없다. 이처럼 **비양육친이 미성년자의 부모라는 사정만으로 미성년 자녀에 대하여 감독의무를 부담한다고 볼 수 없다.** 다만 비양육친도 부모로서 자녀와 면접교섭을 하거나 양육친과의 협의를 통하여 자녀 양육에 관여할 가능성이 있는 점을 고려하면, ① 자녀의 나이와 평소 행실, 불법행위의 성질과 태양, 비양육친과 자녀 사이의 면접교섭의 정도와 빈도, 양육환경, 비양육친의 양육에 대한 개입 정도 등에 비추어 비양육친이 자녀에 대하여 실질적으로 일반적이고 일상적인 지도, 조언을 함으로써 공동 양육자에 준하여 자녀를 보호·감독하고 있었거나, ② 그러한 정도에는 이르지 않더라도 면접교섭 등을 통해 자녀의 불법행위를 구체적으로 예견할 수 있었던 상황에서 자녀가 불법행위를 하지 않도록 부모로서 직접 지도, 조언을 하거나 양육친에게 알리는 등의 조치를 취하지 않은 경우 등과 같이 **비양육친의 감독의무를 인정할 수 있는 특별한 사정이 있는 경우에는, 비양육친도 감독의무 위반으로 인한 손해배상책임을 질 수 있다**(대판 2022. 4. 14, 2020다240021).

2. 구체적 내용

(1) 중간책임

통설은 감독자의 책임을 중간책임이라고 이해한다. 따라서 감독자는 스스로 자신의 잘못 없음을 입증하지 못하면 책임을 부담하게 된다.

(2) 대리감독자의 책임

책임무능력자인 子 A가 B에게 불법행위를 한 경우에 불법행위책임이 귀속되는 자는 친권자뿐만 아니라 친권자에 갈음하여 A를 감독하는 예컨대 유치원장 등도 부담할 수 있다(제755조 제2항 참조).

> **판례** 초등학교의 교장이나 교사의 학생에 대한 보호·감독의무는 학교 내에서의 모든 생활관계에 미치는 것이 아니고 학교에서의 교육활동 및 이에 밀접불가분의 관계에 있는 생활관계에 한하며, 그 의무의 범위내의 생활관계라 하더라도 사고가 학교생활관계에서 통상 발생할 수 있다고 하는 것이 예측되거나 또는 예측가능성이 있는 경우(사고발생의 구체적 위험성)에만 교장이나 교사는 보호·감독의무위반에 대한 책임을 진다고 할 것이고, 그 예측가능성에 대하여는 교육활동의 때, 장소 등 기타 여러 사정을 고려하여 판단하여야 한다(대판 2007. 4. 26, 2005다24318; 대판 1999. 1. 29, 98다51657).

(3) 책임능력

행위자가 책임무능력자이어서 불법행위책임을 부담하지 않아야 한다(제753조, 제754조 참조).

(4) 부진정연대채무

친권자 등의 법정감독자와 대리감독자의 책임이 모두 긍정될 때, 그들 상호간의 책임은 부진정연대채무관계에 있다(통설·판례).

3. 책임능력 있는 미성년자의 불법행위에 대한 감독자의 책임

미성년자라도 책임능력이 있는 경우에는, 제755조의 규정의 문언상 그의 친권자가 배상책임을 진다고 보기는 어렵다. 따라서 이때에는 미성년자 자신이 배상책임을 져야 한다는 결과에 이르게 되는데, 미성년자는 대부분 배상능력이 없기 때문에 피해자는 현실적으로 아무런 배상을 받지 못하게 되는 문제가 생긴다.

(1) 제750조 적용설(판례)

통설과 판례에 따르면 제755조는 가해자에게 책임능력이 없는 경우에 한하여 적용되는 것이고, 다만 감독상의 부주의와 손해의 발생과의 사이에 상당인과관계가 있으면 감독의무자는 제750조상의 책임을 진다고 한다(보충책임설).

|판례| ① 미성년자가 책임능력이 있어 그 스스로 불법행위책임을 지는 경우에도 그 손해가 당해 미성년자의 감독의무자의 의무위반과 상당인과관계가 있으면 감독의무자는 **일반불법행위자로서 손해배상책임이 있고** 이 경우에 그러한 감독의무위반사실 및 손해발생과의 상당인과관계의 존재는 **이를 주장하는 자가** 입증하여야 한다(대판 1994. 2. 8, 93다13605).

② 정신질환자가 심신상실 중에 타인에게 손해를 가하여 배상의 책임이 없는 경우에는 민법 제755조 제1항에 따라 그를 감독할 법정의무 있는 자가 손해를 배상할 책임이 있다. **정신질환자가 책임능력이 있는 경우에도** 그 손해가 감독의무자의 감독의무 위반과 인과관계가 있으면 **감독의무자는 일반불법행위자로서 민법 제750조에 따라 손해를 배상할 책임이 있다.** 위와 같은 법규정의 문언과 체계 등에 비추어 보면, 부양의무자 등은 피보호자인 정신질환자에 대한 법률상 감독의무를 부담하므로 그 의무 위반으로 타인에게 손해를 가하는 경우에 이를 배상할 책임이 있으나, 이러한 감독의무는 **정신질환자의 행동을 전적으로 통제하고 그 행동으로 인한 모든 결과를 방지해야 하는 일반적인 의무가 아니라** 구 정신보건법 등 관련 법령의 취지, 신의성실의 원칙, 형평의 원칙 등을 종합적으로 고려하여 **합리적으로 제한된 범위에서의 의무**라고 해석함이 타당하다(대판 2021. 7. 29, 2018다228486).

(2) 제755조 확대적용설

감독의무자의 책임은 피감독자(책임무능력자)의 책임을 보충하는 것이 아니고, 감독의무자의 책임과 피감독자의 책임이 병존하는 것이라고 한다(병존책임설).

IV. 사용자책임

> **제756조(사용자의 배상책임)**
> ① 타인을 사용하여 어느 사무에 종사하게 한 자는 피용자가 그 사무집행에 관하여 제삼자에게 가한 손해를 배상할 책임이 있다. 그러나 사용자가 피용자의 선임 및 그 사무감독에 상당한 주의를 한 때 또는 상당한 주의를 하여도 손해가 있을 경우에는 그러하지 아니하다.
> ② 사용자에 갈음하여 그 사무를 감독하는 자도 전항의 책임이 있다.
> ③ 전2항의 경우에 사용자 또는 감독자는 피용자에 대하여 구상권을 행사할 수 있다.

1. 서 설

(1) 의 의

사용자책임이란 자기와 사용관계에 있는 피용자가 그 사무집행에 관하여 제3자에게 가해행위를 한 경우, 사용자가 이로 인한 손해배상의무를 직접 피해자에 대하여 부담하는 것을 말한다. 현행법은 사용자책임을 중간책임으로 하고 있다(고의·과실의 입증전환).

(2) 책임의 근거

1) 대위책임설은 사용자책임의 목적이 피해자의 피용자에 대한 손해배상청구권을 보장해 줌에 있

다는 견해이다. 따라서 사용자의 배상의무는 피용자가 불법행위책임을 부담하는 경우에만 발생한다(대판 1981. 8. 11, 81다298).

2) 고유책임설은 사용자는 대외적으로 자신이 부담해야 할 손해배상책임을 진다는 견해이다. 따라서 사용자는 피용자의 과실이나 책임능력이 없는 경우에도 책임을 부담한다.

2. 사용자책임과 다른 책임과의 구별

(1) 이행보조자책임(제391조)

채무이행을 전제로 하는 이행보조자의 책임은 채권관계를 전제로 하며, 면책사유가 없음이 사용자책임과 구별된다. 그러나 사용자책임은 지휘감독관계가 필요한 점이 별도의 요건이다.

(2) 제35조 법인의 불법행위책임과의 관계

법인에 있어서 그 대표자가 직무에 관하여 불법행위를 한 경우에는 민법 제35조 제1항에 의하여, 법인의 피용자가 사무집행에 관하여 불법행위를 한 경우에는 민법 제756조 제1항에 의하여 각기 손해배상책임을 부담한다. 그러므로 법인의 대표자가 그 직무에 관한 불법행위에 관하여는 민법 제35조 제1항에 의한 손해배상책임을 지게 되는 것이고, 사용자책임을 규정한 민법 제756조 제1항이 적용된다고 할 수 없다(대판 2009. 11. 26, 2009다57033).

(3) 국가배상법상의 책임

국가배상법 제2조(배상책임)

① 국가나 지방자치단체는 공무원 또는 공무를 위탁받은 사인(이하 "공무원"이라 한다)이 직무를 집행하면서 고의 또는 과실로 법령을 위반하여 타인에게 손해를 입히거나, 「자동차손해배상 보장법」에 따라 손해배상의 책임이 있을 때에는 이 법에 따라 그 손해를 배상하여야 한다. 다만, 군인·군무원·경찰공무원 또는 예비군대원이 전투·훈련 등 직무 집행과 관련하여 전사·순직하거나 공상을 입은 경우에 본인이나 그 유족이 다른 법령에 따라 재해보상금·유족연금·상이연금 등의 보상을 지급받을 수 있을 때에는 이 법 및 「민법」에 따른 손해배상을 청구할 수 없다.

② 제1항 본문의 경우에 공무원에게 고의 또는 중대한 과실이 있으면 국가나 지방자치단체는 그 공무원에게 구상할 수 있다.

3. 성립요건

(1) 타인을 사용하여 어느 사무에 종사하게 할 것

1) 사용관계

㈎ 사용자책임이 인정되기 위해서는 사용관계, 즉 사용자가 선임하고 지휘·감독하는 관계가 있어야 한다. 다만 이러한 관계는 사실상의 것으로 충분하다.

[판례] ① [1] 민법 제756조의 사용자와 피용자의 관계는 반드시 유효한 고용관계가 있는 경우에 한하는 것이 아니고, **사실상 어떤 사람이 다른 사람을 위하여 그 지휘·감독 아래 그 의사에 따라 사업을 집행하는 관계**에 있을 때에도 그 두 사람 사이에 사용자, 피용자의 관계가 있다. [2] 이삿짐센터와 고용관계에 있지는 않았으나, 오랫동안 그 이삿짐센터의 이삿짐 운반에 종사해 온 작업원들을 사용자의 손해배상책임에 있어서 피용자라고 본 사례(대판 1996. 10. 11, 96다30182).

② 동업관계에 있는 자들이 공동으로 처리하여야 할 업무를 동업자 중 1인에게 맡겨 그로 하여금 처리하도록 한 경우 **다른 동업자**는 그 업무집행자의 동업자인 동시에 **사용자의 지위에 있다** 할 것이므로, 업무집행과정에서 발생한 사고에 대하여 사용자로서 손해배상책임이 있다(대판 2006. 3. 10, 2005다65562 ; 대판 1999. 4. 27, 98다36238 ; 대판 1998. 4. 28, 97다55164 등).

③ 민법 제756조의 사용자와 피용자의 관계는 반드시 유효한 고용관계가 있는 경우에 한하는 것이 아니고, 사실상 어떤 사람이 다른 사람을 위하여 그 지휘·감독 아래 그 의사에 따라 사무를 집행하는 관계가 있으면 인정된다. 또한 **타인에게 위탁하여 계속적으로 사무를 처리하여 온 경우 객관적으로 보아 그 타인의 행위가 위탁자의 지휘·감독의 범위 내에 속한다고 보이는 경우** 그 타인은 민법 제756조에 규정한 피용자에 해당한다. 민법 제756조의 사용관계에 있어서 실질적인 지휘·감독 관계는 **실제로 지휘·감독하고 있느냐의 여부에 의하여 결정되는 것이 아니라 객관적으로 지휘·감독을 하여야 할 관계에 있느냐의 여부에 따라 결정된다**(대판 2022. 2. 11, 2021다283834).

(나) 회사를 퇴직한 경우에도 회사와 일정한 관계(실질적·규범적 의미의 지휘·감독하는 관계)를 유지하면서 피해가 발행하였다면 사용자책임이 인정될 수도 있다.

[판례] 증권회사의 전 지점장이 회사를 퇴직한 후 같은 지점에서 투자상담사로 근무하다가 그 직을 그만두었음에도 불구하고 이를 숨기고 고객들을 상대로 투자상담사로서의 업무를 계속하였고, 증권회사에서도 그의 업무수행을 묵인하고 회사의 투자상담사로서 업무를 수행하는 것처럼 외관을 갖게 하였다면, 그가 고객들의 증권카드와 인감을 사용하여 금원을 인출한 행위에 대하여 증권회사는 사용자책임을 면할 수 없다(대판 2001. 3. 9, 2000다66119).

(다) 명의대여자도 사용자책임의 구성요건을 충족시킬 수 있다.

[판례] ① 타인에게 어떤 사업에 관하여 자기의 명의를 사용할 것을 허용한 경우에 그 사업이 내부관계에 있어서는 타인의 사업이고 명의자의 고용인이 아니라 하더라도 외부에 대한 관계에 있어서는 그 사업이 명의자의 사업이고 또 그 타인은 명의자의 종업원임을 표명한 것과 다름이 없으므로, 명의사용을 허용받은 사람이 업무수행을 함에 있어 고의 또는 과실로 다른 사람에게 손해를 끼쳤다면 명의사용을 허용한 사람은 민법 제756조에 의하여 그 손해를 배상할 책임이 있다고 할 것이고, 명의대여관계의 경우 민법 제756조가 규정하고 있는 사용자책임의 요건으로서의 사용관계가 있느냐 여부는 실제적으로 지휘·감독을 하였느냐의 여부에 관계없이 객관적·규범적으로 보아 사용자가 그 불법행위자를 지휘·감독해야 할 지위에 있었느냐의 여부를 기준으로 결정하여야 할 것이다(대판 2005. 2. 25, 2003다36133).

② 지입차량의 차주 또는 그가 고용한 운전자의 과실로 타인에게 손해를 가한 경우에는 지입회사는 명의대여

자로서 제3자에 대하여 지입차량이 자기의 사업에 속하는 것을 표시하였을 뿐 아니라, 객관적으로 지입차주를 지휘·감독하는 사용자의 지위에 있다 할 것이므로 이러한 불법행위에 대하여는 그 사용자책임을 부담한다고 할 것이다(대판 2000. 10. 13, 2000다20069).

㈔ 다단계판매원은 다단계판매업자의 지휘·감독을 받으면서 다단계판매업자의 업무를 직접 또는 간접으로 수행하는 자로서 다단계판매업자와의 관계에서 민법 제756조에 규정한 피용자에 해당한다(대판 2008. 11. 27, 2008다56118).

2) 도급인의 사용자책임
제757조의 경우에는 수급인의 수급사무의 처리에 대하여 도급인의 구체적인 지시·감독권이 없어야 한다. 만약 도급인이 수급인에게 지시·감독권이 있다면 제756조의 사용자책임이 도급인에게 인정될 수 있다(판례).

> **판례** 가. 도급인이 수급인의 일의 진행 및 방법에 관하여 **구체적인 지휘감독권을 보유한 경우**에는 도급인과 수급인의 관계는 실질적으로 사용자 및 피용자의 관계와 다를 바 없으므로 수급인이 고용한 제3자의 불법행위로 인한 손해에 대하여 도급인은 민법 제756조에 의한 사용자책임을 면할 수 없다. 나. 사용자 및 피용자 관계 인정의 기초가 되는 도급인의 수급인에 대한 지휘감독은 건설공사의 경우에는 현장에서 구체적인 공사의 운영 및 시행을 직접 지시. 지도하고 감시. 독려함으로써 시공 자체를 관리함을 말하며, 단순히 공사의 운영 및 시공의 정도가 설계도 또는 시방서대로 시행되고 있는가를 확인하여 공정을 감독하는 데에 불과한 **이른바 감리**는 여기에 해당하지 않는다고 할 것이므로 도급인이 수급인의 공사에 대하여 **감리인 감독을 함에 지나지 않을 때**에는 양자의 관계를 사용자 및 피용자의 관계와 같이 볼 수 없다(대판 1988. 6. 14, 88다카102).

(2) 피용자가 '사무집행에 관하여' 제3자에게 손해를 주었을 것(외형이론)
1) 민법 제756조에 규정된 사용자책임의 요건인 '사무집행에 관하여'라는 뜻은 피용자의 불법행위가 **외형상 객관적으로** 사용자의 사업활동 내지 사무집행행위 또는 그와 관련된 것이라고 보여질 때에는 **행위자의 주관적 사정을 고려함이 없이** 이를 사무집행에 관하여 한 행위로 본다는 것이다(대판 2007. 4. 12, 2006다29839).

> **판례** ① 사용자의 배상책임을 규정한 민법 제756조 소정의 '그 사무집행에 관하여'라 함은 사용자의 사업집행 자체 또는 이에 필요한 행위뿐만 아니라 이와 관련된 것이라고 일반적으로 보여지는 행위는 설사 그것이 피용자의 이익을 도모하기 위한 경우라도 이에 포함된다고 보아야 할 것이므로 택시회사의 운전수가 택시의 승객을 태우고 운행중 차속에서 부녀를 강간한 경우 위 회사는 사용자로서 손해배상책임이 있다(대판 1991. 1. 11, 90다8954).
> ② [1] 민법 제756조 본문은 사용자책임의 성립 요건에 관하여 "타인을 사용하여 어느 사무에 종사하게 한 자는 피용자가 그 사무집행에 관하여 제3자에게 가한 손해를 배상할 책임이 있다"라고 정하고 있다. 여기에서 '사무집행에 관하여'란 피용자의 불법행위가 **객관적으로** 사용자의 사업활동, 사무집행행위 또는 그와 관련된

것이라고 보일 때에는 **행위자의 주관적 사정을 고려하지 않고** 사무집행에 관하여 한 행위로 본다는 것이다. 피용자가 다른 사람에게 가해행위를 한 경우 그 행위가 **피용자의 사무집행 그 자체는 아니더라도** 사용자의 사업과 시간적·장소적으로 근접하고 피용자의 사무 전부 또는 일부를 수행하는 과정에서 이루어지거나 가해행위의 동기가 업무처리와 관련된 것이라면 사용자의 사무집행행위와 관련된 것이라고 보아 사용자책임이 성립한다. 이때 **사용자가 위험 발생을 방지하기 위한 조치를 취하였는지 여부도** 손해의 공평한 부담을 위하여 부가적으로 고려할 수 있다. [2] 甲 주식회사의 근로자인 乙 등이 동료 여성 근로자인 丙을 성적 대상으로 한 발언을 옮겨 전하는 한편 丙에게 위와 같이 전해 들은 말이 사실인지 묻기도 하였고, 이러한 乙 등의 발언으로 甲 회사의 근로자들 사이에 丙에 대한 허위 소문이 유포되었는데, 이에 丙이 甲 회사를 상대로 사용자책임에 기한 손해배상을 구한 사안에서, 甲 회사는 丙에 대하여 직장 내 성희롱에 해당하는 乙 등의 발언으로 인한 사용자책임을 부담한다고 본 원심판단이 정당하다(대판 2021. 9. 16, 2021다219529).

2) 다만 피용자의 불법행위가 외관상 사용자의 사무집행의 범위 내에 속하는 것으로 보여지는 경우에 있어서도, 피용자의 행위가 사용자의 사무집행행위에 해당하지 않음을 피해자 자신이 알았거나 중과실로 알지 못한 경우에는 사용자책임을 물을 수 없다(대판 2007. 4. 12, 2006다21354; 대판 2011. 11. 24, 2011다41529).

(3) 피용자의 불법행위

다수설과 판례는 사용자책임이 인정되기 위하여는 피용자의 행위가 제750조의 요건을 갖추어야 한다고 한다(대위책임설).

> **판례** 책임무능력자(국민학교 1학년생)의 대리감독자(담임교사)에게 민법 제755조 제2항에 의한 배상책임이 있다고 하여 위 대리감독자의 사용자 또는 사용자에 갈음한 감독자(위 학교를 설립 경영하는 지방자치단체)에게 당연히 민법 제756조에 의한 사용자책임이 있다고 볼 수는 없으며, 책임무능력자의 가해행위에 관하여 그 **대리감독자에게 고의 또는 과실이 인정됨으로써 별도로 불법행위의 일반 요건을 충족한 때에만** 위 대리감독자의 사용자 또는 사용자에 갈음한 감독자는 민법 제756조의 사용자책임을 지게 된다(대판 1981. 8. 11, 81다298).

(4) 사용자가 면책사유를 입증하지 못할 것(입증책임의 전환-중간책임)

사용자책임은 중간책임으로서 사용자의 면책사유에 관하여는 사용자측에서 증명책임을 진다(대판 2003. 10. 9, 2001다24655).

4. 효 과

(1) 부진정연대채무

사용자와 피용자는 각각 민법 제756조와 제750조에 의해 책임을 지는데, 이는 각자 독자적 책임이므로 부진정연대채무이다[대판(전합) 1992. 6. 23, 91다33070; 대판 2006. 2. 9, 2005다28426 참조]. 부진정연대채무자 상호간에 있어서 채권의 목적을 달성시키는 변제와 같은 사유는 채무자 전원에 대하여 절대적 효력을 발생하지만, 그 밖의 사유는 상대적 효력을 발생하는 데에 그친다(대판 2006. 1. 27, 2005다19378).

(2) 구상권

사용자가 피용자의 제3자에게 가한 손해를 배상한 경우, 사용자는 제756조 제3항에 의하여 사용자가 제3자에게 배상한 금액을 구상할 수 있으나 신의칙에 기하여 제한될 수 있다(대판 1994. 12. 13, 94다17246).

> **판례** 일반적으로 사용자가 피용자의 업무수행과 관련하여 행해진 불법행위로 인하여 직접 손해를 입었거나 그 피해자에게 사용자로서의 손해배상책임을 부담한 결과로 손해를 입게 된 경우에 있어서 사용자는 그 사업의 성격과 규모, 시설의 현황 등 기타 제반 사정에 비추어 손해의 공평한 분산이라는 견지에서 **신의칙상 상당하다고 인정되는 한도 내에서만** 피용자에 대하여 그 구상권을 행사할 수 있다고 보아야 할 것이다(대판 1994. 12. 13, 94다17246).

V. 도급인의 책임

> **제757조(도급인의 책임)**
> 도급인은 수급인이 그 일에 관하여 제삼자에게 가한 손해를 배상할 책임이 없다. 그러나 도급 또는 지시에 관하여 도급인에게 중대한 과실이 있는 때에는 그러하지 아니하다.

1. 도급인책임의 요건

제757조에 따라 도급인에게 불법행위책임을 인정하기 위해서는 도급 또는 지시에 관하여 도급인에게 중대한 과실이 있어야 한다. 따라서 피해자는 도급인의 중과실을 입증하여 그에게 손해배상을 청구할 수 있다.

2. 도급인의 사용자책임

도급인이 수급인에 대하여 특정한 행위를 지휘하거나 특정한 사업을 도급시키는 경우와 같은 **이른바 노무도급**의 경우에 있어서는 도급인이라고 하더라도 민법 제756조가 규정하고 있는 사용자책임의 요건으로서의 사용관계가 인정된다(대판 1998. 6. 26, 97다58170).

VI. 공작물 등의 점유자와 소유자의 책임

> **제758조(공작물등의 점유자, 소유자의 책임)**
> ① 공작물의 설치 또는 보존의 하자로 인하여 타인에게 손해를 가한 때에는 공작물점유자가 손해를 배상할 책임이 있다. 그러나 점유자가 손해의 방지에 필요한 주의를 해태하지 아니한 때에는 그 소유자가 손해를 배상할 책임이 있다.
> ② 전항의 규정은 수목의 재식 또는 보존에 하자있는 경우에 준용한다.
> ③ 전2항의 경우 점유자 또는 소유자는 그 손해의 원인에 대한 책임있는 자에 대하여 구상권을 행사할 수 있다.

1. 서 설

(1) 의 의

민법 제758조 제1항에서 말하는 '공작물 설치·보존상의 하자'라 함은 공작물이 그 용도에 따라 통상 갖추어야 할 안전성을 갖추지 못한 상태에 있음을 말하는 것으로서, 이와 같은 안전성의 구비여부를 판단함에 있어서는 당해 공작물의 설치·보존자가 그 공작물의 위험성에 비례하여 사회통념상 일반적으로 요구되는 정도의 방호조치 의무를 다하였는지의 여부를 기준으로 판단하여야 하고, 그 시설이 관계 법령이 정한 시설기준 등에 부적합한 것이라면 특별한 사정이 없는 한 이러한 사유는 공작물의 설치·보존상의 하자에 해당한다고 볼 수 있다(대판 2010. 2. 11, 2008다61615).

(2) 위험책임

㈎ 공작물의 설치 또는 보존의 하자로 인해, 또는 수목의 재식 또는 보존의 하자로 인한 손해에 대하여 **점유자책임**은 1차적 책임이며, **중간책임**이다. 그리고 **소유자책임**은 2차적 책임이며 **무과실책임**이다(부진정연대채무가 아니다).

㈏ 민법 제758조(공작물 소유자의 책임 등)는 위험책임의 법리에 따라 책임을 가중시킨 규정일 뿐이고, 그 공작물 시공자의 일반불법행위의 책임을 배제하는 것은 아니다(대판 1996. 11. 22, 95다39219).

> **│ 판 례 │** 공작물의 설치 또는 하자가 있어 타인에 손해가 생긴 때에는 **1차적으로 그 공작물의 점유자로 하여금** 배상을 부담시키고 그 점유자가 손해발생의 방지에 필요한 주의를 하였을 때에는 **2차적으로 그 공작물의 소유자로 하여금** 그 배상책임을 부담시키되 그 소유자의 책임에 관하여는 고의·과실 등의 면책조건을 인정치 아니할 뿐만 아니라 그 하자로 인한 것인 이상, 자연력이나 피해자 또는 제3자의 행위가 그 **공동원인이 되었을 때**라도 점유자 또는 소유자로 하여금 배상책임을 부담시키는 것이다(대판 1975. 3. 25, 73다1077).

2. 요 건

(1) 공작물의 설치보존상 하자

1) 공작물의 설치 또는 보존상의 하자라 함은 공작물이 그 용도에 따라 통상 갖추어야 할 안전성을 갖추지 못한 상태에서 있음을 말하는 것이다(객관적으로 요구되는 안전성).

2) 공작물은 토지의 공작물에 한하는 것은 아니다.

> **판례** 경사로에 주차중인 석유 배달 차량에서 원인 미상의 화재가 발생하여 보조잠금장치가 풀리면서 차량이 움직여 인근 건물을 들이받고 불이 옮겨 붙은 경우, 그 건물 화재는 공작물인 차량의 설치·보존상의 하자에 의하여 직접 발생한 것에 해당한다(대판 1998. 3. 13, 97다34112).

3) 공작물에서 발생한 사고라도 그것이 공작물의 통상의 용법에 따르지 아니한 이례적인 행동의 결과(학교난간에서 담배를 피우는 행위 등) 발생한 사고라면, 특별한 사정이 없는 한 공작물의 설치·보존자에게 그러한 사고에까지 대비하여야 할 방호조치 의무가 있다고 할 수는 없다(대판 1998. 1. 23, 97다25118).

> **판례** 행인이 음주를 한 상태에서 여관의 내부를 들여다 보기 위하여 그 보호벽을 타고 올라가다가 보호벽이 무너지는 바람에 사고를 당하게 된 경우, 여관 주인에게 이러한 경우까지 대비한 방호조치를 취할 의무는 없다는 이유로 그 보호벽의 설치·보존상의 하자를 부인하였다(대판 1998. 1. 23, 97다25118).

4) '공작물의 설치·보존상의 하자'란 공작물이 그 용도에 따라 통상 갖추어야 할 안전성을 갖추지 못한 상태에 있음을 말하고, 위와 같은 안전성의 구비 여부를 판단할 때에도 당해 공작물을 설치·보존하는 사람이 그 공작물의 위험성에 비례하여 사회통념상 일반적으로 요구되는 정도의 방호조치의무를 다하였는지 여부를 기준으로 판단하여야 한다. 위와 같은 공작물책임 규정의 내용과 입법 취지, '공작물의 설치·보존상의 하자'의 판단 기준 등에 비추어 보면, 공작물의 하자로 인해 어떠한 손해가 발생하였다고 하더라도, 손해가 공작물의 하자와 관련한 위험이 현실화되어 발생한 것이 아니라면 이는 '공작물의 설치 또는 보존상의 하자로 인하여 발생한 손해'라고 볼 수 없다(대판 2018. 7. 12, 2015다68348).

(2) 입증책임

민법 제758조 제1항의 입법 취지는 공작물의 관리자는 위험의 방지에 필요한 주의를 다하여야 하고, 만일에 위험이 현실화하여 손해가 발생한 경우에는 그들에게 배상책임을 부담시키는 것이 공평하다는 데 있다. 따라서 '공작물의 설치·보존상의 하자'란 공작물이 그 용도에 따라 통상 갖추어야 할 안전성을 갖추지 못한 상태에 있음을 말하고, 위와 같은 안전성의 구비 여부를 판단할 때에는 공작물을 설치·보존하는 자가 그 공작물의 위험성에 비례하여 사회통념상 일반적으로 요구되는 정도로 위험방지조치를 다하였는지 여부를 기준으로 판단하여야 한다. 하자의 존재에 관한 증명책임은 피해자에게 있으나, 일단 하자가 있음이 인정되고 그 하자가 사고의 공동원인이 되는 이상, 그 사고가 위와 같은 하자가 없었더라도 불가피한 것이었다는 점이 공작물의 소유자나 점유자에 의하여 증명되지 않는다면 그 손해는 공작물의 설치 또는 보존의 하자에 의하여 발생한 것으로 해석함이 타당하다(대판 2019. 11. 28, 2017다14895).

3. 공작물책임의 효과

(1) 중간책임과 무과실 책임

위 요건을 갖추면 점유자가 손해배상책임을 지고(중간책임), 점유자가 면책된 때에는 소유자가 그 책임을 진다(무과실책임).

> **판례** 건물 일부의 임차인이 건물 외벽에 설치한 간판이 추락하여 행인이 부상한 경우 건물소유자는 건물 외벽의 직접점유자로서 민법 제758조 제1항 소정의 손해배상책임을 부담한다(대판 2003. 2. 28, 2002다65516).

(2) 점유자가 피해자인 경우

공작물의 직접점유자인 임차인이 공작물의 하자로 손해를 입은 경우에는 임차인에게 그 보존에 관한 과실이 있더라도 임대인인 소유자는 무과실의 배상책임을 부담하고, 다만 과실상계의 법리를 적용한다(대판 1993. 11. 9, 93다40560).

> **판례** ① 공작물의 설치 또는 보존의 하자로 인하여 타인에게 손해를 가한 때에는 제1차적으로 공작물의 점유자가 손해를 배상할 책임이 있고 공작물의 소유자는 점유자가 손해의 방지에 필요한 주의를 해태하지 아니한 때에 비로소 제2차적으로 손해를 배상할 책임이 있는 것이지만, **공작물의 임차인인 직접점유자나 그와 같은 지위에 있는 것으로 볼 수 있는 사람이 공작물의 설치 또는 보존의 하자로 인하여 손해를 입은 경우에** 는 소유자가 그 손해를 배상할 책임이 있는 것이고, 이 경우에 **공작물의 보존에 관하여 피해자에게 과실이 있다고 하더라도** 과실상계의 사유가 될 뿐이다(대판 2008. 7. 24, 2008다21082).
> ② [1] 민법 제758조 제1항에서 말하는 공작물의 설치·보존상의 하자는 공작물이 그 용도에 따라 통상 갖추어야 할 안전성이 없는 것을 말한다. 여기에서 본래 갖추어야 할 안전성은 공작물 자체만의 용도에 한정된 안전성만이 아니라 공작물이 현실적으로 설치되어 사용되고 있는 상황에서 요구되는 안전성을 뜻한다. 또한 공작물의 설치·보존상의 하자로 인한 사고는 공작물의 설치·보존상의 하자만이 손해발생의 원인이 되는 경우만을 말하는 것이 아니고, 공작물의 설치·보존상의 하자가 사고의 **공동원인 중 하나가** 되는 이상 사고로 인한 손해는 공작물의 설치·보존상의 하자로 생긴 것이라고 보아야 한다. [2] 구 건축법(2016. 2. 3. 법률 제14016호로 개정되기 전의 것) 제35조 제1항은 "건축물의 소유자나 관리자는 건축물, 대지 및 건축설비를 관련 규정에 적합하도록 유지·관리하여야 한다"고 정하고 있고, 민법 제623조는 "임대인은 계약존속 중 그 사용, 수익에 필요한 상태를 유지하게 할 의무를 부담한다"고 정하고 있다. 따라서 건물을 타인에게 임대한 소유자가 건물을 적합하게 유지·관리할 의무를 위반하여 임대목적물에 필요한 안전성을 갖추지 못한 설치·보존상의 하자가 생기고 그 하자로 인하여 **임차인에게 손해를 입힌 경우,** 건물의 소유자 겸 임대인은 임차인에게 공작물책임과 수선의무 위반에 따른 채무불이행 책임을 진다(대판 2017. 8. 29, 2017다227103).

Ⅶ. 동물점유자의 책임

> **제759조(동물의 점유자의 책임)**
> ① 동물의 점유자는 그 동물이 타인에게 가한 손해를 배상할 책임이 있다. 그러나 동물의 종류와 성질에 따라 그 보관에 상당한 주의를 해태하지 아니한 때에는 그러하지 아니하다.
> ② 점유자에 갈음하여 동물을 보관한 자도 전항의 책임이 있다.

Ⅷ. 공동불법행위

> **제760조(공동불법행위자의 책임)**
> ① 수인이 공동의 불법행위로 타인에게 손해를 가한 때에는 연대하여 그 손해를 배상할 책임이 있다.
> ② 공동 아닌 수인의 행위중 어느 자의 행위가 그 손해를 가한 것인지를 알 수 없는 때에도 전항과 같다.
> ③ 교사자나 방조자는 공동행위자로 본다.

1. 서 설

(1) 의 의

공동불법행위란 수인이 공동으로 타인에게 불법행위를 하는 것을 말한다. 민법은 피해자를 보호하기 위하여 연대책임으로 규정하고 있으나, 통설과 판례는 더 나아가 부진정연대책임으로 해석한다. 부진정연대가 진정연대보다 피해자 보호에 더 유리하기 때문이다.

(2) 유 형

● 공동불법행위(제760조) ┬ ① 협의의 공동불법행위 ── 공동의 의미 < 주관적 공동설 / 객관적 공동설(판례)
 ├ ② 가해자불명의 공동불법행위
 └ ③ 교사자 또는 방조자

2. 공동의 의미

(1) 의 의

760조의 공동불법행위에 있어서 제1항이 적용되는 범위는 "공동"의 의미를 어떻게 이해하는가에 따라 달라지게 된다.

> **판례** 공동불법행위가 인정되지 않으면 각각의 손해에 대해서 따로 배상액을 산정하여야 한다(대판 1989. 5. 23, 87다카2723).

(2) 학 설

1) 주관적 공동설

공동불법행위의 성립에는 가해행위자 사이에 공모 내지 의사의 공통이나 공동의 인식, 즉 주관적 공동관계가 필요하다고 본다.

2) 객관적 공동설(다수설·판례)

㈎ 가해행위가 단지 객관적으로 관련공동하고 있으면 공동불법행위가 된다고 본다. 즉 객관적 공동설에 따라서 공동불법행위의 성립에는 공동불법행위자 상호간의 의사의 공통이나 공동의 인식이 필요하지 아니하고 객관적으로 그 행위에 관련공동성이 있으면 족하다고 본다(대판 2012. 8. 17, 2010다28390; 대판 1988. 4. 12, 87다카2951).

㈏ 과실이 경합하여 손해가 발생한 경우에는 객관적 공동설을 채택할 때 제1항의 적용가능성이 넓게 인정된다. 그러나 행위자 사이의 공모가 있는 경우에는 어느 설을 채택하던 차이가 없다.

> **판례** ① (ⅰ) 수인이 공동하여 타인에게 손해를 가하는 민법 제760조 제1항의 공동불법행위가 성립하려면 각 행위가 독립하여 불법행위의 요건을 갖추고 있으면서 객관적으로 관련되고 공동하여 위법하게 피해자에게 손해를 가한 것으로 인정되어야 한다(대판 1998. 2. 13, 96다7854). (ⅱ) 교통사고로 인하여 상해를 입은 피해자가 치료를 받던 중 치료를 하던 의사의 과실로 인한 의료사고로 증상이 악화되거나 새로운 증상이 생겨 손해가 확대된 경우, 의사에게 중대한 과실이 있다는 등의 특별한 사정이 없는 한 확대된 손해와 교통사고 사이에도 상당인과관계가 있고, 이 경우 교통사고와 의료사고가 각기 독립하여 불법행위의 요건을 갖추고 있으면서 객관적으로 관련되고 공동하여 위법하게 피해자에게 손해를 가한 것으로 인정되면 공동불법행위가 성립한다(대판 1998. 11. 24, 98다32045).
> ② 동시에 또는 거의 같은 시기에 건축된 가해 건물들이 피해 건물에 대하여 전체적으로 수인한도를 초과하는 일조 침해의 결과를 야기한 경우, 각 가해 건물들이 함께 피해 건물의 소유자 등이 종래 향유하던 일조를 침해하게 된다는 점을 예견할 수 있었다면 특별한 사정이 없는 한 각 가해 건물의 건축자 등은 일조 침해로 피해 건물의 소유자 등이 입은 손해 전부에 대하여 공동불법행위자로서의 책임을 부담한다(대판 2006. 1. 26, 2005다47014, 47021, 47038).
> ③ 제3자가 부부의 일방과 부정행위를 함으로써 혼인의 본질에 해당하는 부부공동생활을 침해하거나 그 유지를 방해하고 그에 대한 배우자로서의 권리를 침해하여 배우자에게 정신적 고통을 가하는 행위는 원칙적으로 불법행위를 구성한다. 그리고 부부의 일방과 제3자가 부담하는 불법행위책임은 공동불법행위책임으로서 부진정연대채무 관계에 있다(대판 2015. 5. 29, 2013므2441).
> ④ 금전을 대여한 채권자가 고의 또는 과실로 이자제한법을 위반하여 최고이자율을 초과하는 이자를 받아 채무자에게 손해를 입힌 경우에는 특별한 사정이 없는 한 민법 제750조에 따라 **불법행위**가 성립한다고 보아야 한다. 최고이자율을 초과하여 지급된 이자는 이자제한법 제2조 제4항에 따라 원본에 충당되므로, 이와 같이 충당하여 원본이 소멸하고도 남아 있는 초과 지급액은 이자제한법 위반 행위로 인한 손해라고 볼 수 있다. **부당이득반환청구권과 불법행위로 인한 손해배상청구권은 서로 별개의 청구권으로서, 제한 초과이자에 대하여 부당이득반환청구권이 있다고 해서 그것만으로 불법행위의 성립이 방해되지 않는다.** 나아

가 채권자와 공동으로 위와 같은 이자제한법 위반 행위를 하였거나 이에 가담한 사람도 민법 제760조에 따라 연대하여 손해를 배상할 책임이 있다(대판 2021. 2. 25, 2020다230239).

3. 가해자 불명의 공동불법행위

> **판례** ① 다수의 의사가 의료행위에 관여한 경우 그 중 누구의 과실에 의하여 의료사고가 발생한 것인지 분명하게 특정할 수 없는 때에는 일련의 의료행위에 관여한 의사들 모두에 대하여 민법 제760조 제2항에 따라 공동불법행위책임을 물을 수 있다고 봄이 상당하다(대판 2005. 9. 30, 2004다52576).
> ② 민법 제760조 제2항은 여러 사람의 행위가 경합하여 손해가 생긴 경우 중 같은 조 제1항에서 말하는 공동의 불법행위로 보기에 부족할 때, 입증책임을 덜어줌으로써 피해자를 보호하려는 입법정책상의 고려에 따라 각각의 행위와 손해 발생 사이의 인과관계를 법률상 추정한 것이므로, 이러한 경우 개별 행위자가 자기의 행위와 손해 발생 사이에 인과관계가 존재하지 아니함을 증명하면 면책되고, 손해의 일부가 자신의 행위에서 비롯된 것이 아님을 증명하면 배상책임이 그 범위로 감축된다(대판 2008. 4. 10, 2007다76306).

4. 민법 제760조 제3항의 교사자 또는 방조자의 책임

(1) 민법 제760조 제3항은 교사자나 방조자는 공동행위자로 본다고 규정하여 교사자나 방조자에게 공동불법행위자 책임을 부담시키고 있다.

(2) 교사란 타인으로 하여금 불법행위에 대한 의사결정을 하게 하는 것이고, 방조란 불법행위를 용이하게 하는 직접·간접의 모든 행위를 가리키는 것으로서 작위에 의한 경우뿐만 아니라 작위의무 있는 자가 그것을 방지하여야 할 여러 조치를 취하지 아니하는 부작위로 인하여 불법행위자의 실행행위를 용이하게 하는 경우도 포함한다. 여기서 작위의무는 법적인 의무이어야 하므로 단순한 도덕상 또는 종교상 의무는 포함되지 않는다(대판 2012. 4. 26, 2010다8709).

> **판례** ① 방조라 함은 불법행위를 용이하게 하는 직접·간접의 모든 행위를 가리키는 것으로서 형법과 달리 손해의 전보를 목적으로 하여 과실을 원칙적으로 고의와 동일시하는 민법의 해석으로서는 과실에 의한 방조도 가능하다. 그런데 이 경우의 과실의 내용은 불법행위에 도움을 주지 말아야 할 주의의무가 있음을 전제로 하여 그 의무를 위반하는 것을 말하고, 방조자에게 공동불법행위자로서 책임을 지우기 위하여는 방조행위와 피해자의 손해 발생 사이에 상당인과관계가 있어야 한다(대판 2014. 3. 27, 2013다91597).
> ② 광고란 널리 불특정 다수의 일반인에게 알릴 목적으로 이루어지는 일체의 수단을 말한다. 그런데 실질은 광고이지만 기사의 형식을 빌린 이른바 '기사형 광고'도 광고의 일종이다. 이러한 기사형 광고는 구성이나 내용, 편집 방법 등에 따라서는 일반 독자로 하여금 '광고'가 아닌 '보도기사'로 쉽게 오인하게 할 수 있다…중략…신문사 등이 광고주로부터 전달받은 허위 또는 과장 광고에 해당하는 내용을 보도기사로 게재하거나 광고주로부터 전달받은 내용을 바탕으로 허위 내용을 작성하여 보도기사로 게재함으로써 이를 광고가 아닌 보도기사로 신뢰한 독자가 광고주와 상거래를 하는 등으로 피해를 입었다면, 기사형 광고 게재행위와 독자의 손해 발생 사이에 상당인과관계가 인정되는 범위 내에서는 신문사 등도 방조에 의한 공동불법행위책임을 부담할 수 있다(대판 2018. 1. 25, 2015다210231).
> ③ [1] 타인의 불법행위에 대하여 **과실에 의한 방조**로서 공동불법행위의 책임을 지우기 위해서는 방조행위와

불법행위에 의한 피해자의 손해 발생 사이에 상당인과관계가 인정되어야 하며, 상당인과관계를 판단할 때에는 과실에 의한 행위로 인하여 해당 불법행위를 용이하게 한다는 사정에 관한 예견가능성과 아울러 과실에 의한 행위가 피해 발생에 끼친 영향, 피해자의 신뢰 형성에 기여한 정도, 피해자 스스로 쉽게 피해를 방지할 수 있었는지 등을 종합적으로 고려하여 그 책임이 지나치게 확대되지 않도록 신중을 기하여야 한다. [2] 공동불법행위자 1인이라고 하여 자신의 행위와 상당인과관계가 없는 손해에 대하여도 당연히 배상책임을 진다고 할 수는 없는 것이고, **타인의 불법행위가 계속되는 중 공동불법행위자의 과실에 의한 행위가 이루어졌다면**, 특별한 사정이 없는 한 그 과실에 의한 행위와 **그 이전에 타인의 불법행위로 발생한 손해 사이에** 상당인과관계가 있다고 보기는 어렵다(대판 2022. 9. 7, 2022다237098).

5. 공동불법행위의 효과

(1) 부진정연대채무

민법은 공동불법행위자의 손해배상책임을 연대채무로 규정하는데, 통설과 판례는 이를 '부진정연대채무'로 이해한다. 판례는 채무자 1인에 대한 사유 중에서 변제·대물변제·공탁·상계 등은 절대적 효력을 갖는다고 한다.

> **판례** ① 공동불법행위책임에 있어서 **가해자 중 1인이 다른 가해자에 비하여 불법행위에 가공한 정도가 경미하더라도** 피해자에 대한 관계에서 그 가해자의 책임범위를 제한할 수 없다(대판 2007. 6. 14, 2005다32999; 대판 2001. 9. 7, 99다70365 등).
> ② (ⅰ) 공동불법행위자 중 1인의 **변제**는 변제금액의 한도 내에서 다른 공동불법행위자를 위하여 공동면책의 효력이 있다(대판 1997. 12. 12, 96다50896). (ⅱ) 부진정연대채무자 중 1인이 자신의 채권자에 대한 반대채권으로 상계를 한 경우에도 채권은 변제, 대물변제, 또는 공탁이 행하여진 경우와 동일하게 현실적으로 만족을 얻어 그 목적을 달성하는 것이므로, 그 **상계**로 인한 채무소멸의 효력은 소멸한 채무 전액에 관하여 다른 부진정연대채무자에 대하여도 미친다고 보아야 한다. 이는 부진정연대채무자 중 1인이 채권자와 **상계계약**을 체결한 경우에도 마찬가지이다. 나아가 이러한 법리는 채권자가 상계 내지 상계계약이 이루어질 당시 다른 부진정연대채무자의 존재를 알았는지 여부에 의하여 좌우되지 아니한다[대판(전합) 2010. 9. 16, 2008다97218].

> **관련사례** 甲이 운전하던 차량과 乙이 운전하던 차량이 두 운전자의 공동 과실로 서로 충돌하였고, 그로 인하여 乙이 운전하던 차량에 타고 있던 丙이 사망하였다(乙과 丙은 애인이고 벚꽃구경을 가는 중이었다). 丙의 상속인인 A가 甲과 乙에게 손해배상을 청구하였다(실제로는 보험회사에 청구)(대판 2014. 3. 27, 2012다87263).

> **해설** ① 파기된 원심 : 丙 망인은 애인인 乙과 동승 경위 등에 비추어 볼 때 乙에게 망인의 사망과 관련한 전적인 책임을 지우는 것은 신의칙이나 형평의 원칙상 불합리하므로 乙측에게는 호의동승으로 인한 책임제한을 인정할 수 있으나, 그와 같은 호의동승에 의한 책임제한은 丙과 乙사이의 인적, 내부적 관계에 기한 것인 만큼 원칙적으로 상대적 효력만이 있을 뿐이어서 상대방 차량 운전자인 甲이나 그 보험자에게까지 호의동승으로 인한 책임제한을 인정할 수는 없다고 판단하였다.
> ② 대법원의 태도 : 2인 이상의 공동불법행위로 인하여 호의동승한 사람이 피해를 입은 경우, 공동불법행위자 상호 간의 내부관계에서는 일정한 부담 부분이 있으나 피해자에 대한 관계에서는 부진정연대책임을 지므로,

동승자가 입은 손해에 대한 배상액을 산정할 때에는 먼저 호의동승으로 인한 감액 비율을 참작하여 공동불법
행위자들이 동승자에 대하여 배상하여야 할 수액을 정하여야 한다. 따라서 위 법리에 비추어 살펴보면, 이 사
건에서 망인 丙의 사망과 관련한 공동불법행위자들인 乙과 甲이 부담할 손해배상액을 산정함에 있어서도 먼
저 망인 丙의 호의동승으로 인한 감액 비율을 고려하여 두 사람이 A에 대한 관계에서 연대하여 부담하여야 할
손해액을 산정하여야 하고, 그 당연한 귀결로서 위와 같은 책임제한은 동승 차량 운전자인 乙뿐만 아니라 상
대방 차량 운전자인 甲 및 그 보험자에게도 적용된다 할 것이다. 그럼에도 불구하고 원심은 위와 같이 호의동
승으로 인한 책임제한이 乙에게만 적용된다고 판단하였는바, 이는 공동불법행위에 있어 호의동승의 책임제한
과 관련한 법리를 오해하여 판단을 그르친 것이다(대판 2014. 3. 27, 2012다87263).

(2) 구상권

1) 공동불법행위자의 연대책임은 각자의 과실 정도에 따라 부담부분이 정하여지는 것이므로 그중
1인이 단독으로 피해자에게 손해를 배상하였다면 다른 불법행위자에 대한 구상권에 의하여 부담
부분을 청구할 수 있다.

> **판례** ① 공동불법행위자 중 1인이 **자기의 부담 부분 이상을 변제하여** 공동의 면책을 얻게 하였을 때에는 다
> 른 공동불법행위자에게 그 부담 부분의 비율에 따라 구상권을 행사할 수 있다(대판 2005. 7. 8, 2005다8125).
> ② 계약 당사자 사이에서 일방 당사자의 잘못으로 인해 상대방 당사자가 계약을 취소하거나 불법행위로 인한
> 손해배상을 청구할 수 있는 경우 **계약 취소로 인한 부당이득반환청구권과 불법행위로 인한 손해배상청구**
> **권은 동일한 경제적 급부를 목적으로 경합하여 병존**하게 되고, 특별한 사정이 없는 한 어느 하나의 청구권
> 이 만족을 얻어 소멸하면 그 범위 내에서 다른 나머지 청구권도 소멸하는 관계에 있다(대판 1993. 4. 27, 92다
> 56087 등 참조). 따라서 채무자가 **부당이득반환채무를 변제**하였다면 그와 경합관계에 있는 손해배상채무도
> 소멸한다. **이때 불법행위로 인한 손해배상채무에 관하여 채무자와 함께 공동불법행위책임을 부담하는**
> **자가 있고, 채무자의 위와 같은 변제가 공동불법행위자들 내부관계에서 인정되는 자기의 부담 부분을**
> **초과한 것이라면**, 채무자는 다른 공동불법행위자에게 공동 면책을 이유로 그 **부담 부분의 비율에 따라 구상**
> **권을 행사할 수 있다**(대판 2006. 1. 27, 2005다19378, 대판 2017. 11. 29, 2016다229980 등 참조)(대판 2021. 6.
> 10, 2019다226005).
> 〈출제가능지문〉 A의 甲에 대한 부당이득반환청구권과 불법행위로 인한 손해배상청구권이 경합하여 병존하
> 고 甲과 함께 A에 대하여 공동불법행위책임을 부담하는 乙이 있는 상황에서 甲이 A에게 자기의 부담 부분을
> 초과하여 부당이득반환채무를 변제하였다. 이 때 부당이득반환채무의 변제는 별개의 소송물인 불법행위로 인
> 한 손해배상채무에는 아무런 영향이 없으므로 甲은 다른 공동불법행위자인 乙에게 공동 면책을 이유로 부담
> 부분의 비율에 따른 구상권을 행사할 수 없다(×).
> ③ 공동불법행위자 중 1인이 다른 공동불법행위자에 대하여 구상권을 행사하기 위하여는 자기의 부담부분 이
> 상을 변제하여 공동의 면책을 얻었음을 주장·입증하여야 하며, 위와 같은 법리는 **피해자의 다른 공동불법행**
> **위자에 대한 손해배상청구권이 시효소멸한 후에 구상권을 행사하는 경우**라고 하여 달리 볼 것이 아니다
> (대판 1997. 12. 12, 96다50896).
> ④ 공동불법행위자의 다른 공동불법행위자에 대한 구상권의 소멸시효는 그 **구상권이 발생한 시점, 즉 구상**
> **권자가 공동면책행위를 한 때**로부터 기산하여야 할 것이고, 그 기간도 **일반채권과 같이 10년**으로 보아야

한다(대판 1996. 3. 26, 96다3791).

⑤ 민법 제426조가 연대채무에 있어서의 변제에 관하여 채무자 상호간에 통지의무를 인정하고 있는 취지는, 연대채무에 있어서는 채무자들 상호간에 공동목적을 위한 주관적인 연관관계가 있는 경우에 적용되는 것이고 출연분담에 관한 주관적인 밀접한 연관관계가 없고 단지 채권만족이라는 목적만을 공통으로 하고 있는 부진정연대채무에 있어서는 그 변제에 관하여 채무자 상호간에 통지의무 관계를 인정할 수 없고, 변제로 인한 공동면책이 있는 경우에 있어서는 채무자 상호간에 어떤 대내적인 특별관계에서 또는 형평의 관점에서 손해를 분담하는 관계가 있게 되는데 불과하다고 할 것이므로, 부진정 연대채무에 해당하는 공동불법행위로 인한 손해배상채무에 있어서도 채무자 상호간에 구상요건으로서의 통지에 관한 민법의 위 규정을 유추적용할 수는 없다(대판 1998. 6. 26, 98다5777).

⑥ 공동불법행위자간의 구상관계에도 준용되는 것으로 해석되는 민법 제425조 제2항이 구상권의 범위에 면책된 날 이후의 법정이자를 포함한다고 규정하고 있으므로, 공동불법행위자의 구상권에는 면책된 날 이후의 법정이자가 당연히 포함된다(대판 2001. 1. 16, 2000다29325).

2) 공동불법행위자 중 1인에 대하여 구상의무를 부담하는 다른 공동불법행위자가 수인인 경우에는 특별한 사정이 없는 이상 그들의 구상권자에 대한 채무는 이를 부진정연대채무로 보아야 할 근거는 없으며, 오히려 다수 당사자 사이의 분할채무의 원칙이 적용되어 각자의 부담 부분에 따른 **분할채무**로 봄이 상당하다(대판 2002. 9. 27, 2002다15917). 다만 **구상권자인 공동불법행위자 측에 과실이 없는 경우, 즉 내부적인 부담부분이 전혀 없는 경우**에는 이와 달리 그에 대한 수인의 구상의무 사이의 관계를 **부진정연대관계**로 봄이 상당하다(대판 2012. 3. 15, 2011다52727; 대판 2005. 10. 13, 2003다24147).

[판례] [1] 자신의 부담 부분을 넘어 공동 면책을 시킨 공동불법행위자에 대하여 구상의무를 부담하는 다른 공동불법행위자가 수인인 경우에는 특별한 사정이 없는 이상 구상권자에 대한 다른 공동불법행위자들의 채무는 각자의 부담 부분에 따른 분할채무로 봄이 타당하다. 이때 **분할채무 관계에 있는 공동불법행위자들 중 1인이 자신의 부담 부분을 초과하여 구상에 응하였고 그로 인하여 다른 공동불법행위자가 자신의 출연 없이 채무를 면하게 되는 경우, 구상에 응한 공동불법행위자는 다른 공동불법행위자의 부담 부분 내에서 자신의 부담 부분을 초과하여 변제한 금액에 관하여 구상권을 취득한다.** [2] 공동불법행위자 중 1인이 피해자로부터 손해배상청구소송을 당하여 그 판결에서 인용된 손해배상금을 지급함으로써 공동 면책된 때에는, 그것이 부당응소라는 등의 특별한 사정이 없는 한 **공동 면책된 금액 중 다른 공동불법행위자의 과실비율에 상당하는 금액은 물론이고 그에 대한 공동 면책일 이후의 법정이자 및 피할 수 없는 비용 기타의 손해배상을 구상할 수 있다.** 이러한 피할 수 없는 비용 기타의 손해배상에는 **소송을 제기당한 공동불법행위자가 피해자에게 지급한 소송비용상환액뿐만 아니라 소송을 수행하는 과정에서 지출한 소송비용도 포함되고,** 그가 지출한 변호사보수 중에서 변호사보수의 소송비용 산입에 관한 규칙에 의한 보수기준, 소속 변호사회의 규약, 소송물가액, 사건의 난이도, 소송 진행 과정, 판결 결과 등 여러 가지 사정을 참작하여 합리적으로 판단하여 상당하다고 인정되는 범위 내의 금원은 피할 수 없는 비용 기타의 손해로서 구상할 수 있다. 반면 공동불법행위자가 **다른 공동불법행위자와의 공동 면책이 아니라 자신의 권리를 방어하기 위하여 지출한 소송비용은 다른 공동불법행위자에 대하여 구상하는 것이 허용되지 않는다.** 공동불법행위자

중 1인이 공동 면책을 시킨 다른 공동불법행위자로부터 구상금 청구 소송을 당한 경우 그 구상금 채무는 특별한 사정이 없는 한 자신의 부담 부분에 따른 분할채무이다. 따라서 그 소송과 관련하여 지출한 변호사보수나 소송비용상환액은 나머지 공동불법행위자들과의 공동 면책이 아니라 자신의 권리를 방어하기 위한 것으로 이들에 대하여 구상을 할 수 없다(대판 2023. 6. 29, 2022다309474).

(3) 금액이 다른 채무가 서로 부진정연대관계에 있을 때 다액채무자가 일부 변제를 하는 경우 변제로 인하여 먼저 소멸하는 부분

1) 금액이 다른 채무가 서로 부진정연대관계에 있을 때 **다액채무자가 일부 변제를 하는 경우** 변제로 인하여 먼저 소멸하는 부분은 당사자의 의사와 채무 전액의 지급을 확실히 확보하려는 부진정연대채무 제도의 취지에 비추어 볼 때 **다액채무자가 단독으로 채무를 부담하는 부분**으로 보아야 한다. 이러한 법리는 사용자의 손해배상액이 피해자의 과실을 참작하여 과실상계를 한 결과 타인에게 직접 손해를 가한 피용자 자신의 손해배상액과 달라졌는데 다액채무자인 피용자가 손해배상액의 일부를 변제한 경우에 적용되고, 공동불법행위자들의 피해자에 대한 과실비율이 달라 손해배상액이 달라졌는데 다액채무자인 공동불법행위자가 손해배상액의 일부를 변제한 경우에도 적용된다. 또한 중개보조원을 고용한 개업공인중개사의 공인중개사법 제30조 제1항에 따른 손해배상액이 과실상계를 한 결과 거래당사자에게 직접 손해를 가한 중개보조원 자신의 손해배상액과 달라졌는데 다액채무자인 중개보조원이 손해배상액의 일부를 변제한 경우에도 마찬가지이다. 이와 달리 사용자책임 또는 공동불법행위책임이 문제 되는 사안에서 다액채무자가 손해배상액의 일부를 변제하는 경우 소액채무자의 과실비율에 상응하는 만큼 소액채무자와 공동으로 채무를 부담하는 부분에서도 변제된 것으로 보아야 한다(이른바 과실비율설)고 판시한 대법원 1994. 2. 22. 선고 93다53696 판결 등은 이 판결의 견해에 배치되는 범위 내에서 이를 변경하기로 한다[대판(전합) 2018. 3. 22. 2012다74236]. ☞ 이전에는 판례가 계약책임과 불법행위책임이 부진정연대관계에 있을 때에는 외측설을, 불법행위책임 수 개가 부진정연대관계에 있을 때에는 이른바 과실비율설을 각각 취하였으나, 위 대법원 2018. 3. 22. 선고 2012다74236 전원합의체 판결은 이른바 과실비율설을 취했던 판례를 변경하여 외측설로 통일하였다.

2) 그러나 부진정연대채무자 중 **소액 채무자가 자신의 채무 중 일부를 변제**한 경우, 부진정연대채무자 상호간에 채권의 목적을 달성시키는 변제와 같은 사유는 채무자 전원에게 절대적 효력이 있으므로, 이로써 다액 채무자의 채무도 지연손해금과 원금이 **같은 범위에서 소멸**하게 된다(대판 2012. 2. 9, 2009다72094).

IX. 의료과오

1. 의사의 과실

> 판례 │ 의사가 진찰·치료 등의 의료행위를 하는 경우 사람의 생명·신체·건강을 관리하는 업무의 성질에 비추

어 환자의 구체적인 증상이나 상황에 따라 위험을 방지하기 위하여 요구되는 최선의 조치를 행하여야 할 주의의무가 있다. 의사의 이와 같은 주의의무는 의료행위를 할 당시 의료기관 등 임상의학 분야에서 실천되고 있는 의료행위의 수준을 기준으로 판단하여야 한다. 특히 진단은 문진·시진·촉진·청진 및 각종 임상검사 등의 결과에 기초하여 질병 여부를 감별하고 그 종류, 성질 및 진행 정도 등을 밝혀내는 임상의학의 출발점으로서 이에 따라 치료법이 선택되는 중요한 의료행위이므로, 진단상의 과실 유무를 판단할 때에는 해당 의사가 비록 완전무결한 임상진단의 실시는 불가능할지라도 적어도 임상의학 분야에서 실천되고 있는 진단 수준의 범위 안에서 전문직업인으로서 요구되는 의료상의 윤리와 의학지식 및 경험에 기초하여 신중히 환자를 진찰하고 정확히 진단함으로써 위험한 결과 발생을 예견하고 이를 회피하는 데에 필요한 최선의 주의의무를 다하였는지 여부를 따져 보아야 한다(대판 2023. 7. 13, 2020다217533).

2. 과실 및 인과관계의 증명

판례 ① [1] 의료행위는 고도의 전문적 지식을 필요로 하는 분야로서 전문가가 아닌 일반인으로서는 의사의 의료행위의 과정에 주의의무 위반이 있는지 여부나 주의의무 위반과 손해발생 사이에 인과관계가 있는지 여부를 밝혀내기 극히 어려운 특수성이 있으므로, 수술 도중이나 수술 후 환자에게 중한 결과의 원인이 된 증상이 발생한 경우 그 **증상발생에 관하여 의료상의 과실 이외의 다른 원인이 있다고 보기 어려운 간접사실들을 증명함으로써 그와 같은 증상이 의료상의 과실에 기한 것이라고 추정하는 것도 가능하다.** [2] 의사 등이 진료상 과실 또는 설명의무를 위반함으로써 환자에게 손해를 배상할 책임이 있는 경우 그 손해배상의 범위를 정함에 있어서는, 의사 측 과실의 내용 및 정도, 진료의 경위 및 난이도, 의료행위의 결과, 해당 질환의 특성, 환자의 체질 및 행태 등 제반 사정을 참작하여 손해 분담의 공평이라는 손해배상제도의 이념에 비추어 그 손해배상액을 제한할 수 있고, 책임감경사유에 관한 사실인정이나 그 비율을 정하는 것은 그것이 형평의 원칙에 비추어 현저히 불합리하다고 인정되지 않는 한 사실심의 전권사항에 속한다(대판 2023. 8. 31, 2022다303995).

② [1] 의사가 진찰·치료 등의 의료행위를 할 때에는 사람의 생명·신체·건강을 관리하는 업무의 성질에 비추어 환자의 구체적인 증상이나 상황에 따라 위험을 방지하기 위하여 요구되는 최선의 조치를 취하여야 할 주의의무가 있고, 의사의 이와 같은 주의의무는 의료행위를 할 당시 의료기관 등 임상의학 분야에서 실천되고 있는 의료행위의 수준을 기준으로 삼되 그 의료수준은 통상의 의사에게 의료행위 당시 일반적으로 알려져 있고 또 시인되고 있는 **이른바 의학상식**을 뜻하므로 진료환경 및 조건, 의료행위의 특수성 등을 고려하여 **규범적인 수준으로 파악되어야** 한다. [2] 의료행위는 고도의 전문적 지식을 필요로 하는 분야로서 전문가가 아닌 일반인으로서는 의사의 의료행위 과정에 주의의무 위반이 있는지 여부나 그 주의의무 위반과 손해발생 사이에 인과관계가 있는지 여부를 밝혀내기가 매우 어려운 특수성이 있다. 따라서 환자에게 발생한 손해에 관하여 의료상의 과실 이외의 다른 원인이 있다고 보기 어려운 간접사실들을 증명함으로써 그와 같은 손해가 의료상의 과실에 기한 것이라고 추정하는 것도 가능하지만, 그 경우에도 의사의 과실로 인한 결과 발생을 추정할 수 있을 정도의 개연성이 담보되지 않는 사정들을 가지고 **막연하게 중한 결과에서 의사의 과실과 인과관계를 추정함으로써 결과적으로 의사에게 무과실의 증명책임을 지우는 것까지 허용되는 것은 아니다**(대판 2023. 10. 12, 2021다213316).

③ 진료상 과실로 인한 손해배상책임이 성립하기 위해서는 다른 경우와 마찬가지로 손해가 발생하는 것 외에 주의의무 위반, 주의의무 위반과 손해 사이의 인과관계가 인정되어야 한다. 그러나 의료행위는 고도의 전문적

지식을 필요로 하는 분야로서 환자 측에서 의료진의 과실을 증명하는 것이 쉽지 않고, 현대의학지식 자체의 불완전성 등 때문에 진료상 과실과 환자 측에게 발생한 손해(기존에 없던 건강상 결함 또는 사망의 결과가 발생하거나, 통상적으로 회복가능한 질병 등에서 회복하지 못하게 된 경우 등) 사이의 인과관계는 환자 측뿐만 아니라 의료진 측에서도 알기 어려운 경우가 많다. 이러한 증명의 어려움을 고려하면, 환자 측이 의료행위 당시 임상의학 분야에서 실천되고 있는 의료수준에서 통상의 의료인에게 요구되는 주의의무의 위반 즉 진료상 과실로 평가되는 행위의 존재를 증명하고, 그 과실이 환자 측의 손해를 발생시킬 개연성이 있다는 점을 증명한 경우에는, **진료상 과실과 손해 사이의 인과관계를 추정하여 인과관계 증명책임을 완화하는 것이 타당하다.** 여기서 손해 발생의 개연성은 자연과학적, 의학적 측면에서 의심이 없을 정도로 증명될 필요는 없으나, 해당 과실과 손해 사이의 인과관계를 인정하는 것이 의학적 원리 등에 부합하지 않거나 해당 과실이 손해를 발생시킬 막연한 가능성이 있는 정도에 그치는 경우에는 증명되었다고 볼 수 없다. 한편 진료상 과실과 손해 사이의 인과관계가 추정되는 경우에도 의료행위를 한 측에서는 환자 측의 손해가 진료상 과실로 인하여 발생한 것이 아니라는 것을 증명하여 추정을 번복시킬 수 있다(대판 2023. 8. 31, 2022다219427).

3. 의사의 설명의무

판례 ① 의사는 응급환자의 경우나 그 밖에 특별한 사정이 없는 한 환자에게 수술 등 인체에 위험을 가하는 의료행위를 할 경우 그에 대한 승낙을 얻기 위한 전제로서 환자에게 질병의 증상, 치료방법의 내용 및 필요성, 발생이 예상되는 생명, 신체에 대한 위험과 부작용 등에 관하여 당시의 의료수준에 비추어 환자가 의사결정을 함에 있어 중요하다고 생각되는 사항을 구체적으로 설명하여 환자로 하여금 수술 등의 의료행위에 응할 것인지 스스로 결정할 기회를 가지도록 할 의무가 있다. 이와 같은 **의사의 설명의무**는 의료행위가 행해질 때까지 적절한 시간적 여유를 두고 이행되어야 한다. 환자가 의료행위에 응할 것인지를 합리적으로 결정할 수 있기 위해서는 그 의료행위의 필요성과 위험성 등을 환자 스스로 숙고하고 필요하다면 가족 등 주변 사람과 상의하고 결정할 시간적 여유가 환자에게 주어져야 하기 때문이다. 의사가 환자에게 의사를 결정함에 충분한 시간을 주지 않고 의료행위에 관한 설명을 한 다음 곧바로 의료행위로 나아간다면 이는 환자가 의료행위에 응할 것인지 선택할 기회를 침해한 것으로서 의사의 설명의무가 이행되었다고 볼 수 없다. 이때 적절한 시간적 여유를 두고 설명의무를 이행하였는지는 의료행위의 내용과 방법, 그 의료행위의 위험성과 긴급성의 정도, 의료행위 전 환자의 상태 등 여러 가지 사정을 종합하여 개별적·구체적으로 판단하여야 한다(대판 2022. 1. 27, 2021다265010).

② [1] 의사는 응급환자의 경우나 그 밖에 특별한 사정이 없는 한 환자에게 수술 등 인체에 위험을 가하는 의료행위를 할 경우 그에 대한 승낙을 얻기 위한 전제로서 환자에게 질병의 증상, 치료방법의 내용 및 필요성, 발생이 예상되는 생명, 신체에 대한 위험과 부작용 등에 관하여 당시의 의료수준에 비추어 환자가 의사결정을 함에 있어 중요하다고 생각되는 사항을 구체적으로 설명하여 환자로 하여금 수술 등의 의료행위에 응할 것인지 스스로 결정할 기회를 가지도록 할 의무가 있다. [2] 의료법 및 관계 법령들의 취지에 비추어 보면, 환자가 미성년자라도 의사결정능력이 있는 이상 자신의 신체에 위험을 가하는 의료행위에 관한 자기결정권을 가질 수 있으므로 **원칙적으로** 의사는 **미성년자인 환자에 대해서** 의료행위에 관하여 설명할 의무를 부담한다. 그러나 미성년자인 환자는 친권자나 법정대리인의 보호 아래 병원에 방문하여 의사의 설명을 듣고 의료행위를 선택·승낙하는 상황이 많을 것인데, 이 경우 의사의 설명은 친권자나 법정대리인에게 이루어지고 미성년자인 환자는 설명 상황에 같이 있으면서 그 내용을 듣거나 친권자나 법정대리인으로부터 의료행위에 관한 구체적인 설

명을 전해 들음으로써 의료행위를 수용하는 것이 일반적이다. 아직 정신적이나 신체적으로 성숙하지 않은 미성년자에게는 언제나 의사가 직접 의료행위를 설명하고 선택하도록 하는 것보다는 이처럼 미성년자와 유대관계가 있는 친권자나 법정대리인을 통하여 설명이 전달되어 수용하게 하는 것이 미성년자의 복리를 위해서 더 바람직할 수 있다. 따라서 **의사가 미성년자인 환자의 친권자나 법정대리인에게 의료행위에 관하여 설명하였다면,** 그러한 설명이 친권자나 법정대리인을 통하여 미성년자인 환자에게 전달됨으로써 **의사는 미성년자인 환자에 대한 설명의무를 이행하였다고 볼 수 있다.** 다만 친권자나 법정대리인에게 설명하더라도 미성년자에게 전달되지 않아 의료행위 결정과 시행에 미성년자의 의사가 배제될 것이 명백한 경우나 미성년자인 환자가 의료행위에 대하여 적극적으로 거부 의사를 보이는 경우처럼 **의사가 미성년자인 환자에게 직접 의료행위에 관하여 설명하고 승낙을 받을 필요가 있는 특별한 사정이 있으면** 의사는 친권자나 법정대리인에 대한 설명만으로 설명의무를 다하였다고 볼 수는 없고, 미성년자인 환자에게 직접 의료행위를 설명하여야 한다. 이와 같이 의사가 미성년자인 환자에게 직접 설명의무를 부담하는 경우 의사는 미성년자인 환자의 나이, 미성년자인 환자가 자신의 질병에 대하여 갖고 있는 이해 정도에 맞추어 설명을 하여야 한다(대판 2023. 3. 9, 2020다218925).

③ **의사의 설명의무는 그 의료행위에 따르는 후유증이나 부작용 등의 위험 발생 가능성이 희소하다는 사정만으로 면제될 수 없으며,** 그 후유증이나 부작용이 당해 치료행위에 전형적으로 발생하는 위험이거나 회복할 수 없는 중대한 것인 경우에는 그 발생가능성의 희소성에도 불구하고 설명의 대상이 된다(대판 2007. 5. 31, 2005다5867).

④ **특별한 사정이 없는 한 의사측에 설명의무를 이행한 데 대한 증명책임이 있다**고 해석하는 것이 손해의 공평·타당한 부담을 그 지도원리로 하는 손해배상제도의 이상 및 법체계의 통일적 해석의 요구에 부합한다(대판 2007. 5. 31, 2005다5867).

X. 제조물책임

1. 의 의

제조물책임이란 제조자가 안전성과 내구성을 갖추지 못한 제조물의 결함 내지 하자로 발생한 손해를 입은 피해자에 대해서 계약관계에 있지 않더라도 책임을 부담하는 것을 말한다. 여기서 <u>상품 자체의 손해는 보통 매도인의 하자담보책임으로 다루어진다. 따라서 제조물책임은 보통 상품의 결함으로 인하여 야기된 완전물의 이행이익을 초과하여 이용자의 신체나 기타 재산에 발생한다(확대손해).</u> 제조물책임법은 무과실책임을 채택하고 있다.

> **｜판례｜** ① 제조물책임이란 제조물에 통상적으로 기대되는 안전성을 결여한 결함으로 인하여 생명·신체 또는 재산에 손해가 발생한 경우에 제조업자 등에게 지우는 손해배상책임인데, '제조물에 대하여만 발생한 재산상 손해'는 여기서 제외된다. 그리고 '제조물에 대하여만 발생한 재산상 손해'에는 제조물 자체에 발생한 재산상 손해뿐만 아니라 제조물의 결함 때문에 발생한 영업 손실로 인한 손해도 포함되므로 그로 인한 손해는 제조물책임법의 적용 대상이 아니다(대판 2015. 3. 26, 2012다4824).
> ② 제조업자 등이 합리적인 설명, 지시, 경고 기타의 표시를 하였더라면 당해 제조물에 의하여 발생될 수 있는 피해나 위험을 피하거나 줄일 수 있었음에도 이를 하지 않은 때에는 그와 같은 **표시상의 결함**(지시·경고상의

결함)에 대하여도 불법행위로 인한 책임이 인정될 수 있다. 그와 같은 결함이 존재하는지 여부에 대한 판단을 할 때에는 제조물의 특성, 통상 사용되는 사용형태, 제조물에 대한 사용자의 기대의 내용, 예상되는 위험의 내용, 위험에 대한 사용자의 인식 및 사용자에 의한 위험회피의 가능성 등의 여러 사정을 종합적으로 고려하여 사회통념에 비추어 판단하여야 한다(대판 2022. 7. 14, 2017다213289).

③ 제조물 책임법은 불법행위에 관한 민법의 특별법이라 할 것이므로, **제조물의 결함으로 손해를 입은 자가 제조물 책임법에 의하여 손해배상을 주장하지 않고 민법상 불법행위책임을 주장하였더라도 법원은 민법에 우선하여 제조물 책임법을 적용하여야** 하고, **제조물 책임법의 요건이 갖추어지지 않았지만 민법상 불법행위책임 요건을 갖추었다면 민법상 불법행위책임을 인정할 수도 있다**(대판 2023. 5. 18, 2022다230677).

2. 인과관계 입증의 완화(이른바 개연성 이론)

판례 고도의 기술이 집약되어 대량으로 생산되는 제품에 성능 미달 등의 하자가 있어 피해를 입었다는 이유로 제조업자 측에게 민법상 일반 불법행위책임으로 손해배상을 청구하는 경우에, 일반 소비자로서는 제품에 구체적으로 어떠한 하자가 존재하였는지, 발생한 손해가 하자로 인한 것인지를 과학적·기술적으로 증명한다는 것은 지극히 어렵다. 따라서 소비자 측으로서는 제품이 통상적으로 지녀야 할 품질이나 요구되는 성능 또는 효능을 갖추지 못하였다는 등 일응 제품에 하자가 있었던 것으로 추단할 수 있는 사실과 제품이 정상적인 용법에 따라 사용되었음에도 손해가 발생하였다는 사실을 증명하면, 제조업자 측에서 손해가 제품의 하자가 아닌 다른 원인으로 발생한 것임을 증명하지 못하는 이상, 제품에 하자가 존재하고 하자로 말미암아 손해가 발생하였다고 추정하여 손해배상책임을 지울 수 있도록 증명책임을 완화하는 것이 손해의 공평·타당한 부담을 지도원리로 하는 손해배상제도의 이상에 맞다(대판 2013. 9. 26, 2011다88870).

XI. 명예훼손

제764조(명예훼손의 경우의 특칙)
타인의 명예를 훼손한 자에 대하여는 법원은 피해자의 청구에 의하여 손해배상에 갈음하거나 손해배상과 함께 명예회복에 적당한 처분을 명할 수 있다.
[89헌마160 1991. 4. 1. 민법 제764조(1958. 2. 22. 법률 제471호)의 "명예회복에 적당한 처분"에 사죄광고를 포함시키는 것은 헌법에 위반된다.]

1. 의 의

(1) 민법은 제764조에서 "타인의 명예를 훼손한 자에 대하여는 법원은 피해자의 청구에 의하여 손해배상에 갈음하거나 손해배상과 함께 명예회복에 적당한 처분을 명할 수 있다"고 하고 있다.

(2) 헌법재판소(헌재 1991. 4. 1, 89헌마160)는 '명예회복에 적당한 처분'에 사죄광고를 포함시키는 것은 양심의 자유를 침해하는 것으로 위헌으로 결정하였다.

2. 명예훼손의 경우 피해자보호방안

(1) 불법행위로 인한 손해배상의 청구

명예도 인격권으로서 그 침해시 불법행위가 성립한다(제751조 참조). 불법행위가 성립하면 피해자는 손해배상청구권을 취득하게 되는데, **인격권은 자연인 뿐만 아니라 법인도 향유할 수 있다.**

> **판례** (ⅰ) 법인 제도의 목적과 사회적 기능에 비추어 볼 때 **법인은 성질에 반하지 않는 범위 내에서 인격권의 한 내용인 사회적 신용이나 명예 등의 주체가 될 수 있다.** 민법 제751조 제1항은 "타인의 신체, 자유 또는 명예를 해하거나 기타 정신상 고통을 가한 자는 재산 이외의 손해에 대하여도 배상할 책임이 있다."라고 규정하고, 제764조는 "타인의 명예를 훼손한 자에 대하여는 법원은 피해자의 청구에 의하여 손해배상에 갈음하거나 손해배상과 함께 명예회복에 적당한 처분을 명할 수 있다."라고 규정하는데, 여기에서 '명예'란 사람의 품성, 덕행, 명성, 신용 등 세상으로부터 받는 객관적인 평가를 말하고 **법인의 경우 그 사회적 명성, 신용을 가리키며 명예를 훼손한다는 것은 그 사회적 평가를 침해하는 것을 말한다.** (ⅱ) 법인은 법률의 규정에 좇아 정관으로 정한 목적의 범위 내에서 권리와 의무의 주체가 되므로(민법 제34조), **법인의 목적사업 수행에 영향을 미칠 정도로 법인의 사회적 명성, 신용을 훼손하여 법인의 사회적 평가가 침해된 경우에는 그 법인에 대하여 불법행위를 구성한다**고 할 것이다. 이는 결국 법인의 명예, 신용이 침해되어 그 법인의 목적인 사업 수행에 영향을 미치게 될 경우와 같이 법인의 사회적 평가가 침해되는 경우를 말한다. 주식회사 등 영리법인의 재정 건전성과 공정한 인사제도는 그 법인에 대한 사회적 평가와 신용에 직·간접적으로 영향을 미치고 보호할 필요성이 상당하기 때문이다. 3) 행위자가 법인을 상대로 그 법인 내부의 인사조치와 관련하여 명예훼손적 언동을 하여 그 법인의 기관이 법인을 대표하여 그 행위자에 대하여 처벌을 구하는 고소를 하고 수사가 진행된 결과, 그 법인에 대한 명예훼손죄를 구성한다고 기소되어 유죄판결이 선고되어 확정된 경우와 같이 법인을 상대로 한 특정 언동으로 법인이 직접 피해자로서 명예나 신용이 훼손되었음이 인정된 경우에는, 법인의 사회적 평가가 침해되었다고 보아야 한다(대판 2022. 10. 14, 2021다250735).

(2) 사전적 구제수단

인격권은 그 특성상 사후적인 방법에 의한 완전한 구제는 거의 불가능하고 손해전보라는 것이 실효성을 갖기 어려우므로, 사전예방적인 구제책, 즉 침해행위의 정지 내지 방지 청구권의 인정필요성이 크다 하겠다.

> **판례** 명예는 생명, 신체와 함께 매우 중대한 보호법익이고 인격권으로서의 명예권은 물권의 경우와 마찬가지로 배타성을 가지는 권리라고 할 것이므로, 사람의 품성, 덕행, 명성, 신용 등의 인격적 가치에 관하여 사회로부터 받는 객관적인 평가인 명예를 위법하게 침해당한 자는 손해배상(민법 제751조) 또는 명예회복을 위한 처분(민법 제764조)을 구할 수 있는 이외에 인격권으로서 명예권에 기초하여 가해자에 대하여 현재 이루어지고 있는 침해행위를 배제하거나 장래에 생길 침해를 예방하기 위하여 침해행위의 금지를 구할 수도 있다(대판 2013. 3. 28, 2010다60950).

XII. 불법행위의 효과

> **제750조(불법행위의 내용)**
> 고의 또는 과실로 인한 위법행위로 타인에게 손해를 가한 자는 그 손해를 배상할 책임이 있다.
>
> **제763조(준용규정)**
> 제393조, 제394조, 제396조, 제399조의 규정은 불법행위로 인한 손해배상에 준용한다.

1. 손해배상청구권

(1) 금전배상주의 원칙(제763조에 의하여 준용되는 제394조)

다른 의사표시가 없으면 손해는 금전으로 배상한다.

(2) 예외적 금지청구권 등

불법행위의 효과는 금전배상주의가 원칙이지만 판례는 예방청구권, 금지청구권 등을 인정하기도 한다.

> **판 례** ① 불특정 다수인인 일반 공중의 통행에 공용된 도로, 즉 공로를 통행하고자 하는 자는 그 도로에 관하여 다른 사람이 가지는 권리 등을 침해한다는 등의 특별한 사정이 없는 한, 일상생활상 필요한 범위 내에서 다른 사람들과 같은 방법으로 그 도로를 통행할 자유가 있고, 제3자가 특정인에 대하여만 그 도로의 통행을 방해함으로써 일상생활에 지장을 받게 하는 등의 방법으로 특정인의 통행의 자유를 침해하였다면 **민법상 불법행위에 해당하며, 침해를 받은 자로서는 방해의 배제나 장래에 생길 방해를 예방하기 위하여 통행방해 행위의 금지를 소구할 수 있다**(대판 2021. 3. 11, 2020다229239).
> ② [1] 성명권은 개인을 표시하는 인격의 상징인 이름에서 연유되는 이익을 침해받지 않고 자신의 관리와 처분 아래 둘 수 있는 권리로서 헌법상 행복추구권과 인격권의 한 내용을 이룬다. **비법인사단도 인격권의 주체가 되므로 명칭에 관한 권리를 가질 수 있고, 자신의 명칭이 타인에 의해 함부로 사용되지 않도록 보호받을 수 있다.** 또한 비법인사단의 명칭이 지리적 명칭이나 보편적 성질을 가리키는 용어 등 일반적인 단어로 이루어졌다고 하더라도 특정 비법인사단이 그 명칭을 상당한 기간 사용하여 활동해 옴으로써 그 명칭이 해당 비법인사단을 표상하는 것으로 널리 알려졌다면 비법인사단은 그 명칭에 관한 권리를 인정받을 수 있다. [2] 인격권은 성질상 일단 침해된 후의 구제수단(금전배상이나 명예회복 처분 등)만으로는 그 피해의 완전한 회복이나 손해전보의 실효성을 기대하기 어려우므로 인격권의 침해에 대해서는 사전(예방적) 구제수단으로 침해행위 정지·방지 등의 금지청구권이 인정될 수 있다. 따라서 다른 비법인사단 등(이하 '타인'이라고 한다)이 비법인사단의 명칭을 사용함으로써 비법인사단의 명칭에 관한 권리를 침해하였음이 인정될 경우, 그러한 침해행위가 계속되어 금전배상을 명하는 것만으로는 비법인사단의 권리 구제에 실효성을 기대하기 어렵고 침해행위 금지로 보호되는 비법인사단의 이익과 그로 인한 타인의 불이익을 비교·형량할 때 비법인사단의 이익이 더 크다고 인정되면 **비법인사단은 자신의 명칭을 사용하여 권리를 침해한 타인을 상대로 명칭 사용의 금지를 청구할 수 있다**(대판 2022. 11. 17, 2018다249995).

2. 불법행위로 인한 재산상 손해의 산정방법 및 손해액 산정의 기준시점(=불법행위시)

(1) 불법행위로 인한 재산상 손해는 위법한 가해행위로 인하여 발생한 재산상 불이익, 즉 그 위법행위가 없었더라면 존재하였을 재산상태와 그 위법행위가 가해진 현재의 재산상태의 차이를 말하는 것(이른바 차액설)이며, 그 손해액은 원칙적으로 **불법행위 시**를 기준으로 산정하여야 한다. 다만 **불법행위 시와 결과발생 시 사이에 시간적 간격이 있는 경우**에는 결과가 발생한 때에 불법행위가 완성된다고 보아 불법행위가 완성된 시점, 즉 **손해발생 시**가 손해액 산정의 기준 시점이된다. 손해의 발생 시점이란 이러한 **손해가 현실적으로 발생한 시점**을 의미하는데, 현실적으로 손해가 발생하였는지 여부는 사회통념에 비추어 객관적이고 합리적으로 판단하여야 한다(대판 2023. 5. 18, 2022다230677).

(2) 한편 불법행위로 인한 손해배상채무의 **지연손해금의 기산일**은 **불법행위 성립일**임이 원칙이고, 불법행위에 있어 **위법행위 시점과 손해발생 시점 사이에 시간적 간격이 있는 경우**에는 **손해발생시점**이 기산일이 된다고 할 것이다(대판 2012. 2. 23, 2010다97426).

3. 특별손해

불법행위 후의 특별사정에 의한 손해는 그 예견가능성이 있었던 경우에 한하여 배상책임이 있다(대판 1963. 6. 20, 63다242).

> **판례** ① 특정물의 소유권침해를 원인으로 한 손해배상청구에 있어서는 원칙적으로 **불법행위시**를 기준하여 그때의 교환가격으로 손해액을 산정하고 그 **불법행위 후의 목적물의 가격등귀와 같은 특별사정에 의한 손해**는 그 예견가능성이 있었던 경우에 한하여 배상책임이 있다(대판 1963. 6. 20, 63다242).
> ② (i) 사업주가 직장 내 성희롱과 관련하여 피해를 입은 근로자 또는 성희롱 피해 발생을 주장하는 근로자(이하 '피해근로자등'이라 한다)등에게 해고나 그 밖의 불리한 조치를 한 경우에는 남녀고용평등법 제14조 제2항을 위반한 것으로서 민법 제750조의 불법행위가 성립한다. (ii) 사업주가 피해근로자등을 가까이에서 도와준 동료 근로자에게 불리한 조치를 한 경우에 그 조치의 내용이 부당하고 그로 말미암아 피해근로자등에게 정신적 고통을 입혔다면, 피해근로자등은 불리한 조치의 직접 상대방이 아니더라도 사업주에게 민법 제750조에 따라 불법행위책임을 물을 수 있다. 사업주는 직장 내 성희롱 발생 시 남녀고용평등법령에 따라 신속하고 적절한 근로환경 개선책을 실시하고, 피해근로자등이 후속 피해를 입지 않도록 적정한 근로여건을 조성하여 근로자의 인격을 존중하고 보호할 의무가 있다. 그런데도 사업주가 피해근로자등을 도와준 동료 근로자에게 부당한 징계처분 등을 하였다면, 특별한 사정이 없는 한 사업주가 피해근로자등에 대한 보호의무를 위반한 것으로 볼 수 있다. 피해근로자등을 도와준 동료 근로자에 대한 징계처분 등으로 말미암아 피해근로자등에게 손해가 발생한 경우 이러한 손해는 특별한 사정으로 인한 손해에 해당한다. 따라서 사업주는 민법 제763조, 제393조에 따라 이러한 손해를 알았거나 알 수 있었을 경우에 한하여 손해배상책임이 있다고 보아야 한다(대판 2017. 12. 22, 2016다202947).

4. 손해의 유형

손해는 '재산적 손해'와 '정신적 손해'로, 다시 재산적 손해는 기존이익의 상실인 '적극손해'와 장래이익상실인 '소극손해'(일실이익)가 있다(손해 3분설).

(1) 적극손해

1) 교환가격

소유물건이 멸실·훼손 등으로 적극적 침해가 있는 경우, 원칙적으로 멸실된 당시의 교환가격이 통상 생기는 손해가 된다(건물이 훼손된 경우, 수리가 가능하다면 그 수리비가 통상의 손해이다 - 대판 2004. 2. 27, 2002다39456).

> **판례** 불법행위 등으로 인하여 건물이 훼손된 경우, 수리가 가능하다면 그 수리비가 통상의 손해이며, 훼손 당시 그 건물이 이미 내용연수가 다 된 낡은 건물이어서 원상으로 회복시키는 데 소요되는 수리비가 건물의 교환가치를 초과하는 경우에는 형평의 원칙상 그 손해액은 그 건물의 교환가치 범위 내로 제한되어야 할 것이고, 또한 수리로 인하여 훼손 전보다 건물의 교환가치가 증가하는 경우에는 그 수리비에서 교환가치 증가분을 공제한 금액이 그 손해이다(대판 2004. 2. 27, 2002다39456).

2) 휴업손해

(가) 휴업손해와 관련하여 종전판례는 물건의 멸실시에는 부정하고, 훼손의 경우에만 긍정하였으나, 대법원은 전원합의체판결로 전부멸실의 경우에도 이제는 긍정하고 있다.

(나) 즉 불법행위로 영업용 물건이 **멸실된 경우**, 이를 대체할 다른 물건을 마련하기 위하여 필요한 합리적인 기간 동안 그 물건을 이용하여 영업을 계속하였더라면 얻을 수 있었던 이익, 즉 휴업손해는 그에 대한 증명이 가능한 한 통상의 손해로서 그 교환가치와는 별도로 배상하여야 하고, 이는 영업용 물건이 **일부 손괴된 경우**, 수리를 위하여 필요한 합리적인 기간 동안의 휴업손해와 마찬가지라고 보아야 할 것이다[대판(전합) 2004. 3. 18, 2001다82507].

(2) 일실이익배상

일실이익을 산정하는 방식으로는 평가설(노동능력상실설)과 차액설(수입상실설)의 견해가 있다. 평가설은 정상수입에 상실율을 곱하는 것이고, 차액설은 현재수입액에서 남은 노동력으로써 재취업이 가능한 직업상의 수입을 공제한 차액이 수입손실액이 되는 것이다. 대법원은 종전에는 차액설의 입장으로 일관하였으나, 판례는 둘 중 어느 방법에 의하더라도 무방하다고 보고 있다(아래 판례는 평가설적인 판례이다).

> **판례** ① 불법행위로 인한 일실이익손해를 피해자의 노동능력상실률을 인정평가하는 방법에 의하여 산정할 경우 **피해자가 후유증에도 불구하고 종전과 같은 직장에서 종전과 다름없이 수입을 얻고 있다고 하더라**

도 달리 특별한 사정이 없는 한 피해자가 신체적인 기능의 장애로 인하여 아무런 재산상 손해도 입지 않았다고 단정할 수는 없고, 또한 피해자가 사실심의 변론종결시까지 종전 직장으로부터 종전과 같은 보수를 지급받았다고 하더라도 그것이 사고와 상당인과관계에 있는 이익이라고는 볼 수 없어 가해자가 배상하여야 할 손해액에서 그 보수액을 공제할 것은 아니다(대판 2006. 12. 22, 2006다48991; 대판 1993. 7. 27, 92다15031).

② 대법원은 1989. 12. 26.한 88다카16867 전원합의체 판결(이하 '종전 전원합의체 판결'이라 한다)에서 일반 육체노동을 하는 사람 또는 육체노동을 주로 생계활동으로 하는 사람(이하 '육체노동'이라 한다)의 가동연한을 경험칙상 만 55세라고 본 기존 견해를 폐기하였다. 그 후부터 현재에 이르기까지 육체노동의 가동연한을 경험칙상 만 60세로 보아야 한다는 견해를 유지하여 왔다. 그런데 우리나라의 사회적·경제적 구조와 생활여건이 급속하게 향상·발전하고 법제도가 정비·개선됨에 따라 종전 전원합의체 판결 당시 위 경험칙의 기초가 되었던 제반 사정들이 현저히 변하였기 때문에 위와 같은 견해는 더 이상 유지하기 어렵게 되었다. 이제는 특별한 사정이 없는 한 만 60세를 넘어 **만 65세까지도 가동할 수 있다**고 보는 것이 경험칙에 합당하다[대판(전합) 2019. 2. 21, 2018다248909].

(3) 정신적 손해배상의 청구(위자료청구권의 인정)

제751조(재산 이외의 손해의 배상)
① 타인의 신체, 자유 또는 명예를 해하거나 기타 정신상고통을 가한 자는 재산 이외의 손해에 대하여도 배상할 책임이 있다.
② 법원은 전항의 손해배상을 정기금채무로 지급할 것을 명할 수 있고 그 이행을 확보하기 위하여 상당한 담보의 제공을 명할 수 있다.

제752조(생명침해로 인한 위자료)
타인의 생명을 해한 자는 피해자의 직계존속, 직계비속 및 배우자에 대하여는 재산상의 손해없는 경우에도 손해배상의 책임이 있다.

1) 의 의
위자료란 불법행위 또는 기타의 불법원인으로 피해자가 입은 고통 등의 정신적 손해를 금전으로 배상해주는 손해배상금을 말한다.

> **판례** 위자료는 불법행위에 따른 피해자의 정신적 고통을 위자하는 금액에 한정되어야 하므로 발생한 재산상 손해의 확정이 가능한 경우에 위자료의 명목 아래 재산상 손해의 전보를 꾀하는 일은 허용될 수 없고, 재산상 손해의 발생에 대한 증명이 부족한 경우에는 더욱 그러하다(대판 2014. 1. 16, 2011다108057).

> **비교판례** 재산적 손해의 발생이 인정되는데도 입증곤란 등의 이유로 그 손해액의 확정이 불가능하여 그 배상을 받을 수 없는 경우에 이러한 사정을 위자료의 증액사유로 참작할 수는 있다(대판 2004. 11. 12, 2002다53865).

2) 채무불이행으로 인한 정신적 손해

다수설과 판례는 정신적 손해에 관하여 채무불이행과 불법행위간에 차이를 두어야 할 아무런 이유가 없다는 이유로 채무불이행에 있어서도 위자료청구권을 인정한다. 다만 유의하여야 할 것은 채무불이행으로 채권자의 가족이 정신적 고통을 당한 경우 그 가족의 위자료청구권까지 채무불이행으로 인정되는 것은 아니라는 것이다.

> **판례** ① 일반적으로 임대차계약에 있어서 임대인의 채무불이행으로 인하여 임차인이 임차의 목적을 달할 수 없게 되어 손해가 발생한 경우, 이로 인하여 임차인이 받은 정신적 고통은 그 재산적 손해에 대한 배상이 이루어짐으로써 회복된다고 보아야 할 것이므로, 임차인이 재산적 손해의 배상만으로는 회복될 수 없는 정신적 고통을 입었다는 특별한 사정이 있고, 임대인이 이와 같은 사정을 알았거나 알 수 있었을 경우에 한하여 정신적 고통에 대한 위자료를 인정할 수 있다(대판 1994. 12. 13, 93다59779).
> ② 숙박업자가 숙박계약상의 고객 보호의무을 다하지 못하여 투숙객이 사망한 경우, **숙박계약의 당사자가 아닌 그 투숙객의 근친자가** 그 사고로 인하여 정신적 고통을 받았다 하더라도 숙박업자의 그 망인에 대한 숙박계약상의 **채무불이행을 이유로** 위자료를 청구할 수는 없다(대판 2000. 11. 24, 2000다38718, 38725).

3) 제750조·제751조·제752조의 상호관계

제750조는 원칙적(일반적) 규정이고, 제751조는 신체·명예 등의 침해시 침해를 받은 피해자에게 위자료청구권을 인정하는 당연(주의적 내지는 보충적) 규정이고, 제752조는 생명침해시 가까운 친족은 재산상의 손해가 없는 경우에도 손해배상을 청구할 수 있다는 규정으로 근친자이외의 다른 사람도 정신적 손해와 재산적 손해에 대하여 배상을 부정하는 것으로 보지 않음이 다수설과 판례이다(제752조는 예시적 규정).

> **판례** ① (i) **제752조에 규정된 친족이외의 친족**도 그들의 정신적 손해를 입증하면, 제750조 및 제751조에 의하여 위자료를 청구할 수 있다. (ⅱ) 민법 제752조는 예시적 규정에 불과하므로 동조 소정 이외의 **피해자의 형제자매도** 위자료청구권이 있다(대판 1972. 4. 25, 72다331). (ⅲ) 미성년자의 생명침해 아닌 **신체의 침해로** 말미암은 그 부모의 정신적 고통에 대하여도 손해배상을 청구할 수 있다(대판 1965. 8. 24, 65다1083).
> ② 불법행위로 입은 상해의 후유장애로 인하여 장래에 계속적으로 치료비나 개호비 등을 지출하여야 할 손해를 입은 피해자가, 그 손해의 배상을 정기금에 의한 지급과 일시금에 의한 지급 중 어느 방식에 의하여 청구할 것인지는 원칙적으로 손해배상청구권자인 그 자신이 임의로 선택할 수 있는 것으로서 다만 식물인간 등의 경우와 같이 그 후유장애의 계속기간이나 잔존여명이 단축된 정도 등을 확정하기 곤란하여 일시금지급방식에 의한 손해의 배상이 사회정의와 형평의 이념에 비추어 현저하게 불합리한 결과를 초래할 우려가 있다고 인정될 때에는, 손해배상청구권자가 일시금에 의한 지급을 청구하였더라도 법원이 재량에 따라 정기금에 의한 지급을 명하는 판결을 할 수 있다(대판 1994. 1. 25, 93다48526).

4) 정신적 손해배상청구의 주체

(가) 법 인

자연인뿐만 아니라 법인도 권리·의무의 주체이기 때문에 법인이라 할지라도 위자료청구의 주체가 될 수 있다(대판 1996. 4. 12, 93다40614, 40621).

(나) 유아·태아

판례는 고통을 느낄 수 없는 유아에게도 인정한다. 다만 아직 출생하지 않은 태아에게는 출생을 조건으로 한다(정지조건설). 예컨대 임신한 모체에 유해한 약물을 투여하여 태아가 기형아로 태어난 경우에 신생아는 자신의 신체침해를 이유로 母와는 별도의 손해배상청구권을 가진다.

(다) 사실상 친족

판례는 피해자의 사실상의 배우자나 사실상 양자 등 사실상 친족관계에 있는 경우도 손해배상청구를 인정한다.

> **판례** 민법 제752조에 친족관계는 호적상의 친족만이 아니고 **사실상의 친족관계**에 있는 경우도 포함한다(대판 1975. 12. 23, 75마413).

5) 정신적 손해의 산정

피해자가 입은 정신적 고통에 대한 손해액은 법원이 제반사정을 참작하여 재량으로 정한다.

> **판례** ① 불법행위로 입은 정신적 고통에 대한 위자료 액수에 관하여는 사실심 법원이 제반 사정을 참작하여 그 직권에 속하는 재량에 의하여 이를 확정할 수 있다(대판 2006. 1. 26, 2005다47014, 47021, 47038).
> ② 위자료액은 이를 증거에 의하여 입증할 수 없는 성질의 것으로 그 산정에 관하여 아무런 증거를 필요로 하지 않으며, 사실심이 제반사정을 참작하여 그 직권으로서 결정하여야 한다(대판 2003. 7. 11, 99다24218).

6) 위자료 지급의무를 인정한 판례

사립초등학교를 운영하는 갑 학교법인이 학교를 무단으로 폐교함으로써 학습권 및 교육권이 침해되었다는 이유로 재학생과 학부모 등이 갑 법인과 이사장을 상대로 위자료 지급을 구한 사안에서, 갑 법인 등이 미리 상당한 기간을 두고서 관할 교육청 및 학교 구성원들과 충분한 의견수렴·논의를 거치거나 수년간의 유예기간 동안 점진적 폐교 방식을 채택하지 아니하였고, 관할 교육청으로부터 폐교인가처분이 내려지기도 전에 교직원을 상대로 근로계약종료를 통보하였음은 물론 폐교인가신청에 대한 반려처분이 내려졌음에도 학교를 정상화하거나 학생들의 학습권과 학부모들의 교육권이 침해되지 않도록 적절한 대책을 마련하려는 노력을 하지 아니한 채, 오히려 학생들의 전출을 계속적으로 종용하면서 위 반려처분을 위반하여 일방적·전격적으로 학교에 대한 폐교 결정을 함에 따라 재학생들의 학습권은 물론 학부모들의 학교선택권 등 자녀교육권이 모두 침해되었다는 이유로 갑 법인 등의 위자료 지급의무를 인정한 사례(대판 2022. 6. 16, 2022다204708).

5. 과실상계

민법은 과실상계를 채무불이행에서 규정하고 불법행위에서 이를 준용한다(제763조, 제396조).

> **판례** 환자는 생명과 신체의 기능을 어떻게 유지할 것인지에 대하여 스스로 결정하고 의료행위를 선택할 권리를 보유하지만, 신의칙 또는 손해부담의 공평이라는 손해배상제도의 이념에 비추어 볼 때 불법행위의 피해자인 환자에게는 그로 인한 손해의 확대를 방지하거나 감경하기 위하여 노력하여야 할 일반적인 의무가 있으므로, 수술과 같이 신체 침해를 수반하는 의료행위가 위험하거나 중대하지 않아 결과가 불확실하지 아니하고 그 의료행위가 관례적이며 그로 인하여 상당한 호전을 기대할 수 있는 경우에는, **피해자가 합리적인 이유 없이 자기결정권을 행사하여 이와 같은 의료행위를 거부함으로써 손해가 확대되면 손해의 공평한 부담이라는 견지에서 그 확대된 손해 부분을 공제한 나머지 부분으로 가해자의 배상 범위를 제한하여야 하고,** 그러한 수술로 피해자의 후유증이 개선될 수 있는 경우에 신체 손상으로 인한 일실이익 산정의 전제가 되는 노동능력상실률은 다른 특별한 사정이 없는 한 그 수술을 시행한 후에도 여전히 남을 후유증을 기준으로 정하여야 한다(대판 2023. 3. 16, 2022다283305).

6. 손익상계

손익상계에서 공제되는 이득은 배상원인과 상당인과관계를 가지는 것에 한정된다(통설).

> **판례** 장례때 조객으로 부터 받는 부의금은 손실을 전보하는 성질의 것이 아니므로 이를 재산적 손해액산정에서 참작할 것이 아니다(대판 1976. 2. 24, 75다1088).

7. 손해배상청구권의 양도성 및 상속성

(1) 불법행위에 의한 손해배상청구권은 다른 채권과 마찬가지로 양도성이 인정되며, 상속 또한 부정되지 않는다(통설·판례). 위자료청구권도 재산상의 손해배상청구권과 달리 볼 아무런 이유가 없다.

> **판례** 정신적 손해에 대한 배상(위자료)청구권은 피해자가 이를 포기하거나 면제했다고 볼 수 있는 특별한 사정이 없는 한 생전에 청구의 의사를 표시할 필요 없이 원칙적으로 상속되는 것이라고 해석함이 상당하다(대판 1966. 10. 18, 66다1335).

(2) 피해자의 즉사와 생명침해에 의한 손해배상청구권

통설과 판례는 피해자가 즉사하더라도 피해자가 치명상을 입은 시점과 사망시점 사이에는 규범적으로 보아 '시간적 간격'이 있다고 평가함으로써, 즉사한 피해자에게도 일단 손해배상청구권이 발생한 것으로 본다. 그리고 이러한 손해배상청구권은 상속성도 인정된다고 본다. 따라서 피해자의 재산상의 손해로 일실이익에 대한 손해배상청구권이든, 정신적 고통으로 인한 위자료이든 간에 손해배상청구권은 일단 사망자에게 귀속되었다가 상속인에게 승계된다고 한다.

8. 손해배상액의 경감청구

제765조(배상액의 경감청구)
① 본장의 규정에 의한 배상의무자는 그 손해가 고의 또는 중대한 과실에 의한 것이 아니고 그 배상으로 인하여 배상자의 생계에 중대한 영향을 미치게 될 경우에는 법원에 그 배상액의 경감을 청구할 수 있다.
② 법원은 전항의 청구가 있는 때에는 채권자 및 채무자의 경제상태와 손해의 원인 등을 참작하여 배상액을 경감할 수 있다.

9. 소멸시효

제766조(손해배상청구권의 소멸시효)
① 불법행위로 인한 손해배상의 청구권은 피해자나 그 법정대리인이 그 손해 및 가해자를 안 날로부터 3년간 이를 행사하지 아니하면 시효로 인하여 소멸한다.
② 불법행위를 한 날로부터 10년을 경과한 때에도 전항과 같다.
③ 미성년자가 성폭력, 성추행, 성희롱, 그 밖의 성적(性的) 침해를 당한 경우에 이로 인한 손해배상청구권의 소멸시효는 그가 성년이 될 때까지는 진행되지 아니한다. 〈신설〉

(1) 서 설

1) 제766조 제1항의 불법행위로 인한 손해배상청구권의 3년의 기간은 소멸시효로 봄이 통설과 판례이나, 제2항의 10년의 경우 통설은 제척기간으로, 판례는 소멸시효로 해석한다.
2) 채무불이행으로 인한 손해배상청구권에 대한 소멸시효 항변이 불법행위로 인한 손해배상청구권에 대한 소멸시효 항변을 포함한 것으로 볼 수는 없다(대판 1998. 5. 29, 96다51110).
3) 불법행위로 인한 손해배상청구권에도 소멸시효의 기산점에 관한 규정인 민법 제166조 제1항이 적용되어 시효기간은 권리를 행사할 수 있는 때로부터 진행한다.

(2) 제766조 제1항

1) 민법 제766조 제1항은 불법행위로 인한 손해배상청구권은 피해자나 그 법정대리인이 그 손해 및 가해자를 안 날부터 3년간 이를 행사하지 아니하면 시효로 소멸한다고 규정하고 있다. 여기서 '손해 및 가해자를 안 날'이란 피해자나 그 법정대리인이 손해 및 가해자를 현실적이고도 구체적으로 인식한 날을 의미하고, 그 인식은 손해발생의 추정이나 의문만으로는 충분하지 않고, 손해의 발생사실뿐만 아니라 가해행위가 불법행위를 구성한다는 사실, 즉 **불법행위의 요건사실에 대한**

인식으로서 위법한 가해행위의 존재, 손해의 발생 및 가해행위와 손해 사이의 인과관계 등이 있다는 사실까지 안 날을 뜻하며, **가해행위가 불법행위로서 이를 원인으로 하여 손해배상을 소로써 청구할 수 있다는 사실까지를 안 날을 의미한다**(대판 2022. 9. 7, 2019다241455).

[판례] ① [1] 불법행위로 인한 손해배상청구권의 단기소멸시효의 기산점이 되는 민법 제766조 제1항의 '손해 및 가해자를 안 날'이라고 함은 손해의 발생, 위법한 가해행위의 존재, 가해행위와 손해의 발생 사이에 상당인과관계가 있다는 사실 등 **불법행위의 요건사실에 대하여 현실적·구체적으로 인식하였을 때**를 의미한다. 피해자가 언제 불법행위의 요건사실을 현실적·구체적으로 인식하였는지는 개별 사건에서 여러 객관적 사정을 참작하고 손해배상청구가 사실상 가능한 상황을 고려하여 합리적으로 인정하여야 한다.
[2] 甲의 소유인 건물에 화재가 발생한 후 건물 임차인인 乙 주식회사가 임대인인 甲을 상대로 손해배상을 구하는 소를 제기하였는데, 원심이 위 건물의 다른 임차인이 甲을 상대로 임대차계약상 수선의무 불이행을 원인으로 한 손해배상을 구한 관련사건에서 위 화재에 관하여 甲의 손해배상책임을 인정하는 내용의 제1심판결이 선고될 무렵에 乙 회사가 화재의 원인 및 공작물 설치·보존상의 하자에 기한 손해배상책임의 요건사실에 관하여 구체적으로 인식하게 되었다고 보아 乙 회사의 손해배상청구권이 시효로 소멸하였다고 한 사안에서, 乙 회사의 입장에서 **관련사건 제1심판결 선고 무렵**에 화재의 원인 및 공작물 설치·보존상의 하자에 기한 손해배상책임의 요건사실에 관하여 현실적·구체적으로 인식하였다고 단정할 수 없고, **관련사건 상고심 판결이 선고되어 확정된 때**에 비로소 화재로 인한 위법한 손해의 발생, 위법한 가해행위의 존재, 가해행위와 손해의 발생 사이에 상당인과관계가 있다는 사실 등 불법행위의 요건사실을 현실적·구체적으로 인식하였다고 볼 여지가 있는데도, 이와 달리 본 원심판단에 법리오해의 잘못이 있다고 한 사례(대판 2019. 12. 13, 2019다259371).
② [1] 불법행위로 인한 손해배상청구권은 민법 제766조 제1항에 따라 피해자나 그 법정대리인이 그 손해와 가해자를 안 날부터 3년간 행사하지 않으면 소멸시효가 완성한다. 여기에서 **손해를 안다는 것은** 현실로 손해가 발생한 것을 안 경우뿐만 아니라 손해발생을 예견할 수 있을 때를 포함한다. 이때 그 손해의 정도나 액수를 구체적으로 알아야 하는 것은 아니므로, 일반적으로 상해의 피해자는 상해를 입었을 때 그 손해를 알았다고 보아야 할 것이지만, 그 후 후유증 등으로 불법행위 당시에는 전혀 예견할 수 없었던 새로운 손해가 발생하였다거나 예상외로 손해가 확대된 경우에는 그러한 사유가 판명된 때에 새로이 발생하거나 확대된 손해를 알았다고 보아야 한다. 이와 같이 새로이 발생하거나 확대된 손해 부분에 대해서는 **그러한 사유가 판명된 때부터** 민법 제766조 제1항에서 정한 소멸시효기간이 진행된다. 전문적인 감정 등을 통해서 상해를 입은 피해자의 여명에 관한 예측을 토대로 손해배상의 범위가 결정되어 소송 또는 합의 등을 통하여 정기금 지급방식이 아닌 일시금 지급방식으로 배상이 이루어졌는데, 이후 예측된 여명기간을 지나 피해자가 계속 생존하게 되면 종전에 배상이 이루어질 당시에는 예상할 수 없었던 새로운 손해가 발생할 수 있다. 이 경우 **예측된 여명기간 내에 그 기간을 지나 생존할 것을 예상할 수 있는 사정이 생겼다면** 그때에, **그러한 사정이 발생하지 않고 예측된 여명기간이 지나면** 그때에 장래에 발생 가능한 손해를 예견할 수 있다고 보아야 한다. 따라서 종전에 손해배상 범위 결정의 전제가 된 여명기간을 지나 피해자가 생존하게 되어 발생하는 손해로 인한 배상청구권은 늦어도 **종전에 예측된 여명기간이 지난 때부터** 민법 제766조 제1항에서 정한 소멸시효기간이 진행된다.
[2] 불법행위의 피해자가 후유장애로 장래에 계속적으로 치료비나 개호비 등을 지출하여야 하는 경우에 정기금 지급과 일시금 지급 중 어느 방식으로 손해배상을 청구할 것인지는 원칙적으로 피해자 자신이 선택할 수 있다. 다만 식물인간 등의 경우와 같이 그 후유장애의 계속기간이나 잔존여명이 단축된 정도 등을 확정하기 곤란

하여 일시금 지급방식에 의한 손해배상이 사회정의와 형평의 이념에 비추어 현저하게 불합리한 결과를 초래할 우려가 있다고 인정될 때에는 **피해자가 일시금 지급을 청구하였더라도 법원이 재량에 따라 정기금 지급을 명하는 판결을 할 수 있다.** 특히 전문적인 감정 등을 거쳐 예측된 여명기간을 기준으로 소송 등을 통하여 손해배상이 이루어진 다음 피해자가 예측된 여명기간을 지나서 생존하여 추가 손해가 발생한 경우에는 새로운 여명기간의 예측에 대한 불확실성이 더욱 커지므로, 이러한 경우 법원으로서는 손해배상을 일시금 지급방식으로 정하는 데 더욱 신중을 기할 필요가 있다(대판 2021. 7. 29, 2016다11257).

③ 후유증으로 인하여 불법행위 당시에 전혀 예견할 수 없었던 새로운 손해가 발생한 경우에는 그러한 사유가 판명된 때로부터 새로운 소멸시효기간이 진행된다(대판 2001. 1. 19, 2000다11836). 즉 통상의 경우 상해의 피해자는 상해를 입었을 때 그 손해를 알았다고 볼 수가 있지만, 그 후 후유증 등으로 인하여 불법행위 당시에는 전혀 예견할 수 없었던 새로운 손해가 발생하였다거나 예상 외로 손해가 확대된 경우에는 그러한 사유가 판명된 때에 새로이 발생 또는 확대된 손해를 알았다고 보아야 하고, 이와 같이 새로이 발생 또는 확대된 손해 부분에 대하여는 그러한 사유가 판명된 때로부터 시효소멸기간이 진행된다(대판 2010. 4. 29, 2009다99105).

④ 불법행위의 피해자가 미성년자로 행위능력이 제한된 자인 경우에는 다른 특별한 사정이 없는 한 그 **법정대리인이 손해 및 가해자를 알아야** 민법 제766조 제1항의 소멸시효가 진행한다고 할 것이다(대판 2010. 2. 11, 2009다79897).

2) 그러나 손해의 액수나 정도를 구체적으로 알아야 할 필요까지 있는 것은 아니다(대판 2007. 1. 11, 2005다28082).

3) 계속적 불법행위

불법행위가 계속적으로 행하여지는 결과 손해도 역시 계속적으로 발생하는 경우에는 특별한 사정이 없는 한 그 손해는 날마다 새로운 불법행위에 기하여 발생하는 손해로서 민법 제766조 제1항을 적용함에 있어서 그 **각 손해를 안 때로부터 각별로 소멸시효가 진행된다**고 보아야 한다(유의 : 전 손해를 한 개의 손해로 파악하여 손해발생이 종료한 때부터 진행되는 것이 아니다).

> **[판례]** 일반적으로 위법한 건축행위에 의하여 건물 등이 준공되거나 외부골조공사가 완료되면 그 건축행위에 따른 일영의 증가는 더 이상 발생하지 않게 되고 해당 토지의 소유자는 그 시점에 이러한 일조방해행위로 인하여 현재 또는 장래에 발생 가능한 재산상 손해나 정신적 손해 등을 예견할 수 있다고 할 것이므로, 이러한 손해배상청구권에 관한 민법 제766조 제1항 소정의 소멸시효는 원칙적으로 그 때부터 진행한다. 다만, 위와 같은 일조방해로 인하여 건물 등의 소유자 내지 실질적 처분권자가 피해자에 대하여 **건물 등의 전부 또는 일부에 대한 철거의무를 부담하는 경우**가 있다면, 이러한 철거의무를 계속적으로 이행하지 않는 부작위는 새로운 불법행위가 되고 그 손해는 날마다 새로운 불법행위에 기하여 발생하는 것이므로 피해자가 그 각 손해를 안 때로부터 각별로 소멸시효가 진행한다[대판(전합) 2008. 4. 17, 2006다35865].

4) 제166조 제1항 적용여부

국가배상청구권에 관한 3년의 단기소멸시효기간 기산에는 **민법 제766조 제1항 외에 소멸시효의**

기산점에 관한 일반규정인 민법 제166조 제1항이 적용된다. 따라서 **3년의 단기소멸시효기간은 그 '손해 및 가해자를 안 날'에 더하여 그 '권리를 행사할 수 있는 때'가 도래하여야 비로소 시효가 진행한다**(대판 2023. 2. 2, 2020다270633).

(3) 제766조 제2항

1) 불법행위를 한 날로부터 10년이 경과하면 시효로 소멸한다는 규정에 대하여 다수설은 제척기간으로 이해하나 판례는 소멸시효로 본다[대판(전합) 1996. 12. 19, 94다22927].
2) 불법행위를 한 날이란 피해자가 손해의 발생을 알았는지 여부에 관계없이 가해행위로 인하여 손해가 현실적으로 발생한 때를 의미한다(대판 2005. 5. 13, 2004다71881).

> **판례** ① 불법행위에 기한 손해배상채권에서 민법 제766조 제2항에 의한 장기소멸시효의 기산점이 되는 '불법행위를 한 날'은 객관적·구체적으로 손해가 발생한 때, 즉 손해의 발생이 현실적인 것으로 되었다고 할 수 있을 때를 의미하고, 그 발생 시기에 대한 증명책임은 소멸시효의 이익을 주장하는 자에게 있다(대판 2013. 7. 12, 2006다17539).
> ② 따라서 손해의 결과발생이 현실적인 것이 되었다면, 피해자가 손해의 결과발생을 알았거나 예상할 수 있는가 여부에 관계없이, 가해행위로 인한 손해가 현실적인 것으로 되었다고 볼 수 있는 때로부터 소멸시효는 진행한다(대판 2005. 5. 13, 2004다71881).
> ③ [1] 민법 제766조 제2항에 의하면, 불법행위로 인한 손해배상청구권은 불법행위를 한 날부터 10년을 경과한 때에도 시효로 인하여 소멸한다. **가해행위와 이로 인한 손해의 발생 사이에 시간적 간격이 있는 불법행위에 기한 손해배상청구권의 경우, 위와 같은 장기소멸시효의 기산점이 되는 '불법행위를 한 날'은 객관적·구체적으로 손해가 발생한 때, 즉 손해의 발생이 현실적인 것으로 되었다고 할 수 있을 때**를 의미하고, 그 발생시기에 대한 증명책임은 **소멸시효의 이익을 주장하는 자**에게 있다. [2] 갑이 초등학교 재학 중 테니스 코치 을로부터 성폭행을 당하였는데, 약 15년 후 갑이 을과 우연히 마주쳤고 성폭력 피해 기억이 떠오르는 충격을 받아 3일간의 기억을 잃고 빈번한 악몽, 불안, 분노 등을 겪으면서 '외상 후 스트레스 장애' 진단을 받게 되어, 을을 상대로 손해배상을 구한 사안에서, 갑이 성인이 되어 을을 우연히 만나기 전까지는 잠재적·부동적인 상태에 있었던 손해가 을을 만나 정신적 고통이 심화되어 외상 후 스트레스 장애 진단을 받음으로써 객관적·구체적으로 발생하여 현실화되었다고 볼 수 있으므로, 갑이 전문가로부터 성범죄로 인한 외상 후 스트레스 장애가 발현되었다는 진단을 받은 때 비로소 불법행위로 인한 외상 후 스트레스 장애라는 손해 발생이 현실적인 것이 되었고, 이때부터 민법 제766조 제2항에 의한 소멸시효가 진행된다고 보는 것이 타당하다(대판 2021. 8. 19, 2019다297137).
> ④ [1] 가해행위와 이로 인한 현실적인 손해의 발생 사이에 시간적 간격이 있는 불법행위에 기한 손해배상채권의 경우, 장기소멸시효의 기산점이 되는 '불법행위를 한 날'의 의미는 단지 관념적이고 부동적인 상태에서 잠재적으로만 존재하고 있는 손해가 그 후 현실화되었다고 볼 수 있는 때, 즉 손해의 결과발생이 현실적인 것으로 되었다고 할 수 있을 때로 보아야 한다. [2] 수사기관의 위법한 폐기처분으로 인한 피압수자의 손해는 형사재판 결과가 확정되기 전까지는 관념적이고 부동적인 상태에서 잠재적으로만 존재하고 있을 뿐 아직 현실화되었다고 볼 수 없으므로, 수사기관의 위법한 폐기처분으로 인한 손해배상청구권에 관한 장기소멸시효의 기산점은 위법한 폐기처분이 이루어진 시점이 아니라 무죄의 형사판결이 확정되었을 때로 봄이 타당하다(대판 2022. 1. 14, 2019다282197).

(4) 3년과 10년 양자의 관계

위 두 기간 중 어느 하나가 완성하면 불법행위로 인한 손해배상청구권은 소멸한다.

(5) 제766조 제3항

판례 불법행위로 인한 손해배상청구권의 단기소멸시효 기산점이 되는 민법 제766조 제1항의 '손해 및 가해자를 안 날'은 위법한 가해행위의 존재, 손해의 발생, 가해행위와 손해 발생 사이에 상당인과관계가 있다는 사실 등 불법행위의 요건사실에 대하여 현실적이고도 구체적으로 인식하였을 때를 의미하고, 피해자 등이 언제 불법행위의 요건사실을 현실적이고도 구체적으로 인식한 것으로 볼 것인지는 개별 사건의 여러 객관적 사정을 참작하고 손해배상청구가 가능하게 된 상황을 고려하여 합리적으로 인정하여야 할 것이다. 그러므로 아동·청소년 성폭력 범죄로 인한 손해배상청구권의 단기소멸시효 기산점을 판단함에 있어서는 성폭력 피해의 특수성을 염두에 두고, 피해자가 피해를 인식하여 표현하고 법적 구제절차로 나아가게 된 동기나 경위 및 그 시점, 관련 형사절차 진행 중 수사기관 및 법정에서 가해자가 사실관계나 법리 등을 다투는지 여부, 가해자가 범행을 부인하는 데 그치지 않고 피해자를 무고로 고소하였는지 여부, 관련 형사사건 재판의 심급별 판결 결과 등을 종합적으로 고려하여야 한다(대판 2022. 6. 30, 2022다206384). ☞ 극단의 대표인 피고가 자신의 지위와 단원인 원고와의 관계를 이용하여 위력으로 청소년이던 원고를 추행하고 간음한 사건에서 피고가 위력으로 청소년인 원고를 추행하고 간음하는 불법행위로 인하여 발생한 손해를 배상할 책임이 있다고 인정한 다음, 아래와 같은 사정들을 감안할 때 원고로서는 피고의 위 성폭력행위에 관한 형사재판에서 **유죄판결이 선고된 때** 비로소 불법행위의 요건사실을 현실적이고도 구체적으로 인식하게 되었다고 봄이 타당하므로, 피고의 불법행위로 인한 손해배상청구권의 단기소멸시효는 **위 형사재판의 제1심판결 선고일인 2018. 9. 20.부터 진행된다**고 판단하여, 원고가 **성년에 도달한** 2013. 4. 2.부터 단기소멸시효가 진행되어 이 사건 제소 당시 소멸시효가 완성되었다는 피고의 항변을 배척하고 원고의 청구를 인용하였다.

판례색인

1955. 3. 31, 1954민상77	· 51	1965. 12. 21, 65다1990	· 714
1959. 12. 24, 4292민상670	· 202	1965. 12. 28, 65다2133	· 254
1960. 7. 21, 4292민상773	· 785	1966. 2. 15, 65다2189	· 364
1960. 9. 1, 4292민상937	· 485	1966. 4. 19, 65다2033	· 378
1961. 10. 26, 4924민재항559	· 621	1966. 6. 7, 66다600, 601	· 459
1962. 1. 18, 4294민상493	· 841	1966. 6. 21, 66다530	· 201
1962. 2. 8, 61다192	· 164	1966. 7. 19, 66다994	· 326
1962. 2. 15, 4294민상291	· 490	1966. 7. 26, 66다892	· 624
1962. 4. 4, 4294민상1296	· 698	1966. 10. 4, 66다1535	· 638
1962. 5. 17, 62다76	· 267	1966. 10. 18, 66다1335	· 977
1962. 5. 17, 62다161	· 703	1966. 11. 29, 66다1861	· 704
1962. 5. 24, 4294민상251	· 150	1967. 2. 28, 66다2442	· 298
1962. 6. 28, 4294민상1453	· 931	1967. 4. 25, 67다328	· 657
1962. 11. 15, 62다634	· 631	1967. 5. 18, 66다2618	· 825
1962. 12. 16, 67다1525	· 892	1967. 5. 30, 67다466	· 597
1962. 12. 24, 자 4294민재항675	· 295	1967. 6. 27, 66다987	· 501
1963. 2. 7, 62다796	· 512	1967. 7. 11, 67다893	· 374
1963. 4. 18, 62다223	· 172	1967. 7. 18, 66다1600	· 424
1963. 6. 20, 63다242	· 972	1967. 9. 16, 67다1482	· 671
1963. 11. 21, 63다429	· 565	1968. 5. 21, 68다414,415	· 384
1964. 6. 9, 63다1129	· 355	1968. 6. 18, 68다694	· 168
1964. 7. 14, 64아4	· 33	1968. 8. 12, 68다1962	· 292
1964. 9. 15, 64다92	· 140	1968. 8. 30, 68다1187	· 278
1964. 10. 27, 64다798, 799	· 935	1968. 9. 24, 68다1271	· 674
1964. 11. 24, 64다685	· 278	1968. 11. 26, 68다1675	· 378
1964. 12. 8, 64누62	· 846	1969. 2. 18, 68다2239	· 290
1964. 12. 8, 64다968	· 152	1969. 2. 18, 68다2323	· 68
1965. 3. 30, 64다1977	· 457	1969. 3. 18, 68다1617	· 296
1965. 8. 24, 64다1156	· 225	1969. 4. 22, 69다144	· 780
1965. 8. 24, 65다1083	· 975	1969. 5. 27, 68다725	· 267

류 호 권

약력　고려대학교 법과대학 법학과 졸업
　　　(전) 법무경영평생교육원 민법전임
　　　(전) 합격의 법학원 민법전임
　　　(현) 변리사스쿨 민법전임

저서　포인트 민법 (고시계사 刊)
　　　포인트 민법 요약서(고시계사 刊)
　　　변리사 시험대비『객관식 민법』(고시계사 刊)
　　　변리사 시험대비『포인트 민법 OX지문집』(고시계사 刊)

포인트 민법

초 판 발 행　2010년 5월 5일
전면개정판발행　2011년 5월 2일
전면개정판발행　2012년 3월 5일
전면개정판발행　2013년 1월 7일
전면개정판발행　2014년 1월 10일
전면개정판발행　2015년 1월 5일
전면개정판발행　2016년 1월 5일
전면개정판발행　2017년 3월 20일
전면개정판발행　2018년 1월 12일
전면개정판발행　2019년 2월 15일
전면개정판발행　2020년 3월 10일
전면개정판발행　2021년 2월 26일
전면개정판발행　2022년 3월 4일
전면개정판발행　2023년 2월 20일
전면개정판발행　2024년 2월 26일

저　　　자　**류 호 권**
발 행 인　**정 상 훈**
발 행 처　**고시계사**

서울특별시 관악구 봉천로 472
코업레지던스 B1층 102호 고시계사

대 표 817-2400　팩 스 817-8998
考試界 · 고시계사 · 미디어북 817-0418~9
www.gosi-law.com
E-mail : goshigye@chollian.net

정가 48,000원　ISBN 978-89-5822-639-0　93360

법치주의의 길잡이 70년 月刊 **考試界**